CW00468892

1 MONT

FREE

READING

at

www.ForgottenBooks.com

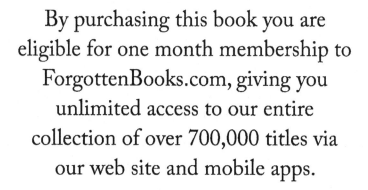

By purchasing this book you are eligible for one month membership to ForgottenBooks.com, giving you unlimited access to our entire collection of over 700,000 titles via our web site and mobile apps.

To claim your free month visit:

www.forgottenbooks.com/free560894

* Offer is valid for 45 days from date of purchase. Terms and conditions apply.

English
Français
Deutsche
Italiano
Español
Português

www.forgottenbooks.com

Mythology Photography **Fiction**
Fishing Christianity **Art** Cooking
Essays Buddhism Freemasonry
Medicine **Biology** Music **Ancient**
Egypt Evolution Carpentry Physics
Dance Geology **Mathematics** Fitness
Shakespeare **Folklore** Yoga Marketing
Confidence Immortality Biographies
Poetry **Psychology** Witchcraft
Electronics Chemistry History **Law**
Accounting **Philosophy** Anthropology
Alchemy Drama Quantum Mechanics
Atheism Sexual Health **Ancient History**
Entrepreneurship Languages Sport
Paleontology Needlework Islam
Metaphysics Investment Archaeology
Parenting Statistics Criminology
Motivational

797,885 Books

are available to read at

www.ForgottenBooks.com

Forgotten Books' App
Available for mobile, tablet & eReader

ISBN 978-1-334-58593-7
PIBN 10560894

This book is a reproduction of an important historical work. Forgotten Books uses
state-of-the-art technology to digitally reconstruct the work, preserving the original format
whilst repairing imperfections present in the aged copy. In rare cases, an imperfection in
the original, such as a blemish or missing page, may be replicated in our edition. We do,
however, repair the vast majority of imperfections successfully; any imperfections that
remain are intentionally left to preserve the state of such historical works.

Forgotten Books is a registered trademark of FB &c Ltd.
Copyright © 2015 FB &c Ltd.
FB &c Ltd, Dalton House, 60 Windsor Avenue, London, SW19 2RR.
Company number 08720141. Registered in England and Wales.

For support please visit www.forgottenbooks.com

DICTIONNAIRE

HISTORIQUE

DES MUSICIENS.

TOME I.

A - L

Alleluia

DICTIONNAIRE

HISTORIQUE,

DES MUSICIENS,

ARTISTES ET AMATEURS, MORTS OU VIVANS,

QUI SE SONT ILLUSTRÉS EN UNE PARTIE QUELCONQUE DE LA MUSIQUE
ET DES ARTS QUI Y SONT RELATIFS,

Tels que Compositeurs, Ecrivains didactiques, Théoriciens,
Poëtes, Acteurs lyriques, Chanteurs, Instrumentistes, Lu-
thiers, Facteurs, Graveurs, Imprimeurs de musique, etc. ;
avec des renseignemens sur les Théâtres, Conservatoires, et
autres établissemens dont cet art est l'objet.

PRÉCÉDÉ D'UN SOMMAIRE DE L'HISTOIRE DE LA MUSIQUE,

PAR AL. CHORON et F. FAYOLLE.

Dignos laude viros Musa vetat mori.
Hor. Od.

TOME PREMIER,

PARIS;

AVANT-PROPOS.

VERS la fin de l'année 1809, M. Choron, qui avait amassé les matériaux d'un DICTIONNAIRE HISTORIQUE DE MUSIQUE, annonça, par un prospectus, l'intention où il était de publier incessamment cet ouvrage. Sur cet avis, M. Fayolle, homme de lettres et amateur très-zélé de musique, qui de son côté avait préparé un travail du même genre, vint le trouver et lui fit part de ses dispositions. Dès les premières communications, les deux auteurs, au lieu d'établir une rivalité; également contraire à leurs intérêts et à ceux de l'art, convinrent ensemble d'unir leurs efforts et de fondre leurs travaux en un seul ouvrage. Bientôt la santé de M. Choron ayant éprouvé un dérangement assez long et assez violent, par suite d'une application trop forte à des occupations multipliées, M. Fayolle resta seul chargé du travail, et le fit presqu'en entier; ensorte que, si l'on excepte l'introduction et un très-petit nombre d'articles, cet ouvrage est devenu le sien, et c'est à lui que l'on en doit l'hommage et la reconnaissance.

A cette déclaration, dont l'équité nous faisait une loi, nous nous contenterons d'ajouter quelques détails sommaires sur le but que nous nous sommes proposé en entreprenant ce Dictionnaire, sur le plan que nous nous sommes tracé, sur l'esprit qui nous a dirigés, enfin, sur les moyens et le mode d'exécution que nous avons adoptés.

Le premier but de notre entreprise a été de rendre plus familières, au grand nombre des amateurs et des artistes, les connaissances les plus indispensables de l'histoire de

a

l'art, en général, objet important, trop négligé parmi
nous, et sur lequel nous ne possédons pas encore, en
notre langue, un seul ouvrage ayant même les honneurs
de la médiocrité. Plus heureux que nous en ce point, les
Anglais jouissent de l'élégante histoire du docteur Burney,
et l'Allemagne espère de voir bientôt paraître le dernier
volume du savant ouvrage de M. Forkel, de Gœttingue.
Peut-être un jour, s'il dépend de nous, la France n'aura
sous ce rapport rien à envier à ces deux nations; mais
en attendant qu'il nous soit possible de réaliser nos projets à cet égard, nous nous sommes surtout proposé,
dans cette circonstance, de recueillir et de conserver les
noms des personnages qui ont acquis quelque célébrité
dans la musique et dans les arts qui y sont relatifs; de
faire connaître quelles ont été leur patrie, l'époque à laquelle ils ont appartenu, l'école où ils se sont formés,
les ouvrages qui les ont illustrés; en un mot, de donner
sur leur personne et leurs travaux les renseignemens qu'il
est naturel de desirer, et qu'il nous a été possible de nous
procurer.

Le plan que nous avions à suivre était entièrement tracé
dans le tableau du système général des connaissances
musicales : tableau qui doit non-seulement comprendre
toutes les parties de l'art, mais indiquer encore toutes les
sciences et les arts qui s'y rapportent. Ainsi, non-seulement nous avons embrassé dans notre plan les compositeurs, les exécutans et les auteurs didactiques de musique,
qui venaient s'offrir naturellement à nous; mais nous leur
avons associé le poëte lyrique, qui, dans la composition
vocale, la plus importante de toutes, fournit au musicien
le sujet de ses travaux; nous leur avons associé le géomètre
et le physicien, qui, par leurs recherches sur la nature et

lès propriétés du son, tendent à lui faire connaître, jusque
dans leurs derniers élémens, les matériaux qu'il met en
œuvre. Nous avons cru ne pas devoir omettre le luthier et
le facteur, qui, par leur habileté à construire les instrumens, ces organes du discours musical, procurent un
plus vif éclat au talent du virtuose et donnent un nouveau
charme à la pensée du compositeur. Enfin, parmi les
graveurs, imprimeurs de musique, et autres qui concourent à l'exécution typographique et à la distribution
des productions de l'art, nous avons fait mention de ceux
qui se sont distingués par leurs talens et l'importance de
leurs entreprises. Et quoique dans des ouvrages de la nature
de celui-ci, une juste délicatesse porte ordinairement les
auteurs à s'abstenir de parler des vivans, néanmoins,
comme dans l'espèce particulière qui nous occupe, les occasions de publication sont généralement difficiles à rencontrer, nous avons cru devoir profiter de celle qui se
présentait, pour prévenir, dans l'histoire de l'art et des
artistes, une lacune qu'il n'eût pas été aisé de remplir.
C'est sans doute une semblable considération qui, dans le
tems, a déterminé Printz et Walther, et tout récemment
M. Gerber, auteurs allemands de Biographies musicales, à
prendre une semblable résolution : et si ce motif très-
réel dispose le lecteur à excuser une témérité apparente,
nous espérons qu'il y sera entièrement décidé, lorsqu'il
reconnaîtra avec quels ménagemens et quelle circonspection nous avons cherché à nous acquitter d'une tâche aussi
délicate et aussi dangereuse.

Car c'était sans doute la partie la plus épineuse de cette
entreprise que d'avoir à parler de personnages dont les
uns sont encore vivans; dont d'autres sont morts depuis
peu, mais vivent encore par les souvenirs qu'ils ont laissés;

d'autres, enfin, ont vécu à une époque plus reculée, mais
appartiennent à des écoles toujours subsistantes, et dont
les adeptes regardent comme leur étant en quelque sorte
personnel tout ce qui s'adresse à ceux qu'ils reconnaissent
pour leurs maîtres ou leurs modèles. Le parti que nous
avons pris dans cette circonstance, nous a, comme on le
jugera facilement, procuré l'avantage ; sinon de résoudre,
au moins d'éviter la difficulté : c'est, au lieu de nous ériger
en juges, de nous considérer comme de simples narrateurs;
de donner sur chaque artiste les détails incontestables qui
le concernent, détails qui prennent un degré d'intérêt
proportionné à celui que le sujet inspire ; de faire connaître
les qualités qui caractérisent ses productions; quels ont
été ses travaux, ses succès; le genre et le degré d'estime
qu'il a obtenu. Cette méthode pouvait ne pas produire un
ouvrage très-piquant; mais nous avions moins pour objet
d'amuser que d'instruire : elle était plus dans la nature d'un
ouvrage historique, et, bien exécuté, ce système était
préférable à une critique appuyée sur des principes souvent
arbitraires, et dont l'application est toujours très-incertaine.
Nous avons donc, autant que nous en avons été les maîtres,
toujours opéré selon ce principe, et si nous-nous en
sommes écartés, nous sommes prêts, chaque fois qu'on
nous le prouvera, à nous reconnaître coupables de distraction ou de faiblesse ; mais ce dont nous nous défendrons
toujours, c'est de l'intention presqu'également blâmable
ou de chercher à affliger la sensibilité par des critiques
injustes et amères, ou de flatter la vanité par des louanges
fausses et exagérées.
Notre plan ainsi arrêté, nous avons procédé par tous
les moyens possibles à le remplir d'une manière satisfaisante. En ce qui concerne les artistes anciens ou morts,

nous avons consulté tous les recueils qui ont pu nous
fournir quelques matériaux ; nous les avons comparés,
coordonnés entr'eux et disposés avec ordre. Nous plaçons
à la suite de cet avant-propos le catalogue de ces recueils.
Mais, de tous ces ouvrages, aucun, nous devons le déclarer, ne nous a été plus utile que celui de M. E.-L. Gerber, publié en 1791, à Leipsick, sous le titre *Historisch-
Biographisches Lexicon der Tonkünstler*. Malgré les
nombreuses erreurs qu'il renferme, et que nous avons,
comme de raison, rectifiées, ce lexique nous a rendu les
plus grands services, et il y a lieu de croire que sans lui
notre ouvrage n'aurait jamais eu l'existence. En ce qui
concerne les auteurs vivans ; c'est d'eux-mêmes que nous
avons cherché à obtenir les renseignemens qui nous étaient
nécessaires. Quelques-uns, par négligence, ont omis de
nous les fournir, après nous les avoir vingt fois promis et
nous les avoir fait attendre des mois entiers; quelques autres
les ont refusés avec opiniâtreté; mais le plus grand nombre,
nous sommes glorieux de le dire, et les plus distingués,
ont acquiescé avec beaucoup de grâce à notre demande, et
nous ont fourni des notices très-exactes, très-bien faites,
rédigées avec beaucoup de sagesse et de simplicité, tellement que dans la revision que nous en avons faite ensuite
pour les réduire sur un même plan, et dans l'esprit de
notre opération, il s'en est trouvé plusieurs auxquelles
nous n'avons pas eu un seul mot à changer.

Quant au mode d'exécution, desirant, en général, pour
l'instruction des lecteurs, plutôt multiplier qu'étendre
les articles, nous avons été concis dans tous ceux qui ne
sont pas d'un haut intérêt ; mais nous n'avons point été
avares de détails dans ceux des grands maîtres, lorsque les
renseignemens ne nous ont point manqué. Quant au style,

nous l'avons, autant que nous l'avons pu, rendu également
simple et correct. Il est cependant un genre de fautes pour
lequel nous avons à réclamer l'indulgence de nos lecteurs.
Continuellement fixés sur les écrivains allemands, qui nous
ont fourni la presque totalité de nos matériaux, nous nous
sommes aperçus en relisant nos traductions, qu'il nous
était échappé quelques *Germanismes*. Mais, une innovation
que nous devons à ces mêmes auteurs, et pour laquelle nous
sollicitons l'approbation des gens de lettres, est celle que
nous avons essayé d'introduire dans la dénomination des
divers genres d'*instrumentistes* : c'est ainsi que, d'après la
tentative faite, il y a plusieurs années, avec succès, par un
des auteurs du Dictionnaire de Musique de l'Encyclopédie
méthodique, on désigne, en général, tous les joueurs d'instrumens. Du reste, notre langue, en cette partie, manque
en même tems de richesse et d'analogie : il est un certain
nombre d'instrumens dont le nom est commun à eux et à
leurs exécutans ; ainsi, le nom de violon indique en même
tems l'instrument et celui qui le joue : il en est d'autres, au
contraire, du nom desquels on a dérivé celui de leurs
exécutans ; ainsi, de harpe, on a fait *harpiste*, de guittare,
guittariste, etc. Encouragés par ce premier pas et par
l'exemple des Allemands, nous avons étendu cette analogie
au reste des voix et des instrumens ; et, de soprane, de
tenor, de violon, de violoncelle, etc., nous avons fait
sopraniste, *tenoriste*, *violoniste*, *violoncelliste*, etc. Si ces
dénominations, qui sont en effet très-commodes, paraissent
d'abord étranges, on doit sentir qu'étant fondées sur l'analogie, l'usage, qui par-là même en deviendra plus facile,
fera bientôt disparaître l'air de singularité qu'elles offrent au
premier coup-d'œil.

Tels ont été, pour le dire en peu de mots, notre but,

notre plan, nos intentions et la marche que nous avons
suivie. Du reste, quels qu'aient été nos soins, nous sommes
bien loin de nous flatter d'avoir entièrement réussi sur
tous les points. Nous nous attendons à un grand nombre
d'objections ; mais nous ne nous arrêterons pas à les dis-
cuter ici, persuadés que dans ce que nous venons de dire,
nous avons répondu d'avance aux reproches les plus importans. A toutes les critiques, quelles qu'elles puissent être,
nous ferons cette réponse unique, et que nous croyons
propre à satisfaire tous les lecteurs : c'est que cet ouvrage,
le premier dans son genre en notre langue, doit être regardé
comme un essai, un appel que nous faisons à tous les amis
de l'art musical ; que nous accueillerons avec empressement et reconnaissance tous les avis, observations et renseignemens que l'on voudra bien nous transmettre, et que
nous en profiterons pour le rendre, soit à l'aide d'un supplément, soit dans le cas d'une nouvelle édition, moins
indigne de la littérature de l'art qu'il doit enrichir, et des
hommes célèbres dont il doit consacrer la mémoire.

CATALOGUE DES OUVRAGES

QU'ON A PRINCIPALEMENT CONSULTÉS

POUR CE DICTIONNAIRE.

Gerbers (Ernst-Ludwig) *Historisch-Biographisches Lexicon der Tonkünstler*, 2 vol. in-8°.

Essai sur la Musique ancienne et moderne, par Laborde, 4 vol. in-4°.

Burney's *A general History of Music*, 4 vol. in-4°.

Burney's *The present state of Music in France and Italy*, etc., 3 vol. in-8°.

Hawkins's *A general History of the science and practice of Music*, 5 vol. in-4°.

Elogii Italiani, tome VIII.

Scriptores Ecclesiastici de musicâ sacrâ potissimum (par Martin Gerbert), 3 vol. in-4°.

De cantu et musicâ sacrâ (par le même), 2 vol. in-4°.

Marpurgs *Beytræge*, 5 vol.

Desselben *Kritische Briefe*, 3 vol.

Adlungs *Musikalische Gelahrtheit*.

Artarias *Musikverzeichniss*.

Bosslers *Musikalische Realzeitung*.

Cramers *Musikalisches Magazin*.

Le Revoluzioni del teatro musicale italiano (par Arteaga), 3 vol. in-12.

Ebelings *Musikalische Bibliothek*.

Eschstruts musikal. Bibliothek.

Forkels *Musikalische Bibliothek*, 3 vol. in-8°.

Forkels *Musikalische Almanache*.

L'Almanach des Spectacles de Paris, par Grimm, depuis 1752 jusqu'en 1788.

Forkels *Geschichte der Music*, tome I et II.

Grubers *Biographien*.

Grubers *Beytræge zur musikalischen Litteratur*.

Hertels *musikalische Schriften*, 2 vol.

Hillers *Lebensbeschreibungen berühmter Tonkünstler*, tome I.

Hillers *Nachrichten*, 5 vol.

Hillers *Nachricht von der Aufführung des Messias in Berlin*.

Hafners *Musikverzeichniss.*

Matthesons *Ehrenpforte.*

Matthesons *Lebensbeschreibung von Hœndel.*

Desselben *Critica musica ; Plus ultrà ; Freuden Akadem ; Panaceen ; 7 Gespræche der weisheit ; Mithridate ; Vollkommener Kapellmeister.*

Meyers *Musiksaal.*

Mitzlers *Musikalische Bibliothek ,* 3 vol.

Meusels *Künstler Lexicon.*

Desselben *Miscellan. Artistichen.*

Desselben *Museum.*

Œlrichs *Nachrichten von Akad. Mus. Würden.*

Petri *Anleitung zur praktischen musik.*

Prinz *Geschichte der sing und Klingkunst.*

Reichardts *Theaterkalender.*

Reichardts *Kunstmagazin.*

Desselben *Briefe.*

Sponsels *Orgelhistorie.*

Wesphals *Musikverzeichniss , von* 1782 *bis gegenwærtig.*

Woffs *Reise.*

Le Glorie della poesia et della musica , 1 vol. in-12.

Forkels *Allgemeine Litteratur der musik ,* 1 vol. in-8°.

Le Dictionnaire Historique de Chaudon et de Landine , 13 vol. in-8°.

Le Dictionnaire Historique des Artistes , de Fontenay , 2 vol. in-8°.

Le Parnasse Français, de Titon-du-Tillet , 2 vol. in-4°.

Le Dictionnaire portatif des Beaux-Arts , et le Spectacle des Beaux-Arts , par Lacombe.

Les Essais sur la Musique, par Grétry , 3 vol. in-8°.

Acta Eruditorum.

Les Mémoires des Académies des Sciences de Paris , de Berlin , de Pétersbourg , de Turin , etc.

Le Journal des Savans.

Le Journal Encyclopédique.

Le Mercure de France.

L'Esprit des Journaux.

Le Journal de Paris.

Le Magasin Encyclopédique.

Le Journal des Arts.

Les Quatre Saisons du Parnasse , 16 vol. in-12.

Le tome premier de la Musique , dans l'Encyclopédie Méthodique.

Le Journal de Musique , de 1770 , 1771 , etc.

La Correspondance des Professeurs et Amateurs de Musique , de 1802 à 1804.

Les Archives Littéraires , 17 vol. in-8°.

Le Journal des Théâtres, de Ducray-Duminil, 1799.

28 German writers

Laborde 1780 - 4 vols Essai Mus ancien notes

Le Calendrier Musical universel.

L'Almanach Musical pour les années 1781, 1782 et 1783.

Etat actuel de la Musique du Roi et des trois Spectacles de Paris.

• *Almanacco de Teatri di Torino per l'anno* 1798.

L'Annuaire Dramatique de madame Cavanagh.

Allgemeine Musikalische Zeitung, depuis le mois d'octobre 1798 jusqu'en 1810.

INTRODUCTION.

SOMMAIRE

DE L'HISTOIRE DE LA MUSIQUE.

En essayant de placer à la tête de ce Dictionnaire un précis de l'Histoire de la Musique, je ne me propose pas d'embrasser l'ensemble de cet art, ce qui me menerait beaucoup trop loin ; mais uniquement le système européen moderne, considéré dans ses parties essentielles et constitutives, ce qui comprend l'ordonnance des tons, le rhythme, la séméiotechnie ou système des signes, et la composition, qui est tellement jointe à ces objets qu'il serait difficile de l'en séparer sans nuire beaucoup à la clarté et à l'intérêt. Je parlerai donc, quoique très-sommairement, de toutes ces parties à la fois, et cette réunion sera d'autant plus facile que leurs progrès, qui sont simultanés, sont souvent consignés dans les mêmes écrits, étant ordinairement l'ouvrage des mêmes auteurs.

Quoique rien ne se fasse, dans les arts, subitement et sans préparation, et que toutes les découvertes y soient amenées d'une manière tellement graduée, qu'elle est presqu'insensible, cependant, il y a des tems où des observations accumulées et des besoins généralement sentis, conduisent des hommes plus heureusement organisés ou placés dans des circonstances plus favorables, à saisir des rapports plus étendus, à créer des méthodes plus puissantes, dont la supériorité, reconnue généralement, donne, au bout d'un certain tems, une direction nouvelle aux idées et aux habitudes de la masse entière. Ces momens rares, mais qui cependant se renouvellent de tems à autre, sont ce que l'on nomme époques. Elles sont plus ou moins remarquables, selon qu'elles ont pour objet un point plus ou moins important. Quel qu'en soit le nombre, et quel que soit le système d'idées dont il soit question, elles peuvent toujours se ramener à quelques unes d'entr'elles, que l'on regarde comme principales, et que l'on désigne par le terme d'âges. On peut en distinguer cinq, savoir : celui de formation auquel on peut rapporter l'origine, ceux de développement, de perfectionnement, de permanence et de déclin. Dans l'espèce dont il s'agit, je crois n'avoir à examiner que les trois premiers. L'état actuel des choses me paraît appartenir au quatrième, et je crois ne devoir point en parler, afin que l'on n'ait point à me reprocher de m'être érigé en arbitre, et de m'être chargé mal à propos d'apprécier le mérite de ceux que la postérité seule a le droit de juger.

Iº. ORIGINE ET FORMATION

DU SYSTÈME MODERNE.

Ainsi que tous nos autres arts, notre musique nous vient en partie des peuples qui nous ont précédés, et, comme on dit que notre langue n'est qu'une corruption ou dérivation de celle des Grecs et des Romains, de même on peut dire que notre musique n'est qu'une corruption ou dérivation de celle de ces mêmes peuples, qui probablement devaient aussi la leur à quelques peuples plus anciens. Je ne veux cependant pas dire par-là que, si les Grecs et les Romains n'eussent pas existé, nous n'eussions pas eu de langue, ni d'arts, ni de musique, comme quelques personnes semblent en être persuadées. La nature donne à tous les hommes les mêmes facultés ; mais, en supposant que toutes les races en soient douées au même degré, ce qui paraît fort douteux, toutes ne sont pas placées dans des circonstances également propres à leur développement : et, s'il arrive qu'une race tardive vienne à se mêler avec une race plus avancée, il se forme nécessairement de ce mélange des systèmes mixtes dans toutes les parties des connaissances. C'est précisément ce qui est résulté en Europe des invasions qu'opérèrent, dans les premiers siècles de l'ère chrétienne, les peuplades entières de barbares qui vinrent inonder les provinces de l'Empire Romain. Comment s'est accompli ce mélange, et qu'en est-il résulté? voilà l'importante question qu'une plume habile doit traiter dans le plus grand détail, mais que la brièveté de cet écrit me permet seulement d'ébaucher.

Dans l'origine et la formation du système moderne, je crois reconnaître quatre époques principales, que je dois parcourir successivement : l'antiquité; l'introduction du chant dans les églises chrétiennes; les constitutions Ambroisienne et Grégorienne; l'irruption des barbares.

De l'Antiquité

Quoiqu'il nous reste un asssez grand nombre d'ouvrages sur la musique des anciens, l'obscurité qui règne dans ces écrits, les contradictions qui les divisent, et surtout le défaut de modèles, font que nous n'avons pas jusqu'à ce moment de notions très-claires et bien arrêtées sur cette matière. Au rapport d'Aristide Quintilien, qui nous en a laissé le traité le plus complet, les uns la définissaient : la science du chant et de tout ce qui y est relatif; d'autres : l'art contemplatif et actif du chant parfait et organique; d'autres : l'art du beau dans les voix et les mouvemens. Quant à lui, il regarde la définition suivante comme la plus parfaite : la science du beau dans les corps et les mouvemens γνωσις τȣ πρεπογτος εν σωμασι και κυνεαεσιν. Voilà une définition bien générale; c'est peu de chose encore en comparaison de quelques autres, d'après lesquelles la musique n'est rien moins que la science universelle. Cependant l'auteur, s'humanisant ensuite, daigne la réduire à l'étude de la voix chantante et des gestes qui l'accompagnent. Et, pour donner une idée de sa doctrine, je

rapporte ici ses principales divisions , dont j'ai formé le
tableau suivant , auquel je joins quelques observations.

TABLEAU

DES PRINCIPALES DIVISIONS DE LA MUSIQUE ,

SELON ARISTIDE QUINTILIEN.

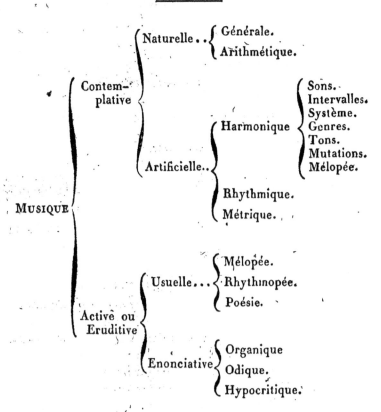

MUSIQUE

- Contemplative
  - Naturelle
    - Générale.
    - Arithmétique.
  - Artificielle
    - Harmonique
      - Sons.
      - Intervalles.
      - Système.
      - Genres.
      - Tons.
      - Mutations.
      - Mélopée.
    - Rhythmique.
    - Métrique.
- Active ou Eruditive
  - Usuelle
    - Mélopée.
    - Rhythmopée.
    - Poésie.
  - Enonciative
    - Organique
    - Odique.
    - Hypocritique.

L'auteur divise la musique en contemplative et en active.
L'une pose les principes et en recherche les causes; l'autre
en fait l'application et l'emploi. Ce qui nous intéresse seulement de ce tableau est la subdivision de la musique
contemplative, que l'auteur nomme *artificielle*, laquelle,

traite de l'harmonie, du rhythme et du mètre, et à laquelle il consacre le premier livre de son traité. On remarquera que, par le mot d'harmonie, sur le sens duquel tous les auteurs sont d'accord, les anciens entendaient ce que nous nommons intonation ou arrangement des sons du système. Cela posé, ils distinguaient les trois genres que nous connaissons, c'est-à-dire le genre diatonique, le chromatique et l'enharmonique. Le genre diatonique, dans un espace de deux octaves et demie, comprises depuis le *la* au-dessous de notre clef de *fa* (exemple 1) jusqu'au *ré* de la cinquième ligne, en clef d'*ut* première ligne (exemple 2), ce qui est l'étendue de la voix des hommes, contenait dix-huit cordes, qui portaient des noms fixes.

L'exemple ci-dessous fait voir comment ces cordes, à partir de la deuxième, étaient distribuées en tétracordes, c'est-à-dire, assemblages de quatre cordes, marchant par un demi-ton et deux tons.

A présent on concevra que chacune d'elles pouvait être la finale d'un chant, ce qui donnait autant de modes, et chaque mode était supérieur ou inférieur, selon que le chant s'étendait entièrement au-dessus de la note, ou selon qu'elle en occupait le milieu. Chaque note était représentée par un signe particulier, selon le mode et selon le genre. Il faut observer que le genre introduisait un grand nombre de nouvelles cordes, représentées elles-mêmes par des signes différens, selon chaque mode; ce qui rendait cette nomenclature excessivement nombreuse; et, comme l'analogie n'en avait pas dirigé la formation, rien n'était plus confus, et la lecture de la musique était d'une difficulté excessive. Quant au rhythme et au mètre, ils étaient subordonnés à ceux de la poésie.

A l'égard de la composition musicale, il est presque certain qu'elle se réduisait à la mélopée ou composition du chant ; car les auteurs anciens ne parlent jamais de composition qu'en traitant de cette partie, et il est impossible de rencontrer chez eux un seul précepte relatif à l'emploi des intervalles, comme harmoniques, ni même un passage qui prouve clairement qu'ils en fissent usage en cette sorte. On peut donc conclure que notre harmonie était inconnue aux anciens, et l'on en sera encore plus convaincu, si l'on fait attention que nous connaissons, de la manière la plus positive, l'origine et les progrès de cet art ; et c'est ce que fera voir la suite de cette introduction.

Premiers siècles de l'ère chrétienne

La musique, très-cultivée chez les Grecs, fut très-estimée chez les Romains sous le règne des premiers Empereurs ; et nous voyons même que plusieurs d'entr'eux, entr'autres Caligula et Néron, se piquèrent d'y exceller, et en disputèrent le prix. *Quel dommage de tuer un si bon musicien!* disait ce dernier, prêt à se poignarder pour échapper au supplice qui le menaçait. On sait qu'il entretenait à ses frais cinq mille musiciens. Après sa mort, ils furent tous chassés de la ville, et la musique qui, sous son règne, avait joui du plus haut éclat, éprouva un déclin sensible. Ce qu'il nous importe surtout de remarquer fut l'influence qu'exerça sur elle l'admission que lui donnèrent, dans les cérémonies de leur culte, les premiers chrétiens, par qui nous a été transmis ce qui nous reste de la musique des anciens. On sait que, dans leurs assemblées, ils chantaient en commun toutes les parties de la liturgie, c'est-à-dire, les hymnes, les psaumes, etc.. Ces chants ne pouvaient être que fort simples, étant destinés à être chantés en chœur, sans aucune préparation, par des personnes qui, la plupart, n'avaient aucune teinture de musique, et qui, d'ailleurs, faisaient profession en toutes choses de la plus parfaite simplicité. Une autre cause, qui contribua à dénaturer cette espèce de musique, fut l'application que l'on en fit, pour la première fois sans doute, à une prose à demi-barbare ou à des vers qui étaient encore plus mauvais. Il résulta de là que la musique qui n'avait de rhythme que celui du discours, n'en conserva qu'une faible apparence, et le plus souvent se traîna, à pas lents et égaux, sur un langage sans harmonie. Néanmoins, dans cet état de dégradation, elle conserva encore des règles constitutives et une certaine variété dans les tours et le caractère, qui la rendait susceptible d'être appliquée à des pièces de différens genres.

CONSTITUTION DU CHANT ECCLÉSIASTIQUE.

Saint Ambroise, saint Grégoire.

On ne sait point au juste quel fut l'état de la musique durant les quatre premiers siècles de l'Église. Les principes étaient toujours les mêmes, si l'on en juge d'après un traité que nous a laissé saint Augustin ; mais il paraît que la pratique du chant ecclésiastique tomba dans un grand désordre, et ce fut là ce qui porta saint Ambroise, archevêque de Milan, qui vivait vers la fin du quatrième siècle, à lui donner une constitution fixe. Ces deux saints docteurs étaient, ainsi que l'attestent leurs œuvres, très-grands amateurs, et nous possédons même dans l'église latine une pièce de leur composition, musique et paroles, qui, de tout tems, a eu un succès dont se glorifieraient les chefs-d'œuvre des plus habiles maîtres : le célèbre cantique du *Te Deum*. Du reste, on ne sait pas précisément en quoi consistait la constitution Ambroisienne. Si l'on examine le chant de l'église de Milan, on n'y trouvera pas de différence sensible avec celui du reste de l'église. Il paraît cependant que saint Ambroise avait laissé quelque rhythme ; mais saint Grégoire, pape, qui vint environ deux cents ans après lui, acheva de le lui enlever. Ce pontife donna au chant de l'église la constitution que nous avons exposée au sixième livre des Principes de composition des écoles d'Italie. Nous ne répéterons pas ce que nous avons dit alors, et nous observerons seulement que, dans la vue de simplifier, saint Grégoire, aux notes grecques, si compliquées, substitua les lettres romaines. Il désigna par A, B, C, D, E, F, G,

b

les sept notes de l'octave la plus grave, qui commence en
la; et par a , b, c, d, e, f, g, celles de l'octave supérieure;
par les mêmes lettres redoublées , celle de la troisième octave. Il s'occupa aussi de la confection du rituel, qu'il
composa de pièces choisies dans les meilleurs restes de
l'antiquité; et, de tout ce travail, il forma le système connu
sous le nom de chant romain ou chant Grégorien, qui
subsiste encore aujourd'hui tel qu'il l'a établi. Non content
d'avoir formé un corps de doctrine, il prit les moyens de
le maintenir et de le propager, par l'établissement d'une
école, où l'on élevait à la science du chant de jeunes orphelins, et qui servait à fournir des chanteurs aux diverses
églises de la chrétienté.

Invasion des barbares.

Afin de pouvoir continuer l'histoire de la musique; il est
nécessaire de faire entrer sur la scène les peuples qui vont
y jouer maintenant le principal rôle. Long-tems avant
l'époque dont nous venons de parler, ou, pour mieux dire,
dès le tems de la république, et pendant toute la durée de
l'empire romain, diverses nations barbares avaient essayé
de faire des irruptions sur son territoire. Tant qu'elles rencontrèrent un gouvernement sage et vigoureux, leurs tentatives furent inutiles; mais lorsque, avec les enfans de
Théodose, la sottise et la lâcheté furent montées sur le
trône, ces peuples ne trouvant plus que de faibles obstacles
inondèrent les provinces de l'empire, qui bientôt devinrent
leur domaine. Dès les premières années du cinquième
siècle, les Goths ravagèrent l'Italie; Rome fut prise et sac-
cagée par Alaric. Les Vandales traversèrent les Gaules et
l'Espagne, et pénétrèrent jusqu'en Afrique, les Huns en
Italie; et les Francs, sous la conduite de Pharamond, s'em-
parèrent, en 493, du nord de la Gaule, que ses successeurs
possédèrent bientôt toute entière. En 476, Odoacre, roi
des Hérules, renverse l'empire d'occident. Bientôt après, il
est pris et tué, dans Ravenne, par Théodoric, qui fonde
en 493, le royaume des Goths d'Italie. On pense bien que
au milieu de toutes ces révolutions, les arts durent être

entièrement oubliés. La musique souffrit comme tous les
« autres, et lorsque, au commencement du sixième siècle,
tout l'empire d'Occident fut devenu barbare, elle se trouva
réduite au'chant de l'église et aux chant nationaux de ces
peuples; mais les Goths d'Italie cultivèrent les arts, et
prirent les mœurs des peuples qu'ils avaient subjuguës.
L'école romaine de musique brilla dès-lors d'un assez vif
éclat, et, vers le même tems, nous voyons Clovis, roi des
Français, demander un musicien à Théodoric, qui, desirant lui complaire, lui envoie le chanteur Acorède, choisi
sur son invitation, par le savant Boëce, que depuis il fit
décapiter. *A*|*la venue de ce musicien et joueur d'instru-*
mens, dit Guillaume du Peyrat, dans ses Recherches sur
la Chapelle du Roi, *les prêtres et chantres de Clovis se*
façonnèrent et apprirent à chanter plus doucement et plus
agréablement...... et, ayant appris à jouer des instrumens,
ce grand monarque s'en servit depuis pour le service divin;
ce qui a continué sous ses successeurs et jusqu'au déclin
de sa lignée, que la musique a toujours été en usage à la
cour de nos premiers rois.

Le chant romain fut de même introduit en Angleterre,
par le moine saint Augustin, que saint Grégoire y envoya,
vers l'an 590, pour y prêcher la religion; et plus tard, il
fut porté en Allemagne par saint Boniface de Mayence.
qui est regardé comme l'apôtre de ce pays.

Mais, chez ces divers peuples, le goût national ne tarda
pas à corrompre et à dénaturer la pureté primitive du chant
romain. Nous en avons la preuve, en ce qui concerne la
France, par le récit, inséré dans les Annales des Francs,
d'un fait arrivé sous Charlemagne. Ce prince étant venu à
Rome, en 787, pour y célébrer les fêtes de Pâques, il
s'éleva, durant son séjour en cette ville, une querelle entre
les chantres romains et les chantres français; ceux-ci prétendaient chanter mieux que les premiers, qui, au contraire,
les accusaient d'avoir corrompu le chant Grégorien. La
dispute ayant été portée devant l'Empereur: *Déclarez-nous,*
dit ce Prince à ses chantres, *quelle est la plus pure de*
l'eau que l'on prend à la source même ou de celle que l'on
prend au loin dans le courant? Celle de la source,

répondirent les chantres. *Eh bien !* dit le Roi ; *remontez donc à la source de saint Grégoire, dont vous avez évidemment corrompu le chant.* Alors ce Prince demanda au Pape des chantres pour corriger le chant français, et le Pape lui en donna deux très-instruits, nommés Théodore et Benoît, avec des Antiphonaires notés par saint Grégoire lui-même. De ces deux chantres, le Roi en plaça un à Soissons, l'autre à Metz, ordonnant à tous les chantres français de corriger leurs livres, et d'apprendre d'eux à chanter, ainsi qu'à s'accompagner des instrumens; ce qui s'exécuta avec plus ou moins de succès, tant à cause de l'entêtement que de l'incapacité d'un grand nombre de chantres français. Néanmoins, le chant romain, établi en France par Charlemagne, y subsista assez généralement jusqu'au commencement du dix-huitième siècle. Vers cette époque, la plûpart des évêques français se mirent en tête de réformer leur liturgie, et par conséquent leur chant. Cette opération réussit, quant au chant, de la manière la plus pitoyable. Confiée presque partout à des gens sans goût et ignorans, et même; en certains endroits, à de mauvais maîtres d'école, on substitua au chant romain, qui, dans son extrême simplicité, a conservé de la phrase et du nombre, on substitua, dis-je, des plains-chants maussades et insipides, qui, la plupart, n'ont du chant que le nom. J'oserai émettre ici mon vœu pour qu'au moment de la réforme décrétée de la liturgie française, qui doit s'opérer tôt ou tard, le plain-chant romain, substitué à ces compositions difformes, soit pour toujours rétabli dans des droits qui n'eussent jamais dû lui être enlevés.

Ce fut vers le même tems, c'est-à-dire sous le règne de Pépin, père de Charlemagne, que l'on commença à voir des orgues en Occident. En 757, l'Empereur d'Orient (Constantin Copronyme) en envoya un à ce Prince, qui en fit présent à l'église de Saint-Corneille, de Compiègne. L'usage ne tarda pas à s'en répandre dans toutes les églises de France, d'Italie et d'Angleterre. Cet instrument était alors bien peu étendu, puisqu'il était borné au seul jeu de *la régale*, qui même n'y existe plus; mais son introduction n'en est pas moins remarquable, à raison de l'influence qu'il a exercée sur les progrès de l'art, comme on va le voir incessamment.

II°. DÉVELOPPEMENT
DU·SYSTÈME MODERNE.

Nous venons d'indiquer comment le mélange des notions musicales des peuples barbares avec les restes de la musique des Grecs avait donné naissance au système moderne; nous allons voir maintenant s'opérer graduellement le développement de ce système. Ce développement peut se rapporter à trois époques principales : 1°. la création de la gamme et de la notation moderne; 2°. l'invention du rhythme moderne; 3°. la fixation des valeurs et du contrepoint. A ces mêmes époques se rapportent l'origine et les progrès de la composition; c'est pourquoi nous les traiterons simultanément, selon le plan que nous nous sommes tracé.

Invention de la gamme : Origine du contrepoint.

L'établissement de la gamme suppose un certain degré d'avancement dans le système, de la même manière que celui de l'alphabet suppose l'existence de la langue. Je fais cette remarque pour que l'on ne confonde pas l'une avec l'autre; ce qui pourrait très-bien arriver,

Ce fut dans le commencement du onzième siècle (en l'an 1022) que l'échelle musicale prit la forme qu'elle a conservée jusqu'à ce jour. Cette révolution est principalement due à Guido, bénédictin du monastère de Pomposa, né, vers 990, à Arezzo, petite ville de Toscane; ce qui l'a fait nommer vulgairement parmi nous Guy d'Arezze. Pour apprécier au juste ce que l'art doit à cet homme célèbre, il faut se rappeler ce que nous avons dit concernant les tétracordes des Grecs et la réforme de saint Grégoire, et savoir que, dans l'espace de tems qui s'écoula depuis la mort de ce grand pontife jusqu'à l'époque dont nous parlons, il avait été fait plusieurs tentatives pour améliorer la notation musicale. On conçoit, en effet, que des lettres placées sur les syllabes, pour indiquer les sons, ne parlant que faiblement à l'imagination, on dut chercher des moyens de les rendre plus significatives. Celui qui se présentait le plus naturellement était de placer ces lettres à des degrés de hauteur analogues à ceux d'élévation et d'abaissement de la voix, et de marquer ces degrés d'une manière plus précise, au moyen de lignes parallèles. Tel était le moyen que l'on employait avant Guy, et qu'il ne fit que simplifier et régulariser.

En effet, au lieu de répéter la lettre, Guy se contenta de l'écrire au commencement de la ligne, et chaque fois que la lettre revenait, il marquait un point sur la ligne. Peu après, il simplifia encore, en plaçant des points dans l'intervalle des lignes; et, se servant ainsi de ces intervalles pour désigner des degrés, il réduisit l'étendue de la portée, qui devint par-là plus facile à saisir. Outre cela, Guy, au système ancien, ajouta une corde au grave répondant au. *sol*, qui occupe la première ligne de la clef de *fa*; il la désigna par le gamma des Grecs (ᴦ), et c'est de ce signe que la série des sons du système prit le nom de gamme. A ces inventions, il en joignit encore une autre; ce fut de compter par hexacordes au lieu de compter par tétracordes, et de désigner par les syllabes *ut*, *ré*, *mi*, *fa*, *sol*, *la*, l'hexacorde majeur sur quelque degré du système qu'il soit placé : ce qui est la base de sa méthode de solmisation, que je n'entreprends pas d'expliquer ici. V. son article.

Voilà à-peu-près l'objet des travaux de Guy relativement au perfectionnement du système. On lui attribue aussi, mais sans aucun fondement, l'invention du contrepoint. Il est vrai qu'il est un des premiers écrivains qui en aient parlé, mais il n'en est point l'inventeur. Cet art, alors peu avancé, était né quelque tems avant lui, et voici quelle fut son origine :

Nous avons dit, il y a quelques momens, que l'orgue, introduit en France vers l'an 757, se répandit bientôt dans toutes les églises d'Occident. L'usage s'établit aussitôt d'en accompagner le chant. Cet accompagnement se fit d'abord à l'unisson; mais la facilité qu'il procurait de faire entendre plusieurs sons à la fois, fit remarquer que, parmi les diverses unions de sons, il s'en trouve d'agréables à l'oreille. Une des premières dont la douceur se fit remarquer, fut la tierce mineure; aussi l'employa-t-on, mais seulement dans les terminaisons, comme on le voit dans cet exemple :

al   le   lu   ia.

et cette méthode fut ce qu'on nomma *organiser*. Il y en avait plusieurs autres manières; telle était celle de placer l'orgue en tenue au-dessous du chant, ou de le faire marcher en quarte au-dessous ou en quinte au-dessus, et quelquefois des deux manières ensemble, ce que l'on appelait *organisation double*.

De l'orgue, cette méthode passa aux voix : de là, vinrent les termes de *discant*, *déchant* ou *double chant*, de *triple*, *quadruple*, de *medius*, de *motet*, de *quintoyer*, de *quarter*, etc., qui tous précédèrent celui de contrepoint. Une suite non interrompue d'écrivains, antérieurs à Guy, tels que Notker, Rémi d'Auxerre, Hucbald, Odon de Cluny, attestent l'origine et les progrès de cet art, et démontrent historiquement qu'il est d'une invention moderne, et qu'il était entièrement inconnu aux anciens. Leurs écrits, ainsi que ceux de Guy et de J. Coton, son commentateur, sont renfermés dans la précieuse collection que M. le prince-abbé Martin Gerbert a publiée, sous le titre de *Scriptores Ecclesiastici, potissimum de musicâ sacrâ*, etc.

Naissance du rhythme moderne.

Comme le plain-chant va toujours par notes égales, et que, jusqu'au tems dont nous parlons, c'était la seule musique qui eût attiré l'attention des savans, ils n'avaient fait aucune mention du rhythme, parce qu'il était tellement nul qu'il ne pouvait être l'objet de la spéculation; mais alors, soit que la musique vulgaire, qui portait un rhythme plus marqué, eût pris quelque nouveau degré d'importance,

soit que l'on eût senti la nécessité de la mesure pour, faire
marcher ensemble l'orgue et les diverses parties de chant,
on commença à s'occuper de cet objet. Le premier qui ait
écrit sur cette matière est *Franco*, nommé par les uns
Franco de Cologne, par d'autres *Franco de Paris*. Cet
auteur, dont la patrie est, comme on le voit, incertaine ;
était, à ce que l'on croit, scholastique de la cathédrale de
Liége en 1066, c'est-à-dire en l'année où Guillaume, duc
de Normandie, à la tête de quelques Français, conquit
l'Angleterre, et porta dans ce pays, encore barbare, le
germe des mœurs et de la civilisation. Avant Franco, on
avait déjà fait, ainsi qu'il le déclare lui-même, plusieurs
tentatives ; mais il fut, à ce qu'il paraît, le premier qui
rédigea en un corps de doctrine les règles établies avant
lui, les étendit, les corrigea, et mérita d'être regardé,
sinon comme l'inventeur, du moins comme le premier
auteur classique en cette matière, et d'être la source où
puisèrent, pendant long-tems, ceux qui écrivirent après
lui.

L'ouvrage de Franco, portant le titre suivant : *Franconis
Musica et cantus mensurabilis*, est inséré tout entier dans
le Recueil de M. Gerbert. Il contient une introduction et
treize chapitres : les dix premiers, excepté le second, sont
relatifs au rhythme ; le second et les trois derniers sont
relatifs au *déchant*. Sans en faire l'analyse détaillée, j'es-
sayerai de donner une idée suffisante de sa doctrine.

La musique mesurée, qu'il met bien au-dessous de la
musique plane, est, dit-il, un chant mesuré par des tems
longs et brefs ; ces tems peuvent être exprimés par la voix
ou par les silences. Les détails où il entre ensuite font voir
clairement que c'est à l'orgue et à l'organisation que cette
musique doit son origine. Il distingue trois degrés de durée : la longue, la brève et la semi-brève. La longue peut
être parfaite, imparfaite ou double. Elle est parfaite quand
elle vaut trois tems ; car, dit ce pieux docteur, le nombre
trois est le plus parfait, parce qu'il est l'emblême de la
Sainte-Trinité ; elle est imparfaite, lorsqu'elle vaut deux
tems ; quant à la double, cela s'entend de soi-même. La
brève est également de deux espèces, qu'il ne décrit pas.

La semi-brève est majeure ou mineure. Quant aux figures de ces notes, les voici : la longue se marque ■| ; la double longue ■■| ; la brève ● ; la semi-brève ●. Outre leurs valeurs propres, elles en ont un grand nombre d'accidentelles, que je ne décris pas, pour abréger. Il donne aussi le signe des pauses relatives. Il distingue ensuite cinq modes ou élémens de rhythme; le premier, qui ne contient que des longues ou une longue suivie d'une brève; le second, dans lequel la longue est précédée d'une brève; le troisième, composé d'une longue et de deux brèves; le quatrième, de deux brèves et d'une longue; et enfin, le cinquième, de deux demi-brèves et deux brèves.

Voilà les élémens de sa rhythmopée. Quant au *déchant*, il le définit l'union de plusieurs mélodies concordantes entr'elles, et composées de diverses figures : il en distingue quatre espèces; le *discant* simple; le *prolat* (*prolatus*); le *tronqué* (*troncatus*), qui admet les *hoquets* et le *discant copulé*. À ces quatre espèces conviennent les *consonances* et les *dissonances*. Les *consonances* sont de trois espèces : parfaites, imparfaites, moyennes. La première espèce contient celles dont les sons semblent se confondre, telles sont l'octave et l'unisson; la seconde, celles dont les sons se distinguent fortement, telles sont la tierce majeure et mineure ; la *consonance* moyenne renferme la quinte et la quarte. Les *dissonances* sont de deux espèces : parfaites et imparfaites; les premières sont le demi-ton, le triton, la tierce majeure ou mineure avec quinte; les imparfaites sont la tierce majeure et mineure. Il parle ensuite de l'usage des consonances : il en donne les règles, mais elles sont difficiles à comprendre, à cause de l'imperfection des exemples. On y aperçoit néanmoins un progrès sensible, et l'on y remarque surtout l'usage de la sixte majeure ou mineure entre deux octaves ; c'est le premier exemple qu'en présente l'histoire de l'art:

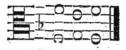

Après Franco, la musique sembla demeurer au même

point, surtout quant à l'harmonie, pendant plus d'un siècle ;
ce qu'il faut attribuer aux immenses distractions qu'occasionnèrent en Europe les croisades qui eurent lieu à cette
époque. Je ne ferai donc que nommer, en passant, Walther
Odington, bénédictin d'Évesham, en Angleterre, qui vivait en 1240, et dont l'ouvrage *de Speculatione musicæ*
ne renferme qu'un commentaire de la doctrine de Franco,
enrichie de quelques développemens relatifs à la mesure.
J'en dirai autant de celui de Robert de Handlo, autre
écrivain anglais, intitulé *Regulæ cum maximis Magistri
Franconis, cum additionibus aliorum musicorum, com-
pilatæ* à R. de H., en date de l'année 1326; mais, pour
donner une idée de la composition de ce tems, je cite un
exemple tiré d'un manuscrit du XIIIᵉ siècle.

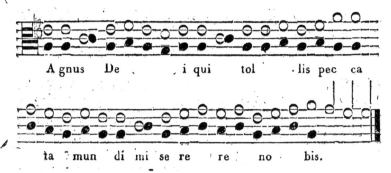

A gnus De i qui tol lis pec ca

ta mun di mi se re re no bis.

Ce *déchant* est fait sur cette règle, alors en vigueur :
*Quisquis veut déchanter..... il doit regarder si le chant
monte ou avale. Se il monte, nous devons prendre la double
note ; se il avale, nous devons prendre la quinte note.*

Nous trouvons, à la fin de ce siècle, un commentateur
de Franco, plus intéressant que les autres, et qui peut
même, à quelques égards, être cité comme inventeur. C'est
Marchetti, de Padoue, auteur de plusieurs ouvrages, dont
l'un, qui traite de la musique plane, est daté de Vérone,
en 1274. Il paraît qu'il le rédigea fort jeune; car on en a
de lui, sur la musique mesurée, un autre qui est dédié à
Robert, roi de Naples, et ce prince régna de 1309 à 1344.
La lecture de ces écrits fait voir qu'à cette époque, on
avait admis un nouveau degré de subdivision, et qu'aux

trois valeurs, on en avait ajouté une quatrième : la minime qui est notre blanche. Le *déchant* avait aussi fait quelques pas ; on y trouve les premiers passages chromatiques qui aient été pratiqués ; on les voit dans ces exemples ;

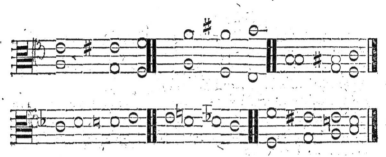

L'auteur en donne la théorie, et traite du genre chromatique et enharmonique avec assez d'étendue. Enfin, il devient évident que l'art a éprouvé un avancement sensible.

Cette remarque est confirmée par la lecture des écrits de Jean de Muris, docteur de Sorbonne, que les uns ont dit Anglais, les autres Parisien, et d'autres Normand, ce qui est le plus probable. Il a pendant long-tems été regardé comme l'auteur de toutes les inventions que nous venons de décrire, particulièrement de celle du rhythme et de la figure des notes ; et probablement il aurait encore cette réputation, si les recherches de M. Gerbert et de M. le docteur Burney, ne nous avaient donné des notions plus exactes. Il paraît même qu'il a peu avancé la notation musicale ; mais on lui doit beaucoup du côté de l'harmonie. C'est dans ses écrits que l'on trouve, pour la première fois, la défense de faire deux consonnances parfaites de suite par mouvement semblable, et une foule d'autres préceptes, sur la succession des intervalles, que l'on suit encore aujourd'hui. On y trouve, pour la première fois, le terme de contrepoint au lieu de celui de *déchant*. Il paraît qu'à cette époque il régnait une fermentation singulière en cette partie, car ce docteur se plaint des variations continuelles que l'art éprouvait ; et, dans le même tems, c'est-à-dire en l'année 1322, le pape Jean XXII donna

une bulle pour défendre dans les églises l'emploi du déchant, qui était dégénéré en abus, et qui semblait ne plus
reconnaître de principes. On croit que Jean de Muris vivait encore en 1345. Il eut, ainsi que Franco, plusieurs
commentateurs : Philippe de Vitry, dont on n'a retenu que
le nom, et Prodoscimo de Beldomando, de Padoue, qui
professait en cette ville en l'an 1422, mais dont les écrits
ne sont pas connus.

Il existe jusqu'à ce jour dans l'histoire du contrepoint
une lacune immense, qui s'étend depuis le XIIIᵉ jusqu'à la
fin du XVᵉ siècle. On croit communément qu'il ne subsiste
aucun vestige des compositions de cette époque. Mais au
moment où j'écris, M. Perne vient de découvrir dans les
manuscrits de la bibliothèque impériale, des matériaux
assez importans pour lui faire concevoir l'espérance de remplir cet intervalle. (Voy. son article au second volume.)

Fixation du système des valeurs et des principes du contrepoint.

Ce fut vers la fin du quatorzième siècle que l'on commença à abandonner les pieds rhythmiques déterminés
par Franco, et à introduire, dans la mesure, autant de
sons que pouvaient en fournir les divers ordres de subdivision des tems. Il fallut de nouvelles figures pour représenter
ces nouvelles valeurs : la création s'en fit à la fin du
quatorzième et au commencement du quinzième siècle.
Ce n'est pas que nous en trouvions des traces dans les
écrivains de cette époque. Il ne paraît pas que Prodoscimo,
qui écrivait en 1412, en fasse mention ; mais nous trouvons
l'institution entièrement formée et régularisée dans les auteurs plus modernes, et premièrement dans Jean Tinctor,
qui fut d'abord maître de chapelle du roi de Naples Ferdinand, puis chanoine et docteur à Nivelle, en Brabant, et
qui par conséquent vivait dans la seconde moitié du quinzième siècle. Cet auteur a laissé plusieurs ouvrages, parmi
lesquels on remarque le premier Dictionnaire de Musique
qui ait été fait. Il l'a publié sous le titre Definitorium ter-
minorum musicæ, et j'observe que c'est le meilleur titre que
l'on puisse donner à un Dictionnaire : ces sortes d'ouvrages

devant être simplement des recueils de définitions, et non des traités alphabétiques.

La doctrine exposée dans J. Tinctor se trouve beaucoup mieux développée dans les ouvrages de Franchino Gafforio. Cet écrivain, né à Lodi le 14 janvier 1451, et nommé, en 1484, maître de chapelle de la cathédrale de Milan, et professeur de l'école publique de musique fondée en cette ville par L. Sforce, fait une véritable époque dans l'histoire de l'art, autant par l'étendue que par là stabilité de sa doctrine. Des cinq ouvrages qu'il a laissés, ou qui nous sont parvenus, le plus important est celui qui porte le titre *Pratica Musica*, imprimé à Milan en 1496, et l'un des premiers traités de musique qui aient été publiés par la voie de l'impression. Il est divisé en quatre livres. Le premier traite de l'harmonie; c'est-à-dire de l'intonation, car à cette époque le mot d'harmonie avait encore la même signification que chez les anciens : le second, du chant mesuré : le troisième, du contrepoint : le quatrième, des proportions musicales. Le second et le troisième livre sont les seuls qui nous intéressent, parce que le premier n'offre rien de nouveau.

Relativement aux valeurs, Gafforio considère cinq figures essentielles, qui sont les cinq principales notes et les silences qui leur correspondent, savoir : la maxime (1), la longue (2), la brève (3), la semi-brève (4), et la minime (5). Il y a ensuite des figures moindres, telles que la semi-minime, qui est de deux espèces, la semi-minime majeure (6) et la semi-minime mineure (7). Chacune de ces notes a un silence qui lui correspond; la longue en a deux, un pour la perfection (a), l'autre pour l'imperfection (b).

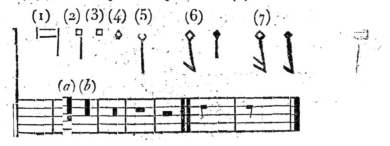

Les rapports de ces notes entr'elles prennent des noms différens. Le rapport de la maxime à la longue s'appelle mode majeur ; celui de la longue à la brève, mode mineur ; celui de la brève à la semi-brève se nomme le tems ; celui de la semi-brève à la minime , prolation. A une époque un peu plus reculée ; cette prolation fut nommée prolation mineure, et le rapport de la minime à la semi-minime, prolation majeure. Chacun de ces rapports peut être parfait ou imparfait, c'est-à-dire triple ou double ; et cette quotité se désigne par des signes différens. Outre cela, ces rapports sont indépendans, ce qui donne lieu à un grand nombre de combinaisons. Les plus usitées, comme nous l'apprend Glaréan, sont : 1°. celles où tous les rapports sont doubles ; 2°. celle dans laquelle tous sont doubles à l'exception du tems. Ce qui est : 1°. notre mesure à deux tems ; 2°. notre mesure à trois tems, en prenant des figures de double valeur. Les autres rentrent dans nos mesures composées, avec la même modification. On voit donc ici que le système des valeurs est fixé, sauf quelques légères modifications, dont nous rendrons compte par la suite.

Le second livre est divisé en quinze chapitres. Les deux premiers traitent, en général, du contrepoint et de ses diverses espèces ; le troisième renferme huit règles sur la succession des consonnances, qui sont à-peu-près celles que l'on suit aujourd'hui ; le quatrième traite des dissonances, et fait voir que, dès ce tems, on employait ces intervalles,

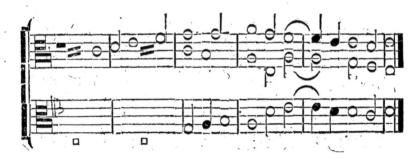

mais avec beaucoup de réserve et de timidité, seulement de
la valeur d'une minime (blanche), en passage et par syn-
cope, et cela même fort rarement. Là-dessus, il cite plusieurs compositeurs qui en ont usé sans scrupule, tels que
Dunstable, Binchois, Dufay, Brasart, et finit par convenir
qu'il est plusieurs de ces intervalles que l'on peut très-bien
employer. Les chapitres V et VI traitent de la quarte, et
font voir de quelle manière on l'employait alors; le septième
traite de la sixte et de la tierce; les autres sont relatifs à la
disposition des parties. L'avant-dernier est remarquable par
la citation d'un morceau singulier, tout en dissonances,
qui se chantait, la veille des morts, dans l'église de Milan,
et que l'on nommait *Litaniæ mortuorum discordantes.* En
voici un verset :

Gafforio observe avec raison qu'il est absolument contraire
au bon sens et à toute espèce de goût.

Content d'avoir posé les préceptes généraux, Gafforio
n'entre dans aucun détail sur la forme des pièces, ni sur
les compositeurs de son tems. On trouve quelques renseignemens de plus dans J. Tinctor, et l'on y voit que dès-
lors les canons étaient en usage, et qu'on les désignait
même par le terme de fugue; on voit même qu'il connaissait les canons énigmatiques. On y trouve aussi la distinction de la musique, en musique spirituelle, que l'on nommait *motet*, et en musique mondaine, appelée *cantilena.*
Les recueils de ce tems, et d'autres; un peu plus modernes,
offrent un choix de compositions, et désignent des compositeurs dignes de notre attention. C'est ce dont nous
allons nous occuper, en reprenant les choses de plus
haut.

Nous avons vu précédemment que, lorsque les irruptions des peuples du nord eurent consommé la destruction
et le démembrement de l'empire d'Occident, la musique se

trouva réduite au chant ecclésiastique et aux chants nationaux de ces barbares, auxquels il faut ajouter ceux des
peuples qu'ils conquirent. On remarque aisément dans ces
deux genres de chant le germe de la distinction du style
sévère et du style idéal. Un recueil des chansons populaires
du moyen âge, composées la plupart par les troubadours,
successeurs des anciens Bardes, ou par des poëtes et musiciens du même tems, tels que Raoul de Coucy, Thibaut,
comte de Champagne, et autres, donnerait une idée de
l'état du premier; quant à l'autre, il était borné au plain-
chant et aux contre-points que l'on composait dessus. Mais,
à l'époque que nous parlons, ils prirent un accroissement
considérable : l'invention des canons amena bientôt celle
de la fugue et d'une foule de compositions artificieuses,
et la révolution fut si prompte et si entière que l'art du
contrepoint parut un art nouveau.

Selon le témoignage des anciens écrivains, les compositeurs
qui paraissent avoir le plus contribué à cette révolution furent, en premier lieu, J. Dunstable, Anglais, qui mourut en
1453 ou 1458, et que, à cause de la ressemblance du nom,
on a confondu avec saint Dunstan, qui vivait au onzième
siècle. Il eut pour contemporains, en France, Dufay et
Binchois. A ceux-ci, succédèrent immédiatement Okenheim, Busnois, Regis et Caron. Voilà ce que dit Tinctor,
qui regarde mal-à-propos ce J. Dunstable comme l'inventeur du chant mesuré. En cela, il a été copié littéralement
par Séb. Heyden, qui écrivait en 1537; puis par J. Nucius,
qui, à Okenheim, Busnois, etc., joint un grand nombre
d'autres compositeurs, tels que Josquin Deprez, H. Isaac,
L. Senfel, B. Ducis, etc.; mais ceux-ci sont d'une époque
postérieure. Voyez l'art. Dunstable.

Il ne reste, à ce que l'on croit, rien des compositions de
Dufay, de Busnois, non plus que de Regis, Caron et Binchois,
qui vécurent au commencement et au milieu du quinzième
siècle. On n'a de ce tems qu'un seul canon à six parties,
assez bien fait, que l'on peut voir dans l'ouvrage de M. Burney (*A general History of Music*, tome II, page 405);
mais il en reste beaucoup des anciens maîtres de l'école

flamande et de l'ancienne école française, qui fleurirent
vers 1480, et depuis.

Ces deux écoles eurent à cette époque un très-grand
éclat. L'école flamande fut la plus ancienne, et, ainsi que
l'attestent Guichardin et autres, elle fournissait toute l'Europe de chanteurs et de compositeurs. Parmi ceux-ci, les
plus célèbres furent Jacques Obrecht ou Hobrecth, J. Ockenheim, et surtout Josquin de Prez. Le plus ancien des trois
fut Obrecht; il fut maître de musique du célèbre Erasme,
né en 1467. Il avait, dit-on, tant de facilité, qu'en une
nuit il composait une belle messe; et cela doit être regardé
comme un tour de force; si l'on remarque que ces compositions étaient d'une excessive difficulté. Il a vécu dans
la dernière génération du quinzième siècle. Jean Ockenheim,
un peu plus moderne, avait composé une messe à neuf
chœurs, à trente-six parties, toute pleine de compositions
artificieuses. Il eut pour élève le célèbre Josquin de Prez,
regardé unanimement, par tous ses contemporains, comme
le plus habile compositeur de ce tems. On a de cet homme
célèbre un grand nombre de compositions qui attestent le
plus profond savoir. Il fut successivement chanteur à Rome,
maître de chapelle de Louis XII, et mourut vers l'an 1520.
Voyez l'article Josquin. On nomme, après lui, Pierre
de la Rue, B. Ducis, et autres compositeurs, qui, jusqu'à Orlande de Lassus, maintinrent la gloire de cette
école.

L'ancienne école française, aussi très-célèbre, nomme
pour chef Ant. Bromel, élève d'Ockenheim, et contemporain de Josquin. On remarque Févim; d'Orléans; J. Mouton, maître de chapelle de François Ier; Arcadet; Verdelot,
Lhéritier; Goudimel; et autres que je ne puis nommer.

En Allemagne, on remarque, à la même époque, H. Finck,
H. Isaac, L. Senfel, et autres. V. l'art. H. Finck.

Les recueils de Peutinger, Bodenschaft, et divers autres,
font connaître les noms et les œuvres de plus de deux cents
compositeurs, qui ont fleuri depuis 1450 jusqu'en 1580
environ, et qui se jouaient avec la fugue et les compositions
les plus difficiles, les écrivant avec autant de correction que
de facilité. Le Dodédachorde de Glaréan renferme un

choix des chef-d'œuvres de ces hommes habiles capables de contenter la curiosité des lecteurs; je me propose moi-même, en y consacrant un cahier de ma Collection des classiques, de rendre un juste hommage à la mémoire de ces patriarches de l'harmonie.

IIIᵉ. PERFECTIONNEMENT.

L'époque où nous arrivons est la plus importante de toutes, parce qu'elle est le but et le résultat de tout ce qui l'a précédée. Elle semble offrir la fixation de plusieurs parties de l'art, tant en ce qui concerne le fond du système qu'en ce qui regarde les différens genres de composition musicale. En effet, lorsque nous voyons des dogmes établis invariablement depuis près de trois siècles, et regardés comme des principes fondamentaux; lorsque nous voyons des chef-d'œuvres admirés depuis le même tems, et regardés comme des modèles qu'il est impossible, je ne dis pas d'effacer, mais même d'atteindre, il est permis de croire que, dans ces diverses parties, l'art a atteint sa limite; que s'il ne reste au même point, il ne peut que rétrograder : à moins d'éprouver une révolution qui change entièrement le système, ainsi qu'il est déjà arrivé relativement à celui des anciens.

Pour procéder avec ordre, je diviserai ce chapitre en deux parties. Dans la première, je parlerai de l'art en lui-même et de ses progrès, sans acception expresse des individus ni des nations qui ont contribué à son avancement; dans la seconde, considérant la question sous le point de vue inverse, je parlerai avec plus d'étendue et plus particulièrement des écoles et des individus:

Iʳᵉ. PARTIE. DE L'ART EN LUI-MÊME.

Ce que nous avons à dire sur l'art considéré en lui-même, se rapporte à deux points principaux, savoir : le système musical proprement dit, et les genres de composition : ce sera la matière des deux sections suivantes.

I.re SECT. DU SYSTÈME MUSICAL.

Dans la multitude de combinaisons qui résultaient de la perfection ou de l'imperfection des modes, du tems et des prolations ; il en est une qui, au rapport de Glaréan, et autres auteurs, fut de tout tems la plus usitée ; c'est celle où toutes ces valeurs étaient imparfaites, c'est-à-dire à raison double ou sous-double. A la longue, cette combinaison prévalut tellement qu'elle devint en quelque sorte exclusive et fut regardée comme la base de tous les rapports. A cette première simplification du système des valeurs, succédèrent diverses modifications, qui furent amenées par l'emploi des *barres de mesure*. Autant que je puis le croire, cet usage fut introduit par des compositeurs qui, voulant, dans le travail de la composition, se faciliter le calcul des valeurs correspondantes, imaginèrent de renfermer dans une même case toutes les notes de la partition qui répondaient à une même note d'une très-grande valeur ; telle que la *maxime* ou la *longue ;* aussi, dans l'origine, ne tira-t-on des barres que de huit en huit ou de quatre en quatre mesures. C'est de cette manière qu'elles sont employées dans les ouvrages imprimés vers 1600, les premiers où l'on en rencontre, et l'usage n'en devint général qu'environ cent ans après. Peu à peu, on rapprocha ces barres à la distance d'une mesure, et tel est en général l'usage de nos jours, qui n'admet d'exception que pour la mesure à *capella*, c'est-à-dire celle à deux tems, en rondes, mouvement rapide, et dans laquelle on ne les tire que de deux en deux, pour ne pas trop les multiplier ; encore, n'est-ce plus guères aujourd'hui qu'en Italie que cette restriction s'est maintenue : les Français et les Allemands ayant la plupart soumis cette mesure à l'usage général.

L'introduction des barres de mesure et leur multiplication a produit un effet qui devait en résulter naturellement ; c'est de faire tomber l'usage des notes de grande valeur, et de nos jours, on ne se sert pas de valeurs plus grandes que la ronde ou semi-brève, si ce n'est quelquefois de la brève dans la mesure à *capella.* Quant à la longue et à la maxime, elles ne sont plus connues que des érudits. Mais, en revanche, on a singulièrement multiplié les figures diminuées, et rien n'est plus commun que l'usage des simples et doubles croches, qui autrefois ne paraissaient que dans la musique instrumentale, et même fort rarement.

La figure de ces notes diminuées a encore éprouvé une variation qui mérite à peine d'être mentionnée. Autrefois la tête était de forme losange; vers le milieu du dix-septième siècle, on a employé la forme ronde ou celle d'un ovale plus ou moins incliné; environ cent ans après, cette forme a entièrement prévalu, et c'est la seule usitée de nos jours.

Si le rhythme n'a, comme on vient de le voir, éprouvé que des variations de peu d'importance, il n'en a pas été de même de la tonalité, et, par suite, de l'harmonie et du contrepoint.

Jusqu'à la fin du quinzième siècle, les tons dégénérés des Grecs, tels qu'ils sont conservés dans le chant de l'église romaine, non-seulement avaient servi de base au chant ecclésiastique et aux travaux des compositeurs qui cherchaient à placer de l'harmonie sur ces chants ou à composer selon le même système; mais il paraît même, d'après un assez grand nombre de chansons du moyen âge, qui sont parvenues jusqu'à nous, et dont quelques-unes mêmes sont encore aujourd'hui des airs populaires, il paraît, dis-je, que les chants vulgaires rentraient dans les modes ecclésiastiques. Mais, dans le courant du seizième siècle, il se manifesta un mouvement qui amena enfin les choses au point où elles sont aujourd'hui.

Pour dissiper ce que cet énoncé peut avoir de vague et d'obscur, il est nécessaire de donner une idée claire de ce que l'on entend en musique par ton ou mode, et, d'après cela, de faire voir quels rapports il y a entre les modes modernes et les modes ecclésiastiques.

Il n'est personne, doué de l'organisation musicale la plus ordinaire et capable de l'attention la plus faible, qui n'ait observé que toute pièce de musique tend à se terminer sur une certaine note ou sur un certain son; et ce son est tel que, si l'on essaie d'en substituer un autre, le chant ne paraîtra pas terminé. C'est une expérience qu'il est très-facile de faire sur le premier et le plus simple air connu. Or une pièce de musique est dite dans le *ton* d'une note lorsqu'elle tend à se terminer sur cette note ou son, que l'on nomme note principale ou tonique. Or, si l'on décompose une pièce de musique que l'on suppose toute entière dans le même ton, on reconnaîtra qu'elle est formée de la combinaison d'un certain nombre de sons ayant, chacun, avec le son principal un rapport constant. L'ensemble ou le système de ces rapports est ce qui constitue le *mode musical*, et si l'on range entr'eux, dans l'ordre le plus immédiat, à partir de la tonique, la partie de ces sons compris dans l'espace d'un octave, on aura l'échelle du mode.

On conçoit, comme possibles, un très - grand nombre de modes différens, dont on peut former divers systèmes. Chacun de ces systèmes de modes constituera essentiellement autant d'idiômes ou langages de musique, qui appartiendront à des races d'hommes différentes. C'est ainsi que les peuples du levant paraissent avoir une *modalité* tout à fait différente de la nôtre, et qui, pour le remarquer en passant, ne nous est point encore bien connue jusqu'à ce jour. Nous avons fait voir, ou du moins indiqué, en quoi consistait la tonalité des Grecs, d'où dérivait la tonalité ecclésiastique. Quant à la nôtre, elle ne contient que deux modes, savoir : le mode majeur, dont l'échelle est renfermée dans le chant

Ut, ré, mi, fa, sol, la, si, ut.

Et le mode mineur, qui a pour échelle, en montant

La, si, ut, ré, mi, fa, sol, la,

dièse dièse

Et en descendant

La, sol, fa, mi, ré, ut, si, la.

du moins selon les notions qui sont aujourd'hui universellement reçues, malgré qu'à mon avis elles manquent d'exactitude et de justesse. Quoiqu'il en soit cette tonalité est tout

à fait moderne, et l'on peut assurer qu'il n'y a guère plus
de cent à cent cinquante ans (car on sent qu'il est impossible de déterminer ici une époque précise) que ce système
a entièrement prévalu au point de devenir exclusif, au point
de pouvoir donner lieu à la question de savoir si les peuples
modernes de l'Europe peuvent sentir une autre tonalité;
et si toute autre tonalité n'est pas plutôt pour eux un système de modulation; c'est-à-dire d'enchaînement des modes
qu'un système de modes proprement dit.

Je n'examinerai point ici cette question, et je me bornerai à dire que c'est dans le courant du seizième siècle que
cette tonalité moderne s'est fait sentir plus fortement, qu'elle
a exercé son influence sur la composition, et que c'est dans
l'école de Naples, et particulièrement dans celle de DURANTE,
qu'elle a été fixée sous tous les rapports, du moins en ce
qui concerne la pratique; car, en ce qui concerne la théorie,
elle est encore très-imparfaite, ainsi que je l'ai dit tout à
l'heure, et que je le démontrerai incessamment dans un
travail que j'ai préparé sur cette matière, et dans lequel je
crois avoir fait quelques pas en avant.

Le sentiment de la tonalité moderne n'a pas uniquement
influé sur la mélodie, mais encore sur l'harmonie et le
contrepoint. Si la tonalité n'eût éprouvé aucune variation,
la science avait atteint sa limite, il y a plus de trois siècles.
Le système demeurant le même, il n'y avait rien à ajouter
aux travaux des Okenheim, des Josquin, des Bromel, des
Larue, des Mouton, des Orlande, et des autres savans
maîtres de l'école flamande et de l'ancienne école française,
ainsi que le déclarent Zarlin, Artusi, et tous les didactiques
qui ont écrit dans la même analogie; mais le changement
qui se faisait dans le système tonal amenait des changemens nécessaires dans les autres branches de la composition.

Et d'abord l'harmonie éprouva, quoique lentement, une
révolution complète. Les anciens contrapuntistes avaient
pour précepte presqu'unique de donner à toutes les notes
de l'échelle la tierce et la quinte, à l'exception de celle qui
porte quinte mineure, à laquelle on donnait la sixte; et ils
regardaient l'harmonie comme valable toutes les fois qu'elle

était exempte de suites de quintes et d'octaves ; mais le
sentiment des nouveaux modes fit reconnaître que cette
harmonie était fausse : qu'elle produisait une infinité de
mauvaises relations; on étendit la sixte au troisième, et
souvent à plusieurs autres degrés de l'échelle, et c'est sur
ce principe qu'écrivit Palestrina, et toute son école.

Mais, le pas le plus important n'était pas fait encore. Un
maître de l'école de Lombardie (Cl. Monteverde), qui
florissait vers 1590, créa l'harmonie de la dominante; le
premier, il osa pratiquer la septième de dominante, et
même la neuvième à découvert et sans préparation; le pre-
-mier, il osa employer comme consonnance la quinte mineure, réputée jusqu'alors comme dissonnance : et l'harmonie
tonale fut connue. Ce principe une fois admis, toutes les
conséquences s'en suivirent sans effort, et l'on arriva insensiblement à ne reconnaître dans le mode que trois harmonies essentielles : celle de la tonique, celle de la dominante
et celle de la sous-dominante, les seules qui doivent se placer, soit directes, soit renversées, sur ces notes et sur celles
qui sont comprises dans leur harmonie.

Le même Cl. Monteverde introduisit dans la composition
les dissonnances doubles , qui furent suivies des dissonnances triples, et des acccords diminués et altérés. Le con-
trépoint, comme on le pense, dut se ressentir de ces innovations; il fut permis aux parties de franchir des intervalles
mélodiques qui leur avaient été jusqu'alors interdits , et les
intervalles harmoniques eurent des successions jusqu'alors
inconnues. Vers le même tems , L. Viadana de Lodi
imagina de donner à la basse instrumentale une mélodie
différente de celle de la basse vocale, que jusqu'alors elle
avait suivie fidèlement , de la faire régner dans toute l'étendue des pièces, de la considérer comme la base et le fondement de toute la composition, et de représenter par des
chiffres les accords qu'elle devait porter. C'est en ce sens
seulement qu'il doit être considéré comme l'inventeur de la
basse continue, car il ne paraît pas d'ailleurs qu'il ait rien
ajouté à l'harmonie.

Toutes ces innovations excitèrent les réclamations des
maîtres attachés aux anciennes règles; mais enfin la force

du sentiment et de l'expérience l'emportèrent sur des rai-,
sonnemens vagues et abstraits. A la vérité, on n'appliqua
d'abord les nouvelles méthodes qu'aux chants modernes et
profanes, et l'on continua de traiter les tons ecclésiastiques
selon les règles des anciens, mitigées à la manière de Palestrina et de l'école romaine.; mais, dès la fin du dix-
septième siècle, on commença, en pratique, à ne plus
regarder les tons de l'église que comme une formule pour
enchaîner les tons modernes, et, d'après ce principe, on y
appliqua l'harmonie tonale. C'est de cette manière que
l'école de Naples, et notamment Durante, les ont considérés, et cette manière est aujourd'hui la seule en usage.

La pratiqué, dans les arts, a toujours été en avant de la
théorie, ou, pour mieux dire, de la didactique; et c'est ainsi
qu'il doit toujours en être, puisque la didactique ne doit faire
autre chose que d'observer et de réduire en principes les
opérations du génie, et qu'elle ne peut essayer d'aller en
avant sans s'exposer à se voir démentie par l'expérience. Si
l'on examine les didactiques qui se sont succédés dans la
période que nous parcourons, on aura une nouvelle preuve
de la vérité de ces observations. P. Aaron, L. Fogliani, et
tous ceux qui écrivirent pendant les deux premières générations du seizième siècle ajoutèrent peu de chose à ce
qu'avaient laissé les écrivains du quinzième. Zarlin, qui
publia, en 1571, ses Institutions harmoniques, recueillit
et développa tous les théorêmes, tous les préceptes établis
jusqu'à lui, et son ouvrage fut dès-lors, et long-tems après,
regardé comme le plus éminemment classique. Mais bien loin
d'être en avant des compositeurs de son siècle, il semble
n'avoir pas connu Palestrina, qui florissait dès 1552. Il a
établi toute sa didactique sur la pratique des maîtres de
l'école flamande, dont il était lui-même élève. Il fut imité
par Artusi, Zacconi, et autres, qui écrivirent avant la fin du
seizième siècle. D. P. Cerone, qui publia à Naples, en 1613,
son *Melopeo y Maestro*, recula les bornes de la didactique.
Il modifia son enseignement d'après Palestrina et les maîtres de l'école romaine. Galeazzo Sabbatini, qui donna,

en 1644, les règles de la basse continue, écrivit sur les mêmes principes. Mais, ce ne fut que dans les traités de Berardi, de Bononcini et de Gasparini, qui écrivirent vers la fin du dix-septième et le commencement du dix-huitième siècle, que l'on vit réduire en préceptes la pratique introduite dès la fin du seizième, et depuis ce tems la didactique est demeurée à-peu-près au point où l'ont amenée ces derniers auteurs.

ɪ. Dans ce que je viens de dire, je n'ai point cité les auteurs français et allemands, parce que, dans tout le cours des siècles que je viens de traverser, ils furent, en général, en arrière des didactiques italiens, et que je ne m'occupe ici que des progrès de l'art, et non de l'histoire des écoles. Mais, vers le commencement du dix-huitième siècle, un écrivain français donna à la didactique une commotion assez sensible. Je veux parler ici de Rameau, qui soutint que toutes les règles données jusqu'à lui n'étaient que des traditions aveugles, sans liaison et sans fondement, et qui se proposa de les ramener toutes à un petit nombre de principes, qu'il prétendit déduire des lois, bien ou mal entendues, de la physique. Comme les opinions de cet homme célèbre ont eu beaucoup de cours en France pendant un assez long espace de tems, et qu'elles ont exercé une influence utile sur certaines parties de la didactique, je ne puis me dispenser d'en donner au moins une idée.

Si l'on examine les divers accords employés dans l'accompagnement, on reconnaîtra qu'ils peuvent tous se ramener aux diverses combinaisons de certains groupes de sons. Par exemple, les accords *Ut-mi-sol*, *Mi-sol-ut*, *Sol-ut-mi*, ne sont évidemment que trois combinaisons des sons *ut*, *mi* et *sol*; les accords *Sol-si-ré-fa*, *Si-ré-fa-sol*, *Ré-fa-sol-si*, *Fa-sol-si-ré*, sont quatre combinaisons des sons *sol*, *si*, *ré*, *fa*; dans lesquelles chacun des sons est successivement pris pour base, l'arrangement des sons supérieurs étant absolument indifférent. Or, si on regarde un de ces accords qui sont composés des mêmes sons comme étant l'accord principal, les autres pourront être considérés comme en étant des dépendances. C'est ce qu'avaient dit les anciens, qui regardaient comme accord principal celui dans lequel tous les sons se trouvent dans l'ordre des tierces, et qui regardaient les autres accords composés des mêmes sons comme des renversemens du premier. Des écrivains ignorans ont attribué cette considération à Rameau : pour se convaincre de la fausseté de leur assertion, il suffit de jeter les yeux sur Zarlin, Berardi, et autres, on verra que cette considération, qui d'ailleurs est très-vraie, était familière aux anciens. Mais, ce qui appartient à Rameau, c'est d'avoir prétendu ramener toutes les lois de l'harmonie à celles qui règlent les accords principaux. Pour cet effet, il nomme ces accords *accords fondamentaux*, *fondamentale* la note qui leur sert de basse, et enfin, *basse fondamentale* une basse hypothétique formée des seules notes fondamentales. Cela posé, il prescrit les règles d'après lesquelles peut se former cette basse, c'est-à-dire d'après lesquelles les accords fondamentaux peuvent se succéder : et selon lui, l'harmonie sera régulière toutes les fois que les accords dont elle est formée, étant ramenés à leurs accords fondamentaux, les successions de ceux-ci se trouveront conformés aux règles qu'il a établies.

Par malheur, rien n'est plus faux que cette prétention : l'expérience et le dénombrement des cas font voir : 1°. qu'une succession fondamentale, conforme aux règles de Rameau, peut avoir des successions dérivées très-mauvaises ; 2°. que, au contraire, des successions dérivées, très-bonnes et généralement admises, proviennent souvent de successions fondamentales qu'il rejette comme vicieuses. A ces considérations, ajoutez encore que plusieurs accords, universellement reçus, ne trouvent pas de case dans les cadres de Rameau, et qu'il ne peut expliquer leurs successions. Par toutes ces raisons, le système de Rameau n'obtint l'approbation d'aucun habile praticien : il eut quelque tems, en France, quelque succès ; mais, aujourd'hui, il est entièrement abandonné, et n'a eu d'autre utilité que d'attirer l'attention des didactiques sur la théorie des renversemens, et de nous procurer quelques catalogues, plus ou moins complets, des accords envisagés sous ce point de vue. Tels sont ceux de Marpurg, de Knecht, de Sabbatini, etc. Voyez, ci-après, École Française.

L'habitude que l'on avait prise en France de considérer l'harmonie sous un point de vue systématique a produit, en dernier lieu, un avantage beaucoup plus important. Lorsque le Conservatoire, établi à Paris vers la fin du dix-huitième siècle, eut résolu, pour enseigner à ses élèves l'harmonie et l'accompagnement, de créer et d'adopter, à cet effet, un ouvrage élémentaire, un professeur de cet établissement (M. Catel) proposa un traité d'harmonie qui, de tous ceux que l'on a publiés jusqu'à ce jour, se rapporte le mieux à la pratique que l'on suit depuis près de deux siècles. Il y considère comme accords naturels (ce qui par le fait équivaut à consonnans) tous les accords que vulgairement on appelle consonnans et les accords disson-nans qui s'employent sans préparation : il examine som-mairement leurs principales successions, et fait voir com-ment, par les anticipations, retards et altérations dont ils sont susceptibles, on engendre tous les accords artificiels ou dissonnans proprement dits. Cette doctrine, déjà indi-quée par l'école de Durante, ainsi que l'atteste l'opuscule de Fénaroli (*Regole per li principianti*, etc.), déjà établie en Allemagne, comme on peut le voir dans l'Histoire de M. Forkel (Introd. art. 67); mais, présentée par M. Catel d'une manière plus nette et plus prononcée, a été adoptée en France par tous les bons esprits, et doit être regardée comme un pas très-important fait dans la didactique har-monique. Il est possible, je crois, d'en faire encore de nouveaux; mais, pour cela, il est nécessaire de dissiper quelques erreurs qui obscurcissent la théorie de la to-nalité, et ce n'est point ici le lieu de parler de ces ma-tières.

A présent, si nous embrassons d'un coup-d'œil l'état passé et l'état présent de la science; nous verrons assez clairement comment notre système a succédé à celui des Grecs, dont il est un cas particulier en ce qui concerne la modalité, et une extension en ce qui concerne le rhythme; comment il a pris successivement ses accroissemens et est arrivé au point où nous le voyons aujourd'hui. Nous verrons comment les règles de l'art, établies dans l'origine sur l'ancien système, et sans avoir égard, sinon faiblement et comme par condescendance, aux développemens du nouveau, ont subsisté en partie jusqu'à nos jours et exercé une influence générale. De même que, de nos jours encore, la plus grande partie des grammaires de nos langues modernes sont calquées sur celles des langues anciennes, malgré la différence qui existe dans le génie et la structure des unes et des autres. De cette conviction, acquise par l'analogie et l'observation immédiate, nous conclurons que la didactique musicale attend un maître, qui, d'une tête saine et d'une main vigoureuse, sache établir les limites des divers systèmes, des divers styles, et déterminer ce qui convient à chacun d'eux. Ce que nous allons dire concernant les différens genres de composition pourra fournir quelques nouvelles lumières sur cet objet.

2ᵉ. SECT. DES GENRES DE COMPOSITION.

Si nous avons différé jusqu'à présent à parler des genres de composition, ce n'est pas que nous pensions qu'ils aient seulement pris naissance à l'époque dont nous traçons en ce moment l'histoire. De tout tems les germes des différens styles ont existé, et quoique, dans leurs développemens, ils aient exercé une influence réciproque, il a toujours existé entr'eux des différences constitutives et caractéristiques; mais c'eût été un travail trop pénible, et qui d'ailleurs nous eût menés beaucoup trop loin, que de rechercher l'origine et les progrès de chacun d'eux. Nous avons donc reservé pour l'instant actuel le peu que nous nous proposons de dire sur cette matière, sauf, s'il est nécessaire, à reprendre les choses de plus haut.

On connaît, en musique, quatre genres principaux : le genre d'église, le genre de la chambre, le genre dramatique, et le genre instrumental; ce sera l'objet des quatre articles suivans.

ART. 1ᵉʳ. Musique d'église.

Le genre d'église admet, comme on sait, quatre espèces

bien distinctes : l'espèce *à capella*, le style accompagné,
le style concerté, et, enfin, l'oratorio.

———

De toutes les espèces, celle qui appartient le plus essentiellement à l'église est sans contredit l'espèce *d capella*. On
nomme ainsi un genre de composition écrit ordinairement
sur les tons du plain-chant, dans la mesure à deux tems,
et pour les voix, sans accompagnement; cette espèce admet
quatre sortes : le plain-chant, le faux-bourdon, le contre
point sur le plain-chant, et le contrepoint ecclésiastique
fugué. De ces quatre sortes, il en est une (le plain-chant)
dont nous avons déjà suffisamment parlé. Cette partie
n'ayant point, à proprement parler, éprouvé de variation
depuis saint Grégoire, nous n'avons rien de plus à dire sur
ce qui la concerne.

Quant au faux-bourdon, on a déjà vu comment il prit
naissance; c'est en lui que se trouve l'origine de la composition à plusieurs parties. Ce genre, le plus simple de tous,
et qui consiste dans un contrepoint de notes contre notes,
où la basse ne porte jamais que des accords parfaits, n'a
dû éprouver aucuns changemens depuis l'époque où les
règles de la composition simple ont été fixées d'une manière invariable, ce qui remonte même au-delà des jours
de l'école flamande. Il s'est conservé de nos jours; mais
seulement dans la psalmodie et dans quelques cantiques
très-usités.

On a souvent compris sous le nom de faux-bourdon et
confondu avec ce genre celui du contrepoint sur le plain
chant, qui y succéda immédiatement, et c'est sans doute
en ce sens qu'il faut entendre la fameuse bulle du pape
Jean XXII, qui défend l'usage du faux-bourdon, comme
produisant dans l'office divin la confusion et le scandale.
Ce genre, qui consisté à introduire sur le plain-chant,
conservé sans altération dans une des parties, un grand
nombre d'autres parties, offrant tous les artifices du contre-

point, tels qu'imitations, fugues, canons, etc., a encore
son histoire liée avec celle de la composition elle-même.
Il fut porté à un très-haut degré par les maîtres de l'école
flamande, qui ont laissé toutes sortes de très-belles productions en ce genre. Mais ils ont été encore surpassés par ceux
de l'école italienne, qui ont su y mettre plus de goût et de
grâce. C'est principalement dans le seizième siècle que l'on
en a vu les plus beaux modèles. Depuis cette époque, on
s'en est peu occupé, et loin de se servir des richesses que
l'on y possède, on y a substitué un contrepoint *alla mente*,
qui se fait à l'improviste, par des chanteurs réunis autour
du pupitre d'un chœur, et que l'on nomme chant sur le
livre. Le père Martini dit en avoir entendu de très-bon et de
très-bien fait. Nous n'avons jamais eu cet avantage, et ce
que nous connaissons en ce genre est tout ce qu'il y a en
musique de plus dégoûtant et de plus horrible. Voyez, ci-
après, École de France.

Dans ce genre de composition, les contrapuntistes du
quinzième et du seizième siècles ne s'assujétissaient pas toujours à prendre pour base de leur composition un chant tiré
des livres de l'église ; souvent. ils prenaient un plain-chant de
fantaisie ; souvent même, on les vit prendre pour base des
chansons vulgaires, et, pour le remarquer en passant, des
chansons françaises, dont quelques-unes eurent beaucoup
de cours en ces tems-là. De ce nombre fut surtout la fameuse chanson de *l'homme armé*, que l'on croit être l'ancienne chanson de Roland, sur laquelle les plus célèbres
compositeurs de ces deux siècles se firent un devoir de
composer des messes hérissées de science et de difficultés.
Bientôt, on ne s'astreignit même plus à conserver dans une
partie le chant principal, et l'on se contenta de prendre
pour thèmes successifs les principaux traits de la chanson
ou du plain-chant, et de faire entrer toutes les parties avec
des imitations de toute espèces : telle fut l'origine du style
fugué. Dans ce genre de composition, il ne fut plus question de l'expression des paroles, on s'attacha uniquement
à faire parade de science, et à faire briller l'habileté des
chanteurs ; le scandale fut porté au point que le concile de

Trente délibéra sur la suppression de la musique dans les églises, et s'il ne porta pas le décret, c'est qu'il fut retenu par des considérations locales et particulières. Enfin, l'abus étant porté à son comble, le pape Marcel II, qui régnait en 1552, avait pris la résolution de réduire la musique au chant grégorien simple, lorsqu'un jeune compositeur, jusqu'alors peu connu (Palestrina), présenta au souverain pontife une messe composée dans un goût tout différent de ce que l'on avait entendu jusqu'alors. Les formes étaient du même genre que celui dont nous venons de parler, mais, au lieu du fracas et du bruit, cette composition offrait un style noble et religieux, une harmonie pure, une expression douce et majestueuse : tels sont les principaux traits qui caractérisent le style *alla Palestrina*, et qui le distinguent du style fugué de ses prédécesseurs. Ajoutons encore que le sentiment des tons modernes s'y fait reconnaître d'une manière plus marquée, sans cependant y faire oublier les anciens. C'est à la réunion de toutes ces qualités que cet auteur dut d'en être regardé comme l'inventeur, quoiqu'il n'ait fait autre chose que de le perfectionner, et par-là même de le fixer, ce qui, dans le fait, est un avantage bien plus réel. Aussi Palestrina fut-il, pour ses successeurs, un modèle qu'ils désespérèrent à jamais d'atteindre, et cette conviction, jointe au mouvement qui continuait à se faire dans le fond du système, engagea bientôt les compositeurs à renoncer à un genre où ils ne pouvaient plus acquérir qu'une gloire et des avantages médiocres. Aussi, quoique très-admiré, ce style est-il de nos jours tellement peu pratiqué, que l'on aurait probablement bien de la peine à trouver, dans l'Europe entière, trois compositeurs en état de le traiter d'une manière convenable.

L'abandon dans lequel tomba le style de chapelle, dont toutes les sortes avaient été, dans le courant même et avant la fin du seizième siècle, amenées à un degré d'élévation qu'elles n'ont pas dépassé depuis, fut utile aux autres genres de composition ecclésiastique, et d'abord au style

accompagné et au style concerté. J'ai appelé style accom⁚
pagné celui dans lequel les voix sont accompagnées seule⁻
ment de l'orgue, et tout au plus de quelques instrumens
graves pour renforcer les basses; et style concerté celui ou
elles sont accompagnées de tous les instrumens, tant aigus
que graves. Il est assez difficile de fixer d'une manière précise l'origine de ces styles et d'en tracer la marche. Il n'y a
là-dessus rien de bien général dans l'usage. Il paraît que de
tout tems on a employé soit l'orgue, soit les instrumens,
soit l'un et l'autre réunis pour accompagner le chant dans
les églises; mais il y a eu à cet égard une infinité de variations, soit par rapport aux tems, soit par rapport aux lieux;
ce que nous nous bornerons à dire à ce sujet, c'est que ces
deux genres, en ce qui concerne l'église, n'ont guères eu
une marche et un développement qui leur fussent propres.
Le premier s'est beaucoup ressenti des progrès du style
madrigalesque; et le second de ceux du style de théâtre,
dont nous ne tarderons pas à parler, et nous y ajouterons
cette simple observation, c'est que, autant nous croyons le
premier de ces styles, c'est-à-dire celui qui est accompagné
de l'orgue et des instrumens graves, convenable à l'église,
autant l'autre, c'est-à-dire celui qui est accompagné de tous
les instrumens, nous y paraît-il déplacé et propre uniquement à produire la confusion et le scandale, tant à cause
de sa nature, qui le ramène continuellement au genre dramatique, qu'à cause des circonstances qui en accompagnent
l'exécution.

·· Les réflexions que nous venons de faire s'appliquent
entièrement au genre de composition que l'on nomme
Oratorio. On appelle ainsi un espèce de petit drame, dont
le sujet est une action choisie dans l'histoire sainte, souvent
même une pieuse allégorie, et qui est destiné à être exécuté
dans l'église par des chanteurs représentant les différens
personnages. On voit par-là en quoi il diffère du drame sacré, qui peut avoir un sujet du même genre; mais qui est
destiné pour le théâtre. On attribue communément l'inven⁻
tion de l'oratorio proprement dit à S. Philippe de Néri, né

en 1515, et qui fonda en 1540, à Rome, la congrégation
de l'Oratoire. Ce saint prêtre voulant diriger vers la religion
la passion que les habitans de Rome montraient pour le
spectacle, et qui, pendant les jours du carnaval surtout,
les éloignait de l'église, imagina de faire composer par de
très-bons poëtes ces sortes d'intermèdes sacrés, de les faire
mettre en musique par d'habiles compositeurs, et de les
faire exécuter par d'excellens chanteurs. Son projet eut
tout le succès qu'il pouvait desirer. La foule accourut à ses
concerts; et ce genre de drame prit le nom d'oratorio de
l'église de l'Oratoire, où ils étaient exécutés.

Les premiers oratorios furent des poëmes très-simples
et de fort peu d'étendue : peu-à-peu, ils acquirent plus d'importance; enfin, ils sont venus au point d'être de véritables
drames, à la pompe près du spectacle, que la localité ne
permet pas d'y adapter. Les poëtes les plus célèbres se sont
exercés en ce genre aussi bien que les compositeurs les plus
distingués. Giov. Animuccia, l'un des compagnons de saint
Philippe, fut le premier compositeur d'oratorios. On ferait
une liste fort longue des poëtes et des compositeurs, tant
allemands qu'italiens, qui, depuis l'origine de ce genre
jusqu'à Métastase et Jomelli, se sont distingués en ce
genre.

Le style de l'oratorio fut d'abord un mélange du style
madrigalesque et de la cantate; mais depuis que le style
dramatique moderne a remplacé tous les autres, le style de
l'oratorio ne diffère plus de celui du théâtre; et cela ne doit
pas étonner, puisque la musique de l'église n'en diffère elle-
même aujourd'hui qu'en ce qu'elle est, s'il est possible encore, plus minaudière et plus maniérée.

ART. 2. *Musique de chambre.*

Les auteurs didactiques, tels que Berardi et le P. Martini, distinguent ordinairement trois espèces de style de
chambre : les madrigaux simples, les madrigaux accompagnés et les cantates. A ces trois espèces, j'ai cru devoir
en ajouter une quatrième, qui, sous le titre de pièces

d

fugitives, contient une multitude immense de sortes et de variétés.

Le madrigal est un genre de composition qui tient beaucoup de la forme de la fugue; mais dont le style, moins aride, est susceptible de se prêter à tous les genres d'expression. On l'a ainsi nommé, parce qu'il se pratiquait ordinairement sur une espèce de petit poëme qui porte le même nom. On en distingue deux espèces : les madrigaux simples, c'est-à-dire, ceux qui s'exécutent par des voix seules sans aucun mélange d'instrumens, et les madrigaux accompagnés, c'est-à-dire, ceux dans lesquels les voix sont soutenues de l'orgue ou du clavecin; car, en ce genre, on n'emploie pas d'autres instrumens avec les voix.

Les madrigaux simples paraissent avoir été inventés les premiers. Il est absolument impossible de dire quel en a été l'inventeur. Plusieurs auteurs ont regardé Jacq. Arcadet, maître de chapelle du cardinal de Lorraine, qui florissait vers la fin du seizième siècle, comme le premier qui ait composé en ce genre ; mais cette assertion est évidemment erronée : si l'on prend la peine de lire P. Aaron et les auteurs didactiques de ce tems et des tems postérieurs, on y verra citer les madrigaux de maîtres plus anciens, et même de ceux de l'ancienne école flamande. On doit donc conclure de là que les madrigaux simples sont une invention du commencement du seizième siècle. Ce genre fut singulièrement cultivé pendant tout le cours de ce siècle et du suivant; mais il a été entièrement abandonné dès le commencement du dix-huitième, tant à cause de l'impossibilité reconnue d'égaler les anciens en ce genre, qu'à cause de l'attention que l'on a donnée exclusivement au genre dramatique et à la musique instrumentale, qui sont en quelque sorte les antipodes de ce système. Du reste, dans le cours de sa durée, ce style a éprouvé de fréquentes variations. Si, comme le dit Berardi, on examine les madrigaux des premiers auteurs en ce genre, on y trouvera peu de différence pour le style avec celui de leurs compositions sacrées; mais, à mesure que l'on avance, on voit ce genre prendre un style et des tournures qui lui sont propres; cet avancement se fait sentir surtout dans L. Marenzio, auteur un peu postérieur à Palestrina, et qui s'est acquis une grande réputation en ce genre; il se fait encore sentir successivement dans C. Gesualdo, prince de Vénouse, dans Monteverde, dans Mazzochi; et enfin, il semble atteindre sa limite dans le célèbre Alessandro Scarlatti, le dernier grand compositeur dont on cite des compositions dans le style madrigalesque.

Les madrigaux accompagnés sont nécessairement d'une invention un peu plus moderne : ils n'ont pu exister que depuis le moment où l'usage s'est introduit de placer sous les voix une basse instrumentale différente de la basse vocale. Cet usage, comme nous l'avons vu, remonte au commencement du dix-septième siècle. On cite un grand nombre d'auteurs en ce genre; mais les plus célèbres ont fleuri depuis le milieu du dix-septième jusqu'au milieu du dix-huitième. Ce sont Frescobaldi, Carissimi, Lotti, Scarlatti, Clari, Marcello et Durante : ces trois derniers auteurs surtout ont laissé en ce genre des chefs-d'œuvre, qui sont entre les mains de tout le monde; mais, depuis eux, personne n'a cherché à s'exercer en ce genre, non-seulement parce que le goût et la direction des idées ont changé; mais, il ne faut pas craindre de le dire, parce qu'aujourd'hui les études de composition sont généralement ou faibles ou mauvaises. En effet, à peine un élève a-t-il appris à plaquer sur une basse une harmonie, souvent systématique et incorrecte, et à glisser sous un chant difforme une basse, tant bonne que mauvaise, qu'il se croit un compositeur, et qu'il grille de s'élancer au théâtre, sur les traces de son maître, qui n'en sait pas plus que lui. Les anciens étaient persuadés que, pour former un compositeur et mériter le titre de maître, il fallait employer de longues années à parcourir tous les degrés de la science, à s'exercer péniblement sur chacun d'eux, à méditer attentivement tous les modèles, et, par ce moyen, se rendre capable de traiter avec une égale facilité tous les genres de

d 2

musique. Aujourd'hui, le musicien borne toute sa gloire à
la composition d'une ariette ou d'une chansonnette, et l'on
ne rougit pas d'étaler en tête de semblables fadaises les titres
pompeux d'élève et même de professeur d'une école en réputation.

La cantate est un petit poëme qui, à le considérer sous
le rapport littéraire, n'a point de caractère bien déterminé;
néanmoins c'est le plus souvent le récit d'un fait simple et
intéressant, entremêlé de réflexions, ou de l'expression de
quelques sentimens. Du reste, elle peut être de tous les
genres et de tous les caractères; sacré, profane : héroïque,
comique, et même bouffon : admettre un seul ou plusieurs
personnages; et l'on conçoit qu'il est des cas où elle rentre
dans le genre de l'oratorio, telles sont la Passion de Ramler,
la Création d'Haydn, et autres.

La cantate tire son origine du drame lyrique. On fait
remonter l'époque de son invention au commencement du
dix-septième siècle (vers 1620). Poliaschi, de Rome;
Loreti Vittorij, de Spolete; et B. Ferrari, de Reggio,
appelé Ferrari du théorbe, à cause de son habileté sur
cet instrument, sont les premiers auteurs que l'on cite
comme ayant acquis quelque réputation en ce genre. On
nomme après eux, T. Merula, Graziani, Bassani, et surtout
Carissimi. Vers le milieu de ce même siècle, M. A. Cesti,
son élève, qui perfectionna le récitatif; L. Rossi; Legrenzi;
et enfin, le célèbre A. Scarlatti, qui surpassa tous ses prédécesseurs autant par la fécondité que par l'éclat de son
génie. Au commencement du dix-huitième, on remarque
Fr. Gasparini; Giov. et Ant. Bononcini; le célèbre B. Marcello, qui a composé plusieurs cantates très-estimées;
Pergolèse, dont l'Orphée est cité comme un chef-d'œuvre;
Vivaldi, connu par ses œuvres de violon; enfin, le baron
d'Astorga et le célèbre N. Porpora, qui ont laissé l'un et
l'autre des recueils qui sont considérés comme ce qu'il y a
de plus classique en ce genre.

Nous avons malheureusement à faire sur la cantate la
même réflexion que sur les madrigaux : c'est encore une es-

pèce de composition abandonnée et négligée depuis près de deux générations, au point que les amateurs instruits sont les seuls qui daignent étudier les chefs-d'œuvre que nous ont laissés les générations précédentes.

La pièce fugitive renferme, ainsi que nous l'avons dit, un grand nombre de sortes et de variétés: Chaque nation en a qui lui sont propres. L'Italie a la *canzonnette*, la *villanelle*, la *flotole*, l'*estrambotte*, etc.; l'Espagne, le *bolero*, etc.; la France a la romance, le vaudeville, etc. L'histoire de cette branche, si peu importante en apparence, est pour celle de l'art en général d'un intérêt plus grand qu'on ne le croirait au premier coup-d'œil. Premièrement, parce que le caractère musical de chaque nation se peint dans ses chansons; en second lieu, parce c'est dans ce genre que l'on trouve, ainsi que nous l'avons déjà observé, les germes du style idéal et les élémens du système moderne. C'est ce qui nous fait voir avec regret que les limites dans lesquelles nous sommes renfermés ne nous permettent d'entrer ici dans aucuns détails sur cette matière. Laborde, dans son volumineux Essai sur la musique, a fait un recueil de chansons de différentes nations et de différens âges; mais ce recueil est très-infidèle, 1°. parce que les chants y sont altérés, souvent même remplacés par des chants modernes; 2°. parce qu'ils sont surchargés d'une harmonie également mal choisie et mal écrite. Ce recueil ne mérite donc aucune considération.

Art. 3. *Musique dramatique.*

L'invention du drame lyrique parmi les modernes remonte à une époque très-reculée, si, par drame lyrique on entend toute représentation accompagnée de musique. Et en effet, quoique ces représentations diffèrent singulièrement des drames lyriques de nós jours, à raison tant des variations qu'a éprouvées la musique en général, que de celles qu'a subies l'espèce particulière dont il s'agit, on ne

peut guères s'empêcher de reconnaître dans les premières
le germe et le principe de ceux-ci.

Les anciens écrivains parlent de représentations, tant sacrées que profanes, exécutées dès le treizième siècle.
On cite un *Orfeo*, d'Ange Politien, composé vers 1475.
On parle d'une tragédie en musique exécutée, à Rome,
en 1480. On prétend que, en 1555, Alfonso della Viola
mit en musique, pour la cour de Ferrare, *Il sagrifizio*,
drame pastoral d'Agostino Beccari; et que, en 1574, on
joua à Venise un opéra pour la réception d'Henri III, lorsque, revenant de Pologne, il passa par cette ville pour
aller prendre possession de la couronne de France, vacante
par la mort de son frère Charles IX. Mais tous ces faits
sont trop éloignés, et il en reste trop peu de vestiges pour
que l'on en puisse tirer rien de positif sur l'état de cette partie
de l'art musical à cette époque, qui cependant n'est pas
reculée, puisqu'elle ne remonte guère au-delà de deux cent
cinquante ans. La seule remarque qu'il soit permis de faire,
c'est que, jusqu'alors, le drame lyrique n'avait pas de musique qui lui fût propre; il empruntait celle qui était alors
en usage pour l'église, le madrigal et les chansons vulgaires.

La véritable époque à laquelle il convient de fixer la naissance de la musique dramatique proprement dite, est celle
de l'invention du récitatif ou musique parlée, qui donna au
drame lyrique un langage et une constitution particulière.
Voici, dit-on, quelle en fut l'origine.

Trois gentilshommes florentins J. Bardi, P. Strozzi et
Jacq. Corsi, amateurs des arts, peu satisfaits des essais faits
jusqu'alors pour perfectionner la poésie dramatique, imaginèrent de faire composer un drame lyrique par le meilleur
poëte lyrique et le meilleur compositeur de musique qu'il
fut possible de trouver. En conséquence, ils choisirent
Ott. Rinuccini et Jacq. Peri, tous deux Florentins : le premier fit un poëme de Daphné, auquel le second appliqua
une sorte de déclamation notée, qui avait les tons de la
musique, sans en avoir le soutien et la mesure. Cet ouvrage,
ainsi disposé, fut exécuté en 1597, dans la maison de

Corsi, et obtint le plus grand succès. Ce succès détermina Rinuccini à écrire deux autres ouvrages du même genre, savoir : Euridice et Ariane.

Dans la même année où Ariane fut exécutée à Florence, on exécuta à Rome un oratorio du même genre, composé par Emilio del Cavaliere, intitulé l'*Anima e'l corpo*. Son ouvrage et celui de Peri furent imprimés en 1608; et, dans leurs préfaces, les deux auteurs réclament l'honneur de l'invention du récitatif, qu'ils prétendent l'un et l'autre être le renouvellement de la déclamation chantante des Grecs. Chacun d'eux cite à l'appui de sa réclamation des ouvrages faits antérieurement aux époques que nous venons de rapporter, et notamment Emilio fait mention d'un drame de sa composition (*la Disperatione del Satiro*), composé et exécuté, en particulier, dès 1590; et *il Gioco della cieca*, représenté en 1595. Si l'on en croit J. B. Doni, elle n'appartiendrait ni à l'un ni à l'autre; mais à Vincent Galilée, père du célèbre Galilée, qui frappé, ainsi que Bardi, et les autres amateurs de Florence, des défauts de la musique de son tems, pleine de recherches artificieuses, s'occupait de retrouver la déclamation chantante des Grecs, et qui, ayant imaginé le récitatif, en fit l'application à l'épisode du comte Hugolin (du Dante). Il composa, dans la même manière, les Lamentations de Jérémie, et les chanta lui-même, avec accompagnement de viole, devant une nombreuse assemblée. Jules Caccini, de Rome, jeune chanteur, qui fréquentait, comme beaucoup d'autres, la maison de Bardi, s'enthousiasma de ce genre, et se mit à y composer plusieurs pièces, mais dans un goût très-supérieur. Bientôt il eut pour rival J. Peri, et tous les deux, selon Doni, concoururent à mettre en musique la Daphné de Rinuccini. Ensuite Peri composa Euridice; et Caccini l'Enlèvement de Céphale. Ces pièces furent suivies d'Ariane, qui fut aussi mise en récitatif par Cl. Monteverdé, dont nous avons déjà parlé.

Quoi qu'il en soit, de tous ces ouvrages, l'Euridice de Peri fut le premier que l'on joua publiquement. Cette représentation se fit en 1600, à Florence, à l'occasion du mariage d'Henri IV, roi de France, avec Marie de Médicis.

Dans la préface du poëme, qui fut imprimé la même
année, Rinuccini dit que la musique composée par Peri,
sur sa Daphné, avait fait cesser la crainte où il était de ne
jamais voir renaître la déclamation chantante des anciens....
Au reste, cet ouvrage est presque tout en récitatif; et on a
de la peine à trouver ce qu'ont de particulier les passages
en tête desquels se trouve placé le mot *Aria*. On peut
en dire autant de tous les ouvrages qui furent composés
jusqu'au milieu de ce siècle. C'est seulement dans l'opéra
de *Jason*, de Cicognini, mis en musique, en 1649, par
Cavalli, que l'on commence à voir des airs ayant une mélodie un peu différente de celle du récitatif, quoique cependant ces airs soient généralement insipides, et ne soient,
pour en donner une idée, que des espèces de menuets; écrits
généralement dans une mesure *trois-deux*, très-sujette à des
variations. On aperçoit un nouveau progrès dans les opéras
de Cesti, qui, dans sa *Dorie*, composée en 1663, commença à introduire des airs propres à faire briller le talent
du chanteur. Mais ce que l'on remarque à cette époque,
c'est que l'opéra commença à dégénérer en un spectacle
pour les yeux, au point que dans l'impression des ouvrages
représentés dans la fin du dix-septième siècle, on ne faisait
mention ni du poëte, ni du compositeur, ni des chanteurs, mais seulement du machiniste et du décorateur. Cela
n'empêcha pas une multitude immense de compositeurs de
s'adonner à ce genre. Le nombre en est si grand qu'on ne
pourrait entrer là-dessus dans quelques détails sans risquer
d'être entraîné fort loin.

Parmi ces compositeurs, il y en eut plusieurs qui eurent
beaucoup de science et de génie. Pour en donner la preuve,
il suffit de nommer Fr. Gasparini, Perti, Colonna,
Lotti, mais surtout le célèbre Alessandro Scarlatti, auquel
on attribue généralement l'invention du récitatif obligé. Ce
qui caractérise ces hommes célèbres comme compositeurs
d'opéras, c'est principalement la science qu'ils mirent dans
leurs ouvrages; et peut-être était-ce tout ce qu'ils pouvaient
faire à une époque telle que celle où ils écrivaient.

Au milieu de ce fracas, quelques-uns d'entr'eux, et notamment Scarlatti, avaient senti la nécessité de ramener la

mélodie vers l'expression de la parole, et ils avaient fait en ce genre des essais souvent fort heureux. Mais ce nouveau genre d'amélioration ne fut consommé que dans les premières générations du dix-huitième siècle, et c'est aux illustres élèves de Scarlatti, c'est-à-dire à Leo, Vinci, Sarro, Hasse, Porpora, Feo, Abos, et surtout Pergolèse, qu'est dû ce premier perfectionnement. Ils furent parfaitement secondés par les poëtes de leur époque, surtout par Apostolo Zeno, et son élève Métastase, qui leur offrirent des poëmes écrits avec pureté et élégance, et remplis de situations intéressantes. On peut compter trois générations qui ont marché dans le même système en profitant des embellissemens successifs de la mélodie et de l'orchestre. La première comprend les hommes que nous venons de nommer; la seconde présente des noms qui ne sont pas moins célèbres; ce sont ceux de Jomelli, de Piccini, de Sacchini, de Guglielmi, de Traetta, d'Anfossi, de Terradellas, et autres. Enfin, la troisième, formée des élèves de ces derniers, a été illustrée par Paisiello et Cimarosa.

Cette époque, quelque brillante qu'elle soit, ne fut pas exempte de quelques taches; d'abord, si les poëmes présentaient de l'intérêt et des situations dramatiques, on peut leur reprocher des défauts essentiels dans leur structure en général, et dans la forme même des parties de détail, où les convenances dramatiques étaient souvent sacrifiées à la musique; outre cela, les chanteurs, qui dans ce tems même déployèrent une habileté inconnue jusqu'alors, exigeaient généralement du poëte et du compositeur des positions où ils pussent faire briller leur talent; il résulta de là que, malgré que la musique dramatique fut créée, le drame lyrique n'existait pas encore. Ces abus, bien sentis et proclamés par les meilleurs poëtes lyriques (par B. Marcello et par Métastase lui-même), portèrent des hommes du premier talent à faire des efforts pour créer enfin un drame véritablement lyrique, c'est-à dire un drame fait selon toutes les règles du genre, et dans lequel la musique serait entièrement subordonnée à l'action. Les premiers essais en ce genre furent faits par B. Marcello, qui, dégoûté des tracasseries qu'il éprouva à ce sujet au théâtre, se contenta de

consigner ses principes dans ses écrits, et d'en donner des
modèles dans sa sublime collection des Psaumes, chef-
d'œuvre incomparable de mélodie, d'harmonie et de vérité
dramatique ; mais elle fut consommée au théâtre par le
célèbre Gluck, qui, sans avoir, comme compositeur, ni
toute la profondeur, ni toute l'élégance des grands maîtres
italiens et allemands, eut assez de talent et de génie pour
achever, vers le milieu du siècle dernier (en 1764), cette
importante révolution. Il fut parfaitement secondé par le
poëte Calzabigi, qui le premier écrivit un poëme lyrique
essentiellement dramatique (son *Orfeo*); et il servit, en ce
point, de modèle à ses contemporains, dont plusieurs, tels
que Piccini, Sacchini, et autres, marchèrent sur ses traces.

    Après d'aussi heureux travaux, l'art semblait fixé pour
toujours, sauf les changemens que devaient lui faire éprouver les variations de la mélodie, qui, jusqu'à ce jour, a subi
des révolutions dont il est impossible de prévoir le terme.
Cependant, vers la fin du dernier siècle, les progrès de la
musique instrumentale ont occasionné un mouvement sensible dans la musique dramatique ; quelques compositeurs
ayant essayé de transporter dans l'accompagnement les
richesses de la symphonie. C'est sur ce système qu'ont travaillé Haydn, Mozart, Chérubini, et toute leur école. Ce
système très-brillant a de très-grands avantages, mais il
en résulte naturellement un inconvénient difficile à éviter,
c'est que la partie essentielle, la partie vocale, en supposant même qu'elle ait toutes les qualités requises, est sujette
à se voir éclipsée, et quelquefois même à paraître moins
importante qu'une partie accessoire.

    En récapitulant ce qui précède, on voit que l'on peut
compter, dans l'histoire de la musique dramatique, au
moins six époques dans l'espace d'environ deux siècles. La
première, que nous nommerons celle du récitatif, sous
Peri, Monteverde, et leurs imitateurs ; la seconde, qui est
celle de la naissance de la mélodie dramatique, sous Cavalli,
Cesti, etc. ; la troisième, celle de la science, sous Perti,
Colonna, Scarlatti ; la quatrième, celle de l'expression, sous
Vinci, Porpora, Pergolèse, et les autres élèves de Scarlatti ;

la cinquième, celle *du drame lyrique* proprement dit, sous Gluck et ses imitateurs ; enfin, la sixième, de la symphonie dramatique, sous Haydn, Mozart, et Chérubini ; sauf les retards, déviations et modifications de tout genre, dont nous nous occuperons en traitant des écoles et même des individus.

Dans tout ce que nous venons de dire, nous avons eu principalement en vue le drame tragique, ou, pour mieux dire, la tragédie lyrique. On conçoit facilement que, en ce qui concerne le langage mélodique, le drame comique, autrement dit comédie lyrique, opéra comique, opéra bouffon, intermède, etc., doit avoir éprouvé les mêmes révolutions ; aussi n'en parlerons-nous que d'une manière très-sommaire, pour indiquer celles qu'il a pu éprouver dans sa constitution propre, et pour faire connaître les personnages qui s'y sont le plus distingués.

L'invention de la comédie lyrique remonte aussi haut que celle de la tragédie lyrique. L'origine de l'une et de l'autre se perd dans les ténèbres du moyen âge, et peut-être doit-on la chercher dans ces farces, moralités et mystères, dont, au quatorzième et quinzième siècles, on amusait nos aïeux. Les plus anciennes comédies lyriques dont on fasse expressément mention, appartiennent au seizième siècle. De ce genre, on cite le *Sacrificio*, de Beccari, mis en musique en 1555, par Alfonso della Viola ; *I pazzi amanti*, en 1569 ; *la Poesia rappresentativa*, en 1574 ; *la Tragedia di Frangipani*, musique de Cl. Merula ; *la Poesia representaia*, etc., 1578 ; *il Rè Salomone*, 1579 ; *Pace e Vittoria*, 1580 ; *Palladè*, 1581, etc. ; *L'anfi-Parnasso*, d'O. Vecchi, 1597 : tous représentés à Venise. La musique de ces ouvrages était absolument du style *madrigalesque* : et si elle en avait les beautés, elle en avait aussi les absurdités, bien plus choquantes au théâtre, où rien ne dispense d'être vrai. De ces inconvéniens, nous citerons, comme un des plus remarquables, l'usage des monologues chantés à plusieurs voix, à cause du défaut d'instrumens pour l'accompagnement.

On ne sait point au juste quand on a commencé à

appliquer le récitatif à la comédie lyrique; on a connaissance de plusieurs opéras comiques exécutés dans le courant du dix-septième siècle; mais sans nous arrêter à des
objets sur lesquels les détails nous manquent, nous nous
hâtons d'arriver à l'époque où Scarlatti et ses élèves intro-
duisirent l'expression dans la musique dramatique, et, parmi
eux, nous remarquons Pergolèse, qui se distingua par son
talent à faire passer dans la mélodie les inflexions déclama-
toires. On remarque aussi Logroscino, qui, par l'invention
des finales, donna à la mélodie dramatique un nouveau
genre de développement, et quoique, dans les deux générations que nous avons indiquées comme ayant succédé à
celle-ci, la plupart des hommes qui les ont illustrées ayent
cultivé la comédie lyrique en même tems que la tragédie, il
en est néanmoins plusieurs qui se sont particulièrement distingués dans le comique, tel est N. Piccini, dont la *Buona*
figliola, chef-d'œuvre de grâce et de vérité, annonça le
compositeur qui devait surpasser ce modèle. C'est à cette
même génération qu'appartiennent l'illustre Grétry, qui
s'attacha spécialement à suivre Pergolèse, et les compositeurs qui marchant à ses côtés ou sur ses traces, ont donné
à la France la vraie comédie lyrique. Enfin, la musique
comique, après avoir encore été embellie par le génie de
Guglielmi, de Paisiello, de Cimarosa, et des autres élèves de
Piccini, et de ses contemporains, n'a pu se soustraire aux
invasions de la symphonie : elle en a subi le joug sous le
règne de Mozart et de ses imitateurs. Ne nous récrions pas
contre une innovation qui a produit des chefs-d'œuvre d'un
genre nouveau ; mais persuadons à tous ceux qui seraient
tentés de le prendre pour modèle que, pour légitimer une
pareille usurpation, il faut le même génie et les mêmes
succès.

ART. 4. *Musique instrumentale.*

Les instrumens de musique doivent être considérés sous
deux rapports : 1°. Quant au principe sonore qui fait la
base de chacun d'eux; 2°. quant au mécanisme d'exécution.
Quant au principe sonore ; les instrumens peuvent être à

corde, à vent, à timbre, etc. Quant à leur mécanisme, on les divise en six classes, savoir : 1°. instrumens à archet ; 2°. instrumens à souffle ; 3°. instrumens à touches ; 4°. instrumens pincés ; 5°. instrumens de percussion ; 6°. et enfin, instrumens-machines. A la tête de ces six divisions, il faut placer la voix humaine, le premier ; le plus beau de tous les instrumens, et celui qui sert de type à tous les autres,

. Tous les instrumens n'ont pas toujours été en usage, non-seulement chez les divers, mais encore chez les mêmes peuples ; chaque nation, chaque siècle ont eu les leurs. Sans entrer ici dans des détails, qui nous meneraient trop loin, je me bornerai à dire quels sont aujourd'hui les instrumens les plus en usage chez les nations auxquelles notre système musical est commun. Ce sont : 1°. Parmi les instrumens à archet, le violon, la viole (autrement dite quinte ou alto) ; le violoncelle ou basse, et la contrebasse ; 2°. parmi les instrumens à souffle, la flûte traversière, la clarinette, le hautbois, le basson, le cor, la trompette, le trombonne, le serpent, le galoubet, le fifre et le flageolet ; 3°. parmi les instrumens à touches, le clavecin, l'épinette, le forte-piano et l'orgue ; 4°. Parmi les instrumens pincés, la harpe, la guittare, le cistre et la mandoline ; 5°. parmi les instrumens de percussion, le tambour de diverses sortes, les cymbales et le tam-tam ; 6°. enfin, dans les instrumens mécaniques, la serinette et l'orgue de Barbarie.

Pour abréger cette introduction, déjà trop étendue, nous ne parlerons point ici de l'histoire des instrumens, nous nous réservons, si les circonstances nous le permettent, d'en traiter en un dictionnaire particulier, que nous placerons à la fin de notre second volume.

La musique instrumentale n'est autre chose qu'une mélodie ou un système de mélodies, appropriées soit à un instrument, soit à une réunion quelconque de plusieurs instrumens, ce qui donne lieu de l'envisager sous deux rapports : 1°. comme musique particulière ; 2°. comme musique d'ensemble.

La musique particulière est celle que l'on considère comme propre à un seul instrument, soit que cet instrument exécute effectivement seul, soit que, pour le faire briller davantage, on l'accompagne d'un ou de plusieurs autres qui lui sont entièrement subordonnés; ce qui donne le solo proprement dit, et le solo accompagné, dont le concerto est le plus haut degré. Cette musique admet autant de sortes qu'il y a d'instrumens; mais, dans l'impossibilité où nous sommes d'entrer dans tous les détails que présente cette matière, nous rapporterons ce que nous nous proposons d'en dire, à celle du violon, que l'on regarde, avec raison, comme le premier de tous les instrumens.

La musique des solos, soit simples, soit accompagnés, comprend, sous les noms d'études, de fantaisies, caprices, etc., sonates, etc., et de concerto, une infinité de pièces de forme et de caractère différens. On n'attend pas que nous en tracions ici l'histoire détaillée, et nous nous bornerons à quelques renseignemens historiques relatifs à leur constitution, à l'exécution et au style de composition.

La constitution des solos, soit simples, soit accompagnés, comprend leur forme mélodique et le choix des instrumens, objets qui ont subi de nombreuses variations avant d'arriver au point où nous les voyons. La forme surtout en éprouve chaque jour de nouvelles, au point qu'il semble n'y avoir rien de fixe en cette partie. Quant aux choix des instrumens, ce qui concerne toute la série des solos accompagnés depuis la sonate, qui est la plus simple de toutes, jusqu'au concerto, il y a également beaucoup de variations en cette partie. La sonate ébauchée dans le courant du dix-septième siècle, a été fixée, à plusieurs égards, par Corelli; le concerto, inventé par Torelli, son contemporain, sous le nom de *concerto grosso*, ne contenait d'abord que cinq instrumens, savoir : le quatuor et la partie principale. Fr. Benda et J. Stamitz y ajoutèrent les instrumens à vent, et en firent une sorte de symphonie.

En ce qui concerne la musique instrumentale, considérée par rapport à l'exécution, il est surtout important de relever une erreur assez commune, et qui consiste à croire

que la musique était autrefois d'une grande simplicité et
d'une exécution très-facile. Cette erreur vient de ce que les
anciens se servaient communément de très-grandes valeurs ;
mais on ne fait pas attention que ces valeurs s'exécutaient
avec une très-grande vitesse ; en sorte que celles qui, de
nos jours, ont quelque durée, n'en avaient pas plus alors
que les moindres de celles dont nous nous servons aujour-
d'hui. Outre cela, si l'on jette les yeux sur les recueils de
pièces qui nous restent du siècle précédent, par exemple,
sur le livre *virginal* de la reine Elizabeth, publié en 1578,
on y trouvera des difficultés capables d'arrêter aujourd'hui
nos plus habiles virtuoses.

La musique instrumentale a éprouvé, quant au goût et
quant au style, les mêmes révolutions que le chant : elle a
toujours été soumise à l'influence du genre de composition
dominant. Sans parler des tems antérieurs au dix-septième
siècle, sur lesquels nous n'avons que peu ou point de renseignemens, nous savons que pendant les deux premières
générations de ce siècle, elle fut entièrement du style *madrigalesque*. Sous Corelli, contemporain des Perti, des
Colonna, des Scarlatti, où la musique dramatique commença à dominer, elle fut savante et un peu aride. Geminiani commença à l'enrichir du côté de l'expression ; mais
ce fut surtout sous Tartini, contemporain des Leo, des Jomelli, qu'elle s'éleva au plus haut degré d'expression, tant
par rapport à la composition qu'à l'exécution. Peu après
cette époque, le concerto, en particulier, reçut un accroissement considérable entre les mains de l'élégant Jarnovick,
du gracieux Mestrino ; mais l'un et l'autre furent surpassés
par Viotti, qui donna à ce genre le caractère qui seul semble
lui convenir, et le porta à un degré qu'il paraît difficile de
dépasser.

Ce que nous venons de dire concernant la musique particulière, s'applique à la musique d'ensemble ou musique
concertante, et par ce terme nous entendons la musique
instrumentale à plusieurs parties, dans laquelle les instrumens sont tous également *obligés*, soit parce que chacun
d'eux a un dessin qui lui est propre, soit parce que chacun

d'eux reprend successivement le chant, les autres devenant successivement accompagnateurs. Deux méthodes qui se pratiquent également dans le duo, le trio, le quatuor, le quintetto, et autres pièces où chaque instrument est seul en sa partie, et dans la SYMPHONIE, où toutes les parties sont redoublées pour l'effet, selon des proportions déterminées convenablement. Boccherini est le premier qui, vers 1768, a donné au trio un caractère fixe ; après lui viennent (Fred) Fiorillo, Cramer, Giardini, Pugnani, enfin Viotti.

C'est encore Boccherini qui, le premier, et à la même époque, a fixé le quatuor ; il fut suivi de Giardini, de Cambini, de Pugnani, et dans une école différente de Pleyel, d'Haydn, Mozart et Beethoven. C'est encore Boccherini qui, toujours vers le même tems, fixa encore le quintette dans lequel il n'a pour rival que Mozart.

La symphonie, cultivée depuis le milieu du siècle par Gossec, Toeski, Wanhall et Emmanuel Bach, a été perfectionnée par Haydn, qui, marchant sur les traces de ce dernier, a donné à ce genre une supériorité jusqu'alors inconnue, et est devenu, pour tous ceux qui le suivront, un modèle qu'ils désespèrent à jamais d'atteindre.

En résumant tout ce qui précède, nous voyons dans l'espace d'environ trois siècles (*) toutes les parties du système, la mélodie, les principes de la facture et du dessin musical, et tous les genres de composition, prendre une stabilité, arriver successivement à un point de perfection qu'ils semblent ne pouvoir plus dépasser ; et cela, à la même époque où nos langues, nos genres littéraires, en un mot, toutes les parties des connaissances modernes, formées la plupart, ainsi que notre musique, du système des Barbares, dont nous descendons, combiné avec les débris du système des Grecs et des Romains, dont ils avaient renversé l'empire, prennent un semblable aspect de perfection et de stabilité. Bien loin que cette considération doive nous

---

(*) Depuis 1550.

décourager, en nous donnant lieu de penser qu'il ne reste plus rien à faire, puisque tout est perfectionné, nous de-, vons, au contraire, nous féliciter d'arriver à une époque où nous pouvons jouir d'une multitude infinie de chefs-d'œuvre en tous genres; et où nous avons pour modèle des ouvrages marqués au coin de l'immortalité

Après avoir tracé l'histoire de l'art, il nous reste maintenant à parler de celle des écoles; et c'est ce que nous allons essayer de faire le plus succinctement qu'il nous sera possible.

IIᵉ PARTIE. DES ÉCOLES.

Quoique toutes les nations de l'Europe auxquelles est commun notre système de musique aient chacune un goût, des habitudes et des principes qui leur sont propres, et que, en ce sens, chacune d'elles ait une école particulière, néanmoins on ne peut, relativement à l'art en général, considérer comme ayant une école que celles qui ont contribué d'une manière sensible aux progrès de l'art, soit en proposant des principes ou des méthodes universellement adoptés, soit en créant des productions universellement regardées comme des ouvrages classiques. En ce sens, il n'y a réellement en Europe que trois écoles : l'école italienne, l'école allemande, l'école française, et leurs dépendances : et nous devons avertir ici que nous circonscrivons le territoire de chaque école aux contrées où se parle la langue dont chacune d'elles tire sa dénomination.

Cela posé, je me propose, dans cette dernière partie, d'examiner succinctement les droits de chaque école, et d'indiquer sommairement la part que chacune d'elles a successivement apportée et reprise dans le fond commun des connaissances musicales pendant la période dont nous achevons d'ébaucher l'histoire. Pour procéder avec ordre, je subordonnerai ce que j'ai à dire sur cette matière à quelques chefs principaux, savoir : leur histoire générale, les principaux traits qui les caractérisent, ce qu'elles ont fait relativement aux diverses parties de l'art, rapportées à quatre points, qui sont : 1°. le système en lui-même et les principes généraux ; 2°. les quatre genres de compositions précédemment développés ; 3°. l'exécution tant vocale qu'instrumentale ; 4°. *la culture* musicale, et, sous ce dernier terme, je comprends l'état de l'enseignement et la littérature de l'art.

ÉCOLE D'ITALIE.

Selon le P. Martini (*), on compte présentement en Italie cinq grandes écoles, qui se divisent en un grand nombre d'écoles particulières, savoir : 1°. l'école romaine, qui comprend celles de Palestrina, de J.-M. et de J.-Bern. Nanini, d'O. Benevoli, et de F. Foggia ; 2°. l'école de Venise, divisée en celles d'Ad. Willaert, de Zarlin, de Lotti, de Gasparini, et son élève B. Marcello ; 3°. celle de Naples, qui a pour principaux maîtres Rocco Rodio, D.-C. Gesualdo, Prince de Venouse, Leonardo Leo, et Fr. Durante ; 4°. l'école de Lombardie, qui comprend celles du P. Const. Porta, de Cl. Monteverde, tous les deux de Crémone ; de P. Pontio Parmigiano, d'O. Vecchi, de Modène ; 5°. Enfin, l'école de Bologne, dont les maîtres sont And. Rota, D. Gir. Giacobbi, Giov.-P. Colonna, et Ant. Perti ; auxquels il faut ajouter Sarti et le P. Martini lui-même. Ce savant historien de la musique ne cite point celle de Florence, mentionnée par différens écrivains, sans doute parce que ceux qui l'ont illustrée par l'invention du récitatif étaient de simples amateurs, et que les hommes habiles qu'elle a produits depuis sont la plupart élèves de celles de Rome ou de Bologne.

Quoi qu'il en soit, on considère ordinairement toutes ces écoles comme appartenant à trois régions, savoir : la haute, la moyenne et la basse Italie. La première comprend les écoles vénitienne et lombarde ; la seconde, celles de Rome et de Bologne ; la troisième, celle de Naples.

Les traits qui caractérisent toutes les écoles d'Italie sont le sentiment exact et la connaissance approfondie des prin-

---

(*) *Saggio di Contrapunto*, *parte II*, p. 294·

cipes essentiels et constitutifs de l'art joints à la grâce et à l'expression; mais, indépendamment de ces traits généraux, chacune de ces écoles a encore des traits particuliers qui lui sont propres; celle de la basse Italie a plus particulièrement la vivacité, et la vérité d'expression; celles de la moyenne Italie, la science, la pureté du dessin et le *grandiose*; celles de la haute Italie, l'énergie et la force du coloris.

De tout tems il y a eu des écoles en Italie, mais elles n'ont pas eu en tout temś la même célébrité : il y a eu à cet égard plusieurs variations. Nous avons vu, que du tems de saint Grégoire et de Guy d'Arezzo, l'Italie était la source de la musique; mais il paraît que les guerres horribles dont, pendant le moyen âge, ce pays fut le théâtre, y éteignirent les arts, et principalement la musique. Aussi voyons-nous que, depuis le treizième siècle jusqu'au seizième, les progrès les plus importans sont dûs à des Français ou à des Flamands. Ce dernier peuple surtout mérite une considération particulière pour avoir formé, pendant la dernière moitié du quinzième et la première du seizième siècle, une école, que les guerres de la fin de ce siècle détruisirent, mais qui a été la tige de toutes celles qui subsistent aujourd'hui en Europe. Les Français furent les premiers qui, à raison de la proximité et des relations habituelles, participèrent à l'impulsion qu'ils avaient donnée. A cette époque, les chapelles des papes et des princes d'Italie étaient pleines de chanteurs flamands et picards; on chantait par toute l'Italie, et même à Rome, la musique des compositeurs flamands et français; l'on tirait même de ces pays des professeurs pour Naples et Milan (voyez les articles Muratori, Tinctor, Willaert), et il y avait alors une telle uniformité entre toutes les nations de l'Europe qu'elles semblaient ne former qu'une seule école. Les Italiens suivaient la même doctrine, et il fallait que ce fût avec bien peu d'avantage, puisque l'on ne cite pas d'eux une seule composition de ce tems, tandis que l'on en montre une quantité considérable des compositeurs flamands, français et allemands. Mais, vers le milieu du seizième siècle, les écoles d'Italie commencèrent à paraître sur la scène. La plus ancienne est celle de Rome, qui

e ⋆

regarde comme chef Palestrina, élève de Goudimel, sous
lequel il vint en France étudier la composition (voyez Palestrina). Adrien Willaert, élève de Josquin et de J. Mouton, est fondateur de celle de Venise : C. Porta, son élève,
fonda celle de Lombardie : celle de Naples, aussi ancienne
que les précédentes, fut célèbre au seizième siècle, sous
Gesualdo ; mais sa principale gloire date de Scarlatti :
l'école de Bologne n'est guère qu'une émanation de celle
de Rome. Mais ce qu'il faut remarquer, c'est que depuis
leur origine ou leur renouvellement, ces écoles se sont
montrées avec une supériorité, que, dans presque tous
les genres, elles se sont assurée à jamais : c'est ce qui résulte
de l'examen de leurs travaux en chaque partie.

D'abord, quant au fond du système et aux principes généraux les Italiens ont toujours été en avant de toutes les
autres nations. Après avoir reçu des Flamands et des Français le vieux contrepoint ecclésiastique, ils y ont les premiers
introduit le sentiment des tons modernes : Ils ont enfin
déterminé et fixé ces tons ; ils ont créé la phrase et la période mélodique ; ils ont créé l'harmonie tonale ; ils ont
même été tellement en avant sur ce point que l'accord
formé par la seconde et la sensible du mode mixte a long-
tems été nommé *sixte italienne*, parce qu'il était constant
qu'ils en étaient les inventeurs. Ils ont perfectionné toutes
les parties du contrepoint ou dessin musical : la fugue et les
contrepoints intrigués leur doivent leurs plus belles formes.
Toutes les écoles d'Italie ont concouru simultanément à ces
progrès ; mais, en ce point, l'école de Rome et celle de
Naples, surtout, semblent avoir un mérite particulier.

Quant aux diverses branches du style d'église, depuis le
plain-chant jusqu'aux genres les plus riches d'ornemens,
c'est en Italie qu'elles ont reçu tous leurs développemens.
En effet, si nous les parcourons successivement, nous verrons que, dans le style *à capella*, le plain-chant lui-même
nous vient des Italiens ; que les meilleurs faux-bourdons
sont ceux qui, de tems immémorial, s'emploient à la
chapelle Sixtine. Dans le contrepoint sur le plain-chant, on
ne connaît rien de mieux que ceux du P. Constanzo Porta,
de l'école de Lombardie. Le style fugué, en conservant le

nom de Palestrina, annonce le maître et l'école qui l'ont perfectionné. Le style accompagné doit encore à l'école romaine ses plus beaux modèles. Quant au style concerté, quoiqu'il y ait eu dans tous les tems de très-beaux ouvrages en ce genre produits par toutes les écoles d'Italie, néanmoins, comme il tient plus que tous les autres du style dramatique, c'est surtout dans celle de Naples qu'il faut en chercher des modèles

Le style de chambre est tellement propre à l'Italie, dans ses principaux genres, qu'il semble lui appartenir exclusivement. Ce n'est qu'en Italie que l'on trouve des madrigaux, soit simples, soit accompagnés. Dans le premier genre, c'est encore l'école romaine qui emporte la palme : celles de Venise et de Lombardie possèdent ce qu'il y a de mieux dans le second. L'école de Naples a produit les plus belles cantates : celles de Scarlatti, de Porpora, d'Astorga. Dans le genre fugitif, chaque peuple de l'Italie possède des *canzoni* de différens genres, qui sont remplis de grâce et de charme.

Le style de théâtre appartient presqu'entièrement à l'Italie : c'est à Florence qu'il a été inventé; c'est à Naples qu'il a été perfectionné, après avoir été essayé par toutes les autres écoles. Nous ne répéterons pas ce que nous avons dit là-dessus. (Voy. ci-devant, p. LIII, et ci-après école Française.)

Que les Italiens aient perfectionné tous les genres de la composition vocale, c'est ce dont tout le monde est d'accord; mais ce à quoi l'on ne fait pas généralement attention, c'est que ce sont eux qui ont enseigné à toute l'Europe la composition instrumentale : c'est à eux que l'on en doit les premiers et les plus beaux modèles. Ce sont eux qui ont inventé presque tous les genres de pièces instrumentales que nous avons nommées particulières, depuis la sonate jusqu'au concerto. Dans la musique de violon, Corelli, Tartini, et leurs élèves, ont précédé les compositeurs de toutes les autres nations de l'Europe et leur ont servi de modèles. Il en a été de même de celle du clavecin, depuis Frescobaldi (voyez son article) jusqu'à Clementi. Toutes les autres musiques particulières ont été faites sur celle de ces deux instrumens. Dans la musique d'ensemble ou concertée, les écoles d'Italie ont encore fourni des chef-d'œuvres jusqu'au

quintetti inclusivement, genre que l'on ne peut nommer
sans penser à Boccherini. Mais, dans la symphonie proprement dite, les Italiens sont à-peu-près nuls; ils n'ont
même aucune prétention à cet égard, et se contentent de remarquer que, en fait de musique d'ensemble, la symphonie
ne diffère des autres pièces que par des effets ajoutés aux
formes et aux idées, qui sont l'objet essentiel, et dont personne ne songe à leur disputer la supériorité. C'est ainsi que,
dans la peinture, ils se reconnaissent généralement inférieurs,
quant au coloris, aux peintres flamands, qu'ils surpassent
d'ailleurs sous tous les autres rapports.

Dans l'exécution musicale, les écoles d'Italie ont eu de
tout tems une supériorité marquée sur toutes celles de l'Europe : 1°. Quant au chant, on ne saurait dénombrer la
multitude de chanteurs et de cantatrices excellens qu'elles ont
produits: leur supériorité en cette partie tient à trois causes,
dont les deux premières leur appartiennent exclusivement;
la troisième est une conséquence des deux autres : le climat,
l'organisation de ses habitans et l'excellence des principes. Je
ne puis entrer ici dans de grands détails; mais je me conten-
terai de remarquer, en ce qui concerne la première de ces
causes, que le célèbre Haydn, avait observé que le climat
de l'Allemagne était contraire à la voix des chanteurs italiens, et il renvoyait de tems en tems ceux de la chapelle du
prince Estherazy en Italie, pour y refaire leur organe.
2°. Quant aux instrumens, notamment quant au violon
et au clavecin, ce sont, pour le premier, Corelli, Tartini
et Viotti, encore vivant aujourd'hui, qui l'ont enseigné à
toute l'Europe : l'école de Frescobaldi a eu le même effet
pour le clavecin, et celle des Bezozzi pour le hautbois. Ce
sont les Italiens qui ont inventés le clavecin, le basson, le
trombonne, ainsi que plusieurs autres instrumens, et qui en
ont enseigné l'usage.

Terminons cet article par quelques observations sur la
littérature de l'art et sur sa culture en Italie.

Les siècles précédens virent naîtres sur les diverses parties de l'art des ouvrages très-estimés et estimables à beaucoup d'égards, quoique, d'après ce que j'ai dit précédemment, ils fussent constamment en arrière de la pratique;

j'ai déjà fait connaître les principaux. Le dix - huitième siècle a été moins productif, et en voici la raison : c'est que dans ces derniers tems les progrès de l'art ont été encore plus rapides que par le passé ; que ces progrès ont eu lieu dans un genre beaucoup moins susceptible d'être analysé et réduit en règles. Aussi, la plupart des traités de composition, et autres qui existent en Italie, sont-ils généralement surannés. Mais les conservatoires d'Italie possèdent des recueils très-bien faits de modèles, et les principes s'y donnent par l'enseignement oral, les maîtres ayant reconnu que ce n'est pas avec des livres, mais avec des leçons suivies, que l'on forme des artistes capables d'opérer. Les livres sont utiles, néanmoins, mais c'est surtout pour l'instruction des maîtres qui ont déjà acquis par l'enseignement oral, cette partie du talent qui ne peut s'acquérir autrement.

Quant à la culture de l'art en Italie, elle a de tout tems eu le même objet : 1° en ce qui concerne l'exécution, les Italiens s'adonnent beaucoup au chant, qui, dans le fait, est l'objet essentiel. Le nombre d'amateurs et d'artistes en ce genre est très-considérable ; l'exécution instrumentale y est beaucoup moins cultivée ; et, malgré l'excellence des principes, le plus grand nombre en ce genre ne dépasse pas la médiocrité. Les instrumens ne sont considérés, en Italie, que comme des moyens d'accompagnement, et les partitions étant toujours très-claires, les instrumentistes n'ont pas besoin d'être fort habiles ; aussi, le sont-ils très-peu, et peut-être serait-il fort difficile de faire exécuter une symphonie en Italie : je ne crois même pas qu'on ait jamais essayé d'en exécuter dans la moyenne et la basse Italie. Mais ces faibles symphonistes sont de parfaits accompagnateurs. La composition est très-cultivée en Italie. Le nombre des compositeurs de tout genre y est immense. Les plus superficiels ont du moins le mérite du style ; mais il s'en trouve beaucoup qui sont très-instruits dans toutes les parties de la composition. La théorie musicale y est peu cultivée ; l'érudition l'est un peu davantage ; mais seulement par quelques amateurs instruits, le commun des artistes étant fort ignorant.

Il faut aussi déclarer que dès les dernières années du

siècle qui vient de finir, la musique a éprouvé en Italie un
déchet sensible, et qu'elle n'y est plus ce qu'elle y a été dans
le courant de ce siècle et des deux précédents, sinon quant
au nombre, du moins quant à la qualité des artistes, Autrefois, on trouvait constamment en Italie douze chanteurs
du premier ordre, tels que les Farinelli, les Pacchiarotti,
les Guadagni, les Marchesi, et soixante à quatre-vingt
chanteurs du second rang, tels que les Mandini, etc. On y
voyait également à la fois plusieurs maîtres du premier rang
tels que les Scarlatti, les Durante, les Leo, un très grand
nombre de talens du second ordre, puis une multitude de
compositeurs subalternes, et ainsi du reste. Aujourd'hui,
on aurait bien de la peine à trouver deux chanteurs du premier ordre, cinq ou six du second, il en est de même pour
la composition et les autres parties de l'art. Quelle est la cause
de cette dégradation? C'est, autant que nous pouvons le
croire, la préférence universellement accordée au genre
dramatique, genre dans lequel on peut avoir de grands
succès avec une très-mince connaissance de l'art; mais ce
que nous devons dire aussi, c'est que, malgré cette décadence très-sensible, nous croyons que l'Italie garde toujours
la supériorité sur les autres nations de l'Europe; ce qu'il est
facile de prouver, tant par les principes que par le dénombrement des artistes dont les talens l'honorent encore aujourd'hui. Outre cela, l'école y est toujours excellente
quoique l'instruction publique y soit faible, on y trouve encore un grand nombre de savans-maîtres : on y trouve tous
les modèles laissés par les générations précédentes : en un
mot, et c'est toujours là que se trouve le meilleur enseignement pour ceux qui savent étudier.

ECOLE D'ALLEMAGNE.

On connaît en Allemagne, ainsi qu'en Italie, plusieurs
écoles; il y en a, à proprement parler, autant que de capi-
tales. Dans une histoire détaillée de la musique, il convien-
drait de tracer l'histoire de chacune d'elles, et nous espérons
que M. Forkel de Gœttingue s'acquittera parfaitement de
cette tâche dans le troisième volume de son Histoire de la

musique, qu'il consacre à celle de cet art en Allemagne,
depuis le seizième siècle. Dans cette esquisse, nous sommes
obligés de nous borner à une simple indication pour toutes
les écoles en masse.

Les Allemands sont à beaucoup d'égards dans la musique
ce que les Flamands sont dans la peinture; moins scrupu-
leux sur le dessin, ils recherchent l'effet des couleurs; c'est-
à-dire, qu'ils aiment parmi les accords ceux qui ont le plus
d'éclat, et parmi les instrumens ceux qui sont les plus
sonores, tels que les instrumens à vent; ce qui les fait passer
pour les harmonistes par excellence auprès des personnes
qui confondent la *sonorité* avec l'harmonie. Cette science,
qui consiste dans l'emploi simultané des sons est la même
par toute l'Europe : c'est peut-être la partie de l'art sur
laquelle toutes les nations musicales soient le plus d'accord
au fond, malgré la diversité de langage; mais le choix des
instrumens, et par conséquent les effets, diffèrent dans
chaque nation. Ainsi les Italiens aiment l'harmonie pure,
les Allemands l'harmonie brillante, et les Français, qui
s'autorisent à tort de l'exemple de ces derniers, sont généralement accusés d'aimer un peu le bruit.

L'origine des écoles d'Allemagne remonte aux jours de
l'école flamande; on cite de cette époque plusieurs maîtres
allemands qui allaient de pair avec les Flamands et les
Français; et sous ce point de vue, les écoles Allemandes
doivent partager l'antériorité relativement à celles d'Italie.
Mais les guerres qui dévastèrent l'Allemagne pendant la fin
du XVIe. et le commencement du XVIIe. siècle, et surtout
la terrible guerre *de trente ans*, pendant laquelle on vit
cinq grandes armées, traverser en tout sens ces malheu-
reuses contrées, et porter en tous lieux la désolation et le
ravage : toutes ces guerres anéantirent les arts, qui ne
peuvent fleurir qu'au sein du bonheur et de la paix. Il est
certain que dans cet espace de tems l'école d'Allemagne
fut sensiblement en arrière de celle d'Italie; il paraît
même que l'école de France, alors très-dégénérée, commença avant elle à sortir de la nullité. Ce fut seulement,
à ce qu'il semble, vers la fin du dix-septième siècle
qu'elle reçut une impulsion marquée par les travaux de

Keyser, le premier compositeur allemand qui, depuis le
renouvellement, ait montré un talent original et supérieur.
La suite de ce tableau fera voir les progrès que la musique
a depuis fait en ce pays ; et, pour le rendre plus complet
et plus facile à comparer, nous suivrons absolument ici le
même ordre que dans l'article précédent.

En ce qui concerne le fond du système, les Allemands
n'ont, comme tous les autres peuples, fait autre chose que
de suivre les Italiens ; jamais ils n'ont pu les rejoindre en ce
qui concerne la mélodie, surtout la mélodie vocale ; Car,
quant à la mélodie instrumentale, l'Allemagne possède des
chefs-d'œuvre du premier ordre. Ils ont de même été imitateurs ; quant à la fugue, aux canons, et à toutes les
formes du dessin musical ; et outre cela, ils ont plutôt considéré le contrepoint par rapport aux instrumens : il résulte de là que souvent les voix chantent mal dans leurs
compositions, parce qu'elles affectent des routes et des intervalles qui sont contre leur nature.

Quant aux diverses branches des styles, et premièrement
du style d'église, ils ont reçu d'Italie le chant grégorien ;
ils en ont composé de particuliers à plusieurs parties en
faux-bourdon, qu'ils nomment *chorals*, qui sont chantés
par toute la masse du peuple, et qui sont du plus bel effet :
ce genre, ou emploi du genre, leur appartient, et il serait
à désirer que les autres nations les imitassent. Quant aux
contrepoints, sur le plain-chant et au style fugué, ils en
possèdent, sans doute ; mais ils ne valent pas ceux de l'Italie. Dans les autres genres de musique d'église, c'est-à-dire
dans le style accompagné et le style concerté, ils ont, depuis
long-tems, de fort beaux ouvrages de leurs meilleurs
maîtres, dans lesquels ils ne sont pas inférieurs aux Italiens :
telles sont les messes de Graun, d'Haydn, de Mozart ; seulement on doit remarquer qu'elles appartiennent au genre
du drame symphonique. Ils possèdent des oratorios de la
plus grande beauté ; tels sont l'Ascension et les Israélites de
Bach, la mort de Jésus de Graun, le Messie d'Handel, et
plusieurs autres.

Dans le style de chambre ou de concert : en madrigaux,
ils n'ont rien de remarquable ; dans la cantate, ils ont de

très-beaux ouvrages, à la tête desquels il faut mettre les
cantates, mal-à-propos nommées oratorio de la création
et des saisons d'Haydn. Ils ne paraissent pas exceller dans
les pièces fugitives, ce genre demandant une simplicité et
une pureté de mélodie qui ne leur sont pas familières; ce que
nous connaissons d'eux en ce genre n'est généralement pas
satisfaisant.

Le théâtre allemand a une origine fort reculée quoique
postérieure à celle du théâtre Italien (V. Opitz.); mais il
ne commença à avoir d'éclat que vers la fin du dix-septième
siècle, lorsque Keyser se mit à composer pour le théâtre
d'Hambourg, alors très-florissant. Comme il ne reste que
peu dè chose des ouvrages de cet auteur, nous ne pouvons
rien dire de son style; mais dès le commencement et dans
le cours du dix-huitième, les compositeurs de l'école de
Naples, ou des compositeurs allemands, formés dans cette
école, tels que Hasse, etc., en transportèrent le style en
Allemagne; il devint dominant, et donna le ton à tous les
autres. Ce fut le style allemand, amélioré par ce mélange,
qui devint celui de Graun, de Nauman, de Gluck, et même
de Haydn et de Mozart, qui ne firent qu'y ajouter quelques
modifications selon l'impulsion de leur génie, et d'après les
derniers progrès de la musique instrumentale.

Je viens de nommer Gluck : il semblerait que ses travaux appartiennent à l'Allemagne, on verra qu'ils appartiennent bien plutôt à la France; et quoiqu'estimé dans son
tems par quelques gens de mérite en Allemagne, la masse
de la nation ne sut nullement l'apprécier; c'est aujourd'hui
seulement que ses ouvrages français, traduits en allemand,
sont joués sur tous les théâtres, et y opèrent la révolution
qu'ils firent en France il y a trente ans, au grand scandale
des partisans du drame symphonique, qui s'indignent de
voir léurs compatriotes abandonner le brillant Mozart pour
le dramatique Gluck. (V. Allg. Musik. Zeit. année 1809.)

La plus grande gloire de l'École allemande est celle
qu'elle tire de ses travaux dans la musique instrumentale.
D'abord, dans la musique instrumentale particulière et
1°, dans celle du violon, quoique les compositeurs qu'elle
a produits, n'aient fait que marcher sur les traces de Co-

relli, ils l'ont fait avec tant de succès, qu'ils méritent une
mention particulière. Ainsi, dès l'époque de Corelli, tandis que Locatelli et Geminiani, les deux meilleurs élèves de
ce grand maître, répandaient son école, l'un en Hollande,
et l'autre en Angleterre, nous remarquons en Allemagne
Fr. Benda et J. Stamitz, formés sur ses ouvrages. Leurs
successeurs, enchérissant sur leurs travaux, se sont créé une
Ecole particulière, à la tête de laquelle on place Léop.
Mozart, Fraentzl et Cramer, qui se rapprocha de Tartini,
son contemporain.

Dans la musique de clavecin, ils ont produit depuis Kerl et
Froberger, qui se formèrent à l'école des Italiens et des
Français; (Voyez leurs art.) une multitude d'excellens
compositeurs, qu'il suffit de nommer pour faire connaître
les titres de l'école d'Allemagne, ce sont : J. S. Bach et ses
enfans; Haydn, Kozeluch, Mozart, Dussek, Cramer et
d'autres que je ne puis nommer. Il en est de même de la
musique des instrumens à vent, genre qui appartient presqu'exclusivement à l'Allemagne et dans lequel elle possède
une foule immense de très-bons compositeurs. Elle n'a pas de
moindres titres dans la musique instrumentale, d'ensemble.
Nous avons déjà cité les quatuors d'Haydn, les trios et
les quintetti de Mozart; mais Haydn, en portant la grande
symphonie à un point de perfection qu'il semble impossible
de dépasser, a lui-même porté au plus haut degré sa gloire
et celle de sa nation.

L'exécution musicale en Allemagne est mêlée de bien et
de mal, le chant y est généralement médiocre; on ne cite
point un chanteur allemand ayant quelque réputation hors
de son pays. L'exécution sur les instrumens à cordes, et
principalement sur le violon, a de la solidité; mais elle
passe pour manquer en général de grace et d'expression.
Celle des instrumens à vent, paraît y jouir d'une grande
supériorité; l'Allemagne possède surtout une grande quantité
d'excellens organistes, genre dans lequel aucune nation ne
peut lutter avec elle. Les orchestres sont estimables, mais
ne sont pas tout ce qu'ils pourraient être, surtout dans leurs
proportions.

La littérature musicale d'Allemagne est excessivement

riche : elle possède sur toutes les parties de l'art une quantité prodigieuse d'excellens ouvrages, publiés dans le courant du XVIIIe. siècle, tels sont ceux de Fux, Mattheson,
Marpurg, Kirnberger, E. Bach, Knecht, Vogler, Al-
brectsberger, Forkel, M. Gerbert, Nickelman, Koch, et une
quantité d'autres que je ne puis citer. Elle est sans contredit,
et sans aucune comparaison, la plus riche de l'Europe.

La culture musicale est étonnante en Allemagne, jusques
dans les moindres *écoles de charité*, on enseigne publiquement la musique ; aucun maître d'école n'est admis à exercer sa profession, à moins qu'il ne sache enseigner les élémens de cet art, et quelques instrumens. Il y a, outre cela,
dans les principales villes, des écoles publiques et spéciales,
où chacun est admis sans conditions, et dans lesquelles
on enseigne toutes les parties de la composition. Outre
cela, comme les moyens d'éducation ordinaire sont très-
multipliés et à la portée de toutes les classes, l'artisan,
l'homme du peuple même, pour peu qu'il n'ait pas besoin
du travail de son enfant, peut lui faire, sans frais, donner
une bonne éducation. De toutes ces causes réunies, il
résulte que généralement en Allemagne, les musiciens sont
très-nombreux et très-instruits. Les méthodes d'enseignement sont d'ailleurs les mêmes que celles d'Italie, sauf quelques modifications : elles vont directement au but.

Voilà, en peu de mots, l'histoire et l'état musical de
l'Allemagne, qui, comme on le voit, n'a pas à se plaindre
de son partage.

ECOLE FRANÇAISE.

Si les Italiens ont été inventeurs dans toutes les parties de
l'art musical, s'ils les ont perfectionnées presque toutes, et
que les Allemands aient mené au même point celles que
les premiers avaient laissées imparfaites, qu'ont donc fait
les Français ? se demandera-t-on, et quels droits ont-ils à
figurer comme école à la suite des peuples qui semblent
avoir tout achevé ? le voici en peu de mots. Les Français
ont été inventeurs en quelques branches particulières, et ont

en cela exercé une influence réelle; ils ont été en plusieurs
autres bons imitateurs, ils ont mêlé dans leurs imitations
un sentiment et style qui leur appartiennent, et ils ont mis
dans leurs propres compositions un ordre et un respect
des convenances, que les autres peuples ont généralement
négligé; sous ces rapports, ils ont mérité de servir de modèles et d'être, par conséquent, considérés comme ayant,
à plusieurs égards, une école qui leur est propre.

Les Français, ainsi que nous l'avons déjà dit en plusieurs
occasions, furent, à l'époque de la renaissance des arts,
les premiers à suivre l'exemple des Flamands. Plusieurs
compositeurs français, tels que Regis, du Fay, Caron,
Binchois et autres, sont même cités comme les ayant précédés; mais nous n'en parlons pas ici, parce qu'il ne reste rien
de leurs compositions; d'autres, tels que Bromel, J. Mouton, Fevim, etc., sont désignés comme ayant marché
à côté des Flamands; enfin, N. Gombert, dont le nom est
évidemment français, est distingué par H. Finck, comme
ayant surpassé son maître, le fameux JOSQUIN, et comme
ayant avancé l'art de la fugue. Nous ne répèterons pas ce que
nous avons dit précédemment (page xxxiij), et nous remarquerons que cet éclat de l'école française dura tout le
tems du règne de François Ier.; mais les troubles de religion
qui commencèrent vers 1550, et qui se prolongèrent jusque vers la fin du règne de Henri IV, les guerres sanglantes
et exterminatoires qu'ils occasionnèrent, la profanation de
la plupart des églises, alors seuls asiles de la musique, portèrent à l'art un coup destructeur, autant par la mort d'un
grand nombre d'artistes que par la perte de leur emploi.
Henri IV s'occupa peu de la musique; Louis XIII aima
beaucoup cet art; (voyez son art.) mais le sombre et tyran-
nique Richelieu, qui régna sous son nom, ne le rangea
pas au nombre de ceux qu'il crut devoir protéger. Les
troubles de la minorité de Louis XIV furent encore plus
funestes aux arts. Il s'écoula donc un espace de plus de
cent ans, pendant lesquels la musique, non-seulement ne
fut aucunement protégée en France, mais fut contrariée en
toutes sortes de manières. Aussi l'école française resta-t-elle,
durant tout ce tems, considérablement en arrière de celle

d'Italie. Elle ne produisit que fort peu d'artistes, et les plus
vantés atteignirent à peine la médiocrité. Enfin Louis XIV
régna, et ce prince, qui aimait beaucoup la musique,
qui chantait et jouait fort bien de la guittare, accorda une
protection signalée à un art qu'il cultivait lui-même. Lully,
florentin, apporta la musique italienne au point où
elle était de son tems en Italie; elle sembla alors recevoir
une nouvelle existence. Elle se rétablit dans les églises, dans
les théâtres, dans les concerts, et depuis ce tems elle n'a
cessé d'être cultivée avec plus ou moins d'avantages, comme
on pourra en juger par le détail que nous allons faire des
progrès des Français dans les diverses parties de l'art.

Quant au fond du système, les Français ont simplement
suivi la trace des Italiens; ils les ont encore suivis de plus
loin, quant à la mélodie. En effet, quoique les Français,
en se livrant à leur impulsion naturelle, aient un genre de
mélodie qui leur est propre, et qui est intéressant par sa
franchise et sa naïveté, il leur est arrivé, à l'époque dont
nous parlons, une déviation bien étrange, et qui malheureusement les a long-tems entraînés bien loin de la véritable
route. Arrivé jeune en France, avec la mélodie des Cavalli
et des Cesti, Lully, homme de goût et d'esprit, l'introduisit dans la mélodie française, et forma des deux une
mélodie mixte, estimable à beaucoup d'egards, surtout à
raison de sa simplicité. Bientôt on se lassa de ce genre, et
les successeurs de Lully, qui n'eurent ni assez de goût pour
perfectionner son ouvrage, ni assez de bon sens et d'instruction pour suivre les pas de l'école italienne, qui se per-
fectionnait sous Scarlatti et ses élèves, cherchèrent, par des
ornemens pleins d'afféterie, à cacher la pauvreté de leur
chant. Le mauvais goût qui se fit sentir à cette époque dans
la peinture sous les Coypel, les Lemoyne, les de Troy, et
autres, successeurs de Lebrun, se manifesta dans la musique. La corruption fut portée encore plus loin sous Rameau, qui pour la science et le goût fut absolument dans cet
art ce que les Boucher et les Vanloo, ses contemporains,
furent dans la peinture. A moins d'avoir entendu cette musique, il est impossible de s'en faire une idée; lorsqu'enfin
l'on est parvenu à ce point, on se demande par quelle route

on a pu arriver à une semblable dépravation ; et l'on est tenté
d'admirer les efforts prodigieux qu'il a fallu faire pour produire quelque chose d'aussi absurde et d'aussi monstrueux.
Une lutte violente s'engagea dès le commencement du dix-
septième siècle, entre la mélodie française et la mélodie italienne, et se prolongea presque durant tout ce siècle ; et il
faut le déclarer, à la honte de l'art, deux fois la mélodie française, soutenue de tous les suppôts de l'ignorance, de la pédanterie ; deux fois la mélodie française dégénérée triompha, malgré la clameur publique, dans le théâtre de
l'Opéra et dans les cathédrales de France. Enfin, après
plus de soixante ans de guerres musicales, le gout national triompha de l'opiniâtreté de quelques individus inté-
ressés à soutenir un faux système. Les travaux des Duni, des
Philidor, des Monsigny, des Grétry, de Gluck, de Piccini,
de Sachini et de quelques autres, ont donné à la France une
mélodie d'une caractère particulier, dans lequel la grace
italienne s'allie, autant qu'il est possible, à la sagesse française. Il faut espérer que cet ordre de chose se maintiendra
long-tems !

Quant à l'harmonie pratique, si par ce terme on entend
non pas l'art d'étourdir par un remplissage confus et
par un bruit assourdissant, mais celui de déterminer les
accords qui conviennent le mieux, selon l'état de la modulation, de choisir et de disposer les sons de ces accords de manière à en obtenir l'effet le plus pur et le plus flatteur ;
les Français ont long-tems été en arrière des Italiens et des
Allemands. Laborde lui-même, tout en soutenant l'opinion
contraire, et J.-J. Rousseau donnent la preuve de cette assertion, en déclarant que personne n'entend mieux que les
grands maîtres d'Italie le choix des notes de la basse et celui
des notes des accords les plus propres à revêtir l'harmonie de
l'effet qui lui est dû. Les Français ne savent point, *en général*, aussi bien écrire que les Italiens et les Allemands,
et tout cela vient de la différence des méthodes : expliquons
ceci.

En Allemagne, ainsi qu'en Italie, pour enseigner la
composition, on va directement au but ; on commence par
présenter à l'élève des basses très-simples, mais bien faites ;

et convenablement modulées : on lui fait l'énumération de tous les cas que peut présenter une basse, on lui apprend quels accords conviennent le mieux à chaque cas, et on l'exerce long-tems à accompagner au clavecin des *partimenti* ou basses chiffrées. Après cette première étude, on lui donne un chant, on lui enseigne quelles sont les meilleures basses à placer sous ces chants, selon les cas dont le dénombrement est bientôt fait ; puis, ayant placé l'harmonie sur cette basse, selon les règles qu'il sait déjà, on lui enseigne à écrire cette harmonie à deux, trois, quatre, ou un plus grand nombre de parties, dans toutes les espèces du contrepoint simple ; il parcourt de même les contrepoints supérieurs, la fugue et les styles : le tout sans discussion, et sans perdre de tems en de mauvais raisonnemens. Cette méthode a ce double avantage qu'elle a toute la rapidité possible, et qu'à quelque époque que les études soient interrompues, ce que l'on sait peut être de quelque utilité. Le seul reproche que l'on puisse faire aux professeurs italiens et même aux allemands est de ne pas toujours motiver suffisamment les préceptes, et de ne pas donner, comme il serait aisé de le faire, des raisons tirées de la pratique elle-même. Cela rend l'étude pénible et quelquefois rebutante, et donne un air de routine à une méthode qui est excellente quant à sa marche générale et quant au fond des principes. Mais lorsque l'élève a du courage, cet inconvénient ne l'arrête pas, et il est bien dédommagé de sa peine par l'avantage qu'il trouve dans cette méthode d'acquérir du style et une grande facilité d'écrire.

En France, au contraire, on donne généralement dans l'excès tout-à-fait opposé. Car, quoique dans l'origine la méthode que nous venons de décrire nous fût commune avec les Italiens et les Allemands, les mêmes erreurs qui retardèrent parmi nous les progrès de l'art, influèrent sur les principes de l'enseignement. Lorsqu'après la réforme opérée par Lully, on voulut se mettre à marcher sur ses traces, les méthodes se trouvèrent réduites à quelques traditions éparses, devenues tout-à-fait insuffisantes et qui le semblèrent encore davantage, lorsqu'elles furent consignées dans des ouvrages mal conçus et mal rédigés, tels que ceux de Paran,

f

de Mignot, de Madin et autres. On dut alors faire des efforts pour se créer des méthodes plus appropriées à l'état de la science ; mais au lieu de les chercher dans la méditation des chefs-d'œuvre des grands maîtres, et d'établir la grammaire musicale sur le bon usage, on recourut à des sciences étrangères, qui n'ont avec la musique que des rapports éloignés. Rameau qui florissait à l'époque où le goût de la physique et des mathématiques commença à devenir général en France, ayant lu quelque part ou entendu dire qu'un corps sonore mis en vibration faisait, outre le son principal entendre, sa 12ᵉ. et sa 17ᵉ., essaya de fonder sur ce phénomène la théorie des renversemens d'harmonie que nous avons décrite précédemment (page xli). Nous n'entrerons pas ici dans de plus longs détails sur cet article, et nous nous contenterons de dire que, dans le manque absolu de livres élémentaires rédigés selon de bons principes, ceux de Rameau, commentés, simplifiés et vantés par des auteurs célèbres, eurent beaucoup de vogue. En conséquence, d'après la méthode introduite par lui, il est encore aujourd'hui un grand nombre de professeurs qui, pour montrer la composition, commencent par étaler à leur élève des propositions de physique et de géométrie, auxquelles il n'entend rien, et qui, d'ailleurs, n'ont, en conscience, aucun rapport à la question. Il faut, malgré cela, qu'il veuille bien se persuader que toutes ces sornettes sont le fondement de la haute, de la sublime science de l'harmonie. Après lui avoir surchargé l'esprit de ce premier fatras, on lui donne la définition de l'harmonie, qui est la science des accords. On lui définit les accords ; on les lui décrit ; on lui en fait apprendre un catalogue, dont la mémoire la plus heureuse ne peut pas se meubler en moins d'une année. On lui apprend toutes les manières dont ils se succèdent et s'enfilent ; on l'accoutume à voir toute l'harmonie dans les accords directs, les seuls pour lesquels on lui prescrive des règles de succession ; ce qui l'oblige à faire continuellement le calcul incommode des renversemens ; outre cela, ces règles sont elles-mêmes si vagues, si incomplètes et si peu susceptibles d'application dans le plus grand nombre des cas, que si au bout d'un an ou deux d'une

pareille étude, on présente à ce malheureux élève la basse
la plus simple, il n'est pas en état d'y placer l'harmonie
qu'un élève d'Italie ou d'Allemagne y mettrait, sans hésiter,
au bout de quelques semaines. Qu'arrive-t-il au bout de
cela ? Qu'il s'ennuie et se dégoûte ; qu'il renonce à l'étude,
et que, si sa profession ou son goût le ramènent à la composition, il se dépêche d'acquérir, comme il peut, d'après
de mauvais principes, une certaine habitude du métier suffisante à son usage, et jamais il ne connaît le fond de son
art.

Voilà le résultat le plus incontestable qu'ait produit le
système de la basse fondamentale, si vanté par des personnes
entièrement étrangères à la musique, comme devant faciliter les moyens d'apprendre cet art ; il vaudrait mieux
dire, d'en déraisonner sans y rien entendre, comme l'ont
fait Roussier, Béthisy, et tant d'autres commentateurs de
Rameau. J'ai parlé précédemment du seul avantage qu'ait
produit ce système, relativement à la classification des
accords ; je n'en dirai rien de plus ici. (V. l'art. Rameau).
Du reste, nulle étude du contrepoint : tout au plus celle
du placage harmonique ; aucune étude des styles ; nulle connaissance des modèles dont les noms sont même ignorés :
telles sont, en abrégé et sans aucune exagération, les études
ordinaires de composition musicale, dans toute l'étendue
de la France.

Il faut cependant déclarer que la marche d'enseignement
adoptée par le Conservatoire de Paris, et celle que se sont
formée plusieurs professeurs d'après l'étude qu'ils ont faite
des méthodes italiennes et allemandes, est exempte d'une
partie de ces inconvéniens ; mais on ne peut s'empêcher de
reconnaître que, retenus par des considérations locales et
par la crainte de heurter des préjugés, ils n'ont pas fait
encore, à cet égard, tout ce qu'ils eussent peut-être désiré
de faire.

Voilà ce qui concerne la France, quant aux principes
et quant au fond du système. Voyons ce qu'elle a fait
quant aux genres de composition.

Premièrement dans les diverses branches de style d'église.
D'abord, dans les diverses espèces du style à *capella*; après

avoir reçu de Saint-Grégoire le chant romain, reste précieux de la musique des Grecs, et y avoir fait des altérations successives, elle a fini par l'abandonner pour d'ab-
surdes plains-chants, composés à l'époque de la plus grande
dépravation de l'art en France, et qui, la plupart, sont
marqués au coin de l'ignorance et du mauvais goût. (Voyez
plus haut, page xx, et voyez aussi le Traité pratique et
théorique du chant ecclésiastique, Paris, 1752). Ses faux
bourdons sont à-peu-près les mêmes que ceux qui sont
usités en Italie; mais c'est relativement au contrepoint sur
le plain-chant que l'école française mérite de graves reproches. Elle n'en possède point d'écrits; et cela n'est
pas étonnant, les maîtres de chapelle français connaissent
si peu le plain-chant, que j'ai vu des plus expérimentés,
soi-disant, se tromper sur l'indication des tons. En outre,
on n'enseigne point en France à écrire en ce genre; mais
au lieu de cela, on pratique dans les cathédrales un contrepoint qui se fait à la première vue, et que l'on appelle
chant sur le livre. Pour en avoir une idée, figurez-vous
quinze ou vingt chanteurs de toutes sortes de voix, depuis
la basse jusqu'au soprano le plus élevé, criant à tue-tête,
chacun selon son caprice, sans règle ni dessein, et faisant
entendre à-la-fois sur un plain-chant exécuté par des
voix rauques, tous les sons du système, tant naturels
qu'altérés; vous commencerez à concevoir ce que peut être
le contrepoint sur le plain-chant, appelé en France *chant
sur le livre.* Mais ce que vous aurez sans doute plus de
peine à comprendre, c'est qu'il se trouve des prévôts de
chœur, des maîtres de chapelle assez dépravés pour admirer,
pour maintenir au sein des églises un aussi horrible et aussi
scandaleux charivari. En vérité, ces gens-là *font de la
maison de Dieu une caverne de voleurs; c'est,* on peut le
dire, *l'abomination de la désolation dans le lieu saint.*

La musique d'église, accompagnée des instrumens, a,
en France, comme partout, subi les révolutions de la
musique dramatique, avec laquelle elle a toujours eu de
grands rapports. Les Français ont eu long-tems la prétention d'y exceller et d'y surpasser toutes les autres nations.
Quoique la fausseté de cette prétention soit aujourd'hui

bien reconnue par ceux même qui la soutenaient, il y a
encore quelques années, cependant on doit aussi reconnaître que, dans ce genre, en effet, les Français ont beaucoup de mérite. Malgré qu'elle se soit ressentie des variations de la mélodie, il y a eu à toutes les époques des compositeurs français qui s'y sont acquis une juste réputation.
Les principaux sont à compter de Lully, ce compositeur
lui-même, Campra, Le Sueur de Rouen, *La Lande*,
Blanchard, Mondonville ; et parmi les modernes, Gossec,
D'haudimont, Giroust, Roze, et enfin M. Le Sueur, directeur de la musique de l'Empereur, qui, en ce genre, a
donné des ouvrages où l'on trouve des beautés du premier
ordre.

Dans la musique de chambre : les Français n'ont rien en
madrigaux, sinon ceux de quelques maîtres contemporains
des Flamands, mais tous ces ouvrages sont oubliés aujour-
d'hui ; ce genre florissait en Italie, à l'époque des troubles
de la France, pendant lesquels la musique ne fut point
cultivée. Dans la cantate, on cita autrefois celles de Clé-
rembaut et celles de Bernier, élève de Caldara. Les pièces
fugitives sont un des genres où les Français réussissent le
mieux ; ils en possèdent de charmantes de tous les genres
et de tous les caractères, et peut-être aucune nation de
l'Europe n'est-elle mieux assortie en cette partie.

Mais la plus grande gloire de l'école française est dans
la musique dramatique. Ce n'est pas qu'elle y soit précisément inventrice ; mais, en empruntant des Italiens leur
mélodie dramatique, et la combinant avec la mélodie nationale, elle en a formé, ainsi que je l'ai dit, une mélodie
qui lui est propre, et d'un excellent caractère ; et en l'appliquant à des poëmes bien conçus et bien écrits, elle a donné
naissance au *drame lyrique* proprement dit, qui est sa propriété, en quelque sorte, exclusive.

Ce ne fut néanmoins qu'en suivant, dans l'origine
l'exemple des Italiens, qu'elle arriva à ce brillant résultat.
En effet, on sait que Marie de Médicis, épouse d'Henri IV,
en venant en France, amena avec elle le poëte Rinuccini ;
et que, dès ce tems, il y eut à la cour des représentations
lyriques. On ne fait pas mention de celles qui purent avoir

lieu sous Louis XIII; son ministre Richelieu donna touté
son attention au drame français. L'Italien Mazarini, qui lui
succéda, et qui apporta en France les goûts de son pays, fit
jouer au Louvre, en 1646, le premier opéra italien que l'on
eût entendu dans ce pays. En 1670, Perrin, poëte, et
Cambert, musicien, firent jouer, au jeu de paulme de la
rue Mazarine, *Pomone*, le premier opéra français. Deux
ans après, Lully leur enleva le privilége, et en jouit jusqu'à
sa mort, arrivée en 1687. Nous avons déjà fait connaître
le genre de musique qu'il appliqua aux poëmes français de
Quinault; nous avons fait voir comment s'égarèrent ses
successeurs, parmi lesquels on distingue Campra, Destouches et Monteclair. Rameau, qui débuta, en 1733, par
Hypolite, et Aricie substitua aux récitatifs vrais, aux airs
sans doute trop simples et la plupart surannés, aux accompagnemens mesquins de Lully, un récitatif emphatique
des airs plus brillants, mais souvent baroques et de mauvais
goût, un orchestre plus orné, mais souvent mal écrit,
quoique dans tout cela, il se trouvât souvent des traits et des
pièces qui démontraient de la science et du génie. Il eût des
successeurs qui régnèrent après lui sur la scène lyrique
française, jusqu'en 1775 environ; mais dès 1750, l'opéra-
comique prit naissance en France sur le modèle des intermèdes et des opéra bouffons, alors en vogue en Italie. Ce
fut par ce genre que la mélodie française commença à se
régénérer entre les mains de Dauvergne, de la Borde de
Floquet, de J. J. Rousseau, de Duni et de Philidor; après
eux vinrent Monsigny, Gossec, Grétry, qui achevèrent de
perfectionner le genre de la comédie lyrique française. Ils
eurent pour imitateurs, parmi leurs contemporains, Martini, Dalayrac, Champein, et plusieurs autres. La réforme
opérée par eux dans la comédie, et préparée par eux dans la
tragédie lyrique, fut consommée par Gluck, qui, en 1774,
donna à Paris son Iphigénie, et peu après plusieurs autres
ouvrages, dont il enrichit la scène française. Il eut pour rivaux Piccini et Sacchini, qui, en se proposant le même
but, essayèrent de conserver à la mélodie ses formes essentielles, plus que n'avait fait Gluck. Cette diversité de prétentions occasionna de vives querelles, qui sont aujourd'hui

à peu près terminées. On vit marcher sur les traces de ces grands maîtres, Vogel, Lemoyne, et autres. Cette génération d'hommes célèbres a eu pour successeurs, parmi les Français, des compositeurs dignes, après eux, de manier la lyre; les principaux sont, dans la tragédie, Berton, Catel, Le Sueur, Méhul, et dans la comédie, les mêmes, auxquels il faut ajouter Boyeldieu, Eler, Gaveaux, Kreutzer, Plantade, Persuis et Solié. Plusieurs auteurs italiens et allemands, venus récemment en France, se sont aussi essayés, avec succès, dans le genre dramatique français; les principaux sont Chérubini, Dellamaria, Nicolo, Steibelt, Spontini, Tarchi et Winter.

Quelques compositeurs de cette génération ont entrepris d'introduire dans le drame lyrique les effets de la symphonie; mais ils paraissent avoir fini par sentir les abus du genre, et avoir pris le parti d'y renoncer.

C'est à la supériorité de son théâtre national que la France doit la supériorité de son drame lyrique. La fréquentation du théâtre français, le plus parfait de tous, a rendu tellement général le sentiment des convenances dramatiques, que le spectateur français ne pourrait supporter un ouvrage où elles ne seraient pas observées, quelque fût d'ailleurs le mérite des accessoires. Pénétrés du même sentiment, imbus des mêmes principes, les poëtes lyriques français et les compositeurs, soit nationaux, soit étrangers, dirigés par eux, ont, d'un commun accord, constamment travaillé dans le même système. Il serait sans doute à propos en esquissant l'histoire de notre théâtre lyrique, de donner une idée de ses révolutions, considérées quant au drame en lui-même, et de faire mention des poëtes qui ont le plus contribué à ses progrès; mais, forcé de me restreindre, je me contente d'indiquer les plus célèbres en citant les noms de Quinault, de Lamotte-Houdart, de Fontenelle, Labruère, G. Bernard, Sedaine, Favart, Marmontel, Marsollier, Monvel, Duval, Guillard, Bouilly, Hoffman, Picard, Etienne, Dupaty, et je renvoie le lecteur à leurs articles.

Les Français ont encore des titres dans la composition instrumentale, quoiqu'en ce genre ils aient été de simples imitateurs; et d'abord, dans la musique particulière, on

cite avec raison Leclair, Guignon, Guillemain, Mondonville, Gaviniés, Leduc l'aîné, Bertheaume, Lahoussaye.
Dans la musique d'ensemble, on a cité les quatuors de
Davaux, enfin les symphonies de Gossec, qui ont précédé,
en France, celles d'Haydn, et dont il en est qui s'entendent
toujours avec beaucoup de plaisir. Depuis cette dernière
époque, il a été fait en ce genre de nouvelles tentatives;
mais il faut attendre quelque tems encore pour en parler
convenablement.

L'école française a surtout de grands mérites dans les
diverses branches de l'exécution.

Si nous commençons en cette partie l'examen par le
chant, nous distinguons trois époques : celle de Lambert,
du tems de Louis XIV; celle de Rebel et Francœur, du
tems de Louis XV, qui eut tous les ridicules et toute l'affectation de ce tems; enfin l'époque moderne, qui est d'un
genre analogue à celui de la mélodie; c'est-à-dire un genre
italien tempéré et approprié à la langue françoise, dont les
principes sont consignés dans l'excellente méthode de chant
du Conservatoire. Chacune de ces époques cite des chanteurs
célèbres; la première, Boutelou; la seconde, Jelyotte; la
troisième, Garat, Chardini, Lays, Martin, auxquels je
joins Elleviou, pour la grace et l'élégance, unies à l'expression et à la vérité dramatique.

Mais en fait d'exécution, le genre où les Français ont un
mérite bien réel, bien incontestable, et même une supériorité marquée en divers points, c'est l'exécution instrumentale en général, et surtout celle du violon. A cet
égard, les Français ont toujours eu de grandes prétentions,
et souvent des droits réels. On parla dans le dix-septièm
siècle avec éloges de la supériorité des vingt-quatre *petits
violons* de Louis XIV, formés par Lully, et généralement
des violonistes français. Je ne sais cependant comment
concilier ces faits avec celui-ci, que je trouve dans Corette,
préface de sa méthode d'accompagnement, publiée à Paris
vers 1750. « Au commencement de ce siècle, la musique
était fort triste et fort lente, etc...... ; lorsque les sonates
de Corelli arrivèrent de Rome (vers 1715) personne à
Paris ne put les exécuter. Le duc d'Orléans, régent, grand

amateur de musique, voulant les entendre, fut obligé de les faire chanter par trois voix; les violonistes se mirent à les étudier, et au bout *de quelques années*, il s'en trouva trois qui furent en état de les jouer. Baptiste, l'un d'eux, alla même à Rome pour les étudier sous Corélli, Quoiqu'il en soit, depuis cette époque, on s'est mis en France avec beaucoup d'ardeur à l'étude de la musique instrumentale, et l'on y a fait des progrès extraordinaires. La France a une excellente école de violon, formée sur celle d'Italie. Nous en avons nommé précédemment les principaux maîtres, en parlant de la composition instrumentale; il faut y joindre Pagin, illustre élève de Tartini; enfin M. Viotti, qui a séjourné en France pendant plusieurs années, y a formé un grand nombre d'excellens élèves, à la tête desquels on cite Rodé; ceux-ci ont à leur tour communiqué leur talent à une infinité d'autres; et les violonistes français sont, pour le nombre et le talent, les premiers de l'Europe. Les artistes qui y jouissent de la plus haute réputation sont Baillot, Grasset, Kreutzer, Lafont et leurs élèves, Habeneck, Mazas, Fontaine, etc. On peut en dire autant de la plupart des autres instrumens, principalement du piano-forte, dans lequel nous citons comme les principaux maîtres ou virtuoses, Adam, Rigel, Jadin, Boyeldieu, madame de Montgeroult, Pradher son élève, etc.; mais l'orgue, qui se glorifia autrefois des Couperin, des Marchand, des Calvière, des Daquin, est tombé en décadence: on ne peut guères citer aujourd'hui que Séjan, qui marche sur leurs traces. Enfin, pour terminer cet article par un éloge aussi vrai qu'important, ce qu'on ne peut trop admirer en France, c'est l'excellence des orchestres dans l'exécution de la symphonie; ils surpassent de beaucoup, je ne dis pas ceux d'Italie, qui sont nuls à cet égard, mais ceux de l'Allemagne; où la musique instrumentale est en si grand honneur. C'est un fait que je consigne ici comme étant avoué par les étrangers les plus remplis de préventions nationales.

La littérature musicale de France est à-peu-près nulle. Parmi les ouvrages qu'elle possède; les uns faits par des artistes qui ne savaient ni penser ni écrire, sont aussi vicieux pour le fond que pour la forme, et il est impossible de s'en

servir pour l'étude ; les autres, rédigés par des savans ou des
littérateurs étrangers à l'art, n'enseignent que des systèmes
et des erreurs. Il faut cependant excepter de cette condam-
nation, 1°. en ce qui concerne l'exécution, plusieurs méthodes, et notamment celles que le Conservatoire a publiées, 2°. en ce qui concerne la composition, le petit traité
d'harmonie de M. Catel, qui offre une bonne introduction à
l'étude de l'accompagnement ; et, je pense, les Principes de
composition des écoles d'Italie, que j'ai formés de la réunion de ce que j'ai pu trouver de mieux en notre langue
et en diverses autres, qui sont le seul ouvrage authentique
et complet dans lequel on puisse étudier cet art, et, malgré
quelques justes reproches (V. Sala), le moins imparfait
de tous ceux qui existent en ce genre.

Des trois nations dont nous venons de parler, la France
est celle où la musique est le moins généralement cultivée ;
et, de tous les beaux-arts, c'est aussi celui qui y est le
moins cultivé ; c'est le seul pour lequel il n'y ait point de
cours publics, et, la France est le seul pays où la musique
soit privée de ce bienfait. Avant la révolution, elle était
enseignée particulièrement dans les maîtrises ; mais, malgré
le nombre de quatre mille élèves, qui y étaient constamment alimentés, ces établissemens s'étaient tellement res-
sentis de la décadence et de la corruption de l'art en France,
pendant le dix-septième et le dix-huitième siècles, que,
dans tout cet espace de tems, ils ont produit tout au plus
cinq ou six chanteurs, et autant de compositeurs dignes
d'être cités. Leur rétablissement s'est fait en dernier lieu
sur un pied plus mauvais encore. Les anciens maîtres de
chapelle étaient du moins compositeurs ; mais, dans ces
derniers tems, faute de sujets, il a fallu, à peu d'exceptions
près, prendre *les premiers venus*. Ici, c'est un chantre de
paroisse ; là, un maître de violon ; ailleurs même, un trompette, ou quelque chose de semblable, qui sont chargés de
former des chanteurs. Aussi, y a-t-il tout lieu de croire que
les maîtrises, ainsi organisées, produiront encore moins que
par le passé ; et jusqu'à ce jour, on aurait bien de la peine,
dans les deux à trois cents élèves qu'elles renferment, à en
trouver un qui soit capable de chanter les sept notes de

l'échelle sans en fausser quatre ou cinq. Le Conservatoire établi depuis la révolution a produit une quantité considérable d'instrumentistes, et plusieus chanteurs et cantatrices. (Voyez son article.)

Autrefois, le plain-chant, du moins, était enseigné dans un grand nombre d'écoles primaires ; aujourd'hui, on n'y enseigne plus ni plain-chant ni musique, et la masse de la nation est étrangère à cet art. Les classes aisées de la société le cultivent davantage ; les amateurs s'adonnent surtout à la musique instrumentale. En général, le chant est négligé; et rien n'est plus rare en France que les bons chanteurs. La composition est peu cultivée; les études en sont généralement vicieuses, ainsi que nous l'avons déjà expliqué; et fort dispendieuses. En outre, l'état de compositeur ne mène à rien : il n'y a pas d'emploi de leur talent, point de chapelle; un seul théâtre pour toute la France, occupé en partie par des étrangers. Dans un pareil ordre de choses, il ne peut que difficilement se former des compositeurs; aussi, sont-ils rares en France : la liste de ceux qui ont eu, dans le genre dramatique, le plus cultivé de tous, des succès non contestés, est peu considérable; plusieurs d'entr'eux sont d'un âge mûr, et il se présente peu de successeurs. La théorie est peu connue en France; l'érudition musicale est encore plus rare, à peine est-elle connue de nom.

De cet examen de l'école française, il résulte néanmoins qu'elle tient, parmi les autres écoles, un rang beaucoup plus distingué que ne le prétendent des étrangers aveuglés par des préventions nationales, et que ne le croient quelques français eux-mêmes trop faciles à se laisser persuader par leurs présomptueuses clameurs : qu'elle possède une prééminence marquée dans deux parties essentielles, le drame lyrique et l'exécution instrumentale ; que malgré ses écarts dans la didactique, elle a rendu à l'art de grands services en cette partie ; que l'infériorité où elle se trouve en ce moment, en plusieurs autres, résulte de circonstances ; qui, en d'autres tems, ont produit les mêmes effets chez les nations qui paraissent aujourd'hui mieux partagées qu'elle. L'histoire démontre qu'elle a, à certaines époques, obtenu sur ces mêmes nations une supériorité générale; et prouve qu'en prenant de sages mesures, il serait aisé de la remettre au même niveau.

A présent, si l'on prend la peine de comparer, article par article, les travaux des trois écoles, dont j'ai tracé le tableau avec autant d'exactitude et de symétrie que d'impartialité et de bonne foi, on sera à portée de juger du mérite de chacune d'elles; on se garantira de cet esprit de parti, de ces préventions ou de ces antipathies nationales, qui sont toujours empressées d'attribuer tout aux uns, et de refuser tout aux autres. On cherchera le bon, l'excellent partout où il est; et l'on saura en jouir, quelque part qu'on le trouve.

Après avoir ainsi retracé la marche de toutes les parties de l'art dans le long trajet des siècles qui l'ont amené jusqu'à nous, après avoir fait connaître les principales écoles et les grands maîtres qui les ont illustrées, nous allons entrer dans le détail des mérites individuels et particuliers, dont nous parlerons avec la même simplicité et la même impartialité. Le lecteur qui sera bien pénétré de tout ce que nous venons de dire, qui aura bien présent le tableau que nous venons de lui présenter, sera en état de connaître lui-même la place et le rang qui convient à chacun des personnages, sans que nous prenions même le soin de le lui indiquer.

Nota. Les exemples de musique, pag. xxiij, xxvj, xxviij, xxxj, et la basse de l'exemple p. xxx, doivent être sur la clef d'*Ut*, en 4e. ligne.

DICTIONNAIRE

HISTORIQUE

DES MUSICIENS.

A A

AARON, abbé de Saint-Martin et Saint - Pantaléon de Cologne, né en Ecosse, vivait dans le quinzième siècle. On trouve de lui, dans la bibliothèque de Saint-Martin, un manuscrit intitulé : *De utilitate cantûs vocalis et de modo cantandi atque psallendi*. V. *Oliv. Legi pontii, dissert. philolog.*, p. 312. C'est lui qui, le premier, a transporté d'Italie en Allemagne, en l'introduisant dans son monastère, le chant appelé *chant Grégorien de nuit*, qu'il avait obtenu du pape Léon IX.

AARON (PIETRO), moine de l'ordre des Porte-Croix de Florence, né en cette ville vers la fin du quinzième siècle, a été chanoine de Rimini. Il a publié plusieurs ouvrages, qui sont intéressans en ce qu'ils présentent assez bien l'état de la théorie et de la pratique, à l'époque où il écrivait ; en voici la note : 1º. *Libri tres de institutione harmonicâ, interprete J.-A. Flaminio, Foro-Cornelitano : Bononiæ*, 1516 ; 2º *Trattato della natura e della cognizione di tutti gli tuoni nel canto figurato. Vinegia*, 1525. 3º. *Il Toscanello della musica 1523, 1529, 1539*, etc., rare et important. C'est un des premiers auteurs qui aient mis de l'ordre dans l'exposition des règles du contrepoint. On remarquera, comme une singularité, qui

I.

d'ailleurs est bien dans l'esprit de ce tems-là, la prétention que l'auteur a eue de rapporter toutes les règles de la musique à dix grands préceptes en l'honneur des dix commandemens de Dieu, et à six autres, moins importans, en l'honneur des commandemens de l'église. Tous ces préceptes sont inscrits sur des tables, de la forme que l'on attribue à celles dites de la Loi.

ABBATINI (ANT. MAR.), né à Tiferno, habile compositeur, publia à Rome en 1638 des motets. Il fut successivement maître de chapelle de Saint-Jean-de-Latran, de Saint-Laurent et de Sainte-Marie-Majeure. (Walther).

ABDULCADIR, fils de Gaibus de Magara. On a de lui un manuscrit, en langue persane, sous le titre : *Præcepta compositionis musicæ et metri, cum fig. eo spectantibus*. V. le catalogue de Leyde, pag. 453, nº. 1061.

ABEILLE (LOUIS) musicien du duc de Würtemberg, a fait graver en 1783, à Erlang, deux sonates pour le clavecin avec violon.

ABÉL. On connaît plusieurs musiciens de ce nom. L'un d'eux, violoncelliste de la chapelle d'Anhalt - Cœthen, avait servi sous Charles XII, dans sa jeunesse. Les deux suivans furent ses enfans.

1 *

L'aîné, Léopold-Auguste, né à Cœthen en 1720, élève de Benda, pour le violon, fut d'abord employé à l'orchestre de Nicolini à Brunswick. En 1758, il devint maître des concerts du prince de Schwarzbourg, à Sondershausen; en 1766, du margrave de Schwedt; et, quelque tems après, du duc de Schwerin.

Charles-Frédéric, frère cadet du précédent, nâquit comme lui à Cœthen. Il fut directeur de la chapelle de la reine d'Angleterre, avec un traitement annuel de douze cents écus (environ quatre mille huit cents francs); en cette qualité, il tenait le piano dans les concerts. On le regarde généralement comme le premier joueur de la viola da gamba que le siècle dernier ait produit. Il fut d'abord membre de la chapelle royale de Dresde: une difficulté qu'il eut avec Hasse, premier maître de chapelle, fut cause qu'il la quitta, en 1760, et se rendit à Londres, où il séjourna, sans interruption, jusqu'en 1783. Le désir de revoir son frère et sa patrie le ramena à cette époque en Allemagne. Ce fut pendant ce voyage, que, malgré son âge avancé, il donna, à Berlin et à Ludwigslust, les preuves les plus éclatantes de ses talens. Une expression forte, un jeu net, doux et harmonieux, commandaient l'admiration générale. Le roi Frédéric-Guillaume, encore prince royal, devant lequel il se fit entendre, lui fit présent d'une tabatière fort riche et de cent pièces d'or. Peu d'années après, le dérangement de ses affaires l'obligea de séjourner quelque tems à Paris; mais il ne tarda pas à retourner à Londres, où il mourut le 22 juin 1787, après un sommeil de trois jours, et sans ressentir la moindre douleur.

Les compositions d'Abel se distinguent par un chant pur, une harmonie douce, quoique correcte et bien nourrie. L'on trouve la liste des vingt-sept œuvres qu'il a publiés depuis 1760 jusqu'en 1784, tant à Londres qu'à Berlin, à Amsterdam et Paris, dans le premier volume de la Bibliothèque de M. le baron d'Eschentruth. Ils consistent en ouvertures, en quatuors, et en trios pour le violon et la flûte. On y trouve aussi quelques concertos et trios pour le clavecin. Presque tous ces œuvres renferment six pièces.

ABEL (CLAMOR-HENRI), musicien de la Chambre à Hanovre, né en Westphalie. La première partie de ses ouvrages parut en 1674, à Francfort-sur-le-Mein, sous le titre: *Erstlinge musicalischer Blümen.* Le second volume ne fut publié qu'en 1677. Voy. Walther.

ABÉLARD (PIERRE), amant d'Héloïse, a composé un grand nombre d'hymnes, paroles et musique; il a dirigé tous les chants qui s'exécutaient à l'office du Paraclet, et il a fait le Bréviaire usité dans ce monastère.

ABICHT (JEAN-GEORGES), théologien-protestant, mort à Würtemberg le 5 juin 1749, a publié plusieurs ouvrages importans, dans lesquels il a cherché à expliquer le chant et les notes des Israélites, par leurs accens.

Ses ouvrages sont : 1°. *Accentus Hebraïci ex antiquissimo usu lectorio vel musico explicati.* Lipsiæ, 1715, in-5°. 2°. *Dissertat. de Hebrœorum accentuum genuino officio,* dans la préface de *Frankii diacrit. sacr.* 1710, in-4°. 3°. *Vindiciœ usus accentuum musici et oratorii,* Joh. Franckio oppositœ, 1713, in-4°. 4°. *Excerpta de lapsu murorum Hierichuntinorum.* Ce dernier ouvrage se trouve *in Ugolini Thes. ant. sacr.,* tome 32, page 837.

ABINGDON (Lord), amateur de musique à Londres, jouait très-bien de la flûte, et composait pour cet instrument. En 1783, il se trouva à la tête du grand concert de Londres, auquel on a donné son nom. C'était peut-être le concert le plus brillant de toute l'Europe à cette époque, par le grand nombre et la supériorité des artistes qui s'y firent entendre. Graf d'Ausbourg dut sa célébrité aux concertos qu'il composa pour cette réunion.

ABINGTON ou ABYNGDON (HENRI), l'un des premiers chanteurs et musiciens de son tems en Angleterre, fut d'abord organiste de l'église de Vels, dans le comté de Sommerset, puis de la chapelle royale de Londres, où il mourut vers l'an 1520. Thomas Morus grand amateur de musique, lui fit deux épitaphes V. *Ph! Labbe Thes. Epit.*

ABINGTON (Joseph), le cadet, Anglais, membre de la chapelle royale et organiste de Saint-Martin-Ludgate, en 1740.

ABOS, maître de chapelle au Conservatoire de la Pieta à Naples, vers 1760, a composé plusieurs ouvrages, tant pour le théâtre que pour l'église, qui attestent son talent.

ABRAHAM, professeur de musique à Paris, mort vers 1805, a arrangé, pour divers instrumens, un très-grand nombre d'ouvertures et d'airs d'opéras.

ABRAMS (Miss et misstr.), deux très-bonnes cantatrices anglaises, concoururent singulièrement, avec madame Mara, à embellir les concerts donnés à Londres, en 1784 et 1785, pour la commémoration d'Handel.

ABUNASR.- MUHAMMED, Arabe, fils de Farabus, a laissé un traité de Musique, théorique et pratique, vocale et instrumentale. V. le catalogue de Leyde, p 453, n° 106.

ACADÉMIES DE MUSIQUE C'est le nom que prennent, avec plus ou moins de raison, plusieurs sortes d'institutions relatives à la musique. Les unes sont, selon la véritable acception du mot, des sociétés savantes qui s'occupent spécialement de cet art; d'autres, sont des réunions d'artistes ou d'amateurs qui ont pour objet d'exécuter des œuvres de musique, soit entr'eux, soit en présence d'auditeurs, admis gratuitement ou moyennant une rétribution : ce sont, à proprement parler, des concerts. Enfin, quelques-unes sont de simples théâtres, qui prennent abusivement le nom d'académie. Nous parlerons de ces deux dernières sortes aux articles de théâtre et de concert.

Il y a en Europe plusieurs académies proprement dites de musique ; elles sont surtout multipliées en Italie, où il n'est pas rare d'en rencontrer plusieurs en une même ville. La plus ancienne de toutes est celle de Vicence, fondée vers 1500, sous le titre d'Académie des Philharmoniques ; la plus célèbre est celle qui existe à Bologne sous le même nom.

Il y a en Allemagne plusieurs académies de musique ; la Suède se glorifie de celle de Stockolm. Nous ignorons s'il en existe en Angleterre, en Espagne, ni en Portugal. La France n'a point d'institution de ce genre; elles y sont en partie suppléées par le Conservatoire et par l'Institut. La quatrième classe de cette dernière société est divisée en cinq sections, dont la cinquième, qui est celle de musique et de déclamation, est composée de six membres, trois acteurs et trois compositeurs. Ainsi, la musique n'a à l'Institut que trois membres, tandis que la peinture en a huit, la sculpture et l'architecture chacune six. Cette distribution, injuste en elle-même, a, relativement à l'art, des inconvéniens plus graves encore, mais que nous ne jugeons pas à propos de relever ici.

ACCIAJUOLI, a mis en musique les pièces suivantes : *Il Girello,* 1675 ; *Damira placata,* 1680 ; *Ulisse in Feacia,* 1681.

ACCORIMBONI, né à Rome, donna, en 1784, avec succès, au théâtre della Pergola de Florence, un opéra burlesque : *Il regno delle Amazoni* (l'Empire des Amazones).

ADALBERTUS WOYTIECHUS, évêque de Prague, dans le dixième siècle. On trouve de lui, dans le traité de Gerbert *de Cantu et Musicâ sacrâ* (du Chant et de la Musique ecclésiastique), t. I, p. 348, un chant en forme de litanies, en langue esclavonne, avec une traduction latine. — La bibliothèque de Zaluski, que Jonozki a publiée à Dresde, en 1747, fait aussi mention d'un chant, dont ce même Adalbertus a été l'auteur, et que les Polonais avaient coutume de chanter avant de livrer bataille.

ADAM DE FULDE, moine de Franconie, a rédigé, en 1490, un traité de musique, qui était conservé en manuscrit à la bibliothèque de Strasbourg. Mr Gerbert l'a inséré dans son recueil : *Scriptores ecclesiastici potissimum de musicâ sacrâ.*

ADAM DE SAINT-VICTOR, chanoine de Saint-Victor, à Paris, où il mourut le 8 juillet 1177, est connu par différens ouvrages dans la musique d'église

ADAM (Jean), violiste de la cha-

pelle royale et compositeur de ballets
à Dresde, du tems de Hasse, était né
à Dresde, et vivait encore en 1772.
Il publia en 1756 : Recueil d'airs à
danser exécutés sur le théâtre, à
Leipsick, chez Breitkopf. On trouve
encore dans le même magasin plusieurs concertos pour le hautbois,
le clavecin, et plusieurs simphonies
en manuscrits.

ADAM (Louis), né vers 1760 à
Miettersholtz, département du Bas-
Rhin, eut d'abord pour maître de
clavicorde un de ses parens, excellent amateur; il eut ensuite quelques
mois de leçons de piano d'un bon
organiste de Strasbourg, nommé
Hepp, mort vers 1800; mais c'est
surtout à l'étude qu'il a faite, par
lui-même, des écrits d'Emm. Bach,
des œuvres de Handel, de Bach, de
Scarlatti, de Schobert, et, plus récemment, de Clementi et de Mozart,
qu'il doit la science et le talent qui
l'ont placé au premier rang parmi les
virtuoses et les professeurs de son instrument. M. Adam a aussi, dans son
enfance, étudié sans maître le violon
et la harpe; il ne doit non plus qu'à lui
même ses connaissances dans la composition, qu'il a apprise par l'étude
des écrits de Mattheson, de Fux, de
Marpurg, et autres didactiques allemands.

Arrivé à Paris à l'âge de dix-sept
ans, pour y professer la musique, il
débuta par deux symphonies concertantes pour harpe et piano avec violon, qui furent exécutées au concert
spirituel, et qui étaient les premières
que l'on eût entendues en ce genre.
Depuis ce tems, il se livra à l'enseignement et à la composition. En
1797, il fut nommé professeur au
Conservatoire; là, il a formé un
grand nombre d'excellens élèves; les
plus connus sont MM. Kalkbrenner,
F. Chaulieu, Merland, Henri le
Moine, mesdemoiselles Beck, Gasse et
Renaud d'Alen, qui ont successivement remporté les premiers prix du
Conservatoire; Herold, père et fils,
Callias, Rougeot, Breval fils, mesdemoiselles Bresson et de Saint-Belin,
et une foule d'autres, tant amateurs
que professeurs, étaient aussi ses
élèves.

Les ouvrages de M. Adam sont :
une Méthode de doigté pour le forte-
piano; une Méthode de piano, adoptée par le Conservatoire et dans
toutes les écoles de musique de
France; onze œuvres de sonates de
piano, et plusieurs sonates séparées;
des airs variés, notamment celui du
roi Dagobert; des quatuors d'Haydn
et de Pleyel, arrangés pour le forte-
Piano; un recueil de romances; la
collection entière des délices d'Eu-
terpe; et le Journal d'ariettes italiennes des demoiselles Erard.

ADAM (D. Vicente), musicien
à Madrid, y publia en 1786 : Docu-
mentos p ra instruccio de Musicos
y afficionados, etc., in-folio, quatre
feuilles de texte imprimées et dix-
neuf feuilles de notes gravées (Instruction pour les musiciens et amateurs de musique qui veulent se livrer
à l'art de la composition, par D. Vicente Adam). V. Litteratur Zeitung
de 1788, n°. 283.

ADAMI DA BOLSENA (An-
dréa) un des maîtres de chapelle
du Pape. On a de lui une Histoire de
la Chapelle Pontificale, qui renfer-
ferme beaucoup de particularités;
elle a paru à Rome, en 1711, sous
le titre: Osservazioni per ben rego-
lare il coro de i cantori della capella pontificia, tanto nelle funzioni ordinarie che straordinarie
(Instruction pour bien diriger le
chœur des chanteurs de la chapelle
pontificale, tant pour le service ordinaire qu'extraordinaire), in 4°.
On trouve dans cet ouvrage douze
portraits des principaux chanteurs
de cette chapelle, avec leurs biographies.

ADAMI (Ernest Daniel), magister, et depuis 1765 pasteur à Pom-
meswitz, près Neustadt, dans la
Haute - Silésie, né à Idung, dans
la Grande-Pologne, le 19 novembre
1716, fut d'abord co-recteur et directeur de musique à Landshut, et publia en 1750 à Liegnitz, un ouvrage
sous le titre: Vernunftige gedanken
uber den d eyfachen wiederschall
vom eingange des Aderbachischen
stein waldes im kœnigreich Bœhmen (Réflexions sur le triple écho
existant à l'entrée de la forêt d'Ader-
bach, dans le royaume de Bohême),
in-4°. On a encore de lui : Philoso-
phische abhandlung von dem goett-
lich schœnen der gesangsweise in
geistlichen ligdern bey œffentlichen gottesdienste (Dissertations

des beautés sublimes du chant dans les cantiques du service divin), Leipsick, 1755, in-8°, qu'il présenta à la Société de Musique de Mizler, lors de sa réception.

ADAMS ou ADAM, Anglais, est auteur d'un ouvrage, intitulé : *Psalmits new companion, containing an introduction to the grounds of psalmodi* (Abrégé de psalmodie).

ADAMUS DORENSIS, abbé de l'ordre de Citeaux, dans un monastère près d'Hereford, en Angleterre, a écrit, en 1200 : *Rudimenta musices*. (W.)

ADIMARI (ALESSANDRO), connu par sa belle traduction de Pindare, a fait les paroles des cinq opéras suivans : *Il pianto d'Ezechia*; *La comtessa d'Urania*; *Il ratto di Proserpina*; *Il simplice amante*, et *Ifidi amici*.

ADIMARI (LUIGI), gentilhomme florentin, mort en 1708, a laissé un drame en musique, intitulé *Roberto*.

ADDISSON (JOSEPH), né en 1671, à Lichtfield, mort à Londres le 17 juin 1719, après avoir donné sa démission de la charge de secrétaire d'état, qu'il avait exercée pendant plusieurs années, est l'auteur du premier opéra anglais proprement dit. Avant lui, on se contentait de traductions parodiées, comme faire se pouvait, sous la musique d'opéras italiens. En 1707, Addisson donna son opéra de Rosemonde, sur lequel Thomas Clayton composa de la musique dans le goût italien; mais l'ouvrage fut mal accueilli, et si le poëme fut jugé peu convenable, la musique parut encore plus médiocre. En 1730, le docteur Arne en fit une nouvelle qui fut très-bien reçue.

Addisson parle quelquefois, dans le Spectateur anglais, de l'état où se trouvait alors la musique en Angleterre; ce qu'il dit sur cette matière fait voir qu'il y était entièrement étranger.

ADELPHUS (JEAN), médecin de Strasbourg, au seizième siècle, publia en 1513, entr'autres ouvrages: *Sequentiæ commentariis illustratæ*. V. Gerbert.

ADELPOLDUS, savant de la Frieslande, mort le premier décembre 1027. On a de lui, entr'autres ouvrages, un manuscrit *de musicá*,

que le prince-abbé Gerbert a inséré dans son recueil.

ADLUNG (JACQUES), membre de l'Académie d'Erfurt, professeur au Gymnase, et organiste à l'église luthérienne, né en 1699 à Bindersleben, près Erfurt, dut selon son propre aveu, tout ce qu'il fut, comme artiste, aux soins de Chrétien Reichard, alors organiste à Erfurt, qui, en 1721, le reçut dans sa maison lorsqu'il n'était encore qu'étudiant. Ce fut dans l'étude des livres que lui prétèrent Reichard et Walther de Weimar qu'il puisa les principes qu'il a développés dans son ouvrage *Musicalische gelartheit* (Science musicale), ouvrage indispensable à tout organiste qui ne veut pas exercer son art en simple praticien. Il mourut à Erfurt le 5 janvier 1792. Il a, pendant trente-quatre ans, formé deux cent dix-huit élèves de clavecin, outre deux cent quatre-vingt-quatre qu'il instruisit dans les langues, et cela ne l'empêcha pas de construire un grand nombre de clavecins.

On a de lui : 1°. *Anleitung zur musicalischen gelartheit* (Introduction à la science musicale), avec fig. Erfurt, 1758, in-8°. La seconde édition de cet ouvrage parut en 1783, par les soins de M. Ch. Hiller, de Leipsick, qui l'augmenta du premier chapitre. 2°. *Musica mecanica organœdi d. i. grundlicher unterricht von der structur, gebrauch und erhaltung, der orgeln, clavicembel u. s. w. mit zusœtzen vom hof komponisten Agricola, und zum druck befœrdert, von Mag. J. L. Albrecht* (Instruction sur la construction, l'usage et la conservation des orgues, clavecins, etc., avec des augmentations par J. F. d'Agricola, compositeur de la cour), avec fig. 1768, in-4°. 3°. *Musicalisches siebengestirn* (Les sept étoiles musicales). Berlin, 1768, in-4°. Ce dernier ouvrage contient les réponses à sept questions sur des objets relatifs à l'harmonie. Ces deux derniers ont été publiés par les soins de M. J. Laur. Arbrecht.

Outre ces ouvrages, les manuscrits suivans ont été perdus par un incendie : 1°. *Anweisung zum generalbass*; 2°. *Anweisung zur italiœnischen tabulatur*; 3°. *Anweisung zur Fantasie und Fuge*. Sa vie écrite par lui-même, se trouve dans la préface de sa *Musica mechanica organœdi*. Elle a été insérée dans le second volume des Lettres critiques, p. 451.

ADOLFATI, élève du célèbre Galuppi, est connu par plusieurs opéras. En 1750, il fit à Gênes un essai de mesure à deux tems inégaux, l'un composé de deux notes, et l'autre de trois. Ce morceau fit de l'effet et fut applaudi. Adolfati l'avait imité de Benedetto Marcello.

ADRASTUS. Péripatéticien de Philipopolis et disciple d'Aristote, a laissé un manuscrit, en trois livres, sur l'harmonie; cet ouvrage est resté enfoui jusqu'à nos jours; les uns prétendaient qu'il était perdu; d'autres qu'il se trouvait à la bibliothèque du Vatican; ce ne fut qu'en 1788 que l'on annonça, dans divers papiers publics, que cet ouvrage, bien conservé, bien et distinctement écrit sur du beau vélin, et décoré de figures géométriques bien dessinées, s'était trouvé parmi les manuscrits de la bibliothèque du roi de Sicile, et que M. Pascal Paffy, bibliothécaire, jeune homme d'une grande érudition et d'une activité prodigieuse, avait été chargé de sa traduction.

ADRIEN. On connaît en musique, depuis 1780 ou environ, trois frères de ce nom, dont nous n'avons pu obtenir aucuns renseignemens.

L'aîné, chanteur agréable et compositeur, a fait un assez grand nombre de romances, dont plusieurs ont eu du succès.

Le second, le plus généralement connu, entra, en 1787, à l'Académie Impériale, où il remplissait les rôles de tyran, de prêtre, de roi. Un grand nombre de personnes faisait cas de son jeu; mais les fatigues du théâtre ayant entièrement ruiné sa voix, il s'est, quoique jeune et très-robuste encore, retiré du théâtre, et il a obtenu l'emploi de maître des chœurs de l'Académie. Le bruit avait couru qu'il devait entrer au Théâtre-Français. Nous croyons que c'eût été une très-bonne acquisition pour ce théâtre.

Le troisième est maître des chœurs pour la partie italienne au théâtre de la cour.

AEGIDIUS (Jean), recolet espagnol, de Zamora, vécut vers la fin du troisième siècle. Le roi Alphonse X le nomma gouverneur de son prince Sancio. Parmi quantité d'ouvrages savans qu'on lui doit, on distingue son *Ars Musica*, conservé en manuscrit dans la bibliothèque du Vatican. Le prince-abbé Gerbert l'a publié aussi dans sa Collection des auteurs de musique, tome II, page 369.

AELREDE (Saint), disciple de saint Bernard, vivait au douzième siècle; il a écrit fortement contre la musique de son tems, qui changeait les lieux de prières en des lieux de spectacles.

Dès ce tems-là, les cathédrales avaient leurs maîtres de musique; on battait la mesure comme aujourd'hui; l'on commençait à unir les instrumens aux voix, et l'on y ajoutait de petites sonnettes, d'où nos carillons ont pris naissance. L'étude de la musique comprenait alors celle du chant ecclésiastique, dont on prenait des leçons dans les cathédrales ou collégiales et dans les monastères.

AEMINGA (Siegf Cæso), était recteur de l'Académie à Greifswalde, et y fit imprimer, en 1749, un programme *de Musicâ instrumentali festivâ*, dans lequel il parle beaucoup de la musique d'église.

AFFABILI-WESTENHOLZ, née à Venise en 1725, vint vers l'an 1756, avec une société d'acteurs italiens, à Lubeck, et de là à Schwerin, en qualité de cantatrice de la cour. Pendant la guerre de sept ans, elle passa la plupart du tems à Hambourg, où elle se fit plusieurs fois entendre à la satisfaction générale. Elle épousa dans la suite le maître de la chapelle de Schwerin, Westenholz, et mourut dans cette ville en 1776.

On fait beaucoup d'éloges de la netteté, de l'égalité et de l'étendue de sa voix; à ces qualités naturelles, elle joignit la meilleure exécution dans les adagios, et, à force de travail, elle parvint à vaincre toutes les difficultés, même celles que la prononciation distincte du texte allemand devait nécessairement occasionner à une Italienne.

AFIANO. V. *Albonesio*.

AGATHON, Grec, avait une

voix et un chant si agréables qu'ils étaient passés en proverbes.

AGAZZARI (Augustino), amateur, a donné à Sienne, en 1638, *la Musica ecclesiastica dove si contiene la vera diffinitione della musica come scienza, non più veduta, e sua nobiltà*, in-4°.

AGAZZI, a publié trois duos à Amsterdam, en 1784.

AGELAUS, de Tégée, remporta le premier prix que l'on institua aux Jeux Pythiques pour les joueurs d'instrumens à cordes, l'an 559 avant J.-C.

AGIAS, musicien du tems du siège de Troie, essaya d'améliorer la musique de ses compatriotes. V. Forckel, t. I, p. 270.

AGOBARDUS, archevêque de Lyon, mort en 840, a laissé un traité *de correctione Antiphonarii*, inséré dans *la Bibliotheca patrum*.

AGNESI (Maria-Theresia), de Milan, a mis en musique plusieurs cantates et trois opéras qui ont eu du succès : La *Sofonisba*, le *Ciro in Armenia*, et la *Nitocri*. Elle était sœur de la célèbre Maria-Gaëtana Agnesi, qui a professé les mathématiques à Bologne, et qui est morte en 1799.

AGOSTI. Sous le nom de ce compositeur, on donne, depuis 1780, sur les théâtres d'Allemagne, un opéra comique, intitulé : *Das herbst abentheuer, oder junker von Gænsewitz* (l'Aventure d'automne, ou monsieur de Gænsewitz), traduit de l'Italien. La composition décèle un génie impétueux, mais déréglé, surtout dans la modulation.

AGOSTINI DI FERRARA (Ludovico), poëte et maître de chapelle du duc Alphonse II, a publié beaucoup d'ouvrages qui furent très-estimés.

AGOSTINI (Paul) de Vallerano, élève de Jean - Bernardin Nanini, succéda à Fr. Soriano, en qualité de maître de chapelle de St.-Pierre à Rome ; il a laissé de belles compositions à quatre, à six et à huit voix pour l'église. Il vivait vers 1660, et mourut dans un âge avancé.

AGOSTINI (Pietro-Simone), chevalier, né à Rome, a donné à Venise, en 1688, *Il ratto delle Sabine*.

AGOSTINI (Rosa), était la première chanteuse du théâtre de Florence ; elle se distingua surtout, avec Aprile, dans l'opéra de Crésus, par Borghi, joué en 1777.

AGRELL (Jean), né à Loeth, dans la Gothie orientale ; étudia la musique et les belles-lettres au gymnase de Linkiœping et à l'académie d'Upsal. En 1723, il fut appelé à Cassel en qualité de musicien de la chambre ; il y resta pendant vingt-deux ans. Pendant ce tems, il fit plusieurs voyages aux différentes cours d'Allemagne, et même en Italie.

En l'année 1746, il obtint la place de maître de chapelle à Nuremberg, où il mourut le 19 janvier 1769.

On faisait dans le tems grand cas de ses compositions. Haffner à Nüremberg en a publié six symphonies, sept trios et neuf concertos pour le clavecin ; six solos pour le même instrument, et six autres solos pour le violon. Outre cela, on trouve encore beaucoup de concertos et de symphonies pour le clavecin dans le magasin de Breitkopf, qui les a conservés manuscrits. Il doit encore avoir composé, pour l'église, plusieurs *magnificat* et cantates, et surtout cinq sérénades qui furent fort applaudies. V. Lexicon des savans de Nüremberg.

AGRICOLA (Alexandre), né dans les Pays-Bas, fut un célèbre compositeur au service de Philippe, roi d'Espagne. Sébald Heyden cite, dans son ouvrage, intitulé *Musica*, qui parut en 1537, les œuvres d'Agricola comme des modèles. Il mourut dans la soixantième année de son âge.

AGRICOLA (Wolfgang-Christophe), fit imprimer en 1651, à Würzbourg à Cologne, un ouvrage in-4°., sous le titre : *Fasciculus Musicalis*, où se trouvent huit messes. Il a, en outre, publié un autre ouvrage, intitulé : *Fasciculus variarum cantionum*, à deux, trois, jusqu'à huit voix. V. *Corn.* à Beughem. *Bibliograph. Mathem.* p. 2.

AGRICOLA (Geor. Louis), né à Thuringe, le 23 octobre 1643, maître de chapelle à Gotha, mort en 1676, a publié des sonates, préludes, allemandes, etc. pour deux violons et deux viola da gamba.

AGRICOLA (Jean), de Nuremberg, a publié en 1601 des motets à quatre, cinq, six, sept et huit voix. (W)

AGRICOLA (Martin), chanteur à Magdebourg, a publié en 1528, un ouvrage intitulé : *Musica instrumentalis* en vers allemands. En 1539, il a donné sa *figural-musica*, et dans la même année un rudiment de musique en latin ; il mourut le 10 juin 1556 et en 1561. Georg. Rhaw de Wittemberg, éditeur des ouvrages précédens, imprima de lui un ouvrage posthume : *Duo libri musices.* (W).

AGRICOLA (Jean-Frédéric), compositeur de la cour de Prusse à Berlin, naquit à Dobitschen, en 1738, dans la principauté d'Altenbourg ; il étudia le droit à l'université de Leipsick : ce fut là en même tems que, sous Jean-Sébastien Back, il fit ses premières études en musique. En 1741, il vint à Berlin, où il fut bientôt reconnu pour le premier organiste de son tems ; il y continua ses études de composition sous la direction de Quanz. En 1751, il épousa la célèbre cantatrice Molteni ; en 1759, il obtint, après la mort de Graun, la direction de la chapelle royale, et il mourut d'hydropisie le 12 novembre 1774.

Ses ouvrages consistent en écrits didactiques et en compositions musicales. Parmi les premiers, on remarque : 1°. Deux lettres, qu'il fit insérer sous le nom d'Olibrio, dans le musicien critique des rives de la Sprée. 2°. *Tosi anleitung zur singkunst aus dem italiænischen ubersetz mit anmerkungen* (Elémens de l'art du chant, par Tosi, traduit de l'italien, avec des notes), Berlin, 1757, in-4°. 3°. *Beleuchterung der frage : von dern vorzuge der melodie für der harmonie* (Examen de la question sur la préférence de la mélodie sur l'harmonie). Voir le magasin de Cramer. 4°. Plusieurs dissertations, qu'il fit insérer dans les Lettres critiques et dans la Bibliothèque générale. De ses ouvrages de musique, il n'a été publié que son pseaume 21, qu'il composa d'après la traduction de Cramer. Il a cepen-

dant donné plusieurs autres ouvrages pour l'église, dont quelques-uns sont très-considérables. Pour le théâtre de Berlin, il a composé les opéras suivans : *Cleofide*, en 1753 ; *il tempio d'amore*, en 1755 ; *l'Amor et Psiché ; Achille in Sciro*, en 1765 ; *Ifigenia in Tauride ;* les intermèdes : *La Ricamatrice divenuta dama, et il filosofo convinto.* Outre cela, il a composé beaucoup d'ouvrages pour les instrumens, principalement de grands concertos. Sa vie se trouve dans dè *Marpurg Beytræge*, etc.

AGRICOLA (Benedetta-Emilia-Molteni), épouse du précédent ; elle fut cantatrice au grand théâtre royal de l'opéra à Berlin, où elle vint en 1742. Elle s'était formée à l'art du chant sous Porpora, Hasse et Salimbeni. Dans sa cinquantième année, elle chantait encore, d'une manière étonnante, des ariettes de force, tant en italien qu'en allemand. Le doct. Burney dit qu'elle avait une voix si étendue, qu'elle allait depuis le *la* au-dessous de la portée, jusqu'au *ré* qui est au-dessus, ce qui fait deux octaves et demi.

AGRICOLE (Rodolphe), né à Basflen, en 1442 ; était en même tems peintre excellent, orateur, poëte et musicien. Il jouait du luth, s'accompagnait, et composa la musique de plusieurs de ses chansons hollandaises, à quatre voix. Il doit avoir été un des constructeurs de l'orgue de Grœningue. Il mourut dans la fleur de l'âge, à Heidelberg, le 25 octobre 1485. V. *Jœcher* et *Walther.*

AGRIPPA (Henri-Corneille), célèbre en Allemagne et dans l'étranger, à cause de sa grande érudition, né à Cologne le 14 septembre 1486, et mort en 1535 à Grenoble, dans l'indigence, après avoir joué un grand rôle, tant en Allemagne qu'en France et en Italie.

Dans son ouvrage : *De occultâ philosophiâ*, il parle au chapitre vingtquatre du premier livre : *De musices vi et efficaciâ in hominum affectibus, quâ concitandis, quâ sedandis ;* il traite également de la musique dans le dix-septième chapitre d'un autre ouvrage : *De incertitudine scientiarum.* V Walther.

AGTHE (Charles-Chrétien),

organiste du prince d'Anhalt-Bembourg, à Ballenstedt, naquit en 1759, à Kettstædt dans le comté de Mansseld. On a de lui des chansons, imprimées à Dessau 1782 : *Der Morgen, Mittag, Abend und Nacht; zur Clavier und Gesang*, 1784. En 1786, il annonça trois sonates pour le clavecin.

Il y a encore les opéras suivans : *Aconcius und Cydippe; das Milchmædchen; Martin Velten; Erwin und Elmire*, et les divertissemens pour Philémon et Baucis, que publia, vers l'an 1784, un compositeur nommé Agthe; mais on ignore si c'est le même dont nous venons de parler, ou un autre de ce nom.

AGUJARI (LUCRÈCE), de Ferrare, surnommée *la Bastardella*, était célèbre par la prodigieuse étendue de sa voix, qui s'élevait jusqu'aux sons les plus aigus ; elle résidait à Parme, où elle épousa Colla, compositeur estimé.

AGUS, compositeur qui a passé une partie de sa vie à Paris, où il est mort vers 1798. Cet homme avait de la science, mais peu de goût et de génie. Il a publié plusieurs œuvres de musique instrumentale, et un solfège qui n'a point eu de succès.

AHLE (JEAN GEORGE), organiste à Mulhausen, mort en 1707, a laissé divers ouvrages sur l'origine de la musique et sur la composition.

AHLE (JEAN-RODOLPHE) ; bourgmestre de Mulhausen, a donné à Erfurt, en 1648, une méthode de chant, sous le titre : *Compendium pro tenellis*, etc. ; avec des notes historiques et critiques estimées. Cet ouvrage eut une seconde édition en 1690, et une troisième à Mulhausen, après sa mort, en 1704, par les soins de son fils. V. *Forckel Allg. Litt.*

AHNESORGEN (CHRÉTIEN-GOTTL.), on a de lui six sonates pour le clavecin, publiées en 1776, in-fol. à Hambourg.

AICH (GODEFROY), chanoine régulier de l'ordre des Prémontrés, a fait imprimer en 1663 à Augsbourg : *Fructus ecclesiasticus, à 3, 4, 5 voc, 2 vel 3 instrum. cum secundo choro.*

AICHINGER (GREG.), savant organiste allemand, a publié de 1547 à 1590, un grand nombre d'œu-

vres pour l'orgue, dont on voit le catalogue dans Walther.

AIGNAN aide des cérémonies, auteur d'une traduction en vers français de l'Iliade d'Homère, a donné au théâtre de l'Académie impériale deux opéras Nephtali et Clisson. Il a écrit plusieurs autres ouvrages du même genre, entr'autres Isaac, et Inès de Castro, encore non représentés.

AIGUINO-BRESCIANO a publié *Musica. Venet*, 1562, et *il Tesauro illuminato di canto figurato. Venet.* 1581.

AIMON (PAMPHILE - LÉOPOLD-FRANÇOIS), né à Lisle, département de Vaucluse, le 4 octobre 1779, a eu pour premier maître son père, Esprit Aimon, violoncelliste attaché au comte de Rantzau, ministre de Danemarck, et qui avait composé pour ce ministre des œuvres qui sont restés manuscrits. Léopold fit des progrès rapides dans la musique, et à l'âge de dix sept ans, il conduisait sur la partition au théâtre de Marseille. Non content de ces premiers succès, il s'appliqua à l'étude des ouvrages des plus grands maîtres d'Italie et d'Allemagne, et c'est après ces études préliminaires que lui-même il s'est livré à la composition. Les ouvrages qu'il a composés jusqu'à ce jour consistent en vingt-quatre quatuors et deux quintetti. Un de ces derniers et neuf des autres ont été publiés. Il a aussi travaillé pour le théâtre.

ALA (J.B.), poète et musicien, a fait plusieurs madrigaux, entre autres, *l'Armida abandonnata*, *l'Amante occulta*, imprimés à Milan, en 1612. Il mourut à trente-deux ans, fort regretté.

ALARDUS (LAMBERTUS), théologien protestant, poète couronné, naquit en 1602, dans le Holstein. Outre plusieurs ouvrages savans, il a publié à Schleusingen, en 1636, un traité en vingt-neuf chapitres : *De veterum musicâ.* Il mourut en 1672. V. Walther.

ALBANÈZE, sopraniste, élevé au conservatoire de Naples, vint à Paris en 1747, à l'âge de dix-huit ans, et entra aussitôt à la chapelle du roi. Il fut premier chanteur au concert spirituel, depuis 1752 jusqu'en 1762. Il est mort vers 1800.

Il a composé une foule d'airs et de duos charmans, dont quelques-uns ont été faits en société avec M. Mongeno.

ALBERGATI (Le comte), d'une illustre maison de Bologne, amateur et compositeur de musique fort estimé, vivait au commencement du d x-huitième siècle. On connaît de lui plusieurs opéras, entr'autres *Gli amici*, en 1699, et *Il principe selvaggio*, en 1712. V. Burney, t. IV.

ALBERGHI ou ALBERGATI (Paolo), de Faenza, doit être compté parmi les meilleurs élèves de Tartini, tels que Paschal Bini, Pagin, Nardini, Carminati, Dom. Ferrari, etc, qui ont transmis la grande école du violon à leurs élèves, Emmanuel Barbella, Manfredi, Nazzari de Venise, Catena di Urbino, etc. Il ne reste aujourd'hui que deux violonistes, qui aient reçu des leçons de Tartini, MM. Puppo et Lahoussaye.

ALBERT (Messer), l'un des plus célèbres violons de la chapelle de François premier, qui l'avait amené avec lui de l'Italie à Paris, dans l'année 1530. Aretin écrit à ce même Albert, dans une lettre datée du 6 juin 1538, qu'il lui fait ses félicitations sur son excellence dans un art, dont vous étiez, dit-il, la lumière, et qui m'a concilié à moi-même la faveur de sa majesté et du monde. Albert était le premier des artistes de la chapelle royale, qu'on appelait menestriers.

ALBERTI (Gius. Matt.), violoniste à Bologne, a publié en 1713, des concertos à six : *opera prima*; et ensuite 12 sinfon. à 4, *due violoni viol. Violonc. ed orga. opera secunda*. (W.)

ALBERTI (Domenico), vénitien, amateur, était élève de Bissi et de Lotti. En Espagne, il étonna, par sa manière de chanter, le célèbre Farinelli, qui se réjouissait de ce qu'Alberti n'était qu'un amateur; car, disait-il, j'aurais en lui un rival trop redoutable. En 1737, il mit en musique l'*Endimione* de Métastase, et peu de tems après, la *Galatea* du même. Il mourut à Rome, fort jeune et très-regretté. Il avait composé trente-six sonates d'un genre neuf, qu'on n'a pu retirer des mains d'un particulier de Milan, qui en était le seul possesseur. Ce-

pendant on a gravé à Paris huit sonates qui portent le nom d'Alberti Quelques personnes lui attribuent l'invention des batteries.

ALBERTI (Henri), très-bon compositeur et poète ; naquit à Lobenstein, dans le Voigtland, le 28 juin 1604. Il étudia d'abord la jurisprudence à l'université de Leipsick, et ensuite la musique à Dresde. En 1626, il se rendit à Kœnigsberg, où il obtint en 1631 la place d'organiste, et y mourut en 1668. Il est l'auteur de plusieurs cantiques qu'on chante encore aujourd'hui en Prusse, et qu'il a lui-même mis en musique. V. Walther.

ALBERTI (Jean - Frédéric), organiste de la cour de Saxe et de la cathédrale de Mersebourg ; né à Tonningen, dans le duché de Holstein, le 11 janvier 1642, fit ses premières études au gymnase de Stralsund. Il y rencontra le célèbre maître de chapelle Vincenzo Albrici, que la reine Christine de Suède avait amené, quelque tems auparavant, d'Italie, et dont les chefs-d'œuvres éveillèrent en lui le goût de la musique.

Après avoir fait un voyage en France et en Hollande, Alberti se rendit à l'académie de Rostock, où il fit un cours de théologie de deux ans, et où il prêcha même plusieurs fois. La faiblesse de son organe l'obligea d'abandonner la théologie et de se livrer à l'étude de la jurisprudence. Il partit en conséquence pour Leipsick, et au bout de cinq ans, il fut en état de soutenir deux disputes publiques. La jurisprudence ne lui fit pas cependant oublier la musique, et il se perfectionna tellement dans cet art, par les leçons de Werner Fabricius, organiste à l'église de Saint-Nicolas, qu'il égala bientôt son maître, si toutefois il ne le surpassait pas.

Ses talens éminens lui attirèrent l'attention de Chrétien premier, duc de Saxe, qui le nomma organiste de cour et de chambre, et l'appela en cette qualité à Mersebourg, avec promesse d'avoir soin de sa fortune. Alberti accompagna quelque tems après le duc dans son voyage à Dresde. Il y trouva une seconde fois Albrici, son premier maître, qui venait d'arriver de France, pour prendre possession de la charge de maître de chapelle, que l'électeur lui avait conférée. Alberti prit de lui des leçons régulières, tant de clavecin que de composition, et le récompensa magnifiquement. Il lui acheta entr'autres le manuscrit de *Gio Maria Bononcini il Musico pratico*, qu'il lui paya, comme une rareté, plus de cent écus.

Ce fut après son retour de Dresde qu'il commença à manifester ses talens extraordinaires comme compositeur, tant par ses chefs-d'œuvres pour l'église, que par d'autres œuvres d'orgue et clavecin. Il composa et publia entr'autres douze ricercates, dont Walther fait beaucoup d'éloges.

Ce grand artiste était encore dans la force de l'âge, lorsque, par suite d'une forte apoplexie, il devint paralitique du côté droit ; ce qui pendant douze ans, le mit hors d'état d'exercer la musique. Il mourut le 14 juin 1710, âgé de 69 ans.

ALBERTINI (A), a publié à Lyon, en 1780, une sonate pour le clavecin, avec violon obligé.

ALBERTINI (Gioyachino), maître de chapelle du roi de Pologne, à Varsovie, en 1784. On a de sa composition l'opéra de Circé et Ulysse, qui fut donné, en 1785, à Hambourg.

ALBERT-LE-GRAND, savant évêque de Ratisbonne, de l'ordre de Saint-Dominique, né à Lauingen, en Souabe, en 1190, était issu de la famille des comtes de Bolstedt ; il enseigna, avec distinction, à Rome, à Paris, à Strasbourg et à Cologne, etc. Il est l'auteur de plusieurs ouvrages théologiques, parmi lesquels on trouve aussi un traité : *De musicâ*, et d'un commentaire sur la *Musica* de Boëce. Il mourut en 1280. V. Walther.

ALBERTUS (Venetus), dominicain, ainsi nommé du lieu de sa naissance, vécut au milieu du seizième siècle ; on a de lui : *Compendium de arte musices*. Voyez Jœcher.

ALBICASTRO (Henri), suisse, dont le vrai nom était Weissenburg, servit en Espagne dans la guerre de la succession ; il publia à Amsterdam, chez Roger, plusieurs œuvres de musique.

ALBINONI (Thomas), vénitien, était très-célèbre au commencement du dix-huitième siècle ; il avait beaucoup de talent pour le chant, et une dextérité étonnante sur le violon. Il a donné quarante-deux opéras, et réussissait mieux dans ce genre, que celui de la musique d'église, ce qui est d'autant plus étonnant, qu'il a de la pesanteur et de la sécheresse dans le style. Son dernier opéra a été représenté à Venise, en 1741.

ALBONESIO (Ambrosio-Theseo), nommé par Mazzuchelli Ambrosio (Theseo), né à Pavie, en 1469, fut chanoine de Latran et savant orientaliste. Il a publié, en 1539 à Pavie, sous le titre d'*introductio ad linguam Chaldaïcam*, etc. Un ouvrage qui contient beaucoup de manières diverses, et entr'autres la description et la représentation du *Fagotto d'Afranio*. Cet ouvrage est dédié à Afranio, (nommé Afanio par Z. Tevo), chanoine de Ferrare, qui est regardé comme l'inventeur du basson. On y voit la forme primitive de cet instrument.

ALBRECHT (Jean-Laurent), mag., poète couronné de l'empereur ; collègue de la quatrième classe, chanteur et directeur de musique à l'église principale de Muhlhausen, en Thuringe, naquit à Gœrmar, près Muhlhausen, le 8 janvier 1732. Philippe-Christophe Rauchfust, organiste dans cette ville, lui donna, pendant trois mois, les premières leçons de musique ; il étudia ensuite, depuis 1752, la théologie à Leipsick ; obtint, en 1758, ses deux charges à Muhlhausen, et mourut vers 1773.

Il a publié les ouvrages suivans : 1°. *Steffani sendschreiben mit zusatzen und einer Vorrede*. 2.te auflage, Muhlhausen, 1760, in-4°.; 2°. *Gründliche einleitung in die Anfangslehren der Tonkunst* (Introduction raisonnée aux principes de la musique). La gensalza 1761 ; 5°. *Urtheil in der streitigkeit zwischen herrn Marpurg und Sorge*. Dans *Marpurg's Beyträgen*, t. V, p. 269 ; 4°. *Kurze nachricht von dem zustande der kirchenmusik in Muhlhausen*. Dans le même ouvrage, t. V, p. 387 ; 5°. *Abhandlung vom*

Hasse der musik. Frankenhausen, 1765, in4°; 6° *Adlung's musica me. chanica organædi mit einer vorrede.* Berlin 1768 ; 7°. *Adlung's siebengestirn.* Berlin 1768 , in-4°. Ses œuvres publiés sont les suivans : 1°. Cantate pour le vingt – quatrième dimanche après la Pentecôte. Poésie et musique, par Albrecht, 1758 ; 2°. Passion selon les évangélistes. Muhlhausen, 1759, in-8°. ; 3°. *Musicalische aufmunterung für die anfænger des klaviers.* Augsbourg, 1763, in - 8°. ; 4°. *Musikalische aufmunterung in kleinen klavier stucken und oden.* Berlin, 1763, in-4°. L'on trouve sa biographie détaillée dans le troisième volume des Lettres critiques, p. 1.

ALBRECHT (Jean-Mathieu), était né le premier mai 1701 , à Austerbehringen, en Thuringe ; il reçut a Gotha les premières leçons de musique de Witten, maître de chapelle. Il eut dans la suite occasion d'entendre en France plusieurs des premiers virtuoses, tels que Calvière, Marchand, Daquin, etc. , et de se former d'après ces modèles au point qu'il fut nommé , après son retour dans sa patrie, organiste à l'église de Sainte - Catherine, à Francfort sur le Mein. Dans cette place , il sut si bien mériter l'approbation générale, qu'on lui conféra non–seulement la place d'organiste chez les récolets , mais qu'on lui fit construire, en 1733, un nouvel orgue de quarante - huit jeux, par, le célèbre Jean Conrad Wegmann, de Darmstadt. De se, ouvrages rien n'a été imprimé ; mais on connaît plusieurs concertos pour le clavecin avec accompagnement , qui ont été fort applaudis.

ALBRECHT (Jean-Guillaume), docteur et professeur en médecine , à Erfurt , né dans cette ville en 1703 , fit ses études aux universités d'Jena de Wurtemberg. Il fit imprimer, en 1734, à Leipsick : *Fractatu physicus de effectu musices in corpus ahimatum.* Il fut dans la suite professeur à Goettingue , et y mourut le 7 janvier 1736. M. Kæstner dit de son ouvrage « que l'auteur y traite une » foule de sujets beaucoup mieux » que celui qu'il s'y était proposé.»

ALBRECHTS-BERGER (Jean-Georg.) né à Kloster - Neubwr, entra le 3 février 1736 , à l'âge de 7 ans dans le chapitre de cette ville pour y chanter le dessus; delà il passa à l'abbaye de Mœlk où il fut chargé de la conduite d'une école ou gymnase. Il apprit l'accompagnement et la composition sous Monn, organiste de la cour ; il fut nommé organiste lui-même , d'abord à Raab , puis à Maria Taferl. Il fut ensuite, pendant douze ans , organiste à Mœlk. En 1772, il fut nommé organiste de la cour et membre de l'académie musicale de Vienne ; en 1793, il devint maître de chapelle de l'église cathédrale de Saint-Etienne de Vienne , et en 1798 de l'académie de musique de Stockolm. Albrechts-Berger était un des plus savans contrapuntistes modernes; il a formé un grand nombre d'élèves, parmi lesquels on distingue M. Beethoven. Haydn avait pour lui la plus grande estime et le consultait , dit-on, sur ses ouvrages. Il est mort, le 7 mars 1803.

Il a composé, pour l'église , un oratorio allemand , à quatre voix avec accompagnement d'instrumens; et , pour la société de musique de Vienne, vingt motets et graduels en langue latine , avec ou sans violons , mais tous avec accompagnement d'orgue.

On a encore plusieurs autres ouvrages de sa composition , dont une partie a été gravée. savoir : six quatuors fugués , pour le violon ; op. 1 ; gravé ; six *idem* op. 2 et 3 , en manuscrit ; douze fugues pour l'orgue , op. 4, gravé ; six *idem*, op. 5, gravé à Vienne ; douze préludes et une fugue, op 6 , gravé à Berlin ; une fugue pour l'orgue , gravée à Vienne. Un concerto léger pour le clavecin, avec accompagnement de deux violons et basse, op. 7, gravé à Vienne; des fugues pour l'orgue , op. 8; quatre préludes avec cadences, op. 9; six quintetti fugués pour trois violons, viole et basse, op. 10 ; six quatuors fugués pour le violon, op. 11 ; six trios fugués pour deux violons et basse, op. 12 ; six *idem*, op. 13. Tous ces ouvrages, depuis le huitième jusqu'au treizième , sont encore en manuscrits. Six quatuors et galanteries pour deux violons, viole et basse, op. 14, ont été gravés à Presbourg.

Son traité élémentaire de composition, publié en 1790, à Leipsick (*Grundliche Anweisung zur composition*), un des meilleurs ouvrages en ce genre, est, relativement à la tonalité, à l'harmonie et au contrepoint modernes, ce que le *Gradus* de Fux est aux anciens; mais il est beaucoup plus méthodique et beaucoup mieux rédigé que l'ouvrage de ce dernier.

ALBRICI (VALENTIN), célèbre compositeur italien, au commencement du dix-huitième siècle, a laissé un *Te Deum* à deux chœurs, chacun à cinq voix, à grand orchestre. V. le cat. de Breitkopf.

ALBUJIO, compositeur et chanteur, vécut vers l'an 1760, à Bergame. On rencontre quelquefois des airs d'opéras de sa composition.

ALBUZZI TODESCHINI (THÉRÈSE), célèbre cantatrice et hautecontre, née à Milan : elle joua, pendant long-tems, les premiers rôles à la cour de Dresde, elle mourut pendant la guerre de sept ans, à Prague.

ALCÉE, poëte lyrique de Mytilène, natif de l'île de Lesbos, célèbre par l'invention du rhythme Alcaïque, vécut 608 ans avant Jésus-Christ. Athénée l'appelle, *lib.* 14, *p. m.* 627, *musices scientissimus.*

ALCIDAMAS, rhéteur habile, écrivit sur la musique. V. les Tusculanes de Cicéron.

ALCIDAMAS, d'Elée, philosophe et orateur, était disciple de Gorgias de Léonce, dans la quatrevingt huitième Olympiade. Suidas, dit qu'il avait écrit des livres fort élégans sur la musique, *elegantissimos libros.*

ALCOCK, musicien de Londres, y a publié, vers l'année 1780, six concertos pour le violon.

ALCUIN, savant anglais, instituteur de Charlemagne. Le Prince-Abbé Gerbert a inscrit dans sa collection, t. I, p. 26, un manuscrit, écrit sur papier, conservé depuis trois-cents ans dans le bibliothèque de Vienne, qui lui est attribué. Il est cependant fort douteux que ce fragment soit son ouvrage, parce qu'on le retrouve littéralement dans le huitième chap. du traité d'Aurelien, qui suit immédiatement.

ALDAY (MM.), frères à-peuprès du même âge, sont natifs ou originaires de Perpignan. Leur père était professeur de mandoline à Paris; tous deux étaient habiles violons, et se sont fait entendre à Paris avec beaucoup de succès au concert spirituel. L'aîné a publié des quatuors et des duos ; le jeune, des concertos de violon. L'aîné est présentement à Lyon où il a fait, pendant quelques tems le commerce de musique.

ALDHELM ou ADELMUS, neveu d'Ina, roi des Saxons occidentaux, fut d'abord moine à Malmesbury, dans Wiltshire, mais ses connaissances étendues en logique, en rhétorique et dans les langues grecque et latine, le firent élire, en 705, évêque de Shirburn en Dorsetshire. Il mourut, le 20 mai 609, en odeur de sainteté.

On a de lui *cantiones saxonicæ*, qu'il était dans l'usage de chanter lui-même au peuple dans les rues, pour lui faire goûter les vérités morales qu'elles contiennent. Le prince-abbé Gerbert nous a conservé dans son traité *de Cantu*, etc. t. I, p. 202, un échantillon de ses compositions, qu'il a tiré d'un manuscrit du neuvième siècle. Une ancienne chronique s'exprime en ces termes, en parlant de lui : « Il était joueur de harpe extrêmement habile, poëte élégant, tant en saxon, qu'en latin, chanteur fort expérimenté, *Doctor egregius*, et singulièrement versé dans la sainte écriture et dans les arts libéraux ». V. Thom. Warton's ablands, dans le musée britanique, t. I.

ALDOVRANDINI (GIUSEPPE), compositeur italien, vécut à la fin du dix-septième siècle, et donna en 1699, sur le théâtre de Venise l'opéra ; *la Fortezza al cimento.* V. *Glor. della poesia.* (W.)

ALDRICH (HENRI), docteur anglais, que Hawkius, dans son histoire, cite avec éloge parmi les compositeurs vivans au commencement du dix huitième siècle, paraît être le même qu'Henri Aldricks, que Gerbert, dans son histoire, cite comme un compositeur renommé pour la musique d'église, et qui est mort en 1710.

ALESSANDRI (Janvier d') napolitain, a mis en musique l'*Ottone* de Salvi, à Venise, en 1740.

ALLESSANDRI (Felice), romain, compositeur de l'école napolitaine, a eu beaucoup de succès au concert spirituel de Paris. Appelé à Londres, il a fait jouer les opéras suivans.

En 1767, *Ezio*; il *matrimonio per concorso*. 1775, la *Sposa Persiana*; la *Novita*; et la *Contadina in corte*, en société avec Sacchini. On a encore d'Alessandri les deux opéras *Argentino* et *Vecchio geloso*.

ALLESSANDRO (Romano), surnommé della Viola, à cause de son habileté sur cet instrument, fut chanteur à Rome, sous le pape Paul III; il se rendit célèbre par des compositions à quatre et à cinq voix. V. Adami, *osservazioni*.

ALETSCHE (Paul); fameux facteur d'instrumens, vers 1726, excellait surtout dans la fabrication des contre-basses et autres instrumens-de-basse.

ALEXANDRE, professeur de violon, qui florissait vers le milieu du dix-huitième siècle, a donné à la comédie italienne les ouvrages suivans : Georget et Georgette; le Petit Maître en province, et l'Esprit du jour.

ALEXANDRE (de Cythère), mit le premier des cordes au psaltérion, à la harpe, etc.

ALEXANDRIDES, musicien de l'ancienne Grèce, fut le premier qui parvint à produire sur le même instrument à vent des tons élevés et bas. V. Athen. lib. 14. Ce fut par le moyen des trous : il paraît qu'avant lui on ne connaissait, en ce genre que la flûte de Pan.

ALFRED, dit le philosophe, savant anglais, fut célèbre, au treizième siècle, en France, en Italie, en Angleterre, et séjourna longtems à Rome; en retourna, en 1268, à la suite du légat du pape, en Angleterre, où il mourut peu de tems après. Parmi ses ouvrages, il s'en trouve un, *de musicâ*.

ALGAROTTI (François, comte d'), né à Venise en 1712, fut très-estimé du roi de Prusse, Frédéric II, il mourut à Pise en 1764. Il a laissé un ouvrage intitulé *Saggio sopra l'opera in musica*, Essai sur l'opéra en musique, dans lequel il s'élève avec force contre les abus qui déshonorent l'opéra italien, et le réduisent à être un long et ennuyeux concert. Cet ouvrage a été traduit en allemand par Hiller, et en français par le marquis de Chastellux. On prétend que son auteur n'était d'ailleurs ni grand amateur, ni grand connoisseur en musique.

ALGERMANN (François), musicien et poëte vers la fin du seizième siècle. Il publia à Hambourg un ouvrage sous le titre *Ephemeris s hymnorum ecclesiasticorum*, oder *geistliche kirkengesænge*. Il est encore auteur d'un Psautier, mis en musique, intitulé : *Himmlische canterey* : Chants célestes V. Jœch r.

ALGISI, ou ALGHISI (D. Paris-Francesco), compositeur italien très-renommé, né à Brescia, vers l'an 1666, fut organiste à la cathédrale de cette même ville. Il séjourna à la fin du dix-septième siècle à Venise, où il fit donner, en 1690, les deux opéras l'*Amor di Curzio ner la patria*, et il *Trionfo de la continenza*. Le dernier surtout eut tant de vogue, qu'on le donna de nouveau l'année suivante au théâtre de Venise, distinction extrêmement rare en Italie. La manière singulière de vivre qu'il observa dans les derniers tems de sa vie, lui acquit à Brescia, le nom de saint. Il ne se nourrissait que de quelques herbes, assaisonnées avec du sel et mêlées d'eau, qu'il faisait cuire dans un vase de fer, sur une lampe à l'huile. Il mourut le 29 mars 1733. V. *Glor. della poes.* et les gazettes de Léipsick de l'an 1733.

ALIPRANDI (Bernardo), violoncelliste à la chapelle électorale de Munich en 1786; a composé depuis 1782, plusieurs solos, pour la viola da gamba, ce qui est d'autant plus étonnant que cet instrument est depuis long-tems hors d'usage. Aussi sont-ils demeurés manuscrits.

ALLATIUS (Leo), professeur au collège grec, et premier inspecteur de la bibliothèque du Vatican à Rome, naquit dans l'île de Chio en 1584. Il était à la fois bon historien, bon poëte et antiquaire, et possédait le talent de copier les manuscrits grecs avec une facilité étonnante. Il versa des larmes amères, lorsqu'au bout de quarante ans, la seule plume dont il s'était servi durant tout ce tems fut enfin usée. Il mourut en 166-. Parmi ses ouvrages, on en remarque un qui est intitulé : *De melodis Græcorum*. V. Jœcher.

ALLEGRANTE (Sgra), italienne, élève de Holzbauer, maître de chapelle à Manheim. Le docteur Burney la vit très-jeune, en 1772, au théâtre de Schwetzingen ; elle promettait déjà une cantatrice accomplie. Quelques années après, il la mena à Londres, où elle resta jusqu'en 1783. Alors elle se rendit à Dresde, où l'électeur de Saxe l'engagea, moyennant mille ducats, environ 12000 francs.

ALLEGRI (Grégorio), né à Rome, était de la famille du Corrège. Il fut reçu en 1629, dans la chapelle du pape, comme chanteur, et surtout comme compositeur. Il était élève de Nanini. Il mourut le 18 février 1640.

Son fameux *Miserere* est celui qu'on exécutait à la chapelle sixtine, dans la semaine sainte, et qu'il était défendu de laisser copier, sous peine d'excommunication. On sait que Mozart l'entendit chanter deux fois, et le grava si bien dans sa mémoire, qu'il en présenta une copie parfaitement conforme au manuscrit original.

Le *Miserere* d'Allegri a été gravé à Londres en 1771, par les soins du docteur Burney ; et en 1810, M. Choron l'a inséré dans sa *Collection des Classiques*.

ALLISSON (Richard), simple professeur à Londres, du tems de la reine Elisabeth, est l'un des dix compositeurs qui ont mis en musique les psaumes, que Thomas Este publia en 15 4, in 8°, et dont on fait encore usage aujourd'hui. V. Hawkins.

ALMERIGHI DI RIMENO (Joseph), musicien de la chambre du Landgrave de Hesse - Darmstadt, publia en 1761, à Nuremberg : *Sei sonate da cam. à deux violin. e bass. opéra premier*.

ALMEYDA, a publié vers 1800, plusieurs œuvres de quatuors, dont le deuxième se trouve à Paris.

ALOVISIO (Giov. B.), mineur conventuel, a publié, à Bologne, six œuvres de musique d'église (1628. 1637). V. Walther.

ALSTED (Jean-Henri), professeur de théologie à Veissembourg (Albe-pile), en Transilvanie, où il mourut en 1638, publia à Herborn son ouvrage, intitulé : *Admiranda mathematica*, dont le huitième chapitre traite de la musique. Son *Elementale musicum*, occupe treize feuilles dans son ouvrage : *Elementale mathematicum*, imprimée en 1611, à Francfort sur le Mein V. Walt.

ALTENBURG, déposa en 1785, dans le magasin de Thomase, six sonates pour le clavecin, en manuscrit.

ALTENBURG (Michel), pasteur luthérien à Erfurt, où il mourut le 12 février 1640. Il a publié, *Intradue*, espèce particulière de chansons ; *Musik auf die geburt christii, und aufs neue Jahr* ; Musique pour la fête de la Nativité de notre Seigneur, et pour le jour de l'an : *Cantiones de adventu Domini nostri Jesu-Christi* ; et enfin la mélodie pour le cantique allemand : *Herr gott nun schleuss den Himmel auf*. V. Jœcher et Walther.

ALTHAN (Adolphe, comte d'), capitaine à la cour de l'empereur Charles VI, à Vienne, amateur de musique, était connu pas sa grande habileté sur le luth.

ALTNIKOL, organiste à Naumbourg, en Saxe, disciple et gendre du grand Jean-Seb. Bach ; vivait encore en 1758, et jouissait de la réputation d'être un des plus forts organistes de son tems. Dans le magasin de Breitkopf, il existe de lui, en manuscrit, un *Magnificat* et plusieurs cantates, toutes à grand orchestre.

ALYPIUS, né à Alexandrie en Egypte, vivait vers l'an de J. C. 360. Son manuscrit sur la musique est conservé dans la bibliothèque de Saint-Sauveur de Bologne. Sans ce manuscrit, nous n'aurions jamais su de quelle manière les anciens écrivaient leur musique. Leurs caractères musicaux étaient au nombre de seize cent ving', comme on le voit par les tables d'Alypius. Son traité fait partie de la collection de Meibomius.

AMADIO (Carolo), publia les trois drames suivans : *Venere invi-diosa, I Due Coralbi, la Fida mora*. Il florissait en 1669.

AMADORI (Joseph), élève du fameux Bernacchi, était chef des compositeurs de l'école romaine dans le même tems, que Porpora, Leo et Vinci étaient les chefs de l'école napolitaine. On a de lui le Martyre de Saint-Adrien, oratorio, donné à Rome en 1702.

On trouve encore un Amadori, qui chanta, en 1754, à Berlin ; mais il est probable que ce fut un autre que celui dont nous venons de parler.

AMALARIUS (Fortunatus), diacre à Metz, vers l'an 830 ; est auteur de l'ouvrage : *De ordine anti-phonarii*, que l'on trouve dans la *Bibliotheca patrum*. Voy. Martini. Stor.

AMANTINI, chevalier, et premier sopraniste de la reine de France, vers l'an 1783.

AMANTIUS a écrit un traité de musique, en latin, cité par L. Alard, *de Musica veterum*, p. 87. (W.)

AMATI (André), excellent luthier de Crémone, le plus fameux de tous pour la construction des violons et autres instrumens d'archet, florissait vers la fin du seizième siècle. Il eut deux fils, Antoine et Jérôme, qui succédèrent à son état et à sa réputation. Nicolas Amati, fils de Jérôme, y vivait vers 1682.

AMATUS (Vincent), né à Cimina en Sicile, le 6 janvier 1629, maître de chapelle de la cathédrale de Palerme, a publié dans cette ville en 1656 des *Sacri concerti*, à deux, trois, quatre et cinq voix, avec une messe à trois et quatre voix, *opera prima*, et dans la même année, un deuxième œuvre, contenant messe, vêpres et complies à quatre et cinq voix. Il mourut le 29 juillet 1670. (W.)

AMBREVILLE (Rose), épouse de Peroni, violoncelliste, naquit en Italie. Elle figura en 1733, comme première cantatrice au grand opéra *Constanza e Fortezza*, du premier maître de chapelle Fux, représenté à Prague, dans la place publique, par cent chanteurs et deux cents instrumens, excellens au dire de Quanz. Rose Ambreville brilla dans la suite à la cour de Modène. V. Borosini.

AMBROSINE, était, vers l'an 1722, une excellente cantatrice de haut-dessus, au conservatoire de *la Pietà*, à Venise ; elle avait la voix et l'expression admirables. V. *Crit. mus. de Matheson*. t. 1, p. 188.

AMÉ, était, vers l'an 1760, premier violon a l'orchestre du théâtre Italien à Paris. En 1780, on y publia successivement trois concertos pour la flûte, dont le troisième était désigné comme le septième des ouvrages d'Amé.

AMELINGUE, luthier de Paris, est principalement renommé pour la facture des clarinettes.

AMERIGHI (la signora), de Bologne, cantatrice d'un mérite extraordinaire, eut de la réputation à Naples, à côté de la célèbre Faustina.

AMÉTOR, était un musicien grec, qui le premier, au rapport d'Athénée, chanta sur la lyre des chansons amoureuses.

AMICIS (Anne de), après avoir excellé dans le chant comique, a passé au sérieux, où elle s'est fait admirer par son jeu, qu'elle avait perfectionné en France.

AMICONI, compositeur d'Italie qui de nos jours, y jouit d'une grande réputation, et s'est fait connaître principalement par ses compositions pour le théâtre.

AMIOT (Le père), missionnaire français à Pékin, a traduit l'ouvrage de Ly-Koang-ty, que les Chinois regardent comme le meilleur qui ait paru chez eux sur la musique. Il envoya cette traduction, en manuscrit. vers 1754, au secrétaire de l'Académie des inscriptions, M. de Bougainville, qui le déposa à la bibliothèque royale, où on le trouve encore parmi les manuscrits.

Amiot a également envoyé à Paris son Traité sur la nouvelle musique des Chinois, et sur leurs instrumens. Laborde en a tiré parti dans le tome premier de l'Essai sur la musique ancienne et moderne. On a lieu de regretter que l'auteur ait été engoué des systèmes de l'abbé Roussier ; ce qui nécessairement a dû influer sur l'exactitude de ses observations.

AMMERBACHER (J.-Gasp.), chanteur à Nordlingen, a publié, en 1717, à Nuremberg, une petite méthode de chant, sous le titre : *Kurze und gründliche anweisung zur vocal musick.*

AMMON (J.-Christ), prédicant à Ensheim, en Franconie, a inséré en 1746, dans les Journaux savans de Ratisbonne, une dissertation, où il essaie de prouver que dans la vie éternelle il y a réellement une musique excellente. Voyez Biblioth. de Mitzler, t. III, p. 581.

AMMON (Magist.-Wolfgang), publia en 1583, à Francfort, un livre de cantiques, imprimés d'un côté en allemand, et de l'autre en latin, et précédés des airs qui appartiennent à chacun d'eux.

AMMON (Blaise), Tyrolien, habile maître du seizième siècle, a publié, à Munich, plusieurs recueils de musique sacrée, à quatre, cinq et six voix, en 1590 et années suivantes. Il est mort vers ce même tems. (W.)

AMŒBUS, contemporain de Zénon, était joueur de harpe à Athènes. V. Plutarque.

AMON, est un compositeur connu principalement en Allemagne, depuis 1790 ou environ, par un grand nombre d'ouvrages, la plupart pour le violon.

AMOREVOLI, (Angelo), né à Venise, basse - contre au théâtre de Dresde, en 1740 ; avait la voix très-flexible, et aimait les triolets. Il vivait encore en 1781.

AMPHION, thébain, adoucit par les sons de sa lyre les mœurs sauvages des premiers habitans de la Grèce, et les engagea à bâtir des villes. Il est l'inventeur de la poésie *citharistique* et du mode *Lydien.* On lui doit aussi l'usage de s'accompagner en chantant. Voyez Plutarque.

ANATOLIUS, d'Alexandrie, savant évêque de Laodicée, vers la fin du troisième siècle, a composé les mélodies de plusieurs hymnes. V. Triod et Jœcher.

ANAXENOR était un fameux joueur de luth, à qui Marc-Antoine donna des gardes et le revenu de quatre villes.

ANAXILAS, tyran de Messine, 476 ans avant Jésus-Christ, zélé partisant de Pythagore ; il soutint que vingt - quatre sons principaux formaient la base de la musique ; que de ces vingt-quatre sons dérivait une quantité innombrable d'autres, au moyen desquels un musicien pouvait opérer des prodiges. Le livre qu'il a écrit sur la musique est intitulé : *In Lyrarum opifice.*

ANDERLE (François-Joseph), virtuose sur le violon, était fils d'un brasseur de Podiébrad, en Bohême, et exerça d'abord lui-même cette profession, mais l'enthousiasme qu'il avait pour son instrument le porta bientôt à la quitter, quelque lucrative qu'elle fut. En 1762, il abandonna sa femme et ses enfans, et s'éloigna un jour, à l'insu de tout le monde, et sans prendre congé de sa maison, n'emportant avec lui que son violon, quelques ducats et un peu de linge. Après avoir parcouru la Pologne, il se rendit en Hongrie où il s'établit ; il y fit sa fortune, près des magnats, par ses talens extraordinaires. V. Matériaux pour la Statistique de la Bohême, septième cahier.

ANDERS (Henri), allemand, organiste à Amsterdam, y publia vers 1720, des sonates pour plusieurs instrumens. (W.)

ANDRÉ (Jean), né à Offenbach le 28 mars 1741, fut d'abord destiné au commerce par ses parens qui tenaient en cette ville une fabrique de soieries. En conséquence, ils ne lui firent point étudier la musique; et le jeune André, que son goût entraînait vers cet art, n'eut pour tout secours, jusqu'à l'âge de douze ans, que les avis d'un de ses petits camarades qui allait à Francfort prendre des leçons de violon qu'il lui transmettait à son tour. Il apprit aussi, sans maître, à toucher du clavecin ; et le choral-buch de Kœnich lui servit à étudier l'art de l'accompagnement.

Jusques à l'âge de vingt ans, André n'avait composé que des pièces fugitives de chant ou de musique instrumentale ; mais se trouvant, vers 1760, à Francfort, il y entendit des opéras comiques français et des opéras bouffons italiens qui lui donnèrent l'idée de travailler pour le théâtre. Son premier ouvrage en ce genre, *der Tœpfer*, le Portier, représenté à Francfort, plut par la gaîeté et le naturel qui y régnaient, et le conseiller Goethe lui confia son opéra d'Erwin et Elmire. Il le mit en musique avec un égal succès, et ces deux ouvrages ayant été représentés peu à près à Berlin, celui qu'ils obtinrent, en cette ville, mérita à leur auteur d'y être appelé pour diriger le grand théâtre. André vendit alors sa fabrique de soieries, et se rendit à Berlin avec sa femme et ses enfans, pour se charger de cette direction, et pour apprendre la composition dont il n'avait point encore fait d'études régulières. Là, il fit la connaissance du célèbre Marpurg, et l'on doit présumer tout ce qu'il dut acquérir sous un si savant et un si habile maître.

Durant le tems qu'il passa à Berlin, André composa un assez grand nombre d'ouvrages pour le théâtre qu'il dirigeait. Il resta plusieurs années dans cette ville, et probablement il s'y fût fixé pour toujours s'il eût pu y transporter une fabrique de musique qu'il avait établie à Offenbach peu avant son départ; mais, n'ayant pu l'introduire à Berlin à cause du privilège d'Hummel, et ses affaires ayant été mal conduites en son absence, il prit, en 1784, le parti de retourner à Offenbach, pour diriger par lui-même une entreprise qu'il jugeait plus avantageuse que la direction du théâtre. Les succès de M. André, comme fabricant de musique, répondirent à ses espérances, et son établissement est devenu un des premiers de l'Europe en ce genre.

Avant de quitter Berlin, il reçut de S. A. R. le margrave de Brandebourg-Schwedt, qui le vit partir avec beaucoup de regrets, le diplôme de maître de sa chapelle.

Voici la notice de ses ouvrages parvenus à notre connaissance : *Der Tœpfer*; Erwin et Elmire; ariette pour le Barbier de Séville; *Herzog Michel* (Le duc Michel); *Der alte freyer* (L'amoureux suranné); *Peter und Hannchen*; *Der furst in hœchsten glanze*; *Laura Roseti*; *Claudina*; l'Alchimiste; les Grâces;

Das Tartarische gesetz (La loi des Tartares); *Das friedensfeyer* (La fête de la paix); *Die schadenfreude* (L'envie); *Kurze thorheit ist die beste* (La meilleure folie est celle qui dure le moins); *Das wuthende heer* (L'armée errante); Elmire, extrait pour le clavecin, imprimé en 1782, un des meilleurs ouvrages d'André; *Das automat* (L'automate); *Der barbier von Bagdad* (Le barbier de Bagdad). Sa composition de la romance de Léonore, par Burger, eut deux éditions avant 1790. Ce fut dans cette année, que M. André en publia une troisième avec des corrections. Le cadre étroit que nous nous sommes prescrit ne nous permet pas de donner ici l'énumération d'une quantité d'ariettes, de chansons et de duos, ni des quatuors pour le violon, par Regel, qu'il a publiés avec autant de goût que de jugement. Le théâtre allemand doit encore à M. André la traduction de plusieurs opéras comiques français, dont il a adapté le texte à la musique originale.

M. André est mort vers 1800.

ANDRÉ (JEAN-ANTOINE), troisième fils du précédent, né à Berlin en 1776, a de bonne heure annoncé du goût et du talent pour la composition. Dès 1789 (à l'âge de dix-huit ans), il donna une sonate avec accompagnement de violon obligé. Il a depuis publié un grand nombre d'ouvrages, dont plusieurs sont connus, même en France, où ils ont eu du succès; ils sont au nombre de trente-trois, dont neuf pour le forte-piano; trois pour le violon, dont une méthode, plusieurs simphonies à grand orchestre et des concertos pour flûte, cor, hautbois et autres instrumens, et plusieurs pièces de musique scolastique, entr'autres une fugue, avec des explications sur ce genre de composition; enfin, des cantates et autres compositions vocales. M. André a succédé, en 1799, à son père dans la direction de sa fabrique de musique; il possède un fonds très-considérable, contenant plus de trois mille ouvrages. Il y a, vers l'année 1802, introduit avec succès la lithographie musicale. Il est le premier qui ait organisé en fabrique ce genre de typographie.

ANDRÉ, de Modène, religieux récollet, a publié en 1690 : *Canto armonico, o canto fermo.*

ANDRÉ (Le père YVES-MARIE), jésuite, né à Caen en 1675, a traité du beau musical dans le premier chapitre de son Essai sur le beau.

ANDRÉ (LUCRÈCE d'), surnommée Caro, cantatrice fort célèbre de l'Italie, du commencement du siècle passé : elle était au service du grand-duc de Toscane.

ANDRÉAS-CRETENSIS, archevêque de Crète, surnommé le Jérosolymitain, mort le 14 juin 724, a composé un ouvrage sous ce titre : *Canon magnus*, et plusieurs cantiques avec les airs, que l'on chante encore dans l'église grecque. Voyez Triod et Jœcher.

ANDRÉAS PYRRHUS ou RUFUS, moine grec et musicien du septième siècle, est l'auteur de plusieurs hymnes pour l'église, avec leur mélodie. V. *Triod.*

ANDRÉAS-SYLVANUS, grand contrapuntiste vers l'an 1540. Glaréan cite de lui, dans son *Dodeca-chorde*, quelques morceaux d'une messe d'une composition très-intriguée.

ANDREINI (FRANÇOIS), auteur et acteur, né à Pistoie, eut de grands succès vers la fin du seizième siècle.

ANDREINI (ISABELLA), célèbre actrice, née à Padoue en 1562, chantait et déclamait supérieurement, et jouait très-bien de plusieurs instrumens ; à tous ces talens, elle joignait celui de la poésie, et fut reçue à l'académie des *Intenti* de Padoue. Elle demeura long-tems en France, où elle jouit d'une grande réputation. Elle mourut, d'une fausse couche, à Lyon en 1604.

ANDRÉOZZI (GAÉTAN), maître de chapelle à Naples, y jouit d'une réputation extraordinaire. Il est parent et disciple du grand Jomelli. Il a travaillé pour presque tous les théâtres d'Italie. Parmi ses ouvrages, on doit distinguer les opéras suivans : l'*Arbace* ; *Olympiade* ; *Catone*, Florence, 1787. *Agesilao*, Venise, 1788. Il a aussi mis en musique *la Passione di Giesu Christo*. L'on trouve encore de lui, en Allemagne, six duos pour deux sopranos et basse. En 1782, on publia encore à Flo-

rence six quatuors pour le violon, de sa composition. Tout le monde connaît son bel air *Nò, questa anima non speri.*

ANDRIGHETTI (ANTONIO – LUIGI), publia en 1620, à Padoue, un ouvrage in-4°, sous ce titre : *Raguaglio di Parnasso della gara nata tra la musica et poesia*

ANDRON ou ANDRONIS, joueur de flûte, né à Catane, en Sicile, inventa, dit-on, les mouvemens du corps et la cadence pour ceux qui dansaient au son des instrumens. V. Athénée, I. 14.

ANDROPEDIACUS (LICORT.- PSELLIONOR). Sous ce nom, parut à Nuremberg, sans date, un ouvrage in-8°, intitulé : *Kurzer bericht vom uralten herkommen, fortpflanzung, und nutzen des alten deutschen meistergesanges* (Relation de l'origine, de la propagation et de l'utilité des anciennes ballades allemandes.

ANDROT (ALBERT-AUGUSTE), nâquit à Paris en 1781. Il fut admis en 1796 au Conservatoire de musique, à l'étude du solfège. En 1802, il remporta le prix de composition que donne le Conservatoire, et concourut pour le grand prix de composition musicale proposé par la classe des beaux-arts de l'Institut, qui lui fut décerné dans la séance publique du 30 septembre 1803.

Arrivé à Rome au commencement de l'hiver, il se livra avec ardeur à l'étude, avec trop d'ardeur peut-être ! Charmé de son zèle et de ses dispositions, Guglielmi, maître de chapelle du Vatican, le prit en affection et l'aida de ses conseils.

Androt composa un morceau de musique d'église, qui fut exécuté pendant la semaine sainte de 1804, et qui eut un tel succès que la direction du principal théâtre de Rome le sollicita de faire un grand opéra pour l'automne. Le jeune compositeur expira, comme il venait de terminer cet ouvrage, le 19 août 1804, avant d'avoir atteint sa vingt-troisième année.

Peu de jours avant sa mort, il avait composé un *de profundis*, qu'on a exécuté en son honneur à la cérémonie religieuse qui eut lieu au mois d'octobre 1804, dans l'église de *Saint-Lorenzo in Lucina*, à Rome

ANEAU (Barthélemy), est auteur d'un livre contenant des noëls, et la quatrième églogue de Virgile en musique. Ce livre a été imprimé à Lyon, en 1539 et en 1559.

ANERIO (Félice), célèbre compositeur romain, vers la fin du seizième siècle et le commencement du dix-septième siècle, était disciple de Maria Nanino. Il a laissé plusieurs madrigaux et chansonnettes. Voyez Walter.

ANFOSSI (Pascal), né vers 1736, fut élevé pour le violon aux conservatoires de Naples. Après avoir pratiqué cet instrument pendant plusieurs années, il se mit à étudier la composition sous les leçons de Sacchini et de Piccini. Ce dernier le prit en affection, et lui procura en 1771, un premier engagement pour le théâtre Delle Dame, à Rome. Quoiqu'il ne réussit pas, il lui en procura un semblable pour l'année suivante, et malgré le mauvais succès de celui ci, un troisième pour l'année d'après. Cette fois, Anfossi fut plus heureux. L'Inconnue persécutée, qu'il fit jouer en 1773, obtint un succès d'enthousiasme ; la Finta Giardiniera, en 1774, et Il Geloso in cimento, en 1775, n'en eurent pas moins ; mais l'Olympiade, donné en 1776, tomba entièrement, et les désagrémens que l'auteur éprouva à cette occasion, le décidèrent à quitter Rome. Il parcourut l'Italie, et, vers 1780, il vint en France, avec le titre de maître du conservatoire de Venise, où il avait. dès 1769, fait représenter l'opéra de Caius-Marius. A l'Académie royale, il essaya de faire entendre l'Inconnue persécutée; mais cette musique gracieuse et délicate, appliquée à un poème froid et exécuté selon un système qui lui était étranger, n'eut pas en général le succès qu'elle méritait. De France, Anfossi passa à Londres : il était en 1783, directeur de la musique au théâtre italien de cette ville. En 1787, il revint à Rome, où il donna plusieurs ouvrages dont le succès lui fit oublier ses anciennes disgrâces, et lui procura un crédit et une considération extraordinaire, qu'il a conservés jusqu'à sa mort, arrivée vers 1795.

Anfossi a peu d'invention et de variété. Ses compositions rappellent sans cesse celles de Sacchini et de Piccini, sur lesquels il a formé son style et sa manière ; mais c'est un auteur estimable pour le goût l'expression et l'art des graduations et des développemens. Plusieurs de ses finales sont des modèles en ce genre ; sa partition claire et bien écrite a de l'éclat et de l'effet. Sa fécondité prouve qu'il travaillait avec facilité ; nous avons fait connaître ses ouvrages les plus remarquables ; il faut y joindre l'Avaro, que quelques personnes regardent comme la meilleur de tous. La plupart ont passé d'Italie sur les principaux théâtres des autres nations de l'Europe, soit en parodie soit en original. Parmi ses oratorio, on cite la Betulia liberata comme un chef-d'œuvre.

ANGARÈS était l'un des plus habiles musiciens d'Astyage.

ANGELETTA, excellente cantatrice et habile claveciniste du conservatoire de Venise, en 1726 ; ayant épousé un riche banquier de cette ville, elle continua de cultiver les arts, et se servit de son crédit pour rendre service aux artistes.

ANGELI (Le P. François-Marie), cordelier, a publié, en 1691, Sommario del contrappunto.

ANGELI (Giovanni Vincenzo d'), habile chanteur, mort vers 1600.

ANGELO (le comte d'), a fait plusieurs drames en musique, entr'autres, l'Euridamante, la Cleopatra, Il Demetrio, l'Aureliano, joués à Venise, en 1654.

ANGELO DA PICITONE, franciscain, était un organiste célèbre. Il publia à Venise, en l'an 1547, un ouvrage in-4°., ayant pour titre : Fior angelico di musica : nuovamente dal R. P. frate Angelo da Picitone, conventuale d'ell'ordine minore, organista præclarissimo, composto, que le P. Martini cite souvent.

ANGELO (Michel), castrat, né à Bologne, était en 1786 à la chapelle électorale de Munich, comme sopraniste, et jouait les premiers rôles au grand théâtre de l'opéra de cette ville.

ANGELRAMÉ, abbé de Saint-Richard, vers le commencement du

dixième siècle. L'on prétend que c'est lui qui a composé la musique pour l'office de Saint-Valérien et Saint-Wulfran.

ANGERMANN, organiste à Altenbourg, vers l'an 1740. On le comptait en même tems parmi les premiers compositeurs. Voy. Matheson.

ANGLEBERT (Jean-Henri), musicien de la chambre du roi de France, et organiste qui, vers l'an 1679, jouissait d'une grande réputation. Il a publié un volume d'extraits pour le clavecin, des ouvrages de Luily. Outre cela, on a encore de lui quelques fugues pour l'orgue.

ANGLERIA (Le P. Camille), de Crémone, a donné Regole del contrapunto. Milano, 1622.

ANGSTENBERGER (Michel), croix de l'étoile rouge, et commendeur à Saint-Charles à Vienne, né à Reichstadt en Bohême; composa dans sa jeunesse pour l'église, de la musique dans le goût de Lotti, dont on faisait grand cas, à cause du feu et de l'expression qui la caractérisent. V. Statistique de la Bohême, cah. 7.

ANIMUCCIA (Giov.), de Florence, maître de la chapelle du pape, prédécesseur du célèbre Palestrina, est mort en 1569 ou en 1571. Il a composé un très-grand nombre de madrigaux et de motets. Le père Martini a rapporté plusieurs pièces de sa composition dans son Saggio di contrapp. (W.)

ANNE, d'Angleterre, princesse de la Grande-Bretagne, et épouse de Guillaume-Henri-Charles Frison, prince d'Orange, stadhouder des Provinces-Unies; fut la seule disciple de Haendel dans la musique et le chant; elle était d'une force singulière dans l'accompagnement. Elle mourut à la Haye, le 18 janvier 1759. V. Lettres critiques.

ANNE DE-BOULEN, épouse de Henri VIII, roi d'Angleterre, fille du chevalier Thomas Boulen, et mère d'Elisabeth; née en 1507, était rangée parmi les premiers amateurs de musique. Elle jouait fort bien du luth, et s'accompagnait avec un art et une grâce particulière.

ANNE-AMALIE, princesse de Prusse, sœur du Grand Frédéric, née le 9 novembre 1723; abbesse de Guedlinbourg depuis l'an 1744. Elève de Kirnberger, directeur de sa musique, elle devint assez habile pour composer, sur la cantate, la mort de Jésus, par Ramler, une musique qui disputa le prix au fameux compositeur Graun. Kirnberger, dans son ouvrage, Kunst des reinen satzes (L'Art de la composition pure). En a conservé un chœur d'un style mâle et nerveux, qui fait voir combien elle était habile à employer toutes les ressources du contrepoint double, de la fugue et autres artifices du contrepoint. Un trio, pour le violon, du même ouvrage, atteste son talent dans la composition instrumentale. A ces connaissances elle joignait, surtout dans sa jeunesse, un habileté extraordinaire au clavecin. Elle mourut à Berlin, le 30 mars 1787.

Sa chambre de musique, décorée des portraits de Charl. Phil.-Emman. Bach et de Kirnberger, peints par Lisiewsky, contenait une collection de musique, des plus précieuses et des plus rares, tant imprimés que manuscrits. Toutes ces pièces étaient reliées et conservées dans de grandes armoires vitrées. A sa mort, elle légua cette collection superbe que l'on estimait à une somme de 40,000 écus (160,000 fr.), au gymnase de Joachimsthal, à Berlin, sans même en exclure les deux portraits.

ANNE-AMALIE, duchesse douairière de Saxe-Weimar, fille du duc Charles de Brunswick, née à Brunswick le 24 octobre 1739, est comptée parmi les protecteurs éclairés des arts. C'est à son administration que le théâtre de Weimar doit cette perfection à laquelle il parvint sous la direction d'Eckhof.

Dès sa tendre enfance, elle montra sa prédilection pour l'art de la musique.

Sortant de l'école de Fleischer, cette princesse arriva à Weimar, où elle choisit le digne maître de chapelle, Wolff, pour son précepteur dans l'art de la composition. Aidée par son propre génie, elle se trouva bientôt en état de composer la musique d'un oratorio, qui fut donné, pour la première fois, en 1758, par la chapelle du duc, avec la Mort de Jésus, de Graun.

ANNEUSE, aveugle, habile organiste à Lille en 1770. V. Burney.

ANNIBAL, de Padoue, nommé à vingt-cinq ans organiste de Saint-Marc, à Venise, eut une grande réputation en Italie, vers la fin du seizième siècle, par son jeu et les ouvrages qu'il publia. (W.)

ANNIBAL (Domenico), fut un des premiers chanteurs dans l'opéra de Hasse, Cleofide, que l'on donna en 1731, à Dresde. Il s'y trouvait encore en 1766.

ANNUNCIACAM (François-Gabriel da), franciscain de Lisbonne, né en 1679, a donné, en 1735, en cette ville, un traité de plain-chant, sous le titre : Arte de Canto-chao, resumida para o uzo dos religiosos franciscanos, etc.

ANSALDUS (Casti-Innoc.), moine de l'ordre de Saint-Dominique, publia en 1747, à Brescia, un traité de cent vingt-quatre pages in-4°., sous le titre : Commentarius de forensi Judæorum buccinâ.

ANSANI ou ANZANI, sopraniste et compositeur italien, débuta en 1770 à Copenhague ; il chanta à Londres en 1782, et à Florence en 1784. Il réussissait également bien dans l'allegro et l'adagio. On connaît de lui plusieurs duos pour deux sopranos avec accompagnement de basse et un récitatif ; le tout en manuscrit.

ANSAUX, musicien d'Arras, qui vers 1260, a composé des chansons françaises, que l'on trouve manuscrites en plusieurs bibliothèques.

ANSEAUME, de Paris, secrétaire de la comédie italienne, a donné à ce théâtre, de 1750 à 1780, un grand nombre d'opéras comiques, dont plusieurs sont agréables, et ont eu du succès. Les plus connus sont le Peintre amoureux, les Chasseurs et la Laitière, Mazet, la Clochette, le Milicien, le Tableau parlant.

ANSELME, de Parme, a, d'après Gerbert, écrit un ouvrage sur la musique.

ANTEGNATI (Costanzo), organiste de la cathédrale de Brescia, a donné en cette ville, en 1608, un ouvrage intitulé l'Arte organica, op. 16. On ne sait point au juste quelle est la nature de cet ouvrage cité, mais estimé, par M. Forckel et le père Martini.

ANTENORI (Domenico), fameux violon de Milan, vers 1760 ; on connaît de lui un concerto de violon manuscrit.

ANTHES, musicien de l'ancienne Grèce, natif d'Anthedon, dans la Béotie. Plutarque nous dit qu'il a mis quelques hymnes en musique.

ANTIER (Marie), née à Lyon, en 1687, vînt à Paris en 1711, et entra à l'opéra, où elle resta vingt-neuf ans. C'était une excellente actrice, surtout dans les rôles de magicienne. Elle mourut le 3 décembre 1747. Elle eut l'honneur de couronner le maréchal de Villars, après la victoire de Denain, en 1712.

ANTIGÈNE, joueur de flûte, vivait 416 ans avant J. C.

ANTIGÉNIDE, célèbre musicien de Thèbes, exécutant un jour sur sa flûte l'air guerrier du char, en présence d'Alexandre-le-Grand, jeta ce prince dans un tel accès de fureur, qu'il saisit ses armes, et fut sur le point de charger les convives. V. Plutarque.

ANTIMAQUE était un grand musicien. Il ne faut pas le confondre avec le poète Antimaque (de Colophon en Ionie), dont la Thébaïde fut fort estimée.

ANTINORI (Luigi) de Bologne, était un excellent tenore.

ANTIPHON, le rhamnusien, orateur, poète et musicien, florissait en Grèce vers l'an 353 de Rome.

ANTIQUIS (Giovanni de), maître de chapelle à l'église de Saint-Nicolas, à Bari, dans le royaume de Naples, vers la fin du seizième siècle ; publia en 1584, à Venise, in-4°., le premier livre de ses madrigaux, à 4 voix, avec un dialogue à 8 voix. Il y fit imprimer dans la même année : Il primo libro à 2 voci di diversi autori di Bari, dont voici les noms : Simon de Baldis, Stefano Felis ; Mutilo Estrem ; Fabricio Facciola ; Gio de Marinis, Gio. Francesco Gliro, Gio. Battista Pace, Gio. Donato de Lavopa, Gio. Pietro Gallo, Cola Maria Pizziolis, Gio. Francesco

Capoani, Cola Vincenzo Fanelli, Tarquinio Papa, Vittoris di Helia, Gio. Francesco Palumbo, Gio. Giacomo Carducci, Gio. Vincenzo Gottiero, Oratio di Martino, Josepho di Cola Janno, Dominico del lo Mansaro, Donato Antonio Zakzarino, Gio. Francesco Violanti et Pomponio Nenna.

ANTISTHENES, le disciple de Socrate, et l'instituteur des cyniques, né à Athènes, 324 ans avant J. C., a fait plusieurs livres sur la musique.

ANTOINE (d'), capitaine au service de l'électeur de Cologne, amateur passionné, et grand connaisseur en musique, jouait du violon et du clavecin. Il apprit la composition dans Marpurg, Kirnberger et Riepel; son goût se forma en Italie. Depuis 1780, il a mis en musique pour le théâtre : Il Mondo allo roversa, (Le Monde à rebours), op. Buffa. Das Tartarische geselz, (La loi des Tartares), Das Mædchen im Eichthale, (la Fille de la vallée aux chênes); un prologue de Cramer; diverses symphonies et quelques quatuors dans la manière d'Haydn. V. Neefe et Cramer.

ANTONII (Pietro Degli), maître de chapelle de Saint-Etienne de Bologne, vers 1699; a publié dans cette ville plusieurs œuvres de musique dont on peut voir le catalogue dans Walther. Cet auteur parle dans le même article d'un autre compositeur nommé Giov. B. Degli Antonii. (W.)

ANTONIO, musicien de Mazzara en Sicile. On cite de lui un ouvrage intitulé: Cithara, septem chordarum. Cet auteur quitta sa patrie pour aller vivre chrétiennement à Jérusalem. V. Ab. Pyrrh. not. eccl. Mazzar. p. 543, et Mongitor., Biblioth. sicula. t. II. p. 69.

ANTONIOTTI (George), publia à Londres, vers 1760, un traité théorique et pratique de l'harmonie, sous le titre : Arte armonica. Il est traduit en anglais, en deux volumes in-fol. V. Observations de Serre, p. 5. Son premier ouvrage, composé de douze sonates pour la viola da gamba et le violoncelle, fut imprimé en 1736.

ANTONIUS (Jean-Ephraim), professeur et chanteur à Brême, né à Dessau; y publia en 1742, un traité, sous le titre : Principia musices, in 8°. quatre feuilles et demie.

APOLLONI (Salvator), Vénitien, était barbier et assez mauvais joueur de violon. Il devint fameux dans le genre des Barcaroles. Il osa même composer des opéras, et y eut assez de succès. Ce furent la Fama dell'onore, 1727; Metamorfosi odiamorose, 1732; il Pastor fido, 1739.

APPELL (d'), conseiller de guerre et des domaines à Cassel, fut élu, le 30 novembre 1785, membre de la société philarmonique de cette ville. On conserve dans le magasin de Breitkopf, un trio pour deux flûtes et basse, dont il est l'auteur. Il a, outre cela, composé plusieurs scènes et cantates.

APPIANI (Giuseppe), dit Appianino, excellent contralto, né à Milan, vers 1712, élève de Porpora, débuta en 1731, dans l'Arminio de Hasse. Il mourut en 1741, à Bologne, à l'entrée d'une carrière qui semblait devoir être des plus brillantes.

APOLLON, dieu de la poésie et de la musique, et dont l'emblème est le soleil, appartient moins à l'histoire de la musique qu'à celle de la fable. V. le Diction. de M. Noël.

APOLLONI (Le Chevalier Jean), d'Arezzo, a fait trois opéras, la Dori, ou le Schiavo Regio; l'Argia et l'Astiage, qui eurent des succès constans. Il florissait vers la fin du dix-septième siècle.

APRILE (Joseph), sopraniste, né vers 1746; a brillé dès 1763 en qualité de premier chanteur sur les meilleurs théâtre d'Italie et d'Allemagne, tels que ceux de Stuttgard, de Milan, de Florence, et enfin de Naples, où il s'est fixé.

Le docteur Burney, qui le vit en 1770 dans cette dernière ville, dit qu'il avait la voix faible et inégale; mais que son intonation était sûre et son trille excellent. Il était bien fait, avait beaucoup de goût et d'expression. Aprile était compositeur et bon maître de chant. Nous connaissons de lui des pièces détachées, et un recueil de solféges. Il a été un des maîtres de Cimarosa.

APULÉE, né vers le milieu du deuxième siècle, écrivit sur les nonbres et sur la musique. Son ouvrage est perdu.

AQUAVIVA (ANDR.-MATT.), duc d'Atrie, prince de Teramo, au royaume de Naples, né en 1456, mort en 1528 à Conversano, a publié au commencement du seizième siècle, à Naples, un commentaire, en latin, sur le Traité de la vertu, de Plutarque. En 1509, il a donné quatre livres de discussions, qui tendent à faire voir comment tous les secrets de la sagesse humaine et divine, ceux de la musique et de l'astrologie, sont renfermés dans les préceptes de Plutarque : *De virtute morali; Illustrium et exquisitissimarum disputationum*, libri 4. *quibus*, etc. *Helenopoli*, 1609. in 4°. V. Forckel. *Allg. Litt.*

AQUINO (JOSEPH), excellent musicien pour les rôles de caricatures. Il représenta avec des applaudissemens incroyables un rôle de vieille, dans le drame intitulé : *Palazzo del segretto*, au théâtre royal de Milan, en 1683.

AQUINUS, dominicain de Souabe, a écrit, vers 1494, un traité : *De numerorum et sonorum proportionibus*, selon la doctrine de Boëce. On ne sait pas s'il a été imprimé. V. *Gesn. Biblioth. univ.*

ARAJA (FRANÇOIS), maître de la chapelle impériale de Saint-Pétersbourg, né à Naples, débuta, comme compositeur, par l'opéra de *Bérénice*, que l'on représenta, en 1730, au château du grand-duc, près de Florence. En 1731, il donna à Rome : *Amore per regnante*. En 1735, il vint, avec une société d'artistes italiens, comme maître de chapelle, à Pétersbourg. Il y composa, pour le théâtre de la cour, en 1737: *Abiatare*; et en 1738: *Semiramide*. A ces deux premiers ouvrages succédèrent, jusqu'en 1744, les opéras: *Scipione*, *Arsace*; et *Seleuco*. Et enfin, en 1755 *Cephalo et Procris*, le premier opéra russe. Ce fut après la représentation de ce dernier que l'impératrice lui fit présent d'une zibeline magnifique, estimée cinq cents roubles (environ 2.400 liv.).

Ayant ramassé de grandes richesses, il revint, en 1759, dans sa patrie, pour vivre à Bologne dans la retraite.

ARAUXO (FR. DE CORREA), musicien espagnol, mort en 1663, a publié, à Alcala de Henarès, un traité : *Musica pratica y teorica de organo*. Machado, dans sa Bibl. lus. le nomme Araujo; il le fait organiste à Saint-Salvador de Séville et auteur d'un ouvrage : *Facultad organica*, Alcala, 1626, dans la préface duquel il en promet deux autres. Le reste de ses œuvres se trouve à Lisbonne, dans la biblioth. roy.

ARBEAU (TOINOT), de Langres, a fait imprimer en cette ville, en 1588, une *Orchésographie*, où il traite historiquement de la musique et de la danse. Cet ouvrage est un dialogue entre lui et Capriol.

ARBUSCULA, cantatrice et danseuse célèbre de l'ancienne Rome, vers la fin du septième siècle de cette ville. Cicéron lui-même n'a pas dédaigné de faire son éloge, et Horace rapporte, qu'ayant été sifflée un jour par le peuple, elle leur dit à haute voix : *Il me suffit de plaire aux nobles.*

ARBUTHNOT, docteur en musique à Londres, vécut vers l'année 1724. Il était non-seulement bon directeur de musique; mais aussi excellent auteur. Ami sincère et chaud partisan de Hændel, il inséra, en 1728, dans ses ouvrages : *Miscellanies*, au premier volume, un manifeste sous le titre : Le diable est déchaîné à Saint-James, ou relation détaillée et véritable d'un combat terrible et sanglant entre madame Faustina et madame Cuzzoni; ainsi que d'un combat opiniâtre entre M. Boschi et M. Palmerini; et enfin, de quelle manière Senesino s'est enrhumé, quitte l'opéra, et chante les Psaumes dans la chapelle de Henley.

Peu de tems après, il écrivit, par rapport aux disputes avec Senesino, un second manifeste, intitulé : l'harmonie en révolte; épître à Georges-Frédéric Hændel Esq.; par Hurlothrumbo Johnson, Esq. V. la vie de Hændel, par Burney, p. 26.

ARCADET (JACQUES), que l'on nomme aussi Arcadelt-Gombert, était maître de chapelle du cardinal de Lorraine. Son nom semble annoncer qu'il était Français, et probablement Picard. Adami dit qu'il fut chanteur de la chapelle pontificale. En 1572, il fit imprimer, à Venise, cinq livres de madrigaux. M. Gerbert dit, d'après Walther, qu'il fut le premier qui mit en musique ces sortes de poésies. Cette assertion est évidemment erronée, puisque l'on possède des compositions du même genre de Josq. Deprez, J. Mouton, Ad. Wuillaert, maîtres beaucoup plus anciens, mais de la même école.

ARCHELAUS de Milet, disciple d'Anaxagore et maître de Socrate, a le premier défini la voix, qu'il appelle *Pulsum aëris*.

ARCHENIUS ou ARRHENIUS (LAURENT), fit imprimer à Upsal, en 1729, une dissertation : *De primis musicæ inventoribus*.

ARCHESTRATE, de Syracuse, disciple de Terpsion, écrivit les règles de la flûte.

ARCHILOQUE, un des premiers poètes et musiciens de l'ancienne Grèce, natif de l'île de Paros, vivait environ 720 ans avant J. C. Ses vers étaient si satiriques et si licencieux que les Lacédémoniens en défendirent la lecture, quoiqu'il eût composé une hymne à la louange d'Hercule, qui obtint les applaudissemens de toute la Grèce. V. Bayle; les Mémoires de l'Acad. des Inscript. v. X, p. 36. et Forkel, t. I, p. 286. Ses titres en musique consistent principalement dans les inventions suivantes : 1°. L'invention du rythme dit ïambe; 2°. le passage rapide d'un rythme dans un autre; 3°. La manière d'accompagner ces rythmes irréguliers avec la lyre, ou avec des instrumens à cordes, en général ; 4°. l'invention des épodes; 5° l'exécution musicale des vers ïambiques, qui étaient récités ou chantés pendant que les instrumens jouaient.

ARCHINTA (MARGUERITE), d'une famille noble de Milan, vers 1520, composa les paroles et la musique de plusieurs chansons et madrigaux.

ARCHITAS, disciple de Pythagore, écrivit sur l'harmonie des flûtes.

ARCOLEO (ANTONIO), de Candie, est auteur des pièces suivantes, mises en musique ; *Il Clearco in negroponte*, *la Rosaura*, et *Il Brenno in Efeso*, 1690.

ARDALE, au rapport de Pausanias, est l'inventeur de la flûte. On lui attribue aussi la manière d'accompagner le chant et les voix par le jeu des flûtes. V. Pline.

ARDEMANIO (GUIL.-CÉS.), de Milan, organiste et maître de chapelle en cette ville, où il est mort en 1650; y a publié plusieurs œuvres de musique estimés. (W.)

ARDINA, a fait, vers 1784, six symphonies à grand orchestre.

ARDORE (Marquis de Saint-Georges et prince d'), ambassadeur du roi de Naples à Paris, depuis 1767 jusqu'en 1780, était un très-habile amateur.

Il a publié plusieurs cantates. V. l'art. prélude de J.-J. Rousseau.

ARENA (GIUSEPPE), Napolitain, en 1741, mit en musique *Tigrane*, de Goldoni.

ARESTI (FLORIANO), de Venise, a donné, en 1710, à Ferrare : *Crisippo*, *Enigma disciolto*, etc.

ARETINO (GIOV.-APOLL.), a publié des madrigaux à Venise, en 1607. (W.)

ARETINUS (PAUL), a publié à Venise, en 1567, des répons de la semaine sainte, de noël, un *Te Deum* et un *Benedictus* à quatre voix. (W.)

AREVALO (FAUSTINO), a publié à Rome, en 1784, un *Hymnodia Hispanica ad cantus latinitatis metrique leges revocata et aucta*. V. *Efemerid. litt. di Roma*. t. XV, p. 377.

ARGENTI (AUGUSTIN), gentilhomme Ferrarois, mort en 1576, donna, en 1567, *Lo sfortunato*, drame mis en musique par Alphonse de la Viola. Ces deux auteurs fixent la véritable époque du commencement de l'opéra.

ARGENTINI (Le P. Steff.), dit Filippini de Rimini, maître de chapelle à Saint-Etienne de Venise, a publié, en 1638, en cette dernière ville, une messe à trois voix, et des psaumes concertans. (W.)

ARGYROPHILE (JEAN), né à Constantinople en 1404, professa le grec à Florence en 1430, et mourut à Rome en 1474. Il a laissé un volume de chants à une voix, sous le titre : *Monodia*. V. G. Vossius, *de Hist. Gr.*, lib. IV.

ARIBO, scolastique, et moine de l'ordre de Saint-Benoît, à la fin du onzième siècle, a écrit un traité de la musique. Gerbert l'a inséré dans sa collection, t. I, p. 192. Aribo suit dans son traité les principes de Guido.

ARIBERTI (le marquis, JACQUES), de Crémone a fait l'*Argénide*, à Rome, en 1651.

ARICHONDAS, musicien de l'ancienne Grèce. L'on prétend que ce fut lui qui inventa la trompette. V. *Lexicon de Hoffm.*

ARIGONI (GIOV.-GIAC), a publié, en 1623, des madrigaux à Vénise. (W.)

ARION, né à Méthyme, poète et joueur de luth, inventa le dithyrambe, et composa plusieurs hymnes fameux. On le dit aussi inventeur des chœurs et des danses en rond. Il est célèbre par le récit fabuleux du dauphin qui le sauva du naufrage. V. Hérodote et Aulugelle.

ARIOSTI (ATTILIO) ou le père Attilis, moine de l'ordre des Servites, de Bologne, était, en 1698, maître de chapelle de l'électrice de Brandebourg, à Berlin, et touchait fort bien du clavecin. Il fut appelé à Londres en 1717. Deux de ses pièces (Coriolan et Lucius Verus), y furent imprimées; mais il ne put long-tems lutter contre Hændel. Le second acte de Mucius Scœvola, qu'il composa en 1721, et auquel Hændel fit le troisième, semble avoir été son dernier ouvrage et avoir décidé pour jamais la supériorité de Hændel. Il n'en conserva pas moins tout son crédit. Il vivait encore en 1727.

Il était d'un caractère extrêmement doux et aimable, et il a donné au jeune Hændel, lors de son premier voyage à Berlin, des leçons sur le clavecin, en le tenant sur ses genoux pendant des heures entières. Ces qualités n'influèrent en rien sur ses compositions, qui ont beaucoup de pesanteur et de sécheresse.

Avant d'aller à Berlin et à Londres, il avait composé le troisième acte du Daphnis de Zeno, Venise, 1696; Erifile, Venise 1697; Nabuchodonosor, Oratorio, Vienne, 1706. *La piu gloriosa fatica d'Ercole*, Bologne, *et amor tra nemici*, Vienne, 1708, etc.

ARISI (FRAN.), doct en droit, à Crémone, mort le 24 juin 1743, a laissé un ouvrage intitulé : Cre-

mona *litterata* Parma, 1706, in-folio, offrant à la fin du second volume une liste de musiciens célèbres du dix-septième siècle.

ARISTOCLIDE, fameux joueur de flûte et de cithare, du tems de Xerxès, remporta le premier le prix aux jeux que l'on célébrait à Athènes.

ARISTONOUS, fameux joueur de flûte, remporta six fois le prix aux Jeux Pythiques.

ARISTOPHANES. Il y a deux auteurs de ce nom, dans l'ancienne Grèce; dont l'un était auteur de comédies, et l'autre Grammairien. C'est probablement ce dernier qui a écrit le traité de la musique, des musiciens et des instrumens.

ARISTOTE, célèbre philosophe et précepteur du roi Alexandre, a écrit un livre : de Musicâ, qui est perdu. Dans le huitième chapitre de sa politique, il traite aussi de l'utilité de la musique.

ARISTOXENE, aussi bon philosophe que musicien, naquit à Tarente, 324 ans avant Jésus-Christ.

Suidas nous apprend qu'il avait composé quatre cents cinquante-trois volumes, mais il n'est parvenu jusqu'à nous que ses élémens harmoniques, en trois livres. C'est le plus ancien traité de musique que nous ayons.

La doctrine d'Aristoxène est tout-à-fait opposée à celle de Pythagore. Il bannit les nombres et le calcul, il s'en remit à l'oreille seule du choix et de la succession des consonnances. Ainsi, Pythagore se trompa en donnant trop à ses proportions, et Aristoxène en les réduisant à rien. Le traité d'Aristoxène fait partie de la Collection de Meibomius : *Musici veteres septem.*

ARISTOXENUS-SELINUNTIUS, qu'Eusèbe cite comme un musicien de l'ancienne Grèce, ayant vécu dans la vingt-huitième olympiade; on ne doit donc pas le confondre avec l'auteur Aristoxenus de Tarente, qui ne vécut que 328 ans après.

ARMAND (Mesdemoiselles); c'est le nom de deux cantatrices distinguées de l'Académie Impériale. Mademoiselle Armand, l'aînée, après

avoir brillé pendant plusieurs années au théâtre de l'Opéra-Comique,
est entrée à l'Académie Impériale,
où elle a soutenu sa réputation; son
genre est principalement la bravoure. Mademoiselle Joséphine Armand, sa nièce, a débuté en 1808,
au même théâtre, avec beaucoup de
succès.

ARNALDUS ou ERNALDUS,
abbé de Bonneval, dans le diocèse
de Chartres, jouissait, vers l'an
1141, d'une telle réputation, comme
compositeur, que ses cantiques,
en honneur des saints, furent très-
recherchés des églises circonvoi-
sines. V. Histoire de Gerbert.

ARNAUD (L'abbé), membre
de l'Académie des inscriptions et de
l'académie française, né à Carpen-
tras, le 27 juillet 1721, mourut à
Paris, le 2 décembre 1784.

Il publia, en 1754, une lettre sur
la musique, adressée à M. de Caylus;
c'était une espèce de prospectus où
il développait le plan d'un ouvrage
sur l'histoire et la théorie de cet
art, qu'il n'a point exécuté. Cette
lettre insérée en entier dans le
t. III de l'Essai sur la musique, de
la Borde, a été traduite en italien
avec des notes, par Arteaga, dans
les révolutions du théâtre musical
en Italie.

On doit à l'abbé Arnaud beaucoup de notions sur la musique des
anciens dans un traité sur les accens de la langue grecque. Voyez
les mémoires de l'académie des inscriptions, t. XXXII.

A l'époque de la guerre musicale,
l'abbé Arnaud fut le plus chaud
partisan de Gluck, et le défendit
contre ses adversaires, soit dans des
brochures anonymes, soit dans plusieurs articles du journal de Paris.
On le reconnaît à la chaleur, à
l'exaltation des idées, à la forme
vive et pittoresque du style. L'abbé
le Blond, confrère de l'abbé Arnaud à l'académie des inscriptions,
a réuni ces divers écrits, tels que
le Souper des enthousiastes, la Soirée perdue à l'opéra, et quelques
autres, sous le titre de Mémoires
pour servir à l'histoire de la révolution opérée dans la musique, par
M. le chevalier Gluck, 1781,
in-8°.

En 1808, il a paru une édition
complète des œuvres de l'abbé Arnaud, en trois volumes in-8°., où
l'on a omis le Souper des enthousiastes, et un mémoire très-intéressant sur la lyre de Mercure.

ARNAULT (Louis), né à Versailles vers 1765, élevé à l'académie
de Juilly, s'est fait connaître de
bonne heure par sa belle tragédie de
Marius à Minthurnes et par plusieurs
autres, qui l'ont placé au premier
rang parmi les poëtes tragiques de
nos jours. Il s'est quelquefois occupé
de la poésie lyrique et outre un
grand nombre de chansons, de
cantates et autres pièces fugitives,
il a donné plusieurs opéras, tels
que Phrosine et Mélidore, et Ho-
ratius Coclès, qui ont été mis en
musique par M. Méhul.

ARNE (Th. Aug.) docteur en
musique et compositeur à Londres,
en 1730 et années suivantes, est
l'auteur des meilleurs opéras anglais. Il avait de l'invention, de
la grâce et de l'expression, il ne
surchargeait pas la musique d'ornemens inutiles, et avait entièrement
abandonné l'ancienne forme des
ariettes avec dacapo. Il est mort
vers 1780.

On a de lui les opéras suivans :
Rosamunde; 1730; Comus, Mas-
curade, 1740; l'une et l'autre sont
gravés en partit. Britannia mas-
curade, 1744; Elysa, 1750; Ar-
taxerxes, 1762; ce dernier est
gravé en part. The Birth of Her-
cules (la naissance d'Hercule);
a masque, 1766, the Gardian
outwitter (le Gardien attrappé);
a masque, 1765, est aussi gravé
en partit. ; Thomas and sally,
gr. en part.; the Catches and Glees
(Rapine et Gaillardise), 1770; the
Ladies frolick (Les femmes gaillardes), 1770; gravé en part. Il a
publié encore: IX Book's of select.
englisch songs (IX livre de chansons anglaises), et le Mayday (La
Journée de mai), pour le chant
et le clavecin.

Madame Arne, son épouse, élève
de Geminiani, était excellente cantatrice, et brillait dans les opéras
d'Hændel. Elle est morte vers 1795.

Son fils Michel Arne composa,
en 1764, le conte des Fées (the
Fay tale), et en 1767 Cymon
opéra, gravés tous deux pour le

clavecin. Il en a donné plusieurs autres, et est mort vers 1806.

ARNESTUS I, premier évêque de Prague, dans le quatorzième siècle. On a de lui un chant en langue esclavonne, composé en 1350, en l'honneur de S. Wenceslas. V. Gerb.

ARNKIEL (Trogillus), pasteur à Apenrada, dans le Sleswick, a publié, en 1683, un traité de l'usage des cors, principalement dans la musique sacrée, au sujet d'un cor en or que l'on avait trouvé en 1629 à Tandern, dans le Wolstein, dont Wormius et Jeande Mellen ont parlé dans diverses dissertations. On a encore, sous le nom d'Arnkiel, une préface historique sur les chants de l'église, qui probablement était celle du traité ci-dessus.

ARNOLD (George), Velds bergensis, était organiste de l'évêque de Bamberg, vers le milieu du dix-septième siècle; il a laissé les ouvrages suivans: 1°. Canzoni arcæ et sonettæ, 1, 2, 3 et 4 violinis accommodatæ cum basso generali; opus 3, Œniponti, 1659, in-folio; 2°. opus quartum sacrarum cantionum de tempore et sanctis à 4, 5, 6 et 7 vocibus ac instrument. concert. Œniponti, 1661, in-4°.; 3°. Psalmi vespertini à 4, aut 2 vocib. et 2 violinis concertantibus vel 7, 10, 15 ad placitum, Bamberga, 1667, in-fol.; 4°. tres missæ pro defunctis et alia laudativa à 4, 5, 7 voc. et 3 vel 4 violinis ad placitum, ibid 1676, in-4°.; 5°. missarum quatern, cum 9 vocibus, ibid, 1675, in-folio. V. Beughem.

ARNOLD (Jean), premier trompette de l'électeur de Saxe, composa, en 1652, pour les noces de l'électeur Jean George I, une sonate pour quatre trompettes, qu'il fit imprimer à Dresde, dans la même année.

ARNOLD (Jean George), organiste à Shul, fit graver à Nuremberg, en 1761, deux trios pour le clavecin avec violon, qui méritent d'être connus.

ARNOLD (Michel-Henri) organiste à l'église Saint-André, à Erfurt, né en 1682, avait une grande réputation pour les variations dans les préludes de chœur. Il mourut à Erfurt en 1738.

ARNOLD (Samuel), docteur en musique, compositeur de la cour du roi d'Angleterre, et organiste à Londres; il était allemand de naissance, et l'un des plus dignes disciples et successeurs de Hændel. On le cite partout avec éloge comme grand compositeur et bon maître de musique: the cure of Saül (la guérison de Saül), oratorio, en 1767, eut le plus grand succès. Les chœurs de cet ouvrage surtout sont des chefs-d'œuvre. La résurrection, Oratorio, représenté en 1770, eut aussi un succès extraordinaire.

Il débuta au théâtre, avec succès, par la pièce de la Meunière; depuis, il en a fait plus de quarante, dont plusieurs se jouent encore: Inkle et Yarico, les Montagnards, le Barbier de Séville, les Enfans dans les bois, les enfans d'Andalousie, la Guirlande royale, etc. Il a donné pour le chant quinze ouvrages, savoir: trois volumes d'ariettes, avec accompagnement; deux volumes de canons; trois volumes de sonates, de concertos pour le clavecin et d'ouvertures.

En 1786, il se chargea de la grande et magnifique édition des ouvrages de Hændel, ses opéras italiens exceptés, arrangés pour le clavecin.

ARNOLDI (J. Conrad), né à Trarbach, en 1658, mort à Giessen, le 22 mai 1735, professeur d'astrologie, a fait imprimer, en 1713, un programme intitulé: Musica Alexikakos.

ARNONE (Gugl.), habile organiste de la cathédrale de Milan, en 1595, a publié un Magnificat à 5, 6, 7 et 8 v. (W.)

ARNOT (Hugues), savant anglais, publia, en 1779, in-4°.: History of Edinburgh, où l'on trouve une foule de renseignemens curieux sur la musique nationale des Ecossais. Il y fait des efforts pour prouver que les Italiens même ont emprunté leur musique des Ecossais.

ARNOULD (Mademoiselle Sophie) naquit à Paris, rue Béthisy, dans la maison et dans la chambre même où l'amiral de Coligny avait été tué lors du massacre de la Saint-Barthelemi.

Entrée à l'Opéra, le 15 décembre 1757, à l'âge de treize ans, elle a fait les délices de ce spectacle jusqu'en 1778, époque de sa retraite. Elle a attaché son nom aux rôles de *Thélaïre*, dans *Castor*, et d'*Iphise*, dans *Dardanus*.

Mademoiselle Arnould n'était pas moins célèbre par ses bons mots que par ses talens au théâtre. Nous n'en citerons qu'un, parce qu'il est moins connu que les autres. On lui montrait une tabatière, sur laquelle se trouvaient les portraits de Sully et de Choiseul. *Voilà*, dit-elle, *la recette et la dépense*.

L'année 1803 a vu périr les trois grandes actrices du dix-huitième siècle : mesdemoiselles Dumesnil, Clairon et Arnould.

ARNULPHUS, magister de Saint-Gileno, au quatrième siècle, nous a laissé un traité : *De differentiis et generibus cantorum*. Ce traité a été inséré, d'après un manuscrit parisien, dans le t. III, p. 316 du recueil de M. Gerbert.

ARQUIER (Joseph), né à Toulon, en 1763, étudia la musique à Marseille; et y fit des progrès très-rapides. En 1784, il entra au théâtre de Lyon pour y jouer de la basse. Quelques années après, il fut nommé chef d'orchestre au théâtre du Pavillon à Marseille. En 1789, il mit en musique Daphnis et Hortense, de M. le commandeur de Saint-Priest, opéra qui fut représenté à Marseille. A cette même époque, il espérait être nommé second maître de musique à l'Académie royale de musique; mais ses espérances furent détruites par la retraite de son protecteur, M. de Saint-Priest, ministre et sur-intendant de l'Académie. Il se livra alors à la composition, et donna le Mari corrigé, qui eut du succès sur un des théâtres de Paris. Il fut successivement chef d'orchestre des théâtres de Molière et de Montansier, qui jouaient alors l'opéra comique et les parodies italiennes; et durant le reste de son séjour à Paris, il composa pour les petits théâtres lyriques de Paris, plusieurs opéras, savoir : l'Hôtellerie de Sarzano; l'Hermitage des Pyrénées; les Deux petits Troubadours. Il refit en entier pour celui des Jeunes élèves, quelques

airs et les accompagnemens de la Fée Urgèle, où il ajouta une ouverture. De retour à Marseille, au théâtre du Pavillon, il a composé les Pirates; Montrose et Zisac; le second acte du Médecin turc (refusé à Feydeau, pour des raisons exposés dans la préface de l'ouvrage), opéras qui ont été jouées en province avec succès.

ARRIGONI (Charles), compositeur et habile luthiste, né à Florence; fut presque toujours en voyages. La noblesse de Londres le nomma en 1732, avec Porpora, compositeur au théâtre de l'opéra de cette ville, qu'il établit en opposition à celui de Hændel. En 1738, il donna à Vienne une représentation de son opéra d'Esther.

ARSENIUS, ecclésiastique grec des premiers siècles, a composé plusieurs cantiques.

ARTEAGA (Steffano), ex-jésuite espagnol, est mort à Paris, le 29 octobre 1799.

On lui doit un ouvrage en 3 vol. intitulé : *Le Revoluzioni del teatro musicaleitaliano, dalla sua origine, fino al presente*, dont la seconde édition a paru en 1785. En 1790, il avait eu cinq éditions. M. Forkel l'a traduit en allemand. Il a laissé un ouvrage posthume en manuscrit, et qui a pour titre : *Del ritmo sonoro e del ritmo muto degli antichi, dissertazione*, Il en avait confié la traduction française à M. Grainville, son ami. Ce dernier était déjà au tiers de l'entreprise, quand Arteaga a cessé de vivre. Le manuscrit original est resté entre les mains du neveu de M. l'ambassadeur Azara, qui se propose de le faire imprimer.

ARTEMANIO (Giul. Ces.), organiste de la cour et maître de chapelle à Milan, mort en 1750 ; a publié plusieurs recueils de motets et autres pièces. V. Jœcher.

ARTHUR AUX COUTEAUX, maître de musique de la collégialle de Saint-Quentin, vivait vers 1630. On croit qu'il fut maître de musique de la Sainte-Chapelle à Paris. Il a laissé plusieurs œuvres de musique; entr'autres, des psaumes dédiés à Louis XIII.

ARTUFEL (Damiano de), dominicain espagnol, a donné un

traité du plain-chant (*canto llano*), Valladolid, 1572.

ARTUSI (Giov. Mar.), chanoine de Bologne, au seizième siècle ; a publié en 1598, à Venise, sous le titre d'*Arte del contrapunto*, un abrégé très-bien fait des institutions harmoniques de Zarlin. En 1603, il donna la suite de cet ouvrage, sous le titre : *Seconda parte dell'Artusi ovvero delle imperfezzioni della moderna musica*, dans lequel il s'élève contre l'usage introduit par divers auteurs de son tems, et notamment par le célèbre Cl. Monteverde, d'employer, à découvert, sans préparation, les dissonances de septième et de neuvième de dominante, comme aussi de pratiquer les dissonances doubles et triples. Il y a encore de lui un autre ouvrage, intitulé : *Considerazioni Musicali*.

ASCHENBRENNER (Ch. N.), fils de H. Aschenbrenner, d'abord musicien de la chapelle de Wolfenbuttel, puis membre du concert instrumental du vieux Stettin, naquit en cette ville le 29 décembre 1654 ; il eut pour maître de comp. le célèbre J. Theile, et pour maître de violon d'abord And. Ant. Schmetzer à Vienne, puis J. Schatter. En 1677, il entra à la chapelle du prince de Zeits, puis à celle de Wolfenbuttel, par la recommandation de Rosen-Muller ; il passa ensuite, comme premier violon, à la chapelle de Merseburg, et, en 1695, il rentra, comme directeur de musique, au service du prince de Zeits ; en 1692, il était allé à Vienne, où il avait joué devant LL. MM. II., et leur ayant fait hommage de six sonates, il reçut d'elles, en récompense, une chaîne d'or avec une médaille. Il revint encore à Vienne, en 1703, et en 1713, le duc Maurice Guillaume de Merseburg le nomma maître de chapelle à Dero, et ne le laissa retourner à Zeits que sous la promesse qu'il viendrait tous les ans faire son service à Dero, à l'époque de la fête de la naissance du duc ; qu'il serait défrayé de son voyage, et recevrait cent thalers d'appointemens. En 1719, il renonça à toutes ses fonctions, et se retira à Jena, avec une pension annuelle de la cour de Merseburg. Il est mort vers 1735. (W.)

ASHLEY (John), hautboïste de la garde royale, à Londres. En 1784, lors de la fête célébrée en mémoire de Hændel, il joua le basson double à seize pieds, que Hændel avait fait faire, et que personne n'avait encore pu jouer. Il seconda le directeur Bates, dans le choix des musiciens et autres préparatifs. V. la description de cette fête par Burney.

ASHWEL (Thomas), musicien et compositeur de Londres, du tems de Henri VIII, d'Édouard VI et de la reine Marie, vers 1550. On conserve encore, dans l'école de musique d'Oxfort, plusieurs de ses ouvrages. V. Hawkins.

ASIOLI (Bonif.), né à Correggio, vers 1760, directeur du conservatoire royal de Milan, maître de musique de la chapelle et de la chambre de S. M. le Roi d'Italie, a composé un grand nombre de fantaisies, de variations, de sonates et de pièces en tout genre pour le forte-piano. On connoît aussi de lui des canzonettes, des nocturnes et autres pièces fugitives. Toute cette musique est très-jolie et d'un excellent goût.

ASPELMAYER ou APPELMAYER (Franç.), musicien de S. M. I. et R., et compositeur de ballets, à Vienne, mort le 9 août 1786, a composé six duos pour le violon et le violoucelle, six trios et six quatuors pour le violon, dix sérénades pour des instrumens à vent. Il a aussi mis en musique les opéras : *Die kinder der natur*: Les enfans de la nature ; *Et der stum* : L'orage ; avec différents ballets de Noverre. L'on connaît encore de lui six symphonies et quelques autres pièces en manuscrit.

ASPLIND a donné, en 1713, un mémoire ; *De horologiis musico-automatis*, à Upsal. V. Hülphers : *Historisk afhandling om musick*, p. 101.

ASTARITA (Gennaro,), de Naples, compositeur fort estimé en Italie. Son style agréable et naturel lui concilia partout la faveur du public, quoique l'opinion des connaisseurs fût quelquefois un peu différente. Il a composé entre autres un rondo, qui commence par les mots : *Come lasciar poss'io l'anima che adoro*, etc., qui a été applaudi uni

versellement. Il réussit surtout dans
l'opéra-comique.

On connaît de lui : *La Contessa
di Bimbinpoli*, 1772 ; *Li visionari*,
1772 ; *Finezze d'amore, o la farsa
non si fa, ma si prova*, 1773 ; *La
contesina* ; *Il principe spondriaco*,
1774 ; *Il marito, che non hà mo-
glie*, 1774 ; *La critica teatrale*,
1775 ; *Il mondo della luna*, 1775;
La dama imaginaria, 1777 ; *L'isola di bengolì*, 1777 ; *Armida*,
1777 ; et *Circe et Ulysse*, qui, en
1787 fut donné sous ce titre, sur tous
les théâtres de l'Allemagne, comme
une pièce nouvelle.

Outre ces ouvrages, on connaît
encore de sa composition, une *cavati-
na* pour la basse avec accompagnement, et quelques ariettes d'opéras
en manuscrits.

ASTER (DAVID), organiste à
Oschatz, au commencement du dix-
huitième siècle, a été un compositeur
très-fécond.

ASTON (HUGH), organiste et
compositeur de Londres , du têms de
Henri VIII, vers l'an 1520. A l'é-
cole d'Oxfort, l'on conserve de lui
un *Te Deum.*

ASTORGA (Le Baron d') , sicilien, au commencement du dix-
huitième siècle, était en grande faveur à la cour de l'empereur Léopold ; il voyagea en Espagne, en
Portugal, en Angleterre et en Bohème. C'est à Breslaw qu'il fit jouer,
en 1726, la pastorale de *Daphné*,
qui fut très-applaudie. Awison et le
docteur Burney citent avec éloge son
Stabat mater. Les Italiens placent
ses *Cantates* au premier rang des
compositions vocales. V. Hawkins.

ASTORGA (J.O.) publia à
Londres , en 1769, six trios pour la
flûte, et, en 1780, douze ariettes Italiennes et des duos avec clavecin.

ASTRUA (GIOVANNA), née à
Turin vers 1725, excellente cantatrice, d'abord au service de la cour
de Sardaigne , puis de celle de Berlin, mourut en 1753, dans sa patrie,
d'une maladie de poitrine. Elle fut
très-regrettée de tous les amateurs.

ASULA (GIOV. MATT.), écclé-
siastique de Vérone, a publié, depuis 1565 jusqu'en 1590, des ouvrages de musique sacrée importants :
ce sont des introïts et des graduels
pour les messes solemnelles de toute
l'année en contrepoint sur plain-
chant des vêpres du même genre, des
messes dans les huit tons. Ces ouvrages sont tous estimés, et le père Martini en a rapporté plusieurs pièces
dans son *Saggio di C. p.* (W.)

ASWORTH, Anglais, a donné
une méthode de chant : *Introduction
to the art of singing.*

ATHANASE (V.), évêque d'A-
lexandrie, né en 296, et mort le 2 mai
372, maintint constamment dans son
église la musique, qui d'ailleurs y
était d'une excessive simplicité. On
trouve dans ses ouvrages plusieurs
renseignemens sur l'histoire de cet
art.

ATHELARD, vivait sous Henri I,
roi d'Angleterre, vers 1120. On lui
doit d'avoir rendu, de l'arabe en
latin, les proportions harmoniques
d'Euclide.

ATHÉNÉE , nâquit l'an 160, à
Naurate, en Egypte. Ses œuvres
sont divisées en quinze livres. Dans le
quatorzième, il traite des joueurs de
flûte, des chansons, de l'utilité de
la musique et de la danse, des instrumens, de la musique et de la danse
des anciens.

ATIS, habile flûtiste, né à Saint-
Domingue vers 1715, vint se fixer en
France et y composa un grand nombre de sonates, duos, trios, symphonies, etc., où l'on trouve des morceaux agréables.

AUBERLIN (S. G.), musicien à
Zurich, auteur d'un recueil de chansons, annonça, en 1786, un port-
feuille de musique, qui devait renfermer des pièces de chant, de
clavecin, des notices biographiques,
des anecdotes et des annonces ; mais
il n'en a rien paru.

AUBER, dit le petit Auber, né
à Paris vers 1780, a composé plusieurs romances, entr'autres *le Bonjour*, qui ont eu un très-grand succès. Il a publié plusieurs quatuors
de violon et des concertos pour le
violon et le violoncelle, qui ont
été exécutés, dans les meilleurs concerts, par les plus habiles artistes et
qui ont été très-applaudis.

AUBERT, intendant de la musique
du duc de Bourbon, premier ministre, entra à l'Opéra, comme violon,
en 1727, se retira en 1752, et mou-

rut vers 1758 âgé d'environ soixante dix ans. Il avait donné en 1725, à ce théâtre : La reine des Péris, opéra de Fuzelier.

Son fils aîné entra à l'Opéra en 1731, fut nommé premier violon en 1755, et se retira en 1771. On a de lui six livres de solos, six de duos, deux concertos, et d'autres ouvrages pour son instrument. M. E.-L. Gerbert a confondu ces deux artistes, et les a considérés comme une seule personne.

AUBERT (Pierre - François-Olivier), né à Amiens en 1763, apprit à la maîtrise de cette ville les premiers élémens de la musique ; entraîné par son goût pour le violoncelle, il entreprit seul l'étude de cet instrument, et parvint à s'y rendre fort habile sans le secours d'aucun maître. Il dut au talent qu'il y avait acquis d'être admis à l'orchestre de l'Opéra-Comique. On lui a l'obligation d'une très-bonne méthode pour le violoncelle, la première qui succéda aux ouvrages insuffisans de Cupis et de Tillière. Outre cette méthode et les études qui la complètent, il a composé plusieurs œuvres de musique, savoir : trois œuvres de sonates de violoncelle ; six œuvres de duos, trois œuvres de quatuors, un œuvre de sonates de piano, un de duos de Guitare.

AUBERTI, violoncelle au théâtre Italien de Paris, y publia, vers l'an 1777, six solos pour le violoncelle, op. 1, et six duos pour le violoncelle, op. 2. Son véritable nom était Aubert. Il est mort vers 1805.

AUBIGNAC (L'abbé d'), dans sa Pratique du théâtre, parle plusieurs fois de l'origine des opéras.

AUDINOT, acteur de la Comédie Italienne, y donna le joli opéra comique ou vaudeville : Le Tonnelier. Cet ouvrage resta au théâtre, que son auteur quitta depuis pour élever, sous le nom d'Ambigu-Comique, un spectacle qui subsiste encore aujourd'hui sur les boulevarts du Temple, à Paris. On a remarqué l'inscription qu'il plaça sur sa toile : Sicut Infantes audi nos : Inscription qui renferme une allusion au nom du fondateur, et dans laquelle les habitués du théâtre lisent, sans hésiter : Ce sont les enfans d'Audinot.

AUDINOT (Mademoiselle), cantatrice du théâtre de l'Opéra à Paris, vers 1782, joignait à une voix flexible et agréable, beaucoup de vivacité dans l'action. Elle brillait surtout dans le rôle de Colinette à la cour, que M. Grétry avait fait pour elle.

AUENBRUGGER (Françoise), fille d'un médecin de Vienne, y jouissait, en 1766, de la réputation de virtuose de clavecin et de chant. En 1787, elle fit graver une sonate pour le clavecin. Sa sœur Marianne, connue sous les mêmes rapports, mourut à Vienne en 1786.

AUFFMAN (Joseph-Antoine-Xavier), maître de chapelle du prince Campidon, publia, en 1754 à Augsbourg, son Triplex concentus organicus (trois concertos pour l'orgue avec accompagnement), in-fol.

AUFDIENER, musicien allemand à Paris, y fit graver, en 1784, un pot-pourri pour le clavecin.

AUFFSCHNEITER (Ben.-Ant.), maître de chapelle à Passaw, a publié, de 1695 à 1711, six œuvres de musique sacrée, tant vocale qu'instrumentale, parmi lesquelles il se trouve des compositions à huit voix. (W.)

AULBERUS ou ALBERUS (Erasme), théologien-luthérien, disciple de Luther, professeur de musique à Tubingen, que M E.-L. Gerbert cite comme auteur d'un ouvrage intitulé : Buch von heiligen.... musica (Livre de la sainté .... musique). que nous soupçonnons ne pas contenir un mot de musique. Plusieurs cantiques, en usage dans l'église luthérienne, sont de sa composition : Gott hat das Evangelium. Nun freut euch gottes kinder.

AULETTA (Pietro), fut, vers l'an 1728, maître de chapelle du prince de Belveder, et composa l'opéra intitulé : Ezio.

AULUGELLE, vivait peu de tems après la mort de Plutarque, et écrivit plusieurs ouvrages sur la musique.

AURELI (Aurèle), de Venise, poëte dramatique, s'est autant distingué par la quantité que par la singularité de ses ouvrages. On compte soixante drames de sa façon, sans les divertissemens et les fêtes. Les principaux sont : *La Roselina*, *l'Alcibiade*, *Teseo fra le rivali*. Il florissait vers le milieu du dix-septième siècle.

AURELIANUS-REOMENSIS, ecclésiastique et musicien à l'église de Rheims, vers l'an 900. Le prince-abbé Gerbert a publié sa *Musica disciplina*, d'après un manuscrit de la bibliothèque Laurent., à Florence. Walther en avait déjà parlé avant lui. C'est un ouvrage capital de ces tems. Il est divisé en vingt chapitres.

AURENHAMMER (Madame), habile professeur de clavecin, à Vienne, en 1787, dirigea la publication des sonates et airs variés de Mozart.

AUTREAU (Jacques), né en 1656, mort en 1745, connu comme peintre, a fait quelques chansons et l'opéra de Platée, le seul ouvrage comique que Rameau ait mis en musique.

AVANTANO (Pierre), virtuose de Naples, publia en 1736, à Amsterdam, douze sonates *a violino solo et basso*, op. 1.

AVENARIUS (J.), magister et archidiacre à Schmalkalde. Chansons édifiantes, etc., en allemand, Leipsick, 1714.

AVENARIUS (Matth.), né à Eisenach, le 21 mars 1625, chanteur à Schmalkalde en 1650, prédicant à Steinbach en 1662, mort en cette ville le 17 avril 1692, a laissé un traité de musique assez étendu, sous le titre : *Musica*.

AVENARIUS (Thomas), né à Eulembourg, fit imprimer en 1614, à Dresde, un recueil de chansons de divers caractères, intitulé : *Horticello*, etc. Elles servent aussi de pièces d'instrumens à quatre et cinq parties.

AVENTINUS (J.), bon écrivain de l'histoire d'Allemagne, né en 1466 à Abensberg, a donné en 1516, à Augsbourg : *Rudimenta musices*. Il est mort à Ratisbonne le 9 janvier 1534.

AVERARA (L'abbé Pierre d'), de Bergame, poëte dramatique, est auteur de plus de cinquante pièces de théâtre. Les principales sont : *L'amante fortunato per forza*, *l'Andromaca*, *l'Arsiade*, *Angelica nel Catai*, *Ascanio*, *Aretusa*,

Filuido, *Il trionfo della virtu*. Il florissait au commencement du siècle dernier.

AVIA (Jacques), amateur de musique du dix-septième siècle, fit imprimer, dans l'an 1650, à Constance, un recueil de chansons de table.

AVIANUS (J.), de Tontorf, près Erfurt, surintendant à Eisenberg, a donné en 1581, à Erfurt, un *Isagoge musicæ poetices*. Il existe de lui quelques autres ouvrages manuscrits. V. Walther et Forkel. *Allg. Litt.*

AVICENNE, célèbre médecin arabe, né en 992 à Balk, mort en 1036, il a laissé un traité de musique en langue persanne, et quelques chansons. V. Gerbert et Walther.

AVONDANO (P. A.). De sa composition, ont été publiés en Allemagne, vers l'an 1780, les ouvrages suivans, savoir : les opéras *Berenice* et *Il mondo della luna*, l'oratorio *Gioa*, *Re di Giuda*, et plusieurs solos pour le violon et le violoncelle. Il parut encore de lui à Paris, vers 1777, six solos et duos pour le violoncelle.

AVONDANO (Georges), de Gènes, était, en 1728, premier violon à la chapelle royale de Lisbonne.

AVOSANI (Orfeo), de Viadana, dans le duché de Mantoue, a publié, en 1645, à Venise, une messe, à trois voix, un œuvre de psaumes et des complies concertées à 5 voix. (W.)

AWISON (Carle), organiste à Newscastle, a publié, en 1725, son *Essay on musical expression*, ouvrage estimé.

Il a paru à Londres, de 1765 à 1775, dix œuvres de concertos pour clavecin et violon, de trios et solos pour clavecin, sous le même nom, mais probablement d'un auteur différent.

AXT (Frédéric-Samuel), né à Stadt-Ilm, en 1684, chanteur, en 1713 à Kœnigsée, et en 1719 à Frankeschausen, y mourut en 1745. On a de lui, sous le titre d'Année musicale, un œuvre de vingt cinq feuilles.

AZAIS (M.), maître de musique de l'école militaire de Soreze, dirigée par MM. de Ferlus, a donné en 1776, une Méthode de Musique sur

-un nouveau plan, à l'usage des élèves de l'école royale militaire, dédiée à M. l'abbé Roussier. M. Azaïs a encore publié, en 1780, douze sonates et sept duos pour violoncelle, et six trios pour diverses instrumens.

AZOPARDI (Fr.), maître de chapelle à Malthe, outre un grand nombre d'œuvres de différens genres, a donné, vers 1760, un petit traité de composition, sous le titre de *Musico pratico*, qui a été traduit en

français, augmenté de quelques notes et publié à Paris, chez Leduc, père, en 1786, par M. Framery.

AZPILCUETA (Martin d'), surnommé Nevarrus, jurisconsulte fameux, prêtre et chanoine régulier de l'ordre de saint Augustin, natif de Verasoin, dans la Navarre, et mort à Rome en 1586, âge de quatre-vingt-quinze ans, a laissé beaucoup d'écrits, où il traite de la musique et de la manière de chanter le chant figuré. V. Walther.

B

BABBI (Cristoforo), maître de concert de l'électeur de Saxe, à Dresde, naquit à Césène en 1748. Il étudia le violon sous Paul Alberghi, élève de Tartini, et entra au service de l'électeur vers 1780.

Il a composé des concertos pour le violon, des symphonies pour l'église et la chambre, des quatuors et duos pour la flûte, et une cantate pour le clavecin, publiée à Dresde en 1789.

BABBI (Gregorio), né aussi à Césène, était, vers 1740, un des plus habiles ténores des théâtres italiens.

BABBINI (Matteo), célèbre basse-contre en 1785, était engagé au théâtre de l'Opéra à Vienne, et en 1789 chantait à celui de Venise.

BABELL (W.), disciple de Hændel, naquit à Londres. Mattheson assure qu'il a surpassé son maître comme organiste et comme maître de chapelle. On trouve, sous son nom, une collection d'excellentes leçons pour le clavecin.

BABTICOCCHI, publia en 1786, à Londres, quelques sonates pour le clavecin.

BABYLAS, élu, en 238, évêque d'Antioche, et martyr en 251, a composé les mélodies pour plusieurs hymnes. V. *Triodium venet.* 1601.

BACCELLI, a donné, aux Italiens, le Nouveau Marié, ou les Importuns.

BACCHUS, le dieu du vin, a, dit-on, enseigné le chant. C'est, sans doute, à ce double titre, que Ch.-Phil.-Emmanuel Bach a placé son portrait dans sa collection de trois

cent trente portraits de musiciens célèbres.

BACCHUSIUS ou BACCUSIUS, fameux contrapuntiste du dix-septième siècle, publia à Anvers, en 1617, un ouvrage intitulé : *Regula spiritualis melodiæ, seu liber spiritualium cantionum.* On trouve aussi quelques morceaux de sa composition dans *Mutetæ sacræ*, pub. par Lechner en 1576.

BACCI (Pierre-Jacques), de Pérouse, est connu par son *Abigail,* représenté en 1691.

BACH (Veit), chef de la famille de ce nom, qui, pendant deux cents ans, a donné tant de virtuoses à l'Allemagne, était boulanger à Presbourg, d'où il fut forcé de se retirer au commencement du dix-septième siècle, à cause de la religion protestante qu'il professait. On trouve une généalogie complète de cette famille remarquable dans l'Histoire de la Musique, page 111, du premier volume de l'ouvrage allemand, intitulé *Korabinsky, Beschreibung der kœnigl. Ungarischen, Haupt-frey und krœnungsstads Presburg* (Description de Presbourg, capitale de la Hongrie, par Korabinsky), 1784, in-8°.

BACH (Jean), musicien à Gotha, y vécut au commencement du dix-septième siècle.

BACH (Henri), organiste et musicien de la ville d'Arnstadt, naquit (le 16 septembre 1615) à Weimar, où son père (Jean Bach) était musicien et fabricant de tapis ; il reçut les premières leçons de musique chez son père, qui, ayant reconnu en lui une ardeur excessive et de grandes dispositions, l'envoya à Erfurt, chez Jean Bach, son frère aîné, alors prédicateur et musicien du magistrat de cette ville.

En 1641, il fut nommé organiste à l'église d'Arnstadt, et occupa cette charge pendant cinquante-un ans. Il eut le plaisir de voir, avant de mourir, vingt-huit arrières-petits-enfans. Ses deux fils, Jean Christophe Bach, organiste de cour à Eisenach, et Jean-Michel Bach, organiste dans le baillage de Gehren, et beau-père du célèbre Sébastien Bach, méritent d'être cités. Il mourut à Arnstadt, le 16 juillet 1692, âgé de soixante-dix-sept ans.

BACH (Jean-Ambroise), né en 1645, musicien de la cour à Eisenach, père du grand Jean-Sébastien Bach, mourut en 1695.

BACH (Jean-Sébastien), compositeur de la cour de Pologne, maître de chapelle du duc de Weissenfels et du prince d'Anhalt-Coethen, directeur de musique de l'école de Saint-Thomas, à Leipsick, fils de Jean-Ambroise Bach, musicien de la Cour et du Conseil à Eisenach, nâquit à Eisenach, le 21 mars 1685.

Ayant perdu ses parens avant l'âge de dix ans, il se rendit à Ordruff, auprès de son frère aîné, Jean-Christophe Bach, qui y était organiste. Ce fut sous sa direction qu'il commença à entrer dans la carrière musicale. Son penchant irrésistible pour l'art se developpa dès cet âge tendre, avec une telle force, qu'il le porta à dérober à son frère un livre de musique, renfermant plusieurs morceaux pour le clavecin, de Froberg, Kerl et Pachelbel, qu'il n'avait pu obtenir, malgré les instances les plus vives qu'il avait faites à cet égard. Pendant six mois entiers, il profita du clair de lune pour le copier et pour s'y exercer, jusqu'à ce que son frère, qui s'en était enfin aperçu, lui retira impitoyablement ce livre, si précieux pour lui.

Après la mort de ce dernier, il se rendit au gymnase de Lunebourg, d'où il fit des excursions fréquentes à Hambourg, pour y entendre le fameux organiste Jean-Adam Reinken. Il apprit en même tems à connaître, comme une nouveauté, la musique française, en visitant souvent la chapelle ducale à Celle, qui était composée, en grande partie, de Français.

Il fut nommé, en 1702, musicien de la cour de Weimar, et, en 1704, organiste d'Arnstadt. Ce fut principalement à ce dernier endroit qu'il forma les grands talens qui le distinguèrent dans la suite comme compositeur et comme organiste. Il y parvint autant par son zèle et ses propres réflexions, que par l'étude suivie des ouvrages des plus grands maîtres, tels que Bruhn, Reinken et Buxtehude, et principalement par un séjour de trois mois qu'il fit à Lubeck, pour y étudier la manière du célèbre organiste Diedr. Buxtehude. En 1707, il fut appelé, comme organiste à Muhlhausen, qu'il quitta un an après pour entrer au service du duc de Saxe-Weimar, qui l'avait nommé à la place d'organiste de la cour. Les applaudissemens qu'il y obtint portèrent son enthousiasme au plus haut degré. Uniquement occupé du soin de se perfectionner et de mériter la bienveillance dont il se voyait honoré, il parvint non-seulement à ce talent inimitable dans l'exécution, qui le rendit si célèbre, mais il y composa aussi la plupart de ses ouvrages pour l'orgue. En 1714, il fut nommé maître de concert, place qui l'obligeait de composer et d'exécuter la musique d'église.

En 1717, il défendit la supériorité de sa nation contre le fameux organiste français, Marchand, auquel le roi de Pologne avait offert des appointemens fort considérables, s'il voulait rester à Dresde. La chose se passa, dit-on, comme il suit. Volumier invita Bach à venir à Dresde, et lui fournit l'occasion d'entendre Marchand, à l'insu de ce dernier. Bach, avec l'agrément du roi, offrit ensuite à Marchand une lutte publique dans la maison d'un des ministres du roi. Au jour fixé, Bach s'y rendit, et y trouva une assemblée nombreuse de personnes du plus haut rang de l'un et de l'autre sexe. On attendit long-tems, mais en vain, son adversaire, et l'on apprit enfin que Marchand était parti le même jour par la poste extraordinaire. Bach se fit alors entendre seul, et déploya toutes les ressources de son art.

Après son retour à Weimar, le prince d'Anhalt-Cœthen le nomma son maître de chapelle, place que Bach accepta ; il s'y rendit encore la même année. De là, il fit un second voyage à Hambourg, pour y voir le célèbre Reinken, alors presque centenaire, et joua devant lui, pendant plus de deux heures, dans l'église de Sainte-Catherine. Le vieux Reinken lui dit, après l'avoir entendu : *J'ai cru que cet art allait mourir avec moi, mais je vois qu'il vit encore en vous.*

Le Conseil de Leipsick l'appela, en 1723, en cette ville, comme directeur de musique. Le duc de Weissenfels lui conféra, peu de tems après, le titre de maître de chapelle. En 1736, il se fit entendre plusieurs fois sur l'orgue, devant la cour de Dresde, et y recueillit les témoignages les plus flatteurs. Le roi, pour lui témoigner sa satisfaction, le nomma compositeur de la cour.

En 1747, il fit un voyage à Berlin, et eut l'honneur de se faire aussi entendre, à Potsdam, devant le roi de Prusse. A cette occasion, Frédéric lui donna lui-même le thème d'une fugue, et lui demanda, après qu'il l'eut exécutée en maître, une autre fugue à six voix, demande à laquelle Bach satisfit sur-le-champ au forte-piano, d'après un thème qu'il s'était choisi lui-même. Après son retour à Leipsick, il composa encore, sur le thème du roi, un *ricercare* à trois voix, un autre à six voix, et quelques autres chefs-d'œuvre, qu'il fit graver, et les dédia à Frédéric. Une maladie d'yeux, et la non réussite de l'opération qu'elle avait nécessitée, lui firent perdre la santé, et il mourut d'une attaque d'apoplexie, le 28 juillet 1750.

Tel était l'homme, *qui, selon l'expression de Marpurg, réunit en lui seul les talens et les perfections de plusieurs grands hommes.* Nous ne pouvons terminer mieux sa biographie que par le portrait que nous en a laissé le maître de chapelle Hiller :

« Si jamais compositeur a montré » toute la force d'un grand orchestre, » si jamais virtuose a su se servir » des ressources les plus secrètes de » l'harmonie, cet honneur appar- » tient, sans contredit, à Jean-Sé- » bastien Bach. Personne ne sut » mieux que lui embellir les thèmes » les plus secs, en apparence, par » une foule d'idées neuves et étran- » gères. Il lui suffisait d'entendre un » thème quelconque, pour avoir à » l'instant présent devant lui tout ce » que l'on pouvait en tirer de beau » et de sublime. Ses mélodies étaient, » à la vérité, étranges, mais pleines » d'invention et ne ressemblaient en » rien à celles des autres composi- » teurs. Quoique son caractère sé- » rieux l'entraînât à la musique » grave et mélancolique, il pouvait » cependant, s'il le fallait, se plier » aussi, surtout dans son jeu, à des » idées légères et aimables. L'exer- » cice continuel dans la composition » d'ouvrages à grand orchestre lui » avait donné une telle habileté que, » dans les partitions les plus com- » pliquées, il embrassait du même » coup-d'œil toutes les parties coïn- » cidentes. Il avait l'ouïe tellement » délicate que, dans l'orchestre le » plus complet, il découvrait à » l'instant la moindre faute qui s'y » commettait. Dans sa direction, il » tenait beaucoup à l'exactitude de » l'exécution, et possédait une grande » assurance dans la mesure, qu'il » choisissait ordinairement d'une » grande rapidité.

» Comme virtuose sur le clavecin » et sur l'orgue, on doit le regarder » comme le plus fort qui ait jamais » existé et qui peut être existera ja- » mais. Ses compositions, que tout » le monde trouve très-difficiles à » exécuter, étaient des bagatelles » pour lui. Ses doigts étaient tous » également aptes au jeu ; il s'était » composé un doigté particulier, et » contre l'usage des musiciens de ce » tems-là, il se servait beaucoup du » pouce. »

C'est à ses propres ouvrages qu'il devait cette habileté étonnante. Il dit lui-même que souvent il s'était vu forcé d'employer toute la nuit pour exécuter ce qu'il avait écrit pendant le jour, ce qui est d'autant plus croyable que l'on sait qu'il avait l'habitude de ne jamais consulter son clavecin lorsqu'il composait. On prétend même qu'il a écrit son ouvrage, intitulé : *Tempérirtes Klavier* (le Clavecin tempéré), et qui ne consiste qu'en des fugues très-compliquées et en des préludes par tous les vingt-quatre sons, dans un endroit où le dépit, l'ennui, et le défaut de toute espèce d'instrumens de musique; le forcèrent à recourir à cette manière de passer son tems. Ses pieds exécutaient sur la pédale, avec la plus grande exactitude, tout thème, tout passage que ses mains jouaient sur les touches. Il exécutait avec ses deux pieds à-la-fois de longs trills doubles, pendant que ses mains étaient dans une continuelle activité. Hiller a raison de dire qu'il jouait, avec les pieds, des difficultés que beaucoup de musiciens habiles auraient eu de la peine à jouer avec les mains,

Il affectionnait tant la pleine harmonie, dit M. Burney, que, non content d'employer la pédale avec une constance et une activité peu communes, il était dans l'usage de porter un bâton à la bouche, pour s'en servir sur les touches, que ses mains ou ses pieds ne pouvaient atteindre.

A toutes ces qualités extraordinaires, se joignait encore sa grande expérience et le goût exquis avec lequel il sut choisir et lier ensemble les différens registres. Personne ne savait mieux que lui juger des dispositions d'un orgue ou proposer la manière de le construire. Son collègue Gessner, qui, dans la suite, devint professeur à Gœttingue, nous a laissé aussi un portrait de ce grand homme, dans une note au douzième chapitre du premier livre de son édition de Quintilien, que M. Hiller rapporte également.

La pesanteur avec laquelle on traitait encore de son tems le violoncelle, l'obligea d'inventer l'instrument qu'il a appelé lui-même, Viola pomposa. C'était une viola d'un volume plus étendu, qui avait une cinquième corde (une quinte E), et qui donnait à l'exécutant beaucoup de facilité pour jouer à l'aigu des passages très-rapides.

On a de ce grand virtuose les ouvrages suivans, qu'il semble n'avoir laissé à ses successeurs que pour leur servir, comme l'arc d'Ulysse, à essayer leurs forces.

Ceux que l'on a gravés sont :

1°. *Klavieruebung* (Exercice au Clavecin), en six suites, première partie.

2°. *Klavieruebung*, *in* 1 *konzert*, *und* 1 *ouverture auf zwey manuale*, seconde partie.

3°. *Vorspiele ueber kirchengesænge* (Préludes pour des cantiques), troisième partie des exercices au clavecin.

4°. *Arie*, avec trente variations.

5°. Six préludes de chœur, pour l'orgue, à trois voix.

6°. Quelques variations, en canons, sur le cantique *Vom Himmel hoch*.

7°. *Musicalisches opfer* (Offrande musicale), dédiée au roi de Prusse.

8°. *Die kunst der fuge* (l'Art de la fugue). C'est son dernier ouvrage. Il contient toutes les espèces de contrepoints et de canons sur un seul thème principal. Sa dernière maladie l'empêcha d'achever l'avant-dernière fugue, ainsi qu'il se l'était proposé, et de composer la dernière, qui devait renfermer quatre thèmes, et passer ensuite par les quatre voix. Cet ouvrage n'a été publié qu'après la mort de son auteur.

9°. *Vierstimmige choral gesænge auf 2 systeme zusammengezogen, und heraus gegeben von Carl Phil. Em. Bach* (Cantiques, à musique simple, réduits à deux systèmes, et publiés par C. P. E. Bach). Le premier volume de cet ouvrage parut à Berlin en 1765, et le second en 1769. Ils contiennent ensemble quatre cents morceaux. On en a publié une seconde édition, corrigée, dont le premier volume parut en 1784, le second en 1785, et le troisième en 1786.

Il y a encore, en manuscrit les ouvrages suivans :

1°. Cinq années de musique d'église, pour tous les dimanches et fêtes.

2°. Beaucoup d'oratorios, de messes, de *Magnificat*, de *Sanctus* isolés, de drames, de sérénades, de musique pour des jours de naissances, de fêtes ou de deuil, de messes de nôces, et même quelques morceaux de chant comique.

3°. Cinq passions, parmi lesquelles s'en trouve une à deux chœurs.

4°. Quelques motets à deux chœurs.

5°. Une quantité de préludes libres, de fugues, et autres morceaux semblables, pour l'orgue, avec pédale obligée.

6°. Six trios pour l'orgue.

7°. Beaucoup de musique simple, variée, pour l'orgue; comme préludes.

8°. Un livre de préludes courts, la plupart pour des cantiques.

9°. Le clavecin tempéré, consistant en deux fois vingt-quatre préludes et fugues par tous les sons pour le clavecin, gravé en France.

10°. Six toccates pour le clavecin.

11°. Six suites pour le même instrument.

12°. Six, idem, un peu plus courtes.

13°. Six sonates pour un violon, sans basse.

14°. Six, idem, pour le violoncelle.

15°. Plusieurs concertos, pour un, deux, trois et quatre clavecins.

16°. Quinze inventions.

17°. Quinze symphonies.

18°. Six petits préludes.

Valther, Mitzler, Biblioth. de musique, tome IV, et Hiller, dans ses Biographies, nous ont laissé l'histoire de sa vie. M. Forckel en a publié une très-étendue.

BACH (ANNE-MADELEINE) née en 1700, épouse, en secondes noces, de Jean-Sébastien Bach, mourut en 1757; elle avait une belle voix et chantait fort bien; mais elle ne parut jamais en public.

BACH (GUILLAUME-FRIEDMANN), surnommé de Halle, fils aîné de l'immortel Jean-Sébastien Bach, en dernier lieu, maître de chapelle du prince de Hesse-Darmstadt, naquit à Weimar en 1710. Il apprit les principes de la musique, tant sur le clavecin et sur l'orgue que dans la composition, de son illustre père, et montra de bonne heure, qu'il n'était pas indigne d'en être le fils. Il continua ses études, en 1725, par les leçons que Graun, alors maître de concert à Mersebourg, et ensuite à Berlin, lui donna sur le violon. Il s'appliqua en même tems, à l'école de St-Thomas aux autres sciences avec une égale ardeur, et étudia enfin, la jurisprudence, et principa-

lement les mathématiques à l'université de Leipsick. En 1733, il fut appelé à Dresde, comme organiste à l'église de Sainte-Sophie. Il y continua les mathématiques encore, sous la direction du savant mathématicien et conseiller Walz, et s'exerça principalement dans l'algèbre. Il passa de là, en 1747, comme directeur de musique et organiste, à l'église de Notre Dame de Halle; mais il quitta cette place en 1767, et demeura pendant quelque tems à Leipsick. Il vécut après comme particulier, en 1771, à Brunswick, et, en 1773, à Gœttingue. Il se rendit enfin à Berlin, où il passa les dernières années de sa vie, à la vérité avec le titre de maître de chapelle, mais sans emploi. Il y mourut dans une extrême misère, le premier juillet 1784.

Il a été imprimé de sa composition : Sonate pour le clavecin, Halle, 1739, et sei sonate per il cembalo, Dresde, 1745. On avait annoncé, pour paraître en 1754, Vom harmonischen dreyzklange.; en 1765, quatorze polonaises, et en 1783, huit petites fugues pour l'orgue; mais il n'a réalisé aucune de ces promesses. Tous ces ouvrages sont restés en manuscrit. L'on connaît encore de ses compositions, qui commencent à devenir rares : Musique d'église; avent f. Concerto pour le clavecin à huit. Concerto pour le clavecin, à quatre. Quatre fugues pour l'orgue avec deux clavecins et pédale. Deux sonates pour deux clavecins concertans. Quatre sonates pour le clavecin.

Il était au reste, selon le jugement unanime de ses contemporains, l'organiste le plus profond, le plus grand fuguiste, le plus savant musicien de l'Allemagne, et en même tems un fort bon mathématicien. Il paraît donc étonnant que ce grand virtuose, malgré son art et son savoir, ait eu si peu de bonheur à placer ses ouvrages, et qu'il était réduit, pendant les derniers dix-sept ans de sa vie, à vivre, sans emploi, des secours que lui donnaient ses amis. Un des correspondans de M. Forkel nous en donne, à la vérité, une bonne raison, dans l'Alm. de Mus. ann. 1784, en citant la sentence de Lessing, qui dit : « Le virtuose ne doit attendre » ni honneur ni profit, lorsqu'il » dépasse le point où le mérite com-

» menoe à se confondre et à s'obscur-
» cir aux yeux de la multitude. »
Mais, quoiqu'il fût effectivement
dans ce cas, surtout lorsqu'il s'agissait des secours du public pour la
publication de ses ouvrages, l'on
doit cependant avouer qu'il était
lui-même son plus grand ennemi,
et que son caractère sombre et opiniâtre l'empêchait de se concilier
la bienveillance de ses contemporains.

BACH (Charles-Philippe-Emmanuel), second fils du grand
Jean-Sébastien Bach, communément désigné par le nom de *Bach de
Berlin*, maître de chapelle de la
princesse Amalie de Prusse, et directeur de musique à Hambourg,
naquit à Weimar, au mois de mars
1714. Ce fut à l'école de St.-Thomas
à Leipsick, qu'il fit ses premières
études de musique. Il étudia la jurisprudence à l'université de Leipsick, et ensuite à Francfort-sur-
l'Oder. Il fonda en même tems, dans
cette dernière ville, une académie
de musique, dont il avait la direction, et pour laquelle il composait
dans les solennités.

Son père fut son seul maître pour
la composition et le clavecin. Sébastien Bach, à qui on doit la plupart
des grands musiciens qui ont illustré
le dernier siècle, était bien capable
de former son fils par ses leçons, et
plus encore par les modèles précieux
qu'il composait journellement.

En 1738, il vint à Berlin, mais
ce ne fut qu'en 1740 qu'il entra réellement au service en qualité de musicien de la chambre. Il eut l'honneur d'accompagner son maître dans
le premier solo de flûte qu'il joua
après son avènement au trône.

En 1767, il alla, comme directeur
de musique, à Hambourg, pour y
remplacer Telemann. Ce fut à cette
occasion que la sœur du roi, la
princesse Amélie de Prusse, le nomma son maître de chapelle. Malgré
les offres avantageuses qu'on lui fit
de différens côtés, il préféra constamment le séjour de Hambourg jusqu'à la fin de ses jours. Il y mourut
le 14 décembre 1788, âgé de soixante-
quatorze ans, d'une maladie de poitrine, au moment qu'il venait de
terminer ses nouvelles chansons et

sa cantate (les Grâces) pour le clavecin.

Le nombre des ouvrages qu'il a
publiés depuis 1731, soit par l'impression soit par la gravure, et dont
plusieurs ont eu jusqu'à cinq éditions, monte à près de cinquante.
I. Pour le chant, tant d'église que
de chambre :

1°. *Melodien zu Gellerts geistlichen liedern* (Mélodies pour les
cantiques de Gellert). Berlin, 1759.
Cet ouvrage eut, en 1784, sa cinquième édition.

2°. *Odensammlung* (Recueil d'o-
des). Berlin, 1761.

3°. *Anhang zu Gellerts geistlichen oden* (Appendice aux odes
religieuses de Gellert). Berlin,
1764.

4°. Une foule d'airs de chansons,
dans les recueils de Græf, de Kraus,
de Lang, de Breitkopf, et autres
ouvrages périodiques.

5°. Philis et Tirsis, cantate. Berlin, 1766.

5°. *Der wirth und die gæste*
(l'Hôte et les convives); *eine sing-
ode*. Berlin, 1766.

7°. Les psaumes de Cramer. Hambourg, 1774.

8°. *Die Israëliten in der wusten*
(les Israélites dans le désert); *in
partit.* Hambourg, 1779. Rare.

9° *Sanctus*, pour deux chœurs,
avec un cantique angélique, en partit. Hambourg, 1779.

10°. *Sturms geistliche gesænge
mit melodien* (Cantiques de Sturm
mis en musique). Hambourg, 1779 :
premier volume.

11°. Le second volume du même
ouvrage. Hambourg, 1781.

12°. *Klopstocks morgengesang
am schœpfungs feste* (Hymnes du
matin pour la fête de la création,
par Klopstock), en partit. Leipsick,
1784.

13°. Deux litanies pour huit voix
en deux chœurs. Copenhague, 1786.

14°. *Rammler's auferstehung und
himmelfahrt Jesu* (la résurrection
et l'ascension de Jésus, par Rammler), en partit. Leipsick, 1787.

II. Pour le clavecin, en partie
avec, et en partie sans accompagnement d'instrumens :

15°. Un menuet à mains croisées.
Leipsick, 1731. Bach l'a gravé lui-
même à l'eau forte. Cette grimace

des mains croisées était déjà de mode alors.

16°. Six sonates, dédiées au roi de Prusse. Nüremberg, 1742.

17°. Un concerto pour le forte-piano. D. dur. Nüremberg, 1745.

18°. Un concerto pour le forte-piano. B. dur. Nüremberg, 1755.

19°. Six sonates, comme modèles pour son essai, gravées à Berlin. 1753.

20°. Dix sonates, dans les Œuvres mêlées de Haffner. Nüremberg, 1755 et 1756.

21°. Deux sonates en D. dur et en D. mol, dans la Raccolta de Breitkopf, avec clavecin et une fugue. Leipsick, 1757 et 1758.

22°. Une fugue pour le clavecin, à deux voix, dans le Recueil de fugues, par Marpurg. Berlin, 1758.

23°. Douze petits morceaux pour le clavecin, format de poche. Berlin, 1758.

24°. Six sonates, avec variations de reprises; il a ajouté une préface sur ces variations. Berlin, 1759. Il y en a eu une seconde édition en 1785.

25°. Six sonates, première continuation. Berlin, 1761.

26°. Six sonates, deuxième continuation. Berlin, 1762.

27°. Un concerto pour le forte-piano, E. dur. Berlin, 1763.

28°. Trois sonatines, en C. dur, D mol, et E. pour plusieurs instrumens. Berlin, de 1764 à 1765. Elles ont été imprimées séparément.

29°. Six sonates faciles pour le clavecin. Leipsick, 1765.

30°. Recueil de chœurs à quatre voix, de la composition de son père. Berlin, 1765. Kirnberger nous a donné, dans les années de 1784 à 1787, une nouvelle édition de ces chœurs, en quatre volumes.

31°. Recueil de pièces pour le clavecin, de diverses espèces. Berlin, 1765.

32°. Douze petits morceaux pour le clavecin, à l'usage des commençans, premier recueil. Berlin, 1765.

33°. Second recueil des mêmes. Berlin, 1768.

34°. Sei sonate all uso delle donne (Six sonates à l'usage des dames). 1770. Il a été publié deux éditions de cet ouvrage, l'une gra-

vée à Amsterdam, et l'autre imprimée à Riga.

35°. Douze petites pièces pour le clavecin, à deux et trois voix, format de poche. Hambourg, 1770.

36°. Musikalisches vielerley (Mélanges de musique). Hambourg, 1771.

37°. Six concertos, faciles à jouer, pour le forte-piano, avec accompagnement. Hambourg, 1772.

38°. Six sonatas for the harpsichord, violino and violoncel (Six sonates pour le forte-piano, le violon et le violoncelle). London, 1776. Il en a été publié une seconde édition à Berlin.

39°. Trois sonates pour le clavecin, avec accompagnement de violon et de violoncelle, premier recueil. Leipsick, 1776.

40°. Quatre sonates pour le clavecin, avec le même accompagnement, deuxième recueil. Leipsick, 1777.

41°. Six sonates pour les connaisseurs et les amateurs, premier recueil. Leipsick, 1779.

42°. Sonates et rondeaux, pour les connaisseurs et amateurs, second recueil. Leipsick, 1780.

43°. Troisième recueil du même ouvrage. Leipsick, 1781.

44°. Quatrième recueil du même. Leipsick, 1783.

45°. Cinquième recueil du même. Ibid. 1785.

46°. Sixième recueil, etc. avec des fantaisies libres. Ibid. 1787.

47°. Una sonata per il cembalo solo. Leipsick, 1785.

III. Pour des instrumens, sans clavecin.

48°. Un trio pour le violon, en C. mol, avec observations. Il s'y trouve encore un second trio pour flûte, violon et basse, de B. dur. Nüremberg, 1751.

49°. Une symphonie, d'E. mol, pour deux violons, viola et basse. Nüremberg, 1759.

50°. Quatre symphonies à grand orchestre, avec douze parties obligées. Leipsick, 1780.

IV. Écrits de musique :

51°. Einfall, einen doppelten contrapunct in der octa e von 6 tacten zu machen ohne die regeln davon zu wissen (Idée pour composer un contrepoint double, à l'octave, de six mesures, sans en connaître les règles). 1757. Se trouve dans le troisième volume des *Beytræge* de Marpurg.

52°. *Versuch uber die wahre art das Klavier zu spielen, mit exempeln und 18 probestücken in 6 sonaten* (Essai sur la vraie manière de toucher du clavecin, avec des exemples et dix-huit modèles en six sonates). Le premier volume de cet ouvrage parut à Berlin en 1759. Il en a été publié une seconde édition à Leipsick en 1782, et une troisième augmentée, à Leipsick, en 1787, in-4°.

53°. Le second volume du même ouvrage, contenant les principes de l'accompagnement et de la fantaisie libre, a été imprimé à Berlin en 1762; la seconde édition a paru, à Leipsick, en 1782.

54°. Sa vie, écrite par lui-même, se trouve dans le troisième volume des Voyages de Burney.

Les écrits didactiques de Bach sont un nouveau service rendu à l'art. Son Essai sur le clavecin et l'accompagnement est encore l'ouvrage le plus éminemment classique que l'Allemagne possède en ce genre. Dans le premier volume, outre une quantité de règles pour l'exécution, fondées sur son goût excellent et sa grande expérience, il enseigne le doigté selon la manière de son père, qui, bien que propagée déjà par ses élèves, était cependant restée un secret de l'école de Bach. Les principes d'accompagnement, qui forment le second volume, ne ressemblent en rien aux livres ordinaires sur la basse continue. Il ne commence au contraire à faire des observations et à donner des règles, que là où ses prédécesseurs ont fini.

Quoique tous les ouvrages de Bach portent l'empreinte de son génie, on estime, particulièrement, ceux que nous avons indiqués sous les numéros 7, 8, 19, 20, 25, 30 et 38. Son Essai (n°. 52) doit aussi être un des premiers ouvrages de Bach qu'un amateur doit se procurer. M. Choron en a fait une traduction, qu'il espère publier par la suite.

On trouve encore, dans les Lettres de Reichard, une bagatelle de Bach, mais telle que l'on doit l'attendre de lui, et qui nous rappelle toujours le proverbe *Ex ungue leonem*. Elle consiste dans le nom de Bach en notes, tel que ce dernier l'a signé lui-même sur un présent qu'il envoya à l'auteur.

Ses compositions, ainsi qu'il en a fait lui-même le dénombrement, et en y ajoutant ce qui a paru jusqu'en 1790, consistent en deux douzaines de symphonies; trente trios pour le clavecin et autres instrumens; dix-huit solos pour d'autres instrumens que le clavecin; douze sonatines avec accompagnement; quarante-neuf concertos avec accompagnement, parmi lesquels se trouvent un concerto pour deux forte-piano; deux cents solos ou sonates; et enfin dans une infinité de morceaux de chant pour diverses fêtes, et plus encore pour l'église, tels que Psaumes, *Magnificat*, etc., qu'il a composés dans les dernières années, principalement à Hambourg. Il dit lui-même de ses ouvrages, en général, qu'il n'y en a que fort peu qu'il ait pu composer avec une liberté entière; et de ses compositions pour le clavecin, en particulier, qu'il avait fait ses efforts pour les rendre d'une exécution facile. « Il me semble, » ajoute-t-il, que la musique doit » principalement toucher le cœur, » et le claveciniste ne pourra, du » moins selon moi, y parvenir s'il » ne songe qu'à faire du bruit. »

Le docteur Burney dit, avec raison, que ses compositions peuvent servir pour juger du goût et du discernement des jeunes artistes, selon qu'ils sauront les apprécier.

Il est l'auteur d'un recueil de trois cents trente portraits, dont nous avons déjà parlé. V. l'art. Bacchus.

BACH (JEAN-CHRISTOPHE-FRÉDÉRIC), maître de concert à Bückebourg, fils du grand J.-Séb. Bach, naquit à Weimar en 1732. Outre des sonates isolées, qu'il fit insérer dans les Mélanges de musique (*Musicalisches vielerley*), il a encore publié : *Munter's geistliche lieder* (Cantiques de Munter), seconde livraison, 1774. L'Américaine, part. 1774. Deux concertos pour le forte-piano avec accompagnement, 1761. Six quatuors pour la flûte et le violon, à Hambourg. Six quatuors pour le violon, à Londres. Six sonates faciles pour le clavecin. 1785. Ino, cantate, 1786, en extrait pour le clavecin. *Musicalische nebenstunden* (Amusemens de musique), premier cahier, 1787. Cet ouvrage se continue. Il s'approche, dans ses compositions du goût de son frère aîné, Charles-Philippe-Emmanuel.

BACH (JEAN-CHRÉTIEN), surnommé le Milanais ou l'Anglais, fils cadet du second lit du grand Jean-Sébastien Bach, maître de chapelle de la reine d'Angleterre, nâquit à Leipsick en 1735. Après la mort de son père, il se rendit à Berlin chez son frère Charles-Philippe-Emmanuel, alors musicien de la chambre du roi, afin de s'y perfectionner sur le clavecin et dans la composition. Il commençait à y développer des talens, et plusieurs de ses productions avaient déjà été accueillies favorablement, lorsque les connaissances qu'il fit avec plusieurs cantatrices italiennes lui donnèrent le desir de voyager en Italie. Il quitta donc Berlin en 1754, et partit pour Milan, où il fut nommé peu de tems après organiste à l'une des grandes orgues de la cathédrale de cette ville. En 1759, il se rendit à Londres, où il a resté constamment depuis, si l'on en excepte un petit voyage qu'il fit à Paris peu de tems avant sa mort, qui arriva au commencement du mois de janvier 1782.

Il a publié, depuis 1765 jusqu'en 1779, à Berlin, à Paris et à Amsterdam, vingt ouvrages qui sont généralement connus. Ils contiennent quinze ymphonies à huit instrumens; un grand concerto pour plusieurs instrumens; dix-huit concertos pour le clavecin avec accompagnement; six quintettis pour la flûte et le violon; six quatuors pour les mêmes instrumens; trente trios ou sonates pour le clavecin avec accompagnement de violon, parmi lesquels s'en trouve une à quatre mains, et une pour deux forte-pianos; six trios pour le violon et douze sonates pour le clavecin seul.

De ses opéras et autres productions pour le chant, l'on connaît les suivans : 1°. *Catone*. Milan, 1758, et Londres, 1764. 2°. *Orione*. 3°. *Adriano in Syria*, dont on a publié les principales ariettes à Londres vers 1768. 4°. *Orfeo*. 1770. 5°. *Temistocle*. 6°. *Clemenza di Scipione*. 7°. L'oratorio *Gioas re di giuda*.

8°. Un *Magnificat* pour deux voix et dix instrumens. 9°. Enfin, Amadis de Gaules, qu'il fit graver à Paris peu de tems avant sa mort.

BACH (JEAN-NICOLAS), organiste à Jéna, nâquit, le 10 octobre 1669, à Eisenach, où son père était organiste. Il fut nommé à la même place en 1695, et mourut dans sa ville natale vers 1738. Il est avantageusement connu, non-seulement par ses Suites, qu'il a composées dans la manière d'alors, mais aussi par les clavecins de différentes espèces qu'il fabriquait.

BACH (JEAN-ERNEST), maître de chapelle du duc de Weimar, à Eisenach, y nâquit le 28 juin 1722. Il demeura six ans à l'école de Saint-Thomas et à l'université de Leipsick, et y étudia la jurisprudence. Il fut ensuite avocat à Eisenach, mais il s'occupa exclusivement de la musique, puisqu'en 1748 il fut donné comme adjoint à son père, qui y était organiste. Il y vivait encore en 1790, et recevait de la cour une pension comme maître de chapelle. On a de lui les ouvrages suivans; qu'il publia à Nüremberg, savoir : *Sammlung auserlesener fabeln mit melodien* (Recueil de fables choisies, avec musique), trois sonates pour le clavecin avec violon, 1 vol. 1790, et deux, *idem*, formant le second vol. 1772. Il existe encore de sa composition, en manuscrit, le cinquante-deuxième et quatre-vingt-cinquième Psaumes, et une cantate pour l'église, tous en part. et à grand orchestre.

BACH (JEAN-ELIE), chanteur et inspecteur du gymnase à Scheveinfurt, y fut installé solennellement le 29 mai 1743.

BACH (JEAN-LOUIS), né en 1677, était maître de chapelle du duc de Saxe-Meinungen, et mourut en 1730.

BACH (JEAN-MICHEL), était autrefois chanteur à Tonne; mais il résigna sa place et voyagea en Hollande, en Angleterre et en Amérique. Après son retour en Allemagne, il étudia pendant quelque tems à Gœttingue, en 1779, et se fixa ensuite à Gustrow, dans le duché de Mecklenbourg, où il était encore avocat en 1792. Il fit imprimer à Cassel, en 1780 : *Kurze und syste-*

matische anleitung zum general bass, und der tonkunst uberhaupt, mit exempeln erlæutert, zum lehren und lernen entworfen (Instruction systématique pour apprendre la hasse continue et la musique en général, avec des exemples, pour ceux qui veulent enseigner et pour ceux qui veulent apprendre), in-4°. V. l'Almanach de musique, par Forkel, 1784.

BACHMANN (CHARLES-LOUIS), musicien de la chambre du roi de Prusse, depuis 1765, né à Berlin, jouait très-bien de la viola, et fut, en 1770, conjointement avec Ernest Benda, fondateur du Concert des Amateurs. On recherche les violons qu'il a fabriqués, et surtout ses viola.

BACHMANN (CHARLOTTE-CHRISTINE-WILHELMINE), épouse du précédent; depuis 1779, cantatrice au Concert des Amateurs de Berlin, était comptée parmi les premiers virtuoses sur le clavecin. On trouve dans le magasin de Rellstab plusieurs chansons de sa compositions.

BACHMANN(CHRISTOPHE-LOUIS), étudia, en 1785, à l'université d'Erlang, et y fit imprimer un ouvrage, in-4°, sous le titre : *Entwurf zu vorlesungen über die Theorie der Musik, insofern sie Liebhabern derselben nothwendig und nützlich ist* (Idées d'un cours de théorie de la musique, en tant qu'elle est nécessaire et utile aux amateurs de cet art). Ce n'est qu'une copie fidèle de la Dissertation du docteur Forkel sur le même sujet.

BACHMANN (FRÉDÉRIC-GUILLAUME), fils cadet de Charles-Louis Bachmann, se trouve depuis long-tems à la chapelle royale de Berlin, et y est avantageusement connu par l'art avec lequel il sait exécuter les solos les plus difficiles.

BACHSCHMIDT, maître de chapelle de l'évêque de Eichstædt, vers 1783, était un fort bon compositeur pour l'église, et virtuose sur le violon. Il approche, dans sa manière, de celle de Graun. L'on connaît de lui six quatuors pour le violon et un concerto de hauthois à sept, qui tous deux sont encore en manuscrits.

BACHAUS (JEAN-LOUIS), organiste à S.te-Marguerite, à Gotha,

compositeur très-habile pour le clavecin, vivait vers 1750.

BACKOFEN, musicien de chambre à Durlach, né à Nuremberg, était très-habile sur le basson.

BACILLY (BÉNIGNE de), habile compositeur du dix-septième siècle, a fait un livre intitulé : Remarques curieuses sur l'art de bien chanter. Paris, 1668.

BACMEISTER (LUCAS), ministre luthérien, né à Lunebourg le 18 octobre 1530, mourut à Rostock le 9 juillet 1608. Il a laissé beaucoup d'ouvrages, parmi lesquels on remarque : *Oratio de Luca Lossio*, qui renferme beaucoup de renseignemens sur le talent de Luther pour la musique. V. Jœcher.

BACON (FRANÇOIS), baron de Verulam, chancelier d'Angleterre, né le 22 janvier 1560, mourut le 9 avril 1626. Les notes sur la musique qu'il a ajoutées à son *Histor. natural.* prouvent qu'il était profondément versé dans les principes de la composition musicale. V. Hawkins.

BACON (ROG.), franciscain anglais, mort en 1284, a écrit un livre: *De valore musices.*

BADENHAUPT (HERMANN), directeur de musique à l'église royale de Glukstadt, y fit imprimer, en 1674 : *Choragium melicum*, qui renferme quarante morceaux de musique sacrée, à trois voix, deux violons et une basse.

BADIA (CHARLES-AUGUSTIN), était, vers le commencement du dix-huitième siècle, au service de la cour de Vienne, et y a composé plusieurs opéras, entr'autres *Narcisso* et la *Ninfa Apollo*. Il a fait aussi quelques oratorios, qui ont eu beaucoup de succès.

BADONINI, chanteur célèbre de l'Italie, vivait vers 1776.

BAEHR (JEAN), selon d'autres Beer, maître de concert du duc de Weissenfels, naquit en 1652, et mourut en 1700. Walther raconte qu'un certain duc l'ayant chargé de composer un opéra, il l'acheva en six semaines, et demanda cent écus. On les lui paya, à condition qu'il chanterait à la table du duc; ce qu'il accepta. Le duc, après l'avoir entendu, lui dit : *Ne serait-il pas possible de dresser un âne de manière qu'il pût chanter aussi bien?*

— *Si votre altesse peut y parvenir, je vous déclare le premier maître de chapelle de l'univers. — Bæhr est un impertinent. — Je ne le suis pas d'aujourd'hui seulement.*

Bæhr a laissé les ouvrages suivants: *Bellum musicum*, 1701, in-4°; *Musicalische discurse* (Discours de musique), 1719; *Schola phonologica*; *Der Wohl-ehren E. Veste Bierfiedler* (Le très-honorable Ménétrier). V. Walther et Ehrenpforte.

BAEHR (Joseph), musicien de chambre à la cour de Russie, depuis 1784. C'est le plus grand virtuose de nos jours sur la clarinette, il joue aussi fort bien du violon, il est né à Grunwald en Bohême, en 1746. A quatorze ans, il s'engagea dans les troupes de l'Empereur, quitta bientôt le service pour entrer dans celui de la France, et y fit plusieurs campagnes comme trompette. Il vint enfin à Paris, et y fut reçu dans les gardes-du-corps. Il apprit la clarinette, et devint en peu de tems la première clarinette de France. Après un séjour de vingt-deux ans dans ce pays, il voyagea en Hollande, en Angleterre, en Allemagne, en Pologne, et arriva enfin en Russie, où il se fixa. Il a composé, en 1782, une ariette pour la clarinette avec sept variations, elle est encore en manuscrit. On n'avait jamais, avant lui, entendu en Bohême jouer de la clarinette avec la prestesse et la facilité qui caractérisent son jeu. Il est surtout inimitable dans le *decrescendo*.

BAEUMEL, musicien de chambre à Würzbourg, était un des premiers virtuoses sur le violon. En 1774, il se fit entendre à Gœttingue, et fut généralement admiré.

BAFFA (Sigra), dame noble de Venise, était regardée, vers le milieu du siècle dernier, comme la plus grande virtuose parmi les dames de cette ville.

BAGGE (Ch.-Ernest, baron de), regardé comme le *Francaleu du violon*, vivait à Paris vers 1783. Sa maison était ouverte aux virtuoses en tout genre. Il appréciait assez bien le talent des autres ; mais il s'aveuglait sur son propre compte. L'empereur Joseph II lui dit un jour : *Baron, je n'ai jamais en-tendu personne jouer du violon comme vous.*

En 1782, le baron de Bagge fit graver un concerto de violon de sa composition, que le jeune Kreutzer, aujourd'hui premier violon de l'Opéra, exécuta avec le plus grand succès.

Il s'était fait peindre un violon à la main, regardant cet instrument comme son plus bel attribut.

On lisait au bas du portrait ce quatrain :

Du dieu de l'harmonie adorateur fidèle,
Son zèle impétueux ne saurait s'arrêter :
Dans l'art du violon il n'a point de modèle,
Et personne jamais n'osera l'imiter.

On croit que le baron de Bagge est mort à Berlin en 1792.

BAGLIONCELLA (Cleofe della), de Pérouse, au commencement du seizième siècle, exécutait la vocale et l'instrumentale avec une grâce charmante, dansait à merveille, et peignait admirablement.

BAGLIONI (François), né à Rome, est connu, depuis 1740, comme excellent chanteur. Ses cinq filles se sont aussi distinguées dans l'art du chant. Elles s'appelaient Vincenza, Clementina, Giovanna, Costenzia et Rosina.

BAGLIONI (Louis), fils du précédent, musicien de la chambre à Ludwigsburg, était depuis 1770 un des meilleurs violonistes de la chapelle du duc de Würtemberg.

BAHN (T. G.), a publié à Berlin six trios pour le clavecin.

BAIF (Jean-Antoine de), secrétaire particulier de Charles IX, né à Venise en 1531. Il était bon musicien et bon poëte. Il mourut à Paris en 1591.

Il a publié à Paris, entr'autres ouvrages : Instruction pour toute musique des huit divers tons en tablature de luth; Instruction pour apprendre la tablature et à jouer de la guitare; plusieurs livres de chansons à quatre parties, imprimés en 1578; les paroles et la musique pour douze chansons spirituelles à quatre parties. Paris, 1562. Walther parle aussi de lui.

BAILLEUX (Antoine), publia à Paris, en 1758, six symphonies à quatre; et vers 1767, six symphonies à grand orchestre. Il y ajouta, en 1784, ses solfèges, pour apprendre facilement la musique vocale et instrumentale, où tous les principes sont développés avec beaucoup de clarté.

BAILLON, maître de guitare et de goût du chant, auteur d'une méthode pour cet instrument, a rédigé le Journal de violon et la Muse lyrique, ou Journal d'ariettes, avec accompagnement de harpe et de guitare, depuis 1772 jusqu'en 1784. —

BAILLOT (PIERRE), né, vers 1770, à Passy près Paris, où son père précédemment avocat au parlement de Paris, avait établi une maison d'éducation, reçut en cette ville les premières leçons de musique et de violon, de maîtres peu connus. Vers 1784, son père, après plusieurs tentatives infructueuses en d'autres genres, ayant obtenu une commission de procureur du roi à Bastia, y mena avec lui sa famille, qui, par sa mort arrivée presqu'aussitôt, se trouva dans une situation très-pénible. M. de Boucheporn, intendant de l'île de Corse, touché de leur infortune, offrit à la veuve de se charger de l'éducation de son fils. Il l'associa à ses enfans, et le fit voyager avec eux. C'est ainsi qu'il alla à Rome, où il séjourna long-tems, et eut pour maître Polani, excellent professeur de l'école de Tartini. Revenu à Paris, en 1790, il fut présenté à Viotti qu'il étonna par la hardiesse et la largeur de son jeu, et qui, desirant se l'attacher, lui offrit une place dans l'orchestre alors si admirable, du théâtre de Monsieur, dont il était directeur. Le jeune Baillot qui avait des vues toutes différentes n'accepta cette place que provisoirement; mais, ayant obtenu un emploi au ministère des finances, il quitta bientôt après l'orchestre, sans cependant renoncer au violon qu'il continua de cultiver comme amateur, mais aussi comme un homme de génie. Compris, en 1795, dans les réformes opérées au ministère, il se trouva de nouveau contraint à faire ressource d'un talent qu'il ne regardait que comme un objet d'agrément. On l'engagea à se présenter au Conservatoire, où il réunit tous les suffrages; et M. Rode alors professeur

ayant demandé un congé, pour aller en caravannes, M. Baillot fut nommé professeur par intérim. Bientôt après, la manie des voyages ayant porté M. Rode à prolonger excessivement le terme qui lui était accordé, M. Baillot fut mis en pied à sa place. C'est en cette qualité, qu'il a publié l'excellente méthode de violon, que le Conservatoire a adoptée, et à laquelle les basses en contrepoint de M. Cherubini, placées sous les exemples, donnent un nouveau relief aux yeux des compositeurs. Il a rédigé aussi la méthode de violoncelle, adoptée par le Conservatoire, et dont le style a été admiré des musiciens. En 1806, M. Baillot, suivant le mauvais exemple du grand nombre de virtuoses de nos jours, jugea à propos de voyager en Russie et en Allemagne. Ces voyages qui ont duré jusqu'en 1809, ont justifié dans tout le nord de l'Europe, la réputation qui l'y avait précédé. De retour en sa patrie, M. Baillot a repris ses fonctions au Conservatoire, où son école produit un grand nombre d'excellens élèves.

M. Baillot s'est aussi occupé de la composition. Il a publié, jusqu'à ce jour, environ dix œuvres de duos, trios et concertos. Quelque plaisir que l'on ait a les lui entendre exécuter, les amateurs préfèrent de le voir appliquer son talent à ceux de Viotti et de Boccherini, qu'il rend avec une perfection à laquelle il semble impossible d'atteindre.

BAILS (Dom BENITO), a publié à Madrid, en 1775, in-4°, la traduction espagnole des Principes de clavecin de Bemetzrieder.

BAINI, compositeur italien vers 1786, a laissé en manuscrits des airs d'opéra détachés, avec accompagnement.

BAINVILLE, organiste à l'église principale d'Angers, publia, en 1767, à Paris: Nouvelles pièces d'orgue, composées sur différens tons.

BAJ (THOMAS), auteur du *Miserere*, que l'on chante ordinairement le jeudi-saint dans la chapelle pontificale à Rome, était né à Crevalcore, près Bologne, vers 1650, et mourut à Rome en 1718. Son *Mi-*

serere est un chef-d'œuvre pour la prosodie et pour la juste accentuation des paroles. Ce morceau est la seule des productions modernes qui ait obtenu l'honneur d'être admise à la chapelle du Pape.

BALBATRE (CLAUDE), né à Dijon le 8 décembre 1729, arriva à Paris le 16 octobre 1750.

Rameau, son compatriote et son ami l'encouragea par ses avis et par ses leçons. Il lui dit un jour : *La musique se perd, on change de goût à tout moment : je ne saurais plus comment m'y prendre moi-même, s'il me fallait travailler comme par le passé. Il n'y a que Daquin qui ait le courage de résister au torrent : il a toujours conservé à l'orgue la majesté et les grâces qui lui conviennent.*

Balbâtre débuta, au Concert spirituel, le 21 mars 1755, en offrant, le premier au public, le genre du concerto sur l'orgue, qui fut couronné du plus grand succès.

Nommé organiste de l'église de Saint-Roch en 1756, il composa pour cette paroisse ses Noëls en variations, qu'il exécuta tous les ans à la messe de minuit, jusqu'en 1762. Il attirait un si grand nombre d'auditeurs que l'archevêque de Paris lui fit défendre de toucher l'orgue à la messe de minuit ; et pareille défense lui fut faite, en 1776, pour ses *Te Deum* de la veille de saint Roch, époque à laquelle ils ont cessé d'avoir lieu.

Balbâtre a fait graver plusieurs morceaux de musique pour le clavecin, qui sont encore très-recherchés des amateurs. On se rappelle l'effet qu'ont produit ses variations sur l'Hymne des Marseillais et sa Bataille de Fleurus, quand il les exécutait lui-même. Les professeurs admiraient dans son jeu l'égalité des deux mains, et un doigté, pour ainsi dire, perlé. Il avait transmis ce rare avantage à sa fille (aujourd'hui madame Hardy), née avec les plus heureuses dispositions pour la musique. Son fils a hérité aussi d'une partie de ses talens : il excelle dans la romance, qu'il chante avec autant de goût qu'il la compose.

On doit à Balbâtre la perfection donnée au forte-piano, qu'il a imaginé de faire organiser, ainsi que l'idée d'ajouter un jeu de buffle au clavecin.

Balbâtre est mort le 9 avril 1799, regretté autant pour ses qualités que pour ses talens.

BALBI (IGNACE), compositeur d'opéra, se fit connaître vers 1782, en Allemagne, par quelques ariettes avec accompagnement. Peut-être est-ce le fameux ténore qui fut appelé, en 1756, à Lisbonne.

BALDAN, fit graver en 1785, à Venise, six symphonies de sa composition.

BALDASSARI (PIETRO), romain, a composé à Brescia, en 1709, un oratorio, intitulé : *Applosi eterni dell' amore manifestati nel tempo.*

BALDENEKER (UDALRIC), musicien de cour et violoniste à Mayence, publia, vers l'an 1784, à Francfort, six trios concertans pour violon, viola et violoncelle.

BALDUNI (MARIE), née à Gênes en 1758, cantatrice célèbre, issue d'une famille noble, mais appauvrie, avait une voix qui s'élevait jusqu'aux sons les plus aigus, mais elle manquait d'action et d'exécution. En 1776 elle chantait les premiers rôles dans l'opéra, à Venise.

BALESTRA (RAIMOND), contrapuntiste fameux de l'Italie, au commencement du dix-septième siècle. L'on trouve plusieurs des psaumes et des motets, qu'il a composés dans l'ouvrage : *Parnassus musicus Ferdinandœus*, etc., que Glo-Bett. Bonometti publia en 1615.

BALHORN (LOUIS-GUILLAUME), né dans le duché de Hollstein, a publié, outre une quantité d'autres écrits : *Prolusio de phonascis veterum, vocis formandæ conservandæque magistris*, Altona et Hannov. Il mourut le 20 mai 1777.

BALLARD (ROBERT), premier du nom, fut pourvu de la charge de seul imprimeur de la musique de la chambre, chapelle et menus plaisirs de sa Majesté, conjointement avec Adrien-le-Roy son beau-frère, par lettres-patentes du Roi Henri II, du 16 février 1552. Le roi Charles IX les maintint dans la même charge. Ils imprimèrent en société le livre de tablature de guitare, ouvrage d'Adrien-le-Roy, in-4°, 1561;

les psaumes de David en vers, composés par Marot, in-8°, 1562; les œuvres de musique de Nicolas-la-Grotte, en 1570.

BALLARD (PIERRE), fils du précédent, fut maintenu dans ladite charge et possession par Henri III et Henri IV. Louis XIII lui accorda des lettres-patentes, en 1633, pour avoir fait près de cinquante mille livres de dépenses pour la perfection de son art. Entre autres ouvrages, il imprima cent cinquante psaumes de David par Claude le jeune, in-8°, 1615; des airs de différens auteurs, mis en tablature de luth, en 1617.

BALLARD (ROBERT), deuxième du nom, fils de P. Ballard, fut pourvu de la même charge de seul imprimeur de la musique; par lettres-patentes de Louis XIII, en date du 24 Octobre 1639. Il fut si intimement lié avec Fouquet, que lors de sa disgrâce et de sa détention à la Bastille, Ballard s'y renferma volontairement, et y imprima les mémoires qui pouvaient servir à la justification de ce ministre. Il fut successivement juge-consul, administrateur des hôpitaux, et syndic depuis 1652 jusqu'en 1657. Il eut plusieurs enfans, entre autres un fils, nommé Christophe.

BALLARD (CHRISTOPHE) fut confirmé dans ladite charge par lettres-patentes de Louis XIV, en date du 11 mai 1673.

BALLARD (J. B. CHRIRTOPHE), fils du précédent, obtint les mêmes prérogatives que ses ancêtres, par lettres-patentes de Louis XIV, en date du 5 octobre 1695. Il avait un fonds de musique très-considérable; mais, le goût de la musique ayant changé, il vit sa fortune s'éclipser. Il mourut doyen des grands-juges-consuls, en 1750.

BALLARD (CHRISTOPHE-JEAN-FRANÇOIS); fils du précédent, obtint du roi Louis XV des lettres-patentes confirmatives, en date du 6 mai 1750. Il mourut en 1765, et laissa un fils nommé Pierre-Robert-christophe, actuellement existant, qui a également obtenu des lettres-patentes de Louis XV, en date du 20 octobre 1765. V. le dictionnaire des artistes, de Fontenay, 1776, 2 vol. in-4°.

BALINO (ANN. - PIO.-FABRI), surnommé Bolonais, élève de Pistocchi, était un des plus excellens ténores de son tems. Appelé à Lisbonne pour y être chanteur à la chapelle royale, il y mourut le 12 août 1760.

BALLAROTTI (FRANCESCO), a composé la musique d'Alciade o violenza d'Amore, conjointement avec Charles Pollarolo et François Gasparini, deux des plus grands maîtres de leur tems. Cet opéra a été joué à Venise en 1699.

BALLETTI (Mademoiselle), cantatrice de cour du duc de Wurtemberg à Stuttgard. M. Junker en parle avec éloge comme d'une cantatrice agréable et très-habile. V. muséum, Meusels, t. II, p. 81.

BALLETTI (Mademoiselle), née en Allemagne, était la prima donna au Théâtre de Monsieur, en 1789; elle avait déjà assuré ses succès au concert spirituel. Elle possédait une voix enchanteresse, et donnait l'air de la facilité à tout ce qu'elle exécutait. Le Théâtre de Monsieur offrait alors un ensemble de talens, tel qu'on n'en a jamais vu, même en Italie. On peut dire du Théâtre de l'opéra Buffa d'aujourd'hui : Quantùm mutatus ab illo !

BALLIÈRE (CHARLES - LOUIS - DENIS), né à Paris, le 9 mai 1729, est mort à Rouen, le 8 novembre 1800. Il acquit des connaissances très-étendues dans la chimie, les mathématiques, l'histoire, les belles-lettres et la poésie. Sa réputation lui procura des relations avec J. J. Rousseau, d'Alembert, Diderot, Voltaire, Fontenelle, etc. L'académie de Rouen a approuvé sa Théorie de la Musique, qui est essentiellement vicieuse, puisque l'échelle des sons y est fondée sur les tons du cor de chasse.

BALOCCHI (L.) est plus connu comme poëte que comme musicien. Il a traduit en vers italiens les poésies de M. Legouvé, et a fait une cantate à quatre voix sur la mort de Cimarosa qui n'a point été mise en musique. V. Le poesie di Luigi Balocchi, p. 169, à la suite de l'ouvrage Il Merto delle donne, etc. 1802, in-18.

BARLTAZARINI, appelé en France de Beaujoyeux, était le meilleur violon de son tems. Il fut envoyé de Piémont par le maréchal de Brissac à la reine Catherine de Médicis, qui le nomma intendant de sa musique. On trouve à la bibliothèque Impériale le programme d'un divertissement qu'il donna à LL. MM. aux noces du duc de Joyeuse et de mademoiselle de Vaudemont, en 1581.

BAMBINI (Félix), né à Bologne, fut amené de très-bonne heure en France par son père, directeur d'une troupe de bouffons italiens qui, après avoir séjourné à Strasbourg, vint s'établir à Paris où elle représenta sur le théâtre de l'Académie royale de musique les jolis Intermèdes de *Pergolese*, de *Jomelli*, de *Rinaldo*, etc. Ce furent ces représentations qui, vers 1760, donnèrent lieu à tant de disputes sur la musique, et qui préparèrent la révolution opérée peu d'année après dans la musique française. M. Bambini, alors âgé de dix ans, accompagnateur de la troupe, montrait une intelligence dont J. J. Rousseau a fait l'éloge dans sa Lettre sur la musique Française. Forcé bientôt après par les tracasseries que lui suscita l'administration de l'opéra de quitter Paris, M. Bambini, père, retourna en Italie, où la république de Venise le nomma consul à Pesaro; place qu'il a gardée jusques à sa mort, arrivée en 1770. Il laissa en France son fils qui continua ses études sous les leçons de M. Bordenave et Rigade (V. leurs articles). Il se livra ensuite avec succès à l'enseignement du chant, du piano et à la composition. Il a publié les ouvrages suivans: 1º. les Amans de Village et Nicaise, représentés à l'Opéra comique; 2º. les Fourberies de Mathurin, et l'Amour l'emporte, représentés aux Beaujolois; enfin huit œuvres de sonates de piano et un œuvre de trios pour violon, alto et basse.

BANCHIERI (Adriano). Les ouvrages suivans, dont ce célèbre compositeur italien est l'auteur, et que Walther rapporte à la suite de l'article Banchieri, sont trop importans pour être omis: *Conclusioni nel suono dell' organo*, di *D. Adriano Banchieri, Bolognese, Olivetano, et organista di St. Mi-* chele *in Bosco; novellamente tradotte et dilucidate in scrittori musici et organisti celebri, opera vigesima, in Bologna* 1609, *in-4º. La Cartella, in Venetia* 1610, in-4º. *Brevi et primi Documenti musicali, in Venetia* 1613, in 4º. *Duo in contrapunto sopra ut. re. mi. fa. sol. la., in Venetia* 1613, in-4º. *Duo spartiti al contrapunto in corrispondenza trà gli dodeci modi, et otto Tuoni, sopra li quali si pratica il metodo di fugare le cadenze con tutte le resolutioni di seconda quarta, quinta diminuta e settima, con le di loro duplicate: come si transportano gli modi per voci e stromenti cosi acuti come gravi; et perfine il modo di leggere ogni chiave di tutte le parti del, etc., in Venetia* 1613, in-4º. *Moderna Pratica musicale, opera trentesima settima del, etc., in Venetia* 1613, in-4º. *Cartella musicale nel canto figurato fermo et contrapunto del P. D. Adriano Banchieri, Bolognese, Monaco Olivetano, in Venetia* 1613, in-4º.

BANDI (Brigitta-Giorgi), une des plus excellentes cantatrices de l'Italie, était, en 1780, *prima donna*, au théâtre à Vienne; en 1783, elle se trouva à Florence, en 1784 à Turin, et en 1785 à Venise.

BANDINI (Angelo-Maria) publia en 1775, à Florence, *in fol: Commentarius de vitâ et scriptis Joan.-Bapt. Doni, patricii Florentini, olim cardinalis collegii à secretis libri quinque adnotationibus illustrati. Accedit ejusdem Doni litterarium commercium nunc primum in lucem editum*, avec le portrait de Doni.

BANG (Georges), célèbre virtuose sur la trompette, vivait dans le dix-septième siècle à Nuremberg.

BANNIERL (Antonio), né à Rome en 1636, et mort en 1740, fut amené très-jeune en France, et eut l'honneur de chanter devant Anne d'Autriche, mère de Louis XIV, qui le prit en affection, et le combla de ses bontés.

Pour prévenir la perte de sa voix, il engagea un chirurgien à lui faire l'opération de la castration. Celui ci n'y consentit que sur la promesse les plus fortes de lui garder le secret. Comme la voix de Bannieri embellissait tous les jours, on découvrit enfin que la cause n'en était pas naturelle. Le roi l'interrogea et voulut savoir quel était le chirurgien qui lui avait fait l'opération, *Sire, j'ai donné ma parole d'honneur de ne jamais le nommer. — Tu fais bien, car je le ferais pendre, et c'est ainsi que je ferai traiter le premier qui s'avisera de commettre une pareille abomination.*

Louis XIV voulait d'abord chasser Bannieri; mais il lui rendit ses bontés, et ne lui accorda sa retraite que lorsqu'il eut atteint l'âge de soixante-dix ans.

BANISTER (Jean), premier violoniste au théâtre de Drury-Lane, à Londres, est mort, dans cette ville, en 1679. Il a fait beaucoup de musique pour le violon. Son portrait a été gravé, à la manière noire, par le fameux graveur Smith; preuve de l'estime dont il jouissait parmi ses contemporains. Un de ses fils, mort en 1725, était très-habile flutiste. V. Hawkins.

BANUS ou BANNUS (Enée), docteur en théologie, nâquit à Perugia vers le milieu du seizième siècle. On a de lui *Alimenta musicæ*, en langue italienne. V. Jœcher.

BANTI (La signora), née à Crema en 1757, est morte à Bologne le 18 février 1806. C'était une cantatrice du premier ordre, qui avait mérité le surnom de *virtuose du siècle*.

M. de Vismes, ancien entrepreneur de l'Opéra, raconte qu'en 1778, il s'arrêta un soir dans un café des boulevarts, et fut frappé des accens d'une voix sonore. C'était la signora Banti qu'il entendait. Il lui glissa un louis dans la main, et lui dit de venir chez lui le lendemain matin. Elle fut exacte au rendez-vous. Après avoir entendu deux fois un air de bravoure de Sacchini, elle le chanta admirablement. M. de Vismes l'engagea sur le champ dans la troupe de l'Opéra Buffa, et la fit débuter par un air qu'elle chanta entre le second et le troisième acte d'Iphigénie en Aulide. On sait quelle réputation elle s'est acquise à l'Opéra de Paris, sur les théâtres de l'Italie,

et sur celui de Londres, où elle a brillé, pendant neuf ans, avec le même éclat.

On a ouvert son corps, et l'on a trouvé que les poumons avaient un volume très-considérable.

BAOUR-LORMIAN (P. M. L.), né à Toulouse, auteur des Poésies Galliques, imitées d'Ossian, et de la tragédie d'Omasis, a donné en 1807, à l'Acad. Imp. de Musique, l'Inauguration du temple de la Victoire, opéra en un acte, mis en musique par MM. Persuis et Lesueur. M. Baour manie supérieurement le mètre lyrique. Il prépare en ce moment un grand opéra, intitulé: *Godefroy de Bouillon.*

BAPTISTA (Siculus), virtuose sur le luth. On a son portrait gravé en bois, avec cette inscription : *Citharœdus incomparabilis*. Mais on ignore et le lieu et le tems où il a vécu.

BAPTISTA (Jean), compositeur de musique, vivait vers l'an 1550. L'on trouve quelques morceaux de sa composition dans l'ouvrage allemand d'Ammerbach, intitulé : *Orgel oder Instrument Tabulatur* (tableau pour l'orgue et d'autres instrumens), Leipsik, 1571. Marpurg, dans le deuxième vol. de ses lettres critiques, parle d'après ce dernier, du chœur : *Wenn wir in hœchsten nœthen, ect.*

BAPTISTE, a été le premier violon de son tems. Il avait le tact excellent, de la justesse et de l'archet. Le célèbre Corelli lui avait donné des leçons, et lui avait appris à jouer correctement ses sonates, que fort peu de gens en ce tems-là étaient en état d'exécuter. Baptiste joignait à son talent beaucoup de caprice. D'ailleurs, il était médiocre lecteur et nullement compositeur.

BAPTISTE (Mathias), a débuté à l'Opéra-Comique, en 1799, par le rôle de Valère dans le Secret. Élève du célèbre Mengozzi, il double avec succès, M. Martin.

BAPTISTE (Louis — Albert-Frédéric), violoniste excellent, et en même-tems compositeur pour son instrument, naquit à Attingen, en Souabe, le huit août 1700. Son père ayant été appelé à Darmstadt comme maître de danse, en 1703, le jeune Baptiste l'y suivit', et y resta jusqu'à l'âge de 17 ans.

En 1718, il se rendit à Paris, mais n'ayant pas trouvé la musique de cette ville selon son goût, il partit, en 1721, pour l'Italie, où il eut toutes les occasions possibles de se satisfaire. Il voyagea ensuite dans plusieurs pays de l'Europe, et obtint enfin, en 1723, la place de maître de danse à Cassel.

Il avait achevé, en 1736, les compositions suivantes : douze solos pour le violon; six solos pour le violoncelle; six trios pour hautbois et basse; plus de trente-six solos pour la *viola da gamba* et la basse, et douze concertos pour la *viola da gamba*; mais il n'en a été publié que six sonates à flûte traversière, ou *violino solo*, qui ont paru à Augsbourg.

BARBANDT (CHARLES), compositeur anglais, fit graver, vers 1760, à Londres, deux sonates pour le clavecin, avec quelques ariettes italiennes, alors en vogue.

BARBARINI, second chanteur et castrat à l'Opéra de Cassel, après le départ de Galeazzi, en 1785, n'était alors âgé que de 24 ans : il avait une voix féminine très-agréable, mais n'excellait nullement dans son art. En 1786, il se rendit à Copenhague.

BARBARO (DANIEL) patriarche d'Aquileja, mourut en 1569, âgé de 41 ans. Martini, dans son histoire, fait mention d'un traité, *della musica*, en manuscrit, dont il était l'auteur. Walther parle aussi de lui.

BARBELLA (GEORGES), chanteur et peintre à Venise, était né à Castelfranco en 1478, et mourut en 1511. V. Walther.

BARBELLA (EMMANUEL), commença l'étude du violon, à l'âge de six ans et demi. Il prit ensuite des leçons de Pascal Bini, élève de Tartini. Son maître de contrepoint fut le célèbre Leo, qui disait en plaisantant : *Non per questo, Barbella è un vero asino che non sa niente.*

Cet habile violoniste, sectateur des principes de Tartini, mourut à Naples, sa patrie, en 1773. Raimondi passe pour son meilleur élève.

On a publié de ses compositions, à Londres, savoir : six duos et six sonates pour le violon; et à Paris, six duos pour le violon, et six duos pour le violoncelle, op. 4.

BARBERINUS, cardinal, et ensuite pape, sous le nom d'Urbain VIII, naquit à Florence le 5 avril 1568, de parens pauvres, mais issus de la famille des Barberini, si célèbre depuis cinq cents ans. Il est mort le 20 juillet 1644. Parmi la quantité de ses écrits, dans lesquels on trouve des passages épars sur la musique, on remarque une bulle, intitulée : *Divina psalmodia*, qui prouve qu'il doit avoir possédé des connaissances profondes et étendues en musique.

BARBIANO (MARCELLO-VESTRIO), grand connaisseur, en musique, jouait de plusieurs instrumens et chantait fort bien ; il était en liaison intime avec les grands maîtres de son tems, tels que Luca Marenzi, Félice Anerio, Roger Joanelli, etc. V. *Erythræi Pinacoth.*

BARBICI, publia en 1769, à Paris, son premier ouvrage consistant en six quatuors pour le violon.

BARCA (P. don ALESSANDRO), a publié une nouvelle Théorie de la Musique, dans les Essais scientifiques et littéraires de l'Acad. de Padoue, t. I, 1786, in-4°. L'auteur y développe le traité sur la musique commencé par le P. Valloti. V. encore le Traité théorique et pratique de Giordano Riccati.

BARDELLA, musicien, contemporain de Galilée. Quelques-uns le regardent comme l'inventeur du théorbe.

BARDI (GIOVANNI), Florentin, a laissé de petits traités sur la musique, mais on ignore s'ils sont imprimés. C'est l'un des restaurateurs de la musique dramatique vers la fin du seizième siècle.

BARETTI, frère de l'auteur du même nom, vivait à Turin en 1770. On publia vers ce tems, à Paris, six duos pour violoncelle, de sa composition.

BARGES (ANTONIO), maître de chapelle *alla casa grande di Venetia*, publia, en 1550, un ouvrage in-4°, sous ce titre : *Il primo libro de villotte a* 4 *voci*; *con un' altra canzon della Gatina.*

BARILLI (Madame); épouse de M. Barilli, a long-tems chanté dans les concerts avant de monter sur le théâtre. Elle exécute avec beaucoup de grâce et de pureté. Son genre est le demi-caractère.

BARNI (Camille), bon compositeur et habile violoncelliste, est né à Côme, le 18 janvier 1762. A quatorze ans, il commença l'étude du violoncelle, sous la direction de son grand-père, David Ronchetti. Il reçut ensuite, pendant trois mois, des leçons de Joseph Gadgi, amateur, chanoine de la cathédrale de Côme.

Il quitta son pays à vingt-six ans, et vint remplacer le second violoncelle au grand théâtre de Milan. Il resta huit ans dans cette ville, chez le comte Imbonati, protecteur éclairé des artistes. Après la mort du premier violoncelle, arrivée en 1791, il joua le *solo* au grand théâtre.

En 1799, il étudia la composition sous M. Minoja. Il fit plusieurs quatuors en Italie, et vint à Paris, où il s'est fixé depuis 1802.

En 1803, il donna un concert au théâtre Olympique, et joua un concerto de violoncelle de sa composition.

De 1804 à 1809, il a publié deux *thema* d'airs italiens, avec variations pour violon et violoncelle; six duos pour violon et violoucelle; six trios pour violon, alto et violoncelle, deux œuvres de quatuors pour violon, alto et violoncelle, douze ariettes italiennes, et six romances françaises.

M. Barni va bientôt publier son troisième œuvre de quatuors.

BARON (Ernest-Gottlieb), en dernier lieu musicien de la chambre et joueur de luth à Berlin, naquit à Breslau en 1696. Un Bohémien, nommé Kohatt, lui donna, vers 1710, les premières leçons de luth.

En 1727, il publia, à Nüremberg, son ouvrage intitulé; *Untersuchung der laute* (Examen du luth). En 1728, il entra au service du duc de Saxe-Gotha, comme joueur de luth. Après avoir parcouru différentes cours, il se rendit, en 173., a

Berlin. En 1740, il fut reçu à la chapelle royale de Berlin, à laquelle il resta attaché jusqu'à sa mort.

Outre l'ouvrage que nous venons d'indiquer ci-dessus, il publia encore à Berlin, en 1756 : *Abriss einer abhandlung von der melodie* (Essai d'une dissertation sur la mélodie); *Eine materie der zeit* (Matière du tems). On a encore de lui, dans les *Beytr.* de Marpurg, t. II : 1.º Examen du luth ; 2.º Dissertations sur le système des notes du luth; 3.º Pensées sur différens objets de musique.

On a aussi de lui des concertos pour le luth, avec accompagnement, et des trios et solos en manuscrit.

BARONIUS (César), cardinal célèbre, fut élevé à cette dignité en 1596. Il commença, dans sa trentième année, à écrire ses *Annales ecclesiæ*, dans lesquels on rencontre des renseignemens fort intéressans sur la musique d'église. Il employa trente ans de sa vie à ce travail, pour lequel il ne consultait pas seulement les livres imprimés, mais aussi tous les manuscrits du Vatican. Cet ouvrage a douze volumes. Antoine Pagi, frère mineur fort savant, a publié, dans la suite, une édition nouvelle, en 4 vol. in-fol., avec des notes critiques. Baronius mourut à Rome en 1607.

BARRIÈRE (Étienne - Bernard-Joseph), est né à Valenciennes en octobre 1749. Il vint à Paris à douze ans, et eut pour maître de violon Pagin, élève de Tartini. Avant de débuter au concert spirituel, il prit des leçons de composition de Philidor. Il devint bientôt un des violonistes *solo* au concert spirituel, et à celui des amateurs. En 1801, il joua, à un concert de la salle Olympique, une symphonie concertante avec M. Lafont, et ne parut pas indigne de se mesurer avec un tel athlète.

M. Barrière a composé quatre œuvres de quatuors et plusieurs œuvres de symphonies, de trios, de duos, de concertos, etc. Il prépare en ce moment une collection progressive de six livraisons de duos de violon, où l'on trouvera tout ce qu'on peut exécuter sur cet instrument, et qui, en trois ans, mettra les élèves en état de jouer la musique de tous les compositeurs.

BARROWY, le jeune, docteur en musique à Londres, fut nommé, en 1740, professeur de musique au collège de Gresham, après la mort du célèbre Gordon.

BARSANTI, fit, vers 1780, imprimer à Londres diverses symphonies et trios pour le violon.

BART, basson très-renommé, était, vers 1772, au service du duc de Schwerin, à Ludwigslust. En 1782, il se trouva à Stuttgard, à la chapelle du duc de Wurtemberg. On le compte parmi les plus grands maîtres sur cet instrument.

BARTA ou BARRTA (Joseph), compositeur à Vienne, né en Bohême, avait été, quelques années auparavant, organiste à Prague. Depuis sa résidence à Vienne, il a composé en 1780, pour le théâtre de cette ville, le petit opéra *Da ist nicht gut zu rathen* (Il est difficile de conseiller ici). On a encore publié, vers le même tems, à Lyon, six quatuors pour violons, op. 1 et 6, et quatre concertos de clavecin, op. 2 de sa composition.

BARTALI (Antoine), maître de chapelle de l'Empereur à Vienne, vers 1680, était compté parmi les premiers compositeurs de son tems; V. Prinz, Gesch. Son *Thesaurus musicus trium instrumentorum* fut imprimé à Dillingen, en 1671, in-fol.

BARTH (Chrétien-Samuel), virtuose sur le hautbois, à la chapelle royale de Copenhague, né à Glaucha, dans le comté de Schœnburg, en 1735, était, sur cet instrument, un des plus grands maîtres de son tems.

Il passa les premières années de sa jeunesse, avec ses frères, sous les yeux du grand Sébastien Bach, à l'école de S.-Thomas à Leipsick. Il fut reçu membre de la chapelle du landgrave de Hesse-Cassel, avec un traitement de huit cent rixdalers, (environ mille écus de France).

Lorsqu'à l'avénement du dernier Landgrave, celui-ci congédia les théâtres français et italien, il fut appelé, en 1786, sous ces mêmes conditions à Copenhague.

BARTH, neveu et disciple de Charles Stamitz, né en 1774, n'était encore âgé que de huit ans, quand il joua à Turin des concertos de violon, qui étonnèrent tout le monde, par la facilité avec laquelle il tirait de son instrument les sons les plus harmonieux.

BARTHELEMON (Hyppolite), directeur de musique au vauxhall de Londres, l'un des violonistes les plus remarquables du dix-huitième siècle, est né en France, et demeura pendant quelque tems à Paris, où il composa, en 1768, un opéra (le Fleuve Scamandre) pour le théâtre italien. Ce n'est qu'en 1769 qu'il vint à Londres, où il débuta par l'opéra *The judgement of Paris*, (le Jugement de Pâris), qu'il composa pour le théâtre de l'Opéra de cette ville. Cette composition, reçue avec le plus vif enthousiasme, lui ouvrit la route de la fortune; la Ceinture enchantée, autre opéra qu'il donna au théâtre en 1770, fut accueillie avec la même faveur.

En 1777, il fit un voyage en Allemagne, et de là en Italie. Il y épousa une cantatrice, célèbre par la beauté de sa voix, et ses grands talens dans l'exécution. A Naples, la reine, devant laquelle il se fit entendre, le chargea d'une lettre pour la reine de France sa sœur, qu'il remit à Versailles, en personne. Il a vécu depuis sans interruption à Londres, où il jouit de l'estime générale.

L'on connaissait déjà, en 1782, cinq de ses ouvrages, consistant en trios et solos de violon, et en sonates de clavecin, qu'il avait composés pour la chambre, et qu'il a fait graver depuis.

BARTHÉLEMY (l'abbé Jean-Jacques), membre de l'Académie des Inscriptions et de l'Académie française, né à Cassis, le 20 janvier 1716, et mort à Paris, le premier mai 1794, a publié en 1777, une brochure intitulée, Entretiens sur l'état de la musique grecque, vers le milieu du quatrième siècle de l'ère vulgaire. Cet écrit plein d'érudition et d'élégance, n'était qu'un fragment des voyages du jeune Anacharsis, qui parurent en 1789, et fermèrent honorablement le dix-huitième siècle.

BARTHEZ (Paul-Joseph), célèbre médecin, mort en 1805, a écrit, dans sa Théorie des beaux-arts, un chapitre très-curieux intitulé : Nouvelles recherches sur la déclamation théâtrale des anciens Grecs et Romains. V. le Mag. encyclop. de Millin, sixième année, tome V, page 209.

BARTHOLINUS (Gaspard), docteur en médecine et professeur d'anatomie à Copenhague, né dans cette ville, en 1654, a publié à Rome en 1677, à Paris en la même année, et avec des augmentations, à Amsterdam en 1679, un traité latin, *De tibiis veterum*, avec un grand nombre de figures. Il forme trois livres qui renferment trente-six chapitres. V. Walther.

BARTHOLOMAEUS, anglais de naissance, vécut au quatorzième siècle ; il écrivit en 1366, un ouvrage sous le titre : *Liber de proprietatibus rerum*, dont on a publié en 1485, une seconde édition in—folio. Hawkins nous assure, que pour la composition de son histoire de la musique, il a consulté cet ouvrage souvent et avec avantage, surtout pour ce qui regarde les inventions des nouveaux instrumens de musique, que l'on fit dans ce siècle de ténèbres.

BARTHOLOMAEUS, moine de l'ordre de St. Dominique, à Siene, y écrivit vers 1451, un ouvrage : *De septem artibus liberalibus.* V. Fabricii bibl. lat.

BARTHOLOMEI (Jérome), publia en 1656, à Florence, un ouvrage sous le titre : *Drammi musicali morali.*

BARTOLOCCIUS (Jules), professeur d'hébreu, à Rome, né en 1630, à Celleno, nous a laissé un ouvrage sous le titre : *De hebræorum musicâ, brevis dissert.* V. la biblioth. rabbin. Rome, 1693, p. IV, p. 427 ; et de *psalmorum libro*, psalmis et musicis instrumentis. *Ibid.* p. II, p. 184. Il est mort à Rome, en 1687. V. Walther.

BARTOLOMEO, grand contrapuntiste de l'Italie, vivait vers le milieu du seizième siècle, à la cour d'Arragon.

BARTOLINI (Bartolomeo), l'un des premiers et des plus grands chanteurs, né à Faenza, à la fin du dix-septième siècle, était disciple de Pistocchi et de Bernacchi. Il s'est surtout rendu célèbre, lors-

que, vers les années 1720 et 1730, il se trouvait au service de l'Electeur de Bavière.

BASSEGGIO (Laurent), compositeur très-renommé, au commencement du dix-huitième siècle, a donné, en 1715, au théâtre de Venise, l'opéra de Laomedonte.

BASILI (dom François), de Pérouse, florissait vers la fin du dix-septième siècle. En 1696, il fit jouer à Pérouse, un drame pour le jour de la fête de Ste. Cécile.

BASSANI (Geronimo), vénitien, avait une grande facilité dans la pratique la plus sévère du contrepoint. Il excellait dans l'art de montrer à chanter. Parmi ses opéra, on cite surtout le *Bertoldo*, et l'*Amor per forza*, joués à Venise, en 1718 et 1721.

BASSANI (Giovanni-Battista), de Padoue, a mis en musique les opéra suivans, qui ont eu beaucoup de succès :

Falaride, tiranno d'Agrigente, à Venise, 1684 ; *Amorosa preda di Paride*, à Bologne, 1685 ; *Alarico, re de Goti*, à Ferrare, 1690 ; *Ginevra, infante di scozia*, à Ferrare, 1699 ; *Il conte di Bacherville*, à Pistoja, 1696 ; *La morte delusa*, à Ferrare.

BASSET a fait un traité sur l'art de jouer du luth, que le P. Mersenne a inséré dans son deuxième livre des instrumens, page 76.

BASSI, natif des Pays-Bas, l'un des créateurs du contrepoint, vivait vers l'an 1567.

BASTARDELLA (Sgra.) V. Agujari.

BASTARON, célèbre basse-taille de la chapelle de Louis XIV, mort vers 1725, excellait dans le pathétique.

BASTERIS (Cajeta-Pompéo), chanteur célèbre, de Bologne, fut au service du roi de Sardaigne depuis 1730 jusqu'en 1740.

BASTIDE (M.) a publié des Variétés littéraires, galantes, etc. 1774, in-8°. Dans la deuxième partie, on trouve une lettre sur les grandes écoles de musique, qui pourra intéresser les amateurs. Les styles de Pergolèse, de Lully et de Hændel y sont parfaitement analysés

BASTON (Josquin), grand con-trapuntiste des Pays Bas, vivait vers l'an 1567.

BATES (John), se signala, depuis 1784, comme directeur et organiste, chaque fois que l'on célébrait la cérémonie funèbre en l'honneur d'Hændel. Il a organisé le concert de musique ancienne qui commença en 1776 à Londres, et dont il fut pendant long-tems le seul directeur. Outre son opéra : *Pharnaces*, on a encore de lui des sonates pour le clavecin.

BATES (Mistriss), fille du précédent. Le D. Burney en parle avec éloge, comme d'une cantatrice pleine d'agrément et de goût.

BATHE (William), auteur de musique et jésuite en Angleterre, issu d'une famille très-distinguée, né à Dublin en 1564, étudia plusieurs années à Oxford.

Il a laissé un traité de musique dont le titre est : Introduction à l'art de la musique, etc. Londres 1596, in - 4°.

Il refondit cet ouvrage peu d'années après, et le publia de nouveau sans date sous ce titre : Introduction dans l'art du chant pour ceux qui desirent l'apprendre. V. Hawkins.

BATHE (Weit), musicien de la chambre du duc de Courlande, à Sagan, né à Prague le 29 mai 1754, est virtuose sur le hautbois et sur la flûte traversière.

BATKA (Laurent), père de plusieurs fils, qui existent encore aujourd'hui, et sont très-avantageusement connus comme musiciens, possédait lui - même des connaissances peu communes en musique. Il était né à Lischau en 1705, fut nommé directeur de musique à plusieurs églises de Prague, et y mourut en 1759, âgé de 54 ans. Il a laissé cinq fils.

BATKA (Wenceslas), musicien de la chambre de l'évêque de Breslaw à Johannisberg, né à Prague le 14 octobre 1747, est compté parmi les meilleurs tenores, et joue très-bien du basson.

BATKA (Martin) grand virtuose sur le violon. Après la mort de son père, il fut nommé à sa place directeur de musique. Il mourut à Prague en 1779.

BATKA (Michel), né le 29 septembre 1755, vit encore à Prague, et y est connu comme excellent violoniste.

BATKA (Antoine), musicien de la chambre et basse-contre de l'évêque de Breslaw, est né à Prague, le 21 novembre 1759. On dit que c'est un chanteur du premier ordre.

BATISSON (Thomas), bachelier en musique, et célèbre compositeur de musique vocale en Angleterre, fut d'abord, en 1600, organiste à l'église collégiale de Chester, et, en 1618, organiste et professeur à l'église de la Sainte-Trinité, à Dublin. Parmis ses ouvrages, on estime surtout ses chansons anglaises à trois, quatre et six voix. V. Hawkins.

BATISTIN (Jean-Stuck), né à Florence, et mort à Paris vers 1745, a composé plusieurs opéras, et quatre livres de cantates.

Ce fut lui qui joua le premier du violoncelle à l'opéra.

BATON, le cadet, le défenseur de l'ancienne musique française, a publié à Paris, en 1754, une brochure de trente-six pages, sous ce titre : Examen de la lettre de M. Rousseau sur la musique française. La vielle était son instrument favori; il en donna des leçons à Paris, et y fit plusieurs améliorations. Il a fait insérer un mémoire sur la vielle dans le Mercure de France, mois d'octobre 1757, p. 143.

BATONI, compositeur d'opéras italiens. On connaissait de lui, en 1770, une symphonie en manuscrit.

BATOZZI, célèbre castrat qui était employé en 1783 au théâtre *delle Dame* à Rome, et y joua des rôles de femmes.

BATTEN (Adrien), célèbre musicien anglais du dix-septième siècle, dont les ouvrages s'exécutent encore aujourd'hui dans les églises d'Angleterre.

BATTEUX, savant du dix - huitième siècle, a écrit un ouvrage dans lequel il tâche de réduire les belles-lettres et les beaux-arts à un seul principe; savoir celui de l'imitation de la nature. S'il est déjà difficile en général de borner tous les arts à un seul principe, l'auteur devait rencontrer encore plus de difficulté par rapport à la musique, d'abord parce que chaque page de son ouvrage prouve le peu de connaissances qu'il en avait, et parce que la musique ne compte pas du tout parmi les arts d'imitation; c'est proprement un art d'expression. Le professeur Ramler a cependant donné une bonne traduction allemande de cet ouvrage, avec des notes.

BATTIFÉRO (S. D. Louis), né à Urbino, fut maître de chapelle à l'église dello Spirit. Santo à Ferrare, et y a publié, en 1719, 12 ricercazi de sa composition, à cinq et à six soggetti. Walther parle aussi de ses messes, motets, etc.

BATTISHAL, compositeur à Londres, y fit graver, en 1766, son opéra: Almena. Il y publia encore, en 1783, deux livres de chansons anglaises à trois et quatre voix. On estime beaucoup ses compositions.

BATTONI (Scra), amateur de musique, et disciple de Santarelli, vivait à Rome de 1770 à 1786. Sa manière de chanter était si admirable qu'on la regardait généralement comme la première cantatrice de l'Italie; mais elle ne chantait qu'aux académies, et ne parut jamais au théâtre.

BAUD (M.) a publié, en 1803, une brochure in-12, intitulée: Observations sur les cordes à instrumens de musique, tant de boyau que de soie. On voit à la suite de l'ouvrage, une lettre de M. Gossec, et son rapport à l'institut national sur les cordes de M. Baud.

BAUDIOT (M.), professeur de violoncelle au Conservatoire de musique, est l'un des auteurs de la méthode de violoncelle, rédigée par M. Baillot, et publiée par le Conservatoire.

BAUDREXELIUS (D. Philippe-Jacques), docteur en théologie, natif de Fies, en Souabe. Prinz le compte parmi les principaux compositeurs de son tems. Il a été imprimé de sa composition: Primitiæ musicales, continentes Te Deum, missas, requiem, moletas 16, de communi 5 et 8 voc. concert. cum 2 violinis, etc. Ulm, 1661, in-4°; Psalmi vespertini de Dominica, de B. Virgine, apostolis et festis totius anni, in primis et secundis vesperis. Cologne, 1668, in-4°. V. Cornel. à Beughem, Bibliogr. mathe. p. 14.

BAUDRON (Antoine-Laurent), premier violon du théâtre Français, est né à Amiens, le 16 mai 1743. Après avoir fait de bonnes études au collége des Jésuites de cette ville, il vint à Paris, et prit des leçons de violon du célèbre Gaviniés. En 1763, il entra à l'orchestre du théâtre Français; et en 1766, il succéda à M. Grenier dans la place de premier violon. On jouait alors à ce théâtre beaucoup de pièces avec de la musique. Il y fit plusieurs ouvrages mêlés de chants et de danses, ainsi que des ballets particuliers.

En 1780, il composa, à la sollicitation de M. Larive, la nouvelle musique du Pygmalion de J.J. Rousseau. Il est auteur de la musique du Mariage de Figaro, si l'on en excepte l'air du vaudeville de la fin, qui est de Beaumarchais. Il a composé aussi, pour les tragédies, cent vingt morceaux de différens caractères, entr'autres la musique du troisième acte d'Athalie, qu'on a attribuée aux meilleurs maîtres, et particulièrement à M. Gossec.

Cet artiste, dont la modestie égale le talent, a fait, pour le chant et les instrumens, beaucoup de musique qui n'est point gravée

Les amis de l'art regrettent que M. Baudron ne se soit pas livré au genre de l'opéra, où il aurait acquis beaucoup de gloire.

BAUER (François), retiré en Russie, violoniste d'une prestesse et d'une précision extraordinaire, est né à Gitschin, en Bohême. Mozart lui-même l'admira à Prague, où il l'entendit dans un concerto de violon.

BAUER (Joseph), maître de chapelle du prince évêque de Wurzbourg; dans les années de 1772 jusqu'en 1776, il a fait graver et publier à Mannheim et à Francfort, cinq œuvres, chacun à trois quatuors, pour le clavecin, avec accompagnement de violon, flûte et violoncelle.

BAUERSCHMIDT, musicien allemand, à Paris, y a publié vers

1784, six quatuors pour le violon, et quelque tems après, six trios pour la harpe, le clavecin et le violon.

BAUMANN (JOACHIM-HENRI), grand virtuose sur la flûte, se trouvait, en 1740, parmi les musiciens du conseil de Hambourg.

BAUMANN (JEAN-GODEFROI), on a de lui *De hymnis et hymnopœis veteris et recentioris ecclesiæ.* V. Gerbert.

BAUMANN (PAUL - CHRISTOPHE), directeur de musique et précepteur à la collégiale de Stuttgard, vers l'an 1740. Meyer, dans la préface de son *Musiksaal* (Salon de musique), le compte parmi les compositeurs renommés de son tems.

BAUMBACH (FR.-A.), directeur de musique au théâtre de Hambourg, vers 1783, a publié, à cette époque, six trios charmans pour le clavecin, avec violon obligé, et ensuite à Berlin, six sonates de clavecin.

BAUMBERG, On a de lui six trios pour la flute, op. 1 ; et six quatuors pour le violon, op. 2, dont le premier parut à Amsterdam en 1783, et le second à Berlin, en 1784.

BAUMGAERTNER (JEAN-BAPTISTE), célèbre maître de violoncelle, mort le 18 mai 1782, à Eichstaedt, était virtuose de la chambre de l'évêque de cette ville. Il passa la plus grande partie de sa jeunesse à voyager. En 1776, il demeurait à Amsterdam. Ce fut de cette ville qu'il fut appelé à la chapelle royale de Stockholm. Le froid rigoureux l'obligea bientôt de quitter ce service. Après avoir séjourné pendant quelque tems à Hambourg et à Vienne, il se fixa enfin à Eichstaedt, où il mourut bientôt après de la phthysie. Il a bien mérité des amateurs de son instrument par le traité qu'il a publié à la Haye, sous le titre : Instruction de musique théorique et pratique, à l'usage du violoncelle. On a de ses compositions en manuscrits : quatre concertos pour le violoncelle, avec accompagnement, et six solos avec trente-cinq cadences par tous les tons. On les estime beaucoup par leur chant facile et agréable.

BAUMGAERTNER , directeur de musique d'une troupe d'acteurs, a composé, vers l'an 1780, la musique de l'opéra allemand, Persée et Andromède, et la troisième partie de Magærnus.

BAUMGARTEN (GEORGE) chanteur à Berlin, y publia, en 1673 une seconde édition corrigée de son ouvrage : *Rudimenta musices ; Kurze jedoch gründliche Anleitung zur figuralmusick, furnemlich der studirenden jugend zu Landsberg an der Wartha zum Berten vos geschrieben.*

BAUMGARTEN, un des plus forts virtuoses sur le basson, vivait à Londres, vers 1784. On a donné en 1786, au théâtre de l'Opéra de cette ville, l'opéra de sa composition : *To Robin Hood*, qui fut accueilli avec de grands applaudissemens.

BAUMGARTEN (GOTTHILF de) auparavant lieutenant au service du roi de Prusse, à Breslaw, et actuellement conseiller de province à la même ville, né à Berlin en 1741, a composé et publié les opéras allemands suivans : en 1775, Zémire et Azor; en 1776, Andromède, et en 1779, le Tombeau du Muphti.

BAUR (M.), maître de harpe, a fait plusieurs recueils d'airs pour cet instrument, et des duos et quatuors pour le clavecin.

BAURANS (N.), né à Toulouse, en 1710, et mort en 1764, auteur de la Servante Maîtresse, et du Maître de musique, opéras bouffons, parodiés sur la musique de Pergolèse, a contribué à la révolution du goût français pour la musique italienne.

BAUSE (FRÉDÉRIQUE), fille du célèbre graveur de ce nom, née à Leipsick en 1766, avait acquis, dans sa quinzième année, une telle force et une expression si agréable sur le clavecin, que le grand Ch.-Ph.-Em. Bach lui témoigna son approbation, en lui envoyant un concerto pour le clavecin, de sa composition. Dans la suite, elle parvint à la même perfection sur l'harmonica. Elle mourut le 13 mars 1785, à la fleur de l'âge.

BAUSTETTER (Jean-Conrad), publia vers 1760, chez Witvogel, à Amsterdam, six sonates pour le clavecin. Walther l'appelle Boustetaire.

BAVERINI (Francesco), contrapuntiste renommé de l'Italie, au quinzième siècle, fut le premier qui composa une espèce d'opéra ; il portait pour titre : *La conversione di S. Paolo*, et fut donné, pour la première fois, à Rome, en 1440.

BAYER (André), organiste de la cathédrale de Wurzbourg, nàquit à Gesenheim en 1710. Sa belle voix lui donna l'entrée dans l'école de l'Hôpital à Wurzbourg, où il parvint bientôt à se procurer ce qui lui manquait encore, tant par son assiduité extraordinaire, que par les leçons de clavecin qu'il donnait à ses camarades. A la mort de l'organiste de la cathédrale, il obtint ce titre. Son amour pour les sciences se réveilla dans cette place, et quoiqu'il fût déjà marié, il commença encore l'étude de la jurisprudence, et y fit des progrès étonnans.

Il reçut la récompense la plus douce de ses travaux, lorsque Wagenseil, dont il fit la connaissance à Francfort à l'époque du couronnement de l'Empereur François I, vint lui faire une visite à Wurzbourg. Il le conduisit avec lui à son orgue, et lui montra toutes les ressources de son imagination. Wagenseil fut obligé de reconnaître lui-même la supériorité de Bayer sur l'orgue, et de ne se réserver que celle sur le clavecin.

Plusieurs gentilshommes étrangers vinrent à Wurzbourg pour l'entendre et pour profiter de ses leçons. Il mourut en 1749, n'étant encore âgé que de trente-neuf ans. Ses compositions pour le clavecin n'ont point été publiées et se sont perdues successivement. Ceux qui veulent le mieux connaître, peuvent consulter les *Miscellanies* de Meusel, au sixième cahier.

BAYER (Madame), fille d'un trompette de la cour de l'Empereur à Vienne, nàquit dans cette ville vers 1760. Elle se fit entendre vers 1781, comme virtuose sur le violon, à plusieurs cours, et fut généralement admirée. La force, la facilité et la prestesse de son jeu étaient telles, que le grand Frédéric, roi de Prusse, lui fit l'honneur de l'accompagner sur la flûte.

BAYLE (Pierre), célèbre comme critique et philosophe, et professeur de philosophie et d'histoire à Rotterdam, nàquit au Carlat, dans le comté de Foix, le 18 novembre 1647, et y mourut le 28 décembre 1706. Parmi le grand nombre de ses ouvrages, nous ne citons ici que son Dictionnaire historique et critique, qui contient la vie de plusieurs musiciens.

BAYNES (Thomas), était le sixième professeur de musique au collége de Gresham, à Londres.

BAYON (Mademoiselle), publia, en 1770, à Paris, son premier ouvrage, composé de six sonates pour le clavecin dont trois avec accompagnement de violon.

BAZZANI (Fr. Mar.), maître de chapelle de la cathédrale de Plaisance, en 1673, fit la musique de *l'Inganno trionfato*; et en 1680, *Il pedante di Tarsia*, donné à Bologne.

BAZZIAVELLUS, compositeur du dix-septième siècle, fit imprimer à Cologne, en 1668 : 8 *funfstimmige missen*. (8 messes à cinq voix). V. Corn. à Beughem, bibliogr. Mathem. p. 15.

BEARD a été long-tems un des chanteurs favoris au théâtre de l'Opéra, à Londres, vers l'an 1735, sous la direction de Hændel. Il vivait encore en 1784.

BEATTIE (le docteur Jacques) est mort le 18 août 1803, à Aberdeen, âgé de 68 ans. Il avait étudié à fond les secrets de l'art musical, et jouait très-bien du violon. On a de lui le poëme du Minstrel ou Barde écossais, dont le titre seul annonce que l'auteur a voulu célébrer l'union de la poésie et de la musique. Son ouvrage intitulé : *Essay on poetry and music*, *as they affect the mind*, a été traduit en français en l'an IV, un vol. in-8°. Dans un autre ouvrage du même auteur : *Essays on the nature and immutability of truth*, etc. La première dissertation traite de la musique, et contient plusieurs observations très-ingénieuses.

BEAUFORT (de), français, auteur d'un ouvrage intitulé : Conjectures sur l'écho, qui parut au commencement du dix-huitième siècle. V. *Neues Zeitung von gelchten Sachen* 1719, *p.* 351.

BEAULIEU, maître de musique de la chambre de Henri III, composa avec Salmon la musique de la superbe fête que ce monarque donna pour les noces du duc de Joyeuse et de la princesse de Lorraine, sœur de la reine.

BEAULIEU (GIRARD de), de la musique de Louis XIII, avait une très-belle basse-taille.

BEAUMARCHAIS (PIERRE-AUGUSTIN-CARON de,), né à Paris en 1732, et mort dans cette ville en 1799, est l'auteur de Tarare, opéra en cinq actes, mis en musique par Ant. Salieri, et joué avec un succès *fou*, en 1787, à l'Acad. royale. Cet ouvrage vraiment anti-lyrique, a pourtant inspiré au compositeur une musique piquante et originale. Comme professeur de Harpe, Beaumarchais en donna des leçons à madame Adélaïde de France. S'étant permis de dire, en présence de cette princesse, à la vue de son portrait en pied, où elle pinçait de la harpe, qu'on avait oublié d'y peindre aussi le maître, il fut renvoyé. Il s'en consola en faisant les drames d'Eugénie et des deux Amis. On a retenu plusieurs de ses chansons, surtout celle-ci : Cœurs sensibles, cœurs fidèles. Ses airs valent mieux que ses vers.

BEAUMAVIELLE, l'un des premiers musiciens que Lully fit venir du Languedoc à Paris, lors de l'établissement de l'Opéra en 1672, avait une basse-taille superbe, et chantait, dit-on, avec art. Il mourut en 1688.

BEAUMESNIL (Mlle), a débuté à l'Académie Impériale de Musique, le 27 novembre 1776, par le rôle de Sylvie, dans l'opéra de ce nom. Après avoir paru avec succès dans presque tous les genres, ses forces, diminuées par des maladies graves et fréquentes, l'engagèrent à demander sa retraite en 1781. Le genre pastoral était son triomphe. Elle brillait à la fois comme jolie femme, actrice spirituelle, danseuse agréable et musicienne excellente. On lui doit la musique de Tibulle et Délie, opéra en un acte.

BEAUNIER (A. L.), né à Melun, vers 1760, a fait Thrasibule, cantate scénique, mise en musique par M. Berton, et composée pour la fête donnée à l'hôtel-de-ville de Paris, à LL. MM. II., le 16 décembre 1804. Ce qu'on connait de lui fait regretter que son opéra de Gnide ne soit pas encore représenté. Il a deux fils qui ont composé des romances très-agréables.

BEAUPUI (M), fameux chanteur, français et disciple de Lully, tant pour le chant que pour l'action. Il était employé, en 1672, au grand théâtre de l'Opéra et y jouait les premiers rôles.

BÈCHE. Plusieurs frères de ce nom étaient attachés à la musique du roi vers 1750. L'un d'eux est un des éditeurs du Solfège d'Italie,

BECK, excellent violoniste, était employé à l'orchestre de l'église des frères de la Charité à Prague, en 1758.

BECK (FRANÇOIS), maître de concert et compositeur à Bordeaux, vers l'an 1780. Le *Stabat mater* de sa composition, fut exécuté, en 1783, à Paris, au Concert, spirituel, et fut extraordinairement applaudi. On fait également beaucoup d'éloges de sa musique instrumentale. En 1776, on a gravé, à Paris, quatre œuvres de Beck, chacun de six symphonies. Il est mort, à Bordeaux, le 31 décembre 1809, dans un âge très-avancé.

BECK (GODEFROY), né à Podiebrad en 1722, mourut à Prague, le 8 avril 1787. C'était une excellente basse-contre. Parmi ses compositions, on remarque une symphonie, dédiée à l'Archevêque de Prague. V. *Statist. von Bœhmen.*

BECK (JEAN), vers 1790, était depuis plusieurs années, musicien de la chambre, et flûte traversière à la chapelle de l'Électeur de Bavière à Munich ; il était né à Nüremberg en 1740, et doit être compté parmi les premiers flûtistes de l'Allemagne. Il a composé aussi pour son instrument.

BECK (LÉONARD) musicien de la ville de Nüremberg, né dans cette ville en 1730, excellait comme virtuose sur le hautbois d'amour. Il est le frère aîné de Jean Beck de Munich.

BECK (Jean-Eberhard), maître de concert à Passau, né dans cette ville, est d'une force extraordinaire sur le violon. Il a fait plusieurs compositions, tant pour la musique vocale qu'instrumentale, mais n'a rien publié.

BECK (Jean-Philippe), musicien du dix-septième siècle, publia, en 1677, à Strasbourg : *Allemanden, giguen, couranten, und sarabanden auf der viola da gamba zu streichen von etlichen accorden.*

BECK (Michel), professeur de théologie et de langues orientales à Ulm, né dans cette ville, le 24 janvier 1653, défendit, contre Samuel Bohl, l'usage des accens hébraïques dans la musique, par une dissertation qu'il écrivit à cet effet, et qui fut imprimée, en 1678, à Jena, sous le titre : *De accentuum Hebræorum usu musico.* Il mourut le 12 mars 1712. L'abbé Gerbert, dans son Histoire de la musique d'église, tom. I, p. 7, nous a donné une échelle musicale en accens hébraïque, tirée de cette dissertation.

BECK (Pleichard-Charles), musicien du dix-septième siècle, fit imprimer, à Strasbourg, dans l'an 1654, un ouvrage, sous le titre : *Erster theil neuer allemanden, Balletten, arien, giguen, couranten, sarabanden, u s. w. mit. 2 violinen, und einem Bass.* V. Corn. à Beughem, bibl. math.

BECKEN (Fréd.-Aug.), publia, en 1775, à Francfort, une collection de chansons agréables avec mélodies (*Sammlung schœner lieder mit melodien.* in-4°.

BECKER (C. L.), organiste à Nordheim, publia, en 1784, à Gœttingue *Arietten und lieder am klavier.* in-4°.

BECKER (Jean), organiste de la cour et de la grande église à Cassel, né le premier septembre 1726, étudia la composition, à Cassel chez Suss ; il y fit imprimer, en 1771 : *Choralbuch ; zudem bey den Hessischen reformirten Gemeinden eingeführten verbesserten Gesangbuche,* in-4°. Il a composé beaucoup de musique pour l'église.

BECKMANN (Jean-Frédéric-Gott.), organiste à la grande église devant Celle, est un des plus forts virtuoses, de nos jours, sur le clavecin, surtout dans le style noble. Il montre principalement son talent dans la fantaisie libre, où il réunit, au suprême degré, l'art du contre-point double. L'on voit cependant, par des ouvrages qu'il a publiés en dernier lieu, qu'il se plie au goût du public ; et c'est à cette complaisance que l'on doit attribuer le succès prodigieux de tout ce qu'il fait imprimer, à commencer par l'opéra jusqu'à la sonate.

De ses compositions a été publié : trois sonates pour le clavecin, première partie, Hambourg, 1769 ; trois *idem*, deuxième partie, 1770 ; trois concerts pour le clavecin, avec accompagnement, Berlin, 1779, et trois *idem*, en 1780. L'opéra, Lucas et Jeannette, de sa composition, fut représenté à Hambourg, en 1782, et eut beaucoup de succès.

BÉDAR (J. B.), né à Rennes en Bretagne, élève de Jullien, maître de musique italien, a occupé successivement au théâtre de cette ville, les places de premier violon et de maître de musique, conduisant la partition. Il a fait alors la musique de plusieurs opéras qui n'ont point été gravés. Depuis 14 ans, il est à Paris, où il a publié une symphonie, un duo de cor et de harpe, plusieurs œuvres d'harmonie, et duos de violon, etc. Son dernier ouvrage est une suite de duos pour un violon seul, ou manière agréable d'exercer la double corde, dédié à M. Doria, amateur.

BÈDE, prêtre anglais, naquit en 673, et mourut en 735, à 62 ans. On a de lui plusieurs écrits sur la musique. En parlant d'un traité de musique attribué à Bède, le docteur Burney a fait une découverte remarquable. Le titre du traité est : *De musicâ theoricâ et practicâ seu mensuratâ* (de la musique théorique et pratique ou mesurée). Des deux parties qui composent ce traité, la première a été écrite par Bède ; cependant, dit M. Burney, il est clair que la seconde est l'ouvrage d'une main plus moderne. Il y est fait mention d'instrumens de musique, dont ne parlent point les écrivains, contemporains de Bède, comme l'orgue, la viole, etc.; en outre, le terme *mensurata*, dans le titre du traité, semble suffisant pour prouver que c'est l'ouvrage d'un écrivain plus moderne que Bède. V. Burney, Hist. gén. de la musique, t. 2.

BEDECKER (Jean). Prinz, dans son histoire, le compte parmi les premiers compositeurs de la fin du dix-septième siècle.

BEDESCHI (Paolo), dit Paolesio, chanteur excellent et castrat, né à Bologne en 1727, commença à étudier le chant sous la direction du célèbre compositeur Perti. En 1742, il entra au service du roi de Prusse, et y jouissait des leçons du grand François Benda. Il y a resté constamment, pendant 42 ans, jusqu'à sa mort, arrivée le 12 février 1784.

BEDFORD (Arthur), a fait insérer dans l'ouvrage périodique : *The present state of the republick of letters* (l'état présent de la république des lettres) : *London*, 1730, in-8°, la dissertation suivante : *Scripture chronology demonstrated by astronomical calculations*, etc. (La chronologie de l'écriture prouvée par des calculs astronomiques), dans laquelle il traite : 1°. *Of the musick of the greeks and hebrews* (De la musique des Grecs et des Hébreux); 2°. *Of the musick and service, as performed in the temple* (De la musique et du service, que l'on exécutait dans le temple). V. Hist. de Forckel, t. 1, p. 177.

BEECKE ou BECKÉ (M. de), chambellan du prince de Œtting-Wallerstein, et directeur de sa musique, a composé les opéras suivans: *Claudine de Villa Bella*, à Vienne, vers 1784, et *die Weinlese* (la Vendange); *Klagen uber den Tod der grosen sængerin, Nanette von Gluck* (Complaintes sur la mort de la grande cantatrice Nanette de Gluk); imprimé à Augsbourg, 1777; *Des brave mann* (l'Homme probe), de Burger, gravé à Mayence, 1784. Pour la musique instrumentale, il a publié : six sonates pour le clavecin, Paris, 1767; quatre trios pour le clavecin, ibid., 1767; six symphonies à huit et six symphonies à six.

BEELER (J. N. E.), organiste et compositeur à Devepter et Oberissel, vers l'an 1762; il a paru de lui une collection de chansons françaises avec la basse.

BEETHOVEN (Louis-Van), que l'on a dit fils naturel de Frédéric-Guillaume II, roi de Prusse, est né à Bonn, en 1772. Il prit d'abord des leçons de musique de Neefe, et ensuite d'Albrechtsberger. A onze ans, il jouait déjà le clavecin tempéré de Sébastien Bach. Il fit paraître alors à Manheim et à Spire, neuf variations d'une marche, trois sonates pour le clavecin et quelques chansons. Depuis, il a publié un grand nombre de sonates pour le piano, et plusieurs œuvres de trios, de quatuors et de quintettes pour le violon. Parmi les morceaux qu'il a écrits pour la vocale, on cite surtout, avec éloge, une scène et air à grand orchestre et piano. *Ah! perfido spergiuro*. V. le Catalogue de Ch. Zulehner. M. Beethoven est regardé comme un des plus habiles compositeurs de nos jours.

BEEZWARZOWSKY, organiste excellent de Jung-Bunsglen en Bohême, actuellement à Brunsvick. Vers l'an 1777, il était à l'église de St. Jean à Prague. V. Statist.

BEFFROY DE REIGNY (L. A.) dit le Cousin Jacques, né à Laon en 1757, a fait les paroles et la musique du Club des bonnes gens, opéra en deux actes, joué en 1791, au théâtre Feydeau. Il est auteur des Soirées chantantes ou le Chansonnier bourgeois, 1805, trois vol. in-8°. Le Cousin Jacques excelle dans la chanson.

BEHRWALD, vivait à Berlin vers l'an 1764, et s'y fit connaître par plusieurs Symphonies en manuscrit.

BEISSEL ou BEYSSEL (Iodon), conseiller des Archiducs d'Autriche, connu comme orateur, poëte, jurisconsulte et philosophe, vécut à Aix-la-Chapelle, depuis 1474 jusqu'en 1494. Entr'autres ouvrages, il en a laissé un, intitulé : *De optimo genere musicorum*. V. Jœcher.

BELDEMANDIS (Prosdocimus), de Padoue, où il était, en 1422, professeur de philosophie, écrivit un Commentaire sur les ouvrages de J. de Muris. On conservait encore de lui au commencement du dix-huitième siècle, à Padoue, les ouvrages suivans : 1°. *Compendium tractatus practicæ cantus mensurabilis*, 1408; 2°. *Opusculum contra theoricam partem , sive speculativam Luci-darii Marchetti Patavini ,* 1410 ; 3º. *Cantus mensurabilis ad modum Italicorum ,* 1412 ; 4º. *Tractatus musicæ planæ in gratiam magistri Antonii de Pontevico Brisciani ,* 1412 ; 5º. *De contrapuncto,* 1412. V. Walther et Mart. stor.

BELIGRADSKY , joueur de luth très-célèbre , vers 1740 , au service du comte de Brülh , à Dresde , était né en Circassie. Il chantait avec beaucoup de goût , et jouait sur le luth les concertos les plus diffi-ciles.

BELIGRADSKY (Mlle), fille du précédent : quoiqu'à peine parvenue à l'âge de quatorze ans , elle brillait déjà , en 1755, à Pétersbourg , comme cantatrice excellente , et comme vir-tuose sur le clavecin.

BELLAMANO (Signora), vivait à Naples dans le seizième siècle , et était renommée dans toute l'Italie, pour ses madrigaux et autres chan-sons de sa composition.

BELLANDA (LUDOVICO), com-positeur fort renommé en Italie , vécut vers 1590. Il est connu prin-cipalement par des chansons , par des madrigaux et par des caprices.

BELL'AVER (VINCENT), musi-cien et poëte du seizième siècle , né à Venise , a publié en 1568, des madrigaux à cinq et six voix.

BELLERMAN (CONSTANTIN); poëte couronné et recteur à Munden , né à Erfurt , en 1696 , y étudia la jurisprudence , et s'y exerça en même tems à la composition , au luth , à la gamba , au violon et à la flûte. Il écrivit en 1743 : *Programma in quo Parnassus musarum voce , fidibus , tibiisque resonans , etc.* Il a composé un grand nombre de cantates. On a encore de lui l'opéra italien *Issipile* ; vingt-quatre suites pour le luth; trois concertos pour la flûte ; trois concertos pour le hautbois d'amour ; dix concertos pour le clavecin , avec accompa-gnement de violon ; six ouvertures; six sonates pour la flûte , la gamba et le clavecin. Tous ces ouvrages sont en manuscrit.

BELLEVILLE , célèbre basson de la musique du Roi , mort vers 1750 , jouait de cet instrument avec beaucoup d'expression. C'était l'Ozi de son tems.

BELLI (GIOVANNI) , fameux sopraniste , en 1750, à Dresde , au service du roi de Pologne , lorsque le grand Hasse y dirigeait l'Opéra. Il arrachait des larmes à tous les spectateurs dans l'arriette de l'Olim-piade : *Consola il genitore.* Il mou-rut à Naples , vers 1760.

BELLIN (GUILLAUME), a mis en musique , à quatre parties, les Can-tiques de la Bible , en 1560.

BELLINI (EUGENIA), épouse d'un avocat de Florence , une des premières cantatrices parmi les ama-teurs d'Italie , se distingue par l'ex-pression de son chant. Sa maison est le rendez-vous des gens de goût et des artistes qui habitent cette ville.

BELLOC (Mme GEORGI), *prima donna* du théâtre de l'Opéra Buffa , en 1803 , avait une voix de Soprano très-belle et une excellente méthode. Les rôles qu'elle a rendus avec le plus de succès , à Paris , sont ceux de *la Griselda* et de *la Nina.*

BELLOMO (Mme. THÉRÈSE); fille de Nicolini , qui s'est rendu si célèbre à Brunsvick , par ses pan-tomimes , est née en 1759. Elle est non-seulement , depuis 1785 , une des premières cantatrices du théâtre de Weimar , mais encore de toute l'Allemagne.

BELOSELSKY (ALEXANDRE); prince russe , mort en 1810 , a publié à la Haye , en 1778 , une brochure intitulée : De la musique en Italie. Marmontel passe pour l'avoir ré-digée ; aussi est-elle remplie de jugemens erronés sur les composi-tions de Vinci , de Leo , de Per-golèse , de Hasse , de Jomelli , de Gluck , etc. M. Suard a fait une critique très-piquante de l'ouvrage du prince Beloselsky. V. le Journal Encycl. , 1778 , oct. p. 305.

BELVAL (J. B.), musicien français , publia en 1781 , à Paris , six duos pour le violon.

BEM , a publié à Londres , vers 1780 , six quatuors , et six trios pour le violon.

BEMETZRIEDER , né en Al-sace , en 1748 , vint à Paris et se lia avec Diderot. Il apprit l'har-monie à la fille du philosophe , et ce dernier rédigea les leçons de clavecin , et principes d'harmonie , 1771 , in 4º. Voici les titres des autres ouvrages de Bemetzrieder :

Traité de musique, concernant les tons, les harmonies, les accords et le discours musical, 1776, in-8°.; le Tolérantisme musical, Paris, 1779, in-8°.; nouvel Essai sur l'harmonie, suivant les règles de la syntaxe et de la rhétorique, deuxième édition, Paris, 1781, in-8°.; Méthode et réflexions sur les leçons de musique, deuxième édition, 1781, in-8°.; Lettre à MM..., musiciens de profession, Paris, 1781, in 8°.; nouvelles Leçons de clavecin en anglais et en français, Londres, 1782, in-4°.; Précis des talens et du savoir du musicien avec une Nouvelle méthode qui peut guider l'amateur dans son étude. Londres, 1783, in-8°.

M. Bemetzrieder s'était fixé à Londres depuis 1782.

BENARD, musicien français, vécut à Paris au commencement du dix-huitième siècle. Walther cite un ouvrage de solos pour le violon, de sa composition, qui a paru en 1729.

BENDA (François), maître des concerts du Roi de Prusse, et fondateur d'une école de violon en Allemagne, naquit à Altbenatka en Bohême, l'an 1709. A l'âge de sept ans, il apprit l'art du chant, et obtint, en 1718, la place de Sopraniste, à l'église de Saint-Nicolas, à Prague. Il se rendit ensuite à Dresde, où il fut sur le champ reçu parmi les élèves de la chapelle royale. Il n'y resta que dix-huit mois. C'est vers ce tems qu'il s'appliqua à l'étude du violon, et n'eut d'autre ressource que de s'engager dans une troupe de musiciens ambulans qui faisaient danser aux fêtes des villages. Il rencontra parmi ces musiciens un Juif aveugle, nommé Loebel, virtuose du premier ordre, lequel fut son maître et son modèle. Las de cette vie errante, il retourna à Prague, et prit des leçons de Konyczek, bon violoniste de cette ville. Benda avait alors dix-huit ans. Il entreprit le voyage de Vienne, et y trouva l'occasion de profiter des leçons du célèbre Franciscelle. Après un séjour de deux ans il se rendit à Varsovie, où le staroste Szaniawsky le nomma son maître de chapelle.

Le Prince royal de Prusse, depuis Frédéric II, le prit à son ser-

vice, en 1732, sur la recommandation de Quanz. Benda toujours occupé de la perfection de son art, se fit encore instruire dans l'exécution de l'adagio, par Graun, maître des concerts du Roi; dans l'harmonie, par le frère de ce dernier, alors maître de chapelle; et enfin par Quanz lui même, dans la composition en général. En 1772, il remplaça Graun, comme maître des concerts du Roi. Il mourut d'épuisement, à Potsdam, le 7 mars 1786, âgé de soixante-seize ans.

Le docteur Burney, p. 101 du troisième vol. de ses voyages s'exprime ainsi sur Benda : « sa manière n'était ni celle de Tartini, ni celle » de Somis ou de Veracini, ni » celle d'aucun autre chef connu » d'une école de musique, c'était » la sienne propre, qu'il s'était » faite d'après les modèles des grands » maîtres » Hiller, dans le premier vol. de ses biographies dit : « Qu'il » rendait sur son violon les sons » les plus beaux, les plus purs, les » plus agréables que l'on pût en- » tendre. Nul ne l'égalait pour la » prestesse du jeu et l'exécution des » traits à l'aigu. Il connaissait à » fond toutes les difficultés et tou- » tes les ressources de son instru- » ment, dont il savait se servir à » propos. Le chant noble est celui » qui avait le plus d'attraits pour » lui. »

De ses compositions, on n'a publié que douze solos pour le violon, et un solo pour la flûte. Il en a cependant composé plus de cent, outre un grand nombre de concertos et plusieurs symphonies.

On compte parmi ses élèves pour le chant ses deux filles, épouses des maîtres de chapelle, Reichardt et Wolff, et le sopraniste Paolino; et parmi ses élèves pour le violon, son frère Joseph Benda, ses deux fils, Koerbitz, Bodinus, Pitscher, Veichtner, Ramnitz, Rust et Matthes.

BENDA (Jean), second frère de François Benda, musicien de la chambre du Roi de Prusse à Berlin, né à Altbenatka, était à Dresde encore en 1733. Son frère François Benda le conduisit à Berlin, où il lui procura une place à la chapelle royale; mais il y mourut au commencement de 1752. On connaît de sa composition trois concertos pour violon, en manuscrit.

BENDA (Georges), ci-devant directeur du Duc de Saxe-Gotha, troisième frère de François Benda, naquit à Altbenatka en Bohême. Le Roi de Prusse le reçut, en 1742, à sa chapelle, comme violon; mais il quitta ce poste pour aller à Gotha, occuper la place du maître de chapelle Stœlzel qui venait de mourir. Vers 1760, il fit, avec l'agrément de la Cour, un voyage en Italie. Après son retour, il composa la musique de l'opéra italien : *Ciro riconosciuto*; et, en 1766, celle de l'intermède : *Il buon marito*, qui lui méritèrent des applaudissemens universels. Ce fut à cette occasion que le Duc le nomma directeur de sa chapelle, place qu'il occupa jusqu'en 1780. A cette époque, il donna, malgré les instances du Duc, et les sollicitations de toute la Cour, la démission de sa place, et se retira à Georgenthal, endroit très-agréable près de Gotha.

Il a eu depuis l'honneur d'être appelé à Paris, pour y diriger la représentation de son Ariadne. Il a joui de la même distinction à d'autres cours et théâtres en Allemagne, lors de la représentation de ses ouvrages.

Les compositions de Benda, dit Burney, sont neuves, profondes et décèlent le grand maître. Le seul reproche qu'il lui fait, c'est de pousser jusqu'à l'affectation le dessein d'avoir une manière particulière; mais ce reproche n'est applicable qu'aux ouvrages qu'il a composés avant son voyage en Italie. Dans ceux qu'il a publiés postérieurement, c'est justement cette manière particulière qui assure à ses compositions la supériorité sur celles de ses contemporains. Ceux surtout qui désirent de bons modèles d'adagios ne peuvent les chercher que dans les ouvrages de Georges Benda.

Il était si entièrement à son art, qu'il s'oubliait souvent lui-même. Les Légendes des Saints célèbres de la musique (*dic legendem berümter musikheiligen*) nous ont conservé, à cet égard, quelques anecdotes vraiment comiques, qui tirent leur origine de cette singularité de son caractère.

C'est à cet esprit replié sur lui-même, et qu'aucun objet étranger ne pouvait distraire, que nous devons son grand ouvrage (Ariadne à Naxos), qui surpasse tout ce qu'on avait entendu, avant lui, dans ce genre en Allemagne. Qui n'a pas ressenti à sa représentation, tous les effets du plaisir et de la crainte, de la joie et de l'horreur! Ce duodrame, dans lequel il n'y a aucun chant, mais où il se sert de l'orchestre, comme d'un pinceau, pour peindre les sentimens qui animent l'action des artistes, ce duodrame ne parut, à la vérité, qu'en 1774, et postérieurement à l'essai que fit J. J. Rousseau dans ce genre, par son Pygmalion; mais il est toujours vrai que Benda ignorait jusqu'à l'existence de ce dernier lorsqu'il fit représenter son ouvrage, et il reste toujours le premier inventeur de ce genre en Allemagne. Cet opéra, ainsi que sa Médée, ont été traduits dans presque toutes les langues, sans en excepter même l'italien; il a été joué sur tous les grands théâtres, et reçu partout avec enthousiasme.

On a publié, de la composition de G. Benda, les ouvrages suivans, pour la plupart imprimés : Six sonates pour le clavecin, 1757; Complaintes d'Amynte, cantate pour Soprano, avec accompagnement d'instrumens, 1774; *Der dorfjahrmarkt* (La foire de village), opéra extrait pour le clavecin, 1776; Walder, opéra extrait pour le clavecin, 1777; Ariadne à Naxos, extrait pour le clavecin, 1778; le même en partit., avec le texte en français et en allemand, 1781; le même, en partit., pour un petit orchestre sans instrumens à vent, 1785; le même, en extrait pour le clavecin, d'après la partit. corrigée, 1782; *Medea*, duodrame extrait pour le clavecin, 1778; six collections de pièces diverses pour le clavecin et le chant, depuis 1781 jusqu'en 1787; deux Collections d'ariettes italiennes, en partit., 1782 et 1783; Roméo et Juliette, opéra extrait pour le clavecin, 1778; deux concertos pour le clavecin avec accompagnement, 1779; concertino pour le même instrument, avec accompagnement, 1783; trois concertos pour le violon, avec accompagnement, 1783; *Der holz—*

bauer (Le bûcheron), opéra, en extrait pour le clavecin, 1778 ; Pigmalion , monodrame extrait pour le clavecin, 1780 ; ariettes et duos de la Loi tartare, pour le clavecin avec un violon, 1787 ; Lucas et Barbe, opéra extrait pour le clavecin, 1786 ; *Das findelkind* (l'Enfant trouvé), opéra extrait pour le clavecin, 1787; Orphée, opéra allemand, en extrait pour le clavecin, 1787.

L'on connaît encore de la composition de ce maître inimitable, outre quelques années entières de musique pour l'église , une grande quantité de concertos, de symphonies , etc., tant pour le clavecin et le violon que pour les autres instrumens.

BENDA (Joseph) , maître des concerts du roi de Prusse, après la mort de son frère, François Benda, nâquit à Altbenatka. Leur père n'était qu'un tisserand, mais il jouait du hautbois et du chalumeau. Quand Joseph , le cadet des quatre frères, eut perfectionné son talent par les leçons de François, le roi l'admit, en 1742, au nombre des musiciens de la chambre.

BENDA (Frédéric Guillaume-Henri), ne se nomme que Frédéric, fils aîné de François Benda , et musicien de la chambre du roi de Prusse à Berlin. Il est le digne élève de son père sur le violon , et se distingue encore mieux comme claveciniste et comme compositeur. Il a été publié, de sa composition : Pygmalion , cantate , 1784 ; *Orpheus* , opéra allemand en extrait pour le clavecin, 1787; et une sonate pour le clavecin et la harpe.

BENDA (Charles — Hermann-Ulric), fils cadet de François Benda ; musicien de la chambre du roi de Prusse à Berlin, y nâquit en 1748. C'est celui des fils de Benda qui , dans l'exécution de l'adagio, s'approche le plus de la manière inimitable de son père. Il a aussi écrit quelques solos dans ce genre.

BENDA (Ernest - Frédéric) , musicien de la chambre du roi de Prusse à Berlin, et fils de Jos. Benda, nâquit à Berlin en 1747. En 1770, il dirigeait, conjointement avec Bachmann, le concert des amateurs de musique à Berlin , dont il était un des fondateurs. Une fièvre ardente anéantit toutes les espérances

qu'il avait fait naître en l'enlevant au mois de mars, dans la trente-unième année de son âge. Le concert honora sa mémoire par une musique funèbre solennelle. Il a fait imprimer en 1769, à Leipsick, un menuet avec variations.

BENDA (Frédéric-Louis), fils de Georges Benda, nâquit à Gotha en 1746. Vers 1778, il était directeur de l'orchestre du théâtre de Seyler. En 1782, il fut appelé à la direction du théâtre de Hambourg, s'y maria avec mademoiselle Rietz, cantatrice célèbre, fit avec elle un voyage à Berlin et à Vienne, et entra, en 1783, au service du duc de Mecklembourg, avec un traitement de mille écus. C'était un virtuose sur le violon. On a de lui le Barbier de Séville, opéra, et trois concertos pour le violon, publiés à Leipsick en 1779. En 1787, il donna au théâtre le ballet des Fous.

BENDA (Madame), cantatrice de la cour du duc de Mecklembourg, à Ludwigslust , et , depuis 1783 , épouse de Frédéric - Louis Benda , apprit l'art du chant, conjointement avec sa sœur, chez Steffani ; mais elle s'y est perfectionnée extraordinairement depuis son mariage, tant par les voyages qu'elle a faits , que par ses exercices sous la direction de son mari. En 1788, elle s'est mariée, en secondes nôces, à M. Hein, flûtiste à Ludwigslust.

BENDA (Félix), ci-devant organiste des servites à l'église de St.-Michel, à Prague, né à Skalsko en Bohême , est compté parmi les plus grands virtuoses sur l'orgue. Segerts lui-même avoue que c'est lui qui a le plus contribué à sa perfection , surtout sur la basse continue et dans l'harmonie. Il mourut en 1768, à Prague , chez les frères de la Miséricorde.

Les oratorios , les messes et litanies qu'il a mis en musique prouvent tous ses connaissances profondes dans le contrepoint.

BENDELER (Salomo), contrebasse de cour, de la chambre, et de la chapelle du duc de Brunswick, né à Quedlinbourg en 1683. Son père , ayant reconnu ses talens pour la musique, et sa voix belle , forte et pénétrante, lui donna lui-même les premières leçons de musique, et eut lieu d'être satisfait des progrès de son fils. Celui-ci se rendit à Londres où, dans un concert, sa voix se fit entendre au milieu des instrumens; une autre fois, elle couvrit jusqu'au jeu de l'orgue même. On lui offrit du service en le laissant le maître de fixer lui-même les conditions; mais la morgue anglaise ne lui convint point, et il préféra d'accepter une place à l'opéra de Hambourg, où il eut, ainsi qu'à Brunswick et à Leip-sick, les plus grands succès.

Dans l'église principale de Dant-zick, après avoir préludé quelque tems sur l'orgue à la fin du sermon, il déploya toute la force de sa voix étonnante. Un bruit, qui s'éleva quelques momens après qu'il eut commencé, parmi les femmes dans l'église, interrompit la cérémonie. La femme d'un des principaux séna-teurs de la ville, épouvantée par cette voix terrible, venait d'accou-cher heureusement d'un fils. Son époux, sujet jusqu'alors à la goutte, fut tellement transporté de joie de cet évènement heureux, qu'il se sentit guéri dès ce moment. Instruit à qui il devait ce double bonheur, il invita Bendeler, avec une société nombreuse, au repas du baptême, et lui mit sous son assiette une somme de trois cents ducats, en lui témoignant sa reconnaissance pour le service qu'il venait de lui rendre, comme accoucheur et comme mé-decin. Cette anecdote fit connaître Bendeler, et lui ouvrit l'entrée de toutes les sociétés.

Le duc de Brunswick, desirant l'entendre encore sur son théâtre, l'appela à sa cour; mais, quelques efforts qu'il fit, il ne put déterminer le virtuose à chanter sur le théâtre, qu'en lui accordant le droit de chas-ser dans la forêt voisine.

BENDLOWES (Edouard), sa-vant Anglais, vivait dans le dix-septième siècle. Après avoir achevé ses études à l'université de Cam-bridge, il fit un voyage à plusieurs cours de l'Europe; mais quoiqu'il eût vingt-un mille francs de revenu, les dépenses excessives qu'il fit, épui-sèrent tellement ses ressources, qu'à son retour à Oxford ses créanciers le firent mettre en prison. Il em-ploya ses loisirs à l'étude, et y prit tant de goût, qu'il la continua même

après qu'il eut recouvré sa liberté. Il mourut le 13 décembre 1676, âgé de soixante-treize ans. Parmi les écrits qu'il a publiés, l'on trouve aussi : Sphinx theologica, sive musica templi ubi discordia con-cors. V. Jœcher.

BENECKE (Frédéric-Ernest et Philippe-Frédéric), l'un et l'autre musicien de la chambre, à Hanovre, vers 1780, étaient deux violoncellistes excellens.

BENEDICTUS, à Sto.-Josepho, frère de l'ordre de la Sainte Vierge du mont Carmel. Walther cite de lui un ouvrage pratique. Il vécut vers le milieu du dix-septième siècle, et fit imprimer en 1666, à Anvers, son premier ouvrage, consistant en messes, litanies et motets à quatre, cinq et six voix, avec accompagne-ment d'instrumens.

BENEGGER, publia à Londres, en 1782, six trios pour flûte, violon et basse, et encore vingt-quatre duos pour le cor.

BENEVENTO DI SAN RAF-FAELE (Le Comte), directeur royal des études à Turin, amateur de musique, se fit connaître, non-seulement comme violoniste excel-lent par ses six duos pour le violon, publiés d'abord à Londres vers 1770, et ensuite à Paris ; mais aussi comme auteur, par deux lettres sur la mu-sique, qu'il fit insérer dans la Rac-colta degli opusculi di Milano, vo-lumes 28 et 29.

BENEVOLI (Orazio), élève de Bernardino Nanini, devint maître de chapelle de la basilique de Saint-Pierre de Rome, en 1650, et mourut douze ans après. Antimo Liberati, dans sa lettre à Ovidio Persapegi, assure que Benevoli est supérieur à son maître Nanini, et à tous les contrapuntistes existans, dans l'art d'écrire la fugue et le contrepoint, à quatre et à six chœurs, chacun de quatre parties. Burney cite de lui une messe à six chœurs ou vingt-quatre voix, qui surpasse en effet tout ce qu'on connaît en ce genre. Ses compositions sont recomman-dées aux jeunes étudians comme des modèles de perfection, par les pères Martini et Paolucci. V. Sagg. di contrap. et Arte pratica di contrap.

BENGRAF (Jean), a publié à Vienne, vers 1786, huit divertiss-

mens pour le clavecin, et un ballet
hon rois.

BENINCASA (Le comte de),
aussi respectable par sa naissance
que par ses talens et ses connaissances en littérature, nâquit à Venise vers 1745. La musique lui a de
grandes obligations, parce que ce fut
lui qui fournit à M. Laborde, auteur
de l'Essai sur la Musique, une foule
de renseignemens sur les poètes et
compositeurs de l'Italie. En 1784, il
se trouvait à Londres justement à
l'époque où l'on y donna la première
grande musique funèbre en l'honneur de Hændel. Le doct. Burney,
sachant qu'il était grand connaisseur
en musique, lui demanda quel effet
cet orchestre colossal avait produit
sur lui. Le comte lui envoya sa réponse par écrit, que Burney a inséré dans la description de cette fête,
et que l'on trouve aussi dans la traduction allemande qui en a été faite
par Eschenburg, p. 89.

BENINCORI (M.), a publié,
chez l'étranger, ses deux premiers
œuvres de quatuors pour deux violons, alto et violoncelle. Les œuvres
trois, quatre et cinq, de quatuors,
ont été gravés à Paris. L'œuvre six
est composé de trois trios pour piano,
violon et violoncelle, dédiés à madame Dupython, célèbre pianiste.
L'œuvre sept, qui est le dernier, a
paru en 1809. On connait encore
de M. Benincori trois quatuors manuscrits.

BENINI (Joseph), né à Florence, en 1704, était un habile
cembaliste, et donna aux théâtres
de sa patrie, de ses compositions,
qui eurent beaucoup de succès. Il
mourut à Paris, en 1731, âgé à
peine de vingt-sept ans.

BENNET (John), compositeur
excellent, et également expérimenté
dans tous les genres, vivait en
Angleterre, à la fin du seizième
et au commencement du dix-septième siècle. Hawkins rapporte de
sa composition, les ouvrages suivans, qu'il a fait imprimer: dix-sept
madrigaux à quatre voix, 1599. Ils
sont, selon Hawkins, travaillés avec
une grande profondeur, et ornés
de toutes les beautés de la musique
vocale. Un madrigal sur le triomphe
d'Orion; et enfin, quelques chansons dans l'ouvrage de Ravenscroft,
publié en 1614, sous le titre : Considérations sur l'utilité de connaître
les degrés de la musique mesurable.

BENNO, comte de Moldenberg,
et évêque de Meissen, corrigea,
vers 1086, la musique d'église, et
la rétablit dans son ancien ordre.
V. Histoir. de mus., par Mart.
Gerbert. Il mourut le 16 juin 1107.

BENOIT (Claude), né le 6 juin
1701, apprit tard la musique; mais
Destouches lui donna de si bonnes
leçons, qu'il devint un des premiers
chanteurs de son tems. Sa voix de
basse-taille tirait sur le concordant.
Il mourut le 16 mars 1770.

BENSER, musicien de Londres,
y fit publier, vers 1784, six sonates
pour le clavecin. En 1787, il parut
encore de lui trois divertissemens
pour le clavecin, op. 3.

BERARD, né en 1710, débuta
sur le théâtre de l'Opéra, en 1733,
par le monologue de Thétis et Pelée,
et se retira en 1745.

Il a composé un Art du chant,
qui est devenu inutile depuis cinquante ans, mais qui retrace le goût
du chant qui, pendant un siècle,
avait fait les délices de Paris et de
la France.

BERARDI (Angelo), da Santa-
Agatha, a publié à Bologne, en 1687,
Documenti armonici, où l'on trouve
les règles des contrapunti doppii des
Italiens. Il a paru de lui, en 1689,
Miscellanea musicale. En 1690,
Arcani musicali. En 1693, Il perche
musicale, ov vero stafetta armonica. Cet auteur était consulté de
toutes parts. Le Perche music. contient ses réponses, qui sont très-
curieuses. Les ouvrages de Berardi
contiennent de très-bonnes choses;
mais il y règne, en général, un ton
de pédanterie ridicule. Ses Reggio-
namenti musicali, publiés en 1681,
sont un livre excellent pour l'histoire de la musique.

BERBIGUIER (Antoine-Tran-
quille), est né le 21 décembre 1782,
à Caderousse, petite ville du ci-
devant comtat Venaissin. Il avait
tant de dispositions pour la musique, qu'il l'apprit sans le secours
d'aucun maître, et parvint seul à
jouer de la flûte, du violon, et du
violoncelle. Il prit enfin le parti,
en 1805, de se rendre à Paris, pour
étudier la composition. Admis au

Conservatoire, dans la classe de flûte, professée par M. Vunderlick, il obtint, au bout de sept mois, un accessit au concours. Il est élève de M. Berton, pour l'harmonie. Son embouchure sur la flûte est très-pure, et ses compositions ont de l'originalité et de la mélodie. De 1806 à 1809, il a publié plusieurs solos, duos, trios, airs variés pour la flûte.

BERCELLI ou BERSELLI (MATHIEU), castrat qui, vers l'an 1720, se trouvait à la cour de Dresde. Il chantait avec la plus grande facilité depuis l'*ut* au-dessous de la portée jusqu'au *fa* qui en est la dix-huitième ; c'était aussi là tout son mé.ite, et cependant il avait, vers 1738, à Londres, un revenu annuel de près de 2,000 guinées.

BERENSTADT (CAJETAN), fils d'un allemand, mais né en Italie, florissait de 1720 à 1730. Il se mit au service de Violante, grande duchesse de Toscane, qui attira auprès d'elle les meilleurs musiciens de son tems.

BERG, musicien allemand, à Londres, publia, vers 1770, vingt-quatre duos pour le cor ou la trompette.

BERGER, premier violoncelle. de l'Opéra-Comique, de Paris. V. Muntz-Berger.

BERGER (J. G.), mourut le 3 octobre 1706, à Wittemberg, premier professeur de médecine et doyen de l'Université, âgé de 78 ans, après y avoir enseigné pendant plus de cinquante ans. Dans la dix-huitième dissertation de son *Eloquentia publica*, il traite : *De Mart. Lutheri curâ musicâ in hymnod·â sacrâ.* V. Freuden-academ. Matheson.

BERGER (JEAN-ANTOINE), organiste de la cathédrale de Grenoble, né en 1719, mort en 1777, se fit estimer non seulement par ses talens pour la musique, mais encore par la découverte qu'il fit dans la mécanique des instrumens. Il sut faire rendre à l'épinette, non-seulement le son du luth, celui de la harpe, du *forte piano*, mais encore le *crescendo*, effet regardé comme impossible à trouver.

En 1762, il se rendit à Paris, et communiqua sa découverte à l'Académie des Sciences, qui lui en donna des certificats. Il la fit annoncer dans les papiers publics ; mais comme on se bornait à l'admirer, il ne jugea pas à propos de la publier. Il l'avait adaptée a l'orgue. Ce qu'on sait de cette invention, c'est que sans appuyer plus ou moins le doigt sur la touche pour faire le *piano*, le *forte* ou le *crescendo*, il suffisait que le genou ou le pied pressât un levier où aboutissait la mécanique, et alors on avait des sons plus ou moins forts. Le peu de soins qu'on eut à accueillir cette découverte, l'a peut-être fait perdre pour toujours. Son fils, musicien estimé, n'a rien trouvé après sa mort, qui la concernât.

L'épinette verticale du P. Mersenne, lui avait donné l'idée d'ajouter un clavier à la harpe ordinaire ; mais Frique, ouvrier allemand qui travaillait pour lui, lui enleva sa mécanique et ses plans. V. la Bibliothèque du Dauphiné, p. 69.

BERGER (JEAN-FRÉDÉRIC) l'aîné, violoncelliste, et Berger le cadet, violoniste, deux virtuoses excellens, de Leipsick, auxquels les amateurs de musique de cette ville ont eu, depuis 1756, une infinité d'obligations.

Pendant trente ans, ils vécurent (ainsi que les Besozzi à Turin) en frères, sans qu'il le fussent réellement. Leur caractère doux et aimable, était la base de cette union, que rien n'a troublé ; il les portait aussi à accueillir favorablement et à secourir les jeunes musiciens, qui venaient à Leipsick pour s'y perfectionner.

Ils vécurent ensemble, heureux et sans bruit, jusqu'en 1786, où la mort déchira le lien de leur union, en enlevant le violoncelliste. Le violoniste vivait encore en 1792, et ne contribuait pas peu à embellir les concerts de Leipsick, où, à la satisfaction générale, il se faisait entendre dans les solos.

BERGIER (NICOLE), avocat célèbre à Rheims, né dans cette ville en 1557, étudia d'abord à l'Université de cette ville, et y enseigna pendant quelque tems, les belles-lettres. Il se fit, dans la suite, avocat. et exerça cette profession d'une manière distinguée jusqu'à sa mort, arrivée au château de Grignon, le 15 septembre 1623. Il a laissé une Dissertation sur la musique théorique, en manuscrit. V. Bayle, dictionn. et Niceron, notices des savans célèbres, t. 6., p. 86.

BERGOBZOOM (Madame CATHERINE), née Læufner, native de Vienne, en 1770, se trouvait, comme actrice, au service de l'Impératrice à Vienne, sous le nom de Schindler, et chantait comme *prima-donna* dans l'opéra *Seria* et *Buffa.* Le nom de Schindler lui était venu de son beau-frère, directeur de peinture, qui l'avait élevée, et placée au théâtre de la Cour. En 1782, elle se trouvait engagée au théâtre de l'Opéra italien à Brunsvick, et jouissait de l'estime générale; mais elle le quitta en 1783, et alla à Prague, comme *prima-donna*, au nouveau Théâtre national, que le comte de Nostiz venait d'établir. Elle y mourut au mois de juin 1788, âgée seulement de trente-trois ans.

BERGUIS, vers 1772, organiste et compositeur à Delft. Le docteur Burney le déclare, après Pothoff, le premier virtuose de la Hollande. C'est surtout le carillon qu'il rendait avec une habileté étonnante.

BERLEBURG (Le prince GEORGE de), a composé un grand quatuor pour deux violon, alto et violoncelle. Œuv. I.

BERLIN (JEAN-DANIEL), organiste distingué, à la cathédrale de Drontheim en Norwège, naquit à Memel en Prusse, en 1710. Après avoir acquis, sous la direction de son père, une grande habileté dans son art, il se rendit, en 1730, à Copenhague, et y resta jusqu'en 1737, où il fut appelé à Drontheim, comme organiste : charge qu'il occupa depuis à la satisfaction générale. On a de lui les ouvrages suivans : *Anfangsgrund der musick zum gebrauch der anfænger* (Élémens de musique à l'usage des commençans), 1744; Sonates pour le clavecin, Augsbourg, 1751; *Anleitung zur Tonometrie* (Instruction sur la Tonométrie); *Oder wieman durch hülfe der logarithmischen rechnung nach der geometrischen progressions rechnung die sogenannte gleischechwebende musikalische temperatur leicht, un bald ausrechnen*

kann, nebst einem unterricht von dem, 1752; *Erfundenen und eigerichteten monochord,* Copenhague et Leipsick, 1767, 48 pages in-8°, avec figures. Le monochorde a cela de particulier, qu'il ne change jamais de ton, quelle que soit la température de l'air. Il possédait, en 1756, un clavecin, auquel il avait donné la même propriété : invention que M. Triklir paraît avoir portée, depuis 1756, à un plus haut degré de perfection.

V. Beytr. v. Marpurg., tome II, p. 563.

L'on connaît encore de lui une sonate pour le clavecin, en manuscrit. Il mourut vers l'an 1775.

BERLYN (RUDOLPHE), musicien de la ville à Græningue en 1762, est connu par ses talens sur le violon, instrument qu'il avait appris aux frais de la ville, chez Stamitz, à Manheim.

BERNABEI (ERCOLE), élève et successeur de Benevoli, à l'église de Saint-Pierre de Rome, et maître de l'abbé Steffani, doit être compté parmi les grands harmonistes, dans l'ancien style ecclésiastique, qui ont brillé au dix-septième siècle. Ce compositeur fut appelé à la Cour de Bavière, en 1650, et y passa le reste de ses jours.

BERNABEI (GIUSEPPE ANT.), fils du précédent, lui succéda comme maître de chapelle de l'Électeur de Bavière, et fut même honoré du titre de Conseiller Aulique. Pour faire l'éloge de ce grand compositeur, il suffit de dire que Hasse l'estimait beaucoup. Il vivait encore en 1732; et, selon Burney, il a prolongé son existence jusqu'à l'âge de quatre-vingt-neuf ans. On a publié à Vienne, en 1710, un recueil de ses messes, et un autre à Ausbourg, sous le titre : *Orpheus ecclesiasticus.*

BERNACCHI (ANTOINE), haute-contre et sopraniste, né à Bologne vers 1700, est aussi célèbre par l'art qu'il déployait dans son chant, que par les élèves qu'il a faits. La nature ne lui ayant pas donné une voix excellente, il chercha à réparer ce défaut par l'art, et fréquenta à cet effet l'école du grand Pistocchi, que celui-ci venait d'établir dans sa patrie. Pistocchi le soumit aux exercices les plus difficiles, et lui enjoignit de ne se montrer ni au théâtre ni à l'église, que lorsqu'il le jugerait à propos. Bernacchi se tint donc caché selon l'ordre de son maître, jusqu'à ce que celui-ci lui dit qu'il pouvait se faire entendre publiquement. Il se distingua bientôt dans sa patrie, de manière à mériter le titre de *roi des chanteurs.* Ce fut vers 1722. Peu de tems après, il entra au service de l'Électeur de Bavière, et ensuite à celui de l'Empereur, à Vienne.

Hændel l'emmena, avec plusieurs autres, à Londres, en 1730.

Le desir de ressembler à son maître, en établissant une nouvelle école, l'engagea, vers 1736; à retourner dans sa patrie, pour exécuter cette idée. C'est à lui que l'art doit Raff, Amadori, Mancini, Guarducci et autres.

Martinelli, dans son dictionnaire d'anecdoctes, dit de lui, qu'il avait sacrifié, dans son chant, l'expression des sentimens au desir de faire briller son habileté dans l'exécution des passages les plus difficiles. Le Comte Algarotti, dans son essai sur la musique, semble confirmer ce jugement, en disant qu'il était l'auteur des abus qui se glissèrent alors dans l'art du chant. J.-J. Rousseau, dans son Dictionnaire, va même jusqu'à assurer que Pistocchi, l'ayant entendu chanter, s'était écrié : *Ah! malheureux que je suis! je t'ai appris à chanter, et tu veux jouer!* C'est à lui qu'on attribue généralement la nouvelle manière d'articuler les passages par la poitrine. V. Mancini et Laborde.

BERNACER, diacre de l'église de Saint-Sauveur de Metz, vers 973, était en même tems un musicien excellent, et surtout fort expérimenté dans la musique vocale. On le regarde encore comme bon auteur et grand calculateur. V. Histoire de Gerbert.

BERNARD, musicien allemand, à qui l'on doit l'invention des pédales aux orgues, vécut à Venise en 1470. V. *D. Fabricii bibl. lat. m. et Inf. æt.*, p. 630.

BERNARD (EMERY), d'Orléans, fit, en 1561, une Méthode pour apprendre à chanter.

BERNARD (PIERRE-JOSEPH), surnommé par Voltaire *le gentil Bernard*, naquit à Grenoble en 1708, et mourut à Paris le 1er novembre 1775, après avoir traîné, depuis 1771, une existence purement animale. Un jour, assistant à la reprise de son opéra de Castor, mis en musique par Rameau, il demanda à son voisin le nom de la pièce qu'on jouait et celui de l'actrice qui chantait. On lui répondit Castor et mademoiselle Arnould. *Ah!* s'écria-t-il, *ma gloire et mes amours!* Cet éclair de raison fut suivi de sa folie accoutumée. On l'a peint d'un seul trait, en disant *qu'il s'était donné aux plaisirs, et s'était prêté à la gloire.* V. la notice sur Bernard, placée à la tête de la seule édition complète de ses œuvres, faite sur les manuscrits autographes, et publiée par M. Fayolle. Paris, 1803, 2 vol. in-8°. On trouve dans cette édition l'opéra de Thessalus, en cinq actes, et plusieurs opéras-ballets nouveaux, que nos compositeurs devraient mettre en musique

BERNARDI (FRANÇOIS), surnommé Senesino, castrat et *mezzo-soprano* excellent, né à Sienne vers l'an 1680, commença à devenir célèbre lorsqu'il se trouvait à Dresde, en 1719, où il était un des chanteurs au grand opéra de Lotti. Hændel vint l'y chercher, l'année suivante, pour le conduire à Londres, où il le plaça au théâtre de l'Opéra, avec un traitement de quinze cents livres sterl., qui, selon quelques-uns, fut augmenté, dans la suite, jusqu'à trois mille guinées. Il y débuta en 1721, dans l'opéra de Mucius Scœvola. Pendant les neuf ans qu'il y resta, il jouit sans interruption de la faveur du public; mais, s'étant brouillé, en 1730, avec Hændel, celui-ci l'éloigna de l'Opéra, à son propre désavantage et malgré les instances des grands, qui voulaient le conserver.

En 1739, il demeurait à Florence, et y chanta, quoique déjà vieux, un duo avec l'Impératrice Marie-Thérèse, alors archiduchesse d'Autriche. On l'estimait pour sa voix pénétrante, claire, égale et flexible. Il avait en outre une habileté peu commune dans l'exécution des passages. Son intonation était pure et son trill parfait. Il était en même tems fort bon acteur, et le premier de son tems pour chanter le récitatif.

BERNARDI (Steffano), florissait de 1611 à 1634. En 1623, il fut nommé maître de chapelle de la cathédrale de Vérone. Il a publié un ouvrage didactique, intitulé *Porta Musicale*, dont la première partie parut à Véronue, en 1615, in-4°. C'est un traité élémentaire, qui a le double mérite de la clarté et de la précision.

BERNARDINI, s'est fait connaître, comme bon compositeur, par l'opéra comique : *La donna di spirito*, qu'il fit représenter, en 1788, au théâtre de Rome.

BERNARDY-VALERNES (Edouard-Joseph), membre de plusieurs sociétés savantes et musicales, est né à Monient en Provence, le 15 octobre 1763. Pendant le tems de ses études, soit à Aix soit à Grenoble, il a eu dé très-bons maîtres de musique pour le violon et la composition. Depuis l'âge de dix-huit ans, il s'est livré tout entier à l'art musical. Il a fait graver des duos, des trios concertans pour le violon, des ouvertures et des symphonies à grand orchestre, et un opéra en un acte (Antoine et Camille), qui est dans le genre italien. Il a plusieurs autres ouvrages en manuscrit.

M. Valernes possède la plus précieuse et la plus rare collection de musique, française, allemande et italienne, vocale et instrumentale. Il possède aussi les meilleurs violons et altos des plus célèbres auteurs, entr'autres le violon *Amati*, grand patron, de M. Pleyel, avec lequel cet artiste a composé toute sa musique.

BERNASCONI (Andrea), de Vérone, florissait en même tems que Hasse. Il fut long-tems au service de la cour de Bavière, et mourut à Munich. Il n'a traité que de grands sujets. En 1741, *Alessandro severo; Didone abbandonnata*. En 1742, *Endimione*, cantate. En 1743, *la Ninfa Apollo*. En 1744, *il Temistocle*. En 1745, *Antigono*. En 1753, *Salustia*. En 1766, *Demofoonte*.

BERNASCONI (Antonia), nièce d'Andrea Bernasconi, débuta dans le genre sérieux, en 1764, par le rôle d'*Alceste*, que Gluck avait composé pour elle. Elle était alors à Vienne. Depuis, elle s'est fait admirer sur les grands théâtres d'Italie et sur celui de Londres.

BERNELINUS, savant ecclésiastique du onzième siècle, a écrit un petit traité sous le titre : *De cita et vera divisione monochordi in diatonico genere*, que l'on avait conservé depuis dans la bibliothèque de la reine Christine au Vatican. L'abbé Gerbert a publié ce manuscrit dans le premier volume, page 312, de son Histoire des auteurs de musique.

BERNHARD, auteur d'une Histoire curieuse des savans, où il traite dans un chapitre particulier, page 265, des musiciens.

BERNHARD (Guillaume-Christophe), musicien excellent sur l'orgue et sur le clavecin, né à Saalfeld vers 1760, se trouvait, en 1783, à Gœttingue, et y publia, l'année suivante, trois sonates pour le clavecin et un prélude. Il partit ensuite pour Moscow, où il mourut en 1787. Sa force était principalement dans l'exécution des ouvrages de Sébastien Bach.

BERNHOLD (Jean-Balthasar), professeur de théologie à Altorf. Mitzler, dans sa Bibliothèque de Musique, t. III, page 233 et 371, nous a conservé un traité de la Musique d'église, dont il est l'auteur.

BERNIER (Nicolas), né à Mantes en 1664, et mort à Paris en 1734, fut maître de musique de la Sainte-Chapelle, et ensuite de la chapelle du Roi.

Dans son séjour à Rome, il voulut prendre connaissance des partitions de Caldara, et ne trouva d'autre moyen d'y parvenir que de se faire recevoir chez lui en qualité de domestique. Un jour, ayant trouvé sur le bureau de Caldara un morceau que ce compositeur n'avait point terminé, Bernier prit la plume et l'acheva. Depuis cette aventure, tous deux furent liés de l'amitié la plus intime.

Les motets de Bernier sont très-estimés, surtout son *Miserere*.

Ce maître fut, dit-on, le plus grand contrapuntiste qui eût jamais existé en France. L'école qu'il a fondée en ce pays était regardée comme la meilleure. *De tous les compositeurs modernes qui ont le plus de réputation*, dit Laborde, *il n'en est pas six qui sachent écrire la fugue la plus simple, comme l'écrivait le moindre écolier de Bernier. On a beau dire, la fugue sera toujours la pierre de touche du compositeur; et qui ne la sait manier de toutes les façons, ne sera jamais qu'un barbouilleur de notes.*

BERNIER (M. l'abbé), ancien curé de Saint-Laud, d'Angers, commissaire-général de l'armée royale, a fait les paroles et la musique du *Réveil des Vendéens*, chanson militaire des Vendéens et des Chouans. On a recueilli et inséré ce morceau piquant dans la trente-huitième année du Journal Hebdomadaire de M. Leduc, numéro 52.

BERNO (Augiensis), Allemand très-savant du onzième siècle, fut d'abord moine de l'ordre de Saint-Benoît, à Saint-Gall, et ensuite abbé à Reichenau en Souabe. Il mourut le 7 juin 1048. Jœcher cite les titres suivans de ces écrits sur la musique. 1°. *De mensurâ monochordi.* 2°. *De regulis symphoniarum et tonorum.* 3°. *Libellus tonarius.* 4°. *Musica antiphonarium.* Ces quatre ouvrages ont été conservés en manuscrit à la bibliothèque de l'université de Leipsick. V. l'abbé Gerbert, dans son Histoire des auteurs de musique, t. II.

BERNOULLI (Daniel), l'un des premiers géomètres du dix-huitième siècle, a publié des Recherches physiques, méchaniques et analytiques sur le son et sur les tons des tuyaux d'orgues différemment construits. V. Mém. de l'Ac. roy. des Sciences de Paris, année 1762, page 431. On lui doit encore des Recherches sur la coéxistence de plusieurs espèces de vibrations dans le même corps sonore. V. Mém. de l'Ac. de Berlin, 1753 et 1765, et *Nov. comment. Acad. Petrop.*, tome XV et XIX.

BERRETTA, fit graver, vers l'an 1780, à Londres, plusieurs œuvres de quatuors pour le violon.

BERTHAUD, célèbre violoncelliste, né à Valenciennes, florissait à Paris vers 1748. On lui doit la perfection où le violoncelle est parvenu de nos jours. En effet, il a formé des élèves qui l'ont surpassé : M. Duport l'aîné, les deux frères Janson, etc. Il n'est pas moins estimé comme compositeur. On a de lui des sonates et des concertos de violoncelle, qu'il a joués au concert spirituel avec le plus grand succès.

BERTEZEN (Salvador), a publié à Londres, en 1781, un ouvrage intitulé : *Principi della musica.*

BERTHALI, compositeur de musique d'église, vivait vers le milieu du dix-septième siècle. L'on ne connaît de sa composition qu'un *Gloria* et un *Kirie* à cinq voix, avec accompagnement d'instrumens.

BERTHAUME, vers 1790, premier violon à l'orchestre du théâtre de l'Opéra-Comique, à Paris, publia, depuis 1780, huit œuvres, dont nous ne pouvons citer que six solos pour le violon et sept petites sonates pour le clavecin, op. 8. Il dirigeait le Concert Spirituel vers 1783, c'est-à-dire à l'époque où Viotti excitait le plus vif enthousiasme. Il a formé plusieurs élèves distingués, entr'autres, M. Grasset, aujourd'hui premier violon du théâtre de l'Opéra Buffa.

BERTHET, musicien de Paris vers le milieu du dix-huitième siècle, y a publié des leçons de musique.

BERTIN, maître de clavecin de la maison d'Orléans, fit en 1706, avec Bouvart, l'opéra de Cassandre; en 1710, Diomède; en 1716, Ajax; en 1718, le Jugement de Pâris, et en 1719, les Plaisirs de la campagne.

BERTINI (Benoit - Auguste), est né à Lyon le 5 juin 1780. Les premières leçons de musique et de piano lui ont été données par son père. Eu janvier 1793, il a quitté Paris et s'est rendu à Londres, où, pendant six ans, il a reçu de l'illustre Clementi, des leçons de piano, et surtout de composition.

Revenu à Paris en 1806, il a publié, de 1807 à 1810, deux œuvres de sonates et quatre fantaisies.

BERTHOLDO (Spiridio), contrapuntiste du seizième siècle,

est l'auteur d'un ouvrage, imprimé à Venise en 1591, sous le titre : *Toccate, Ricercari e canzoni francesi in Tavolat. per l'organo.*

BERTHOLINO, de Faenza, élève de Pistocchi et compagnon de Bernacchi, obtint un des premiers rangs par la variété de son chant. V. le Chant Figuré de J.-B. Mancini.

BERTHOLOTTI (Jacques), ténor, né à Bologne en 1734, fut pendant long-tems chanteur au Théâtre Italien de Cassel, jusqu'à ce qu'il fut dissous en 1785, à l'avènement du dernier Landgrave.

BERTON (Pierre - Montan), compositeur, né à Paris en 1727, mourut, dans la même ville, en 1780.

Il apprit la musique à quatre ans, et à six il la lisait à livre ouvert. A douze ans, il fit chanter de grands motets à la cathédrale de Senlis, et y toucha l'orgue plusieurs fois.

Il entra, quelque tems après, à Notre-Dame de Paris pour y chanter la basse-taille. Il débuta à l'Opéra en 1744, et y resta deux ans. Il joua ensuite à Marseille les rôles en second pendant deux autres années, et, trouvant que sa voix baissait, il renonça au chant, et se vit, à vingt-un ans, à la tête de l'orchestre de Bordeaux.

La place de maître d'orchestre de l'Opéra de Paris étant venue à vaquer, il se présenta au concours, et, de l'aveu même de ses rivaux, il y fut nommé.

Il obtint successivement, par ses talens, la place de maître de la musique du Roi et celles de surinten dant de la musique de Sa Majesté et d'administrateur de l'Opéra, dont dont il fut chargé en 1770, 1774, 1776 et 1780, époque de la retraite de M. de Vismes.

Comme compositeur, il donna en 1755, en société avec M. Giraud, Deucalion et Pyrrha, paroles de Sainte-Foix. En 1761, il raccommoda et ajouta des chœurs et des airs de danse à l'opéra de Camille, paroles de Campra. En 1764, il fit la musique d'Erosine, paroles de M. Moncrif. En 1766, il refit tous les chœurs et airs de danse de l'Iphigénie en Tauride de D. smarets. En 1767, il fit, en société avec Trial,

Silvie, paroles de M. Laujon. En 1771, il fit, également en société avec Trial et Granier, l'opéra de Théonis, paroles de Poinsinet. En 1772, il arrangea, en société avec M. de la Borde (le récitatif excepté). l'Amadis des Gaules, de Lully. En 1773, il fit, avec le même, Adèle de Ponthieu, paroles de M. de Saint-Marc. A la cour, il arrangea, en société avec Granier, l'opéra de Bellérophon (de Lully) et celui d'Issé, joué aussi à la cour dans la même année. Enfin, en 1775, il fit tous les divertissemens de Gythére assiégée, opéra comique de Gluck.

Jusqu'à sa mort, il s'est peu donné, comme on le voit, d'opéras anciens qu'il n'y ait travaillé, soit pour les coupures ou pour les augmentations jugées nécessaires, dans Castor et dans Dardanus, de Rameau, dont plusieurs morceaux ajoutés sont de lui, notamment la chaconne si connue sous le nom de chaconne de Berton.

Ce fut sous son administration qu'on appela à Paris les célèbres Gluck et Piccini, et que s'opéra en France la révolution musicale.

Gluck avait tant de confiance en ses talens, qu'il le chargea de refaire le dénouement de son Iphigénie en Aulide, qui s'exécute tel que Berton l'a arrangé; et, comme l'a très-bien remarqué l'auteur de l'Essai sur la musique ancienne et moderne, sans ses nombreuses occupations, cet habile musicien eût été l'un de nos plus grands compositeurs.

Personne ne posséda le talent de faire exécuter à un si haut degré que Berton, et son travail était d'autant plus pénible qu'à cette époque les artistes de l'orchestre de l'Opéra étaient loin d'avoir le grand talent qu'ils ont aujourd'hui, et que faire exécuter alors aux acteurs et aux musiciens la nouvelle musique, c'était leur faire parler une langue étrangère. Enfin, on peut dire que c'est à lui que l'orchestre de l'Opéra est redevable du haut degré de réputation dont il jouit en Europe.

Il mourut le 14 mai 1780, des suites d'une fluxion de poitrine que l'exécution de l'opéra de Castor, à laquelle il voulut présider lui-même le jour de la reprise, lui avait occasionnée.

Il laissa un fils, dont les talens ajoutent encore tous les jours à la gloire de son nom, et qui est le sujet de l'article suivant.

BERTON (Henri - Montan), est né à Paris le 17 septembre 1767.

Il apprit la musique à six ans, et à l'âge de treize ans il entra, comme violon, à l'orchestre de l'Opéra.

A cette époque, il eut successivement deux maîtres de composition, dont l'un décida qu'il ne parviendrait jamais à être compositeur.

Le jeune Berton, dont le goût s'était formé en admirant les ouvrages de Gluck, de Piccini, de Sacchini, et autres grands maîtres, plein d'une noble ardeur, et en dépit de la décision de son maître, qui n'avait pas su le deviner, se mit à étudier son art dans la partition de la *Frascatana* du célèbre Paësiello.

Vivement tourmenté du besoin de se faire connaître, et de soutenir la gloire d'un nom déjà illustré par son père, il demanda et obtint de M. Moline un opéra comique, intitulé la Dame Invisible, dont il composa la musique. L'ouvrage ne fut pas plutôt terminé, qu'il éprouva la plus vive inquiétude sur le jugement que l'on pourrait porter de sa composition, et il était dans cet état d'anxiété, lorsqu'une dame de sa connaissance prit sa partition et la porta au célèbre Sacchini, pour avoir son avis. Ce grand maître examina l'ouvrage avec une attention réfléchie, et apprenant que l'on avait décidé que l'auteur ne serait jamais en état de composer, non-seulement il demanda à le voir, et le rassura sur ses craintes; mais encore il l'engagea à venir travailler tous les jours chez lui. Il le prit tellement en affection qu'il l'appelait son fils, et lui servit de guide jusqu'à sa mort, arrivée en octobre 1786.

M. Berton débuta, comme compositeur, au Concert Spirituel, en 1786, à l'âge de dix-neuf ans, par plusieurs oratorios, qui furent accueillis de la manière la plus honorable.

En 1787, il donna au Théâtre Italien (aujourd'hui théâtre Impérial de l'Opéra-Comique), son premier ouvrage, ayant pour titre les Promesses de Mariage, qui obtint la réussite la plus complète, et, depuis cette époque, il a constamment marché de succès en succès.

Il entra au Conservatoire de musique, à la création de cet établissement, en qualité de professeur d'harmonie, place qu'il occupe encore aujourd'hui.

En 1807, il fut nommé directeur des Bouffons, place qu'il remplit pendant deux ans. Ce fut sous sa direction que le répertoire fut enrichi des chefs-d'œuvres de Mozart et de plusieurs de ceux de l'école italienne, et que surtout l'orchestre atteignit, dans l'exécution, le plus haut degré de perfection.

Il quitta cette place pour entrer à l'Académie Impériale de Musique, où il occupe maintenant celle de chef du chant, et se retrouve ainsi par cette dernière nomination, dans le temple des arts, qui fut si longtems le domaine de son père, et où lui-même essaya ses premiers talens comme exécutant.

Ce compositeur, outre les nombreux ouvrages qu'il a déjà donnés, a composé un Arbre généalogique des Accords; une Méthode d'harmonie et un Dictionnaire des Accords. Les deux derniers ouvrages sont basés sur l'Arbre généalogique.

Ces trois œuvres sont sous presse au moment où l'on imprime ce Dictionnaire.

Nous plaçons enfin, sous les yeux de nos lecteurs, le tableau des ouvrages nombreux de M. Berton, et parmi lesquels, nous devons le dire par amour pour la vérité, il en est plusieurs dont un seul suffirait pour lui assurer une réputation distinguée.

Au Concert Spirituel :

En 1786, Absalon, oratorio ; et successivement, Jephté, David dans le Temple, les Bergers de Béthléem, la Gloire de Sion, Marie de Seymours, Orphée dans les bois.

Au théâtre :

En 1786, le Premier Navigateur, opéra en un acte, paroles de M. Guillard (ouvrage inédit).

En 1787, les Promesses de Mariage, opéra comique en deux actes, paroles de M. Desforges.

En 1787, La Dame Invisible (au même théâtre), sous le titre de l'Amant à l'épreuve, paroles de M. Moline.

En 1789, Cora, opéra en trois actes, paroles de M. de la Touloubre ; ouvrage répété généralement à l'Académie Royale de Musique en juillet 1789, et dont la révolution empêcha la représentation.

En 1789, les Brouilleries (au Théâtre Italien), opéra en trois actes, paroles de M. Davrigny.

En 1790, les Deux Sentinelles (au même théâtre), paroles de M. Andrieux, opéra en un acte.

En 1790, les Rigueurs du Cloître, opéra en deux actes, paroles de M. Fiévé.

En 1791, le Nouveau d'Assas, opéra en un acte, paroles de M. Dejaure.

En 1791, les Deux Sous-Lieutenans, opéra en un acte, paroles de M. de Favière.

En 1792, Eugène (au Théâtre Feydeau), opéra en trois actes, paroles de M. Davrigny.

En 1792, Viala, opéra en un acte, paroles de M. Fillette-Loraux.

En 1793, Tyrthée (au théâtre de l'Opéra), opéra en deux actes, paroles de M. Legouvé ; ouvrage qui fut répété généralement, et ne fut point donné par circonstance.

En 1797, Ponce de Léon (au théâtre de l'Opéra-Comique), ouvrage en trois actes, paroles et musique de M. Berton.

En 1798, les pièces suivantes :

Le Souper de Famille, opéra en deux actes, paroles de M. Pujoux.

Le Dénouement inattendu, opéra en un acte, paroles de M. Joigny.

Montano et Stéphanie, opéra en trois actes, paroles de M. Dejaure, regardé comme son chef-d'œuvre.

L'Amour Bizarre, opéra en un acte, paroles de M. Lesur.

Le Délire, opéra en un acte, parole de M. Révéroni-Saint-Cyr, regardé un de ses meilleur ouvrages.

Le Grand Deuil, opéra en un acte, de MM. Etienne et Vial.

Le Concert Interrompu, opéra en un acte, paroles de MM. Marsollier et de Favière.

Aline, reine de Golconde, opéra en trois actes, paroles de MM. Vial et de Favière.

La Romance, opéra en un acte, paroles de M. Loraux, jeune.

Délia et Verdican, opéra en un acte, paroles de M. Elleviou.

En 1805, le Vaisseau Amiral, opéra en un acte, paroles de M. Révéroni-Saint-Cyr.

En 1806, les Maris Garçons, opéra en un acte, paroles de M. Nanteuil.

En 1807, le Chevalier de Senanges, opéra en trois actes, paroles de MM. de Ségur, jeune, et de Forbin.

En 1807, Ninon chez madame de Sévigné, opéra en un acte, paroles de M. Dupaty.

En 1809, Françoise de Foix, opéra en trois actes, paroles de MM. Bouilli et Dupaty.

Cantates :

Trasibule, exécutée au Théâtre Olympique, dans la fête donnée par les généraux à Sa Majesté l'Empereur et roi, lors de son sacre, paroles de M. Baunier.

Thésée, exécutée à Bruxelles au passage de Leurs Majestés, paroles de M. de Jouy.

Le Chant du Retour, après la campagne de 1806, paroles de M. Baunier.

Le même auteur a composé un recueil de seize canons, et un nombre infini de romances; et il a en outre en portefeuille plusieurs opéras prêts à être représentés.

BERTON (FRANÇOIS), fils du précédent, né à Paris le 3 mai 1784, pianiste et compositeur, a fait graver beaucoup de morceaux détachés, et fait la musique de deux actes joués au théâtr Impérial de l'Opéra-Comique.

Puisse ce jeune compositeur, en suivant les traces de son père et de son aïeul, prouver que les talens sont héréditaires dans cette famille !

BERTONI (FERDINANDO), maître de la chapelle au Conservatoire des *Mendicanti* à Venise, y naquit en 1727. Disciple du père Martini, il fut d'abord organiste à la chapelle de St. Marc, et ensuite professeur de musique au Conservatoire des Incurables à Venise.

En 1770, il se montra comme compositeur dans des genres différens ; mais ce ne fut qu'en 1776 qu'il se fit une grande renommée par son opéra *Orfeo*, qu'il donna au théâtre de Venise, et que l'on reçut avec enthousiasme. Il ne fut pas moins admiré, en 1778, à Padoue, pour son *Quinto Fabio* ; quoiqu'à la vérité il dût une grande partie de ses succès au jeu inimitable de Pacchierotti, qui chantait le rôle de Fabius. En 1779, il se rendit à Londres, et y obtint tous les suffrages.

Quoique ses compositions ne brillent pas par la richesse de l'invention, elles se distinguent par une harmonie douce et pénétrante. L'on ne doit donc point être étonné, qu'il fut appelé sept fois comme maître de musique, à Turin, où l'on est d'une circonspection extrême dans le choix des compositeurs pour l'opéra. Ce fut à Rome seulement que l'on ne rendit pas justice à ses talens ; mais là aussi on ne put tenir long-tems contre le charme répandu dans ses compositions, et les applaudissemens universels le dédommagèrent bientôt des peines que lui avaient causées la prévention et les cabales de ses détracteurs.

Il a donné une preuve éclatante de sa modestie dans la préface de son *Orfeo*, publié à Venise, en partition ; il avoue, que ce ne fut pas sans appréhension qu'il avait entrepris la musique de ce poëme, sur lequel Gluck avait travaillé avant lui avec tant de succès, et qu'il croyait ne devoir le bon accueil qu'il avait obtenu, qu'au soin qu'il avait eu de suivre pas à pas la marche de ce grand compositeur, et de profiter, en même tems, des avis du poëte. L'air, *L'espoir renaît dans mon âme*, est de sa composition.

BERTONI. V. *Turini*.

BERTRAND (H. J.). Il a paru, en 1768, à Liège, six trios pour le violon, op. 1 de sa composition. On a encore de lui un duo pour le violon, en manuscrit.

BERTRAND (Ant. de), a mis en musique le premier et le deuxième livre des Amours de P. de Ronsard, en 1578.

BERTUCH (Charles-Volkmar), organiste à l'église de St. Pierre à Berlin, né à Erfurt, vers 1730, doit être compté parmi les premiers organistes de nos jours. Il était élève du professeur Adlung ; doué d'une grande souplesse de doigts sur le clavecin, il jouait sur l'orgue toutes les compositions de Sébastien Bach.

BERTUZZI a publié des duos, trios et thèmes variés pour violon.

BESARDUS (J. B.), docteur en droit et bon joueur de luth à Besançon, était élève de Laurentini, et vivait au commencement du dix-septième siècle. V. Walther.

BESNECKER (Jean-Adam), docteur en droit et professeur à Prague, au commencement du dix-septième siècle, était un des plus forts organistes de son tems. Il desservait l'orgue à l'église de la Ste. Croix, où l'on trouve encore aujourd'hui beaucoup de ses compositions pour l'église. Son style est tout-à-fait dans le goût de Palestrina. V. Statist. de Bohème.

BESALD (Christophe), docteur en droit, conseiller de l'Empereur et de l'Electeur de Bavière, et professeur à Ingolstadt, né à Tubingue, en 1577, prouve dans son *Thesaurus praticus*, au mot musique, qu'il avait de grandes connaissances dans cet art.

BESALDE (Veit), magister et professeur du Gymnase de Schalpforte en Saxe, dans le seizième siècle. En 1545, il fut destitué de sa place. Il sollicita sa réintégration, et l'on remarque parmi les raisons qu'il allègue à l'appui de sa demande, qu'il possédât par la grâce divine, le talent de chanter les psaumes hébreux, et de les jouer sur la harpe avec leurs accens primitifs, tels qu'ils avaient été joués au temple de Salomon, ce qu'aucun rabbin n'avait pu découvrir jusqu'alors. Il y observe encore, comme une particularité, qu'il avait appris, le 11 novembre 1543, à jouer le cent treizième psaume comme sa première pièce sur la harpe ; que l'apprentissage de cet art lui avait coûté quatorze rixdalers, et qu'il n'avait jamais joué aucune chanson mondaine sur cet instrument.

BESOZZI. C'est le nom d'une famille de musiciens italiens qui, pendant le dix-huitième siècle, se sont illustrés par leurs talens sur le basson et le hautbois, et qui ont opéré dans le jeu de ces instrumens des progrès semblables à ceux que leurs compatriotes Corelli et Tartini ont opérés dans l'art du violon.

Joseph Besozzi, musicien de Parme, eut quatre fils : Alexandre, Jérôme, Antoine et Gaëtan.

Alexandre, né à Parme, en 1700, fut hautboïste de la chambre et de la chapelle du roi de Sardaigne, à Turin. On a gravé, de lui, tant à Paris qu'à Londres, six œuvres de trios et de solos pour le violon.

Jérôme, né à Parme, en 1712, fut bassoniste de la cour de Sardaigne ; son frère Alexandre et lui, élève de leur père, entrèrent au service de cette cour en 1730, et, si l'on excepte un petit voyage à Parme, et un autre voyage, en 1730, à Paris, où ils furent entendus avec les plus grands applaudissemens ; ils habitèrent constamment Turin, où ils sont morts dans un âge fort avancé. Ils ne se marièrent ni l'un ni l'autre, ils vécurent dans l'amitié la plus intime, et s'étudièrent continuellement ensemble à perfectionner leur art. V. le Voyage de Burney en Italie, p. 69.

Antoine, le troisième des Besozzi, était, en 1755, hautboïste de la la chapelle de Dresde. Il mourut à Turin, en 1781. Son fils, Charles Besozzi, était aussi, dès 1755, hautbois à la chapelle de Dresde. Il fit admirer ses talens dans les cours de France, d'Italie et dans les principales cours d'Allemagne.

Gaëtan, le dernier des quatre frères, né à Parme, en 1727, entra d'abord au service de la cour de Naples, en 1706, et à celui de la cour de France, en 1765, dit la Borde, et M. E. L. Gerbert, d'après lui. Mais nous croyons qu'il y a ici, selon l'usage de cet auteur, faute sur faute dans les dates. C'était un très-bon hautboïste. Son fils est entré, en 1776, à la musique du roi de France. Aujourd'hui le seul Besozzi qui reste de cette famille si célèbre, est flûtiste au théâtre de l'Opéra-comique.

BESSER (T. G.), organiste à la collégiale de Notre-Dame et à S. Paul de Halberstadt, a fait imprimer : Oden mit melodien, (odes avec air), 1779 ; die fruhlings feyer, (la Fête du printems), von Klopstock, 1783 ; klavierstücke für anfænger, (Pièces pour le clavecin, à l'usage des commençans), premier cahier, 1784.

BESSONI (Jacques), mathématicien de Lyon au seizième siècle, y a publié, en 1582, un ouvrage in-folio, sous le titre : Il teatro de gli instrumenti et machine, où il parle aussi des instrumens de musique.

BESTES (Godèfroi-Ernest), l'un des plus grands maîtres sur l'orgue, naquit à Berka près Weida, le 7 février 1654. Le célèbre Jean Witten, organiste de la cour, à Altenbourg, lui donna les premières leçons de clavecin. A la mort de Witten, en 1690, il fut nommé à sa place, et mourut en 1732, après l'avoir occupée avec éclat pendant 42 ans.

BETHISY a fait paraître en 1752, un ouvrage intitulé : Exposition de la théorie et de la pratique de la musique, suivant les nouvelles découvertes, 1 vol. in-8°. Il en a donné une deuxième édition, en 1762. La Théorie de la musique est traitée, dans cet ouvrage, d'après les principes de Rameau ; mais quant à la pratique de la musique ou la composition, l'auteur montre combien ces principes sont fautifs, et il les rectifie d'après les règles généralement adoptées par les musiciens.

BETTINELLI (Sav.), abbé et jésuite connu, naquit à Mantoue. L'on remarque parmi ses écrits, celui qui est intitulé : Del risorgimento d'Italia negli studi, nelle arti, e ne' costumi dopo il mille, Bassano, 1775, 2 vol. in-8°. Il y traite de l'état où la langue, l'éloquence, la poésie et la musique s'étaient trouvées depuis l'an 1000 jusqu'en 1500, et de la manière dont elles s'étaient relevées, depuis ces tems d'ignorance. V. Bernouilli zusætzé zu den neuesten Rachten von Italien, t. II, p. 722 ; et Neue biblioth. der schœnen wissenschaften, v. XXI, p. 177.

BEVIN (Elway), excellent contrapuntiste, ci-devant chanoine et organiste à l'église collégiale de Bristol, natif du pays de Galles, fut élevé sous Tallis, sur la recommandation duquel il obtint en 1589, la place que nous venons d'indiquer et qu'il perdit bientôt après, parce qu'on s'aperçut qu'il était partisan de l'église de Rome. Le docteur Chill fut un de ses disciples.

La manière de composer un canon était peu connue avant lui en Angleterre. Tallis, Bird, Waterhouse et Farmer étaient surtout célèbres dans ce genre de composition. Chaque canon était une énigme par la forme sous laquelle on le publioit. Tantôt on l'écrivait en forme de croix, tantôt sous celle d'un cercle ; et l'on regardait la résolution d'un canon comme un ouvrage beaucoup plus difficile que la composition même.

Bevin, au contraire, publia généreusement, à l'avantage des musiciens commençans, le résultat de ses longues recherches, et de son expérience, dans une dissertation qu'il fit imprimer en 1631, in-4°. sous le titre : *Brevis introductio in musicam*, dans laquelle on trouve encore quelques canons choisis. Il a aussi composé la musique de plusieurs pièces pour l'église, et de quelques chœurs concertans. V. Hawkins.

BEYER, allemand de naissance, physicien, domicilié à Paris, y inventa une nouvelle espèce de fortepiano, avec de córdes de verre, auquel Franklin donna le nom de *glass-chord*, et sur lequel le maître de clavecin Schonck se fit entendre, pendant quinze jours de suite, au mois de novembre 1785. On a depuis employé, avec succès, cet instrument à l'Académie Impériale, dans le troisième acte des Mystères d'Isis, où l'on s'en sert pour accompagner Bocchoris.

BEYER (Jean – Chrétien), publia, vers 1760, à Leipsik, in-folio: Odes, chansons et fables de Gellert, avec quelques chansons françaises et italiennes, pour la guitarre, traduites. On y a joint l'application et une instruction pour accorder la guitarre (*Gellert's oder Lieder und Fabeln, samt einigen französischen*, etc.).

BEYER (Jean-Samuel). L'ouvrage que Walther cite à cet article, sous le titre : *Primæ lineæ musicæ vocalis*, consistent en quinze feuilles. On en a publié, en 1730, une seconde édition, mais tellement raccourcie, que de ces quinze feuilles, il n'en est resté que sept.

BEZEGUI (Angelo). né à Rome en 1670, était bon compositeur et excellent violoniste. Il vint à Paris vers 1784, et devint le chef de la musique de M. Fagon, intendant des finances.

Il eut le malheur de se casser le bras gauche, et son protecteur lui assura une vie aisée, mais qui ne le consola jamais de la perte qu'il avait faite.

Cet habile musicien mourut en 1744.

BIAGIO. Son véritable nom est Blaise Campagnari ; il était ecclésiastique séculier de Crémone. En 1758, il vint à Prague, et obtint la place de recteur du chœur à la collégiale de la Sainte Croix. Il introduisit dans cette ville le goût italien, et y mourut en 1771.

BIEL (Jean-Chrétien), pasteur à l'église de Saint-Udalric et Saint-Jean de Brunswick a fait insérer au 3e. vol, des Miscell. Leips. nov. *Diatribe philologica de voce sola.*

BIELING (François-Ignace), né en Souabe, était organiste à l'abbaye de Kempten ; il est l'auteur des ouvrages de musique suivans : *X nach dem heutigen stylgesezte, und zu al'er zeit zu gebrauchende arien*. Op. 1, 1729, in-fol. *VI nicht allzulange litaniæ de B. V. mar. ne bst a, Te Deum laudamus von 4 sing stimmen und verschiedenen, theils enthehr theils aber unentbehrlichen besaiteten und blasenden instrumenten*, 1731 in-fol.

BIANCHI (Sigra), cantatrice italienne de Milan, dont on parle avec éloge tant à cause de son chant, que pour son action. Elle se trouvait, en 1727 à Breslau, à la société de l'Opéra. Le docteur Burney parle d'une autre cantatrice distinguée, de ce nom, qu'il connut, en 1770, à Naples. Elle avait la voix fort agréable, un *portamento* excellent, et gardait toujours exactement le ton. Cette dernière était très estimée, en 1765, à Brunswick, sous le nom de Sgrâ Tozzi. Tozzi, son mari en secondes noces, y était alors maître de chapelle. Une troisième Bianchi était célèbre pour sa belle voix, à l'*Ospidaletto* de Venise, en 1787.

BIANCHI (ANDREA), né à Sarzana, dans le pays de Gênes, était musicien de la chambre de Charles Cibo. Il fit imprimer à Venise, en 1611, un ouvrage in-4°, sous le titre : *Mottetti e messe à 8 voci.*

BIANCHI, maître de chapelle à Crémone, se trouva en 1775 à Paris, et y composa, pour le théâtre italien, la musique de l'opéra la Réduction de Paris; et en 1777 celle de l'opéra : le Mort marié. En 1780, il y était cymbale à l'opéra Buffa, que Piccini venait d'établir. Dans la même année, l'on donna à Florence l'opéra *Castore et Polluce*, de sa composition, qui eut un succès prodigieux. En 1784, on le retrouve à Naples, où il donna l'opéra *Cajo Mario.* Il a encore composé, avant et après cette époque, les opéras *Demoofonte ; Arbace ; Birama et Tisbe ; Scipione Africano*, à Naples, en 1787 ; *Artaserze*, à Padoue, en 1787 ; *Pizarro* ; à Venise, en 1788, et *Il Ritratto*, à Naples, en 1788. On a en outre de sa composition, trois sonates pour le clavecin avec accompagnement de violon.

BIANCHI (FRANCESCO), actuellement à Londres, est auteur de plusieurs opéras joués avec succès sur divers théâtres de l'Europe. Voici les titres des principaux : *Il triomfo della pace*, 1782 ; *Briseide*, 1784 ; *la Vilanella rapita*, 1785 ; *l'Orlandese in Venezia*, 1794 ; *le Stravagante*, 1795. De ces opéras, *la Villanella rapita*, est le seul qui ait été donné à Paris, d'abord au théâtre de Monsieur, en 1790, et ensuite à l'opéra Buffa, en 1804 et en 1807.

BIANCHI (FRANÇOIS-MARIE), basse-contre du premier ordre, né en Italie. En 1732, il fut engagé comme tel à la société de l'opéra italien de Breslau.

BIANCOLINI. On connaît de lui, vers 1760, un concerto pour violon, et une symphonie en manuscrit.

BIBAULT, aveugle, se trouvait en qualité d'organiste, en 1754, à l'église cathédrale de Meaux en Brie. Il était élève de Daquin, et fut le premier qui obtint l'orgue des Quinze-Vingts à Paris.

BIBER (FRANÇOIS-HENRI de), maître de chapelle de l'archevêque de Salzbourg et habile violoniste, vécut à la fin du dix-septième siècle, et mourut âgé de 60 ans.

Outre les ouvrages que Walther rapporte, on a encore publié les suivans : *Sonatœ tam aris quam aulis servientes. Autore Henrico J. F. Biber, musico et Cubiculario archiepiscopi Salisburg.* Partes 9, Salisburg, 1676, in-fol. *Vesperle longiores, ac breviores una cum litaniis lauretanis à 4 voc., violin. et 2 violis in concerto. Additis 4 vocib. in Capella, atque 3 trombonis ex ripienis desumendis ad libitum. Authore Henrico Francisco di Bibern, archiep. Salisb. dapifero ac capellæ magistro. Salisb.*, 1693, in-fol.

BIDEAU (M.), élève de Triklir pour le violoncelle, a publié une méthode de violoncelle qui est très-estimée. En 1809, il a fait graver des airs variés et dialogués pour deux violoncelles, dédiés à M. Triklir, premier violoncelle à la cour électorale de Dresde. On a aussi de lui des duos pour 2 violonc.

BIECHTELER (BENOIT), moine. Il a été imprimé, de sa composition, les ouvrages suivans, Deux messes, parmi lesquelles une *pro defunctis*, in-fol. *Vox suprema Oloris Parthenii, quater vigesies Mariam salutantis in voce, chordis et organo per consuetas ecclesiæ antiphonas videlicet, 6 Alma redemtoris ; 6 Ave regina cœlorum ; 6 Regina cœli lœtare ; 6 Salve regina ; alternatim voce sola a canto vel alto decantandas, vel cum organa concertante solum, vel cum violina et basso generali ordinario. Augsbourg*, 1731, in-fol.

BIEDERMANN, receveur de bailliage, au château de Beichlingen en Thuringe, vers 1786, se distingua tant par ses connaissances et ses talens en musique, que par l'instrument qu'il s'était choisi ; c'est la vielle. Il a porté cet instrument commun et méprisé, au plus haut degré de perfection, et possède plusieurs vielles qui ont été fabriquées d'après ses instructions. L'honneur qu'il eut de se faire entendre publiquement devant le grand connaisseur des arts, M. le baron de Dalberg, alors gouverneur à Erfurt, actuellement prince Primat de la confédération du Rhin, couronna ses succès en Thuringe. Il était aussi très-habile sur le clavecin et sur le violon.

BIEDERMANN (JEAN-GOTTL.), recteur à Freyberg en Misnie, y publia, en 1749, un programme : *De vita musica ex Plauti mostellellar.* Act. III, sect. II, 4°. Plusieurs connaisseurs en musique, ayant eu cette brochure, y crurent découvrir des invectives contre la musique en général, ce qui lui attira beaucoup d'ennemis. On peut en lire le détail dans le premier chapitre de *music gelahrih. per Adelung.* Cette dispute l'obligea de publier encore deux autres écrits. *Abgenæthigte Ehrenrettung wieder die unverschæmten Læsterungen uber eine Einladungsschrift : de vita musica* Leipsick, 1750, 2 feuilles in-4°, etc. *Nachgedanken uber sein programma de vita musica in einem verweis schreiben an eine hochwurdig person zu Freyberg. ant. worsen.* Freyberg, 1750, in-4°.

BIEGO (PAOLO), vénitien, est auteur de la musique des trois pièces suivantes : en 1680, *Ottone il grande* ; en 1688, *Fortuna trà le disgrazie* ; en 1689, *Pertinace.*

BIERMANN (JEAN-HERMANN), d'abord vers 1720, organiste à Niechenberg ; ensuite, vers 1738, organiste à Hildeshein. C'est aussi dans cette année qu'il y publia *Organographia specialis Hildesiensis.* Quatre feuilles in-4°. qui renferment vingt dispositions pour l'orgue

BIFERI fils, maître de chapelle à Paris, né à Naples, fit imprimer à Paris, en 1770 : Traité de musique abrégé, dans lequel il traite du chant, de l'accompagnement sur le forté-piano, de la composition et de la fugue : sa manière est claire et précise.

BIFFI (Don ANTONIO) vénitien, maître de chapelle à Saint-Marc et au conservatoire des *Mendicanti,* florissait au commencement du dix-huitième siècle. Lorsqu'il était parvenu à trouver un motif heureux, il avait l'art de l'étendre et de le varier au point qu'on ne se lassait jamais de l'entendre répéter. Outre sa musique d'église, il a composé quelques Oratorios, comme *Il figliuol prodigo,* en 1704.

BIGAGLIA (Don DIOGENIO), religieux bénédictin, vénitien, a excellé dans la musique de concert, et a fait plusieurs cantates qu'on trouve au monastère de S.-Georges majeur.

BIGATTI (CARLO), né, à Milan, en 1778, d'un peintre d'histoire, se rendit, jeune encore, à Bologne pour prendre des leçons de contrepoint du P. Mattei, élève et successeur du P. Martini. Il fut ensuite dirigé par Zingarelli, et composa plusieurs messes et motets qui eurent du succès dans quelques églises de Milan. Il fit même entendre, au grand théâtre de cette ville, un air qui fut applaudi. Il vint à Marseille, où M. Mei lui donna des leçons pour le perfectionner dans le contrepoint. Depuis cette époque, il a publié près de vingt-cinq œuvres, tant de messes et de motets que d'airs variés pour le forté-piano. Nous ajouterons que M. Bigatti est un excellent pianiste, et réussit dans l'exécution de la sonate comme dans l'accompagnement du chant.

BILANCIONI (FRANÇOIS), chanteur italien, florissait de 1730 à 1740.

BILLINGTON (mad.) une des premières cantatrices de Londres. Lors de la musique funèbre en l'honneur de Hændel, en 1786, elle chanta avec mad. Mara, accompagnée par un orchestre de sept cent douze musiciens. L'année suivante elle vint à Paris, où elle se fit entendre dans différens concerts, et réunit les suffrages de tous les connaisseurs, parmi lesquels on doit remarquer le célèbre Piccini. Dans une représentation d'*Il ratto di Proserpina,* opéra de Winter, joué à Londres en 1804, elle à lutté de talens avec madame Grassini.

BILLY (Jacques de), jésuite français, né à Compiègne, le 18 mars 1602, était professeur de philosophie et de mathématique et mourut à Dijon, le 14 janvier 1679. Parmi la grande quantité d'ouvrages qu'il a laissés, on remarque aussi un traité : *De proportione harmonicá*. Paris, 1658, in-4°.

BINCHOIS, célèbre contrapuntiste français, vécut de 1400 à 1460. Il est cité par Gafforio, avec Dunstable, Caron, Regis, Dufay et Brasart, comme un de ces auteurs qui, dans le commencement du quinzième siècle, donnèrent une grande impulsion à l'art du contrepoint, et qui furent les précurseurs des maîtres de l'école flamande. Voy. l'Introd.

BINDER (Chétien-Sigismond), organiste de cour à Dresde, élève du grand Hebestreit, employa la majeure partie de sa jeunesse à apprendre le pantalon, et ne changea que tard cet instrument contre l'orgue et le clavecin. On le compte cependant, et avec raison, parmi les plus grands virtuoses sur ces deux derniers instrumens. Il est en même tems compositeur exact et agréable pour le clavecin. Il n'a publié de ses ouvrages que six sonates pour le clavecin, en 1759, et six trios pour le clavecin, avec accompagnement de violon, en 1763. Il est mort en 1788. On a encore de lui deux douzaines de sonates pour le clavecin, quelques trios, et jusqu'à dix-huit concertos pour le même instrument, avec accompagnement.

BINGHAM (Joseph), a recueilli, dans ses *Originæ Ecclesiastices*, t. III, liv. 6, chap. 7, pag. 275, les passages des Pères de l'église, par lesquels on voulait prouver l'existence et l'usage des orgues aux assemblées religieuses des premiers chrétiens, et il a démontré qu'il n'y est aucunement question de l'orgue, mais des instrumens des Juifs. Voy. *Orgelhistorie p. Sponsel.*

BINI (Pasqualino), de Pesaro, un des élèves favoris du grand Tartini, lui avait été recommandé, à l'âge de quinze ans, par le cardinal Olivieri, son patron. Dans l'espace

de trois ou quatre ans, le jeune musicien travailla avec tant d'assiduité, qu'il parvint à triompher de toutes les difficultés que présentent les compositions de Tartini. Quand il eut achevé ses études musicales, le cardinal Olivieri le fit venir à Rome, où il étonna par son exécution tous les professeurs qui l'entendirent, et surtout Montanari, alors le premier violoniste de la ville. Ce dernier, dit-on, fut tellement affecté de la supériorité de Bini, qu'il en mourut de chagrin.

M. Wiseman, ayant voulu prendre des leçons de violon, s'adressa à Tartini, qui lui proposa Bini, en ces propres termes, où éclate la modestie de ce grand maître : *Jo lo mando a un mio scolare che suona più di me, e me ne glorio per essere un angelo di costume e religiose.*

Vers 1757, Pasqualino devint maître de concert du duc de Wurtemberg, à Stuttgard, dans le tems même que la chapelle était sous la direction de Jomelli.

BIOT (M.), membre de la première classe de l'Institut, connu par plusieurs mémoires sur les mathématiques et la physique, a fait, en dernier lieu, des expériences sur la propagation du son par un aqueduc de Paris, de la longueur de neuf cent cinquante-un mètres ou quatre cent quatre-vingt-huit toises. V. Mém. de la Société d'Arcueil, t. 2; p. 403. Il a remarqué qu'en parlant dans le tuyau, il a entendu sa propre voix, répétée par échos jusqu'à six fois.

BIRK (Antoine), compositeur, de Vienne. L'on connaît de lui, vers 1760, six symphonies à grand orchestre, en manuscrit.

BIRK (Wenceslas-Raimond), compositeur viennois. On a de lui quelques concertos pour le clavecin, en manuscrit, que l'on jouait vers 1760.

BIRD (Thomas), membre distingué de la chapelle de la reine Elisabeth, à Londres. Ce fut lui que l'on chargea de remplacer le docteur et professeur Bull, au Collége de musique de Gresham, pendant les voyages que fit ce dernier en Europe,

BIRD (William), un des meilleurs et des plus célèbres contrapuntistes de son tems, vivait à Londres, vers l'an 1571; et non pas 1216, ainsi que le prétend Cramer dans son Magasin. On trouve encore, en Angleterre, un ouvrage, qu'il publia en 1571, conjointement avec Tallis. D'après ce que l'on dit dans le Magas., p. 580, il existe encore, aujourd'hui, un canon de sa composition, au dessus de la porte de la salle de musique de l'Université d'Oxford. C'est vraisemblablement le même dont chacun peut juger et admirer la noblesse de la mélodie et la perfection de l'harmonie, en consultant le parfait Maître de chapelle, par Mattheson. V. Bibliot. de Mitzler, t. III, p. 2. tab. 1, fig. 6.

BIRKENSTOCK (Jean-Adam), violoniste célèbre et maître de concert à Cassel. V. Walther. Après la mort du Landgrave Charles; en 1730, il passa au service du duc d'Eisenach, comme directeur de chapelle, et y mourut le 26 février 1733

BIRNBACH (C. F.). Il a paru de sa composition, en 1783 et 1784, à Breslau, deux concertos isolés, pour le clavecin, avec accompagnement. On a encore de lui quelques morceaux pour le même instrument, en manuscrit. Cramer dans son Magasin, le range parmi les compositeurs les plus médiocres.

BIRNBAUM (Jean-Abraham) fit imprimer à Leipsik, en 1738: Unpartheyische anmerkungen über eine bedenkliche stelle des kritischen musicus (Observations impartiales sur un passage délicat du Musicien critique), une feuille in-8°. Mitzler a inséré cet écrit au premier volume de sa Bibliothèque de musique. En 1739, il publia encore Vertheidigung seiner unpartheyischen anmerkung, u. s. w. (Défenses de ses observations, etc.), in-8°. L'une et l'autre de ces brochures est dirigée contre Scheiben, qui avait tenté de critiquer dans son Musicien critique, les compositions et le jeu du grand Jean-Sébastien Bach.

BISACCIONI, compositeur italien, vivait vers le milieu du dix-septième siècle, et donna au théâtre de Venise, en 1645, la musique de l'opéra Ercole amante, (Hercule amoureux). Une preuve de la bonté de cet ouvrage est son exécution, à Paris, en 1660, lors du mariage du Roi. C'était le sixième opéra, ou plutôt la sixième représentation de musique que l'on voyait alors à Paris.

BISCH (Jean), professeur de musique, a publié, en 1802, un ouvrage pour les enfans, intitulé: Explication des principes élémentaires de musique. Les fils du célèbre compositeur Devienne ont été instruits dans la musique par M. Bisch.

BISCHOFF (Jean-Frédéric), le second de ce nom, et le cadet de cinq frères, était, en 1790, timbalier de la cour, de la garde et du régiment du cercle de Franconie à Anspach. Il naquit à Nuremberg, en 1748, où son père, habile musicien, était alors trompette de la ville. Il jouait des concertos sur la timbale. Meusel, dans son Lexicon des artistes, prétend qu'il jouait à la fois sur dix-sept timbales; il y en aurait bien assez, en n'en comptant que sept.

BISCHOFF (Jean-Georges), l'aîné, trompette du magister, naquit à Nuremberg, en 1733. Il est compté parmi les violonistes les plus agréables et les plus habiles de son tems. Il jouait, outre le violon, de quatre timbales avec beaucoup de dextérité. Il quitta cette place, en 1760, pour retourner à Nuremberg. Il était élève du célèbre Anderle.

On trouve dans les magasins de musique, un concerto de violon, en manuscrit, sous ce nom, dont il est peut-être l'auteur. Les amateurs de la mécanique trouveront, dans les voyages de Nicolaï, de bons renseignemens sur les grandes connaissances, qu'il possédait aussi dans cette science.

BISCHOFF (Jean-Georges), frère cadet du précédent, né, comme lui, à Nuremberg, en 1725, jouait du violoncelle et de la trompette. Peut-être est-ce lui qui a composé les six solos pour violoncelle, op. 1, et l'air varié pour le violonc. et b., qui ont paru à Amsterdam en 1780. Il était également mécanicien excellent. Un troisième frère était graveur et jouait de la timbale.

I. 6

BISSIOLI (Mathieu), célèbre hautboiste, né à Brescia, vers l'an 1770, était à l'orchestre excellent de l'église de St.-Antoine à Padoue. V. Voyages de Burney.

BISSON (Louis), qui vivait en 1576, a réduit de quatre parties à un duo, sans rien changer au premier dessus, plusieurs chansons de Nicolas du Chemin.

BITO, mécanicien du tems du roi Attale I, a écrit un livre : *De musicis instrumentis.* V. Nat. co-mitis mythol. lib. I. c. 10.

BIZZOSI. Le maître de chapelle Hiller parle avec éloge d'une demi-douzaine de trios pour le violon qui ont été publiés sous ce nom, en 1760, et les compare à ceux d'Abel. Il est présumable que c'est Alexandre Besozzi. V. cet article.

BLACKE (B.) a publié, vers 1780, à Paris, huit ouvrages, chacun de six duos pour violon et viola.

BLAESING (David), en dernier lieu, professeur ordinaire des mathématiques, à Kœnigsberg en Prusse, membre de la Société des sciences à Berlin, né à Kœnigsberg, le 29 décembre 1660, y a fait imprimer, en 1705, une dissertation : *De sphœrarum cœlestium symphoniâ.* Il est mort le 9 octobre 1719.

BLAINVILLE, violoncelliste et maître de musique à Paris, a publié en 1751, l'Harmonie théorico-pratique, en 1754, l'Esprit de l'art musical, et en 1765, l'histoire générale, critique et philologique de la musique. Ces ouvrages sont des compilations sans goût, qui ne valent guères mieux que ses symphonies, dit Laborde, avec raison.

On sait qu'en 1751, il annonça, comme une découverte, un mode qui était mixte entre le majeur et le mineur. D'après l'aveu de J.J.Rousseau lui-même, ce troisième mode est la même chose que notre ancien mode plagal, qui subsiste encore dans le plain-chant, et qui était le douzième des anciens. D'un autre côté, M. Serre, de Genève, a fait voir que ce nouveau mode est le simple renversement du mode majeur, quant aux intervalles. La simple notion de nos modes aurait appris à Blainville que son prétendu mode n'est autre

chose que l'échelle du mode mineur de *la*, prise par la quinte, ou celle du mode majeur d'*ut*, prise par la tierce.

M. Fabre d'Olivet a essayé, en 1804, de ressusciter le mode de Blainville sous le nom de *mode hellénique.* Il a eu le même succès que son devancier. V. l'art. Fabre d'Olivet.

En 1778, Vandermonde, grand géomètre, et pourtant esprit faux, proposa quatre sortes de modes mineurs selon les différentes modulations qu'on peut jeter dans ce qu'on appelle un mode mineur, en altérant par un dièse la sixième note ou la quatrième, qui dès-lors appartiennent au mode de la quinte du mode majeur ou mineur. Ainsi en *la* mineur, la sixte altérée *fa* dièse appartient au mode majeur de *sol*, et la quarte *ré* dièse appartient au mode mineur de *mi*.

Au reste, dans un mode quelconque, il faut considérer ses notes essentielles. Dans le mode mineur de *mi*, par exemple, *fa* dièse est note essentielle du mode. Rendez le *fa* naturel, vous n'avez plus le mode mineur de *mi*, mais un mode mixte entre le majeur d'*ut* et le mineur de *la*, dans lequel vous passez comme un mode accessoire, pour revenir à l'un des deux modes principaux. Ainsi que ces deux derniers, il présente des accords dissonans simples de septième et de neuvième dominantes, avec leurs renversemens. Cette considération est due à M. Choron. V. son article et ses Élémens d'harmonie et d'accompagnement à l'usage des jeunes élèves.

BLAISE, basson de la comédie Italienne, a donné en 1759, Isabelle et Gertrude, charmant opéra comique de Favart, que M. Pacini a remis en musique en 1808.

BLAMONT(François-Colin de), surintendant de la musique du roi, naquit à Versailles en 1690. Son début en composition fut la cantate de *Circé*, du grand Rousseau; elle eut un brillant succès et lui valut l'amitié de la Lande, qui, dès ce moment, devint son maître.

En 1723, il donna les fêtes grecques et romaines, et ce fut

l'époque de sa réputation ; il vécut jusqu'à l'âge de soixante-dix ans , et mourut en 1760.

BLANCAN (Joseph), jésuite , né à Bologne , a expliqué les proportions harmoniques du grand Aristote. Son ouvrage est intitulé : *Aristotelis loca mathematica explicata.* Bononiæ , 1615. Il mourut à Parme , en 1624.

BLANCHARD (Esprit-Joseph-Antoine) , né dans le Comtat en 1696, reçut des leçons de Guillaume Poitevin , le maître de Gilles et de Campra , et fut nommé à vingt-cinq ans maître de musique du chapitre de Saint-Victor , à Marseille.

En 1737 , il fit chanter devant le roi son magnifique motet , *Laudate dominum* , et obtint la place de maître de chapelle , vacante par la mort de N. Bernier.

En 1748 , il fut chargé des pages de la musique. Il quitta l'état ecclésiastique et se maria.

Le roi lui accorda des lettres de noblesse et le cordon de Saint-Michel. Il fut nommé maître de la musique du roi en 1761, et mourut à Versailles en 1770 , des suites d'une fluxion de poitrine.

BLANCHET , auteur d'un ouvrage intitulé : l'Art ou les Principes philosophiques du chant, 1756, in-12 , prétend que Bérard lui a volé une partie de son manuscrit pour composer son Art du chant; mais rien n'est plus faux. Le livre de Bérard est rempli de vues excellentes ; et celui de Blanchet fourmille de fautes grossières. (L. B.)

BLANCHET , fameux facteur de clavecins , à Paris , vers 1750, était renommé pour les claviers. Sa fille avait épousé Armand-Louis Couperin , organiste de la chapelle du roi et de Notre-Dame à Paris.

BLANCHINI (François) , ou Bianchini , naquit à Vérone en 1662 , et mourut en 1729.

Il est le fondateur de l'académie des Aletofili. Il fut bibliothécaire d'Alexandre VIII , et secrétaire des conférences pour la réforme du calendrier. Les habitans de Vérone lui ont érigé un buste.

Parmi les nombreux ouvrages qu'il a écrits , on distingue le suivant : *De Tribus generibus ins-* *trumentorum musicæ veterum organicæ dissertatio* , in-4°. Romæ 1742.

BLANCHIS (Pierre - Antoine de) , premier chapelain de l'archiduc Ferdinand d'Autriche , était un très-grand compositeur , et le même que Walther cite sous le nom : *Bianchi P. Antoni.* On a de lui : *Sacri concentus,* 8 *vocibus, tum vivæ vocis , tum omnium instrumentorum generi decantandi.* In *Venetia* , 1609, in-4°,

BLANGINI (Joseph - Marc-Marie-Félix) , né à Turin , le 8 novembre 1781 , a fait ses études sous M. l'abbé Ottani , maître de chapelle de la cathédrale de cette ville. Dès l'âge de douze à treize ans, il accompagnait sur l'orgue le chœur de cette église, art dans lequel il excelle. À l'âge de quatorze ans , il y fit exécuter une messe à grand orchestre.

Arrivé à Paris en l'an 1799 , il s'est livré , avec le plus grand succès , à l'enseignement du chant , et surtout à la composition. Il fut chargé de terminer la Fausse Duègne , opéra en trois actes , que Della Maria avait laissé imparfait. Peu de tems après , il donna lui-même Zélie et Terville , et plusieurs autres opéras , notamment Nephtali , opéra en trois actes , représenté à l'Académie Impériale de musique. En même-tems il a composé un grand nombre de pièces fugitives , et aucunes compositions de ce genre n'ont eu plus de succès. C'est ce que savent toutes les personnes qui ont eu l'avantage d'assister aux concerts dans lesquels il réunit la société la plus brillante , et où il chante en s'accompagnant lui-même avec beaucoup de goût et d'expression. Appelé à Munich en 1805, il y fit exécuter un opéra à la suite duquel il fut nommé maître de chapelle de S. M. le R. de Bavière. En 1806, S. A. I. et R. madame la princesse Borghèse le nomma directeur de sa musique et de ses concerts. En 1809 , le Roi de Westphalie lui a conféré le titre de maître de musique de la chapelle, du théâtre et de la chambre.

Les ouvrages que M. Blangini a composés jusqu'à ce jour consistent en dix-huit recueils de romances; qua-

6.

torze de nocturnes à deux et à trois voix; dix d'arriettes italiennes : plusieurs opéras, savoir : *opéras comiques*, la Fausse Duegne, avec Della Maria; Zélie et Terville ; encore un tour du Calife (Munich) les Femmes vengées. *Operas sérieux;* Nephtali ; le sacrifice d'Abraham; Inès de Castro ; les fêtes Lacédémoniennes ; ces trois derniers non représentés. Musique instrumentale, 4 symphonies à grand orchestre.

BLANGINI (Mademoiselle), sœur du précédent, est née à Turin en 1780. Elle reçut d'abord des leçons de violon du célèbre Pugnani, et ensuite de MM. Puppo et Alexandre Boucher. M. Barni l'a dirigée dans l'étude de la composition. On n'a publié qu'un seul de ses ouvrages, savoir : un trio pour deux violons et violoncelle. Elle a joué des concertos de violon dans des concerts publics, à Turin, à Milan, à Vienne et à Paris.

Elle est, depuis quelques années, attachée à S. M. la reine de Bavière, en qualité de maîtresse de chant.

Sa sœur cadette, attachée en ce moment à la princesse Borghèse, a reçu des leçons de chant de M. Barni, et promet un sujet capable de faire honneur à son maître.

BLANKENBURG (Quirin van), organiste à la nouvelle église réformée à la Haye, né en Hollande en 1654, a publié à la Haye 1° un livre de musique simple ; des morceaux pour le clavecin, que l'on peut jouer à rebours, avec une dédicace à la princesse d'Orange, dans laquelle il dit : « Que la basse » pouvant devenir discant, et le » discant devenir basse, le prince » et la princesse pouvaient aussi se » marier ensemble. » Il était alors âgé de 80 ans. Il a encore publié un autre ouvrage sous le titre : *Een nieuw licht voor dem usick en den bass continuo* (Nouvelle lumière pour la musique et la basse continue) Il mourut en 1739.

BLANKENBURG (Frédéric), né près de Colberg le 24 janvier 1744, dirigeait, en 1786, la nouvelle édition de l'ouvrage connu de Sulzer : Théorie générale des arts et belles-lettres, avec augmentations, in-8°. Il a joint aux principaux articles concernant la musique, des notes sur la littérature musicale.

BLANCS (Edouard), contrapuntiste anglais, un des collaborateurs des Mélodies des Psaumes, à 4 v., qui parurent à Londres en 1594.

BLAS (G.-B.), hautboïste et compositeur allemand, s'est fait connaître, vers 1780, par différens concertos et trios pour cet instrument, qui sont restés en manuscrit.

BLASE, de Cavaillon, correspondant de l'Institut. On trouve sous ce nom un recueil de romances; mais nous ignorons s'il est de sa composition.

BLASIUS (Frédéric), chef d'orchestre du théâtre de l'Opéra-Comique, virtuose à la fois sur le violon, la clarinette, la flûte et le basson, a publié, en 1796, une Nouvelle Méthode de Clarinette et raisonnement des instrumens; principes et théorie de musique.

Il a publié des sonates, duos, trios, quatuors et concertos pour le violon, la clarinette et le basson. Il a arrangé en quatuors pour deux violons, alto et basse, les belles sonates d'Haydn pour le piano. Outre la musique militaire qu'il a fait graver, il a mis en harmonie plusieurs opéras, entr'autres *Il matrimonio segreto*, de Cimarosa.

Les opéras qu'il a donnés au théâtre Favart ont eu du succès dans le tems, mais ne sont pas restés au répertoire.

BLATTMANN, a publié une Méthode et des œuvres de harpe.

BLAVET (N.), célèbre flûtiste, né à Besançon en 1700, vint à Paris en 1723, et devint surintendant de la musique du comte de Clermont jusqu'à sa mort, arrivée en 1768. On a de lui plusieurs morceaux de musique vocale et instrumentale. Ses compositions théâtrales sont le ballet des Jeux Olympiques et la Fête de Cythère. Il était aussi très-habile sur le basson.

On raconte qu'un chien qui entrait en fureur toutes les fois qu'il entendait quelqu'un jouer de la flûte, s'appaisait et venait lécher les pieds de Blavet, lorsqu'il entendait les sons mélodieux qu'il tirait de cet instrument.

BLAVIÈRE, natif du pays de Liége, était, vers 1772, maître de chant à l'église Saint-André à Anvers. Le docteur Burney trouva en lui un homme plein de connaissances et extraordinairement versé dans la littérature musicale. Ses compositions pour l'église prouvent qu'il avait approfondi tous les principes du contrepoint. V. Voyages de Burney.

BLEYLEBL (Joseph), directeur du chœur de la collégiale de Sainte-Croix, à Prague, vers le milieu du dix-huitième siècle, était natif de Gabel en Bohême, et une basse-contre excellente. V. *Statistik von Bœhmen*, cah. 7.

BLEYER (Nicolas), fut pendant trente-sept ans musicien de la ville de Lubeck; il y mourut le 3 mai 1658, âgé de soixante-huit ans. Il a publié, en 1624, à Leipsick, in-4°, *Neue paduanen galliarden, canzonen und sinfonien. Erster Theil.* V. Jœcher.

BLITHEMANN (Guillaume), organiste de la cour de la reine Elisabeth, à Londres, vers 1570, était un des plus grands contrapuntistes de son tems. Ses compositions étaient généralement estimées, nonseulement en Angleterre, mais aussi dans l'étranger. Il mourut en 1591. L'on voit encore son portrait dans la salle de musique à Oxford. V. Mart. Gerbert.

BLOCKLAND, né à Montfort, en Hollande, a fait imprimer à Lyon, en 1573 : Instruction de Musique.

BLONDEL, maître de musique de Richard I. roi d'Angleterre, vers 1190. Tandis que son maître, prisonnier du duc d'Autriche, gémissait dans une tour, en Allemagne, il parcourut toute la Terre-Sainte et tous les lieux en Allemagne où il pouvait soupçonner que son maître était renfermé, jusqu'à ce qu'il apprit enfin que l'on gardait au château du village de Lowenstein un prisonnier de distinction. Il examina ce château avec toute l'attention possible, et ayant aperçu une tour fortement grillée, il commença à chanter une des chansons françaises qu'il avait composées autrefois avec Richard. Il eut à peine fini le premier couplet, qu'une voix, sortant de la profondeur de la tour, commença le second, et continua jusqu'à

la fin. Ce fut là le moyen par lequel il découvrit son maître, qu'il délivra ensuite. V. Forckel, Biblioth. t. I, p. 311. Cette anecdote a fourni le sujet de Richard Cœur-de-Lion, joli opéra de M. Grétry.

BLOT a publié son premier ouvrage à Paris en 1784; il consiste en six trios pour le clavecin avec violon et violoncelle.

BLOUW (John), docteur en musique, vers 1700 fut nommé organiste à l'abbaye de Westminster, après la mort de Purcell. Il mourut en 1708.

BLONDEAU (Aug.-Louis), né à Paris en 1786, élève de M. Méhul, et actuellement à l'école française à Rome, a remporté, en 1808, le grand prix de composition musicale décerné par le conservatoire. La cantate proposée au concours était *Marie Stuart*, paroles de M. de Jouy.

M. Blondeau a reçu des leçons de violon de M. Baillot, et a publié pour cet instrument, 1° un air avec variations; 2° un œuvre de trios; 3°. des sonates de Beethoven arrangées en quatuors. On trouve la cantate de Marie Stuart dans le Journal Hebdomadaire, de M. Leduc, trente-huitième année, numéros 45, 46, 47, 48.

BLUM (J.-C.-F.) directeur de musique à la cathédrale de Magdebourg, fit imprimer, en 1783, trois sonates pour le clavecin.

BLUMBERG (Barbara), cantatrice célèbre, autant pour son chant excellent, que pour sa beauté, naquit à Ratisbonne. Misauder (Delic. bibl. , pag. 1215) dit : « qu'elle avait servi à quelque chose de plus qu'à chatouiller les oreilles de l'empereur Charles-Quint, qui doit avoir eu d'elle le fameux don Juan d'Autriche ».

BLUME (Joseph), membre de la chapelle royale de Berlin, et premier violoniste depuis 1733, né à Munich en 1708, où son père était violon à la chapelle de la cour, fut d'abord au service du duc de Bavière, et ensuite en Pologne du prince de Lubomirsky, d'où il passa enfin à la chapelle du prince de Prusse. Ses caprices pour le violon ont fait, pendant long-tems, l'étude des ama-

teurs de cet instrument. Il mourut
à Berlin en 1782

BOCAN, était un célèbre violoniste sous Louis XIII.

BOCCACE (Jean), savant poëte
italien, connu par son Décaméron,
né à Certaldo, en Toscane, en 1312,
y mourut en 1375. Hawkins, dans
son Histoire, assure que c'est presqu'exclusivement aux ouvrages de
Boccace qu'il est redevable des renseignemens qu'il donne sur la musique séculière et sur les instrumens
en usage en Italie pendant le quatorzième siècle. Il les aura puisés
dans l'œuvre de illustrium virorum
et fœminarum casibus.

BOCCHERINI (Luigi), nâquit
à Lucques le 14 janvier 1740 (et non
en 1736, comme le prétend M. L.-E.
Gerber). Il reçut les premières leçons de musique et de violoncelle
de l'abbé Vannucci, alors maître de
musique de l'archevêché. De bonne
heure, il montra les plus grandes dispositions. Son père, habile contre-
basse, les cultiva avec soin, et finit
par l'envoyer à Rome, où bientôt il
acquit une réputation étonnante, et
surprit par des productions aussi
fécondes qu'originales. Peu d'années
après, il revint a Lucques, et voulut
donner un témoignage éclatant de
sa reconnaissance à son maître Vannucci et au séminaire, où tant de
moyens d'instruction lui avaient
été offerts, quoiqu'étranger aux
études ecclésiastiques. Il fit alors
entendre, pour la première fois,
les essais de son génie. Filipino
Manfredi, élève de Nardini et compatriote de Boccherini, se trouvait
à Lucques dans ce moment. Ils exécutèrent ensemble les sonates de
violon et de violoncelle qui forment
l'œuvre VII, et ravirent tout l'auditoire. Ils se lièrent dès-lors
de l'amitié la plus étroite, et quittèrent l'Italie pour se rendre en
Espagne, où le prince régnant se
plaisait à réunir les premiers talens.
Devancés par la renommée, ils
furent accueillis avec une distinction particulière; mais leur caractère n'était pas absolument le même.
Manfredi était venu, en Espagne
dans l'unique intention d'amasser
de l'or, tandis que Boccherini, plus
occupé de sa gloire, consentait à se

faire entendre des grands qui le sol-
licitaient. Ce dernier prit le parti de
se fixer en Espagne. Admis chez le
roi, il s'en fit aimer; bientôt après,
il fut attaché à l'académie royale
de ce prince, et comblé par lui
d'honneurs et de présens. La seule
obligation qu'on lui imposa fut de
donner chaque année neuf morceaux
de sa composition pour l'usage de
l'académie. Boccherini y souscrivit,
et tint parole. Il mourut à Madrid
en 1806, âgé de soixante-six ans, et
vivement regretté de tous les amis
des arts. Une partie de la cour assista à ses funérailles.

Les compositions qu'il a fait graver forment en tout cinquante-huit
œuvres de symphonies, sextuors,
quintettis, quatuors, trios, duos et
sonates pour le violon, le violoncelle
et le forte-piano. Quelques personnes
ont des quintetti manuscrits de Boccherini, et des morceaux détachés
de musique vocale. Le Stabat mater
est le seul de ses ouvrages pour l'é-
glise qui ait été gravé. Comme
Durante, il n'a rien fait pour le
théâtre. Son premier œuvre, renfermant six quatuors pour deux violons, alto et violoncelle, a paru en
1768. Il était alors à Paris.

Les adagio de Boccherini font
surtout l'admiration des connaisseurs et le désespoir des artistes;
ils donnent l'idée de la musique
des anges. Dans l'allegro il ne
cesse pas d'être noble. Ce compositeur n'a jamais profané son génie.
Sa musique est puisée à la source
des livres saints; aussi respire-t-
elle le grandiose religieux, dans un
genre où personne ne l'égale.

Boccherini a précédé Haydn. Le
premier il a fait des quatuors, et
a fixé le vrai caractère du genre.
Jusqu'à présent il est le seul qui
ait composé des quintetti à deux
violoncelles; en voici la raison,
que personne n'a encore donnée.
Il entrait dans le système de composition de Boccherini de rendre la
musique avec toute la suavité dont
elle est susceptible; or, la qualité
des sons du violoncelle remplit cet
objet mieux que le violon. Il s'est
donc attaché à faire ressortir le
violoncelle, en conservant pour
l'harmonie le violon, l'alto et la
basse; de là l'idée de son second

violoncelle, qui souvent est concertant avec le premier.

Boccherini a laissé à M. le marquis de Benaventi vingt - quatre quintetti, les derniers qu'il a faits, et qu'on peut appeler le *Chant du Cygne.* V. l'Histoire du Violon, par M. Fayolle.

Boccherini entretenait de Madrid une correspondance suivie avec Haydn. Ces deux grands hommes cherchaient à s'éclairer mutuellement sur leurs compositions.

M. J. B. Cartier a dit d'une manière très-originale : *Si Dieu voulait parler aux hommes, il se servirait de la musique d'Haydn; et, s'il voulait entendre de la musique, il se ferait jouer celle de Boccherini.*

M. Puppo les a très-bien appréciés aussi, en disant : *Boccherini est la femme d'Haydn.*

BOCCHI (FRANCESCO), Florentin, né en 1548; a publié *Discorso sopra la musica, non secondo l'arte di quella ma secondo la ragione alla politica pertinente.* 1580.

BOCHART (SAMUEL), savant prédicateur réformé de Caen, naquit à Rouen en 1599. Il a écrit un ouvrage : *De Sistro.* Il mourut le 16 mai 1667. V. Jœcher.

BOCHSA (ROBERT — NICOLAS— CHARLES), est né, le 9 août 1789, à Montmédi, départ. de la Meuse. Son père, premier hautboïste au grand théâtre de Lyon, lui donna, dès sa plus tendre enfance, les premières notions de la musique. A sept ans, il exécuta sur le piano un concerto dans un concert public. Son goût pour la composition se développa. A l'âge de neuf ans, il fit un duo de flûte et une symphonie : à onze, il joua un concerto de flûte de sa composition : à douze, il avait fait plusieurs ouvertures de ballet, et bientôt après, il s'adonna au quatuor sans connaître une seule règle de composition; à seize ans, il mit en musique pour la ville de Lyon, lors du passage de l'Empereur, un opéra de Trajan. Dans le même tems, il s'appliqua à la harpe, et déjà cet instrument lui était devenu familier, quand il suivit sa famille à Bordeaux, où le célèbre Beck lui donna des leçons de com-

position, qu'il était si avide d'apprendre. Il travailla avec lui pendant un an. Il fit la musique du ballet de la Dansomanie, et un oratorio, intitulé le Déluge universel, où il y avait un chœur exécuté par deux orchestres.

Enfin, il vint à Paris. Aidé des leçons de M. Catel, il remporta, dès la première année, le premier prix d'harmonie. Il continua de cultiver la harpe sous les leçons de M. Nadermann, et les conseils de M. de Marin, et de se livrer à la composition.

M. Bochsa a fait graver des sonates, des duos, des quatuors pour harpe et piano, des airs variés, et beaucoup de fantaisies pour la harpe, entr'autres celle sur l'air de *la Sentinelle,* de M. Choron. On a encore de lui un grand quintetto pour harpe, hautbois, flûte, cor et basson; un quatuor pour hautbois, violon, alto et basse; trois quatuors pour deux violons, alto et basse; une nocturne à deux harpes, flûte et cor anglais; une cantate à quatre voix et chœurs, ou hommage des artistes français à S. E. l'ambassadeur de Perse, pour deux harpes, flûte, hautbois, cor anglais, clarinette, cor, basson, violoncelle et contre-basse; deux concertos pour la harpe, dont le premier a été exécuté par l'auteur au concert de mademoiselle Colbran.

BOCK (JEAN-CHRÉTIEN), secrétaire de la guerre à Hanovre, a fait graver, en 1771, à Nüremberg, un solo pour le violon.

BOCK (Le P. de), publia, vers 1740, chez Witvogel, à Amsterdam, deux œuvres pour le clavecin.

BOCRISIUS (JEAN-HENRI), professeur de philosophie à Schweinfurt, naquit en 1687, et mourut en 1716. On trouve de lui dans les Miscel. de Leipsick, t. 4, p. 96 : *Observatio de musicâ præexercitamento Hebræorum, etc.*

BODE (JEAN-JOACHIM-CHRISTOPHE), imprimeur fort instruit de Hambourg, né à Berlin en 1728, a publié, outre une quantité d'autres ouvrages étrangers à notre sujet, le deuxième et troisième volume des voyages de C. Burney, traduits de l'anglais, avec des augmentations et des notes, Hambourg, 1773, in-8°. Il est aussi compositeur, et publia comme tel, en 1762 : *Zærtliche und scherzhafte lieder mit melodien* (Chansons tendres et comiques). Ses six symphonies pour dix instrumens, op. 2, parurent en 1780. On a de lui encore un concerto pour violon, six trios pour le même instrument, et quelques autres compositions en manuscrit.

BODENBURG (JOACHIM), recteur à Berlin, en 1745 ; il y fit imprimer : *Einladungs schrist von der musick der alten, sonderlich der Ebrœer und von den beruhmtesten Tonkunstlern des alterthums*, (De la musique des anciens, principalement des Hébreux, et des plus célèbres musiciens des anciens). V. *Mittags, hist. abhandl., v. den orgeln, p.* 5, dans la note.

BODINI (SÉBASTIEN), maître des concerts du Margrave de Bade-Dourlach, vers 1756, était auparavant musicien de la chambre et de la chapelle de Wurtemberg. Il a fait imprimer à Augsbourg, successivement, six volumes in-folio, de quatuors et trios, sous le titre : *musicalisches divertissement, oder in das gehœr gerichtete trio*. Presque chaque volume contient une demi-douzaine de sonates pour hautbois, flûte, violon, viola et cor, mais de manière que plusieurs instrumens alternent dans chacun.

BODINUS (JEAN-AUGUSTE), premier violon à la chapelle du prince de Schwarzburg-Rudolstadt, naquit, vers 1725, dans la p incipauté de Schwarzburg. Ce digne élève de François Benda, a composé pour son instrument, mais il n'a rien fait graver.

BOECE (ANICIUS-MANLIUS-TORQUATUS-SEVERINUS), issu d'une des plus illustres familles consulaires de Rome, vivait du tems de l'empereur Zénon, vers la fin du cinquième siècle. Il naquit à Rome, en 470. Consul en 487 en 510, il devint le premier ministre de Théodoric, roi des Gots, qui l'exila, et qui lui fit ensuite trancher la tête. Il composa, dans sa prison, les cinq livres de la Consolation, c'est son ouvrage le plus célèbre. Il a laissé un traité de musique,

divisé en quatre livres. On trouve rassemblés, avec un goût et une méthode exquise, dans l'ouvrage de Boëce, tous les principes et les préceptes qui sont épars dans les différens auteurs qui ont écrit sur cette matière. V. la Musurgie de Kirker, t. I, l. 7, part. 1, et *Scriptores ecclesiastici*, de M. Gerbert, t. I. p. 344.

BOECK (S. J. de), franciscain, vécut vers l'an 1730. Il fit graver à cette époque, chez Witvogel, à Amsterdam, des suites pour le clavecin.

BOECK (IGNACE et ANTOINE), frères, et excellens cors à la chapelle du prince de Bathiany, à Vienne, vers 1782, voyagèrent l'année suivante, et se firent admirer partout où ils se présentèrent, par la belle qualité des sons et surtout par l'habileté avec laquelle ils savaient se servir de la sourdine, pour rendre l'écho le plus éloigné. V. Magas. de Cramer, p. 1401.

BOECKLIN (FRANÇOIS-FRÉDÉRIC-SIGISMOND-AUGUSTE baron de), amateur de musique et composi téur, né à Strasbourg, en 1745, cultiva de bonne heure la musique vocale, le clavecin et le violon. En 1770 il entra au service du duc de Wurtemberg, en qualité de chambellan, et prit des leçons de Jomelli dans l'art de la composition. Jomelli lui disait souvent: « c'est dommage que vos talens ne » soient pas tombé en partage à » un homme du métier. Vcus feriez » des prodiges, si vous consacriez » seulement le tiers de votre tems » à la composition ». Le maître de chapelle Richter fut son second maître, et lui apprit tous les secrets de la fugue.

Outre des symphonies, des chansons et des morceaux d'église qui ont été gravés, le baron de Boecklin a donné les opéras suivans : le Bailli de Kleefeld; le Magicien; les Braconniers, vers 1780; l'Oracle et la Soirée au jardin, vers 1783. Il a fait les paroles et la musique de ce dernier opéra.

BOECLER (JEAN), docteur en médecine, a publié à Strasbourg un ouvrage intitulé : *De sono*. V. Jœcher.

BOŒHM (Godefroy), chanteur à Tragheim près Kœnigsberg, fit graver, en 1760, à Nuremberg, trois solos pour flûte, avec basse. Quelque tems après, il publia une fugue, à Amsterdam.

BŒHM (Jean), directeur d'une troupe d'acteurs allemands, vers 1785, a composé la musique de quelques opéras.

BŒHM (Iwan), violoniste de la chapelle royale de Berlin, né à Moskow en 1713, se forma d'abord dans sa patrie, sous la direction du célèbre Piantanida ; et continua ensuite ses études à Berlin, par les leçons du maître de concert Graun. Il doit être mort vers 1760. On a, de sa composition, différens solos et trios pour le violon.

BŒHMER (Samuel), père du fameux bassoniste de ce nom au service du duc de Saxe-Gotha, nâquit à Schlichtingsheim, ville de la grande Pologne, le 3 octobre 1678. Dans sa dixième année, il vint chez son frère Tobie Bœhmer, bourguemestre, chanteur et organiste à Christianstadt en Lusace, et apprit de lui la musique. Le comte de Callenberg l'appela en 1716 à Muskau, dans la haute Lusace, comme musicien de la cour et organiste de la ville.

BŒHMER (David-Abraham), en dernier lieu virtuose de la chambre et basson du duc de Saxe Gotha, né à Muskau, dans la haute Lusace, le 9 mai 1709, commença, à cinq ans, de prendre des leçons de violon chez son père ; mais il choisit à l'âge de douze ans le basson, et entra en 1726, avec son père, au service du comte de Schœnaich Carolath. Celui-ci prit tant d'intérêt à son jeune virtuose, qu'il l'envoya pour quelques mois à Berlin, pour y prendre encore les leçons du célèbre basson Guttofsiky, afin de s'y perfectionner encore davantage.

C'est probablement après la mort de son père qu'il alla à Gotha, où il a resté plusieurs années universellement estimé. Il y mourut vers 1786.

BŒHMER (Esther-Hélène), sœur du précédent, née le 18 août 1724 ; dès l'âge de dix ans, jouait du violoncelle sous la direction de son père, et y parvint à une telle perfection, qu'elle put accompagner son père et son frère, tant à leur propre satisfaction, qu'à celle du public.

BŒK (Everard), violoniste de la cour, à Passaw, fut un des plus grands virtuoses sur cet instrument, en Allemagne, et rivalisait avec le fameux Lolli.

BOELY (M.), ancien artiste-musicien, retiré à la maison de S. Périne, de Chaillot, a publié en 1806 : les véritables causes dévoilées de l'état d'ignorance des siècles reculés, dans lequel rentre visiblement aujourd'hui la théorie pratique de l'harmonie, notamment la profession de cette science.

L'auteur ayant sommé M. Gossec de lui dire ce qu'il pensait de son ouvrage, ce dernier a répondu au nom des membres du Conservatoire, ses ignorans confrères en harmonie, qu'il regardait le cartel de M. Boëly, comme un acte de démence qui devait rester sans réponse. Il ajoutait qu'il saluait M. Boëly, et lui souhaitait ouie et santé.

M. Boëly a un fils qui est élève de M. Ladurner, sur le forte-piano, et qui doit se faire un nom, comme compositeur et comme pianiste Sa musique n'est pas encore gravée.

BOEMO, le P.), organiste célèbre du couvent des Frères Mineurs, à Assisi, vers 1720, était le maître de Tartini, pendant le tems que celui-ci se tenait caché dans son couvent.

BOEMO (Il). V. Mislewezeck.

BOERHAVE (Herman), fameux médecin hollandais, né en 1666, et mort en 1738, a laissé plusieurs ouvrages sur la médecine. On y trouve beaucoup de choses qui concernent la musique, en tant qu'elle tient à la physique.

BŒRNER, né à Erfurt, et mort à Schwarzburg, en 1674, était un grand amateur de musique, et jouait très-bien de la viola da gamba.

BŒSEMBERG (Éléonore), née à Hanovre en 1768, était depuis sa plus tendre enfance au théâtre, et se trouvait, en 1784, à celui de Grossmann, comme cantatrice.

BOESSET (Jean-baptiste), seigneur de Denaut, maître d'hôtel, et surintendant de la musique de Louis XIII, roi de France, était célèbre comme un des premiers joueurs de luth de son tems, et mourut le 27 janvier 1686, dans la vingt septiéme année de son âge. La Borde, dans son essai, rapporte une chanson de sa composition.

BOETTNER (Jean Chrétien), organiste à l'église d'Hanovre, et professeur de musique au séminaire royal de cette ville, a publié, en 1787, *Choral-vorspiele fur die orgel.*

BŒTZELAER (La baronne van) a publié, à Lahaye, en 1780, *Sei Ariette a canto e cemb.* op. 1 ; *Racolta d'arie sciolte con sinfonia, con 2 viol., 2 ob., 2 cor., viola e bass.*, op. 2; 6 *Canzonette a più voci*, op. 3; *Arie sciolte, con coro, dedic. al. sig. Metastasio*, avec accompagnement, *op.* 4.

BOHDANOWICZ (B.) musicien à Vienne. Il a paru de lui, vers 1780, douze polonaises avec trois pièces pour le clavecin. En 1784, il publia encore trois duos pour le violon. *Op. I.*

BOISGÉLOU (François-Paul-Rovalle, de) nâquit à Paris, le 10 avril 1697, et y mourut le 19 janvier 1764. Il fut pourvu, dans sa jeunesse, d'une charge de conseiller au grand-conseil.

M. Boisgelou s'était beaucoup appliqué à la haute analyse, et à la théorie de la musique. On lui doit une méthode de calcul différentiel, qui est indépendante de la considération des infiniment petits. C'est celle que M. Mauduit développe dans son cours de mathématiques, au collège de France, depuis environ une trentaine d'années. Nous ajouterons que M. Dionis du Séjour, conseiller au parlement, et auteur d'un Traité des courbes, était l'ami et le digne élève de M. de Boisgelou.

Quant à la théorie musicale de ce dernier, on sait que le but de son système est de trouver entre les intervalles, en y appliquant le calcul, des rapports qui soient symétriques. J. J. Rousseau, à l'article *Système* de son dictionnaire de musique, a dénaturé le système de M. Boisgelou, parce qu'il ne l'entendait pas ; mais il a été rétabli depuis par M Suremain-Missery, qui est arrivé aux mêmes résultats par des voies différentes, et en a étendu les applications théoriques.

BOISGELOU (Paul-Louis-Rovalle de), fils, né à Paris en 1732, fut mousquetaire. Il étudia à Louis-le-Grand, où il commença son éducation musicale. Encore enfant, il était cité pour son talent sur le violon. C'est de lui dont parle Jean-Jacques, dans l'Emile, en ces termes: « J'ai vu, chez un magistrat, son » fils, petit bonhomme de huit ans, » qu'on mettait sur la table au des- » sert, comme une statue au milieu » des plateaux, jouer là d'un violon » presque aussi grand que lui, et » surprendre, par son exécution, » les artistes mêmes.» *Emile, l.* 2, *t.* 7, *p.* 337, Genève, 1782.

Il se chargea, par zèle pour l'art et d'une manière purement bénévole, de mettre en ordre toute la partie musicale de la Biblioth. Imp. Il fit à ce sujet un travail très-intéressant, dont nous avons même tiré parti. Il est mort à Paris, le 16 mars 1806.

BOISMORTIER, né en 1691, prouva du talent dans son opéra de Daphnis et Chloé. La Bruère, Favard et Laujon lui donnèrent chacun un poème à mettre en musique. On a beaucoup vanté son motet *Fugit nox.*

Il était trop distrait pour pouvoir conduire sa musique lui-même. Aussi disait-il plaisemment aux directeurs de l'opéra et du concert : « *Messieurs, voilà ma partition, faites-en ce que vous pourrez ; car, pour moi, je n'entends pas plus à la faire valoir que le plus petit enfant de chœur.* » Boismortier mourut à Paris, en 1755, âgé de soixante-quatre ans.

BOLLA (Madame), cantatrice à l'opéra-buffa de Paris en 1805, avait de la grace et de la pureté dans son chant, mais elle manquait d'expression. Elle réussissait mieux dans les rondeaux et cavatines que dans les morceaux d'un genre grave. Son triomphe était le rôle de la Zingarella.

BOLLIOUD de Mermet a publié, à Lyon, en 1746, une brochure in-12, intitulée : De la corruption du goût en musique. « Cet auteur estimable, dit M. de Boisgelou fils, pouvait d'autant mieux être bon juge en cette matière, qu'il était lui-même habile musicien. Il jouait si bien de l'orgue, que les meilleurs organistes ne manquaient pas d'aller l'entendre, lorsqu'il s'amusait à jouer de l'orgue dans les églises de Paris.» Ce petit traité a été traduit en allemand, en 1750, par Freytag, avec des notes historiques. V. le Musicien critique de la Sprée, page 321.

BOMTEMPO (Giov.—Andr.) de Péruse, a publié, à Dresde, en 1660, un in-4°. intitulé : *Nova quatuor vocibus componendi methodus, quâ artis planè nescius ad compositionem accèdere potest.* Cette méthode est assez ingénieuse ; mais le P. Kircher en donne une beaucoup meilleure dans sa Musurgie, t. II.

BOMTEMPO (M.), pianiste estimé, dont nous n'avons pu obtenir aucuns renseignemens.

BON (Anne), virtuose de la chambre du Margrave de Brandenbourg-Culmbach, né à Venise, a publié, vers 1760, à Nuremberg, trois ouvrages : le premier consiste en six solos pour flûte, avec basse ; le second, en six sonates pour le clavecin, et le troisième, en six trios pour deux flûtes et basse.

BON (Girolamo), surnommé Momolo, né à Venise, publia à Nuremberg, en 1764 : 6 *facili sonate di violin. coll. bass.*

BON (Rose-Ruvinetti), cantatrice excellente surtout dans le comique, née à Bologne, vint en 1735, à Pétersbourg. En 1748, le roi de Prusse établit à Potsdam, un théâtre d'intermèdes, et l'y appella, comme première cantatrice.

BONA (Jean), cardinal très-savant, né à Mondovi en 1609, et mort à Rome, en 1674. L'on trouve dans Walther, le précis de son ouvrage : *Psalmodia divina.*

BONA (Valerio), noble milanais, a publié : *Regole di contrapunto e compositione brevemente raccolte di diversi autori, per il R. P. F. Valerio Bona da Bressa. minor. convent. in Cazale* 1595 , *in-4°.; ed essempi delli passaggi delle consonanze e dissonanze, e d'altre cose pertinenti al compositore, del R. P. F. Valerio Bona, maestro della musica in santo Francesco di Milano. in Milano* , 1596, *in-4°.* Exemples de passages des consonances et dissonances, et d'autres choses nécessaires à savoir à un compositeur. V. Walther.

BONADIES (P. Jean), carme et maître de Franchino Gafforio, vivait vers 1440. Le P. Martini, dans son histoire, cite de lui, d'après un manuscrit sur vélin, de 1473, conservé à Ferrare, un *kyrie:* V. Marpurg, lettres crit. t. II. S,n vrai nom était Gutentag.

BONAGA (P.) fit graver à Vienne, vers 1780, six trios pour flûte, violon et basse, op. 1.

BONANNI (le P. Filippo), jésuite, a publié à Rome, en 1722, in-4°., *cabinetto armonico pieno di stromenti sonori,* recueil curieux, mais peu exact. V. Cerutti.

BONAPARTE (M. le Sénateur Lucien), amateur éclairé des arts, et protecteur du sublime Boccherini, est dépositaire d'une vingtaine de quintetti, que le Racine de la musique instrumentale avait composés pour lui. Il a permis d'en graver six, qui vont bientôt paraître. On sait que MM. Imbault, Alex. Boucher et Pleyel possèdent aussi des quintetti manuscrits du même compositeur. Il serait à désirer qu'on les publiât, et que M. Pleyel, en particulier, mit en partition les trios, quatuors et quintetti de Boccherini, comme il a déjà fait pour les quatuors de Mozart et d'Haydn, sous le titre de Bibliothèque musicale. Cette précieuse collection est gravée par Richomme.

BONAVENTURA (le P.), de Brescia, religieux cordelier. On a de lui, un manuscrit : *Brevis collectio artis musicæ, quæ dicitur ventura,* 1489. Il a publié à Venise, en 1511, *Breviloquium musicale;* et en 1545, *Regula musicæ planæ.*

BONDINERI se fit connaître, pour la première fois, comme compositeur, en 1788, par les deux opéras : *le Spose provenzali,* et *Il Maestro perseguitato.*

BONELIO (Aurelio), célèbre musicien et peintre, de Bologne, vécut à Milan, vers 1600, et publia à Venise, en 1596, le premier livre de ses villanelles à trois voix, in-4°.

BONESI (B.) de Bergame, eut pour maître de chant Aug. Cantoni, de l'école de Bernacchi; pendant dix années consécutives, il étudia la composition sous Andrea Fioroni, élève de Leo, et maître de chapelle de la cathédrale de Milan. Il a publié, en 1806, un ouvrage intitulé: Traité de la mesure ou de la division des tems dans la musique et dans la poésie, 1 vol. in-8°. Il a donné plusieurs opéras au théâtre de Beaujolois.

BONEVENTI (Giuseppe), de Venise, compositeur estimé, a donné les opéras suivans : *Il gran Macedone*, en 1690; l'*Almerinda*, en 1691 ; l'*Almira*, en 1691; l'*Endimione*, en 1709; *Circe delusa*, en 1711 ; *Ariana abandonnata*; en 1719; l'*Inganno fortunato*, en 1721 ; et *Pertarido re de' Longobardi*, en 1727.

BONI (Charles) fit graver à Paris, en 1776, six quatuors pour la harpe et le clavecin, avec violon, viola et basse.

BONIFACE (Balthasar), jurisconsulte, directeur et professeur à l'Académie de Padoue, depuis 1632, était né à Rovigo, le 5 janvier 1586. On trouve dans les huitième et neuvième chapitres du premier livre de son *Historiæ ludicræ*, quelques articles *de musicâ hydraulicâ et mutâ*. V. Jœcher.

BONINI (Pierre-Marie), né à Florence, y a publié en 1520 : *Acutissimæ observationes nobiliss. disciplinarum omnium musices*. V. Martin. Stor. et Walther.

BONJOUR, compositeur français, a fait graver à Paris, vers 1786, quatre ouvrages, consistant en trios pour le clavecin, avec violon, et en sonates pour le clavecin à deux mains.

BONMARCHE, belge, vécut vers 1567. L. Guichardin le compte, dans sa description des Pays-Bas, parmi les premiers contrapuntistes de son tems.

BONNE-D'ALPY (Mademoiselle) a publié, en 1804, six romances, paroles de MM. Ségur, de Tressau et Chazet.

BONNET (Jacques) a publié à Paris, en 1715, un vol. in-12, intitulé : Histoire de la musique et de ses effets. Cet ouvrage commencé par l'abbé Bourdelot, et par Bonnet-Bourdelot son frère, premier médecin de la duchesse de Bourgogne, a été continué et mis en ordre par

Jacques Bonnet, neveu; au surplus c'est un ouvrage médiocre, mais qui donne des renseignemens précieux sur Lully et ses contemporains, On a ajouté la comparaison de la musique italienne et de la musique française, par Freneuse, dans la 2me. édition.

BONNET (J. B,), né à Montauban, le 23 avril 1763; dès sa plus tendre enfance se livra à l'étude de la musique. Il reçut successivement des leçons de Jarnowick et de Mestrino, et fit de la musique avec MM. Kreutzer et Rode. Sous de pareils maîtres, il parvint bientôt à se distinguer, et devint premier violon des théâtres de Brest et de Nantes. M. Bonnet est aujourd'hui organiste de la cathédrale de Montauban. Son tems est partagé entre les soins qu'il donne à ses élèves, et ses travaux dans la composition. Il a fait graver, à Paris, six œuvres de duos, deux symphonies concertantes, et deux concertos de violon. Son portefeuille renferme 1°. huit symphonies concertantes ; 2°. six concertos de violon ; 3°. douze divertissemens à grand orchestre ; 4°. six quatuors à deux violons, alto et basse; 5°. six trios à deux violons et basse. Sa musique est estimée.

BONNEVAL (M. de), auteur de l'Hermite de Charonne, a publié, en 1754, l'ouvrage suivant : Apologie de la musique et des musiciens français, contre les assertions peu mélodieuses, peu mesurées et mal fondées du sieur J. J. Rousseau, ci-devant citoyen de Genève.

BONO (Joseph), maître de la chapelle impériale et compositeur de la chambre, né à Vienne, en 1710, y mourut en 1788. L'on connaît de sa composition l'opéra, *Ezio*, et les Oratorios : *Isaaco* et *san Paolo in Atene*.

BONONCINI (Giov. Maria), de Modène, père des célèbres Jean et Antoine Bononcini, publia, en 1673, un livre intitulé : *Il musico pratico*, in-4°., dédié à l'empereur Léopold.

L'auteur, dans son épître dédiée à l'empereur Léopold, félicite son musicien pratique d'avoir, par sa grande expérience en musique, pu réunir le *soprano* d'une si auguste protection, avec la *basse* de ses petits talens ; mais ne pouvant trouver l'*unisson* des grandes qualités de l'empereur, il veut du moins monter jusqu'au *ton* du profond respect avec lequel il a l'honneur d'être, etc. Au reste, complimens à part, c'est un bon ouvrage.

Bononcini prétend dans cet ouvrage, qu'il a fait un canon à deux mille cinq cent quatre-vingt-dix parties, mais par la difficulté de l'exécution, qu'il l'a réduit à huit. On trouve aussi, à la tête du livre, un canon en son honneur, composé par le P. Augustin Bendinelli, chanoine régulier; ce canon est célèbre.

Mazzuchelli prétend qu'il y a une édition de cet ouvrage, imprimée à Bresse, en 1533; ce qui serait difficile, l'auteur n'étant pas encore né. Il y en a une traduction allemande, publiée à Stuttgard, en 1701, in-4°.

Bononcini a publié à Bologne, en 1677, des *Cantate per camera a voce sola*, et non des *Duetti da camera*, c mme le prétend la Borde qui, dans son article, regarde Jean Marie Bononcini comme le frère d'Antoine. V. Walther et Burney, t. III, in-4°., p. 540.

BONONCINI (JEAN et ANTOINE), fils du précédent, ont vécu ensemble dans une intimité parfaite. Tous deux se trouvaient à Londres en 1719, et travaillèrent avec honneur pour le théâtre de cette ville, jusqu'à l'arrivée de Hændel. Antoine Bononcini fut le premier qui fit entendre sur le violoncelle une belle qualité de sons. Outre beaucoup de cantates, il a composé dix-neuf opéras, depuis 1698, jusqu'en 1729. Ils ont été donnés sous le nom des deux frères, à Berlin, à Vienne, à Venise et à Londres.

BONTEMPI (GIO. AND. ANGELIN.), auteur d'une histoire de la musique, publiée en 1695, y déclare positivement que la musique des anciens n'ayant considéré que les sons contigus et successifs, elle n'a jamais appartenu qu'à une seule voix; et qu'ainsi le contrepoint est une invention moderne. Le P. Martini de Bologne partage ce sentiment. Bontempi fut à la fois bon compositeur et théoricien profond. V. Burney.

BONTEMPO (ALEXANDRE), compositeur italien du dix-septième siècle. L'on trouve, de sa composition, différens motets dans *Joh. Bapt. Bergameno - Parnass.; mus. Ferdinand. Venetiæ*, 1615.

BORDENAVE, (JEAN de), chanoine de Lescar, publia, en 1643, un livre intitulé : Des Eglises cathédrales et collégiales, etc.; où y trouve un chapitre très-curieux sur les orgues, sur la musique des enfans de chœur, et sur d'autres matières qui ont rapport à la musique.

BORDET, maître de musique et de flûte traversière, à Paris, a publié, en 1755 : Méthode raisonnée pour apprendre la musique d'une façon plus claire et plus précise, à laquelle on joint l'étendue de la flûte traversière, du violon, du pardessus de viole, de la vielle et de la musette, etc., premier, deuxième et troisième livre. On a aussi de lui deux grands concertos de flûte.

BORDIER, maître de musique des Saints-Innocens, mort en 1764, a publié en 1760 : Nouvelle méthode de musique pratique à l'usage de ceux qui veulent lire et chanter la musique, comme elle est écrite. On a donné, après sa mort, un ouvrage qui forme le corps entier de sa doctrine et de ses leçons, sous ce titre : Traité de composition, 1770. Il y décrit, en détail, les intervalles, les accords et la marche que tiennent ces accords pour former une harmonie.

BORDONI (FAUSTINA). V. l'art. Hasse.

BORETTI (GIOV. ANDREA), romain, maître de musique de la cour de Parme, vers la fin du dix-septième siècle, a fait plusieurs opéras sérieux, entr'autres : *Zenobia*, en 1666; *Alessandro amante*, en 1667; *Eliogabalo*, en 1668; *Marcello in Siracusa*, en 1670; *Ercole in Tebe*, en 1671; *Claudio Cesare*, en 1672, *Domiziano*, en 16:3. V. *Le Glorie della poesia*.

BORGHESE (A.), compositeur italien, il a paru de lui, à Paris, en 1780 : six sonates pour le clavecin, avec viol oblig. et un viol. *ad libitum*, op. II. On a encore, de sa composition, un opéra : *Der unvermuthete glückliche augenblick* (Le moment imprévu), qu'on joue sur les théâtres allemands.

BORGHI (Jean - Baptiste), maître de chapelle à Notre Dame de Lorette, en 1770, né à Orvietto, donna, en 1771, au théâtre de Venise, l'opéra : *Ciro riconoscinto*, qui n'eut aucun succès. Il fut plus heureux à Florence, où il donna, en 1783, *Piramo e Tisbe*. Il a, en outre, composé les opéras : *Alessandro in Armenia*, 1768; *Ricimero*, 1773; *La Donna instabile*, 1776; *Artaserse*, 1776; *Eumene*, 1778. Les connaisseurs estiment beaucoup ses compositions. On remarque ses Litanies, composées sur des thèmes populaires.

BORGHI (Louis), élève de Pugnani, compositeur et virtúose sur le violon, à Londres, est né en Italie. On connait, de ses ouvrages, six sonates pour le violon, avec basse, Paris, op. I, in-fol. ; trois concertos pour violon, avec accompagnement. Berlin, op. II, in-fol., et six solos pour violon, Amsterdam, op. V, in-fol. A la grande musique funèbre en l'honneur de Hændel, que l'on donna, en 1784, à Londres, il était le premier des seconds violons.

. BORGO (Domenico) compositeur italien pour l'église. On connaît de lui un motet latin à trois ténors et basse, en manuscrit.

BORGOGNINI (D. Bernardo), compositeur italien, vécut à Venise au commencement du dix-huitième siècle. Il y donna au théâtre, en 1700, l'opéra : *La Nicopoli*.

. BORNET l'aîné, en 1770, était premier violon à l'orchestre de l'opéra, à Paris. Il y publia quelques années après : Nouvelle méthode de violon et de musique.

. BORROMÉE (S. Charles), cardinal et archevêque de Milan, nâquit dans cette ville le 2 octobre 1538. Il improuva tous les instrumens pour la musique d'église, l'orgue seul excepté, et y établit, en général, un chant sérieux, tel qu'il convient à la dévotion. Il mourut le 3 novembre 1584. Paul V le canonisa en 1610 V. M. Gerbert. Hist.

BORONI (Antoine), maître de chapelle du duc de Wurtemberg, né à Rome en 1738, étudia la musique, d'abord à Bologne chez le savant P. Martini, et ensuite à Naples au conservatoire *della Pieta*, sous la direction du maître de chapelle Abos. C'est à Venise qu'il a composé ses premiers ouvrages de théâtre, tels que : *L'amore in musica ; La notte critica*, et *Sophonisba*, opera seria. En 1765, Il se rendit à Prague, où il donna son opéra : *Siroe*. L'année suivante il obtint la place de maître de musique et de compositeur, à la société de l'opéra de Dresde. En 1770, il était de chapelle, à Stuttgard, et, en 1780, il se trouvait en Italie. L'on connaît de lui un concerto pour le basson avec accompagnement, en manuscrit, et quelques symphonies. On a encore de sa composition : *La moda*, 1769; et *Le contadine furiose*, 1771. M. E. L. Gerber s'est trompé en attribuant à Boroni, les opéras de J. B. Borghi.

BOROSINI (Francesco), né à Bologne, ténor excellent, un des premiers chanteurs au grand opéra de Prague en 1723.

BOROSINI (Eleonora), née d'Ambreville, épouse du précédent, cantatrice excellente, se trouvait, en 1714, à la cour palatine, et fut appelée, en 1723, à Prague, pour chanter au grand opéra de cette ville.

BORRA, élève de Pugnani sur le violon, fit graver, en 1780, deux concertos isolés pour le violon, avec accompagnement.

BORSA (Matteo), de Mantoue, a écrit, d'après Arteaga, deux lettres sur la musique imitative de l'opéra, où il montre beaucoup d'esprit et de philosophie. Elles sont insérées dans les *Opusculi scelti di Milano*.

BORZIO (Carlo), maître de chapelle à l'église de Lodi, vers la fin du dix-septième siècle, composa principalement pour l'église, et y réussit beaucoup mieux que dans les ouvrages pour le théâtre. Cependant son *Narcisso*, qu'il donna à Lodi, en 1616, et une pastorale, qu'il fit représenter à Bologne, eurent beaucoup de succès.

BOSCH (D. de) fit paraître, en 1783 : *Versuch eines Liebhabers der Tonkunst in melodien* (Essai d'un amateur de musique en mélodies), pour le chant et le clavecin, deux parties.

BOSCH (Van dem), organiste à l'église principale d'Anvers, en 1772, avait une grande habileté sur la pédale. Quelques-unes de ses compositions pour le forte-piano, ont été gravées à Paris. V. Burney.

BOSCHI (Girolamo), de Viterbe, chanteur italien, que Hændel fit venir à Londres, en 1727.

BOSE (Georges-Mathias), magister à Leipsick, y a fait imprimer, en 1734, une première dissertation de sono, in-4°., et une seconde, en 1735. Il y examine les explications, que Perrault donne du son.

BOSELLO (Morichelli) signora, née en Italie, était, en 1782, comme première cantatrice à l'Opéra italien de Vienne.

BOSSI (Thérèsa), Romaine, et cantatrice excellente, vivait en Italie, au commencement du dix-huitième siècle.

BOSSNIS (Henri), magister et diacre à l'église des Récollets, à Augsbourg, y fit imprimer, en 1618, le cent vingt-huitième pseaume, pour six voix, in 4°.

BOSSNIS (Jérôme), professeur de théologie à Milan, né à Pavie, en 1608, avait publié, à trente-neuf ans, plus de vingt-quatre ouvrages, parmi lesquels on remarque : De sistro Isidis, ou de sistris libellus, publié en 1632. V. Jœcher. M. de Sallengre, a inséré ce petit traité dans son Thesaur. antiquit. Roman., t. II. n°. 17.

BOSSLER (Henri-Philippe-Charles), a publié à Spire, depuis 1788, la gazette de Musique, dont il paraissait chaque semaine une demi-feuille de texte et une demi-feuille de notes. Nous ignorons si cette gazette a été continuée.

BOTSAC (Jean), docteur en théol. et premier pasteur de la ville de Dantzick, né à Hervorden en 1600, et mort à Dantzick le 16 septembre 1674. Parmi les ouvrages qu'il a laissés, on trouve Lectiones inaugurales in Psal. 68. Anno 1630. Wittenbergæ habitæ, ex Msct. Il y prend la défense de la musique d'église.

BOTTEONI (Giam.-Battista), est auteur de l'opéra Odio placato, joué par la noblesse de Gorice, en 1695.

BOTTESI, était connu en Italie, vers 1770, pour un des plus grands violonistes de l'école de Tartini.

BOTTI, a publié à Paris, en 1784, six trios pour le clavecin avec violon.

BOTTRIGARI (Ercole), né à Bologne en 1531, et mort en 1609, a publié les ouvrages suivans : Il Patrizio, owero de' Tetracordi armonici di Aristosseno, Bologne, 1593; Il Melone primo e secondo, 1603; Il desiderio, owero de' concerti di varii stromenti musicali, in dialogo, Bologne, 1599, in-4°. Les deux interlocuteurs de ce dialogue, sont Gratioso Desiderio et Alemano Benelli. Ce dernier nom est l'anagramme d'Annibale Melone, doyen des musiciens de Bologne. Cet Annibale Melone avait écrit sur ce sujet : Se le canzoni musicali moderne communemente dette madrigali, ô motetti, si possono ragionevolmente nominare di uno de' tre puri e simplici generi armonici, e quali debbano essere il veramente tali. C'est pour répondre à cette lettre que Bottrigari a composé son traité Il Melone. Quelques-uns prétendent que l'ouvrage Il Desiderio est effectivement d'Annibale Melone, quoique Bottrigari l'ait fait imprimer sous son nom.

Haym fait mention d'une édition du Desiderio, à Venise, 1594, in-4°.

M. E.-L. Gerber cite encore un manuscrit de Bottrigari, de 1599, intitulé : Il trimerone di fondamenti armonici.

BOUCHER (Alexandre-Jean), né à Paris le 11 avril 1770, montra, dès son enfance, de grandes dispositions pour la musique et surtout pour le violon. Un professeur habile, M. Navoigille l'aîné, l'admit au nombre de ses élèves; et à quatorze ans, M. Boucher fut le soutien de sa famille. Il avait dix-sept ans quand il partit pour l'Espagne. Le roi Charles IV, à qui il fut présenté, lui donna la place de violon solo de sa chambre et de sa chapelle. Boccherini se plut à lui donner des conseils, et lui dédia même une œuvre de ses sublimes compositions.

Sa santé l'obligeant de quitter l'Espagne, il obtint un congé pour revenir en France. Il se fit entendre aux concerts de mesdames Grassini et Giacomelli : l'un donné à la salle de l'Opéra , et l'autre à la salle Olympique, en mai 1808. M. Alexandre Boucher enleva tous les suffrages, et fut surnommé *l'Alexandre des violons*. Ce qui fit dire à ses ennemis qu'il n'en était que le Charles XII.

Peu de tems auparavant, ce virtuose venait d'obtenir à Mayence une distinction flatteuse. L'Impératrice Joséphine voulut l'entendre, et eut la bonté de lui dire qu'il l'avait réconciliée avec le violon. La Reine de Hollande ajouta que son violon avait le charme de la voix, et qu'elle desirait en faire la comparaison avec le chant délicieux de Crescentini.

On a vu M. Boucher devancer Charles IV , au palais de Fontainebleau , et son protecteur le serrer dans ses bras, en lui disant: *Je n'ai pas cru les méchans qui voulaient me persuader que tu m'avais oublié. Tu ne me quitteras plus ; ton bon cœur m'est connu.*

M. Boucher lui a montré en effet un entier dévouement. Il est aujourd'hui auprès de sa personne comme premier violon et directeur de sa musique. Les artistes qui sont avec lui, sont M. Guénin, ancien premier violon de l'Opéra , et M. Duport, qu'on peut appeler *le Viotti du violoncelle.*

M. Boucher a donné des conseils à plusieurs artistes, mais il n'a point fait d'élèves. Un concerto de violon , gravé à Bruxelles , est la seule de ses compositions qu'il ait encore publiée. Il attend, comme il le dit lui-même avec une modestie égale à son talent, que les ouvrages de l'âge mûr, comparés à ceux de sa jeunesse, puissent ajouter quelque chose aux progrès de l'art.

Son épouse , célèbre à-la-fois comme harpiste et pianiste, sous le nom de Céleste Gallyot , s'est fait entendre , avec succès , dans les beaux concerts de Feydeau, en 1794. Elle est actuellement harpiste et pianiste de la chambre du roi Charles IV.

BOUFFLERS (stanislas de), membre de l'Académie française , auteur de très-jolies chansons , a inséré dans le *Mercure* de 1809 , juin, p. 477, un article vraiment curieux sur M. Castro et sur la guitare.

« La guitare, dit M. de Boufflers, a dans son histoire des époques très-glorieuses. Deux grands monarques, François Ier. et Louis XIV , lui ont fait l'honneur d'en jouer; mais quoiqu'ils aient été sûrement bien applaudis, nous n'oserions pas répondre qu'ils en jouassent avec autant de goût que M. Castro : ils avaient été dévancés par le roi David , qui n'en déplaise aux peintres et aux graveurs, n'a point joué de la harpe en dansant devant l'Arche; car ce serait à-peu-près comme *sonner les cloches et aller à la procession.* » L'auteur termine ainsi son article :

« La musique, en général , est un idiôme commun à tous , mais dont chacun affecte un dialecte particulier que les autres parleraient avec moins de grace et de facilité; et *le dialecte de la guitare paraît être la langue maternelle de M. Castro.* »

BOUGEANT (Guillaume-Hyacinthe), célèbre jésuite, né à Quimper en 1690, fit paraître, en 1725, une dissertation où il réfute celle de M. Burette sur la symphonie des anciens, et où il propose de nouvelles conjectures sur la musique des Grecs et des Latins. Mais cette réfutation est plutôt un supplément à ce qu'a dit M. Burette; car il lui reproche d'avoir accordé aux anciens fort au-delà de ce qui leur était dû.

BOUILLY (M.) a composé des opéras comiques qui ont eu beaucoup de succès. Les plus connus sont: Les deux Journées , musique de M. Cherubini , en 1800 ; Cimarosa , musique de M. Nicolo , en 1808 ; Pierre-le-Grand , musique de M. Grétry , en 1790 ; la Famille américaine , musique de Dalayrac, en 1796 , etc.

BOURDELOT. V. l'art. *Jacques Bonnet.*

BOURDIC-VIOT (Madame de), auteur de pièces fugitives charmantes , s'est exercée dans le genre lyrique , et a laissé un opéra intitulé : La Forêt de Brama. Le poëme avait été confié d'abord à Gresnick. Il est aujourd'hui dans les mains de M. Eler, qui en a fait la musique. Depuis long tems cet ouvrage est reçu à l'Académie

impériale , et , comme tant d'autres ,
il attend, pour être joué, son tour
qui n'arrive pas. Madame Viot est
morte à la Ramière près de Bagnols,
en 1803.

BOURGAULT, maître de musique de la cathédrale de Beauvais ,
fit chanter, en 1679, un beau motet
de sa composition , pour la cérémonie de la prise de possession de
l'évêché de Beauvais , par M. de
Forbin.

BOURGEOIS (Loys) , auteur
du Droit Chemin de la Musique, ou
la manière de chanter les Psaumes
par usage et par ruse. Genève, 1550,
in-12. On trouvera sans doute plaisant le mot ruse appliqué dans cette
occasion; apparemment que l'auteur
l'a cru synonyme du mot science ,
comme par usage il entend routine.
M. Forkel (Bibliographie musie.)
met ce livre parmi les traités de
plain-chant. Il a été aussi imprimé
à Lyon , cette même année 1550,
in-4°.

BOURGEOIS , né dans le Hai-
nault vers 1675 , et mort à Paris en
1750, a donné à l'Opéra, en 1713,
les Amours déguisés; et en 1715, les
Plaisirs de la Paix. On a aussi de lui
un livre de cantates et plusieurs
cantates séparées.

BOURGEON , a fait un traité de
la Musette, imprimé à Lyon en 1672.

BOURNONVILLE (Jean), organiste de la cathédrale d'Amiens,
a fait imprimer plusieurs messes à
quatre voix, depuis 1618 jusqu'en
1630.

Un de ses fils devint maître de la
cathédrale d'Amiens, et laissa un
fils, qui était le célèbre Bournonville dont Rameau faisait le plus
grand cas , et qui mourut , à plus de
80 ans, vers 1758. Il était élève de
Bernier , et a composé plusieurs motets , qui ont été imprimés par Ballard. C'était un excellent accompagnateur.

BOURNONVILLE (Valentiny
de), fils de Jean Bournonville , et
chanoine de St.-Firmin , a fait imprimer plusieurs de ses ouvrages;
en 1646, chez Ballard.

BOURO , virtuose sur le violon ,
vivait à Turin, vers 1776.

BOUSSET (Jean-Baptiste de),
né à Dijon, en 1662, et mort à
Paris , en 1725 , fut maître de

I.

musique de la chapelle du Louvre
pendant trente-quatre ans. Il donna
au public un livre d'airs. Il fit aussi
plusieurs beaux motets qui aug-
mentèrent sa réputation.

BOUSSET (Drouart de), fils
du précédent, naquit à Paris , en
1703, et se livra d'abord à la peinture , mais il la quitta bientôt pour
la musique. Bernier fut son maître :
Calvière lui montra l'accompagnement, et le décida à cultiver l'orgue.
Bousset devint un des plus habiles
organistes de la capitale. Le dimanche 18 mai 1760, il toucha l'orgue
de Notre-Dame, avec une vivacité
qui ne lui était pas ordinaire.
Jamais , dit-il, je ne me suis
senti tant en verve qu'aujourd'hui.
Au dernier couplet de la messe , il
se trouva mal. La paralysie se déclara , et le lendemain il mourut.

BOUTEILLER (M.), fils , né à
Paris , en 1788, élève de M. Tarchi,
a remporté au Conservatoire , en
1806, le grand prix de composition
musicale pour la fugue , le contrepoint et la cantate de Héro , paroles
de M. Saint-Victor.

M. Bouteiller qui devait se rendre
à l'école de Rome , a préféré de
rester à Paris , où il ne fait de la
composition qu'un délassement à
d'autres travaux. Il promettait un
artiste capable de réparer la perte
du jeune Androt.

BOUTELOU , célèbre haute-
contre de la chapelle de Louis XIV,
avait une conduite si extravagante,
que de tems en tems on le mettait
en prison, où, cependant, par ordre
du Roi, on lui servait une table de
six couverts ; et la fin de tout cela
était toujours le paiement de ses
dettes; tant il avait l'art d'émouvoir
la sensibilité de ce prince, qui
avouait que la voix de Boutelou lui
arrachait des larmes.

BOUTMY, né à Bruxelles, en 1725,
était, d'après Forkel, organiste de
la cour du roi de Portugal , à Lisbonne. On a de lui : Traité abrégé
sur la basse continue, qui parut à
la Haye, en 1760. Il a , en outre,
publié beaucoup de concertos et de
sonates pour le clavecin , qui ont
été gravés tant à la Haye qu'à
Amsterdam. Il doit encore avoir
composé plusieurs messes et motets
pour l'église.

7

BOUTROY (Zozime), est l'inventeur d'une machine, et l'auteur d'un écrit, qu'il annonça, en 1785, à Paris, sous la dénomination de Planisphère ou Boussole harmonique.

BOUVARD, a donné à l'Opéra, en 1702, Méduse; et en 1706, Cassandre, en société avec Berlin. On a de lui plusieurs cantates, des motets et quatre livres d'airs.

BOWE, compositeur à Londres, qui vivait dans le dix−septième siècle, était célèbre surtout par ses compositions pour l'église.

BOUVIER (Marie-Joseph), est né en 1764, à Colorno, petite ville à quatre milles de Parme, où résidait la Cour. A l'âge de sept ans, il eut pour maître de violon M. Antoine Richer de Versailles, et l'un des premiers violons du duc de Parme. L'orchestre de cette Cour était réputé le meilleur de l'Italie; il possédait des talens distingués, tels que Morigi, Rolla, la Houssaye, pour le violon; Carlo Ferrari, pour le violoncelle, Rodolphe, pour le cor; et Besozzi pour le hautbois.

A l'âge de douze ans, M. Bouvier concourut pour être admis à cet orchestre, et il remporta le prix. Depuis ce tems, il obtint encore de nouveaux succès, qui le firent nommer, en 1784, membre de l'Académie Philarmonique des nobles de Parme, dont le célèbre Rolla était le premier violon.

Le duc de Parme le fit voyager pour se perfectionner. Il reçut des leçons de Pugnani, qui le recommanda, à Paris, à son illustre élève Viotti. Ce dernier le fit débuter au Concert Spirituel, en 1785. Après y avoir été entendu plusieurs fois, il fut reçu à l'orchestre de la Comédie Italienne, sur la recommandation de Philidor. Elève de tels maîtres, il possède une excellente école. Il a composé plusieurs morceaux de musique instrumentale, entr'autres, six sonates pour le violon, et quelques œuvres de romances qui ont eu du succès.

BOYCE (William), docteur en musique, organiste et compositeur à la chapelle royale de Londres, a beaucoup travaillé, tant pour le théâtre que pour la chambre. Nous né citerons ici de ces ouvrages que les suivans : Complainte de David sur la mort de Saül, Oratorio, 1736; Ode pour la fête de Sainte-Cécile, 1739; une excellente Musique funèbre, 1751. Il a encore publié : Fugues pour l'orgue. Outre cela, il a fait avec beaucoup de soin, une collection des meilleurs compositions anglaises pour l'église, dont il a publié une superbe édition, en 1768, sous le titre : Cathedral music, being a collection in score of the most valuable and useful compositions for that service, by the several english masters, ect. Il est mort vers l'an 1770.

BOYÉ (M.), a donné en 1779, l'Expression musicale mise au rang des chimères, brochure de quarante sept pages. Voyez une bonne réfutation de cet ouvrage, par M. Le Febvre, dans un livre intitulé : Bévues, erreurs, et méprises de différens auteurs en matière musicale.

BOYELDIEU (Adrien), né vers 1770, à Rouen, élève de M. Broche, organiste de la cathédrale, vint à Paris vers 1795, et se fit d'abord connaître par son talent comme claveciniste et compositeur de romances. Il en fit un très-grand nombre qui eurent un succès prodigieux, surtout celle, S'il est vrai que d'être deux; Le menestrel, etc. Il fut nommé professeur de piano au conservatoire, où il a formé d'excellens élèves, et en très-grand nombre; il est actuellement maître de la chapelle de S. M. l'Emper. de Russie. Il a donné les ouvrages suivans, au théâtre de l'Opéra-Comique : La Famille suisse, en 1795; Zoraïme et Zulmar; Montbreuil et Verville; la Dot de Suzette; les Méprises espagnoles, en 1798; Béniowsky; Ma Tante Aurore, et le Calife de Bagdad, en 1800. M. Boyeldieu excelle surtout dans la romance. Il est parmi les compositeurs français, ce que Moncrif est parmi les poètes.

BOYER (Pascal), né en 1743, à Tarascon en Provence a été élevé à l'école d'où sont sortis Mouret, Tardieu, Gauzargue, etc.

En 1759, l'abbé Gauzargue ayant été nommé maître de la chapelle du Roi, Boyer, qui n'avait que dix-sept ans, lui succéda dans la maîtrise de l'église cathédrale de Nîmes, place qu'il occupa avec distinction pendant six années. Il se détermina à venir dans la capitale, et débuta par sa lettre à M. Diderot, sur le projet de l'unité de clef dans la musique et la réforme des mesures, proposés par M. l'abbé de la Cassagne, dans ses élémens de chant. Paris, 1767.

Cette lettre est remplie d'excellentes observations. « Nos anciens, » dit l'auteur en finissant, n'étaient » pas si grands musiciens que nous; » mais la musique qu'ils cultivaient, » n'allait pas chez eux sans l'étude » des principes. Ils se donnaient la » peine de les retenir, et se les » rendaient assez familiers pour en » faire une application juste dans » le besoin ».

BOYTON publia en 1785, à Londres, plusieurs concertos pour le clavecin, avec accompagnement.

BOYVIN a fait un traité d'accompagnement vers 1700.

BRABE, allemand, était en 1744, flûtiste à l'orchestre de la cour de Saint-Pétersbourg, et on le comparait aux Blavet et aux Quanz.

BRADYL (Madame), amateur de musique et cantatrice de Londres, était élève de Sacchini, et faisait le plus grand honneur à son maître.

BRAGANTI (François), né à Forli, célèbre chanteur de l'Italie, y brillait de 1700 à 1720.

BRANCHU (Madame), femme du danseur de ce nom, avant de paraître à l'Opéra, avait débuté au théâtre Feydeau, sous le nom de mademoiselle Chevalier. Elle se distingue, comme cantatrice, dans les rôles d'Alceste, de la Vestale, de Didon, etc.

BRAND (Gottlob-Frédéric), en dernier lieu, trompette de la cour et fourier du duc de Saxe-Meinungen, virtuose d'une force extraordinaire sur son instrument, était né le 8 mai 1705 à Arnstadt. On assure qu'il était unique dans l'accompagnement au concert, et principalement dans les pièces de chant.

BRAND (Jean-Jacques), directeur de musique à Sarrebruck, a publié en 1755, à Nüremberg, trois parties de clavecin, in 4°.

BRANDEL (Chrétien), de Carlsbad en Bohême, excellent ténor, et auteur du théâtre allemand vers 1783.

BRANDENSTEIN (Charlotte de), d'une famille immédiate de l'Empire à Ludwigsburg, était élève de Vogler. Ce dernier a inséré dans son Journal de Musique, septième livraison, une sonate pour le clavecin, avec accompagnement de violon, qu'elle composa en 1780. Il en a été fait aussi une édition séparée.

BRANDES (Charlotte-Guillemette-Françoise), désignée communément sous le nom de Mirsna, fille du célèbre acteur allemand de ce nom, était première cantatrice au théâtre de Hambourg. Elle était née à Berlin le 21 mai 1765. Elle chantait depuis 1782, non-seulement les rôles les plus difficiles de l'opéra, mais elle se faisait aussi entendre, comme virtuose sur le forte-piano, aux concerts publics et particuliers, à Hambourg et ailleurs. Elle avait en même tems beaucoup de connaissances théoriques en musique, qualité assez rare dans une cantatrice.

Elle mourut à la fleur de l'âge, à Hambourg, le 13 juin 1788, victime de son enthousiasme excessif pour son art. Herold publia encore, dans la même année, un recueil de ses compositions. Elles consistent en ariettes italiennes et allemandes, pour le clavecin, et différentes autres pièces pour cet instrument. On peut lire sa biographie dans le troisième cahier, p. 33 et suiv., des Annales du théâtre allemand.

BRANDES (Z.), auteur dramatique allemand, a donné, en 1775, Ariane, duodrame, musique de Georges Benda. C'est la première pièce de ce genre jouée en Allemagne.

BRASSAC (Le chevalier de), amateur, a composé deux opéras qui ont eu du succès: L'Empire de l'Amour, en 1733, et Léandre et Héro, en 1750.

BRASPERNIUS (Balthasar) publia à Bâle en 1500, un traité de Musica chorali, in 4°.

BRAEUNICH (Jean-Michel), vers 1736, maître de chapelle à Mayence, a composé et fait imprimer six messes à quatre voix, avec accompagnement de deux violons, viola, deux clarinettes et basse continue, in-fol.

— BRAUN (JEAN), le cadet, violon à la chapelle de Cassel en 1785, y naquit le 28 août 1758. C'est son père, également violon à la même chapelle, qui lui donna les premières leçons de musique. Il se rendit ensuite à Brunswick, et y étudia la composition sous Schwanenburg, et le violon sous Porch. Immédiatement après son retour, il fut reçu à la chapelle de Cassel, où il s'est montré depuis un des premiers violons de l'Allemagne. Après la révolution que cette chapelle magnifique subit en 1786, Braun se transporta à Berlin, et y obtint la place de maître de concert dans la chapelle de la Reine. De ses compositions, qui toutes ont beaucoup de feu à côté d'une teinte sauvage, on a publié, à Paris et à Amsterdam, trois ouvrages, chacun de trois trios pour le violon. Il existe encore de lui, en manuscrit, beaucoup de solos, de trios, de concertos et de symphonies pour son instrument.

BRAUN (JEAN-FRÉDÉRIC), hautboïste à la chapelle du duc de Meklenbourg-Schwerin en 1782, était un des élèves de M. Barth. V. les Voyages du maître de chapelle Wolff.

BRAUN (JEAN-GEORGES-FRANÇOIS), a fait imprimer un recueil de motets. V. Feyertag. synt. min. p. 85.

BRAUN (ADAM-HENRI), célèbre bassoniste de la chapelle de l'électeur de Saxe, à Dresde, en 1782.

BRAUPNER (WENCESLAS), vivait en 1772 à Prague. On l'y regardait généralement comme un des plus grands violonistes, et surtout comme un de ceux qui jouaient le mieux le solo.

BRAZART ou BRASART, compositeur français du XVe siècle, est cité avec G. Dufay, Busnois, Caron, etc., comme un des auteurs les plus distingués de l'époque qui précéda les beaux jours de l'école Flamande.

BRECHTEL (FRANÇOIS-JOACHIM), a fait imprimer à Nuremberg, en 1588, 1590 et en 1594, ses Kurzweilige deutsche 3, 4, und funfstimmige lieder : Chansons gaillardes,

à 3, 4 et 5 voix. V. Zelder, Univ. Lexic.

BREDE (SAMUEL-FRÉDÉRIC), sous-recteur à Perleberg, publia, en 1784, à Offenbach, six sonates pour le clavecin, dont trois avec accompagnement d'un violon. Il y a ajouté, en 1786, des chansons et des ariettes pour le clavecin, avec une préface.

BREIDENBACH, musicien allemand à Paris, y publia, en 1784, six sonates pour la harpe ou le clavecin. Il était aussi collaborateur du journal du clavecin, qui y parut alors.

BREIDENSTEIN (JEAN-PHILIPPE), organiste à l'église réformée à Hanau, né à Windeken dans la Vetteravie en 1724, mourut à Gressen en 1785. Il publia d'abord à Nuremberg deux œuvres de sonates pour le clavecin, et ensuite, en 1770, à Leipsik, vingt-quatre chansons de Gleim avec mélodies, mais qui ne sont que médiocres. Il est encore auteur d'un dialogue sur la timballe, qui parut en 1769.

BREITKOPF (JEAN-GOTTLOB-EMMANUEL), fondeur de lettres, imprimeur et libraire à Leipsick, né le 23 novembre 1719, cultiva les sciences depuis 1738, fit plusieurs voyages en Allemagne, et entreprit enfin, en 1745, l'imprimerie de son père. En 1755, il fit connaître sa nouvelle manière d'imprimer les notes, par la publication du sonnet de l'opéra de la princesse électorale de Saxe : Il trionfo della fedeltà; il l'acheva, en 1756, en imprimant l'opéra en entier, où il s'appelle, dans sa signature, Inventore di questa nuova maniera di stampar la musica, con caratteri separabili et mutabili : Inventeur de ladite manière nouvelle d'imprimer la musique avec des caractères séparables et mobiles. Il imprima encore, en 1765, l'autre grand opéra de cette princesse : Talestri, regina delle Amazoni. L'importance de cette invention est plus que suffisamment prouvée par la foule d'imitateurs, tant à Berlin, Vienne, Stuttgard et Francfort sur le Mein, que dans l'étranger, en France, en Italie et en Hollande, mais qui tous ont resté bien loin de la perfection des ouvrages de Breitkopf, parce qu'il n'ont pu qu'imiter d'après des copies tirées, et sans connaître le mécanisme caché. Chacun ayant été obligé de créer soi-même les moyens d'exécution, la plupart des imitateurs se sont arrogé le titre d'inventeurs. Fournier, le jeune, de Paris, était le plus modeste, en reconnaissant la priorité de l'invention de Breitkopf; mais, pour y avoir aussi quelque droit, il la changea, et conserva beaucoup de l'ancienne manière d'imprimer. Rossart, à Bruxelles, et Enschede et Fleischmann, à Harlem, n'eurent pas la même délicatesse, s'attribuèrent, à eux seuls, tout l'honneur de l'invention. Enschede cependant renonça publiquement à ses prétentions, lorsque Breiskopf l'attaqua sous ce rapport. Fought, suédois, qui avait aussi établi une imprimerie de notes, à Londres, eut même l'impudeur de se faire donner un privilège d'invention pour ce qui n'était qu'une assez mauvaise imitation de la manière de Breitkopf. Mais, la musique gravée étant une fois de mode à Londres, il n'y fit point fortune, et se vit bientôt obligé d'abandonner son entreprise, et de s'en retourner en Suède, ou il est mort depuis, sans y rien entreprendre de nouveau. Le fond géométrique de l'invention de Breitkopf la rend propre à tous les changemens, et il a donné depuis des ouvrages de toutes les façons, tant par rapport à la grandeur des notes qu'en égard à l'espèce de musique et d'instrumens, surtout dans le plain-chant, et les notes de guitarre; de sorte qu'il ne reste plus rien à desirer quant à la perfection de cette invention. Les deux presses qu'il a établies sont continuellement en activité, et ont enrichi la littérature de la musique de plusieurs centaines d'ouvrages, dont un grand nombre a été publié aux frais de Breitkopf. Nous ne citerons ici que le *Te Deum*, et la cantate de la passion, la mort de Jésus du maître de chapelle Graun. Breitkopf fut encore le premier, en 1765, qui établit en allemagne un magasin de musique en manuscrit, et en rédigea un catalogue, divisé pour le chant et les différentes espèces d'instrumens. Le catalogue des ouvrages de musique imprimés, et celui des ouvrages de musique manuscrits, ont chacun eu quatre éditions depuis 176. jusqu'en 1780. Il a encore publié un autre catalogue, d'après les différens thèmes, auquel il a successivement ajouté quinze supplémens.

BREITKOPF (Bernard - Théodore), fils du précédent, né à Leipsick en 1749, se fit connaître, en 1768, comme très-habile musicien sur le clavecin et d'autres instrumens. Il publia aussi, vers la même époque, des menuets, des polonaises, pour le clavecin, des chansons charmantes avec mélodies. Les divertissemens, qu'il commença à publier en 1775, étaient plus considérables. Il était, en 1780, directeur de la grande imprimerie du sénat à Saint-Pétersbourg.

BREITKOPF (Christophe - Gottlob), fils cadet de Jean-Gottlob - Emmanuel Breitkopf, né à Leipsik en 1750, a formé de bonne heure son goût, tant en profitant des trésors que lui offrait l'immense dépôt de musique de son père, que par ses voyages, et surtout par le séjour qu'il fit à Vienne et à Dresde, pendant les années 1786 et 1787. Il touchait du clavecin, et jouait encore de quelques autres instrumens, principalement de l'harmonica, avec un talent extraordinaire. Il a donné des preuves de son talent, comme compositeur, par la publication de sa danse d'Oberon, et de sa Terpsicore, qui ont paru en 1788, 1789, et 1790, en partit. et en extraits, pour le clavecin, avec variations.

BRENGERI. On a de lui six trios pour le clavecin avec violon, qui ont été imprimés à Vienne en 1784.

BRENNESSEL (François), harpiste à la chapelle royale de Berlin, depuis 1766, s'est fait connaître par différentes compositions, en manuscrit, pour son instrument.

BRENNTER (Joseph), célèbre compositeur pour l'église, vécut en Bohême au commencement du dix-septième siècle. Il a fait imprimer, à Prague, *Laudes matutinas*. On a encore de lui des Offertoires, et quelques autres pièces en manuscrit.

BRESCIANELLO (Joseph-Antoine), conseiller et premier maître de chapelle du duc de Wurtemberg, obtint cette place en 1716 , et y vivait encore en 1757. Il est connu par douze concertos ou symphonies pour deux violons, viola et basse, qui parurent à Amsterdam vers 1738 , et par différentes compositions pour la musique vocale, en manuscrit.

BRESCIANI (Domenico), et son rère , tous deux grands virtuoses sur le calascione , vivaient vers le milieu du dix-huitième siècle.

BRESCIANUS, (Benoit) était bibliothécaire à la bibliothéque du Grand-Duc de Toscane , à Florence ; et en même tems grand mathématicien , connaisseur et amateur de musique. Il était né à Florence , en 1658 , et mourut en 1740. Parmi les ouvrages qu'il a laissés, on trouve les suivans encore en manuscrit : 1°. De systemate harmonico , tractatus , quo instrumentum omnichordum et omnes ejus usus explicantur ; 2°. Libellus de musicâ veterum. V. Jœcher.

BRESSON (Mademoiselle Jeanne-Marguerite-Joséphine) , est née le 3o mai 1785. A l'âge de cinq ans , elle reçut des leçons de piano d'un maître de musique , nommé Violla , qui fut remplacé , au bout de deux ans , par Pouteau , célèbre organiste. Sa mère , s'apercevant , qu'après cinq ans de leçons , son talent n'était encore qu'ébauché , prit le parti de consulter Devienne , qui lui procura Langlé pour l'harmonie et M. Adam pour le piano. Mademoiselle Bresson a étudié sous la direction de ce dernier maître , pendant neuf années consécutives : aussi est-elle comptée parmi ses meilleurs élèves. Elle a publié une méthode pour adapter la partition au piano , et quelques romances qui sont très-agréables.

BRETEUIL (le baron de) , érigea , à Paris , en 1784 , l'école royale de musique pour douze garçons et douze filles , d'après l'exemple des académies italiennes. Cet établissement était destiné à former des chanteurs et des chanteuses pour l'Opéra.

On s'était plaint, jusqu'alors, de la pitoyable exécution de la belle musique des Sacchini, des Piccini, des Gluck et des Grétry. Les chanteurs français , fidèles à leur an-

cienne méthode , et se copiant les uns les autres , ne faisaient que hurler et crier , même dans les plus beaux passages.

V. un article de M. E. L. Gerber , sur cette école , dans la Gazette musicale , page 133.

BRETON (Mahoni le) , en 1760 , violon à l'orchestre du Théâtre Italien , à Paris , a publié plusieurs œuvres de trios pour violon , et de duos pour la flûte , etc. M. E. L. Gerber l'a confondu avec M. Montan Berton , et lui attribue les Promesses de mariage , opéra joué en 1787.

BREUL (Henri-Auguste) , né à Lindenhart , près Bayreuth , en 1732 , mourut , étant organiste , à Erlang , en 1785. Outre plusieurs compositions pour la musique instrumentale , restées inédites , il a été publié plusieurs morceaux de lui , dans les recueils de musique de Nuremberg , et dans les collections de mélanges pour le clavecin.

BREUNICH (le P.) , jésuite, fut nommé , en 1745 , compositeur pour l'église , à la chapelle royale de Dresde , à la place de Zelenka qui venait de décéder.

BREUNIG (Conrad) , musicien de la cour du Prince-Evêque de Turnes. Depuis 1770 , il a été gravé , à Paris , à Bruxelles et à Vienne , sept ouvrages de sa composition , qui consistent , pour la majeure partie , en duos , trios et quatuors pour le violon, et en six sonates pour le clavecin , etc.

BREVAL (J. B.) , fameux violoncelliste , a exécuté sur le violoncelle , au Concert Spirituel , plusieurs concertos de sa composition , et a publié des trios et des quatuors pour le violon. Il était , en 1788 , violoncelliste et non violoniste à l'orchestre de l'Opéra , comme le prétend M. E. L. Gerber , qui fait à tort un reproche à M. Bréval de signer ses ouvrages : professeur de violoncelle. L'œuvre neuf de ce compositeur a paru en 1783. On a de lui plusieurs duos pour violon et violoncelle , et pour deux violoncelles. En 1804 , il a publié une méthode de violoncelle , formant l'œuvre quarante-deux. On peut voir la critique qui en a été faite dans les numéros 5o et 51 de la correspondance des professeurs et amateurs de musique, 1804.

BRÉVAL (M.), cadet, a aussi exécuté des concertos de violoncelle et des symphonies concertantes, au Concert Spirituel ; mais il a moins de mérite et de réputation que son frère.

BRIAN (Albert), compositeur du dix-septième siècle, à Londres. Le docteur Boyce a inséré plusieurs morceaux de sa composition pour l'église, dans son *Cathedral musik*.

BRICHTA, excellent ténor, était d'abord à l'église métropolitaine de Prague, et fut appelé en, 1772, à Vienne, comme ténor de la Cour.

BRIEGEL (Wolfgang-Charles), maître de chapelle à Darmstadt, né en 1626; dans sa jeunesse était organiste à Stettin. Vers l'an 1656, il fut appelé à Gotha, comme maître de chapelle. Il vivait encore en 1706, âgé de 80 ans. V. Walther.

BRIGNOLI (Jacques), célèbre contrapuntiste de l'Italie, dans le seizième siècle. Jean-Baptiste Bergameno a conservé plusieurs morceaux de sa composition, dans le *Parnass. musico Ferdinand.*, qu'il publia à Venise, en 1615.

BRIJON (C. R.), a publié en 1782, l'Apollon moderne ou le développement intellectuel par les sons de la musique, un vol, in-8°.

BRILLIARD, musicien à Paris. On a de sa composition six duos pour violon, op. 1, qu'il fit graver vers 1786.

BRILLON DE JOUY (Madame), était une des plus habiles clavecinistes de l'Europe. Le docteur Burney eut occasion de l'entendre à Passy en 1770, et voici ce qu'il en dit dans son Voyage en France et en Italie : « Non seulement elle joue » les pièces les plus difficiles avec » beaucoup de précision, de goût, » de sentiment, et à livre ouvert, » mais elle compose, et eut la com» plaisance d'exécuter quelques-» unes de ses sonates, tant sur le » clavecin que sur le forte-piano, » accompagnée par M. Pagin. Ses » talens ne sont point bornés au » clavecin : elle joue de différens » instrumens, et connaît le génie de » tous ceux qui sont en usage. Elle » dit que cette connaissance lui est » nécessaire pour éviter, en com-

» posant, ce que ces instrumens ne » pourraient pas exécuter. Elle » peint, elle grave ; c'est une femme » aimable et accomplie. Plusieurs » des célèbres compositeurs d'Italie » et d'Allemagne, qui ont fait » quelque séjour en France, lui ont » dédié leurs ouvrages, entr'autres » Schobert et Boccherini. »

BRIOCHI, compositeur italien. Vers 1770, il avait déjà mis entre les mains des amateurs dix-huit symphonies, sept trios pour le violon, des concertos, et autres pièces de musique instrumentale.

BRISTANUS (Croylandensis), moine anglais de l'ordre de S. Benoît, vivait vers 870. Il était poète et musicien. Voy. *Fabricii, Bibl. lat.*, p. 770.

BRITTON (Thomas), amateur distingué de musique à Londres, né près Higham-Ferres, dans le comté de Northampton, établit un commerce de charbon ; mais acquit des connaissances étendues dans la musique théorique et pratique. Il y joignit le talent de graveur, et grava lui-même les pièces qu'il avait de composées. Il fonda à ses frais une société de musique, qui devint dans la suite la première base du concert de Londres. Il mourut en 1714, âgé de soixante ans. V. Hawkins.

BRIVIO (Giuseppe-Ferdinando), a fondé à Milan, vers 1730, une école de musique, d'où sont sortis des chanteurs célèbres, tels que Salimbeni, Appianino, etc. V. Marcini, dans son Chant figuré.

BRIXI (François-Xavier), en dernier lieu, maître de chapelle à l'église métropolitaine de Prague, y était né en 1732. On doit le compter parmi les plus grands organistes de son tems.

Il dit un jour en plaisantant à un autre organiste fort habile : *Toutes les fois que je passe devant une église où l'on exécute une de vos messes, il me semble entendre un opera seria. Et moi*, reprit l'autre, *je crois toujours passer devant une guinguette, lorsque j'entends une des vôtres.*

Il mourut en 1771.

On a de lui, en musc. cinquante-deux grandes messes solennelles et vingt-quatre petites ; un nombre infini de litanies, de vêpres, d'offertoires, d'oratorios, d'opéras. Il existe en outre une quantité de pièces pour l'orgue et le clavecin, de sa composition. V. *Siaslist. v. Bœhmen*.

BRIXI (VICTORIN), excellen organiste et recteur à l'école de Po diebrad, né à Pilsen, en Bohême en 1717. Il vivait encore en 1790, âgé de soixante-quatorze ans.

Il a composé beaucoup de litanies et de messes, et une quantité de sonates pour le forte-piano.

BRIXIA (BONAVENTURE de), a publié en 1501, in 4°, *Regulæ musicæ planæ*. V. *Gruber Beytræge*.

BRIZZI (M.), de la musique particulière de S. M. l'Empereur Napoléon, chantait les premiers rôles dans les opéras qu'on joue à la cour.

BRODECZ, jeune violoncelliste de la Bohême, qui donnait les plus belles espérances, fut d'abord au service d'un gentilhomme hongrois, et vint ensuite à Prague, où il étonna généralement par son talent extraordinaire. Il y mourut peu de tems après, à la fleur de l'âge.

BRODERIP, organiste et compositeur à Londres, y a fait graver une collection de fugues pour l'orgue.

BRODSKY, publia vers 1782, à Bruxelles, trois ouvrages de sa composition, consistants en quatuors et trios pour le clavecin et le violon. On a encore de lui six symphonies en manuscrit, et quelques pièces pour le violoncelle.

BRŒDER, compositeur pour l'église, dont on commença à connaître les ouvrages vers 1760; mais seulement en manuscrit.

BRŒSTEDT (JEAN CHRÉTIEN), publia à Gœttingue en 1739, une dissertation, de trois feuilles in-4°, sous le titre : *Conjectanea philologica de hymnopæorum apud Hebræos signo se'a dicto, quo initia carminum r'petenda esse indicabant.* V. *Forkel, Gesch.,* t. I.

BROSCHI (CARLO). Voyez *Farinelli.*

BROSCHI (RICCARDO), maître de chapelle napolitain, était frère du célèbre Farinelli, à qui il donna les premières leçons de musique. Son opéra, l'*Isola d'Alcina*, fut joué à Rome en 1728. En 1730, il accompagna son frère à Venise, et y composa l'opéra d'*Idaspe*, dans lequel

on entendit Farinelli, Nicolini et la Cuzzoni. V. *Burney, t. IV.*

Leur oncle Farinelli, violoniste et compositeur de Georges I, électeur de Hanovre, et son résident à Venise, fut ennobli par le roi de Dannemarck en 1684. C'est lui qui a fait l'air si connu des Folies d'Espagne, sur lequel Corelli a composé vingt-quatre variations, à la fin de son op. 5.

BROSCHI (FRANÇOISE), née à Bologne, célèbre cantatrice, fut appelée, par les Vénitiens, la *Salomone* de la musique.

BROSCHARD (Madame), une des meilleures cantatrice du dix-huitième siècle, se trouvait au théâtre de Munich en 1787.

BROSSARD (SÉBASTIEN), mort en 1730, âgé de soixante-dix ans, fut maître de musique de la cathédrale de Strasbourg, puis de celle de Meaux, et chanoine de cette église.

On connaît son Dictionnaire de Musique, dont J.-J. Rousseau a tiré un si grand parti pour le sien, et qu'il critique avec tant d'humeur.

Brossard savait joindre la pratique à la théorie de la musique. On compte, parmi ses compositions, le *Prodromus musicalis*, deux livres de motets, neuf leçons de ténèbres et un recueil d'airs à chanter. Il avait rassemblé une belle et nombreuse bibliothèque de musique, qu'il donna à Louis XIV.

BROVERIUS (MATHIEU), de Medeck, dans le chapitre 26 de son ouvrage *de veterum adorationibus*, traite aussi *de Musica in sacris adhibita.*

BROWN, docteur de musique à Londres, et, vers 1760, directeur de l'orchestre royal, est l'auteur de la dissertation savante que le professeur Eschenburg a traduit en allemand, et a fait imprimer à Leipsick, sous le titre : Considérations sur la musique et la poésie, d'après leur origine, leur réunion, leur force, leur accroissement, leur séparation et leur décadence, etc. Hændel confia plusieurs fois à Brown la direction de l'orchestre, lors de la représentation de ses oratorios. Brown est mort vers 1766.

BROWNE (RICHARD), savant anglais, vécut à Londres, au commencement du dernier siècle. Il y a publié, en 1729, un traité de 125 pages, in-8°., sous le titre : *Medicina musica; or A mechanical Essay on the effets of singing, musik and dancing, on human bodies*, etc. (Médecine musicale ou essai méchanique sur les effets du chant, de la musique et de la danse, sur le corps humain.

BRUCE (JACQUES), savant célèbre d'Angleterre, a envoyé au docteur Burney, une lettre sur les instrumens de musique actuellement en usage en Abyssinie, que ce dernier a inséré dans son histoire de la musique, d'où Forkel l'a tirée pour la donner, en traduction, dans le t. I, p. 85 de son ouvrage.

BRUCK (ARNOLD de), compositeur, dans la première moitié du seizième siècle.

BRUCKNER (CYRIAQUE), savant célèbre, organiste et compositeur du quinzième siècle, né à Bruel, petite ville du Palatinat, mourut en 1600.

BRUCKMANN, (FRANÇOIS-ERNEST), docteur en philosophie et en médecine, né au couvent de Marienthal, près Helmstadt, en 1697, est l'auteur d'une dissertation sur un instrument nocturne de musique, qui joue de lui-même. Il a encore publié : *Observatio de epileptico singulis sub paroxismis cantânte*, dans les art. acad. nat. curios. , vol. II , et : Epilepsie chantante, dans les annonces littéraires de Hambourg, de l'an 1735.

BRUHL. (Le comte de) excellent sur plusieurs instrumens, principalement sur le violon, le violoncelle et la mandoline. Il était à Vienne en 1772. Il est le premier qui ait monté le forte-piano avec des cordes d'acier. L'essai en fut fait à Londres, en 1778.

BRUMBEY (CHARLES - GUILLAUME), depuis 1785, prédicateur à Alt-Lundsberg, dans la Moyenne-Marche, né à Berlin, en 1757, a écrit des Lettres sur la musique; etc. , Quedlinbourg , 1781, in 8°.

BRUMEL (ANTOINE) ou BROMEL, célèbre compositeur, vers 1500, doit être regardé comme le chef de l'école Française. On ne sait rien de précis sur le lieu ni sur l'année de sa naissance et de sa mort; on ne connaît aucune particularité de sa vie, on sait seulement qu'il fut contemporain de J. Deprez, et comme lui élève d'Ockenheim. Gláréan dit qu'il doit être rangé parmi les plus grands compositeurs. Il cite de lui une messe *de Beatissima virgine* digne des plus habiles maîtres, et rapporte plusieurs morceaux d'une autre intitulée : Δρηξ̃. Du reste il dit qu'il devait plus à l'art qu'à la nature. M. Forkel a de ce maître une opinion toute contraire : il loue le naturel et la facilité qui règnent dans ses compositions; il prétend qu'il a plus de goût et de jugement que Josquin, et il rapporte à l'appui de son opinion, un psaume à quatre voix qui se trouve dans la collection de Nüremberg ; ce morceau est estimable à tous égards ; et ce que l'on connaît de cet auteur justifie la réputation dont jouissait à cette époque l'école Française, réputation que les générations suivantes eurent bien peu le talent de soutenir. (V. l'introduction de ce dictionnaire).

BRUNA (VITTORIA), cantatrice excellente, en 1743, à Turin.

BRUNETTI (GAETAN) a fait graver, à Paris, en 1780, plusieurs œuvres de duos et sextuors pour le violon.

BRUNETTI (GUALBERT), maître de chapelle à la cathédrale de Pise, en 1770, a composé l'opéra comique : *Il Bertholdo*, qui fut représenté à Florence, en 1788.

BRUNI (ANTOINE-BARTHELEMI), né à Coni en Piémont, le 2 février 1759, violoniste et compositeur très-distingué, a étudié son instrument sous le célèbre Pugnani, et la composition sous Speziani, à Novarre. Il a, depuis, rempli les fonctions de chef d'orchestre au théâtre de Monsieur, (à l'époque si brillante de sa formation) au théâtre de l'Opéra-Comique, et celui de l'Opéra Buffa, lors de sa réorganisation en 1800. M. Bruni semblait avoir hérité de Pugnani, son maître, le rare talent de conduire un orchestre. Ses ouvrages sont, 1°. musique de violon : quatre œuvres de sonates, vingt-huit œuvres de duos, dix œuvres de quatuors et plusieurs concertos. 2°. Seize opéras, savoir : 1° au théâtre de Monsieur : l'Isle enchantée , en trois actes; 2° au théâtre

Italien, Coradin, en trois actes; Célestine, en trois actes; 3°. au théâtre Montansier, Spinette et Marini, le Mort imaginaire, en un acte; 4°. au théâtre Feydeau, l'Officier de fortune, en deux actes; le Sabotier, en un acte; Claudine, ou le petit Commissionaire, en un acte; Tout par hasard, en un acte; le Sargines de village, en un acte; la Rencontre en voyage, en un acte; l'Esclave, en un acte; l'Auteur dans son ménage, en un acte; le Major Palmer, en trois actes; Toberne, en deux actes.

La musique instrumentale de M. Bruni est très-recherchée des amateurs. Presque tous ses opéras sont restés au répertoire.

BRUNI (Charles), frère du précédent et son élève, né à Coni, en 1761, est un artiste distingué, non-seulement sur le violon, mais aussi sur le basson. Après avoir été de la chapelle du roi de Sardaigne, il a été premier des seconds violons au théâtre de Monsieur. Il est maintenant premier violon du théâtre de Coni.

BRUNINGS (E.) fit graver, à Bruxelles, trois trios pour clavecin avec violon et violoncelle. *Op. I.*

BRUNNER (Adam-Henri), moine, fit imprimer à Bamberg, en 1670, un ouvrage in-folio sous le titre *Cantiones marianæ, oder teutsche marianische Lieder, uber jeden titel der lauretanischen litaney, mit 2, 3, 4, oder mehr geigen.* V. Walther.

BRUNON, évêque de Toul, et ensuite pape sous le nom de Léon IX. C'est à l'école de Toul, où il a été élevé, qu'il acquit ses talens extraordinaires en musique. Charlemagne avait fondé cette école, et fait venir tous les maîtres et professeurs de Rome. Brunon était de la famille des comtes de Dachsburg. V. l'article Léon IX.

BRUNSWICK (Le Prince Frédéric de) a traduit, de l'allemand en français, l'Ariane de Brandes, qui a été représentée sur le théâtre français de Berlin. V. l'alm. de Reichardt, imprimé à Gotha en 1788.

BRUSA (Francesco), vénitien, doit être compté parmi les bons maîtres du commencement du dixhuitième siècle. Il a composé, en 1724, *Il trionfo della virtù*; en 1725, *Amor heroico*, et, en 1726, *Medea et Giasone*.

BRUSCOLINI (Pasqualino), célèbre haute-contre de l'Italie, vint à Berlin en 1748, et chanta pendant dix ans au grand théâtre de l'opéra de cette ville. Il fut ensuite engagé, jusqu'en 1763, à l'opéra italien de Dresde, dirigé par Adolphe Hasse.

BUCÈS (Jacques de) a fait des chansons françaises à 6 voix, imprimées à Venise vers 1550.

BUCHER (Samuel-Frédéric), fit imprimer à Zittan, en 1741, un ouvrage in-4°. intitulé : *Menazzehim, die kapellmeister der Hebræer.* : Les maîtres de chapelle des Hébreux.

BUCHKOLZ, suédois. L'abbé Gerbert, dans son histoire du chant d'église, dit qu'il était célèbre par ses compositions pour l'église.

BUCHNER (Adam) fit imprimer, en 1677, à Jena, une feuille intitulée : *Die thrænenreiche freuden Erndte*, pour 4 voix.

BUCHNER et non pas Bucnero, ainsi qu'il est nommé par Walther, (Philippe-Frédéric), maître de chapelle à Mayence, a publié *Plectrum musicum, harmoniacis fidibus sonorum*, Erfurts, 1662, in-fol.; *Sacrarum cantionum, opus tertium*, à 3, 4 et 5 *vocibus*, Constant, 1656, in-8°. Ses vingt-deux sonates ont été imprimées, en 1660, à Francfort, in-fol.

BUC'HOZ (Pierre-Joseph) a publié, à Amsterdam, en 1739: Nouvelle méthode facile et curieuse de connaître le pouls par les nots de la musique. On a encore de lui un mémoire sur la manière de guérir la mélancolie par la musique. V. Forkel, histoire, t. I.

BUEL (Christophe) vers 1615, maître de chapelle de Nuremberg. On a de lui *Melos harmonicum*, et *Dnivohph. Pureri ab Haimendorf, septimo, et scholarchæ prim. filio unico, melos propemtikon*, etc. 1624, in-4°. V. *Doctrina duodecim modorum musicalium*, in-fol.

BUFFARDIN (Pierre-Gabriel), célèbre flûte traversière de la chapelle royale de Dresde, de 1716 jusqu'en 1730, fut, en 1718, pendant quatre mois, le maître du fameux Quanz. Sa principale force était dans l'allégro.

BUFFIER (Le P.) a écrit sur la musique, mais superficiellement.

BUGLIONI (Francesco), savant de Florence, ami intime du pape Léon X, était en même tems musicien excellent et sculpteur célèbre. Il mourut, en 1520, âgé de cinquante-huit ans. V. Fuerti: Lexicon des artistes.

BUINA (Joseph-Marie), célèbre compositeur italien de Bologne, a donné les opéras suivans : *Ippocondriaco*, à Florence, 1718; *Il mago deluso dalla magia*, à Bologne, 1718; *La pace per amore*, 1719; etc. Il y a six de ses ouvrages dont il a composé le texte.

BUMLER (Georges - Henri), maître de chapelle du margrave d'Anspach, né à Berneck le 10 octobre 1669, mourut le 26 Août 1745. Outre les grandes connaissances qu'il avait dans la composition, dans la théorie et dans la pratique de la musique, il était encore très-versé dans les sciences mathématiques, surtout dans l'optique. Il a composé beaucoup de musique pour l'église. V. les biographies de Hiller.

BUNEMANN (Chrétien - André) publia, en 1741, à Berlin, son programme : *De cantu et cantoribus ad aud. orat. de musicâ virtutis administrâ.* Il était né à Freuenbriezen en 1708. En 1740, Il fut nommé à la place de recteur au gymnase de Frédéricstadt à Berlin; mais il mourut, le 24 décembre 1747, à peine âgé de trente-neuf ans.

BUNTING (Henri), théologien luthérien, né à Hanovre, en 1545, a publié à Marbourg, en 1596, un discours intitulé : *De musicâ.*

BULANT (Antoine), a publié, à Paris, vers 1784, plusieurs œuvres de musique instrumentale : six quatuor pour le violon, op. 2; six duos pour clarinette, op. 4; et quatre symphonies à grand orchestre, op. 5.

BULANT (M.), amateur, d'Amiens, compose et chante très-agréablement.

BULET (F. G.), professeur de musique à Genève, a publié, en 1804, trois duos concertans pour deux violons. op. 1. On y trouve des thèmes bien suivis, du chant, de la largeur et l'entente des imitations et oppositions.

BULGARELLI (Mariana-Bensi) nommée la Romanina. Elle était en grande renommée, comme cantatrice, en Italie. de 1700 à 1730.

BURANNELLO. V. *Galuppi.*

BULL (John), docteur en musique, et premier professeur au collége de Gresham à Londres, était natif du comté de Sommerset, et commença vers l'âge de onze ans, à étudier la musique. Le célèbre organiste de la cour, Blithemann, fut son premier précepteur ; il parvint par ses leçons à une telle perfection, que la faculté d'Oxfort, en 1586, le créa bachelier d'une voix unanime. Après la mort de son maître, la même académie lui conféra le grade de docteur de l'académie d'Oxfort, et le nomma en même temps, organiste de la chapelle royale. La reine Elisabeth le proposa en 1596, elle même, comme premier professeur au collége de Gresham ; il lui était enjoint de donner ses cours entièrement en langue Anglaise. Cinq ans après, il entreprit un voyage dans les Pays-Bas, en France et en Allemagne, pour rétablir sa santé, et se fit admirer partout.

Le successeur d'Elisabeth, Jacques Ier, le nomma, en 1607, son organiste, place dans laquelle il déploya tous ses talens. Il fit vers 1620, un nouveau voyage en Allemagne. Il mourut, en 1662, à Hambourg, âgé d'environ soixante ans.

Il a beaucoup contribué à l'amélioration du contrepoint, du style fugué et canonique, qui étaient alors dans leur enfance. Le docteur Pepusch préférait les ouvrage de Bull à ceux de Couperin, de Scarlatti, etc. Il les a recueillis et indiqués avec soin ; il y en a très-peu d'imprimés. Pour sa vie. V. *Marpurg, Beytræge,* t. 4.

BUONO (Jean - Pierre dal), moine de l'Italie qui vivait dans le dix-septième siècle, a fait imprimer, en 1641, à Palerme : *Obtighi, sopra l'ave maris stella* à 3, 4, 5, 6, 7 et 8 *voci.*

BURANA (Jean - François), philosophe et médecin à Bologne, y vivait dans le seizième siècle, et était natif de Vérone. Il a laissé en manuscrit une traduction latine de l'ouvrage d'Aristide Quintilien , *de musicâ.*

BURCK (Joachim) , a composé vingt-cinq pièces de musique , tant pour la voix que pour les instrumens. Elles ont été imprimées en 1561.

BURETTE , fils d'un joueur de harpe , nâquit à Paris en 1665. Il apprit lui-même de fort bonne heure à jouer de cet instrument. A l'âge de dix ans , il en donnait des leçons dans les maisons particulières ; mais elles ne l'empêchaient pas de s'appliquer à l'étude des langues. Il quitta la profession de musicien pour embrasser celle de médecin.

En 1705, il fut reçu à l'Académie des Belles-Lettres. Il s'attacha principalement à des matières qui eussent quelque analogie et à la profession qu'il avait quittée , et à celle qu'il exerçait alors. Dans cette vue , il fit d'abord treize dissertations sur la gymnastique des anciens, que les Grecs regardaient comme une partie essentielle de la médecine.

Ce travail fini , Burette fit un autre traité en quatorze dissertations sur la musique ancienne. C'est par ce dernier ouvrage qu'il termina sa carrière littéraire.

A la fin de l'année 1745 il eut une attaque de paralysie , dont les suites le retinrent chez lui jusqu'à sa mort, arrivée le 19 mai 1747, dans la quatre-vingt-deuxième année de son âge. Voyez l'éloge de Burette, par Freret. (Mém. de l'Ac. des Inscript. , tom. 21 , pag. 217)

BURGHORST (Mademoiselle Marthe) , vivait en 1762 à Amsterdam , et y était connue comme une cantatrice excellente , et comme virtuose sur le clavecin.

BURGIONI , tenor , était , en 1772 à Vienne , comme chanteur d'intermèdes. V. *Muller , Nachricht. V. Weiner théâtra.*

BURGMILLER (Auguste-Frédéric) directeur de musique à la société de théâtre de Bellomo , à Weimar , en 1786, a composé l'opéra : *Das hætt ich nicht gedacht,* et la musique de *Macbeth.*

BURI (de) , capitaine au service du comte de Wied à Neuwied , en 1785 , a composé la musique de l'opéra allemand les Matelots ,

dont il avait fait les paroles. On a encore de lui un solo pour violon , en manuscrit.

BURKHŒFER (J.-G.) , musicien allemand à Paris , a fait graver , tant dans cette ville qu'à Vienne , six trios pour violon , six duos pour la mandoline ; des ariettes et trois sonates pour la harpe et le violon ; six solos , et encore six duos pour ce dernier instrument. Il était aussi collaborateur des journaux de harpe et de clavecin, qui paraissaient à Paris , vers 1784.

BURNEY (Charles) , docteur en musique à Londres , est né à Worchester en 1727. Son père , après lui avoir enseigné les premiers élémens de la musique , l'envoya à Londres pour qu'il achevât de s'instruire dans cet art sous les auspices du docteur Arne. Son maître l'ayant abandonné à lui-même , il joua dans un orchestre , et donna des leçons de musique ; mais ses recettes ne suffisaient pas à ses dépenses , il se vit forcé de retourner dans sa ville natale. Après quelques années , il revint à Londres , et y fut plus heureux que la première fois. Il eut une place dans un orchestre , et il composa un divertissement intitulé Alfred , qui le fit bientôt connaître et apprécier généralement.

En 1760 , il fut appelé à Swaffham dans le comté de Norfolk pour y être organiste avec cent livres sterling de traitement. Son caractère aimable le fit chérir de toute la noblesse du comté. Le duc d'York le décida enfin , quoique avec beaucoup de peine , à revenir à Londres. Cette fois-ci , il y composa quelques concertos qu'il fit graver.

Ayant à cette époque conçu le projet d'écrire l'histoire générale de la musique, il s'occupa, avant tout, de rassembler tous les matériaux qu'il était possible de réunir, et de visiter tous les établissemens qui offraient quelque intérêt dans les principaux états de l'Europe. Dans cette vue, il quitta l'Angleterre en 1770 ; après avoir parcouru l'Italie , il revint à Londres en 1772, et fut décoré du titre de docteur. Le plan de son ouvrage le conduisit ensuite en Allemagne ; il y visita les grandes cours, les bibliothèques et les personnages marquans. Il a publié le Journal de ses voyages. Cet ouvrage est écrit d'un style agréable et fleuri. Messieurs Eschenburg et Bode l'ont traduit en allemand, et M. J. - W. Lustig, organiste de Grœningue, l'a traduit en hollandais.

Il annonça ensuite son Histoire de la musique, en trois volumes. La moitié des souverains de l'Europe et les savans de toutes les nations, ont souscrit pour cet ouvrage. La quantité des matériaux l'obligea de travailler quatorze années à la rédaction de cette Histoire, qui parut enfin en quatre volumes in-4°.

Le premier volume, publié en 1776 et intitulé : General history of Musik, contient l'histoire de la musique chez les principaux peuples, avant la naissance de Jésus-Christ. Le deuxième volume qui suivit, en 1782, contient l'histoire de la musique depuis la naissance de Jésus - Christ, jusqu'au milieu du seizième siècle. Le troisième volume, imprimé en 1787, contient l'histoire de la musique de l'Angleterre, de l'Italie, de la France, de l'Allemagne, de l'Espagne et des Pays Bas, depuis le seizième siècle jusques vers la fin du dix-septième siècle. Enfin, le quatrième volume, sorti de la presse en 1788, comprend l'histoire de la musique dramatique, ou de l'opéra et de l'oratorio, depuis sa naissance jusqu'au tems présent.

Cet ouvrage renferme enfin les principales époques et les progrès de la musique d'église, ainsi que les biographies, portraits et anecdotes des principaux compositeurs, des chanteurs et musiciens célèbres. L'auteur a mis un soin particulier à l'histoire du drame anglais, et y a ajouté un examen étendu des opéras italiens de Hændel.

En 1784, il parut à Londres, un Mémoire sur la vie de Burney, et sur la fête funèbre célébrée en son honneur, en mai et juin de 1784, par C. Burney. Cet ouvrage a été traduit en 1785, par Eschenburg.

Le même Eschenburg avait déjà traduit, en 1781, le traité sur la musique des anciens. L'histoire générale de la musique n'a pas encore été traduite en français.

On a de Burney en musique instrumentale : quatre solos et autant de sonates pour la clavecin, avec accompagnement d'un violon et d'un violoncelle, gravés à Londres ; ainsi que huit sonates à quatre mains pour le piano, publiées en 1771.

M. Burney est le chef d'une nombreuse famille, dont tous les membres ont acquis une grande réputation en Europe. V. le Magas. de Cramer, tom. 2.

Sa fille (Françoise d'Arblay) n'est pas moins intéressante par ses talens précoces et distingués, que par le motif qu'elle a eu pour les développer. M. Burney ne pouvant plus s'occuper d'études sérieuses, à cause de l'affaiblissement de sa santé, s'était mis à lire des romans. Il eut bientôt épuisé tout ce qui, dans ce genre, mérite d'être lu : alors, sa fille voyant que cette ressource lui manquait, entreprit d'y suppléer par elle-même. Elle donna d'abord Evelina ou l'Entrée d'une jeune personne dans le monde, roman qui eut du succès, et ensuite Cécilia, ouvrage fort supérieur au premier. Son troisième roman a paru en 1796 sous ce titre : Camilla ou la Peinture de la jeunesse. Les caractères y sont multipliés avec une richesse d'invention peu commune, nuancés et soutenus avec esprit. On voit qu'elle a pris Richardson pour son modèle, et elle en approche souvent par la vérité des peintures. Miss Burney a épousé un émigré français.

BURRMANN (Erick), naquit à Bygdea, dans la Gothie occidentale, le 23 septembre 16.2. Il prononça, à Upsal, en 1712, un discours publié : De laude musices, et fut nommé directeur de musique à la cathédrale, en 1719, après la mort de Zellinger.

Il avait publié, en 1715, une dissertation sur : De proportione harmonicâ. On a encore de lui d'autres dissertations estimées, telles que : De basso fundamentali, et De triadé harmonicâ, etc.

Il mourut le 3 novembre 1729. V. Matheson Ehrenpforte.

BURRMANN (GOTTLOB-GUIL-LAUME) publia, en 1776, six piéces de clavecin, et en 1777, quatre suites pour le même instrument, sans compter quatre à cinq recueils de chansons, qu'il a fait imprimer depuis 1766 jusqu'en 1787.

BURRONI, maître de chapelle à Rome, y donna, en 1784, lors de la naissance du Dauphin, une cantate, avec un orchestre de cent musiciens.

BURRI (PIERRE), contrapuntiste du quinzième siècle, et chanoine à Amiens, né à Bruges, en 1440. D'après Donius, lib. II, pag. 191. De præst. music. veter.; il s'est distingué par la composition de plusieurs hymnes et messes. Il mourut en 1507, âgé de soixante-dix-sept ans. V. M. Gerbert.

BURTIUS (NICOLAÜS), de Parme, a publié à Bologne, en 1487, Musices opusculum cum defensione Guidonis Aretini contra quemdam Hispanum veritatis prævaricatorem. Le prévaricateur était Barthélemy Ramos de Péreja, espagnol qui avait trouvé dans la méthode de Guido de la confusion et de l'inutilité.

BURTON (AVERY), musicien et compositeur anglais, était, en 1520, au service de l'église collégiale de Londres. V. Hawkins.

BURTON (JOHN), virtuose sur le clavecin, disciple du célèbre organiste Keeble de Londres, né en Angleterre vers l'an 1730. On a gravé de lui à Londres : six solos et six trios pour le clavecin, avec accompagnement d'un violon. V. Marpurg, Beytræge, tom. I. pag. 167.

BURWITZ, virtuose de chambre de l'électeur de Mayence, vers l'an 1727. était un des plus grands trompettistes de son tems, en ce qu'il sonnait de son instrument dans tous les tons, sans y faire aucun changement.

BURY (BERNARD de) né à Versailles en 1720, fut élevé sous les yeux de Blamont, son oncle. En 1744, il fut reçu maître de la musique du roi, en survivance de Blamont, dont il avait épousé la nièce; et en 1751, il fut pourvu de la charge de surintendant, en survivance de Rebel.

Ses principaux ouvrages sont des divertissemens et des ballets pour la cour, et un De profundis, motet à grand chœur, composé pour la pompe funèbre de madame la Dauphine, en 1766.

BURYAN (JOSEPH), né à Werbitz en Bohême, virtuose sur le forte-piano, fréquenta d'abord l'école de Mariaschein; dans la suite, il se rendit à Prague, et occupa la place d'inspecteur d'école à Bilin.

BUSBY (THOMAS), docteur en musique, est également estimé comme compositeur et comme écrivain. Il fut chargé par le docteur Arnold de faire la partie historique et littéraire du Dictionnaire de musique, que celui-ci publia en 1786. Il a donné depuis un nouveau Dictionnaire de musique complet, supérieur à tous les ouvrages de ce genre qui ont paru dans la langue anglaise.

Plusieurs morceaux de musique, pour le chant et le forte-piano, ont été publiés à Londres sous la direction du doct. Busby.

BUSCH (PIERRE), pasteur a l'église de la Sainte Croix d'Hanovre, y mourut le 20 décembre 1745. Il est l'auteur d'un ouvrage allemand ayant pour titre : Ausführliche historie und Erklærung des Heldenliedes, etc.

BUSTAMANTE (FRANÇOIS), grand contrapuntiste, du seizième siècle, vivait en Italie, mais était espagnol de naissance.

BUSTYN (PIERRE), organiste en Zélande, vers 1720, fit graver à Amsterdam neuf suites pour le clavecin, etc. Walther l'appelle Bystyn.

BUTINI a publié, vers 1785, six trios pour flûte, violon et basse.

BUTTSTEDT (JEAN-HENRI), né en 1666, élève de Jean Pachelbel, et organiste de l'église principale à Erfurt, doit être compté parmi les premiers organistes et compositeurs de son tems.

BUTTSTEDT, directeur de musique et organiste à Nothembourg vers 1784, était auparavant organiste à Weikersheim, dans la principauté de Hohenlohe. Outre deux oratorios et beaucoup de compositions pour le clavecin : il a encore beaucoup écrit pour le violon.

BUTZ (Tobie) compositeur pour l'église, à la chapelle de la cour, à Dresde, depuis 1755, y est mort en 1763.

BUXTEHUDE, (Dieterich), organiste à la cathédrale de Lubeck, est mis par Mattheson, dans son Parfait maître de chapelle, au rang des grands organistes de l'Allemagne. Ses compositions pour le clavecin sont nombreuses et d'un mérite supérieur. Il a publié, à Hambourg, en 1696, deux livres *A violino, viola da gamba, et cembalo*.

BUYS (Jacques de) a fait des chansons à six voix, imprimées à Venise.

CACCIATI (Dom. Maurice), était, vers 1660, maître de chapelle de S. Petrone de Bologne. Il a composé beaucoup d'opéras.

CACCINO (Jules), dit le Romain, grand contrapuntiste, vivait vers 1600. Ses ouvrages, ainsi que ceux de Jacques Peris, furent regardés, de son tems, comme classiques. Il vécut à la cour du grand duc de Toscane. Il était disciple de Scipion della Palla.

CADEAC (Le père), compositeur français du seizième siècle. L'on trouve plusieurs motets de sa composition parmi les douze messes à quatre voix qui parurent à Paris en 1554. V. M. Gerbert.

CADENZE (Scra delle). Voy. *Nicolini*.

CAESAR (Jean-Melchior), né à Saverne, en Alsace, fut maître de chapelle d'abord à la cour du prince-évêque de Wurzbourg, puis à la cathédrale d'Ulm. Il vécut vers la fin du dix-septième siècle, et publia différens grands ouvrages de messes de 1683 à 1690. Outre cela, il a publié à ses frais, en 1684, un recueil d'airs de ballets, pour violon, violette, viole et violoncelle, avec basse continue.

Walther l'appelle Jean-Michel César.

CAESARIUS (S.), évêque d'Arles, né en 470, institua les

BUZZOLENI (Giovanni), de Brescia, célèbre chanteur, florissait encore en 1701. V. Essai sur l'opéra d'Algarotti.

BYTEMEISTER (Henri-Jean), docteur et professeur en théologie à Helmstædt, né à Zelle le 5 mai 1688, a écrit: *Discussio sententiæ M. Reimii de significatione vocis, sela*. On trouve cette dissertation dans les *Miscellan. Lipsiens*, et dans *Ugolini thes. ant. sacr.* T. 32, p. 731.

Il est mort le 22 avril 1746.

BYZAS ou *Bysantius*, ecclésiastique grec, a composé plusieurs hymnes d'après le triodium. Il vécut dans le dixième siècle.

C

Heures canoniques. Il mourut le 27 août 543. V. Gerbert et Joecher.

CAFFARELLI. V. *Majorano*.

CAFFARO (Pasquale) fut un des plus savans harmonistes du dix-huitième siècle. C'est lui qui le premier donna une forme élégante aux airs *cantabile*. Son fameux air, qui commence par *Belle luci che accendete*, servit de modèle à tous les compositeurs. Au rapport de Langlé, son élève, cet air eut un si prodigieux succès, que l'on en peignit le *thema* sur les boîtes de porcelaine de la manufacture du roi de Naples.

Caffaro naquit en 1706, à Lecce, dans le royaume de Naples, et mourut dans la capitale de ce même royaume en 1787.

Il était maître de la chapelle du roi de Naples, et maître du conservatoire de la *Pieta*.

Outre plusieurs opéras qu'il a composés, on a de lui beaucoup de musique d'église, à deux chœurs. Son *Stabat* à 4 voix en double canon est très-célèbre.

CAILHAVA (Jean-François), né à Toulouse, vers 1730, a donné des comédies dans le bon genre, et a parodié la *Buona Figliuola*, charmant opéra-comique de N. Piccini.

CAJON, auteur des élémens de musique à une et deux voix. Paris, 1772, in-fol.

Il pilla avec assez d'art les leçons de Bordier, pour composer des élémens de musique, qu'il publia sous son nom.

« Je n'ai point oublié, dit Madame Roland dans ses Mémoires, le musicien Cajon, petit homme vif et causeur, né à Mâcon, où il avait été enfant de chœur, et successivement soldat, déserteur, capucin, commis et déplacé..... Il a fini, après quinze ans, par quitter Paris, où il avait fait des dettes, pour se rendre en Russie, où je ne sais ce qu'il est devenu ».

CAILLOT, acteur de l'Opéra-Comique de Paris, de 1766, à 1778, était également recommandable par la beauté de sa voix, qui comprenait toute l'étendue des voix d'hommes, par la sagesse de son chant, le naturel et l'expression de son jeu. Il s'est retiré jeune, emportant l'estime et les regrets des amateurs. L'Institut lui a conféré le titre de correspondant.

CALDARA (Antoine), un des plus célèbres compositeurs de l'Italie, au commencement du dix-huitième siècle, naquit à Venise. Depuis 1714 jusqu'en 1763, il était à Vienne, vice maître de la chapelle impériale. Il a composé, tant dans cette ville, qu'à Mantoue, à Venise, et à Bologne, où il avait été auparavant, une foule d'ouvrages pour l'église et pour le théâtre. Les grands maîtres de son tems tâchaient de composer des mélodies pleines d'expression, et de les soutenir par un accompagnement analogue au caractère du chant. Caldara était un de ceux qui se sont distingués le plus dans cette manière. Il vécut très long - tems, et travailla jusqu'à sa mort. A en juger par le titre d'un de ses ouvrages, il semble que, dans sa jeunesse, il s'est aussi distingué comme violoncelliste. V. Walther, Gerbert et la Borde.

CALEGARI (Le P.), de Padoue, cordelier à Venise, florissait en 1740. Sa musique d'église était admirée des meilleurs maîtres, lorsqu'il lui prit fantaisie de la brûler, et de faire jouer des morceaux où il prétendait réaliser les principes des Grecs sur le genre enharmonique. Cette musi-

que étrange déplut aux auditeurs, et les musiciens la trouvèrent inexécutable.

CALIFANO (Jean-Baptiste), de Naples, fit imprimer, en 1584, à Venise, le premier livre de ses madrigaux à quatre voix, in-4°.

CALIGULA. Ce féroce empereur était un amateur passionné de musique. Il avait, dès son enfance, cultivé cet art avec beaucoup de zèle et de succès, et il était regardé comme un fort bon chanteur. Il tirait de son talent autant de vanité que de jouissance réelle; et Suétone dit qu'au théâtre il accompagnait les acteurs, et qu'il était avide d'applaudissemens.

CALLENBERG (Georges-Alexandre - Henri - Herrmann, comte de), seigneur de Muskau, dans la Haute-Lusace, membre de l'Académie Royale de musique à Stockholm, virtuose au clavecin et au forte-piano, est né à Muskau, le 8 février 1744. Il a été gravé, à Berlin, en 1781, six sonates pour le clavecin, avec l'accompagnement d'un violon, de sa composition.

CALLENBERG, organiste à Riga, vers 1739, Matheson, dans son Parfait Maître de Chapelle, parle de lui comme d'un grand maître dans son art.

GALLIARI (Isabelle), de Venise, cantatrice fort renommée de 1700, 1730.

CALLIMAQUE, poëte grec et bibliothécaire de Ptolomée Philadelphe, 246 avant Jésus-Christ. On assure qu'il a écrit huit cents livres, parmi lesquels s'en doit trouver un sur la musique, Kircher prétend qu'on le conserve encore à Rome dans la bibliothèque des Jésuites; mais Meibomius révoque en doute cette assertion.

CALMET (Augustin), savant bénédictin et abbé de Senones, en Lorraine, a inséré dans son Commentaire sur la Bible, qu'il publia en 1720 à Paris, les dessins des instrumens de musique des Hébreux, avec explication. Il mourut en 1757.

CALORI (Signra), prima donna de l'opéra à Dresde, 1770. Elle se trouva, en 1786, à Londres où on l'estimait beaucoup pour sa belle voix, son habileté et ses connaissances en musique.

CALSABIGI. (Raniri di) Florentin, est auteur des deux célèbres pièces *Orfeo* et *Alceste*, mises en musique par Gluck. Il a aussi fait un troisième opéra *Elena e Paride*, que Gluck a encore mis en musique, et qui a été exécuté comme les deux autres, sur le théâtre de Vienne.

CALVI (Batt.), compositeur à Milan, s'y est fait connaître, en 1787, par un oratorio : *Giuseppe riconosciuto*.

CALVIÈRE. (Antoine), naquit à Paris en 1695.

En 1738 ; il fut reçu organiste de la chapelle du roi. On a de lui des motets à deux et trois voix avec symphonie. Son *Te Deum* à grand chœur et symphonie est un ouvrage digne d'aller à la postérité, et le signe homme de génie.

Un des plus beaux endroits de ce *Te Deum*, dit un amateur qui l'a entendu, c'est le verset *Judex crederis*. Après avoir annoncé par un récitatif simple, mais majestueux, la venue du grand juge à qui tous les mortels doivent rendre compte de leurs actions, Calvière, en homme qui sent vivement les choses, a peint, par anticipation, ce jour terrible du grand jugement. Les flûtes commencent par exprimer le siflement des vents. Tout le corps de la symphonie exécute une tempête qui fait frémir. Un tambour, placé dans le milieu de l'orchestre, par un roulement continuel, toujours en renflant le son, marque le bruit affreux du tonnerre joint à celui des flots irrités. Le bouleversement de la nature se fait sentir. L'univers s'écroule; tout est anéanti. Deux trompettes, placées vis-à-vis l'une de l'autre dans les deux tribunes des côtés, font alternativement l'appel. Aussitôt tous les peuples saisis de crainte, s'écrient dans un chœur pathétique, *Te ergo quæsumus*, etc.

Après avoir fait long tems les délices de tous ceux qui l'entendaient à la cour et à la ville, Calvière mourut le 18 avril 1755, dans la soixantième année de son âge. Il était le rival et l'ami du célèbre organiste Daquin.

CALVISIUS (Sethus), proprement Calwitz, chanteur à l'école de Saint-Thomas à Leipsick, né à Gorschleben, en Thuinge, en 1556, et mort à Leipsick en 1617, est connu par ses talens en musique, par son érudition dans la chronologie et la langue latine.

Il a publié en 1592 *Melopœia, sive melodiæ componendæ ratio, quam vulgò musicam praticam vocant*. C'est un livre, pour ainsi dire, *tout d'or*, selon Brossard. Il est le meilleur de tous ceux qui traitent à cette époque, de la composition à plusieurs parties. Il y a, entr'autres choses, une excellente préface dans laquelle, après avoir fait voir la différence de la musique des anciens grecs et latins de celle de son tems, il assure que la musique à plusieurs parties n'a commencé à s'introduire que vers 1300. On a encore de cet auteur un ouvrage sur la musique, intitulé : *Exercitatio musica*, etc. *Lipsiæ*, 16 1.

Calwitz fut un des premiers à adopter et à recommander l'usage des sept syllabes inventées pour désigner les sept notes de l'échelle, afin d'éviter les inconvéniens des *muances* dans l'ancienne manière de solfier.

Walther donne des détails suffisans pour ce qui regarde ses talens et ses productions en musique ; il faut cependant y ajouter encore les ouvrages suivans, savoir : 1° *Harmonica cantionum ecclesiasticarum à M. Luthero et aliis viris piis germaniæ compositarum*. Leipsick, 1797, in-4°. La seconde édition en a paru en 1622. 2° *De initio et progressu musices, et aliis quibusdam ad eam rem spectantibus exercitatio, præmissa prælectioni musicæ in Ludo senatus Lipsiensis ad D. Thomam. Lipsiæ, 1600, in-8° de 65 pag. Cet ouvrage contient les principaux évènemens de l'histoire de la musique, dans une suite et selon un développement fort exacts. 3° *Exercitationes musicæ tres, de præcipuis in arte musicâ quæstionibus institutæ. Lipsiæ*, 1611, in-8°. 4° Le cent cinquantième pseaume pour donze voix, en trois chœurs. Leipsick, 1615, in-fol. V. Ehrenpforte. 5° *Harmonia cantionum ecclesiasticarum*, ou Cantiques de

I. 8

Luther et d'autres chrétiens dé-
vots, à quatre voix, composés par
forme de contrepoint. Imprimé à
Leipsick, in-8°, pour la première fois en 1596. En 1612, il y
eut déjà une quatrième édition.
6° Les pseaumes de David, par forme de chants, composé d'abord par
feu M. Corneille Becker, refondu
pour quatre voix par Seth. Calwits.
Leipsick, 1617, in-8°.

CALVO (LORENZO), musicien
de la cathédrale de Ticino, a publié, en 1620 à Venise, un ouvrage intitulé : *Symbolæ diversorum musicorum*, 2, 3, 4, 5 *vocibus cantandæ.*

CALVOER (GASPARD) né à Hildesheim le 8 novembre 1650, mort
en 1725, surintendant à Clausthal.
Outre le petit ouvrage intitulé :
*De musicâ, ac sigillatim de ec-
clesiasticâ eoque spectantibus or-
ganis Lips.*, 1702, in-12, dont
parle Walther, a encore traité
de la musique d'église, dans le second volume de son : *Rituale ec-
clesiasticum.* Il a aussi écrit l'introduction à la température pratique de Sinn, qui contient quelques secrets de la musique, et
qu'on trouve aussi dans le *Vor-
gemache der gelehrsamkeit* : An-
tichambre de l'érudition : *De Fal-
sius*, pag. 567—624. Ce fut encore lui qui encouragea et qui se-
courut le jeune Tellemann, pour lui
faire continuer la carrière de la musique, qu'il aurait quittée sans lui.

CAMBERT, organiste de l'église
Saint Honoré, fut le premier musicien français qui essaya de mettre en
musique un opéra : celui de Pomone,
dont les paroles étaient de Perrin,
et qui fut exécuté à Issy, en 1659.
Ayant quitté la France par le regret qu'il eut de ne plus être à la tête
de l'Opéra, que Louis XIV lui avait
ôté pour le donner à Lully, il s'établit à Londres, devint surintendant
de la musique de Charles II, et y
mourut en 1677.

CAMEINI (JOSEPH), né à Livourne vers 1750, s'est fixé à Paris depuis 1770. Dans sa jeunesse,
il a eu la réputation d'excellent violoniste. Ses œuvres gravées sont :
Cinq douzaines de symphonies ;
douze douzaines de quatuors concer-

tans pour le violon ; plusieurs œuvres de trios, de duos et de sonates tant pour le violon que pour
le piano, la flûte et le violoncelle. Il
a aussi donné à l'Opéra, en 1776,
les Romans ; et, en 1778, la Rose
d'Amour. Ces deux opéras ont eu
peu de succès ; mais sa musique instrumentale a été très-recherchée des
amateurs, à l'époque de sa publication. Le chant en est aimable, et la
facture correcte. M. Cambini ne s'est
pas borné à composer de la musique,
il a publié, en 1788, différens solféges, d'une difficulté graduelle, pour
l'exercice du phrasé, du style et de
l'expression, avec des remarques
nécessaires et une basse chiffrée pour
l'accompagnement. On dit qu'il a
en manuscrit un traité de composition. Il est élève du P. Martini.

CAMEFORT, musicien habile,
qui florissait sous le règne de
Louis XIV, a laissé plusieurs chansons estimées dans ce tems-là.

CAMERA (M.), élève de Ca-
puzzi, est né à Venise vers 1770.
C'est un habile violoniste, qui s'est
fait entendre plusieurs fois dans les
concerts publics de Paris, où il a
été très-applaudi. Il est en ce moment, à Venise, premier violon du
théâtre de *la Fenice.* On a gravé, à
Paris, un concerto de violon de sa
composition.

CAMERARIUS (PHILIPPE), docteur et vice-chancelier à Altorff, né
à Tubingue en 1537, mourut, après
avoir résigné toutes ses charges, à
Altorff en 1624. C'est pendant ses
loisirs qu'il écrivit ; *Centurias tres
horarum subcisivarum.* Il y parle,
au dix-huitième chap. de la première
centurie, *de industriâ hominum,
quibusdam veterum instrumentis
musicis, et quatenus juventus in
iis sit instruenda.* V. Walther.

CAMERLOHER (Dom PLACIDO
de), musicien de chambre et chanoine à la cathédrale de Munich,
fit graver vers 1760, à Amsterdam
et à Nüremberg, plusieurs œuvres
de symphonies, dans lesquels on
trouve beaucoup de choses agréables,
et le premier exemple des quatuors
concertans, qui eurent tant de vogue
par la suite. On a en outre de lui
dix-huit trios pour la guitare, avec
violon, et vingt-quatre trios pour le

violon. Quelques-uns écrivent son nom Cammerlocher.

CAMIDGE. On a publié, vers 1780, à Londres, six leçons faciles, ou sonates pour le clavecin, de sa composition.

CAMILLE, il fit paraître vers 1780, à Paris, six sonates pour le clavecin, op. 1.

CAMPAGNUOLI ((Barthelomeo), violoniste au service du duc Charles de Courlande, à Dresde en 1783, un des plus grands maîtres sur cet instrument, et élève du fameux Nardini. On loue son habileté à jouer la double corde, et sa charmante exécution de l'adagio. On a gravé de lui à Berlin, en 1784, six duos pour la flûte et le violon, et on espérait voir paraître incessamment des concertos de violon.

CAMPEGGI. Il avait établi à Bologne, vers 1730, une école de musique vocale, dans laquelle se sont formés les Tesi et d'autres chanteurs célèbres.

CAMPELLI (Carlo), a donné à Padoue, en 1707, l'opéra Amor fra gl' impossibili, qui lui assure une place parmi les bons compositeurs.

CAMPION, membre de l'Académie de Musique de Paris, vers le commencement du dix-huitième siècle, a publié un Traité d'accompagnement pour le théorbe et un Traité d'accompagnement et de composition, selon la règle des octaves de M. Maltot, son prédécesseur dans sa place à l'Académie.

CAMPIONI (Carlo-Antonio), maître de chapelle du grand duc de Toscane, depuis 1764, vivait auparavant à Livourne, d'où il fit graver, à Londres, ses trios pour le violon. On en faisait alors tant de cas, qu'ils furent contrefaits en Hollande et en Allemagne. Devenu maître de chapelle, il travailla pour l'église. En 1767, il composa un Te Deum, qui fut exécuté par un orchestre de deux cents personnes. Il possédait une des plus belles collections de musique vocale des maîtres des seizième et dix-septième siècles. Voy. Burney, t. I. On a encore de lui sept œuvres de trios pour le violon, et trois ouvrages de duos pour violon et violoncelle, dont chacun renferme six sonates.

CAMPO (Théodoric de), a laissé un traité de musique en manuscrit, que l'on conserve dans la bibliothèque Barberine, n°. 841.

CAMPRA (André), naquit à Aix le 3 décembre 1660. Elève de Guillaume Poitevin, il fit des progrès rapides dans l'étude de la composition. Il fut successivement maître de musique des cathédrales de Toulon, d'Arles, de Toulouse, et vint, en 1694, à Paris, où il fut reçu maître de musique à Notre-Dame. Après avoir joui long-tems d'une grande réputation, il mourut à Versailles en 1744, âgé de quatre-vingt-quatre ans.

Il a composé beaucoup d'opéras, entr'autres l'Europe Galante, qui eut un succès prodigieux.

On a encore de Campra cinq livres de motets et trois livres de cantates.

L'air si connu de la Furstemberg est de Campra.

CANAL (Joseph) a fait graver, à Londres, à Paris et à Vienne dix-huit duos et six trios pour la flûte avec violon. Le dernier est désigné Op. 5.

CANALIS, Florentin. Il parut, en 1584, à Brixen, des messes à quatre voix, et des motets de sa composition.

CANAVASSO. Il y avait à Paris, vers le milieu du siècle dernier, deux frères Canavasso, dont l'un était violoniste, et l'autre violoncelliste. Tous deux ont composé des sonates pour le violon.

CANCINEO (Michel-Angelo), de Ronciglione, compositeur distingué vers 1592.

CANDEILLE (M.), a refait la musique de l'acte de la Provençale, par Mouret. Il a refait aussi la musique de Rameau, dans l'opéra de Castor et Pollux, en ne conservant que deux ou trois morceaux, comme le chœur du second acte, l'air Tristes apprêts, et le chœur des Démons au quatrième acte. On lui doit encore l'opéra de Pizarre, joué à l'Académie de musique en 1785. M. Candeille s'était fait connaître au Concert Spirituel par des motets.

CANDEILLE (Emilie), fille du précédent, a brillé dans sa jeunesse, au Concert Spirituel, comme virtuose sur le piano et la harpe et même comme compositeur. Elle a fait graver à Paris, en 1788, trois trios pour le clavecin avec accompagnement d'un violon. Op. 1. En 1807, elle a donné au théâtre de l'Opéra - Comique, la pièce d'*Ida*, parole et musique de sa composition. On sait qu'elle a fait les jolis airs de la Jeune Hôtesse et de la Belle Fermière. Cette dernière pièce a été composée par elle, et elle y a joué le rôle principal, en 1792.

CANINI (SEPTIMO), célèbre tenor, né à Florence, florissait vers 1740.

CANALETTI, il a paru à Londres en 1783 un œuvre de trios pour violon, de sa composition.

CANNABICH (CHRÉTIEN), maître de chapelle de l'électeur de Bavière, né à Mannheim, disciple de Jean Stamitz pour le violon et la composition, était auparavant, vers 1726, premier violon, et, depuis 1765, maître de concerts et directeur de l'opéra italien à Munich, avec un traitement de quinze cents florins (environ trois mille deux cents liv.). C'était un des premiers solos sur le violon, de toute l'Allemagne. On a gravé beaucoup de ses compositions en symphonies et autres pièces de musique instrumentale, tant à Paris qu'à Londres et en Allemagne. Son opéra *Azakia* parut à Mannheim en 1777.

Ses ballets étaient estimés : on cite la descente d'Hercule aux Enfers, représentée à Cassel. Le quintette, que Barth, les deux Michel Palsa, et Baumkirch exécutèrent, était surtout d'un grand effet. Sa fille méritait, à l'âge le plus tendre, déjà d'être comptée parmi les premières virtuoses sur le clavecin. Son fils, mort vers 1805, à l'âge de trente-cinq ans, était premier violon du théâtre de Munich. On a gravé de lui trois sonates de piano avec accompagnement de violon et de violoncelle.

CANOBIO, fit graver, vers 1780, à Paris, six duos pour flûte et violon, et autant à Venise.

CANOBIO, (ALESSANDRO). On trouve des morceaux de cet auteur sur la musique dans les bibliothèques de Haym et de Fontanini.

CANTELLI ('ANGELO-MARIA), chanteur très-célèbre, de Bologne, vers 1620.

CANTELLO (Miss), l'une des plus habiles cantatrices de Londres, vers 1784. V. *Cately*.

CANTEMIR; (la princesse de), V. *Galitzyn*.

CANTEMIR (DEMETRIUS), prince de Valachie, célèbre par ses connaissances étendues dans les sciences, a été directeur de l'Académie à Pétersbourg. Il est mort en 1723. Il a laissé une Histoire complète de la Turquie, dans laquelle il dit : qu'il a introduit le premier, en 1691, les notes de musique chez les Turcs à Constantinople, et qu'il a non-seulement formé une collection de chansons turques, mais aussi tracé une instruction sur la musique de cette nation. Cette dernière, a été perdue en mer, ainsi que nous l'assure le directeur de chapelle M. Reichardt dans son Kunstmagazin ; et quant aux notes, nul Turc aujourd'hui n'en a la moindre connaissance.

CANTINO (PAOLO), fit paraître, en 1785, à Venise, son premier livre de madrigaux à cinq voix, in 4°.

CANUNTIIS (P. PETRUS POTENTINUS de), de Potenza, frère mineur, Tevo le compte parmi les auteurs de musique, parce qu'il a publié en 1501, à Florence, un traité, intitulé : *Regulæ florum musicæ*. V. Walther et Martin Stor.

CAPALETTI, fit graver des trios pour le violon, à Londres vers 1780.

CAPELLA (MARTIANUS), né en Afrique, vivait à Rome sous le règne de Léon, dans le milieu du cinquième siècle. Le neuvième livre de son traité des sept Arts Libéraux, roule uniquement sur la musique. Cet ouvrage qui n'est qu'un abrégé de celui d'Aristide Quintilien, a été commenté par Meibomius et par Grotius.

Henri Spelman remarque dans son Glossaire, que Capella fut le premier qui donna le nom de *tons* à ce qu'on appelait *modes* dans la musique d'église.

CAPELLI, compositeur italien de nos jours, a composé la musique de l'opéra *Achille in Sciro*, et celle du cent seizième psaume, en latin, à quatre voix, avec plusieurs autres ariettes et cantates. Il a paru de lui, en 1783, une *canzonetta* de Métastase, avec accompagnement d'un violon, et l'on trouve encore de sa composition, dans la Gazette de musique de Bossler, une scène d'un opéra italien, pour un soprano, en partition.

CAPOCINO (ALESSANDRO), né dans le duché de Spoletto, vivait à Rome en 1624; il y a écrit cinq livres de musique. Voy. Jœcher.

CAPORALE, a fait graver à Londres, vers 1789, douze solos pour violoncelle.

CAPOSELE (P. HORATIO), frère mineur, a fait imprimer à Naples, en 1625, *Pratica del canto piano o canto fermo.*

CAPPONI (RANIERI), abbé italien; il a paru de lui en 1743, a Florence, 12 *sonate da Cam. per vari stromenti.*

CAPRANICA (ROSA), jeune cantatrice italienne, élève de la Mingotti, depuis 1772 à Munich, au service de l'électeur de Bavière. Elle venait alors de Rome, et chantait avec une netteté extraordinaire, et d'une manière fort agréable. Voy. Voyages de Burney, tome II.

CAPRARA, maître de chapelle de l'Empereur, à Vienne, y dirigeait en 1736, à l'Opéra de cette ville, un orchestre nombreux de forts bons musiciens.

CAPRICORNUS (SAMUEL), (son nom était *Bokshorn*), célèbre maître de chapelle à Stuttgard, y fit paraître, de 1655 à 1708, beaucoup de motets, et autres ouvrages de musique vocale. Avant 1659, il était directeur de musique à Presbourg.

CAPRON, un des bons élèves de Gaviniés, et qui débuta au Concert Spirituel vers 1768, publia, en 1769, six sonates de violon, op. 1; et, l'année suivante, six quatuors, op. 2.

La nièce de Piron, devenu aveugle, était secrètement mariée à Capron, et elle s'imaginait que son oncle était loin de soupçonner cette union. *J'en rirai bien après ma* mort, disait Piron, qui faisait semblant de tout ignorer, *ma bonne Nanette a le paquet.* En effet, elle était nantie d'un testament, dans lequel son oncle disait : *Je laisse à Nanette, femme de Capron, musicien,* etc. On peut juger de l'attendrissement avec lequel elle lut ces mots quand elle fit l'ouverture de l'acte. Voy. la Vie de Piron, par Rigoley de Juvigny.

CAPUTTI, compositeur de musique vocale, vivait vers 1754. On connaît de lui, en Allemagne, un concerto pour flûte, en manuscrit.

CAPUZZI, élève de Tartini, pour le violon, est né à Venise en 1740. Il est actuellement à Bergame. On a de lui des quintetti, publiés à Venise, et deux œuvres de quatuors, gravés à Vienne. La musique qu'il a composée pour les ballets est surtout très-estimée.

CARAFFE, le cadet, musicien de chambre du roi de France, a publié, vers 1752, plusieurs symphonies.

CARAMUEL DE LOBKOWITZ (JEAN), docteur et professeur en théologie, évêque de Vigevano, de l'ordre de Cîteaux, né à Madrid le 23 mai 1606, a publié à Rome, entr'autres ouvrages : *Arte nueva de musica inventada*, anno da 600, *per sancto Gregorio; Desconcertada*, anno da 102, *per Guidon Aretino; Restituida à sa primera perfección*, anno 1620, *por Fr. Pedro de Vrenna; Reducida à este breve compendio*, anno 1644, in-4°, *en Roma.* Le même ouvrage a été imprimé aussi à Vienne, en 1745. Pour plus de détails, voyez Walther.

CARAPELLA (TOMASO), maître de chapelle à Naples vers 1600. Le P. Martini, dans son Histoire, parle avantageusement de son style de madrigal. On a imprimé à Naples, en 1628, un recueil de chansons, à deux voix, de sa composition.

CARARA (Madame), cantatrice de Milan; en 1714, fut appelée à Berlin, au théâtre italien de cette ville avec un traitement de deux mille écus (environ huit mille fr.), elle y était encore en 1786.

CARAVOGLIA (Madame), née Balconi, de Milan, cantatrice italienne. Chrétien Bach la fit venir à Londres, où elle chanta pendant deux ans à ses concerts. En 1784, elle était engagée au théâtre de Prague. Sa voix, quoique peu forte, était très-agréable et son chant très-soigné. Elle était si infatigable, qu'elle chanta, dit-on, un soir, vingt-trois ariettes de suite.

CARBASUS (L'abbé). Il a paru sous ce nom, en 1739, une brochure in-12, de quarante-cinq pages, intitulée Lettre sur la mode des instrumens de musique.

CARAMAN (Joseph de), prince de Chimai, protecteur des artistes, donne des concerts, où il réunit l'élite de nos musiciens. C'est chez lui que M. Cherubini a composé la belle messe qu'on a gravée en 1810.

CARBONEL (Joseph-Noel), né à Salon, en Provence, le 12 août 1751, était fils d'un berger; il perdit ses parens en bas âge, et fut recueilli par un particulier qui le fit entrer dans un collège de Jésuites, où le célèbre Massillon, ayant eu occasion de le voir et de remarquer ses dispositions, l'honora de sa protection. Au sortir de ses études, on l'envoya à Paris étudier la chirurgie. Son goût naturel pour la musique lui ayant fait cultiver dès sa plus tendre jeunesse le galoubet, instrument de son pays, il conçut le projet de le perfectionner et d'en faire son unique ressource.

Ce fut à Vienne qu'il connut le célèbre Noverre, qui y était alors maître de ballets, et qui le fit entrer depuis à l'Académie Royale de Musique. Tout le monde se rappelle encore de l'y avoir entendu jouer du galoubet.

Floquet, son compatriote, composa pour lui son ouverture du Seigneur bienfaisant, qu'il exécutait derrière la toile.

Il parvint, par son travail continuel, à donner à cet instrument tout le développement dont il était susceptible, et à en jouer dans tous les tons sans changer de corps, ce à quoi on n'était point parvenu avant lui.

Il fit une méthode de cet instrument borné, qui fut long-tems la seule connue : elle fut gravée chez Lachevardierre.

Ce fut à lui qu'on s'adressa lorsqu'on travailla à l'Encyclopédie, et ce fut lui qui donna les renseignemens qu'on trouve dans cet ouvrage sur le galoubet.

Il mourut, pensionnaire de l'Opéra, en 1804.

CARBONEL (Joseph-François-Narcisse), fils du précédent, né à Vienne, en Autriche, le 10 mai 1773, avait cinq ans lorsqu'il suivit ses parens à Paris. Son père lui apprit les élémens de la musique. Il entra, vers 1782, aux élèves de l'Opéra; c'est en cette qualité qu'il joua le premier dans Tarare le rôle de l'enfant des augures. Lors de l'établissement de l'école royale de chant vers 1783, il fut du nombre des élèves choisis pour y entrer, et y suivit, d'une manière plus étendue, ses études musicales.

Il fut aussi du nombre de ceux dont les heureuses dispositions donnant des espérances, méritèrent des appointemens. Quoiqu'élève, il touchait 400 livres par an. Il avait alors une jolie voix de dessus, et chanta des récits dans toutes les messes solemnelles exécutées dans les églises de Paris. A cette époque, il chanta trois fois à la chapelle du roi, où les chefs de l'école royale désiraient le faire entendre.

Il fut élève, à cette école, de Gobert, pour le piano; de Rodolphe et de Gossec, pour l'harmonie et la composition; de Piccini, Langlé et Guichard, pour le chant.

Il fit exécuter au Concert Spirituel, vers 1787, une scène de sa composition (la Mort du prince Léopold de Brunswick). Il y chanta lui-même le premier air avec sa voix de soprano; mais, pendant les deux morceaux que chantaient MM. Rousseau et Chardini, l'émotion naturelle à un enfant de quatorze ans produisit en lui une telle révolution, qu'elle hâta le changement de sa voix, et que, sans avoir éprouvé d'autre effet de la mue, il chanta le trio qui termine la scène, moitié en voix de soprano, moitié en voix de tenor. Depuis cette époque, il n'a conservé que des moyens suffisans pour donner ses leçons comme professeur de chant.

Parmi les élèves qu'il a formés à Paris, on distingue madame Scio, célèbre actrice du théâtre Feydeau. Il a arrangé une grande quantité de morceaux pour le piano.

Il a fait cinq recueils de romances, dont deux romances ont été chantées par Garat, aux concerts de Feydeau.

Plusieurs scènes et oratorios de sa composition ont été exécutés au Concert Spirituel. Enfin, il a publié trois œuvres de sonates pour le piano et quelques sonates et morceaux séparés.

CARBONI (Jean - Baptiste), chanteur célèbre au service du duc de Mantoue vers 1760.

CARCANI (Joseph), maître de chapelle aux Incurabili, à Venise, né à Crema, dans la terre ferme, que Hasse proposa lui même pour son successeur, lorsqu'il quitta cette place pour se rendre à Dresde. On conserve encore beaucoup de ses compositions. En 1742, on donna à Venise, l'opéra *Amleto* de sa composition.

CARDAN (Jérôme), mort à Rome en 1576, a publié, sur la musique, *Præcepta canendi*.

CARDON (M.), actuellement violoncelliste au théâtre de l'Opéra-Comique, est oncle des trois frères Cardon qui sont célèbres comme musiciens.

Le premier, excellent maître de harpe, a fait plusieurs duos, sonates et concertos pour cet instrument, et des airs variés pour le violon et la guitare. Son Art de jouer de la harpe a été publié en 1785 à Paris. Cet artiste est mort en Russie vers 1805.

Le second, P. Cardon, élève de Richer pour le chant, et de son oncle pour le violoncelle, était chanteur à la chapelle du Roi, à Versailles, en 1788, et donne aujourd'hui des leçons de chant et de violoncelle.

Le troisième, enfin, est un violoniste très distingué, qui brille surtout dans l'exécution du quatuor.

CARESANA (Cristoforo), organiste à la chapelle royale de Naples vers 1680, est compté parmi les meilleurs compositeurs de son tems. Ses duos, qui parurent en 1681, sont surtout très-estimés. Les trios ou solféges, exercices à trois voix sur les intervalles de l'échelle qui les suivent, devraient être dans tous les conservatoires et les écoles de chant. M. Choron les a insérés dans le livre II des Principes de Composition des Ecoles d'Italie.

CARESTINI (Giovanni), dit Cusanino, de la famille des Cusani de Milan, qui le prit sous sa protection dès l'âge de douze ans, naquit à Monte-Filatiano, dans la Marche d'Ancône, et brilla, pendant près de quarante ans, sur la scène, comme un des premiers chanteurs. De 1733 à 1735, il chanta à Londres sous Hændel. Il fut ensuite à Parme, et de là à Berlin, en 1754. Enfin, en 1755, à Pétersbourg, au théâtre de l'Opéra, jusqu'en 1758. Ce fut dans cette année qu'il retourna dans sa patrie pour y goûter le repos ; il y mourut peu de tems après.

Hasse et d'autres grands maîtres disaient qu'on n'avait rien entendu, si l'on n'avait pas entendu Carestini. Malgré sa grande perfection, il étudiait sans relâche, et il répondit un jour à un ami qui, l'ayant surpris dans cette occupation, lui en témoigna son étonnement : *Comment voulez-vous que je satisfasse les autres, si je ne sais me satisfaire à moi-même.* Il avait en même tems l'action si parfaite que, jointe à sa belle figure, elle aurait suffi seule pour le rendre célèbre. Quanz, en parlant de lui, s'exprime ainsi : « Il avait une des plus belles et des » plus fortes voix de contr'alto. Il » montait du *re* jusqu'au *sol*. Il était » en outre extrêmement exercé dans » les passages qu'il exécutait de la » poitrine, conformément aux prin- » cipes de l'école de Bernacchi et à » la manière de Farinelli. Il était » très-hardi, et souvent très-heu- » reux dans les variations. »

Ce fut surtout à Dresde et à Berlin qu'il se perfectionna dans l'exécution de l'adagio.

CAREY (Henri), poète et musicien anglais, qui florissait à Londres vers 1720, eut de grands succès dans la chanson et le genre fugitif, dont il publia des recueils.

Il se hasarda dans l'opéra sérieux, et en donna deux (Amalie et Téraminte), qui furent mis en musique par Lampe et par Smith.

CARIBALDI (Giacorno), Romaïu, un des meilleurs acteurs et chanteurs comiques, se trouvait à Paris vers 1780, et s'y distingua par son art dans la déclamation, et par sa voix naturelle, agréable et flexible.

CARILLÈS (M.), né près de Madrid, a reçu des leçons de violon de son père. Il y a quelques années, il vint à Paris, et se vanta dans toutes les sociétés d'être le premier violon du monde. Invité à jouer le premier violon d'un quatuor d'Haydn, accompagné par Kreutzer, Rode et Lamarre, il s'en acquitta tellement, que ces trois artistes brodaient leurs parties à qui mieux mieux, et mystifièrent complètement le pauvre Carillès, qui s'en retourna aussitôt en Espagne.

CARISSIMI, maître de la chapelle Pontificale et du collége de Rome vers 1609, fut regardé dans toute l'Europe comme le plus habile compositeur de son tems, et il a conservé cette réputation dans les générations suivantes. Il fut le maître de Cesti, de Scarlatti, de Buononcini et de Bassani, etc. C'est à lui que les Italiens attribuent généralement l'organisation actuelle du récitatif, que Jacques Peri et Monte-Verde avaient inventé, à la vérité, avant lui ; mais auquel ils n'avaient encore donné qu'une forme très-imparfaite. Carissimi le perfectionna en lui donnant un chant plus facile et plus coulant, et en le rapprochant de l'accent du dialogue naturel.

Il fut le premier qui porta quelque mouvement et quelques figures dans la basse, alors encore entièrement lourde et monotone ; idée dont Corelli se servit après lui avec tant de succès dans ses compositions.

C'est encore lui qui, le premier, joignit et introduisit dans les églises l'accompagnement de la musique instrumentale aux motets ; et on assure aussi qu'il fut le premier inventeur de la cantate. Il semble cependant qu'il a seulement commencé à s'en servir pour l'église et pour des sujets religieux.

Les plus célèbres de ses cantates sont le Jugement de Salomon et Jephté. On fait de grands éloges de ses motets, en général. On a cité surtout celui qui commence par ces paroles : *Turbabantur impii* : Galuppi l'estimait singulièrement. Son style était doux et coulant, sans être pour cela moins noble et moins élevé. Signorelli dit que quand on le louait pour la facilité de son style, il répondait : *Ah ! qu'il est difficile de parvenir à cette facilité !*

CARLANI (Carlo), chanteur célèbre vers 1780.

CARLETON (Richard), prêtre et bachelier en musique à Londres ; y a publié, en 1601, un ouvrage de madrigaux à cinq voix. Il travailla au Triomphe d'Oriane.

CARLETTI, abbé de Rome ; il fut collaborateur, pour la musique et la poésie, du *Giornale delle belle arti*, qui parut à Rome en 1788 et années suivantes.

CARLEVAL (Antoine), Espagnol, grand contrapuntiste, vivait, vers 1590 en Italie, et s'y acquit une grande renommée.

CARMINATI, de Venise, un des plus anciens élèves de Tartini, était premier violon à Lyon en 1770. Il était déjà fort âgé.

CARNOLI (Mademoiselle), fille d'un virtuose de Manheim, née vers 1773, parcourut l'Allemagne en 1784, et se fit admirer par la beauté de sa voix et son acquit en musique.

CAROLI (Angelo), bon compositeur à Bologne ; vers 1710, était partisan de l'accompagnement à grand bruit, dont on abuse tant depuis quelque tems. En 1723, il y publia l'opéra *Amor nato trà l'ombre*, et, quelques années plus tard, une fort belle sérénade.

CARPANI (Gaetano), compositeur pour l'église, connu vers 1750

CARPIANI (Lucas), maître de chapelle à Bologne, y fit jouer, en 1673, l'*Antioco*, pièce du comte Minato.

CARRÉ (Frère Remy), est auteur du Maître des Novices dans l'art de chanter. Paris, 1744, in-4°. Le Journal des Savans, de 1745, fait l'éloge de ce livre.

CARRÉ (Louis); de l'Académie des Sciences, mort le 11 avril 1711, fut chargé, par l'abbé Bignon, de faire la description de tous les instrumens en usage en France. Il publia d'abord une théorie générale du son, et donna, en 1709, la proportion que doivent avoir les cylindres, pour former, par leurs sons, les accords de la musique.

CARRIERA (Rosabella), grande musicienne et peintre, née à Venise en 1672, mourut en 1757. Walther l'appelle Rosalba.

CARSTENS, inspecteur des douanes à Magdebourg, en 1785, fils d'un fort bon musicien, a reçu les leçons du fameux Fr. Benda. Il exécutait fort bien les concertos et les adagios de Jarnowich.

CARTELLIERI, tenor de chambre du duc de Meklembourg-Strelitz, vers 1783; on le comparait à Raff pour l'expression et la facilité.

CARTELLIERI (Madame), épouse du précédent, cantatrice de chambre à la même cour. On admire la pureté et l'étendue de sa voix.

CARTIER (Jean-Baptiste), adjoint du premier violon de l'Académie impériale, né dans le comtat d'Avignon, a reçu les leçons de Viotti en 1783. Il est entré à l'orchestre de l'Opéra en 1791, et Paisiello l'a nommé en 1804, membre de la musique particulière de S. M. l'Empereur des Français.

Sans être professeur du Conservatoire, M. Cartier a contribué, par ses ouvrages, à former les meilleurs violonistes sortis de cette école.

Il a donné successivement les traditions de Corelli, de Porpora et de Nardini, en publiant les sonates de ces trois grands maîtres.

On lui doit encore l'Art du violon, ou la Division des écoles, servant de complément à la Méthode de violon, du Conservatoire, un vol. in-fol. C'est un choix des meilleures sonates prises dans les œuvres des violonistes des trois écoles, Italienne, Française et Allemande.

M. Cartier annonce en ce moment la tradition de l'Art de l'archet, de Tartini, et un Essai historique et raisonné sur l'art du violon.

Nous ajouterons qu'il a des élèves à tous les orchestres des théâtres de Paris.

CARTER, musicien à Londres, y fit graver, vers 1780, six sonates pour le clavecin.

CARRUSIO, excellent chanteur au théâtre de Florence, en 1777.

CARULLI (Ferdinando), est né à Naples, le 10 février 1770, de parens non musiciens. Son oncle, Joseph Carulli était secrétaire et chancelier du Tribunal Ecclésiastique à Naples, auteur distingué de plusieurs ouvrages latins et grecs.

Il a fait une étude particulière de la guitare, qu'il a apprise sans maître, et sans autre musique que celle qu'il se composait lui-même. Les premières notions de son art lui ont été données par un ecclésiastique amateur. Il a fait beaucoup d'ouvrages, tels que concertos, quatuors, trios, duos, sonates, etc.; mais ils sont encore manuscrits.

CARUSO, l'on trouve sous ce nom les opéras comiques suivans, dans un catalogue de ceux qui ont été donnés en 1787 et 1788 en Italie, savoir : Il Maledico confuso; la Tempesta et il Colombo, tous trois à Rome; et à Naples : Gl'Amanti dispettosi. V. Gazette royale, année 1789, pag. 85. Il serait possible que ce fut le même personnage que le suivant.

CARUSTO (Louis), compositeur, encore vivant, de l'Italie, a déjà travaillé pour plusieurs théâtres de sa patrie. On connaît de lui les opéras comiques : Il Cavalier magnifico, à Florence en 1777; et il Fanatico per la musica, à Rome en 1781. Il est aussi connu en Allemagne par différentes compositions pour la musique vocale.

CARUTIUS (Gaspard-Ernest), maître de cave de l'électeur de Brandenbourg, et organiste à Custrin, maître excellent dans son art, y fit imprimer, en 1603, un ouvrage intitulé : Examen Organi pneumatici.

CASALI (Giov. Batt.), habile maître de chapelle de Saint-Jean-de-Latran, à Rome, en 1760, a composé un grand nombre de messes, d'oratorios et même des ouvrages de théâtres. Son style était très-brillant et très-pur. Il a eu pour élève le célèbre Grétry.

CASATI, deuxième soprano de S.-Antoine, à Padoue, en 1770, était un chanteur excellent pour le goût et pour l'expression ; mais il avait la voix faible. V. Burney ; tom. I.

CASELLA, le premier compositeur de madrigaux connu, vivait vers 1280 à Florence ; c'était un ami intime du Dante. On voit, dans la bibliothèque du Vatican, un madrigal de l'an 1300, sur lequel il est marqué que c'est Casella qui en a composé la musique.

CASELLI, chanteur, admiré en 1771, au théâtre Saint-Benedetto, à Venise.

CASELLI (Giuseppe), bon violoniste à Bologne, était, en 1760, au service du Czar, à Pétersbourg. Il a composé six solos pour violon.

CASIMIR (Louis - Henri - Frédéric-Beecker dit), né à Berlin, en 1790, de parens allemands ; su jets du roi de Prusse ; amené en France à l'âge de dix ans par madame de Génlis, et depuis ce tems, son élève et son écolier pour la harpe ; a joué en public avec les succès les plus brillans.

« Ce jeune virtuose a véritablement perfectionné l'un des plus beaux instrumens que l'on connaisse, en montrant qu'on peut jouer sur la harpe les pièces les plus difficiles du piano, et que même on peut exécuter sur la harpe des difficultés impossibles sur le piano. La rapidité et la netteté de son jeu sont parfaites. Il est le seul joueur de harpe qui se serve des deux petits doigts, comme sur le piano, et qui fasse des sons harmoniques des deux mains, avec une extrême vitesse ; il joue ainsi des sonates de piano. Il est le seul aussi, dont la harpe soit montée avec des cordes excessivement tendues, ce qui demande une force particulière, et rend le son de la harpe infiniment plus beau. Enfin, il a joué en public plusieurs morceaux de sa composition, entr'autres, une Marche-bataille et un rondeau qui ont produit le plus grand effet. On dit que ce jeune, et étonnant artiste, possède d'ailleurs beaucoup de talens différens. On n'est jamais entré dans la carrière des arts d'une manière plus brillante, et avec plus d'avantages réunis ».

CASPARINI (Eugène), facteur d'orgues de Sorau, dans la basse Lusace, construisit en 1703 l'orgue de Gœrliz. Son fils Adam Horazio prit part à cet ouvrage. Jean Gottlob, fils de celui-ci, exerce la même profession.

CASSERIUS (Jules), anatomiste célèbre de Padoue, était prévôt de Jérôme Fabricius, dont il obtint dans la suite la place. Il a publié, en 1601 à Ferrare, un ouvrage in fol., sous le titre : *Historia anatomica de vocis et auditus organibus*, avec figures.

CASSIA, dame célèbre, du tems de l'empereur Michel Balbe et de son fils Théophile, a composé les mélodies de plusieurs hymnes.

CASSIODORE (Magn. Aurelien), consul romain, naquit dans la province de Lucanie en 514, et mourut en 575. L'abbé Gerbert a inséré dans le premier volume de ses auteurs de musique une dissertation qu'il a laissé sous le titre : *Institutiones musicæ*, et qui fait partie de son ouvrage : *De artibus ac disciplinis liberalium litterarum*.

CASTALDO (André-Piscara), clerc régulier de Naples au dix-septième siècle, a écrit : *Sacrarum ceremoniarum Praxis*, livre dans lequel il admet l'usage des instrumens de musique pour l'église, tels que flûtes, trompettes et cors, mais à l'exclusion de tous les autres instrumens mondains. V. l'Histoire de Gerbert.

CASTALI (Erasme), en dernier lieu recteur d'école et membre du magistrat à Bergreichenstein, dans le cercle de Prachin en Bohême, né dans le même endroit, était basse-contre excellent et jouait fort bien de presque tous les instrumens. V. Statist. de Bœhm. Chap. VII.

CASTEL, a publié, à Paris, en 1780, six duos et six trios pour violon.

CASTEL (Louis-Bertrand) jésuite, né à Montpellier en 1688, mourut en 1757. Son clavecin oculaire, annoncé dès 1725, fit beaucoup de bruit et fut bientôt oublié parce que c'était un projet bizarre et impossible à exécuter. Il a travaillé trente ans au Journal des savans, et a rédigé les ouvrages de théorie de Rameau. On attribue au P. Castel deux brochures, au sujet de la lettre de J. J Rousseau sur la musique française. La première est : Lettres d'un académicien de Bordeaux, sur la théorie de la musique ; et la seconde : Réponse critique d'un académicien de Rouen.

Quoique géomètre, le P. Castel a peu de méthode dans ses écrits ; mais il a des saillies, et quelquefois du mauvais goût ; témoin cette phrase : La vie est une épigramme dont la mort est la pointe.

CASTELLI (Paolo), a donné, en 1683, à la cour de Vienne, *Il trionfo di Davide*, paroles et musique

CASTI (Giovanni - Batista), mort à Paris le 7 février 1803, âgé de quatre-vingt-deux ans, publia, encore jeune, des poésies légères et des nouvelles galantes. Pendant son séjour à Vienne, il fit à la demande de Joseph II, l'opéra du Roi Théodore à Venise, mis en musique par Païsiello. Il alla en Russie, revint à Vienne où il succéda au grand Métastase, et fut fait poète *cesareo* (de la cour). C'est à soixante-seize ans qu'il composa le poëme *Degli animanti parlanti*, dont M. Andrieux a traduit plusieurs fragmens avec autant de sel que de grâce. V. la *Décade philosophique et littéraire*, de l'an X.

CASTILETI (Jean), compositeur du seizième siècle. On trouve plusieurs motets de sa composition, dans *Petr. Joanelli nov. thesaur. mus. Venetiis* 1658. V. l'Histoire de Gerbert.

CASTRO (Rodrigue de), médecin juif en Portugal, fit ses études à Salamanque, et s'y distingua tellement par son assiduité et ses connaissances qu'il obtint la dignité de Docteur. Vers 1594, il s'établit à Hambourg : il y exerça son art avec beaucoup de succès jusqu'en 1627, où il mourut le 20 juin. Parmi plusieurs autres ouvrages, il a publié, en 1614, à Hambourg, son *Medicus politicus*, dont le quatorzième chap, du quatrième livre traite de l'utilité de la musique dans le traitement des maladies.

CASTRO DE GISTAU (Salvador), d'une famille noble arragonnaise, est né à Madrid en 1770. « Comme la plupart des espagnols, dès l'enfance il jouait de la guitare. Cet amusement national développa son goût particulier pour la musique, qui le mit bientôt au rang des amateurs recherchés dans la société. Doué d'une imagination vive, il entrevit que la guitare pouvait prétendre à d'autres avantages que ceux d'accompagner les chants des amans espagnols. Il en fit donc une étude particulière, et s'appliqua à celle de l'harmonie et de la composition, sans vouloir sortir de la classe des amateurs. Un talent formé ne tarda pas à le faire rechercher dans tous les cercles où les artistes parlaient de ses succès. Mais M. Castro, comme l'a écrit M. de Boufflers (page 479 du Mercure de France du mois de juin 1809) savait « Que les plus petits appartemens conviennent de préférence à la guitare ; qu'elle n'y fait jamais plus de bruit qu'on ne lui en demande ; et qu'elle joue avec la voix la moins forte le rôle d'une amie modeste, toujours attentive à faire briller son amie, sans prétendre à détourner sur soi l'attention. » Connaissant donc tout le mérite de cet instrument, et jugeant bien les lieux où on peut le faire entendre ; M. Castro n'a jamais eu d'autre prétention que celle de ne paraître qu'au salon d'une famille, ou dans le modeste asile de l'amitié. Cependant le charme de son jeu l'a fait desirer partout où les succès de la guitare se bornaient à lui avoir donné, surtout en France, la réputation d'un instrument ingrat. Celui qui lui donna si habilement droit à de nouveaux titres ne fut pas plutôt arrivé en France, que la musique compta réellement un instrument de plus. Invité à la faire entendre à Bayonne dans un concert, il y exécuta seul, différens morceaux, qui donnèrent la mesure de son goût et de son talent. Ce succès lui prépara le plus favorable accueil à Paris où il s'est établi, et où il est recherché par la meilleure société. Il y a eu d'illustres écolières. Le soin de plaire à toutes lui avait fait composer et publier un journal de guitare. Cet ouvrage a le mérite particulier de donner dans chaque numéro un morceau espagnol, un italien, un de chant de l'une ou de l'autre langue avec accompagnement, et un morceau de guitare, mais toujours choisis dans les compositions qui caractérisent le mieux le goût particulier de chacune des deux nations, et qui tiennent davantage aux habitudes et aux mœurs du pays. M. Castro ne borne pas ses travaux à la publication de son Journal. Il continue de se livrer à ceux de la composition. Ses ouvrages ont un caractère d'originalité piquante, qui les feront toujours rechercher de ceux qui aiment que la musique exprime bien les sentimens qu'elle doit peindre ; et M. Castro est vraiment peintre, en écrivant un accompagnement ou des thèmes, qu'il développe avec toute la grâce qui sied à son imagination féconde ».

CASTROVILLARI (le P. Daniel), cordelier, théoricien et compositeur, a fait jouer à Venise les trois pièces suivantes : *Gli avvenimenti di Orinda* en 1659; la *Pasiffae*, en 1661; et la *Cleopatra*, en 1662.

CASTRUCCI, deux bons violinistes, qui jouaient les solos à l'orchestre de Londres, en 1726, sous la direction de Hændel. V. Quanz.

CATALANI (Madame), célèbre cantatrice actuellement en Angleterre, a brillé, il y a trois ans, dans les concerts de Paris. Nulle ne l'égale dans l'*Aria di bravura*, mais elle laisse beaucoup à desirer du côté de l'expression.

CATANEA (la Signora), cantatrice italienne, chanta, en 1711 à Dresde, dans l'opéra Cléofide, le second rôle avec Faustina.

CATEL, né à Paris vers 1770, élève de M. Gossec et professeur d'harmonie et d'accompagnement au Conservatoire, a composé un grand nombre d'ouvrages de musique en différens genres ; mais aucun ne lui a fait plus d'honneur que le Traité d'harmonie qu'il a publié en 1802, et que le Conservatoire a adopté pour servir à l'enseignement. Dans cet ouvrage,

M. Catel envisage l'harmonie d'une manière tout à fait neuve. Il distingue essentiellement deux sortes d'accords : les accords naturels et les accords artificiels. Les premiers produisent l'harmonie naturelle ; l'harmonie artificielle se déduit de celle-ci par le retard d'une ou de plusieurs parties.

Cette idée n'est, à proprement parler, qu'une extension de ce principe du contrepoint ; que la dissonance n'est que la prolongation de la consonance ; mais appliquée à la science des accords, elle en a fait, en quelque sorte, une science neuve. Nous ne savons point si cette théorie appartient en propre à M. Catel, ou s'il la doit à l'école dont il est sorti; mais l'ayant le premier énoncée d'une manière positive, l'honneur de l'invention doit lui appartenir. On verra aussi avec quelque intérêt les nouvelles considérations, que monsieur Choron a présenté sur cette matière dans le premier livre des principes de composition et, plus récemment encore, dans les principes d'harmonie et d'accompagnement à l'usage des jeunes élèves. Les ouvrages pratiques de M. Catel consistent dans une très-grande quantité de musique d'instrumens à vent, symphonies et en trois opéras : Sémiramis, l'Auberge de Bagnères et les Artistes par occasion ; ce dernier renferme entre autres un trio fort estimé.

CATELY (Miss), cantatrice au théâtre de Londres, en 1770, jouissait d'un traitement de trois cents livres sterlings. Sa voix suave, qu'elle possédait parfaitement, sa déclamation vive et son goût exquis, firent qu'elle y réunit tous les suffrages. Elle épousa le général Lasalle, et mourut le 15 octobre 1789.

CATHERINE II, montée sur le trône en 1762, pendant un règne de trente-quatre ans, accéléra les progrès de la musique en Russie. Elle appela successivement à Pétersbourg, de grands compositeurs italiens, tels que Galuppi, Traetta, Paisiello, Cimarosa, et combla de largesses les virtuoses en tout genre. On sait que le célèbre [violoniste Lolli, lui plut tant par son exécution, qu'elle lui donna un archet enrichi d'un solitaire, et sur lequel elle avait écrit de sa main : ARCHET FAIT PAR CATHERINE II, POUR L'INCOMPARABLE LOLLI. V. l'article *Lolli.*

CATTANEO (FRANÇOIS - MARIE), était, en 1700, maître de concert à la chapelle de Dresde. On a de sa composition trois concertos pour violon, et quelques ariettes, en manuscrit.

CATTINA, composa, en 1760, un motet pour le piano avec accompagnement.

CAUCIELLO (P.), On a gravé de sa composition, à Lyon en 1780, deux œuvres de six duos pour le violon, cinq quintetti pour le même instrument et la flûte, et trois symphonies isolées à grand orchestre.

CAULERY (JEAN), maître de chapelle de la reine de France. En 1556, il vivait à Bruxelles, d'où il fit imprimer à Anvers un ouvrage sous le titre : Jardin musical, contenant plusieurs belles fleurs de chansons spirituelles à trois et quatre parties, trois vol. in-4°.

CAUPECK, né en Bohême, était un habile bassoniste de la chapelle de Wurtzbourg, en 1740.

CAUSSÉ (HONORÉ-FRANÇOIS), fils de J.J. Caussé, maître de musique de la cathédrale de Saint-Pons (département de l'Hérault), est né dans cette ville le 17 mars 1777.

Élève de son frère, connu par plusieurs œuvres pour le piano ; il commença ses études musicales à six ans ; et, à huit ans, il donna des leçons de piano et de composition. Depuis 1789, il a parcouru différentes villes de province, en qualité de professeur de musique. Il ne lui reste pas un seul manuscrit de ses ouvrages qui sont assez nombreux. Nous ne pouvons citer de lui que deux sonates pour le piano et une ouverture que M. Viguerie a entre les mains.

CAVALIERI (M.elle), habile cantatrice à l'Opéra à Vienne, de 1776 à 1786.

CAVALIERE (EMILIO del), compositeur célèbre du seizième siècle, né à Rome, est compté parmi ceux qui, les premiers, tâchèrent de relever l'art en Italie. La cour de Florence y contribua beaucoup en le nommant, en 1570, à la place du maître de chapelle Alfonso della Viola. Ses deux pastorales (*Il sutiro* et *la Disperazione*), qu'il fit représenter à Florence en 1590, sont les opéras les plus anciens que l'on connaisse, et c'est la raison pour laquelle quelques-uns lui attribuent l'invention de ce genre de représentations théâtrales. Ce qui paraît plus certain, d'après Burney, c'est que son oratorio *Anima e corpo* est le premier drame religieux italien où le dialogue se trouve entièrement en forme de récitatif. Il fut représenté pour la première fois, à Rome, au mois de février de l'année 1600. Arteaga dit que sa musique se ressentait encore beaucoup du genre des madrigaux, et que ses récitatifs étaient mal déclamés.

CAVALLI (FRANCESCO), Vénitien, est l'un des premiers qui aient composé à Venise de grands opéras. Il était maître de chapelle à l'église de Saint-Marc. En 1637, il commença à travailler pour le théâtre, et continua, pendant plus de trente ans, à l'enrichir de beaux ouvrages.

En 1639, *le Nozze di Teti e di Peleo.* En 1640, *gli Amori di Apollo e di Dafne.* En 1641, *la Didone.* En 1642, *Amore innamorato ; la Virtù de' strali d'amore ; Narciso ed Eco immortalati.* En 1643, *l'Egisto.* En 1644, *la Deidamia* et *l'Ormindo.* En 1645, *la Doriclea ; il Titone ; il Romolo e il Remo.* En 1646, *la Prosperità infelice di Giulio Cesare Dittatore.* En 1648, *la Torilda.* En 1649, *Giasone ; l'Euripo.* En 1650, *la Bradamante ; l'Orimonte.* En 1651, *l'Oristeo ; Alessandro vincitor di se stesso ; l'Armidoro ; la Rosinda ; la Calisto.* En 1652, *l'Eritrea ; Veremonda ; l'Amazone d'Aragona.* En 1653, *l'Elena rapita da Teseo.* En 1654, *Xerse.* En 1655, *la Statira principessa di Persia ; l'Erismena.* En 1656, *l'Artemisia.* En 1658, *Antioco.* En 1659, *Elena.* En 1664, *Scipione africano.* En 1665, *Mutio Scevola ; Ciro.* En 1666, *Pompeo magno ; le Glorie della Poesia e della Musica.*

Scheibe, qui possédait un de ces opéras en original, dit dans une

note de son Musicien critique : « Il
» a été excellent dans son tems ; ses
» récitatifs surpassent tout ce que
» j'ai vu d'un Italien dans ce genre.
» Il était hardi, neuf, plein d'ex-
» pression, et il savait se plier exac-
» tement au caractère des personnages. Il paraît être le premier
» qui, pour exprimer certaines pas-
» sions, s'est servi du changement
» du genre de ton. Les Italiens
» doivent avoir aimé alors , plus
» qu'aujourd'hui , la diversité de
» voix , puisqu'on trouve des voix
» de tenor et de basse-contre dans
» cet opéra, etc. »
Le chevalier Planelli assure en
outre, dans son ouvrage sur l'opéra :
« Que l'opéra *Giasone*, de Cavalli,
» fut le premier dans lequel on
» trouva, à la fin de quelques scènes,
» le mot *Aria* à la tête de morceaux
» séparés , dans lesquels dominaient
» soit le chant, soit les instrumens,
» et qu'avant lui , les opéras avaient
» consisté entièrement dans un ré-
» citatif sérieux, que les instrumens
» soutenaient et interrompaient
» quelquefois. »
L'on trouve encore, dans *Doglio-*
ni, *cose notabili della citta di*
Venetia, deux passages où l'auteur
rend justice aux grands talens de
Cavalli. Le premier , p. 207, est ainsi
conçu : « *Per le sue dillettevoli*
» *compositioni fu chiamato alla*
» *corte di Francia, alla corte di*
» *Baviera, dove diede grand sag-*
» *gi della sua virtù* (Il fut appelé
» à la cour de France à cause de
» ses compositions agréables, ainsi
» qu'à la cour de Bavière, où il
» donna de grandes preuves de ses
» talens) ». Le second , à la pag. 208,
dit : «*Francesco Cavalli veramente*
» *in Italia non hà pari, e per*
» *esquisitezza del suo canto, e*
» *per valore del suo dell' or-*
» *guno, e per le rare di lui com-*
» *positioni musicali, le quali in*
» *stampa fanno fede del di lui*
» *valore* (François Cavalli n'a
» vraiment pas d'égal en Italie, tant
» pour la sublimité de son chant et
» son habileté sur l'orgue, que pour
» ses rares compositions musicales,
» lesquelles, étant imprimées, font
» foi de ses talens). »
La liste de ses ouvrages se termine
à l'année 1666; mais nous trouvons

que J.-Ph. Krieger le rencontra encore vivant, à Venise, en 1672 , et
profita de ses leçons pour se perfectionner dans son art. V. *Glor.*
della Poes., et Marpurg, *Bey-*
træge, t. II.

CAVENDISH (MICHEL) , musicien anglais du dix-septième siècle,
dont on a jugé les compositions dignes d'être admises dans le recueil
de chansons, à cinq et six voix, qui
parut à Londres en 1601, sous le
titre : Les Triomphes d Oriane.

CAVANA (GIOV. BATT.), chanteur célèbre , au service du marquis
Crayena vers 1710.

CAVI , maître de chapelle à
Rome vers 1785, dont on connaît
quelques scènes d'opéra eu manuscrit.

CAYLUS (ANNE-CLAUDE-PHI-
LIPPE de Thubières, comte de), né
en 1692, et mort en 1765, célèbre
voyageur et antiquaire, a publié
quelques écrits sur la musique des
anciens.
Son épitaphe, par Diderot, est
singulière :

Ci - gît un antiquaire , acariâtre et
brusque :
Oh ! qu'il est bien logé dans cette
cruche étrusque ?

CAZA MAJOR (Mde.), épouse
d'un médecin très-distingué de Paris ; vers 1754, était célèbre par
son talent de cantatrice et de claveciniste.

CAZA MAJOR , natif de Saint-
Domingue , neveu du général Du-
gommier , a composé plusieurs romances et autres pièces fugitives de
musique qui annoncent du goût et
de la facilité.

CECCARELLI (ODOARDO), da
Mevania , reçu tenoriste de la chapelle pontificale en 1628, était un
homme très-instruit , et un savant
compositeur. Il fit des efforts pour
réformer , par des règles et par ses
propres compositions , la négligence de ponctuation et de prosodie qui s'étaient introduites dans la
musique latine. V. *Adami*.

CECCHERINI (ANTOINE) ,
théorbe à Sainte-Croix de Prague,
mort en 1758 , avait occupé cette
place pendant plus de 50 ans, et
fut le dernier qui y joua de cet instrument.

E7

CECCHINI (Angelo), musicien du duc de Braccinio, a mis en musique à Rome, en 1641, la *Sincerità triomfante*, ou l'*Ercoleo ardire*, pastorale d'Ottaviano Castelli.

CELESTINO, maître de concert à la chapelle du duc de Mecklenbourg Schwerin depuis 1781, était un des plus grands violonistes de nos jours. Wolf dans son voyage dit, en parlant de lui : « Pour » juger le caractère d'une pièce, » il ne lui faut qu'un seul coup » d'œil dans la partition ; il joue » avec précision, dans tous les tons » avec l'intonation la plus pure. » Il vivait, en 1770, à Rome où Burney le connut premier solo de cette patrie de la musique. On a de lui des pièces pour le chant en manuscrit. Outre cela, il a été publié de sa composition, à Berlin en 1786, trois duos pour violon avec violoncelle.

CELESTINI (Madame), épouse du précédent, et cantatrice de la même cour, eut de grands succès à Copenhague en 1783; elle fut moins heureuse à Berlin, en 1787.

CELI (Constanza), de Rome, cantatrice célèbre vers 1756.

CELLARIUS (Simon), compositeur, de 1500 à 1550.

CELLINI (Jean), architecte à Florence, vers 1500, était fort bon dessinateur, jouait de différens instrumens, construisait des orgues, et fabriquait des clavecins, des violons, des guitares et des harpes, qui furent tr s recherchés. Son fils Benevenuto Cellini, orfèvre, était également un fort bon musicien.

CELMIS, prêtre de Jupiter, en Crète, fut, dit-on, inventeur du tambour, de la cymbale et du sistrum ; mais malgré l'autorité du divin Platon qui l'assure dans un dialogue, il est permis d'avoir quelques doutes à cet égard.

CELONIETTO (Ignazio), né à Turin, fit graver à Paris, en 1768, deux œuvres, dont le premier contient six duos, et le second six quatuors pour le violon.

CENACCHI (Clara - Stella), célèbre cantatrice à la cour de Mantoue, vers 1700, était sœur de la Santa-Stella.

CERO ou CERRO (Louis), maître de chapelle, né à Gènes, à fait graver à Florence, en 1785, trois trios pour le clavecin avec violon obligé.

CERONE (D. Pedro), de Bergame, chanteur à Naples, a donné : *Regole per il canto fermo*, Napoli, 1609. Il a publié aussi en espagnol : *El Melopeo y Maestro, tractado de Musica teorica y pratica*, Napolea, 1613. Cet ouvrage renferme d'excellentes choses.

CERTON, maître des enfans de chœur de la Sainte-Chapelle, a mis en musique à quatre parties, en 1546, trente-un psaumes de David.

CERETTO (Scipione), napolitain, est l'auteur d'un ouvrage intitulé : *Della pratica musica vocale e stromentale*, Napoli, 1601, in-4°. C'est un ouvrage estimable ; on y trouve des contrepoints très-bien faits. Zacconi les a rapportés dans sa *Pratica di musica*, deuxième partie.

CERUTTI (l'abbé Hyacinthe), publia, en 1776 à Rome, une nouvelle édition corrigée et plus lisible du *Gabinetto armonico de Bonanni* sous le titre : *Descrizione degli stromenti armonici di ogni genere, del padre Bonanni*; ornata con 140 rami, in-4°. Cet ouvrage contient beaucoup de recherches très-savantes sur les instrumens des anciens. Il fut entrepris à l'occasion du cabinet d'instrumens de musique que l'on établit dans le dix-septième siècle, à côté du collége romain. V. Forkel biblioth.

CERVETTO, excellent violoncelliste du théâtre de Drury-Lane, à Londres, mourut le 14 janvier 1783, dans la cent troisième année de son âge.

Un soir que le célèbre acteur Garrick jouait admirablement le rôle d'un homme ivre, et venait de se laisser tomber assoupi sur une chaise (l'auditoire gardait le plus profond silence), Cervetto, à l'orchestre, bâilla d'une manière bruyante et prolongée. Garrick se levant tout à coup de sa chaise, réprimanda vivement le musicien qui l'appaisa en lui disant : Je vous demande bien pardon ; je bâille toujours, quand j'ai trop de plaisir.

CERVETTO (James), de Londres, fils du précédent, fut, après Mara, le meilleur violoncelliste de son tems. Il hérita d'une fortune de vingt mille liv. sterl. En 1783, il était premier violoncelliste au grand concert de lord Abingdon, et membre des concerts de la reine. Ses compositions gravées sont: quatre œuvres, contenant divers solos pour le violoncelle, duos, solos pour la flûte, et trio pour le violon.

CESAR, professeur de clavecin à Paris, de 1770 à 1790, y fit graver plusieurs œuvres médiocres et une grande quantité de pièces assez mal arrangées.

CESATI (Bartolomeo); compositeur italien du quinzième siècle. On trouve différens morceaux de sa composition dans: *J. Bapt. Bergameno, Parnass. msic. Ferdinand. Venet.* 1615.

CESATI (Giovanna), célèbre cantatrice de Milan, vers 1750.

CESTI (Marc-Antoine), moine Récollet d'Arezzo, maître de chapelle de l'empereur Ferdinand III, était disciple de Jacques Carissimi. Il contribua beaucoup aux progrès de l'opéra en italie, réformant la psalmodie monotone, qui y régnait alors, et en transportant et adaptant au théâtre les cantates que son maître avait inventées pour l'église. Cavalli, qui travaillait à la même époque (1650) avec lui, pour les opéras à Venise, participa à ce perfectionnement. V. *Cavalli.*

Les opéras que Cesti a donné au théâtre de Venise, sont les suivans: *Orontea,* 1649; c'était le quarante-cinquième opéra que l'on représentait à Venise. *Cesare amante,* 1651; *la Dori, o lo schiavo regio,* 1663; ce dernier eut le plus grand succès, et se donna à plusieurs reprises, non-seulement à Venise, mais aussi dans toutes les autres grandes villes de l'Italie. *Tito,* 1666; *la Schiava fortunata,* 1667, d'abord à Vienne, et ensuite à Venise en 1674 (Ziani a participé à cette composition); *Argene,* 1668; *Genserico,* 1669; et. dans la même année, *Argia.* Il doit avoir encore

composé la musique du *Pastor fido* de Guarini.

Le nombre des cantates qu'il a mises en musique est infiniment plus grand. C'est ce que l'abbé d'Oliva, élève de Cesti, homme savant et excellent compositeur, qui vivait en 1700, assura au maître de chapelle Jean-Val. Meder. Le même abbé en citait surtout une qui commençait par ces mots: *ò Cara Liberta, chi mi ti toglie?* Adami, dans les *Osserv.*, dit que Cesti était né à Florence, et que le Pape Alexandre VII l'avait reçu, en 1660, comme tenor à la Chapelle Pontificale.

CHABANON (N. de), membre de l'Académie Française et de celle des belles-lettres, est mort en 1792. Nous ne le considérons ici que comme poëte lyrique et amateur de musique. Il fit jouer, en 1773, l'opéra de Sabinus, musique de Gossec. Cet opéra n'eut point de succès. Vers ce tems-là, Chabanon était le premier des seconds violons au Concert des Amateurs, dirigé par S. Georges. Il a publié: l'Eloge de Rameau, en 1764; Observations sur la Musique, en 1779; et en 1785, de la Musique considérée en elle-même et dans ses rapports avec la parole, les langues, la poésie et le théâtre, ouvrage qui n'est que le premier refondu et traité sur un plan beaucoup plus vaste. En général, les idées de Chabanon sont d'un homme qui n'a point approfondi la science et l'art de la musique. Elles n'apprennent rien à ceux qui savent, et peuvent égarer ceux qui ne sont pas instruits.

CHABANON DE MAUGRIS, frère du précédent, mort en 1780, était poëte et compositeur. Il a donné à l'Opéra, en 1775, Alexis et Daphné, pastorale; et Philémon et Baucis, ballet héroïque. Outre la musique de ces deux ouvrages, il a fait plusieurs pièces de clavecin.

CHABRAN, élève de Lorenzo Somis, joignait au talent de violoniste celui de compositeur. Il a laissé quelques œuvres de sonates pour le violon, qui sont très-estimées des connaisseurs.

CHALONS (Charles), claveciniste et violoniste à Amsterdam. Outre une œuvre de symphonies, il y fit publier encore, en 1762, six sonates pour le clavecin.

Un autre Chalon, de 1780 à 1790, jouait du violon à l'Opéra et au Concert Spirituel.

CHAMBONIÈRES, mort en 1670, surpassa, comme organiste et claveciniste, son père Jacques Champion, et son aïeul Thomas Champion, qui vivaient tous deux sous Louis XIII.

CHAMPEIN (STANISLAS), est né à Marseille le 19 septembre 1753. Il eut pour maîtres de musique Peccico (Italien) et Chauvet. A l'âge de treize ans, il était maître de musique à la cathédrale de Pignan en Provence. Il y composa une messe, un *Magnificat* et quelques Psaumes.

Jeune encore, il voulut étudier le Traité de l'harmonie de Rameau; et, pour le mieux comprendre, il le copia d'un bout à l'autre.

Au mois de juin de 1776, il vint à Paris, et, quelques mois après son arrivée, il fut assez heureux pour donner à la chapelle du Roi, à Versailles, entre les deux messes, un grand motet à grand chœur (*Dominus regnavit*). La même année, il fit la fête de la sainte Cécile à l'église des Mathurins, de Paris. Il y donna une messe de sa composition et le motet qu'il avait fait entendre à Versailles.

Son premier opéra fut joué sur le théâtre des Comédiens du Bois de Boulogne, où est aujourd'hui le Ranelag. Le titre de cet ouvrage, en deux actes, était le Soldat Français, qui eut beaucoup de succès.

Depuis 1780, M. Champein a donné au Théâtre Italien :

Mina, en trois actes. 1780.

La Mélomanie, en un acte. 1781.

Le Poëte supposé, en trois actes. 1782.

Le Baiser, en trois actes. 1781.

Les Fausses Nouvelles, ou les Noces Cauchoises, en deux actes. 1786.

Les Espiégleries de garnison, en trois actes.

Bayard dans Bresse, en quatre actes. 1786.

Isabelle et Fernand, en trois actes. 783.

Colombine douairière, ou Cassandre pleureur, en deux actes. 1785.

I.

Léonore, ou l'Heureuse Epreuve, en deux actes. 1781.

Les Dettes, en deux actes. 1787.

Les Epreuves du Républicain, en trois actes.

Les trois Hussards, en deux actes. 1804.

Menzikoff, en trois actes. 1808.

La Ferme du Mont-Cénis, en trois actes. 1809.

Au théâtre de l'Opéra :

Le Portrait, ou la Divinité du Sauvage, paroles de Rochon de Chabannes, 1791.

Au théâtre de Monsieur :

Le Nouveau Dom Quichotte, en deux actes. 1789.

Les Ruses de Frontin, en deux actes.

Au théâtre des Beaujolais :

Florette et Colin, en un acte.

Les Déguisemens Amoureux, en deux actes.

Le Manteau, ou les Nièces Rivales, en un acte.

Tous ces ouvrages, qui ont eu du succès, et qui, pour la plupart, sont restés aux répertoires des théâtres pour lesquels ils ont été composés, placent M. Champein à côté de Grétry et de Dalayrac. Sa musique est une heureuse mixtion du goût français et de la vivacité italienne. Son Nouveau Dom Quichotte est surtout un chef-d'œuvre en ce genre.

Ce compositeur a aussi fait jouer à Chantilly, chez le Prince de Condé, l'Avare Amoureux, opéra en deux actes, qu'il acheva en vingt-quatre heures. On y trouve quatre morceaux qui surpassent peut-être tout ce que M. Champein a écrit en musique.

Voici les opéras qu'il a dans son portefeuille :

Pour l'Académie Impériale :

Le Barbier de Bagdad, en trois actes.

Diane et Endymion, en trois actes.

Le Triomphe de Camille, en deux actes.

Wisnou, en deux actes, paroles du général Lasalle.

L'Education de l'Amour, en trois actes, paroles de Laujon. Il y a vingt-cinq ans que cet ouvrage est reçu à l'Opéra

Pour l'Opéra - Comique :

L'Inconnue , en un acte.
Les Métamorphoses , ou les Parfaits Amans , en quatre actes.
L'Amoureux Goutteux , en un acte , paroles de Sedaine.
Le Père Adolescent, en un acte.
Béniowsky, en trois actes.
Les S...., ou les C.... de Q...., en trois actes.
Bianca Capello, en trois actes.
La Paternité Recouvrée , en trois actes.
Les Bohémiens, ou le Pouvoir de l'Amour , en deux actes.
Le Noyer, en un acte.
Le Trésor, en un acte.

CHAMPION, musicien de Paris, y vivait encore en 1790. On a de lui le Pouvoir de l'Amour , ariette à grand orchestre , qui y parut en 1786.

CHAMPNERF , chanteur estimé de Londres vers 1767. Se trouva en 1784, comme basse-contre, parmi les premiers chanteurs au grand jubilé de Hændel.

CHAPELLE (PIERRE - DAVID-AUGUSTIN), est né à Rouen en 1756. Dans sa jeunesse, il vint à Paris, et fit entendre, au Concert Spirituel, des concertos de violon de sa composition. Il a fait jouer les opéras suivans : l'Heureux Dépit, en un acte , en 1785; le Double Mariage , en un acte, en 1786; le Bailli Bienfaisant, en un acte ; la Rose , en un acte, en 1772; le Mannequin, en un acte , même année ; la Vieillesse d'Annette et Lubin , en un acte , jouée à la Comédie Italienne en 1789 (c'est le meilleur ouvrage de M. Chapelle, et qu'on devrait reprendre au théâtre de l'Opéra-Comique); les Deux Jardiniers, en un acte, et la Famille Réunie , en un acte, en 1790 ; la Nouvelle Zélandaise , en un acte, jouée à l'Ambigu-Comique en 1793 ; la Huche, en un acte, jouée au théâtre du Palais en 1794.

M. Chapelle a fait graver aussi des sonates, des duos, des concertos pour le violon. Il a été long-tems membre de l'orchestre de la Comédie Italienne. Présentement il est à l'orchestre du Vaudeville.

CHARDAVOINE (JEAN), a publié, en 1585, un recueil de chansons en mode de vaudevilles.

CHARDINI , dont le véritable nom était Chardin , était né à Rouen, et entra , comme tenor, au grand Opéra de Paris vers 1780. Il avait une très-jolie voix et chantait avec beaucoup de goût et de pureté. Il créa le rôle de Thésée de l'opéra d'Œdipe à Colonne ; il se fit surtout beaucoup d'honneur par la manière dont il chantait le bel air : *Du malheur auguste victime.* Chardini mourut encore jeune, en 1790. Il n'a point été remplacé, et ne le sera probablement pas de sitôt. C'était une époque très-brillante, et sans doute la plus belle pour l'Opéra, que celle où Chéron , Chardini, Lays et Rousseau étaient chargés de faire connaître au public les beaux chants de Gluck, de Piccini, de Sacchini, et autres grands compositeurs , qui travaillaient alors à l'envi pour la scène française.

Chardini composait aussi avec goût. En 1787, il donna , au Concert Spirituel, le Retour de Tobie , oratorio ; et, quelques années après, plusieurs opéras, dont le Pouvoir de la Nature.

CHARLEMAGNE (ARMAND), auteur de pièces fugitives, a fait jouer, en 1804, l'Amour Romanesque, au théâtre de l'Opéra-Comique. La musique était de J. Wœlfl, célèbre pianiste, et n'eut aucun succès.

CHARLEMAGNE , roi de France, empereur d'Occident couronné en 800 , et mort en 814, mérite d'être cité parmi les illustres amateurs et protecteurs de l'art musical. De son tems , comme de nos jours, la rivalité qui subsiste entre les musiciens français et les Italiens existait avec le même fondement. L'on verra sans doute avec plaisir le jugement qu'il porta dans une querelle survenue à cette occasion. Le passage suivant est extrait des Annales de France.

« Le très-pieux roi Charles étant retourné célébrer la Pâque à Rome, avec le Seigneur Apostolique, il s'émut, durant les fêtes , une querelle entre les chantres romains et les chantres français. Les Français prétendaient chanter mieux et plus agréablement que les Romains; les Romains, se disant les plus savans dans le chant ecclésiastique, qu'ils avaient appris du pape saint Grégoire, accusaient les Français de corrompre, écorcher et défigurer le vrai chant. La dispute ayant été portée devant le Seigneur Roi, les Français, qui se tenaient forts de son appui, insultaient aux chantres romains; les Romains, fiers de leur grand savoir, et comparant la doctrine de saint Grégoire à la rusticité des autres, les traitaient d'ignorans, de rustres, de sots et de grosses bêtes. Comme cette altercation ne finissait point, le très-pieux roi Charles dit à ses chantres: *Déclarez-nous qu'elle est l'eau la plus pure et la meilleure, celle qu'on prend à la source vive d'une fontaine, ou celle des rigoles qui n'en découlent que de bien loin?* Ils dirent tous que l'eau de la source était la plus pure, et celle des rigoles d'autant plus altérée et sale qu'elle venait de plus loin. *Remontez donc,* reprit le seigneur roi Charles, *à la fontaine de saint Grégoire, dont vous avez évidemment corrompu le chant.* Ensuite le Seigneur Roi demanda au pape Adrien des chantres pour corriger le chant français, et le Pape lui donna Théodore et Benoît, deux chantres très-savans et instruits par saint Grégoire même; il lui donna aussi des Antiphoniers de saint Grégoire, qu'il avait notés lui-même en notes romaines. De ces deux chantres, le seigneur roi Charles, de retour en France, en envoya un à Metz, et l'autre à Soissons, ordonnant à tous les maîtres de chant des villes de France de leur donner à corriger les Antiphoniers, et d'apprendre d'eux à chanter. Ainsi furent corrigés les Antiphoniers français, que chacun avait altérés par des additions et retranchemens à sa mode, et tous les chantres de France apprirent le chant romain, qu'ils appellent maintenant chant français; mais, quant aux sons tremblans, flattés, battus, coupés dans le chant, les Français ne purent jamais bien les rendre, faisant plutôt des chevrottemens que des roulemens, à cause de la rudesse naturelle et barbare de leur gosier. Du reste, la princi-

pale école de chant demeura toujours à Metz; et autant le chant romain surpasse celui de Metz, autant le chant de Metz surpasse celui des autres écoles françaises. Les chantres romains apprirent de même aux chantres français à s'accompagner des instrumens, et le seigneur roi Charles ayant de rechef amené avec soi en France des maîtres de grammaire et de calcul, ordonna qu'on établit partout l'étude des lettres; car, avant ledit Seigneur Roi, l'on n'avait en France aucune connaissance des arts libéraux. »

Depuis près d'un siècle, l'Eglise de France a universellement abandonné le chant romain, pour y substituer des chants lourds, sans goût et sans régularité.

Puisse le Héros qui a rétabli l'empire de ce grand Prince, et qui semble l'avoir pris en tout pour modèle, rétablir encore cette partie de son œuvre, et faisant pour toujours le chant grégorien, reste précieux de la mélodie grecque, dans toutes les églises de l'empire! et puissent les Français, avertis par sa juste prédilection pour la facture de l'Italie, chercher dans les chefs-d'œuvres de cette école, les vrais modèles du beau, et de la perfection.

CHARLES-LE-CHAUVE, roi de France vers 840, était grand amateur de musique d'église, et composa un office du Saint-Suaire. V. l'Hist. de Gerbert.

CHARLES-QUINT, Empereur, né à Gand en 1500, et mort en 1558, Il était, selon le témoignage de tous les historiens, grand amateur et connaisseur en musique, et contribua beaucoup au perfectionnement de celle d'église dans ses états.

CHARLES VI, Empereur d'Allemagne en 1711, mort en 1740, avait toutes les connaissances d'un virtuose Un jour qu'il jouait au forté-piano la partition d'un opéra de Fux, son vieux maître de chapelle, en lui tournant les feuilles, s'écria avec enthousiasme : *Ah! votre Majesté pourrait être maître de chapelle partout!* Pour plus de détails, voyez les Légendes, p. 85. Il était surtout grand amateur de canons, et en a non-seulement composé plusieurs lui-même, mais s'en fit encore composer un grand nombre par des compositeurs allemands, français et italiens.

CHARLES-EUGÈNE, duc de Wurtemberg-Stuttgard, né le 11 février 1728, s'est rendu célèbre par son goût pour la musique et par ses connaissances en cet art et dans tous ceux qui y sont relatifs. Sous son règne, la chapelle et le théâtre de Stuttgard furent ce qu'il y eut de mieux en Europe. On y vit briller à-la-fois ou successivement tous les talens du premier ordre, tels que Jomelli, Ferrari, Nardini, Lolli, Aprile, Teller, Rudolphe, Prat et Mansi. Il réunit aussi les grands maîtres de décoration et de danse, tels que les deux Vestris et Noverre, et autres habiles artistes, qu'il avait su choisir pendant ses voyages.

Pour se faire une juste idée de l'étendue de son génie, qui embrassait toutes les parties des arts, il suffit de lire la description des fêtes qui eurent lieu, en 1763, le jour de la naissance du duc régnant de Wurtemberg. Tout ce que l'art peut produire de brillant et de magnifique y fut étalé pendant huit jours, et c'est lui qui en fut l'inventeur et le directeur. Nous ne citons que la fête de Ludwigsbourg, du septième jour, où il transporta, pour ainsi dire, toute la cour au milieu des divinités de l'Olympe, en liant tellement l'ensemble de la représentation que les spectateurs, confondus avec les acteurs, semblaient ne former qu'un seul et même tout. Dans un âge avancé, les sciences formaient sa seule occupation, sans qu'il négligea pour cela les soins qu'il devait à la prospérité de son pays.

CHARLES-GUILLAUME-FERDINAND, duc de Brunswick, né en 1735, fut élève de Pesch, et jouait déjà, n'étant encore que prince héréditaire, le violon avec une telle perfection, qu'il surpassait beaucoup de musiciens de profession.

CHARLOTTE, reine d'Angleterre, princesse de Mecklembourg-Strélitz, née le 19 mai 1744, était déjà très-habile sur le clavecin et sur la flûte, lorsqu'elle arriva en Angleterre en 1761. Elle y choisit encore Chrétien Bach pour son maître de musique, et par ses leçons elle parvint à un très-haut degré de perfection.

CHARPENTIER (JEAN-JACQUES BEAUVARLET, dit), né à Abbeville, en 1730, d'une famille très-ancienne, et qui a produit plusieurs hommes distingués, tel que M. Beauvarlet, célèbre graveur, était organiste à Lyon, lorsque Jean-Jacques Rousseau, passant par cette ville, l'entendit et le félicita sur ses talens, qu'il jugea dignes de la capitale. M. de Montazet, archevêque de Lyon et abbé de Saint-Victor de Paris lui fit donner l'orgue de cette abbaye, dont il vint prendre possession en 1771. Un concours qui eut lieu l'année suivante, et où il remporta le prix sur les plus célèbres organistes, lui valut l'orgue de la paroisse Saint-Paul, et le fit regarder comme un des premiers organistes de Paris, à une époque où cette ville en possédait de fort habiles, tels que Couperin, Séjan, et où l'orgue était encore très-considéré.

M. Charpentier a exercé son talent, avec distinction, jusqu'à la subversion du culte en 1793. A cette époque, la suppression des orgues et notamment des orgues de Saint-Paul et de Saint-Victor, lui causèrent un chagrin extrêmement profond; sa santé déclina rapidement, et il mourut au mois de mai 1774. Il a publié un grand nombre d'œuvres. Ceux qu'il a fait pour son instrument doivent être rangés parmi les meilleurs en ce genre.

M. Jacques-Marie Beauvarlet-Charpentier, fils du précédent, est né à Lyon le 3 juillet 1766, a eu pour maître son père, qui le mit en état d'improviser à quatorze ans un Te Deum. Il a publié un grand nombre de sonates de caractère et de pièces anecdotiques, telles que la Bataille d'Austerlitz, de Jéna, etc. Gervais ou le jeune Aveugle, opéra comique, représenté aux Jeunes-Artistes; une Méthode d'orgue, suivie de l'office complet des Dimanches et d'un Te Deum pour les solennités.

CHARPENTIER (MARC-ANTOINE), naquit à Paris en 1634, et fit dans sa jeunesse le voyage de

Rome, où il apprit la composition de Carissimi.

Le duc d'Orléans, régent, fut son élève pour la composition, et le nomma intendant de sa musique. De tous ses opéras, Médée fut celui qui eut le plus de succès. Il mourut en 1702, maître de musique de la Sainte-Chapelle.

Quand un homme voulait devenir compositeur, il disait : *Allez en Italie, c'est la véritable source. Cependant, je ne désespère pas que quelque jour les Italiens ne viennent apprendre chez nous; mais je n'y serai plus.* V. le Dictionnaire de Fontenay.

CHARTRAIN, un des meilleurs violonistes de l'Opéra vers 1780, a exécuté, au Concert Spirituel, plusieurs concertos de sa composition. Il a fait graver, à Paris, des duos, trios, quatuors, symphonies et concertos pour le violon. En 1776, il donna, au Théâtre Italien, le Lord supposé.

CHASSÉ (CLAUDE-LOUIS de), né, en 1698, d'une famille noble de Bretagne, entra à l'Opéra en 1721. Après une carrière brillante, il se retira en 1757, âgé de plus de soixante ans. Il mourut à Paris en 1786. Cet acteur était si profondément pénétré de ses rôles, qu'un jour étant tombé sur la scène, il cria aux soldats qui le suivaient : *Marchez-moi sur le corps.* (V. J.-J. Rousseau.)

CHASTELLUX (Le Marquis), auteur de l'Essai sur l'union de la Poésie et de la Musique. Paris, 1765, in-12. Cet ouvrage, ou le fruit d'un voyage que l'auteur fit en Italie à l'époque des réflexions que l'on a commencé à faire sur cet art, alors abandonné à des professeurs peu en état d'en raisonner. Il remarque, avec raison, que les musiciens ne connaissent pas assez la poésie, et que les poètes ne savent pas assez la musique.

CHATEAUMINOIS, autrefois première flûte et tambourin des Variétés-Amusantes, est aujourd'hui galoubet au théâtre du Vaudeville, et joue quelquefois des solos sur cet instrument pendant les entr'actes.

CHATEAUNEUF (L'abbé de), publia en 1725, à Paris, un petit ouvrage sous ce titre : Dialogue sur la Musique des Anciens, que l'on dit avoir été fait pour Ninon de Lenclos. Du reste, c'est un ouvrage superficiel, qui ne contient que des notions inexactes et communes.

CHAUCER (GODEFROI), chevalier, né à Woodstock, en Angleterre, surnommé, de son tems, l'Homère anglais, mourut en 1400. Hawkins lui doit la majeure partie des renseignemens sur la musique profane, et sur les instrumens du quatorzième siècle, dont il a fait usage dans son Histoire.

CHAUVET, aveugle, organiste à Saint-Lazare en 1785, a fait entendre, avec succès, plusieurs morceaux de sa composition.

CHAZET (RÉNÉ), auteur de jolis vaudevilles et de comédies de circonstance, a fait les paroles de plusieurs opéras comiques, entr'autres, l'Avis aux Jaloux, joué en 1809, musique de M. Piccini l'oncle.

CHANÉE (JEAN), musicien français du seizième siècle, de la composition duquel on trouve différens motets dans *Joaneli Thes. Mus. Venet.* 1568. V. Gerber.

CHEFDEVILLE, fameux joueur de musette et de hautbois, entra, en 1725, à l'Opéra, pour y jouer de la musette.

CHELL (WILLIAMS), chapelain séculier, prébendier et chanteur à l'église cathédrale d'Hereford; fut créé bachelier en musique à Oxford en 1524. L'évêque Tanner fait mention de deux écrits dont il est l'auteur. L'un sous le titre : *Musicœ practicœ compendium.* Le second sous celui : *De proportionibus musicis.*

CHELLERI (FORTUNATO), en dernier lieu conseiller de cour du roi de Suède et du landgrave d'Hesse. Cassel, maître de chapelle et membre de l'académie royale de musique à Londres, nâquit en 1668, à Parme, en Italie, où son père, allemand de naissance, et dont le nom était originairement Keller, était musicien et compositeur, sans faire néanmoins grand usage de ces talens, s'étant livré à d'autres occupations. Ayant perdu son père à l'âge de douze ans, et sa mère trois ans après, son oncle maternel, François-Marie Bassani, maître de chapelle à la cathédrale de Plaisance, le prit dans sa maison pour veiller, comme tuteur, à son éducation, se proposant de lui faire étudier la jurisprudence. Ce fut là que le génie du jeune Chelleri commença à se montrer. Sans avoir jamais eu la moindre leçon de musique, il essaya de toucher le clavecin. Son oncle s'étant aperçu qu'il montrait beaucoup plus de talent pour la musique que pour les sciences, résolut de cultiver ce penchant naturel, et lui donna à cet effet lui-même des leçons de chant et de clavecin. Aidé par le génie et par l'assiduité de son élève, il réussit à le former, ensorte qu'au bout de trois ans il fut capable de remplir la place d'organiste.

Pour ne pas rester un musicien ordinaire, le jeune Chelleri commença alors à étudier aussi l'art de la composition, sous la direction de son oncle, et y fit tant de progrès, qu'il commença en très-peu de tems à composer quelques psaumes à trois et à quatre voix. La mort de son maître et second père lui enleva cette ressource et le priva en même tems de tout secours.

Abandonné à son sort et réduit à ses propres forces, il redoubla de zèle et d'assiduité pour se perfectionner dans son art. Il eut le bonheur que son premier essai public qu'il fit à Plaisance, en 1707, par son opéra de *la Griselda*, fut très-bien accueilli, et lui valut d'être chargé, de Crémone, de composer le nouvel opéra qu'on devait y donner l'année suivante. S'étant acquitté de cette commission, il s'embarqua à Gênes, le 7 janvier 1709, pour aller à Barcelone en Espagne. Il resta toute l'année dans ce royaume, parcourant toutes les villes où il savait qu'il existait quelques bons musiciens, et faisant connaissance avec eux, afin de profiter de leurs leçons.

Après son retour en Italie, en 1710, il s'y acquit tant de renommée, qu'au bout de douze ans il n'y avait presque plus de ville considérable dans toute l'Italie dont il n'eût enrichi le théâtre de quelques-unes de ses compositions. Il termina cette carrière pour toujours, par l'opéra *Zenobia et Radamadisto*, qu'il avait composé pour le théâtre Santo-Angelo de Venise. L'évêque de Wurzbourg lui ayant fait des offres à cette époque, Chelleri accepta et se rendit en Allemagne. La mort enleva l'évêque au bout de deux ans et demi, et il perdit cette place, mais il entra immédiatement après, en 1725, au service du landgrave Charles d'Hesse-Cassel, qui lui conféra la place de maître de chapelle et de directeur de musique, dans laquelle il s'est acquis beaucoup de gloire en Allemagne.

L'année suivante, en 1726, il fit un voyage en Angleterre, et resta dix mois à Londres, où il publia un livre de cantates. Ses talens lui valurent dans cette ville un bon accueil, et il fut reçu membre de l'Académie de Musique.

Le successeur du landgrave Charles, qui était en même tems roi de Suède, le confirma non-seulement dans sa place, mais l'appela aussi à Stockolm en 1731. Cependant, trouvant que le climat de Suède ne convenait pas à sa santé, il demanda la permission de retourner à Cassel, ce qu'il obtint en 1734, avec le titre et le rang de conseiller de cour.

C'est ici que se terminent les renseignemens sur sa vie, qu'il a laissés lui-même, et que nous avons pris pour base de notre narration. Sa mort paraît avoir eu lieu vers 1758. C'était un compositeur fort agréable et en même tems très-profond. Il y avait une sonate de lui, en *fa* majeur, qui était, il y a une quarantaine d'années, la pièce favorite des amateurs de musique en Allemagne.

De ses ouvrages, il a été publié à Londres, en 1726, un livre de cantates et d'ariettes, avec accompagnement complet; et à Cassel, un livre de diverses sonates et fugues pour le forte-piano et pour l'orgue.

En Italie, il a composé un grand nombre d'opéras. V. Gerbert.

En Allemagne, il a composé un très-grand nombre de psaumes, de grandes messes, de sérénades, d'ouvertures et de symphonies, dont rien n'a été publié.

CHENARD (N.) acteur de l'Opéra-Comique, joint à une belle basse-taille beaucoup de naturel et de franchise dans son jeu. Il quitta le théâtre de Bordeaux, pour venir débuter, en 1782, à l'Académie Royale de musique, et au

Concert Spirituel. Il s'est fixé depuis au théâtre Italien. Nous ajouterons que M. Chesnard a pris, pendant quatre ans, des leçons de violoncelle du célèbre Duport, et qu'on le regarde comme un de ses meilleurs élèves. Le public l'entend avec plaisir jouer de cet instrument, dans la pièce intitulée : Le Concert interrompu.

CHÉNIÉ (Marie-Pierre), né à Paris le 8 juin 1773, élève de l'abbé d'Haudimont, a fait exécuter à seize ans, à l'église de St.-Jacques-de la-Boucherie, une messe de sa composition. Depuis 1795, il est contre-basse à l'Opéra, et, depuis 1807, à la chapelle de S. M. l'Empereur Napoléon.

Il a composé plusieurs messes et motets, trois *Te Deum*, un *Regina cœli*, un *O salutaris*, un *Domine salvum*, etc.

De plus, des romances, et autres pièces fugitives.

CHÉNIER (M. J.), célèbre auteur tragique et satirique, a fait beaucoup de poésies lyriques, dont quelques-unes ont été mises en musique par MM. Méhul et Gossec. Le Chant du Départ, musique de M. Méhul, a eu un succès prodigieux. M. Chénier est grand amateur de musique.

CHÉRON (André), maître de musique à l'Opéra, y entra en 1734, et y battit la mesure pendant plusieurs années. Il a laissé des motets. On lui attribue les basses des premiers livres des sonates de Leclair.

CHÉRON (M.), acteur de l'Opéra, jouait les premiers rôles. Il avait une superbe basse-taille, une figure intéressante, une taille majestueuse. On se rappelle encore la manière dont il remplit le rôle d'Agamemnon dans Iphigénie, et celui d'Œdipe dans Œdipe à Colonne. Depuis quelques années, il s'est retiré avec la pension. Ses successeurs ne l'ont point encore fait oublier.

CHÉRON (Madame), épouse du précédent, avait quitté, près de huit ans avant lui, le théâtre de l'Opéra. Le rôle qu'elle chantait le mieux était celui d'Antigone dans Œdipe, rôle que Sacchini lui avait appris lui-même.

CHERUBINI (Marie-Louis-Charles-Zenobi-Salvador), né à Florence le 8 septembre 1760, a commencé dès l'âge de neuf ans à apprendre la composition sous Bartholomeo Felici, et sous son fils, Alessandro Felici. Ces deux compositeurs étant morts, il passa sous la conduite de Pietro Bizzari et de Giuseppe Castrucci. Dès 1773, c'est-à-dire avant d'avoir accompli sa treizième année, il fit exécuter, à Florence, une messe et un intermède, auxquels il fit succéder, dans l'espace de quatre à cinq années, des ouvrages pour l'église et pour le théâtre, qui furent reçus avec applaudissemens. Ces succès engagèrent le grand-duc de Toscane, Léopold II, ami zélé et protecteur des arts, qui distingua ses talens, à lui accorder, en 1778, une pension pour le mettre en état d'aller continuer ses études, et chercher à se perfectionner sous le célèbre Sarti, qui demeurait alors à Bologne.

M. Cherubini passa près de quatre ans auprès de cet habile maître, et c'est à ses talens et à ses conseils qu'il reconnaît devoir la science profonde qu'il a acquise dans le contrepoint et le style idéal; ainsi que les talens qui l'ont placé lui-même au rang des plus habiles compositeurs. Surchargé d'occupations, Sarti, pour s'épargner une partie du travail, et pour exercer son élève, lui confiait la composition des seconds rôles de ses opéras. Ses partitions renferment un grand nombre de morceaux que M. Cherubini a composés pour lui.

En 1784, M. Cherubini quitta l'Italie et passa à Londres; il y séjourna près de deux ans, et y fit exécuter deux opéras (La Finta Principessa et Giulio Sabino). En 1786, il quitta cette ville, et arriva au mois de juillet à Paris, où il résolut de se fixer. Néanmoins, il alla, en 1788, à Turin, où il fit représenter son opéra d'Ifigenia in Aulide. De retour à Paris, il fit représenter le 3 décembre, à l'Académie Impériale de Musique, son opéra de Demophoon, le premier ouvrage dont il ait enrichi la scène française. Il composa ensuite un grand nombre de morceaux détachés, qui furent placés dans les opéras italiens exécutés en 1790, et, dans les années suivantes, par l'excellente troupe des bouffons italiens que Paris possédait à cette époque. On se rappelle encore l'enthousiasme qu'excitait, entr'autres, le magnifique quatuor *Cara da voi dipende*, placé dans l'opéra *Dei Viaggiatori felici*. M. Cherubini présidait lui-même à l'exécution de ses ouvrages, et c'est autant à ses conseils et à sa sage sévérité qu'aux talens des virtuoses que l'on a dû cette exécution parfaite, qui a distingué cette troupe incomparable, dont tout ce qui l'a suivi n'a donné que d'imparfaits souvenirs. V. Théâtre *Opéra Buffa*.

En 1791, M. Cherubini donna, au théâtre Feydeau, son grand opéra de Lodoïska. Cet ouvrage est une époque dans la vie de M. Cherubini et dans l'histoire de l'art. Il fit connaître un nouveau genre, dans lequel toutes les richesses instrumentales sont unies à des chants larges et majestueux Lodoïska fut suivi d'Elisa, de Médée et des Deux Journées, ouvrages qui appartiennent au même genre, et qui furent entremêlés d'autres productions d'un genre moins élevé; mais dans lesquels on reconnaît toujours le génie original et la main savante d'un habile maître.

Les succès prodigieux qu'obtint M. Cherubini dans sa patrie adoptive, portèrent sa réputation jusqu'au fond de l'Allemagne; tous ses ouvrages y furent représentés et accueillis avec un égal enthousiasme, et lui-même, étant allé à Vienne au mois de juin 1805, recueillit, à la représentation de Faniska, qu'il donna sur le théâtre Impérial de cette ville, une moisson abondante d'éloges et d'applaudissemens en tout genre.

Revenu à Paris au mois d'avril 1806, M. Cherubini a continué de se livrer à la composition. Parmi les ouvrages sortis de sa plume depuis cette époque, nous placerons au premier rang sa messe à trois voix, avec orchestre, que des juges éclairés regardent comme une savante réunion des beautés du genre ancien et du genre moderne.

M. Cherubini a été nommé l'un des cinq inspecteurs du Conservatoire lors de son organisation, et conservé lors de la réforme qui eut lieu au bout de quelques années. Il a pris part à la composition de plusieurs méthodes que le Conservatoire a publiées. Telles sont la méthode de violon et celle de violoncelle, dans lesquelles il a ajouté sous les gammes des basses en contrepoint, qui ont été regardées comme d'excellentes études.

Quoique nous ayons déjà parlé de ses principaux ouvrages, les amateurs nous sauront sûrement gré de leur en présenter ici une liste plus méthodique et plus complète:

De 1773 à 1779, messes, psaumes, motets, oratorios, contales, intermèdes (Florence).

En 1780, *Quinto Fabio*, opéra en trois actes à Alexandrie-de-la-Paille.

En 1782, *Armida*, *Messenzio*; opéras en trois actes (Florence); *Adriano in Siria* (Livourne).

En 1783, *Quinto Fabio* (Rome); *Lo sposo di trè femine*.

En 1784, *l'Idalide*, opéra en deux actes (Florence); *Alessandro nell Indie* (Mantoue).

En 1785, *la Finta Principessa* (Londres).

En 1786, *Giulo Sabino*; un grand nombre de morceaux, ajoutés au Marquis de Tulipano (Londres).

En 1788, *Ifigenia in Aulide* (Turin); *Demophoon* (Paris).

En 1790, *Additions à l'Italiana in Londra*, de Cimarosa (Paris).

En 1791, Lodoïska (Paris).

En 1793, Koukourgi, opéra inédit.

En 1794, Elisa.

En 1797, Médée.

En 1798, l'Hôtellerie Portugaise.

En 1799, la Punition; la Prisonnière.

En 1800, les Deux Journées.

En 1803, Anacréon.

En 1804, Achille à Syros, ballet.

En 1806, Faniska (Vienne).

En 1809, *Pigmaglione* (au théâtre des Tuileries).

Outre cela un très-grand nombre de pièces détachées dans tous les genres; d'église, de chambre, de théâtre, et même de musique instrumentale, entr'autres une sonate pour deux orgues,

CHEVALIER (Mademoiselle), chanteuse à l'Académie Impériale, vers 1750, prônée dans son tems comme le sont une quantité d'autres qui nous font bâiller aujourd'hui.

CHIAPARELLI. Il a paru à Paris et à Lyon plusieurs ouvrages de sa composition, pour la flûte, le cor et autres instrumens à vent. Son œuvre onzième consistant en six duos pour la flûte, a été gravé à Paris en 1782.

CHIARAMONTI (GIUSEPPE), natif de la Sicile, était connu comme très-bon chanteur en Italie, vers 1750.

CHIAVELLONI (VINC.), a publié à Rome en 1668, in-4°, Discorsi della musica. Ce sont vingt-quatre discours, extrêmement édifians pour nous apprendre que le compositeur doit toujours avoir en vue l'amour de la vertu et l'observation de la nature. Ces préceptes moraux peuvent également s'appliquer à la peinture, à la sculpture, à tous les beaux arts en général. Je n'ai pas eu le courage, dit M. de Boisgelou, qui nous a fourni cet extrait, de lire jusqu'au bout toutes ces pieuses Homélies.

CHIARINI (PIERRE), de Brescia, célèbre claveciniste. Vers 1780, on connaissait en Allemagne différentes arriettes d'opéras, et quelques pièces pour le clavecin de sa composition, en manuscrit. En Italie, il a donné au théâtre les opéras Achille in Sciro, 1739; Statira, 1742; Meride, e Selinunte, 1744, et Argenide.

CHIESA, regardé, en 1770, comme un bon compositeur au théâtre de Milan. Il a aussi fait graver à Londres six trios pour le violon.

CHILD (WILLIAM), docteur en musique à Oxford, vers 1663, organiste à la chapelle royale de Whitehall, a composé beaucoup pour l'église. Il est mort en 1697, âgé de quatre-vingt-onze ans. V. Hawkins.

CHLADNI (E. F. F.), docteur en philosophie et en droit, est né à Wittemberg le 30 novembre 1756. Après la mort de son père, il quitta la jurisprudence pour s'appliquer à l'étude de la nature. Il remarqua que la théorie du son était plus négligée que plusieurs autres branches de la physique, et il commença en 1785 des expériences sur l'acoustique. Le premier Mémoire, dans lequel il publia ses découvertes, parut à Leipsick en 1787, sous le titre : Entdeckungen über die Theorie des klanges (Découvertes sur la nature du son). Son Traité d'acoustique allemand, publié à Leipsick, en 1802, a été traduit en français sous les yeux de l'auteur, et imprimé à Paris en 1809.

L'auteur, dans sa préface, décrit deux instrumens de son invention, l'euphone et le clavicylindre. Voyez à la fin de l'ouvrage de M. Chladni, les deux rapports de la classe des sciences math. et phys. de l'Institut, sur le Traité d'acoustique et sur le clavicylindre.

CHLEK, on a de lui six trios pour deux violons et basse, à Paris, vers 1783.

CHOQUEL, avocat au parlement de Provence, a publié en 1759, un ouvrage in-8°, intitulé : La musique rendue sensible par la mécanique, ou Nouveau système pour apprendre facilement la musique soi-même. L'auteur y emploie avec avantage le monochorde et le chronomètre, instrumens connus à la vérité, mais dont on ne s'était pas encore avisé de tirer si bon parti, et dont la construction est si facile, que chacun peut se les procurer aisément. En un mot, cet ouvrage met ceux qui se trouveraient privés de maître, en état d'apprendre eux-mêmes à solfier, à chanter juste et en mesure.

CHORI, flûtiste célèbre, à Chierasco en 1770.

CHORŒBUS, fils d'Atys, roi de Lydie; Boëtius : De musica, lib. 1, chap. XX, assure qu'il a jouté la cinquième corde à la lyre.

CHORON (ALEXANDRE - ETIENNE), né le 21 octobre 1772 à Caen où son père était directeur des fermes, n'entreprit l'étude de la musique qu'au sortir de ses classes, qu'il termina avant l'âge de quinze ans, au collége de Juilly. Privé de toute espèce de secours, et contrarié dans ses goûts, il commença par apprendre lui même, sans livres et sans les conseils d'aucun maître, à noter tous les chants qu'il pouvait retenir ou imaginer, et parvint à acquérir assez de facilité dans cet exercice, avant même d'être en état d'une note de musique. Les ouvrages de Dalembert, de Roussier, de Rousseau et autres écrivains de la secte de Rameau, lui servirent ensuite de guide dans l'étude de la composition, et le mirent en état de composer, tant bien que mal, en parties ou en accompagnemens. Monsieur Grétry, à qui il montra quelques essais en ce genre, l'engagea à faire des études suivies, et lui indiqua M. l'abbé Rose, un des meilleurs maîtres français, avec qui il travailla quelque tems. Desirant ensuite connaître les autres écoles, il travailla assez longtems avec M. Bonesi de l'école de Leo, et avec d'autres professeurs de celle d'Italie, et lut avec beaucoup de soin les meilleurs didactiques allemands, dont il apprit exprès la langue.

Dans le tems qu'il étudiait les ouvrages de Dalembert, etc. le desir d'entendre quelques calculs qui s'y rencontraient, le porta à entreprendre l'étude des mathématiques. Il s'y livra avec une extrême ardeur, et y fit assez de progrès pour que le célèbre géomètre M. Monge, aujourd'hui sénateur, qui le rencontra à l'école des Ponts et Chaussées, le jugeât capable de recevoir ses conseils et l'adoptât pour son élève. C'est en cette qualité qu'il fit les fonctions de répétiteur pour la géométrie descriptive à l'école Normale, en 1795, et qu'il fut ensuite nommé chef de brigade à l'école Polytechnique, lors de sa formation.

Aux études des mathématiques, M. Choron en joignit encore d'autres qu'il jugea avoir plus ou moins de rapport avec la musique à laquelle il ramenait tout, et dans lesquelles l'entraînaient le desir de savoir et l'habitude de généraliser ses idées; c'est ainsi qu'il embrassa celles de l'analyse de l'entendement, de la littérature en général, des langues anciennes et modernes, jusqu'à l'hebreu, dont il tint plusieurs fois la classe au collége de France en l'absence du professeur. Si elles formèrent obstacle à ce qu'il se livrat exclusivement à la pratique, elles lui furent du moins utiles en ce qu'elles lui facilitèrent l'acquisition d'une théorie plus profonde.

C'était là le but vers lequel il tendait essentiellement. Dès les premiers pas qu'il avait faits dans la carrière de la musique, il s'était élevé à un degré de hauteur suffisant pour apercevoir, d'une part, plusieurs imperfections du systèmè général de la musique en lui-même; d'un autre côté, la pauvreté de la littérature de cet art, surtout en notre langue. Ce furent donc là les deux objets sur lesquels il porta toute son attention. Ce serait aussi peut-être ici le lieu d'entrer dans quelques détails sur cette matière; mais comme il serait impossible de les entreprendre d'une manière satisfaisante, sans excéder singulièrement les bornes prescrites à ces notices, nous nous bornerons à dire que M. Choron prépare sur tous ces objets des travaux de la plus grande importance, qui deviendront successivement publics, et sur lesquels il ne veut point prévenir le jugement des artistes. Les ouvrages de musique qu'il a donné jusqu'à ce jour sont, 1° Principes d'accompagnement des écoles d'Italie, en société avec le sieur Fiocchi; Paris, 1804; chez Imbaut; 2° Principes de composition des écoles d'Italie; Paris 1808, chez Auguste Leduc.

M. Choron a publié un recueil de pièces fugitives, dont plusieurs, et notamment la Sentinelle, ont eu beaucoup de succès. Il a composé la musique d'un opéra, dont quelques circonstances empêchent la représentation. Outre cela, il a publié, en 1800, une Méthode d'instruction primaire, pour apprendre en même tems à lire et à écrire qui, d'après des expériences faites sur plus de mille personnes, et l'attestation de la société Philantropique de Paris, économise environ les trois quarts du temps.

CHRÉTIEN (M.), violoncelliste de la chapelle du Roi, à Versailles, jouait facilement des sonates de violon très-difficiles, et tirait un beau son de son instrument; mais on lui a reproché de ne pas s'attacher assez à l'expression. Il a donné aux Italiens, en 1760, les Précautions inutiles. (instrument de son invention.) M. Chrétien ne s'est pas livré uniquement à la musique; c'est à lui qu'on doit les portraits dessinés au physionotrace, et qui saisissent parfaitement la ressemblance des originaux.

CHRÉTIEN (L.-F.), au service de l'Empereur à Vienne, y a publié en 1769, in-fol. le Psaume 109, pour quatre voix, et orgue.

CHRIST, (Joseph) excellent violoncelliste de Riga, en Russie, depuis 1780, est né en 1768, à Ponikla en Bohême. Il s'est formé lui-même à Prague, sans avoir jamais reçu des leçons d'aucun maître.

CHRISTIERN IV, roi de Dannemarck, depuis 1588 jusqu'en 1648. Laurent Schrœder, dans son Traité de la louange de Dieu, etc. parle de lui comme d'un musicien fort habile. « Il est tellement expérimenté dans la musique, dit-il, » que lui-même, ainsi que ses » fils, accompagnent la musique, et » qu'il est capable d'examiner en » personne les musiciens qui entrent en place, pour s'assurer » qu'ils possèdent les connaissances » requises; s'il les y trouve propres, il en a le plus grand » soin. » V. Ehrenpforte.

CHRISTINI (Carlo), chanteur très-célèbre, au service du prince de Carignan, vers 1710.

CHRISTMANN (Jean-Frédéric), ministre luthérien à Heutingsheim, près Ludwigsbourg, né dans cette dernière ville le 10 septembre 1752, doit être compté parmi les amateurs de musique les plus habiles de nos jours. Doué de beaucoup de talens, il eut occasion d'entendre souvent la chapelle, alors si excellente du duc de Wurtemberg, et d'en connaître personnellement les premiers artistes qui fréquentaient la maison de son père.

Il se rendit dans sa dixième année au gymnase de Stuttgard. Étant déjà habile sur la flûte et le clavecin, il continua de cultiver ces deux instrumens, et parvint à un tel degré de perfection, que, fort jeune encore, il fut admis à exécuter un solo de flûte devant le Duc.

Il se rendit ensuite à Tubingue pour y étudier la théologie. Il y continua ses exercices, et il commença à composer ses concertos pour cet instrument. Nommé vicaire chez un ministre, il quitta cette place au bout de deux ans, et alla, en 1777, à Winterthur en Suisse, en qualité de précepteur; là, il composa, pendant ses loisirs, ses Élémens de musique (Elementarbuch), qu'il fit imprimer en 1782, à Spire, chez Bossler, avec un volume d'exemples pratiques; ouvrage que l'on estime généralement comme un des meilleurs sur ce sujet. Il y fit imprimer en même tems ses Amusemens pour le clavecin (Unterhaltungen, etc). En répétant quelques-unes des expériences sur l'air inflammable, qui occupaient alors les physiciens de l'Europe, à l'occasion de l'invention des machines aérostatiques, il eut le malheur de perdre un œil.

C'est dans cette situation qu'il revint, en 1779, dans la maison paternelle. A peine guéri, il accepta encore une place de précepteur à Carlsruhe. Il y fit connaissance avec le maître de chapelle Schmidtbauer, et en même tems avec Vogler, qui se trouvait alors à la cour de cette ville, où il se fit entendre plusieurs fois. Après un séjour de neuf mois à Carlsruhe, Christmann fit un voyage dans le Palatinat pour reconnaître de plus près l'état des sciences et des arts dans ce pays. En 1783, il obtint enfin la place de ministre dans sa patrie. Les différens ouvrages, qu'il a donnés depuis ou publiés, prouvent avec quel succès il exerce encore, dans cette nouvelle position, les talens qu'il a pour la musique.

On doit y comprendre les productions nombreuses et de toute espèce, dont il a embelli l'ouvrage de Bosler intitulé: Musicalische Blumenlese (Choix de fleurs de musique). Le second volume de ses

Elémens de musique qu'il fit imprimer en 1789, chez Bosler, et qui contiennent les principes de la basse continue et de l'accompagnement; et enfin la part qu'il a au plan et à l'exécution de la gazette de musique de Bosler, pour laquelle il a fourni plusieurs articles fort intéressans. Il était, en outre, occupé, en 1790, de recherches fort importantes relativement à l'histoire littéraire de la musique, et travaillait à un Dictionnaire général de musique, en plusieurs volumes in 4°, dont il a fait publier le prospectus dans les journaux de 1788. Les amateurs de cet art peuvent consulter, à cet égard, la gazette de musique, du mois de février 1789, où ils trouveront aussi sa Biographie détaillée. Nous n'avons pas appris que son Dictionnaire ait été publié.

CHRISTOFALI (Barthelemy), fabricant d'instrumens de musique, à Florence, vers 1720, est le second inventeur du forte-piano. V. Lettres critiq., vol. III, pag. 97.

CHRISTOPHORUS, docteur de musique en Angleterre, au seizième siècle, d'après Boyce, dans son Cathedral musick, a publié, en 1553, l'Histoire des Apôtres en français, avec musique vocale.

CHRYSANDER (Guillaume-Chrétien-Juste), docteur en théologie et en philosophie, professeur ordinaire de théologie à l'Université de Rinteln, nâquit à Gœddekenroda, dans le pays d'Halberstadt, le 9 décembre 1718. Il était grand amateur de musique, chantait, jouait la guitare, la flûte et le clavecin, jusque dans l'âge le plus avancé, où il avait encore l'habitude de chanter les psaumes hébreux, en s'accompagnant sur la guitare. Il a écrit et fait publier, en 1755, un traité sous le titre: Historiches untersuchung von kirchenorgeln (Recherches historiques sur les orgues d'église, trois feuilles et demie in-8°. Il est mort depuis long-tems.

CHUSTROVIUS (Jean), directeur de musique à l'église de Saint-Nicolas, à Lunebourg, en 1603, a publié dans la même année à Francfort: Sacræ cantiones, 5, 6 et 8

vocibus ita compositæ, ut non solum viva voce commodissime cantari, sed etiam ad omnis generis instrumenta optime ad hiberi possint. Walther l'appelle Custrovius.

CHYTRAEUS (David), docteur en théologie et professeur de philosophie et d'histoire, à Rostock, né le 26 février 1530, à Ingelfingen, mourut en 1600. Il a publié en 1595, à Jéna in-8°, l'appendice Regulæ studiorum, dont le troisième chapitre traite de musica. V. Walther.

CIAMPI (Francesco), napolitain, professeur très-distingué, profond dans la connaissance de son art, a fait beaucoup d'opéras qui ont réussis. En voici une partie: Onorio, en 1729; Adriano in Siria, 1748; il Negligente, 1749; Catone in Utica, 1756; Gianguir et Amore in caricatura, 1761; Antigono, 1762.

CIAMPI (Legrenzio Vincenzo), compositeur italien, est auteur de plusieurs jolis opéras, entr'autres Bertoldo alla Corte sur lequel Favart parodia Ninette à la cour qui eut alors tant de succès. Ciampi mit aussi en musique l'Arcadia in Brenta. Il était à Londres en 1760, et y publia deux œuvres de six trios pour le violon et un troisième de cinq concertos pour les hautbois.

CIANCHETTINI (Veronica), sœur du célèbre pianiste J.-L. Dusseck, née en Bohême l'an 1779, fut instruite dans la musique par son père. A l'âge de dix-huit ans, son frère l'appela à Londres, où elle donna, avec beaucoup de succès, des leçons de piano. On a d'elle plusieurs sonates et deux grands concertos pour cet instrument.

CIANCHETTINI (Pio), fils de François Cianchettini, de Rome, et de Veronica Dusseck, est né à Londres, le 11 décembre 1799. Dès l'âge de quatre ans, il montra de grandes dispositions pour la musique. Sa mère lui apprit à toucher du piano, et l'instruisit dans l'harmonie. Il n'avait que cinq ans, lorsqu'il parut pour la première fois en public, dans la grande salle du concert, au théâtre de l'Opéra Italien à Londres, où il exécuta sur le piano avec beaucoup de grâce, la première sonate de sa composition, et improvisa des variations sur des thêmes qui lui furent présentés. On le regarda comme un prodige. Depuis l'âge de cinq ans jusqu'à six, il voyagea, avec son père, en Allemagne, en Hollande et en France. Il fut accueilli, aux différentes cours de ces pays, de la manière la plus distinguée, et reçut même le surnom de *Mozart Britannicus.*

De retour à Londres, il continua ses études. A huit ans, il parlait très-bien quatre langues, l'anglais, le français, l'italien et l'allemand. Avant l'âge de neuf ans, il avait déjà composé plusieurs sonates, fantaisies, et un grand concerto qu'il exécuta le 16 mai 1809, dans la grande salle du concert, à Londres, et qui excita les plus vifs applaudissemens.

CIBBER (SUZANNE-MARIE), sœur du docteur Arne, cantatrice au théâtre de Covent-garden à Londres. Elle quitta le théâtre de l'Opéra en 1736, pour passer à celui de la comédie.

Hændel l'estimait beaucoup, et composa principalement pour elle une ariette du *Messie.* Le docteur Burney dit, que, quoiqu'elle n'eût pas des connaissances extraordinaires en musique, elle savait intéresser les auditeurs par son intelligence et sa profonde sensibilité.

CICERI, élève de l'abbé Ricci pour la composition, a fait quelques cantates. Il réside à Como en Italie, et possède le violon qui avait appartenu à Corelli.

CICCOGNINI, compositeur italien du milieu dix-septième siècle. Planelli, Signorelli et Tiraboschi, le regardent comme l'inventeur des ariettes parce qu'il fut le premier qui, dans son *Jason*, donna au théâtre un opéra mêlé de récitatifs et de stances anacréontiques. Mais Arteaga dans son Histoire du théâtre à prouvé que Peri avait déjà, en 1628, donné des ariettes dans son Euridice.

CICOGNANI (JOSEPH), haute-contre célèbre, à Bologne, y faisait entendre son chant sublime, en 1770 dans ses églises.

CICONIA (JEAN), chanoine à Padoue, dans le quinzième siècle, a laissé un ouvrage en manuscrit, sous le titre : *De proportionibus*, que l'on conserve à Ferrare.

CIFOLELLI, a donné aux Italiens, en 1770, l'Indienne, paroles de M. Framery, et en 1774, Perrin et Lucette. Il a publié outre cela une méthode de mandoline.

CIFRA (dom ANTONIO), romain, a fait beaucoup de madrigaux, imprimés à Rome, depuis 1616 jusqu'en 1623. (V. *Martini*).

CIMA (GIOV.-PAOLO), organiste de Milan, est auteur d'un *canon* rapporté par le P. Martini, à la fin de son Essai fondamental pratique du contrepoint-fugué. Ce canon est fait avec beaucoup d'art : toutes les voix commencent par le *fa ut* grave de la taille ; quand la seconde voix entre en chant, la première change de registre et passe à la clef de la haute-contre, et la première à celle du second-dessus ; enfin, quand c'est le tour de la quatrième, la troisième passe à la clef de la haute-contre, la seconde à celle du second-dessus, et la première à celle du dessus.

L'auteur de ce canon s'étant en vain creusé la tête pour trouver une énigme relative à toutes ces mutations de registre, se détermina à trancher le nœud de la difficulté, en mettant ; *Intendami chi può, che m'intend'io,* c'est - à - dire, *m'entende qui pourra, je m'entends,* moi.

CIMADOR, né à Venise vers 1750, était un musicien fort peu instruit, mais rempli de verve et d'imagination. Etant encore dans sa patrie, il fit, d'inspiration, un opéra de Pygmalion, qui fut très-goûté à cause de l'expression et de l'originalité qui y régnaient. Quant à lui ; il en fut si mécontent qu'il jeta la partition au feu, et jura de ne plus écrire de sa vie. Il tint parole, en effet, et dès-lors il se borna à arranger, pour son usage, les morceaux qui lui plaisaient dans la musique des autres compositeurs. C'est de cette manière, qu'étant à

Londres en 1792, et voyant avec peine que l'orchestre d'Hay-Markett refusait d'exécuter les symphonies de Mozart, à cause de leur excessive difficulté, il en arrangea douze des plus belles en sextuor, avec une septième partie *ad libitum*. Cette collection très-intéressante a eu le succès le plus mérité. C'est ce que Cimador a laissé de plus important.

CIMAROSA (DOMENICO), né à Naples en 1754, est mort à Venise le 11 janvier 1801, à peine âgé de quarante-six ans. Il reçut les premières leçons de musique d'Aprile, et entra au Conservatoire de Loretto, où il puisa les principes de l'école de Durante. En 1787, il fut appelé à Pétersbourg par l'Impératrice Catherine II, pour y composer des opéras. Voici ceux qu'il a donnés en Italie, et qui ont été applaudis avec enthousiasme sur tous les théâtres de l'Europe.

L'Italiana in Londra, 1779; *Il Convito*, *I due Baroni*, *Gli inimici generosi*, *Il pittore parigino*, 1782; *Artaserse di Metastasio*, 1785; *Il Falegname*, 1785; *I due supposti conti*, 1786; *Volodimiro*, *La Ballerina amante*, *Le trame deluse*, 1787; *L'impresario in angustie*, *Il credulo*, *Il marito disperato*, *Il fanatico burlato*, 1788; *Il convitato di Pietra*, 1789; *Giannina e Bernardone*, *La villanella riconoscinta*, *Le astuzzie femilini*, 1790; *Il matrimonio segreto*, 1793; *I traci amanti*, *Il matrimonio per sussuro*, *La Penelope*, *L'Olimpiade*, *Il sacrifizio d'Abramo*, 1794; *Gli amanti comici*, 1797; *Gli Orazi*.

Le dernier opéra bouffon de Cimarosa est *L'imprudente fortunato*, représenté à Venise en 1800. *L'Artemisia* n'a point été achevée. Il n'y a que le premier acte fait par Cimarosa; d'autres compositeurs ont essayé d'y ajouter les deux derniers, et ils n'ont pu réussir. Le public a fait baisser la toile au milieu du second acte.

Tous les opéras de Cimarosa brillent par l'invention, l'originalité des idées, la richesse des accompagnemens et l'entente des effets de la scène, surtout dans le genre bouffe. La plupart de ses motifs sont *di prima intenzione*. On sent, en écoutant chaque morceau, que la partition a été faite de verve, et comme d'un seul jet. L'enthousiasme qu'excita *Il matrimonio segreto* ne se peut concevoir. En un mot, cet ouvrage fixa la mobilité des Italiens.

Cimarosa tint le piano, au théâtre de Naples, pendant les sept premières représentations, ce qu'on n'avait jamais vu. A Vienne, l'Empereur ayant entendu la première représentation de cet opéra, invita les chanteurs et les musiciens à un banquet, et les renvoya le soir même au théâtre, où ils jouèrent la pièce une seconde fois.

On cite plusieurs traits de modestie qui ajoutent à la gloire de ce grand musicien. Un peintre voulant le flatter, lui dit qu'il le regardait comme supérieur à Mozart. *Moi, monsieur*, répliqua-t-il assez brusquement, *que diriez-vous d'un homme qui viendrait vous assurer que vous êtes supérieur à Raphaël?*

Les amateurs sont partagés entre Mozart et Cimarosa, considérés comme compositeurs dramatiques. S. M. l'Empereur Napoléon demandait un jour à Grétry quelle différence il y avait entre l'un et l'autre. *Sire*, répondit Grétry, *Cimarosa met la statue sur le théâtre et le piédestal dans l'orchestre, au lieu que Mozart met la statue dans l'orchestre et le piédestal sur le théâtre.*

CINCIARINO (Le père PIETRO), a publié à Venise, en 1555, *Introduttorio abbreviato di musica piana, o canto fermo*. Voyez Mart. Stor.

CIONACCI (FRANCESCO), prédicateur à Florence, publia en 1685, à Bologne, *Dell' origine e progressi del canto ecclesiastico. Discorso I.* V. Mart. Stor.

CIPRANDI, ténor excellent d'Italie, vivait encore en 1790. Il chanta en 1764, au théâtre de Londres, avec une perfection telle que l'on douta généralement si jamais un de ses successeurs pourrait l'égaler. Burney l'entendit encore en 1770, à Milan, avec la même admiration.

CIRRI (JEAN-BAPTISTE), a demeuré pendant long-tems en Angleterre, et se nomma, sur son premier œuvre, qui parut à Florence en 1763, professeur de violoncelle, né à Forli. Il a encore fait graver, depuis 1785, dix-sept œuvres, tant à Paris qu'à Londres et à Florence, qui tous consistent en quatuors pour le violon et le violoncelle.

CLAIRVAL (N.), célèbre acteur de la Comédie Italienne, y remplissait les rôles d'amoureux ; il y brilla de 1770 à 1790, et mourut à cette époque, laissant une fille unique, aujourd'hui actrice du théâtre Feydeau.

Clairval fut le Molé de la comédie Italienne. Comme lui, il fut homme à bonnes fortunes, et l'on raconte à ce sujet une aventure très-plaisante que nous rapporterons en peu de mots. Une dame de la Cour éprise de cet acteur, et l'ayant long-tems sollicité en vain, le fit enfin sommer de se rendre chez elle, sous peine de recevoir cent coups de bâton. Le mari au fait de *l'intrigue*, fit dire à Clairval que s'il s'y rendait il en recevrait deux cents. Clairval indécis, consulta là dessus Volange ; il faut y aller, mon ami, lui dit le jeannot, il y a cent pour cent à gagner. Quelqu'un qui avait à se plaindre de lui, mit le distique suivant au bas de son portrait :

Cet acteur minaudier et ce chanteur sans voix,
Écorche les auteurs, qu'il rasait autrefois.

CLAMER (ANDRÉ-CHRISTOPHE), il a fait imprimer à Salzbourg, en 1783, *Mensa harmonica*, etc.

CLARCHIES (LOUIS-JULIEN), dit Julien, né à Curaçao, le 22 décembre 1769, eut pour maître de violon, Capron, et pour maître de composition Rouff et Cambini. Il a composé les œuvres suivans. Air varié pour le violon, duos de violon ; duos pour clarinettes ; air varié pour quinte ; plusieurs romances ; des contredanses modernes très-jolies.

CLARENTINUS (MICHEL), de Vérone, fit imprimer à Venise, 1621, son premier ouvrage de motets à deux et trois voix.

CLARI (JEAN-CHARLES-MARIE), était maître de chapelle de la cathédrale de Pistoie.

Il fut un des meilleurs élèves qui sortirent de l'école de Jean-Paul Colonna, maître de la Chapelle de la collégiale de Saint-Pétronne.

Ses *duos* et ses *trios* sont très-estimés. On y trouve, joint à une grande connaissance de l'art, l'excellent goût de l'auteur dans cette sorte de composition.

CLARK (ÉTIENNE), a publié, en 1780, différens morceaux pour le violon, et six sonates pour le clavecin.

CLARKE (JÉRÉMIE), organiste à la chapelle royale de Londres, compositeur excellent, s'est fait connaître, vers 1720, par ses compositions pour l'église ; on a aussi de lui les Quatre Saisons, qu'il a mises en musique en 1699. Il était successeur de Jean Blow.

CLAUDE, le jeune, dit Claudin, né à Valenciennes, compositeur de la chambre du Roi, l'un des plus habiles musiciens de son siècle, florissait en 1581. Il a donné plusieurs livres de mélanges, des chansons et des psaumes.

CLAUDIANUS (MAMMERTUS), prêtre, vécut à Bienne, vers l'an 462 ; il était frère de l'évêque de cette ville. Parmi ses écrits savans, on trouve aussi beaucoup d'hymnes et de psaumes, qu'il enseignait lui-même aux chanteurs de son église. Selon Sidonius Appollinaris, c'est lui qui a introduit les petites litanies qu'on est dans l'usage de chanter trois jours avant la Pentecôte et dans les calamités publiques. On le regarde aussi comme l'auteur de l'hymne de Passion : *Pange lingua gloriosi prælium*, dont le chant est très-agréable, et à l'imitation de laquelle on a fait, plusieurs siècles après, les paroles de celle du Saint-Sacrement.

CLAUDIUS (GEORGE-CHARLES), musicien de Leipsick, né à Zschopau, le 21 avril 1757, a publié, depuis 1781, plusieurs recueils de musique pour le clavecin et pour le chant.

CLAUFEN (JEAN-GOTTLOB), organiste, à Auerback en 1764 est connu par ses trios pour l'orgue, et par ses musiques simples variées pour le clavecin à pédale, en manuscrit.

CLAVIUS (Christophe), jésuite de Bamberg, célèbre par ses connaissances extraordinaires en mathématiques, est mort à Rome le 6 février 1612, âgé de soixante-quinze ans. Zeiler assure qu'il était en même tems musicien très-habile, et fort bon compositeur. C'est lui qui doit avoir composé la musique du *Domine Jesu Christe, non sum dignus*, etc.

CLAYTON (Thomas), compositeur et second professeur de musique au collége de Gresham à Londres, est le premier compositeur qui ait essayé de mettre en musique un opéra anglais ; ce fut Rosemonde d'Addison. Cet ouvrage représenté en 1707, fut mal accueilli, mais son second opéra *Arsinoë* eut beaucoup plus de succès ; les ariettes en ont été gravées. (Marp. Beytræge, t. II, p. 3). V. *Addison*.

CLEMAN (Balthasar), d'après le catalogue de Hausmann (*Ehrenpforte*, p. 108), a écrit un petit traité du contrepoint.

CLÉMENT VI, autrement Jules de Médicis, élu pape en 1523, mort en 1534, était un des plus grands amateurs de musique de toute l'Italie. Lui même jouait de divers instrumens.

CLÉMENT (Jacobus), compositeur de l'école flamande était, vers 1550, au service de Charles-Quint. Il avait demeuré plusieurs années en Italie, c'est probablement celui que l'on appelle aussi *Clemens non papa*.

CLÉMENT, claveciniste et rédacteur d'un journal de clavecin, a fait différens airs pour la clarinette, et une méthode sur l'accompagnement du clavecin.

CLEMENTI (Muzio), né à Rome en 1746, est regardé comme le plus grand pianiste qui ait existé. Les Allemands ne peuvent lui opposer que Charl.-Philippe-Emm. Bach. Il excelle également dans l'*adagio* et dans l'*allegro*. Il exécute les passages les plus difficiles en octaves, et même des trils en octaves d'une seule main. C'est en même tems un compositeur du premier ordre. Dès l'âge de douze ans, il composa une fugue à quatre parties. Nous ajou-

terons qu'il est instruit dans les sciences et les arts, et qu'il joignait à la connaissance des auteurs anciens celle des mathématiques. Il était à Paris vers 1780. Depuis, il s'est rendu à Londres, où il a établi un magasin de musique et de forte-pianos. En 1809, on a fait du bruit de sa mort : il était alors en Italie. Il est actuellement à Vienne.

La collection complète des œuvres de M. Clementi a été publiée récemment à Leipsick, chez Breitkopf. On peut aussi se procurer ses œuvres, montant à 43, chez M. Leduc.

Voici ce qu'un digne élève de Clementi (M. Bertini) nous a écrit sur cet illustre maître :

« Les morceaux que Clementi a » composés se font remarquer par » la sagesse du plan et l'ordonnance » des idées. Son style est en général » sévère et toujours pur ; ses com- » positions sont brillantes, sa- » vantes et agréables. Il a fait plu- » sieurs symphonies, qui sont ad- » mirées des connaisseurs. Il avait » une exécution brillante et beau- » coup de goût ; on ne se lassait pas » de l'entendre préluder. Il impro- » visait de manière à faire croire » que c'était écrit.

» A la tête des élèves distingués » qu'il a formés, on doit citer Cra- » mer, Field, madame Bartholozzi, » et autres.

» Clementi était très-économe » dans ses vêtemens ; il vivait très- » sobrement chez lui, mais il aimait » assez la bonne chère, quand il était » chez les autres. Il avait de l'esprit, » des connaissances ; était affable, » serviable, bon ami, et entière- » ment étranger à la jalousie ».

CLERAMBAULT (Louis-Nicolas), né à Paris en 1676, et mort en cette ville en 1749. A treize ans, il fit exécuter un motet à grand chœur ; à vingt, il fut nommé organiste des Grands-Jacobins et de Saint-Cyr, et directeur des concerts de madame de Maintenon. On a de lui cinq livres de cantates (dont celle d'Orphée a passé pour un chef-d'œuvre), et plusieurs autres morceaux de musique.

CLERAMBAULT, fils du précédent. A la mort de son père, il obtint sa place d'organiste à

Paris. Il y a publié plusieurs livres de cantates. V. Marpurg, *Bey-træge*, tom. I. En 1756, il composa l'intermède, Athalie.

CLERCKENWELLIUS (BRID-GIUS), habile fabriquant d'orgues, à Londres. Il y a construit à l'église du Christ, l'ouvrage superbe qui a été reçu le 9 janvier 1736. V. *Nova Leips. Hebr. 4 partit. 2, p. 3o.*

CLICQUOT, le facteur d'orgues le plus renommé qui fut en France, a construit, entr'autres, l'orgue de Saint - Sulpice, à Paris. V. l'art. *Dallery.*

CLINIUS (Dom), ou P. Théodore Clinger, chanoine royal de Saint-Sauveur à Venise. Outre plusieurs autres écrits, on a de lui, en manuscrit; *Falsi Bordoni 8 voc.* V. Mart. Stor. Il mourut en 1602.

CLOVERS (DETHLEV), mathématicien célèbre, et petit-fils de Jean Clovers, né à Schleswic, et, depuis 1678, membre de l'académie royale de Londres, a publié, entr'autres, à Hambourg, en 1711, un ouvrage, sous le titre de *Notes* historiques sur les choses les plus remarquables de l'univers (*Disquisitiones*, etc.), où il traite beaucoup de la musique au tome II.

COBBALD (WILLAMS), Anglais, un des compositeurs dont on choisit les ouvrages pour en former le recueil de chansons, à cinq et six voix, qu'on publia en 1601, sou le titre : Triomphes d'Oriane.

COCCHI (GIACCHINO), maîtr de chapelle au conservatoire *degl' Incurabili* à Venise, né à Padoue en 1720. Il fut un des premiers qui, par sa verve comique, fit goûter l'opéra *buffa* en Italie. On le compare dans ce genre à Galuppi. Il vivait encore à Londres en 1771. V. Gerbert.

COCCIOLA (JEAN-BAPTISTE), compositeur célèbre du dix-septième siècle, de Vercelli en Savoie, était maître de chapelle du chancelier de Lithuanie, Léon Sapieha. Il a fait imprimer à Venise, en 1612, un motet, avec une messe à huit voix, avec basse cont., in-4°. On trouve encore plusieurs motets de sa composition in *Bergameno Parnasso musico.*

COCCIUS (MARC.-AN .-SABEL-LICUS), né à Rome en 1438, a écrit

un ouvrage (*De rerum artiumque inventoribus*), dans lequel il est souvent question de la musique et des instrumens de musique Il mourut en 1507, à l'âge de soixante-dixans.

COCHEREAU, fameux chanteur à l'Opéra de Lully, à Paris, vers la fin du dix-septième siècle. Il était au service du prince de Conti, comme haute-contre, et a publié quelques livres d'ariettes. On louoit sa voix agréable et sa belle figure. V. Séjour de Paris, par Nemeiz.

COCHLAEUS (JEAN), docteur en théologie et doyen a Francfort-sur-le-Mein, né à Wendelstein en 1503, mourut à Vienne en 1553. On a de lui : *Rudimenta musicæ et geometriæ, in quibus urbis Norimbergensis laus continetur.* Voy. Walther.

COCHLAEUS (JEAN), recteur de l'école de Saint-Laurent à Nüremberg, au commencement du seizième siècle Son *Tetrachordum musicæ*, in-4°, eut plusieurs édidition à Cologne. Il a encore paru un autre écrit de lui, sous le titre *De Musica activa.* Cologne, 1507, in-4°. Voy. *Waldau, Beytr. zur Gesch.* V. Nüremberg, 1786, troisième cahier.

COCLICUS. V. *Petit.*

COCQUEREL (ADRIEN), dominicain, de Vernon, dans la haute Normandie, vivait vers 1650, a publié à Paris, en 1647, un ouvrage intitulé : La Méthode universelle pour apprendre le plain-chant sans maître.

CODA (FRÉDÉRIC), compositeur italien du seizième siècle, dont Bergameno rapporte plusieurs motets dans son *Thes. mus. Ferd. Venet.* 1615.

CODRONCHIUS (BAPTISTE), savant médecin d'Italie vers 1600, a écrit un ouvrage sous le titre : *De Vitiis vocis, libri II Francofurti,* 1597, in-8°. C'est un livre intéressant pour les amateurs de la physique musicale. -

CŒNE, a publié à Paris, en 1782, six sonates pour la guitare, avec violon obligé, op. 1.

COIGNET, compositeur à Lyon vers 1750, a travaillé, conjointement avec Rousseau, à la musique de Pygmalion, et, sous ce rapport, a participé à l'invention de ce nou-

I.

10

veau genre de drame. Voy. Signorelli.

COLA, deux frères, tous deux
virtuoses sur le calascionc, dont on
se sert beaucoup à Naples, se firent
entendre en Allemagne vers 1767.

COLASSE (PASCHAL), né à
Paris en 1636, mourut à Versailles
en 1709. Elève de Lully, il le prit
pour modèle dans toutes ses compositions, mais il l'imita trop servilement; cependant son opéra de Thétis
et Pélée lui a fait une grande réputation. Il devint maître de musique
du Roi. Pendant trente-six ans, il
composa des motets, des cantiques,
des stances, etc. Par malheur, il
cherchait la pierre philosophale; il
ruina sa bourse et sa santé.

COLBRAN (ISABELLA-ANGELA),
est née à Madrid, le 2 février 1785,
de Gianni Colbran, professeur de
musique de la chapelle et de la
chambre du roi d'Espagne. « Ses dispositions pour la musique et pour
le chant se firent pressentir dès le
berceau. A trois ans, elle chantait
déjà juste, et à six, dom Francesco
Pareja, premier violoncelliste de
Madrid et compositeur, lui donna
des leçons de musique. A neuf ans,
elle étudia sous Marinelli, qui la
dirigea jusqu'à quatorze. C'est alors
que le célèbre Crescentini se plut à
la former dans l'art du chant; et,
lorsqu'il la jugea capable de prendre
son essor, il prophétisa la réputation dont elle devait jouir un jour,
en disant : *Je ne pense pas qu'il y
ait en Europe un talent plus beau
que le tien.* Il accompagna cet
éloge du don de toute sa musique ».

« Mademoiselle Colbran a excité la
plus vive admiration dans tous les
concerts où elle s'est fait entendre,
en Espagne, en France et en Italie.
En 1809, elle a brillé, en qualité
de *prima donna seria*, sur le théâtre
della Scala, à Milan ; et, en 1810,
sur le théâtre *della Fenice*, à Venise ».

Elle a composé plusieurs *canzoni*,
dont six dédiées à la reine d'Espagne, six dédiees à l'impératrice
de Russie, six au sign. Crescentini,
et six au prince Eugène, vice-roi
d'Italie.

COLI (GIOVANNI), castrat au
service du roi de Prusse, à Berlin,
depuis 1764. Il nâquit à Sienne vers
1748. On loue sa méthode et sa belle
voix.

COLINO (PIERRE), il a publié :
*Liber 8 missarum cum modulis seu
mottetis et parthenicis canticis in
laudem B. V. Mariæ. Lugdum.,*
1541. V. Gerbert (*de Cantu*).

COLISTA, organiste de Saint-
Jean-de-Latran, à Rome, en 1770,
homme très-estimable, exécutait ses
thèmes sur le clavecin et au pédal
d'une manière également nette et
pure et dans le véritable style d'orgue. V. Voyages du doct. Burney,
t. I.

COLIZZI (G.-A.-K.), a fait
graver, depuis 1766 jusqu'en 1782,
la plupart en Hollande, sept ouvrages, en partie pour le clavecin
et le violon, et en partie pour le
chant. Il a aussi composé la musique
pour l'opéra français : Le Français
chez les Hurons.

COLLA, maître de chapelle du
prince de Parme depuis 1770, né
dans cette ville. Il y épousa, en 1780,
la grande cantatrice Agujari. On a
de lui, depuis 1780, l'opéra *Ptolo-
meo*, et quelques autres compositions pour la musique vocale, en
manuscrit. On trouve, dans l'Almanach royal de Turin, qu'il donna,
au grand théâtre de cette ville,
Enea in Cartagine, en 1770, et
Didone, en 1773.

COLLELT, a fait graver à
Londres, en 1780, des symphonies
pour orchestre.

COLLYER, il a écrit, vers 1784,
des Esquisses de Musique. Archen-
holtz, dans son Lycée anglais, en a
donné la traduction allemande au
premier vol., n° 29.

COLOMBE ou COLOMBA, fit
graver à Paris, en 1783, trois trios
pour le clavecin avec violon. On a
aussi de lui, en manuscrit, six solos
pour la guitare.

COLOMBE (RAPHAEL delle),
moine dominicain, était recteur de
théologie et prédicateur général à
Florence au commencement du dix-
septième siècle. Il a laissé, parmi
d'autres ouvrages, un manuscrit,
ayant pour titre : *Una lettera all'
autore del libro de laudi spirituali
della musica*, que l'on conserve
encore au couvent S.-Marco à Florence.

COLOMBE (Mademoiselle ALINE), l'aînée, est née à Venise en 1754. Jeune, elle vint en France, et débuta au Théâtre Italien. Elle a créé plusieurs rôles, entr'autres celui de Bélinde, dans la Colonie. Elle a obtenu sa retraite en 1788.

COLONNA (FÀBIO), Linceo, a publié à Naples, en 1618, in-4°., *La Sambuca Lincea*. C'est la description d'un instrument qui divise le son en trois parties. L'auteur l'appelle *Pentecontachordon*, parce qu'il est monté de 50 cordes

COLONNA (GIOV. PAOL.), de Bologne, maître de chapelle de St.-Pétrone, vers 1680, est un compositeur du premier ordre pour la science et le style. On imprima de ses œuvres, de 1681 à 1694. Ses manuscrits sont conservés avec vénération. Il y en a, dans une église de Venise, un dépôt considérable, dont on ne permet pas de tirer copie. On connaît de lui un opéra d'*Amilcare*.

COLTELLINI (CÉLESTE), excellente cantatrice comique, seconde fille du poëte de ce nom, auteur de l'*Armida*, *d'Almeria*, et de *Tisbe, e Piramo*, est née à Livourne en 1664. Elle chanta à Naples en 1781 et pendant les deux années suivantes, et fut toujours accueillie avec les mêmes applaudissemens. L'empereur Joseph II, l'ayant entendu lors de son voyage en Italie, en 1783, l'engagea pour trois ans à l'Opéra de Vienne, avec un traitement de 10 mille ducats par an.

COLTELLINI (MARC), poëte de la Cour Impériale de Pétersbourg, est mort dans cette ville, en 1777, à l'âge de cinquante-deux ans. On a de lui plusieurs opéras fort estimés.

COMI (GAUDENZIO), musicien italien, au service du prince de Conti en 1790. En 1786, il publia à Paris six symphonies pour huit part., op. 1, dont on parla avec éloge. Il y fit succéder six autres œuvres, telles que symphonies à trois, symphonies à grand orchestre et six sonates pour deux cors et basse.

COMPAN. Il a paru de lui à Paris, en 1783, Méthode de harpe, ou Principes courts et claires pour jouer de cet instrumens. On y a joint plusieurs petites pièces pour l'application des principes, et quelques ariettes choisies avec accompagnement.

CONCERT, Un concert est une assemblée de musiciens, qui exécutent des pièces de musique vocale ou instrumentale. Cet article fera connaître les principales institutions de ce genre.

On fait des concerts d'instrument sans voix, dans lesquels on n'exécute que des symphonies. Dans quelques villes considérables des départemens, plusieurs particuliers se réunissent pour entretenir à leurs dépens des musiciens qui forment un concert. On dit le concert de Marseille, de Toulon, de Bordeaux, de Rouen, etc. Celui de Lyon est établi en forme par lettres-patentes, et a le titre d'Académie Royale de musique. (Ces concerts ont cessé presque partout; ils ont été sacrifiés à l'Opéra-Comique. C'est seulement comme monument historique que cet article est conservé).

Le 24 août, veille de Saint-Louis, on élevait auprès de la grande porte des Tuileries, du côté du jardin, une espèce d'amphithéâtre, tous les symphonistes de l'Opéra s'y rendaient, et à l'entrée de la nuit on formait un grand concert, composé des plus belles symphonies des anciens maîtres français. C'est un hommage que l'Académie Royale de musique rendait au roi. On ignore pourquoi l'ancienne musique, beaucoup moins brillante que la nouvelle, et, par cette raison, moins propre alors à former un beau concert, était pourtant la seule qu'on exécutait dans cette occasion. Peut-être croyait-on devoir la laisser jouir encore de cette prérogative, dans une circonstance où personne n'écoutait.

Comme ce concert était particulièrement destiné au peuple, et que le peuple préfère toujours en musique les morceaux qu'il connaît et dont la réputation est faite, il n'est pas étonnant qu'il tienne toujours à l'ancienne musique. Les morceaux consacrés et qu'on aurait été fâché de n'y plus entendre, étaient la chaconne des Indes galantes de Rameau, celle de Berton, et surtout les Sauvages.

Il y a eu à Paris plusieurs concerts célèbres, entr'autres celui des amateurs, qui s'exécutait à l'hôtel Soubise, et qui, en effet, était composé en partie des amateurs les plus distingués. Ils s'étaient adjoint les artistes du premier talent, et la perfection avec laquelle on y exécutait surtout les symphonies, est une des causes les plus efficaces des progrès de la musique en France.

Les membres de ce concert s'étant désunis, il s'en éleva un autre sur ses débris, fondé sur une association de francs-maçons, et sous le titre de loge olympique. Les symphonies n'y étaient pas moins bien exécutées; c'est-là qu'on rendait, d'une manière parfaite, les inimitables productions d'Haydn. Il avait de plus le mérite de faire entendre dans le genre vocal les plus fameux virtuoses étrangers.

Ce concert n'a été interrompu que par les circonstances tumultueuses de 1789.

Les Anglais sont peut-être moins sensibles que nous à la musique, mais ils l'encouragent, l'honorent, et surtout la payent beaucoup mieux. Les concerts de Bach et d'Abel, ceux de Giardini et de Rauzzini, avaient une quantité prodigieuse de souscripteurs. Un virtuose, aimé du public, ne donne point de concert de bénéfice qui ne lui rapporte des sommes considérables. On a établi à Londres en 1784, un concert en l'honneur du célèbre Hændel, où l'on n'exécute, pour ainsi dire, que de sa musique. La première année, l'affluence fut telle, qu'on avait peine à se procurer des billets. Ils étaient d'une guinée, et la recette monta à plus de trois cents mille livres. Il fut exécuté dans la salle de Westminster par huit cents musiciens Ce nombre s'est à peu près soutenu depuis. Il passait encore six cents au dernier de ces concerts. Il n'y a dans Londres aucun musicien qui ne se fasse un honneur et même un devoir religieux de contribuer à rendre un hommage annuel à ce grand compositeur.

CONCERT SPIRITUEL. « En 1725 Anne Danican, dit Philidor, musicien de la chambre du Roi, et frère aîné du célèbre compositeur de ce nom, obtint de M. Francine, alors entrepreneur de l'Opéra, la permission de donner des concerts les jours où il n'y aurait point de spectacles. Le traité fut signé pour trois ans, à commencer du 17 mars de la même année, moyennant mille livres par an, sous la condition expresse de n'y faire chanter aucune musique française, ni aucun morceau d'opéra.

Philidor se fit donner la permission de le faire exécuter au château des Tuileries, dans la pièce des Suisses, où il était encore il y a peu d'années. Il obtint ensuite un renouvellement pour trois ans, et même la permission d'y mêler de la musique et des paroles françaises, avec des sujets profanes. En 1728, il céda son privilége à Simard, et Mouret fut chargé de l'exécution. »

« L'Académie Royale de musique commença, le 25 décembre 1734, à régir le concert par elle-même; Rebel faisait exécuter. Les deux frères Besozzi, l'un hautbois, l'autre basson du roi de Sardaigne, y débutèrent l'année suivante par des duos qui eurent le succès le plus brillant. Ces deux hommes célèbres, qui vivaient encore il y a peu d'années, étaient oncles de M. Besozzi, attaché à la musique du Roi; on voit que dans cette famille les talens n'ont point dégénéré. »

« En 1741, Thuret, alors entrepreneur de l'Opéra, afferma le Concert à Royer, pour six ans, à raison de six mille livres par année. En 1749, Tréfontaine, successeur de Berger, qui avait remplacé Thuret, renouvela pour quatorze ans le bail de Royer, en lui adjoignant Caperan, à raison de six mille livres pour chacune des trois premières années, sept mille cinq cent livres pour chacune des trois suivantes, et neuf mille livres pour chacune des huit dernières. Ce bail fut homologué au conseil, pour qu'il ne pût éprouver de changement. »

« A la mort de Royer, en 1755,

Mondonville fut chargé de l'administration du Concert Spirituel,
pour le compte de la veuve et de
ses enfans. M. d'Auvergne lui succéda en 1762 , et garda le concert
jusqu'en 1771 , en société avec
MM. Joliveau et Caperan. Il fit
un nouveau bail en société avec
M. Berton ; mais les recettes étant
devenues très-faibles , ils deman-
dèrent à résilier ; ce qui leur fut
accordé. »

« M. Gaviniés le prit en 1773, en
société avec MM. Leduc l'aîné, et
Gossec , et le garda jusqu'en 1777,
que M. Legros s'en chargea. Il
s'associa en 1789 , M. Berthaume,
par un traité particulier entr'eux,
mais restant toujours seul propriétaire du privilége aux yeux de
l'administration. Le désordre des
affaires , la destruction des privi-
léges , et surtout le manque de local , lorsque l'arrivée du Roi aux
Tuileries en eut banni les spectacles , toutes ces causes réunies
ont porté au Concert Spirituel un
coup dont il n'est pas vraisemblable qu'il se relève. M. Legros,
parti pour l'Amérique , laissa ses
pouvoirs à M. Berthaume ; et celui-
ci , malgré son zèle et ses talens,
ne put rien contre un pareil concours de circonstance.

Depuis que des artistes , tels que
MM. Gaviniés , Leduc , Lahous-
saie , Guénin et Berthaume, avaient
été mis à la tête de cet orchestre,
et qu'on avait choisi pour chefs
de toutes les parties instrumentales
les talens les plus distingués , le
Concert Spirituel avait atteint,
dans l'exécution de la symphonie,
une perfection rare; on n'y a jamais été très-content de celle des
chœurs ; et il eût été difficile qu'elle
devînt jamais meilleure , par diverses causes qu'il serait inutile de
développer aujourd'hui. »

« Ce qu'il offrait de plus intéressant , lorsque les entrepreneurs
voulaient s'en donner la peine,
était le plaisir d'entendre , de juger , de comparer les grands talens
étrangers , et l'émulation qui en résultait nécessairement pour nos talens nationaux. M. Legros surtout
n'a épargné ni dépenses , ni soins
pour procurer au public cette
jouissance. C'est lui qui nous a fait

entendre des violons tels que
MM. Jarnowick, Lamotte , Viotti,
Eck , etc. des cors , des hautbois,
des bassons , des clarinettes , tels
que MM. Punto, Lebrun , Ozi et
Michel. C'est à lui que nous avons
dû non-seulement d'entendre sépare-
ment une madame Todi, une madame Mara , mais de les voir dans
le même concert , lutter de talens et se disputer les suffrages. »

A l'époque de la révolution,
tous les concerts ont cessé; mais
au sortir du régime de la terreur,
l'administration du théâtre Feydeau entreprit d'en donner des
nouveaux. Un plein succès couronna son zèle : jamais concerts
n'ont égalé ceux-ci pour l'exécution
et le choix des artistes dans la musique tant vocale qu'instrumentale.
Ils furent l'époque de la gloire du
célèbre Garat et de madame Barbier
Walbonne. L'union de ces deux
artistes rappelait tout ce que l'on
avait entendu de plus parfait sous
le règne de l'excellente troupe de
Bouffons Italiens , que le 10 août
1792 avait dispersée. Le plaisir de
se réunir après de si longs et de
si terribles orages , y ramenait une
société brillante qui en augmentait
encore le charme. Le 18 fructidor an 5, vint encore y mettre un
terme. Après quelques momens d'a-
gitation , les artistes qui composaient l'ancienne société Olympique se réunirent à la salle de la
rue de Cléry, et y surpassèrent leur
ancienne réputation ; mais cette
association dura peu. Toutes les
entreprises faites depuis en ce genre
n'ont point eu de succès durables,
et les seuls concerts que l'on entende régulièrement à Paris , sont
ceux du Conservatoire. V. *Conservatoire et Sociétés.*

CONSERVATOIRES. C'est le
nom que l'on donne en Italie aux
écoles publiques de musique , parce
qu'elles sont destinées à propager
l'art et à le conserver dans toute
sa pureté. Ce genre d'établissement s'est étendu depuis quelques
années hors de ce pays. Nous divi-
serons donc cet article en deux
parties; dans la première, nous parlerons des conservatoires d'Italie ;
dans la seconde , des conservatoires
de France.

CONSERVATOIRES D'ITALIE. Les Conservatoires d'Italie sont des fondations pieuses, des hôpitaux entretenus par de riches citoyens, les uns en faveur des enfans trouvés, les autres pour des orphelins ou des enfans de parens pauvres. Ils y sont logés, nourris, entretenus, instruits gratuitement. On y admet aussi des élèves, qui paient pension, de sorte que toutes les classes de citoyens peuvent y aller chercher une éducation musicale, qu'on préfère de beaucoup aux leçons particulières. S'annoncer pour élève d'un Conservatoire, c'est donner une présomption favorable de son talent.

Il est à remarquer que les théâtres, et les églises tirent également des Conservatoires les sujets dont ils ont besoin. Les mœurs de l'Italie ne sont point blessées de faire servir les deniers de la charité à former des acteurs et des actrices, et tel élève, prêt à choisir un état, peut balancer quelques jours s'il fera métier de chanter l'opéra bouffon ou la messe.

Il y avait trois Conservatoires à Naples, pour les garçons; il y en avait quatre à Venise, pour les filles. Ceux de Naples sont *S. Onofrio*, *la Pietà*, et *Santa Maria di Loretto*. Ce dernier, le plus fameux, conserve le souvenir d'avoir eu pour maîtres Leo et Durante, et d'avoir formé pour élèves, les Traëtta, Piccini, Sacchini, Guglielmi, Anfossi, Paisiello, etc. Il y avait environ quatre vingt dix élèves à *S. Onofrio*, cent vingt à *la Pietà*; et deux cents à *Santa Maria di Loretto*.

Chacun d'eux avait deux maîtres principaux, dont l'un enseignait la composition, et l'autre l'art du chant. Il y avait en outre, pour les instrumens, des maîtres externes, qu'on appellait *maestri Secolari*; ils enseignaient le violon, le violoncelle, le clavecin, le hautbois, le cor, etc. Un maître pour chaque instrument; mais seulement pour les instrumens usités dans les orchestres.

On admettait les enfans aux Conservatoires, depuis l'âge de huit ou dix ans jusqu'à vingt. Ils y étaient engagés ordinairement pour huit ans, à moins qu'ils n'y fussent entrés dans un âge un peu avancé, mais alors leur admission était assez difficile, et elle n'avait lieu même que dans le cas où ils étaient déjà bons musiciens.

Lorsque les jeunes gens avaient passé quelque tems au Conservatoire, si on ne leur découvrait pas de dispositions, on les renvoyait pour faire place à d'autres. Quelques-uns de ceux qui y finissaient leur tems y restaient pour enseigner les plus jeunes, mais alors ils étaient libres, et pouvaient sortir quand il leur plaisait.

On demandera peut-être comment un seul maître pour la composition, comment un seul pour le chant, peuvent donner leçon à deux cents élèves. On pourra croire qu'un grand nombre passait souvent plus de huit jours sans en recevoir; on se tromperait. Chaque écolier recevait chaque jour une leçon au moins d'une heure, dans chaque genre, et voici comment on s'y prenait.

Le maître choisissait quatre ou cinq des plus forts élèves; il les exerçait tour à tour en présence l'un de l'autre avec le plus grand soin. Quand cette leçon était donnée, chacun des élèves qui l'avait reçue la rendait à son tour à quatre ou cinq autres d'une classe inférieure, et sous l'inspection du maître. Ces seconds écoliers en faisaient autant, et la leçon se propageait ainsi jusqu'aux derniers rangs. Parmi tous les avantages sensibles de cette méthode, il faut distinguer ceux-ci, qu'en même tems que les élèves s'instruisaient dans l'art musical, ils apprenaient à enseigner les autres, qu'ils ne pouvaient écouter légèrement les préceptes qu'on leur donnait sans que le maître s'aperçût à l'instant même de leur négligence ou de leur distraction, et que les principes de l'art ainsi reçus et rendus au même moment se gravaient dans leur esprit de manière à ne jamais s'en effacer.

Les élèves des Conservatoires faisaient de tems en tems des exercices où l'on admettait des auditeurs. Ils consistaient en concerts, en oratorios, et même en petits opéras, composés et exécutés par eux-mêmes. Ils faisaient aussi le service des églises , ce qu'on appelait *Funzioni ;* ils y chantaient des messes, des psaumes, des oratoires , et ce qu'ils gagnaient retournait à la maison. C'était un de ses revenus , il était beaucoup plus considérable qu'il ne pourrait l'être en France; il n'y a presque pas d'église en Italie qui n'ait de la musique.

Leur régime intérieur offrait encore des particularités remarquables. Ils étaient tous vétus en uniforme, les uns en bleu , les autres en blanc. Ils couchaient tous et étudiaient dans la même salle. On conçoit difficilement comment ils pouvaient s'entendre en exécutant chacun des morceaux d'un mouvement, d'un style et dans un ton différens. M. Burney , auteur anglais de l'Histoire générale de la musique , et qui a entrepris , pour cet objet, un voyage en Italie, publié en 1771, fait une description curieuse de sa visite au Conservatoire de S. Onofrio. On sera peut-être bien aise d'en trouver ici la traduction.

« J'allai ce matin , dit-il (vendredi 31 octobre 1770), à ce Conservatoire pour visiter les salles où ces jeunes gens étudient, couchent et mangent. Sur le pallier du premier étage était un joueur de trompette , faisant si fort crier son instrument qu'il était prêt d'en crever. Au second, était un cor beuglant à peu près de la même manière. Dans la salle commune des études était un concert hollandais , consistant en sept ou huit claveeins , un plus grand nombre de violons et diverses voix , tous exécutant des choses différentes et en différens tons. D'autres élèves écrivaient dans la même salle; mais comme il était fête , un grand nombre de ceux qui travaillaient ordinairement dans cette salle en étaient alors absens. Il peut être convenable pour la maison de les réunir ainsi tous ensemble, cela doit accoutumer les élèves à être fermes sur leur partie, quelle que soit celle qu'ils entendent exécuter en même tems; ils doivent encore y gagner de la vigueur , étant obligés de jouer fort pour s'entendre eux-mêmes ;

mais au milieu d'une telle confusion , de cette dissonance perpétuelle , il est absolument impossible qu'ils donnent à leur exécution un certain degré de délicatesse et de fini ; de là cette dégoûtante rudesse si remarquable dans leurs exercices publics , et ce manque absolu de goût, de netteté , d'expression qu'on reproche à ces jeunes musiciens , jusqu'à ce qu'ils les aient acquis ailleurs.

» Leurs lits , qui sont dans la même salle, leur servent à placer leurs clavecins et les autres instrumens. De trente à quarante jeunes gens qui étudiaient dans cette salle , je n'en pus trouver que deux qui jouaient le même morceau. . . . . . Les violoncelles s'exerçaient dans une autre, et les flûtes , hautbois et autres instrumens à vent dans une troisième , excepté les trompettes et les cors , qui sont obligés de jouer sur les degrés; ou sur le comble de la maison.

» La seule vacance pour toute l'année dans ces écoles, est en automne , et ne dure que peu de jours. Dans l'hiver, les jeunes gens se lèvent deux heures avant le jour, et ne cessent d'étudier depuis ce moment jusqu'à huit heures du soir, excepté une heure et demie pour le tems du dîner. Cette constance au travail pendant plusieurs années , jointe à leur génie naturel et à de bons principes , doit en effet produire de grands musiciens. »

Les Conservatoires des filles , qui existaient encore à Venise en 1771, étaient régis à peu près sur le même plan. Leurs noms étaient l'*Ospedale della Pietà* (l'hôpital de la Pitié); *le Mendicanti* (les Mendiantes); *le Incurabili* (les Incurables) ; et l'*Ospedaletto di San Giovanni è Paulo* (le petit hôpital de Saint-Jean et de Saint-Paul). C'est de ce dernier que Sacchini était maître en 1770. Ils étaient entretenus par les soins et aux dépens de riches amateurs , nobles , négocians et autres Les filles , sévèrement tenues à l'égard des mœurs , y restaient ordinairement jusqu'à ce qu'elles fussent mariées. C'était une chose curieuse pour les étrangers qui assistaient à leurs concerts, d'entendre non-seulement tous les genres de voix, mais encore toutes les espèces d'instrumens exécutés par des femmes, sans que le dur toucher de la contre-basse, ni les sons rudes du cor et du basson effrayassent leurs poitrines délicates ni leurs faibles doigts

Tels étaient les Conservatoires d'Italie, ces célèbres écoles qui ont inondé l'Europe de compositeurs et de chanteurs du premier ordre. Depuis que l'Italie est soumise à la domination française, les concerts de Naples ont été réduits à un seul celui de la *pietà* et soit prévention, soit tout autre motif, l'organisation qui a été donnée à cet établissement ne paraît pas avoir réuni tous les suffrages.

En 1808, S. M. le Roi d'Italie a établi à Milan un Conservatoire dont la direction a été confiée à M. B. Asioli. Il est formé de 14 professeurs et de 60 élèves tant pensionnaires qu'externes, et donne déjà des résultats satisfaisans.

CONSERVATOIRE DE PARIS. Malgré l'utilité démontrée des Conservatoires, l'ancien gouvernement n'avait point songé à former d'institutions de ce genre. On concevra facilement qu'il ne pouvait guères en sentir la nécessité, si l'on fait attention qu'autrefois les théâtres lyriques étaient accoutumés à se recruter dans les maîtrises des cathédrales (V. *Maîtrises*); qu'en effet les sujets qu'elles produisaient devaient bien suffire pour chanter des opéras composés par des organistes, des maîtres de cathédrales ou des artistes élevés à leur école, ainsi que cela eut lieu en France depuis l'institution de l'Opéra jusques à nos jours.

Mais lorsqu'en 1774, Gluck, Piccini, Sacchini et d'autres célèbres compositeurs italiens eurent chassé de la scène française les hurlemens notés de leurs prédécesseurs, on commença à sentir qu'il fallait des chanteurs pour une musique qui voulait être, non criée, mais chantée. L'Opéra eut donc ses élèves à

son magasin de la rue Saint-Nicaise, et en 1784, M. le baron Breteuil, ministre zélé et ami de tout ce qui tendait au bien, établit, aux Menus Plaisirs, l'école royale de chant et de déclamation. Ces établissemens mal administrés et dominés par une influence pernicieuse, ne produisirent pas, à beaucoup près, tout le bien que l'on pouvait en attendre, ou pour mieux dire, ils n'en produisirent aucun, et ils n'ont, autant que nous sachions, placé sur les théâtres que des gens sans moyens ou sans goût, qui depuis ont pris, comme leurs confrères l'habitude de hurler au lieu de chanter.

Il fallait des circonstances plus impérieuses pour amener en France la formation d'un Conservatoire. La révolution de 1789, qui a détruit ou créé un si grand nombre d'établissemens conduisit enfin, comme on va le voir à ce résultat.

Quarante-cinq musiciens, provenant du dépôt des Gardes Françaises, formèrent, en 1789, le noyau de la musique de la garde nationale de Paris. Ils avaient été réunis au moment de la révolution par M. Sarrette qui avait obtenu l'autorisation de M. de la Fayette, commandant général. Au mois de mai 1790, le corps municipal lui remboursa ses avances, et prit à ses frais le corps de musique qui fut porté au nombre de soixante-dix-huit musiciens, pour continuer à faire le service de la garde nationale et celui des fêtes nationales. Dans le même tems, sur les pressantes invitations de M. Sarrette, plusieurs artistes recommandables se réunirent à ce corps. La garde nationale soldée ayant été supprimée au mois de janvier 1792, et la municipalité n'ayant plus de fonds pour cet objet, le corps de musique retomba à la charge de M. Sarrette; mais la dissolution des maîtrises ayant entraîné la destruction totale de l'enseignement de la musique, M. Sarrette, au mois de juin de la même année, sollicita au nom des artistes, et obtint de la municipalité de Paris l'établissement d'une école gratuite de musique. Cette institution réunit et retint à Paris plusieurs artistes célèbres, qui, vers la fin de 1792, se disposaient à quitter le territoire français.

L'école de musique ainsi formée fournissait; pendant la guerre, les corps nombreux de musiciens qu'exigeait une masse de quatorze armées. Le Gouvernement, vu les services rendus par l'école, fixa les fonds nécessaires au traitement des professeurs. Au mois de brum. de l'an 2 (novembre 1793), la Convention Nationale adopta le principe d'organisation du Conservatoire, sous le titre d'Institut National de musique. Cet établissement continua, avec ses nombreux élèves, de faire le service des fêtes publiques et d'alimenter les corps de musique militaire. Il servait d'asyle aux talens; et les artistes, tant nationaux qu'étrangers, qui n'en faisaient même point partie, y trouvèrent salut et protection. Enfin, dans les derniers mois de l'an 3, le comité d'Instruction publique de la Convention Nationale ayant rétabli en un seul corps, sous le nom d'Institut National des sciences et des arts, les diverses académies dispersées peu de tems auparavant, il fallut prendre pour l'Institut de musique une dénomination différente; et le 16 thermidor an 3 (1795), une loi en fixa définitivement l'organisation sous le nom de *Conservatoire de musique.*

Par cette loi le Conservatoire fut établi pour enseigner la musique à six cents élèves des deux sexes, choisis proportionnellement dans tous les départemens. Par cette même loi, les professeurs étaient au nombre de cent quinze; et les dépenses montaient à deux cent quarante mille francs par an. Au mois de vendémiaire an 11 (septembre 1802), le ministre ayant réduit à cent mille livres les dépenses du Conservatoire, le nombre des professeurs fut considérablement diminué. Cette réduction occasionna, comme on peut le penser, des querelles violentes, que nous ne jugeons point à propos de rapporter ici. Il n'en résulta qu'un seul avantage, ce fut le rétablissement des maîtrises qui fut provoqué par quel-

ques uns des membres réformés du Conservatoire, attentifs à saisir l'occasion du rétablissement du culte catholique. Le zèle des réorganisateurs et leur animosité contre l'établissement dont ils se trouvaient exclus, alla même si loin, que l'on fut au moment de persuader au Gouvernement que les maîtrises seules suffisaient pour fournir aux besoins de l'art musical en France. Erreur évidente, puisqu'elles n'avaient point produit jusque-là de musiciens pour les corps militaires, qu'elles ne fournissaient point de cantatrices, et qu'après tout, il est indécent de faire du sanctuaire la pépinière du théâtre. Enfin, tous les esprits étant calmés, on a fini par reconnaître que les maîtrises et les conservatoires étaient susceptibles chacun de leur genre d'utilité : que les premiers devaient avoir pour but principal d'alimenter les séminaires et les chœurs des églises, pendant que les autres serviraient principalement à repeupler la scène lyrique, les corps de musique militaires et ceux qui concourent à la célébration des fêtes publiques.

Selon son organisation actuelle, le Conservatoire, qui a pour objet la conservation et la reproduction de la musique dans toutes ses parties, et de là déclamation dramatique et oratoire, comprend deux écoles spéciales, l'une de musique, l'autre de déclamation. Un directeur et trois inspecteurs forment un comité de direction et de surveillance de l'enseignement.

Les trois inspecteurs, MM. Gossec, Méhul, Cherubini, enseignent la composition à douze élèves; MM. Catel et Berton enseignent l'harmonie à trente élèves; MM. Garat, Richer, Gérard ? le chant à trente-cinq élèves; M. Guichard le chant déclamé à quinze élèves; MM. Roland, Butignot, Desperamons, professeurs adjoints, préparent au chant vingt-quatre élèves; huit professeurs de solfége, instruisent cent cinquante - deux élèves; trois professeurs de piano, MM. Adam, Boyeldieu et Jadin, ont cinquante - quatre élèves; MM. Kreutzer, Baillot et Grasset, ont quarante-huit élèves pour le violon ; MM. Levasseur et Baudiot, ont vingt-quatre élèves pour le violoncelle ; M. Wunderlich, dix-huit élèves pour la flûte ; M. Salentin, six pour le hautbois ; MM. Lefevre et Ch. Duvernoy, vingt pour la clarinette ; MM. Frédéric Duvernoy et Domnich, seize pour le cor ; MM. Ozi et Delcambre, douze pour le basson.

En tout trente-trois professeurs, six adjoints et vingt-sept élèves répétiteurs, donnent, de deux jours l'un, des leçons à trois cents élèves répartis dans les classes. Sur les trois cents élèves, il y a environ cent femmes.

Environ 1800 musiciens hommes et femmes ont été formés depuis quinze ans dans le Conservatoire. L'Institut, depuis cinq ans, en a couronné cinq, qui ont été envoyés à Rome aux frais du Gouvernement. Plus de sept cents de ces élèves ont été appelés à divers services. Les plus distingués sont dans la chapelle de l'Empereur, dans les principaux théâtres de Paris et dans la musique de la garde impériale. Ceux du second ordre sont dans les autres théâtres de Paris et dans ceux des départemens. Les divers corps de musique de l'armée française sont en grande partie formés par des élèves du Conservatoire ; enfin, plusieurs ont trouvé des engagemens avantageux dans les cours étrangères.

Il était difficile, pour ne pas dire impossible, d'atteindre d'une manière plus satisfaisante le but que se proposait le Conservatoire en ce qui concerne la musique instrumentale. Par ses soins et par son influence elle est arrivée, en toutes ses parties, à un degré de perfection, avoué par ses ennemis même, et qui assure à ce genre a la France une supériorité reconnue à l'unanimité par tous les étrangers. Mais on avait encore beaucoup à désirer du côté du chant. Le Conservatoire a proposé, à cet égard, les seules mesures qu'il dépendît de lui de faire accepter et d'exécuter. En conséquence un pensionnat a été établi, et quoique des circonstances défavorables telles que la guerre qui enlève les sujets au moment où ils sont propres à l'instruction, aient entravé sa formation, cet établissement donne déjà d'heureuses espérances et promet des successeurs aux talens qui honorent déjà l'école du Conservatoire, mesda. Branchu, Duret, Himm, Manent, Bertaut, Boulanger ; mess. Roland, Nourrit, Despéramons, Dérivis, etc.

Le Conservatoire est devenu un point de ralliement pour tous les amateurs de musique. Les exercices de ses élèves sont les concerts les plus brillans de Paris. La Musique instrumentale surtout y est exécutée dans une perfection rare, tant pour les symphonies que pour les solos d'instrumens. On y entend aussi les meilleures pièces de musique classique.

Le Conservatoire a encore rendu de nouveaux services à l'art, par la publication d'un corps d'ouvrages élémentaires, rédigé par les plus habiles professeurs en chaque partie. Ceux qui ont paru jusqu'à ce jour, sont le Solfège, un Traité d'harmonie, des Méthodes de chant, de piano, de violon, de violoncelle, de flûte, de clarinette, de premier, et de second cor, de cor mixte, et de basson. Ces méthodes sont tellement estimées, et ont eu un tel succès, qu'elles sont répandues dans toute l'Europe et traduites dans presques toutes les langues.

Depuis quelques tems on a fait aux édifices du Conservatoire des agrandissemens importans, tel est celui d'une bibliothèque publique, qui, lorsque répondant, pour la composition et la distribution à la beauté du local, sera, sans aucune comparaison, le plus beau monument qui existe en ce genre. Tel est encore un théâtre destiné aux exercices publics des élèves et à la distribution des prix annuels.

On voit partout ce que nous venons d'exposer, et qui n'est que le résultat des renseignemens les plus certains, que le Conservatoire de Paris est de tous les établissemens de ce genre celui qui est conçu selon le plan le plus vaste ; et qu'il a déjà rendu des services importans. Nous croyons pouvoir assurer que lorsque les divers plans proposés jusqu'à ce jour, pour lui donner toute l'extension convenable, auront été adoptés et mis à exécution il n'aura jamais existé en ce genre aucune entreprise plus grandement conçue, et qui soit capable de produire des résultats plus satisfaisans.

CONCIALINI (Giov.-Carlo), de Sienne, fut d'abord soprano au théâtre de Munich, il passa de là, en 1765, en qualité de premier soprano, au théâtre de Berlin, où il était encore en 1790. Il excellait dans l'adagio, et joignait au talent le mérite et la probité. Il établit, en 1784, pour la loge des francs maçons, un concert de bienfaisance, dont il prit la direction à la satisfaction générale.

CONCINIANO. On connaît de lui, en manuscrit, un concerto de flûte, composé vers 1780.

CONFORTE, virtuose sur le violon, était élève de Pugnani. Vers 1772, il demeurait à Vienne. Voyez Voyages de Burney, t. II.

Dans le tome IV de son Histoire générale de la Musique, le docteur Burney parle de Nicolas Conforto, dont l'*Antigono* eut douze représentations de suite à Londres. Nous ignorons si c'est le même que Conforte.

CONOBIO, fit graver à Paris, en 1780, sept duos pour flûte et violon.

CONOPIUS (Math.), de Crète, était *protosyncellus* chez le patriarche de Constantinople (Cyrille); il se retira à Oxford, en Angleterre; lorsque celui-ci fut étranglé. Il quitta cet asile au bout de six ans, lors des troubles sous Charles I, et retourna dans sa patrie, où il fut élu à l'évéché de Smyrne en 1681. Il a écrit un grand ouvrage sur la musique, et cherchait de réunir l'église grecque avec l'église réformée. V. Jœcher.

CONRAD (Jean-Christophe), organiste à Eisfeld, dans le pays de Hildbourghausen. Il a fait imprimer à Leipsick, en 1772, des préludes de divers genres, pour l'orgue.

CONRAD, duc de Silésie, fils de Conrad II, se consacra à l'état ecclésiastique, et fut élu, en 1417, évêque de Breslaw; il mourut au château de Zeltach le 9 août 1447. Il aimait la poésie et la musique, et composa plusieurs poëmes et chansons. V. Jœcher, *Lex*.

CONRADI, cantatrice au théâtre de Hambourg de 1700 à 1709, dont Mattheson parle avec de grands éloges.

CONRING (Hermann), très-grand médecin, politique et historien, naquit à Norden, en Ost-frise, le 9 novembre 1606, et mourut à Helmstadt le 12 décembre 1681, âgé de plus de soixante-quinze ans. Parmi ses ouvrages, que Gœbel a publiés en six volumes, on trouve plusieurs fois des sujets de musique, qu'il traite avec esprit. Mattheson (*Ehrenpforte*, p. 30), en rapporte le contenu, et cherche à réfuter l'auteur sur un point où il était d'une opinion différente de la sienne.

CONSTANTIN, célèbre violoniste de la cour de Louis XIII, obtint la charge de roi des violons, maître des ménétriers, et mourut en 1657.

CONSTANTINI (Fabio), de Rome, était maître de chapelle à Ancône vers 1630. Outre les ouvrages de sa composition cités par Walther, il a publié à Rome, en 1614, in-4°, un recueil de ceux des grands maîtres de son tems, sous le titre : *Selectæ cantiones excellentissimorum auctorum octonis vocibus concinendæ à Fabio Constantino, Romano, urbe vetana cathedralis musicæ præfecto in lucem editæ*.

Voici les noms des compositeurs dont les ouvrages se trouvent dans cette collection : Palestrina, Jean-Marie Nanini, Félice Anério, François Soriano, Ruggiero Giovanelli, Arcangelo Crivello, Bernardino Nanini, Jean-François Anerio, Asprilio Pacelli, Alexandre Constantini, Prosper Santini, Annibal Zoilo, Luca Marenzio, Barthelemi Roi, Jean-Baptiste Lucastello, et l'éditeur.

CONSTANTINI (Livie), cantatrice très renommée, au service du roi de Pologne, vers 1710.)

CONTANT (du) de la Molette, vicaire général à Vienne en Dauphiné, a publié en 1781, à Paris, un ouvrage, in-8°, sous le titre : Traité de la poésie et de la musique des Hébreux, pour servir d'introduction aux psaumes expliqués. C'est une pure rapsodie.

CONTI (Angiola), surnommée la Taccarina, cantatrice fort estimée vers 1750.

CONTI (L'abbé Antonio de), noble Vénitien, lié d'une amitié intime avec Benedetto Marcello, a fourni, à la musique sublime de ce compositeur, une poésie digne d'elle. Il a vécu plusieurs années en France et en Angleterre. A Londres, le grand Newton lui communiqua ses idées et lui révéla tous les secrets de la science. Les ouvrages de l'abbé Conti ont été publiés à Venise en 1739, en deux vol. in-4°; et ses œuvres posthumes en 1756, in-4°. Il est mort en 1749, âgé de soixante-onze ans.

CONTI (Francesco), fils du compositeur de la chambre, théorbiste de l'Empereur à Vienne (V. Walther), était vice-maître de chapelle dans la même ville. Il a composé, en 1721, la musique de l'opéra de Dom Quichotte, l'un des premiers exemples de musique comique. On a encore de lui différens opéras sérieux, parmi lesquels on distingue surtout *Archelao*, 1722; et *Issipile*, 1732. V. Ebeling. Biblioth. de Musique. On compte en tout dix opéras qu'il a mis en musique.

CONTI (Giovachino), surnommé Gizzielo, d'après le nom de Gizzi, son maître dans l'art du chant. C'était un des plus grands chanteurs de l'Italie vers 1750. Il se fit entendre d'abord à Rome, puis à Londres, en 1736, sous la direction d'Hændel, et dans plusieurs villes de l'Italie; partout, il fut l'objet de l'admiration générale. Il chanta, dans la suite, à Madrid, à l'Opéra, sous la direction de Farinelli, en compagnie avec madame Mingotti, ce fut de 1749 à 1750. V. Laborde. Il excellait tellement dans le pathétique que plus d'une fois il fit répandre des larmes à tout son auditoire, genre de talent bien rare aujourd'hui.

CONTI (Laure), jeune cantatrice à l'*Ospidaletto* de Venise, qui, dès 1770, y jouissait d'une grande réputation. Elle n'avait pas la voix forte, mais infiniment de goût et d'expression. V. Voyage de Burney.

CONTI (Pierre): On connaît de lui un concerto de violon, manuscrit, composé en 1760.

CONTINI (Giovanni). Walther cite déjà quelques-uns de ses ouvrages. Il était, en 1650, maître de chapelle à la cathédrale de Brescia, ainsi qu'il le dit lui-même sur le titre du premier livre de ses madrigaux à cinq voix qu'il fit paraître dans cette année.

CONTIUS, ci-devant maître de chapelle du prince d'Anhalt-Bernbourg, était un fort bon compositeur, touchait fort bien du clavecin et jouait aussi de la harpe. Il était né à Rosla, en Thuringue, vers 1714. Il était auparavant, en 1752, harpiste à la chapelle du comte de Bruhl, à Dresde.

Lorsque cette chapelle fut dispersée par la guerre de sept ans, il se rendit, en 1759, à Sondershausen, et y vécut quelques années retiré, donnant des leçons de clavecin et de harpe. Il y composa quelques morceaux d'église pour la cour du Prince, dans lesquels il employa, à la vérité, beaucoup de motifs puisés dans la musique de Hasse, mais qui prouvent néanmoins son bon goût, son jugement et les connaissances peu communes qu'il avait du contrepoint. En 1762, il entra au service du prince de Bernbourg, mais il y reçut sa démission en 1770, et se rendit ensuite à Quedlinbourg, où il obtint une charge civile, dans laquelle il mourut en 1776. Outre plusieurs concertos et sonates pour la harpe et le clavecin, on connaît de lui quelques symphonies, les unes et les autres en manuscrit.

COOK (Benjamin), docteur en musique à Londres, que le doct. Burney compte, en 1784, parmi les musiciens du premier ordre.

COPERARIO (John), fameux virtuose sur la *viola da gamba*, et très-bon compositeur pour cet instrument et pour la guitare, était très-estimé en Angleterre vers 1600. Ses fantaisies pour la *gamba* eurent surtout beaucoup de vogue. Jacques I, roi d'Angleterre, le chargea d'enseigner la musique à ses enfans, et ce fut par ses leçons que le prince Charles parvint à un degré extraordinaire de perfection sur cet instrument. Il fut aussi le précepteur d'Henri Lawes.

Il était Anglais de naissance, et s'appelait Cooper ; mais il avait, lors de son séjour en Italie, changé son nom en celui de Coperario, qu'il conserva depuis.

Il a été imprimé de ses ouvrages : 1°. Des chansons, dont il composa la musique avec Lanière, à l'occasion du mariage du comte de Sommerset ; 2°. Larmes versées au tombeau du comte de Devonshire, en sept chants, dont il y en a six pour un soprano avec une guitare, et le septième à deux voix, Londres, 1606 ; 3°. Chansons funèbres sur la mort prématurée du prince Henri, pour le chant, avec accompagnement de guitare ou de *gamba*, Londres, 1613, in-fol. On trouve encore quelques morceaux de chant dans la Collection de Williams Lighton.

CORBELI, organiste, en 1780, à la cathédrale de Milan, où il avait remplacé J.-Chr. Bach.

CORBELIN, élève du célèbre Patouart, maître de harpe et de guitare, a fait, vers 1785, différens recueils d'ariettes, arrangées avec accompagnement, et une Méthode pour ces deux instrumens.

CORDANS (Barthélemi), Vénitien, compositeur fort estimé vers 1710. On a donné de sa composition, à Venise, les opéras suivans : *Ormisda*, en 1728 ; *la Generosità di Tiberio*, en 1729. Il en avait déjà fait représenter trois autres, en 1707, en des endroits différens.

CORDELET, maître de chapelle de Saint-Germain-L'Auxerrois à Paris, vers 1752. Ses motets, qu'il donna au Concert Spirituel, furent, dit-on, applaudis. M. de Boisgelou, qui l'avait connu, disait que c'était un musicien bien maigre et bien sec. Rien de lui n'est resté.

CORDICELLI (S.-Giov.), de Rome, a été connu, vers 1750, par ses motets pour le sopran, avec accompagnement.

CORDOVERO. était, en 1470, maître de la chapelle de L. Galeazzo Sforce, duc de Milan, qui était composée de 30 musiciens. Il avait cent écus par mois d'appointement. Ce fait connu prouve qu'à cette époque, d'où date la gloire de l'école fla-

mande, il y avait en Italie des maîtres de musique et des corps de musiciens ; mais l'art n'y avait point encore acquis la supériorité à laquelle il s'éleva vers le milieu du seizième siècle, et aucune des compositions italiennes de ce tems n'est, que l'on sache, parvenue jusqu'à nous.

CORREA (Madame Lorenza), a été l'élève de Marinelli, célèbre sopraniste de la musique du roi d'Espagne. Elle a chanté sur les principaux théâtres de l'Italie, et a été attachée trois ans au grand théâtre de St.-Charles à Naples. Elle a débuté, en 1810, à l'Opéra-Buffa de Paris. On connaît la beauté de son organe et la supériorité de son talent.

CORELLI (Arcangelo), naquit à Fusignano, près d'Imola, sur le territoire de Bologne, au mois de février 1653. Au rapport d'Adami, il reçut les premières leçons de contrepoint de Matteo Simonelli, de la chapelle du Pape ; et l'on croit généralement que son maître de violon fut J.-B. Bassani, de Bologne. C'est sans fondement que le bruit a couru qu'en 1672 Corelli était venu à Paris, et que Lully l'avait fait renvoyer par jalousie. Voy. Burney, t. III, in-4°.

Corelli, au sortir de ses études musicales, partit pour l'Allemagne, et fut même au service du duc de Bavière en 1680. Il retourna vers ce tems en Italie, où il se rendit à Rome, où il publia son premier œuvre, composé de douze sonates pour deux violons et basse, avec une partie, appelée *organo*, pour le clavecin.

En 1686, le roi d'Angleterre, Jacques II, désirant entretenir une bonne intelligence avec le pape Innocent XI, envoya le comte de Castlemain en ambassade à Rome, avec un cortége considérable. La reine Christine, qui venait d'abdiquer la couronne de Suède, et se trouvait alors à Rome, y fit jouer, dans son palais, un drame qui faisait allégorie à cette ambassade solennelle. Le poëme était d'Alex. Guidi, de Vérone, et la musique de Bernardo Pasquini. Corelli conduisait l'orchestre, composé de cent cinquante musiciens.

Corelli avait déjà une si grande réputation sur le violon qu'on le demandait dans toute l'Europe. Mattheson l'appelait *Furst aller tonskunstler* (le Prince de tous les musiciens) ; et Gasparini lui donnait le titre de *virtuosissimo di violino , e vero orfeo di nostri tempi.*

Ce grand violoniste reçut bientôt à Rome les témoignages les plus marqués de la bienveillance du cardinal Ottoboni, protecteur éclairé des beaux-arts. Crescimbeni nous apprend qu'il tenait tous les lundis une séance musicale dans son palais. C'est là que Corelli fit connaissance avec le célèbre Hændel Ce prélat nomma Corelli premier violon et directeur de sa musique , et lui donna un logement dans son palais. Corelli lui resta attaché jusqu'à sa mort. arrivée le 18 janvier 1713, six semaines après la publication de son op. 6, des *Concerti grossi.*

Les anecdotes que nous avons recueillies sur Corelli prouvent que son caractère était doux et modeste.

Un jour qu'il jouait du violon dans une nombreuse assemblée , il s'aperçut que chacun se mettait à causer. Il posa doucement son violon au milieu du salon, en disant qu'il craignait d'interrompre la conversation. Ce fut une leçon pour les auditeurs, qui le supplièrent de reprendre son violon, et lui prêtèrent toute l'attention due à son talent.

Une autre fois , il jouait devant Hændel l'ouverture de l'opéra le *Triomphe du Tems ,* de ce compositeur. Hændel, furieux de ce que Corelli ne la jouait pas dans son genre, lui arracha le violon, et se mit lui-même à la jouer. Corelli, sans s'émouvoir, se contenta de lui dire : *Ma , caro sassone , questa musica è nel stile francese , di ch'io non m' intendo.*

Corelli avait aussi l'humeur enjouée , témoin cette anecdote racontée par Walther.

Nicolas-Adam Strunck, violon de l'électeur de Hanovre, étant arrivé à Rome, eût le plus grand desir de voir Corelli. *Quel est votre instrument ?* lui demanda ce dernier. *Le clavecin,* répondit Strunck;

et un peu le violon ; mais je serai trop heureux de vous entendre. Corelli joua le premier. Strunck prit ensuite le violon, et, s'amusant à le désaccorder, il préluda avec une dextérité si étonnante , en parcourant les tons chromatiques, que Corelli lui dit , en mauvais allemand : «On m'appelle Arcangelo, qui signifie un archange ; mais on peut bien vous appeler un archidiable. »

Corelli laissa en mourant une somme d'environ six mille livres sterlings. Il était lié avec Carle Cignani et Carle Maratte , qui lui donnèrent plusieurs tableaux des meilleurs maîtres.

Pendant son séjour à Rome, plusieurs personnes d'un haut rang s'empressèrent de l'entendre, et même de prendre ses leçons , entr'autres le lord Edgecumbe, qui fit graver son portrait à la manière noire, par Smith , d'après le portrait original de Henri Howard.

Voici les titres des ouvrages que Corelli a composés, et les dates de leur publication. Nous devons une partie de ces recherches à M. J. B Cartier, qui a publié une courte notice en tête de l'œuvre cinq des sonates de Corelli.

Le premier œuvre de sonates, en trios , parut à Rome en 1683.

Le second parut en 1685 , sous le titre de *Balletti di Camera,* et lui attira une querelle de la part de Paul Colonna, sur une succession diatonique de quintes entre le premier dessus et la basse d'une allemande de la deuxième sonate. En 1690, il publia le troisième œuvre de sonates ; et , en 1694, le quatrième, qui , comme le second , consiste en airs de ballets.

Le troisième œuvre est le chef-d'œuvre de Corelli , suivant la remarque d'Awison , auteur d'un ouvrage anglais *sur l'expression musicale.* Quoique depuis Corelli, dit-il , le style de la musique soit bien changé , et que l'on ait fait de grands progrès dans la recherche de l'harmonie, cependant on trouve dans les meilleurs auteurs modernes le fonds des idées de Corelli, dont ils ont su habilement profiter, surtout de l'œuvre trois et de l'œuvre cinq des sonates.

L'œuvre six, renfermant douze sonates pour deux flûtes et basse, a été gravé à Londres et à Amsterdam.

L'œuvre sept est composé des *Concerti grossi*, qui prennent le titre d'œuvre six, et qu'il publia lui-même le 3 décembre 1712. L'œuvre six, ci-dessus nommé, n'est que l'œuvre cinq arrangé.

Au jugement de M. Cartier, les sonates de Corelli doivent être regardées, par ceux qui se destinent à l'art du violon, comme leur rudiment. Tout s'y trouve, l'art, le goût et le savoir. Quoi de plus vrai, de plus naturel, et en même tems de plus large que ses adagios? de plus suivi et de mieux senti que ses fugues? de plus naïf que ses gigues? Enfin, il a été le premier à nous ouvrir la carrière de la sonate, et il en a posé la limite.

Le docteur Burney, dans son Histoire générale de la Musique, remarque avec raison qu'Albinoni, Alberti, Tessarini, Vivaldi, ne forment que des troupes légères et irrégulières. La seule école romaine, fondée par Corelli, a produit, tant en instrumentistes qu'en compositeurs pour le violon, les plus grands artistes dont l'Italie puisse se glorifier durant la première moitié du dix-huitième siècle. Ses principaux élèves sont, en effet, Baptiste, Geminiani, Locatelli, Lorenzo et Giambattista Somis, qu'il suffit de nommer pour faire leur éloge. Voy. l'Histoire du Violon par M. Fayolle.

On lui a érigé un buste dans le Vatican, avec cette inscription :

CORELLI PRINCEPS MUSICORUM.

On remarque que depuis Corelli jusqu'à nos jours, l'Italie a toujours conservé la supériorité dans les écoles du violon, par Tartini, Nardini, Pugnani, Viotti, et leurs élèves.

CORILLA (Mademoiselle Morelli), célèbre improvisatrice, est morte à Florence le 13 novembre 1799, âgée de soixante-douze ans, elle était élève de Nardini sur le violon. Elle improvisait des vers sur toutes sortes de sujets, jouait sa partie de violon dans un concert, et chantait avec beaucoup de talent.

Comme Pétrarque, elle a eu l'honneur d'être couronnée au Capitole.

CORNU (JACQ.-MARIE), né à Wenneville, en Suisse, d'une bonne famille bourgeoise de ce pays, en 1764, a eu pour maître M. Chapotin, maître de musique de la cathédrale d'Auxerre, où il a été enfant de chœur pendant dix ans. M. Cornu est trombonne à l'Académie Impériale et sous-maître à la maîtrise de la métropole de Paris. C'est en grande partie à son zèle que l'on doit le rétablissement de cette institution, qui a amené par suite celui des autres maîtrises.

CORNU (RÉNÉ), fils du précédent, né à Paris le 21 avril 1792, élève de la maîtrise de N. D. de Paris, a eu pour maître de piano M. Ladurner, et pour maîtres de composition MM. Desvignes et Eler. Il a publié plusieurs recueils de romances, et fait exécuter une messe à grand chœur. Il a composé en outre plusieurs ouvrages qui ne sont point encore devenus publics.

CORETTE (MICH.), chevalier de l'ordre du Christ, était, dès 1738, organiste au grand collége des jésuites de la rue Saint-Antoine à Paris. Il donnait toutes les semaines, en sa maison, enclos du Temple, un concert composé d'un assez grand nombre de musiciens, dans lequel cependant il faisait, au besoin, intervenir sa servante, pour chanter quelques vieilles cantates de sa façon, qu'il accompagnait au clavecin. Il a publié un nombre considérable d'ouvrages, soit de lui, soit de divers auteurs, dont on voit le catalogue en tête de chacun d'eux. Ce sont des méthodes pour divers instrumens, qui ne sont pas dépourvues de tout mérite, et dont les préfaces renferment la plupart des renseignemens assez curieux sur l'époque où il écrivait, et sur celle qui l'avait précédée immédiatement. Ce sont encore des œuvres de musique vocale ou instrumentale de différens genres. Corette était un partisan forcené de la musique française de son tems. Son patriotisme musical éclate à chaque ligne de ses écrits. Malgré son zèle, son école, ou plutôt sa classe, n'a jamais eu de considération, et les musiciens de Paris appelaient, par dérision, ses élèves *les anachorétes* (les ânes à Corette). Son fils, musicien comme lui, était organiste du Temple. C'est à leurs soins que l'Académie Royale doit mademoiselle Maillard, dont ils découvrirent et dont ils surent cultiver les dispositions.

On raconte que le fils, éperdument amoureux d'une actrice fort jolie, et connaissant tout le pouvoir que les présens ont sur les belles, cherchait à attendrir son cœur en lui adressant des images de S. Labre, de S. François, de S. Joseph, etc.; au bas desquels il écrivait : *Hommage offert à l'incomparable mademoiselle M.....* Cette *innocente* galanterie pensa lui attirer des coups de canne de la part d'un autre virtuose, également épris du même objet.

CORNARO (JEAN), noble Vénitien, amateur de musique, composa, en 1770, une messe pour une grande fête, qui fut exécutée à l'église de Padoue, par un orchestre très-nombreux, et qui fit honneur à son goût et à ses connaissances.

CORNISH, (WILLIAM), compositeur de Londres vers 1700. L'évêque Tanner fait mention d'un manuscrit où se trouvaient plusieurs morceaux de sa composition. Hawkins croit qu'il y a deux compositeurs de ce nom.

CORRADI (CESARE). Il a publié à Venise, en 1583, *Gl' amorosi ardori, madrig, di diversi eccel. autori a 5 voci. Lib. I.* V. Mart. Stor.

CORRI, élève de Porpora vers 1765, était un chanteur agréable et un joli compositeur. En 1770, il était à Rome, et en 1780, il mit en musique l'*Alessandro nell Indie*, dont les principales ariettes furent gravées à Londres.

CORRUCCI, compositeur célèbre à Pise.

CORSI (GIACOMO), gentilhomme de Florence, qui vivait vers la fin seizième siècle, était un excellent musicien. C'est lui qui, aidé par le poëte Rinucci, son compatriote, établit la forme de l'opéra telle qu'elle a été conservée jusqu'à present. Il a aussi composé la musique de plusieurs, et les fit représenter, avec d'autres, de différens composi

teurs, dans sa maison, à Florence, en présence du Grand-Duc. L'on y remarque les suivans, de la composition de Caccini et de Peri : *Daphné*, 1597 ; et *Gl' amori di Apollo et di Circe*, 1600.

CORSIN (M.), maître de cistre et de guitare, à Paris, vers 1785, avait de la réputation sur ces instrumens, pour lesquels il a publié plusieurs ouvrages.

CORTECCIA (FRANCESCO), était à la cour des Médicis, et eut pour successeur dans son emploi de maître de chapelle, Alessandro Strigio. Celui-ci florissait en 1575. Corteccia était comtemporain d'Alphonse Della - Viola, qui vivait en 1500.

CORTONA (ANTONIO), compositeur de Venise, qui, au commencement du dernier siècle, jouissait d'une grande réputation, a composé la musique de l'opéra *Amor indovino*, qu'on y donna en 1726. V. *Glor. dell Poes.*

COSIMI (NICOLO), de Rome, habile violiniste à Londres, fit graver en 1710, à Amsterdam, douze solos de violon.

COSMAS (JEROSOLIMITAIN), évêque de Majuma vers 730, a composé la musique de 13 *Hymni, in præcipuas anni festivitates.* On ne connaissait pas encore alors les notes, il suppléa à ce défaut par l'invention de signes particuliers.

COSSA (VINCENT), de Peruge, était un compositeur du seizième siècle. Christophe Lauro, son compatriote, publia de sa composition, à Venise, en 1587, in-4°, *Il primo libro delle canzonette a 3 voci.*

COSTA (L'abbé), Portugais, habile guitariste à Vienne, vers 1760, chercha à donner à ses compositions un air de nouveauté par des harmonies et des modulations étranges et par des rhythmes bizarres. Il fut aussi singulier dans son caractère ; quoique pauvre, il était bien éloigné de rechercher le secours des gens riches. V. *Voyag.* de Burney, t. II.

COSTA (LÆLIO), était connu à Rome, vers 1655, comme le plus grand harpiste de toute l'Italie. Voy. *Prinz. Hist.*

COSTA (ROSE). cantatrice célèbre de Naples vers 1750.

COSTANZI (Francesco), chanteur très-renommé vers 1720.

COSTANZI, fameux violoniste de l'école de Tartini, vivait en Italie vers 1765.

COSTANZI (D. Juan), dit Gioannino da Roma, maître de chapelle de Saint-Pierre vers 1730, fut un grand compositeur et surtout un excellent violoncelliste. Son *miserere* est très-estimé.

COSTELEY (Guillaume), naquit en 1531 ; de parens écossais. Il était organiste et valet de chambre de Charles IX, et fit un ouvrage sur la musique en 1570.

COSYN, musicien de Londres, y publia, en 1585, des Psaumes à quatre et six voix.

Benjamin, son fils aîné, florissait à Londres vers 1610. Il était fort habile claveciniste. V. Hawkins.

COTTA (Maria-Teresia), cantatrice très-célèbre à la cour de Modène vers 1720.

COTTO (Joannes), écrivain du onzième ou du douzième siècle, a laissé un traité, intitulé *Musica*, que M. Mart. Gerbert a inséré dans sa Collection. Il est adressé à l'ulgencé, évêque anglais, et l'auteur, qui se désigne sous le seul nom de Jean, emploie la formule de *serviteur des serviteurs de Dieu*. Cela a fait croire à quelques personnes qu'il était Pape ; mais on a remarqué depuis qu'à cette époque cette formule était en usage chez tous les clercs.

COTUMACCI (Carlo), né à Naples en 1698, étudia, en 1719, sous le célèbre Scarlatti, et succéda à son condisciple Durante, en qualité de maître de chapelle au conservatoire de S. Onofrio. C'était un bon organiste de l'ancienne école et un très-habile professeur. Il a beaucoup écrit pour l'église. Outre cela, il avait rédigé deux ouvrages qu'il destinait à l'impression. L'un contenait les règles de l'accompagnement, suivies de *partimenti* bien gradués ; l'autre était un traité du contrepoint.

Cotumacci est mort vers 1755.

COUCHET (Jean et Jean-Pierre), deux frères, fabricans d'instrumens for. renommés vers 1660. On estime surtout leurs clavecins.

COUPERIN. Beaucoup d'artistes de ce nom se sont fait une grande réputation dans la musique. Ce talent est héréditaire dans cette famille depuis deux siècles.

Trois frères, Louis, François et Charles Couperin, nés à Chaumeen-Brie, sont les tiges de ceux dont nous allons parler.

COUPERIN (Louis), célèbre par son habileté, fut organiste du roi Louis XIII, et on créa pour lui une charge de dessus de viole. Il mourut en 1665, laissant en manuscrit trois suites de pièces pour le clavecin.

COUPERIN (François), fut aussi fort célèbre. Il mourut à soixante-dix ans, d'une chute occasionnée par une charrette. Il a laissé deux enfans (Louise et Nicolas).

COUPERIN (Louise), chantait avec goût et touchait du clavecin admirablement. Elle a été trente ans de la musique du Roi. Elle est morte en 1728, âgée de cinquante-deux ans.

COUPERIN (Nicolas), naquit en 1680. Il fut attaché à S. A. S. le comte de Toulouse, comme musicien de sa chambre. Il eut une grande réputation pour enseigner. Il fut organiste de Saint-Gervais, et mourut en 1748, âgé de soixante-huit ans.

COUPERIN (Charles), le plus jeune des trois frères, touchait l'orgue supérieurement. Il mourut en 1669, laissant un fils.

COUPERIN (François), fut surnommé le Grand, à cause de son grand talent sur l'orgue et de ses charmantes pièces, intitulées les Idées Heureuses. On se souviendra toujours des Bergeries et des Vandangeuses. Il a composé un ouvrage sur l'art de toucher du clavecin, qui a été imprimé. Il fut organiste du Roi et de Saint-Gervais, et claveciniste de la chambre du Roi. Il mourut en 1733, âgé de soixante-cinq ans, laissant deux filles, toutes deux habiles sur l'orgue et sur le clavecin, Bach l'estimait beaucoup

COUPERIN (Marie-Anne), se fit religieuse à l'abbaye de Mautbuisson, dont elle fut organiste.

COUPERIN (Marguerite-Antoinette), eut la charge de claveciniste de la chambre du Roi, charge qui, jusqu'à elle, n'avait été remplie que par des hommes.

COUPERIN (ARMAND-LOUIS), fils de Nicolas Couperin, a succédé aux talens et aux places de ses ancêtres. Il fut organiste du Roi, de Saint-Gervais, de Nôtre-Dame, de la Sainte-Chapelle du Palais, de Saint-Barthélemi et de Sainte-Marguerite. Il a composé deux œuvres de sonates et un de trios pour le clavecin; ils sont gravés. Plus, en manuscrit, des motets et morceaux d'église. Il était tellement impossible d'atteindre à la supériorité de son talent, que ses rivaux n'ont pu en être jaloux. Il a été nommé arbitre pour la réception de tous les orgues qui ont été faits à Paris de son vivant. Il a épousé mademoiselle Blanchet, fille du fameux facteur de clavecins de ce nom. Madame Couperin, avant d'être mariée, avait déjà une grande célébrité sur l'orgue et le clavecin.

Armand-Louis Couperin est mort en 1789.

Sa veuve, actuellement vivante et âgée de quatre-vingt-un ans, a touché, l'année dernière, à la réception de l'orgue de St.-Louis à Versailles. Elle a étonné et fait les délices de toute l'assemblée par son génie improvisateur et la légèreté de son toucher.

De son mariage sont nés trois enfans.

COUPERIN (ANTOINETTE-VICTOIRE), actuellement vivante, élève de son père et de sa mère, à seize ans, touchait l'orgue de Saint-Gervais, et remplissait très-bien les offices de l'église. Elle y joint le talent de la harpe, et possède une très-belle voix, qu'elle a souvent fait entendre dans des concerts et dans différentes églises de religieuses. Elle a épousé, en 1780, le fils de M. Soulas, trésorier de France et propriétaire de la manufacture des damas de Tours. Elle en a eu une fille, qui touche très-agréablement du piano, et qui, douée d'une jolie voix, la conduit avec infiniment de goût.

COUPERIN (PIERRE-LOUIS), fut instruit par son père et sa mère. Il fit exécuter, dans un âge peu avancé, différens morceaux de sa composition et d'une belle facture.

Il a composé différens œuvres, dont un seul est gravé (Nina, en variations), plus quelques motets, qui ont été chantés dans différentes églises. Il joignit au talent d'organiste et de pianiste, celui de harpiste. Il était né avec une faible santé, ce qui l'empêcha de composer autant qu'il auraitvoulu; malgré cela, il a été excellent organiste, et a joui d'une grande réputation. Il fut organiste du Roi, de Notre-Dame, de Saint-Gervais, de Saint-Jean, et des Carmes-Billettes. Il a été nommé arbitre pour la réception de l'orgue de Beauvais, etc. Il est mort en 1789.

COUPERIN (GERVAIS-FRANÇOIS), actuellement vivant, fut instruit par son père et sa mère, dans le même talent d'organiste et de pianiste. A dix-huit ans, il fit exécuter, dans différens concerts de société, une symphonie à grand orchestre de sa composition. Il a composé depuis dix œuvres, qui sont gravés, tels que sonates, airs variés, pots-pourris, caprices, recueil de romances, etc. Plus, des motets, qui ont été chantés dans différentes églises. Il a succédé, à la mort de son père et de son frère, aux places d'organiste du Roi, en sa Sainte-Chapelle de Paris, de Saint-Gervais, de Saint-Jean, de Sainte-Marguerite des Carmes-Billettes. Il est depuis trois ans, organiste de Saint-Merry. Il a été nommé arbitre pour la réception des orgues de Saint-Nicolas-des-Champs, Saint-Jacques-du-Haut-Pas, Saint-Merry, Saint-Eustache, Saint-Roch, etc. Il s'est marié, en 1792, avec mademoiselle Frey, son élève, douée d'une superbe voix, fille de M. Frey, chevalier de Saint-Louis et lieutenant-colonel du régiment Suisse de Salis-Samade, de laquelle il a eu une fille.

COUPERIN (CÉLESTE), encore très-jeune, annonce une belle voix et des talens dignes de la famille.

COUPILLET. V. Goupillier.

COUPIGNY (FRANÇOIS de), né à Paris, en 1766, d'une famille distinguée, a fait de brillantes études au collége de Louis-le-Grand. Livré par goût à la littérature ancienne et moderne, vers laquelle ses études avaient été dirigées, il l'a toujours cultivée en leur consacrant les momens que lui laissaient ses occupations, dans les places qu'il a occupées, comme chef, pendant plus de vingt années, dans différens ministères. Il a cultivé divers genres de poésie, mais il s'est livré particulièrement à celui de la romance. Personne ne l'a surpassé, ni peut-être même égalé en ce genre; aussi a-t-il eu la satisfaction de voir nos plus aimables compositeurs, en les embellissant de leurs accords, se disputer les honneurs du succès. M. de Coupigny a fait un très-grand nombre de romances. Les plus connues sont : *Il est trop tard; Sans le vouloir; Henri IV à Gabrielle; Le Menestrel; Agnès Sorel à Charles VII.*

COURBEST, lieutenant à Paris, y fit imprimer, en 1603, l'office du Saint-Sacrement, et plusieurs cantiques spirituels, à quatre, cinq, six, sept et huit parties. On estimait beaucoup ses ouvrages.

COURCELLE (FRANÇOIS), compositeur, a mis en musique, vers 1730, *Nino* et *la Venere placata.*

COURSELLO (GOTIERI), père et fils, firent-graver en 1774, à Paris, trois sonates pour le clavecin, avec un violon, op. 1.

COURT (HENRI), compositeur français du seizième siècle. On trouve quelques motets de sa composition dans le *Thes. musico du P. Joanelli.*

COURVILLE (JOACHIM-THIBAULT), savant musicien français du seizième siècle, fut nommé par Charles IX, en 1570, avec J. A. de Baïf, inspecteur pour l'organisation de la première académie, qui avait pour objet le perfectionnement de la langue française et le rétablissement du Rhythme et de la musique grecque et romaine.

COURT-DE-GÉBELIN, a fait un mémoire sur la Danse oblique des anciens, où il explique l'objet et l'origine orientale des trois modes de la musique grecque, appelés *Lydien, Dorien* et *Phrygien,* qui ont rapport à cette danse oblique, et aux trois saisons de l'année égyptienne.

COUSINEAU (M.), luthier de la Reine, en 1788, est, depuis

ce tems, harpiste à l'orchestre de l'Opéra. En 1782, il a introduit sur la harpe un double rang de pédales mobiles, au moyen desquelles, sans déranger l'ordre des anciennes pédales, on ajoute celles qui sont nécessaires pour moduler dans tous les tons. M. E. L Gerber se trompe en disant que le but de M. Cousineau était de rendre sur la harpe le forté et le piano, moyennant une pédale. M. Cousineau a été nommé, en 1804, luthier de Sa Majesté l'Impératrice.

COUSSER (JEAN-SIGISMOND), mourut maître de chapelle à Dublin, en 1726, après avoir plus d'une fois voyagé en Allemagne, en France et en Italie. Ce fut lui qui, en 1693, introduisit la nouvelle méthode du bon chant italien à l'Opéra de Hambourg. V. Walther.

COX, organiste à Londres, a fait graver à Londres, vers 1780, plusieurs œuvres pour l'orgue.

CRAANES (THÉODORE), docteur en médecine et en philosophie, à Leyde, conseiller et premier médecin de l'électeur de Brandebourg, mort le 27 mars 1688, a écrit un *Tractatus physico-medicus, Napoli* 1722, in-4°, où il traite dans le cent septième chap. *de musices;* dans le cent huitième de *Echo,* et dans le cent neuvième de *Tarentula.* V. Jœcher, *Lexic.* et Gruber, *Beytræg. zur Musik. Litterat.*

CRAEN (NICOLAS), habile contrapuntiste allemand du seizième siècle. Glaréan dans son Dodecachorde rapporte de lui un motet à trois voix, dans le *mode Hypo-Eolien.*

CRAMER (CHARLES-FRÉDÉRIC), né à Quedlinbourg en 1752, professeur de philosophie à Kiel, en 1775, a rendu quelques services à l'art musical par la publication de plusieurs ouvrages, et notamment par son magasin Musical qui parut de 1783 à 1789, et qui est le plus connu. Il a publié plusieurs recueils et des ouvrages de maîtres célèbres; lui-même était quelque peu poëte et musicien; il a fait des chansons qui ont été mises en musique par divers compositeurs. Vers 1792, ce même Cramer s'établit imprimeur à Paris où nous l'avons connu. C'était un franc original, un maniaque, un homme d'une érudition mal dirigée et rempli de toutes sortes de préventions; il est mort il y a environ dix ans, fou, à-peu-près, comme il avait vécu.

CRAMER (GUILLAUME), né à Manheim vers 1730, était un excellent violoniste. Il réunissait, disent les biographes allemands, le jeu brillant de Lolli avec l'expression et l'énergie de Fr. Benda. Il était regardé comme le premier violoniste de son tems en Allemagne. Il fut employé à la chapelle de l'él. cteur Palatin, à Manheim de 1750 à 1770. En cette dernière année, il passa en Angleterre, le seul pays où les artistes distingués trouvent facilement le moyen de faire une fortune digne de leurs talents. Il y fut nommé musicien de la chambre, solo de la chapelle royale et directeur de l'orchestre de l'Opéra. Il était recherché dans tous les concerts, et ce fut lui qui, en 1787, conduisit l'orchestre de huit cents musiciens qui exécutèrent le troisième jubilé d'Hændel. Il est mort à Londres vers 1805.

Cramer a publié un assez grand nombre d'œuvres, de sonates, duos, trios et concertos pour le violon, d'un très-beau chant, d'une excellente facture et très-bien doigtés pour l'instrument. Il peut être considéré comme maître autant en qualité de compositeur que de virtuose.

CRAMER (J. B.), fils du précédent, né à Manheim, était âgé d'un an environ, lorsque son père passa en Angleterre; il reçut de lui les premières leçons de musique, et passa ensuite sous la discipline du célèbre Clementi, dont il doit être regardé comme l'élève. Né avec d'heureuses dispositions, et cultivé par un si habile maître, il est parvenu à tenir un rang parmi les premiers pianistes et les premiers compositeurs pour son instrument.

M. Cramer a publié pour le piano des duos, des concertos et plus de trente-sept œuvres de sonates, qui ont paru en Angleterre, en Allemagne et en France. Ses deux suites d'études pour le piano sont regardées comme l'ouvrage le plus classique qui existe en ce genre.

CRAMER (JEAN), fit imprimer, en 1673, à Jena, un épithalame in-fol., sous le titre : *Wohlerstiegener Tannenberg, à canto solo*, avec ritournelle à deux violons, basson et contre-basse.

CRASSINEAU, a fait imprimer à Londres, en 1740, un Dictionnaire de musique ou Recueil de termes techniques et de caractères (*A musical Dictionnary*, etc.), tant anciens que modernes, renfermant en même tems l'histoire, la théorie et la pratique de la musique, avec des explications de quelques parties de cet art, telles qu'elles ont été chez les anciens; et avec des notes sur leur méthode dans la pratique; accompagné de dissertations curieuses sur les phénomènes des tons considérés mathématiquement, en tant qu'ils ont des rapports ou des proportions; avec les intervalles, les consonances et dissonances; le tout tiré des meilleurs auteurs grecs, latins, italiens, français et anglais.

CREED, ecclésiastique de Londres, mort en 1770, conçut le premier l'idée d'une machine qui, pendant l'exécution d'une pièce de musique, traçât sur le papier tout ce que l'on venait de jouer, et la proposa à la société des sciences de Londres en 1747, dans un mémoire intitulé : *A demonstration of the possibility of making a machine that shall write, ex tempore voluntaries, or other pieces of musik*, etc. Ce mémoire se trouve dans les Philosophical transactions de 1747, n° 183, et encore en *Martin abridgment*, vol. X, pag. 266. V. les articles *Unger* et *Hohlfeld*.

CRESCENTINI (le chev. GIROLAMO), est né à Urbania près d'Urbino, patrie de Raphaël. Ce célèbre sopraniste a brillé sur les principaux théâtres et dans les différentes cours de l'Europe. En 1804, il étoit à Vienne. A une représentation de Juliette et Roméo, après le bel air (*Ombra adorata*) que Roméo chante dans les jardins, deux colombes descendirent des nuages et lui apportèrent une couronne de lauriers. On lui jeta de tous côtés des fleurs et des couronnes. Ayant consenti, en 1809, à jouer dans le même opéra, au théâtre de la Cour de France, il fit une telle sensation sur S. M. l'Empereur Napoléon, qu'à la troisième représentation, S. M. lui envoya la décoration de l'ordre de la couronne de fer.

M. Crescentini a composé plusieurs morceaux de musique vocale, qui ont eu le plus grand succès. Depuis 1806, il est attaché à Sa Majesté, en qualité de premier chanteur de sa musique particulière. Une très-belle qualité de son, une manière large et une expression inimitable, voilà ses titres à l'immortalité.

CREUZBURG (Jean - Gaspard), de Furth, près Nüremberg, a fait graver, en 1760, trois sonates pour le clavecin, sous le titre : Divertissement musical, part. I.

CRICCHI (Dominico), chanteur, comique excellent, et fort bon basse - contre, au service du roi de Prusse, il chantait sur le petit théâtre de Potsdam, avec Rosa Ruv. Bon, en 1750.

CRINAZZI, fit graver à Vienne, en 1780, 6 Treni o cantate lugubri in morte di Maria Teresia. Op. 3, en part.

CRISPI (l'abbé), de Rome, était d'abord simple amateur de musique, mais ayant hasardé quelques compositions, qui furent applaudies, il choisit, 1765, la musique pour son occupation principale; il vivait encore en 1770 à Rome, où Burney le connut. Il donnait toutes les semaines un concert dans sa maison, et y jouait lui-même très-bien du clavecin.

CRISTELLI (Gaspard), de Vienne, violoncelliste à la cour de l'archevêque de Salzbourg, en 1757, était un bon accompagnateur et a composé pour son instrument plusieurs œuvres estimés.

CRISTOFORO, chanteur à la chapelle pontificale, vers 1770. Burney dans ses Voyages, vol. I,

parle de lui avec beaucoup d'éloges sous le rapport de la délicatesse extraordinaire de sa voix et de sa perfection extrême.

CRIVELLATI (Cesare) publié à Viterbe, en 1624, in-8°, Discorsi musicali.

CRIVELLI (Arcangelo), de Bergame, ténor et chanteur à la chapelle du Pape, y fut reçu en l'an 1583; il était en même tems compositeur, et a publié différens ouvrages très - estimés, dont on s'est servi souvent dans la chapelle pontificale. Adami cite avec éloge son Missel.

CROCE (Jacques), fit graver à Londres, en 1769, six sonates for the Harpsichord.

GROENER (Jean, François, Charles et Thomas). C'est le nom de quatre frères musiciens à la chapelle de l'électeur de Bavière, depuis 1780. Jean était vice-maître de concert, et Charles premier violoniste. Celui-ci et les deux autres firent publier, à frais communs, sous ce nom à Amsterdam, en 1788, trois trios de violon.

CROES (Henri - Jacques de), directeur de musique du prince de la Tour-Taxis, vers 1760, a fait graver plusieurs symphonies, quatuors et trios, à Bruxelles et à Paris.

CROST (William), docteur en musique et premier organiste à la chapelle royale de Saint James, est mort en 1727. On doit ajouter aux ouvrages que Walther indique encore les suivans : Divine harmony, or new collection of selects Anthems used at her majesty's Chapels royal, Westminster abbey S. Paul's, etc. 1712; et Musica sacra, or selects anthems in Score, 1724. V. Hawkins Hist.

CROSDILL, anglais, violoncelliste de la chambre de la reine d'Angleterre, depuis 1782, est regardé comme un des plus habiles joueurs de son instrument.

CRUGER (Jean), directeur de musique à l'église de Saint-Nicolas de Berlin, né à Gruben dans la Basse-Lusace, homme très-savant, est mort en 1662. Walther rapporte qu'il a fait imprimer depuis 1624, cinq ouvrages sur différens sujets de musique, entre autres, Synopsis musica. La première édition est de 1624, et la seconde de 1630. C'est un petit volume, qui, au rapport de Brossard, vaut son pesant d'or. Cruger a laissé aussi des œuvres pratiqués.

CRUGER (M. Pancrace), habile chanteur à l'école de Saint-Martin, à Brunswick vers 1570, était né à Finsterwalde, dans la Basse-Lusace, en 1546. De Brunswick, il passa à Helmstaedt en qualité de professeur de langue et de poésie latine, et il se rendit, en 1580, à Lubeck, en qualité de recteur. Ses principes ne s'accordant point avec la pratique des ecclésiastiques de cette ville, ils l'attaquèrent en chaire, l'exclurent de la communion, et lui firent perdre enfin sa place par une accusation formelle. Un des principaux chefs de cette accusation était qu'il voulait changer la méthode de solfier. Voici la traduction littérale du passage de la dénonciation à cet égard: (Seelen, Athenæ Lubecenses). « La musique est aussi en butte à ses » innovations, et à l'en croire, » ce n'est qu'une fantaisie de » chanter, d'après les voix de mu- » sique, ut, ré, mi, fa, sol, la, » mais il veut qu'on dise, a, b, c, » d, e, f, g etc.; ainsi qu'il » (Cruger) l'a soutenu à une noce » en présence de beaucoup de » gens instruits, et à Rostock, où il » n'a cependant recueilli que fort » peu d'honneur et d'approbation. » Cruger mourut à Franfort sur l'Oder, en 1614, professeur de langue grecque, âgé de soixante-dix-huit ans. V. Matheson, Ehrenp. forte., p. 47.

CRUNINGER (Pierre-Paul), il a paru de lui, en 1662, à Inspruck des psaumes avec les quatre antiennes de la Vierge à deux voix ou à voix seule, avec deux violons.

CRUSE (G. D.), compositeur de nos jours. Il est connu par différens concertos, symphonies et quatuors, en manuscrit.

CRUSIUS (Martin), né le 19 septembre 1526, mort à Tubingue le 25 février 1607; professeur de langue grecque, jouait de la guitare, et apprenait encore dans un

âge avancé le clavecin, chez Georges Fleck, théologien et organiste à Tubingue. Il parle aussi un peu des notes des anciens Grecs dans son ouvrage: Turco-Græcia. V. Walther.

CRUX (Mademoiselle), fille d'un maître de ballet et habile violoniste, au service de l'électeur de Bavière, est née en Bavière en 1774; elle est élève du maître de concert Frænzel; elle se fit entendre en 1787, à l'âge de treize ans, dans plusieurs concerts, devant l'Empereur à Vienne, devant le roi de Prusse à Berlin, à Hambourg et fut applaudie partout. Non-seulement elle possédait une grande adresse dans les doubles cordes, dans les thèmes difficiles, dans les variations, qu'elle exécutait avec facilité et avec netteté, mais elle jouait aussi l'adagio avec beaucoup de sentiment; elle touche aussi fort bien du clavecin, et dessine très-joliment.

CSAKY (Jean-Louis comte de), amateur de musique, a fait graver, en 1783, à Presbourg, douze variations pour le clavecin, op. 1, qu'on assure être fort bonnes. Il a depuis cette époque publié un très-grand nombre d'ouvrages.

CUBLI (Antoinette), grecque de naissance, était, en 1770, première violoniste de l'orchestre du Conservatoire des Mendicanti à Venise, où au reste chaque instrument est joué par des dames, V. Voyages de Burney, tom. I.

CUCUZELIS (Jean), il a laissé les ouvrages suivans en manuscrit, 1° Series ordinationis universi officii ecclesiastici constructa, et antiquis notis musicis adornata à magistro Cucuzele, ayant pour commencement: Venite adoremus, etc. Ce manuscrit se trouve dans la bibliothèque de Paris, n° 308; 2° Ars psaltica, cum variis canticorum exemplis, et adjunctis antiquis notis musicis. L'abbé Gerbert a donné ce dernier d'abord dans son Histoire, tom. II, p. 8, et ensuite dans sa Collection d'auteurs de musique, tome III, page 397.

CUCUZELIS (Josaphat), le jeune, a laissé un ouvrage sous le titre: Hirmologium, seu cantus

initiales notis musicis à Jos. Cucu-
zele ordonatum. Ce manuscrit se
trouve dans la bibliothèque de
Barberini à Rome. V. Gerbert, hist.

CUENCA (DIEGO-VASQUES de),
espagnol, était un contrapuntiste
estimé en Italie vers 1585.

CULANT (le Marquis de), a
composé un *Regina cœli*, petit
motet. Il proposa une nouvelle règle
de l'octave, qui fut combattue en
1785, par M. Gournay.

CUPIS, célèbre violoniste, florissait vers 1755 ; il rivalisait avec
Leclair, au Concert Spirituel. On
a de lui un morceau de musique
très-connu sous le nom de *Saut
de Cupis.* C'était, dit-on, un excellent violoniste de chambre. Son
jeu avait quelque chose de sédui-
sant qui plaisait fort aux dames.
V. *Observations sur la musique,
les musiciens et les instrumens,*
Amst. 1757, in-12. Cupis a publié deux livres de sonates et un
livre de quatuors pour le violon.

CUPIS (J. B.), fils aîné du
précédent, élève et digne émule
des fameux Bertaud, a fait un recueil d'airs choisis pour le violoncelle, et une méthode très-estimée
pour cet instrument. On connaît
encore de lui six sonates pour violoncelle, et six sonates pour violon.

CUPIS, cadet, était aussi un
violoncelliste d'un grand mérite.
Il ne faut pas le confondre avec
J B. Cupis qu'on appelait *Cupis
le jeune*, pour le distinguer de
son père le violoniste.

CURCIO, de Naples, est un
compositeur peu connu ; dont il
existe cependant de très-jolis airs
de différens genres ; il travaille depuis 1790 environ.

CURÆUS ou CURAEUS (JOA-
CHIM), docteur en médecine, de la
ville de Glogau, né à Freystadt en
Silésie, le 21 octobre 1532, étudia
la philosophie et la théologie à
Wittemberg sous Mélanchthon, et
la médecine pendant deux ans à
Bologne et Padoue. Il est mort à
Glogau, le 21 janvier 1573.
Parmi d'autres ouvrages, il a
publié à Wittemberg, en 1572,
in-8°, *Libellus Physicus continens
doctrinam de natura et differentiis colorum, sonorum*, etc. Il y
examine au liv. I, chap. XXXVIII,

*Quid sit sonus, quæ ipsius sint
principia et primæ causæ ;* au
chap. XXX, *Quale sit soni me-
dium, quæ soni differentiæ,
qualesque diversorum sonorum
sint causæ ;* au chap. XL, *De voce
et sermone ;* au chap. XLI, *Quid
sit echo, et qua ratione fiat,*
au chap. XLII, *Qua ratione fiat
auditio ;* au chap. XLIII, *Modus
auditionis declaratur, recitatus
finis, ex Platone,* et quædam
hujus sensus exponuntur sympto-
mata.*

CURTI, philosophe, poëte et
musicien excellent, mais aveugle,
vécut à Naples, vers 1570. Un
autre de ses trois frères était également aveugle ; et jouissait aussi
d'une grande réputation dans les
sciences. V. Walther.

CUVELLIER (J.-G.), né
à Abbeville vers 1770, s'est acquis
une juste réputation en traitant
d'une manière plus sage un genre
que la maladresse et le mauvais
goût de ses partisans ont rendu ridicule aux yeux des littérateurs
francais d'ailleurs très - prévenus.
M. Cuvellier est encore recommandable par son goût pour tout ce qui
tient aux fêtes, spectacles, jeux
et cérémonies publiques. Il a composé plusieurs ouvrages lyriques de
différens genres, et mis lui-même
en musique, avec succès, quelques-unes de ses romances.

CUZZONI (SIGRA), V. madame
Sandoni.

CZARTH (GEORGES), né à
Deutschenbrot en Bohême, en 1708,
eut pour premier maître Timmer
et Rosetti, dont il apprit le violon.
Il reçut ensuite de Biarelli des leçons de flûte, puis il fit, avec
François Benda, un séjour de quelques années à Varsovie, où ils entrèrent l'un et l'autre au service
du Staroste Suchazewsky, jusqu'à
ce qu'ils furent enfin admis en
1533 à la chapelle du roi de Pologne.
En 1734 Czarth se rendit à Reins-
berg, et s'engagea à l'orchestre du
prince héréditaire de Prusse, qu'il
suivit à Berlin, lors de son avènement en 1740 ; il y resta jusqu'en
1760, où il quitta Berlin après un
séjour de vingt ans, pour s'établir
à Manheim, où il entra à la chapelle de l'Electeur comme violo-

niste. Il y resta jusqu'à sa mort qui arriva en 1774.

Outre une quantité de concertos, de trios, de solos et de symphonies pour violon et pour la flûte, qui sont en manuscrit, il a fait graver six solos pour la flûte et autant pour le violon, sur lesquels on a cependant changé son nom en *Zarth.* V. Marpurg Beytr. tom. I.

CZERNOHORSKY (BOHUSLAW), frère mineur de Nimbourg, était d'abord maître de musique et directeur du chœur à l'église de Saint - Antoine de Padoue. Il vint ensuite à Prague, comme directeur de chœur à l'église de Saint-Jacques. Il mourut en 1740, en retournant en Italie.

Il était de son tems un des plus célèbres musiciens, et le premier organiste de la Bohême. Sa musique pour l'église se distingue par une harmonie excellente, et principalement par des fugues pleines d'art. Les connaisseurs conservent encore ses ouvrages, et y puisent souvent. Malheureusement la plupart périt en 1754, lors du grand incendie qui consuma une partie considérable du couvent des Frères mineurs de Prague.

Il a transmis l'esprit de sa composition, et sa manière excellente de jouer de l'orgue, en partie à ses dignes élèves, Ségert, (Zœkert) musicien et haute-contre; Czeslaus, son confrère d'ordre; Tuma, tenoriste et Zach, un des plus grands contrapuntistes : tous ces noms sont encore connus de tous les musiciens.

CZERNY (GASPARD) excellent joueur de cor anglais, né à Horziezen Bohême. Pendant sa jeunesse, qu'il passa à Prague, il s'était tellement exercé sur son instrument qu'il était en état d'exécuter très - aisément les concertos les plus difficiles. Il quitta dans la suite sa patrie ; séjourna pendant quelque tems à Pétersbourg, et se rendit de là à Fribourg dans le Brisgau, où il s'engagea, en 1786, au service de la princesse de Bade-Bade.

CZERNY (DOMINIQUE), frère mineur, et directeur de chœur à l'église de Saint - Jacques à Prague, mérite une place distinguée parmi les compositeurs célèbres, et l'on exécute et entend encore aujourd'hui avec plaisir ses ouvrages dans les églises de Prague.

CZERWENKA, bassoniste, au service du prince Esterhazy, en Hongrie, s'est fait admirer par son talent dans ses voyages.

D

DACIER (ANNE), née à Saumur en 1751, mourut à Paris le 17 août 1721.

Parmi le grand nombre de ses écrits, on remarque une dissertation sur les flûtes des anciens, dans son édition de Térence.

DACOSTA (M.) élève de M. Charles Duvernoy, a exécuté avec succès, sur la clarinette, des concertos et des symphonies concertantes. Il joue les solos à l'orchestre de l'Opéra-Buffa.

DAGINCOURT, célèbre, organiste de la chapelle du Roi, a publié à Paris, en 1733, des pièces de Clavecin, liv. I. Il est mort à Rouen vers 1755.

DALAYRAC (NICOLAS), né à Muret en Languedoc, d'une famille noble, vint à Paris fort jeune, et servit dans les gardes-du-corps. Il avait reçu de la nature un penchant décidé pour la musique et l'art dramatique. Les opéras de Grétry, dont il ne manquait pas les représentations, lui donnèrent l'envie de les étudier; et, pour y parvenir, il apprit la composition sous la direction de Langlé, élève de Caffaro, qui lui-même était élève du célèbre Leo.

Dalayrac débuta, en 1782, au théâtre de l'Opéra-Comique, par l'Éclipse totale. On y reconnut le germe d'un talent aimable et varié, qui depuis s'est développé avec tant d'éclat. Ce compositeur en général a moins d'originalité que Monsigny, et moins de verve comique que Grétry ; mais il a autant de franchise et de naturel que tous les deux. et brille surtout par la grâce et la douceur du sentiment. Personne n'a fait le *six-huit* aussi bien que lui. En se modelant sur les opéras bouffons italiens, il est resté toujours dans les bornes sévère du goût. Aussi Dalayrac, dit Grétry (Essais sur la musique, tom. III), est un des musiciens qui a le mieux respecté les convenances.

Voici les titres des opéras de Dalayrac qui ont réussi. La plupart ont été faits en société avec M. Marsollier

Le Corsaire, 1783 ; les Deux Tuteurs, 1784 ; La Dot ; l'Amant Statue. 1785 ; Nina, 1786 ; Azémia ; Renaud d'Ast, 1787 ; Sargines, 1788 ; Raoul de Créquy, les Deux Petits Savoyards, 1789 ; la Soi ée Orageuse, 1790 ; Philippe et Georgette ; Tout pour l'Amour ; Camille ou le Souterrain, 1791 ; Ambroise, 1793 ; Arnill, Marianne ; la Pauvre Femme, 1795 ; la Famille Américaine, 1796 ; Gulnare ; la Maison Isolée, 1797 ; Primerose, 1798 ; Adolphe et Clara ; Laure, 1799 ; Catinat ; le Rocher de Leucade ; Maison à Vendre, 1800 ; la Boucle de Cheveux, 1801 ; Picaros et Diégo, 1803 ; une Heure de Mariage ; la Jeune Prude, 1804 ; Gulistan, 1805 ; Lina, 1807 ; Elise - Hortense ; Alexis ou l'Erreur d'un Bon Père ; la Tasse de Glace ; la Tour de Neustadt ; l'Actrice chez elle ; le Château de Monténero., etc. En 1804, il avait donné à l'Académie Impériale de musique, le Pavillon du Calife.

Parmi ces ouvrages, ceux qui ont eu le plus de succès, sont Adolphe et Clara ; Maison à Vendre ; Gulistan ; Camille et Nina. Ces deux dernières pièces ont été aussi mises en musique par messieurs Paer et Paisiello ; mais les intentions premières de Dalayrac n'ont peut-être pas été égalées dans les airs de caractère et de situation qui ont été retenus. Il est difficile d'établir une comparaison entre ces manières, l'une convient mieux au goût italien, l'autre à la scène française.

Dalayrac est mort d'un catarrhe négligé, le 27 novembre 1809. M. Marsollier a prononcé un discours très-touchant sur la tombe de son ami.

Les auteurs et compositeurs de l'Opéra-Comique ont arrêté entre eux qu'il serait élevé, à la mémoire du second Grétry, un buste en marbre, qui sera placé dans le foyer du théâtre de l'Opéra-Comique.

DALBERG. (Jean - Frédéric-Hugues, baron de), frère du savant Prince Primat, conseiller de l'électeur de Trèves à Coblentz, est né vers 1752. C'est un très-habile pianiste et un compositeur du premier ordre. Il a publié en 1781, une brochure intitulée : *Blicke eines Tonkünstlers in die Musik der Geister* (Coup-d'Œil d'un musicien sur la musique des Esprits). Parmi les compositions du baron de Dalberg, on distingue neuf œuvres de sonates pour le piano, dont plusieurs à quatre mains, et les Complaintes d'Eve (extraites du Messie de Klopstok) gravées en partition pour le clavecin, à Spire, en 1785.

DALEMBERT (Jean le Rond), membre des Académies des sciences de Paris et de Berlin, et secrétaire perpétuel de l'Académie Française, né a Paris le 17 novembre 1717 ; y mourut de la pierre le 29 octobre 1783.

Rameau avait publié en 1722 son traité d'harmonie, qui ne fit pas d'abord beaucoup de bruit, parce qu'il était lu de peu de personnes. Dalembert, géomètre profond, à qui l'on devait la solution du problême des cordes vibrantes, entreprit de mettre les idées de Rameau à la portée des lecteurs ordinaires. En 1752, il publia les Elémens de musique théorique et pratique, et donna l'apparence de l'ordre et de la clarté à un système essentiellement vicieux. Ce système qui a retardé les progrès de la musique en France, y est aujourd'hui rejeté par les bons théoriciens.

Dalembert a inséré dans ses Mélanges de littérature, un Traité sur la liberté de la musique ; et dans le mercure du mois de Mars

1762, une Lettre à M. Rameau, pour prouver que le corps sonore ne nous donne et ne peut nous donner par lui-même aucune idée des proportions.

DALIBOR (Bohème), a donné son nom à la tour du château de Prague , qu'on appelle encore aujourd'hui *Daliborka*. Il se révolta en 1498, contre son souverain , fut pris et conduit à Prague, où on l'enferma dans la nouvelle tour qu'on venait d'élever pour y garder les prisonniers. Dalibor , homme vif , s'ennuyant dans cette solitude forcée , sut se procurer un violon, et sans avoir jamais été auparavant musicien , y parvint par ses exercices assidus, à un tel degré de perfection , que le peuple s'assemblait tous les jours aux environs de sa prison pour l'entendre, et qu'en très - peu de tems il fut regardé généralement comme un des premiers virtuoses sur cet instrument. La pitié et l'admiration qu'il inspirait , lui valurent beaucoup de présens , et son aventure a donné naissance au proverbe en usage dans la Bohème : « la faim a aussi enseigné la musique à Dalibor ».

DALLERY (Charles), après avoir exercé long-tems la profession de tonnelier dans la ville d'Amiens , entreprit la réforme des anciennes mécaniques employées dans les orgues, et dont le bruit désagréable nuisait à l'effet de ces instrumens; réforme que personne avant lui n'avait tenté de faire. C'est à lui qu'on doit les beaux orgues de Saint-Nicolas-aux-Bois, de l'abbaye de Clairmarais (en Flandres) , et enfin le mémorable orgue de l'abbaye d'Anchin, orgue à cinq claviers pleins , c'est-à-dire , partant depuis le *ff* en haut jusqu'à la dernière note d'en bas, et dont le buffet a soixante quinze pieds d'élévation , sur cinquante-cinq pieds de face. Cet orgue magnifique est maintenant à Saint-Pierre de la ville de Douai, en Artois.

Son génie suppléa à son érudition , en facture d'orgues, dans la partie mécanique seulement , car la partie harmonique était encore au berceau. Un autre, après lui, devait

opérer cette révolution ; le célèbre Clicquot.

DALLERY (Pierre), neveu du précédent , et son élève dans la facture des orgues, est né , le 6 juin 1735, à Buire-le-Sec, près de Montreuil-sur-Mer. Jusqu'à l'âge de vingt-six ans, il étudia sous la direction de son oncle , et l'aida à parachever les orgues cités dans l'article précédent Son premier ouvrage en ce genre fut l'orgue des Missionnaires de Saint-Lazare, faubourg Saint-Denis, dont toutes les parties pouvaient déjà servir de modèles , sous le rapport de la mécanique. C'est ainsi que s'exprima le célèbre Clicquot, qui fut appelé, comme arbitre , pour le recevoir, et qui chargea ensuite M. Dallery de la reconstruction de l'orgue de la paroisse Saint-Laurent. Ce fut là que l'on vit, pour la première fois , une mécanique régulière et parallèle , *fonctionnant* sur des *plans* droits et perpendiculaires, offrant à la vue une régularité aussi agréable que facile à mouvoir, et qui fait encore les délices des organistes qui en jouent.

Il ne manquait à M. Dallery que d'être tout-à-fait attaché à celui dont il justifiait si bien la confiance, et qui venait d'opérer une grande révolution dans l'harmonie des orgues. Jusque là , ces instrumens n'avaient offert que des sons frêles et timides, au lieu de cette mâle et fière harmonie qui les caractérise aujourd'hui. C'est à la réunion de ces deux hommes que la capitale dut les beaux et magnifiques orgues de Notre-Dame, de St.-Nicolas-des-Champs, de Saint-Merry, de la Sainte-Chapelle , de la chapelle du Roi à Versailles, et de tant d'autres qui n'existent plus. Leur association cessa avant l'entreprise de l'orgue de Saint-Sulpice, ce qui fit dire à François-Henri Clicquot, lorsqu'il vit ce bel orgue manqué dans l'effet qu'il devait produire , que , *depuis sa séparation avec Pierre Dal'ery, il n'avait plus rien fait de bon* De ce moment date la réputation que ce dernier s'est acquise, et qui balança celle de son maître. Il refit à neuf l'orgue des Missionnaires de Saint-Lazare, en lui donnant l'harmonie qui lui manquait. Il fit ensuite le joli orgue de la paroisse de Sainte-Suzanne de l'Ile-de-France, et ceux de la Madeleine d'Arras, de la paroisse de Bagnolet, près Paris, de Charonne, du chapitre de Saint-Etienne-des-Grès, etc., sans compter les petits orgues de chambre, dont l'invention est faussement attribuée, par Dom Bedos, à un nommé Lépine, qui n'en n'a jamais fait. M. Dallery excelle surtout dans la facture des pianos organisés, auxquels il a eu l'idée d'ajouter un hautbois et un basson, et dont le premier fut joué à la cour de Louis XVI, par Duchêne, organiste du Roi et de l'abbaye de Sainte-Geneviève.

DALLOGLIO (Domenico), compositeur très-agréable, et célèbre violoniste, naquit à Padoue. En 1735, il se rendit, avec son frère cadet, à Pétersbourg, où il resta pendant vingt-neuf ans au service de la cour. En 1764, il demanda sa démission, et retourna, avec son frère, dans sa patrie, mais il ne put atteindre le but de son voyage; il fut frappé d'apoplexie près de Narve, où il mourut. On a gravé à Vienne douze solos pour le violon de sa composition. L'on connaît en outre en Allemagne plusieurs symphonies, concertos et solos pour violon, et quelques solos pour viola, qui sont restés en manuscrit.

DALLOGLIO (Giuseppe), frère cadet du précédent, agent du roi de Pologne, et célèbre violoncelliste, naquit à Venise. En 1735, il entra avec son frère au service de la cour de Russie, où il jouit, pendant vingt-neuf ans, de l'admiration et des applaudissemens de la cour et du public. En 1764, il se rendit à Varsovie, où le Roi lui conféra la charge de son agent auprès de la république de Venise.

DALRYMPLE (Anne-Marie), née miss Harland, un des premiers amateurs de musique de Londres, chantait supérieurement et jouait du forte-piano avec une délicatesse extrême, et accompagnait fort bien. Elle mourut en 1786.

DALVIMARE (M.), harpiste amateur, s'est fait entendre plusieurs fois dans les concerts pu-blics, accompagné par le cor de M. Frédéric Duvernoy. Il a publié plusieurs sonates, deux concertos, un duo à quatre mains, et un air piémontais varié pour la harpe. On a encore de lui plusieurs romances qui ont eu du succès, et le mariage par imprudence, joué en 1809 à l'opéra comique.

DAMBRUIS, compositeur français, vers 1685, acquit une très-grande célébrité par ses ouvrages.

DAMPIERRE (le Marq.), a fait des fanfares pour la chasse. On trouve aussi des fanfares de cet auteur à la fin d'un recueil de poésies, intitulé : Les Dons des enfans de Latone, par M. Deseré.

DANCHET (Antoine), né à Riom en 1671, et mort à Paris en 1748, a composé plusieurs drames lyriques, mis en musique par Campra. Les plus connus sont Hesione, Aréthuse, Tancrède, Alcide, Camille, Télémaque, le Triomphe de l'Amour, Achille et Deidamie. Comme Danchet avait l'air simple, et même un peu niais, on répéta long-tems ce trait des fameux couplets de 1710 :

> Je te vois, innocent Danchet,
> Grands yeux ouverts, bouche béante,
> Comme un sot pris au trébuchet,
> Écouter les vers que je chante.

DANDRIEU (Jean-François), célèbre organiste, mort à Paris en 1740, à cinquante-six ans, a donné trois livres de pièces de clavecin, et une de pièces d'orgue, avec une suite de noëls. On a aussi de lui un Traité d'accompagnement, dont la première édition a paru en 1727, et la deuxième en 1777, augmentée de leçons tirées des meilleurs auteurs italiens.

DANZI (François), est né à Manheim le 15 mai 1763, d'Innocent Danzi, violoncelliste italien très-estimé, au service de l'électeur Palatin. Il apprit la musique de très-bonne heure, et composa quelques petites pièces instrumentales, à l'âge de neuf ans, sans savoir les règles de la composition ; qu'il étudia en 1776 sous le célèbre abbé Vogler, alors maître de chapelle de l'Electeur. Il cultiva aussi le violoncelle, mais au point d'ac-

compagner exactement. Le goût
qu'il avait pour la poésie et le théâtre, l'engagea à s'appliquer à ces
deux arts. En 1779, il donna son
premier opéra, *Azakia*, au théâtre
de Munich, et en 1796, il devint
maître de chapelle de cette ville.
Depuis cette époque, il a composé
beaucoup de musique d'église, des
opéras, plusieurs concertos pour
instrumens à vent, des sonates et
concertos de piano, dont la plupart ont été gravés à Leipsick ou à
Munich. M. Danzi est maintenant
à Stuttgard, maître de chapelle du
roi de Würtemberg, et en même
tems directeur des concerts de la
cour et des opéras au théâtre
Royal.

DANZI (Mademoiselle). V. madame Lebrun.

DAQUIN (L. Claude), orga-
niste de la chapelle du Roi, naquit à Paris au mois de juillet
1694.

A l'âge de six ans, il fut mené
à la cour et toucha le clavecin devant Louis XIV, qui lui fit beaucoup d'accueil, et le récompensa.
Le grand Dauphin, qui était présent, frappa sur l'épaule de cet
enfant extraordinaire, et lui dit :
*Mon petit ami, vous serez un
jour un de nos plus célèbres artistes.* Cette prédiction s'est accomplie.

Quelques leçons de composition
du fameux Bernier, élève de Caldara, suffirent à Daquin pour composer, à l'âge de huit ans, un
Beatus vir à grand chœur et symphonie. Quand on l'exécuta, Bernier mit Daquin sur une table
pour qu'il battît la mesure et fût
mieux vu des spectateurs.

Il n'avait que douze ans lorsqu'il obtint l'orgue des chanoines
Réguliers de Saint-Antoine, et on
accourait déjà en foule pour l'entendre.

En 1727, l'orgue de St.-Paul vint à
vaquer. Le concours fut annoncé,
et Rameau s'y présenta. Rameau
ayant joué le premier une fugue préparée, Daquin s'en aperçut, et ne
laissa pas d'en improviser une qui
balançait les suffrages. Il remonta
à l'orgue, et arrachant le rideau
qui le cachait aux spectateurs, il
leur cria : *c'est moi qui vais tou-*

cher. Il était hors de lui, il se surpassa et eut la gloire de l'emporter
sur son rival.

Lorsque Hændel vint en France,
il alla entendre Daquin à Saint-
Paul, et il fut si étonné de son
jeu, que, malgré les instances les
plus pressantes, il ne voulut jamais jouer devant lui.

Daquin a prolongé jusqu'à l'âge
de soixante-dix-huit ans cette
carrière où il s'était distingué de
si bonne heure, et il a conservé
jusqu'à la fin la même tête et des
doigts aussi brillans.

Dix-huit jours avant de mourir,
il toucha l'orgue de Saint-Paul à la
fête de l'Ascension, et charma tous
les auditeurs.

Pendant sa dernière maladie, qui
ne dura que huit jours, il pensait
encore à la fête de saint Paul qui
approchait. Il disait : *Je veux
m'y faire porter par quatre hommes, et mourir à mon orgue.*

Il mourut le 15 juin 1772, et fut
enterré à St-Paul avec un concours
prodigieux d'artistes et d'amateurs.
Le chanoines Réguliers de St.-An-
toine, dont il avait touché l'orgue
pendant soixante-six ans firent aussi
chanter un service pour lui, et
accordèrent une gratification à son
fils.

Les ouvrages gravés de Daquin
sont, 1° un livre de pièces de clavecin, en 1735 ; 2° un livre de
noëls ; 3° une cantatille intitulée :
la Rose. Il laissa en manuscrit,
un *Te Deum*, plusieurs motets à
grand chœur ; un *Miserere* en
trio ; des leçons de ténèbres ; plusieurs cantates, entr'autres, celle
de Circé de J. B. Rousseau, et des
pièces d'orgue du plus grand
genre.

DAQUIN, fils de l'organiste, a
publié dans la première partie de
son Siècle Littéraire de Louis XV,
huit chapitres sur la musique, les
musiciens et les instrumens, à
cette époque. L'auteur est prolixe
et superficiel. M. Guichard (auteur du Bucheron, mis en musique
par Philidor), a dit des deux Daquin, dont l'un était organiste, et
l'autre littérateur :

On souffla pour le père, on siffle pour le fils.

DARCIS (M.), élève de Grétry, a donné à la comédie Italienne en 1774, la Fausse Peur. Il était alors fort jeune, et ne tint pas ce que son début promettait. On lui attribue le Bal Masqué.

DARD, a fait graver à Paris, en 1767, six solos pour le basson ou violoncelle, op. 1, et six autres, op. 2.

DARDANE, de Trœzène, est regardé comme l'inventeur du chalumeau. V. Pline, Hist. nat. VII, p. 56.

DARONDEAU (Bononi), né à Munich en Bavière, vers l'année 1740, professeur de chant à Paris, a composé sept recueils de romances, et la musique du Soldat par Amour, représenté au théâtre de l'Opéra Comique en 1789.

DARONDEAU (Henry), fils du précédent, né à Strasbourg le 28 février 1779, professeur de fortepiano à Paris, élève, pour la composition, de M. Berton, a publié plusieurs recueils de romances, et plusieurs pièces de piano. Il compose en ce moment la musique d'un ouvrage reçu au théâtre de l'Opéra Comique.

DASCANIO (Josqinq), compositeur, vivait dans la première moitié du seizième siècle.

DATI (Vincent), célèbre chanteur du duc de Mantoue et de Parme, de 1680 à 1690.

DAUBE (Jean-Frédéric), depuis trente ans conseiller et secrétaire de l'Académie Impériale des arts et des sciences à Vienne, et secrétaire de la Société de Musique de Florence, né à Hesse, était auparavant musicien de chambre du duc de Würtemberg à Stuttgard. Il publia, en 1756 à Leipsick, un écrit de deux cent quinze pages in-4°, intitulé : Basse continue à trois accords, d'après les règles des auteurs anciens et modernes, avec une instruction de qu'elle manière on peut, moyennant deux accords intermédiaires passer à chacune des autres vingt-trois espèces de tons (General-Bass indrey accorden gegründet, etc.). On peut lire dans le tom. II de Marpurg (Beytr.) la critique sévère que le docteur Gemmel fit de cet ouvrage. Daube fit

encore imprimer dans la suite à Vienne, en 1773, un ouvrage in-4°, sous le titre : l'Amateur de musique. Dissertation sur la composition d'après la manière ancienne et moderne des fugues (Der musikalische dilettant). On annonça encore de lui dans la Gazette de Francfort de 1774, qu'il avait achevé un manuscrit prêt à être imprimé, sur la Manière de peindre les passions par la musique ; et dont on fit alors de grands éloges. Dans l'Almanach de musique de Forkel de 1784, on peut lire en entier les titres des ouvrages que nous venons de citer.

Comme compositeur, il a laissé six sonates pour le luth, dans le goût moderne, op. 1. Cet ouvrage qu'il composa encore du tems qu'il était musicien de chambre à Stuttgard, a été gravé à Nuremberg,

DAUBERVAL, né à Marseille, est mort subitement le 14 février 1806, âgé de soixante trois ans. Elève de M. Noverre, il mérita une grande réputation comme danseur et comme compositeur de ballets. C'est lui qu'on a si heureusement appelé le Préville de la danse. Dès l'âge de quarante ans, il avait quitté l'Opéra pour se fixer à Bordeaux, où il fit représenter les jolis ballets de la Fille mal gardée, du Page inconstant, du Déserteur, et le ballet de Télémaque, dans lequel le rôle de Mentor aurait suffi pour le mettre au rang des plus célèbres chorégraphes. V. Les quatre Saisons du Parnasse, Printems, 1806.

DAUTRIVE, publia, en 1783, à Londres, deux concertos pour le violon.

DAUVERGNE (Antoine), né à Clermont le 4 octobre 1713, surintendant de la musique du Roi, et directeur de l'Opéra, est mort à Lyon le 12 février 1797, âgé de quatre-vingt-quatre ans.

Il a donné, tant à la cour qu'au théâtre, vingt pièces, qui, dans le tems, obtinrent un succès mérité. On a de lui un livre de trios pour deux violons et une basse, une œuvre de sonates de violon, et un livre de quatuors.

Dauvergue a fait époque dans son

art. La pièce des Troqueurs, composée par lui en 1753, est le premier opéra comique représenté en France. Il a ouvert une carrière où, depuis, se sont illustrés Duni, Monsigny, Philidor, Grétry et Dalayrac.

DAUVILLIERS (Jacq.-Marin), né à Chartres le 21 septembre 1754, a fait ses études de musique sous M. Delalande, maître de chapelle de la cathédrale de cette ville, parent du célèbre Lalande. Au sortir de ses mains, il fut maître de chapelle de Saint Aignan d'Orléans, et nommé à la cathédrale de Tours. A l'époque de la révolution, il vint à Paris, et de là, voyagea en Italie et en d'autres pays, cherchant à augmenter ses connaissances. M. Dauvilliers a composé plusieurs œuvres, telles que pots-pourris, romances, et un solfège, dédié à M. Grétry, et qui a été approuvé par MM. Lesueur et Lays. H

DAVAUX (M.), violoniste et compositeur, tient un rang distingué parmi les professeurs de musique, quoiqu'il n'ait jamais pris que le titre d'amateur. Outre le petit opéra de Théodore, qu'il a donné, en 1785, au Théâtre Italien, il a publié dix œuvres pour le violon, qui contiennent des concertos, des quatuors et des duos. M. Davaux donne tous les mardis, pendant l'hiver, des concerts brillans, où l'on entend MM. Ardisson, Alliaume, Marcou, Raoul, etc.

DAVAUX. Il a paru sous ce nom une lettre sur un instrument ou pendule nouveau qui a pour but de déterminer avec la plus grande exactitude les différens degrés de vitesse ou de lenteur des tems dans une pièce de musique, depuis le *prestissimo* jusqu'au *largo*, avec les nuances imperceptibles d'un degré à l'autre. V. le Journal Encyclopédique, 1784, juin, p. 534.

DAVELLA (Giovanni), a publié à Rome, en 1657, *Regole di Musica*, en six traités, dans lesquels il promet les vraies et faciles instructions sur le *canto fermo*, le *canto figurato*, le contrepoint, le chant, etc. Ces magnifiques promesses sont bien loin d'être réalisées. V. Hist. de la Mus. de Burney, t. III, p. 539.

DAVESNES, basse-contre au grand Opéra de Paris, fit exécuter au Concert Spirituel, en 1755, des motets et des symphonies.

DAVID, Roi et Prophète, naquit à Béthléem, l'an 1085 avant J. C., d'Isaï ou Jessé, de la tribu de Juda, et mourut dans la soixante dixième année de son âge et la quarantième de son règne. C'est une question fort agitée parmi les savans, si David est l'auteur des cent cinquante Psaumes. Quelques uns prétendent que chaque Psaume, en particulier, a été composé par celui dont il porte le nom; qu'ainsi David en a composé soixante dix, et que les autres sont de Moïse, de Samuel, de Salomon, etc. Mais l'opinion la plus suivie, soit parmi les Juifs, soit parmi les Chrétiens, c'est que David est l'auteur de tout le recueil des Psaumes, et que ceux dont le nom est dans le titre, sont les chantres à qui le Roi-Prophète avait donné ordre de mettre ces Psaumes en musique. Une ancienne opinion, attribue à David, l'invention des cordes faites avec des boyaux d'animaux; avant lui on ne se servait que des cordes de métal.

DAVID. (Antoine), était un bon clariniste de Strasbourg qui eut de la réputation en Allemagne et en Russie vers 1780.

DAVID (N.), tenor, né à Bergame vers 1748, a reçu des leçons de contrepoint de Sala, et s'est formé lui-même pour le chant. Il n'a jamais joué que dans les *opéra seria*. Au théâtre de Milan, il a chanté des duos avec Marchesi, et a dit à ce sujet : *Nous sommes deux lions*. Il s'est fait encore plus admirer dans la musique d'église que dans la musique de théâtre. En 1785, il parut au Concert Spirituel, et enleva tous les suffrages dans le *Stabat* de Pérgolèse.

Voici ce qu'en dit un des journaux du tems :

« Quelle méthode excellente! quelle justesse! quelle sûreté d'organe! quelle précision étonnante! avec quel à-plomb ne retombe-t-il pas dans les mesures les plus lentes sur chacun des tems qu'il veut marquer! Il a rendu simplement et avec la plus profonde expression le premier duo du *Stabat* et le *Vidit suum*, dont la teinte lugubre ne paraissait pas admettre d'ornemens. Il a non pas brodé, mais créé le verset *Quæ mærebat*. Il a montré, dans ce morceau, une habileté rare et une tête prodigieusement féconde, en établissant *in promptu*, sur une harmonie donnée, un chant très-différent de celui qui est écrit. Le chant, que Pergolèse a fait gracieux, mais sans expression déterminée, est-il assez saillant pour avoir dû être regretté? N'est-ce pas là le cas où l'adresse de l'exécution remplace heureusement les faiblesses de la musique?»

M. Nozari, de Bergame, excellent tenor, qui nous a fait tant de plaisir à l'Opéra-Buffa, est élève de M. David.

DAVIE (Madame), était regardée comme la meilleure cantatrice à l'Opéra Buffa de Saint-Pétersbourg, en 1785.

DAVIES (Miss), ou Davis, parente du célèbre Francklin, s'est rendue célèbre dans sa patrie par son chant agréable, son habileté sur le forte-piano, et principalement par l'avantage qu'elle eut de faire, la première, connaître au public, en 1765, les sons de l'harmonica, que Franklin venait d'inventer l'année auparavant, et dont il lui avait fait présent. Elle vint, en 1765, avec son harmonica à Paris, et y fit admirer son talent, tantôt sur le forte-piano, tantôt sur l'harmonica, mêlant sa voix aux sons de l'instrument, et laissant plus d'une fois ses auditeurs incertains si c'était l'instrument ou son chant qu'ils entendaient. Elle visita, dans les années suivantes, Vienne et la plupart des grandes villes de l'Allemagne. Depuis, elle vit à Londres dans la retraite, ayant renoncé, depuis plusieurs années, à l'harmonica, à cause de l'effet nuisible qu'il produisait sur ses nerfs.

DAVIES (Miss Cécile), désignée en Italie sous le nom de l'*Inglesina*, était la sœur cadette de la précédente, et une des premières cantatrice de la fin du dernier siècle. Elle apprit d'abord la musique sous le célébré Sacchini, mais elle ne commença à dévelop-

per ses grands talens que lorsqu'elle accompagna sa sœur dans son voyage à Vienne. Demeurant dans la même maison qu'occupait le célèbre Hasse, elle enseigna la langue anglaise à sa fille, et reçut de lui, en retour, des leçons dans l'art du chant. Elle a chanté depuis comme première cantatrice sur beaucoup de théâtres, entr'autres à Naples, en 1771; à Londres, en 1774, et à Florence, depuis 1780 jusqu'en 1784.

DAVIS (Hugh), bachelier en musique, et organiste, à l'église collégiale de Herford, mourut en 1644. On faisait le plus grand cas de ses compositions pour l'église.

DAVOGLIO (F.), violoniste à Paris, qui se fit entendre, en 1755, au Concert Spirituel. Il a publié, depuis 1780 jusqu'en 1784, six ouvrages de solos, de duos et de quatuors, etc. pour son instrument.

DAVRIGNY (M.), auteur de plusieurs opéras comiques, qui ont eu du succès, s'est aussi exercé dans le genre de la haute poésie. Son poëme sur La Pérouse renferme de grandes beautés de détail, mais le plan n'en est pas heureusement conçu.

DÉ (Madame), amateur et excellente cantatrice de Milan en 1770, se fit remarquer par l'étendue de sa voix, et par le goût avec lequel elle exécutait l'adagio. V. *Voyages* de Burney, t. 1.

DEBAIGNE (L'abbé), était maître de musique de Louis XI. Bouchet raconte qu'un jour ce prince, en plaisantant avec l'abbé de Baigne, lui demanda de lui donner un concert de cochons, ne s'imaginant pas que cela fut possible. L'abbé fit rassembler plusieurs pourceaux de divers âges dans une espèce de tente, au devant de laquelle il y avait une table peinte, avec un certain nombre de touches en forme de clavier, de sorte qu'à mesure qu'il posait les doigts sur ces touches, il y avait de petits aiguillons qui piquaient les pourceaux, et les faisaient crier. Louis XI prit beaucoup de plaisir à cette étrange musique. V. Laborde.

DEBLOIS (Charles-Gui-Xavier VANGRONNENRADE, dit), né à Lunéville le 7 septembre 1737,

élève de Giardini et de Gaviniès,
a été vingt-huit ans un des premiers violons de la comédie Italienne, où il fit souvent les fonctions de chef à l'orchestre. Il a
composé quatre symphonies à grand
orchestre qui ont été employées
comme ouvertures à ce théâtre,
des petits airs en quatuors; une
sonate, des romances et les Rubans
ou le Rendez-Vous, opéra comique
en un acte, et en vers, représenté
pour la première fois le 11 août
1784.

DECIUS (Nicolas), cité par
Walther sous le nom de Dechius,
collègue de l'école de Bruswick,
dans les premiers tems de la réforme (1540), fut le premier, dit
Walter, cité par Gerbert, qui fit
exécuter des morceaux de musique
à plusieurs voix, genre alors entièrement inconnu. Nous ne savons
pas ce que veulent dire ces auteurs : la moindre connaissance de
l'histoire de la musique suffit pour
fait connaître combien cette assertion est absurde. Décius composa
la musique et les paroles de plusieurs cantiques allemands. Il était
bon musicien, jouait très-bien de
la harpe ; il fut, en dernier lieu,
prédicant a Stettin, où il périt
par le poison.

DECKER (Joachim), orga-
niste et compositeur à Hambourg,
y vécu vers 1610. Entr'autres ouvrages il a laissé de la musique à
quatre voix pour le livre de cantiques, imprimé à Hambourg en
1604, qu'il composa avec Jérôme
et Jacques Prœtivius et David
Scheidemann.

DEDEKIND (Constantin-
Chrétien), poète couronné, musicien de chambre de l'électeur de
Saxe, et percepteur des contribu-
tions des cercles de Misnie et de
l'Erzgebirg, montagnes de Ming. A
en juger d'après la quantité de
chansons pleines de goût qu'il a
publiées, il paraît avoir été un
des meilleurs compositeurs de son
tems, en ce genre.

Le maître de chapelle, Henri
Schütz parle avec éloge de ses compositions dans une lettre que l'on
trouve au commencement d'un
volume de l'ouvrage de Dedekind,

intitulé Divertissemens de la muse d'
l'Elbe, consistant en cent soixante-
quinze chansons choisies de poëtes
célèbres, etc. Dresde 1657, 4 volume in-4° (Ælbianische musen-
lust, etc.) Cet ouvrage paraît
avoir été le premier que Dedekind
publia On connaît de lui encore
plusieurs autres ouvrages, principalement de musique spirituelle. V.
Walther.

DECK (Nazare), très-habile
violoniste de Bologne, était, en
1745, directeur du concert de Zurich.

DEFESCH (Williams), com-
positeur de Londres, y fit graver,
en 1730, son huitième œuvre,
consistant en huit solos pour violoncelle. Il était habile violoniste.

DEGEN (Henri-Christophe),
était, en 1757, solo de violon et
de forte-piano, à la chapelle du
prince de Schwarzbourg-Rudolstadt ; il s'est fait connaître par
plusieurs compositions pour ces
deux instrumens, et par diverses
cantates pour l'église, en manuscrit.

DEGEN (J. Philippe), né à
Wolffenbütel en 1728, fut d'abord
violoncelliste à l'orchestre de Nicolini à Brunswick. En 1760, lors
de la dissolution de cet orchestre,
il devint violoncelliste du roi
de Dannemarck. Il mourut en
janvier 1789. Il a publié, en 1779
à Copenhague, une cantate pour
la fête de Saint-Jean, avec accompagnement de forte-piano.

DEHEC (Nassovius), premier
violoniste à l'église de Santa-Ma-
ria Maggiore, à Bergame ; fit graver à Nüremberg, vers 1760, six
trios pour le violon. On a encore
de lui quelques autres compositions,
en manuscrit.

DEINL (Nicolas), eut pour
maître de musique vocale Schwem-
mer, et pour maître de clavecin
et de composition Wecker. Il étudia aussi cet art sous J. Ph. Krieger de Weissenfels qu'il quitta en
1685, après y avoir acquis les connaissances les plus profondes, pour
occuper la place d'organiste. En
1690, il passa dans le même emploi à Nüremberg ; enfin, en 1706,
il fut nommé directeur de musique

à l'église du Saint-Esprit de cette ville où il mourut en 1730.

. DEIS (Michel), musicien du seizième siècle , en Italie. Le Père Joanelli, dans son *Nov. Thesaur. music. Venet.*, 1568, nous a conservé plusieurs morceaux de sa composition. V. Gerber, Hist.

DEJAURE, a fait plusieurs pièces de théâtre, entr'autres Montano et Stéphanie, dont M. Legouvé a retouché le troisième acte, et la Dot de Suzette, comédie en un acte, pleine d'esprit et de talent.

DELACROIX (L'abbé), était, vers 1752, chanteur au Concert Spirituel à Paris, et a composé différens motets.

DELAIR (D.), a publié un Traité d'accompagnement pour le théorbe.

DELAIRE, a publié, pour la première fois en 1700, selon J.-J. Rousseau, qui semble, mais à tort, lui en attribuer l'invention, la Formule Harmonique appelée *Règle de l'octave*, laquelle détermine, sur la marche diatonique de la basse, l'accord convenable à chaque degré du ton, tant en montant qu'en descendant.

DELANGE (E. F.), compositeur à Liège, y fit graver, en 1768, son sixième ouvrage, composé de huit ouvertures à six voix.

DELCAMBRE (Thomas), élève de M. Ozi, est professeur de basson au Conservatoire et membre de l'orchestre de l'Opéra. Aux beaux concerts de Feydeau, en 1794, il a souvent exécuté des symphonies concertantes de Devienne, avec MM. Huguot, Frédéric et Charles Duvernoy. Son frère, Louis Delcambre, est hautboïste à l'orchestre de l'Opéra.

DELLAIN, musicien de Paris, a composé la musique de la Fête du Moulin, donnée en 1758 au Théâtre Italien. Il fit graver, en 1781, un œuvre pour le clavecin, sous le titre : Manuel Musical.

DELL'AQUA (Joseph), grand chanteur très-célèbre, à Milan, de 1670 à 1680.

DELLACASA (Girolamo), compositeur d'Udine, vivait à la fin du quinzième siècle. Outre plusieurs recueils de madrigaux de différens maîtres, il a encore écrit un traité,

sous le titre : *Il vero modo di diminuire con tutte le sorti di stromenti.* Ce traité est devenu assez rare. V. Walther, qui ne l'appelle que Girolamo, d'après son nom de baptême.

DELLAMARIA (Domenico), né à Marseille d'une famille italienne, se livra dès sa plus tendre jeunesse à l'étude de la musique. A dix-huit ans, il avait déjà composé un grand opéra, qui fut représenté à Marseille. Enflé de ce premier succès, il partit pour l'Italie, non pour étudier, mais, comme il le disait lui-même, *pour se perfectionner dans son art.*

Pendant les dix ans qu'il resta en Italie, il étudia sous plusieurs maîtres. Le dernier fut Paisiello. Imbu des leçons de ce grand maître, il composa six opéras comiques, dont trois eurent beaucoup de succès. Celui de tous qu'il affectionnait le plus, et dont il se plaisait à répéter des morceaux, avait pour titre *Il Maestro di Capella.*

Il revint en France vers 1796, et débuta, au théâtre de l'Opéra-Comique, par le Prisonnier, qui augmenta sa réputation.

Rapportons ici le jugement d'un compositeur bien capable de l'apprécier (M. Dalayrac).

« Ses premiers pas dans la carrière dramatique ont été marqués par les succès les plus brillans. Le Prisonnier, l'Oncle valet, le Vieux Château, l'Opéra-Comique, et quelques autres ouvrages, donnés successivement et dans moins de deux ans, attestent le talent de l'auteur et sa fécondité.

- » Je n'entreprendrai point de les analyser ; il me suffira de dire qu'on y trouve partout un chant aimable et facile, un style pur, élégant, des accompagnemens légers et brillans, réunis à la véritable expression des paroles, ce qui est plus extraordinaire, sans doute, dans un élève d'école étrangère. Dellamaria a été placé à côté de nos meilleurs compositeurs.

» On se rappellera long-tems l'ivresse qu'a excitée, dans toute la France, la musique du Prisonnier. Petits airs, romances, duos, quatuors, ici tout est facile, pur,

I.   12

» naturel. Parler des morceaux que
» l'on y distingue, ce serait les nom-
» mer tous. Les chants, tour-à tour
» gais, tendres et naïfs, ont été
» soupirés sans effort : ils ont plu
» à tout le monde : ils ont été rete-
» nus par toutes les âmes sensibles ,
» et viennent, pour ainsi dire, d'eux-
» mêmes se placer sur toutes les
» lèvres. »

Ce jeune compositeur, à peine âgé
de trente-six ans, est mort presque
subitement en 1800. Il était très-
habile sur le piano, et jouait du
violoncelle avec autant de facilité
que de grâce.

DELLEPLANQUE, professeur
de harpe de Paris, y fit graver, de
1775 à 1800, un grand nombre d'œuvres pour son instrument, la plupart déjà oubliés. Il est mort vers
1800.

DELLER (FLORIANO), a publié
Sonatas for two violins and vio-
loncello with a thoroug bass.

DELLIN, a publié des sonates
de violon, op. 1. V. *Dellain.*

DELRIEU (M.), auteur de la
tragédie d'Artaxerse, s'était déjà
fait connaître par des comédies et
des opéras comiques. Nous citerons
surtout son opéra de Michel-Ange,
mis en musique par M. Nicolo.

DEL-RIO. (MARTIN-ANTOINE).
né à Anvers en 1551, fut d'abord
intendant de l'armée en Brabant, et
ensuite jésuite et professeur de théologie. Il a laissé un ouvrage intitulé :
Disquisitiones magicæ, libr. *VI*,
dans lequel il traite de *Musicá*
magicá. Il mourut le 28 octobre 1608.

DELUSSE, professeur de flûte
à Paris, et flûtiste de l'Opera-Comique vers 1760, a composé, pour
son instrument, un grand nombre
d'ouvrages tout-à-fait oubliés aujourd'hui. Il proposa aussi une nouvelle dénomination des degrés de
la gamme, fort mal imaginée ; c'é-
tait les voyelles de la langue sans
l'addition d'aucune consonne. On
juge combien d'iatus et de cacopho-
nie cette méthode de solfier pouvait
produire. Il était facteur d'instrumens, et il exécuta, en 1780, une
flûte dite harmonique, inventée en
Allemagne, avec laquelle une seule
personne peut jouer des airs en
partie. Cette flûte est composée de

deux flûtes à bec, réunies dans un
même corps. Au reste, cette sorte
de flûte était en usage chez les Romains. Voy. l'ouvrage de Bartolinus
(*De Tibiis veterum*).

DEMACHI (JOSEPH), d'Alexandrie, violoniste à la chapelle du
roi de Sardaigne vers 1760, se rendit à Genève en 1771. Il a publié
dix-sept ouvrages de sa composition,
tant à Paris qu'à Lyon. Ils consistent
en symphonies concertantes, en quatuors, en trios et en solos pour le
violon.

DEMAR (SÉBASTIEN.), né à
Würtzbourg, en Franconie, le 29
juin 1763, a eu pour premier maître
de composition Richter, maître de
musique de la cathédrale de Strasbourg. Après avoir été trois ans
instituteur et premier organiste de
l'école normale de Weissenbourg,
il a pris à Vienne des leçons du célèbre Haydn ; et en Italie, de son
oncle Pfeiffer, compositeur distingué. Depuis dix-huit ans, il est
maître de la musique militaire de la
ville d'Orléans, et a fait de bons
élèves pour la composition, ainsi
que pour le piano et le cor.

Il a composé plusieurs messes et
un *Te Deum* à grand orchestre,
trois opéras, six œuvres de symphonies, deux concertos de violon,
quatre concertos de piano, trois
concertos de harpe, un concerto de
cor, quatre quatuors pour le violon,
deux recueils de musique militaire à
grand orchestre, dix œuvres de
duos pour le violon, trois duos
pour le cor, quatre duos pour la
harpe et le piano, quatre œuvres de
sonates de piano, quatre œuvres de
sonates de harpe, et trois méthodes,
l'une du piano, la seconde de violon, et la troisième de clarinette.

DEMAR (JOSEPH), frère cadet
du précédent, a composé plusieurs
messes à grand orchestre, ainsi que
plusieurs livraisons de duos de violon. Il est premier violoniste de la
chapelle de son A. R. le grand duc
Ferdinand.

DEMAR (THERESE), fille de Séb.
Démar, a publié plusieurs recueils
de musique, entr'autres, un Mélange d'airs favoris, dédié au célèbre
Grétry. En 1809, elle a brillé dans
les concerts publics de Paris.

DEMELIUS (Chrétien), chanteur à Nordhausen , où sa mémoire est encore en vénération , parce qu'il fut le premier qui, dès 1688, donna à cette ville un livre de cantiques , dont il a été publié depuis plusieurs éditions. Il publia aussi, en 1700, un autre ouvrage de six motets et d'ariettes à quatre voix, qui fut imprimé à Sondershausen. Comme compositeur, il excellait principalement dans la peinture des sentimens douloureux : aussi ses motets funèbres furent-ils très-estimés. Walther donne le détail de sa vie. Jean-Joachim Meyer, alors recteur, fit sur sa mort une élégie latine, où il fait intervenir tous les termes techniques de la musique. V. E.-L. Gerber.

DEMEUSE (M.), élève de M. Cartier sur le violon, a reçu ensuite des leçons de M. Baillot. Nous l'avons entendu exécuter très-bien le quatuor. Aujourd'hui , il dirige l'orchestre du Théâtre de la Gaieté.

DEMMLER (Jean - Michel), en dernier lieu, organiste à l'église cathédrale d'Ausbourg, était né à Gross-Altingen, et était connu pour sa grande habileté au forte-piano et au clavecin Il est mort en 1785. De ses compositions pour le chant ; on ne peut citer que Deucalion et Pyrrha ; mais il a beaucoup composé dans la musique instrumentale, entr'autres, différentes pantomimes, quelques symphonies en partie concertantes, et des concertos pour le clavecin. De tous ses ouvrages, rien n'a été imprimé.

DEMOUSTIER (Charles-Albert), auteur des Lettres à Émilie sur la Mythologie, qui ont eu un succès prodigieux ; a donné au théâtre Feydeau, en 1792, l'Amour Filial, opéra en un acte, musique de M. Gaveaux. Les vers sont de l'école de Dorat ; mais la musique est digne de Gessner, qui a fourni le sujet de la pièce. Ce début de M. Gaveaux annonça un compositeur distingué au théâtre de l'Opéra-Comique. Le second ouvrage de Demoustier fut Apelle et Campaspe, musique de M. Eler, joué à l'Opéra en 1797. Ce sujet, un peu froid, ne put être réchauffé par la musique. Il a mieux réussi depuis ; comme

ballet, dans les mains de M. Gardel. V. la Notice sur Demoustier, par M. Fayolle, en tête de la jolie édit. des Lettres à Émilie, publiée chez Renouard en 1804, 6 vol. in-18.

DEMOZ, prêtre du diocèse de Genève, a donné en 1728, un ouvrage in-8°, intitulé Méthode de Musique selon un nouveau système. Le système de Demoz n'a pas plus fait fortune que celui du P. Souhaitty ; et J.-J. Rousseau a voulu très-inutilement le renouveler en 1743.

DENBY, musicien de Londres, y fit graver, en 1780, un ouvrage de sonates pour le clavecin.

DENIS (Pietro). Le sieur Pietro Denis, musicien à Paris, y fit graver, ou, pour mieux dire, y trouva des éditeurs assez sots pour faire graver quelques mauvais ouvrages didactiques de sa façon. Ce furent : 1°. Une Méthode de musique et de chant ; 2°. Une Méthode de mandoline ; 3°. Une exécrable traduction du Gradus de Fux, etc., publiées par Boyer. L'exécution typographique de ces ouvrages est digne de la conception et du style ; un portefaix n'eût pas fait pire. Un seul trait a manqué à la destinée de ce barbouilleur ; c'est d'avoir un poëme reçu à l'Académie Impériale avec ceux de M....

DENNINGER (J. N.), directeur de musique à Œhringen, a publié à Manheim, 1788, un concerto pour le clavecin.

DENTICE (Luigi), gentilhomme napolitain, a publié à Rome, en 1553, deux dialogues sur la musique. Il y en a une édition de Naples, 1552, in-4°.

DÉRIAUX (N.), est auteur de l'opéra de Démophon, musique de Vogel. L'ouverture de Démophon a survécu à cette pièce. Elle est digne de celui que Gluck appelait son Fils aîné.

DÉROUVILLE (Mademoiselle), actrice de la comédie Italienne, a obtenu beaucoup de succès en 1781, dans les rôles de Lucette de la Fausse Magie, et de Marine de la Colonie.

DESARGUS (Xavier), a publié en 1809 une méthode de harpe.

DÉSAUGIERS (Marc - Antoine), naquit à Fréjus, en Provence, en 1742 ; il vint à Paris, en 1774, et son début, à l'Académie Impériale de musique, fut Erixène, opéra en un acte, dont la musique fit concevoir de son auteur des espérances que sa verve originale réalisa dans tous les ouvrages qu'il donna ensuite. Les Deux Sylphes et Florine, jolies comédies de feu M. Imbert, jouées au théâtre Italien en 1780 et 1781, fournirent à M. Désaugiers l'occasion de prouver la flexibilité de son talent. Les Deux Jumeaux de Bergame ont obtenu un succès trop prononcé, pour qu'on ait oublié ce joli ouvrage de M. le chevalier de Florian, et tout le monde chante encore la romance : Daigne écouter l'amant fidèle et tendre, et l'air : La foi que vous m'avez promise, etc., etc. M. Désaugiers a donné au théâtre de Monsieur, alors à la foire Saint-Germain, l'Amant Travesti, ouvrage imité par M. Dubreuil, d'un Conte de la Fontaine, intitulé le Muletier, et au théâtre Feydeau, le Médecin malgré lui, de Molière, auquel la musique, aussi neuve que piquante, rendait tout le charme de la nouveauté. Il avait fait la musique d'un opéra de Bélisaire, dont le poëme était de M. Désaugiers, son fils aîné, actuellement secrétaire de légation en Dannemarck, et dont les circonstances révolutionnaires empêchèrent la représentation. Nous ne parlerons pas d'une foule d'ouvrages qui, quoique représentés sur les théâtres secondaires, ne portent pas moins son caractère original. La musique du Rendez-Vous, qui commença la réputation de M. Juliet, a laissé à tous ceux qui l'ont connu, le desir de l'entendre encore. Au reste, le plus grand éloge de M. Désaugiers est sa liaison intime avec les célèbres Gluck et Sacchini ; et la messe qu'il composa à la mémoire de ce dernier, reconnue digne par tous les artistes, du talent de l'homme immortel qui l'avait inspirée, est une nouvelle preuve du génie lyrique, dont la nature avait doué ce charmant compositeur.

M. Désaugiers a publié, en 1776, la traduction de l'Art du chant figuré de J. B. Mancini. Il en a paru une autre traduction faite sur la troisième édition italienne, en l'an 3, par M. de Rayneval.

DESBROSSES, acteur de la comédie Italienne, et bon maître de chant, a donné à ce spectacle les Sœurs Rivales en 1762, et en 1763, les Deux Cousines et le Bon Seigneur.

DESCARTES (René), célèbre philosophe, né à la Haye en Touraine, le 10 mars 1596, essaya de placer la tierce majeure au nombre des consonnances parfaites. Pendant son séjour à Bréda, ou selon d'autres, sur les instances de son ami Isaac Beckmann, alors recteur à Dordrecht, il écrivit, en 1618, à l'âge de vingt-deux ans, un *Compendium musicæ*, dans lequel il établit ce principe ; mais ayant regardé cet ouvrage comme trop imparfait, il ne voulut jamais consentir qu'il fut publié. C'est vraisemblablement Beckmann qui le fit imprimer, après sa mort, à Utrecht en 1650.

En 1653, il fut traduit en anglais ; et en 1659, parut la seconde édition originale à Amsterdam. Le Père Poisson, de l'Oratoire, le traduisit en français, et le publia à Paris en 1668, sous le titre : Abrégé de la musique, par M. Descartes, mis en français avec les éclaircissemens nécessaires.

Descartes mourut pendant son séjour chez la reine Christine de Suède, le 10 février 1650. V. Walther.

DESCOMBES, fit graver à Paris, en 1780, une ariette : l'Enfant Reconnaissant, avec accompagnement.

DERCY, a donné au théâtre Feydeau, la Caverne et Télémaque, musique de M. Lesueur, et en 1804, à l'Académie Impériale de musique, les Bardes, musique du même compositeur. Cette dernière pièce a été retouchée par M. Deschamps, auteur de jolis vaudevilles, et traducteur du Poëme italien de Monti, intitulé : le Barde de la Forêt noire.

DESENTIS (J. P.) fils, a publié à Paris des sonates pour le

forte-piano, et un recueil d'airs connus en variations pour le même instrument.

DESFAUCHERETS (Brousse), auteur de la jolie comédie du Mariage Secret, a composé plusieurs opéras comiques, entr'autres, l'Astronome, musique de M. Lebrun, et la Punition, musique de M. Chérubini. Ces deux ouvrages ont été représentés en 1798. L'auteur est mort en 1808.

DESFOIX (Mademoiselle), cantatrice française, d'un talent extraordinaire, au théâtre de Lyon, passa, en 1783, au théâtre Français de Saint-Pétersbourg, avec un traitement de vingt-deux mille francs. Voyez Cramer, Magasin, deuxième année, p. 129.

DESFONTAINES. On a sous ce nom les cent cinquante psaumes, et des motets manuscrits.

DESFONTAINES (N.), né à Caen vers 1745, a fait beaucoup de Vaudevilles en société avec MM. Radet et Barré. On lui doit aussi l'Inconnue Persécutée, parodiée sur la musique d'Anfossi, et jouée à l'Académie Royale de musique en 1783. Au théâtre de l'Opéra-Comique, il a donné, en 1793, l'Amant Statue, musique de Dalayrac. M. Desfontaines est un de nos meilleurs chansonniers.

DESFORGES (N.), auteur de la comédie de la Femme Jalouse, a donné au théâtre de l'Opéra-Comique, Tom Jones, musique de Philidor, pièce qui eut beaucoup de succès. Il est mort à Paris en 1806.

DESFOSSÉS (Madame la comtesse Elisabeth-Françoise), a publié trois œuvres de sonates pour le forte-piano.

DESHAYES a mis en musique le Faux Serment, Zilia, et plusieurs autres opéras comiques.

DESIDERI (Girolamo), savant de Bologne, du dix-septième siècle, est l'auteur d'un ouvrage intitulé : Discorso della musica, dans lequel il traite de différens instrumens de musique, et de leurs inventeurs. Ce traité se trouve dans Prose degl' Academici Gelati di Bologna. Bologne, 1671, in 4°, p. 321 — 356.

DESLINS (Jean), musicien du seizième siècle. Le Père Joanelli dans son Nov. Thes. music Venet. 1568, a conservé plusieurs motets de sa composition.

DESLYONS (Jean), docteur, doyen et théologal à Senlis, né à Pontoise en 1615, mort le 26 mars 1700, prit part aux discussions qu'occasionna l'introduction des instrumens dans la cathédrale de Senlis, dont il était doyen.

DESMARCHAIS (Le Chevalier). Dans le voyage, que le Père Labat a publié en quatre volumes in-8°, sous le titre : Voyage du chevalier Desmarchais, etc. on trouve une foule de renseignemens sur la musique des habitans du royaume de Juida en Afrique, et en même tems les dessins de leurs instrumens. Mitzler a traduit de cet ouvrage tout ce qui a rapport à la musique, et l'a inséré au troisième volume, p. 372 de sa bibliothèque, en y ajoutant les copies des dessins.

DESMARETS (Henri), né à Paris en 1662, et mort à Lunéville en 1741, fut successivement page de la musique du Roi, surintendant de la musique de Philippe V, roi d'Espagne, puis de celle du duc de Lorraine. Il a laissé plusieurs motets et quelques opéras, entr'autres, Iphigénie en Tauride, retouchée par Campra. On sait son aventure avec Goupillier. V. l'art. Goupillier. Il avait beaucoup de talent.

DESMASURES (N.), célèbre organiste de Rouen, florissait dans cette ville vers 1780. La passion de la chasse balançait son goût pour la musique. Un fusil crevé entre ses mains lui emporta les trois derniers doigts de la main gauche. Desmasures les remplaça par de faux doigts, dont il apprit à se servir presqu'aussi bien que des véritables. V. Laborde.

DESORMEAUX, a composé le Triomphe de Lise, cantatille.

DESORMERY (Léopold-Bastien), né, en 1740, à Bayon en Lorraine, a fait ses premières études à la Primatiale de Nancy. Plusieurs motets, qu'il fit exécuter au Concert Spirituel, eurent du succès, et celui qu'il présenta en 1770 obtint le premier prix. Euthyme et Lyris, le premier opéra qu'il fit représenter à l'Académie Royale, en 1776, eut vingt-deux représentations. Myrtil et Lycoris, joué à la Cour en 1777, y eut un plein succès; transporté à l'Académie Royale, il eut d'abord soixante-trois représentations consécutives, ce qui n'avait point encore d'exemple, et un grand nombre d'autres, jusqu'à l'incendie de la salle de l'Opéra, arrivé en 1782. Les décorations de cette pièce s'étant trouvées consumées, son auteur ne put parvenir à la faire remettre en scène, ni à faire jouer aucun des ouvrages qu'il avait composés. Les obstacles qu'il éprouva à cette occasion, le découragèrent, comme tant d'autres, que le système de l'administration de ce théâtre a éloignés de la carrière. Cependant, à l'âge de soixante-huit ans, il reprit courage, et composa la musique d'un opéra, intitulé : les Montagnards. La musique fut appréciée, mais le poëme, agréé d'abord, fut jugé d'un genre étranger à celui du théâtre. M. Desormery vit maintenant retiré aux environs de Beauvais. Son fils, J.-B. Desormery, né à Nancy en 1772, élève de M. Hullmandell, est un des pianistes les plus recommandables pour l'élégance et la pureté de son jeu. Il a publié plusieurs œuvres de piano, qui ont du goût et de la grâce.

DESPÉRAMONS (FRANÇOIS-NOËL), est né à Toulouse le 26 novembre 1783. Dès l'âge de huit ans, il apprit la musique. A quatorze, il vint à Paris, et fut reçu élève au Conservatoire, où il prit d'abord des leçons de violon de M. Guénin. Il quitta ensuite cet instrument pour s'adonner au chant, et entra dans la classe de M. Persuis. La perte de sa voix l'obligea d'interrompre ce travail; mais, ayant recouvré cet organe, il entra au Conservatoire, et se mit à étudier sous la direction de M. Garat. Il débuta à l'Opéra, en 1804, dans Panurge, et renonça à ce théâtre après quelques représentations. Il rentra au Conservatoire pour la troisième fois, et y remporta le premier prix de chant décerné en 1805. L'année suivante, il débuta à l'Opéra-Comique, et obtint, après quatorze mois, un congé pour aller s'exercer en province. Il vient de rentrer à ce théâtre, et a repris sa place de répétiteur au Conservatoire. On a de lui quelques romances, qui se trouvent chez les frères Gaveaux.

DESPLANES (GIOV.-ANTON. PIANI, dit), a composé des sonates de violon, op. 1.

DESPRÉAUX, hautboïste de l'Opéra en 1727, a laissé plusieurs enfans, dont l'aîné était premier violon de l'orchestre de ce théâtre en 1780, et dont le cadet, excellent claveciniste, fait le sujet de l'article suivant.

DESPRÉAUX, frère du précédent. On a de ce compositeur des préludes et exercices pour le piano, et un recueil, intitulé Genres de Musique des différens peuples, arrangés pour le même instrument.

DESPRÉAUX (SIMIEN), est connu par de jolies chansons, et par une parodie de l'Art Poétique de Boileau, dont il a fait un art de la danse. Il est en ce moment inspecteur de l'Académie Impériale de Musique. Il a épousé mademoiselle Guimard.

DESPRÉS, musicien ordinaire de la chapelle du Roi en 1680, avait la manie d'étudier la médecine, et fit de grands progrès dans cette science. Un jour il alla trouver le Roi, et lui dit que depuis douze ans qu'il avait l'honneur d'être de sa musique, il avait remarqué que *tous ses confrères avaient encore plus besoin d'un médecin pour les traiter lorsqu'ils avaient bien bu, que d'un maître pour les faire chanter;* et que si S. M. voulait lui permettre de s'absenter quelque tems, il espérait pouvoir lui rendre des services plus considérables qu'en restant à sa chapelle, lorsqu'il aurait pris le bonnet de docteur.

Le Roi, trouvant sa demande plaisante, dit à ceux qui l'entouraient : *Que dirait Molière, s'il vivait encore, de ce qu'un musicien demande à se faire médecin ?* Després, ayant obtenu la permission du Roi, se livra tellement à l'étude de la médecine, qu'il reçut en effet le bonnet de docteur, et fut un assez bon médecin. Voyez Laborde.

DESPRÉS., célèbre organiste de Saint-Médéric et de Saint-Nicolas-du-Chardonnet, est mort à Paris le 20 septembre 1806.

DESPRES (M.), secrétaire de S. M. le Roi de Hollande, est connu par des couplets pleins d'esprit, et des romances pleines de sentiment. Il a fait en société plusieurs vaudevilles et quelques opéras comiques. Ayant appris qu'un jeune poète lui avait volé une pièce, et l'avait fait jouer sous son nom, il lui écrivit ce petit billet :

Je vous la donne,
Cette pièce que vous savez.
Je la gardais, car elle est bonne ;
Mais enfin, puisque vous l'avez,
Je vous la donne.

DESROSIERS, célèbre joueur de guitare, a donné une Méthode pour jouer de cet instrument.

DESTOUCHES, musicien de Louis - XIII, jouait fort bien du hautbois et de la musette.

DESTOUCHES (ANDRÉ-CARDINAL), né à Paris en 1672, et mort en 1749, fut surintendant de la musique du Roi et inspecteur général de l'Opéra, depuis 1713 jusqu'en 1731. Il débuta, en 1697, par l'opéra d'Issé, qui plut tant au Roi, que Sa Majesté le gratifia d'une bourse de deux cents louis, en ajoutant que *Destouches était le seul qui ne lui eut point fait regretter Lully*. Il a mis en musique plusieurs opéras de Lamotte et de Roy. On fit contre son opéra de Callirhoé, ce couplet satirique :

Roy siffé,
Pour l'être encore,
Fait éclore
Sa Callirhoé :
Et Destouche
Met sur ses vers
Une couché
D'insipides airs.
Sa musique,
Quoiqu'étique,
Flatte et pique
Le goût des badauds.
Heureux travaux !
L'ignorance
Récompense
Deux nigauds.

DEVIENNE, était né musicien. Dès l'enfance, il était studieux et appliqué comme on l'est à quarante ans. Cet amour précoce et extraordinaire pour le travail, explique comment la tête la mieux organisée s'est dérangée avant l'âge. Le théâtre lui doit des productions charmantes, telles que les Visitandines; les Comédiens ambulans; le Valet de deux Maîtres. Il a régénéré la musique des instrumens à vent. On connaît ses symphonies concertantes pour flûte, clarinette, basson et cor. Il jouait très-bien de la flûte et du basson. Son plus bel ouvrage est sa Méthode de flûte, qu'il allait publier corrigée et considérablement augmentée, quand il a été atteint de folie. Il est mort à Charenton le 5 septembre 1803.

DESVIGNES (M.), élève de M. Lesueur, a fait exécuter à la métropole de Paris, en 1804, une grand'messe à grand orchestre avec des chœurs. On a trouvé que le compositeur ne s'était pas assez pénétré de la simplicité majestueuse et sublime du genre auquel il semblait s'être destiné. En effet, la musique d'église demande de grosses notes, un chant simple, une harmonie pure, et non une grande quantité de notes et des accompagnemens recherchés. M. Desvignes a composé d'autres morceaux du même genre, qui ont obtenu le suffrage des maîtres.

DEVISMES (ANNE-PIERRE-JACQUES), a régi l'Académie de Musique à deux reprises différentes. La première fois, il se présenta pour prendre l'administration à ses frais, et offrit de déposer une somme de cinq cent mille liv. dans la caisse de la ville, pour répondre des effets qui lui seraient confiés. Le Roi eut la bonté d'accepter ses offres, et de le nommer entrepreneur général, pendant douze ans, à compter du premier avril 1778. Voy. Laborde, t. I.

A cette même époque, il obtint la permission de faire venir les Bouffons en France, et naturalisa parmi nous les intermèdes italiens de Piccini, d'Anfossi et de Paisiello.

Les amateurs de la musique dramatique doivent une éternelle reconnaissance à M. Devismes. C'est pendant son administration qu'ont été joués les beaux opéras de Gluck, de Piccini, de Sacchini, et que la révolution musicale s'est achevée en France.

Il fut nommé une seconde fois directeur de l'Académie de Musique en 1799; mais il céda bientôt la place à M. Bonnet. M. Devismes avait une très-grande activité; beaucoup de zèle et d'amour pour l'art.

M. Devismes a publié, en 1806, un ouvrage, intitulé : Pasilogie, ou de la musique considérée comme langue universelle. Il nous promet des Mémoires sur sa vie, où l'on trouvera des anecdotes intéressantes sur tous les hommes célèbres qu'il a connus.

DEVISMES (Madame JEANNE-HYPOLITTE MOYROUD), épouse du précédent, a fait jouer en 1802 , à l'Académie de Musique, l'opéra de Praxitèle , paroles de M. Milcent. On a généralement applaudi, dans cette composition, le chœur des jeunes artistes , et l'air chanté par l'Amour. Madame Devismes est en même tems excellente pianiste. Monsieur Steibelt lui a dédié son œuv. IV qui est un de ses meilleurs ouvrages.

DEZÈDE , compositeur aimable, que M. Grétry nomme le premier pour les airs champêtres, a donné à l'Académie de Musique : le Langage des Fleurs , 1778 ; Péronne sauvée, 1783; Alcindor, 1787. Et au Théâtre Italien : Julie, 1772 ; l'Erreur d'un moment ; le Stratagème découvert, 1773; les Trois Fermiers, 1776; Zulime ; le Porteur de chaise , 1778 ; A Trompeur Trompeur et demi, 1780 ; Cécile, 1781; Blaise et Babet, 1783 ; Alexis et Justine, 1785. Parmi les airs de Dezède, on a retenu surtout Vous l'ordonnez , je me ferai connaître ; Sentir avec ardeur, etc.

DEZÈDE (Mademoiselle), fille du précédent, a donné à l'Opéra-Comique, en 1781, Nanette et Lucas, ou la Paysanne curieuse.

D'HAUDIMONT (L'abbé ETIENNE-PIERRE MUNIER), né en Bourgogne en 1730, fut élevé à Dijon , qu'il quitta à l'âge de vingt-quatre ans, pour aller occuper la place de maître de chapelle de Châlons sur Saône, où il demeura six ans. De là, il vint à Paris , et se livra à l'étude de la composition sous le célèbre Rameau, son compatriote et son ami. En 1764 , il remplaça Bordier, en qualité de maître de chapelle des Saints-Innocens. Ce fut alors qu'il composa plusieurs motets, que l'on entendit au Concert Spirituel, chez le Roi , et dans les fêtes publiques. Les plus célèbres sont le Memento Domine David , le Deus noster , le Beatus vir , le Quare fremuerunt, l'Exurgât Deus , etc. Il composa encore la Messe des Morts, et un De profundis , en 1772. Il y a dans tous ses ouvrages du goût et de l'expression.

On a de lui beaucoup d'ariettes, gravées sous le nom de M'**, telles que Un jour me demandait Hortense ; Mon cœur volage , etc.

L'abbé d'Haudimont a formé d'excellens élèves. Nous ne nommerons que les deux principaux, MM. Perne et Chénié, tous deux compositeurs et contre - bassistes à l'orchestre de l'Académie Impériale de Musique.

D'HÈLE , né en Irlande, est mort à Paris en 1780. Il sentit par dessus tout la nécessité de mettre la musique en situation, et de la lier intimement au sujet. En associant son talent à celui de Grétry, il a trouvé les plus heureux moyens de remplir ses vues. Nous leur devons les trois opéras comiques suivans : Le Jugement de Midas; les Evènemens imprévus ; et l'Amant Jaloux, qui sont les modèles du genre pour les poëtes et les compositeurs. La-Harpe regardait surtout l'Amant Jaloux comme le chef-d'œuvre de l'Opéra-Comique. V. le Cours de Littérature, t. XII. p 535.

D'HERBAIN (Le Chevalier), capitaine d'infanterie ; a donné, en Italie, l'opéra d'Enée et Lavinie; et à Paris, plusieurs opéras comiques, entr'autres , en 1764, Nanette et Lucas, paroles de M. Framery.

D'HEYDER (M.), a publié deux œuvres de duos de flûte.

DIA (JOSEPH DI), compositeur italien vers 1675, a composé, entr'autres ouvrages, la musique de l'opéra Orfeo di Chirico.

DIANA (PAOLO), né à Crémone vers 1770, arriva à Naples à douze ans, pour être reçu au Conservatoire de la Pieta ; et y cultiver le violon sur lequel il était déjà d'une force étonnante. Livré presqu'à lui - même pour l'étude de cet instrument, la nature le guida peut - être mieux que ses maîtres, et le doua d'une hardiesse extraordinaire pour la difficulté, d'une imagination riche et fleurie pour l'improvisation, et d'une expression rare pour l'exécution de l'adagio. Voici un trait qui peint l'originalité de son caractère. Forcé de quitter Naples, alors en guerre avec la France, il vint à Milan, et se présenta à M. Rolla pour recevoir de ses leçons. Celui-ci s'y refusa, reconnaissant en lui un talent qui n'avait plus besoin de guide. Le Crémonais le pria de lui donner au moins quelques avis en composition ; mais il ne fut pas plus heureux. Choqué d'une pareille obstination, il trouva l'occasion de s'en venger peu de tems après. M. Rolla composait alors un concerto qu'il devait exécuter dans une solennité prochaine. Pendant plusieurs jours, M. Diana épia les momens que l'autre étudiait, copia sous ses fenêtres les solos et les idées qu'il put recueillir, et s'en fit un canevas pour un concerto. Trois jours avant la fête, il annonça aussi le desir de se faire entendre dans une église, comme c'est l'usage en Italie. Professeurs, amateurs accoururent en foule, et M. Rolla entr'autres ; mais quel fut son étonnement de reconnaître, à mesure que Diana jouait, les idées du concerto qu'il préparait depuis long-tems pour la solennité qui devait avoir lieu trois jours après.

On ne connait point d'ouvrages de cet artiste, mais c'est un des violonistes les plus remarquables que l'Italie ait produits. Il est actuellement à Londres, où il dirige l'orchestre du concert des amateurs.

DIBDIN, jeune acteur au théâtre de Londres, en 1766, s'y fit connaître comme poëte et comme compositeur, par la pastorale The Shepherds Artifice (Le Berger Artificieux). En 1769, il donna Damon and Phillida, opéra comique, et the Ephesian Matron, sérénade comique ; Lionelf and Clarissa fut représenté en 1770. Il est encore le compositeur des opéras : Padlok, et le Sergent Recruteur, gravés à Londres en 1787. Tous ces ouvrages furent très-bien accueilis. Il a en outre composé plusieurs œuvres de sonates, pour le clavecin, qui ont paru à Londres. V. Biblioth. de mus. par Ebeling.

DIDEROT (Denis), né à Langres en 1713, et mort à Paris en 1784, a joué un grand rôle parmi les philosophes du dix-huitième siècle, surtout comme éditeur de l'Encyclopédie. Nous ne le considérons ici que dans la partie de ses ouvrages qui a rapport à la musique. Il a publié d'excellens principes d'acoustique, où il traite la matière en géomètre et en physicien. Voyez le tom. 2 de la belle édition des œuvres de Diderot, publiée par son ami M. Naigeon, en 1798. Il y a dans ce même volume : Projet d'un nouvel orgue, et Observations sur le chronomètre.

DIENER, un des plus grands chanteurs de son tems, était engagé, en 1737, à la cour du duc de Merse-bourg. Dans le magasin de Brest-kopf, à Leipsick, on conserve encore de lui une passion à grand orchestre.

DIETERICHS (Conrad), surintendant d'Ulm, et directeur du Gymnase de cette ville, né à Gemunde en Hesse, le 9 janvier 1575, mort le 22 mars 1639, a fait imprimer à Ulm, en 1725, un ouvrage in-4°, sous le titre : Sermon sur les cloches, dans lequel on traite de leur invention, de leur usage et de leur abus, etc.

DIETERICK (Frédéric-Georges), né à Halle en 1686, eut pour premier maître J. Sam. Wetter, organiste de Saint-Michel de cette ville, et pour maître de composition J. G. C. Stœrl, maître de chapitre à Stuttgard. En 1708, il était à Ausbourg où le roi de Dannemarck, devant qui il toucha du forte-piano, lui fit présent d'une médaille d'or. En 1710, il alla en Italie pour s'y perfectionner dans la composition et le jeu du clavecin, sous le chevalier Vinacces ; mais en 1711, il revint à Hall occuper la place d'organiste de Sainte-Catherine, et en 1720, il succéda à Wetter dans son emploi. Il mourut à Hall vers 1750.

DIETERICUS (Jean - Conrad), philologue et professeur de langue grecque à Marpurg et à Giessen, était né à Butzbach, le 19 janvier 1612, et mourut le 24 juin 1667. Dans son ouvrage *Antiquitates Biblicæ*, imprimé à Giessen 1671, il traite au sixième chapitre, p. 349, 353, *de musicâ sacrâ*. V. Walther.

DIETRICH (Sixte), compositeur du seizième siècle, vivait à Constance. Glarean dans son Dodécachorde cite plusieurs morceaux de sa composition.

DIETTENHOF, a fait graver à Londres, vers 1780, trois œuvres de six trios pour le clavecin avec violon.

DIETTER (Chrétien - Louis), né à Ludwigsburg, le 13 juin 1757, fut placé, en 1770, parmi les premiers élèves au collège Caroliuien, et s'y consacra d'abord à la peinture; il y cultiva en même tems la mythologie, l'histoire et la géographie, ainsi que les langues française et italienne. Ses loisirs étaient consacrés entièrement à la musique.

Le duc de Würtemberg ayant remarqué ses talens pour cet art, lui conseilla de s'y adonner. Dietter suivit ce conseil; il choisit le violon pour son instrument favori, et y fit de grands progrès sous les leçons de Seubert et de Célestini. Désirant d'avoir aussi des connaissances dans la composition, et ne pouvant les acquérir par les leçons de Boroni, alors maître de chapelle, il chercha à y suppléer en se livrant avec ardeur à l'étude des ouvrages de Jomelli et d'autres grands maîtres. Ses efforts furent couronnés du plus heureux succès : ayant gagné en 1776 et 1777, la médaille au concours de violon, il y ajouta l'année suivante, celle destinée pour le prix de composition.

Il resta à l'Académie jusqu'en 1781, où il publia son premier ouvrage, consistant en un concerto pour cor. Depuis, il a publié un grand nombre d'opéras et de pièces instrumentales.

Il excelle dans l'expression des situations comiques; sa musique est en général pleine et brillante, et il sait traiter avec beaucoup de discernement l'accompagnement des instrumens aux solos dans la musique vocale.

DIETZ (Joseph), publia, en 1768 à Nuremberg, une sonate pour clavecin avec violon. Il a fait paraître encore dans la suite, à Amsterdam et à Paris, trois œuvres de six trios pour clavecin avec violon.

DIETZEL (Jean-Nicolas), a publié à Nuremberg un ouvrage sous le titre : Plaisir musical pour le clavecin, etc. in-4º.

DIEU-LA-FOI (Michel), auteur de la jolie pièce de Défiance et Malice, a fait quelques vaudevilles qui brillent moins par les jeux de mots que par le comique des situations. Il a fait aussi en société avec M. Jouy, Milton, musique de M. Spontini, joué à l'Opéra-Comique, en 1805.

DIODORE, musicien grec, favori de Néron, donna plus d'étendue au jeu de la flûte, en y ajoutant plusieurs trous. Néron l'estimait tellement, qu'il lui fit faire une entrée triomphale à Rome, monté sur le char impérial. Un autre musicien du même nom, célébré pour son habileté sur la Cythare, était favori de Vespasien.

DIONIGI (don MARIO), *dottore da Poli*, fit imprimer, en 1648 à Parme, un ouvrage sous le titre : *Primi tuoni, introduzione nel canto fermo*, dont il publia, en 1667, la seconde édition avec un appendice. V. *Martini Storia*.

DIORION était un musicien grec, dont Athénée conte cette historiette. Dans un voyage en Egypte, il était venu à Mylos, et n'ayant pu y trouver d'hôtellerie, il se reposait dans un bois sacré qui était voisin de la ville. *A qui est dédié ce temple*, demanda-t-il à un prêtre qu'il aperçut? — *Etranger, c'est à Jupiter et à Neptune.* — *Comment trouverait-on à se loger dans votre ville, puisque les Dieux mêmes y sont logés deux à deux.*

DIRNSLOT, compositeur. Telemann, dans son Maître de Musique, p. 75, nous a conservé un canon à quatre voix de sa composition.

DIRUTA (Agostino), moine de l'ordre de Saint-Augustin, bachelier en théologie, et directeur de musique au couvent des Augustins à Rome, vécut vers 1646. Il a écrit dix-neuf livres de musique, qui tous ont été imprimés à Rome vers cette époque.

DIRUTA (P. Girolamo), frère mineur de Perouse, a fait imprimer à Venise, en 1615, un ouvrage sous le titre : *Transilvano, dialogo sopra il vero modo di sonar organi*, etc. En 1628, il publia encore : *Seconda parte del Transilvano.* V. *Martini Storia.*

DISTLER (Madame), connue auparavant sous le nom de mademoiselle Gœbel, était, en 1787, première cantatrice au théâtre National et au concert de Rellstab, à Berlin.

DITMAR, commissaire de justice à Berlin. En 1786, il touchait l'orgue lorsqu'on y exécuta solennellement l'oratorio du Messie, par Hændel.

DITTERS (Carlo) est connu par des trios de violon, et surtout par des symphonies qui ont eu beaucoup de succès, à une époque où celles de Haydn n'avaient pas encore paru.

DITTERSDORFF (Charles-Ditters de), compositeur très-aimé en Allemagne, né vers 1730, fut d'abord violoniste à la chapelle impériale de Vienne, lors de l'élection de Joseph II, comme roi des Romains; en 1764, il suivit la cour d'Autriche à Francfort, et effaça tous ses rivaux. Il portait alors son nom de famille de Ditters. L'Empereur, pour récompenser ses talens, lui accorda, en 1770, des lettres de noblesse, lui donna le nom qu'il porte aujourd'hui, et le nomma en même tems maître des forêts dans la Silésie autrichienne. Le prince-évêque de Breslau le nomma immédiatement après son arrivée en Silésie directeur de sa chapelle. Il a demeuré depuis ce tems alternativement en Silésie et à Vienne. En 1790, il vivait dans l'aisance à la campagne qu'il possède dans l'Autriche.

Quoiqu'il ait composé un grand nombre d'ouvrages excellens pour différens instrumens principalement pour le violon, tels que symphonies, concertos, trios, etc. il n'en a été publié que huit à dix ; et encore ne sont-ce pas les meilleurs de ses ouvrages, mais ce sont les seuls dont les éditeurs aient pu s'emparer. Il faut cependant en excepter ses Métamorphoses d'Ovide, ou, pour nous servir de l'expression par laquelle monsieur Hermes les a annoncées, ses quinze symphonies, contenant ce qu'il a senti à la lecture de ces poëmes. Ces symphonies parurent à Vienne en 1785, à la satisfaction générale et l'auteur en dirigea lui-même la publication, d'après la demande qui lui en avait été faite de toutes parts.

On a de lui l'Esther, oratorio, qu'on donna, en 1785, deux fois au bénéfice des veuves des musiciens, et qui, chaque fois, fut accueilli avec de grands applaudissemens. En 1786, il donna l'oratorio Job pour le même objet. On a encore de sa composition deux cantates : *Clori e nice* et *silenzio ô muse*, et une quantité d'ariettes isolées ; mais l'ouvrage qui lui fit le plus d'honneur est son opéra le Médecin et l'Apothicaire, qu'il donna en 1786 au théâtre de Vienne. Cet ouvrage jouissait alors d'une telle faveur, que l'Empereur Joseph II, assistant, au mois de novembre de la même année, à une représentation de cette pièce, ne dédaigna pas de témoigner par ses applaudissemens au moment que M. Dittersdorff entra dans l'orchestre, toute la satisfaction qu'il en avait.

Jusqu'en 1788, il a encore donné les opéras suivans : l'Artifice par superstition, l'Amour aux Petites Maisons, et *il Democrito corretto*. Tous trois ont paru à Vienne.

DIVISS (Procop), pasteur à Prenditz, près Znaïm en Moravie, né à Ziambert dans le cercle de Kœnigsgraetz en Bohême, en 1696, est l'inventeur d'un instrument de musique auquel il a donné le nom de *Denis d'or*. Il assure que l'instrument donne les sons de presque tous les instrumens à vent et à cordes, et est susceptible de cent trente variations. On le joue comme l'orgue,

avec les mains et les pieds. L'E-
vêque de Bruck, Georges Lambeck,
en possédait un 'en 1790, et entretenait un musicien particulier
pour en jouer. Diviss mourut en
1765 On prétend en Allemagne
qu'il avait inventé le paratonnère
long-tems avant Franklin.

DLABACZ (W. J.), virtuose
sur le trombone, natif de Podiebrad
en Bohême. Sa réputatiom le fit appeler à la chapelle de l'électeur de
Trèves, à Coblentz, avec des appointemens fort considérables. Il
y est mort vers 1784.

DLAINE (M.), a imaginé en
1780, un instrument qu'on pourrait appeler *violon-vielle*, avec lequel on accompagne aisément la
voix sans transposer la musique.
Cet instrument imite les tons et
les articulations les plus variées du
violon, et n'a point les bourdon-
nemens, les sons nasards de la
vielle. Il est, dit-on, excellent pour
accompagner le chant.

DOBWERIZIL, de Bohême,
premier violoniste à l'opéra Allemand 'de Vienne, et musicien de
la chambre de l'Empereur en 1783,
était regardé comme un artiste du
premier ordre.

DODWEL (HENRI), savant
anglais, né en 1641, à Dublin, mort
près d'Oxford, en 1711, a publié
à Londres, en 1700, un Traité de
l'admission des instrumens dans les
lieux saints.

DOCHE (JOSEPH-DENIS), né à
Paris le 22 août 1766, fut reçu
enfant de chœur à la cathédrale
de Meaux, en Brie, à l'âge de
huit ans, sous l'abbé Guignet,
savant harmoniste. A dix-neuf ans
il fut nommé maître de chapelle à
la cathédrale de Coutances, et y
resta jusqu'à l'époque de la révolution. Il entra à l'orchestre du Vaudeville, pour y jouer de l'alto, puis
du violoncelle, et enfin de la contre-
basse. C'est pour ce théâtre qu'il a
fait beaucoup de petits airs, tels
que la romance de Santeuil, celle
de Gentil-Bernard; les airs de Fan-
chon, etc. Il a donné quelques opéras à nos petits théâtres; mais il n'a
jamais pu avoir accès au Théâtre
Faydeau. Il s'est donc vu forcé de
revenir à ses petits airs. Cependant
il a fait entendre à Paris plusieurs

messes à grand orchestre. La dernière a été exécutée à Saint-Eustache
le 22 novembre 1809, jour de la
Sainte-Cécile.

DODART, a fait des recherches
sur la formation de la voix. V. les
Mém. de l'Ac. des Sciences de 1700.

DŒBBERT (CHRÉT.-FRÉD.),
né à Berlin, était un excellent hautboïste; mais il quitta son instrument pour la flûte, à la sollicitation
du margrave Frédéric de Brandebourg-Culmbach, à la chapelle
duquel il était engagé, et qui voulut
apprendre de lui ce dernier instrument. Ce prince fit, sous ses leçons,
de très-grands progrès; mais à sa
mort, arrivée en 1763, son successeur congédia sa musique, et Dœbbert passa à la chapelle du prince
d'Anspach-Bayreuth. Il y mourut
en 1770. Il avait publié, en 1759,
six solos pour flûte.

DŒBRICHT, directeur de l'O-
péra allemand à Leipsick, vers
1709, à l'époque où il y était au
plus haut degré de splendeur.

DŒDERLEIN (JEAN-ALEXAN-
DRE), magister et recteur de l'école
de Weissenbourg, dans le Nord-
gau, etc., né à Biswang le 11 février 1675, mort le 23 octobre 1745,
a laissé *Ars canendi veterum, et
cantores Weissenburgenses*, deux
feuilles in-fol.

DŒRNER (JEAN-GEORGES,)
organiste à Bitterfeld, fit imprimer,
en 1743, Epître au docteur Mitzler
sur l'origine du son, et des tons
principaux.

DOETE, de Troyes, célèbre par
la beauté de sa voix et par ses
grands talens en musique et en
poésie, vivait à la cour de l'Empereur Conrad vers 1250.

DOISY (M.), maître de guitare,
connu par quelques airs avec accompagnement de guitare, a prétendu que M. Steibelt lui avait volé
ses idées musicales. M. Steibelt,
justement étonné d'une pareille accusation, a examiné les airs de
M. Doisy, et il a reconnu, au
contraire, que M. Doisy l'avait volé.
M. Doisy est mort en 1806 ou 1807,
à Paris.

DOLES (JEAN-FRÉDÉRIC), d'a-
bord chanteur à Freyberg, puis
directeur à l'église Saint-Thomas de
Leipsick, en 1756, après la mort de

Harrer, composa des musiques simples, dans la manière du célèbre
Kuhnau, en récitatifs, ariettes, duos
et chœurs, selon que le texte se pré-
tait à l'un ou à l'autre, et les donna
quelquefois à la place des cantates
ordinaires d'église. Cet essai ayant
été très-bien accueilli, il en fit autant pour les Psaumes, d'après la
traduction de Luther,

Il a été imprimé en 1763, de sa
composition, quelques recueils de
chansons, et quelques Psaumes à
musique complète. En 1784, il publia encore un ouvrage complet de
musique simple, qu'il fit graver par
cahier.

DOLES (JEAN-FRÉDÉRIC), fils
du précédent, docteur en droit et
assesseur de la faculté de jurisprudence, né à Freyberg le 26 mai
1746, est compté parmi les amateurs
de musique les plus distingués. Il
a publié en 1773, chez Breitkopf,
à Leipsick, six solos pour le clavecin. On ignore si un concerto
pour le clavecin, en manuscrit,
qui a eu beaucoup de succès, est
de sa composition ou de celle de
son père.

DOLLHOPF (JOSEPH), de Ta-
chau, fut, pendant trente ans, organiste à l'église de Sainte-Croix,
à Prague, et y mourut dans l'an
1733.

DOLPHIN, musicien à Paris,
fit graver à Offenbach, en 1780,
six trios pour violon. M. Triklir a
arrangé un trio de sa composition
pour le violoncelle, et l'a publié
en 1783.

DOMINICO, a composé trois
concertos pour hautbois, en manuscrit.

DOMNICH (M.), professeur
de cor au Conservatoire de musique,
a publié une Méthode pour premier
et second cor, qui sert à l'enseignement des élèves de cet établissement, ainsi que la Méthode de
cor de M. Frédéric Duvernoy. M.
Domnich a composé une foule de
romances charmantes, et de la musique pour son instrument.

DONADELLI (BARTHÉLEMY),
chanteur célèbre de Mantoue, était
au service de la cour vers 1680.

DONATO (BALTHASAR), maître
de chapelle de Saint-Marc de Venise avant Zarlin.

On doit distinguer, parmi ses ouvrages, Il primo libro di canzone
villanesche alla Neapolitana a 4
voci; aggiontovi ancora alcune vil-
lote di Perissone a 4 con la canzon
della gallina. In Venetia, 1558,
in-4°; et le premier livre de ses
madrigaux à cinq et six voix, avec
trois dialogues à sept voix. Venise,
1560, in-4°.

DONI (ANT. — FRANCESCO), a
publié à Venise, en 1544, Dialoghe
della musica, ouvrage que le docteur Burney range parmi les livres
rares, parce qu'il n'en a vu qu'un
seul exemplaire, appartenant au
P. Martini, et dont il a transcrit
une grande partie.

DONI (GIOV.-BATISTA), né
d'une famille noble de Florence,
était à la fois écrivain élégant et
profond théoricien. Voici les titres
des ouvrages qu'il a publiés : Compendio del trattato dei generi e
modi della musica, etc. Roma,
1635, in-4°; Annotazioni sopra il
compendio, etc. Roma, 1640, in-4°;
De præstentiâ musicæ veteris, etc.
1647, in-4°; Trattato sopra il genere enarmonico; Trattato sopra
gl' instrumenti di tasti di diverse
armonie con cinque discorsi; Dissertatio de musicâ sacrâ vel ec-
clesiasticâ, Recitata Romæ an.
1640; Della musica scenica e tra-
trale, con alcune modulationi. Tous
ces ouvrages, et plusieurs autres de
Doni, ont été publiés, en un recueil,
par Gori, sous le titre suivant :
Joannis-Baptiste Doni Florentini
opera, pleraque nondum édita,
ad veterem musicam illustrandam
pertinentia, in lucem prodit An-
tonius-Franciscus Gorius. Floren-
tiæ, 1663. V. l'article Gori.

Doni a décrit et expliqué l'usage
d'un instrument de son invention,
qu'il appelle Lyra Barberina ou
Amphichordum.

Cet écrivain a été comblé d'éloges
par Rhenesius, Gassendi, Apostolo
Zeno, etc.; et, ce qui lui fait
encore plus d'honneur, il est souvent cité par le doct. Burney, dans
les troisième et quatrième volume
de son Histoire générale de la Musique.

DOPPERT (JEAN), magister et
recteur à Schneeberg, en Saxe, né
à Francfort en 1671, a fait impri-

mer, en 1711, un programme, sous le titre *Musices cum litteris copulam repræsentans*. Il mourut le 18 décembre 1735.

DORAT (CLAUDE-JOSEPH), né en 1734, et mort en 1780, était homme à bonnes fortunes dans ses poésie légères. Nous avons entendu raconter le trait suivant à Laharpe. Dorat avait mis dans une pièce de vers :

> Hélas ! il est passé le tems des *cinq* maîtresses !

Comme on en rit beaucoup, il refit le vers de cette façon :

> Hélas ! il est passé le tems des *trois* maîtresses !

Ce qui augmenta le nombre des rieurs. Au reste, ajoutait Laharpe, il n'en n'était ni plus ni moins pour les maîtresses de Dorat, qui ne lui coûtaient qu'un trait de plume.

Dorat a consacré à l'opéra un chant de son poëme de la Déclamation, qu'on regarde comme son meilleur ouvrage.

DORÉ, né à Arras, compositeur estimé, composa la messe qui fut chantée dans cette ville, le 28 novembre 1683, à l'inhumation du comte de Vermandois, fils naturel de Louis XIV et de madame de la Vallière.

DORELLI, habile tenor, élève d'Aprile, entra, en 1738, au service de l'électeur de Bavière, à Munich.

DORIOT (L'abbé), maître de musique de la Sainte-Chapelle vers 1770, a composé un grand nombre de motets, que l'on entendait le samedi saint à la Sainte-Chapelle. Peu de compositeurs entendaient mieux la facture des chœurs, dit Laborde.

DORNEL (ANTOINE), organiste de Sainte-Geneviève, mort vers 1755, passait pour un bon maître de composition. Il a fait des trios, des chansons, des pièces de clavecin, etc.

DORSCH, a fait graver, vers 1780, six trios pour la flûte, le violon et la basse.

DORSET (Le duc de) excellent violoniste, attira à Londres Vachou et Celestini.

DOTHEL (NICOLAS), flûtiste, à la chapelle du grand duc de Toscane, fils d'un grand virtuose sur le même instrument, avait une manière opposée à celle de Quanz, en ce qu'il ne se servait aucunement de la langue. Pour plus de détails, voyez la belle dissertation sur la musique dans le Magasin de Cramer, première année, p. 686. On estimait beaucoup ses ouvrages. Il a été gravé à Amsterdam, en 1763, six duos pour la flûte, et ensuite à Paris, *Studi per il Flauto in tutti i tuoni e modi*, avec une basse. Outre cela, on connaît encore neuf concertos pour flûte, et sept quatuors de sa composition, en manuscrit.

DOTTI (ANNE), cantatrice célèbre à Bologne, vers 1770.

DOUWS (CLAAS), marguillier dans la Frise, a fait imprimer à Franecker, en 1722, un ouvrage intitulé : Traité de la musique et des instrumens de musique, ouvrage très-médiocre.

DOURLEN (VICTOR), du département du nord, élève de M. Gossec, obtint en 1806, le grand prix de composition décerné par l'Institut national ; et en cette qualité, il alla à Rome à l'école des Beaux-Arts. M. Lebreton, secrétaire de la classe des Beaux-Arts de l'Institut, dans son rapport lu le premier octobre 1808, parle avec éloge d'un *Dies iræ*, que M. Dourlens a fait exécuter à Rome. « Ce chant de déso-
» lation et de terreur, dit-il, est
» bien conçu, bien conduit, bien
» écrit. Les motifs en sont vrais,
» variés, et ne sortent jamais de ce
» ton solennel et sombre, dont la
» mélancolie fait la grâce. Dans ce
» beau morceau de musique reli-
» gieuse, la partie vocale est trai-
» tée avec une simplicité noble ». A son retour d'Italie, M. Dourlen, a fait représenter à l'Opéra-Comique trois ouvrages : Philoclès, Linnée, et La dupe de son art. On espère qu'il ne s'en tiendra pas à ces essais.

DOWLAD (JOHN), a publié, en 1609, la traduction anglaise de l'ouvrage d'Ornitoparcus, intitulé : *Musicæ activæ Micrologus*.

DRAGHI (ANTONIO) de Ferrare, compositeur au service de la

cour de Vienne, a donné, de 1663 à 1699, un grand nombre d'opéras, dont on peut voir le catalogue exact dans l'*Essai de Laborde*. On a aussi de lui en musique d'église *Le cinque Piaghe di Christo*. V. Walther.

DRAGONETTI (M.), joueur de contre-basse à l'Opéra de Londres, au moyen des sons harmoniques, est parvenu à exécuter sur cet instrument des concertos de violon. A l'orchestre, il est placé près du piano ; et si un instrument quelconque vient à manquer pour les solos, il les joue sur la contre - basse. Quand on se trompe dans l'exécution, il frappe l'accord avec une telle énergie, qu'il ramène à l'instant tout l'orchestre.

Un jour M. Viotti engagea monsieur Dragonetti à jouer la seconde partie d'un de ses duos les plus difficiles. Voyant qu'il s'en acquittait à merveille, *Monsieur*, lui dit-il, *faites le premier violon, je vous accompagnerai*. M. Dragonetti exécuta le premier dessus avec tant d'habileté, que M. Viotti n'y put tenir, et lui dit qu'*il était un homme extraordinaire*.

DREIER (Jean M.), a fait graver à Spire, en 1782, un *Salve Regina*.

DRESIG (Sigismond - Frédéric), Co-Recteur à l'école de Saint-Thomas, à Leipsick, écrivit *Commentatio critica de rhapsodis, quorùm vera Origo, antiquitas ac ratio ex auctoribus et scholasticis græcis traditur*. Leipsick, 1734, in-4°.

DRESLER (Ernest - Christophe) un des chanteurs les plus estimés de l'Opéra Italien en Allemagne, naquit à Greussen, ville dans la principauté de Schwarzbourg - Sondershausen, en 1734, et y apprit les premiers élémens de musique; dans la suite il visita les Universités de Hall, de Jena et de Leipsick ; ce fut dans ce dernier endroit, où il demeura depuis 1735 jusqu'en 1756, qu'il se forma sur le violon et au chant. Quelque tems après, il alla à Bayreuth, où, après avoir encore pris des leçons de la célèbre cantatrice Turcotti, il entra dans la chapelle du Margrave, et fut nommé peu après secrétaire de la chambre des finances.

Lors de la mort du Margrave, en 1763, le duc de Gotha le prit à son service en qualité de secrétaire et musicien de la chambre. Il n'y resta que peu de tems, et donna sa démission en 1766. L'année suivante, il obtint du prince de Furstemberg, à Wetzlar, la place de secrétaire et directeur de chapelle; mais le prince étant retourné en Bohême en 1771, Dresler ne voulut pas l'y suivre, et demanda sa démission. En 1773, il se fit entendre à Vienne devant l'Empereur, et s'engagea enfin comme chanteur à l'Opéra de Cassel, où il mourut le 5 avril 1779.

On a de lui les écrits suivans : 1° *Fragmente einiger gedanken Gothu*, 1764 (Fragmens d'idées du spectateur de musique sur les progrès de la musique en Allemagne); 2° *Gedanken über die Vorstellung der Alcest, Erfurt und Leipsig*, 1774 (Réflexion sur la représentation d'Alceste) ; 3° *Theaterschule fur die Deustchen das ernsthafte Singschauspiel betreffend*, Hanovre 1777 (Ecole de théâtre pour les allemands, concernant l'opéra sérieux). 4° Plusieurs chansons isolées, et quelques recueils de chansons. Quelques-uns lui attribuent aussi la Dissertation sur l'opéra italien de Benda, représenté à Gotha, insérée au premier volume des notices de musique. V. Meusel-Miscel., et d'après lui Cramer, Magasin, année II, p. 482.

DRETZEL (Corneille-Henri), organiste distingué de Nuremberg d'abord à l'église de Saint-Egide, ensuite à celle de Saint-Laurent, et enfin à celle de Saint - Sébald, où il resta avec honneur jusqu'à sa mort en 1773, a fait imprimer, en 1731, un livre de musique simple, de 880 pages in-fol., sous le titre : *Des evangelischen Zions musikalische harmonie*, etc. On à de lui encore un autre ouvrage pratique, intitulé : *Harmonische Ergætzung* (Divertissement harmonique, consistant en un concerto pour le clavecin).

DRETZEL (Wolffgang) , habile luthiste , à Nuremberg, y naquit en 1630 , et mourut en 1660.

DREVELLE, a fait graver à Paris , en 1780, un concerto pour violon

DREWER (Madame), cantatrice habile et très-agréable, fut au service de l'électeur de Cologne, à Bonn. de 1783 à 1790.

DREYER (P.), maître de chapelle à l'église *dell' Annunciata* à Florence , en 1770, était né en cette ville, de parens allemands, et se fit connaître en Allemagne dès 1729 comme sopraniste fort agréable. Il était alors engagé à la société de l'Opéra Italien , à Breslau. Il avait intercalé des ariettes de sa composition dans différens opéras. Il fut ensuite, pendant quelque tems, chanteur à Dresde , où il se distingua beaucoup. Burney le connut fort âgé , en 1770, à Florence , où il demeurait depuis long-tems. Il donna encore à cette époque, dans son église, un motet de sa composition.

DREYER (J.-M.), compositeur allemand vers 1790, a fait graver en 1794 , à Leipsick, trois *Salve regina* , pour un soprano et quatre instrumens. Outre cela , il a fourni quelques pièces au choix de Fleurs pour le clavecin.

DROBISCH. Outre un *Magnificat* à dix voix, qu'on a de lui en manuscrit, il a fait graver à Berlin, en 1786, six duos pour flûte et violon , op. 1.

DROST, fabricant d'orgues très-renommé à Altenbourg, a construit, de 1726 à 1730, le bel orgue de Waltershausen , qui a cinquante-huit jeux.

DRUET (M.), élève de Grétry, s'est livré à la composition lyrique, et n'a encore publié que des romances.

DRUZECHY ou DRUSCHETZKY (Georges) , musicien à Presbourg, en 1787 , au service du comte de Grassalkovicz. On a, de sa composition , Andromède et Persée ; le ballet Inkle et Yariko ; et une symphonie de bataille à deux orchestres, pour Adélaïde de Ponthieu. Il était auparavant timbaliste des Etats de la Haute-Autriche à Linz, et y a

publié, en 1783, six solos pour le violon.

DRYDEN (John), chevalier , poëte couronné et historiographe de Jacques II , roi d'Angleterre , naquit à Oldwinkle le 9 août 1631, et mourut à Londres. le premier mai 1701 , d'une inflammation au pied. Il s'est acquit une gloire immortelle tant par les ouvrages qu'il a laissés, que par ses poésies et ses pièces de théâtre. Son ode sublime *Il potere dell' armonia* (Le Pouvoir de l'harmonie), lui donne le droit d'être cité dans cet ouvrage. Plusieurs compositeurs l'ont mise en musique, surtout Hændel et Gluck. Parmi nos poëtes , M. de Valmalete, habile violoniste, en a fait une imitation élégante, qu'on trouve dans les Quatre Saisons du Parnasse , Automne, 1805.

DUBOURG (Math.), très-bon violoniste de Dublin du tems de Hændel, est connu par l'anecdote suivante. Jouant un jour , à l'orchestre que ce dernier dirigeait , l'accompagnement d'une ariette avec violon concertant, il s'égara tellement dans un point d'orgue que, lorsqu'il rentra enfin dans le ton , Hændel lui cria à haute voix, et de manière qu'on put l'entendre très-aisément dans toute la salle : *Dieu merci, M. Dubourg , vous voilà donc rentré chez vous !* Exclamation qui lui attira les applaudissemens de tous les spectateurs. Voyez Burney , Vie de Hændel.

DUBREUIL, était un de ces misérables *tailleurs d'opéras* , pour lesquels l'administration de ce théâtre a toujours montré une prédilection qui ne peut s'expliquer par aucun motif raisonnable. Les amis de Piccini ont regardé comme un tour perfide le présent qu'elle fit à ce grand compositeur de l'Iphigénie en Tauride , de Dubreuil. Les vers suivans suffiront pour donner une idée du style de cet auteur :

IPHIGENIE.

Eloignez ces tristes victimes ,
Grands Dieux ! ou leur sang va couler.
Pouvez-vous trouver légitimes
Ces fureurs de tout immoler !

La conduite de l'ouvrage répondait à la versification. Cependant

Dubreuil, à la tête d'autres productions, prenait le titre d'auteur d'I-
phigénie en Tauride. Il a fait Paul
et Virginie, mis en musique par
Lesueur; Rose d'Amour et Carlo-
man, et quelques autres ouvrages,
qui ne méritent pas d'être cités. Il
est mort le 22 février 1801, âgé de
plus de soixante ans, à la suite
d'une chute qu'il fit dans un fossé.

DUBUGARRE, organiste à l'é-
glise de Saint - Sauveur de Paris,
y a publié, en 1754, un ouvrage
sous le titre : Méthode plus courte
et plus facile que l'ancienne pour
l'accompagnement du clavecin. A
cette instruction, il ajouta encore
des questions et des réponses. que
l'élève devait apprendre par cœur,
pour être examiné par ses parens en
l'absence de son maître.

DUBUISSON, fameux compo-
siteur sous le règne de Louis XIV,
excellait dans le genre des chansons
et des duos. Il mourut en 1712.

DUCANGE (Charles-Dufresne),
conseiller d'état et trésorier du
roi, a fait imprimer, en 1678,
un ouvrage in-fol. sous le titre,
Glossarium ad scriptores mediæ
et infimæ latinitatis, dans lequel
il explique un grand nombre de
termes de musique.

DUCAURROY (François-Eus-
tache), né à Gerberoy, près de
Beauvais, en 1549, fut appelé le
Prince des professeurs de musique.
Il fut maître de chapelle des rois
Charles IX, Henri III et Henri IV,
chanoine de la Sainte-Chapelle de
Paris, et prieur de Saint-Aïoul de
Provins. Il mourut le 7 août 1609, et
fut inhumé dans l'église des Grands-
Augustins, où l'on voyait son tombeau près de la chaire du prédicateur. On lisait sur ce tombeau son
épitaphe en latin, composée par le
cardinal Duperron. En voici la traduction.

« Contemple, voyageur, et ad-
» mire, qui que tu sois, en apprenant que celui qui gît sous cette
» tombe est Eustache Ducaurroy,
» de Beauvais. Il n'a pas besoin d'un
» titre plus éclatant, d'un tombeau
» plus magnifique. C'est assez pour
» honorer la cendre d'un homme
» pieux et modeste, que non seu-
» lement la France, l'Espagne et
» l'Italie, mais même l'Europe en-

» tière, a déclaré Prince des mu-
» siciens; d'un homme que trois
» rois, Charles IX, Henri III et
» Henri IV, ont honoré de leurs
« bontés, et dont il a été successi-
» vement maître de chapelle; d'un
» homme, enfin, qui semble avoir
» appelé l'harmonie du Ciel, pour
» l'introduire dans les temples,
» comme on en peut juger par les
» productions de son génie. Tant
» de biens ne sont point enseveli
» dans cette urne : l'éternité se les
» approprie De tels hommes ne
» meurent point; la splendeur de
» leur réputation leur donne une
» nouvelle vie, semblables au soleil
» qui se couche tous les jours, et
» reparaît avec un nouvel éclat.
» Priez pour lui. Il a vécu soixante
» ans, et est mort l'an du salut
» 1609. »

Il ne nous reste de ses ouvrages
qu'une messe des morts à quatre
voix, sans symphonie. Le cardinal
Duperron composait des vers qu'il
lui faisait mettre en musique. C'est
une tradition généralement répandue que nos anciens noëls étaient
des gavottes et des menuets d'un
ballet, que Ducaurroy avait composé pour Charles IX. V. Laborde.

DUCERCEAU (Jean-Antoine),
jésuite, né à Paris en 1670, mourut
pendant un voyage à Veret, le 4 juillet 1730. Outre les ouvrages qu'il a
laissés, il a inséré, dans les Mémoires de Trévoux, plusieurs Dissertations sur la Musique ancienne.
V. Mém. de Trév., t. LII, p. 100
et 284; t. LIII, p. 1223 et 1420;
t. XV, p. 2085; LVI, p. 69 et 234;
et le Journ. des Sav., t. LXXXVIII,
p. 300. M. Forkel, dans le premier
volume de son Hist. de la Mus.,
donne des renseignemens sur tous
ces écrits.

DUCHÉ (Joseph - François),
poète dramatique, né à Paris en
1668, et mort en 1704, a composé,
pour l'Opéra, Sylla, Iphigénie,
Céphale et Procris, et le ballet des
Fêtes galantes.

DUCIS (Benedictus), également
connu sous le nom de Benedictus
(Benoît), fut un compositeur célèbre parmi les successeurs, et probablement parmi les élèves du fameux Josquin. On trouve de lui
plusieurs motets dans les recueils de

Tilman Susato, et autres collections du même tems. On peut voir, dans l'Histoire de la Musique, par M. Forkel, le chant funèbre qu'il a composé sur la mort de Josquin.

DUCLOS, mécanicien de Paris, présenta en 1787, à l'Ecole royale, un rhythmomètre de son invention, auquel on reconnut une supériorité sur tous les instrumens présentés jusqu'alors dans ce genre.

DUCRAY DUMINIL (M.), rédacteur des Petites–Affiches, a composé, en 1790, un opéra comique, paroles et musique, joué sans succès au théâtre Feydeau; mais il a fait quelques airs de vaudevilles très-heureux, entr'autres, l'air de la Croisée, qui est dans la mémoire des amateurs. On a aussi de lui plusieurs Recueils de Romances, paroles et musique.

DUFAY (Guillaume), compositeur français de 1400 à 1450, est indiqué par Adam de Fulde, dans son ouvrage *de Musicâ*, écrit en 1490, et recueilli par M. Gerbert, au tome troisième de sa Collection, comme ayant étendu de trois tons au grave le système de Guy d'Arezzo. Son exemple fut suivi par ses contemporains et ses successeurs, qui étendaient le système à l'aigu. Adam de Fulde le qualifie de vénérable et de musicien ducal; ce qui ferait penser qu'il aurait été au service des ducs de Milan. Adrianus Petit le range parmi les théoriciens.

DUFRÈNE (M.), chanteur médiocre à l'Opéra, chante assez bien les airs italiens. Il possède un beau cabinet d'estampes, et a gravé les portraits de plusieurs musiciens, entr'autres, celui du chanteur Lazzerini qui joint le mérite du faire à celui de la ressemblance.

DUFRENOY (Madame A. B.), élève de M. Murville pour la poésie, a publié en 1806, un petit volume, intitulé : Opuscules poétiques, où l'on trouve des pièces d'un mérite très-distingué, et plusieurs romances, entr'autres, l'Absence, mise en musique par M. Balbâtre, fils du célèbre organiste.

DUFRESNE, violoniste à l'orchestre de la Comédie Française, en 1752, a fait graver, en 1780, six solos pour flûte avec variations, op. 1.

DUFRESNY (Ch.-Rivière). Ce célèbre poëte comique, était si heureusement organisé pour les arts que, sans avoir jamais étudié la peinture ni la musique, il faisait des dessins et des airs forts agréables; les vaudevilles de ses pièces sont tous de sa composition. Il était né à Paris en 1648, et mourut le 6 octobre 1724.

DUGAZON (Madame Rose LEFEVRE), a débuté au Théâtre Italien, en 1779, par le rôle de Pauline (du Sylvain). Elle a su imprimer un cachet à tous ses rôles, et a joué surtout celui de Nina d'une manière inimitable; le délire de la passion ne pouvait aller plus loin. On sait que les femmes avaient des attaques de nerfs en voyant madame Dugazon rendre si bien la folle par amour. Cette actrice a obtenu sa retraite en 1806. Son fils Gustave Dugazon, élève de la classe de M. Berton, au Conservatoire de musique, a publié plusieurs recueils de romances.

DUBOS (J.-B.), né à Beauvais en 1670, entra, en 1695, dans les bureaux des affaires étrangères, sous M. de Torcy, qui le chargea de commissions importantes en Allemagne, en Italie, en Angleterre et en Hollande. Ce fut dans le cours de ses voyages qu'il acquit de profondes connaissances en poésie, en peinture et en musique; et nous leur devons ses excellentes réflexions sur ces arts. Voltaire a dit du livre de l'abbé Dubos *Cependant il ne savait pas la musique, n'avait jamais pu faire des vers, et n'avait pas fait un tableau; mais il avait beaucoup lu, vu, entendu et réfléchi, et personne n'a mieux raisonné que lui sur toutes ces matières.* L'abbé Dubos mourut, avec le titre de secrétaire, perpétuel de l'Académie Française, le 23 mars 1742.

DUGUET (L'abbé), maître de chapelle de la cathédrale de Paris depuis 1780 environ, était un compositeur estimable. Il a composé un grand nombre d'ouvrages pour son église. En 1767, il avait donné un motet au Concert Spirituel.

DUIFFOPRUGCAR (Gaspard), célèbre luthier, né dans le Tyrol Italien vers la fin du quinzième siècle, après avoir voyagé en Allemagne, vint se fixer à Bologne dans les premières années du seizième siècle. François Ier, roi de France, étant venu en cette ville, en 1515, pour établir le concordat avec le pape Léon X, entend parler des talens supérieurs de Duiffropugcar, fit des offres si avantageuses à cet artiste pour le déterminer à venir s'établir à Paris, que ce dernier les accepta.

Il paraît que le dessein du monarque français était de faire fabriquer les instrumens nécessaires au service de sa chambre et de sa chapelle, d'une manière digne de son siècle et de sa magnificence. Il paraît encore que le climat nébuleux de la capitale ne convenant point à cet artiste, il demanda et obtint la permission de se retirer à Lyon, où, probablement, il termina sa carrière; il y était encore en 1520.

M. Roquefort, homme de lettres à Paris, possesseur d'une collection curieuse d'instrumens, a trois basses de Duiffoprugcar. La première est montée à sept cordes, qui s'accordaient ainsi :

La table de dessous représente le plan de Paris au seizième siècle, exécuté en bois de rapport et de diverses couleurs; au-dessus est un saint Luc, d'après Raphaël.

La seconde porte en dedans cette inscription :

Gaspard Duiffoprugcar, à la Coste sainct Sébastien, à Lyon.

On a représenté, sur la table de dessous, le Moïse de Michel-Ange, qui se voit sur le tombeau de Jules II. Sur le manche, est sculptée une salamandre, qui était la devise de François Ier.

La troisième est une taille de violon; sur la touche de cet instrument, se trouvent ces deux vers latins, qui forment la devise de ce luthier :

Viva fui in sylvis, sum durâ occisa securi;
Dum vixi, tacui : mortua dulcè cano.

On a figuré, sur la table de dessous, saint Jean l'évangéliste, d'après Raphaël.

Les manches de ces trois basses sont supérieurement sculptés.

Le portrait de cet habile luthier a été gravé en médaillon de format in-4°. Il est représenté avec une barbe qui lui tombe jusqu'au milieu de la poitrine, entouré d'instrumens, tenant un compas d'une main, et de l'autre un manche : il semble méditer sur les proportions qu'il doit avoir.

DULCINO (JEAN-BAPTISTE), compositeur, a publié à Venise en 1609, Cantiones sacræ, 8 vocibus, una cum Litaniis B M. virginis et magnificat cum B. C., in 4°.

DULICH (PHILIPPE), professeur de musique à l'ancienne école normale de Stettin, y mourut en 1631, à l'âge de soixante-huit ans. Ses contemporains l'estimaient beaucoup. On a imprimé à Stettin, en 1607, 1608, 1610 et 1612, ses Centuriæ 6 septenum et octonum vocum, et ses Cantiones Dominicales, en 4 vol.

DULON, né en 1779 à Hendal, où son père, habile flûtiste et élève de Quanz, était inspecteur de l'accise, devint aveugle à l'âge de trois mois. Son père lui enseigna à jouer de la flûte, et Angerstein, organiste de la ville, lui montra à jouer de l'orgue. Il fit sur ces deux instrumens les progrès les plus étonnans. À l'âge de treize ans, il fit un voyage dans les principales villes et cours de l'Europe. Partout il excita l'admiration générale par la facilité et la manière brillante dont il exécutait les pièces les plus difficiles, et jusques aux fugues du grand J. S. Bach. Il composait aussi, et dictait ses ouvrages avec un tel soin, qu'il n'y manquait ni une pause ni un seul agrément. Nous ne savons point où il réside en ce moment.

DULSICK (JEAN), habile organiste à Haslau, en Bohême, vers 1772.

DUMANOIR (GUILLAUME), après la mort de Constantin, en 1630, obtint la charge de Roi des violons, maître des ménétriers,

Nous remarquerons que, jusques vers 1650, le violon n'était pas même admis dans la musique des églises.

DUMAS, inventeur du bureau typographique, pour apprendre à lire aux enfans, essaya, en 1753, d'appliquer ce procédé à la musique.

DUMENIL, haute-contre de l'Opéra, débuta, en 1677, et joua le premier le rôle de Renaud. Il avait été cuisinier : et un jour que dans le rôle de Phaëton il ravissait le parterre, un plaisant s'écria :

Ah ! Phaëton est-il possible
Que vous ayez fait du bouillon !

Mattheson qui l'avait entendu, dit qu'il chantait comme un cuistre. Il mourut vers 1717. V. Maupin.

DUMONCHAU (Charles), né à Strasbourg le 15 février 1778, d'abord amateur, présentement professeur de musique à Lyon, a publié trente-un œuvres de musique, pour le chant, le violoncelle, la flûte, la clarinette, et le piano-forte. Il a mis en musique l'Officier Kosaque, opéra comique, qui a obtenu un succès flatteur à la porte St.-Martin.

DUMONT (Henri), né près de Liége en 1610, jouait très-bien de l'orgue, et fut le premier de nos musiciens qui employa la basse continue. Il devint maître de chapelle du Roi, obtint sa vétérance en 1674, et mourut en 1684. Tout le monde connait sa messe royale usitée dans toutes les églises de France.

DUN (Mademoiselle), cantatrice à l'Opéra de Paris vers 1709, y fut alors beaucoup applaudie.

DUNCOMBE, musicien de Londres, y fit graver, vers 1770, un ouvrage sous le titre : Leçons progressives pour les commençans, premier livre.

DUNI (Antoine). On a de lui Litania della beata Virgine, 2 voc. 2 violin. ed organo, en 1768. On connaît encore plusieurs motets en manuscrit sous ce nom ; mais on ignore si c'est un des frères du suivant qui en est l'auteur, ou si c'est le même, et que le nom ait été seulement estropié par les copistes.

DUNI (Egidio-Romuald.), naquit le 9 février 1709, à Matera, ville du royaume de Naples. Dès l'âge de neuf ans, on l'envoya au conservatoire de la Pietà à Naples, où il étudia son art sous le célèbre Durante.

Dans sa première jeunesse, il fut demandé à Rome pour composer un opéra ; et, dans ce moment, il se trouva malgré lui en concurrence avec Pergolèse, dont il était l'ami et l'admirateur. On donna d'abord l'opéra de Pergolèse, qui tomba ; et peu de jours après, le sien eut le plus grand succès. Loin de s'énorgueillir de cet avantage, il dit à Pergolèse pour le consoler : O mon ami, ô mon père, ils ne vous connaissent pas !

Une musique variée, naturelle et pittoresque ; un chant délicieux, suave ; voilà ce qui maintiendra toujours Duni dans une place honorable parmi ceux qui ont forcé les Français à connaître de nouveaux plaisirs dans leurs spectacles lyriques. Quand on lui reprochait de ne pas faire assez de bruit, il répondait : Je désire pouvoir être chanté long-tems. Cependant il a su faire, dans l'occasion, des airs tels que la scène l'exigeait. On peut dire aussi qu'il est étonnant qu'un Italien ait aussi bien connu et aussi bien observé la prosodie de la langue française. Dans un poëme inédit de Marmontel, sur la musique, on lit ces jolis vers.

Le bon Duni, sous l'œil de la déesse (1),
De notre langue essayait la souplesse,
Marquait le nombre, et voulait à nos vers
En imprimer les mouvemens divers ;
Essai nouveau, tentative hardie,
Dont Rousseau même avait désespéré
Et le moyen que d'un pas assuré
Marche en cadence un vers sans prosodie !
Duni s'écoute ; il cherche, il étudie
Le mouvement dans un son passager ;
Et de son chant l'exacte mélodie
Fixe des mots le caprice léger.

Duni est mort le 11 juin 1775, dans la soixante-sixième année de son âge.

(1) Mélusine, déesse du grand opéra (dans le poème).

DUNSTABLE (Jean), ainsi nommé du lieu de sa naissance, situé près de Bedfort en Angleterre, vint au monde vers 1400, et mourut en 1453 ou 1458. Cet auteur contribua aux progrès de la musique en Angleterre, et de l'art, en général d'une manière assez marquée, pour que des écrivains, peu judicieux et peu instruits néanmoins, lui aient attribué l'invention de la composition à plusieurs parties. Ils l'ont outre cela, à cause de la ressemblance de nom, confondu avec Dunstan, ce fanatique évêque de Cantorbery, qui vivait quatre siècles auparavant, et les Anglais sont partis de là pour se regarder comme les inventeurs du contrepoint : absurdité démontrée par tous les monumens historiques. Ce que l'on peut, au contraire, assurer avec bien plus de vérité, c'est, qu'à peu d'exceptions près, les Anglais ont de tous tems été les plus mauvais musiciens de l'Europe. Le seul mérite qu'ils aient en musique est de savoir bien la payer.

On trouve, dans Gafforio (*Mus. prat.*, *lib. II*, *cap.* 7) un *Veni Sancte Spiritus* de Dunstable. Th. Morlay cite de lui un traité de *Musicá mensurabili.*

On peut voir, dans Hawkins, les épitaphes faites en son honneur, qui prouvent l'estime dont il a joui en son tems. Quelques écrivains l'ont aussi nommé Dunstaph.

DUPARC (Elisabeth), dite *la Francesina*, était une cantatrice célèbre vers 1740. On a gravé son portrait.

DUPATY (Emmanuel), l'un des fils du célèbre Dupaty, président au parlement de Bordeaux, est né à Lyon. Il est connu par un grand nombre de vaudevilles et d'opéras comiques, dont plusieurs ont été faits en société avec MM. Chazet, Ségur jeune, etc.

DUPHLY, né à Rouen, établi à Paris depuis 1750, élève de Dagincourt, était un excellent claveciniste et un très-bon professeur. Il était très-estimé et très-recherché. Il a fait graver quatre livres de pièces pour clavecin.

DUPIERGE (Félix-Tiburce-Auguste), né à Courbevoye, près de Paris, le 11 avril 1784, est élève de son père pour la composition, ainsi que pour le violon. Il a publié un œuvre de duos pour deux violons, deux concertos à grand orchestre, et une grande sonate pour le forte-piano.

DUPITHON (Madame), célèbre pianiste, morte à Paris il y a quatre ans, naquit à Saint-Domingue. Très-jeune, elle vint en France, et montra un goût décidé pour la musique. Sa mère (madame Thenet) lui donna M. Dusseck pour le piano, et M. Le-Moyne pour la composition. En peu d'années, elle parvint à jouer sur le piano, à la première vue, toute la musique qu'on lui présentait. Elle était aussi forte sur l'*allegro* que l'était sur l'*adagio* une autre dame ; qui nous a défendu de la nommer, et que nous faisons assez reconnaître, en disant que c'est une pianiste du premier ordre.

Madame Dupithon avait des talens de plus d'un genre : elle dessinait et peignait très-bien, parlait et écrivait, avec autant de justesse que d'élégance, sur les sciences, les lettres et les arts. Dans la pension de demoiselles qu'elle dirigeait à Paris, c'était elle-même qui faisait les cours d'histoire, de géographie et d'astronomie.

DUPLANT (Rosalie), était première cantatrice à l'Académie de Musique de 1762 à 1780.

DUPLESSIS, a donné à l'Opéra les Fêtes Nouvelles, en 1734.

DUPONT (J.-B.), violoniste à l'orchestre de l'Opéra à Paris depuis 1750, mis à la pension en 1773, a publié à Paris : Principes de musique, et Principes de violon, par demandes et réponses. Outre cela il a fait graver deux concertos pour violon, arrangés sur des ariettes des opéras de Lucile et du Déserteur.

DUPORT (J.-B.), l'aîné, est élève du fameux Berthaud. Il vécut à Paris jusqu'en 1772. Il vint à Berlin où le roi Frédéric II le nomma violoncelliste de la chambre. Depuis 1787, il est surintendant de la musique de la cour. Ainsi que son frère, il tire les plus beaux sons du violoncelle, mais il est plus fort sur l'*allegro* que sur l'*adagio*. Six sonates de sa composition ont été gravées à Paris.

Marpurg rapporte que M. Duport voulant entendre le célèbre violoncelliste Franciscello, s'embarqua à Marseille, arriva à Gênes, entendit ce musicien, et retourna en France deux heures après.

DUPORT (Louis), frère cadet de celui qui est en Prusse, mais son aîné pour le talent, a étudié le violoncelle sous sa direction. Il a joué au Concert Spirituel, vers 1780, des concertos de violoncelle qui ont fait l'admiration des connaisseurs sous le double rapport de la composition et de l'exécution. Ces concertos sont en effet pour le violoncelle ce que ceux de M. Viotti sont pour le violon, c'est-à-dire, les premiers du genre. M. Duport les a fait graver, ainsi que des sonates et des duos pour le violoncelle. Ce grand artiste s'est fait entendre, en 1806, au Concert Olympique ; il n'avait rien perdu de l'aisance, de l'énergie et du brillant, qui caractérisaient son jeu, à l'époque de sa plus grande gloire. Il exécutait alors sur la basse tout ce qu'on peut exécuter sur le violon, même à la première vue. On sait qu'aux petits appartemens, chez la reine Marie Antoinette, on attendait un jour M. Viotti pour exécuter avec M. Crosdill, fameux violoncelliste anglais, un duo concertant pour violon et violoncelle. M. Viotti n'arrivait pas : la reine paraissait s'en apercevoir, lorsque M. Duport, qui avait déjà exécuté une sonate, demanda à voir cette partie de violon. A peine eut-il entrevu le manuscrit qu'il engagea M. Crosdill à commencer, et joua avec une telle supériorité, qu'on douta si M. Viotti, en l'exécutant sur le violon, eût fait autant de plaisir.

M. Duport est actuellement violoncelliste de la chambre du roi Charles IV.

DUPRÉ, fit graver à Paris, en 1763, deux œuvres de dix trios pour le clavecin avec violon. Il était, dès 1754, pensionnaire à l'Opéra, et mourut en 1784.

DUPUIS (Thomas Saunders), musicien distingué de Londres, lors de la grande musique funèbre en l'honneur de Hændel, en 1784, était un des aides directeurs. On a gravé plusieurs ouvrages pour le clavecin de sa composition.

DUPUITS, organiste et compositeur de Paris, vers 1754, publia différentes compositions pour le forte-piano et pour d'autres instrumens.

DURANCY (Mademoiselle), née en 1746, débuta en 1762 sur la scène lyrique. Elle était naïve dans Colette, noble dans Ernelinde sublime dans Clytemnestre.

DURAND. On a sous ce nom des variations pour le violon sur un air de la *Molinara*.

DURANDUS, moine à Fécamp et ensuite à Troarn, dans le onzième siècle, posséda des connaissances rares en musique, et donna à l'église plusieurs compositions nouvelles et agréables. V. Hist. littér. de France, p. 240, et Gerbert, hist.

DURANOWSKY (M.) un des meilleurs élèves de Viotti sur le violon, s'appelait Durand, avant d'être officier dans les troupes de Pologne. Il a publié des duos de violon. On les trouve chez Momigny.

DURANT (P. - C.), luthiste, au service du Margrave de Bayreuth, s'est fait connaître vers 1762, par plusieurs recueils de solos, de trios et de concertos pour le luth, tous en manuscrit

DURANTE (Francesco), né à Naples en 1693, fut élevé au conservatoire de Santo-Onofrio, de cette ville, et reçut des leçons du célèbre Aless. Scarlatti. Il quitta de bonne heure ce conservatoire, et vint à Rome, attiré par la réputation de B. Pasquini et de Pittoni. Il travailla cinq ans sous ces deux maîtres, et apprit de l'un l'art du chant et de la mélodie ; de l'autre, toutes les ressources du contrepoint. Il revint ensuite à Naples, et se livra à la composition ; mais il travailla presqu'uniquement pour l'église, il ne fit jamais rien pour le théâtre ; et dans le catalogue de ses ouvrages, on ne voit que très-peu de cantates et duos pour la chambre, et un très-petit nombre de pièces instrumentales.

Le genre de l'église et les études furent donc les objets auxquels il s'attacha essentiellement. C'est par le génie et l'art qu'il y montra, qu'il parvint à acquérir le plus haut degré de gloire, et à être regardé comme le plus classique de tous les maîtres modernes. DURANTE a fixé la tonalité moderne ; il est en cette partie ce que Palestrina fut dans le genre ancien, si même il ne lui est pas supérieur. Personne n'a mieux connu jusqu'à lui l'art de poser le ton, de conduire la modulation et d'établir une harmonie bien conforme au sens de la phrase musicale. Il est digne à cet égard de servir de modèle à tous les compositeurs à venir ; et c'est le guide le plus sûr que l'on puisse adopter. Quant au genre de sa composition, les motifs sont simples, et paraissent même médiocres au premier coup d'œil ; mais ils sont en effet si bien conçus, et il les manie avec tant d'art et de génie, qu'il sait en tirer des effets prodigieux. Il sait y appliquer toutes les formes imaginables, et jamais que celles qui conviennent, en sorte qu'il sait toujours intéresser l'auditeur, et qu'il lui laisse le désir de l'entendre encore ; ce qui est d'autant plus étonnant que sa manière est sévère et sérieuse, et qu'en général il sacrifie peu à la grâce.

Au mérite de servir de modèle par ses compositions, DURANTE joint encore celui d'avoir été un très-grand professeur. Il était, dès 1715, attaché au conservatoire de Santo-Onofrio. Il était à la tête de celui Dei Poveri di J. C. lorsque le cardinal Spinelli, archevêque de Naples, le détruisit pour en faire un séminaire.

De son école sont sortis les plus célèbres compositeurs des générations qui vinrent de s'écouler. Ce furent Pergolèse, Sacchini, Piccini, Terradeglias, Guglielmi, Traetta, qui ont tant illustré l'école de Naples durant le dix-huitième siècle. En un mot, toute l'école actuelle n'est qu'une émanation de l'école de Durante. V. Scarlatti.

DURANTE mourut à Naples en 1755, âgé de soixante-deux ans, Le Conservatoire de France possède une collection fort belle de ses ouvrages, copiée sur celle qui a été apportée à Paris par M. Selvaggi. En voici le catalogue :

MESSES. Missa alla Palestrina, en ré min. — Missa, à 9 v., en la majeur. — Messe des Morts, à 4 v., en sol min. — Messe des morts, à 8 v., en ut min. — Missa à 4, kyrie, gloria, sib. — Id., la maj. — Id., à 5 v., ut min. — Id., à 5 v., ut maj. — Id., à 5 v., sol maj. — Id., à 4 v., ré maj. — Autre à 4 v., ré maj. — Credo, à 5 v., sol maj. — Credo, à 5 v., sol maj.

PSAUMES. Dixit, à 8 con str., ré maj. — Id., à 8 v., ré maj. cunt. ferm. — Id, à 5 v., ré maj. (brillant). — Id., style brév. — Id., à 4 v., ré maj. — Confitebor, à voce sola, ré maj. — Id., style brév. Laudate pueri, à voce, la min. — Id., à 4 voc., sol maj. — Id, à 8 voc, sol maj. — Beatus vir, à 4 voc., fa maj. — Id., à 4 voc., styl. brév. — Lœtatus sum, à 4 voc., la maj — Misericordias Domini, à 8 senza strom. — Magnificat, à 4 v., sib. sul canto f. — Id., à 8 voc., en la min.

ANTIENNES. Alma, à voce sola. — Id., à voce sola di basso. — Salve Regina, à voce sola. — Id., à 2 voci. — Veni sponsa, à 5 voc. — Id., à 4 voc.

HYMNES. Isste confessor, à 4 v, — Pange lingua, à 3 v. — Vexilla regis, à 4 v.

MOTETS. O gloriosa Domina, à 5 v. - O Divi amoris victima. — Si quœris miraculâ, à v. sola. — Surge, à 5 v., ré maj. — Jam si redit, à 8 v. — Cito pastores à v., la maj. — Ad præsepe, à 4 v., sol maj. — Tacete, sonate, à 4 v., sol maj. — Ave Virgo, à voce sola, ré maj — Surge aurora, à 3 v., sol maj. — Inter choros, à 5 v., sol maj. —. Cessent corda (chœur). — videtur, à 4 v., ré maj.

PIÈCES DÉTACHÉES. Te Deum, à 5 v., ut maj. — Litanies de la Sainte-Vierge, à 4 v,, mi min. — Id., à 4 v., sol. min. — Id., à 4 v., en fa min. — Id., à 2 v., mi min. — Incipit oratio, à 4 v.

MUSIQUE DE CHAMBRE. Cantate : Doppo sentiro, a voce di contralto. — XII madrigali col basso continuo estratti dalle cantate di Scarlatti. — XI solfeggi, à 2 v. col. B. C. — Partimenti per cembalo.

Ce sont des basses chiffées pour s'exercer à l'accompagnement : ces *Partimenti* sont classiques dans toute l'Italie.

Quelques petites pièces pour clavecin.

DURANTE (Ottavio), a publié à Rome, en 1608, in-folio, *Arie devote*, etc.

DURASTANTI (Marg.), dite *la Contessina*. Voy. le supplément.

DURELL (J.), né à Jersey en 1625, et mort le 8 juin 1683. Dans le chap. VII de son *Historia rituum*, il défend l'utilité de l'orgue contre les presbytériens. Voy. M. Gerbert

DURET (Marcel), élève de M. Rode pour le violon, a remporté le premier prix de violon au Conservatoire de Musique en 1803. Il a dirigé les concerts de cet établissement.

DURET (Madame). Voy. mademoiselle Saint Aubin.

DURIEU (M.), a publié en 1793, in-folio : Nouvelle Méthode de musique vocale. On a aussi du même auteur une méthode de violon. Ces deux ouvrages l'ont rangé parmi les bons professeurs pour l'enseignement.

DUSSEK (Jean), organiste à Czaslau, en Bohême, est né dans cette ville en 1740. Il est fils, petit-fils et arrière-petit-fils d'autant de Dussek, qui tous ont été de célèbres organistes. Il a composé d'excellentes fugues; mais sa modestie l'a toujours empêché de les publier.

DUSSEK (Jean-Louis), fils du précédent, né à Czaslau, en Bohême, en 1760, apprit les élémens de l'harmonie chez son père. A l'âge de dix ans, une famille noble, amie de son père, l'envoya, en qualité d'élève, à l'un des premiers collèges de l'université de Prague, où il resta sept ans. Outre la littérature ancienne et moderne, il cultiva la musique, et profita beaucoup des leçons d'un bénédictin, qui lui fit faire l'exercice de tous les contrepoints. Il avait atteint sa dix-neuvième année, quand il se rendit à Bruxelles, où un seigneur de la cour du Stathouder lui proposa de le présenter à la princesse d'Orange. Le jeune artiste fit son début à la Haye, et fut comblé

des bienfaits du Stathouder et de toute sa famille. Avant de visiter Londres et Paris, il se décida à voyager dans le nord de l'Europe. Il eut le bonheur de voir le célèbre Emmanuel Bach à Hambourg, et de profiter de ses conseils. Il partit ensuite pour Pétersbourg; mais le prince Charles Radziwill lui proposa un engagement si avantageux, qu'il crut devoir l'accepter, et resta deux ans avec ce prince dans le fond de la Lithuanie. Au bout de ce tems, il revint à Berlin, et arriva enfin à Paris, qu'il quitta au commencement de la révolution française. Il se rendit en Angleterre, où il resta jusqu'en 1800. Il en partit à cette époque pour voir encore une fois son respectable père, qu'il n'avait pas vu depuis vingt-cinq ans. A son retour, en passant par Magdebourg, il fit la connaissance de l'aimable et infortuné prince Louis Ferdinand, à la mémoire duquel il a consacré un morceau de musique funèbre; maintenant il est attaché pour la vie au prince de Bénévent.

M. Dussek a publié soixante-dix œuvres pour le piano, consistant en sonates fantaisies, duos, concertos, simphonies concertantes pour deux pianos. Les œuvres qu'il estime le mieux lui même sont les œuvres 9, 10, 14, 35, les Adieux à Clementi, et le Retour à Paris, qu'on a nommé à Londres le *plus ultra*, par opposition à une sonate de Wœlfl, nommée *Nec plus ultra*. Sa méthode pour le piano-forte, imprimée en allemand chez Breitkopf, est certainement la meilleure pour les commencans. Elle a été traduite par l'auteur lui même d'après l'original anglais, et augmentée de quantité d'exemples. Il a en outre composé en Angleterre deux opéras anglais, qui n'ont pas eu un succès général, vu que cette musique n'était pas à la portée du peuple de Londres. Il existe encore de lui une messe solennelle, qu'il a composée à Prague, à l'âge de treize ans, et plusieurs oratorios en allemand, entr'autres celui de *la Résurrection*, d'après les paroles du célèbre Klopstock.

DUSCHEK (Madame Joséphine), est née à Prague vers 1756. Elle y brillait, en 1790, comme cantatrice et comme pianiste. Elle joint à son talent pour le piano une habileté étonnante sur la harpe. Cette virtuose est fixée à Londres depuis long-tems.

DUVAL (Mademoiselle), cantatrice à l'Opéra de Paris, y jouissait d'une grande renommée, vers 1720 Elle composa la musique du ballet des Génies, qu'on y donna en 1736, et fit imprimer dans la suite : Méthode agréable et utile pour apprendre facilement à chanter juste et avec goût, etc. Elle vivait encore en 1770.

DUVAL (ALEXANDRE), actuellement directeur du théâtre de l'Odéon, a fait un grand nombre de drames et d'opéras comiques. Parmi ces derniers, les plus connus sont : le Prisonnier, musique de Della-Maria ; Joseph, musique de M. Méhul ; Maison à Vendre, musique de M. Dalayrac.

DUVE (JORDAN), fit imprimer à Neuruppin, en 1729, un programme : Quo nimiam artis affectationem in musicâ sacrâ theologis magni nominis, improbari, ostendit.

DUVERNOY (FRÉDÉRIC), né à Montbéliard, département du Haut-Rhin, le 15 octobre 1771, se livra sans maître à l'étude du cor et à celle de la composition, ce qui ne demandait pas moins de sagacité que de patience. En 1788, il entra à l'orchestre de la Comédie Italienne. En 1797, il fut reçu à l'orchestre de l'Opéra pour jouer les solos. Depuis, il a été nommé membre de la chapelle et de la musique particulière de S. M. l'Empereur Napoléon. Il est avec M. Domnich, professeur de cor au Conservatoire. Ses ouvrages consistent en une méthode de cor, deux cahiers d'études pour cet instrument, et douze concertos dont huit sont gravés.

DUVERNOY (CHARLES), frère du précédent, et virtuose aussi distingué sur la clarinette que M. Frédéric sur le cor, joue les solos à l'orchestre du théâtre de l'Opéra-Comique. Il a publié des sonates de clarinette et des airs variés en duos pour cet instrument.

DYDIME, né à Alexandrie, a, selon Suidas, beaucoup écrit sur la musique. Il ne faut pas le confondre avec Dydime le grammairien, qui vivait sous Auguste, et avec un autre Dydime musicien que l'Empereur Néron se plut à enrichir.

DYGON (JOHN), bachelier en musique à Londres, fut élu, en 1497, prieur du couvent de Saint-Augustin, à Cantorbery. Ses ouvrages que l'on conserve encore en Angleterre, font foi qu'il a été compositeur excellent. Il est mort en 1509. Avant son élévation à la dignité de prélat, il était bénédictin.

D'YVRANDE – D'HERVILLE (JEAN-LOUIS-MICHEL-AUGUSTIN), né le 28 septembre 1782, à Paris, d'une famille originaire de Normandie, descendant de Louis d'Yvrande, gentilhomme de Henri III, auteur de poésies fugitives, contemporain de Malherbe et son ami intime, a étudié au collège de Thiron, département d'Eure et Loir. Il a publié un recueil de poésies dédiées à M. Jacques Delille, contenant des pièces fugitives, des romances, des chansons, dont plusieurs ont été mises en musique par son ami M. Nicolo Isouard.

E

EASTCOTT (RICHARD), a publié les Essais sur l'origine, les progrès et les effets de la musique, un vol. in-8°, 1793.

EASTIVICK, un des premiers compositeurs à Londres, vers 1720.

EBDON, musicien de Londres, en 1790, y a publié en 1780, un œuvre de deux sonates pour le clavecin.

EBELING (CHRISTOPHE – DANIEL), né à Garmisson en 1741, nommé, en 1784, professeur d'histoire et de langue grecque au collège de Saint-Jean de Hambourg, a publié la première partie d'un Essai

sur la composition d'une bibliothèque de musique. Il a traduit les
voyages de Burney en allemand,
et placé un texte allemand sous le
Messie d'Hændel.

EBELING (JEAN-GEORGES),
natif de Lunebourg, professeur de
musique au collège de Saint-Charles à Stettin, entra dans cette
charge en 1668, et y mourut et 1676.
V. Walther

EBERHARD, hautbois au se-
cond bataillon de Hesse-Hanau,
dans la ville de Hanau, a composé, en 1780, la musique de l'o-
péra la Loi Tartare.

EBERHARD (JEAN-AUGUSTE),
professeur ordinaire de philosophie à l'université de Halle depuis
l'an 1778, est né à Halberstadt
le 31 août 1738. Il publia, en
1788 à Halle, un ouvrage dont la
première dissertation traite de mélodrame.

En outre, on trouve une foule
d'observations intéressantes relatives à la musique, dans un autre
ouvrage intitulé : Théorie générale de la pensée et des sentimens,
dont il est également l'auteur.

EBERHARD DE FREISING
(EBERHARDUS FRISENGEN-
SIS), ancien musicien du onzième siècle, a laissé deux petits
Traités sur la musique, l'un sous
le titre : De mensurâ fistularum
et l'autre sous celui de Regulæ ad
fundendas nolas i. e. organica tin-
tinnabula. L'abbé Gerbert les a
insérés dans sa collection.

EBERL (ANTOINE), vécut à
Vienne vers 1780, où il composa
la musique des opéras les Bohémiens et la Marchande de Modes,
et beaucoup de musique instrumentale.

EBERLE (JEAN-JOSEPH), fit imprimer à Leipsick en 1765, un Recueil d'odes et de chansons, avec
des airs pour le forte-piano.

EBERLIN (DANIEL), beau-
père de Telemann, un des génies
les plus vastes, et en même-tems
un aventurier du premier ordre,
natif de Nuremberg. Dans sa jeunesse, il était capitaine dans les
troupes du Pape, qui combattaient
les Turcs en Morée. Après son re-

tour dans sa patrie, il fut nommé
bibliothécaire ; dans la suite il alla
à Cassel où il obtint la place de
maître de chapelle, qu'il quitta en
1676, pour prendre à Lisenach
celle de gouverneur des pages, de
maître de chapelle, de secrétaire
intime, d'inspecteur des monnaies
et de régent du Werterwald. De
là il se rendit à Hambourg où il
exerça, pendant quelques tems, la
profession de banquier, jusqu'à
ce qu'il retourna enfin à Cassel,
où il mourut comme capitaine dans
la milice. Telemann lui rend le
témoignage qu'il était contrapuntiste savant, et fort bon violoniste,
ce qui est prouvé par ses trios
pour le violon, qu'il fit graver
à Nuremberg en 1675. Il a calculé qu'il y a deux mille manières
de désaccorder le violon. Voyez
Ehrenpforte, p. 362.

EBERLIN (JEAN-ERNEST),
porte-plat et maître de chapelle de
l'archevêque de Salzbourg, vers
1757, était né à Jettenbach en
Souabe, et fut d'abord organiste
de la cour. On l'estimait beaucoup à
cause de ses connaissances profondes et de la facilité avec laquelle
il composait. On le nomme un second Telemann, parce qu'il a,
comme ce dernier, laissé une quantité prodigieuse de compositions ;
mais il n'en a été publié que IX Toccate e fughe per l'organo, qui
ont été gravées à Augsbourg, et
qu'il a écrites, lorsqu'il était encore
organiste.

EBIO (MATHIEU), chanteur à
l'école de Husum dans le duché de
Holstein, naquit dans le même endroit en 1791. Après avoir terminé,
en 1616, ses études à Jéna, il obtint cette place, dans laquelle il
mourut le 20 décembre 1676, à
l'âge de quatre-vingt-six ans. Il
a publié à Hambourg, en 1651, un
petit ouvrage de quatre feuilles
in-8°, sous le titre : Isagoge musicæ d. i. Kurzer jedoch grundlicher unterricht ; (Instruction
courte, mais complète : avec laquelle
un jeune élève peut apprendre la mu-
musique sans peine et en peu de
tems, etc., etc.). Dans la dédicace, à la seconde page, on
l'appelle : Musicus præstantissimus

et suavissimus , et scholæ Husensis cantor dignissimus.

ECCARD (JEAN) , vice - maître de chapelle de Georges - Frédéric Margrave de Brandebourg et duc de Prusse, à Kœnisberg, était né à Mulhausen en Thuringe. Il a fait imprimer , en 1597, à Kœnisberg deux volumes de cantiques religieux , mis en musique pour cinq voix, à musique simple. L'année auparavant , 1596, il avait déjà paru de lui à Mulhausen , les *Crepundia sacra de Helmbold ,* qu'il avait mis en musique pour quatre voix. Il en a été publié une seconde édition à Erfurt en 1608, in-8°. On chante encore aujourd'hui ses cantiques à Mulhausen , au commencement et à la fin du service. V. Lett. critiq. , t. III , p. 74.

ECCLES (JOHN) , écuyer et maître de chapelle du roi d'Angleterre à Londres , en 1729, s'y etait déjà rendu célèbre, vers 1697, par plusieurs ouvrages qu'il donna au théâtre. Il en a été imprimé à Londres : *New musick for opening of the theatre ,* etc. (Nouvelle musique pour l'ouverture du théâtre).

ECCLES (SALOMON) , virtuose très-distingué dans la musique vocale et instrumentale , vécut à Londres vers 1650. Ce fut son grandpère qui l'instruisit dans la musique. Il était déjà parvenu à se créer un revenu de deux cents liv. sterl. par les leçons qu'il donnait , et par les concerts auxquels il assistait , lorsqu'en 1658, il lui prit fantaisie de se faire quacker. Il vendit donc tous ses instrumens de musique ainsi que tous ses livres, comme des choses qui, désormais , lui devenaient inutiles. Mais ayant réfléchi que de cette manière d'autres pourraient en abuser encore, il les racheta , et les brûla sur la place publique , en ajoutant à cet acte de zèle religieux une harangue énergique sur l'abolition de toutes ces vanités , dans laquelle il exhorta les spectateurs à suivre son exemple. Il finit par perdre l'usage de la raison , au point qu'il entra un dimanche avec ses instrumens de cordonnier , dans l'église, au moment qu'on y donnait la communion , et voulut y établir son atelier auprès de l'autel. Il est , dit-on, auteur d'un dialogue imprimé en 1667 , dans lequel on dispute sur le mérite et l'utilité de la musique. V. Lettres Critiq. , t. III , p. 76.

ECCLIN , docteur en musique , en Angletere , vers 1750, se fit connaître en Angleterre et en Allemagne par une cantate satirique, dans laquelle il ridiculise les absurdités des musiciens d'alors. Ce fut Swift qui en composa le texte.

ECK (JEAN - FRÉDÉRIC) , virtuose très-distingué sur le violon, était , en 1780, à la chapelle de l'électeur de Manheim, et en 1796 , à Munich où il jouissait d'un traitement de neuf cent florins (environ deux mille francs).

ECKARD (JEAN - GODEFROY) , vint à Paris fort jeune pour étudier et professer la peinture. Comme son pinceau lui rapportait peu de chose , on lui conseilla de professer la musique, qu'il avait étudié sous les plus grands maîtres de l'Allemagne , sa patrie. Il était très-fort sur le clavecin ; mais il sentit que pour atteindre au premier degré, il lui fallait un travail opiniâtre. Pendant deux ans , il peignit le jour , pour vivre, et consacra ses nuits à l'étude de la musique. C'est à ce prix qu'il a obtenu la réputation d'un des plus habiles clavecinistes de l'Europe.

Un catarrhe négligé l'a conduit au tombeau , vers la fin du mois d'août 1809 , à l'age de 75 ans. Il a publié plusieurs œuvres.

ECKELT (JEAN-VALENTIN) , né à Werningshausen , près Erfurt, vers 1690, fut élevé à l'école de Gotha, et y apprit la musique, qu'il cultiva ensuite à Erfurt. Ayant acquis assez de connaissances dans cet art pour remplir quelque place , il entreprit différens petits voyages, afin de se faire connaître . et obtint une place d'organiste à Werningerode. Il s'acquitta de sa charge d'une manière si distinguée, et charma tellement tous ceux qui l'entendirent, qu'il fut appelé , en 1703, en qualité d'organiste à l'église de la Trinité à Sondershausen, place qu'il occupa jusqu'à sa mort, en 1732.

Outre plusieurs compositions

pour l'orgue, on a encore de lui une Passion à grand orchestre, et une collection d'ariettes et cantiques religieux, qu'il avait tout préparés pour être imprimés. Mais ce fut principalement comme didactique qu'il chercha à se rendre utile. Il laissa les ouvrages suivans : 1°. *Experimenta musicæ geometrica*, 1715. 2°. Instruction pour former une fugue, 1722. 3°. Abrégé de ce qu'il est nécessaire à un musicien de savoir. 4°. Enfin, un ouvrage dont il s'est occupé pendant les dernières années de sa vie, et dont il y avait déjà, en 1724, une quantité de cahiers achevés. Ce manuscrit est entièrement égaré. C'était plutôt un commentaire musico-mathematico-mystique sur la Bible entière, qu'un traité de musique.

Sa bibliothèque de musique, que l'on pouvait alors appeler complète, contenait tous les ouvrages de Werkmeister, Prinz, Mattheson, et autres, publiés jusqu'à l'époque de sa mort. Les notes qu'il avait ajoutées à chaque volume prouvaient son instruction.

EDELMANN (Jean-Frédéric), né à Strasbourg le 6 mai 1749, a fait graver de 1770 à 1790, tant à Paris qu'à Manheim et à Offenbach, quatorze œuvres, consistant en concertos et sonates pour le clavecin. On a encore de lui beaucoup de compositions en manuscrit. En 1782, il donna à l'Académie Royale de Musique l'Acte du Feu, l'une des entrées du ballet des Elémens, et Ariane dans l'île de Naxos, qui obtint un succès mérité.

Après avoir joué dans la révolution le rôle d'un démagogue furieux, Edelmann périt lui même en 1794, avec son frère, sur l'échaffaud, où il avait envoyé plusieurs victimes et notamment le baron de Dietrich son bienfaiteur.

EDELMANN (Mademoiselle), sœur du précédent, née à Strasbourg, publia, en 1787, une sonate pour le clavecin.

EDER (Charles - Gaspard), violoncelliste, est né en Bavière en 1751. Il apprit la composition sous Lang et Kœlher, et fut appelé, jeune encore, à la cour de l'électeur de Trèves, où il obtint la place de premier violoncelliste de

sa musique particulière. Il a parcouru, depuis, toutes les cours et grandes villes de l'Allemagne. Il a composé, pour le violoncelle, vingt solos, trois duos, deux trios, quatorze concertos, et n'a encore fait graver que deux symphonies à grand orchestre.

EDOUARD IV, roi d'Angleterre, de 1461 à 1483, était, dit-on, bon musicien.

EGLI (Jean - Henri) musicien de Winterthur, en Suisse, a fait imprimer à Zurich, en 1785 et en 1786, deux cahiers de ses compositions pour le chant avec accompagnement de clavecin. On prétend qu'il a perfectionné beaucoup le chant d'église à Winterthur, en composant des mélodies agréables à quatre voix pour les nouveaux cantiques de cette ville.

EHLERS ou ELERUS (François), natif d'Uelzen, dans le duché de Lunebourg, fut directeur de musique à Hambourg, et y fit imprimer, en 1786, un ouvrage sous le titre : *Cantica sacra*, etc. composé selon la méthode de Glarean. David Chytræus y a ajouté une préface Musico - Historique en latin. V. *Scheibe musikal. Composition* dans la préface, pag. 23 et 25.

EHRENBERG, musicien à Dersan, y publia, en 1781, quelques Recueils de chansons. On a encore de lui le Soir de Matheson pour le clavecin et le chant, qui parut en 1784.

EICHLER (Ernest), musicien allemand, à Paris, y a fait graver de 1783 à 1790, deux œuvres, chacun de six quatuors pour violon.

EICHLER (Jean-Léopold), de Voitsdorfs, en Bohême, fut d'abord premier violoniste à la chapelle du duc de Saxe-Zeitz, d'où il passa à Leutmeriz en qualité de commis au consistoire, et de directeur de musique à la cathédrale de cette ville. Il y mourut le 25 mai 1775. Il était très-renommé pour sa manière particulière de former et d'instruire les chanteurs. V. *Statist. di Bœhm.* huitième cahier.

EICHMANN (Pierre,) chanteur à Stuttgard, dans la Poméranïe, a fait imprimer à Stettin , en 1600, un ouvrage sous le titre : *Oratio de divina origine*, etc., *artis musicæ*. Il mourut émérite en 1623.

EICHMANN, publia à Berlin, en 1784, trois symphonies à neuf p.

EICHNER (ERNEST), Bassoniste du premier ordre, à une habileté extraordinaire sur son instrument, joignit la qualité de compositeur, et fut aussi remarquable par sa fécondité prodigieuse, que par la grande pureté de ses ouvrages. Il fut d'abord maître de concert au service du duc de Deux-Ponts, et publia, en 1770, son premier ouvrage de symphonies qui fut gravé a Paris. Ayant demandé plusieurs fois sa démission sans pouvoir l'obtenir, il s'éloigna clandestinement. On courut après lui, mais il eut le bonheur de n'être pas rencontré, et se rendit en Angleterre, où il excita l'admiration et obtint les récompenses dues à son mérite. Il quitta l'Angleterre en 1773, et passa au service du prince royal de Prusse à Postdam, où il consacra le reste de ses jours à son service, à la composition, à l'instruction de ses élèves ; parmi ceux-ci, nous devons citer Knoblauch et Mast. Il y mourut au commencement de 1777.

Les ouvrages qu'il a composés, pour presque tous les instrumens, et qui ont été gravés en Angleterre, eu France, en Hollande et en Allemagne, sont très-estimés. Ils se distinguent autant par le chant que par la pureté extraordinaire de la composition, et par leur grande facilité. Ils consistent en symphonies, en quatuors, en trios et en solos. Ils forment en tout environ dix-huit ouvrages renfermant, pour la plupart, six pièces.

EICHNER (ADELHEID), fille du précédent, née à Manheim en 1762, était une excellente cantatrice et une habile claveciniste. Elle avait une voix si étendue quelle donnait avec une égale facilité l'*ut* du bas de la portée, et le *fa* à l'octave au-dessus de celui qui termine la portée en clef de sol. Elle avait beaucoup de légèreté, et chantait fort bien l'adagio. En 1773, elle entra au service du

prince de Prusse ; de là, elle passa, en 1784, à la chapelle Royale, et mourut, le 5 avril 1787, cantatrice au grand théâtre de Berlin.

EILSCHOW (MATHIAS), a publié une dissertation, in-4° : *De choro cantico*, etc. *Hafniæ*, 1732. Il y traite de l'organisation du chœur de musique de David, et de l'habillement des chanteurs. A en juger d'après la préface, il s'était proposé de donner une continuation de cette dissertation, où il voulait parler *De instrumentis, domiciliis, et loco canendi, tempore et modo canendi*, mais il n'en a rien paru.

EINICKE (GEORGES-FRÉDÉRIC), né à Hohlstedt, en Thuringe, le 16 avril 1710, reçut de son père, chantéur et organiste de cet endroit, les premiers élémens des sciences et de la musique. Il suivit pendant sept ans l'école de Closterdohdorf et de Sangerhausen, et se rendit, en 1732, à l'université de Leipsick, où il étudia la composition sous Bach et Scheibe, qui y étaient alors maîtres de chapelle. Son père était mort à l'époque où il venait de terminer ses études, il obtint sa place, en 1746, et fut appelé à Frankenhausen en qualité de chanteur et directeur de musique. En 1756, il accepta la même place à Nordhausen, où il mourut le 20 février 1770.

On a de sa composition quelques années de musique, beaucoup de pièces d'occasion, de concertos et de symphonies, etc.

EISELT (JEAN-HENRI), violoniste à la chapelle de Dresde, depuis 1756. Il étudia pendant trois ans la composition sous Tartini, et se fit connaître par différentes compositions pour son instrument, mais seulement en manuscrit.

ELEONORE (MARIE - THÉRÈSE), fille de l'électeur Palatin, épouse de l'Emperenr Léopold I, née à Dusseldorf, le 6 janvier 1656, touchait supérieurement du clavecin, et était une fort bonne cantatrice ; elle mourut le 19 janvier 1720.

ELER (M.) professeur au Conservatoire, a donné à l'Académie de musique, en 1798, Apelle et Compaspe, paroles de Demoustier; et au théâtre de l'Opéra-Comique, en 1800, l'Habit du chevalier Grammont. Son opéra de la Forêt de Brama, paroles de madame Bourdic-Viot, est reçu depuis long-tems à l'Académie Impériale de musique. M. Eler s'est aussi livré à la musique instrumentale ; on a de lui deux œuvres de quatuors pour deux violons, alto et violoncelle.

ELEUTHÈRE, chanteur et cithariste, gagna le prix aux jeux pythiques quoiqu'il n'exécutât que la composition des autres.

ELISI (PHILIPPE), chanteur italien, brilla surtout au théâtre de l'opéra sérieux à Londres, vers 1750.

ELLEVIOU (M.), célèbre acteur du théâtre de l'Opéra-Comique, est fils d'un chirurgien de Rennes, en Bretagne. En 1790, il monta sur le théâtre malgré toute sa famille. Bientôt il acquit beaucoup de réputation comme joli homme et chanteur plein de goût. Parmi les pièces où il s'est distingué, on cite surtout le Prisonnier, de Dellamaria, et les Deux Prisonniers ou Adolphe et Clara, de Dalayrac. Il y a lutté de talens avec madame Saint-Aubin.

ELLYS (RICHARD), Anglais, sénateur du tribunal suprême, a écrit un ouvrage intitulé Fortuita sacra, auquel il a ajouté un commentaire de Cymbalis. Cet écrit est composé de trente-deux chapitres, et a été imprimé à Rotterdam, en 1727, in-8°.

ELMENREICH (J.), chanteur allemand, est venu se faire entendre à Paris, dans des concerts publics, en 1803. Il a aussi publié, vers ce tems, plusieurs trios pour soprano, tenor et basse, avec accompagnement de guitare et fortepiano, sous le titre : Amusemens des soirées.

ELMI (DOMENICO), Vénitien, mort en 1760, excellait dans la musique d'église, et jouait très-bien de l'alto-viola.

ELSPERGER (JEAN-CHRISTOPHE-ZACHARIE), né à Ratisbonne, chanteur à l'école latine de Sulzbach, dans le Haut-Palatinat, a composé quelques morceaux pour l'église, beaucoup de choses pour le clavecin et des symphonies.

EMANUEL, compositeur de Londres, y a fait graver, vers 1780, des symphonies de sa composition.

EMY DE L'YLETTE (A.-F.), a publié à Paris, en 1810, un ouvrage intitulé : Théorie musicale, contenant la démonstration méthodique de la musique, à partir des premiers élémens de cet art jusques et compris la science de l'harmonie.

ENCHIRIADES, auteur du huitième siècle, composa un Traité de Musique. V. Sigebert dans son catalogue des écrivains.

ENDERLE (GUILLAUME GODEFROI), né à Bayreuth le 21 mai 1722, apprit la musique à Nuremberg, chez différens maîtres, jusqu'à l'âge de quatorze ans : il passa ensuite un an à Berlin, pour se perfectionner. En 1748, il obtint une place à la chapelle de l'évêque de Wurzbourg, d'où il partit, en 1753, pour prendre la place de maître de concert à Darmstadt.

C'était un des plus grands violonistes de son tems, et un compositeur habile pour son instrument et pour le clavecin. Il n'a cependant rien été imprimé de ses nombreuses compositions. Ses solos pour le violon sont ce qui est le plus connu des amateurs.

ENDTER (CHRÉTIEN-FRÉDÉRIC), organiste à Buxtehude, a fait imprimer à Hambourg, en 1757, Lieder zum scherz und zeitvertreibe (Chansons, etc.).

ENGEL (JEAN-JACQUES), né en 1741, à Parchim, dans le duché de Mecklembourg, fut, depuis 1786, directeur du théâtre national de Berlin, et, depuis 1790, du Concert des Amateurs de cette ville. Il a publié plusieurs écrits intéressans sur la musique et l'art mimique, tel est celui sur la peinture en musique, adressé à Reichardt, qui a été traduit en français. Lui-même a traduit en allemand les Lettres d'Euler à une Princesse d'Allemagne.

ENGEL, maître de chapelle à Varsovie, fit graver, en 1772, six symphonies à huit voix.

ENGELBERT, abbé du couvent d'Admont, dans la Haute-Styrie, dans le treizième siècle, a laissé

quatre Traités différens sur la musique, que l'on conserve en manuscrit dans la bibliothèque de ce couvent. L'abbé Gerber les a donné
au second volume de sa Collection
des auteurs de musique, p. 287.

ENGELMANN (Georges), a
laissé des Discours sur la musique
ancienne et moderne : *Quod libitum latinum*, à cinq voix, Leipsick,
1620 ; et enfin *Paduanen et gaillarden*, à cinq voix, trois volumes,
dont le dernier parut à Leipsick, en
1622. V. Walther.

ENGLER (Michel), célèbre
constructeur d'orgues de Breslaw, y
vécut depuis 1722 jusqu'en 1751. Les
ouvrages principaux qu'il a construits sont l'orgue de Sainte-Elisa-
beth à Breslaw, de cinquante six
jeux ; celui de Saint-Nicolas à Brieg,
aussi de cinquante-six jeux ; et enfin
celui du couvent des Cisterciens à
Grussau, de cinquante-quatre jeux.

ENGLERT (Antoine), né le
4 novembre 1674, à Schweinfurt,
où son père était musicien de la
ville, se rendit, en 1693, à l'université de Leipsick, pour y étudier
la théologie. Son assiduité et ses
connaissances lui valurent le grade
de docteur ; mais quelque fût son
zèle pour les sciences, il ne rallen-
tit en rien son goût pour la musique,
qu'il cultiva avec succès, en suivant
pendant quatre ans les célèbres musiciens Strunck, Schade et Kuhnau,
qui s'y trouvaient alors, et en profitant de leurs leçons et de leurs
avis. En 1697, il fut appelé dans
sa patrie pour y occuper la place
de chanteur. Il publia alors quelques années de musique, avec plusieurs autres morceaux, la plupart
pour l'église, qui tous attestent ses
connaissances profondes et son expérience consommée. En 1717, il
fut nommé co-recteur, et enfin, en
1729, recteur et organiste. Il vivait
encore en 1740. V. *Ehrenpforte*,
p. 58.

ENGRAMELLE (Le père), re-
ligieux-augustin, a publié à Paris,
en 1775, in-8°, la Tonotechnie, ou
l'Art de noter les cylindres. Cet
ouvrage, neuf en son genre, est le
premier qui ait été écrit sur ces
matières, les facteurs ayant toujours
fait un mystère de leur art. Le père
Engramelle, dans l'assemblée des

Beaux-Arts tenue chez M. de la
Blancherie, le 21 avril 1779, a démontré un instrument de son invention, qui donne, selon lui, la
division géométrique des sons par
la manière la plus parfaite d'accorder les instrumens. Quoique l'on
puisse contester la vérité des principes avancés par le père Engramelle, on n'en doit pas moins louer
son amour pour les arts. Laborde
raconte l'aventure suivante sur cet
habile mécanicien.

« Un virtuose italien se trouvait
en Lorraine, à la cour du roi Stanislas ; il avait exécuté des pièces
de clavecin, qu'on avait fort ad-
mirées, mais qu'il n'avait voulu
donner à personne. Baptiste, musicien du roi de Pologne, en parla
au père Engramelle, qui crut entre-
voir le moyen d'avoir ces pièces, et
qui engagea Baptiste à lui amener
son claveciniste quelques jours après.
Pendant cet intervalle, le père Engramelle plaça sous son clavecin un
grand cylindre, couvert de papier
blanc, et recouvert de papier noirci
à l'huile. Il fit un clavier de rapport, dont les touches répondaient
à celles du clavecin, en sorte que
tout ce qu'on exécutait sur le clavecin se trouvait marqué sur le cylindre à l'aide du papier noirci. Ce
cylindre était mis en mouvement
par une manivelle placée à la pointe
du clavecin, et porté sur des bois
à vis, en sorte qu'il avançait un peu
de côté à chaque tour, afin que les
différentes marques ne pussent se
confondre. Sa révolution totale était
de quinze tours, et durait environ
trois quarts-d'heure. Tout ce mécanisme fut masqué de la manière la
plus adroite. Le claveciniste se rendit chez le père Engramelle au jour
convenu, et il exécuta ses pièces.
Dès qu'il fut sorti, le père Engramelle découvrit son cylindre, où
il ne manquait pas une note. L'Italien étant revenu quelques jours
après, on lui fit entendre une serinette qui répétait ses pièces, et
imitait jusqu'aux agrémens de son
jeu. Sa surprise ne saurait se peindre,
et il ne put s'empêcher d'applaudir
lui-même à un larcin fait d'une façon si ingénieuse. » On lit dans les
Transactions Philosophiques, de
1747, n°. 483, la description d'une

machine à peu-près semblable, inventée en Angleterre.

ENICCELIUS (TOBIE), natif
de Leskow en Bohême, compositeur
distingué et chanteur, d'abord à
Flenburg, vers 1655, et ensuite à
Tonningen, vers 1665, fit imprimer
à Hambourg, en 1660, un ouvrage
sous le titre : *Die friedensfreude,
bey angestelltem œffentlichen
dankfeste, in einer musikalischen
harmonie, als fun voccalstimmen
zwey clarinen und zwey violinen
zu musiciren.* Outre cela, il a aussi
mis en musique les Épîtres d'Opitz,
pour les dimanches et les jours de
fêtes

ENSLIN (PHILIPPE), maître de
chapelle à Wetzlar, fit imprimer
en 1786, à Francfort, trois quatuors pour clavecin, avec deux violons et violoncelle. On trouve aussi
de lui plusieurs compositions pour
le clavecin, dans le Journal de Musique, par Vogler, et dans le Choix
de Fleurs de Spire.

ERARD (M.), célèbre facteur
de pianos, a perfectionné un des
premiers, parmi nous, ce genre
d'instrumens. En 1782, il a proposé
un clavecin d'une nouvelle construction. Ce clavecin avait trois registres de plumes et un de bufle. En
appuyant par degrés le pied sur une
pédale attachée au pied gauche du
clavecin, on retirait la petite octave, le registre du petit clavier, le
registre du grand clavier, et on faisait avancer le registre du bufle;
En diminuant la pression du pied
sur la pédale, on avançait la petite octave, le registre du petit
clavier, le registre du grand clavier, et on retirait le registre du
bufle, etc. M. Erard est le premier
facteur qui ait trouvé le moyen de
faire parler les quatre santereaux
par le secours seul du grand clavier,
et sans être obligé de recourir au
petit clavier. V. l'Almanach Musical, 1783. Nous ne pouvons entrer
dans plus de détails sur les travaux
de M. Erard, pour le moment. Ils
seront développés dans le supplément de ce dictionnaire.

ERASME (DIDIER), né à Ro-
terdam en 1467, et mort à Bâle en
1536, est surtout célèbre par son
Éloge de la Folie Ses ouvrages ont
été imprimés à Leyde; en dix vo-

lumes in-fol. Il avait étudié la musique sous Hobrecht, le plus ancien
de tous les maîtres de l'école flamande. V. *Hobrecht.*

ERASTOCLE, musicien, loué
par Aristoxène et Ptolomée.

ERBA (DIONISIO), de Milan,
florissait en 1690. Ses compositions
vont de pair, dit-on, avec celles
des meilleurs maîtres de son tems.

ERBA (GEORGES), musicien et-
violoniste de Rome, fit graver à
Amsterdam, chez Wittvogel, en
1736, 10 sonate da camera a violino solo e basso, op. 1.

ERBEN (BALTHASAR), maître
de chapelle à Dantzick, était un
fort bon compositeur vers 1612.

ERCOLANI (FRANCESCO), de
Ferrare, bon poëte, avait un talent supérieur pour les petits opéras
comiques. *La Gallina perduta* est
le plus joli de tous ceux qu'il a faits.
Son drame *I Giudizio di Paride*
fut représenté et imprimé à Venise,
en 1734.

ERCOLEO (MARZIO), était musicien de la chapelle ducale à Modène. Ses ouvrages ont été publiés
en 1686.

ERICH XIII, roi de Suède,
monta sur le trône en 1560, et
mourut en 1572. Il a composé la
musique à quatre voix, de plusieurs cantiques latins, tels que
*In te Domine speravi, cor mundum
crea in me Deus,* etc. Voy. Walther.

ERNESTI, harpiste à Leipsick
vers 1756, est connu par plusieurs
compositions pour son instrument,
restées en manuscrit.

ERNST (FRANÇOIS-ANTOINE),
né à Georgenthal, petite ville de la
Bohême, sur la frontière de la Saxe,
fut un violoniste des plus distingués.
Il cultiva la musique avec assiduité,
dès le tems où il étudiait la jurisprudence à Prague. Après avoir terminé
son cours, il revint dans sa patrie,
et y fut nommé syndic.

Le comte de Salm l'y ayant entendu jouer du violon, l'engagea à
entrer à son service en qualité de
secrétaire. Ce seigneur séjournant la
majeure partie de l'hyver à Prague,
Ernst trouva l'occasion d'y observer
le célèbre Lolli, qui se fit entendre
au théâtre national, lors de son
passage en cette ville. Sa manière de

joüer du violon plût tellement à Ernst, qu'il le pria de lui donner des leçons. Il parvint bientôt à un tel dégré de perfection qu'il put exécuter la plupart des traits de ce musicien célèbre.

Se croyant enfin assez versé dans l'exécution de l'allegro, il desira également connaître à fond l'adagio, et parcourut à cette fin toute l'Allemagne, visitant toutes les cours où il pût avoir quelqu'espérance de trouver un musicien distingué. Il rencontra enfin à Strasbourg ce qu'il cherchait avec tant d'ardeur. C'était le célèbre Stad, qui non-seulement savait exécuter toutes les difficultés de Lolli, mais qui exécutait l'adagio avec beaucoup de noblesse et de sensibilité. Ernst prit encore des leçons de lui, et retourna enfin à Prague, après avoir beaucoup augmenté son talent.

En 1778, il fut appelé à Gotha, où il vivait encore en 1790, jouissant de toute l'estime due à ses talens et à son mérite. C'est lui-même qui écrivait tous ses concertos et solos ; mais il n'a été gravé qu'un seul concerto en *mi* majeur.

ESCHENBURG (JEAN-JOACHIM), conseiller de cour et professeur de belles-lettres au collége de Saint-Charles à Brunswick, né à Hambourg en 1743, a rendu beaucoup de services à la musique en Allemagne par les concerts qu'il établit vers 1770, et par les écrits ou les traductions allemandes de plusieurs ouvrages étrangers.

Nous ne citerons que les suivans : 1°. Considérations sur la poésie et la musique, par le doct. Brown, traduites de l'anglais, avec des notes et augmentées de deux appendices. Leipsick, 1769, in-8°. 2°. Réflexions sur l'affinité de la poésie et de la musique, par Webbe, traduites de l'anglais. Leipsick, 1771, in 8°. 3°. Dissertation sur la musique ancienne, par Burney, traduite de l'anglais, avec quelques notes. Leipsick, 1781, in-4°. C'est cette dissertation dont Burney a fait précéder son Histoire générale de la musique. M. Eschenburg avait promis de donner aussi une traduction de cette Histoire ; mais jusqu'à présent il n'a pas encore réalisé sa promesse. 4°. Lettre sur la pompe funèbre de Jomelli,

traduite de l'Italien. Elle se trouve dans le Musée allemand, tome I, page 464. 5ª Dissertation sur Cécile, dans le Magasin d'Hanovre de 1786, n°. 96. 6°. Notice sur la vie d'Hæn-del et sur la pompe funèbre qu'on a exécutée en son honneur à Londres aux mois de mai et de juin 1784, par Burney, traduit de l'anglais : Berlin, 1785, avec fig. ; in-4°. On a de lui encore quelques dissertations isolées sur la musique, et plusieurs discussions dans les Journaux et gazettes de l'Allemagne.

La musique pratique lui doit plusieurs grands ouvrages en langues étrangères, qu'il a adaptés au théâtre et aux concerts allemands, en substituant au texte original de fort bonnes traductions allemandes. Les plus remarquables sont 1°. Robert et Calliste, ou le Triomphe de la fidélité, traduit de l'italien, musique de Guglielmi. 2°. Judas Maccabée, traduit de l'anglais, musique d'Hændel. 3°. J. Pellegrini ou les Pélerins, traduit de l'italien, musique de Hasse. Hiller a choisi cette traduction pour la donner à la place du texte original, avec l'extrait pour le clavecin, qu'il a publié de cet oratorio.

ESCHERICH, directeur de musique à Stralsund, s'est fait connaître par plusieurs ouvrages considérables pour l'église, et par son opéra le Lutin.

ESCHERNY (M. le comte d'), a publié, en 1809, une petite brochure, intitulée : Fragmens sur la Musique. Parmi les erreurs dont cette brochure abonde, on remarque surtout ce que l'auteur dit des eunuques ou *sopranes*. Il va jusqu'à maudire Ganganelli pour avoir défendu ces mutilations. Il accuse de sottise ceux qui ont loué cette bonne œuvre du Pontife, et peu s'en faut qu'il n'excommunie ce pape pour avoir empêché une mère de spéculer d'une manière aussi cruelle sur le malheur de son enfant, et de dire avec une joie révoltante : *Ho fatto la fortuna al mio ragazzo*. M. d'Escherny ne parle qu'avec transport de la voix de soprane ! *voix par excellence*, dit-il, *qu'on n'entendra plus que dans le ciel, si on la supprime sur la terre !*

ESCHTRUTH (JEAN-ADOLPHE baron d'), conseiller de régence à Cassel, membre de plusieurs académies et sociétés en France, en Italie et en Allemagne, né à Hambourg, en Hesse, le 28 janvier 1756, fut d'abord conseiller de justice à Marburg, où il étudia la composition sous Hupfeld, maître de concert dans cette ville. La liaison intime qu'il forma, dans la suite, avec Vierling organiste à Marburg et élève de Kirnberger, fit qu'il se familiarisa peu à peu avec les principes de Bach, au point qu'il passa enfin à cette école, et ne regarda que Bach comme son maître et précepteur.

Outre les pièces critiques qu'il a fournies aux journaux littéraires d'Erfurt et autres, il a encore publié : 1°. Bibliothèque de Musique, premier cahier, Marburg, 1784; second cahier idem, 1785, troisième cahier idem, 1789. 2°. Instruction pour écrire la musique, par Jean-Jacques Rousseau, traduite du français, avec beaucoup d'augmentations, achevée pour l'impression en 1786. 3°. Principes de la musique transcendante, où l'on traite principalement de la littérature et de l'expression de la musique, également achevés pour l'impression depuis 1786. 4°. Biographie de Charl.-Philippe Emm. Bach; fini depuis 1789. Ses œuvres sont : 1°. Essai de Composition pour le chant, avec accompagnement de clavecin : Cassel, 1781. 2°. Chant pour soprano et ténor, avec accompagnement de deux violons, de viola et de basse, op. 2. Marburg, 1782. 3°. Chansons, odes et chœurs pour le clavecin, première partie, op. 3. Marburg, 1783. 4°. Soixante-dix chansons du prof. Miller d'Ulm, mises en musique pour le chant, avec une préface très-intéressante sur leur composition : Cassel, 1788. Outre cela, il a achevé douze Marches, avec la théorie, l'histoire et la littérature de ce genre de musique; six sonatines pour le clavecin, et un recueil de cantiques religieux.

Ses écrits sont recommandables par l'impartialité, l'érudition et le style. Ses œuvres sont estimés.

ESCOVEDO (BARTHÉLEMY), contrapuntiste espagnol du seizième siècle. Salinas en fait de grands éloges. Il vécut en Italie vers l'an 1580.

ESMENARD (J.), connu par son poëme de la Navigation, s'est aussi livré à la poésie lyrique. Il a donné à l'Académie Impériale de Musique, en 1807, le Triomphe de Trajan, musique de MM. Lesueur et Persuis; et en 1809, Fernand Cortez, en société avec M. Jouy, musique de M. Spontini. Les connaisseurs disent que la poésie lyrique de M. Esménard n'a rien de commun avec celle de Quinault.

ESSEN (Le baron d'), tenor distingué au chœur de l'église de Hambourg, y est mort en 1713.

ESSEX (MICHEL chevalier d'), né à Aix-la-Chapelle, eut, vers 1775, la réputation d'un violoniste très-distingué; il fut d'abord engagé à la chapelle de Hesse-Cassel, mais il la quitta bientôt, et parcourut l'Allemagne, l'Italie la France, et fut bien accueilli surtout à Rome; où il fut fait chevalier.

Il a composé six symphonies et six quatuors demeurés manuscrits.

ESTE (MICHEL), un des compositeurs les plus distingués de Londres au commencement du 17e. siècle. On trouve plusieurs morceaux de sa composition dans le Recueil célèbre de cantiques à cinq et six voix qu'on publia à Londres en 1601 en l'honneur de la reine Elisabeth, sous le titre : les Triomphes d'Oriane, et dans lequel on n'admit que les cantiques qui avaient obtenu le prix considérable, fondé à cette fin par le comte de Nottingham.

ESTÈVE (PIERRE), membre de la société royale de Montpellier, dans un ouvrage publié en 1751, sous le titre : Nouvelle découverte du principe de l'harmonie, etc., attaque, avec raison, la démonstration du Principe de l'harmonie de Rameau, qui n'est réellement qu'un système. L'auteur y soutient aussi que la nature donne l'harmonie, et que la mélodie est une convention des hommes. D'un autre côté, M. Estève prétend que les octaves sont harmoniques et non pas identiques, et nie l'existence des harmoniques graves. Rameau en appelle à l'expérience, et prouve leur existence par la résonnance des multiples, ou par leur simple frémissement, quand la corde est trop grande pour que leurs vibrations puissent se rendre sensibles à l'oreille. On a encore de M. Estève, l'Esprit des beaux-arts, publié en 1753, un volume in-12.

ESTOURMEL (A. d'), de Paris, élève de M. H. Berton, a publié en 1800, chez Pleyel, un recueil de romances, et depuis, chez Nadermann, trois nouvelles romances dédiées à madame Emilie Doumèrc, et que M. Dussek a arrangées pour le fortepiano.

ESTRÉE (Jean d'), hautboïste du Roi, a mis en notes de musique quatre livres de *danseries*, contenant le chant des branles communs, gais, de Champagne, de Bourgogne, de Poitou, d'Écosse, de Malthe, des sabots, de la guerre, et autres; gaillardes, ballets, voltes, basse danses, hauberrois, allemandes imprimé à Paris, chez Duchemin 1564

ETIENNE (Ch.-Guillaume), né près de Saint-Dizier, département de la Haute-Marne, le 6 janvier 1777, arriva à l'âge de vingt-un ans à Paris. Après avoir été employé dans diverses administrations, il fut attaché, comme secrétaire intime, au duc de Bassano, ministre et secrétaire d'état, qu'il suivit en Italie, dans les campagnes d'Autriche, de Prusse et de Pologne; et, après la paix de T.lsitt, il fut nommé, par S. M., rédacteur en chef du Journal de l'Empire, place qu'il occupe encore aujourd'hui. A son arrivée à Paris, il débuta dans la carrière dramatique par le Rêve, opéra comique, musique de Gresnick; il a donné depuis, au théâtre Feydeau, une Heure de Mariage, jolie comédie en un acte; et Gulistan, opéra comique en trois actes, musique de Dalayrac; un Jour à Paris, et Cendrillon, opéras-comiques en 3 actes, musique de M. Nicolo. Il a donné au théâtre Louvois, (aujourd'hui de l'Impératrice), la Jeune Femme colère, en un acte : et, en société avec M. Nanteuil, le Pacha de Surène; les Deux Mères; la Petite Ecole des Pères, et le Nouveau Réveil d'Epiménide, pièce de circonstance, dont le mérite a fait un ouvrage de réper-

toire. Tous les ouvrages que nous venons de citer ont obtenu un succès marqué; il en est un surtout (l'opéra de Cendrillon) qui, au moment où nous écrivons, est à sa quatre-vingtième représentation, et offre l'exemple d'un succès *tel qu'il n'y en a point eu jusqu'à ce jour à ce théâtre*. Mais c'est surtout au Théâtre Français, que M. Etienne s'est distingué depuis plusieurs années; il y a donné d'abord Brueys et Palaprat, jolie petite comédie, en un acte et en vers, pleine de gaieté, d'un style pur et élégant; et, en dernier lieu, les Deux Gendres, comédie de mœurs et de caractère, en cinq actes et en vers, également estimable pour la conduite et pour le style, qui a mis le sceau à sa réputation, et qui, d'après l'opinion générale des gens de goût, place M. Etienne au rang des auteurs qui font le plus d'honneur à la scène française.

ETIENNE (M.) élève, pour la composition, de MM. Berton et Martini, et de M. Boyeldieu pour le piano, a fait graver quelques romances et pot-pourris.

ETTERIO (Stinfalico). Voyez B. Marcello.

ETTMULLER (Michel — Ernest), docteur et professeur de médecine à Leipsick, né dans cette ville le 26 août 1673. Entr'autres ouvrages, il a aussi écrit *De effectibus musicæ in hominem. Lipsiæ*, 1714, in-4°. Il obtint beaucoup de charges honorifiques dans sa patrie, et y mourut le 25 septembre 1732.

ETTORI (Guillaume), gentilhomme, un des premiers tenors de l'Italie, fut d'abord au service de l'électeur palatin. En 1770, il demeurait à Padoue, où il éclipsa tous les autres chanteurs. En 1771, il se rendit à Stuttgard, pour entrer au service du duc de Würtemberg; mais il mourut dans la même année.

EUCLIDE, un des sept auteurs grecs commentés par Meïboimus. Le livre de la Musique d'Euclide, traduit par Forcadet, a paru en 1565, in-12. Le jésuite Passevin attribua le livre d'Euclide à Pappus d'Alexandrie, et d'autres à un certain Cléonidas.

EUDES, moine de Cluni, fut le plus savant musicien qu'on eût vu

14

en France sur la fin du neuvième siècle. Voy. Fauchet, livre XI, chapitre 61.

EUFEMIA (MADONNA), dame de Naples, connue ordinairement sous le nom de *Madonna Fimia*, cantatrice excellente, demeura long-tems à Rome, où on la combla d'applaudissemens. Antonio Allegretti a composé deux chansons à sa louange, qu'on trouve dans la *Racolta* d'Alangi.

EULENSTEIN (J.-A.), a fait graver à Spire, en 1784, une sonate pour le clavecin, et à Weimar, en 1782, des chansons avec un accompagnement de clavecin.

EULER (LÉONARD). Voyez le supplément.

EUNEUS, cytharistc, fils de Jason et d'Hypsipyle, reine de l'île de Lemnos, obtint le prix aux jeux Néméns. Ses descendans composaient à Athènes une famille entière de citharistes, qu'on appelait les *Eunides*, et qui étaient employés aux sacrifices.

EUPHANOR, disciple de Pythagore, a composé un traité sur l'harmonie des flûtes.

EUSTACHE DE S. UBALDE, a écrit : *Disquisito de cantu in à S. Ambrosio in mediolanensem ecclesiam inducto.* Voy. Hist. de Gerbert.

EUTITIUS (AUGUSTIN), frère mineur, était, en 1643, chanteur et compositeur à la célèbre chapelle de Wladislas IV, roi de Pologne. L'on trouve dans le *Cribro* de Sacchini, page 209, un canon de sa composition pour trois voix, qui se distingue par l'art avec lequel les notes et les pauses y sont marquées.

EVANS, musicien anglais, fit graver à Londres, vers 1780, six

sonates de clavecin de sa composition.

EVEILLON (JACQUES), chanoine à l'église collégiale et grand vicaire de l'église d'Angers, né dans cette ville en 1782, mourut au mois de décembre 1651.

Entr'autres écrits, il en a laissé un, sous le titre *De rectá psallendi ratione. Flexiæ*, 1646, in-4°.

EXAUDET, violoniste, entré à l'Opéra en 1749, mourut vers 1760. Il est auteur du célèbre menuet qui porte son nom, et de plusieurs trios, et autres morceaux de musique bien faits.

EXIMENO (Dom ANTONIO), jésuite espagnol. Voyez le supplément.

ELENSTEIN (J.-F.), fils du facteur de la cour de Weimar, était, en 1790, musicien de cour au service du duc de Weimar, et organiste de la ville. Il annonça, en 1788, un récueil de sa composition.

EYMAR (A.-M. d'), préfet du Léman, est mort à Genève le 11 janvier 1803. Il favorisa les artistes et chercha à donner de l'éclat à leurs découvertes. En l'an 6, il avait inséré dans la Décade philosophique et littéraire, des anecdotes sur Viotti, avec lequel il avait été très-lié au commencement de la révolution française.

EYSEL (JEAN-PHILIPPE), né à Erfurt en 1698, y était, en 1756, jurisconsulte, compositeur et violoncelliste distingué. On le regarde communément comme l'auteur de l'ouvrage qui y parut en 1738, sous le titre *Musicus antodidactus* (le Musicien son propre précepteur). Il contient les descriptions de plus de vingt-quatre espèces d'instrumens, dont plusieurs sont représentés par des gravures en bois.

F

FABER, a fait graver à Amsterdam, en 1770, six sonates pour clavecin, avec violon et violoncelle, et ensuite six *idem*, op. 2, à Paris.

FABER (GEORGES), magister et professeur ordinaire de musique, à Tubingue, dans le dix-septième siècle. On assure qu'il a fait imprimer un ouvrage sur la musique.

Voy. Lettres Critiques, tome III, page 77

FABER (HENRI), lecteur du collége de Quedlinbourg, mort le 27 août 1598, âgé de cinquante-cinq ans, a publié deux ouvrages qui ont été imprimés plusieurs fois ; l'un *Compendium musicæ*, l'autre *Compendiolum musicæ pro incipientibus*. V. Walther.

FABER (JACQUES), né à Etaples, dans le Boulonnais, docteur en Sorbonne à Paris, y mourut en 1547 âgé de cent un ans. C'est lui que Zarlin, appelle *Il Stapulense*. Sans compter une quantité d'autres écrits, il a laissé *Introductio in arithmeticam speculativam Boethii*, et encore *Elementa musicæ*, en quatre livres, qui furent imprimés à Paris, dans les années 1514, 1551 et 1552. V. Walther.

FABER (PIERRE), originairement Dufour, conseiller du Roi et président du parlement de Toulouse, mourut dans cette ville le 20 mai 1600. Il a fait imprimer plusieurs ouvrages, entr'autres *Agonisticon, sive de re athleticâ, ludisque veterum gymnicis, musicis, atque circensibus spicilegiorum tractatus 3 libris comprehensi. Opus tessellatum.* Ce traité se trouve dans *Gronovii Thesaurus*, t. VIII, n°. III. Pour plus de détails, voyez Walther.

FABER (GRÉGOIRE), a publié, en 1552, *Musices praticæ Erotematum, lib. 2, auctore Gregorio Fabro Luczensi, in Academiâ Tubingensi Musices professore ordinario*, 1 vol. in-8°.

FABER (NICOLAS), a publié à Augsbourg ; en 1576, *Rudimenta musicæ*, in-4° V. Walther et la bibliothèque de Gessner.

FABIANI (JUDITH), cantatrice italienne à Florence vers 1650.

FABIO, violoniste et chanteur, se trouvait, en 1770, au théâtre de l'Opéra S. Carlo, à Naples, comme premier violoniste et directeur ; il y montra en même tems son habileté comme chanteur, en s'accompagnant lui-même de son violon. Voy. Voyag. de Burney, t. I, p. 268.

FABRE (ANDRÉ), né à Riez vers 1765, très-bon professeur de piano et d'accompagnement à Paris,

est auteur de plusieurs jolies romances, et surtout de l'air si connu de *Raimonde*.

FABRE D'OLIVET (M.), est né le 8 décembre 1768 à Ganges, petite ville de l'ancien Languedoc, aujourd'hui département de l'Hérault.

« Conduit à Paris, en 1780, pour s'y instruire dans le commerce des soieries que son père y faisait en gros, M. Fabre d'Olivet ne tarda pas à développer le goût irrésistible qui l'entraînait vers les lettres. Dès 1789, il avait composé un assez grand nombre de pièces de théâtre, jouées avec succès. Ces productions étaient extrêmement faibles, et lui-même en a oublié jusques aux titres ; tout ce qu'il se rappelle c'est que l'une d'elles était un opéra complet, dont il avait composé les paroles et la musique. Quelque tems après, et au milieu de la tourmente révolutionnaire, il donna, en société avec M. Rochefort, une pièce en un acte sur le théâtre du grand Opéra. M. Fabre d'Olivet doit être plutôt compté parmi les littérateurs que parmi les musiciens.

Comme littérateur, on connaît de lui un roman, intitulé Azalaïs et le Gentil Aimar ; un ouvrage historique (Lettres à Sophie sur l'Histoire) ; enfin, le Troubadour, poésies occitaniques du treizième siècle.

Comme musicien, M. Fabre d'Olivet a fait un grand nombre de romances, qui toutes ne portent pas son nom. Il a dédié à M. Pleyel un œuvre de quatuors pour deux flûtes, alto et basse.

Enfin, dans des recherches profondes qu'il faisait à l'occasion d'un ouvrage archéologique, il a trouvé, dans les débris de la littérature grecque, le sytème musical de ce peuple célèbre. Il a cru devoir en enrichir le système moderne, et en a composé un troisième mode, sous le nom de *mode hellénique*. La marche harmonique de ce nouveau mode est entièrement différente de celle des deux autres. Comme M. Fabre d'Olivet ne l'a point encore publié, on ne peut point le juger. Tout ce qu'on peut en dire, c'est qu'il se soutient à l'exécution ; car on sait qu'à l'occasion du couronnement de

S. M. l'Empereur et Roi M. Fabre d'Olivet fit exécuter au temple des Protestans, à grand orchestre et par es premiers arti-tes de l'Opéra. un oratorio considérable, presqu'entier dans ce mode, qui fut écouté avec plaisir par plus de deux mille personnes, et dont tous les journaux rendirent un compte avantageux. »

M. Fabre d'Olivet n'a eu d'autres maîtres, tant en littérature qu'en musique, que la nature et lui-même. *Naturâ ducimur ad modos*, a dit Quintilien.

FABRI (ANNA-MARIA), cantatrice célèbre d'Italie, vivait à Bologne de 1700 à 1730.

FABRI (ANNIBALI-PIO), de Bologne, un des plus célèbres chanteurs de son tems, était, vers 1710, au service du prince de Hesse Armstadt.

FABRICE AB AQUAPENDENTE (JÉRÔME), médecin italien, né à Aquapendente en 1537, professa la chirurgie et l'anatomie pendant quarante ans à Padoue. Il a écrit un traité *De voce, de gula, respiratione et ejus instrumentis*. V. Jœcher

FABRICIUS (GEORGES), recteur à Meissen, poëte, musicien, compositeur et critique, né à Chemnitz le 23 avril 1516, séjourna pendant long-tems en Italie et à Strasbourg. Il mourut à Meissen le 13 juillet 1571. Il a fait imprimer en 1564, à Bâle, un Commentaire latin sur les anciens *Carmina* chrétiens, dans lequel il donne l'explication de plusieurs termes de la musique. Il a encore publié à Strasbourg, en 1546, *Disticha de quibusdam musicis*, etc. Voy. Walther.

FABRICIUS (JÈAN), maître de chapelle de Jean Georges, électeur de Brandebourg, mort à Berlin, en 1598.

FABRICIUS (JOACHIM), né dans le comté de Lindow, professeur de musique au gymnase de Stettin, depuis 1643 jusqu'en 1647.

FABRICIUS (WERNER), organiste à Leipsick, et en même tems directeur de musique à l'église Saint-Paul, fit imprimer depuis 1657, beaucoup d'ouvrages tant pour le chant que pour l'orgue.

Il mourut vers l'an 1568. V. Walther.

FABRICIUS (J.-ALB.), docteur en théologie et professeur d'éloquence au gymnase de Hambourg, fils de Werner Fabricius, naquit à Leipsich le 11 novembre 1568, et mourut à Hambourg le 30 avril 1736.

Nous ne citons de ses écrits que les suivans : *Pietas Hamburgensis in celebratione solemni jubilaci bis secularis Augustanæ confessionis publicete stata* Hambourg, 1730, in 4°. On y trouve, sous n° 5, *Hamburgisches Denkmal der poesie zur musik u. s. w. Aufgefuhrt von G. Ph. Telemann*, dans lequel il a indiqués les noms de plus de cent musiciens. *Thesaurus antiquitatum Hebraicarum*. Le tome VI contient sous le n° 50 : *Salomon van Till de musica veterum Hebræorum, ex belgico latine*. Ce traité est aussi traduit en allemand et en hollandais. Le n° 51 du même ouvrage contient : *Christiani Zoega de buccinâ hebræorum*. V. Jœcher

FABRINI (JOSEPH), compositeur Italien du dix-septième siècle. Dans les motets, qui parurent à Bologne en 1695, on a conservé un morceau de sa composition : *Cœli cives*, etc. *a basso solo con stromenti*.

FABRIS, excellent tenor de Bologne, y vécut vers 1750.

FABRIS (LUC), mort à vingt-quatre ans, méritait déjà de lutter avec le célèbre Guadagni. Un maître de chapelle, jaloux de triompher dans un concours au grand théâtre de S. Charles de Naples, composa pour ce jeune chanteur un air de la plus grande difficulté; et, quoique Fabris lui protestât qu'il ne pouvait le chanter qu'au péril de sa vie, le maître l'exigea, ce qui lui causa, dès qu'il l'eut chanté, une hémorrhagie qu'on ne put arrêter, et qui l'emporta. Ceci a tout l'air d'un conte.

FABRITII (dom PIERRE), Florentin, a fait imprimer à Rome, en 1678, *Regole generali di canto Fermo*.

FABRONI (ANGELO), mort il y a quelques années, a publié à Rome et à Pise, de 1766 à 1783, dix volumes in-8° sous le titre : *Vitæ italorum doctrina excellentium qui sæculis 17 et 18 floruе-*

runt. Dans le tome IX , on trouve une vie détaillée et très-bien faite du célèbre Benedetto Marcello , avec une notice complète de ses ouvrages tant imprimés qu'inédits. Cette vie parut à Venise, en 1788 , traduite en langue italienne, sous le titre suivant : *Vità di Benedetto Marcello , Patrizio Veneto, con l'aggiunta delle rispote alle censure del sig. Saverio Mattei con l'indice dell' opere stampate e manoscrite , e aliquante testimonianze intorno all' insigne suo merito nella facoltà musicale.* A. Fabroni est mort le 10 octobre 1803.

FACHINELLI (Lucia), cantatrice très-célèbre de l'Italie, au commencement du dix — huitième siècle, était née à Venise.

FAGNANI (Francesco - Maria), de Milan, était célèbre en Italie comme chanteur de 1670 à 1680.

FAHSIUS (Jean - Juste), est l'auteur d'un écrit intitulé : *Atrium eruditionis.* Goslar , 1718, in-8°. On y remarque, p. 380 et 387, une petite notice *De musicâ* que Matheson critique beaucoup. On y trouve aussi la préface savante de Gaspard Calviers , pour l'ouvrage de Sinn, intitulé : *Temperature, de arcanis inusicis.*

FAIDITS (Anselme), Poëte et compositeur du treizième siècle, en Italie, composait des monologues et des dialogues qu'il mettait en musique , et chantait avec sa femme dans les palais et aux tables des grands seigneurs. Il est mort en 1220. On a encore de lui un dialogue sous le titre : *Heregia dels Preyeres.* V. *Signorelli* hist. du théâtre.

FAIGNENT (Noé), a publié en 1568, un livre de chansons, de madrigaux et de motets, à trois parties. On y trouve cette chanson assez bonne pour le tems.

Suzarne un jour, d'amour sollicitée
Par deux vieillards convoitant sa beauté,
Fut en son cœur triste et déconfortée,
Voyant l'effort fait à sa chasteté.
Elle leur dit : Si par déloyauté
De ce corps nu vous avez jouissance ,
C'est fait de moi ; si je fais résistance,
Vous me ferez mourir en déshonneur ;
Mais j'aime mieux périr en innocence
Que d'offenser par péché le Seigneur.

FAIRFAX (Robert), de Bayford, docteur en musique à Cambridge , et membre de l'université d'Oxford, était chanteur et organiste à l'église de S-Albin. On conserve quelques-unes de ses compositions à Londres, parmi les manuscrits de Thoresbi. V. Hawkins.

FALB (P. F. Remig.), publia en 1747, à Augsbourg un ouvrage in-folio sous le titre : *Sutor non ultrà crepidam, seu symphoniæ VI a 2 violini et basso.*

FALBAIRE (Fenouillot de), a fait les paroles de l'opéra des Deux Avares , joué à la Comédie Italienne. Il rencontra un jour Piron, et lui dit : *M. Piron , vous mettez trop d'esprit dans vos pièces. — Cela vous est bien aise à dire,* lui répondit Piron.

FALBETTI BALLERINI (Eléonore) et Elisabeth Falbetti Nacci, deux célèbres cantatrices d'Italie, de 1650 à 1670.

FALCO , vers 1776, fit graver à Londres son op. 2 , consistant en six solos pour le violon. Il a publié un solfège vers 1780.

FALLET (Nicolas), mort en 1801. Outre la tragédie de Tibère, et plusieurs poésies médiocres, il a fait quelques opéras comiques, entr'autres , les Deux Tuteurs , musique de Dalayrac ; et les Fausses Nouvelles, musique de M. Champein.

FALCONIUS (P. Placide), italien , est auteur de plusieurs ouvrages sur la musique , qui sont critiqués par le Père Ziegelbaur dans son Histoire Littéraire , ord. S. B. t. IV, chap. 3, parag. 3 , pag. 314. V. Histoire de Gerbert.

FALKENHAGEN (Adam), secrétaire de chambre du margrave de Brandebourg Culmbach et joueur de luth à Bayreuth , vers 1758 , a fait graver, à Nuremberg , en allemand : Première douzaine de cantiques édifians avec variations pour le luth. A cet ouvrage il en fit succéder quatre autres, consistant en douze solos et en autant de concertos , pour le même instrument. V. Walther.

FANTINI (Catherine), était connue en Italie, de 1680 à 1690, comme une des cantatrices les plus distinguées.

FANTON, maître de la Sainte-Chapelle, mort vers 1755, a fait de bons motets, qu'on a entendus au Concert Spirituel.

FANZAGO (L'abbé FRANCESCO), de Padoue, a publié, en 1770, *Orazione delle lodi di Giuseppe Tartini, recitata nella chiesa de' RR. PP. serviti in Padova li 31 di marzo l' anno 1770,* in-4°. On lit au bas du portrait de Tartini, placé à la tête de son éloge, ce distique latin du comte Antonio Pimbiolo :

Hic fidibus, scriptis, claris hic magnus alumnis,
Cui par nemo fuit, forte nec ullus erit.

FARINELLA, originairement Maria Camal ou Comati, fût une des cantatrices que Graun amena avec lui, en 1741, de l'Italie, pour l'Opéra nouvellement établi de Berlin; mais elle le quitta l'année suivante. En 1756, elle se rendit à Pétersbourg où elle fut reçue au service du Grand-Duc.

FARINELLI (CARLO-BROSCHI dit), Un des plus plus grands chanteurs qui aient jamais existé, naquit à Naples le 24 janvier 1705. Une chute qu'il fit dans son enfance, l'obligea de se soumettre à l'opération. Son père lui apprit les premiers élémens de la musique, il reçut ensuite les leçons de Porpora, qu'il accompagna dans plusieurs voyages. Farinelli n'avait que dix-sept ans, lorsqu'il quitta Naples pour se rendre à Rome, où il fit assaut de chant avec un trompette fameux par l'éclat de sa voix. Ce combat ne fut d'abord qu'un jeu; mais, les deux émules, animés par l'attention publique, firent les plus grands efforts pour remporter la victoire, l'un sur l'autre. Un jour qu'ils avaient rassemblé presque tous les amateurs, ils poussèrent leurs talens aussi loin qu'ils purent aller; le trompette épuisé fut forcé de garder le silence. Farinelli recommença son chant avec tant de force et de goût, et s'éleva à des sons si aigus, que sa voix parut plus que naturelle. Le public craignant qu'il ne

s'épuisât, le pria de se ménager; et l'accompagna chez lui au bruit des acclamations. V. les Voyag. de Burney, t. I.

Farinelli sortit de Rome peu de tems après, et se rendit à Bologne, pour y entendre Bernacchi, alors le premier chanteur de l'Italie. Il lui demanda des leçons, et obtint d'en recevoir. En 1728, il alla à Venise, d'où il passa à Vienne. L'empereur Charles VI l'honora de ses bontés, et le combla de bienfaits. Ce fut cet Empereur éclairé qui, un jour, après l'avoir écouté, lui dit qu'il ne faisait qu'étonner par l'étendue et la beauté de sa voix; mais qu'il ne dépendait que de lui de toucher et d'intéresser, en donnant moins à l'art, et en prenant un chant plus naturel. Farinelli profita de cet avis, et depuis il enchanta ses auditeurs autant qu'il les surprit.

En 1734, Porpora, qui conduisait un théâtre à Londres, fit venir Farinelli pour l'opposer à Hændel, qui était à la tête d'un autre théâtre de cette capitale. Le chanteur, par la beauté de sa voix et la magie de son chant, fit bientôt déserter le spectacle de Hændel. Le compositeur s'obstina, par orgueil, à soutenir une entreprise ruineuse; mais il fit des efforts inutiles pour ramener le public. Toutes les ressources de son génie ne purent balancer l'art enchanteur de Farinelli.

Laborde garantit l'anecdote suivante. Senesino et Farinelli étaient tous deux en Angleterre, mais engagés à deux différens théâtres; ils chantaient les mêmes jours et n'avaient pas occasion de s'entendre mutuellement. Cependant, ils se trouvèrent un jour réunis. Senesino avait à représenter un tyran furieux, et Farinelli un héros malheureux et dans les fers; mais pendant son premier air, celui-ci amollit si bien le cœur endurci de ce tyran farouche, que Senesino oubliant le caractère de son rôle, courut dans les bras de Farinelli, et l'embrassa de tout son cœur.

Farinelli eut tant de succès à Londres, qu'un jour qu'il chantait au théâtre, une dame lui cria de sa loge : *Il n'y a qu'un Dieu et un*

Farinelli. On estime à cinq mille livres sterl.) les revenus qu'il y avait. Le prince de Galles lui fit présent à son départ, d'une tabatière d'or, garnie de diamans, et de cent guinées.

En 1737, il vint en France, et s'arrêta à Paris. Il chanta devant le Roi, qui lui fit cadeau de son portrait enrichi de diamans, et d'une somme de cinq cents louis. Quoique, les Français n'eussent, pas encore le goût de la musique italienne, ce grand chanteur plut généralement. Après un court séjour en France, il se rendit en Espagne, où il fut reçu à la la cour, et retenu aux appointemens de quarante mille livres. Pendant dix ans, il chanta tous les soirs devant Philippe V et la reine Elisabeth. Ce Prince étant tombé dans une mélancolie profonde, qui lui faisait négliger toutes les affaires, et l'empêchait même de se raser et de se présenter au conseil; la reine tenta le pouvoir de la musique pour le guérir. Elle fit disposer secrètement un concert près de l'appartement du roi, et Farinelli, chanta soudain un de ses plus beaux airs. Philippe parut d'abord frappé, et bientôt ému. A la fin du second air, il appela le virtuose, l'accabla de caresses, et lui demanda quelle récompense il voulait, jurant de tout accorder. Farinelli pria le Roi de se faire la barbe et d'aller au conseil. Dès ce moment la maladie du Roi devint docile aux remèdes, et le chanteur eut tout l'honneur de sa guérison. Telle fut l'origine de la faveur de Farinelli. Il devint premier ministre, et n'oublia point qu'il n'était auparavant qu'un chanteur. Jamais les seigneurs de la cour de Philippe n'obtinrent de lui qu'il se mît à leur table.

Un jour allant à l'appartement du Roi, où il avait le droit d'entrer à toute heure, il entendit l'officier de garde dire à un autre qui attendait le lever : *Les honneurs pleuvent sur un misérable histrion, et moi, qui sers depuis trente ans, je suis sans récompense.* Farinelli se plaignit au roi de ce qu'il négligeait ses servi-

teurs, lui fit signer sur le-champ un brevet, et le remit en sortant à l'officier, en lui disant : *Je viens de vous entendre dire que vous serviez depuis trente ans; mais vous avez eu tort de dire que ce fût sans récompense.*

En général, il ne se servit de sa faveur que pour faire du bien. De là, la protection dont l'honorèrent successivement trois rois d'Espagne, Philippe V, Ferdinand VI et Charles III. Lorsque le dernier lui assura la continuation des appointemens dont il avait joui, il ajouta : *Je le fais d'autant plus volontiers que Farinelli n'a jamais abusé de la bienveillance ni de la munificence de mes prédécesseurs.*

On nous saura gré de rapporter ici l'anecdote du tailleur, quoiqu'elle soit très-connue, et qu'on l'ait mise sur la scène.

« Etant à Madrid, Farinelli avait commandé à un tailleur un habit magnifique Quand on le lui apporta, il demanda son mémoire. *Je n'en ai point fait*, répondit le tailleur, *et je n'en ferai point. Pour tout paiement, je n'ai qu'une grâce à vous demander. Je sais*, continua-t-il en tremblant, *que ce que je desire est d'un prix inestimable : c'est un bien réservé des monarques; mais puisque j'ai eu le bonheur de travailler pour un homme dont on ne parle qu'avec enthousiasme, je ne veux d'autre paiement que de lui entendre chanter un air.* Farinelli tenta inutilement de lui faire accepter de l'argent; le tailleur ne voulut jamais y consentir. Enfin, après beaucoup de débats, Farinelli s'enferma avec lui, et se plut à déployer la supériorité de ses talens. Le tailleur était enivré de plaisir. Quand le chanteur eût fini, il lui faisait des remerciemens, et se préparait à sortir. *Non*, lui dit Farinelli; *j'ai l'âme sensible et fière; et ce n'est même que par là que j'ai acquis quelque avantage sur la plupart des autres chanteurs; je vous ai cédé; il est juste que vous me cediez à votre tour.* En même tems, il tira sa bourse, et força le tailleur de recevoir environ le double de ce que

son habit pouvait valoir. » V. le
Dict. de Fontenay.

Après avoir joui, pendant vingt
ans, de tous les honneurs en Espagne, Farinelli se vit obligé, en
1761, de retourner en Italie. Il choisit
Bologne pour sa demeure, et fit
bâtir, à une lieue de cette ville,
une maison de campagne, où le docteur Burney alla le voir avec le
P. Martini, en 1770. Ce virtuose
avait un grand nombre de clavecins faits dans différens pays auxquels il avait donné les noms des
principaux peintres italiens. Son
premier favori était un piano fait
à Florence, en 1730, sur lequel
il avait fait écrire en lettres d'or :
RAPHAEL D'URBINO. Les au-
tres étaient LE CORREGE, LE
TITIEN, LE GUIDE, etc. Il
jouait aussi quelquefois de la viole
d'amour.

Ce fut lui qui engagea le P. Martini à écrire l'*Histoire de la musique*, que ce savant littérateur n'a
pas eu le tems de terminer. Le
P. Martini, ayant une bibliothèque
insuffisante pour cette grande entreprise, Farinelli l'aida de ses richesses, et le mit en état de former la bibliothèque musicale la plus
considérable qu'on ait vue en Europe.

Ce célèbre artiste passa ainsi le
reste de ses jours dans la retraite,
occupé de littérature et de musique; il mourut le 15 septembre
1782, à l'âge de quatre - vingts
ans.

Martinelli, dans ses Lettres familières et critiques, s'exprime
ainsi sur Farinelli : « Ce chanteur
avait de plus que les voix ordinaires, sept ou huit tons également
sonores, et partout limpides et
agréables, possédant d'ailleurs
toute la science musicale à un degré éminent, et tel qu'on pouvait
l'espérer du plus digne élève du savant Porpora.

FARMER (John), musicien à
Londres dans le seizième siècle ;
ses compositions y obtinrent le prix
et furent recueillies dans la collection de chansons à cinq et six
voix que l'on y publia en 1601,
sous le titre : Les Triomphes d'O-
riane.

FARNABY (Giles) natif de Truro
en Cornouailles. En 159-, il fut créé
au collège d'Oxford, bachelier en
musique. Il nous reste encore de
ses compositions : Conzonettes à
quatre voix, et une chanson à huit
voix. Londres 1598. Et encore
quelques mélodies de psaumes, conservées dans les recueils de Ravenscroft.

FARRANT (Richard), maître
de chœur et organiste à la chapelle de Saint-Georges à Windsor,
et compositeur savant pour l'église,
mourut vers 1585. Ses compositions sont écrites dans un style
très-pieux et très-solennel. Bernard dans sa collection de morceaux d'église, en a conservé
quelques-unes ; d'autres se trouvent
dans la musique de cathédrale de
Boyce.

FARRANT (Daniel), fils du
précédent, vécut vers 1600, il fut
un des premiers qui mit des ballades
en musique pour la viola.

FASCH (Charles), musicien
de la chambre du roi de Prusse, et
claveciniste à Berlin, né à Zerbst
vers 1734, entra, en 1756, au service du roi. Il n'a publié que fort
peu de ses ouvrages, mais ce petit
nombre se distingue par la richesse de la mélodie réunie à l'harmonie la plus soignée et la plus frappante.

Voici la liste des compositions qu'il
avait fait imprimer jusqu'en 1790.
Des morceaux isolés pour le clavecin et pour le chant, dispersés
dans plusieurs recueils et ouvrages
périodiques ; quelques canons dans
l'art de la composition pure par
Kirnberger ; *Minuetto dell' ultimo
ballo dell' opera de feste galanti*, etc. *con variazioni*, pour
le clavecin, Berlin 1767 ; ariette
pour le clavecin avec quatorze variations (c'est un ouvrage excellent),
Berlin vers 1780 ; *Andantino con 7
variazioni*, Berlin 1787. Il a aussi
composé quelques grands ouvrages
pour la musique vocale, entr'autres
l'oratorio : *Giuseppe riconosciuto*,
de Métastasio, qui fut exécuté à
Berlin en 1774. Le maître de chapelle Hiller annonça en 1786, que
Fasch avait composé récemment un
kyrie et un *gloria* à seize voix qui
surpassait, pour la profondeur et

le goût, tout ce que l'on avait entendu, dans ce genre, de Benevoli, d'Anton. Lotti, et d'Orazio Vecchi, du moins selon son avis.

FASELT (CHRÉTIEN), écrivit, en 1668, lorsqu'il était encore magister à Wurtemberg, ses *Disputationes ex physicis*, dont la première traite *de auditu*. Il est mort le 26 avril 1794, à l'âge de cinquante-six ans.

FATKEN (JEAN - AUGUSTE-LOUIS), a fait graver, en 1772, à Amsterdam, six quatuors pour flûte, violon, viola et basse, op. I.

FAULSTICH (P. FRÉDÉRIC-CLÉMENT), était, en 1770. directeur de musique et organiste au couvent d'Eborach.

FAUNER (ADELBERT), musicien de Vienne, y vécut vers 1760, et s'y fit connaître par six trios pour violon

FAUNER (FRÉDÉRIC), a fait graver à Paris, vers 1780, six duos pour violon,

FAUSTINA. V. Madame Hasse.

FAUVEL (M.) artiste de l'Opéra, a fait graver à Paris, plusieurs œuvres de duos, trios et quatuors pour le violon.

FAVALLI, sopraniste, né en Italie, vint en France en 1674. Il plut tant à Louis XIV, par sa belle voix, que ce prince lui accorda la permission de chasser dans toutes les capitaineries, et même dans le parc de Versailles.

FAVART (CHARLES—SIMON), né à Paris, le 3 novembre 1770, et mort le 18 mai 1792, travailla avec plus de succès qu'aucun autre pour l'Opéra-Comique. Ce fut lui qui, le premier, entreprit de faire connaître le charme de la musique italienne, en y adaptant des paroles françaises. Ses pièces principales sont la *Chercheuse d'Esprit*; Isabelle et Gertrude; les Moissonneurs; Annette et Lubin; les Trois Sultanes, etc. On a faussement prétendu que l'abbé de Voisenon avait fait les pièces de Favart; les poésies de l'Abbé, si différentes de celles de son ami pour le ton et le style, déposent elles-mêmes contre cette assertion. Comme l'a très-bien remarqué M. Palissot, *Voisenon n'était en société avec Favart que par sa femme.*

Parmi les chansons de Favart, on a surtout retenu la suivante, qui est admirable :

Air : *Du menuet d'Exaudet.*

Cet étang,
Qui s'étend
Dans la plaine,
Répète, au sein de ces eaux,
Ces verdoyans ormeaux
Où le pampre s'enchaîne.
Un ciel pur,
Un azur
Sans nuages,
Vivement s'y réfléchit,
Le tableau s'enrichit
D'images.

Mais tandis que l'on admire
Cette onde où le ciel se mire,
Un zéphir
Vient ternir
Sa surface :
D'un souffle il confond les traits,
L'éclat de tant d'objets,
S'efface.

Un desir,
Un soupir,
O ma fille!
Peut ainsi troubler un cœur,
Où règne le bonheur,
Où la sagesse brille
Le repos,
Sur les eaux
Peut renaître;
Mais il s'enfuit sans retour
Dans un cœur dont l'Amour
Est maître.

FAVART (MARIE - JUSTINE-BENOITE DU RONCERAY), épouse du précédent, fut une des actrices les plus célèbres de la Comédie Italienne. Elle excellait surtout dans les rôles naïfs, et ceux de paysanne. Elle est morte à Paris en 1772, âgée de quarante-cinq ans.

FAVILLA (D. SAVERIO), chanteur célèbre au service du roi de Naples, mourut subitement. au milieu d'un passage qu'il chantait, le 8 février 1787, en présence de la famille royale.

FAY (M.), compositeur et ci-devant acteur de l'Opéra-Comique, y a donné en 1796, les Rendez-Vous Espagnols ; en 1799, Emma, et Clémentine.

FAYOLLE (FRANÇOIS-JOSEPH-MARIE), né à Paris le 15 août 1774, a fait ses études au collège de Juilly. Il entra dans le corps des ponts et chaussées en 1792, et devint chef de brigade à l'école Polytechnique, à l'époque de sa formation. Pendant trois ans, il se livra entièrement à l'étude des hautes mathématiques, sous messieurs Prony, Lagrange et Monge. En suivant le cours de littérature, fait par M. de Fontanes, au collège Mazarin, avant le 18 fructidor an 5, il conçut le goût le plus vif pour la poésie, et traduisit en vers le sixième livre de l'Enéide, d'après les conseils de cet illustre Littérateur. Depuis, il a traduit une grande partie de l'Énéide : il n'a suspendu ce travail que pour donner ses soins à la rédaction de ce *Dictionnaire Historique de musique*, dont il avait l'idée depuis long-tems, et pour lequel il avait rassemblé de nombreux matériaux.

Sur la fin de 1809, il en parla à M. Choron son ancien camarade à l'école Polytechnique, qui avait eu le même projet ; et, ils convinrent de faire ensemble cet ouvrage, où, pour la première fois, dans notre langue, on trouve un ensemble sur la vie et les compositions des musiciens célèbres. Un goût prédominant a toujours entraîné M. Fayolle vers la musique. Il a étudié l'harmonie sous monsieur Perne, un des meilleurs élèves d'Haudimont, et le violoncelle sous M. Barni, habile instrumentiste et savant compositeur. M. Barni, lui a dédié un œuvre de trios, et six duos pour deux violoncelles.

M. Fayolle possède une bibliothèque musicale très-précieuse, tant pour la théorie que pour la pratique. Il a réuni un grand nombre de portraits de musiciens, et lui-même en a fait graver plusieurs sur les dessins originaux que MM. Cartier, Nicolo, etc. ont bien voulu lui procurer.

Quant aux compositions musicales, il s'est attaché surtout à rassembler les œuvres de tous les violonistes célèbres, depuis Corelli jusqu'à nos jours. Après de longues recherches, il a entrepris un ouvrage intitulé : L'Histoire du violon, dont il a extrait les Notices sur Corelli, Tartini, Gaviniés, Pugnani et Viotti, actuellement sous presse. Il possède aussi d'excellens instrumens, entr'autres un piano-vertical, le premier que M. Pfeiffer ait construit, et un alto d'André Amati, que M. Pleyel a eu la bonté de lui céder.

M. Fayolle a publié, de 1805 à 1809, un recueil intitulé : les Quatre saisons du Parnasse, formant seize volumes in-12, où il a inséré beaucoup d'articles sur la musique, et des notices sur plusieurs musiciens.

FEBRE, organiste à Dresde vers 1758, s'est fait connaître par différentes compositions pour le chant et par des concertos pour la flûte et le hautbois, en manuscrit. On le compte parmi les compositeurs les plus distingués pour l'église.

FEDELE (CASSANDRA), issue d'une famille distinguée de Milan, y naquit en 1465. Elle fut généralement admirée autant pour ses talens extraordinaires en musique et en poésie, qu'à cause de sa grande érudition. Elle mourut vers 1567, âgée de cent deux ans.

FEDELI (RUGGIERO), maître de chapelle du roi de Prusse à Berlin, vers 1701, y fit exécuter en 1705, à l'occasion des obsèques de la Reine, une grande musique funèbre de sa composition. On a encore de lui, en manuscrit, le Psaume 110, et un *Magnificat* à grand orchestre.

FEDERICI (VINCENZO), membre du conservatoire royal de Milan, est connu en Italie par plusieurs opéras sérieux, qui ont eu beaucoup de succès. On vante surtout ceux de *l'Olimpiade* et de *Castor e Polucce*, le premier joué en 1790, et l'autre en 1803. Quelques airs de ces opéras sont insérés dans la dernière année du recueil, intitulé : Ariettes Italiennes, publiées par mesdemoiselles Erard

FEDI, célèbre maître de

l'école romaine pour le chant , florissait vers là la fin du dix-septième siècle. Il était lié d'une amitié fraternelle avec Giuseppe Amadori. Une preuve de l'attention et du zèle de ces deux artistes est la coutume qu'ils avaient établie, comme le rapporte Bontempi, de mener leurs disciples se promener hors des murs de Rome, dans un lieu où se trouve un rocher fameux par un écho polyphone. Là, ils exerçaient ces jeunes gens en les faisant chanter en face du rocher, qui répétait distinctement les modulations, leur montrait évidemment leurs défauts, et les aidait à s'en corriger plus facilement.

FEHR (François-Joseph), amateur de musique à Ravensbourg. Weber l'y connut, en 1780, comme organiste, violoncelliste, compositeur, fabricant de clavecins , et versé dans plus d'une science.

FEIGE, virtuose distingué sur le violon à Breslaw, et selon d'autres à Riga, était à Dantzick en 1775.

FEIGE (Jean-Gottlieb), inspecteur de théâtre et première basse-contre au théâtre de Strelitz, né à Zeitz en 1748, a composé la musique des deux opéras allemands, le Printems et la Fête de Village.

FEL (Mademoiselle Marie), née à Bordeaux en 1716, était fille d'un habile organiste de cette ville. Elle débuta sur le théâtre de l'Opéra en 1733. Pendant vingt-cinq ans, elle fit les délices du public. Elle se retira en 1759.

FEL, frère de la précédente, mort fou à Bicêtre, a publié un recueil de douze cantatilles françaises, et deux recueils d'airs et duos à chanter.

FELBINGER (Jérémie), professeur de musique à Stettin vers 1640, était auparavant recteur à Cœslin, il ne resta pas long-tems à Stettin, parce qu'il avait adopté les principes d'Arien, ce qui l'obligea de se retirer en Hollande. Voyez Œlrich et Academisch. Ward.

FELDEN (Jean de), d'abord professeur des mathématiques à Helmstædt, mourut à Halle en 1668 Frobe, dans sa biographie de Felden, assure qu'il a donné, à Helmstædt, des leçons publiques de musique. V. Œlrich.

FELICI, compositeur italien de la fin du dix-huitième siècle, est connu tant par des ariettes d'opéras que par des quatuors pour violon, en manuscrit. Il est aussi le compositeur des opéras Amante contrastate, 1768; et Amore Soldato, 1769.

FELICIANUS (P.-F.), a fait imprimer à Inspruck en 1636, un ouvrage pour l'église, in-4°, sous le titre : Sacra Parnassi musici ad majorem Dei Mariæ matris cœlitumque cultum a P.-F. Feliciano, sueri altorfensi ad vineus ord. min. conv. S. Francisci sacerdote professo, 2, 3, 4, 5 miscellaneis vocum ac instrument. modulis varie ad temperata , liber primus. Voy. Lettres Critiques, tome III, p. 77.

FELIN (M.), docteur et chanoine de Tournay, en Flandres, vers 1780. Dans une lettre, qu'il a adressée à M. l'abbé Gerbert, il décrit la musique d'église de cette ville. V. Gerbert, Hist.

FELIS (Jean), compositeur célèbre vers 1538. Pierre Phalesius et Christophe Plantinus ont fait imprimer, à Anvers, ses compositions, avec celles de plusieurs autres maîtres distingués. V. Prinz. Hist.

FELIS (Etienne), de Bari, vers la fin du seizième siècle, était maître de chapelle à la cathédrale de cette ville. Il a publié plusieurs ouvrages. Le cinquième livre de ses madrigaux a été imprimé à Venise en 1583, in-4°.

FELLUS (Jean), en dernier lieu docteur de théologie, professeur et évêque d'Oxford, né à Sunningwell, en Berk, vers 1625, mourut le 18 juillet 1686.

L'histoire de la musique lui a de grandes obligations. Il ajouta, en 1672, aux œuvres d'Aratus, Cum scholiis græcis, que l'on publia alors, Hymnum ad Musam et in Apollinem, et in Nemesin, avec des anciennes notes de musique. Il y joignit encore Diatribe de musicâ antiquâ græcâ, avec un exemple de la musique ancienne d'après un fragment de Pindare, qu'il avait découvert dans la Bibliothèque du couvent de S. Salvador, près Messine, en Sicile. Kircher l'a inséré dans sa Musurgie. Voy. Gerbert, Hist.

FEMY (Henri), élève de
M. Baudiot, a remporté le prix de
violoncelle au conservatoire de Musique en 1808. Il a exécuté, en 1810,
un concerto de M. Baudiot, et on
lui a conseillé de ne pas trop se
presser de jouer en public. Nous
connaissons de ce jeune violoncelliste deux œuvres de trios pour deux
violons et basse.

FENAROLI (Fedele), né vers
1740 à Naples, a été élevé à l'un des
conservatoires de Naples à l'époque
brillante où Durante et Leo ont
porté cette école au plus haut rang
d'illustration. M. Fenaroli est depuis
plusieurs années à la tête du conservatoire de la Pietà, où, par son
zèle et la simplicité de sa méthode,
il a formé une multitude d'excellens
élèves. Il a publié à Naples un petit
ouvrage, intitulé : Regole per li
principianti da cembalo, qui contient les principales règles d'accompagnement ; il l'a fait suivre d'une
excellente collection de partimenti
ou leçons de basse chiffrées, très-
bien faites et bien graduées ; c'est ce
qu'il y a de mieux pour apprendre
l'accompagnement. M. Choron a
remanié ce petit ouvrage ; en y faisant quelques additions dans les
principes, et, choisissant les partimenti les plus importans, il en a
formé ses Principes d'harmonie et
d'accompagnement, à l'usage des
jeunes élèves.

FENTON (Miss), cantatrice de
Londres, s'est rendue célèbre, en
1727, en jouant Polly dans l'opéra
le Mendiant. V. Hiller, Nachrichten, t. II, p. 148.

FENZI. Il y a deux frères de ce
nom, qui sont tous deux habiles
violoncellistes. L'aîné, cependant,
l'emporte sur le plus jeune pour la
beauté des sons et l'exécution de la
difficulté. Il s'est fait entendre à
Paris, il y a trois ans, dans des
concerts publics, et y a obtenu beaucoup de succès.

FEO (Francesco), Napolitain,
compositeur célèbre tant pour l'é-
glise que pour le théâtre, vécut à
Naples en 1740, et y fonda une
école de chant, qui augmenta beaucoup la renommée qu'il avait acquise
comme compositeur. On a de lui
des messes, des Kyrie et plusieurs

opéras, entr'autres Ariana, en 1728,
et Arsace, en 1741. Gluck lui a
emprunté le début de l'ouverture
d'Iphigénie.

FERABOSCO (Alfonso), musicien d'Angleterre, né à Green-
wich, dans le comté de Kent, de
parens italiens. On le comptait, vers
l'an 1570, parmi les plus grands
compositeurs de l'Angleterre. Il a été
imprimé un ouvrage de sa composition, intitulé Ariettes d'Alphonse
Ferabosco, 1609.

FERANDINI (Giov.), directeur
de musique et conseiller de l'électeur
de Bavière à Munich, en 1786. Vers
1760, il s'est fait connaître par plusieurs compositions de musique instrumentale pour la viola et la guitare, en manuscrit. En 1756, il
composa, pour la cour de Parme,
la musique de l'opéra de Goldoni,
intitulé Il festino, qui fut beaucoup
applaudie. V. Vie de Goldoni.

FERBER (Georges), chanteur
à Schleswisk, né à Zeitz en 1646,
était un grand musicien et un excellent directeur de chœur. Après
avoir étudié pendant deux ans à
l'université de Kiel, il fut nommé,
en 1673, chanteur à Ausum, d'où
il fut appelé bientôt après à Schles-
wick. Il y resta jusqu'à sa mort, en
1692.

FERDINAND III, Empereur
d'Allemagne depuis 1637 jusqu'en
1658. Tous les auteurs s'accordent
à le représenter comme grand connaisseur et amateur de musique. Ce
fut lui qui envoya, entr'autres,
Froberger en Italie, pour s'y perfectionner dans l'art de l'organiste.
Wolfgang Ebner, organiste de cour
à Vienne, a publié, en 1646, une
ariette, avec trente-six variations,
de la composition de ce prince.

FEREBE (Georges), musicien
très habile, né dans le comté de
Gloscester. En 1595, il était magister au collège de la Madeleine à
Oxfort. Le roi Jacques Ier. le nomma, dans la suite, son chapelain de
cour, pour récompenser son mérite.

FERLENDIS (Joseph), fils d'un
professeur de violon et de violoncelle, naquit à Bergame l'an 1755.
il montra, dès sa première jeunesse,
un génie extraordinaire pour le
hautbois. A l'âge de vingt ans, ap-

pelé à la cour de Salzbourg, en qualité de premier hautboïste, et invité par le souverain lui-même à observer une salle d'instrumens à vent; il eut occasion d'apercevoir un instrument en buis, d'une extrême grandeur, fait comme une trompette, et qui imitait assez la voix humaine, quoique d'une manière un tant soit peu sombre; il était fait de plusieurs pièces de rapport, l'une enchâssée dans l'autre. M. Ferlendis le perfectionna, et, en le rendant plus facile à être joué, il en rendit le son beaucoup plus agréable : il porte le nom de cor anglais, parce que tel était le nom de l'instrument qui lui en donna la première idée.

M. Ferlendis resta pendant deux ans à Salzbourg. Ensuite il passa à Venise, au service de la République. En 1793, il fut appelé à Londres, avec le célèbre Dragonetti, professeur de contre-basse. Il est maintenant à Lisbonne, fêté de tous les professeurs de la bonne musique, tandis que ses quatuors, trios, duos et concertos sont appréciés de tous ceux qui ont du goût pour les instrumens à vent, dont les professeurs sont bien rares dans tous les pays. Il a fait quelques élèves, parmi lesquels excellent ses deux fils, dont nous allons donner une note particulière.

FERLENDIS (Ange), fils aîné de Joseph, est né à Brescia en 1781, son talent pour le hautbois et le cor anglais a fait les délices de toute l'Allemagne, où il s'est arrêté pendant quelques années. Il est maintenant au service de la cour de Saint-Pétersbourg, où, depuis 1801, il fait aussi briller son génie pour la composition.

FERLENDIS (Alexandre), fils cadet de Joseph, né à Venise en 1783, est élève de son père, qui l'emmena avec lui à Lisbonne, en 1802, où il resta pendant deux ans avec son épouse, très-bonne cantatrice. Il passa ensuite à Madrid, où il eut l'honneur de jouer en présence de LL. MM. De là, il passa en Italie, et y reçut tous les honneurs dûs à son mérite. En 1805, il vint à Paris, où il joua sur le théâtre de Sa Majesté l'impératrice, et mérita aussi

les plus grands éloges du public. LL. MM. daignèrent même l'entendre plusieurs fois dans les grands cercles et dans leurs concerts particuliers. Il a composé une étude pour le hautbois ; et d'autres productions qu'il a mises au jour, marquent le mérite le plus distingué. Il serait à désirer qu'il fit des élèves, afin de reculer les bornes de nos connaissances musicales, surtout pour le cor anglais, instrument, à la vérité, un peu difficile, mais trop ignoré dans cette capitale, quoique délicieux sous tous les rapports.

FERLENDIS (Madame), de Rome, est fille du chevalier Joseph Barberi, architecte qui honorera à jamais son art; et que la mort vient de nous enlever depuis peu. Jetée par les circonstances au tems dans la carrière théâtrale, et obligée de mettre à profit le talent qu'une éducation soignée lui avait donné pour son agrément, elle débuta à Lisbonne, où elle fit les délices par son jeu, par sa méthode mélodieuse et sa voix de haute - contre. Le maître Moscheri, s'apercevant qu'on pouvait tirer grand parti de ses dispositions, voulut bien lui donner quelques leçons. Le célèbre Crescentini, que nous avons le bonheur de posséder à la cour, voulut bien la perfectionner, surtout en l'aidant de ses conseils à Lisbonne, où tous deux jouèrent dans la pièce de Pygmalion, qui fit un plaisir extrême à tous les connaisseurs. En 1803, elle fut engagée en Espagne, et les plus grands seigneurs du royaume firent les plus grands éloges de son talent. Dans le carnaval de 1804, Milan eut le plaisir de la posséder. Il n'est pas possible de dire quel fut l'enthousiasme qu'elle excita dans la pièce Il Biettolino, quoique la musique fut très-médiocre. Elle vint à Paris en 1805, au théâtre de l'Impératrice. La Capricciosa pentita, du célèbre Fioravanti, fut son début et fit l'agrément de la capitale. Maintenant, son retour d'Amsterdam nous fait espérer de l'avoir parmi nous pendant quelque tems, surtout pour jouir de son talent, qui, accompagné par celui d'son époux, fait un ensemble très - satisfaisant.

FERNER, facteur d'orgues très-renommé de Lœbegin, dans le duché de Magdebourg, vécut dans le dix-septième siècle. Il a laissé une Instruction pour diviser le monochorde. V. *Ehrenpforte*, p. 108.

FEROCE, compositeur florentin. Le docteur Burney parle avec éloge d'une messe de sa composition, qu'il entendit à Florence en 1770.

FERRADINI (Antonio), de Naples, travaillait avec un égal succès pour l'église et pour le théâtre. Il a vécu à Prague pendant trente ans, et y a composé, encore peu de tems avant sa mort, un *Stabat mater*, que l'on exécuta pour la première fois, en 1780, et ensuite en 1781, à l'église de Sainte-Croix de cette ville. Cet ouvrage est généralement regardé comme un chef-d'œuvre inimitable. Il n'eut pas la satisfaction de le voir exécuter, et mourut en 1779 à l'hôpital italien dans la dernière misère.

FERRANDINI (Giovanni), vénitien, élève de Bissi; a composé plusieurs opéras pour la cour de Bavière, à laquelle il était attaché. A neuf ans, il jouait très-bien du hautbois. Un de ses meilleurs élèves pour le chant, était le fameux Raff, un des plus habiles tenors qui aient existé. V. Laborde.

FERRARI (Benedetto), de Reggio en Lombardie, réunissait le talent de la poésie et celui de la musique. Le poëme d'*Andromeda*, le premier des opéras donné sur un théâtre public à Venise, était de Ferrari, et la musique de Francesco Manelli. Par une singularité remarquable, le poëte et le compositeur y jouèrent tous deux : ce fut en 1637.

FERRARI (Carlo), violoncelliste très-distingué, et musicien de la chambre de l'infant dom Philippe, vers l'an 1756, se trouva à cette époque à Paris, et s'y fit admirer au Concert Spirituel, autant par ses compositions charmantes, que par son habileté extraordinaire sur son instrument. Il publia, à Paris, six solos pour le violoncelle, op. 1. M. Burney le vit à Parme en 1770.

FERRARI (Domenico), frère du précédent, vivait à Crémone vers

1748. Après avoir étudié le violon sous le grand Tartini, il sut se former un style propre, et se distingua par l'emploi des sons harmoniques et des passages à l'octave. En 1754, il vint à Paris, et se fit entendre au Concert Spirituel, où son jeu fut regardé comme inimitable. En 1758, il entra à la chapelle du duc de Wurtemberg, à Stuttgard. Il revint à Paris, et mourut en 1780, assassiné dans son trajet en Angleterre. On a gravé de lui, à Londres et à Paris, six œuvres de sonates pour le violon, qui sont très-estimés.

Martinelli rapporte que Ferrari voulut un jour se faire entendre à Geminiani, dont il recherchait le suffrage. Celui-ci, après l'avoir écouté, se contenta de lui dire : *Vous êtes un grand instrumentiste, mais votre musique ne réveille en moi aucun sentiment.* V. *Lettere familiare.*

FERRARI (J.-G.), célèbre pianiste et compositeur, a fait graver, tant en France que chez l'étranger, 31 œuvres composées de sonates et de duos pour le piano et la harpe. On a encore de lui deux livres de duos italiens, et cinq recueils de romances. Il est auteur de la charmante ariete : *Qu'il faudrait de philosophie*, et de l'air : *Quand l'Amour naquit à Cythère.*

FERRARIUS (Oct.), professeur d'éloquence à Padoue, né à Milan le 20 mai 1607, et mort à Padoue le 27 mars 1682, a publié dans cette ville, en 1676, un ouvrage in-fol. sous le titre *Origines linguæ italicæ*, dans lequel il explique une quantité de termes techniques italiens. V. Walther.

FERRETTI (Giov.), tel est le véritable nom du célèbre compositeur de Venise du seizième siècle, que Walther cite tantôt sous le nom *Feretus*, et tantôt sous celui de *Feresti*. Il a laissé un ouvrage sous le titre : *Canzone alla Napolitana à 5 voci. In Venetia*, 1567, in-4°.

FERRI (Baldassaro), de Pérouse, est le même dont J.-J. Rousseau parle avec tant d'éloge à l'article *voix*, et dont il cite le talent singulier de monter et de des-

cendre deux octaves par tous les
degrés chromatiques, avec un trill
continuel, et sans reprèndre ha-
leine, en conservant une justesse
si parfaite, que n'étant pas d'abord
accompagné de l'orchestre, à quelque note que les instrumens vou-
lussent l'attendre, ils se trouvaient
d'accord avec lui. Il fut élévé à
Naples et à Rome, et mourut fort
jeune. A Florence, où il avait été
appelé, une troupe nombreuse de
personnes de distinction, alla le
recevoir à trois milles de la ville,
et lui servit de cortège. Un jour
qu'il avait représenté à Londres,
le rôle de Zéphire, un masque
inconnu lui offrit en sortant une
émeraude d'un grand prix. On a
son portrait gravé avec ces mots
pour légende : *Qui fecit mirabilia
multa ;* et une médaille frappée
pour lui, portant d'un côté sa tête
couronnée de lauriers, et de l'autre
un cigne mourant sur les bords du
Méandre, avec la lyre d'Arion
qui descend du ciel. V. l'Encycl.
musiq. t. I.

FERRINI (ANTONIO), chanteur
italien, célèbre vers 1690, au service du grand duc de Toscane.

FESCH (GUILLAUME) a fait
graver à Amsterdam trois livres de
sonates pour violoncelle, et plusieurs concertos pour cet instrument.

FESSERUS (JEAN), magister,
à Arnstein en Franconie, fit
imprimer à Augsbourg en 1572 :
*Kindliche anleitung oder unter-
weisung der edlen Kunst musica,*
in-8°.

FESTA (Madame), est entrée
au théâtre de l'Opéra Buffa, en 1809,
en qualité de *prima donna.* Les
amateurs n'ont pu avoir le plaisir
de l'entendre chanter un duo avec
madame Barilli.

FESTING (MICHEL-CHRÉTIEN),
anglais de naissance, jouait en 1727,
la flûte traversière à l'orchestre du
théâtre de Hændel à Londres.

FESTING, fils du précédent,
a fait graver à Londres, vers 1780,
neuf œuvres, renfermant huit concertos pour violon ; quatre concertos doubles pour deux flûtes,
et quatorze concertos doubles pour
deux violons.
I.

FESTONI, est connu, depuis
1780, par un concerto de violon
de sa composition.

FÉTIS (FRANÇOIS-JOSEPH), né
à Mons le 25 mars 1784, a eu pour
premier maître son père, organiste à
Mons. Il entra au Conservatoire de
musique, en 1801, dans la classe
d'harmonie de M. Rey. Etant allé à
Vienne en 1804, il étudia le contrepoint sous Albrechtsberger, et reçut
des conseils du célèbre Beethoven.
De retour en France, il s'est livré,
avec succès, à la composition. Il a
en manuscrit, des symphonies, des
quatuors, et des morceaux de musique vocale. M. Fétis a fait des recherches immenses sur l'histoire et
la bibliographie de la musique. Il
compte publier incessament un traité
complet *sur les effets de l'orchestre,* qui sera très-utile aux jeunes
compositeurs.

FÉVRIER, organiste au collége
des jésuites à Paris en 1755, a publié
successivement deux livres de pièces
pour le clavecin, dans lesquelles on
rencontre de très-belles fugues dans
la manière de Hændel. V, Marpurg,
Beytr., t. I, p. 457.

FEYOO (D. BENOIT-GÉROME),
Espagnol, général de l'ordre de
saint Benoît. Parmi plusieurs ouvrages qu'il a laissés, l'on remarque
celui-ci : *Musica delle chiese.* Dans
son *Theatro crit. univ.,* dont le
second volume parut en 1729, il
parlé beaucoup tant de la musique,
en général, que de celle d'église.
V. Gerbert, Hist.

FEYTOU (L'abbé), annonça,
en 1788, un cours de musique, dans
lequel il exposait un nouveau système de théorie. M. Feytou se proposait de développer ce système
dans l'Encycl. méthod., partie de la
musique ; mais comme, malgré l'engagement formel de M. Framery de
terminer ce dictionnaire à la fin de
1791, on n'en est encore et on n'en
sera peut-être jamais qu'au premier
volume, il faut se contenter de
quelques articles un peu obscurs
de M. Feytou, entr'autres de l'article *Basse fondamentale.* Voy. le
Journ. Encycl, 1788, février, page
153.

FIALA (JOSEPH), hautboïste
célèbre au service de l'archevêque
15

de Salzbourg, était né à Lochwitz
en Bohême. Il a publié depuis 1780,
des quatuors de violon à Francfort
et à Vienne, des concertos pour
violoncelle, pour flûte, pour hautbois, et des symphonies à grand
orchestre.

FIBIETTI (L'abbé), de Florence,
était en 1770 un des bons tenors
d'Italie. V. Burney.

FIDANZA, a fait graver à Florence, vers 1780, six duos, Dial.
per 2 violini.

FIELD (M.), élève de M. Clementi, a donné, avec madame Mara,
un concert instrumental et vocal à
Pétersbourg, en 1804. On regarde ce
jeune pianiste comme un des premiers virtuoses sur son instrument.

FILIPUCCI (Agostino), maître
de chapelle à Saint-Jean du-Mont et
organiste à l'église *della Madonna
di galiera* à Bologne, y publia, en
1665, des messes et vêpres à cinq
voix, avec deux violons.

FILZ (Antoine), habile violoncelliste à la chapelle de l'électeur
palatin à Manheim, a composé
de la musique instrumentale fort
estimée. Il mourut en 1768, à la fleur
de l'âge et fut très-regretté. Il a publié six symphonies à huit instrumens; six trios pour clavecin, violon et basse; six trios pour violon.
Il a laissé manuscrits des concertos

pour violoncelle, pour flûte, pour
hautbois et pour clarinette.

FINAZZI, bon compositeur, et
sopraniste, né à Bergame en 1710,
chanta d'abord dans l'opéra italien à
Breslaw en 1728. Dans la suite, il fut
au service du duc de Modène, et
ayant amassé quelque fortune, il
acheta, en 1748, une maison de campagne à Jersbeck, près Hambourg,
pour y passer le reste de sa vie.
Son honnêteté et son talent lui concilièrent l'estime et l'amitié des personnes les plus distinguées, et
particulièrement celle du baron
d'Ahlefeld, conseiller intime du
roi de Dannemarck, et du célèbre
poëte Hagedorn. En 1758, il eut
le malheur de se casser les deux
jambes. Dans cet état déplorable, la
veuve d'un maréchal eut soin de lui,
et le traita avec beaucoup de tendresse. Pénétré de reconnaissance,
Finazzi l'épousa après sa guérison.
Lorsqu'il mourut, le 21 avril 1776,
il l'institua légataire universelle de
tous ses biens.

Il a été gravé de sa composition,
à Hambourg, en 1754, six symphonies à quatre voix. Outre cela, on
a encore de lui, en manuscrit, un
intermède (*La pace campestre*);
quelques morceaux de chant pour le
théâtre; et une cantate pour la fête
de la naissance de la reine Caroline.

FINCK (Hermann), le jeune, compositeur et musicien érudit, vivait
à Wurtemberg vers 1557. Il se qualifiait de *Birnensis* dans un ouvrage
qu'il publia, in-4°, à Wurtemberg, en 1556, sous le titre de Musique
pratique, contenant les exemples des différens signes, proportions et
canons, le jugement des tons, et des observations pour chanter avec
goût (*Pratica musica ; exempla variorum signorum, proportionum et
canonum, judicium de tonis ac quædam de arte suaviter et artificiose
cantandi*). Ce titre ne promettait pas un ouvrage bien écrit; il était
néanmoins fort intéressant, parce qu'il contenait beaucoup de détails
historiques sur les compositeurs de son tems; mais il est devenu si rare,
que de nos jours il paraît impossible d'en rencontrer un seul exemplaire.
Par bonheur, Walther, qui probablement en possédait un, a transcrit
dans son Lexicon, un fragment extrêmement important du premier
chapitre qui traitait des inventeurs de la musique (*De Musicæ inventoribus*). Comme ce morceau est doublement précieux, en ce qu'il fait
bien connaître les maîtres célèbres de cette fameuse époque, et le goût
qui régnait alors en musique; comme, d'autre part, il ne se trouve
que dans des ouvrages qui ne sont pas entre les mains de tout le
monde, et seulement en son texte original, nous croyons faire une chose
agréable au lecteur, et utile pour l'histoire de l'art, de l'insérer ici en
son entier, avec la traduction en notre langue :

*De musicæ inventoribus alii ali-
ter sentiunt, nec sane m rum est,*

    Les opinions sont partagées su
les inventeurs de la musique; et

antiquissimæ artis authorem mi-
nus certo sciri. Cælius antiq. lect. 1.
5. ait : Si Josepho ac Sacris litteris
ulla fides habenda est, Jubal filius
Lamech inventor ejus præcipuus,
et antiquitate primus ante dilu-
vium duabus tabulis, lateritia scil.
et marmorea, posteris eam reli-
quit inscriptam, ut s. igne, s. aquâ
mundus puniretur, alterutra co-
lumnarum non aboleretur. Marmor
enim non liquescit, lateres vero
humore non resolvuntur. Idem
etiam dicitur citharæ et organorum
usum tradidisse. Sive vero ipse
Tubal musicam invenerit, s. a Deo
edoctus sit, non multum refert.
Verisimilius tamen est, Deum
ipsum ei musicam tradidisse.

Idem sensisse videntur gentiles
homines. Nam cum Homerus Apollinem cytharâ canentem fingit,
procul dubio musicæ originem ad
Deos referri vult. Quod de reli-
quis inventoribus adferunt aucto-
res, fidem non meretur. Nam cum
propter antiquitatem veri authoris
nomen obscuratum esset, quilibet
se hujus artis inventorem dici vo-
luit. Referunt enim alii Orpheum,
alii Linum et Amphionem, alii
Pythagoram primos authores esse.
Eusebius Dionysio, Diodorus Mer-
curio, Polybius Arcadum majori-
bus hujus artis inventionem attri-
buunt. Ego de hac re sic sentio :
hos quidem musicam non invenisse,
sed illam novis præceptis ornasse,
et illustriorem reddidisse.

Postea alii quasi novi inventores
secuti sunt, qui propius ad nostra
tempora accedant, ut : Joh. Greisling, Franchinus, Joh. Tinctoris,
Dufai, Busnois, Binchoi, Caronte,
et alii multi, qui etiamsi ipsi quo-
que composuerunt, plus tamen in
speculatione et docendis præceptis
operam posuerunt, et multa nova
signa addiderunt.

Circa annum 1480 et aliquanto
post alii extiterunt præcedentibus
longe præstantiores. Illi enim in

en effet, il n'est pas étonnant que
l'on ne connaisse pas avec certitude
l'inventeur d'un art, aussi ancien.
Cælius, Antiq. Lect. I. 5, dit : Si
l'on en croit Joseph et les écrivains
sacrés, Jubal, fils de Lamech, qui
en fut le principal et le premier
inventeur, la transmit à la postérité, et l'écrivit, avant le déluge,
sur deux tables, l'une de briques,
l'autre de marbre, afin que, dans
le cas où le monde serait puni, soit
par l'eau soit par le feu, l'une des
deux colonnes fut conservée ; car
le marbre résiste à l'eau, et les
briques sont à l'épreuve du feu. On
dit aussi qu'il transmit aux hommes
l'usage de la cithare et de l'orgue : du
reste, il importe peu que Tubal ait
inventé la musique ou qu'il l'ait
reçue de Dieu, quoique cette dernière opinion soit la plus vraisemblable.

Les auteurs payens semblent
avoir eu le même sentiment ; car
lorsque Homère peint Apollon
jouant de la cithare, il n'a d'autre
intention que de rapporter aux dieux
l'origine de la musique. Ce que les
différens écrivains rapportent sur
les inventeurs de cet art ne mérite
pas d'attention ; car le nom du véritable inventeur ayant été effacé
par le tems, chacun a essayé de
s'en attribuer la gloire. Ainsi, les
uns la donnent à Orphée, d'autres
à Amphion ou à Linus, et quelques-uns à Pythagore. Eusèbe cite
Denys (Bacchus) ; Diodore, Mercure ; Polybe, les premiers Arcades.
Quant à moi, je pense que tous
ces soi-disant inventeurs n'ont fait
autre chose que d'éclaircir et d'étendre la musique.

Ensuite sont venus de nouveaux
inventeurs, qui approchent davantage de nos jours, tels que
J. Greisling, Franch. Gafforio,
Joh. Tinctoris, Dufay, Busnois,
Binchois, Caron, et un grand
nombre d'autres, qui, malgré qu'ils
se soient occupés de la composition, se sont cependant plus appliqués à la théorie et à l'enseignement, et ont enrichi l'art d'une
grande quantité de signes nouveaux.

Vers 1480, et peu de tems après,
il parut des compositeurs bien supérieurs aux précédens ; car ils ne

15.

docendâ arte non ita immorati sun , sed erudite theoricam cum practica conjunxerunt. Inter hos sunt Henricus Finck, qui non solum ingenio, sed præstanti etiam eruditione excelluit, durus vero in stylo. Floruit tunc etiam Josquinus de Pratis, qui vere pater musicorum dici potest, cui multum est attribuendum; antecelluit enim multis in subtilitate et suavitate , sed in compositione nudior , h. e. quamvis in inveniendis fugis est acutissimus, utitur tamen multis pausis. In hoc genere sunt et alii peritissimi. Musici , scil. Okekem , Obrecht, Petrus de Larue, Brumeltus, Henricus Isaac, qui partim ante Josquinum, partim cum illo fuerunt, et deinceps Thomas Stolzer, Stephanus Mahu, Benedictus Ducis, et alii multi, quos brevitatis gratiâ omitto.

Nostro vero tempore novi sunt inventores, in quibus est Nicolaus Gombert, Josquini piæ memoriæ discipulus, qui omnibus musicis ostendit viam, imo semitam ad quærendas fugas ac subtilitatem, ac est author musices plane diversæ a superiori. Is enim vitat pausas; et illius compositio est plena cum concordantiarum tum fugarum. Huic adjungendi sunt Thomas Crecquillon, Jacobus Clemens non Papa , Dominicus Phinot, qui præstantissimi , excellentissimi, subtilissimique et pro meo judicio existimantur imitandi. Itemque alii sunt, Cornelius Canis, Lupus Hellinc, Arnolt de Prug, Verdelot , Adrian Wilhaërt , Jossen Junckers , Petrus de Machicourt, Jo. Castileti, Petrus Massenus, Matheus Lemeistre, Archadelt, Jacobus Vaet, Sebastian Hollander, Eustachius Barbion, Joan. Crespel, Josquin Baston, et complures alii.

Hos ego et alios etiam, quorum hic non feci mentionem, in alio libello recensebo. Ibique multa de vita et studiis ipsorum, tant veterum quam recentiorum, quantum

s'arrêtèrent pas à l'enseignement de l'art; mais ils joignirent savamment la théorie avec la pratique. De ce nombre est Henri Finck, qui se distingua non-seulement par son génie, mais par sa grande érudition; néanmoins il avait un style dur. A la même époque florissait aussi Josquin Deprez, qui peut vraiment être appelé le père des musiciens, et à qui l'art a beaucoup d'obligations. Il surpassa tous les autres en habileté et en agrémens; mais il est un peu nu dans sa composition, c'est-à-dire que, quoiqu'il soit très-adroit à traiter la fugue, il se sert trop de la pause. Il y a encore dans ce même genre plusieurs autres musiciens très-habiles, tels que Okenheim, Hobrecht, Pierre de la Rue, Bromel, H. Isaac, qui ont fleuri partie en même tems que Josquin et partie avant lui. Viennent ensuite Thomas Stolzer, Steph. Mahu, Benedict. Ducis, et plusieurs autres que j'omets pour abréger.

Mais, de nos jours, il existe plusieurs nouveaux inventeurs, parmi lesquels on distingue Nicolas Gombert, élève de Josquin, de pieuse mémoire, et qui a montré à tous les compositeurs le chemin et même le sentier pour trouver des fugues et tous les tours imaginables, et qui a fait entendre une musique tout à fait différente de la précédente. En effet, il évite les pauses, et sa musique est en même tems pleine d'harmonie et de fugues. Il faut lui associer Th. Crecquillon, Jacq.-Clément Nonpapa, Domin. Phinot, qui, selon moi, sont les plus distingués, les plus excellens, et les plus dignes d'être proposés pour modèles. Je citerai aussi Cornelius Canis, Lupus Hellinc, Arnolt de Prug, Verdelot, Adrien Wilhaërt, Jossen Junckers, Pierre de Machicourt, J. Castileti, Pierre Massenus, Mathieu Lemeistre, Archadelt, Jacob Vaet, Sébastien Hollander, Eustache Barbion, Jean Crespel, Josquin Baston, et plusieurs autres.

Je parlerai, dans un autre livre, de ces derniers et d'un grand nombre d'autres, que je n'ai point cités ici; et j'y donnerai un grand nombre de détails sur la vie et les *quidem non solum ipse vidi aut legi, sed etiam ex aliorum relatu cognoscere potui, adjiciam. Hi musici extempore ad omnem propositum choralem cantum pertinentes voces adjungunt, et contrapunctum suum pronunciant, dulcedine vocis alios longe superant, et verum finem artis consecuti, et apud nostrates in majore sunt admiratione et gratia, quam cœteri.*

travaux de tous ces auteurs, tant anciens que modernes, non seulement d'après ce que j'ai lu et vu par moi-même, mais d'après ce que j'ai appris par les rapports qui m'ont été faits. Ces compositeurs dont je parle, savent ajouter à quelque sujet que ce soit de chant, choral, les parties convenables, ils en forment leur contrepoint; ils surpassent de beaucoup les autres par la douceur de leur chant. Ils ont atteint le véritable but de l'art. Aussi jouissent ils parmi nos contemporains d'une plus grande faveur et d'une plus grande considération que les autres.

Il ne paraît pas que Hermann Finck ait tenu l'engagement qu'il avait pris dans ce dernier article, car un chôral (*Was mein Gott*, etc.) qu'il donna en 1518, est le dernier ouvrage de lui que l'on connaisse. On ne saurait trop regretter qu'il n'ait pas exécuté son projet, car un ouvrage tel que celui qu'il promettait, eût jeté un bien grand jour sur cette époque, qui est la plus intéressante de toutes dans l'histoire de la musique moderne, puisqu'elle tient à la renaissance de l'art sur laquelle nous n'avons que des renseignemens incomplets; et l'auteur paraissait capable d'en fournir de satisfaisans.

Que l'on juge par-là de l'intérêt et de l'utilité d'un ouvrage tel que celui que nous offrons aujourd'hui au public, et que l'on sente combien est sotte et ridicule la conduite de certains artistes, qui, sous des prétextes plus vains les uns que les autres, se sont refusés à fournir sur leurs personnes des renseignemens, qui peut-être seront un jour des matériaux précieux pour l'histoire de l'art.

FINK (Henri), l'aîné, maître de chapelle d'Alexandre, roi de Pologne, vers l'an 1480, se distingua parmi ses contemporains comme compositeur et musicien. Il semble pourtant que son maître ne sut pas apprécier son mérite. Un jour qu'il lui demandait une augmentation de traitement, il lui répondit : *Un pinçon que je fais enfermer dans une cage, me chante toute l'année, et me fait autant de plaisir que vous, quoiqu'il ne me coûte qu'un seul ducat.* Réponse bien sotte et bien peu digne d'un roi.

FINÉ (Oronce), né à Besançon en 1494, et mort en 1555, professeur au Collége Royal, sous François Ier, a donné un ouvrage sur la musique, dans son *Opus varium.* Paris, 1532, in-fol.

FINI (Michel), Napolitain, donna sur les théâtres de Venise, en 1731 et 1732, plusieurs intermèdes, et *Gli sponsàli d'Enea*, grand opéra. V. Laborde.

FIOCCHI (Vincenzo), né à Rome en 1767, a étudié à Naples au conservatoire de *la Pietà*, sous M. Fenaroli; il a composé, en Italie, seize opéras, dont quelques-uns ont eu du succès. Il fut organiste à Saint-Pierre de Rome, et ayant quitté cette ville lors des premiers troubles qu'elle éprouva, il vint à Florence, où il fut accueilli par Son Altesse Ferdinand, alors grand-duc de Toscane, aujourd'hui de Wurtzbourg. M. Fiocchi, arrivé à Paris vers 1802, y mit en musique le Valet des deux Maîtres, déjà traité par Devienne. Cette musique eut peu de succès. Depuis ce tems, il s'est livré, en particulier, à l'enseignement et à la composition. Nous connaissons de lui des *ricercari* à deux et trois voix, avec B. C., qui sont très-beaux et bien composés. On en trouve quelques-uns dans la Collection de Pièces italiennes, qu'il a publiée chez Pleyel en 1808. Il a publié, conjointement avec M. Chu-

ron, les Principes d'Accompagnement. On attend en ce moment
l'opéra de Sophocle, qu'il a été
chargé de composer pour la distribution des prix décennaux, qui doit
avoir lieu cette année 1810. Les personnes qui ont entendu les répétitions partielles assurent que c'est un
fort bel ouvrage. Avec le talent que
nous lui connaissons, M. Fiocchi
devait avoir plus de succès; peut-être
est-ce sa faute, s'il ne les a pas obtenus.

FIOCCO (Pet.-Ant.), de Venise,
maître de chapelle de Notre-Dame-
des-Sables à Bruxelles, a publié des
messes et des motets à une, deux,
trois, quatre et cinq voix, avec instrumens.

Son fils, Giuseppe - Hettore, a
publié des motets à quatre voix, avec
instrumens.

FIOCCO. On trouve sous ce nom
à la Bibliothèque Impériale, un
Confiteor tibi Domine, petit motet
manuscrit.

FIOCCO (Domenico), a composé
Missa quinti toni et Psalmi, en
manuscrit.

FIORAVANTI (N.), composi-
teur aimable et spirituel, a donné
au théâtre royal de Turin, en 1797,
Il furbo contro il furbo, et *Il
Fabro Parigino*. En 1807, il vint à
Paris, et fit représenter, à l'Opéra-
Buffa, *I virtuosi ambulanti*, dont
les paroles étaient imitées des Co-
médiens Ambulans, de M. Picard.
Cette pièce eut beaucoup de succès.

FIORELLI, violon célèbre vers
1750. On ne connaît de lui qu'un
concerto pour le violon, en manuscrit.

FIORE (Stefano - Andrea),
Milanais. a donné, en 1719, l'opéra
Il pentimento generoso, de Lolli.

FIORILLO (Ignace), né à
Naples le 11 mai 1715; fut, vers
1754, maître de chapelle à Brunswick; y composa la musique pour
les ballets de Nicolini, qui avaient
alors tant de vogue. Dans la suite,
il fut appelé à Cassel, pour y diriger la chapelle de cette ville jusqu'en 1780, où il fut mis à la
pension. Il se rendit alors à Fritzlar,
et y vécut tranquille et retiré jusqu'à
sa mort, arrivée au mois de juin
1787.

Il a fait graver, à Berlin, six
duos pour violon, op. 1, et six quatuors pour le même instrument,
op. 2. On connaît de lui un *Requiem*, en manuscrit, que l'on exécuta encore avec succès, en 1785,
lors des obsèques du père du dernier
landgrave. Il a aussi écrit pour le
théâtre. Demophoon, Andromède et
Nitetis étaient regardés comme ses
meilleurs ouvrages en ce genre.

FIORILLO (Frédéric), bon
violoniste, actuellement à Londres,
est connu par de charmantes compositions instrumentales. Il a publié
seize œuvres, tant de quintetti, de
quatuors, de trios, de duos pour le
violon, que de sonates pour le violon et le piano. Ses deux œuvres de
trios doivent être recherchés par
tous les amateurs. Nous avons entendu des professeurs les mettre immédiatement après ceux de Boccherini, qui sont les premiers en ce
genre. Ses études de violon sont les
meilleures que l'on connaisse.

M. Fiorillo a été long-tems attaché au baron de Bagge, comme son
compositeur. Un jour que le baron
allait jouer un concerto, on eut
soin de mettre du suif à son archet.
Fiorillo en était instruit. Au moment du solo, il se plaça derrière
le baron, et joua sa partie, en sorte
que ce dernier, à la fin du morceau,
remercia de bonne-foi l'assemblée,
qui le couvrait d'applaudissemens.

FIORINO (Gaspard), musicien
de Rossano, dans le royaume de
Naples, a publié deux livres de
Canzonettes à trois et quatre voix.

FIORONI (Giov. - Andrea),
Milanais, élève du célèbre Léo,
florissait vers 1750. Il fut maître de
chapelle à la cathédrale de Milan et
à celle de Côme. Cet excellent harmoniste s'est fait admirer par des
compositions à huit voix, où la
science ne nuit en rien à l'effet. On
compte parmi ses élèves MM. Qua-
lia, Zucchinetti, l'abbé Piantanida
et Bonesi, tous quatre existans.

FIRNHABER J.-C.), musicien
et maître de clavecin à Pétersbourg,
natif de Hildesheim, a fait graver
depuis 1779, à Berlin, deux ouvrages
pour le clavecin, chacun de trois
divertissemens, avec violon et violoncelle; et ensuite, à Francfort,
cinq sonates pour le clavecin, avec
violon obligé, et une sonate pour

quatre mains, op. 3 , en 1784. On lui reproche le défaut d'harmonie dans ses compositions.

FISCHER, chanteur de Vienne, se fit entendre, en 1783 , au Concert Spirituel de Paris , et y fut très-applaudi.

FISCHER (Chrétien-Frédéric), né à Lubeck le 23 octobre 1698; après avoir achevé ses humanités, il étudia la composition chez le fameux organiste Schieferdecker. En 1725, il se rendit à l'université de Rostock , y fit un cours complet de jurisprudence, et y donna une musique solennelle de sa composition. En 1727, il visita l'université de Halle , pour y continuer ses études. Nommé chanteur à Ploen ; il y entra en fonctions en 1729. Là il fit un livre complet de musique simple, avec une préface, et des idées diverses sur la composition ; mais aucun de ses ouvrages n'a été imprimé.

FISCHER (Ferdinand) , violoniste à Brunswick , y a fait imprimer , en 1763, à l'usage du prince héréditaire d'alors (le dernier duc régnant) , six trios pour violon ; et en 1765, six symphonies à neuf voix. Il a encore fait six quatuors pour deux violons, viola et basse, demeurés manuscrits.

FISCHER (Georges-Nicolas), organiste à Carlsruhe, y a fait imprimer , en 1762, Baden-Durlachischer Choralbuch (Livre de musique simple pour le pays de Bade-Durlac), in-4° obl.

FISCHER (Jean), à en juger d'après le nombre de ses ouvrages cités par Walther, était un des grands compositeurs de son tems. Il naquit en Souabe ; vint très-jeune à Paris, et y fut copiste chez le célèbre Lully. Vers 1681 , il vint à Augsbourg , en qualité de musicien à l'église des Recollets. De là, il passa, en 1685, à Anspach, d'où il se rendit en Curlande. Enfin, en 1701 , il entra en qualité de maître de chapelle au service du duc de Mecklembourg-Schwerin. Il alla ensuite à Copenhague, Mecklembourg, Stralsund et Stockolm , en séjournant quelque tems dans chacune de ces villes, et se fixa enfin, comme maître de chapelle, à la cour de Schwedt, où il mourut âgé de soixante-dix ans. Dans le Dictionnaire universel des Savans , on le qualifie de musicien de Lubeck.

Outre les ouvrages cités par Walther, il a encore publié un ouvrage sous le titre : Heldenmusik (Musique de Héros.

FISCHER (J.-A.) , fit graver à Berlin , en 1782, trois concertos pour violon, op. 1, 2 et 3. Nous ignorons si ce n'est pas le célèbre docteur Fischer de Londres.

FISCHER (J.-Chrétien) , né à Fribourg, dans le Brisgaw, hautboïste célèbre, fut engagé, en 1760, à la cour de Dresde. En 1765 , il passa en Italie, et de là en Angleterre, où il eut le titre de musicien de la chapelle et de la chambre de la reine d'Angleterre. Il était regardé comme le premier virtuose de son tems sur cet instrument. On a publié de lui un concerto pour hautbois, et un pour clavecin et violon ; mais il existe de lui, en manuscrit, douze concertos pour le hautbois, très-estimés.

FISCHER (J.-P.-A.), était, en 1762, organiste et compositeur à la cathédrale d'Utrecht, et y a fait imprimer : 1°. Van den basso continuo ; 2°. Van den transpositie ; 3°. Verhandeling van de klokken en het klokespel ; 4°. Un concerto pour clavecin , gravé à Amsterdam, chez Olofsen.

FISCHER (L'abbé Paul), chapelain de cour du comte Hartig, à Prague , s'est fait connaître comme un des premiers clavecinistes par différentes compositions , contenues dans les Miscéllanies de Haffner, et par six sonates pour clavecin , qui furent imprimées , en 1768, chez Breitkopf à Leipsick.

FISCHER (Wolbert), excellent harpiste et claveciniste, né à Thabor , en Bohême. Son père fut le premier qui lui enseigna les élémens de la musique. Il étudia ensuite dans un collège de Jésuites ; lors de la suppression de cet ordre, il alla à Prague , pour y terminer le cours de ses études. Il demeura par la suite, pendant sept ans, en Pologne, où il s'appliqua à se perfectionner dans la composition aussi bien que sur son instrument. Au bout de ce tems , il fit un voyage en Italie et en Suisse, et se fixa enfin en France.

C'est probablement l'auteur du menuet si connu sous ce nom.

FISCHER (ZACHARIE), fabricant de violons à la cour de l'évêque de Worzbourg , fit annoncer , en 1786, qu'il employait dans la confection de ses instrumens , une invention nouvelle , au moyen de laquelle ils égalaient en bonté les instrumens célèbres de Stradivarius et de Steiner. On assure qu'ils sont très estimés.

FISCHER , élève de Tartini , demeurant à Avignon , vers 1770 , est celui qui a apporté les œuvres de Boccherini en France.

FISCHIETTI (DOMINIQUE), directeur de la chapelle de l'archevêque de Salzbourg , naquit à Naples vers l'an 1725. Après avoir d'abord étudié la musique au Conservatoire de cette ville, il vint, en 1766, à Dresde. Il se rendit dans la suite à Salzbourg , où il vivait encore en 1790.

Il a composé un grand nombre d'opéras.

FISHER , docteur de musique à Oxfort, a eu de la réputation comme violoniste.

FISIN , musicien de Londres , a fait graver , vers 1780 , six sonates pour le clavecin.

FITZTHUMB , maître de chapelle à Bruxelles , vers 1770, avait beaucoup de réputation.

FLACKTON (WILLIAM) , publia à Londres , en 1770 , six solos pour violoncelle. On a encore de lui six trios pour violon , et six suites pour clavecin.

FLEISCHER (FRÉDÉRIC-GOTTLOB) , musicien de chambre du duc de Brunswick, et organiste à l'église de Saint-Martin et de Saint-Egida, né à Cœthen le 14 janvier 1722. On le regardait , en 1790 , pour un des premiers virtuoses sur le clavecin à la manière de Bach. Il a été imprimé de sa composition : 1°. Odes, 2 vol. 1756 (il y en avait déjà une troisième édition en 1776); 2°. Cantates amusantes, Brunswick , 1760; 3°. Recueil de menuets et de polonaises pour le clavecin, ibid. (cet ouvrage eut une seconde édition en 1768 , et l'auteur l'augmenta de quatre sonates pour le clavecin; 5°. L'Oracle, opéra de Gellert, en extrait pour le clavecin, ibid , 1771 (Reichard ,

au deuxième volume de ses Lettres , p. 51 , en parle avantageusement); 6°. Morceaux pour le chant.

Ce fut lui qui donna des leçons de clavecin à toutes les princesses de Brunswick, qui font beaucoup d'honneur à ses talens.

FLEISCHMANN , organiste à Illmenau, s'est fait connaître , en 1770, par différentes cantates , dont il n'a été rien imprimé.

FLEISCHMANN (SEBASTIEN), fit imprimer , en 1597, une messe à six voix.

FLEURY (FRANÇOIS NICOLAS), a publié , vers 1660 , des airs spirituels et une méthode pour jouer du théorbe. On a de lui aussi , une carte des principes de musique.

FLOQUET (ETIENNE-JOSEPH), naquit à Aix, en Provence, le 25 novembre 1750. Dès l'âge le plus tendre il balbutiait : Je veux être maître de musique. A six ans, il entra à la maîtrise de Saint-Sauveur, et donna à onze ans, son premier motet à grand chœur , qui fut généralement applaudi. Les encouragemens qu'il reçut le déterminèrent à se rendre à Paris, en 1769. Il fit d'abord, avec Lemonnier, Bathille et Théodore, et ensuite l'Union de l'Amour et des Arts, représentée en 1773, et qui eut un succès prodigieux. Quatre-vingts représentations successives suffirent à peine à l'affluence toujours renaissante des spectateurs enivrés. L'année suivante, il donna Azolan , qui n'eut pas la même réussite, et fut retiré après quelques représentations. Cependant Floquet, loin de se décourager par cet échec , fit de sérieuses réflexions sur son talent , et prit le parti d'aller s'asseoir, comme élève , dans le premier des Conservatoires d'Italie.

Arrivé à Naples, il y étudia sous la direction de Sala. Il prit ensuite des leçons du P. Martini, et ces deux maîtres célèbres s'honorèrent de compter Floquet au nombre de leurs élèves. C'est sous leurs yeux qu'il composa et fit exécuter un Te Deum à deux orchestres, que les Napolitains applaudirent avec transport. En revenant en France, il s'arrêta à Bologne, il fut admis au nombre des membres de l'Académie des Philharmoniques. On accorde à chaque aspirant trois soirées pour faire ses preuves. Floquet fit les siennes eu une seule, et composa en deux heures et demie un *canto fermo*, une fugue à cinq parties, et le verset *Crucifixus* du *Credo*. Quelques tems après son retour à Paris, il composa l'opéra d'Hellé, qui fut joué en 1779, et n'eut aucun succès. On convint que ce n'était pas la faute du musicien. L'année suivante, il se vengea en donnant le Seigneur Bienfaisant, à l'Académie Impériale de Musique, et la Nouvelle Omphale, au Théâtre Italien. Ces deux ouvrages réussirent complètement. Il eut alors la prétention de mettre en musique l'Alceste de Quinault, retouchée par Saint-Marc. Le chef-d'œuvre de Gluck aurait dû le détourner d'une pareille entreprise. L'ouvrage fini, on le mit en répétition, et cette répétition fut pour l'Alceste de Floquet un arrêt de proscription. Le chagrin qu'il en ressentit lui porta un coup douloureux; et après quelques mois de langueur, il mourut le 10 mai 1785.

FLOREZ (HENRI), moine espagnol, a laissé un ouvrage sous le titre *Espanna sagrada*, ou *Hispania sacra*, où l'on trouve, au t. III, p. 360, une dissertation *de Antiquâ missâ Hispanicâ seu officio Mozarabico*. Il dit que l'évêque de Ségovie rétablit l'office Mozarabique en 1436, que cet office fut rétabli à Tolède dès 1500, introduit à Salamanque en 1517, et qu'il y eut, en 1567, une autre fondation à Valladolid, pour perpétuer ce rit.

FLORIAN (JEAN-PIERRE-CLARIS de), de l'Académie Française, né en Languedoc en 1755, et mort à Paris le 12 septembre 1795, a composé, outre, plusieurs jolies comédies pour le Théâtre Italien, un opéra comique (le Baiser), mis en musique, par M. Champein, et joué en 1781. L'auteur est connu par des ouvrages charmans, tels que les romans d'Estelle et de Galatée, et un recueil de fables, dont la plupart sont imitées d'Yriarté, auteur espagnol, à qui on doit un poëme sur la musique. V. l'art. Yriarté.

FLORIO, flûtiste célèbre à Londres vers 1783, y a fait graver quatre œuvres de sa composition, consistant en solos, duos et trios pour la flûte.

FLORISTO (IGNACE), entr'autres ouvrages, a donné au théâtre l'opéra *Artimene*, vers 1738.

FLORSCHUTZ, organiste de Saint-Jacques à Rostock, né à Lauter, près Cobourg, en 1757, a composé différens trios pour le violon, restés manuscrits.

FLOTTWELL (CHRÉTIEN), maître et diacre de la cathédrale à Kœnisberg, y a fait imprimer, en 1721, un petit ouvrage, sous le titre *Ein wohlgerührtes Orgelwerk*. Matheson, dans son *Ehrenpforte*, en parle avec beaucoup d'éloges. On a encore du même auteur, une oraison funèbre sur la mort du célèbre Schwenkenbecher, chanteur dans cette ville, qu'il a fait imprimer en 1714.

FLOYD (JOHN), du pays de Galles, bachelier en musique, et maître de chapelle de Henri VIII, roi d'Augleterre, fit un voyage à Jérusalem, et mourut à son retour. On lui a fait, dans l'église de Savoie, où il est enterré, l'épitaphe suivante :

Johannes Floyd, virtutis et
religionis cultor. Obiit
3 apr. 1523.

FLUDD (ROBERT), physicien et médecin à Oxfort, né à Bearsied, dans le comté de Kent, en 1574, mort le 8 septembre 1637. Dans l'ouvrage qu'il fit imprimer à Oppenheim, en 1617, in fol., sous le titre *Historia utriusque Cosmi*, il a inséré un traité, intitulé *Templum musices*, *in quo musica universalis tanquam in speculo conspicitur*. Ce traité consiste en sept livres. Voyez Walther.

FODOR (JEAN), l'aîné des trois frères de ce nom nés dans les pays bas, était connu à Paris, comme habile violoniste, vers 1784. Il a composé, pour son instrument, dix concertos, dix-huit livres de duos, et deux livres de sonates, formant l'œuvre vingt-neuf. On a encore de lui des trios et un recueil de petits airs. Il est actuellement en Russie.

FODOR (CHARLES), mort vers 1800, a publié plusieurs ouvertures arrangées pour le piano, et sept pots-pourris pour de même instrument.

FODOR (Antoine), le plus jeune des trois frères, actuellement à Amsterdam, a composé plusieurs concertos pour le piano. Il a aussi arrangé pour cet instrument, plusieurs symphonies d'Haydn ; et la la fameuse ouverture de ce grand *compositeur*. M. E. L. Gerber a confondu les ouvrages de „Charles et d'Antoine, et attribue même à ce dernier les compositions de Jean.

FŒRSTER (Jean-Chrétien), natif de la Silésie, était un habile constructeur de carillons. Pierre-le-Grand l'appella à Pétersbourg en 1710, pour qu'il y en construisit un complet, avec pédale, sur la tour de l'église de Saint-Jacques.

FŒRSTER (Jean-Jacques), fils du précédent. En 1756, il était musicien de la chambre à Pétersbourg. A la mort de son père, il obtint sa place de *campaniste*. Il jouait du violon à la chapelle impériale et à la chambre, touchait du clavecin fort agréablement, et était renommé comme constructeur d'orgues.

FŒRSTER (Christophe), compositeur très-agréable pour son tems. En 1745, il entra, en qualité de vice-maître de chapelle, au service du prince de Schwarzbourg-Rudolstadt ; mais il y mourut le 6 décembre de la même année. D'après Walther, il a fait près de trois cents pièces, tant en cantates qu'en sonates, ouvertures et symphonies.

FŒRTSCH (Wolfgang), organiste à l'église de Saint-Laurent à Nuremberg, y fit imprimer, en 1 34, une fugue-ariette, avec quatre variations, sous le titre *Musikalische kirchweylust*, ainsi qu'une autre fugue sur le cantique allemand *Nunlobt meine sele*, etc.

FOGGIA (Francesco), de Rome, élève de Paolo Agostini, florissait de 1645 à 1681. Dans sa jeunesse, il fut plusieurs années au service de la cour de Bavière et de l'archiduc Léopold, depuis Empereur. Etant retourné à Rome, il devint maître de chapelle de Saint-Jean-de-Latran, et de plusieurs églises de cette ville. Antimo Liberati l'appelle le père de la musique et de la vraie harmonie ecclésiastique. Il dit que dans ses composi-

tions on voit briller à la fois une manière grande, savante, correcte, simple et agréable. Foggia a vécu près de quatre-vingts ans. Kircher le loue dans sa Musurgie ; et le P. Martini, dans le *Saggio di contrapunto*, t. II, p. 47, analyse deux admirables motets, tirés de son huitième œuvre.

FOGLIANO (Lodovico), a publié à Venise, en 1529, in-folio, *Musica theorica ; docte simul ac di.ucide pertracta, in quâquam plures de harmonicis intervallis non prius tentatæ continentur speculationes.* Cet ouvrage est divisé en trois parties. Dans la première, l'auteur traite des proportions musicales ; dans la seconde, des consonnances ; dans la troisième, de la division du monochorde.

FOIGNET (M.), père, compositeur de petits opéras, a eu beaucoup de succès sur les petits théâtres. On cite surtout le Mont-Alphéa, joué d'abord au théâtre de la Montansier vers 1791. Son fils est connu aussi par plusieurs opéras, tels que les Gondoliers, etc. V. le supplément.

FOLCARD, abbé de Thorn au dixième ou onzième siècle. Ordericus Vitalis le cite comme compositeur et musicien distingué de ces tems. *Delectabilis, dit-il, ad canendum historias suaviter composuit.*

FOLENGO (J.-B.), bénédictin mantouan, mort en 1559, dit, sur le psaume 33 (. V. Commentaire sur les psaumes. Bâle, 1557, in-folio), que le psaltérion était estimé chez les anciens le plus noble de tous les instrumens ; parce que, quand les soixante-dix symphonistes qui jouaient de la trompette, des orgues, des tymbales, de la lyre, etc., étaient assemblés pour faire leur concert, le Roi seul jouait de celui-ci (*Rex solus psalterio regio canebat*). V. Laborde, t. I.

FOLICALDI (Seb), habile chanteur vers 1780.

FOLIOT (Edme), a composé des vers, motets.

FONCÉS (N.), maître de musique à la cathédrale d'Alby, vers 1780, a composé des motets et des messes pour la fête de sainte Cécile. C'était à la fois un savant harmoniste et un habile violoncelliste.

FONTANA (Agostino), Piémontais, bon chanteur, au service du roi de Sardaigne vers 1750.

FONTANA (Antonio), di Carpi, prêtre et membre de la société Philarmonique de Bologne, fit exécuter dans cette ville, en 1770, un Domine, que le doct. Burney entendit avec beaucoup de plaisir. V. Voyag. de Burney, t. I.

FONTANA (Giacinto), dit Farfallino, chanteur de Rome vers 1730, était très-estimé pour les rôles de femmes.

FONTANA (Pietro-António), chanteur célèbre de Bologne, vivait vers 1690.

FONTE (Nicolas), compositeur de Venise vers 1650, a donné, en 1642, l'opéra Sidone e Dorisbe.

FONTENELLE (Bernard le Bovier de), membre des trois académies de Paris, et secrétaire perpétuel de l'académie des sciences, né en 1657, mort en 1757, est moins célèbre par son livre de la Pluralité des Mondes, qui est fondé sur le système des tourbillons, que par ses Éloges des Savans, modèle inimitable en ce genre. Avant l'âge de vingt ans, il avait commencé l'opéra de Bellérophon, et en 1689, il donna celui de Thétis et Pélée, mis en musique par Colasse. Fontenelle, comme on sait, n'était guères musicien. C'est lui qui s'écria un jour : Sonate, que me veux-tu ? Mot devenu si célèbre, et dont le sens s'interprète aisément dans la bouche de Fontenelle ; car il a dit lui-même : Il y a trois choses auxquelles je n'ai jamais rien compris : le jeu, les femmes et la musique.

FONTENELLE (M. GRANGES de), né à Villeneuve d'Agen, a donné en 1800, à l'Académie de Musique, l'opéra d'Hécube, paroles de M. Milcent. On a remarqué de grandes beautés dans cette composition, notamment l'air de Priam au premier acte, deux airs d'Hécube au second acte, le chœur des femmes auprès de l'autel, et surtout le courroux d'Achille, effet d'orchestre digne de Gluck. Le récitatif a été jugé admirable.

Ce compositeur a fait une Médée, qui est reçue depuis huit ans, et qui n'est pas jouée, parce que ce n'est pas un opéra du carnaval ou du premier de l'an. C'est la réponse qui a été faite en 1809, à M. de Fontenelle par l'administration de l'Opéra.

M. de Fontenelle a mis en musique plusieurs morceaux imités d'Ossian, et quelques cantates, entr'autres Circé, par J.-B. Rousseau, et Priam aux pieds d'Achille, par M. de Coupigny. Il a aussi composé deux quatuors pour le violon, qui ont été entendus avec plaisir chez M. Davaux, en 1810.

FONTESKY (M.), Polonais, membre de l'orchestre du Théâtre Français, a le premier apporté les œuvres de Haydn en France. M. Sieber père est le premier qui les ait gravés à Paris.

FORCADEL (Pierre), de saint-Pons en Languedoc, mort vers 1580 à Paris, où il professait les mathématiques, y a publié, en 1572, une traduction de la musique d'Euclide.

FORDYCE (Miss), cantatrice agréable et très-jolie actrice du théâtre de Londres vers 1750, était bonne guittariste.

FORGEOT (N.), poëte dramatique, est surtout connu par le joli opéra des Dettes, musique de M. Champein, joué en 1787.

FORKEL (Jean-Nicolas), docteur en philosophie, et directeur de musique de l'université de Gœttingue, est né à Meeder, près Cobourg, le 22 février 1749. Il y a peu d'hommes qui aient des connaissances aussi étendues et aussi profondes en musique.

Il fut d'abord organiste de l'université, et sut profiter des trésors que renferme la bibliothèque, jusqu'à ce qu'il en eût rassemblé lui-même une très-nombreuse et très-bien choisie d'auteurs de musique, tant didactiques que praticiens en tout genre. Pour ne rien laisser à désirer, il s'est encore formé une collection de plusieurs centaines de portraits de musiciens célèbres et d'auteurs de musique.

On lui devait déjà, en 1790, les ouvrages suivans : 1°. Uber die theorie der musick, etc. (Sur la théorie de la musique, en tant qu'elle est utile ou nécessaire aux amateurs de musique). Gœttingue, 1774, in-4°. V. Cramer, Magasin, première année, p. 855. 2°. Bibliothèque musico-critique, trois vol. in-8°. Gotha, 1778. 3°. Sur la meilleure organisation des concerts publics. Gœttingue, 1779, in-4°. 4°. Définition de quelques idées de musique. Gœttingue, 1780, in-4°. V. Cramer, Magasin de musique, première année, p. 1039. 5°. Almanach de musique pour l'an 1782; continuation du même ouvrage, pour 1783, 1784 et pour 1780. 6°. Histoire générale de la musique, dont le premier volume parut en 1788, in-4°, chez Schwikert, à Leipsick; il contient l'histoire de la musique des nations anciennes : c'est l'ouvrage le meilleur et le plus complet de tous ceux qui ont été écrits sur ce sujet dans toute l'Europe; le deuxième volume a été publié depuis (au commencement de 1802). 7°. Etienne Arteaga, Histoire de l'opéra italien, depuis son origine jusqu'à nos jours, traduit de l'italien, avec des notes, deux vol. in-8°. Leipsick, 1789. 8°. Beaucoup de critiques dans le Journal Littéraire de Gœttingue. 9°. Enfin, Littérature générale de la musique, ou Instruction pour connaître les livres de musique qui ont été écrits depuis les tems les plus reculés jusqu'à nos jours, en Grèce, à Rome, en Italie, en Espagne, en Portugal, en Hollande, en Angleterre, en France et en Allemagne, rédigée dans un ordre systématique, et accompagnée de notes et de discussions critiques; ouvrage excellent, le meilleur qui ait paru jusqu'à ce jour sur cette matière. Les auteurs de ce Dictionnaire se proposent d'en publier un plus complet encore, en ce qu'il contiendra non-seulement les traités, mais les œuvres de musique.

A la qualité de savant connaisseur et d'auteur profond en musique, Forkel réunit encore celle d'être excellent virtuose au clavecin, dans la manière de Bach.

On connaît de sa composition les ouvrages suivans : 1° Hiskias, oratorio. 2°. Le pouvoir de l'harmonie, cantate avec des chœurs doubles. 3°. Les Bergers à la crèche de Béthléem, cantate. 4°. Plusieurs musiques d'occasion, des ariettes isolées, des chœurs, des symphonies, des so-

nates et des concertos pour le clavecin; mais tous en manuscrit. Il n'a été imprimé que les ouvrages suivans : 1°. Nouvelles chansons de Gleim, avec des mélodies pour le clavecin. Gœttingue, 1773. 2°. Six sonates pour le clavecin. Ibid. 1778. 3°. six, idem, deuxième recueil. 1779. 4°. Une sonate et une ariette, avec dix-huit variations, pour le clavecin, 1781.

FORME, maître de musique de la chapelle de Louis XIII, eut beaucoup de réputation dans son tems.

FORMELLIS (GUILLAUME), contrapuntiste du seizième siècle. Joanelli, dans son Thes. Mus., a conservé plusieurs motets de sa composition. V. Gerbert, Hist.

FORNO (Le baron AGOSTINO), a composé un éloge de Tartini, à l'occasion d'un Miserere de ce compositeur, chanté à la chapelle Sixtine, au Vatican, le mercredi-saint de l'année 1768.

FORQUERAY (ANTOINE), né à Paris en 1671, reçut dès sa plus tendre enfance des leçons de viole de son père, et à l'âge de cinq ans, joua plusieurs fois devant Louis XIV, qui l'appelait son petit prodige. Il mourut à Mantes le 28 juin 1745.

FORQUERAY JEAN-BAPTISTE-ANTOINE), fils du précédent, né le 3 avril 1700, n'eut pas moins de talent que son père. Comme lui, il joua, à l'âge de cinq ans, devant Louis XIV, qu'il étonna par sa prodigieuse exécution.

FORQUERAY (J. - B.), fils du précédent a fait graver plusieurs livres de pièces pour la viole et pour le clavecin, dont quelques-unes sont de son père.

FORST (JEAN-BERNARD), né à Mies, en Bohême, en 1660, fut un des meilleurs musiciens de son tems. Encore enfant, il était le meilleur haute-contre à la cathédrale de Prague. A peine parvenu à l'âge de l'adolescence, il voyagea en Italie, recherchant tous les grands maîtres de ce pays pour profiter de leurs leçons. Une superbe voix de basse-contre, joint à un rare génie, lui attira bientôt une haute réputation. Maximilien-Emmanuel, électeur de Bavière, l'appela l'orgueil de la Bohême; et Jean Georges, électeur de Saxe, le déclara le maître de *sa voix.* L'un et l'autre lui firent présent d'une chaîne d'or d'un grand prix.

Lorsqu'il se fit entendre la première fois à Vienne, devant l'empereur Léopold I, ce prince dit hautement qu'il doutait si l'Europe avait jamais eu un musicien plus habile; et, pour lui prouver sa satisfaction, il lui fit présent d'une chaîne d'or, et le nomma sur-le-champ son musicien de chambre. Les éloges, mais plus encore les preuves réelles de bienveillance, dont ce monarque le combla par la suite, finirent par exciter la jalousie des Italiens de la chapelle impériale; Forst ayant été empoisonné, la voix publique leur attribua ce forfait. Les médecins de la cour ne négligèrent aucun moyen pour le sauver; mais lui ayant trop prodigué les purgatifs, sa poitrine fut tellement affaiblie, qu'il eut une hémorragie; à la vérité, elle ne fut pas mortelle, mais elle l'obligea cependant de renoncer au chant et à sa place dans la chapelle de l'empereur.

De Vienne, il retourna à Prague, où il parvint par les soins les plus assidus à rétablir sa santé, en sorte qu'il fut nommé maître de chapelle de l'église de tous les Saints, de celle de Saint-Wenceslas, et basse-contre de la cathédrale. Quoique sa maladie lui eût fait perdre cette force étonnante de voix qui le distinguait auparavant, il n'en fut pas moins admiré dans toutes les assemblées de la noblesse, où il chantait souvent. L'empereur Joseph I, étant venu à Prague, et l'ayant entendu chanter, assura qu'il payerait volontiers cent mille florins (près de 100,000 écus), s'il pouvait acheter une voix pareille. Il le combla de présens, et voulut, avant son départ pour Vienne, lui donner des lettres de noblesse; mais Forst l'en ayant remercié, il lui accorda une pension annuelle de trois cents florins sa vie durant. Forst mourut en 1710, âgé de cinquante ans.

Wenceslas Forst, son fils unique, né à Prague en 1687, n'avait que vingt-trois ans lorsqu'il obtint, à la mort de son père, la place de directeur de musique à l'église de Saint-Wenceslas. Il était en même

tems organiste excellent, et eut en cette qualité l'honneur de jouer devant l'empereur Charles VI, sur le grand orgue de la cathédrale, qui, depuis, fut consumé par un incendie. Outre la musique, il étudia aussi les langues anciennes de la Bohême, et s'y acquit tant de connaissances, qu'il fut nommé à la place de traducteur royal des manuscrits anciens, gothiques, allemands et latins. Il est mort vers 1769.

FORSTMEYER (A.-E.), musicien de chambre à Carlsruhe, a fait graver à Manheim, vers 1780, six trios pour le clavecin, op. 1; et ensuite *Opera drammatica per la voce,* avec clavecin et violon, op. 2.

FORTI (Catherine), à peine âgée de dix ans, chantait, en 1669, à Plaisance, le rôle de Volumnie, dans l'opéra *Coriolano.*

FORTIA DE PILLES (Alphonse), ci-devant gouverneur de Marseille, est né dans cette ville le 18 août 1758. Il a étudié la composition sous Ligori, Napolitain, élève du célèbre Durante. Outre plusieurs ouvrages littéraires, on lui doit quatre opéras qui ont été joués à Nanci de 1784 à 1786 : La Fée Urgèle, paroles de Favart; Vénus et Adonis, acte des Fêtes de Paphos; le Pouvoir de l'Amour; et l'Officier Français à l'armée. De 1782 à 1788, il a fait graver neuf ouvrages, dont sonates pour piano, sonates pour violoncelle, trios pour violon, quatuors pour violons, alto, et basse, ainsi que pour clarinette, hautbois et basson; quintetti pour violon, hautbois, flûte, alto et violoncelle; un concerto pour le basson; et une symphonie à grand orchestre.

FORTIS (L'abbé), célèbre voyageur, a écrit sur la musique des Morlaques, peuple voisin de la Dalmatie. C'est dans les assemblées champêtres, dit il, que se perpétue le souvenir des anciennes histoires de la nation. Il s'y trouve toujours un chanteur, qui accompagne sa voix d'un instrument, appelé *guzla,* monté d'une seule corde, composée de plusieurs crins de cheval entortillés. Leur chant héroïque est extrêmement lugubre et monotone.

Quand un Morlaque voyage par les Montagnes désertes, il chante, principalement de nuit, les hauts faits des anciens rois et barons Slaves, ou quelqu'aventure tragique. S'il arrive qu'un autre voyageur marche en même tems sur la cime d'une montagne voisine, ce dernier répète le verset chanté par le premier, et cette alternative de chant continue aussi long-tems que les chanteurs peuvent s'entendre. Outre la *guzla*, ils ont encore la musette, le flageolet et un chalumeau de plusieurs roseaux. Ils dansent au son de la voix ou de la musette. Voyez Laborde.

FORTUNATI, compositeur, né à Plaisance, était très-renommé vers 1770.

FORZELINI, compositeur d'opéras italiens, eut de la réputation vers 1750.

FOUCHETTI, musicien de Paris, y a publié, vers 1770, un ouvrage sous le titre : Méthode pour apprendre facilement à jouer de la mandoline à quatre et à six cordes.

FOULQUÉS, deuxième du nom, comte d'Anjou, qui vivait vers le milieu du dixième siècle, chantait au chœur avec les chanoines de Saint-Martin de Tours, comme s'il eût été lui-même un simple chanoine. Il apprit que les courtisans en avaient fait des plaisanteries en présence du Roi (Louis d'Outremer). Il écrivit à ce prince : *Sachez qu'un Roi sans lettres est un âne couronné.* V. *De cantu et musicâ sacrâ.*

FOUQUET, bon organiste de Paris, y florissait de 1750 à 1775, il touchait les orgues de Saint-Eustache, de Notre-Dame, et autres.

FOURNIER, a donné au Théâtre Italien de Paris, en 1782, les Deux Aveugles de Bagdad, opéra.

FOUX, a fait graver à la Haye, en 1781, six quatuors pour la flûte, le violon, la viola et la basse (de sa composition).

FOYTA (François), violoniste, fut pendant long-tems directeur de l'orchestre au théâtre de l'Opéra, et symphoniste de l'église de Sainte-Croix à Prague. Il est mort en 1776, âgé de soixante-quatre ans.

FOYTA (Ign.), bon violoniste à Saint-Pétersbourg en 1790, est né vers 1750 à Prague, où son père était organiste. Il fut d'abord violoniste au théâtre et à l'église Sainte-Croix de cette ville.

FRAECASTOR (Jér.), musicien estimé, mort en 1553. V. Bach.

FRAENZEL (Ignace), maître de concert de l'électeur de Bavière, à Munich, fondateur d'une école de violon vers la fin du dix-huitième siècle, a beaucoup voyagé avant de se fixer à la cour de Bavière. Depuis 1778, il a fait graver à Paris plusieurs symphonies à grand orchestre, et des concertos, quatuors et trios pour le violon. On regarde M. Gervais comme son meilleur élève.

FRAENZEL (F.), fils du précédent, d'abord violoniste à la chapelle de l'électeur de Bavière, s'est fait entendre en 1786 à Vienne, où il fut très-admiré. Aux leçons qu'il reçut de son père, il ajouta celles des maîtres de chapelle Richter et Pleyel. Outre l'opéra l'Aérostat, on connaît de lui plusieurs œuvres de quatuors pour le violon. L'œuvre onze a paru en 1805.

FRAGUIER (L'abbé Claude-François), membre de l'académie des belles-lettres, né à Paris le 28 août 1666, crut avoir trouvé, dans Platon, que les anciens avaient connu et pratiqué l'harmonie, c'est-à-dire notre contrepoint simple et figuré. M. Burette prouva qu'il n'était question que d'un concert de voix qui chantent à l'unisson ou à l'octave, comme dans le plain-chant. L'abbé Fragnier ne fut pas convaincu, et resta dans son sentiment. Il mourut d'apoplexie le 3 mai 1728.

FRAMERY (Nicolas Etienne), est né à Rouen en 1745. Sa première pièce de théâtre (Nanette et Lucas, ou la Paysanne curieuse) fut jouée, au Théâtre Italien en 1764. En 1775, il parodia, sur la musique de Sacchini, la Colonie, où brillèrent tour-à-tour mademoiselle Colombe et madame Dugazon. L'Olympiade, opéra héroïque, traduit de Métastase, fut joué en 1778. En 1783, M. Framery donna la Sorcière par hasard, dont il avait fait les paroles et la musique. L'Infante de Zamora et les Deux Comtesses furent jouées, à Versailles, devant toute la cour. Un concours ayant été établi pour les drames lyriques, M. Framery s'y présenta avec Médée, tragédie-opéra, qui eut le prix. Sacchini n'a pas eu le tems de mettre cette pièce en musique.

On doit à M. Framery la traduction du *Musico pratico* d'Azopardi, publiée en 1786. Il se proposait de traiter, avec M. Ginguené, la partie de la musique dans l'Encyclopédie Méthodique; mais il n'en a encore publié que le tome premier. En 1802, il a remporté un prix à l'Institut, sur cette question : Analysér les rapports qui existent entre la musique et la déclamation. Quelques années auparavant, il avait publié un écrit, intitulé : Avis aux poëtes lyriques, ou de la Nécessité du rhythme et de la césure dans les hymnes ou odes destinés à la musique.

M. Framery est mort le 26 novembre 1810. Il laisse en manuscrit plusieurs ouvrages sur la musique et les musiciens, entr'autres des notices détaillées sur Della-Maria, Gaviniés, etc. On dit qu'il a fait aussi la musique de la Médée, dont il a fait les paroles. Il était correspondant de l'Institut, et travaillait au Dictionnaire des Beaux-Arts, que la 4e. classe de l'Institut prépare en ce moment. Ce fut lui qui attira Sacchini en France, et qui contribua le plus à répandre parmi nous le goût de la bonne musique italienne.

FRANCESCHINI (G.), né à Naples, est connu par plusieurs de ses compositions pour le théâtre, et par six duos pour violon, op. 2, qu'il fit graver, à Amsterdam, en 1777.

FRANCESCHINI (Giov-B.), chanteur célèbre à la cour de Mantoue vers 1690.

FRANCESCO, dit Cieco, organiste aveugle, mort en 1390, est le plus ancien qu'on sache avoir excellé dans la musique instrumentale depuis l'invention de la gamme et du contrepoint. Voy. Hist. de Burney, t. II.

FRANCHI, s'est fait connaître, vers 1780, par différentes ariettes, qui eurent beaucoup de vogue.

FRANCISCELLO, le plus grand violoncelliste du commencement du dix-huitième siècle, vécut d'abord à Rome, d'où il se rendit, en 1725, à Naples, et peu de tems après, à Vienne, au service de l'Empereur. On y a gravé son portrait, où il est représenté jouant sur son instrument; mais sans nom. Il semble qu'il a demeuré à Gênes les dernières années de sa vie.

Quanz l'entendit à Naples. François Benda à Vienne, et Duport à Gênes; tous s'accordent à le reconnaître comme un maître inimitable sur son instrument. Geminiani raconte qu'il accompagna un jour, à Rome, une cantate avec violoncelle obligé, d'A. Scarlati, où ce grand maître tenait le forte-piano. Celui-ci fut tèllement extasié du jeu sublime et délicat de Franciscello, qu'il s'écria que c'était un ange caché sous les traits d'un mortel. On peut lire, dans les légendes, les détails intéressans du pélerinage que Duport fit à Gênes exprès pour l'entendre.

FRANCISCONI (Jean), virtuose de chambre du comte de Hessenstein, né à Naples, a fait graver à Amsterdam, en 1770, six quatuors pour le violon.

FRANCO, de Cologne selon les uns, de Paris, de Liège et même de Normandie selon d'autres, est auteur d'un manuscrit, conservé dans la bibliothèque Ambroisienne de Milan, intitulé *Ars cantûs mensurabilis*. Il paraît être l'inventeur de la mesure des tems dans la musique, invention qu'on avait attribuée mal-à-propos à Jean de Muris, plus moderne de deux siècles. Il était célèbre en 1066, et vivait encore en 1083. Voy. l'Introduction. L'*Ars cantûs mensurabilis*, imprimé, en treize chapitres, dans le tome III de l'ouvrage de M. Gerbert (*Scriptores ecclesiastici de musicâ sacrâ potissimum*) est bien plus complet que celui découvert par Burney, dans la bibliothèque Bodléienne d'Oxfort; qui n'a que six chapitres, suivant la description qui s'en trouve dans l'Histoire générale de la musique, t. II, p. 179. On lit dans un manuscrit du Vatican, intitulé: *Compendium Joannis de Muris*, un passage qui laisse voir que Muris ne prétendait pas lui-même à l'honneur d'avoir inventé la mesure. Voici ce passage : *Deinde Guido monacus qui com-*

positor erat gammalis qui mono-
chordum dicitur, voces lineis et
spatiis dividebat. Post hunc, ma-
gister Franco qui invenit in cantu
mensuram figurarum.

FRANCK (Michel), pöète couronné et collègue à l'école de Cobourg, né à Schleusingen le 16 mars,
1609, mort le 24 septembre 1667,
a publié à Cobourg, en 1657,
Geistlichen Harfenspiel, a. s. 30
vierstimmigen arien nebst general-
bass Voy. Walther.

FRANCK (Sébastien), frère aîné
du précédent, en dernier lieu magister et diacre à Schweinfurt, né
à Schleusingen le 18 janvier 1606,
mort le 12 avril 1668. Wetzel (*Lieder-*
historie), parle de lui comme d'un
musicien excellent, et assure qu'il
a été, dans cet art, l'élève du célèbre Théologue, Théophile Gross-
gebauer.

FRANCKE (Jean-Wolfgang),
médecin de Hambourg vers 1680,
était en même tems excellent compositeur. Il périt en Espagne, (où il
jouissait des bonnes grâces du Roi),
par la méchanceté des envieux. Il a
composé onze opéras, qui ont été
représentés à Hambourg, depuis
l'année 1679 jusqu'en 1686. Walther les cite, p. 253, sous le seul
nom de Frank. Il a encore publié
plusieurs autres compositions religieuses, entr'autres *Musikalische*
andachten.

FRANCŒUR (F.), surintendant
de la musique du Roi, naquit à Paris
le 22 septembre 1698. Dès sa jeunesse
il fut très lié avec Rebel : on ne les
connaissait tous deux que sous le
nom *des petits violons.* Voyez les
Confessions de J. J. Rousseau.

Francœur entra à l'orchestre de
l'Opéra en 1710. En 1736, Rebel et
lui furent nommés inspecteurs de ce
théâtre ; et, depuis 1751 jusqu'en
1767, ils furent chargés de sa direction. A l'âge de près de quatre-
vingts ans, Francœur eut le courage
de se faire tailler de la pierre, et il
fut parfaitement guéri. On a de lui
deux livres de sonates, composés
dans sa jeunesse. Il a fait, en société
avec Rebel, plusieurs opéras, entr'autres, Pyrame et Thisbé; Zélin-
dor; Scanderberg; Ismène, etc. Voy.
Laborde.

FRANCŒUR (Louis), premier
violon de l'Opéra, mort le 17 septembre 1745, fut surnommé *l'hon-*
nête homme. Il n'hérita de son père,
dit Laborde, que des sentimens qui
lui assurèrent un si beau nom.

FRANCŒUR (Louis-Joseph),
fils aîné de Louis Francœur, naquit
à Paris le 8 octobre 1738. Il fut élevé
par son oncle François Francœur,
qui le fit entrer à l'opéra, comme
violoniste, en 1752. En 1767, il fut
nommé maître de musique en premier de l'orchestre de l'Opéra, et
conserva ce titre jusqu'en 1779, où
il fut changé en celui de directeur
et chef de l'orchestre. Jamais, dit
Laborde, cet orchestre ne fut mieux
composé, et jamais la musique n'y a
été mieux exécutée.

En 1772, Francœur publia un
ouvrage, intitulé : Diapason de tous
les instrumens à vent, que les compositeurs devraient consulter. Il a
donné à l'Opéra, en 1776, l'acte
d'Ismène et Lindor, et a retouché
l'opéra d'Ajax, en 1770.

FRANCKENAU (Georges
FRANCK de), d'abord professeur et
docteur en médecine à Wittemberg,
puis conseiller de justice et premier
médecin à Copenhague, naquit à
Naumbourg le 3 mai 1644. En 1672,
il soutint, à Heidelberg, une thèse
(*De musicâ*), dans laquelle il dé-
montra que la musique pouvait être
utile aux médecins dans le traitement des malades. Cette thèse se
trouve parmi ses autres Dissertations de médecine, à la fin de ses
vingt satyres. Il est mort à Copenhague le 16 juin 1704. Voy. Walther.

FRANKLIN (Benjamin), né à
Boston le 17 janvier 1706. Ce grand
physicien, à qui les sciences naturelles ont tant d'obligations, s'est
encore acquis de nouveaux droits à
la reconnaissance des musiciens par
l'invention de l'Harmonica.

Franklin était assez musicien pour
jouer lui-même de son instrument.
Il est mort dans sa patrie en 1790.

FRANCUS (Wolfgang-Ammon),
a publié, vers 1580, un livre de
musique chorale. Adlung, dans
son ouvrage (*Musik. gelahrth*) n'en
donne pas d'autres renseignemens,
son exemplaire s'étant perdu par
incendie.

FRANGIPANI (Claude-Cornelius), Vénitien, est auteur d'un poëme dramatique, intitulé *Tragedia*, qu'on mit en musique, et qui fut joué devant Henri III, roi de France, lorsqu'il vint à Venise.

FRANZ (Charles), autrefois musicien de chambre du prince d'Esterhazy, le premier et presque le seul virtuose au bariton, instrument aussi difficile qu'agréable, naquit à Langenbielau en 1738. Son oncle, alors corniste et intendant de la maison du comte Zérotin à Falkenberg, chez qui il passa depuis sa neuvième jusqu'à sa dix-huitième année, lui enseigna la musique et l'économie rurale. A l'âge de vingt ans, il entra, pour le cor, au service de l'évêque d'Olmutz, où il parvint, par ses exercices et son zèle, à un tel degré de perfection, qu'il n'y avait aucun virtuose au cor qui eût pu rivaliser avec lui. Il excellait surtout à produire, par la main seule, les demi-tons avec une pureté étonnante et par une prestesse surprenante, autant *in crescendo* qu'*in decrescendo*. Après la mort de l'évêque, le prince d'Esterhazy l'appela à Vienne, et il resta pendant quatorze ans dans la chapelle de ce seigneur. Ce fut dans ce tems qu'il apprit à jouer du bariton, et qu'il y acquit cette habileté étonnante qui l'a rendu très-célèbre en Allemagne, dans la dernière moitié du dix-huitième siècle.

Le prince lui ayant refusé la permission de se marier, il quitta son service pour entrer dans celui du cardinal de Bathyani, à Preshourg. Il ne quitta le cardinal qu'au bout de huit ans, lorsque, à l'avènement de l'Empereur Joseph II, le cardinal fut obligé de renvoyer sa musique. Franz se rendit ensuite à Vienne, et y demeura pendant deux ans. Dans cet intervalle, il y a donné douze concertos de bariton, qui furent très-applaudis.

Depuis 1786 jusqu'en 1788, il voyagea en Allemagne pour y chercher une place convenable, et il était alors résolu de voir aussi la France, l'Angleterre, la Hollande et la Russie.

Le bariton de Franz ressemble, au reste, à l'instrument de Lidl, à la seule exception que celui de Franz

est monté, de seize cordes d'archal au-dessous du col, et de sept cordes de boyaux au dessus. Tous ceux qui ont entendu cet instrument, s'accordent à lui attribuer un effet doucement mélancolique. Le morceau dans lequel Franz déployait le plus ses talens et charmait ses auditeurs, était une cantate que le grand Jos. Haydn avait composée expressément pour le bariton, sous le titre : Complainte de l'Allemagne à la mort du grand Frédéric. Le texte de cette cantate, que Franz chantait en même tems d'une manière très-agréable, se trouve dans la gazette de Bossler, année 1788, p. 47.

FRANZ, Allemand de naissance, élève de Concialini, excellente basse-contre et musicien du roi de Prusse, jouissait, en 1790, d'une faveur qui le mettait en butte à la jalousie des Italiens. En 1788, il chanta, devant la cour, la partie de la basse-contre dans l'oratorio la Mort de Jésus, par Graun.

FRASI (Miss), cantatrice agréable, élève du doct. Burney, jouissait de beaucoup de réputation, à Londres, vers 1748, époque où Hændel y donna ses oratorios, dont elle chantait les premières parties.

FRAUENLOB (Henri), mort à Mayence en 1317, rétablit les anciennes ballades. Les dames de sa patrie, pour témoigner leur reconnaissance des vers et des poëmes qu'il avait faits à la louange du beau sexe, l'accompagnèrent à la tombe, y portèrent elles-mêmes son corps, et versèrent une quantité de vin sur son tombeau. Son épitaphe existe encore dans la cathédrale de cette ville.

FREDDI, un des meilleurs violonistes de l'école de Tartini, vivait à Rome vers 1768.

FRÉDÉRIC II, roi de Prusse, en dirigeant lui-même tous les détails d'un grand royaume, trouvait le tems de jouer tous les jours de la flûte pour se désennuyer, et composa un menuet dans sa tente, après avoir perdu la bataille de Collin. Le goût de ce prince pour la musique avait cela de remarquable, qu'il s'était formé et développé malgré la défense de son père. Si Frédéric-

Guillaume eût découvert qu'on avait méprisé ses ordres, les virtuoses qui auraient été complices de la désobéissance auraient été pendus. Le prince prenait le prétexte d'une chasse pour faire de la musique, et c'était quelquefois dans une caverne ou au fond d'un bois qu'il établissait ses concerts.

Frédéric II, qui ne pouvait pas souffrir la poésie de ses compatriotes, n'aimait guère que leur musique. Ses deux auteurs favoris étaient Graun, pour la musique vocale, et Quanz pour celle de flûte. Ce Quanz avait été son maître pour cet instrument, et l'élève-roi en jouait aussi bien que le professeur.

La musique de Berlin était plus véritablement allemande que celle d'aucune partie de l'Allemagne; car on n'exécutait que les opéras de Graun, d'Agricola et de Hasse, et encore très-peu du dernier, quoique supérieur aux deux autres, sans doute parce qu'il avait le malheur d'être trop Italien dans sa manière.

Les virtuoses de Frédéric II étaient soumis à une discipline aussi sévère que celle de ses soldats. Voilà pourquoi la musique a été stationnaire dans ce pays pendant tout le règne de ce prince. *Vous croyez*, disait à un Français le célèbre organiste Sébastien Bach, *vous croyez que le Roi aime la musique ; non, il n'aime que la flûte ; et encore si vous croyez qu'il aime la flûte, vous vous trompez, car il n'aime que sa flûte.* V. Encycl. mus,. t. I. Le passage que nous allons rapporter, d'après le docteur Burney, confirmera ce jugement. Frédéric, après avoir, pendant quarante ans, affectionné la musique, au point d'y avoir consacré quatre heures par jour, devint, pendant les dernières années de sa vie, entièrement indifférent à le bel art. Ayant perdu quelques-unes de ses dents de devant, non-seulement il discontinua de jouer de la flûte, mais il fit cesser ses concerts; preuve que la plus grande satisfaction que S. M. avait montré pour la musique dérivait de la complaisance qu'elle prenait dans sa propre exécution.

FRÉDÉRIC III, Electeur de Saxe, appelé le *Sage*, était à la fois grand amateur de musique, et virtuose fort habile. Il était de tous les princes de l'Empire celui qui avait les meilleurs virtuoses et chanteurs. Il mourut en 1525, âgé de soixante-douze ans.

FRÉDÉRIC-GUILLAUME II, roi de Prusse, né le 25 septembre 1744, et mort en 1795.

Immédiatement après son avènement, il réunit sa chapelle particulière à celle de son prédécesseur, en accordant aux plus anciens membres de cette dernière, des pensions considérables. Il parvint, par ce moyen, à porter sa chapelle à un tel degré de perfection, qu'elle fut regardée comme une des meilleure et des plus complètes de toute l'Europe. Parmi les virtuoses qui, par leurs talens, contribuèrent à la rendre brillante, nous ne citons ici que Reichard, Duport, Vachon, Palsa et Thurschmidt. Frédéric-Guillaume montra, en même tems, une rare générosité et une munificence vraiment royale envers les virtuoses étrangers, qui venaient se faire entendre à Berlin. Le maître de chappelle Naumann, de Dresde, ayant donné à Berlin, dans l'hiver de 1788, avec l'agrément de sa cour, son nouvel opéra *Medea*, avec le second acte de l'opéra *Protesilao*, le roi lui témoigna sa satisfaction, lors de son départ, en lui faisant présent d'une boîte garnie de diamans, et remplie de quatre cents Frédérics d'or (environ huit mille francs).

Mais ce qui lui donne principalement le droit d'être cité dans cet ouvrage, c'est la grande habileté, et le goût exquis, qu'il montrait en jouant du violoncelle, et les sons agréables qu'il savait tirer de cet instrument. Charles Stamitz assure que son exécution de l'adagio, était digne d'un maître, et digne du précepteur qui lui en donna des leçons. Nous ignorons qui lui enseigna les premiers élémens; mais, en 1773, il prit le célèbre Duport pour maître sur cet instrument, et y fit les progrès les plus surprenans. Il avait l'habitude d'accompagner lui-même aux concerts qu'il faisait exécuter dans sa chambre.

FRÈDERIC, margrave de Brandebourg-Culmbach, dernier, rejeton de sa maison, mort en 1761; était un amateur des plus passionnés de musique. Non-seulement il avait une chapelle des mieux composées en chanteurs, cantatrices et en virtuoses, mais il était lui-même compositeur et virtuose sur la flûte, sous la direction du célèbre Dobbert. On a un concerto de guitarre, de sa composition, encore en manuscrit. Peu d'années avant sa mort, il fonda à Bayreuth une académie de musique, dans laquelle il ne se réservait aucune prérogative sur les autres membres.

FREDI (LAURA), cantatrice célèbre à la cour de Mantoue vers 1700.

FREHER (PAUL), médecin à Nuremberg, né dans cette ville en 1611, mort en 1682, a écrit un ouvrage, sous le titre *Theatrum virorum eruditione clarorum*, que son neveu Charles Joach. Freher a publié en 1688. L'on trouve dans cet ouvrage les portraits et des notices biographiques sur beaucoup de savans et même de musiciens, tels qu'Orlandus Lassus, Philippe de Monte, etc.

FREIGIUS (JEAN-THOMAS), docteur en droit, en 1576, fut appelé à Altorff en qualité de recteur, et y mourut le 16 janvier 1583. Son *Pædagogium*, qu'il avait composé pour ses deux fils, et qui fut imprimé à Bâle en 1582, contient aussi, depuis la page 157 jusqu'à 218, une courte instruction de musique, en forme de questions et de réponses.

FREISLEBEN, musicien allemand à Paris, y a fait graver, vers 1784, six duos pour flûte.

FREISLICH (JEAN-BALTHASAR-CHRÉTIEN), vint, en 1720, à Sondershausen, où il lutta avec Stœlzel pour obtenir la place de maître de chapelle. Les protecteurs qu'il sut se faire l'emportèrent sur le mérite, il obtint la place, et Stœlzel se rendit à Gotha, où on le reçut avec empressement. Les compositions de Freislich n'étaient cependant pas sans mérite, elles se distinguaient par quelque chose de particulier et d'agréable, et par des inventions neuves. Voy. Adlung, *Musik. gelahrtheit.*

Le prince fut si content de ses talens, qu'il l'envoya à Dresde pour y prendre, chez le célèbre Hebenstreit, des leçons de pantalon. Freislich y resta une année entière; au bout de ce tems, il revint, apportant avec lui son instrument, et s'y fit entendre peu de tems après par un seul morceau, l'unique fruit de ses études d'une année entière. Le prince en fut cependant content, parce qu'il le jouait fort bien, et qu'il fit connaître toute l'harmonie et toute la force de cet instrument.

En 1731, il fut appelé à Dantzick comme chanteur et directeur à l'orchestre de l'Opéra de cette ville, à la place de son oncle paternel. Il y vivait encore en 1757.

Il a écrit beaucoup, tant pour la chambre que pour l'église; mais on ne connaît qu'une seule de ses compositions (un trio pour le clavecin) qui fut imprimée.

FREISLICH (MAXIMILIEN-THÉODORE), maître de chapelle à Dantzick, né à Immelborn, dans le pays de Meinungen, le 7 février 1673, mourut à Dantzick le 10 avril 1731. On le compte parmi les bons compositeurs de ce tems.

FREUDENTHALER (GUILLAUME), natif de Heilbron, dans le royaume de Wurtemberg, facteur de pianos, est très renommé pour la solidité de cet instrument, pour la simplification de la mécanique, et pour la qualité du son. Ses pianos à queue lui ont mérité les suffrages des artistes de la capitale et de l'étranger.

FRENEUSE (JEAN-LAURENT LECERF DE LA VIEUVILLE de), né à Rouen en 1674, prit, en 1702, la défense de la musique française contre l'abbé Raguenet, et écrivit une brochure (Comparaison de la musique française et de la musique italienne), pour réfuter le parallèle de ce dernier. L'abbé Raguenet ayant défendu encore son opinion, Freneuse lui répondit une seconde fois avec beaucoup de chaleur, et soutint que la musique italienne était dénuée de tout agrément et de tout mérite. Ce dernier traité a pour titre: L'Art de décrier ce qu'on n'entend point. Il mourut garde-des sceaux du par

16.

lemcût de Normandie, le 10 novembre 1707.

FRESCHI (JEAN), a publié, en 1535, *Rerum musicalium opusculum*. Debure, dans sa Bibliographie instructive, dit que c'est un livre fort ingénieux. V. Laborde.

FRESCOBALDI (GIROLAMO), organiste à l'église de Saint-Pierre à Rome, né à Ferrare vers 1601, fut regardé comme le meilleur organiste et comme un des meilleurs compositeurs de son tems. Il fut le premier, parmi les Italiens, qui joua dans la manière des fugues. Parmi le nombre d'excellens élèves qu'il forma, nous citerons Froberger, que l'empereur Ferdinand III lui adressa pour l'instruire, et qui, dans la suite, réalisa parfaitement toutes les espérances que son maître avait fait concevoir de lui. Laurent Penna appelle Frescobaldi *Il maestro de suoi tempi*.

M. E.-L. Gerber prétend que Barthélemi Grassi, un de ses élèves, publia en 1628, à Rome, le premier des ouvrages de Frescobaldi, sous le titre : *Il primo libro delle canzone a uno, due, tre et quatro voci*. Le docteur Burney, mieux informé, dit que le premier ouvrage de Frescobaldi parut à Rome, en 1615, sous le titre *Ricercari e canzoni Francese fatte sopra diversi oblighi in partitura*. Les *Tocate per cembalo*, du même auteur, furent publiées à Rome en 1637. Selon Della-Valle, Frescobaldi vivait encore en 1641. Il était élève de Milleville, lequel florissait en 1600.

Dès sa plus tendre enfance, il s'était rendu tellement célèbre par son exécution dans le chant, que les premières villes de l'Italie se disputaient l'avantage de posséder ce jeune chanteur; on porta même l'enthousiasme jusqu'à le suivre dans ses voyages d'une ville à l'autre, pour jouir plus long-tems du plaisir de l'entendre.

FREUND (CORNEILLE), né à Borna, compositeur et chanteur à Zwickan, mort en 1591, est compté parmi les premiers compositeurs de musique chorale de l'Allemagne.

FREZZA (GIOV.), de Treviso, est auteur d'une pièce donnée à Venise en 1692, intitulée : *La Fede creduta tradimento*. On a de lui des canons d'un travail admirable.

FRIBERTH (CHARLES), maître de chapelle à Vienne, y a publié en 1780, en société avec Leop. Hoffmann : Recueil de chansons allemandes pour le clavecin.

FRIBERTH (JOSEPH de), maître de chapelle de l'évêque de Passau, a composé, vers 1780, plusieurs opéras, savoir : 1°. le Sort des Dieux; 2°. les Effets de la Nature, 3°. Adelstan et Rosette; 4° la Petite Glaneuse.

FRICK (G.), habile corniste, fit graver, en 1769, à Paris, quatre quatuors pour son instrument.

FRICK (JEAN - ADAM), directeur de l'orchestre du magistrat de Hambourg en 1740. Matheson, dans son *Ehrenpforte*, l'appele un fort bon compositeur.

FRICK (PHILIPPE-JOSEPH), ci-devant organiste à la cour du margrave de Bade-Bade, le premier virtuose allemand sur l'harmonica, est né à Willanzheim, près Wurzbourg, le 27 mai 1740, et vivait, en 1790, à Londres.

En 1769, il voyagea en Allemagne avec un harmonica, qu'il avait construit lui-même dans la manière de Franklin, et s'y fit entendre avec beaucoup de succès. Il fit alors des essais pour découvrir une matière semblable à la peau humaine, afin de rendre cet instrument plus commode pour les amateurs; à l'aide d'un clavier ; mais on n'a rien appris du résultat de ses recherches. Depuis 1786, il avait abandonné l'harmonica, à cause de l'effet nuisible qu'il produisait sur les nerfs.

Outre son ouvrage connu (*Auweichungs Tabellen für klavier und Orgelspieler*, dont la première partie parut à Vienne en 1772, en sept feuilles in-fol., le conseiller Meusel, dans son Lexicon des artistes, en cite un autre sur la basse continue, qu'il dit avoir été publié en 1786, et dont il parle très avantageusement.

FRIDERICI (CHRÉTIEN-ERNEST), un des plus célèbres constructeurs d'orgues et fabricans de clavecins, né à Merane en 1712, mort à Géra en 1779. Pendant qu'il habitait ee dernier endroit, il a construit cinquante orgues; parmi lesquels on regarde celui de Chemnitz, comme le meilleur. Ses clavecins et ses forte-pianos en forme de clavecins, auxquels il a donné le nom de *Fortbien*, étaient fort estimés. Il a fait imprimer, en 1770, un avis sur sa découverte d'une manière de produire des ondulations sur le clavecin.

FRIDZERI (ALEXANDRE-MARIE-ANTOINE FRIXER, dit), est né à Vérone le 16 janvier 1741. A l'âge d'un an, il perdit la vue; et ce premier revers indiqua qu'il devait s'attendre à une carrière traversée par le malheur. A huit ans, il fabriqua des instrumens enfantins, sur lesquels il fit preuve de son aptitude pour la musique. Il n'eut qu'environ neuf mois de leçons de violon, données par cinq maîtres différens. A onze ans, il fit lui-même sa première mandoline, sur laquelle il apprit seul. Il apprit seul aussi, depuis, la flûte, la viole d'amour, l'orgue, le cor et autres instrumens. Pour toute leçons de composition, il n'a reçu dans toute sa vie qu'environ trois quarts d'heure de conseils et de corrections sur un œuvre de sonates fort difficiles qu'il avait composé dans l'âge où l'on ne doute de rien. A vingt ans, il était musicien, architecte et poète; mais il cultiva la musique de préférence. Pendant trois ans, il toucha l'orgue de la Vierge *del monte Berico* de Vicence, ville où il fut élevé. A vingt-quatre ans, il quitta la maison paternelle, avec un jeune homme aussi étourdi que lui. Les concertos de Tartini, et quelques morceaux de Ferrari et de Pugnani, composaient alors son répertoire. Il y ajouta quelques essais de sa composition. Novare fut la première ville où se fixèrent ses pas vagabonds. Il eut partout des succès, tant sur le violon que sur la mandoline. Il surprenait tout le monde par la facilité et la précision avec lesquelles il improvisait l'accompagnement d'une sonate quelconque, et quelque fût le talent qui l'exécutât. Ce qui surprenait encore davantage, c'était sa promptitude à retenir un morceau, quelque grand qu'il fût. Il lui a suffi souvent d'en-

tendre une fois un concerto de Viotti pour l'exécuter exactement sur son violon.

Arrivé à Paris, il se fit entendre au Concert Spirituel, où il débuta avec succès, par un concerto de Gaviniés. Après deux ans de séjour dans cette ville, il parcourut le nord de la France, la Belgique et la lisière de l'Allemagne qui borde le Rhin. Il resta dix-huit mois à Strasbourg. Il y composa deux opéras en trois actes, dont un lui avait été confié par un poëte qui agit mal envers lui. En 1771, il revint à Paris, où il fit graver six quatuors pour le violon, et six sonates pour la mandoline. Après avoir donné l'opéra des deux Miliciens, qui eut du succès, il voyagea dans le midi de la France, et fut partout accueilli avec distinction. De retour à Paris, il imagina un bureau typographique, dont il construisit lui-même le modèle, et sur lequel il composa presqu'en entier ses Souliers mordorés, qui furent joués avec succès, et dont les représentations furent néanmoins suspendues après la douzième. Ennuyé des tracasseries de coulisses, il suivit en Bretagne le comte de Châteaugiron. Il resta douze ans avec lui. Cette retraite fut adoucie par deux voyages à Paris. Il donna l'opéra de Lucette, qui valait vingt fois les Souliers mordorés et les deux Miliciens, et que la cabale fit tomber.

Avant de retourner en Bretagne, il fit graver deux concertos pour le violon. La révolution survint, et il se détermina à reprendre ses voyages. Il resta à Nantes, où il forma une académie philarmonique. Mais, il 1794, il fut forcé de se réfugier à Paris. Le Lycée des Arts le reçut au nombre de ses membres. Non-seulement il y joua des concertos de violon et des morceaux concertans sur la mandoline, mais encore il y fit chanter la petite Mayer, âgée de onze ans, à laquelle il avait donné cinq mois de leçons. Il forma encore une société philarmonique qu'il plaça d'abord au palais du Tribunat, et ensuite à l'ancien magasin de l'Opéra, rue Saint-Nicaise. C'est de là, comme il le dit lui-même, *qu'il a sauté jusqu'à Anvers, par l'explosion de la*

machine infernale du 3 nivôse
an 9

Pendant son séjour à Paris,
M. Fridzeri a publié un œuvre de
duos pour deux violons concertans;
une symphonie concertante pour
deux violons, alto et orchestre;
deux cahiers de six romances, avec
accompagnement de piano; une
scène tirée de son opéra des Ther-
mopyles; et enfin un deuxième livre
de quatuors, dédié à nos petits ne-
veux, non qu'il eût la prétention
d'envoyer son ouvrage à la postérité, mais parce qu'il ne croyait
pas si près de nous le génie qui
nous a ramené le tems et le loisir
de faire paisiblement de la musique.

Depuis que cet artiste habite la
Belgique, il s'est fait, comme beaucoup d'autres, marchand de musique et d'instrumens.

Ses deux filles, ses élèves, réunissent plusieurs talens : elles sont
grandes musiciennes, et l'aînée surtout joue admirablement sur le violon les concertos de Viotti.

FRIEDRICK (IGNACE), de
Friedenberg, bénédictin ; excellent violoniste et violoncelliste à
Prague, y naquit en 1719. Il fut
élève du célèbre Stamitz, et parvint, par ses leçons, sur son instrument favori, le violoncelle, à
un tel degré de perfection, qu'il
était en état d'exécuter, avec la
plus grande aisance, les concertos
les plus difficiles. Ses talens lui
valurent l'honneur que Frédéric II, lors de son séjour à Wald-
stadt, en Bohême, l'invita de venir chez lui, et l'écouta avec plaisir. Il a écrit beaucoup de pièces
et de concertos pour son instrument. Dans un âge avancé l'instruction de la jeunesse dans la musique
vocale et le violon, fut encore
son occupation favorite. Il mourut
à Prague, en 1788, âgé de soixante-
neuf ans.

FRIKER (MAG.-JEAN-LOUIS),
ci-devant ministre dans le pays de
Wurtemberg ; il a inventé une
théorie de musique basée sur des
principes d'arithmétique, qu'il opposa à celle d'Euler ; il la prit ensuite pour la base d'un système
de méthaphysique, dont Œttein-
ger, dans son ouvrage : *Irrdischen*

und himmlischen philosophie, t. 2,
p. 256 et suiv., a conservé l'esquisse. Friker eut le défaut de se
perdre dans des idées fantastiques,
comme tous ceux qui cherchent
dans la physique les principes d'un
art fondé sur l'organisation humaine.

FRISCHMUTH (JEAN - CHRÉ-
TIEN), maître de musique au théâtre national de Berlin depuis 1787,
est né à Schwabhausen dans le
pays de Gotha en 1741. Il fut d'a-
bord musicien et acteur à différentes troupes; resta ensuite quelque tems à Gotha, et vint, en
1785, à Berlin comme directeur de
musique au théâtre de Dublin.

Il a été gravé de sa composition,
à Amsterdam, trois sonates pour
le clavecin, et six duos pour violon.
Pour le théâtre, il avait composé,
jusqu'en 1790, 1°. l'Empire de la
mode ; 2° la Femme malade ;
3° Clarisse ; trois opéras, dont
aucun n'a été imprimé!

FRISCHMUTH (LÉONARD),
claveciniste à Amsterdam en 1762,
y a publié successivement, 1° deux
petits recueils de pièces pour le
clavecin ; 2° six trios pour le clavecin avec flûte; 3° trois concertos
de Tartini, arrangés pour le clavecin, et autres ouvrages de lui
peu estimé.

FRISIANI (JEAN), chanteur
célèbre de Milan, vers 1690.

FRITSCH, musicien de Leipsick,
vers 1760, s'est fait connaître par
diverses pièces pour orchestre, et
par des solos et des trios pour le
clavecin.

FRITZ (BERTHOLD), célèbre fabricant d'instrumens, et mécanicien de Brunswick, né en 1697,
mort le 17 juillet 1766, âgé de
soixante - dix ans, était fils d'un
meunier de campagne; destiné au
métier de son père, il ne reçut
aucune instruction, et cependant
il parvint, par son génie seul, à
construire plusieurs positifs d'orgues, et une grande quantité de
forté-pianos, en partie à plumes,
et en partie à marteaux. Il construisit outre cela, plus de cinq
cents clavecins, dont une partie
a été envoyée en Russie et jusqu'à
Archangel. Ils se distinguent tous

par une force extraordinaire dans la basse. Il s'est encore rendu célèbre comme mécanicien par plusieurs horloges à musique, par des oiseaux à chant, des métiers à tisser, et par un moulin à vent horizontal, dont il est l'inventeur.

A tous ces mérites, il a joint encore celui d'être l'auteur d'un Traité fort estimé par les musiciens, qu'il fit publier à Leipsick, en 1757, sous le titre : *Anweisung, wie man Klaviere, clavecins und orgeln nach einer mechanischen art in allen zwœlf tœnen gleich rein stimmen kœnne* (Instruction pour accorder les forté-pianos, les clavecins et les orgues par une méthode purement mécanique, avec la même pureté par tous les douze tons). Ce traité eut, en 1758, une seconde édition ; il y laisse aux mathématiciens leurs calculs sur le tempérament, et assigne à une bonne ouie un cercle de quintes et d'octaves, qui suffit pour accorder les instrumens avec la pureté la plus parfaite.

FRITZ (GASPARD), violoniste excellent, et fort bon compositeur pour son instrument, vivait encore en 1770 à Genève, où il demeurait depuis trente ans. Il avait alors soixante-dix ans, mais il jouait encore avec le feu et l'ardeur d'un jeune homme de vingt-cinq ans. Il avait étudié dans sa jeunesse à Turin chez Semis ; et Burney assure que son coup d'archet, et son expression étaient encore admirables. Il se proposait alors de publier six symphonies.

Outre cet ouvrage, le sixième qu'il publia, il a été gravé, à Amsterdam, six duos pour violons, et six quatuors, et quelques œuvres de sonates.

FROBERGER (JEAN-JACQUES), né à Halle, en Saxe, vers l'an 1635, fut envoyé par l'empereur Ferdinand III, à Rome pour y prendre des leçon du célèbre Frescobaldi. Lors de son retour en 1655, ce prince le nomma organiste de la cour. Il fut en Allemagne le premier qui, de ce tems, composa pour le clavecin avec goût. En retournant de Rome à Vienne, il passa par Paris, et adopta, pour le clavecin, la manière et le goût que Galot et Gauthier, alors beaucoup en vogue, avaient établis sur le luth. Quelque tems après, il fit un voyage à Dresde, où, entr'autre choses, il exécuta devant l'électeur Jean Georges II, six *toccates*, huit *capricci*, deux *ricercati* et deux *suites*, qu'il avait transcrit lui-même dans un livre élégamment relié, dont il fit ensuite hommage à l'électeur ; ce prince lui fit en retour présent d'une chaîne d'or de prix, le traita magnifiquement, et lui remit à son départ une lettre pour l'Empereur.

En 1662, Froberger se rendit en Angleterre ; dans son voyage, il eut le malheur, en traversant en France, de tomber dans une bande de brigands, et d'être capturé ensuite sur la mer par des pirates, de sorte qu'il ne put sauver que quelques ducats, qui se trouvaient cachés dans ses habits. Lors de son arrivée à Londres, il n'avait d'autre vêtement qu'un misérable habit de matelot, et ce fut avec cet accoutrement qu'il se présenta à l'organiste de la cour de Londres, auquel il offrit ses services comme souffleur. Il exerça ce métier pendant quelque tems, tant à l'église qu'à la table, à la satisfaction de son maître. Mais à l'occasion du mariage de Charles II avec la princesse Catherine de Portugal, son attention s'étant portée plutôt sur la pompe qui l'environnait, que sur ses soufflets, il les leva un peu plus haut qu'il ne fallait ; l'organiste lui en fit des reproches, et le maltraita même d'une manière plus réelle encore. Froberger souffrit tout avec patience, mais il saisit le moment où les musiciens de la chapelle s'étaient retirés dans un cabinet voisin, et exécuta alors quelques dissonances au positif, qu'il résolut après de la manière la plus agréable et la plus habile. Une des dames de la table du roi, qui, à Vienne, avait été son élève, le reconnut à la manière avec laquelle il venait d'exécuter sa résolution. Elle l'appella à l'instant, et le présenta au Roi, qui fit apporter à côté de lui un clavecin, sur lequel Froberger charma toute la société.

Quelque tems après, il retourna à Vienne, comblé d'honneurs et de présens; mais tout avait changé pendant son absence, de manière qu'il se vit obligé au bout de peu de tems de se retirer à Mayence, pour éviter les effets de la disgrâce de l'Empereur. Il y mourut célibataire à l'âge de soixante ans.

Outre les deux ouvrages imprimés, cités par Walther, on connaît encore de sa composition, un ouvrage en quatre parties, et un manuscrit, dans lequel il a cherché à peindre en musique les évènemens de ses voyages. Matheson était le possesseur de cet ouvrage, et en parle dans son *Ehrenpforte*.

FRŒLICH (GEORGES), échevin d'Ausbourg, a écrit une petite Dissertation, *vom Preiss, lob und nutzbarkeit* (De la valeur, de la louange et de l'utilité de l'art charmant de la musique), qui a été insérée en 1728 dans le troisième cahier du premier volume de : *Beyschlag sylloge variorum opusculorum* qui parut alors à Halle en Souabe.

FROMM (ANDRÉ), mag. professeur et musicien à l'école normale de Stettin, y fit imprimer, en 1649, un acte de musique: *De divite et Lazaro*, à quatorze voix, en deux chœurs, et quelque tems après un dialogue pastoral à dix voix. Voyez Walther.

FRONDUTI (J. B.), de Gubbio, a donné, en 1709, à Turin, un opéra intitulé : *Impegna degli Dei per le glorie d'Enea*.

FROSCHIUS (JEAN), docteur en théologie, et prieur des Carmes à Ausbourg, a écrit, en 1535, *Opusculum rerum musicalium*, qui est parfaitement bien imprimé. V. Hawkins

FRUH (G. GOTTLIEB), organiste à l'église principale de Saint-Blaise, à Mulhausen, né dans la même ville, a fait imprimer, en 1783, trois sonates faciles pour le clavecin. On a en outre de lui quelques concertos et sonates pour harpe, ainsi que quelques préludes de musique simple pour l'orgue, tous en manuscrit.

FRUGONI (L'abbé CHARLES-INNOCENT), génois, mort, en 1770, à Parme, fut l'un des meilleurs poëte lyriques de sa nation. Il traduisit en italien l'opéra de Castor et Pollux, et imita Phèdre de Racine. Traetta mit en musique les deux pièces de Frugoni, qui furent représentées à Parme.

FUCHS (GEORGES-FREDÉRIC), né vers 1770, a composé un grand nombre de symphonies et de quatuors, où l'on reconnaît beaucoup de talent. Il se dit élève de Haydn; mais les seuls élèves qu'avouait Haydn, sont MM. Pleyel, Neukomm et Léssel.

FUCRALDUS, écrivain du douzième siècle, a laissé un ouvrage sur la musique, en manuscrit.

FUGGER, organiste célèbre de Nuremberg, vers 1593.

FUGER (G.-F.), fils d'un prédicant de Heilbronn, établi à Tubingue, a fait graver à Zurich, en 1783, un ouvrage sous le titre : *Characteristiche klavier stücke*. Cette collection renferme les douze morceaux caractéristiques suivans, savoir : 1° pétulance; 2° vivacité; 3° gaieté; 4° sérénité; 5° joie et réjouissance; 6° Tendresse; 7° desir; 8° orgueil et audace; 9° mélancolie et inquiétude; 10° rage et fureur; 11° peine et menace; 12° caresse et flattetie.

FUMAGALI (ANTONIO), habile violoniste de Milan, vers 1780.

FUMAGALLO (CATARINA), cantatrice célèbre, vers 1750.

FUNCCIUS (FR.), chanteur à l'école de Saint-Jean à Lunebourg, en 1664, musicien et compositeur distingué de son tems.

FUNK (CHRISTLIEB - BENOIT), magister et professeur de physique à l'université de Leipsick depuis 1773, né à Hartenstein, dans le pays de Schœnbourg, le 5 juillet 1736, a écrit une dissertation latine : *De sono et tono*, dont il a été donné, au magasin de la physique des mathématiques et de l'économie, de Leipsick, année 1781 et 1782, une bonne traduction allemande sous le titre, *Versuch über*

die Lehre vom Schall und Ton.
Il est mort à Leipsick, le 10 avril
1786.

FUNK (Davib), d'abord
chanteur à Reichenbach, né au
même endroit, musicien excellent
et virtuose sur le violon, la *viola
da gamba*, l'angélique, le clavecin et la guitare, était un génie
qui embrassait tout. Il étudia d'a-
bord la jurisprudence et il y acquit
des connaissances peu communes.
Il fut en outre bel esprit et poëte,
et on le compta parmi les bons ver-
sificateurs de l'Allemagne. Comme
musicien, il excella non-seulement
sur les instrumens que nous venons
d'indiquer, mais il se signala aussi
comme compositeur, dans plusieurs
styles, tant pour l'église que pour
la chambre, et le public accueillit
favorablement ses compositions ;
mais tous ces talens étaient ternis
par la débauche, à laquelle il était
tellement adonné, même dans un
âge avancé, qu'elle devint la cause
de sa ruine.

L'on ignore comment il parvint
au degré d'habileté qui l'a rendu si
célèbre en Allemagne. Ce ne fut
qu'en 1670 qu'il se fit connaître,
comme compositeur, par un ouvrage
pour la *viola da gamba*. On ne
sait pas si, à cette époque, il était
déjà secrétaire de la princesse de
l'Ostfrise, et s'il était déjà chanteur
à Reichenbach. Ce qu'il y a de certain, c'est qu'il suivit la princesse en
Italie, et qu'il y resta pendant sept
ans consécutifs.

Cette princesse étant morte en
Italie en 1689, Funk revint dans
sa patrie, déjà âgé de soixante ans.
N'ayant aucuns moyens d'existence,
il fut d'abord obligé de gagner sa
vie, en donnant des leçons de clavecin aux enfans de quelques négocians, jusqu'à ce qu'il obtint à
la fin la place d'organiste et de précepteur à l'école des filles à Wohnsiedel. Il y resta à peine un an,
et son penchant malheureux pour la
débauche lui fit encore perdre cette
dernière ressource. La conduite scan-
daleuse qu'il avait tenue envers ses
élèves, l'obligea de s'enfuir pendant
la nuit, pour échapper à la vengeance des parens.

Dans sa fuite, il arriva, au milieu de la neige, à la porte du

château de Schleitz. Le mauvais état
de ses vêtemens fit que le faction-
naire lui refusa l'entrée. Un hasard
heureux ayant amené au même moment le maître de chapelle Liebich,
qui connaissait son mérite, il s'a-
dressa à lui. lui témoignant qu'il
desirait avoir l'honneur de se faire
entendre à table devant le seigneur
de l'endroit, ce qui lui fut accordé
sur-le-champ.

Le Comte, avant de l'avoir entendu, dit, à cette occasion, à son
organiste Crœhmer : *Il faut montrer aujourd'hui tout votre savoir,
il y a un musicien qui veut se
faire entendre, et je desire qu'il
voie que j'ai aussi des gens habiles.*
L'organiste, qui jouait le premier,
ayant terminé, Funk, après avoir
exécuté quelques passages insigni-
fians, s'interrompit tout à coup,
s'appuyant des deux bras sur le
clavecin. Lorsqu'on lui demanda ce
que cela signifiait, il répondit que
M. Crhœmer avait joué trop bien,
et que pour se faire entendre après
lui, avec quelqu'avantage, il fallait d'abord gâter un peu l'ouïe de
ses auditeurs. Il recommença alors,
et déploya tant de talens qu'il étonna
et enchanta tous les auditeurs, quoiqu'il n'eût plus un seul doigt que
la goutte n'eût à moitié paralysé.
Le Comte, pour lui témoigner sa
satisfaction, le fit habiller à neuf,
et le garda pendant trois mois à
sa cour. Il l'aurait retenu plus long-
tems encore, si les lettres de réqui-
sition de Wohnsiedel, qui récla-
maient l'extradition du fugitif,
ne l'eussent obligé à la fin de le renvoyer secrètement, en lui fournissant des fonds pour faire le voyage.
Funk, une seconde fois errant,
fut trouvé mort, quelques jours
après, derrière une haie, près
d'Arnstadt, dans la principauté de
Schwarzbourg.

Parmi ses compositions pour l'é-
glise et pour la musique instrumentale, il y en a surtout une qui
jouit de beaucoup de réputation.
C'est un *drama passionale*, dont
il avait fait le poëme. Ce qu'il y
a de plus remarquable, est un chœur
de Juifs, où il a imité la manière
de chanter de cette nation, avec
une vérité telle, que l'auditeur se
croit au milieu d'une synagogue.

FURNALETTI, savant contra-puntiste de Venise, vers 1770. V. Burney.

FUSS a donné, en 1770, trois pièces pour harpe avec violon et basse, en manuscrit.

FUX (Joseph), maître de cha-pelle de l'Empereur d'Allemagne Charles VI, eut, dans son tems, la réputation d'un habile compositeur, quoiqu'aujourd'hui peu de ses ou-vrages soient connus Son nom s'est conservé jusqu'à nous par un ou-vrage didactique, qu'il publia en 1725, sous le titre *Gradus ad Par-nassum*. C'est un espèce de rudi-ment de composition, estimable à quelques égards, mais défectueux sous bien des rapports. L'auteur y enseigne les parties de la composi-tion relatives au contrepoint simple, au contrepoint double, à la fugue et aux canons. Il suit la tonalité et l'harmonie ecclésiastique, dont il ne donne point les principes. Ce qu'il y a de plus estimable dans cet ouvrage est la marche de l'ensei-gnement, qui est assez méthodique, quoique l'auteur déroge de tems en tems, sans nécessité, à l'ordre qu'il à lui même établi. Quant au raison-nement et au style, l'un et l'autre sont pitoyables. En voici un échan-tillon. L'auteur veut expliquer ce que c'est que le mode en musique : « Le mode (dit-il) est un ordre » des intervalles contenus entre les » limites de l'octave et une position » de la variété et des différentes » situations des demi-tons, ce qui » se rapporte au discours d'Horace : » *Est modus in rebus sunt certi* » *denique fines.* »

Ce raisonnement est digne de Sgnarelle ; tout l'ouvrage est écrit de cette force, et, quand l'auteur ne se sent même pas en état de four-nir de pareils développemens, il se tire d'affaire en promettant, pour la suite, des explications, qu'il fi-nit toujours par ne pas donner.

Malgré ces défauts, cet ouvrage a eu un grand succès, parce que, à raison de sa marche, il offre à l'élève et au maître un assez bon cadre, et que l'un, avec de l'in-telligence, l'autre, avec de l'ins-truction, suppléent à ces imperfec-tions encore ne convient-il que pour le plain-chant.

Fux peut être mort vers 1750.

G.

GABLER (Mathias), docteur en théologie et en philosophie, né à Spalth, en Franconie, le 22 fé-vrier 1726, publia à Ingolstadt, en 1776, un traité, in-4°, sur le ton des instrumens (*Abhandlung von dem instrumentalton*).

GABORY, a publié à Paris, en 1771, un ouvrage, sous le titre : Manuel utile et curieux sur la me-sure du tems etc...., dans lequel il parle, en différens endroits, de la mesure en musique. Il propose aux compositeurs un pendule pour produire une égalité universelle de mesure.

GABRIELI (Catarina), une des plus célèbres cantatrices du dix-huitième siècle, née à Rome en 1730, était élève du grand Porpora. En 1745, elle chanta sur le théâtre de Lucques, et fut l'objet de l'admi-ration générale. L'empereur Fran-çois Ier l'appela dans la suite, à Vienne. Les leçons qu'elle y reçut de Métastase achevèrent de la for-mer dans l'action et dans le récita-tif. Aussi elle faisait plus valoir ses opéras qu'aucun autre virtuose. Les grandes richesses qu'elle possédait lors de son arrivée dans la Sicile (en 1765) prouvent la faveur dont elle avait joui à Vienne. Son talent était mêlé de beaucoup de caprice. On raconte à ce sujet l'anecdote suivante. Le vice-roi de Sicile avait invité la Gabrieli à dîner avec la princi-pale noblesse de Palerme. Comme elle tardait à se rendre à l'heure fixée, il envoya chez elle pour lui annoncer que la compagnie l'atten-dait. On la trouva lisant dans son lit. Elle chargea le député de faire ses excuses, et de dire qu'elle avait réellement oublié cet engagement. Son Excellence voulait lui pardon-ner cette impertinence ; mais, lors-que les conviés allèrent à l'Opéra, la Gabrieli joua son rôle avec la dernière négligence, et chanta tous ses airs *sotto voce.* Le vice-roi offensé la menaça d'une punition. Elle en devint plus obstinée, et déclara qu'on pouvait la faire crier, mais que jamais on ne pourrait la faire chanter. Le vice-roi l'envoya eu prison, où elle resta douze jours. Pendant ce tems, elle donnait de somptueux repas; elle paya les dettes de tous les pauvres prisonniers, et distribua de grosses sommes d'argent par charité. Le vice-roi fut contraint de céder, et elle fut remise en liberté au milieu des acclamations des pauvres.

Elle n'a jamais pu se résoudre à aller en Angleterre. « Sur le théâtre de Londres, disait-elle, je ne serais pas la maîtresse de faire toutes mes volontés; si je me mettais dans la tête de ne pas chanter, la populace m'insulterait, et peut-être on m'assommerait; j'aime mieux dormir ici en bonne santé, quand même ce serait en prison. »

En 1765, l'impératrice Catherine II l'appela à Pétersbourg, et l'engagea pour deux mois. Lorsqu'il s'agit de fixer ses honoraires, elle demanda cinq mille ducats. *Cinq mille ducats!* lui répondit l'Impératrice, *je ne paie sur ce pied-là aucun de mes feld-maréchaux.* — *En ce cas,* répliqua la cantatrice, *Votre Majesté n'a qu'à faire chanter ses feld-maréchaux.* L'Impératrice paya les cinq mille ducats.

Vers 1780, elle se rendit à Milan, où elle fit tous ses efforts pour surpasser et faire tomber Marchesi. En général, les chanteurs évitaient de jouer avec elle. Pacchierotti se regarda comme perdu la première fois qu'il parut avec elle sur la scène. Elle chantait un *aria di bravura* très-analogue à sa voix, qu'elle déploya d'une manière si étonnante que le pauvre Pacchierotti s'enfuit derrière les coulisses en poussant des cris. Ce ne fut pas sans peine qu'on l'engagea à reparaître de nouveau. Il joua un rôle d'amoureux, et chanta avec tant d'expression un air tendre, qu'il adressait à la Gabrieli, qu'elle en fut émue, ainsi que l'assemblée. Cette cantatrice n'a jamais mieux développé la puissance de sa voix qu'à Lucques, en 1745, lorsque

Guadagni était son héros au théâtre et à la chambre.

GABRIELI (Domenico), compositeur du dix-septième siècle, a demeuré à Venise, et y donna les opéras suivans : *Clearco in negroponte,* en 1765, répété en 1686; *Teodora Augusta,* 1685; *le Generose gare tra Cesare e Pompeo,* 1686; *Carlo il Grande,* 1688; *Mauricio,* 1691.

GABRIELI (Francesca), nommée *la Ferrarese,* parce qu'elle était née à Ferrare, fut élève de Sacchini, en 1770, au conservatoire de l'*Ospedaletto,* à Venise. On la mettait déjà au rang des meilleures cantatrices. Sa voix s'élevait aux sons les plus aigus, et s'y soutenait avec un accent pur et naturel. En 1786, elle chanta au théâtre de Londres, en qualité de *prima donna,* et fit assaut de talens avec madame Mara.

GABRIELLO, dit l'Espagnol, musicien excellent, vécut en Italie au seizième siècle, et y contribua, selon le témoignage d'Arteaga, aux progrès de l'art.

GABUTIO (Jules-César), compositeur italien de la fin du seizième siècle. J.-B. Bergameno, dans son *Parnass music. Ferdinand. Venet,* 1615, a conservé plusieurs motets de sa composition. Le père Martini l'a cité sous le nom de Gabussi.

GAFFI (Bernardo), compositeur romain, qui florissait en 1693, a fait la musique de l'oratorio l'*Innocenza gloriosa.*

GAFFORINI (La signora), célèbre cantatrice d'Italie, brillait au théâtre de Lisbonne, en même tems que M. Crescentini, c'est-à-dire vers 1801.

GAFFORIO (Franchino), un des plus célèbres théoriciens de son tems, naquit à Lodi le 14 janvier 1451. Son père, simple soldat, s'appelait Bettino Gafforio, et sa mère Catherine Fixaraga. Il fut destiné à l'état ecclésiastique, et, dans cette vue, il étudia le plain-chant et la composition en ce genre sous un moine carmelite, nommé Godendach, que, dans sa Pratique de Musique, il nomme Bonadies. Gafforio, ayant été ordonné prêtre, vint à Mantoue voir son père, qui

était alors au service du duc Louis
de Gonzague. Il y passa deux ans,
continuant ses études de musique,
et alla ensuite à Vérone, où il étudia pendant deux autres années. De
Vérone, un certain Prosper Adorno
l'emmena à Gênes; mais un an après,
il quitta cette ville pour aller à Naples, où il fit connaissance avec
J. Tinctor, Guill. Garnerio, Bern.
Hycart, et autres savans musiciens
de ce tems. Il soutint aussi une dispute publique, sur la musique, avec
un nommé Philippe Bononio, qui
avait beaucoup de réputation. La
peste et la guerre, que les Turcs
apportèrent en ce pays, l'en chassèrent. Il retourna à Lodi, et bientôt après alla à Monticello, dans
le Crémonais, où l'évêque Carlo
Pallavicini l'engagea. Là, il donna,
pendant trois ans, des leçons de
musique. Il passa ensuite à Bergame
avec le même emploi. Enfin, Robert
Barni, chanoine de Lodi et vicaire de
l'archevêque de Milan, le fit nommer, en 1483, maître de chapelle
de la cathédrale de cette dernière
ville, et professeur à l'école publique
de musique, que le duc L. Sforce
fonda pour lui. On prétend qu'il
avait auparavant rempli les mêmes
fonctions à Brescia et à Vérone;
mais il paraît que c'est une erreur.
Quoiqu'il en soit, Gaffurio remplit
avec distinction la place de professeur de musique, à Milan, jusqu'à
sa mort, arrivée vers 1525, autant
que nous pouvons le présumer. Dans
tout le tems qu'il occupa cette place,
il travailla avec beaucoup de zèle et
de succès à éclairer la théorie et la
pratique de la musique, traduisit ou
fit traduire en latin les ouvrages des
Grecs. Il est le premier auteur moderne sur cet art dont les écrits
aient été imprimés. En voici la
liste :
*Theoricum opus harmonicæ disci-
plinæ*, Naples. 1480, Milan, 1492.
Pratica Musicæ, Milan, 1496,
Brescia, 1497, 1502, Venise, 1512.
Angelicum ac divinum opus. Milan, 1508. *Franchini Gafforii Lau-
densis regii musici publice profi-
tentis, delubrique mediolanensis
phonasci de harmonicâ musicorum
instrumentorum opus*, etc., Milan,
1518, 17 novembre, *auctoris præ-
fectura, anno* 35. *Apologia Fran-*

*chini Gafforii adversus J. Spata-
rum*, etc. 1520.

GAGUINUS (ROBERT), compo-
siteur du quinzième siècle. Glarean,
dans son *Dodecachorde*, imprimé
en 1547, dit qu'il avait fleuri quelques tems avant lui, et qu'il avait
joui d'une renommée peu commune.
Il l'appelle aussi le créateur de l'histoire des Francs.

GAIARECK, est connu comme
compositeur, depuis 1760, par diverses cantates italiennes pour soprano, qui sont restées manuscrites.

GAIL (Madame SOPHIE), née
à Melun, a publié plusieurs recueils de romances qui ont eu beaucoup de succès, et notamment celle
qui commence par ces paroles :
N'est-ce pas elle, etc. A un goût
excellent, madame Gail réunit des
connaissances peu communes dans
l'art de l'accompagnement et de la
composition.

GAILLARD (JEAN-ERNEST),
musicien anglais, fut un de ceux
qui établirent en 1710, à Londres,
l'académie de la musique ancienne,
dans laquelle l'on n'exécutait que
les compositions de maîtres anciens.
Elle fut dissoute, au bout de dix-
huit ans, par plusieurs circonstances; mais elle a été rétablie, en
1776, d'après le plan de Bates, et
s'est maintenue depuis. On a donné
à Londres, en 1717, un opéra de
sa composition; sous le titre *Pan et
Syrinx*; et un autre, en 1719, intitulé *Decius et Paulina*

GALARINI (PIETRO-ANTONIO),
a donné à Ferrare, en 1690, un
divertissement dramatique, intitulé
Dalisa.

GALATHEA, célèbre joueuse
de flûte de l'ancienne Grèce, et
amante de Denis.

GALLEAZZI (ANTONIO), de
Brescia, a donné à Venise, en 1729,
Belmira in Creta; et, en 1731, *Il
trionfo della costanza in Statira*.

GALLEAZZI (FRANCESCO), de
Turin, a publié à Rome, en 1791,
*Elementi teorico-pratici di musica
con un saggio sopra l'arte di suo-
nare il violino*, deux vol. in-4°.
Cet ouvrage est très-estimé, surtout
dans la partie qui concerne l'art de
jouer du violon.

GALEAZZI (TOMMASO), excellent sopraniste, né à Rome en 1757, chanta d'abord les premiers rôles de femmes au théâtre *Aliberti*. Le landgrave de Hesse-Cassel l'y ayant entendu en 1777, le prit à son service, avec un traitement de mille écus (quatre mille francs), mais le climat et les femmes ruinèrent bientôt sa santé, au point qu'il perdit l'ouïe, et qu'il fut obligé de retourner dans sa patrie en 1783.

GALEOTI, a fait graver à Paris, en 1785, son quatrième œuvre, composé de six solos pour violoncelle. M. Baillot l'a inséré à la fin de la Méthode de violoncelle, publiée par le Conservatoire de Musique.

GALILÉE (VINCENZO), père du célèbre et malheureux Galilée, a publié *Dialogo della musica anticha et della moderna (in suâ difesa) contra G. Zarlino. Firenze,* 1581, in-fol.

On trouve dans ce dialogue un fragment précieux de l'ancienne musique des Grecs; deux hymnes d'un poëte nommé Denys; et celle à Némésis, attribuée à Mésodémès, avec les notes grecques.

La bibliothèque impériale possède un exemplaire précieux, qui paraît avoir appartenu à Zarlin lui-même. Les notes manuscrites dont il est enrichi sont de la main même de Zarlin. Il y a une autre édition de ce dialogue, Florence, 1612, in-folio. L'auteur attribue l'invention du monochorde aux Arabes. Il prétend que les moines ont introduit l'usage de battre la mesure (inconnue aux anciens) pour régler le chœur.

GALILÉE (GALILEO), à la fois très-célèbre comme géomètre et physicien. Son père l'instruisit dans la musique théorique et pratique, et il parvint principalement dans la dernière à une telle perfection qu'il jouait, avec beaucoup d'habileté, de plusieurs instrumens ; mais, malgré ses talens dans la musique, son génie l'entraîna toujours vers les mathématiques. C'est à son zèle et à ses essais que nous devons l'invention des télescopes. Le premier par lequel il observa les planètes n'était qu'un tuyau d'orgue, dans lequel il avait posé ses verres. Il est mort en 1642.

GALIMBERTI (FERDINAND), violoniste distingué, de Milan, vers 1740, est connu, comme compositeur, par différentes symphonies.

GALLAND (ANTOINE), professeur de langue arabe au collége royal, et membre de l'académie des inscriptions de Paris, naquit en 1646 à Rollot, village de la Picardie, de parens pauvres, mais honnêtes. Ayant acquis des connaissances étendues dans les langues, il fit un voyage dans le Levant et à Constantinople. Après son retour dans sa patrie, l'académie des inscriptions le reçut au nombre de ses membres; et, en 1709, il obtint la place de professeur au collége royal. Il est mort à Paris le 17 février 1715, âgé de soixante-neuf ans.

Il a fait une dissertation que l'on a publiée dans l'Histoire de l'académie des inscriptions, t. I, p. 104, sous ce titre : l'Histoire de la trompette et de ses usages chez les anciens. Madame Gottsched a traduit cette dissertation en allemand, et Marpurg, dans ses *Beytræg.*, a donné un extrait de cette traduction.

GALLAT, compositeur français, a été célèbre au commencement du dix-huitième siècle.

GALLETTI (DOMENICO-GUISEPPE), peut être un frère de Jean-André Galletti, a été célèbre en Italie, comme chanteur, vers 1730.

GALLETTI (ELISABETH), épouse du précédent, née à Durlach vers 1730, fut très-long-tems cantatrice de cour à Gotha, et elle se distingua par ses connaissances en musique, par sa belle voix et son talent dans la déclamation.

GALLETTI (JEAN-ANDRÉ), né à Cortona, dans la Toscane, vers 1710. Depuis 1750, il se trouvait, comme bariton, au service du duc de Saxe-Gotha. Ce qu'il y avait de remarquable en lui, c'était qu'outre ses talens comme chanteur, il possédait des connaissances étendues dans les langues et dans la poésie ; aussi surpassait-il ses confrères dans la déclamation du récitatif et dans l'action en général. En 1765, il fit le texte de l'opéra *Xinto riconosciuto,* que Georges Benda a mis en musique, et dont on trouve la critique dans les *Nachrichten* de Hil-

1er. Il est mort à Gotha le 25 octobre 1784.

GALLIMARD, a publié à Paris, en 1754, un traité. sous le titre : La théorie des sons applicable à la musique, où l'on démontre, dans une exacte précision, les rapports et tous les intervalles diatoniques et chromatiques de la gamme.

GALLIOTTI (S.), fit graver en 1762, à Amsterdam, son second œuvre, consistant en six trios pour violon. Peut-être est-ce le même que Galeoti, dont nous avons parlé plus haut.

GALLO (Catarina), célèbre cantatrice, native de Crémone, eut beaucoup de succès dans sa patrie, et à Paris, où elle se rendit en 1754, après avoir quitté Rome.

GALLO (Domenico), de Venise, compositeur pour l'église, et excellent maître de violon, se fit connaître, vers 1760, par différentes symphonies et par quelques concertos pour violon.

GALLUS, musicien de Vienne, y a composé, vers 1780, la musique de l'opéra intitulé le Serrurier. Son véritable nom est Meteritsch. Il fit graver, sous ce nom, en 1785, six quatuors pour violon.

GALOT, habile guitariste de Paris au dix-septième siècle, était un des virtuoses que Froberger vint étudier pour former son goût.

GALUPPI (Baldessaro), dit Buranello, de Burano, île située à huit lieues de Venise, où il naquit en 1703, apprit les premiers élémens de son art d'abord de son père, puis au conservatoire degl' incurabili. Le célèbre Lotti fut son premier maître de contrepoint. Très-jeune encore, il fut habile claveciniste et donna des preuves de son génie pour la composition. Il n'avait pas encore atteint l'âge de vingt ans qu'il fit jouer, au théâtre de Venise, son premier opéra (Gli amici rivali). L'accueil défavorable qu'il reçut ne le découragea pas, et il chercha, dans la suite, à éviter les fautes que l'on y avait remarquées. Les progrès qu'il fit furent si rapides qu'en peu de tems il devint, pour nous servir de cette expression, le seul possesseur des théâtres italiens. Il fut nommé maître de chapelle de Saint Marc, organiste de plusieurs églises et maître au conservatoire degl' Incurabili.

A l'âge de soixante-trois ans, il fut appelé à Pétersbourg, en qualité de premier maître de chapelle, avec un traitement de quatre mille roubles par an, outre le logement et l'équipage. Le premier opéra qu'il y donna de sa composition fut Didone abandonata. Après la première représentation, l'Impératrice lui fit présent d'une tabatière d'or, garnie de diamans, et de mille ducats, que Didon, disait-elle, lui avait légués par son testament. Ce qui ajouta à son mérite en cette circonstance, c'est qu'il y trouva un orchestre qui n'avait pas le moindre sentiment des finesses de l'art, et qui ignorait jusqu'à l'expression du piano et du forté.

Il retourna en 1768 à Venise, dans le sein de sa famille, et pour y reprendre ses charges, après avoir donné encore, avant son départ de Pétersbourg, l'opéra Ifigenia in Tauride.

Le docteur Burney le connut à Venise en 1770, encore plein d'activité et d'imagination. Père d'une famille nombreuse et riche, il continua ses travaux, sans interruption, jusqu'à sa mort, qui arriva au mois de janvier 1785.

Galuppi était maigre, d'une taille petite, mais ne laissait pas néanmoins d'avoir l'attitude noble et distinguée. Il conserva, jusques dans l'âge le plus avancé, la gaieté et la vivacité de sa jeunesse, dans son caractère aussi bien que dans ses ouvrages. L'on prétend même que l'esprit, le goût et l'imagination qu'il a déployés dans ses derniers opéras et compositions d'église, surpassent de beaucoup tout ce qu'il a publié à d'autres époques de sa vie. Les connaisseurs découvrent, à la vérité, en examinant ses ouvrages avec plus d'attention, qu'ils pêchent quelquefois contre la pureté de la composition ; mais ces défauts sont suffisamment compensés par l'originalité des idées et la beauté de la mélodie.

Il avait l'habitude de dire qu'une bonne musique consistait en vaghezza, chiarezza e buona modulatione. Ainsi que Durante, il avertissait ses élèves de se défier des succès de chambre pour les ouvrages destinés à l'église ou au théâtre, et leur interdisait le piano dans la composition.

Ses opéras, montant à plus de cinquante, appartiennent presque tous au genre comique. C'était son genre favori; il savait s'y concilier tous les suffrages par ses tableaux brillans et par ses idées bouffones. Cependant ses opéras sérieux et ses compositions pour l'église offrent des ariettes et des chœurs pleins de feu et d'expression.

De tout ce qu'il a composé pour l'église, rien n'a été rendu public, et il est à croire que tous ses ouvrages sont enfouis dans les couvens d'Italie.

Voyez, pour le catalogue de ses opéras, Laborde et Gerber.

Il n'a rien été imprimé de ses opéras, excepté l'extrait pour le clavecin de l'opéra *Il mondo alla rovescia*, Leipsick, 1752, et quatre symphonies de ses opéras, *ibid.*, 1760. L'on connaît encore de lui trois sonates pour le clavecin, en manuscrit.

GAMBERINI, de St. Remo, s'est fait connaître, vers 1790, par ses compositions pour le théâtre de sa patrie.

GAMBLE (John), compositeur et violoniste anglais, élève du célèbre Ambroise Beyland, fut d'abord musicien à l'orchestre d'un théâtre, et finit par entrer au service du roi Charles II. Il a composé pour le théâtre, et a publié un recueil d'ariettes et chansons pour le théorbe et la basse.

GAMBOLD, musicien à Nisky, fit imprimer à Leipsick, en 1787, six petites sonates pour le clavecin, de sa composition.

GANDINI (Isabella), cantatrice célèbre, née à Venise, florissait en 1750 et dans les années suivantes.

GARANI (Nunziata), cantatrice très-agréable, née à Bologne, vint, en 1758, à Pétersbourg, à l'Opéra Buffa. On l'estimait beaucoup pour son jeu.

GARAT (Jos.-Dom.-Fabry), né à Bordeaux en 1775, fils de M. Dom. Garat, célèbre avocat au parlement de cette ville, et neveu de M. Garat, sénateur, comte d'empire; frère

du célèbre chanteur, reçut aussi de la nature une très belle voix de ténor. Entraîné au sortir de ses études par d'autres occupations, et notamment par le service militaire, ce n'est que vers l'âge de vingt-cinq à vingt-six ans qu'il s'est mis à cultiver la musique, et principalement le chant, qu'il a étudié à Bordeaux sous la conduite de MM. Mengozzi et Ferrari, et à Paris, sous M. Gérard, professeur au Conservatoire. Tous les amateurs de Paris et de quelques-unes des principales villes de France et de l'étranger, où il s'est fait entendre, savent quels ont été ses succès. M. F. Garat cultive aussi la composition; il a publié huit recueils de romances et autres pièces fugitives, dont la plupart sont entre les mains et dans la mémoire des amateurs.

GARAT (Pierre), maître de chant au Conservatoire de Paris, est Basque d'origine. Dès la plus tendre enfance, il prit le goût de la musique, en entendant chanter sa mère, excellente musicienne. Il reçut les premières leçons de Lamberti, et se perfectionna à Bordeaux, sous la direction du célèbre François-Beck. Il n'avait que quinze ans quand il chanta une partie de soprano avec madame Todi. C'est de ce moment qu'il sentit la puissance de la musique et qu'il sut la faire sentir aux autres.

La voix de M. Garat est la plus étonnante que la nature ait jamais formée. Elle réunit les facultés variées de tous les organes, de toutes les voix connues sous diverses dénominations. M. Garat ne chante-t-il pas toutes les parties vocales et instrumentales avec la même justesse et la même facilité? Dans les airs de bravoure, on le voit déployer toutes les ressources de son talent et de son organe, tous les dons et les prodiges de la nature et de l'art; mais on le voit aussi réserver pour le cantabile, pour la romance, pour les airs de sentiment, la pureté, la simplicité d'expression qu'ils exigent, et ne s'y permettre jamais que les ornemens dont ils sont susceptibles.

M. Garat parut pour la première fois en public, à Paris, vers la fin de 1795. Il attira un concours prodigieux aux concerts de Feydeau , et , depuis , à ceux de Cléry On lui doit d'avoir fait connaître le double talent de M. Lafont, comme chanteur et violoniste. A ces concerts , qu'on regrettera long tems, et qui ont préparé le retour des Bouffons en 1800, on eut le plaisir d'entendre les plus beaux morceaux de musique instrumentale et les chef-d'œuvres des grands maîtres italiens. M. Garat prouva sa supériorité dans tous les genres de musique vocale. L'admiration fut extrême, quand on l'entendit le même soir chanter un air bouffe italien et un air dramatique de Gluck.

Piccini, Sacchini , Salieri, Gluck même ont rendu à la voix de Garat le plus éclatant témoignage; mais Beck les avait tous devancés, et avec plus d'énergie encore. *Quel dommage,* disait un jour Legros, en sa présence. *que Garat chante sans musique ! — Sans musique , s'écria Beck, Garat est la musique même!* Cette réponse au sujet de Garat a été faite aussi par Sacchini.

C'est une grande erreur, qui a été long-tems accréditée, que Garat chantait sans musique. Voici une autre anecdote à laquelle elle a donné lieu. M. le comte de Guibert disait un jour devant l'abbé Arnaud, en montrant le chanteur Asvedo et M. Garat, *l'un est l'ouvrage de l'art et l'autre celui de la nature.* — *M. le Comte ,* ajouta l'abbé Arnaud, *cette remarque tombe à faux. Croyez que pour chanter comme Garat, il a fallu long tems étudier, comparer, et que l'art est aussi nécessaire que la nature.*

Sans doute M. Garat ne chantera pas *à livre ouvert* comme le premier *croque-note;* mais il se pénétrera d'une composition musicale avant de la chanter, et parviendra à l'exprimer souvent mieux que l'auteur ne l'a sentie.

Il serait bien à desirer que ce grand artiste transmit sa méthode à plusieurs élèves, surtout pour le théâtre de l'Opéra. Nul ne possède mieux la tradition des ouvrages de Gluck, si oubliée aujourd'hui.

GARAUDÉ (Adolphe), né le 21 février 1779 à Nanci , où son père remplissait une charge de conseiller au Parlement, s'est vu contraint , par la suite de la révolution , de tirer parti d'un art qui n'était entré dans son éducation que comme objet d'agrément. Après en avoir fait une étude approfondie sous plusieurs bons maîtres de l'école italienne, il s'est livré particulièrement à l'enseignement du chant et à la composition. Il a publié jusqu'à ce jour neuf recueils de romances, dont il a composé la musique et les paroles ; une trentaine d'œuvres de musique instrumentale, dont plusieurs ont eu du succès , et surtout une Méthode de chant, estimable par le goût et la précision qui y règnent, et qui a été adoptée pour servir à l'instruction de la maison Impériale Napoléon.

GARDEL (M.), l'aîné, premier maître des ballets de l'Opéra ; vers 1784, a donné les ballets de Mirza, de la Rosière, de Ninette à la cour, et de la Chercheuse d'esprit. V. l'article suivant.

GARDEL (Pierre-Gabriel), né à Nanci , département de la Meurthe, fils de C. Gardel, maître des ballets du roi de Pologne, a débuté, à l'Académie Royale de Musique, dans l'opéra de l'Union de l'Amour et des Arts , en 1774.

Il a été adjoint à M. Gardel l'aîné, son frère (maître des ballets du Roi et de l'Académie Royale de Musique), en 1787. Il fut nommé premier maître des ballets de ce même théâtre à la mort de son frère, en 1787.

L'étude de l'art de la danse et de la chorégraphie ne l'empêcha point de suivre, avec soin, les différentes parties qui composent une bonne éducation. Il fit toutes ses études, et cultiva la musique, pour laquelle il avait un gout particulier. On lui donna pour maître de violon M. Imbault, élève du célèbre Gaviniés. Il se fit entendre au Concert Spirituel en 1781, et il a joué au théâtre de *Hay-Market* pendant un voyage qu'il a fait à Londres en 1782. Depuis cette époque , il a été entendu plusieurs fois à Paris et entr'autres dans le ballet de la Dansomanie, où il avait placé un solo , qu'il a exécuté jusqu'au moment où il a renoncé à paraître sur le théâtre.

M. Gardel a été nommé maître des ballets de S. M. l'Empereur Napoléon en 1802.

Le goût qu'il a toujours eu pour la musique et ses connaissances dans cet art lui ont fait apporter le plus grand soin dans le choix de la musique de ses ballets, où il a placé plusieurs morceaux de sa composition. Des compositeurs distingués, savoir, MM. Méhul, Cherubini, Miller (père de son épouse), Kreutzer, Catel, etc., etc., ont travaillé avec lui, et les morceaux qu'il a ajoutés à leurs compositions sont choisis parmi les chef-d'œuvres des plus habiles maîtres, tels que Haydn, Gluck, Mozart, Cimarosa, Baisiello, etc., etc.

M. Gardel a composé les ouvrages suivans :

Télémaque, ballet en trois actes, 1790.

Psyché, trois actes, 1790.

Pâris, trois actes, 1793.

La Dansomanie, deux actes, an 8.

Le Retour de Zéphir, un acte, an 10.

Daphnis et Pandrose, deux actes, an 11.

Une demi-heure de Caprice, un acte, an 12.

Achille à Scyros, trois actes, an 13.

Paul et Virginie, trois actes, 1806.

Vénus et Adonis, un acte, 1808.

Alexandre chez Appelles, deux actes, 1808.

Et, indépendamment de ces onze ballets pantomimes, un très grand nombre de divertissemens dans tous les opéras donnés depuis vingt-deux ans, dans lesquels se trouve une quantité considérable de morceaux de musique ajoutés et choisis par M. Gardel. On ne peut en donner la liste exacte, à cause de la multiplicité de ces ouvrages ; mais on peut citer Armide, Castor et Pollux, Sémiramis, Dom Juan, Trajan, la Vestale, etc., etc., et en outre, tous les ballets faisant partie des ouvrages lyriques joués au théâtre de Sa Majesté l'Empereur Napoléon.

GARDNER (CHARLES), était, en 1752, professeur de musique au collège de Gresham, à Londres.

GARGARO DA GALLESA (THÉOPHILE), contre altiste, fut reçu chanteur à la chapelle pontificale en 1601. A sa mort (en 1648) il fit une fondation pour quatre étudians de sa patrie, qui devaient se consacrer à la musique et la propager à Rome. V. Adami, Osservazioni.

GARLEBEN (VITUS): mourut, le 7 août 179-, professeur de musique à l'école Normale de Stettin. V. Friedeborn, Chronic. Pomeran, au troisième livre.

GARNERIO (GUILLAUME), scolastique et professeur de musique, vécut vers 1480, et donna alors des cours publics pour faire connaître ses principes et ses connaissances. Il s'acquit, par ce moyen, tant de renommée, que Ferdinand, roi de Naples, lorsqu'il voulut établir une académie de musique, l'y appela, afin qu'il travaillât à cet établissement conjointement avec Gafforio. V. Hawkins.

GARNIER, accompagnateur du roi de Pologne, a donné une Méthode pour l'accompagnement du clavecin, et bonne pour les personnes qui pincent de la harpe. Le premier objet de l'auteur est la connaissance des accords ; le second, la pratique des accords ; et le troisième, le rapport qu'ils ont ensemble. Cette méthode n'apprend rien de neuf.

GARNIER, violon à l'orchestre de l'Opéra de Paris, a fait graver à Lyon, en 17..0, six solos pour violon, op. 1, de sa composition.

GARTH OF DURHAM (JOHN), compositeur de Londres, y a publié en 1769, de sa composition, six concertos pour violoncelle, op. 1, et six sonates pour le clavecin, avec violon et violoncelle.

GASPAR (MICHEL), a fait imprimer à Londres, en 1783, un ouvrage, sous le titre : De arte medendi apud priscos, musices ope atque carminum, etc.

GASPARD, musicien de la chambre du prince de Conti à Paris, y fit graver, vers 1777, six quatuors pour clarinette, violon, viola, et basson ou violoncelle, op. 1.

GASPARI (ANTONIO), chanteur célèbre, né à Venise, florissait vers 1720.

GASPARINI (FRANCESCO), de Rome, un des plus grands compositeurs du dix-huitième siècle, a été maître de musique au conservatoire de *la Pietà* à Naples, et a laissé des morceaux de musique d'église qui ont eu beaucoup de réputation. Il a fait un grand nombre d'opéras, entr'autres, *Tiberio Imperator d'Oriente*, en 1702; *Antioco*, en 1705; la *Principessa fidele*, en 1709; *Sesostri*, en 1710, *Constantino*, en 1711; *Merope*, en 1712; *Bajazette*, en 1719; *Fede in cimento*, en 1730. V. Laborde. Il a écrit un petit traité, sou le titre: *L'armonico pratico al cembalo*, *Venetia*, 1708. Il y en a eu une sixième édition en 1802. C'est un ouvrage pratique estimable, mais qui manque d'ordre et de netteté. Laborde fait à son sujet une reflexion très-fausse et très-sotte qui ne mérite pas d'être rapportée ici, et qui prouve son ignorance et sa partialité.

GASPARINI (MICHEL-ANGE), de Lucques, élève de Lotti, habile chanteur, devint excellent compositeur. Il montrait à chanter, et fit d'illustres élèves pour le théâtre, entr'autres, la célèbre Faustina. Ayant long-tems chanté la musique des autres, il fit à son tour chanter la sienne, et composa plusieurs opéras, qui ont réussi.

GARPARINI (QUIRINO), maître de chapelle du roi de Sardaigne, à Turin, vers 1770, a laissé différens trios pour violon, en manuscrit.

GASS (FÉLIX), a fait imprimer à Augsbourg, vers 1730, trente ariettes pour l'orgue, pendant l'élévation.

GASSE (FERDINAND), Napolitain, élève de la classe de M. Gossec, a remporté, en 1805, le grand prix de composition décerné par le Conservatoire de musique. Depuis ce tems, il est à Rome, pour se perfectionner dans l'art. M. Méhul, dans un rapport fait à la classe des beaux-arts de l'Institut en 1808, parle avec éloge d'un *Te Deum* à deux chœurs, et d'un *Christe eleyson*, en fugue à trois sujets et à six voix, sans accompagnement, composés par M. Gasse. Il cite aussi une grande scène italienne du même auteur, qui prouve qu'il pourra réussir dans le genre théâtral comme dans le genre religieux.

GASSENDI (PIERRE), profes-

seur royal de mathématiques à Paris, naquit, en 1592, à Chanterier en Provence. On a de lui un traité de musique: *Manuductio ad theoriam musices*. *Lugduni*, 1658. Il mourut en 1655, c'est-à-dire trois ans avant l'impression de son livre.

GASMANN (FLORIAN-LÉOPOLD), maître de chapelle de l'Empereur d'Allemagne, et inspecteur de la bibliothèque impériale de musique de Vienne, né, en 1729, à Brux en Bohême, se distingua, comme compositeur, pour l'église, par ses connaissances profondes et par son habileté extraordinaire dans l'art du contrepoint, et, comme compositeur d'opéra et pour la chambre, par son style agréable et harmonieux. Après avoir appris les premiers élémens de la musique au collége des jésuites à Commothau, il fit un voyage en Italie, pour s'y perfectionner. En 1762, lors de son séjour à Venise, il fut appelé à Vienne, pour y composer la musique des ballets. En 1766, il retourna à Venise avec l'agrément de sa cour, et s'y fit tant estimer par ses compositions excellentes, que le doct. Burney le rencontra encore quatre ans après (en 1770), à Milan, où il venait de donner son opéra *L'Amore artigiano*. Dans la suite, il revint à Vienne, et s'y occupa, outre ses travaux ordinaires pour l'opéra et pour la cour, de la rédaction d'un catalogue général de la bibliothèque impériale de musique, la plus complète et la plus nombreuse qui existât alors en Europe.

Il se fit encore estimer et chérir par la fondation d'une caisse de secours pour les veuves des musiciens indigens, qu'il établit en 1772, quelque tems avant sa mort. Chaque veuve de musicien reçoit de cette caisse une pension annuelle de quatre cents florins (environ onze cents francs); pour y subvenir, on exécute à Vienne, deux fois par an, dans l'Avent et dans le carême, des oratorios des meilleurs maîtres, avec un orchestre de plus de trois cents musiciens; ce qui produit chaque fois une recette de plus de deux mille cinq cents écus (environ dix mille francs). L'art le perdit trop-tôt (le 22 janvier 1774), à l'âge de quarante-cinq ans.

Quoique la mort l'ait surpris au milieu de sa carrière, il a laissé cependant beaucoup d'ouvrages.) Il a composé pour l'église, plusieurs Psaumes, des hymnes, etc., parmi lesquels on remarque principalement son *Dies, iræ*, qu'il acheva peu de tems avant sa mort; et un oratorio *la Betulia liberata*. On voit dans Gerber le catalogue de ses opéras.

De ses compositions pour la musique instrumentale, il a été gravé, à Paris, six quatuors pour flûte, violon, viola et basse, op. 1, 1769; six quintetti pour deux violons, deux viola et basse, op. 2; et à Amsterdam, six quatuors pour violon, avec violoncelle obligé. L'on connaît en outre quinze symphonies excellentes, en manuscrit.

Nous regardons comme un conte ridicule et dénué de toute vraisemblance, le récit d'un prétendu stratagème dont il se servit pour détourner Joseph II de conférer au célèbre Haydn le titre de son maître de chapelle, qui est rapporté dans une notice sur Haydn publiée en 1810, à Paris.

GATES (BERNARD), précepteur des enfans de la chapelle royale de de Londres vers 1710, et l'un des membres de la société qui y fonda l'académie de la musique ancienne. V. l'art. *Gaillard*. En 1731, il exécuta dans sa maison, avec ses élèves, l'oratorio (*Esther*) de Hændel; avec action. On dut au succès prodigieux que cette pièce eut alors les nombreux opéras que Hændel composa par la suite.

GATTEY (M.), a fait insérer dans le Journal de Paris de 1783, numéro 22, une lettre sur une machine, par le moyen de laquelle se trouveraient tracées les compositions des musiciens, en touchant un instrument à clavier.

GATTI (L'abbé), né à Mantoue, est compté parmi les compositeurs les plus agréables de l'Italie vers 1790. Son opéra *Olimpiade* fut représenté à Plaisance en 1784, et y eut beaucoup de succès. L'on donna encore à Mantoue, en 1788, un opéra de sa composition, intitulé *Demoofonte*.

GATTONI (L'abbé), a inventé,

vers 1786, une harmonica-météorologique, qui prédit, par des sons harmonieux, le moindre changement qui doit arriver dans l'atmosphère. La variété et la force des sons qu'elle produit est en proportion du degré plus ou moins fort des changemens qui s'y opèrent ou que l'on doit attendre. V. Correspond. de Hamb. de 1786, n°. 161, supplément.

GAUBERT (M.), a fait insérer dans le Mercure de France de Thermidor an 13, page 220, un article intitulé : Quelques idées sur un recueil de musique. L'auteur a surtout en vue la musique vocale. Il critique avec raison le Dictionnaire lyrique portatif, ou Choix des plus jolies ariettes de tous les genres, par Dubreuil, 1766, deux volumes in-8°; et rappelle plusieurs pièces de cette époque, que l'éditeur est coupable d'avoir omises, pour leur en préférer de communes et d'insignifiantes.

GAUDENCE, le philosophe, vivait, à ce qu'on croit, avant Claude Ptolomée, lequel florissait vers l'an 139 de notre ère. D'après la doctrine d'Aristoxène, il a composé un traité, intitulé *Introductio harmonica*, que Meibomius a inséré dans sa collection des sept auteurs grecs publiée avec des notes, en 1651, à Amsterdam. Cet ouvrage avait d'abord été traduit du grec en latin par Mucianus qui vivait dans le cinquième siècle. La seconde traduction latine était due à Herman Crüsserius, écrivain du seizième siècle. La troisième est celle de Meibomius. V. Martini, Storia, t. 3.

GAUDENTIUS (ANDREAS PA-PIUS), chanoine, a publié un ouvrage sous le titre *Andr. Papii Gaudentii libri 2 de consonantiis seu pro diatessaron : Antuerpiæ Plantin*, 1581, in-8°. C'est un excellent livre, selon Brossard. Cet auteur était neveu, par sa mère, du célèbre Levinus Torrentius, évêque d'Anvers. Il se noya en se baignant pendant les chaleurs de l'été de 1581. Il n'avait que trente ans.

GAUDIO, (ANTONIO DEL), de Rome, maître de musique, est auteur des opéras *Almerice in Cipro* et *Ulisse in Fenicia*, le premier joué en 1675, et l'autre en 1681.

GAUSS (Madame), cantatrice de cour à la chapelle du duc de Wurstemberg, à Stuttgard, en 1788, était regardée comme la première cantatrice de cette chapelle.

GAUTHEROT (Madame), née Deschamps, était comptée, en 1790, parmi les virtuoses les plus distingués sur le violon. Depuis 1783, elle se fit entendre souvent, et avec beaucoup de succès, au Concert Spirituel.

GAUTHIER (Denis), l'aîné, luthiste français, que l'on admira beaucoup vers 1620, a écrit, conjointement avec son père, un ouvrage sur le luth, qu'il a publié sous le titre : Livre de tablature des pièces de luth sur différens modes. Il a encore publié un ouvrage sous le titre : L'homicide, le canon et le tombeau de l'Enclos.

GAUTHIER (Pierre), né à la Ciotat en Provence, était directeur d'un opéra qui séjournait tour-à-tour à Lyon, à Marseille et à Montpellier. Il mourut en 1697, âgé de cinquante-cinq ans. On a de lui un recueil de duos et de trios qui sont estimés. Le bruit a couru que Jean-Jacques Rousseau avait trouvé la musique du Devin du Village dans les papiers de Gauthier, et qu'il l'avait ajustée aux paroles. Cette anecdote n'a pas fait fortune ; mais il existe quelques personnes, entr'autres MM. Rey, Devismes, etc., qui assurent que Jean-Jacques Rousseau n'est point l'auteur du Devin du Village, mais un certain Garnier, musicien de Lyon vers 1750. M. Devismes se propose de le démontrer dans des Mémoires sur sa vie qu'il publiera bientôt. En attendant, nous le renvoyons à ce que Rousseau répond à un Français, dans le premier dialogue de Rousseau, juge de Jean-Jacques.

GAUZARGUES (Charles), prêtre, né à Tarascon en Provence, se livra dès l'enfance à l'étude de la musique. Arrivé dans la capitale, en 1756, il se présenta chez Rameau comme un de ses élèves qui venait de cent cinquante lieues pour le consulter. Ce grand homme l'accueillit et l'aida de ses conseils. Pendant dix-huit ans qu'il a été attaché à la chapelle du Roi à Versailles, l'abbé Gauzargués a composé environ quarante motets.

GAVAUDAN (Mademoiselle), cadette, connue sous le nom de Spinette, chantait, ainsi que l'aînée, au théâtre de l'Opéra vers 1783. Elle excellait dans les rôles de soubrettes. Spinette est morte à Hambourg en 1805 ; et sa sœur, à Paris, le 15 juin 1810.

GAVAUDAN (N.), acteur de l'Opéra-Comique, remplit avec succès les rôles d'amoureux. Son chant est agréable, et son jeu est très-expressif. La manière effrayante dont il joue dans le Délire lui a mérité le surnom de Talma de l'Opéra-Comique.

GAVAUDAN (Madame), épouse du précédent, actrice de l'Opéra-Comique, imprime à tous ses rôles le cachet de la grâce et de la gentillesse.

GAVEAUX (Pierre), compositeur et sociétaire du théâtre de l'Opéra Comique, attaché à la chapelle de S. M. l'Empereur Napoléon, est né à Béziers, département de l'Hérault, en 1764. Dès l'âge de sept ans, il entra à la cathédrale de cette ville, en qualité d'enfant de chœur, ainsi que ses deux frères. A peine âgé de huit ans, il fut seul en possession, jusqu'à dix-sept, de chanter les récits au chœur. A cette époque, le caractère de sa voix changea en celui de tenor, qu'il a conservé jusqu'à ce jour. Il était déjà si tourmenté du désir d'être musicien, qu'il se levait la nuit pour étudier dans le silence, tandis que ses camarades se livraient au sommeil. En moins de deux ans, il parvint à lire, ad aperturam libri, toute sorte de musique, et sur toutes les clefs. A dix ans, il avait terminé ses études musicales. Il se livra alors à l'étude du latin, et fit sa première année de philosophie. M. Combes, habile organiste et savant compositeur, lui enseigna les premiers élémens de la composition et lui plaça les mains sur le clavier. Il avait à peine douze ans lorsqu'il perdit son maître de musique. Heureusement son maître de latin (l'abbé Tindel) aimait passionnément la musique et jouait agréablement du violoncelle. Il venait de recevoir d'Italie les partitions du

Stabat mater et de *la Serva Padrona* du célèbre Pergolèse. Ils exécutèrent ensemble, avec le secours de la basse, ces deux chef-d'œuvres de l'esprit humain. Le professeur et l'élève étaient si transportés de la beauté de cette musique, qu'ils s'écriaient à la fin de chaque morceau : *Quiconque n'aime pas la musique sera damné !* C'est à ces deux ouvrages immortels que le jeune Gaveaux dut son goût décidé pour la composition. Depuis ce tems, il s'y est livré constamment, et toujours avec succès. Il prit d'abord le petit collet, et se disposait à partir pour Naples, afin d'y terminer ses études musicales sous la direction de Sala, célèbre contrapuntiste ; mais des raisons de famille en décidèrent autrement. Après bien des contrariétés, il partit pour Bordeaux, et fut attaché à la collégiale de Saint-Séverin en qualité de ténor. François Beck, alors organiste de cette église, fut son maître de composition pendant tout le tems qu'il resta à Bordeaux. Le jeune abbé composa plusieurs motets, qu'il fit exécuter sous les yeux de son maître, et que celui-ci se plaisait à répéter sur l'orgue. En sortant de l'office, Beck ne manquait jamais de lui dire quelque chose d'aimable, et de lui répéter cet ancien adage : *Fabricando fit Faber.*

M. Gaveaux fut ensuite attaché au théâtre de Bordeaux jusqu'en 1788, époque où il se rendit à Montpellier, pour y tenir l'emploi des premiers amoureux au grand Opéra, ainsi qu'à l'Opéra-Comique. En 1789, il vint débuter au théâtre des Tuileries (alors théâtre de Monsieur), pour y remplir les rôles de premier ténor dans l'opéra français. Il fut un des créateurs et des soutiens de ce théâtre jusqu'au moment de la réunion du théâtre Feydeau à celui de l'Opéra-Comique, en 1800.

Il a créé d'origine les rôles de Roméo, de Floresky (dans Lodoïska), de Belfort (dans les Visitandines, etc. On se rappelle avec plaisir le talent qu'il a su déployer dans chacun de ces rôles.

Nous allons le considérer maintenant comme compositeur. Il a donné les ouvrages suivans au théâtre de l'Opéra-Comique : l'Amour Filial, en 1792 ; les deux Hermites, en 1793 ; la Famille Indigente, et le Petit Matelot, en 1795 ; Lise et Colin, en 1796 ; Sophie et Moncars, et le Traité nul, en 1797 ; Léonore, en 1798 ; le Locataire, Owinska, et le Trompeur trompé, en 1800 ; un Quart-d'heure de silence, en 1804 ; Monsieur Deschalumeaux, en 1806 ; l'échelle de soie, en 1808 ; la Rose Blanche et la Rose Rouge, en 1809.

Tous ces opéras ont eu du succès, surtout l'Amour Filial, les deux Hermites, le Petit Matelot, le Traité nul, et, dans un genre plus élevé, Sophie et Moncars. Tous les morceaux de l'Amour Filial ont été retenus : on peut dire que c'est une musique virginale. C'est l'ouvrage qui conserve le mieux l'empreinte du talent que M. Gaveaux a reçu de la nature. Dans les deux Hermites, on a surtout applaudi le duo charmant, si bien mis en scène : *Connaissez-vous le compagnon du père Ambroise ?*

M. Gaveaux s'est attaché quelquefois à imiter la manière italienne, et il a réussi principalement dans les finals, où il a su fondre la science et la verve.

Nous ne passerons pas sous silence les jolis opéras qu'il a donnés au théâtre Montansier : le Diable couleur de rose ; le Diable en vacance, qui en est la suite ; le Bouffe et le tailleur ; Trop tôt ; et les Mariages inattendus. Il a aussi publié des ariettes italiennes, dédiées à son ami Garat ; et des romances françaises, entr'autres, les romances d'Attala, paroles de M. Vincent Daruty.

Nous connaissons de ce compositeur un ouvrage où il a mis le sceau de son talent. Nous voulons parler de la musique qu'il a faite sur le Pygmalion de J.-J. Rousseau, dont il a rhythmé la prose poétique comme des vers. Il serait à désirer que M. Gaveaux fît exécuter cette scène au théâtre de l'Opéra-Comique, pour lequel il l'a destiné.

GAVINIÉS (Pierre), naquit à Bordeaux le 11 mai 1726. Dès sa plus tendre enfance, il prit des leçons de violon, et à treize ans il pouvait déjà s'en passer. A quatorze ans il fut conduit à Paris, et débuta au Concert Spirituel. Il joua dans trois concerts de suite, chose rare, qui devint le premier fondement de sa célébrité. Son exécution était sûre et brillante, mais ce qui le distinguait éminemment, c'était une qualité de son si pure et si expressive, qu'il semblait faire soupirer son violon. Aussi excellait-il dans l'adagio. On sait qu'il lutta victorieusement contre Domenico Ferrari, Pugnani, et Jean Stamitz. Viotti, après l'avoir entendu, le nomma *le Tartini de la France.*

Gaviniés, dans sa vie privée, nous rappelle aussi Tartini. Jeune, il quitta Paris secrètement, et une intrigue d'amour, mêlée à sa fuite, la rendit plus grave. Il fut arrêté à quatre lieues de Pari, et resta un an en prison. C'est alors qu'il composa d'inspiration la fameuse romance connue sous le nom de *Romance de Gaviniés,* et qui eut une vogue prodigieuse. Il la chantait sur son violon avec un charme inimitable, et en improvisant des variations qui ne l'étaient pas moins. Peu de tems avant sa mort, il l'exécuta dans un concert public, et tira des larmes de tous les auditeurs. Il était alors dans sa soixante-treizieme année.

Gaviniés est le chef de la bonne école française, qui a produit, en violonistes, Capron, Lemierre, Paisible, Leduc l'aîné, l'abbé Robinot, et MM. Imbault, Guénin et Baudron.

Au génie de son art, Gaviniés joignait un jugement solide et un esprit cultivé. Il fut lié avec Jean-Jacques Rousseau, qui prisait beaucoup sa conversation. On nous a raconté le trait suivant. Un jour Jean-Jacques Rousseau lui dit : *Je sais que vous aimez les cotelettes, je vous invite à en manger avec moi.* Gaviniés se rendit chez Rousseau, qui fit cuire lui-même les cotelettes. Cela est d'autant plus remarquable que Rousseau, en général, était peu communicatif.

Gaviniés a publié trois œuvres de sonates et plusieurs concertos. Un an avant sa mort (en 1799), il publia un recueil, intitulé les vingt-quatre Matinées, qui sont encore plus difficiles à exécuter que les Caprices de Locatelli et ceux de Fiorillo. Le seul ouvrage qu'il ait fait pour le théâtre est l'intermède intitulé : le Prétendu, joué avec succès au Théâtre Italien en 1760. En 1794, le Conservatoire de Musique l'appela à remplir une place de professeur de violon, et il s'en acquitta avec tout le zèle qu'on aurait pu attendre d'un homme de trente ans. Chaque année ses élèves remportaient le prix de violon ; preuve que, jusqu'à l'âge de soixante-quatorze ans, il avait su prendre tous les styles et les transmettre à ses élèves. Il est mort le 10 septembre 1800.

Madame la comtesse de Salm a publié, en 1802, un éloge de Gaviniés, qui est rempli de détails très-intéressans sur sa personne et ses ouvrages.

GAWRILA, de l'Ukraine, était, en 1753, quoique jeune encore, un chanteur excellent à la chapelle du comte de Razumovsky à Moskow.

GAY (Madame SOPHIE), auteur du roman intitulé : Laure d'Estell, joint à beaucoup d'esprit des talens et des connaissances rares pour une personne de son sexe. Habile sur le piano et savante dans la composition, elle a mis en musique plusieurs poëmes lyriques ; mais elle n'a encore publié que des romances, dont elle a fait les airs et les paroles.

GAYE, musicien de la chapelle de Louis XV, s'avisa, dans une partie de débauche, de mal parler de l'archevêque de Rheims, son supérieur. Cet homme se croyant perdu, alla se jeter aux pieds du Roi, lui avoua sa faute, et lui demanda pardon. Quelques jours après, comme il chantait à la messe en présence de Sa Majesté, l'archevêque, à qui on avait rapporté les propos qu'il avait tenus dit assez haut pour être entendu : *C'est dommage, le pauvre Gaye perd sa voix.* — *Vous vous trompez,* dit le Roi, *il chante bien ; mais il parle mal.*

GAYER (JEAN-JOSEPH-GEORGES), maître de concert du landgrave de Hesse-Hambourg, né à Engelhaus, dans la Bohême allemande, en 1748, habile violoniste et compositeur, agréable et profond, apprit d'abord, la musique vocale dans sa patrie ; il prit ensuite, chez les recteurs d'étoles de différentes petites villes, des leçons de clavecin, de basse continue, de violon, de trompette et de cor, et occupa après la place d'organiste pendant deux ans. Plus tard, il étudia encore, pendant un an, le violon sous le célèbre Pichl, et la composition sous Loos. Il voyagea ensuite, et profita pendant trois mois des leçons d'Enderle, à Darmstadt, pour se perfectionner dans les traits. De là, il passa, en 1774, au service du Landgrave, à Hambourg.

Pour la musique vocale, il a composé un oratorio intitulé : *Der Engel, mensch und feind*, six messes solennelles, et quelques motets.

Pour la musique instrumentale : onze concertos pour violon; trente symphonies; quinze concertos pour cor; trois concertos pour basson, un *idem* pour hautbois, et un *idem* pour flûte; six concertos doubles pour deux clarinettes, et quatre sonates pour clavecin, etc.; mais rien n'a été imprimé. V. *Eschentruth. Biblioth*. p. 252.

GAZZANIGA (GIUSEPPE), de Venise, maître de chapelle à Vérone, écrivain pur et expressif, donna, depuis 1771, divers opéras sur les théâtres d'Italie, qui lui acquirent beaucoup de réputation en Italie, en France et en Allemagne. V. Gerber. Il était élève de Sacchini.

GAZZOTTI (LAURENT), chanteur, natif de Fano, s'est rendu célèbre dans sa patrie de 1670 à 1680.

GEANETTINI, a composé, vers 1768, un *Magnificat* à grand orchestre.

GEBART, musicien de cour à Vienne; a fait graver en 1770, à Paris, six quatuors concertans, pour deux violons, viola et basse, op. 1.

GEBAUER, que l'on prononce Guébôr. Il existe à Paris quatre frères de ce nom, d'origine saxonne. Ces quatre frères, emblème de l'accord parfait, unis par leurs talens, leurs vertus et leur amour fraternelle, exécutent, d'une manière admirable, des quatuors de leur composition, pour flûte, hautbois, cor et basson.

L'aîné (Michel - Joseph), né à la Fère, département de l'Aisne, en 1763, fut constamment le père, le maître et le meilleur ami de ses frères, qui lui doivent les premiers élémens de l'art qu'ils professent. A l'âge de douze ans, il était déjà l'appui de sa famille, et fut placé, comme hautboïste, dans la musique de la garde suisse du Roi, près de son père; à vingt ans, il eut une place d'alto à la chapelle du Roi, à Versailles. Il eût été un violoniste de la première force, s'il n'eût, par accident, perdu la première phalange du petit doigt de la main gauche.

A l'époque de la révolution, il fut l'un de ceux des artistes qui formèrent ce corps de musique nationale, qui depuis a pris le titre de Conservatoire Impérial de Musique. Il y resta sept ans, et devint chef de la musique des grenadiers de la Garde Impériale, où ses belles marches et pièces d'harmonie lui ont acquis la réputation de compositeur par excellence pour la musique militaire. Indépendamment de cette place, il occupe aussi celle de premier hautboïste de la musique particulière de S. M. l'Empereur Napoléon.

Il est très-avantageusement connu par une grande quantité de productions charmantes, comme concertos, quatuors, trios, duos, sonates, études, pour tous les instrumens, et par une bonne méthode d'alto.

François Réné, né à Versailles, département de Seine-et-Oise, en 1775, bassoniste de l'Acad. Imp. de Musique, musicien de la chapelle de S. M. l'Empereur Napoléon, et membre de la société des Enfans d'Apollon, fut aussi, comme son frère aîné, pendant sept ans professeur au Conservatoire. Il fut réformé à la réduction de cet établissement, comme plus jeune que MM. Ozi et Delcambre. Il joint à une exécution facile et brillante sur le basson, le plus beau son qu'on puisse tirer de cet instrument. Ses productions, au nombre de plus de cinquante œuvres, en symphonies concertantes, concertos, quatuors, trios, duos, sonates, études, caprices, airs variés, pour tous les instrumens, lui ont acquis de la réputation comme compositeur.

Etienne-François, né à Versailles, département de Seine-et-Oise, en 1777, second flûtiste au théâtre de l'Opéra-Comique, joint à une belle qualité de son une exécution brillante et une bonne méthode. On a de lui plusieurs œuvres de duos, pour deux flûtes, deux violons, et flûte et violon, qui sont estimés.

GEBEL (GEORGES), maître de chapelle du prince de Schwarzbourg Rudolstadt, né à Breslau le 25 octobre 1709, fils aîné de Georges Gebel, organiste à l'église de la Trinité de cette ville, eut pour seul maître de musique son père, qui commença, dès l'âge de trois ans, à lui apprendre à toucher le clavecin. Dès sa sixième année, il se fit entendre dans les grandes maisons, et, à l'âge de douze ans, on le manda à OEls, pour l'entendre sur l'orgue. Depuis cette époque, son père lui fit remplir ses fonctions, et commença à lui donner des leçons de composition. Les opéras italiens que l'on donna alors à Breslau, auxquels il touchait souvent du forte-piano, ne contribuèrent pas peu à perfectionner son goût, en lui fournissant l'occasion de fréquenter et d'entendre souvent les grands virtuoses de ce tems, tels que Fedele, Hoffmann, Krause et Kropfgans.

Il parvint bientôt, aidé par ses talens et son assiduité, à se perfectionner à un tel point qu'on le regardait généralement comme un des meilleurs compositeurs et des plus grands virtuoses sur l'orgue et le clavecin. Le duc d'OEls le nomma quelque tems après son maître de chapelle. Il y composa deux années entières de morceaux pour l'église et une quantité de pièces pour la chambre. En 1735, il fut appelé à Dresde, à la chapelle du comte de Bruhl, où il prit encore, d'après le conseil de son maître, des leçons de pantalon chez le vieux Hebenstreit, avec lequel il fut bientôt en état de rivaliser.

En 1747, le prince de Rudolstadt le nomma son maître de concert, et peu de tems après son maître de chapelle. Le plaisir que ses compositions procuraient au Prince fit qu'il travailla jour et nuit sans se donner aucune relâche. Son corps,

déjà faible dès sa plus tendre enfance, ne put soutenir ces efforts extraordinaires, et il mourut, le 24 septembre 1753, d'un accès d'hypocondrie, à l'âge de quarante-quatre ans. Il avait composé un nombre prodigieux d'ouvrages; mais rien n'a été imprimé, à l'exception d'une seule partie pour le clavecin, qui a paru à Rudolstadt. V. Marpurg, *Beytræge*, t. I; et Hiller, *Lebensbeschreibungen berühmter musik gelehrten*, p. 66.

GEBHARD (PAUL), a fait graver à Lyon, vers 1780, six quatuors pour violon, op. 1.

GEERE, il s'est fait connaître; vers 1770, par différentes cantates pour l'église et des *Kyrie*, en manuscrit.

GEHOT, (J.), violoniste et compositeur au grand concert de Londres, en 1784, a publié, en 1782 et dans les années suivantes, à Berlin et à Paris, quatre ouvrages, qui contiennent six quatuors pour violon, six trios pour le même instrument, six trios pour violon, viola et violoncelle, et six duos pour violon et violoncelle.

GEHRING (JEAN-MICHEL), né à Durrfeld, dans l'évêché de Wurzbourg, le 14 août 1755, fut envoyé à l'âge de huit ans, par son père, au couvent d'Ebrach, pour y apprendre à lire, à écrire, et recevoir en même tems des leçons de musique; il y fit du violon et du chant ses occupations favorites. Quatre ans après, il se rendit à Wurzbourg, pour y faire ses études. Sa belle voix lui procura la connaissance de l'abbé Vogler, qui l'instruisit dans la théorie de la musique. Il perdit alors l'envie qu'il avait eu de se consacrer aux sciences, et retourna chez son père, qui était inspecteur des chasses, pour y apprendre la profession de chasseur, afin de pouvoir aider son père dans ses vieux jours. Persuadé que pour être fameux chasseur, il fallait savoir donner du cor, il commença à s'y exercer sans avoir de maîtres, et y mit tant de zèle, qu'il se trouvait déjà au bout de quinze jours en état d'exécuter un morceau de chasse. Son père mourut peu de tems après. Il se rendit alors à Dresde, où un baron de Bender le prit à son service comme chasseur, et lui fit donner encore quelques leçons par Hummel.

Pendant la guerre pour la succession de la Bavière, le baron se rendit à Vienne, et emmena Gehring avec lui. Ses talens y furent bientôt connus. L'archiduc Maximilien le fit appeler un jour inopinément, et l'engagea à exécuter plusieurs concertos à la première vue. Il en fut tellement satisfait, qu'il le nomma dès ce moment musicien ordinaire pour les concerts de la cour, et bientôt après, cor à l'orchestre de l'Opéra Italien. Lorsque le Prince de Graschalkowitz établit, en 1781, sa chapelle, il nomma Gehring pour en être un des membres. En 1785, il fit, avec l'agrément de son maître, un voyage de deux ans en Allemagne et en Suisse, en compagnie avec Tyrey. Il fut admiré partout où il se fit entendre. Voy. Meusel, *Miscellan. art. Inh.*, cahier 28, p. 219.

GEHRING (JEAN-GUILLAUME), maître de chapelle à Rudolstadt depuis la mort de Gebel, était regardé comme un des plus grands virtuoses sur le basson, mais il avait renoncé à cet instrument dès 1790, à cause de son âge.

GEHRING (LOUIS), fils du précédent, né à Rudolstadt, est un des meilleurs flûtistes de nos jours. Il a vécu à Vienne depuis 1780 jusqu'à 1790.

GEIER (MARTIN), en dernier lieu, prédicateur de cour et conseiller d'église à Dresde, né à Leipsick le 24 avril 1614, fit le 17 novembre 1672, l'oraison funèbre du maître de chapelle de la cour, Henri Schutz, d'après le texte que ce dernier s'était choisi lui-même. Ce sermon a pour titre : *Die kœstliche arbeit in der lieben frauenkirche zu Dresden.* Il y parle, en différens endroits, des maîtres de chant des Hébreux, et dit beaucoup de bonnes choses sur la musique d'église chrétienne. Ce sermon renferme en outre plusieurs anecdotes et traits de caractère de la vie de Schutz. On le trouve dans *Geier Miscellan predigten* (Sermons mêlés), Leipsick, 1687, in-4°, p. 137. Geier mourut à Freyberg le 12 septembre 1680. V. Jœcher.

GEILFUS (CHARLES-GODEFROI), organiste de l'église luthérienne d'Utrecht, y est mort en 1740. C'était plutôt un claveciniste élégant qu'un grand organiste. On a gravé à Amsterdam deux ouvrages pour le clavecin, de sa composition, dont chacun renferme six sonates.

GEIST (CHRÉTIEN), musicien excellent et compositeur à Stockholm vers 1650. Le consul de Hambourg, à Stockholm le proposa, en 1664, comme chanteur à la place de Th. Selle, Matheson dit des compositions qu'il avait envoyées au concours, que la délicatesse du style qu'on y remarquait était une preuve qu'il avait beaucoup fréquenté les Italiens. V. *Ehrenpforte*, p. 19.

GELEITSMANN (ANTOINE), luthiste et poëte de la cour, était, en 1740, membre de la chapelle de l'évêque de Wurzbourg. On a de lui trois suites pour luth, en manuscrit.

GEMINIANI (FRANCESCO), l'un des plus fameux élèves de Corelli, naquit à Lucques en 1680. Ce fut Alexandre Scarlatti qui lui donna les premières leçons de musique. Il a passé la plus grande partie de sa vie à Londres. Awison cite ses compositions comme des modèles d'une excellente musique instrumentale, il en loue surtout la modulation douce et pleine d'expression, l'harmonie toujours parfaite, et le naturel des liaisons. Burney dit, au contraire, que sa composition est hardie et pleine d'invention, mais défectueuse dans le rhythme et dans la mélodie, et qu'elle contient si peu de phrases, qu'un musicien qui se tromperait, en jouant sa partie, aurait beaucoup de peine à se retrouver.

Voici ses ouvrages théoriques (c'est à Londres qu'il les fit paraître) :

1°. Traité du bon goût, et règles pour exécuter avec goût.

2°. Leçons pour le clavecin.

3°. L'Art de jouer du violon, contenant les règles nécessaires pour la perfection, etc.

Dans ce dernier ouvrage, il suppose la connaissance des notes, et s'attache principalement à montrer au lecteur l'usage du manche du violon et la manière de se servir de l'archet. Dans une gravure, qu'il donne à ce sujet, il divise le manche, par douze lignes, en tons entiers et demi-tons. Il exige que l'écolier transporte ces lignes avec de la craie sur le manche de son violon; et, pour en montrer l'usage, il trace plusieurs échelles avec l'indication du doigté, ainsi que six différentes positions de la main. Enfin, il éclaircit cette méthode par des exemples suffisans. Il enseigne ensuite à se servir de l'archet; comment il faut le tenir et le poser sur les cordes pour produire de beaux sons; comment il faut le lever, et la manière d'obtenir le *forte* et le *piano*. Toutes ces règles sont suivies d'une longue série d'exemples ou plutôt de douze solos pour violon, avec accompagnement de basse, dans tous les styles; dans tous les tons et dans tous les mouvemens. M. Siéber, fils, a donné une nouvelle édition de cet ouvrage en 1801.

4°. L'Art de l'accompagnement, ou Méthode nouvelle et commode pour apprendre à exécuter proprement et avec goût la basse continue sur le clavecin. 1742.

V. *Guida armonica o dizionario armonico, being a sure guide to harmony and modulation*, etc. *London*, 1742.

— Cet ouvrage, qui ne consiste que dans des passages très-courts, et auquel l'on prétend que l'auteur avait travaillé vingt ans; fut traduit en français, à Paris, en 1756. Il parut sous le titre de Guide harmonique, ou Dictionnaire harmonique, etc. On trouvera dans le second volume des Notices de Hiller (*Hillerische Nachrichten*), p. 82, des détails sur cet ouvrage.

Parmi les compositions gravées de Geminiani, on compte trente sonates pour violon, en trois œuvres; douze trios pour violon, en deux cahiers; et trente six *concerti grossi*, en six œuvres, dont un contient l'œuvre cinq de Corelli ainsi arrangé. Le premier œuvre des sonates parut en 1716.

Geminiani est mort à Dublin le 17 septembre 1762, dans un âge très-avancé. On regarde Dubourg comme son meilleur élève.

GEMMEL, docteur en médecine, a fait insérer en 1756, au second volume des *Beytræge* de Marpurg, page 325, une critique détaillée de l'ouvrage de Daube, intitulé : *General bass in drey accorden* (Basse continue en trois accords), dans laquelle il le maltraite beaucoup.

GEMMINGEN (EBERHARD-FRÉDÉRIC baron de), conseiller intime du duc de Würtemberg et président du conseil de la régence à Stuttgard vers 1784. Ses connaissances profondes et étendues dans la musique, et dans l'art de la composition, lui donnent le droit d'être compris parmi les amateurs de musique les plus distingués. On a de lui, outre six symphonies pleines de feu et de verve, plusieurs autres morceaux pour le clavecin, remarquables par leur goût excellent. Toutes ces compositions sont restées manuscrites.

GENÈVE (M. de), né à Grenoble, vers 1770, est un de nos premiers amateurs sur le violon. Il s'est livré à la composition, mais il n'a encore rien publié. Il possède les langues anciennes, et parle avec facilité plusieurs langues modernes. Comme il excelle dans la plupart des exercices du corps, on croirait qu'il a pris Saint-Georges pour modèle.

GENLIS (Madame STÉPHANIE-FÉLICITÉ DUCRET de), « auteur de plusieurs romances, paroles et musique, et d'une Méthode de harpe, dont les principes, entièrement nouveaux, sont appuyés par la réputation et le talent extraordinaires de son élève (M. Casimir Baecker). Cette méthode, publiée il y a cinq ans, a eu le plus grand succès et le plus grand débit; on en fit une seconde édition au bout de quelques mois. Cet ouvrage renferme, dans son texte, des recherches curieuses sur la harpe, et des leçons de la plus grande clarté. L'auteur y développe des vues générales sur l'étude des instrumens qui exigent l'égalité des deux mains, tels que le piano et la harpe. Ces idées lui appartiennent, car elle en avait déjà donné au public la principale partie, il y a plus de trente ans, dans l'un de ses ouvrages (Adèle et Théodore). »

GENSRAFF (ABRAHAM), poëte couronné, magister et surintendant, s'est fait connaître, comme compositeur, par plusieurs essais heureux. Il vivait à Freyberg vers 1620.

GENTI (Mademoiselle), célèbre virtuose à la guitare, au luth et au théorbe, vécut à Paris en 1778, où elle était alors estimée depuis long-tems. Elle a aussi composé plusieurs chansons, avec accompagnement de ces instrumens.

GEOFFROY, violoniste, joua, en 1752, au Concert Spirituel, à Paris, et y eut beaucoup de succès.

GEORGEON (HENRIETTE-SO-PHIE), épouse de M. Noury, née près Paris en 1780, a cultivé dès l'enfance, avec un égal succès, la musique et la poésie. A l'âge de quatorze ans, elle fit la jolie romance du Bonjour, que M. Auber fils mit en musique, et que tout ce qui chante, a chantée et chantera encore long-tems. Elle a publié ensuite un grand nombre d'opuscules, tant de poésie que de musique, dont plusieurs ont eu du succès. Mademoiselle Georgeon a eu au Conservatoire un prix de chant, Plusieurs sociétés littéraires l'ont admise dans leur sein. Elle a donné en 1802, au Théâtre de l'Impératrice, une comédie, en un acte et en prose, qui a été bien accueillie; mais les désagrémens qu'entraîne, pour une femme, l'état d'auteur dramatique, l'ont décidée à se borner à la poésie lyrique et à la composition musicale.

GEORGIO. On connaît, en Allemagne, plusieurs de ses compositions pour le clavecin, qui ont été gravées probablement à Londres. V. le dictionnaire d'E. L. Gerber.

GEORGIUS (FRANÇOIS), a fait imprimer à Venise, en 1725, un ouvrage in-folio, sous le titre : Tria cantica de harmonia totius mundi. Walther assure que cet ouvrage est devenu très-rare.

GEORGIUS (NICOM.) arche-vêque de Nicomédie, vers l'an 880, était auparavant moine à Constantinople. On le comptait de son tems parmi les plus grands musiciens de la Grèce. V. Gerber, Hist.

GEORGIUS (SICELIOTES), moine grec. Le Triodium, Venet., 1601, le range parmi les anciens musiciens qui ont composé des mélodies pour des hymnes et autres cantiques d'église. L'on ignore l'époque où il a vécu.

GERA, s'est fait connaître, vers 1780, par différens concertos pour la flûte et quelques compositions pour la harpe, qui sont restés en manuscrit. V. l'art. Geere.

GÉRARD (HENRI-PHILIPPE), né à Liége vers 1760, a fait en cette ville ses premières études de musique. Envoyé à Rome, au collége Liégeois, il y a séjourné cinq ans, et a eu pour maître le célèbre Grégorio Ballabène, très-habile compositeur.

M. Gérard est venu à Paris, où il a professé avec distinction, selon les principes d'une école pure et savante, l'art du chant et celui de la composition. Lors de la formation du Conservatoire de Paris, il y fut appelé pour y enseigner le chant et la vocalisation; il continue d'y remplir les mêmes fonctions. M. Gérard a publié fort peu d'ouvrages, mais a composé un grand nombre de scènes et autres pièces, estimées des personnes qui les connaissent, pour le bon goût et la pureté qui y règnent.

GERBER (CHRÉTIEN), né à Gœrnitz le 27 mars 1660, fit imprimer en 1704, à Arnstadt, in-8° Sendschreiben an Georg Motzen vom missbrauch der Kirchenmusik. Il mourut le 24 mars 1731 à Lobkowitz, où il était pasteur et magister.

GERBER (HENRI-NICOLAS), organiste de la cour du prince de Schwarzbourg, à Sondershausen, naquit à Wenigen-Ehric le 6 septembre 1702. Jeune encore, il se rendit à Leipsick, pour y étudier la composition sous la direction du grand Sébastien Bach. Il fut reçu à l'université, par le recteur Bœrner, en 1724. Bach lui joua en entier, et à trois reprises, son clavecin tempéré, pour lui apprendre la manière de l'exécuter. Après deux ans de leçons, Gerber revint, en 1727, à la maison paternelle, et entreprit de construire un petit orgue avec une pédale à douze tons. Le maître de chapelle Scheibe lui fournit l'occasion de construire une machine qui soulevait les soufflets de l'orgue sans le secours d'un homme; mais il ne put la faire qu'en petit, attendu qu'elle exigeait trop de place pour être appliquée à un grand orgue. C'est en 1731 qu'il a été nommé organiste du prince de Schwarzbourg. Il remplit avec succès cette fonction jusqu'en 1775, époque où il l'a cédée à son fils. Le 6 août de la même année, il mourut d'une attaque d'apoplexie. Il a laissé des sonates et des concertos tant pour l'orgue que pour le clavecin, ainsi que des préludes et des fugues pour ces deux instrumens. V. Gerber.

GERBER (Ernest-Ludw.), fils du précédent, organiste de cour à Sondershausen, est connu par un Dictionnaire historique de musique, publié en 1790, à Leipsick, chez Breitkopf, sous le titre : *Historisch-biographisches lexicon der Tonkünstler*, etc. Cet ouvrage, qui fait suite à ceux de Prinz et de Walther, est plus satisfaisant que ceux de ces auteurs; mais il laisse néanmoins à desirer beaucoup, et, l'on peut le dire, plus que ne le comportent ces sortes d'ouvrages, quelqu'indulgence qu'ils exigent. On ferait une très longue note des omissions, des méprises, des contradictions et des erreurs de tout genre qui s'y trouvent; il prouve surtout dans son auteur une ignorance visible de l'histoire de l'art. Malgré tous ces défauts, qui tiennent peut-être à des circonstances particulières, cet ouvrage est important et utile. Il nous a été d'un très-grand secours; nous devons même avouer, ce que l'on reconnaîtra d'ailleurs, qu'il a servi de base à notre travail, qui est, dans sa plus grande partie, une rectification et une correction de celui de M. Gerber. Cet auteur lui-même est personnellement intéressant par sa modestie, par son zèle et ses autres qualités. Nous savons que depuis 1790 il s'occupe sans cesse des moyens d'améliorer son ouvrage, dont il prépare une nouvelle édition, qui eût paru sans les circonstances. Il nous avait fait

promettre qu'il nous communiquerait ses travaux ; nous regrettons qu'il n'ait pas rempli l'espérance qu'il nous avait donnée.

GERBERT (Martin), prince-abbé du couvent de bénédictins et de la congrégation de saint Blaise, dans la Forêt-Noire, né le 20 août 1720 à Horb-sur-le-Necker, petite ville du comté de Hohenberg, dans l'Autriche antérieure. A un savoir très-étendu il réunissait l'âme la plus élevée et le caractère le plus simple et le plus aimable. Ayant eu occasion, dans sa jeunesse, d'entendre souvent l'excellente chapelle du duc de Wurtemberg, à Ludwigsbourg, et d'y chanter quelquefois lui-même, il conçut cette affection pour la musique à laquelle nous devons ses recherches savantes et pénibles sur l'histoire de cet art.

Dans la vue de les rendre plus profondes et plus utiles, il entreprit un voyage de trois années en France, en Italie et en Allemagne; parvint, par son autorité, à se faire ouvrir les trésors les plus cachés, surtout les bibliothèques des couvens, et puisa de cette manière, aux premières sources, les matériaux pour son Histoire de la musique d'église. A Bologne, il se lia de l'amitié la plus intime avec le P. Martini. Ils convinrent qu'ils se communiqueraient réciproquement leurs richesses, et que le P. Martini écrirait l'histoire de la musique en général, tandis que Gerbert ne s'occuperait que de la musique d'église en particulier. Le nombre de dix-sept mille auteurs, que Martini avait rassemblés, étonna, à la vérité, l'abbé Gerbert, mais il assure qu'il lui en avait fait connaître encore un plus grand nombre existant dans les bibliothèques de l'Allemagne.

En 1762, il annonça, par un prospectus imprimé, son dessein d'écrire l'histoire de la musique d'église, en invitant ceux qui pouvaient lui donner des renseignemens à cet égard de les lui faire parvenir. L'on trouve ce prospectus dans le premier volume des Lettres Critiques de Marpurg. Il termina cet ouvrage au bout de six ans, quoique dans l'intervalle (le 23 juillet 1768) toute l'abbaye, et la bibliothèque précieuse qu'elle renfermait fussent devenues la proie des flammes, ce qui entraîna la perte d'une grande partie des matériaux et celle d'un tems considérable, qu'il fut obligé de donner à la direction du nouvel édifice que l'on était occupé de construire. Cet ouvrage, composé de deux volumes in-4°, et orné de beaucoup de gravures, a pour titre : *De cantu et musicá sacrá, a primá ecclesiæ ætate usque ad præsens tempus, Auctore Martino Gerberto, monasterii et congregationis S. Blasii de silvá nigrá Abbate, sacrique romani imperii principe. Typis San-Blasianis, 1774.* Le premier volume de cet ouvrage, avec cinq planches, contient, sans la préface 590 pages, et le second, avec 35 planches, sans préface ni tables, 409 pag. Gerbert divisa l'histoire du chant d'église en trois parties. La première finit au pontificat de saint Grégoire; la seconde va jusqu'au quinzième siècle; et la troisième jusqu'à nos jours. Il y examine avec beaucoup de soin chaque branche du chant de l'église romaine, il y fait connaître, outre les différentes espèces de notes dont on s'est servi dans chaque siècle, avant les nôtres, une *Missa in cœnd Domini*, à deux chœurs; un *Gloria*, à deux chœurs; un *Graduale*; un *Credo*; un *Offertorium*; un *Sanctus* et un *Ad communionem* en partition.

Mais ce qui donne au prince-abbé Gerbert des droits bien plus grands à la reconnaissance des savans et des artistes, est un autre ouvrage d'une bien plus grande importance qu'il publia en 1784, sous le titre : *Scriptores ecclesiastici de musicá sacrá potissimum. Ex variis Italiæ, Galliæ et Germaniæ codicibus manuscriptis collecti et nunc primum publicá luce donati, à Martino Gerberto monasterii et congregat. S. Blas. in sylvá nigrá, abbate S. A. R. J. P. Typis San Blasianis, 1784.* Le premier volume contient trois cent quarante-huit pages, sans compter une préface de six feuilles; le second trois cent quatre-vingt-treize pages, et le troisième quatre cent deux pages, avec un frontispice au commencement de chaque volume. C'est une collection de tous les auteurs originaux qui ont écrit

sur la musique, depuis le troisième siècle jusqu'à l'invention de l'imprimerie, et qui étaient demeurés manuscrits. M. Gerbert les a réunis au nombre de plus de quarante, et les a arrangés selon l'ordre chronologique, en sorte que l'on y voit l'histoire de l'art par les pièces justificatives. Cet ouvrage est un service immortel que ce savant amateur a rendu à l'art musical. Malheureusement, il devient si rare qu'il est très-difficile de s'en procurer un exemplaire. M. Forkel en a donné une analyse assez étendue dans son Histoire de la Musique.

M. l'abbé Gerbert entretenait une correspondance suivie avec le célèbre Gluck. Il est mort d'une inflammation de poitrine, dans sa soixante-treizième année, le 13 mai 1792. V. le Nécrologue de Schlictegroll, 1793, t. II.

GERBINI (Mademoiselle Luigia), virtuose sur le violon, est élève du célèbre Viotti. En 1799, elle vint à Lisbonne, où elle fit entendre des concertos de violon, qu'elle jouait dans les entr'actes au Théâtre Italien. Au jugement des connaisseurs de Lisbonne, rien de plus pur et de plus harmonieux que les sons qu'elle sait tirer de son instrument. Engagée ensuite au même théâtre, en qualité de cantatrice, elle prouva qu'elle n'était pas moins exercée dans la musique vocale. Au mois de février 1801, elle quitta le théâtre de Lisbonne pour se rendre à Madrid.

GERELLI, chanteur italien, était en 1779 en Espagne, où on l'estimait beaucoup à cause de sa belle voix.

GERLACH, fabricant d'instrumens de musique à Hambourg en 1790. On recherchait beaucoup ses forte-pianos et ses clavecins.

GERLANDUS, surnommé Chrysopolitanus, chanoine et recteur de l'école de S. Paul à Besançon, vers le milieu du douzième siècle, né dans la même ville, s'est fait connaître, comme savant, par son *Candelabrum*, en vingt-deux livres. Il a en outre écrit quelques morceaux sur la musique, que l'abbé Gerbert a recueillis et insérés dans sa Collection d'auteurs de musique, au tome II, page 277, sous le titre *Gerlandi fragmenta de musicá,*

Ces fragmens traitent *De fistulis* et *De notis*.

GERLE (JEAN), très-célèbre luthiste et fabricant de luths, vécut à Nuremberg vers l'an 1523, où il a fait aussi imprimer différens morceaux de sa composition.

GERLIN (J.-P.), compositeur vers 1780. Dans le Choix d'airs français qui parut alors à Amsterdam, chez Hummel, se trouvent plusieurs morceaux de sa composition.

GERSON, musicien de la fin du dix-huitième siècle, est connu par quatre sonates pour le clavecin, à quatre mains, et par six trios pour la flûte, de sa composition. Ils sont restés en manuscrits.

GERSON (JEAN), le célèbre chancelier de Paris, ainsi nommé d'un village près Rhetel, où il naquit en 1363, a écrit sur la musique à plusieurs parties, qui était déjà en usage de son tems. On trouve dans ses ouvrages la description d'une infinité d'instrumens tant anciens que modernes. Il a composé aussi un fort beau poëme en vers, intitulé : *De laude musicæ*. Il mourut en 1429, âgé de soixante-six ans.

GERSTENBERG (JEAN-GUILLAUME de), consul du Roi de Dannemarck et son résident à Lubeck, né à Tondern en 1737, était un des amateurs de musique les plus éclairés et les plus habiles. Il a écrit deux dissertations, la première sur la poésie lyrique italienne; la seconde sur la manière de chiffrer les accords.

GERSTENBERGER (J. C.), musicien à Leipsick vers 1760. On le connaît, comme compositeur, par différentes pièces pour le clavecin, en manuscrit.

GERVAIS (CHARLES-HUBERT), né à Paris le 19 février 1671, d'abord maître de musique de la chambre du duc d'Orléans (régent), et ensuite de la chapelle du Roi, a peu réussi dans la musique d'église. Il a donné à l'Opéra, en 1697, Médée ; en 1716, Hypermnestre; et, en 1720, les Amours de Protée. On prétend que le Régent avait fait une partie d'Hypermnestre, et, entr'autres morceaux, le tambourin si connu. V. Laborde.

GERVAIS, était un virtuose, dont les talens ont été très goûtés au Concert Spirituel, en 1785. Les sons brillans et purs qu'il tirait de son instrument l'ont rendu l'émule du célèbre Fræntzel, dont il était l'élève. Il est mort à Bordeaux il y a quelques années.

GERVAIS, (Madame), née Pérignon, épouse du précédent, a exécuté avec succès, au Concert Spirituel, vers 1784, une sonate de forte-piano.

GERVASONI (CARLO), maître de chapelle à Borgo-Taro, a publié, en 1800, deux volumes in-8°, intitulés *La scuola della musica*.

GESNER (CONRAD), philologue et Polyhistor, né à Zurich en 1516. Dans son ouvrage *Libri XXI Pandectarum sive partitionum universalium*; il traite, au septième livre, *de musicâ*. Il mourut à Zurich, de la peste, le 13 décembre 1565.

GESNER (JEAN-MATHIEU), professeur, traite dans ses Institut. Scholast., chap. II, Sect. XI, p. 150, de la musique et de la manière de l'exercer dans les écoles.

GESSEL ou GŒSSEL, en dernier lieu, mécanicien de cour et organiste à Baudissin, demeura auparavant à Dresde, et s'y montra, en 1764 par son année de soixante-une cantates pour l'église, en manuscrit, comme un des meilleurs compositeurs de ce tems. Il est mort à Baudissin vers 1780.

GESTALTNER (Sébastien), musicien excellent et grand latiniste, né à Schwatz, en Tyrol, fut élevé dès sa plus tendre enfance parmi les musiciens célèbres de la chapelle de l'empereur Maximilien II. En 1551, il fut élu abbé du couvent des Cisterciens à la Trinité, devant Neustadt, près Vienne.

GESTEWITZ, de Dresde, beau-frère du maître de chapelle Hiller, était en 1784, quoique jeune encore, directeur de musique au théâtre allemand de Bondini, et fit alors quelques compositions pour ce théâtre. Hiller a donné, dans ses Recueils d'ariettes et de duos, une ariette de sa composition.

GEYER (JEAN-LOUIS), né à Untersiema, dans le pays de Cobourg, le 25 janvier 1695, apprit la musique chez Zwickern, musicien de la ville de Cobourg. En 1715, il vint à la cour de Meinungen; le duc Antoine-Ulric le prit avec lui à Vienne, où il jouit pendant cinq ans des leçons de Jean-Jacques Friedrich, premier bassoniste de la chapelle de l'Empereur. En 1734, il entra au service du duc de Weimar, et quelque tems après à celui du duc de Meinungen.

GHERARDESCA (Filippo), élève du P. Martini né à Pistoia, se fit connaître, dès 1767, par des opéras qu'il donna sur divers théâtres de l'Italie. En 1770, il composait à Pise. Quelque tems après, il publia à Florence six sonates pour piano avec violon. Il est mort à Pise en 1808, âgé de soixante-dix ans. Parmi ses ouvrages, on remarque surtout une messe de Requiem, qu'il composa après la mort du roi d'Etrurie, Louis Ier. C'est un chef-d'œuvre en ce genre; il mériterait d'être publié. V. le Magasin Encycl. de 1809, t. I, p. 155.

GHERARDINI (Rinaldo), célèbre chanteur, était, vers 1680, au service du duc de Parme.

GHERINGHELLA (Angiola), cantatrice renommée à la cour de Mantoue vers 1710.

GHINASSI, compositeur, a donné en 1788, au théâtre de Dresde, l'opéra comique Il Seraglio d'Osmano.

GHION, violoniste excellent, au service du roi de Sardaigne, à Turin, vers 1770.

GHIRARDUZZI, violoniste distingué de l'Italie, vint, en 1719, à la société d'opéra qui se trouvait alors à Breslau.

GIACOBBI (Dom Gérome), de Bologne, fut un des premiers auteurs classiques de l'école bolonaise. Il a écrit pour l'église et pour le théâtre. En 1610, il composa la musique de l'Andromeda, drame de Campeggi.

GIACOMAZZI. Deux sœurs de ce nom, de Venise, étaient renommées, vers 1770, comme deux cantatrices excellentes.

GIACOMELLI (Geminiano), de Parme, élève de Capelli, s'est distingué parmi les compositeurs de musique dramatique. Son style est

brillant et plein de saillies. Entr'autres opéras, il a fait Ipermnestra, en 1704 Epaminonda, en 1732; Merope, en 1734; Cesare in Egitto, en 1735; Arsace, en 1736. On a aussi de lui douze arie à soprano solo e cembalo.

GIACOMELLI (Mad.), élève de son mari pour le chant, a paru avec éclat dans plusieurs concerts publics de Paris. Elle possède d'autres talens qui la recommandent à l'estime des connaisseurs: Elle a dessiné et gravé une suite de sujets tirés des tragédies de Sophocle. On y admire le vrai goût de l'antique, et la grandiose qui caractérise les modèles grecs.

GIACOMO, a fait graver à Ausbourg, en 1751, trois solos pour le violon.

GIAI (Giov.-Ant.), compositeur italien, a donné au théâtre de Vienne, son opéra intitulé Mitridate, que l'on représenta ensuite, en 1730, sur celui de Venise. On a gravé en 1756, à Nuremberg, six ariettes de différens compositeurs, parmi lesquels il s'en trouve aussi une de sa composition.

GIANELLA (N....), habile flûtiste à Paris, a publié, pour son instrument, des duos, des trios et des concertos.

GIANNOTI, contre-bassiste à l'Opéra, y entra en 1739. On lui doit un traité de composition, publié en 1759, sous le titre : Le guide du compositeur. L'auteur y suit le système de la basse fondamentale.

GIARDINI (Felice de), né à Turin en 1716, prit dans son enfance des leçons de violon du célèbre Lorenzo Somis, élève de Corelli. Il se rendit ensuite à Naples, où il obtint une place parmi les Ripienos de l'orchestre de l'Opéra. Son grand amusement était de préluder et de changer les passages qu'il avait à jouer. Il racontait lui-même qu'un jour que Jomelli était venu se placer à l'orchestre à côté de lui, il en reçut un bon soufflet pour prix des broderies qu'il ajoutait à sa partie d'accompagnement. Giardini vint à Paris en 1748, et se fit entendre avec succès au Concert Spirituel. Son arrivée à Londres, en 1744, forme une époque mémorable dans l'histoire de la musique instrumentale de ce pays. C'est là qu'il a fait graver six œuvres de sonates pour le violon, trois livres de duos, un œuvre de trios, deux œuvres de quatuors, un œuvre de quintetti et six concertos. Il y a fait aussi représenter l'opéra comique anglais l'Amour au Village, et l'opéra seria : Enea e Lavinia.

Giardini a fondé une école de violon en Angleterre. Personne ne l'égalait dans l'exécution de l'adagio pour la force et l'expression du sentiment. M. Testori, habile sopraniste, qui est resté cinq ans avec lui, et l'a accompagné en Russie en 1796, nous a rapporté que, dans les six derniers mois de cette année, Giardini était mort à Moscow, âgé de quatre-vingts ans ; et, qu'il aurait pu vivre encore, s'il n'avait point négligé un érysipèle qu'il avait à la jambe. Il laissa en manuscrit à M. Testori, deux œuvres de trios, dits de famille, quatre sonates de violon, et un œuvre de sonates d'alto avec accompagnement de guitare. Avant son voyage en Russie, il avait cédé à M. Ciceri de Côme le violon de Corelli dont il était possesseur.

GIARDINI (VIOLENTA), née Vestris, épouse du précédent, eut beaucoup de succès à Paris, où elle chantait des airs italiens tant à la cour qu'au Concert Spirituel. Elle épousa Giardini peu de tems avant son voyage en Angleterre.

GIBBONS (CHRISTOPHE), docteur de musique à Oxford vers 1665; était célèbre comme un des plus habiles organistes. Il mourut en 1676.

GIBBONS (ELIAS), frère du célèbre Orlando Gibbons, vécut vers 1600. On trouve plusieurs morceaux de lui dans les chansons à cinq et six voix qui parurent à Londres, en 1601, sous le titre : Triomphe d'Oriane.

GIBBONS (ORLANDO), docteur de musique à Oxford, et organiste de cour de Charles Ier, reçut le grade de docteur en 1622. il fut regardé comme un des premiers musiciens et organistes de son tems. Walther cite quelques-unes de ses compositions.

GIBEL (OTTO), en dernier lieu directeur de musique, chanteur et compositeur à Minden, était né à Borg, dans l'île de Femern, et mourut en 1682.

GIBELLO (LAURENT), maître de chapelle à l'église de S. Barthelemi, à Bologne, vers 1770, était un disciple du P. Martini. Burney, en convenant que ses compositions ont de l'harmonie, leur dispute les autres qualités requises.

GIBERT, a donné plusieurs opéras au Théâtre Italien, et a publié un ouvrage, intitulé Solfèges ou Leçons de musique. V. Laborde.

GIBETTI (Madame), fut beaucoup applaudie au Concert Spirituel de Paris, où elle se fit entendre en 1788.

GIESE (GOTTLIEB-CHRÉTIEN), archidiacre à Gœrlitz depuis 1774, né à Crossen en 1721. Il a publié à Gœrlitz, en 1766, un ouvrage in-4° sous le titre d'Histoire de l'orgue de Saint-Pierre et Saint-Paul de Gœrlitz.

GIGLI (CLARICE), excellente cantatrice, était, en 1770, au service de la cour de Mantoue.

GILBERT (JOHN), bachelier de musique et compositeur à Oxford, vécut en 1510.

GILES (NATHANAEL), né à Worcester, fut d'abord, en 1585, bachelier en musique, organiste et directeur des enfans de chœur à la chapelle de Windsor. Après la mort de Williams Hunxis, en 1597, il obtint l'inspection des élèves du chœur royal, et quelques tems après la place d'organiste à la chapelle du Roi. En 1607, il sollicita le grade de docteur ; mais il n'y put parvenir qu'en 1622. Il est mort le 24 janvier 1633, à l'âge de soixante-quinze ans. Sur l'épitaphe qu'on lui a placée à Windsor, on fait son éloge comme d'un homme très expérimenté dans son art. La plupart de ses compositions sont pour l'église. V. Hawkins, Hist.

GILLES (JEAN), né à Tarascon en 1669, mourut à Toulouse en 1705 Il fut élève du célèbre Poitevin, et eut pour compagnon Campra. Gilles succéda quelque tems à son maître, et sa brillante réputation lui fit avoir, en 1697, la maîtrise de Saint-Etienne de Toulouse, place qui venait d'être donnée à Farinelli, et dont celui-ci se désista en faveur de Gilles. Sa messe des morts a eu une très-grande réputation. L'origine en est ainsi racontée par Laborde, d'après Corette.

« Deux conseillers au parlement de Toulouse moururent à peu de distance l'un de l'autre ; ils laissèrent chacun un fils. L'amitié la plus étroite les ayant liés dès leur jeunesse, ils convinrent ensemble de se joindre pour faire à leurs pères un superbe service. Ils engagèrent Gilles à composer une messe de *Requiem*, et lui donnèrent six mois pour la travailler à son aise. La messe étant finie, Gilles rassembla tous les musiciens de la ville pour en faire la répétition, et y invita les meilleurs maîtres de musique des environs, entr'autres, Campra et l'abbé Madin. Cette messe fut trouvée admirable ; cependant les deux jeunes conseillers changèrent d'avis et se dédirent. Gilles en fut si piqué, qu'il s'écria : *Eh bien ! elle ne sera exécutée pour personne, j'en veux avoir l'étrenne !* » En effet, il mourut peu de tems après, vers 1680, et sa messe fut exécutée pour lui. Elle l'a été aussi en 1764, au service funèbre en l'honneur de Rameau, dans l'église de l'Oratoire, à Paris.

GILLIER (JEAN - CLAUDE), mort à Paris en 1737, a fait la musique des divertissemens de Dancourt et de Regnard.

GIMMA (Dom HYACINTHE), savant Italien, a fait paraître à Naples, en 1724, un ouvrage sous le titre : *Idea della storia dell' Italia litterata*, in-4°, de cent quatre feuilles, dans lequel on trouve une dissertation sur la naissance et les progrès de la musique en Italie.

GIN (P.-L. C.), qui a donné une traduction de l'Iliade, dans laquelle Homère dort d'un bout à l'autre, a publié, en 1802, une petite brochure, intitulée de l'Influence de la musique sur la littérature. L'auteur y prétend bonnement que c'est aux progrès de la musique qu'il faut attribuer la décadence de la littérature française, dans le dix-huitième siècle. *Risum teneatis*.

GINGUENÉ (P. L.), un des plus chauds partisans de Piccini dans la querelle des Piccinistes et des Gluckistes, a publié, en 1779,

I.

une brochure, intitulée : Entretien sur l'état actuel de l'Opéra de Paris qui lui a valu, dans le Mercure de ce tems, une critique assez virulente de M. Suard. Depuis, il a guerroyé contre MM. Suard et l'abbé Arnaud, sous le nom de Mélophile.

M. Ginguené s'est beaucoup occupé de la littérature italienne et de l'histoire de la musique. Il a fait, conjointement avec M. Farmery, le tome premier de la Musique dans l'Encyclopédie méthodique. Les articles de M. Ginguené sont traduits en grande partie de l'Histoire de la musique du docteur Burney, qu'il aurait pu citer, par exemple, pour tout l'article *Cantate*, un des plus intéressans du volume.

En 1801, cet écrivain a publié une notice très-intéressante sur la vie et les ouvrages de Nicolas Piccini, où il semble avoir reconnu les erreurs de sa jeunesse. Les partisans de Gluck, et même ceux de Piccini, lui ont su gré de la mesure qu'il y gardait, enfin, à l'égard du réformateur de l'opéra français.

GINI (JEAN-ANTOINE), maître de chapelle du roi de Sardaigne à Turin, vers l'an 1728, a composé vers cette époque, la musique des opéras *Mitridate* et *Tamerlano*.

GIORDANI (GIUSEPPE), nommé Giordanello, compositeur italien fort estimé de la fin du dernier siècle, demeura pendant quelque tems à Londres, et y composa, pour le théâtre de cette ville, les opéras *Antigono* et *Artaserse*, dont on grava les principales ariettes. Il donna ensuite, depuis 1784, plusieurs opéras en Italie.

De ses compositions pour la chambre, il a été gravé à Londres, en 1782, quatorze préludes pour le clavecin, et à Paris, six quatuors pour violon, op. 2.

GIORDANI (J.). Il a paru à Paris, depuis 1776, sous ce nom, plusieurs ouvrages pour le clavecin, tels que quatuors et quinte ti ; six concertos pour le clavecin ont été gravés à Lyon, et sont désignés comme son vingtième œuvre. Nous ignorons si c'est le même que le précédent.

GIORGI, violoniste distingué, élève de Tartini, demeurait à Vienne en 1772.

GIORGI (Filippo), tenor et acteur excellent, se distingua d'abord au théâtre de l'Opéra à Rome, d'où il passa à Pétersbourg, comme acteur du théâtre de l'Opéra que l'on venait d'y établir.

GIORGIS (N.), élève de Viotti, a publié des concertos et des airs variés pour le violon. Il s'est fait entendre dans les concerts de Paris, mais sans exciter une vive sensation Il est actuellement attaché, comme violoniste, à la chapelle de Sa Majesté le Roi de Westphalie.

GIORNOVICHI. Voyez Jarnowick.

GIOVANELLI DA VELLETRI (Ruggiero), maître de chapelle à l'église de Saint Louis et chanteur à la chapelle Pontificale en 1549, a fait imprimer, à Venise, une collection de madrigaux et composé beaucoup de messes, parmi lesquelles on en remarque une à huit voix, sur les mots d'un madrigal (Vestiva i colli), et qui était très-estimée de son tems. V. Hawkins, où l'on trouve aussi son portrait. Il vivait encore en 1600.

GIOVANNI (Scipione), a fait imprimer in partitura di cembalo ed organo, Toccate Romanesque, partite sopra il ballò di Fioranza e Mantua, capricci, correnti, Balletti e gagliarde diverse. V. Walt.

GIOVANNINI, compositeur italien et violoniste distingué, demeurait à Berlin en 1740; il mourut en 1782. Dans le magasin de Breitkopf, on trouve huit solos pour le violon, de sa composition, en manuscrit, et encore quelques chants, dans le Recueil d'odes de Græf.

GIRANECK, membre de la chapelle de l'electeur de Saxe à Dresde, mort en 1760, à laissé vingt-quatre concertos pour violon, en manuscrit, sans compter ceux qu'il a composés pour le clavecin, pour la gamba et pour la flûte.

GIRAUD, membre de l'Académie de musique, a fait, en société avec Berton père, Deucalion et Pyrrha, joué en 1755, et a donné seul, en 1762, l'Opéra de Société. Ses mot ts ont eu du succès.

GIRBERT, directeur de musique au théâtre de la cour du margrave d'Anspach-Bayreuth en 1785, était un grand pianiste. On a de lui un concerto pour le forte-piano, en manuscrit.

GIRO (Anna), cantatrice, née à Venise, florissait vers 175).

GIROLAMO DI NAVARRA, Espagnol de naissance et très-grand musicien, florissait en Italie vers 1550

GIROUST (François), naquit à Paris, le 9 avril, 1730. A sept ans, il fut reçu enfant de chœur à Notre-Dame, et il y apprit la composition sous Goulet, maître de musique de cette église En 1768, un compositeur ayant proposé une médaille d'or pour celui qui remplirait le mieux le sujet du beau psaume Super flumina, Babylonis, M. Dauvergne, alors directeur du Concert Spirituel, reçut vingt-cinq ouvrages. De ce nombre, deux seulement balancèrent les suffrages, et se disputèrent le prix. Il n'y avait qu'une médaille : on en frappa une seconde. Quel fut l'étonnement des juges, quand, à la levée des cachets, ils virent qu'un seul homme avait remporté la double palme, et que cet homme était François Giroust ! Il était alors maître de musique de l'église métropolitaine d'Orléans. Un succès si brillant le fit appeler à Paris, où il fut nommé maître de musique des Saints-Innocens. Le Roi le nomma, en 1775, maître de musique de sa chapelle, et ensuite surintendant de toute sa musique. Pour justifier le choix du monarque, il redoubla de zèle et de travaux, et se surpassa lui-même dans l'oratorio du Passage de la Mer-Rouge. Chacun de ses oratorios aurait suffi à la gloire d'un compositeur, et cette collection, est une des plus précieuse en ce genre. On ignore peut-être à quel heureux enthousiasme l'art est redevable de la magnifique musique du Regina cœli? Giroust avait désespéré de rendre un sujet aussi stérile. Passant un jour dans les appartemens de Versailles, il fut frappé à la vue d'un tableau de la résurrection, et s'écria : Voilà un beau tableau, je veux le mettre en musique ! Il fit un chef-d'œuvre. Rien ne put faire plus d'impression sur ce savant compositeur que l'effroi naïf d'une bonne villageoise, qui crut que la terre tremblait et que le lieu de la scène allait s'écrouler, tant le musicien avait rendu fidèlement le mouvement de la pierre sépulchrale à l'instant où le Christ sort du tombeau.

Giroust travailla aussi pour le théâtre de l'Opéra; mais la cabale l'empêcha d'y paraître. On dit que l'ouverture de son Télèphe a été placée, par les connaisseurs qui l'ont entendue, à côté de celle d'Iphigénie. Il est mort à Versailles le 28 avril 1799, regretté surtout d'une veuve, qui a publié en 1804 une notice historique sur son mari. Nous en avons extrait l'article qu'on vient de lire.

GITTER (J.) a fait graver en 1784, à Manheim et à Mayence, deux ouvrages, composés de trois quatuors pour flûte, violon, viola et basse; et de trois duos pour violon.

GIULIANI (ANNA-MARIA), cantatrice fort renommée vers 1780.

GIULINI ou JIULINI, était rangé, vers 1760, parmi les bons compositeurs pour la musique instrumentale. On a de lui six symphonies en manuscrit.

GIURA, s'est fait connaître en 1780, par un ouvrage manuscrit, intitulé *Varie lezione per il violino*, consistant en cinquante leçons par tous les tons, seulement à l'usage de musiciens exercés, avec une basse particulière.

GIUSTI (MARIA), dite la Romanina, était Romaine de naissance, cantatrice et actrice excellente. Elle vint, en 1725, à Breslau, avec une troupe d'autres acteurs d'opéra. Elle y chanta pendant quelque tems, et partit l'année suivante pour Prague.

GIUSTINIANI (GIROLAMO-ASCANIO), poëte lyrique, a paraphrasé en vers italiens les cinquante Psaumes que Benedetto Marcello a mis en musique. C'est à lui que Tartini a dédié le premier œuvre de ses sublimes sonates.

GIUSTINIANI, (Le Prince), grand amateur des arts, et en particulier de la musique, a long tems réuni chez lui des musiciens distingués. M. Porta lui a dédié deux œuvres de trios pour deux violons et violoncelle.

GIZZI, chanteur célèbre, vers 1720, fonda une école de chant, dans laquelle se forma le célèbre Conti, qui porta, dans la suite, le nom de Gizziello, en l'honneur de son maître.

GLARÉAN (HENRI LORIS ou LORIT, dit), parce qu'il était de Glaris en Suisse, naquit en 1488. Il enseigna d'abord à Cologne, puis à Bâle, à Paris, et enfin à Fribourg, où il mourut âgé de soixante quinze ans, le 28 mars 1563. Son maître de musique avait été Jean Cochlæus, et son précepteur en littérature, le célèbre Érasme, avec lequel il fut lié de la plus étroite amitié. Érasme, dans ses lettres, nous représente Glaréan comme un homme d'un savoir profond et universel; car il joignit à la connaissance de la philosophie, de la théologie et des mathématiques, celle de la poésie, de la géographie et de l'histoire. L'empereur Maximilien I lui donna une couronne de laurier et un anneau, pour marque de l'estime qu'il faisait de sa personne et de ses poésies. On sait que les Suisses, assemblés à Zurich, récompensèrent magnifiquement le Panégyrique de l'Alliance des Cantons, que Glaréan avait fait en vers. En 1547, parut à Bâle son Dodécachordon en un vol. in-fol. de 400 p. Cet ouvrage, qui devient rare de nos jours, est de la plus grande importance, en ce qu'il fait parfaitement connaître l'état de la musique pratique vers 1500, c'est-à-dire à l'époque de l'école flamande. L'auteur établit les douze tons du chant ecclésiastique, et donne pour chacun d'eux un choix de pièces, à deux, trois, quatre, et quelquefois à un plus grand nombre de parties, choisies dans les chef-d'œuvres des meilleurs maîtres de ce tems. On y trouve des renseignemens historiques fort intéressans sur plusieurs d'entre eux. M. Choron se propose de former de cet ouvrage le quatrième numéro de sa collection des classiques.

Comme ouvrage posthume, on a encore de lui une édition de Boèce, publiée en 1590, dans laquelle quelques exemples sont ajoutés au traité

18.

de musique, pour le rendre plus intelligible. La Borde s'est trompé en disant que cette édition est de 1570.

GLASENAP. (JOACHIM), a publié, en 1651, un ouvrage in-8°, sous le titre : *Evangelischer weinberg mit anmuthigen symphonien gezieret.*

GLASER (JEAN-ADAM), étudiant en philosophie à Schœuenstein, fit imprimer à Leipsick, en 1686, une dissertation, in-4°, de deux feuilles et demie, sous le titre *Exercitatio philologica de instrumentis Hebræorum musicis ex psalmo 4 et 5.* Chrétien Weidling, à qui Walter attribue cette dissertation, n'était que président. On la trouve aussi dans *Ugolin.*, tome XXXII, page 157.

GLASER (JEAN-MICHEL), vraisemblablement violoniste à la chapelle d'Anspach, a fait graver à Amsterdam, en 1784, six symphonies, op. 1.

GLEDITSCH (CHRÉTIEN), musicien de Leipsick en 1758, a laissé douze pièces à *liuto solo*, en manuscrit.

GLEICHEN (ANDRÉ), directeur de musique et quatrième collègue au gymnase de Gera, né à Erfurt, le 4 février 1625, mort à Géra le 23 février 1693, fit imprimer à Leipsick, en 1653, in-8°, *Compendium musicum instrumentale*, auquel il fit succéder, quelque tems après, *Compendium musicum vocale.*

GLETTLE (JEAN-MELCHIOR), maître de chapelle à Augsbourg, y fit imprimer, vers 1675, un grand nombre d'œuvres de musique d'église, en différens genres. Voyez Gerber.

GLŒSCH (CHARLES-GUILLAUME), musicien de chambre du prince Ferdinand de Prusse vers 1739, ensuite, en 1763, du Prince Royal, excellent flûtiste et bon pianiste, a publié à Berlin : 1°. l'Oracle ou la Fête des Vertus et des Grâces, comédie lyrique en un acte, 1773, 2°. Marche variée pour plusieurs instrumens, 1779. 3°. Six trios pour flûte, op. 1, 1779. 4°. Trois concertos pour flûte, op. 2, 5°. Six sonatines pour le clavecin, op. 3, 1780.

GLOSSIUS (JEAN), fit imprimer à Augsbourg, en 1617, un ouvrage in-4°, sous le titre *Musæ natalitiæ*, etc, à trois voix.

GLUCK (Le chevalier CHRISTOPHE), naquit dans le Haut-Palatinat, sur les frontières de la Bohême, en 1714, et non en 1712, comme le prétend Laborde.

Dans sa jeunesse, il apprit la musique à Prague, et se fit remarquer dès-lors par son habileté sur plusieurs instrumens, notamment sur le violoncelle. S'étant rendu en Italie, il étudia la composition sous le maître de chapelle J.-B. San Martini, et fit jouer son premier opéra à Milan. En 1742, il était à Venise, où il donna l'opéra de Démétrius. En 1745, il passa en Angleterre, et y composa l'opéra de la Chûte des Géans, et y publia plusieurs autres compositions. C'est à partir de cette époque qu'il abandonna le genre italien, dans lequel, comme disait l'abbé Arnaud, *l'opéra est un concert dont le drame est le prétexte.* Il se créa un système dramatique, où tout est lié, où la musique ne s'écarte jamais des situations, et où l'intérêt résulte du parfait ensemble de toutes les parties du drame et de la musique.

D'après ce système, il composa à Vienne, de 1762 à 1764, ses opéras d'Hélène et Pâris, d'Alceste, d'Orphée, et, en 1765, ce fameux drame exécuté pour la célébration du mariage de Joseph II. L'archiduchesse Amalie représentait Apollon, les archiduchesses Elisabeth, Joséphine et Charlotte, les trois Grâces, et l'archiduc Léopold tenait le clavecin.

Le Bailli du Rollet, ayant connu Gluck à Vienne, en 1772, l'engagea à mettre en musique, pour le théâtre de Paris, son opéra d'Iphigénie en Aulide. Deux ans après, Gluck arriva à Paris, âgé de soixante ans, et, par la protection de la reine Marie-Antoinette, qui avait été son élève, il parvint, malgré toutes les cabales, à faire représenter son ouvrage. Iphigénie en Aulide fut jouée, pour la première fois, le 19 avril 1776. Elle excita la plus vive sensation, et l'abbé Arnaud, dans quelques pages éloquentes sur la musique de cet opéra, fut le digne interprète de l'enthousiasme général.

Le succès d'Iphigénie fut le dernier coup porté sur la scène lyrique à l'ancienne musique française, déjà exclue du théâtre comique par les chef d'œuvres de Duni, de Philidor, de Monsigny et de Grétry. Mais si Gluck triompha sans peine de Lully et de Rameau, il trouva dans Piccini un concurrent plus redoutable. Sa rivalité avec ce dernier, arrivé en France peu de tems après lui, fut le sujet de discussions très-vives, qui ne sont pas encore entièrement calmées aujourd'hui. L'opéra d'Iphigénie en Aulide fut suivi d'Orphée et d'Alceste, en 1776; d'Armide, en 1777; d'Iphigénie en Tauride et d'Echo et Narcisse, en 1779. En 1775, il avait donné le petit opéra de Cythère assiégée, qui eut peu de succès, et qui fit dire à l'abbé Arnaud, qu'*Hercule était plus habile à manier la massue que les fuseaux.*

Les jeunes compositeurs qui veulent se former à l'école de Gluck, doivent joindre à l'étude de ses partitions les analyses que l'abbé Arnaud en a faites, et qui ont été recueillies dans un volume, intitulé Mémoires pour servir à l'histoire de la révolution opérée dans la musique par M. le chevalier Gluck, 1781, un vol. in-8°. Les anecdotes suivantes, que nous tenons de M. de Corancez, et dont on a publié une partie sous le nom de M. Bernardin-de-Saint-Pierre, ne seront pas moins utiles aux gens de l'art.

M. de Corancez avait procuré à Gluck la connaissance de Jean-Jacques Rousseau. Voici le jugement que l'auteur d'Emile portait du talent de Gluck, avant la première représentation en France de son premier opéra :

«Rousseau me dit un jour (c'est M. de Corancez qui parle) j'ai vu beaucoup de partitions italiennes, dans lesquelles il se trouve de beaux morceaux dramatiques. M. Gluck seul me paraît avoir l'intention de donner à chacun de ses personnages le style qui peut leur convenir ; mais, ce que je trouve de plus admirable, c'est que ce style une fois adopté ne se dément plus. Son scrupule à cet égard lui a fait commettre un anachronisme dans son opéra de Paris et d'Hélène. Etonné de l'expression, je lui en demandai l'explication. M. Gluck, continuat-il, a répandu dans le rôle de Pâris, avec la plus brillante profusion, toute la mollesse dont la musique est susceptible; il a mis, au contraire, dans celui d'Hélène une certaine austérité, qui ne l'abandonne pas, même dans l'expression de sa passion pour Pâris. Cette différence vient sans doute de ce que Pâris était Phrygien et Hélène Spartiate; mais il n'a pas songé aux époques. Sparte n'a dû la sévérité de ses mœurs et de son langage qu'aux lois de Lycurgue, et Lycurgue est de beaucoup postérieur à Hélène. Je redis cette observation à M. Gluck. Je serais heureux, me dit-il, si un certain nombre de spectateurs pouvaient m'entendre et me suivre dans cet esprit. Dites à M. Rousseau, je vous prie, que je le remercie de l'attention qu'il veut bien donner à mes ouvrages; observez-lui cependant que je n'ai point commis l'anachronisme dont il m'accuse. Si j'ai donné à Hélène un style sévère, ce n'est point parce qu'elle était Spartiate, mais parce que Homère lui-même lui donne ce caractère; dites-lui enfin, pour terminer par un seul mot, qu'elle était estimée d'Hector.

«Tout Paris a vu ce même Rousseau, qui, depuis long-tems ne fréquentait plus aucun spectacle, suivre sans interruption toutes les représentations d'Orphée. C'est à l'occasion de cet ouvrage qu'il a dit publiquement que M. Gluck était venu lui donner un démenti sur la proposition qu'il avait avancée précédemment, que jamais on ne pourrait faire de bonne musique sur des paroles françaises.»

«Je suis bien éloigné, me dit-il un jour, de partager l'opinion de ceux qui prétendent que M. Gluck manque de chant. Je trouve que le chant lui sort par tous les pores.»

«Je demandai un jour à M. Gluck, pourquoi, n'étant pas musicien, ses ouvrages m'attachaient de manière à ne pouvoir souffrir, pendant leur représentation, la plus légère distraction; pourquoi, au contraire, tous les opéras donnés avant lui me semblaient froids et monotones; et surtout pourquoi, dans ces opéras, tous les morceaux de chant me paraissaient se ressembler. Cela ne provient, me dit-il, que d'une seule chose, à la vérité, bien capitale. Avant de travailler, mon premier soin est de tâcher d'oublier que je suis musicien. Je m'oublie moi-même pour ne voir que mes personnages. Le défaut contraire empoisonne malheureusement tous les arts qui ont pour but l'imitation de la nature. Le poëte, pour ne pas vouloir ou ne pas savoir s'oublier, compose des tirades, qui ne sont pas, à la vérité, dépourvues de beautés, mais qui font languir l'action, parce qu'elles sont à contre-sens. Le peintre veut renchérir sur la nature, il devient faux; l'acteur veut déclamer, il devient froid; le musicien veut briller, et produit la satiété et le dégoût. Les morceaux de musique que vous croyez se ressembler ne se ressemblent pas; vous ne leur feriez pas ce reproche si vous étiez musicien, vous y verriez non-seulement des différences très-sensibles, mais souvent des beautés qui pourraient vous rendre indulgent malgré vous. Cela n'empêche pas que votre observation ne soit terrible, car s'ils se ressemblent pour vous, c'est par leur manque d'effet. »

« On chanta un jour chez moi le morceau, d'Iphigénie en Aulide, *Peuvent-ils ordonner qu'un père!* je m'aperçus qu'il y avait dans le vers *Je n'obéirai point à cet ordre inhumain*, une longue sur le *Je* la première fois qu'il se prononce, et qu'il n'y a plus qu'une note brève sur ce même *Je* lorsqu'il est répété. J'observai à M. Gluck que cette note prolongée m'avait été désagréable dans le chant, et que j'étais d'autant plus étonné qu'il l'eût employée la première fois, que la faisant disparaître ensuite, apparemment lui-même n'y tenait pas beaucoup. »

« Cette note longue, dit-il, qui vous a si fort choqué chez vous, vous a-t-elle choqué également au théâtre? Je lui répondis que non. Eh bien, ajouta-t-il, je pourrais me contenter de cette réponse; et, comme vous ne m'aurez pas toujours auprès de vous, je vous prie de vous la faire toutes les fois que vous serez dans un cas pareil. Quand j'ai réussi au théâtre, j'ai remporté le prix que je me propose; il doit m'importer peu, et je vous jure qu'il m'importe peu en effet, d'être trouvé agréable ou dans un salon ou dans un concert. Si vous avez été souvent dans le cas de vous apercevoir qu'une bonne musique de concert n'a point d'effet au théâtre, il est dans la nature des choses qu'une bonne musique de théâtre ne réussisse souvent pas dans un concert. Quant à la note longue sur le *Je* la première fois qu'Agamemnom le prononce, considérez que ce prince est placé entre les deux plus fortes puissances opposées, la nature et la religion; la nature l'emporte enfin, mais avant d'articuler ce mot terrible de désobéissance aux dieux, il doit hésiter : ma longue forme l'hésitation; mais une fois ce mot lâché, qu'il le répète tant qu'il voudra, il n'y a plus lieu à hésitation : la note longue ne serait donc plus qu'une faute de prosodie. »

« Je le priai une autre fois de m'expliquer pourquoi l'air de la colère d'Achille, dans le même opéra d'Iphigénie, me causait un frisson général et me mettait, pour ainsi dire, dans la situation du héros lui-même; tandis que si je le chantais seul, loin de trouver dans le chant rien de terrible et de menaçant, je n'y voyais, au contraire, qu'une marche d'une mélodie agréable à l'oreille. Il faut, avant tout, me dit-il, que vous sachiez que la musique est un art très-borné, et qu'il l'est surtout dans la partie qu'on appelle mélodie. On chercherait en vain dans la combinaison des notes qui composent le chant un caractère propre à certaines passions; il n'en existe point. Le compositeur a la ressource de l'harmonie; mais souvent elle-même est insuffisante. Dans le morceau dont vous me parlez, toute ma magie consiste dans la nature du chant qui précède et dans le choix des instrumens qui l'accompagnent. Vous n'entendez depuis long-tems que les tendres regrets d'Iphigénie et ses adieux à Achille; les flûtes et le son lugubre des cors y jouent le plus grand rôle. Ce n'est pas merveille si vos oreilles ainsi reposées, frappées tout-à-coup du son aigu de tous les instrumens militaires réunis, vous causent un mouvement extraordinaire, mouvement qu'il était, à la vérité, de mon devoir de vous faire éprouver, mais qui cependant ne tire pas moins sa force principale d'un effet purement physique. »

« On ne peut pas dire d'ailleurs qu'il n'avait pas préparé ces grands effets, et qu'il n'en avait pas prévu tout le succès. Tout le monde sait qu'en présentant à Larrivée le rôle du Chevalier Danois, dans l'opéra d'Armide : J'attends, lui dit-il, de votre complaisance que vous vous chargerez d'un rôle, qui, par son peu d'étendue, est au-dessous de vos talens; mais il y a un vers qui seul à ce que j'espère, vous dédommagera. Ce vers est *Notre général vous rappelle.* Larrivée n'a pas été dans le cas de reprocher à M. Gluck de lui avoir manqué de parole. »

» Il exécuta un jour sur son piano, le morceau d'Iphigénie en Tauride, où Oreste, livré à lui-même dans la prison, après avoir éprouvé ses agitations ordinaires, se jette sur un banc, en disant : *Le calme rentre dans mon cœur.* Quelqu'un crut voir une contradiction dans la basse qui prolonge l'agitation précédente; il en fit part à M. Gluck, en ajoutant : *Oreste est dans le calme, et il le dit. — Il ment,* s'écria M. Gluck, *il prend pour calme l'affaissement de ses organes, mais la furie est toujours là* (en frappant sa poitrine); *il a tué sa mère.* »

« Je conduisis un jour mon fils, encore enfant à une représentation d'Alceste. Je l'avais bien instruit sur le fond du sujet. Il ne cessa de pleurer, et m'allégua qu'il ne pouvait s'en empêcher. J'en parlai à M Gluck comme d'un effet assez extraordinaire. Il me répondit : *Mon ami, cela ne m'étonne pas, il se laisse faire.* »

« On vient de voir que M. Gluck ne s'abusait sur l'art qu'il professait, il l'avait trop bien approfondi, il savait de plus que les oreilles se lassent aisément, et qu'une fois parvenues à la fatigue, il ne fallait plus compter sur aucun effet. C'est pour cela qu'autant qu'il le pouvait, il réduisait en trois actes tous les sujets dont il se chargeait. Il voulait que toutes les parties fussent liées entr'elles, et présentassent en même tems une telle

variété que le spectateur pût aller jusqu'à la fin sans s'apercevoir que son attention fut captivée. Il avait en conséquence une manière qui lui était particulière. Il me dit souvent (ce sont ces propres expressions) qu'il commençait par faire le tour de chacun de ses actes; ensuite qu'il faisait celui de la pièce entière, qu'il composait toujours placé au milieu du parterre, et que sa pièce ainsi combinée, et ses morceaux caractérisés, il regardait son ouvrage comme fini, quoiqu'il n'eût rien encore écrit; mais que cette préparation lui coûtait ordinairement une année entière, et le plus souvent une maladie grave; et c'est ce qu'un grand nombre de gens appellent faire des chansons. »

Gluck, de retour à Vienne, y mourut le 15 novembre 1787, d'une attaque d'apoplexie, laissant une fortune d'environ 600 mille francs.

Ce grand homme a trouvé des censeurs en Allemagne. A leur tête on doit placer le célèbre Hændel, qui n'a jamais parlé de lui qu'avec mépris. Aujourd'hui les Allemands regardent Gluck comme le premier des compositeurs dramatiques. Ils renoncent même pour lui à leur divin Mozart, et ne jouent que ses opéras, qu'ils ont fait traduire dans leur langue. M. Reichardt va publier incessamment une vie de Gluck, comme nous l'apprenons par une lettre de M. Salieri.

En France, on n'admire plus guère l'auteur d'Alceste que sur parole. Les chanteurs de l'Académie de Musique, et l'orchestre même, ont perdu la tradition des opéras de Gluck. Le seul Garat sait les chanter dans le style qui leur convient. Puisse-t-il inoculer ses intentions musicales à des élèves dignes de rendre les chef-d'œuvres du Corneille de la scène lyrique!

GLUCK (MARIE-ANNE de), nièce et fille adoptive du précédent; née à Vienne en 1759. C'était une cantatrice d'une sensibilité exquise: Elle parlait et écrivait parfaitement plusieurs langues. A l'âge de onze ans, elle commença à apprendre la musique chez son oncle; mais il l'abandonna bientôt dans un de ces accès d'impatience qui lui étaient si familiers. Heureusement Millico vint à Vienne à la même époque, et, offrit à son oncle de faire un nouvel essai. Ses efforts eurent, à la grande satisfaction de Gluck, le succès le plus heureux. Dans la suite, elle accompagna son oncle dans son voyage à Paris. Louis XV et Louis XVI lui firent l'accueil le plus gracieux. L'impératrice Marie-Thérèse l'avait également honorée de sa bienveillance.

Peu après son retour de France, elle tomba dangereusement malade; l'empereur Joseph II lui témoigna un vif intérêt, en envoyant tous les jours chez elle pour s'informer de sa santé; mais elle succomba à la maladie, et mourut à Vienne, le 21 avril 1776, à l'âge de dix-sept ans.

GLUCK (JEAN), né à Plauen, diacre à Markschwœrzenbach-sur-la-Saale, publia à Leipsick, en 1660, un ouvrage intitulé les Sept Paroles de J.-C. sur la Croix, etc. (Hepta-logus, Christi musicus, musicæ, ec-clesiasticæ, prodromus, oder, mu-sikalische betrachtung, der heiligen 7 worte, Christi am creutz gespro-chen, als ein vortrab einer geist-lichen Kirchenmusik. C'est la même idée que le grand Haydn exécuta par la suite, V. son article, J. Gluck a composé ses sept pièces, dans le genre de madrigaux,

GLUME, flûtiste à Berlin en 1786, issu de la famille qui, dans le dix huitième siècle, a donné à l'Al-lemagne tant de peintres et de sculp-teurs.

GNECCO (N.). On connaît à Paris, de ce compositeur, la Prova di un opera seria, jouée avec suc-cès à l'Opéra Buffa, en 1806.

GNESIPPUS, poëte de l'ancienne Grèce, Athénæus (lib. XII) le compte parmi les compositeurs.

GOBLAIN, a mis en musique la suite des Chasseurs, en un acte; la Fête de Saint-Cloud, en un acte; et l'Amant Invisible, en trois actes.

GOCCINI (GIACOMO), a com-posé, en 1713, la musique de l'o-péra Amor frà gl' incanti,

GŒKLENIUS (RUDOLPHE), l'aîné, philos., poëte et professeur à Marpurg, né à Corbach, dans le comté de Waldeck, le premier

mars 1547, mort à Marpurg le 8 juin 1648, a publié, entr'autres ouvrages, un Lexicon philosophi-cum, Francfort, 1613, in-4°, dans lequel il explique plusieurs termes techniques de musique.

GODEFROY (H.-J.), directeur de l'imprimerie musicale établie à Paris, rue Croix des-Petits-Champs, n°. 33, a publié une collection, très-précieuse de morceaux de chant ita-liens, montant à quatre-vingt-seize numéros. Il a aussi imprimé les deux traités suivans: 1°. De la mesure ou de la division du tems, considérée comme premier élément de la mu-sique et de la poésie, par B. Bo-nesi, un vol. in-8°. 2°. L'Art de la musique théori-physico-pratique général et élémentaire, ou Exposi-tion des bases et des développemens du système de la musique, par M. Rey, employé au bureau de l'enregistrement.

GODSCHALK (EUGENE), ha-bile harpiste et violoniste, et en même tems, compositeur pour cet instrument, vivait, en 1772, à Bruxelles, et y donna des leçons de violon. Il a été gravé à Paris, en 1765, six symphonies de sa com-position.

GŒPFERT (JEAN-GOTTLIEB), chanteur et directeur de musique à la chapelle de la collégiale de Weesenstein, près Dresde, était un très-bon compositeur et un excel-lent maître de musique. Il est mort le 6 juillet 1766. Il est le père du suivant.

GŒPFERT (CHARLES GOTTLIEB), maître de concert à Weimar, un des meilleurs violonistes d'Alle-magne, né à Weesenstein vers 1734, fut enfant de chœur à l'école de la Sainte Croix et à la chapelle de Dresde. Lorsqu'il quitta la maison paternelle pour aller à Leipsick étu-dier la jurisprudence, son père, au moment de leurs adieux, lui remit un violon, en lui disant : Voilà, mon fils, un instrument : tu con-nais ta position, et tu sais que je ne puis guère te donner da-vantage. Si tu es heureux, tu pourras te passer aisément de mon faible secours, et si tu es mal-heureux, tout ce que je peux te donner ne saurait t'aider. Gœpfert partit, et essuya bientôt les vicissitudes de la fortune jusqu'en 1764, où, à l'occasion du couronnement de l'empereur Joseph II, il se rendit à Francfort. Il y rencontra le célèbre Dittersdorf, et se forma d'après sa manière. A son retour, il parvint, par son jeu charmant autant que par son caractère vif et agréable, à se concilier l'affection de tous ceux qui eurent l'occasion de le connaître. De 1765 à 1768, il fut premier solo au grand concert, directeur et premier violoniste à celui de Richter. Les virtuoses étrangers y affluaient alors de toutes parts, et celui qui avait quelque renommée y était admis. Gœpfert les protégea et les aida de toutes les manières; mais chaque nouveau rival ne fit qu'augmenter le nombre de ses triomphes, et prouver sa grande supériorité.

En 1769, il partit pour Berlin, et séjourna pendant un an alternativement dans cette ville et à Potsdam, et s'y perfectionna encore dans son art sous plus d'un rapport. L'année suivante, il se proposa de se rendre en Angleterre, mais passant par Weimar, et s'y étant fait entendre, la duchesse douairière lui offrit un engagement pour six mois à sa chapelle, afin, dit-elle, qu'il pût se reposer de ses fatigues. Ce délai expiré, elle le nomma maître de concert, avec les conditions les plus avantageuses. Le successeur de la duchesse le confirma dans cette place.

Nous ne connaissons de sa composition que six polonaises, que lui-même exécutait avec autant d'aisance que de vivacité et d'agrément, mais qui embarrasseraient beaucoup la plupart des autres violonistes. Kranz est son élève.

GŒRL, est connu, depuis 1782, par trois concertos pour flûte, en manuscrit.

GŒRMANS, dit Germain, facteur de clavecins et de forte-pianos, a construit, en 1781, un clavecin qui présente le même système de sons que la harpe de M. Cousineau. Il y a pour chaque octave vingt-une touches qui entonnent, savoir: sept notes naturelles, sept notes bémols et sept notes dièzes. Ainsi, au-dessus et au-dessous de chaque

ton naturel on trouve un demi-ton majeur et un demi-ton mineur.

GOES (Damiende), gentilhomme Portugais, né, vers 1500, au bourg d'Alenques. Le roi de Portugal le fit voyager en France, dans les Pays-Bas, en Allemagne et en Pologne. En 1534, il se rendit à Padoue, pour y étudier. Il mourut à Lisbonne, historiographe du roi. Gláréan, qui le connut à Fribourg, a inséré, dans son Dodecachorde, quelques morceaux de sa composition, et dit de lui qu'il avait été *in componendis symphoniis magnus artifex et à cunctis doctis viris amatus plurimum!* Il était poëte et musicien. C'est lui qui a fait l'hymne *Ne læteris inimica mea.* V. Hawkins, t. II.

GŒTZE (Nicolas), claveciniste et violoniste de Rudolstadt, d'abord au service du prince de Waldeck, demeurait, vers 1740, à Augsbourg, où il fit paraître une sonate pour le clavecin, avec violon, à laquelle il se proposait d'en faire succéder encore cinq autres.

GŒTZEL (François-Joseph), flûtiste à la chapelle de l'électeur de Saxe, à Dresde, occupait cette place dès 1756, et fut connu par son talent et par ses compositions. On louait son embouchure et son excellente exécution. On connaît de lui six concertos pour flûte, et quelques trios pour le même instrument, en manuscrit.

GOGAVIN (Antoine-Hermann), natif des Pays-Bas, exerça la médecine à Venise. Il a publié à Venise, en 1562, in-4°, une traduction des auteurs grecs suivans: 1°. *Aristoxeni musici antiquissimi, harmonicorum elementorum, libri III.* 2°. *Cl. Ptolomæi harmonicorum S. de musica, libri III.* 3°. *Aristotelis de objectu auditus fragmentum, ex Porphyrii commentariis, omnium nunc primum latine conscripta et edita.* On assure qu'il a entrepris ces traductions d'après le conseil de Zarlin. Du reste, elles sont fort médiocres; celles de Wallis et de Meibomius les ont fait entièrement oublier.

GOLDBERG, musicien de chambre du comte de Bruhl, à Dresde,

vers 1757, était un des meilleurs élèves de Sébast. Bach dans la composition et le jeu du clavecin. Il mourut dans la fleur de l'âge. Il a laissé vingt-quatre polonaises, une sonate pour le clavecin, avec un menuet, à douze variations, pour le clavecin, et six trios pour flûte, violon et basse, tous en manuscrit.

GOLDE (Jean-Godefroy), musicien de chambre et organiste de cour à Gotha, y a publié, en 1768, *Ode auf den sterbemorgen der Herzogin zu Gotha.* Dans cet ouvrage, il montre non-seulement beaucoup d'invention et de connaissance en musique, mais aussi une habileté peu commune sur le clavecin. En 1784, une de ses filles prenait chez le directeur de musique Forkel, à Gœttingue, des leçons de musique vocale, et promettait de devenir une cantatrice très-agréable. Golde est mort vers 1788.

GOLDONI (Carlo), né à Venise en 1707, et non en 1710, comme le prétend Laborde, est mort en 1795. On l'a surnommé *le Molière* de l'Italie. Sans le comparer à notre *Ménandre*, on peut dire que de tous les poëtes dramatiques italiens, c'est celui qui est le moins dépourvu de bon sens. Il a composé au moins cent vingt comédies en Italie, et une trentaine pour les Italiens, à Paris. On a de lui trois opéras *seria*, mis en musique par Galuppi ; et cinquante opéras comiques, à la tête desquels il faut placer la *Buona Figliuola*, que la musique de N. Piccini a rendu si célèbre. Goldoni écrivait très-bien en français ; son *Bourru Bienfaisant* est resté au théâtre, et ses Mémoires, en trois vol. in-8°, se lisent avec le plus vif intérêt.

GOLMANELLI (Anne-Marie), cantatrice, très-renommée de Bologne vers 1680.

GOMBERT (Nicolas), a composé deux livres de motets à plusieurs voix, imprimés en 1552.

GOMEZ (Thomas), abbé de l'ordre de Citeaux, né à Cocca, dans la Vieille-Castille, du diocèse de Ségovie, avait étudié la philosophie et la théologie. Il a laissé, parmi d'autres ouvrages, *Reformacion del canto llano.* Il est mort à Barcelone en 1668. V. *Witte Diari Biograph.*

GONTHIER (Rose CARPENTIER, veuve) femme Allaire, née à Metz, d'une bonne famille bourgeoise de cette ville, débuta à Bruxelles, à l'âge de vingt ans, dans l'emploi des duègnes d'opéra comique et de soubrette de la comédie. Après avoir été sept ans dans la troupe du prince de Lorraine, elle débuta en 1778, en vertu d'un ordre du Roi, à la Comédie Italienne, dans les rôles de Simone du Sorcier ; de Bobi, dans Rose et Colas ; et d'Alix, dans les trois Fermiers. Reçue pensionnaire du Roi à la même époque, elle continua à remplir, sur ce théâtre, les rôles de duègne, qu'elle rend avec une gaieté et une vérité parfaites. L'on sait quels sont ses succès et les justes applaudissemens dont le public a constamment récompensé son zèle et ses talens.

GOODGROOME (John), compositeur anglais et musicien à la chapelle de Londres vers 1750, fut élevé à Windsor, comme enfant de chœur. Dans la suite, il fut reçu à la chapelle royale, où il resta du tems de Charles II et de Guillaume. On a imprimé des cantiques de sa composition.

GOODMANN (John), célèbre compositeur anglais, vivait à Londres en 1505.

GOODSON (Richard), bachelier en musique, et organiste à l'église du nouveau collége du Christ, à Oxford, y fut élu professeur de musique le 19 juillet 1682, et y mourut le 13 janvier 1717. Son fils, qui portait les mêmes noms, lui succéda dans l'une et l'autre de ses places, et mourut le 9 janvier 1740. Voy. Hawkins, Hist.

GOOLWIN ou GOLDIND (Jean), docteur en musique, élève de Guillaume Child, auquel il succéda comme organiste à la chapelle royale de Londres ; vécut vers 1730. V. Gerbert, Hist.

GORDON (John), célèbre professeur de musique au collége de Gresham, à Londres, y est mort au mois de décembre 1739.

GORI (Antonio-Francesco), né à Florence, d'une famille distinguée de cette ville, le 9 décembre 1691, aima beaucoup les belles-lettres et les arts, et serait vraisemblablement parvenu dans la musique au même degré de perfection qu'il atteignit dans la peinture, si son père ne l'en eût pas empêché. Son âge ne lui permettant plus de mettre la main aux instrumens, il se borna à la partie scientifique de la musique, pour satisfaire en partie le penchant qui l'entraînait vers cet art. Il publia la *Lyra Barberina* de Doni.

GORLIER (Simon), a écrit sur la flûte, sur l'épinette, et a fait des chansons gaillardes en 1558 et 1560.

GORSSE (Louis), a publié à Paris, en 1805, Sapho, poëme en dix chants, qui a essuyé beaucoup de critiques au sujet des innovations que l'auteur introduit dans la versification française, qui les repousse. Boileau et Racine ont à jamais fixé les lois de notre poésie, et l'on ne s'en écarte pas impunément. Dans les notes de son poëme, M. Gorsse annonce un ouvrage, intitulé Philosophie de la musique. Il faudrait, pour le bien faire, un philosophe musicien, ce qui est rare, ou un musicien philosophe, ce qui est plus rare encore.

GOSSE, est auteur de plusieurs comédies, et de l'opéra comique l'Auteur dans son Ménage, musique de M. Bruni, joué en 1798.

GOSSEC (François Joseph), membre de l'Institut et de la Légion d'honneur, l'un des trois inspecteurs de l'enseignement, et professeur de composition au Conservatoire de Musique, est né, en 1733, à Vergnies, petit village du Hainaut. A l'âge de sept ans, il se rendit à Anvers, et resta huit ans enfant de chœur à la cathédrale de cette ville.

M. Gossec s'est formé lui-même, et n'a eu pour maître que la nature. L'étude seule des partitions des grands maîtres a perfectionné son talent. Comme le célèbre Haydn, il a regretté de n'avoir pu voyager en Italie et visiter les différentes écoles de cette contrée.

En 1751, il vint à Paris, où il a fixé constamment son séjour. Il entra d'abord chez M. de la Popelinière,

et conduisit l'orchestre de ses musiciens, sous les yeux du grand Rameau. Il fut ensuite attaché, en la même qualité, à la musique du prince de Condé, pour lequel il composa plusieurs opéras. En 1770, il fonda le Concert des Amateurs, où le chevalier de Saint Georges tenait le premier violon, et qui eut le plus grand succès pendant dix années consécutives. En 1773, il prit le Concert Spirituel en société avec Gaviniés et le Duc l'aîné, et le garda jusqu'en 1777, que l'intrigue le lui ôta, pour en favoriser Legros, acteur de l'Académie de Musique. En 1784, il fut nommé chef de l'école de chant érigée par le baron de Breteuil. A l'époque de la révolution, il devint maître de musique de la garde nationale, et fit exécuter, dans les fêtes publiques, un grand nombre d'Hymnes de sa composition, et plusieurs symphonies pour instrumens à vent. C'est en 1795, qu'une loi fixa définitivement l'organisation du Conservatoire de musique. M. Gossec fut choisi pour être, conjointement avec MM. Méhul et Chérubini, inspecteur de l'établissement et professeur de composition. M. Catel, son principal élève, y fut en même tems nommé professeur d'harmonie. Les élèves de M. Gossec ont, pour la plupart, remporté le grand prix. Parmi eux, on regrette le jeune Audrot, mort à vingt-un ans, et qui donnait les plus belles espérances. Le plus renommé aujourd'hui est le jeune Gasse, actuellement premier violon au théâtre de Naples.

Quoiqu'âgé de près de soixante-dix-huit ans, M. Gossec a conservé, dans ses discours et dans ses compositions, toute la vivacité de la jeunesse. Dernièrement, nous eûmes l'honneur de le voir, et nous le trouvâmes composant un *Te Deum*, pour se consoler de la perte de celui qu'il avait fait autrefois, et qui eut une si grande célébrité.

Voici la liste des ouvrages de ce compositeur :

Musique de théâtre. A l'Académie de Musique : en 1773, Sabinus, paroles de Chabanon ; en 1775, Alexis et Daphné, Philémon et Baucis, paroles de Chabanon de

Maugris ; Hylas et Sylvie, paroles de Rochon de Chabannes ; en 1778, la Fête du Village, paroles de Desfontaines ; en 1782, le Thésée de Quinault ; en 1786, Rosine, paroles de Gersain. Depuis 1780, il a donné le Camp de Grandpré ; la Reprise de de Toulon, etc. Il a en porte-feuille plusieurs grands opéras, entr'autres Nitocris, dont le sujet est dans le genre de Sémiramis.

A la Comédie Italienne : en 1766, le Faux Lord, et les Pêcheurs ; en 1667, le Double Déguisement, Toinon et Toinette, etc.

- MUSIQUE INSTRUMENTALE. Les premières symphonies de M. Gossec ont paru en 1752. Il a fait un grand nombre qui ont été exécutées avec succès au Concert Spirituel et au Concert des Amateurs. On parle surtout d'une symphonie concertante pour onze instrumens à vent, et qui malheureusement est perdue. Il a aussi publié des œuvres de quatuors, de trios et de duos pour le violon. L'instrument de M. Gossec est le violon, et c'est le seul dont il se serve quand il compose.

MUSIQUE D'ÉGLISE. Des motets et des messes ; une messe des morts, en 1760, qui a été gravée, mais dont les planches ont été volées chez le graveur ; un *Te Deum*, dont nous avons déjà parlé ; et, en 1780, l'*O salutaris hostia*, à trois voix, sans accompagnement. L'anecdote qui a donné lieu à ce dernier morceau mérite d'être rapportée.

MM. Laïs Chéron et Rousseau, trio de chanteurs célèbres, allaient souvent, avec M. Gossec, dîner à Chenevières, village près de Sceaux, chez M. de la Salle, secrétaire de l'Opéra. Le curé de l'endroit, qui s'y trouvait de tems en tems, les pria un jour tous trois de chanter à son église pour en fêter dignement le patron. *De tout mon cœur*, dit M. Laïs, *si Gossec veut nous donner quelque chose de sa façon.* M. Gossec demanda aussitôt du papier réglé, et, pendant que ces messieurs dînaient, il écrivit de verve l'*O salutaris*. Il l. fait répéter aux trois chanteurs, et, au bout de deux heures, il est chanté à la grande satisfaction du curé et des paroissiens. On voulut l'entendre à Paris, et, peu de jours après (le jour de la petite Fête-Dieu), il fut couronné d'un plein succès au Concert Spirituel. Depuis, on l'a transporté dans l'oratorio de Saül, mais avec bien moins d'avantage. Non-seulement les trois chanteurs ne valaient pas les premiers ; mais les paroles françaises (O toi ! qui des Hébreux, etc.) sont bien loin d'égaler les paroles latines en douceur et en harmonie.

M. Gossec a publié, au nom du Conservatoire, des Principes élémentaires de musique, en deux vol. in-folio, et beaucoup de solféges, qu'on trouve dans la Méthode de chant que fait suivre cet établissement.

Nous ajouterons qu'on a encore de lui la musique pour l'apothéose de Voltaire ; celle pour l'apothéose de J. J. Rousseau ; celle pour l'enterrement de Mirabeau, qu'on a exécutée récemment au convoi du maréchal duc de Montebello, avec beaucoup de marches religieuses ; un chant funèbre en l'honneur des ministres français assassinés à Rastadt ; et enfin, la musique des chœurs d'Athalie ; et quelques oratorios surtout celui de la Nativité, où il avait introduit un chœur d'Anges qui s'exécutait au-dessus de la voûte, dans la salle du Concert Spirituel.

GOSTLING (GUILD), musicien anglais, a été collaborateur de l'ouvrage du docteur Boyce, intitulé *Cathedral Musick.* Voy. Gerbert, Hist.

GOTI (ANTONIO), chanteur fort renommé, était engagé, en 1763, au théâtre de l'Opéra, à Stuttgart, à l'époque où ce théâtre était parvenu au plus haut degré de perfection, sous la direction de Jomelli. Il vivait encore en 1774, en Italie.

GOTTINGUS (HENRI). Il a fait imprimer à Francfort, en 1605, un ouvrage in-8°, sous le titre *Catechismus D. Lutheri*, à quatre parties.

GOTTSCHED (JEAN-CHRÉTIEN), premier professeur de philosophie, senior à l'Université de Leipsick, et collègue au Grand-Collège des Princes, est célèbre en Allemagne par les efforts qu'il fit pour tirer la langue et la poésie allemande de l'état de barbarie où elles étaient encore de son tems. Dans sa

Poésie critique, il a aussi traité différens sujets de musique. Il y a inséré : 1°. Idées sur l'origine et l'antiquité de la Musique, et sur les qualités de l'Ode. 2°. Idées sur les Cantates. 3°. Idées sur l'Opéra. On trouve dans ses dissertations plusieurs renseignemens historiques. Mitzler les a données toutes les trois dans sa Bibliothèque, en y ajoutant des notes. Gottsched mourut le 12 décembre 1765.

GOTTSCHED (Louise-Aldegonde), épouse du précédent, née à Kulmus, le 11 avril 1713, rivalisait avec lui dans la carrière littéraire. Parmi plusieurs autres ouvrages que l'on doit à sa plume, nous ne citons ici que les deux dissertations suivantes, traduites du français, et tirées des Mémoires de l'Académie des Belles-Lettres de Paris : De l'origine et de l'usage de la Trompette chez les anciens, par Galland, et Examen d'un passage des ouvrages de Platon sur la musique, 1716. Marpurg a fait réimprimer l'une et l'autre dans ses Beytræge, tom. II, p. 38 et 45. Madame Gottsched est morte à Leipsick, le 26 juin 1762.

GOUDIMEL (Claude), de Besançon, l'un des meilleurs musiciens du seizième siècle, était élève de l'école Franco-Belge, et fut maître de Palestrina, depuis chef de l'école Romaine.

Il fut enveloppé dans le massacre des Huguenots, qui fut fait à Lyon, en 1572, par ordre de Mandelot, gouverneur de cette ville.

Goudimel était savant : ce que témoignent quelques-unes de ses lettres très bien écrites en latin, et qui sont insérées dans le recueil des poésies de Melissus, son ami.

On a de Goudimel, 1°. les Psaumes de David, mis en musique à quatre parties, en 1563. 2°. La fleur des chansons des deux plus excellens musiciens du tems, Orlande Lassus et Claude Goudimel. 3°. les Psaumes de Marot.

GOUFFÉ (Armand), connu par plusieurs jolis vaudevilles et des recueils de poésies légères, où le trait est aussi naturel que piquant, est regardé comme l'un de nos plus agréables chansonniers. On l'a surnommé le Pannard du dix-neuvième siècle.

GOUGELET, musicien à Paris, y a publié, en 1768, deux collections d'ariettes d'opéras Français, avec accompagnement de guitare. Depuis, il y a encore ajouté sa Méthode, ou Abrégé des règles d'accompagnement de clavecin, et Recueil d'airs, avec accompagnement d'un nouveau genre.

GOULET, maître de chapelle à l'église de Notre-Dame à Paris, en 1755, s'y est rendu célèbre par ses compositions pour l'église.

GOUPILLIER ou GOUPILLET, maître de musique de l'église de Meaux, devint maître de musique de la chapelle de Versailles en 1683, par la protection du célèbre Bossuet.

Plusieurs des motets de Goupillier furent composés par Desmarets, Louis XIV, en ayant été instruit par l'aveu même de Goupillier, lui dit : Avez-vous du moins payé Desmarets? Goupillier lui ayant répondu, oui, le monarque, indigné, fit défendre à Desmarets de paraître jamais en sa présence. Cette aventure fit tant de bruit, que Goupillier fut obligé de se retirer. Le roi eut la bonté de lui donner la vétérance et d'y ajouter un bon canonicat, pour le consoler de sa disgrâce; mais il n'en profita pas long-tems : il mourut quelques années après.

GRABUT, maître de chapelle de Charles II, roi d'Angleterre, et directeur de musique au théâtre de l'Opéra de Cowent-Garden à Londres, était français de naissance : ce qui fit que les compositeurs anglais le persécutèrent beaucoup, malgré la grande supériorité de ses talens. La première pièce dramatique que l'on donna à Londres, sous le nom d'opéra, était de sa composition. C'est Ariadne or the marriage of Bacchus : il fut donné en 1674 pour la première fois. Le second opéra complet, de sa composition, avec des récitatifs, Albion et Albanius, y fut représenté en 1685.

GRAERBNER, fabricant d'instrumens de musique à la cour de l'électeur de Saxe à Dresde, né en 1736, apprit son art chez son père, fabricant d'orgues et d'instrumens. Ses instrumens sont très-estimés en Allemagne. Le roi de Saxe actuel

possède l'instrument qu'il construisit lorsqu'il fut reçu maître.

GRAEFF (JEAN – FRÉDÉRIC),
conseiller de chambre et des postes
du duc de Brunswick, né à Brunswick en 1711, un des amateurs de
musique les plus instruits et les plus
zélés, a écrit sur la chanson et a
composé plusieurs morceaux de
chant qui furent très-applaudis. Il a
été publié, six Recueils d'odes et de
chansons, dont le premier parut en
1736; les Psaumes de Cramer, avec
accompagnement de deux violons,
1760, et une ariette française en
partition, 1768. Il est mort à Brunswick, le 8 février 1787, âgé de 76
ans.

GRAESFR (J. C.), musicien
d Dresde, a fait imprimer en 1786
et 1787, à Leipsick, trois suites de
sonates pour le clavecin, pleines de
goût et très faciles.

GRAEVEN, amateur de musi-
que, très-habile claveciniste et compositeur pour cet instrument, mourut en 1770, à la fleur de son âge.
Le professeur Cramer a inséré une
sonate de sa composition dans sa
Flora, et parle avec éloge de ses talens en musique.

GRAF (C.-FRÉDÉRIC), d'abord
maître de chapelle du prince de
Schwarzbourg Rudolstadt, et depuis 1762 maître de chapelle à la
cour du prince d'Orange, à la Haye,
était né dans la principauté de
Schwarzbourg, et a écrit beaucoup.
On a imprimé de ses ouvrages
Prœve over de natuur der harmonie : c'est-à-dire, Preuve de la nature de l'harmonie dans la basse
continue, avec une instruction pour
chiffrer brièvement et réguliè-
ment, à la Haye, 1782, avec six
planches; vingt-cinq fables dans le
goût de La Fontaine, pour le chant
et le clavecin, Berlin, 1783. Il a
été gravé en outre jusqu'à vingt-
quatre ouvrages de sa composition,
chacun de six pièces, en symphonies, pièces pour le clavecin, et
autres morceaux pour la musique
instrumentale. L'organiste Lustig
dit que les ouvrages de Graf étaient
à la vérité, riches en harmonie, mais
fort peu expressifs.

GRAF (FRÉDÉRIC-HERMANN),
frère cadet du précédent, docteur
en musique, maître de chapelle et

directeur de musique à Augsbourg;
né à Rudolstadt; vers 1730. En1759,
il se rendit à Hambourg, où il
donna, jusqu'en 1764, tous les hi-
vers, des concerts publics, qui furent très-fréquentés. Dans la suite,
il fit un voyage en Angleterre, en
Hollande, en Suisse, en Italie; et
dans une grande partie de l'Allemagne, se fit entendre sur la flûte, et
fut généralement admiré.

Le premier engagement qu'il forma pendant ce voyage, fut avec le
comte de Stemfurt, chez lequel il
ne resta cependant que peu de tems.
Ayant été appelé à la Haye, il s'y
rendit avec sa famille, et y demeura
jusqu'en 1772, où il fut nommé, à la
place de Seyffert, aux charges qu'il
occupait encore en 1790.

En 1779, on le fit venir à Vienne
pour y composer un opéra pour le
théâtre allemand; et en 1783 et 1784
on le chargea à Londres de la direction d'un des compositions pour le
grand concert que l'on venait d'y
établir : il s'acquitta de ces emplois
à la satisfaction générale. On y fit
alors tous les efforts imaginables
pour l'engager à se fixer à Londres;
mais il préféra le repos dans sa patrie, et retourna à Augsbourg, où
il ne s'est occupé depuis de compositions, qu'autant que les devoirs
de sa charge l'exigeaient.

Les Anglais, quoique frustrés de
l'espérance de le posséder toujours,
n'ont pas cessé cependant de lui
prouver leur reconnaissance, en le
nommant docteur de musique à
Oxfort, dignité dont il reçut le diplôme au mois d'octobre de l'an
1789. Il fut le premier étranger domicilié hors l'Angleterre, qui obtint cette distinction.

Il a composé beaucoup pour la
flûte et les autres instrumens, et
plusieurs de ses ouvrages ont été
imprimés ou gravés. Ses concerti
grossi, encore en manuscrit, furent
principalement recherchés dans les
derniers tems. On connaît de lui,
en compositions pour la musique
vocale : 1°. le psaume vingt-neuf,
d'après la traduction de Cramer.
2°. Les Bergers à la crèche de Beth-
leem, par Ramler. 3°. Andromède,
cantate héroïque. 4°. le Déluge, oratorio. 5°. sa cantate Invocation of
Neptune, etc. invocation à Neptune

et aux Néréides de la Grande-Bretagne, pour conserver la supériorité sur la mer, qu'il donna à Londres, en 1784, et qui y fut reçue avec la plus grande faveur.

GRAINVILLE (J. B. Christ.), né à Lisieux en 1760, mort en 1805, a traduit de l'espagnol en français, le poëme sur la musique, de D. Thomas Yriarte. Cette traduction est à refaire : elle fourmille de contresens, et prouve que Grainville ignorait les premiers élémens de la musique. Il a paru sous son nom, dans le Magasin Encyclopédique, t. V, sixième année, p. 51, une dissertation sur les divers rhythmes employés par les premiers poëtes dramatiques de la Grèce, qu'il avait extraite de l'ouvrage d'Arteaga, intitulé Del ritmo sonoro e del ritmo muto. Voy. l'art. Arteaga.

GRANDFOND (Eugène), né à Compiègne dans le mois de février 1786, neveu de M. le général Lamollière, a fait ses études littéraires au collége de Vernon, et celles de musique au Conservatoire, sous M. Kreutzer, pour le violon, et sous M. Berton, pour la composition. Il est présentement sous-maître de musique au théâtre de Versailles. Il a composé plusieurs recueils de romances, dont quelques-unes ont été publiées ; deux concertos de violon, encore inédits, et la musique d'un opéra comique, en deux actes, reçu au théâtre Feydeau.

GRANDI (Guido), abbé et visitateur général de l'ordre des Camaldules à Pise, né à Crémone en 1671, publia, en 1691, un ouvrage sur la théorie de la musique, qui fut suivi de plusieurs autres écrits savans. Il est mort à Pise, le 4 juillet 1742. V. Jœcher.

GRANDIS (François de), célèbre chanteur de Vérone, mort en 1738, à l'âge de 70 ans, au service du duc de Modène.

GRANDIS (Vincenzo de), da monte Albano, contr'altiste, fut reçu parmi les chanteurs de la chapelle Pontificale, sous Paul V. Il a fait imprimer plusieurs ouvrages, parmi lesquels on estime principalement ses Psaumes. Voyez Adami, Osservazzioni.

GRANDVAL. Il a paru de lui, à Paris, en 1732, un ouvrage, sous le titre : Essai sur le bon goût en musique. Walther parle de lui plus en détail. On a aussi de lui des cantates.

GRANIER, célèbre joueur de viola da gamba, au service de la reine Marguerite, à Paris, y mourut vers l'an 1600. L'on assure qu'il a été le premier virtuose de son tems sur cet instrument.

GRANIER (François), publia à Paris, en 1754, six solos pour le violoncelle, op. 1.

GRANOM, amateur anglais, fit graver à Londres, vers 1760, douze solos pour flûte, op. 1, et ensuite six trios pour le même instrument.

GRASSESCHI (Micaele), un des premiers chanteurs d'Italie vers 1660.

GRASSET (M.), actuellement chef de l'orchestre de l'Opéra Buffa, a long-tems dirigé avec succès les concerts de la Loge Olympique et ceux de la rue de Cléry. Il y a quelquefois exécuté des concertos de violon de sa composition, qu'il a fait graver. On le regarde comme le meilleur élève de Bertheaume.

GRASSI (Antonio), Romain de naissance, ténor fort renommé, vint, en 1768, au théâtre de l'Opéra à Berlin, où il se trouvait encore en 1786.

GRASSINI (Madame), cantatrice de la musique particulière de S. M. l'Empereur Napoléon, a une voix de contr'alto d'une beauté rare, qu'elle conduit avec une habileté plus rare encore.

GRATIA (Piétro-Nicolo), maître de chapelle de la congrégation dell' Oratorio di S. Filippo Neri, à Fermo, petite ville des états du Pape, dans la Marche-d'Ancône, a fait imprimer à Bologne, en 1706, Messe concertate a 4 voci con violini, in-4°.

GRAU (Madame), était en 1783, cantatrice au service de l'électeur de Cologne, à Bonn. Elle avait une belle voix, et son chant était plein de goût et d'agrément.

GRAUL (Marc-Henri), né à Eisenach, musicien de chambre du roi de Prusse, et violoncelliste à Berlin, en 1766, jouait fort bien le concerto, et composait fort bien pour son instrument. L'on trouve, dans les magasins de musique, un concerto pour violoncelle, de sa composition, en manuscrit.

GRAUN (Auguste-Frédéric), frère aîné du célèbre maître de chapelle de ce nom, né à Wahrenbruck, en Saxe, à la fin du dix-septième siècle, mourut, en 1771, à Merse-bourg, chanteur de la cathédrale et de la ville.

GRAUN (Charles - Henri), maître de chapelle de Frédéric II, roi de Prusse, naquit, en 1701, à Wahrenbruck, en Saxe, où son père, Auguste Graun, occupait la place de receveur de l'assise. Il était le cadet de trois frères. Son père l'envoya en 1713, avec son second frère (Jean-Gottlieb), à l'école de la Sainte-Croix, à Dresde. Sa belle voix lui valut, peu de tems après, la place de chanteur du magistrat. Le chanteur Grundig l'instruisit dans la musique vocale, et l'orga-niste Pezold lui enseigna le clavecin. Il s'exerça en outre, lui-même, par l'étude des cantates de Keiser, qui ont été publiées sous le titre *Die musikalische Landlust*. Il les apprit presque par cœur, et ses compo-sitions en retracent le caractère.

Dès que sa voix eut passé au tenor, il commença à étudier la composi-tion sous la direction du maître de chapelle Schmidt de Dresde. Pen-dant qu'il suivait l'étude du contre-point, il s'occupait d'orner son imagination et de former son goût, comme chanteur, en suivant les opéras de Lotti et de Heinich, qu'une troupe choisie de chanteurs exécutait alors à Dresde.

En 1720, il quitta l'école de Sainte-Croix, et commença à com-poser pour l'église. Sa liaison avec Pisendel, et le célèbre luthiste Weiss, et les secours du docteur Lœscher, de l'architecte Karger, et du maître de cérémonies et poëte de cour Kœnig, lui furent, dans cette occupation, d'une très grande uti-lité; mais ce fut principalement la recommandation de ce dernier qui lui ouvrit le chemin de la fortune, en lui procurant, à Brunswick, la place de tenor, vacante après le dé-part de Hasse. Graun reçut à l'ins-tant son rôle dans l'opéra qui devait être représenté au carnaval, et partit

à Noël, en 1725, pour Brunswick. La musique des ariettes de son rôle, tel que Schurrmann l'avait compo-sée, n'étant pas de son goût, il en composa une autre, et la chanta à la grande satisfaction de la cour. Cet essai de ses talens lui valut la commission de composer la musique de l'opéra, qui devait être donné l'été suivant, et, outre cela, la place de vice-maître de chapelle; il con-tinua cependant de chanter à chaque opéra, tantôt ses propres composi-tions et tantôt celles des autres. Il vécut de cette manière, et jouissant de l'estime générale pendant plu-sieurs années, jusqu'à ce que le Prince Royal de Prusse le demanda enfin au duc Ferdinand Albrecht, pour l'avoir, en qualité de chanteur, à sa chapelle de Rheinsberg. Le duc lui ayant annoncé lui - même cet évènement heureux, et lui ayant donné sa démission, Graun se ren-dit, en 1735, à sa nouvelle destina-tion.

Les fonctions de sa nouvelle charge étaient de composer des can-tates pour les concerts du Prince, et de les exécuter ensuite lui même comme chanteur. Lorsque le Prince monta sur le trône, en 1740, il le nomma maître de chapelle, et l'en-voya en Italie, pour y engager les chanteurs et cantatrices nécessaires à l'établissement d'un Opéra. Graun se fit entendre pendant ce voyage, en chantant ses propres composi-tions, et fut applaudi généralement même par le célèbre professeur Ber-nacchi.

Après son retour, le Roi augmenta son traitement jusqu'à deux mille écus (huit mille francs). Il s'est occupé depuis continuellement de compositions pour l'Opéra jusqu'à sa mort, arrivée le 8 août 1759.

Son talent principal, comme chanteur, résidait dans l'exécution de l'adagio, quoiqu'il exécutât aussi les traits avec beaucoup de goût et de facilité. Sa voix était un tenor élevé, peu forte à la vérité, mais agréable. Lorsque le Roi apprit, à Dresde, la mort de Graun, il versa des larmes.

On le range parmi les meilleurs auteurs classiques, à raison de sa belle invention, du caractère et de l'expression de ses compositions, de sa belle mélodie, de son harmonie pure, et de l'emploi sage et savant qu'il fait des ressources du contre-point. On pourrait le nommer le *Leo* de l'Allemagne.

Les premières compositions qu'on connût de lui consistent dans les motets, qu'il composa, à Dresde, pour le chœur de l'école de Sainte-Croix. Après avoir quitté cette école, il composa depuis 1719, pour le chanteur Reinboldt, tant de morceaux d'église que, réunis, ils formeraient aisément deux années entières. On y remarque principalement une cantate assez longue pour la fête de Pâques.

Depuis qu'il quitta Dresde, et jusqu'au moment qu'il entra au service du prince royal de Prusse, il a composé, à Brunswick : 1°. Les ariettes de son propre rôle dans l'opéra Henri l'oiseleur. 2°. Polydor (en allemand). 3°. Sancio et Sinilde (en allemand). 4°. Iphigénie en Aulide (en allemand). 5°. Scipion l'Africain (en allemand). 6°. *Timareta* (en italien), en 1733. 7°. *Pharao* (avec des ariettes italiennes et des récitatifs allemands). Et outre cela, beaucoup de musique pour des fêtes de naissance, de morceaux d'église et de cantates italiennes; deux musiques de Passion, et, en 1731, la musique funèbre à l'occasion de la mort du duc Auguste Guillaume.

A Rheinsbergen, il composa, depuis 1735, beaucoup de cantates, de solos italiens, qu'il chanta devant le prince royal, qui ordinairement en avait composé le texte en français.

Enfin, à Berlin, depuis 1740 : 1°. La musique funèbre, lors des obsèques du roi Frédéric-Guillaume. 2°. L'opéra *Rodelinda* (en italien), 1741. 3°. *Cleopatra*, 1742. 4°. *Artaserse*, 1743. 5°. *Catone in Utica*, 1744. 6°. *Alessandro nelle Indie*, 1744. 7°. *Lucio Papirio*, 1745. 8°. *Adriano in Siria*, 1745, 9°. *Demofoonte*, 1746. L'ariette *Misero pargoleito* (de cet opéra) fit verser des larmes à tous les auditeurs. 10°. *Cajo Fabrizio*, 1747. 11°. *Le Feste galanti*, 1747. 12°. *Galatea*, pastorale. Il n'y a, dans cette pièce, que les récitatifs, les chœurs et un duo qui soient de sa composition;

le Roi avait composé la symphonie et quelques ariettes; le reste est l'ouvrage de Quanz et de Nichelmann. 13°. *Cinna*, 1748. 14°. *Europa galante*, 1748. 15°. *Ifigenia in Aulide*, 1749. 16°. *Angelica e Medoro*, 1749. 17°. *Coriolano*, 1750. 18°. *Fetonte*, 1750. 19°. *Mitridate*, 1751. 20°. *Armida*, 1751. 21°. *Britannico*, 1752. Le chœur final de cet opéra (*Vanne Neron spietato*) est un chef-d'œuvre. 22°. *Orfeo*, 1752. 23°. *Il giudizio di Paride*, 1752. 24°. *Silla*, 1753. Le texte de cet opéra est du Roi. 25°. *Semiramide*, 1754. 26°. *Montezuma*, 1755. 27°. *Ezio*, 1755. 28°. *I fratelli nemici*, 1756. 29°. *Merope*, 1756, (*Sans da Capo*). On doit y ajouter encore deux prologues d'occasion.

Il a été imprimé de ses ouvrages les suivans, savoir : 1°. *Te Deum*, Leipsick, 1757, en partit. 2°. *Lavinia e Turno*, cantate : les paroles sont de l'électrice de Saxe Marie-Antoinette. 3°. La Mort de Jésus, Leipsick, 1760. En 1766, il en parut une seconde édition, et le maître de chapelle Hiller en a publié l'extrait pour le clavecin. Cet oratorio, dont le texte est de la composition de Ramler, est regardé généralement comme le chef-d'œuvre de Graun. 4°. Recueil d'odes choisies à chanter au clavecin, Berlin, 1761. 5°. *Duetti, terzetti, quintetti, sestetti ed alcuni cori*, part, Berlin, quatre volumes format de cartes géograph. Ils sont tirés tous de ces opéras composés à Berlin. Kirnberger les a publiés en 1773 et 1774.

Enfin, on connaît encore de lui beaucoup de trios pour la musique instrumentale, et environ une douzaine de concertos pour le clavecin; les uns et les autres en manuscrit. Les adagios que ces derniers renferment peuvent servir de modèles d'une composition mélodieuse, et touchante pour le clavecin.

Son portrait se trouve dans les *Berliner litteratur briefen*. Le maître de chapelle Hiller a écrit sa biographie, dont nous avons tiré le présent article. On la trouve aussi au commencement de l'ouvrage ci-dessus cité, que Kirnberger a publié, d'où Forkel l'a empruntée pour la donner au troisième volume de sa Bibliothèque de Musique.

GRAUN (Jean-Gottlieb), maître de concert à la chapelle royale de Berlin, né à Wahren bruck, près Dresde, le second frère des deux précédens. Son père l'en voya en 1713, avec son frère cadet, à l'école de Sainte-Croix, à Dresde. Il quitta cette école en 1720, et continua ensuite, à Dresde, ses études, tant dans la composition qu'au violon, sous la direction du célèbre Pisendel. Pour s'y perfectionner encore davantage, il visita, dans la suite, l'Italie, où il fit la connaissance de Tartini, dont il adopta la manière. En 1726, il fut appelé de Dresde à Mersebourg. Il quitta cependant cette ville dans l'année suivante, et entra au service du prince de Waldeck, d'où il passa encore, peu de tems après, à celui du prince royal de Prusse, à Ruppin. Il obtint ensuite la charge de maître de concert, qu'il a remplie à la satisfaction du Roi et de tous les connaisseurs, jusqu'à sa mort, le 21 octobre 1771.

Il était un des plus grands virtuoses et des meilleurs compositeurs de son tems. Ses ouvrages, dont il a été gravé seulement six trios pour le clavecin avec violon, Mersebourg. 1726, consistent pour la plupart en messes, en plusieurs Salve regina; mais ce que l'on estime le plus sont ses concertos pour violon, dont on en connaît plus de vingt quatre, ses concertos doubles pour le violoncelle et la gamba, et ses symphonies, dont il en existe près de trente six. Tous ces ouvrages ne sont que manuscrits. Il a aussi écrit beaucoup de quatuors, de trios et de solos pour son instrument

GRAVERAND (N.), né à Caën le 2 avril 1770, a appris les premiers élémens de la musique à la maîtrise de Saint Pierre et à celle du Saint Sépulchre à Caën. A l'âge de neuf ans, il eut pour maître de violon, M. Quéru, élève de Capron, il se perfectionna ensuite sous M. Baillot. M. Graverand a été pendant plusieurs années violoniste, puis chef d'orchestre au théâtre de Caen. Il professe aujourd'hui le violon et le chant dans cette ville, et con-

duit le Concert des Amateurs, où l'on entend souvent de la musique fort bien exécutée. Il sait aussi jouer de la basse. Il a publié six œuvres de duos concertans pour deux violons, et un œuvre de trios concertans pour deux violons et basse. M. Graverand est un violoniste très-habile et un très-bon professeur. Sa musique est fort agréable et a beaucoup de succès.

GRAVINA, musicien de chambre du duc de Wurtemberg, à Stuttgard, est connu, comme compositeur, depuis 1781, par différens concertos et trios pour violon, en manuscrit.

GRAVINA (Dominique), vicaire général de l'ordre des dominicains, à Naples, y naquit vers 1600. Il a écrit plusieurs ouvrages savans, et laissé quelques autres en manuscrits. Parmi ces derniers, l'on en remarque un, sous le titre De choro et cantu ecclesiastico. Voy. Jœcher.

GRAVINA (Jean-Vincent), jurisconsulte romain, a fait imprimer, en 1696, à Rome, ses Orationes et ses Opuscula, dont il a paru une contrefaçon à Utrecht, en 1713. Parmi ces Discours, nous citons ici le troisième, où il traite de l'origine et des progrès des sciences, et ensuite de la musique. V. Walther. La musique lui a de grandes obligations, en ce qu'il éleva Métastase, et le constitua à sa mort, en 1718, légataire universel de tous ses biens, qu'on évaluait à trois cent cinquante mille francs, que Métastase eut cependant la générosité de rendre aux parens du testateur.

GRAVIUS (Jean-Gérôme), proprement Graf, issu d'une famille noble, naquit à Salzbach le 19 novembre 1648. Après avoir visité beaucoup d'écoles, tant dans sa patrie que dans l'étranger, il suivit, en 1672 le docteur en droit Bœckelmann à Leyde, et y étudia pendant trois ans, la jurisprudence; sans négliger la musique, tant vocale qu'instrumentale, dans laquelle il parvint à un très-haut degré de perfection. En 1677, il fut appelé à Brême, en qualité de chanteur et collègue d'école au gymnase académique de cette ville. Il y resta pendant trente ans, à la satisfaction générale, jusqu'à ce qu'il obtint la même place à Berlin. Il y mourut d'apoplexie au bout de vingt-trois ans, le 12 mai 1729, à l'âge de quatre-vingts ans. Il savait jouer de la plupart des instrumens, et composait avec facilité. Le roi Frédéric Ier lui offrit la place de maître de chapelle, mais il la refusa, et se contenta de faire quelquefois exécuter, à ses frais, ses compositions dans l'église réformée, et de donner des concerts particuliers dans sa maison.

Les Français ayant voulu surprendre Leyde en 1672, furent repoussés par les étudians de l'université, du nombre desquels était Graf. Les Etats Généraux, pour perpétuer la mémoire de cette action, firent frapper et distribuer une grande médaille d'argent, avec une inscription latine, portant le nom de chaque étudiant à qui elle était destinée. Celle que Graf obtint à cette occassion porte le nom de Jean-Jérôme Graf. Il a été aussi gravé dans la même année, à l'âge de vingt-trois ans, d'après le portrait qu'il avait tracé lui même en noir, et son nom y est également Graf.

On a de lui les ouvrages suivans : Description de la trompette marine, Brême, 1681 ; Chansons spirituelles, à deux dessus, avec B. C. , Brême, 1683, in-8° ; Leçons de chant, en dialogue, Brême, 1702, in-8° ; Rudimenta musicæ praticæ, Brême, 1685, in-8°.

Un de ses petits-fils était en 1790 à Berlin, en qualité de conseiller de guerre ; le Roi lui avait accordé des titres de noblesse, avec le nom de Noble de Græve.

GRAY, a fait graver à Londres, en 1786, un concerto pour violon, op. 1.

GRAZIANI. Il a été gravé de sa composition, à Berlin, vers 1780, six solos pour violoncelle, op. 1, et ensuite, à Paris, six idem, op. 2.

GRAZIANI (Dom Boniface), de Marino, près de Rom maître de chapelle au Séminaire Romain, a publié, de 1652 à 1678, beaucoup de musique d'église et de chambre.

On y trouve le grandiose de son école.

GRAZIANI (Nicolo-Franc.), grand chanteur au service de l'électeur de Cologne vers 1700.

GREBER (Jacques) composa, vers 1700, la pastorale The Loves of Ergasto, par laquelle on ouvrit, en 1705, le théâtre de Hay-market.

GRICO (Gaetano), enseignait le contrepoint, vers 1717, au conservatoire Dei poveri di Giesù Christo, à Naples. Il fut le premier maître du divin Pergolèse.

GREEN (Maurice) docteur en musique et organiste de l'église de Saint-Paul de Londres, né à la fin du dix-septième siècle, apprit d'abord le chant au chœur de Saint-Paul, sous King, et ensuite le clavecin et l'orgue chez Brind, son prédécesseur. Hændel, lors de son arrivée à Londres, prenait souvent avec lui le jeune Green à l'église, comme souffleur, et y jouait alors, après s'être déshabillé et après avoir fermé les portes, jusqu'à huit et neuf heures du soir. Ce fut par cet exercice fréquent, et en entendant aussi souvent ce grand maître, que Green parvint lui-même à un tel degré de perfection qu'il obtint en 1730, à Cambridge, le grade de docteur, et qu'il mérita d'être cité, notamment par Matthéson (dans son Parfait Organiste), comme un des plus grands organistes de son tems. On a donné à Londres, en 1714, une pastorale (Lovés revenge) de sa composition. Il y a encore fait graver, dans la suite, une collection de fugues pour l'orgue.

GRÉGORY (Williams), musicien à la chapelle de Charles II, roi d'Angleterre, a composé la musique de différens cantiques. Son portrait se trouve encore dans l'école de musique d'Oxford.

GREINER (Jean-Charles), mécanicien et fabricant d'instrumens à Wetzlær, suivit l'invention d'Hohlfeld dans les pianos à archet ; il en acheva un, en 1779 et, sur l'invitation de Vogler, il y joignit un piano ordinaire Ces instrumens, dit-on, laissent beaucoup à désirer.

GREINER (Jean - Martial), un des premiers violonistes de la fin du dix-huitième siècle ; était né à Constance le 9 février 1724. Il était d'abord destiné à la théologie ; mais ayant appris en même tems, pour son amusement, à jouer du violon, il fit en trois ans tant de progrès sur cet instrument, qu'il fut en état d'y jouer le concerto. Son exécution fut tellement goûtée, qu'on lui donna le conseil de se consacrer entièrement à la musique, et de voyager. Encouragé par ce premier succès ; il suivit ce conseil, et partit, malgré son père, pour Inspruck, n'emportant avec lui que le peu d'argent qu'il avait pu amasser. L'inspecteur du collége des jésuites de cette ville le reçut, et lui procura le logement et la subsistance.

Au bout de neuf mois, il y fit la connaissance d'un amateur de musique, qui était sur le point de partir pour l'Italie. Greiner écouta ses instances et le suivit à Padoue et à Venise, où son protecteur mourut quelque tems après. Le père de Ferrandini, alors maître de chapelle à Munich, l'y recueillit, l'admit dans sa maison, et le nourrit pendant trois ans. Il eut encore le bonheur de faire dans cette maison la connaissance d'Angelo Colonna, alors le meilleur violoniste de Venise, qui l'instruisit gratis, et qui lui procura jusqu'à vingt-un élèves, dont chacun lui payait un ducat par mois. Dans la suite, il fut appelé à Padoue, pour y jouer à l'orchestre sous la direction de Tartini. Il jouit de beaucoup de considération dans cette ville.

Le duc de Wurtemberg lui ayant fait offrir du service et un traitement de huit cents florins par an, Greiner accepta ; et arriva à Stuttgard à l'époque où Jomelli y était premier maître de chapelle. Il resta vingt-un ans dans cette place, estimé généralement. L'art lui doit beaucoup d'excellens élèves, parmi lesquels, nous ne citons que Hoffmeister et Lubort de Vienne. Après la seconde réddction de cette chapelle, en 1775, il vint à Kirchberg, et y obtint la place de musique du prince de Hohenlohe-Kirchberg, qu'il possédait encore en 1783. Junker, dans le premier volume, troisième cahier, du *Museum de Meusel*, a donné sa biographie détaillée.

GREINER (Jean-Théodore), a fait graver en 1784, à Amsterdam, deux œuvres de symphonies, chacun de six pièces, et six duos pour flûte. On connaît encore de lui plusieurs trios pour le clavecin, en manuscrit.

GREININGER (Augustin). Il a été imprimé à Augsbourg, vers 1681, un ouvrage, in-4°, de sa composition, intitulé *Cantiones sacræ, a 1, 2 et 3 voc cum e sine instrum*. V. *Corn. à Beughem bibliogr. mathem.*, p. 56.

GRENET, compositeur dramatique, donna, en 1737, le Triomphe de l'harmonie, et en 1753, Apollon berger d'Admète. Les deux poëmes étaient de Lefranc de Pompignan.

GRENET (Claude de), né à Châteaudun, en Beauce, le 24 avril 1771, ancien officier au régiment d'Orléans, infanterie, a eu pour premier maître de forte-piano et de composition Kuhn, maître de la cour de Saxe, et s'est outre cela, livré par lui-même aux études les plus profondes sur la composition et la théorie musicale. Il a composé trois œuvres de sonates et sept œuvres de concertos et des romances, publiés à Paris, chez MM. Gaveaux.

GRENIER, musicien de Paris, il y a fait graver, vers 1786, airs variés *a violino e basso*.

GRENSER ou GRENZER (Jean-Frédéric), hautboïste de la chambre du roi de Suède vers 1783, était né à Dresde. En 1779, il a fait graver chez Hummel, à Berlin, six trios pour la flûte. On connaît encore de lui un concerto pour basson et quelques symphonies en manuscrit.

GRENTZ, a composé, en 1770, plusieurs pièces pour la harpe, demeurées manuscrites.

GRESNICK (Antoine-Frédéric), né à Liége en 1753, fut envoyé de bonne heure en Italie, où il étudia sous le fameux Sala, membre du conservatoire de Naples. Appelé à Londres pour y composer des opéras, il fit la musique de Démétrius, et obtint la place de surintendant de la musique du prince de Galles.

Au commencement de la révolution, il vint d'abord à Lyon, et ensuite à Paris, où il donna plusieurs ouvrages, qui obtinrent beaucoup de succès au théâtre Louvois. Il fit, pour le théâtre Feydeau, des pièces que des circonstances particulières forcèrent de faire jouer au théâtre Moutansier. Le Rêve, au théâtre Favart, malgré son grand succès, ne fut représenté que huit fois. Enfin, il composa pour le théâtre des Arts la musique de la Forêt de Brama, opéra en quatre actes, auquel il mit le plus grand soin. Il comptait sur cet ouvrage pour fixer sa réputation, et, lorsqu'ap s huit mois de peines et de démarches, on lui apprit que sa musique n'était reçue qu'à *correction*, ce fut pour lui un coup mortel.

Gresnick a été enlevé aux arts le 14 vendémiaire an 8 (le 6 octobre 1799), dans la quarante-septième année de son âge.

On trouve dans tous ses ouvrages une méthode facile, une composition pure et correcte, un chant agréable et de jolis accompagnemens.

GRESSET (J.-B.-L.), né à Amiens en 1709, auteur de Vert-Vert, de la Chartreuse, et de la jolie comédie du Méchant, a publié un discours sur l'harmonie, où l'auteur parle avec emphase, d'un art dont il n'avait pas la moindre notion, ni le moindre sentiment.

GRESHAM (Thomas), négociant, banquier et chevalier, né à Londres en 1519, mort, d'un accident imprévu, le 21 novemb. 1579, s'est rendu célèbre par la fondation d'un collège qui porte son nom. Chacun des sept professeurs qui le composent reçoit, outre le logement, un traitement annuel de deux cent cinquante dollars. Il s'y trouve un professeur de musique obligé de donner, chaque semaine, deux leçons d'une heure, dont la première demi-heure est consacrée à la théorie de cet art, et la seconde à la pratique tant du chant que de la musique instrumentale. Pour plus de détails, on peut consulter l'ouvrage qui parut à Londres, en 1740, in-fol., sous le titre : Vie des professeurs du collége de Gresham, à la tête desquelles se trouve celle de son fondateur (*The lives* etc.) par John Ward. Nous n'avons pas en France une seule institution en ce geure.

GRESLER (Salomon), organiste à Triptio en Misnie, a fait graver à Leipsick, en 1781, six sonates pour le clavecin, et, en 1787, des pièces faciles et sonates pour le clavecin.

GRÉTRY (André-Ernest-Modeste), membre de la Légion d'honneur et de l'Institut, est né à Liége le 11 février 1741. A quatre ans, il était déjà sensible au rhythme musical, et ce premier instinct faillit lui coûter la vie. Il était seul : le bouillonnement qui se faisait dans un pot de fer fixa son attention ; il se mit à danser au bruit de cette espèce de tambour ; il voulut voir ensuite comment ce roulis périodique s'opérait dans le vase ; il le renversa dans un feu de charbon de terre très ardent. L'explosion fut si forte qu'il tomba suffoqué et brûlé presque partout le corps. Après cet accident, qui lui rendit pour toujours la vue faible, il fut atteint d'une maladie de langueur. A peine rétabli (il avait alors six ans), un sentiment vague, l'amour, se fit sentir en lui. Il est vrai qu'il se porta en même tems sur plus d'une personne. *Déjà j'aimais trop*, dit-il, *pour oser le dire à aucune d'elles.* Ce ne fut qu'à dix-huit ans, et dans un pays éloigné, que cette passion lui fit sentir tout son pouvoir.

En 1759, M. Grétry quitta sa patrie pour aller à Rome se perfectionner dans l'art musical. Il y suivit les instructions de plusieurs maîtres, mais Casali est le seul qu'il avoue. Il avait déjà fait entendre à Rome quelques scènes italiennes et quelques symphonies, lorsqu'il fut chargé par les entrepreneurs du théâtre d'Alberti de mettre en musique deux intermèdes, intitulé les Vendangeuses. Son premier pas dans la carrière devait être marqué par un succès, et celui qu'il obtint alors fut le présage heureux de tous ceux qu'il a obtenus depuis. Ce qui le flatta dans les nombreux et éclatans témoignages qu'il reçut, c'est qu'il apprit que N. Piccini avait publiquement approuvé son ouvrage, en disant : *Surtout parce qu'il ne suit pas la route commune.*

Accueilli, fêté dans la capitale de l'Italie, M. Grétry y continuait ses travaux et ses études, lorsqu'heureusement pour la France, M. Melon, attaché à l'ambassade de cette cour à Rome, lui montra une partition de Rose et Colas, qui lui fit naître le desir de venir se faire connaître à Paris. En prenant la route de France, il s'arrêta à Genève. Il se fit présenter chez Voltaire, dont il fut parfaitement accueilli, et se hasarda à lui demander un poëme, qué le grand homme composa en effet, et lui envoya lorsqu'il fut établi à Paris; mais que les comédiens refusèrent, sans qu'on pût leur en faire un reproche. L'ouvrage était présenté comme celui d'un jeune homme, et l'on trouva que le jeune homme avait des dispositions.

M. Grétry ne quitta pas Genève sans s'être fait connaître; il remit en musique l'opéra d'Isabelle et Gertrude, qu'on venait de jouer à Paris, et dont la musique avait paru un peu faible. L'accueil que reçut la sienne le décida à venir à Paris chercher un théâtre et des acteurs plus dignes de lui. Pendant plus de deux ans, il eut, comme tant d'autres, à combattre l'hydre à cent têtes qui se place assez communément sur la route d'un artiste modeste, sage et fait pour en triompher. Après bien des promesses trahies et des espérances trompées, il obtint de Marmontel le poëme du Huron, ouvrage fait en six semaines, paroles et musique, et qui eut le succès le plus décidé en 1769. Lucile, comédie en un acte, par Marmontel, fut accueillie avec plus de transport et d'ivresse encore que le Huron, parce que le poëme étant rempli d'un intérêt naturel et vrai, offrit plus de ressource au talent du compositeur.

Voici la liste complète des opéras de M. Grétry :

Le *Vendemiatrice*, à Rome, en 1765.

Isabelle et Gertrude, à Genève, en 1767.

Tous les autres ont été joués à Paris, à la Comédie Italienne ou à l'Opéra.

A la Comédie Italienne : Le Huron, en deux actes, paroles de Marmontel, en 1769. Lucile, en un acte, paroles du même, en 1769. — Le Tableau Parlant, en un acte, paroles d'Anseaume, en 1769. — Silvain, en un acte, paroles de Marmontel, en 1770. — Les Deux Avares, en deux actes, paroles de Falhaire, en 1770. — L'Amitié à l'Epreuve, en trois actes, paroles de Favart, en 1771. — Zémire et Azor, en quatre actes, paroles de Marmontel, en 1771. — L'Ami de la Maison, en trois actes, paroles du même, en 1772. — Le Magnifique, en trois actes, paroles de Sedaine, en 1773. — La Rosière de Salency, d'abord en quatre actes, et depuis en trois, paroles de Pezay, en 1774. — La Fausse Magie, en deux actes, paroles de Marmontel, en 1775. — Les Mariages Samnites, en trois actes, paroles de Durosoy, en 1776. — Matroco, en quatre actes, paroles de Laujeon, en 1778. — Le Jugement de Midas, en trois actes, paroles de d'Hell, en 1778. — L'Amant Jaloux, en trois actes, paroles du même, en 1778. — Les Evénemens Imprévus, en trois actes, paroles du même, en 1779. — Aucassin et Nicolette, en trois actes, paroles de Sédaine, en 1780. — L'Epreuve Villageoise, en deux actes, paroles de Desforges, en 1784. — Richard Cœur-de-Lion, en trois actes, paroles de Sédaine, en 1785. — Les Méprises par Ressemblance, en trois actes, paroles de Patrat, en 1786. — Le Prisonnier Anglais, en trois actes, paroles de Desfontaines, en 1786. — Le Comte d'Albert, et sa suite, en trois actes, paroles de Sédaine, en 1787. — Le Rival Confident, en deux actes, paroles de Forgeot, en 1788. — Raoul Barbe-Bleue, en trois actes, paroles de Sédaine, en 1789. — Pierre-le-Grand, en trois actes, paroles de Bouilly, en 1790. — Guillaume Tell, en trois actes, paroles de Sedaine, en 1791. — Callias, en un acte, paroles de M. Hoffman, en 1794. — Lisbeth, en trois actes, paroles de M. Favières, en 1797. — Elisca, en trois actes, paroles de M. Favières, en 1799.

A l'*Académie de Musique* : Céphale et Procris, en trois actes, paroles de Marmontel, en 1775. — Andromaque, en trois actes, paroles de Pitra, en 1780. — Colinette à la cour, en trois actes, en 1782 — L'Embarras des Richesses, en trois actes, en 1782. — La Caravane, en trois actes, paroles attribuées à M. Morel, en 1783. — Panurge, en trois actes, paroles attribuées au même, en 1785. — Amphytrion, en trois actes, paroles de Sédaine, en 1786. — Aspasie, en trois actes, paroles attribuées à Morel, en 1787. — Denis-le-Tyran maître d'école à Corinthe, en un acte, paroles de Sylvain Maréchal, en 1794. — Anacréon, en trois actes, paroles de M. Guy, en 1797.

Tous ces ouvrages ont placé M. Grétry au premier rang des compositeurs dans le genre de l'opéra comique. Comme Pergolèse, il s'est attaché à prendre la déclamation pour type de l'expression musicale. Quand les critiques lui ont reproché des fautes contre l'harmonie, il leur a répondu : *Je sais que j'en fais quelquefois ; mais je veux les faire.* En effet, M. Grétry a toujours sacrifié à la vérité d'expression.

En 1790, il publia à Paris un volume in 8°, intitulé Mémoires ou Essais sur la Musique, dont le Gouvernement a donné une nouvelle édition, en trois volumes in 8°, en 1793. Le premier volume contient la vie musicale de l'auteur, et des observations sur ses opéras, qui sont très utiles aux jeunes compositeurs. Les deux autres roulent sur la morale, sur la métaphysique, et la plupart des aperçus sont d'un homme d'esprit autant que d'un philosophe. M. Grétry s'est aussi livré à la politique dans son ouvrage, intitulé DE LA VÉRITÉ : ce que nous fûmes, ce que nous sommes, ce que nous devrions être : trois volumes in-8° ; Paris, 1801.

Il s'occupe en ce moment d'un ouvrage, intitulé Réflexions d'un solitaire, dont il achève le sixième volume, et dans lequel il traite des arts en général, et de la musique en particulier.

En 1802, il a publié une Méthode simple pour apprendre à préluder en peu de tems avec toutes les ressources de l'harmonie. « Grâces à cette Méthode, en moins de trois mois, une des nièces de l'auteur, âgée de quinze ans, sachant peu lire la musique, n'ayant que peu de connaissance du doigté, a conçu et pratiqué le système de l'harmonie, de manière à étonner même les compositeurs ».

M. de Livry vient de faire exécuter en marbre blanc, à ses frais, la statue de M. Grétry, placée à l'entrée du théâtre de l'Opéra Comique. Le portrait de ce grand compositeur a été récemment dessiné par M. Isabey, et gravé par P. Simon. *Ce n'est pas sans un plaisir extrême*, dit M. Grétry dans ses Essais sur la Musique, *que pendant mon séjour à Rome, j'appris, de plusieurs musiciens âgés, que ma taille, ma physionomie leur rappelaient Pergolèse.*

GRÉTRY (Mademoiselle LUCILE), la seconde des trois filles du précédent, a fait la musique du Mariage d'Antonie, joué à la Comédie Italienne en 1786. Elle composa ensuite celle de Louise et Toinette, petite pièce représentée en 1787, et dont plusieurs circonstances empêchèrent le succès, spécialement les chagrins qu'elle essaya pendant son mariage. V. les Essais sur la musique, par M. Grétry, t. II, page 407.

GRÉTRY (H.), neveu du célèbre compositeur, a fait graver plusieurs romances dont il a composé les paroles et la musique. Il achève en ce moment une traduction en vers des Fables de Lessing.

GRETSCH, violoncelliste à la chapelle du prince de la Tour-Taxis, à Ratisbonne. Ses compositions prouvent des connaissances profondes dans l'harmonie, un goût exquis et une grande habileté sur son instrument. On a de lui trois concertos pour violoncelle, et environ huit solos pour le même instrument, les uns et les autres en manuscrit.

GRILLO (Giov.-B.), organiste à l'église de Saint-Marc à Venise, vers 1650. Voy. *Dogloni Cose notabile della citta di Venetia*, page 207.

GRIMALDI (Le chev. NICOLINO), né à Venise, célèbre contraltiste, et encore plus grand acteur de l'ancienne école de Toscane de Latilla, vint, en 1710, à Londres, presque à la même époque que Hændel, et y chanta avec le plus grand succès dans Rinaldo, le premier opéra de ce grand maître. Il écrivit, avant son départ, le poëme des deux opéras-italiens (Hamlet et Hydaspes), que l'on y représenta en 1712. En 1718, il se rendit à Naples pour y chanter dans Rinaldo, de Hændel, que l'on y donna alors. Quanz, dans sa Biographie, dit l'avoir rencontré, en 1726, au Théâtre de Venise. Il y était alors plus admiré comme acteur que comme chanteur. Il avait été créé, dans l'intervalle, chevalier de Venise. On ne l'appelait communément que Nicolini.

GRIMAREST, musicien français, a publié, vers 1750, un ouvrage sous ce titre : Traité du Récitatif.

GRIMBALDUS, probablement GRIMBAULT, savant moine français du neuvième siècle. Alfred, roi d'Angleterre, l'appela, en 885, à Oxfort, pour l'y aider dans la propagation des sciences. Deux ans plus tard, il fit un cours de musique, auquel le roi assista en personne. Voy. Hist. de Gerbert.

GRIMM (Frédéric-Melchior, baron de) conseiller d'état de S. M. l'empereur de Russie, mort à Gotha, le 19 décembre 1807, était né à Ratisbonne, le 29 décembre 1723. Après avoir achevé ses études, il accompagna à Paris les fils du comte de Schomberg, ministre de cabinet du roi de Pologne. Il entra au service de Louis-Philippe, duc d'Orléans, père de celui qui acquit tant de célébrité dans la révolution française. Il se livra à l'étude des belles-lettres, et fut particulièrement lié avec Voltaire, Helvétius, Diderot, d'Alembert et le baron d'Holbach. Il entretint, pendant plusieurs années, une correspondance littéraire avec plusieurs princes de l'Europe, et reçut des marques très-distinguées d'estime de Frédéric-le-Grand, de Catherine II, de Gustave III et d'Ernest II, duc de Saxe-Gotha. C'est en 1776, que ce dernier le nomma son ministre plénipotentiaire auprès de la cour de France ; et lorsque les orages de la révolution le forcèrent, ainsi que les autres ministres, à quitter Paris, le duc de Saxe-Gotha lui offrît à sa cour un asile honorable. Voy. les Quatre-Saisons du Parnasse, Printemps, 1808.

On a de Grimm les ouvrages suivans sur la musique. Lettre sur Omphale, in-8°, 1752. La même année, il publia, dans le Mercure, Lettre à M. Raynal, sur les remarques au sujet de sa lettre sur Omphale.—Le petit Prophète de Bohemischbroda, in-8°, 1753. Cette brochure, écrite dans le style des Prophéties de la Bible, et qui fit beaucoup de bruit, ridiculisait les opéras français, à l'occasion de l'arrivée des Bouffons.—L'Almanach historique et chronologique de tous les Spectacles de Paris, in-12, depuis 1752 jusqu'en 1789.

GRIMM (Henri), d'abord chanteur à Magdebourg, puis à Brunswick, vécut au seizième siècle. Outre les écrits de musique cités par Walther, il a encore laissé Baryphonii Plejades musicæ. Magdebourg, 1630.

GROBTIZ, fabricant d'instrumens à Varsovie, vers 1750. Loehlein assure qu'il a fourni des violons excellens.

GROENEMANN (Albert), né à Cologne, organiste et compositeur à la grande église de la Haye, vers 1756. Il demeurait vers 1739 à Leyde, où il était connu comme habile violoniste. Il disputa le prix du talent au célèbre Locatelli, qui se trouvait alors à Amsterdam. Il fit graver, à la même époque, douze solos pour violon, et plus tard six trios pour deux violons et flûte. Vers 1760, il perdit la raison et fut mis à l'hôpital, où il mourut quelques années après.

GROEKEMANN (Jean-Fréd.), frère du précédent, vivoit, vers 1761 à Amsterdam, et publia, tant dans cette ville qu'à Londres, plusieurs compositions pour la flûte, tels que solos, etc.

GROENING (Jean), docteur en droit dans le pays de Mecklenbourg, a fait imprimer à Hambourg, en 1703, un ouvrage in-8°, sous le titre Volkommener Baumeister, ou Traité d'architecture, etc. à la suite duquel est un projet de dictionnaire de mathématiques, dans lequel il donne quelques définitions de musique.

GROS (A. J.) a fait graver à Paris, en 1783, son cinquième œuvre, renfermant de petits airs pour le clavecin ou la harpe.

GROSIER (l'abbé) a publié une Histoire générale de la Chine. Dans le tome XIII, p. 300 et 772, on trouve un Essai sur les pierres sonores.

GROSLEY, né à Troyes, le 19 novembre 1718, mort en cette ville, le 1 novembre 1785. Ses Observations sur l'Italie et les Italiens, par deux gentilhommes suédois, contiennent un précis de l'histoire de la musique et beaucoup de renseignemens sur les musiciens modernes de ce pays. Il en a paru, en 1766, à Leipsick une traduction allemande, d'où le maître de chapelle, Hiller, a tiré l'histoire de la musique ; pour la faire réimprimer au tom. II de ses Nachrichten.

GROSSE, organiste à Klosterbergen, près Magdebourg, a fait imprimer six sonates pour le clavecin. Leipsick, 1783. Il avait la réputation d'un bon professeur.

GROSSE (Bernard-Sébastien), assesseur du Consistoire suprême du duché de Weimar, et surintendant à Illmenau, est l'auteur de l'écrit intitulé Die heiligen Verrichtungen, etc. Eisenach, 1765, in-8°. Le discours forme deux feuilles, et l'Histoire de l'orgue, huit pages. Cet écrit se fait lire avec intérêt.

GROSSE (Jean-George), théologue à Bâle, y a publié, en 1620, in-8°, Compendium quatuor facultatum, qui, dans la partie philosophique, renferme aussi un Compendium musices, de seize pages, depuis 136-152.

GROSSE (Samuel-Dieteric) ; habile violoniste, au service du prince royal de Prusse en 1779, et à la chapelle royale de Berlin en 1790, est élève de Lolli et joue du violon dans la manière de ce dernier. Il a paru à Berlin, en 1783, un concerto pour violon, à neuf parties, de sa composition, et en 1784 l'opéra le Retour desiré.

GROSSI, célèbre bassoniste, père de la Silva, a été le maître d'Ostender, hautboïste.

GROSHEIM (George-Chrétien), musicien de cour à Cassel. On y a imprimé, en 1782, Heissiche cadettenlieder, de sa composition, et, quelques années plus tard, trois trios pour clavecin avec violon, qui, les uns et les autres, se distinguent par l'esprit et la gaîté qu'on y rencontre. Il a arrangé Iphigénie en Aulide, de Gluck, pour le forte-piano.

GROSSI (Antonio-Alfonso), de Crémone, chanteur célèbre vers 1690.

GROSSI (Jean-Franç.); nommé Siface. V. Siface.

GROSSMANN (Frédérique), fille du célèbre acteur allemand de ce nom, cantatrice et actrice à sa troupe, née en 1769, réunissait le talent de cantatrice à celui d'actrice. Dès 1785, elle joua à Cassel les premiers rôles dans les opéras allemands Alceste, de Schweitzer, et Gunther von Schwarzbourg, d'Holzbauer. Sa voix avait une étendue telle, qu'elle chantait avec facilité et pureté jusqu'au fa, à l'octave du dernier fa de la portée en clef de sol.

GROTIUS (Hugues), né à Delft, le 10 avril 1583, mort à Rostock, le 18 août 1645, fit, à l'âge de 15 ans, des notes sur Martianus Capella. Ses notes Annotationes in V. et N. Testamentum, etc. renferment plusieurs observations sur la musique des Hébreux.

GRUA (Carle) était ; en 1756, maître de chapelle de l'électeur palatin à Manheim.

GRUA (Franç. di Paulo), conseiller de l'électeur de Bavière et maître de chapelle à Munich, en 1786, à l'époque où cette chapelle était dans tout son lustre.

GRUBER (George-Guillaume), né à Nuremberg, le 22 septembre 1729, eut pour maître de clavecin Dretzel, alors organiste, et, après sa mort, Siebenkees. Ce dernier l'instruisit aussi dans la composition; Le musicien de la ville, Hemmerich, lui donna des leçons de violon. A l'âge de 7 ans, il avait été reçu au chœur de la chapelle. Toutes ces circonstances réunies le mirent en état de voyager, lorsqu'il avait tout au plus 18 ans, et de se faire entendre avec succès à

Francfort, à Mayence, à Leipsick et à Dresde. Dans cette dernière ville, il prit encore des leçons de contrepoint chez Umstadt, alors maître de chapelle du comte de Brühl. Lors de son retour à Nuremberg, en 1750, il fut nommé membre de la chapelle de cette ville. Le célèbre violoniste Ferrari étant venu à Nuremberg vers cette époque, et y ayant fait quelque séjour, Gruber s'appliqua aussi à étudier sa manière. Lors de la mort du maître de chapelle Agrell, il fut nommé à sa place le 11 février 1765. Il avait brigué cette place depuis long-tems, et refusé, pour cette raison, plusieurs offres qu'on lui fit de plusieurs côtés. Le 20 février 1765 de la même année, il obtint encore la charge de maître des cérémonies.

Gruber a composé un grand nombre d'œuvres de musique de chant, tant pour l'église que pour la chambre, et pour les instrumens. Nous ne savons pas au juste quel en est le mérite. ils sont peu connus en France. On en voit le détail dans E. L. Gerber.

GRUBER (JEAN SIGISMOND), fils du précédent, docteur en droit et avocat à Nuremberg, y a publié, en 1783 un ouvrage en allemand, in 8°, intitulé Littérature de la musique, ou Instruction pour connaître les meilleurs livres de musique. Il y a classé les ouvrages d'après les matières qu'ils traitent : c'est un essai encore très-imparfait. En 1785, il y fit encore imprimer Beytræge zur litteratur der musick. C'est un catalogue alphabétique d'auteurs de musique. On y trouve quelques ouvrages rares, et enfin Biographien einiger tonkünstler, ein Beytræg zur musikalischen gelehrten geschichte, Francf. und Leipsick. 1786.

GRUBER (JEAN), musicien très-estimé à Nuremberg, né à Simitz en Cariuthie, en 1693. On a gravé son portrait à Nuremberg en 1732.

GRUNINGER (ERASME), magister et premier prédicateur luthérien du duc de Wurtemberg, né à Winnenda, en 1566, et nommé professeur de musique en 1592, à Lubingen. En 1614 il fut préposé général des pays de Wurtemberg.

Il mourut, le 19 décembre 1631. V. Jœcher et Oelrich.

GRUND, harpiste à la cour de Wurzbourg, né en 1718, passait pour un des plus grands maîtres sur cet instrument.

GRUNDIG (JEAN-ZACHARIE), d'abord tenor à la chapelle du roi, puis chanteur à l'école de là Sainte-Croix à Dresde, en 1713, s'était formé un goût excellent dans le choix et l'exécution des morceaux pour l'église. Il fut le premier maître de Graun dans la musique vocale, et mourut à Dresde vers 1720.

GRUNER (NATHANAEL-GODEFROI), chanteur, et directeur de musique au gymnase de Gera, est compté parmi les bons compositeurs de la fin du dix-huitième siècle. Les principaux de ses ouvrages sont les suivans : une cantate, dein zion streut dir psalmen ; le psaume 8 à douze parties ; le psaume 103 à quatorze parties, avec plusieurs autres morceaux pour l'église. On a gravé à Lyon sept ouvrages de sa composition, composés de divertissemens, de quatuors et de concertos pour le clavecin, avec accompagnement.

Ayant perdu tout ce qu'il avoit dans l'incendie qui consuma la ville de Gera, il annonça à Leipsick, en 1781, six sonates pour le clavecin, par souscription, et en peu de tems il eut treize cent soixante-cinq souscripteurs. Le second volume, de six sonates, parut en 1783 chez Breitkopf.

GRYPHIUS (CHRÉTIEN), poëte et savant helléniste, né à Fruenstadt, le 29 septembre 1649, en dernier lieu professeur et bibliothécaire à Breslaw, où il mourut, le 6 mars 1706, a laissé un Traité des Ménestriers en manuscrit. V. Jœcher.

GUACCINI, sopraniste et excellent acteur italien vers 1710.

GUADAGNI (GAETANO) chevalier de la Croix de S. Marc, contraltiste et castrat de Padoue, aussi célèbre par ses talens que par sa munificence, chanta à Paris en 1754 avec le plus grand succès. Vers 1766, il se rendit à Londres et y prouva, par son habileté dans le récitatif et dans l'action, à quel degré de perfection sa nation s'était alors élevée dans l'un et dans l'autre genre. En 1770, il était chanteur à la chapelle de l'église de Saint-Antoine à Padoue, où il jouissait d'un traitement de quatre cents ducats, pour chanter aux quatre grandes fêtes de l'année seulement.

L'électrice douairière de Saxe, Marie-Antoinette, l'ayant connu, en 1770, à Verone, l'emmena à Munich. L'électeur Maximilien-Joseph l'y prit à son service, et lui accorda la plus grande faveur jusqu'à sa mort.

En 1776, Guadagni vint à Potsdam, et s'y fit entendre devant Fréderic II, qui lui fit présent d'une tabatière d'or garnie de diamans, la plus riche qu'il ait jamais donnée. Après cette époque, Guadagni retourna dans sa patrie, où, selon quelques-uns il reprit son ancienne place. Il vivait encore en 1790.

Ceux qui l'ont entendu assurent qu'il était le premier dans son genre, tant à cause de sa belle figure, que par son goût, son expression et son jeu. Il était aussi compositeur, et on prétend qu'il a composé lui même son rôle dans l'opéra Orfeo.

Il avait acquis une grande fortune : il en usait fort noblement, il avait une maison très splendide ; et l'on cite de lui plusieurs traits honorables de bienfaisance et de générosité.

GUADAGNI (signora), cantatrice italienne, d'un talent extraordinaire, selon le docteur Burney, chanta à l'Opéra de Londres, dans l'hiver de 1769 à 1770.

GUAJETTA (Giov.), célèbre cantatrice de Venise, épouse du ténor Babbi, était très-renommée vers 1750.

GUALANDI (Marg.), nommée Ciampoli, de Venise, cantatrice célèbre, au service du landgrave de Hesse Darmstadt vers 1710.

GUARDUCCI (Tommaso), de Montefiascone, un des premiers chanteurs de l'Italie, sous le rapport de l'expression, fut un des meilleurs élèves de Bernachi, et se fit admirer sur tous les théâtres de sa patrie, et sur celui de Londres. Le tems de sa plus grande vogue fut vers 1750

En 1770, il quitta le théâtre en-

tièrement pour vivre au sein de sa famille, passant l'hiver à Florence et l'été à Montefiascone, où il avait une maison de campagne richement meublée.

GUARNERIUS (Andréa), de Crémone, habile luthier. La plupart de ses instrumens portent la date de 1680. Les violons, les alto et les basses de Guarnerius participent de ceux d'Amati et de Stradivarius.

GUÉNÉE (Louis), né à Cadix au mois d'avril 1781, professeur de violon à Paris, de l'Académie impériale, élève de M. Rode, a publié deux œuvres de duos de violon, deux trios, un œuvre de quatuors, un concerto et des caprices de violon : ces ouvrages ont du succès et sont estimés.

GUÉNIN (A.), ancien premier violon de l'Académie de musique, actuellement attaché au roi Charles IV, est né à Laudrecies vers 1745. On peut le regarder comme un des meilleurs élèves de Gaviniés. Jeune, il débuta au Concert spirituel, et obtint beaucoup de succès par l'élégance et la pureté de son jeu. En qualité de premier violon de l'Opéra, il se faisait applaudir dans les solo, surtout dans le concerto en la de Jarnowick, placé alors au second acte du Ballet de Télémaque. Il a fait graver en musique instrumentale des "symphonies à grand orchestre, des concertos, des trios et des duos pour le violon. Toutes ces compositions sont chantantes et agréables. V. le Supplément.

GUÉNIN (H. N.), fils du précédent, s'est fait connaître par l'ouverture et les airs du ballet de Télémaque, arrangés pour le piano. Il a, en portefeuille des sonates pour cet instrument, ainsi que des airs variés, et une fantaisie sur l'air de la Sentinelle. C'est un pianiste très-estimé

GUÉNIN (mademoiselle), d'Amiens, a composé, à l'âge de 16 ans, la musique de l'opéra Daphnis et Amalthée, qui y fut représenté au Concert et généralement applaudi. V. Merc. de Fr.

GUÉRILLOT (H.), membre du Conservatoire et de l'opéra, mort il y a quelques années, se fit, comme violoniste, une grande réputation au Concert Spirituel vers 1786. Il a composé des concertos de violon, dont un a été gravé à Lyon en 1782. M. Cartier lui a dédié l'œuvre de sonates de Nardini, qu'il a publié sur le manuscrit original.

GUERINI (Franç.), de Naples, de 1740 jusque vers 1760 violoniste de chambre au service du prince d'Orange. Dans la suite il demeura à Londres. On a, de sa composition, dix ouvrages, composés de solos, de duos et de trios pour le violon, et de quatre solos pour violoncelle, avec basse continue.

GUERRERO (Pedro), espagnol, un des musiciens les plus distingués du seizième siècle, passa la plus grande partie de sa vie en Italie, et y contribua beaucoup aux progrès de l'art. On trouve de lui à la bibliothèque impériale six messes dont on fait beaucoup de cas.

GUERT (Jeanne-Marie), anglaise, claveciniste au grand concert de Londres, en 1783. Elle y fit graver, en 1786, quatre sonates pour le clavecin avec violon, et les dédia à la reine d'Angleterre.

GUEVARA (Pedro de Loyola), espagnol, a publié en 1582, à Séville, un traité de la composition du plain-chant : Arte para componer cantollano, etc.

GUGL (Mathias), organiste à la cathédrale de Salzbourg, y fit imprimer, en 1719, Fundamenta partituræ in compendio data : d. i. Kurzer und gründlicher Unterricht, etc. Il a été publié une seconde édition de cet ouvrage à Augsbourg, en 1747.

GUGLIELMI (Pierre) naquit à Massa di Carrara, de Jacques Guglielmi, maître de chapelle du duc de Modène. Il étudia la musique sous son père jusqu'à l'âge de 18 ans; qu'il fut envoyé au conservatoire di Loreto, à Naples. Le célèbre Durante dirigeait alors cette école, d'où sont sortis Piccini; Sacchini, Cimarosa, Maio, Trajetta, Paisiello, etc.

Guglielmi n'annonçait pas de grandes dispositions pour la musique; mais Durante l'assujétit aux travaux arides du contrepoint et de la composition. Il sortit du conservatoire à l'âge de 28 ans, et composa presque aussitôt, pour les principaux théâtres d'Italie, des opéras bouffons et des opéras sérieux, dans lesquels il réussit également. Il fut demandé à Vienne, à Madrid, à Londres, et revint à Naples vers l'âge de 50 ans.

Ce fut l'époque où toutes les facultés de son esprit acquirent plus d'activité, et où son génie jeta la plus vive lumière. Il trouvait le grand théâtre de Naples occupé par deux beaux talens qui s'y disputaient la palme, Cimarosa et Paisiello. Il se vengea noblement du dernier, dont il avait à se plaindre : il opposa un ouvrage à chaque ouvrage de son adversaire, et le vainquit constamment.

Le pape Pie VI lui offrit, en 1793, la place de maître de chapelle de Saint-Pierre. Cette retraite fut pour Guglielmi, alors âgé de 65 ans, une occasion de se distinguer dans la musique d'église.

On compte plus de deux cents ouvrages de Guglielmi. Les plus saillans sont les opéras des Due Gemelle, les Serva innammorata, la Pescatrice, Enea e Lavinia, i due Gemelli, la Pastorella nobile; et parmi ses oratorios, la Morte d'Oloferne, et Debora. Zingarelli regarde ce dernier comme le chef-d'œuvre de Guglielmi. Les musiciens reconnaissent dans ce compositeur des chants simples et aimables, une harmonie claire et nourrie, et des morceaux d'ensemble pleins de verve et d'originalité.

Il mourut, le 19 novembre 1804, dans sa soixante-dix-septième année. Son fils aîné se montre digne de lui. A l'âge de 20 ans, il a obtenu sur le grand théâtre de Naples un brillant succès, qu'il a confirmé depuis par d'autres succès sur le théâtre de Rome. V. l'art. suivant.

M. Joachim Le Breton a publié une Notice sur P. Guglielmi, dans le Magasin Encyclopédique, 1806, t. VI, p. 98.

GUGLIELMI (Pierre-Charl.), fils aîné du précédent, actuellement à Londres, est un compositeur très-distingué. Comme son père, il a mis en musique l'opéra I due Gemelli. C'est, dit-on, son meilleur ouvrage. Il a fait beaucoup d'opéras bouffons, qui ont eu du succès en Italie et en

Angleterre. Nous regrettons de n'a-
voir pu nous procurer sur cet artiste des renseignemens plus détail-
lés.

GUGLIELMI (Jacques), frère
cadet de Charles, actuellement attaché au théâtre de l'Opéra Buffa de
Paris, est né à Massa di Carrara
le 16 août 1782. Il étudia le solfège
sous M. François Mazzanti, le chant
sous Nic. Piccini, neveu du grand
Piccini, et le violon sous M. Ca-
panna. Après avoir fait son début,
comme chanteur, au théâtre d'Ar-
gentina, à Rome, il passa à Parme,
ensuite à Naples, à Florence, à
Bologne, à Venise, à Amsterdam,
et enfin à Paris, où il réside maintenant.

GUICCIARDI (Franç.), chanteur célèbre, vécut en Italie vers
1690.

GUICHARD (Jean-François),
né à Paris en 1743, a publié, en
1805, Fables et Contes, 2 vol. in-
12. On y trouve beaucoup d'esprit
et de facilité. Outre de jolies chansons, l'auteur a donné un opéra-
comique, le Bucheron, mis en musique par le célèbre Philidor.

GUICHARD (Nic.), mort le 25
février 1807, avait été attaché à la
musique de Notre-Dame. On a de
lui des messes, des motets, etc. qui
ont eu de la vogue, surtout à cause
de leur mélodie originale. Comme
il a long-tems été professeur de guitare, et qu'il pinçait cet instrument
d'une manière très-brillante, il a
eu occasion de publier des recueils
d'airs de sa façon, parmi lesquels
se trouvent le fameux Bouquet de
romarin, le Coin du feu, Il est
passé le bon tems, etc.

GUICHARD (Louis-Joseph),
né à Versailles en 1752, fut reçu
page de la musique du Roi en 1760,
et nommé à la musique de la chambre en 1776. En 1784, il devint professeur à l'école royale de chant,
laquelle fut incorporée au Conservatoire de Musique, lors de sa création. Maître de chant à l'Académie
de Musique en 1792, il s'est retiré
avec la pension, en 1804. Actuellement il est professeur au Conservatoire, et chargé de la surveillance
des élèves pensionnaires qui y sont
établis. Il a composé de jolies ro-

mances, que sa modestie ne veut
pas rendre publiques.

GUICHARDIN (Louis), neveu
de Fr. Guichardin, naquit à Florence en 1523, et mourut à Anvers
en 1589. Dans sa Description des
Pays-Bas, in-folio, 1587, en italien, et traduite en français par
Belleforêt, on trouve que l'invention du contrepoint figuré est due
aux Flamands. Ce qu'il y a de certain, c'est que l'École flamande est
la première qui se soit distinguée,
en Europe, dans la composition à
plusieurs parties. Voy. l'Introduction de ce dictionnaire.

GUIDOBONO (Giov. Franç.),
de Gênes, célèbre chanteur vers
1670.

GUIGNON (Jean-Pierre), né
à Turin, le 10 février 1 02, vint
s'établir jeune en France, où il s'attacha d'abord au violoncelle, qu'il
abandonna pour se livrer au violon. Il devint, en peu d'années,
l'émule du fameux Leclair. Son talent supérieur le fit choisir pour
donner des leçons de violon au dauphin, père de Louis XVI, et à madame Adélaïde de France.

En 1741, il fut revêtu de la charge
de Roi des violons et Maître des Ménestriers. Il s'en démit volontairement en mars 1773, et en demanda
la suppression. Il obtint sa vétérance
à la musique du roi en 1762.

Guignon avait le coup d'archet
admirable : il tirait le son le plus
beau et le plus volumineux de son
instrument. Nul ne savait mieux
conduire un orchestre.

Sa maison était une école publique et gratuite pour tous les jeunes
gens qui voulaient s'adonner au
violon. Il a composé quelques sonates, des duos, des trios et des
concertos. Ses variations sont très-
estimées des connaisseurs. Guignon
mourut à Versailles, le 30 janvier
1774, des suites d'une attaque d'a-
poplexie.

GUILBERT – PIXÉRÉCOURT
(N.), né à Nanci en 1773, a
composé plusieurs mélodrames et
quelques opéras comiques. Parmi
ces derniers, on compte l'Avis aux
Femmes, en un acte, musique de
M. Gaveaux, 1804; la Rose blanche et la Rose rouge, en trois actes,
musique du même, 1809.

GUILLARD (NICOLAS - FRAN-
çois), né à Chartres en 1752, est
un des poëtes lyriques les plus connus de nos jours. Il a eu le bonheur
de travailler avec Gluck et Sacchini.
M. Guillard partage avec le Bailli
du Rollet la gloire d'avoir traité des
sujets qui ne sont pas puisés aux
sources de la mythologie, et dont le
fond est éminemment dramatique.
On en jugera par les titres des opéras
qu'il a donnés à l'Académie de Musique : Iphigénie en Tauride, en quatre actes, musique de Gluck, 1779.
— Chimène, en trois actes, musique de Sacchini, 1784. — Électre,
en trois actes, musique de Lemoyne,
1784. — Les Horaces, en trois actes,
musique de Salieri, 1786. — Œdipe
à Colonne, en trois actes, musique
de Sacchini, 1787. — Arvire et
Evelina, en trois actes, musique
du même, 1788. — Louis IX en
Egypte, en trois actes, en société
avec M. Andrieux, musique de Lemoyne, 1790. — Olympie, en trois
actes, musique de Kalkbrenner,
1798. — Proserpine (de Quinault),
remise en trois actes, musique de
Paisiello, 1803. — La Mort d'Adam,
en trois actes, musique de M. Lesueur, 1809.

GUILLAUME (EDME), cha-
noine d'Auxerre, inventa, en 1590,
le serpent, et produisit cet instrument au concert qu'il donnait alors
dans sa maison. On a beaucoup perfectionné cet instrument par la suite.
Voy. Lebeuf, Hist. d'Auxerre,
t. I. p. 643.

GUILLEMAIN (GABRIEL), né
à Paris le 15 novembre 1705, jouissait à vingt ans d'une grande célébrité comme violoniste. Il avait une
main prodigieuse, et se jouait des
difficultés, qu'il a trop prodiguées
dans ses premières compositions. Sa
grande timidité l'empêcha de se
faire entendre au Concert Spirituel.
En 1738, il fut reçu à la musique
de la chambre et de la chapelle.
En 1770, sa tête se dérangea ; il se
donna quatorze coups de couteau
au pied d'un saule, sur le chemin
de Paris à Versailles, assez près
de Châville. On a de lui dix-sept
œuvres de sonates pour le violon et
le clavecin.

GUILLIAUD (MAXIMILIEN), a
publié, en 1554, un Traité de mu-

sique. On trouve plusieurs morceaux
de sa composition dans les douze
messes, à quatre voix, imprimées à
Paris en 1554.

GUILLON, musicien français de
la fin du dernier siècle, a fait graver, de sa composition, vers l'an
1780, à Lyon, quatre ouvrages, composés pour la plupart, de quatuors pour le violon. On a encore
de lui un concerto pour le basson
en manuscrit.

GUINNETH (JOHN), natif du
pays de Galles, d'une famille indigente, fut aidé dans ses études par
quelques ecclésiastiques. Il s'occupa pendant vingt ans de l'étude
et de la pratique de la musique ; il
composa pour l'église les Responsaria des chants alternans, pour toute
l'année, ainsi que quelques messes
et chœurs. Au bout de ce tems, il
demanda, en 1531, le grade de
docteur, qui lui fut aussi conféré,
moyennant une somme de vingt
pences. En 1633, il fut nommé recteur à l'église de Saint-Pierre, à
Westchepe.

GUNTHER, organiste de Neustadt, fut appelé, en 1789, à Sainte-
Croix de Dresde, où il était regardé
comme un artiste des plus habiles.

GUNTHER (FRED.), basse-contre et bon acteur aux Théâtres de
Weimar et de Gotha, de 1770 à
1780.

GUMBRECHT, chanteur à Ha-
novre vers 1664, était en même tems
compositeur.

GUMPELZHAIMER (ADAM),
chanteur à l'église de Sainte Anne à
Augsbourg, né à Trosberg en Bavière, en 1559, a publié un Compendium musicæ latino-germani-
cum, dont il a paru, de 1595 jusqu'en 1605, quatre éditions in-4°,
et plusieurs volumes de cantiques à
quatre et huit voix, qui ont eu aussi
beaucoup d'éditions. Voy. Walther.

GUMPENHUBER, le plus grand
virtuose au Pantalon, après Hebenstreit, fut engagé pour trois ans à
Pétersbourg, en 1755, comme musicien de la chambre, et il entendre
à la cour, ainsi qu'au théâtre, ses
caprices et concertos avec beaucoup
de succès. Il quitta ce pays en 1757.

GUTHMANN, second violon à
l'orchestre du Théâtre italien à Paris, y a fait graver, en 1786, six

duos pour violon, de sa composition.

GUY (G.), né à Compiegne, est auteur de l'opéra d'Anacréon, musique de Grétry, joué à l'Académie impériale en 1797. Il y a dans cet ouvrage du mouvement et de l'intérêt; mais la versification n'en est guère anacréontique. Le succès brillant qu'il a obtenu est dû principalement à la musique enchanteresse de Grétry. On a aussi de lui l'opéra Sophie et Moncars mis en musique par M. Gaveaux, et qui a réussi complétement au théâtre Feydeau.

GUY D'AREZZE. S'il est dans la musique un nom célèbre, c'est, sans contredit celui de Guido, surnommé Aretino du lieu de sa naissance, et que nous appelons vulgairement *Guy l'Arétin* ou *Guy d'Arezze*; mais, en même tems, il faut le déclarer, rien n'est plus difficile à établir que les titres de cette célébrité. Si l'on en croit la voix publique et les assertions d'un grand nombre d'écrivains, Guy n'est rien moins que le père, et en quelque sorte, le créateur de la musique moderne. Il a inventé la gamme ou étendu l'échelle du système général, introduit les points qui servent aujourd'hui de notes, établi l'usage des portées, des clefs; de la main harmonique, de l'hexacorde et de la méthode de solfier du contrepoint et des instrumens à touches. Mais, lorsqu'on examine de plus près les choses, on reconnaît : 1°. qu'un grand nombre de ces inventions existaient avant Guy d'Arezze; qu'il en parle même, dans ses écrits, comme de choses universellement admises; 2°. quant à celles qui n'existaient point avant lui, il n'en parle en aucune manière. Tous ces objets sont très-bien discutés dans l'Histoire de la Musique de M. Forkel, t. II, p. 239 à 288. Pour ne point entrer ici dans des détails qui nous meneraient beaucoup trop loin, nous renvoyons le lecteur à cet ouvrage, et nous nous bornerons à cette observation, qu'il paraît qu'à l'époque où vécut Guy, il y avait une grande incertitude et de nombreuses variations sur les principes de la musique et sur ceux de la notation musicale. Guy vit mieux sur cette matière que beaucoup de ses devanciers et de ses contemporains. Il choisit ce qu'il jugea être le meilleur dans les méthodes proposées jusqu'alors, rédigea les préceptes, et un corps de doctrine; et s'appliqua surtout à l'enseignement de la lecture de la musique. Les succès extraordinaires qu'il obtint, tant par l'excellence de ses procédés que par l'art avec lequel il savait présenter ses idées, fixèrent sur lui l'attention générale, le firent placer au premier rang parmi les inventeurs, et lui firent attribuer un grand nombre de découvertes qu'il avait seulement eu le mérite d'utiliser.

A cet aperçu très sommaire, nous essayerons de joindre quelques détails sur la personne de Guy et sur les particularités de sa vie. Les époques en sont incertaines, et les auteurs sont partagés sur ce point. Il naquit, à ce qu'il paraît, vers la fin du dixième siècle, et entra jeune au monastère de Pomposa, de l'ordre de Saint-Benoît, dans le duché d'Ferrare. Ce fut là qu'il imagina ou disposa ses nouveaux procédés pour écrire et pour enseigner à lire la musique, et qu'il établit une école où il les mit en usage. Il paraît qu'ils étaient fort supérieurs à ceux que l'on employait alors, puisque, par leur secours, les élèves qui avaient besoin de dix années pour apprendre à lire la musique, ou pour mieux dire le plainchant, seule musique qui fût, de ce tems, l'objet d'un enseignement méthodique, étaient, au bout de quelques jours, en état de déchiffrer un chant, et devenaient d'habiles chanteurs en moins d'une année. Ces succès extraordinaires lui attirèrent, comme il arrive presque toujours, des tracasseries de la part de ses collègues et de ses rivaux. Elles allèrent au point qu'il fut obligé de quitter son monastère et de passer dans un autre. C'est ce qu'on voit dans une lettre qu'il écrit à Michel, moine comme lui de l'ordre de St.-Benoît, lettre que Baronius rapporte dans ses Annales à l'an 1022, et Mabillon à l'an 1026. On voit encore dans cette lettre que la renommée de son école étant parvenue jusqu'au pape Jean XIX (XX selon d'autres), qui régnait de 1024 à

1033; ce pontife l'invita par trois envoyés à se rendre auprès de lui. Guy s'y rendit en effet, accompagné de Grunoald, son abbé, et de Pierre, doyen du chapitre d'Arezzo. Il fut très-bien accueilli par le pape: il lui présenta son antiphonaire noté selon sa méthode. Le pape l'admira comme un prodige; et après avoir lu la règle du chant, qui était placée à la tête, il en fit l'essai, et se convainquit par lui-même de la supériorité du procédé de Guy.

Dans son voyage de Rome, il retrouva Guy abbé du monastère de Pomposa, qui approuva ses travaux, lui témoigna son regret d'avoir autrefois écouté ses adversaires, et l'invita à revenir à Pomposa, lui certifiant que la condition de moine dans un monastère aussi tranquille valait mieux pour lui que le rang d'évêque auquel il pouvait aspirer. Guy touché de ses instances, et craignant d'ailleurs d'avoir rien de commun avec les évêques, ses contemporains, la plupart simoniaques, consentit à retourner à Pomposa. Son retour n'eut pas lieu alors, à ce qu'il paraît d'après sa lettre, qui ne dit rien de plus sur ses aventures, et qui est entièrement consacrée à l'exposition de sa méthode, dont nous essayerons de donner une idée.

Guy, pour écrire la musique, emploie, selon l'usage de son tems, les lettres A B C D E F G, qu'il place sur des lignes parallèles de différentes couleurs, pour marquer l'abaissement ou l'élévation de la voix; et pour en faciliter l'intonation, il a recours au procédé suivant. Il remarque que la première strophe de l'hymne de Saint-Jean.

Ut *queant laxis* + Resonare *fibris.*
Mira *gestorum* + Famuli *tuorum*
Solve *polluti* + Labii *reatum*
　　　　Sancte *Joannes.*

est divisée en six parties, que le chant de chacune de ces parties commence par des sons différens, savoir: la première par C, qui répond à Ut; la 2e. par D, répondant à Re de *resonare*; E à Mi de *mira*; F à Fa de *famuli*; G à Sol de *solve*; A à La de *labii*. Cela posé, il apprend par cœur à son élève le chant de cet hymne, et à force de

l'exercer, lui faisait si bien retenir le son que porte chacune de ces syllabes dans ce chant, qu'il puisse le produire à volonté. L'élève sachant aussi à quelle lettre répond chaque son, il est clair que quand il verra la lettre il lui suffira pour l'entonner de se souvenir du son de la syllabe à laquelle elle répond dans l'hymne Saint-Jean.

Tel est tout le secret de cette méthode, qui est fort simple, fort ingénieuse, et qui consiste, comme tout ce que l'on peut faire de raisonnable en cette matière, à aller du plus connu au moins connu. Elle est la base de la haute réputation de Guy, et paraît être son principal ouvrage. Nous ne savons rien de plus sûr ses travaux. On croit qu'il retourna ensuite à Pomposa, que vers ce même tems, il publia son *Micrologue*, étant alors âgé de trente-quatre ans. On ne sait rien sur l'époque de sa mort, qui doit être arrivée vers le milieu du onzième siècle. Du reste, il en a été de Guy comme de la plupart des hommes célèbres: négligé pendant sa vie, plusieurs pays, plusieurs sociétés, l'ont réclamé après sa mort. Ainsi les camaldules en ont fait un abbé de leur ordre à Avellano. On a prétendu qu'il avait été moine en Allemagne, en Normandie, etc. Toutes ces assertions ridicules ne méritent pas l'honneur d'une sérieuse attention; mais ce qu'il y a de certain, c'est que ses procédés et sa méthode se propagèrent avec beaucoup de rapidité en Italie, en France, et dans tout le midi de l'Europe.

Le savant prince-abbé Gerbert a recueilli, dans sa collection, les écrits de Guy qu'il a pu découvrir. On les trouve, au second tome, dans l'ordre suivant:

1°. *Micrologus Guidonis, de disciplina artis musicæ.* Ce traité renferme, outre l'épître dédicatoire à son évêque Teudalde, et outre le prologue, vingt-deux chapitres, dont voici les titres: 1.º *Quid faciat, qui se ad disciplinam musicæ parat?* 2°. *Quæ vel quales sint notæ vel quot?* 3°. *De dispositione earum in monochordo.* 4°. *Quibus sex modis sibi invicem voces jungantur.* 5°. *De diapason et cur tantum*

septem sint notæ ? 6°. Item de divi-
sionibus et interpretatione earum.
7°. De affinitate vocum per quatuor
modos. 8°. De aliis affinitatibus.
9°. Item de similitudine vocum,
quarum diapason sola perfecta est.
10°. Item de modis et falsi meli
agnitione et correctione. 11°. Quæ
vox et cur in cantu obtineat prin-
cipatum. 12°. De divisione quatuor
modorum in octo. 13°. De octo
modorum agnitione, acumine et
gravitate. 14°. Item de tropis et
virtute musicæ. 15'. De commo-
da vel componenda modulatione.
16'. De multiplici varietate sonorum et neumarun. 17°. Quod ad
cantum redigitur omne, quod dicitur. 18°. De diaphonia, id est, organi præcepto. 19°. Dictæ dia-
phoniæ per exempla probatio.
20°. Quomodo musica ex malleo-
rum sonitu sit inventa.

II. Guidonis versus de musicæ
explanatione, suique nominis ordine, avec ses Regulæ rythmicæ
in antiphonarii sui prologum prolatæ. Ces deux traités, dont le second a été regardé comme la seconde
partie du Micrologus, sont tirés
d'un manuscrit de la bibliothèque
de Saint-Blaise.

III. Aliæ regulæ de ignoto cantu itentidem in antiphonarii sui
prologum prolatæ, auquel il est
ajouté Epilogus de modorum for-
mulis et cantuum qualitatibus, en
six chapitres, d'après un manuscrit
de Saint-Blaise.

IV. Epistola Guidonis Michaeli
monacho de ignoto cantu directa.
Petzius, dans son Thes. nov. anecd.
t. VI, p. 223, avait déjà donné cette
epître, mais moins complète, sous
le titre Epistola de artificio novi
cantus.

V. Tractatus Guidonis correcto-
rius multorum errorum qui fiunt in
cantu Gregoriano in multis locis,
d'après un manuscrit du quatorzième
ou quinzième siècle.

VI. Quomodo de arithmeticâ pro-
cedit musica L'abbé Gerbert n'est
pas bien assuré qui est l'auteur de
ce traité; il l'attribue à Guido parce
qu'il l'a trouvé dans un manuscrit,
au couvent de Saint-Emmeran, immédiatement après le Micrologus.

Dans le premier volume de cette
collection, on trouve encore page
347, Mensura Guidonis ex Cod.
Benedicto Burano, du douzième
siècle.

GUYON (J.), musicien français
du seizième siècle, de qui l'on trouve
plusieurs morceaux dans les douze
messes à quatre voix, qui parurent
à Paris en 1554.

GUYOT (mademoiselle), claveciniste en réputation à Paris, où elle
mourut en 1728.

GUYS (M.), négociant français,
a fait imprimer à Paris en 1776,
un ouvrage, sous le titre Voyage littéraire de la Grèce, ou Lettres sur
les Grecs anciens et modernes, avec
un parallèle de leurs mœurs. La
lettre trente huitième traite de la
Musique chez les Grecs, et renferme
en même tems quelques mélodies de
chansons turques et grecques. Il a
paru une traduction allemande de
cet ouvrage, dans laquelle on a fort
mal à propos retranché ces mélodies.

GUZINGER (Jean-Pierre),
musicien de chambre de l'évêque
d'Aichstett, vers 1740, était un
excellent virtuose sur la grande viole
d'amour, et composait pour cet instrument.

GYRALDUS (Lilius Grégorius),
né à Ferrare en 1479, ami intime
du savant Pic de Mirandole, et célè-
lèbre savant d'Italie, mourut en
1552, à l'âge de 74 ans. Parmi ses
écrits il se trouve aussi une Historia dialogis decem præscripta, de
Poetis antiquis, où il traite, au
premier dialogue, des effets de la
musique et de son usage dans la
guérison des maladies. Cet ouvrage
est en manuscrit. V. Walther.

GYROWETZ (Adalbert), ac-
tuellement à la chancellerie de
Vienne, est né vers 1756. On doit à
ce compositeur fécond quarante-
deux œuvres de musique instrumentale, parmi lesquels on compte des
symphonies à grand orchestre, des
symphonies concertantes, des quintetti et un grand nombre de quatuors. Il a aussi publié des sonates
de piano, et plusieurs opéras.

HAAKE (CHARLES), né à Potsdam, était, en 1790, violoniste de la chambre et de la chapelle du roi de Prusse, à Berlin. On a gravé de lui à Potsdam deux concertos de violon, et plusieurs autres compositions pour cet instrument.

HABENECK (FRANÇOIS — ANTOINE), l'aîné des trois violonistes, un des meilleurs élèves de M. Baillot, et son adjoint au Conservatoire de Paris, est depuis deux ans adjoint de M. Kreutzer pour les solos, à l'Académie Impériale de Musique. Ce jeune virtuose dirige actuellement les concerts du Conservatoire. Il a publié, à Paris, trois caprices pour le violon, qui sont très-estimés. MM. Joseph et Corentin Habeneck, élèves du Conservatoire dans la classe de M. Baillot, ont exécuté avec succès des concertos de violon, dans quelques-uns des exercices du Conservatoire.

HABERMAN (JEAN), directeur de musique à Egra en Bohême, né à Prague en 1712, fut un des plus forts contrapuntistes, au milieu du dernier siècle. Il a été imprimé, de sa composition, douze messes, à Prague, 1746; et six litanies, ibid. 1747, in-fol. On connaît en outre, de lui, plusieurs symphonies et sonates en manuscrit.

HACHENBERG (PAUL), né en 1652, docteur en droit, et conseiller intime de Charles-Louis, électeur palatin, mort au mois de décembre 1681. Parmi les ouvrages qu'il a publiés, on remarque Germania media, publicis dissertationibus in academiâ Heidelbergensi proposita; in quâ res mediorum seculorum quæ à Trajano ad Maximilianum I fluxêre ex priscis auctoribus recensentur, mores, ritus, leges, sacræ profanæque ceremoniæ illustrantur, dubia obscuraque scriptorum Germanorum loca explicantur. Editio 2. Jenæ, 1686, in-4°.

Il y parle, au § 4 de la septième dissertation De studiis veterum Germanorum, de l'ancienne musique des Allemands.

HACHMEISTER (CHARLES-CHRISTOPHE), organiste à l'église du Saint-Esprit à Hambourg, a publié, en 1753, un ouvrage sous le titre Klavier übung, bestehend in 50 auserlesenen variationen über eine menuet zum nutzen der information componirt, etc. premier volume. Il y fait preuve non seulement de bon goût, mais aussi de connaissances profondes dans le contrepoint.

HACKWOOD, virtuose sur la viole, vécut à Londres vers la fin du dix-huitième siècle.

HADRAVA, en 1782, fit graver à Berlin six sonates de sa composition, pour le clavecin.

HAEGEMAN (C.), compositeur, connu, depuis 1782, par deux recueils de sonates pour le clavecin, chacun de six pièces, en manuscrit.

HAENDEL (GEORGES-FRÉDÉRIC), naquit à Halle, dans le pays de Magdebourg, le 24 février 1684. Ce fut dans sa ville natale que, depuis l'âge de sept ans jusqu'à quatorze, il développa ses rares talens par les leçons de Zachau, qui y était alors organiste. En 1703, il vint à Hambourg, où il composa, l'année suivante, son premier opéra (Almira). Le grand nombre d'élèves auxquels il enseigna la musique ne l'empêcha pas d'y donner, jusqu'en 1708, encore trois autres opéras, outre une quantité de pièces pour le clavecin, de chansons et de cantates. A cette époque, il partit pour l'Italie, et composa à Florence son premier opéra italien, intitulé Rodrigo; et ensuite à Venise, en 1709, celui d'Agrippina, qui eut tant de succès qu'il fut représenté vingt-sept jours de suite. A Rome, il donna sa sérénade Il Trionfo del Tempo; et à Naples, son Acis e Galatea. En 1710, il quitta l'Italie et se rendit à Hanovre, où l'électeur le nomma son maître de chapelle, à la place de Steffani. A la fin de la même année, il reprit le cours de ses voyages et passa en Angleterre. Il y composa, dans l'espace de quinze jours, son opéra *Rinaldo*, qui pendant long-tems fut la pièce favorite de la nation anglaise. Au bout d'un an, il revint à Hanovre. Ayant obtenu, à la fin de 1712, une seconde fois la permission de sa cour de continuer ses voyages, il retourna en Angleterre. Il y trouva alors tant d'occupations, qu'il oublia entièrement Hanovre et sa place jusqu'en 1714, que Georges Ier. son ancien maître, monta sur le trône. Son mérite et le grand nombre de ses protecteurs, lui valurent les bonnes grâces du Roi, qui lui assigna un traitement de quatre cents livres sterlings par an. Depuis cette époque, il ne discontinua plus de travailler pour le théâtre et pour les concerts. Quant à sa querelle avec les directeurs de son théâtre, Voyez l'article Porpora.

Vers la fin de ses jours, en 1751, il perdit la vue, mais dans cette triste situation, il conserva son feu et sa vivacité, et n'en joua pas moins ses concertos sur l'orgue, et composa toujours, en dictant ses idées, que Smith rédigeait. Six jours avant sa mort, il exécuta encore un de ses oratorios. Il mourut le 13 avril 1759.

Hændel avait la taille grande, la figure noble et pleine de feu. A en juger d'après un tableau de Tischbein, il semble que le portrait que Mattheson a ajouté à la biographie de Hændel, est le plus ressemblant. Il a laissé à ses parens, en Allemagne, vingt mille livres sterlings de biens, dont il légua mille livres sterlings à l'institut de secours de Londres.

La vie de Hændel a été écrite très-souvent. On la trouve : 1°. dans le *Lexicon* de musique allemand, de Walther, à l'art. *Hændel*; 2°. dans *Mattheson* (*Musikalische Ehrenpforte*), sous le nom véritable; 3°. dans le *Gentleman's magazine* de l'an 1760, en anglais; 4°. dans la biographie de Hændel, que Mattheson a publiée à Hambourg, en 1761, en allemand, avec le portrait de Hændel : on y a joint en même tems un catalogue de ses ouvrages pratiques; 5°. dans les *Nachrichten*, etc., du maître de chapelle

Hiller, où ce dernier a donné une traduction de celle du *Gentleman's magazine*; 6°. au cinquième volume de Hawkins (*History of music*); 7°. dans Hiller (*Lebensbeschreibungen berühmter musikgelehrten*); 8°. dans la Notice sur la fête funèbre en l'honneur de Hændel, que le docteur Burney a publiée à Londres, en 1781, en anglais; 9°. dans la Jeunesse de Hændel, que le maître de chapelle Reichardt fit imprimer en allemand, à Berlin, en 1785; 10°. dans l'Histoire de la Musique du doct. Burney, en anglais; 11°. et enfin, complète et bien détaillée, dans la traduction allemande que le professeur Eschenburg a donné, en 1785, in-4°, de l'ouvrage de Burney cité ci-dessus, en y ajoutant beaucoup de notes, et la représentation du monument qu'on a érigé à Hændel dans l'abbaye de Westminster.

Non contens d'avoir perpétué ainsi la mémoire de ce grand maître, les Anglais exécutèrent en 1784, avec l'agrément du Roi, un jubilé solennel, où, pendant quatre jours consécutifs, ses ouvrages d'église furent exécutés dans l'abbaye de Westminster, auprès de sa tombe, par un orchestre de cinq cents musiciens, à la tête duquel était le célèbre violoniste Cramer. Cette pompe funèbre fut répétée en 1785, avec quelques changemens dans les compositions de Hændel, par un orchestre de six cents sept musiciens. En 1786, il y en eut quatre cent vingt-deux; et en 1787, jusqu'à huit cents. L'Allemagne voulut rivaliser avec les Anglais : cette même année, on exécuta le *Messias* de Hændel à Berlin, sous la direction du maître de chapelle Hiller, sous un orchestre de plus de trois cents musiciens.

Les Anglais n'ont pas borné là leur reconnaissance : en 1786, on entreprit à Londres de publier, par souscription, une collection complète des ouvrages d'Hændel, imprimée avec des caractères de musique neufs, précédée de son portrait.

«Voici la liste chronologique des ouvrages de Hændel, telle que M. Burney la donnée : 1°. OPÉRAS. *Almira*) *Nero*, 1705; *Florindo*) *Daphne*, 1708 (en allemand, à Hambourg) ; *Il trionfo del tempo*, *Acis e Galatea*; *Rodrigo*, *Agrippina* (les trois premiers à Rome, le dernier à Venise, mais tous en italien), 1709; *Rinaldo*, 1711 ; *Theseus et Pastor fido*, 1712; *Amadis*, 1715. Tous à Hambourg, en allemand. Ensuite à Londres, en italien : *Muzio Scevola*, 1731; *Ottone*, 1722; *Giulio Cesare et Floridante*, 1723; *Flavio et Tamerlano*, 1724; *Rodelinda*, 1725; *Alessandro et Scipione*, 1726; *Ricardo I*, 1727; *Tolomeo et Siroe*, 1728; *Lotario*, 1729; *Partenope*, 1730; *Poro*, 1731; *Orlando et Sosarme*, 1732; *Ariane et Ezio*, 1733; *Ariodante*, 1734; *Alcina*, 1735; *Arminio*, *Atalanta et Giustino*, 1736; *Berénice et Faramando*, 1737; *Serse*, 1738; *Imeneo et Deidamia*, 1740. On a encore donné dans l'intervalle, à Hambourg, les opéras suivans, en allemand : *Admet*, 1727; *Alessandro Severo*, *Pasticcio*, 1737; *Parnasso in festa*, 1740. En tout, quarante-cinq opéras.

2°. ORATORIOS. Ses ouvrages en ce genre, qui l'ont rendu si célèbres, sont tous en langue anglaise, mais il y en a plusieurs dont le texte a été traduit en allemand, tels que le Messie, Saül, et Judas Machabée. Les suivans ont été gravés à Londres, en partition, savoir : Esther. 1730 ; Debora et Athalie, 1733 ; la Fête d'Alexandre, 1735 ; Israël en Egypte, 1738; *l'Allegro il Penseroso*, 1739; Saül, 1740 : le Messie, 1741 ; Samson, 1742; Balthazar, et Suzanne, 1743 ; Hercule, 1744; un oratorio de circonstance, 1745; Joseph, et Judas Machabée, 1746; Josué, 1747; Salomon, 1749, Jephté, 1751. Les œuvres qui suivent ne sont encore qu'en manuscrit, savoir: Acis et Galathée, 1721; Ode en l'honneur de sainte Cécile, 1736; Sémelé, 1743; Alexandre Balus, 1747; Salomon, 1749; Théodora, 1750. Il y faut encore ajouter trois oratorios italiens. En tout, vingt-six.

3°. MUSIQUE VOCALE : Motets, huit volumes; cantates, quatre volumes; Te Deum et Jubilate, trois volumes; airs d'opéra, deux volumes. *Laudate*; recueil d'airs et chœurs; motets et duos; cantates,

à Hambourg, de 1703 à 1709, et à Rome, 1709 et 1710.

4°. MUSIQUE INSTRUMENTALE : Quatre sonates pour deux hautbois et basse, 1694; *Concerti grossi*; *Wassermusik*; *feuerwerksmusik*, 1748; sonates pour deux violons et basse, deux recueils; suites pour le clavecin, deux parties, gravées en 1720; fugues et concertos pour l'orgue, trois parties. Sans compter ce qui se trouve encore dispersé dans les mains des amateurs.

HAENDLER (J.-W.), maître de chapelle de l'évêque de Wurzbourg, né à Nuremberg vers la fin du dix-septième siècle, étudia le clavecin et le contrepoint dans sa patrie, chez Pachelbel. En 1712, il entra à la chapelle du prince-évêque de Wurzbourg, comme basse-contre, et, peu de tems après, il fut nommé organiste de la cour. Ses compositions plûrent tellement au prince, qu'il lui conféra la place de maître de chapelle, lorsque Fortun. Chelleri quitta Wurzbourg pour se rendre à Cassel. Cet avancement excita la jalousie des virtuoses italiens, au point qu'ils lui suscitèrent mille désagrémens. On prétend même que sa mort, arrivée en 1742, ne fut que la suite des persécutions qu'il eut à essuyer de leur part. V. Mitzler, *Biblioth.*

HAENSEL (JEAN-DANIEL), précepteur à Halle et élève du directeur de musique, Türck, y a fait imprimer, en 1787, Cyrus et Cassandre, opéra du professeur Ramler. Il est natif de Goldberg en Silésie, en 1757.

HAERLEMME (A. G.), compositeur italien du dix-septième siècle, a fait paraître, en 1664, *I sacri salmi di David*, *messi in rime volgati da Giov. Diotati, Lucchese*. V. *Martini-Storia*.

HAESER, directeur de musique à l'église de l'université de Leipsick, depuis 1785. La ville de Leipsick lui a, depuis 1763, une infinité d'obligations pour la direction excellente, tant du grand concert de cette ville, que de l'orchestre de l'opéra. Il est mort en 1810.

HAESLER (JEAN-GUILLAUME), directeur de musique et organiste à l'église des recollets à Erfurt, né dans cette ville le 29 mars 1747, fut un des premiers maîtres de clavecin et un des meilleurs organistes de l'Allemagne à la fin du dix-huitième siècle. A ces talens, il réunit, comme chanteur, une voix de ténor très-agréable et des connaissances profondes et étendues dans l'art de la composition.

Il eut le bonheur d'avoir pour oncle l'organiste Kittel, à Erfurt, qui l'aimait beaucoup, et qui lui enseigna les élémens de la musique dès la neuvième année de son âge. Sous la direction de ce maître consommé, le jeune Hæsler fit de tels progrès qu'il fut nommé, à l'âge de quatorze ans, organiste à l'église des recollets.

Obligé depuis 1771 de faire beaucoup de voyages, tant à Weimar et à Gotha, qu'à Dresde, à Gœttingue, à Cassel et à Brunswick, Hæsler profita de toutes ces occasions pour satisfaire son penchant naturel, et étendre ses connaissances en musique. Mais ce furent surtout les voyages qu'il fit à Hambourg et à Leipsick qui contribuèrent le plus à perfectionner son talent. Dans cette dernière ville, il demeura neuf mois de suite, profitant de la conversation et des leçons du célèbre Hiller et des autres bons maîtres de musique, et fréquenta assidument le concert de cette ville, si renommé alors. A Hambourg, il trouva moyen de faire la connaissance du maître de chapelle Bach, et de se rendre familière la manière excellente de ce dernier.

En 1780, il ouvrit, pour la première fois, son Concert d'hiver, qu'il a continué depuis sans interruption.

On a de lui, jusqu'en 1790, les ouvrages suivans pour le clavecin: Quatre sonates, précédées d'une fantaisie, 1776; six sonates nouvelles, avec une suite de chansons, etc., 1776; six sonates faciles, 1780; pièces de clavecin et de chant de divers genres, premier recueil, 1782 (on y trouve aussi quelques bagatelles fort jolies de madame Hæsler); second recueil, 1786; six solos pour le clavecin, moitié faciles, moitié difficultueux, six sonates faciles pour le clavecin, première partie, 1786; seconde partie, 1787 (il y donne, à la place de la préface, sa propre biographie); troisième partie, 1788; douze petites pièces pour l'orgue, première partie. Outre cela, il avait encore annoncé, en 1790, six concertos pour clavecin avec accompagnement, et une cantate en extrait pour le clavecin ou forte-piano.

HAFENEDER a fait graver à Manheim, en 1785, son premier ouvrage, consistant en trois symphonies.

HUFFMER (Jean-Ulric), luthiste très-habile de Nüremberg, y établit, en 1758, un magasin de musique, et publia quantité d'ouvrages considérables de musique.

HAGEN (M. de), organiste de Rotterdam, né à Hambourg, était compté, en 1790, parmi les bons compositeurs.

HAGEN (Joachim-Bernard), musicien de la chambre et luthiste à Bayreuth, en 1766, était natif de Hambourg et élève du maître de chapelle Pfeiffer. Il est connu, depuis 1761, par différentes compositions pour le luth, en manuscrit.

HAGIUS (Conrad), musicien de la chambre, et compositeur du comte de Holstein-Schaumbourg, était né à Rinteln en 1559. En 1606, il publia, à Dillingen, des Magnificat, à quatre, cinq et six voix, et à Lauingen, en 1614, le premier volume de ses cantiques allemands, à deux, trois, jusqu'à huit voix, in-4°.

HAHN (George-Joachim-Joseph), sénateur et directeur de musique à Münnerstädt en Franconie, a publié, depuis 1748, les ouvrages suivans, tant théoriques que pratiques; savoir: 1°. *Harmonischer Beytrag zum Klavier*, à Nüremberg. 2°. *Klavierübung bestehend in einer leichten und kurzgefasten Sonate, welcher eine erklærung der Ziffern nebst practischen exempeln beygefügt-ist*, Nüremberg. 3°. *Der wohl unterwiesene generalbassschuler, oder gespraech zwischen einem lehrmeister und scholaren vom generalbass*, etc. Augsbourg, 1751. 4°. *Leichtte arien, auf die vornehmsten feste a 1 u. 2 mit instrument*, Augsbourg, 1712. 5°. *Sextæ missæ breves S, rurales*, fol. Augsb. 1754. 6°. 34 *leichte arien auf aller-len feste*, ibid. 1756. 7°. 32. *arien auf heilige feste*, ibid. 1759. 8°. 6 *missæ curm*, 2 *requiem a 2 mit Begl. von*, 8 *instrum.* ibid. 9°. *Officium vespertinum tum rurale, tum civile*, consiste en six mess-s et p aumes, à grand orchestre, 10°. *Leichte zur Ermungterung die-nende Handarbeit in 2klaviersonaten*. Nuremberg, 1759.

HAINE (Jean), professeur à l'école de Lunebourg, au commencement du seizième siècle, fut le premier, de cette contrée, qui enseigna régulièrement la musique figurée. Avant lui, on n'y connaissait encore rien du chant grégorien, ou de chœur. V. Gœtze, *Elogii German. quorund. théolog. sec.* 16 et 17. Lub. 1708.

HAKIUS (W. G.), chanteur et organiste à Berlin, y a concouru, sous la présidence de L. J. Schlicht. Sa dissertation a été imprimée sous le titre *De admitandis musices effectibus*.

HALBE (Jean-Auguste), acteur du Théâtre allemand, né à Budissin, en 1755, a débuté en 1767, et a composé la musique des opéras allemands. 1°. l'Amour à l'épreuve. 2°. *Le Bassa de Tunis*. 3°. Les deux Avares. 4°. Des airs pour Charlotte à la cour.

HALL (Henri), né, en 1655, à Neuwindsor, était fils d'un capitaine, et fut élevé dans la chapelle royale par le docteur Blow. On a de lui différens cantiques qu'il a mis en musique. Il est mort, le 30 mars 1707. V. Hawkins.

HALL (William), violoniste à la chapelle du roi Guillaume à Londres, mourut à Richmond en Surrey, en 1700. Il y a des airs imprimés de sa composition. V. Hawkins, *History*.

HALLAY (madame du) était élève de d'Aquin. Rameau appelait ses doigts *ses petits marteaux*. Elle est morte vers 1750.

HALLE (Jean-Samuel), né à Barienstein en Prusse, en 1730, a fait imprimer, en 1779, à Brandenbourg un ouvrage in-4° sous le titre *Die kunst des orgelbaues theoretisch und praktisch*, avec huit planches.

HALLER, chanteur distingué, était, en 1788, au service du duc de Würtemberg.

HALTENBERGER vécut vers la fin du dix-huitième siècle. Il était chanoine régulier à Wœhrd près de Ratisbonne. On le loue comme compositeur, à cause de sa manière simple et chantante.

HALTMEIER (J.-F.), organiste de la cour à Hanovre, a écrit un petit traité sous le titre *Anleitung zur transposition*, que Telemann fit imprimer à Hambourg, en 1737, in-4°. Mitzler a inséré ce traité au deuxième volume de sa Bibliothèque.

HAMAL (G. Natal.), directeur de musique à l'église cathédrale de Liége, a fait graver, en 1760, son second ouvrage, composé de six symphonies à quatre voix.

HAMDEN (lord), amateur de musique à Londres vers 1790, jouait supérieurement de la flûte, et possédait la meilleure bibliothèque de musique en Angleterre.

HAMILTON (milady), épouse de lord Hamilton, qui résida long-tems à Naples en qualité d'ambassadeur du roi d'Angleterre, réunissait les talens les plus rares en musique, et touchait du clavecin avec l'expression la plus charmante. Elle mourut, le 27 août 1782.

Le chevalier William Hamilton était aussi grand amateur de musique : non seulement il jouait lui-même du violon et de la viole, mais il accueillit en tout tems les virtuoses distingués avec beaucoup de bonté.

HAMMER (François-Xavier), musicien de la cour du duc de Mecklembourg, et virtuose sur le violoncelle, né à Ettingue, dans le Ries, en Souabe. En 1782, il était encore dans la chapelle du cardinal Bathyany. Quelque tems après, il voyagea et entra, en 1785, au service du duc de Mecklembourg. On a de lui un concerto, pour violoncelle, en manuscrit.

HAMMER (Kilian). Voy. dans Walther l'article *Voces Hummerianæ*.

HAMMERSCHMIDT (André), né à Brixen en Bohême, en 1611, mort, le 29 octobre 1675, à l'âge de 64 ans, fut un des plu grands contrapuntistes de l'Allemagne. Walther donne la liste du grand nombre de ses compositions, dont la plupart ont été écrites pour l'église, et qu'il a publiées de 1636 à 1671. Il était élève d'Etienne Otten, chanteur à Schandau.

HAMMOND (Henri), docteur en théologie en Angleterre, né en 1605, a laissé un ouvrage sous le titre *Paraphrase and annotations upon the books of the psalms*, dans lequel il y a aussi une dissertation sur les raisons de l'usage de la musique dans le service divin.

HANCK (Jean), chanteur à Strehlen en Silésie, a mis en musique quelques cantiques, tirés de l'ouvrage que le magister Kleschen publia, en 1679, sous le titre *Elendsstimme*.

HANDLO (Robert de) a écrit, en 1326, un commentaire sur les Règles de Franco. On doit donc le placer, par rapport au chant mesurable, sinon avant, du moins à côté de Jean de Murris. Voy. Hawkins.

HANKE (Charles), directeur de musique au Théâtre à Hambourg, en 1784, a fait paraître, en 1786, son opéra allemand Robert et Jeannette, et ensuite les ariettes et chœurs de La Folle Journée, ou le Mariage de Figaro, en extrait pour le clavecin. La musique du ballet de Caton est aussi de sa composition. Son épouse, en 1790, était cantatrice au même théâtre, et y était très-estimée, principalement dans les airs de bravoure.

HANKE (Martin) a fait imprimer à Francfort sur l'Oder, en 1690, seize cantiques de la vie future, in-8°.

HANSEL (Jacques), chanteur à Zittau, vers le milieu du dix-septième siècle. Parmi plusieurs compositions qu'on a de lui, on distingue l'ode allemande, à quatre voix, *Fleug mein seelgen auf zu gott*, que Laurent Eberhard a insérée dans son *Compendium musices*.

HANSER (Guillaume), inspecteur du chœur aux Prémontrés à Schussenried, né à Unterzeil en Souabe, le 12 septembre 1738 a fait imprimer à Augsbourg, en 1767, un ouvrage in-fol. sous le titre: *Psalmodia vespertina* etc.

HANSMANN, musicien de la chambre et violoncelliste à Berlin, est élève du grand Duport, et on fait beaucoup de cas de ses talens.

HARANC (M.), premier violon de la chapelle et de la musique du Roi, né à Paris en 1738, exécutait, à 6 ans, les sonates les plus difficiles de Tartini Il voyagea dans les pays étrangers depuis 1758 jusqu'en 1761, qu'il revint en France, et fut reçu à la chapelle du roi. Le dauphin, père de Louis XVI, le choisit, en 1763, pour lui donner des leçons de violon, et en prit jusqu'à sa mort, arrivée en 1765. En 1770, Haranc fut nommé premier violon du roi, et, en 1775, directeur des concerts particuliers de la reine. Il avait composé beaucoup de musique instrumentale, mais il n'a pas voulu la rendre publique. Il fut depuis 1790, premier violon de l'orchestre du théâtre Montansier, à l'époque où cet orchestre était fort brillant, et il est mort en 1805.

HARD (Jean-Daniel), en dernier lieu maître de chapelle du d de Würtemberg, et virtuose sur la viola da gamba, né à Francfort sur le Mein, le 8 mai 1696, fut d'abord, pendant cinq ans, au service du roi Auguste-Stanislas. De-là il passa, comme musicien de la chambre, au service de Jean-Philippe-François, comte de Schœnborn, alors évêque de Wurzbourg et duc de Franconie.

Eberhard Louis, duc de Würtemberg, ayant eu connaissance de ses talens distingués, l'appela, en 1725, à Stuttgard, et le nomma son musicien de la chambre. Le duc Charles Eugène lui confia enfin la direction de sa chapelle. Hard vivait encore à Stuttgard en 1757.

HARENBERG (Jean-Christophe), professeur à Brunswick, y publia, en 1753, *Commentatio de re musicâ vetustissimâ, ad illustrandam scriptores sacros et exteros accommodata*. V. *Gelehrte zeitung von Leipzig*, année 1753, cah. 9. Il y traite des instrumens, des poëmes et des mélodies des anciens Grecs et des Hébreux.

HARMES (H. H.), organiste de l'église de S. Auscharius, à Brême.

vers le milieu du dix-huitième siècle, excellait principalement dans
la composition des quatuors concertans.

HARMINIUS (George), musi-
cien de Lubeck vers la fin du seizième siècle, a publié *Melismata*
sacra musica. V. Moller, *Cimbria*
litterata.

HARMONIDES, musicien grec,
d'après Lucien, le plus grand virtuose sur la flûte, et élève de Ti-
mothée. Son maître lui ayant fait
connaître les difficultés qu'il y avait
à remporter le prix aux jeux publics
d'Athènes, principalement *à cause*
de l'ignorance des inspecteurs, Harmonides crut pouvoir gagner le
prix, en y jouant dans un ton
extraordinairement élevé; mais il
fut chassé du théâtre, la première
fois qu'il s'y montra.

HARMONIUS, fils du fameux
hérétique Bardesanes, vécut en Syrie, au deuxième siècle de l'ère chrétienne. Il contribua beaucoup à la
propagation des hérésies de son père,
par les mélodies agréables qu'il composa pour les odes et cantiques dans
lesquels elles étaient contenues.
S. Ephrem rédigea des textes différens pour ces mêmes mélodies, et
ordonna de les chanter devant le
peuple.

HARNISCH (Jean-Jacques),
musicien du dix-septième siècle, fit
imprimer à Worms, en 1652, un
ouvrage intitulé *Calliope mixta*.
Cet ouvrage renferme : 1°. des motets et des concertos de quatre à
quatre à neuf voix. 2°. *Delicia*
animæ christianæ, d'une, deux et
trois voix, avec deux violons et
viola da gamba. 3°. *Salmi concer-*
tati, de trois à cinq voix, avec
deux violons, viola et basson. 4° *Ma-*
nipulus musicus Rovettæ, à deux
et trois voix, avec deux violons;
5° *Jubilus S. Bernhardi* à trois
voix. Voyez *Corn. à Beughem Bi-*
bliograph. mathem. p. 329.

HARPE (Miss), cantatrice au
théâtre de Londres, en 1784, y fut
alors très-estimée à cause de son intonation pure et de sa grande expression.

HARRER (Gottlob), directeur
de musique à Leipsick, vers 1745.
Dans sa jeunesse il visita l'Italie,
et y étudia le contrepoint. Le grand

Frédéric, lors de son séjour à Leipsick, goûta beaucoup sa manière
de jouer, et l'admit tous les jours
au concert de la chambre pour y
accompagner au forte-piano. Il
mourut en 1754, à Carlsbade en
Bohème, où il s'était rendu pour
rétablir sa santé. V. E. L. Gerber,
pour le catalogue de ses œuvres.

HARRINGTON (N....), docteur en musique, quoique simple
amateur, est mis au nombre des
bons compositeurs anglais. Ses airs,
ses duos, ses trios, surtout ceux
dans le genre tendre et pathétique,
sont pleins d'expression et de mélodie. Il a fait lui-même les paroles
de ses airs, et il n'est pas moins
estimé comme poëte que comme
musicien. Le docteur Harrington est
le fondateur de la Société Harmonique de Bath.

HARRIS (Jacques), a écrit
une dissertation en langue anglaise,
dont il a paru à Halle, en 1780,
une traduction allemande sous le
titre : Dissertation sur l'Art, la
Musique, la Poësie et le Bonheur.

HARRISON était célèbre dans
les concerts de Londres, comme
tenor, vers 1783.

HARRISON (John) est célèbre
par son invention d'une pendule
pour déterminer la longitude en
mer. Il naquit à Foulby, le 27 mai
1693. Dans sa jeunesse il fut chef
d'une société célèbre de chanteurs
d'église. Il fit beaucoup d'expériences sur le ton et l'échelle des
tons, moyennant un monocorde
particulier, qu'il avait inventé, et
dont il donne la description dans
un ouvrage qu'il publia à Londres
en 1775, sous le titre *Description*
concerning such a mechanism as
will afford a nice and true men-
suration of time. (Description d'un
méçanisme pour parvenir à une mesure exacte et vraie du tems).

HART (James), musicien célèbre
du dix-septième siècle, à Londres,
était à la chapelle royale, et à celle
de Sainte-Marie.

HART (Philippe), fils du précédent, fut organiste à l'église de
Saint-André et Saint-Michel à
Londres, et y mourut en 1750, dans
un âge fort avancé.

De ses compositions il a été imprimé à Londres, en 1728, le Chant du matin, tiré du Paradis Perdu de Milton; sans compter une collection de fugues pour l'orgue, qui avait paru quelque tems auparavant.

HARTIG (le comte ou baron de), dans les années 1715, 1716 et 1717, fut protecteur de l'académie de musique de Prague. Stœlzel et Quanz, (ce dernier eut, en 1723, l'occasion de l'entendre) le comptent tous deux parmi les plus forts maîtres de clavecin, et parlent avec éloge du goût exquis qu'il montrait dans son jeu. Il sut, par sa correspondance étendue se procurer les meilleures compositions pour la musique vocale, qu'il fit ensuite exécuter dans les églises de Prague par les orchestres le mieux choisis.

HARTIG (FRANÇOIS-CHRISTOPHE), en 1790, tenor de la chapelle de l'électeur de Bavière, à Munich, y jouait aussi les premiers rôles à l'opéra. Il était élève du séminaire de musique de Mannheim.

HARTMANN (C.), membre de l'académie royale de musique de Paris, un des premiers virtuoses sur la flûte. Au mois de juin 1786, il vint à Hambourg, et y fit entendre plusieurs morceaux de sa composition. Il publia à la Haye, vers la même époque, quatre concertos pour la flûte.

HARTMANN (CHRISTOPHE-HENRI), organiste à Limbeck, né à Arnstatd, vers 1750. Depuis 1781, il a fait imprimer deux sonates pour le clavecin, outre quelques recueils de chansons et autres bagatelles pour le clavecin et le chant.

HARTMANN (JEAN), maître de concert à la chapelle royale de Copenhague, depuis 1768. Il fit graver à Amsterdam, en 1777, une symphonie. Il est compté parmi les premiers violonistes. La Borde, dans le deuxième volume de ses Essais sur la musique, a donné une suite d'anciennes chansons Danoises et Norwèges, qu'il devait aux recherches de Hartmann.

HARTMANN (SIMON) a fait graver à Lyon, vers 1777, différens ouvrages pour la harpe, entr'autres, trois divertissemens pour la harpe et

le violon, et une sonate pour deux harpes, etc.

HARTONG, prédicateur en Souabe. Hiller assure qu'il est le véritable auteur de l'ouvrage systématique, intitulé P. C. Humani musicus theoretico practicus, qui parut a Nüremberg, en 1749. Il contient presque autant de planches gravées de notes que de feuilles de texte. Adlung conseille de lire cet écrit avec attention

HARTUNG, facteur d'orgues au château de Vippach, près d'Erfurt, a construit beaucoup d'ouvrages excellens en Thuringe. L'un des meilleurs et des plus grands était celui de Hasleben, dans les environs d'Erfurt, qui brûla en 1783. Hartung était mort quelques années auparavant dans un âge très-avancé.

HARTWIG (CHARLES), organiste à Zittau, est connu comme compositeur depuis 1760. On a de lui un magnificat allemand; dixsept ouvertures; sept concertos, six pour la flûte et un pour le violon; et un quatuor avec basson obligé. Tous ces ouvrages sont restés manuscrits.

HARWOOD (Miss), une des premières cantatrices de solo, à Londres vers 1784.

HASAEUS (JACQUES), professeur au gymnase de Brême a écrit: Disputatio de inscriptione Psalmi vigesimi secundi, dans laquelle il prouve qu'il y est parlé d'un instrument de musique. L'on trouve cet écrit dans Ugolini thes. ant. sacer. T. XXXII. pag. 207–230. Il est mort le 17 juin 1723, à l'âge de trentedeux ans.

HASERODT (JEAN-ANDRÉ), cidevant directeur de musique et organiste à Eschwege, naquit à Schlotheim en Thuringe, le 12 février 1694. Voyez les Biograph. de Hiller.

HASIUS (JEAN-MATTHIAS). en dernier lieu professeur de mathématique à Wittemberg, fit imprimer, en 1719, une dissertation in-4o, de Tubis stentoreis.

HASLER (JEAN-LEO), musicien de cour de l'Empereur d'Allemagne, naquit à Nüremberg en 156.. En 1584, il alla à Venise, et y étudia le contrepoint sous le célèbre Andrea Gabrieli. En 1601, il se rendit à Vienne, où l'empereur Rudolphe II le prit non-seulement à son service comme musicien de la cour, mais lui accorda aussi des lettres de noblesse. En 1608, il entra en qualité d'organiste de la cour, au service des électeurs de Saxe Chrétien II et Jean-Georges. Il mourut de la phthisie, le 5 juin 1612, à Francfort-sur-le-Mein, où il se trouvait alors avec son maître. Voy. *Freher. Theatr.* et *Doppelmayer, historische Nachrichten,* et *Walther.* Ce dernier cite trois ouvrages de lui, qu'il a publiés de 1590 à 1599, savoir : 1°. vingt-quatre *canzonette à 4 v.* ; 2°. *Cantiones sacræ a 4, 5, 6, 7 et 8 v.,* dont il y a eu deux éditions ; 3°. des messes, à quatre, cinq, six et sept voix.

Mais Walther a omis ses deux derniers ouvrages : *Psalmen und christliche gesænge, mit vier stimmen auf die melodeyen fugweis componirt ; durch Hanns Leo Hasler, Rom. Kais. Hofdiener gedruckt zu Nurenberg bey und in verlag Paul Kaufmanns.* 1607, in 4. Ensuite *Kirchen gesænge, Psalmen und geistliche lieder auf die gemeinen melodeyen mit vier stimmen simpliciter geset durch Hanns Leo Hasler, vom Nurenberg,* 1608, imprimé chez le même.

HASLER (Jacques), frère du précédent, organiste, né à Nuremberg, y a publié, en 1601, un *Magnificat* à quatre voix ; une messe à six voix ; et le psaume 51 à huit voix : et ensuite, en 1608, un ouvrage de *magnificat,* à quatre, cinq et douze voix, de différens compositeurs. Walther parle du troisième de ces frères, Gaspard Hasler.

HASLER (Dominique), moine de l'abbaye de Lucelle, a publié à Nüremberg, vers 1750, un ouvrage de six sonates pour l'orgue. C'était peut-être un descendant de la famille des Hasler.

HASSE, père et fils, facteurs d'orgues à Hambourg. L'on recherche encore aujourd'hui les forte-pianos et les clavecins qu'ils ont construits.

HASSE (J. Adolphe), appelé en Italie *Il Sassone,* maître de chapelle du roi de Pologne, électeur de Saxe, né à Bergedorf près de Hambourg, en 1705, apprit les premiers élémens de la musique dans sa ville natale, et passa son adolescence dans une école de Hambourg. Ses talens extraordinaires furent remarqués par Jean Ulric Kœnig, et ce grand amateur de la musique qui, depuis, fut nommé poëte de la cour de Pologne, le recommanda, en 1718, comme tenor, au théâtre de l'opéra de cette ville. Keiser, ce musicien, si célèbre, était alors compositeur à ce théâtre. Ses chefs-d'œuvre servirent de modèle à Hasse.

Il se forma parfaitement au bout de quatre ans. Son protecteur Kœnig le fit alors nommer, en 1722, chanteur de la cour et du théâtre du duc de Brunswick. Il ne s'était cependant point borné au talent du chant ; il s'était rendu très-fort sur le piano, et, en 1723, à l'âge de dix-huit ans, il fit jouer *Antigono,* son premier opéra. Cette pièce fut assez bien accueillie par les amateurs de Brunswick.

Jusqu'alors il s'était abandonné à son génie, sans se soumettre à de profondes études des règles du contrepoint. Il sentit les inconvéniens de cette négligence, et prit la résolution d'aller apprendre l'art de la composition dans une des fameuses écoles de l'Italie. Il prit congé du duc, et arriva en Italie en 1724.

Il y fit peu d'usage du chant, et il n'y était connu que comme grand joueur de clavecin : il ne perdit point de vue le but qu'il avait amené, et s'attacha au célèbre Nicolo Porpora, qui était alors à Naples. Parmi les grands hommes qui brillaient alors dans cette ville, on remarquait surtout Alexandre Scarlatti, le plus grand compositeur de cette époque. Hasse desirait ardemment pouvoir profiter des leçons et des conseils de ce célèbre musicien ; mais il n'osait lui en faire la proposition, dans la crainte que ses moyens pécuniaires ne lui permissent pas de le récompenser selon son mérite. Son bon génie lui fit vaincre cette difficulté : il rencontra Scarlatti dans une société et gagna son affection par ses talens, sa modestie et ses égards pour lui. Ce vieux compositeur ne le nomma plus que son fils, et s'offrit volontairement à lui donner des leçons. On peut juger avec quel empressement il accepta cette proposition.

En 1725, Hasse fut chargé, par un riche banquier, de composer une sérénade. C'était la première occasion qui lui était offerte, en Italie, de se faire connaître comme compositeur. Sa sérénade fut exécutée devant un brillant auditoire, et fut unanimement applaudie. Ces premiers succès lui furent très-favorables à l'entrée de sa carrière; car peu de tems après, on le chargea de mettre en musique l'opéra qui devait être représenté sur le théâtre royal au mois de mai suivant. Cette pièce établit parfaitement sa réputation, et lui fit donner le nom de *Caro Sassone*. Depuis cette époque, tous les grands théâtres de l'Italie se disputèrent l'honneur d'avoir Hasse, comme *Maestro*, à la tête de leur orchestre.

En 1727, il alla à Venise, où il fut nommé maître de chapelle du conservatoire des Incurables. On prétend qu'il dut les succès qu'il obtint dans cette ville, à la célèbre Faustina, qui l'entendit un jour dans une société, et qui depuis lors le prit sous sa protection. Parmi les compositions qu'il fit à l'occasion de sa nouvelle place, on admire surtout un *miserere* pour deux soprano, deux altos, deux violons, violoncelle et basse, que le P. Martini nomme une musique divine. En 1730, il composa pour le théâtre l'opéra d'*Artaserse*.

Sa réputation s'étendit jusqu'en Allemagne. La cour de Pologne, qui était alors très-florissante, l'appela à Dresde, pour être compositeur de l'opéra, avec un traitement de 12,000 thalers pour lui et son épouse.

Il vint avec Faustina pour prendre cette place; et, en 1731, il composa l'opéra de *Cleofide o Alessandro nelle Indie*. On donna cette pièce pendant plusieurs semaines de suite; les plus fameux chanteurs de l'Italie en remplissaient les rôles. Il suffit de nommer la Faustina, la Catanea, Campioli, Annibali, Rochetti et Pozzi. Quelques mois après, Hasse revint en Italie, et séjourna tour à tour à Rome, à Naples, à Milan et à Venise. C'est ainsi qu'il partageait son tems entre l'Italie et l'Allemagne.

C'est à cette époque que l'esprit de parti qui régnait sur le théâtre de Londres fut poussé à son comble. La direction de l'opéra ne pouvant appaiser le différend de Hændel et des chanteurs, finit par se séparer de ce compositeur pour faire un théâtre à part. Les chanteurs Farinelli et Senesino, qui suivirent le parti de la direction, soutinrent pendant quelque tems la réputation du nouvel opéra; mais il n'avait point de compositeur que l'on pût opposer à Hændel : leur choix tomba enfin sur Hasse, et on lui fit faire la proposition de passer en Angleterre. Il s'y décida en 1733. Arrivé à Londres, il y donna son opéra d'*Artaserce*; malgré les succès qu'obtint cette pièce, et les récompenses que l'on accorda à Hasse, rien ne put le retenir en Angleterre.

Il retourna à Dresde. Son rival Porpora avait quitté cette ville : cette circonstance, jointe à l'accueil qu'il reçut de la cour, le détermina, en 1740, à se fixer dans cette capitale.

Dans la campagne de 1745, Frédéric le grand entra dans Dresde, le 18 décembre, après la bataille de Kesseldorf. Ce monarque voulant connaître par lui-même les talens de Hasse, lui fit donner l'ordre d'exécuter en sa présence un de ses opéras à grand spectacle.

Le roi fut si enchanté de la représentation de l'opéra d'*Armenio*, qu'il fit remettre à Hasse un cadeau de 1,000 thalers et d'une bague en diamans.

En 1755, Hasse perdit tout à fait sa belle voix, au point qu'on avait même de la peine à le comprendre quand il parlait.

En 1770, dans le bombardement de Dresde par les Prussiens, tous ses effets, et entr'autres ses manuscrits, furent la proie des flammes. Cette perte lui fut d'autant plus sensible, qu'il allait faire graver un recueil complet de ses œuvres : le roi voulait même lui en avancer tous les frais.

En 1763, la cour de Dresde

éprouva de grands changemens ; et les employés et les artistes attachés à cette cour furent réformés en grande partie. Hasse et son épouse furent mis à la pension. Il en lut si affligé qu'il quitta Dresde pour toujours, et se rendit à Vienne.

Depuis 1762 jusqu'à 1766, il y composa six opéras ; en 1769, il composa l'intermède *Piramo e Tisbe*, remarquable par l'arrangement des airs et le genre des modulations, si différens de ses autres compositions. Cette pièce fut suivie de *Ruggiero*. son dernier opéra, représenté à Milan, en 1771, à l'occasion du mariage de l'archiduc Ferdinand. Il se rendit enfin à Venise pour y passer tranquillement le reste de ses jours. En 1780, il composa un *Te Deum* qui fut chanté en présence du pape, dans l'église de Saint-Giovanni et Carlo. Ce fut sa dernière composition : il mourut le 23 décembre 1783. Il avait composé, quelques années auparavant un *requiem* qui devait servir à son enterrement ; et qu'il avait envoyé à M. Schuster, à Dresde. Cet ouvrage atteste la force qu'il avait encore conservée dans un âge si avancé.

Voici ce que dit M. Burney en parlant de Hasse : « Il est le plus savant, le plus naturel et le plus élégant compositeur de son tems : il est en même tems celui qui a le plus composé. Egalement amateur de la musique et de la poësie, il montre autant de jugement que de génie, tant dans l'expression des paroles que dans la douceur et la mélodie de l'accompagnement. Il regarde la voix comme l'objet essentiel de la musique, et porte toute son attention à la faire ressortir dans l'opéra, bien loin de la couvrir, pour ainsi dire, par un accompagnement d'instrumens, recherché et savant. En un mot, ses compositions sont tout à fait l'opposé de la manière que l'on suit maintenant sur les théâtres français et italiens. »

Il avait aussi ses détracteurs ; le savant Homilius lui reproche de n'avoir pas assez d'harmonie. Et, dans le fait, sur ce point, Hasse est resté très-loin derrière Bach, Hændel et Graun ; il n'en est cependant point toujours dépourvu, et il a des morceaux d'une harmonie frappante. Hasse s'était formé sous Leo, Vinci, Porpora et Pergoese, dans un tems où le simple et naturel étaient suffisans pour charmer l'oreille et plaire au goût. Hasse était toujours resté fidéle à cette ancienne méthode.

Il a tant composé, qu'il ne reconnaissait souvent pas sa musique, quand il l'entendait jouer. Il a mis en musique tous les opéras de Metastase, jusqu'à deux, trois et même quatre fois. Au dire même des Allemands il est le réformateur de l'ancienne musique Allemande, qui, se bornant à une grossière harmonie, était dépourvue de mélodie.

La réputation que cet artiste s'est acquise répond entièrement à son mérite. Les Italiens surtout ont écrit son nom en lettres d'or, dans l'histoire de la musique. Sa gloire aurait également été immortelle en Allemagne, s'il n'avait pas composé pour une langue étrangère.

Hasse était d'une figure agréable. Il avait un cœur excellent, et beaucoup de noblesse dans les sentimens.

Il a laissé deux filles et un fils qui possèdaient à un très-haut degré le talent du chant.

Voici la liste de ses compositions, d'après Breitkopf.

MUSIQUE D'ÉGLISE.

Les oratorios : *Serpentes in deserto* ; *la Virtù a piè della Croce* ; *la deposizione della croce* ; *la caduta di Gerico* ; *Magdalena* ; *il cantico dei cre fanciulli* ; *la conversione di S. Agostino* ; *il Guiseppe riconosciuto. pellegrini al sepulchro di nostro Salvatore*. Ces oratorios ont été traduits par le professeur Eschenburg, mis en musique par le maître de chapelle, Hiller, et publiés à Leipsick, en 1784 : *St.-Elena all'calvario*, composé deux fois ; un *Te Deum* à Venise, en 1780 ; *Te Deum* à Dresde ; *Litania* de la Vierge Marie, Venise, 1727 ; *Litania* pour deux sop., un alto et orgue ; *Litania* pour deux sop., avec accompagnement, une de ses plus belles compositions. « M. Hiller me la fit entendre, en 1782, (dit M. Gerber)

chantée par les demoiselles *Padleska.*
Jamais musique ne m'a fait autant de
sensation. Peut-être est-ce la même
que les demoiselles Hasse chantèrent
en présence de M. Burney». Toutes
ces litanies sont en latin, et se
trouvent au magasin de musique de
M. Breitkopf.

Pour la musique de chambre et
de théâtre composée par Hasse,
Voy. le dictionnaire de M. Gerber.

HASSE (FAUSTINA BORDONI
épouse de.), une des plus grandes
cantatrices du dix-huitième siècle,
naquit à Venise, en 1700, de la
famille des Bordoni. Elle étudia la
musique vocale sous la direction du
célèbre Michel Angelo Gasparini.
Elle débuta au théâtre de sa patrie
en 1716. Elle chantait dans la manière moderne de Bernacchi, et
contribua beaucoup à sa propagation. Elle fut admirée partout où
elle se montra; et on ne la nomma
communément que la nouvelle *Sy-
rène.* A Florence, on alla jusqu'à
frapper une médaille en son honneur; et l'on était en usage de dire
que les *goutteux quittaient leur lit
en apprenant qu'elle devait chanter.*

Le premier voyage qu'elle fit hors
de sa patrie fut à Vienne, en 1724,
où elle chanta avec un traitement
de quinze mille florins. Sa renommée s'étant répandue aussi à Londres, elle fut appelée au théâtre de
cette ville en 1726, avec douze mille
cinq cents écus (cinquante mille
francs d'appointemens). Elle répondit parfaitement à l'attente du
public, et surpassa tout ce que l'on
avait entendu jusqu'alors, sans en
excepter même la fameuse Cuzzoni.

La rivalité de ces deux cantatrices fit naître entr'elles quelques
difficultés, auxquelles se mêlèrent
des personnes de distinction; de
sorte qu'il y eut alors deux fac-
tions en faveur de chacune des
deux rivales. Ces disputes s'enve-
nimèrent au point qu'elles donnèrent lieu à la mésintelligence entre
Hændel et la direction de l'opéra,
qui entraîna la dissolution de l'a-
cadémie royale. Elle quitta l'Angleterre, après y avoir encore
chanté, en 1728, dans les deux opéras *Admeto* et *Siroë,* et se rendit à

Dresde, où elle épousa le célèbre
Hasse. Elle y débuta, en 1731, dans
l'opéra Cléofide. Le reste de sa vie
se trouve dans l'article précédent,

HASSE (NICOLAS), organiste à
Rostock, composa un grand nombre d'œuvres pour le violon, vers
le milieu du dix-septième siècle.

HASSE (FRANÇOIS-XAVIER), directeur de musique à la cour de l'é-
vêque de Bâle; a publié à Augsbourg, en 1751, six trios pour violon, sous le titre *Funiculus triplex,
seu VI sonatæ a duobus violinis
et organo seu violoncello,* op. 2.

HATTASCH (DISMA), virtuose
sur le violon, à la chapelle de Saxe-
Gotha, né à Hohemaut, ville de
Bohême, en 1725, entra, en 1751,
au service du duc de Gotha, et s'y
distingua de bonne heure, non-
seulement comme un des premiers
violonistes de son tems; mais aussi
comme compositeur pour son instrument. Il y est mort d'apoplexie,
le 13 octobre 1777, à l'âge de cinquante-trois ans. On connaît de lui
deux symphonies et six solos de
violon, mais seulement en manuscrit.

HATTASCH (ANNE-FRANÇOISE),
née Benda, épouse du précédent,
et sœur des frères François et Georges Benda, cantatrice de chambre
à Gotha, depuis 1751, est morte vers
1780.

HATTASCH (HENRI-CHRISTO-
PHE), le cadet, acteur, a composé, vers
1780, les opéras allemands le Barbier de Bagdad et l'Honnête Suisse.

HATZFELD (La comtesse de),
amateur de musique, très-distinguée
de Bonn, vers 1783. Neefe, dans
le Magas. de Cramer, p 387, dit
d'elle qu'elle a été instruite à Vienne
par les meilleurs maîtres dans la
musique vocale, et pour le clavecin.

HATZFELD (Le comte AU-
GUSTE de), chanoine d'Eichstedt,
un des amateurs les plus forts sur
le violon. Il était élève de Vachon,
dont il parvint à s'approprier la
manière. On dit qu'il jouait très-
bien le quatuor. Il est mort en
1787, âgé de trente-un ans.

HAUCK, vers 1740, fut chanteur et organiste du comte de Lym-

purg, à Gaildorf. Mayer, dans la préface de son *Musik-saal*, le compte parmi les meilleurs compositeurs de son tems.

HAUDENGER a exécuté, en 1782, à Manheim, un tonomètre inventé par le célèbre abbé Vogler. Cet instrument, approuvé par l'académie des sciences de Paris, peut être substitué à l'hélicon de Pythagore, ou au monocorde des Grecs. Le tonomètre montre avec la plus grande justesse si les proportions d'un ton à un autre sont plus prochaines, plus simples, plus agréables, ou si ces proportions sont plus éloignées et moins flatteuses. *Voyez* l'Almanach Musical de 1783, première partie, pag. 58.

HAUCISEN (W. N.), organiste à Francfort, sur le Mein, né à Gehren près d'Arnstadt, dans la principauté de Schwarzbourg-Sondershausen, en 1744, a établi à Francfort un magasin de musique, auquel les amateurs de cet art doivent beaucoup de productions distinguées. Il est en même tems compositeur, et a fait graver, jusqu'en 1774, quatre œuvres pour le clavecin, qui consistent en concertos, et en trios avec un violon et violoncelle.

HAUFF, chanteur dans le régiment de Saxe-Gotha, au service de la Hollande, à la Haye, était né à Gotha. Il a fait graver à Paris, en 1774, six symphonies, et ensuite, en 1776, six sextuors en harmonie concertante, pour des instrumens à vent; et enfin à Bruxelles, en 1777, trois trios pour le clavecin.

HAUSCHILD est connu depuis 1780, par un concerto pour le clavecin, avec accompagnement, en manuscrit.

HAUSEN (JEAN), musicien de la chambre, et harpiste du duc de Weimar, est mort le 5 décembre 1733. *Voy.* Walther.

HAUSER, corniste distingué de la Souabe, vers 1790, a fait beaucoup de voyages, principalement en Italie. Son compagnon était Polack.

HAVINGA (GERHARDUS), organiste et campaniste, à Alkmaer, dans la Nord-Hollande, en 1762, a succédé à son père dans ses charges;

on a de lui, 1º. *Verhandeling van de orsprong der orgelen* (Traité de l'origine des orgues); 2º. huit suites pour le clavecin, à Amsterdam. Lustig dit que ce sont des compositions bizarres, dont une sonate en si♭ majeur et une en si majeur. Havinga a aussi donné une traduction hollandaise du Traité de la basse continue, par David Keller. *Voyez* Walther.

HAWDON. On a gravé à Londres, en 1782, six sonates pour le clavecin, sous ce nom. Il serait cependant possible que ce fussent des sonates de Haydn, et que les Anglais eussent estropié son nom de cette manière.

HAWKINS (JOHN), savant Anglais, et amateur de musique à Londres, hérita de la collection considérable d'ouvrages théoriques et pratiques de musique du docteur Pepusch. Ce fut cette collection, jointe à la grande quantité de notices qu'il avait recueillies pendant l'espace de seize ans, qui le mit en état de rédiger l'ouvrage qu'il publia à Londres, en 1776, en cinq gros volumes in-4º; sous le titre *A general History of the science and Pratic of Music, by sir John Hawkins. In five volumes. London printed for T. Payne, and son at the mecos gathe.* 1776 (Histoire générale de la Musique théorique et pratique, etc.). Hawkins, après avoir achevé son ouvrage, fit cadeau du manuscrit au libraire Payne, qui en donna une édition superbe, tant pour l'impression que pour la gravure des notes de musique, et à laquelle il joignit les portraits et les biographies de cinquante-huit musiciens célèbres.

HAY, un des meilleurs virtuoses sur le violon, à Londres, vers la fin du dernier siècle. En 1784, il se trouva, comme directeur, à la tête de la réunion de musiciens, lors de l'exécution de la musique funèbre en l'honneur de Hændel.

HAYDEN (GEORGES), musicien anglais, fut organiste à l'église de Sainte-Madeleine, à Bermondsey, et publia, en 1723, entr'autres pièces pour le chant, trois cantates de sa composition.

HAYDENSTAMM (M. de), anbassadeur du roi de Suède auprès de la Porte-Otomane à Constantinople, en 1786, y fit donner, en son hôtel à Péra, le 22 février, un opéra italien que lui - même avait mis en musique. Il dirigea l'orchestre en personne. Son épouse, et les ambassadeurs d'Espagne et de Venise, jouèrent les principaux rôles.

HAYDN (Joseph), naquit le 31 mars 1732, dans le petit village de Rorhau, sur les confins de l'Autriche et de la Hongrie. Son père, pauvre charron, avait appris à pincer de la harpe. Aux jours de dimanche, il jouait des chansons, et la mère d'Haydn l'accompagnait de sa voix. Dès l'âge de cinq ans, le petit Joseph se plaçait à côté de ses parens, et cherchait à figurer un violon, avec une petite planche et une baguette. Un maître d'école de Haimbourg, ville voisine, survenant un jour à un de ces concerts, remarqua que Joseph observait parfaitement la mesure. Il s'offrit de le prendre chez lui pour le former dans son école. C'est là que Haydn apprit à lire et à écrire, et qu'on lui enseigna le chant, le violon, les timbales, et autres instrumens de musique. Il y était depuis deux ans, quand M. Reiter, maître de chapelle impériale, qui, en même tems, dirigeait la musique à l'église de Saint-Etienne, à Vienne, vint voir le doyen de Haimbourg. Ce dernier lui proposa Haydn. Reiter le fit venir à l'instant. *Tu resteras avec moi*, lui dit-il ; et dés-lors Haydn fut pendant huit ans enfant de chœur à l'église de Saint-Etienne, à Vienne.

A peine âgé de dix ans, il fit des progrès si rapides à cette maîtrise, qu'il essayait déjà de composer des morceaux à seize parties. *Mais*, disait-il depuis en riant, *je croyais dans ce temps-là, que plus le papier était noir, plus la musique devait être belle.* C'est à-peu-près à cette époque que son père, dans l'espoir d'une grande fortune, voulait le faire castrat. Le jour était pris pour l'opération ; mais heureusement la fièvre le sauva du fatal couteau. A l'âge de seize ans, il fut réformé, parce qu'il avait perdu sa belle voix. Son existence devint très-pénible, et il entrevit toutes les dif-

ficultés qui attendent dans la carrière l'artiste sans fortune et sans protecteurs. Il donnait des leçons, il faisait des parties d'orchestre, où il y avait quelque chose à gagner. Son indigence le tenait écarté de la société. Il s'appliquait avec assiduité à la composition. *Assis à mon clavecin rongé par les vers, disait-il, je n'enviais pas le sort des monarques.* Ce fut alors que les six premières sonates d'Emmanuel Bach lui tombèrent entre les mains. *Je ne bougeais point du clavecin, disait Haydn, sans les avoir jouées d'un bout à l'autre ; et, celui qui me connaît à fond trouvera que j'ai de grandes obligations à Emmanuel Bach, que j'ai saisi son style et que je l'ai étudié avec soin : cet auteur lui même m'en fit jadis compliment.*

Le célèbre Métastase se trouvait logé dans la même maison que Joseph Haydn. Il faisait élever une demoiselle Martinez ; Haydn fut chargé de lui enseigner le chant et le clavecin, et eut pour récompense la table gratis chez Métastase, où il apprit à connaître le vieux Porpora, maître de chapelle. Il gagna beaucoup dans le commerce de Porpora, relativement au chant, à la composition et à la langue italienne.

Haydn était âgé de dix-huit ans, quand il composa son premier quatuor, qui obtint un suffrage général, et encouragea le jeune compositeur à se livrer à ce genre de travail. Cependant des théoriciens sévères, ou, pour mieux dire, pédans, trouvaient maintes fautes à reprendre dans les ouvrages de Haydn. Il les laissait dire sans s'en inquiéter ; car la réflexion et l'expérience l'avaient convaincu qu'en suivant avec trop de scrupule et de rigueur les règles de l'art, il en résultait des ouvrages dépourvus de goût et d'expression ; il disait qu'en général, rien n'est défendu en fait de musique, que ce qui blesse une oreille délicate.

Le baron de Fürnberg lui donna une généreuse hospitalité. Il obtint bientôt après la place d'organiste chez les carmes du faubourg de Léopold. Il touchait l'orgue à la chapelle du comte de Haugwitz, et il chantait à l'église de Saint-Etienne.

Le soir, il parcourait les rues avec quelques-uns de ses camarades. Là, ils exécutaient habituellement quelques-unes de ses compositions ; et notre auteur se rappelait d'avoir composé vers 1753, un quintetti pour ce genre de musique.

Il fit un soir une sérénade vocale, en l'honneur de l'épouse d'un acteur comique très-aimé du public, du nom de *Kurtz*, vulgairement connu sous celui de *Bernardon*. Kurtz descendit dans la rue pour s'informer du nom du compositeur de cette musique. A peine notre Haydn âgé de dix-neuf ans, se fut-il nommé, que Kurtz le pria instamment de lui composer la musique d'un opéra ; en vain le jeune compositeur objecta-t-il son âge, Kurtz l'enhardit, et Haydn composa effectivement l'opéra du Diable Boiteux, satyre sur le directeur Boiteux, *Affligio*, motif pour lequel cette pièce fut prohibée après la troisième représentation.

Haydn se plaisait à s'arrêter au récit de ses premières compositions en fait d'opéra ; car ces sujets lui rappelaient toutes sortes de saillies caractéristiques et comiques de *Bernardon*. Dans l'opéra du Diable Boiteux, Arlequin se sauvait à la nage, pour rendre ceci d'une manière très-pittoresque, et en imprimer le véritable sens au jeune compositeur, Bernardon se coucha de toute sa longueur sur quelques chaises, en imitant le mouvement d'un nageur. « Ne voyez-vous donc pas, « disait-il à Haydn, assis au clave-« cin, la *manière* dont je nage. » Haydn saisit son idée, et au grand contentement du poëte, il passa aussitôt de la mesure dans laquelle il était, à un six-huit qui coïncidait mieux avec l'idée de l'auteur. L'opéra fini, Haydn l'apporte à Kurtz. La servante ne voulut point l'introduire, disant que son maître était occupé à étudier. Mais quel fut l'étonnement de Haydn, en voyant à travers une porte à croisée, Bernardon devant un grand miroir, étudier des grimaces de toute espèce, en faire les contorsions les plus ridicules. Tel était l'objet de l'étude de Bernardon. Notre auteur reçut un honoraire de vingt-quatre ducats, pour son opéra, et se crut le plus riche des mortels. (Voyez la notice

sur Haydn, par Griesinger, dans *Allgemeine musikalische zeitung*, juillet, 1809).

La brillante réputation de Haydn le fit placer chez le prince Esthérazy, en qualité de maître de chapelle de sa maison. C'est pour ce prince qu'il composa surtout ces belles symphonies, genre dans lequel il est le premier de tous les compositeurs. C'est encore pour plaire à son protecteur qu'il a travaillé si souvent pour le baryton, que celui-ci aimait de prédilection. On a rapporté, d'une manière inexacte, l'origine de la symphonie connue sous le nom des *Adieux de Haydn*. V. la Notice sur Haydn, par M. Framery. Voici de quelle façon Haydn la racontait lui-même.

Dans la chapelle du prince Estherazy se trouvaient plusieurs jeunes musiciens, qui l'été, lorsque le Prince habitait le château d'Estherazi, étaient obligés de laisser leurs épouses à Eissenstadt. Il plut une fois au Prince, contre sa coutume, de prolonger son séjour dans ce château de quelques semaines. Les tendres époux, que cette nouvelle alarma, prièrent Haydn de les tirer d'embarras. Ce compositeur eut l'idée originale d'écrire une symphonie dans laquelle chacun des instrumens se tait l'un après l'autre. Elle fut exécutée à la première occasion, en présence du Prince, et chaque musicien eut bien soin, au moment où sa partie était finie, d'éteindre sa lumière, de rouler sa musique et de partir, son instrument à la main. Le Prince et les assistans sentirent aussitôt l'application de la pantomime, et le lendemain l'on reçut l'ordre de quitter Estherazy.

La chasse et la pêche étaient les récréations favorites de Haydn pendant son séjour en Hongrie, et il se rappelait toujours avec plaisir que, d'un seul coup de fusil, il avait tué trois gélinottes, qui figurèrent ensuite sur la table de l'Impératrice Marie-Thérèse. Une autre fois, visant un lièvre, dont le coup n'emporta que la queue, il tua en même tems un faisan, que le hasard avait fait trouver près de là, et son chien, qui poursuivait le lièvre, s'étrangla dans un piège.

En 1785, un chanoine de Cadix pria Haydn de composer une musique instrumentale sur les sept dernières paroles de J.-C. mourant. Cette musique devait être exécutée lors d'une fête que l'on célébrait annuellement, pendant le carême, dans la cathédrale de Cadix. Au jour fixé, après un prélude d'orgue adapté au sujet, l'évêque monte en chaire, prononce l'une des sept paroles, qu'il accompagne d'une pieuse méditation. Celle-ci achevée, il descend de la chaire et se jette à genoux devant l'autel. La musique remplit cette pause. L'évêque remonte plusieurs fois en chaire, et chaque fois l'orchestre reprend ainsi que la première fois. Il était bien difficile de faire suivre, sans texte, sept adagios, sans fatiguer les auditeurs, et de réveiller toutes les sensations qu'exprimait chacune des paroles du Sauveur mourant. Aussi Haydn déclara-t-il que cet ouvrage était un de ceux auquel il s'était le plus appliqué. Ce ne fut que quelques années après, qu'un chanoine de Passaw rédigea un texte allemand sous cette musique; ce qui confirma pleinement l'assertion de Van-Swieten, que chaque composition de Haydn était susceptible de se voir adapter un poëme analogue. Cet ouvrage a paru à Leipsick, en 1801.

Haydn, ayant obtenu un congé du prince Estherazy, vint à Londres, où le vœu des amateurs l'appelait depuis long tems. C'est là qu'il composa l'une de ses symphonies, connue sous le nom de la symphonie *Turque*. Piqué de ce que les Anglais s'endormaient toujours pendant l'exécution de ses symphonies, il promit à l'entrepreneur du Concert de Londres un morceau propre à les tenir éveillés. En effet, il composa l'*Andante*, dans lequel arrivent inopinément les tymbales, les gros tambours, les cymbales, les trombonnes, etc., de manière à réveiller en sursaut le dormeur le plus intrépide.

En 1794, Haydn entreprit un second voyage en Angleterre.

Népire, marchand de musique, père de douze enfans, devait être incarcéré pour dettes. Haydn arrangea pour lui cent airs écossais dans le genre moderne. Ces airs furent tant recherchés que Népire paya ses dettes, et paya la seconde livraison cent guinées, double de la somme payée pour la première. Haydn retoucha aussi, pour George Thomson, éditeur à Édimbourg, deux cent trente airs antiques écossais, à raison de deux guinées chacun.

Le docteur Burney, célèbre auteur de l'Histoire générale de la Musique, fut le premier qui proposa à Haydn de se faire recevoir docteur à Oxfort. Le lendemain de sa nomination Haydn dirigea la musique. Dès qu'il parut, tout s'écria : *Bravo Haydn!* — *I thank you* (Je vous rends grâces), répondit-il. Après avoir passé trente ans en Angleterre, Hændel n'avait pas obtenu l'honneur d'être créé docteur à Oxfort. Il arriva souvent à Haydn que des Anglais s'approchaient de lui, le toisaient des pieds à la tête, et le quittaient en s'écriant : *You are a great man* (vous êtes un grand homme).

Haydn répéta souvent que c'était l'Angleterre qui lui avait valu la réputation dont il jouissait en Allemagne. Le mérite de ses ouvrages était à la vérité reconnu ; mais cet hommage général qui accompagne un génie du premier ordre, ne lui fut accordé que plus tard. Joseph II lui-même ne fut rendu attentif aux talens du compositeur que pendant ses voyages.

A son retour d'Angleterre, Haydn acheta, dans un faubourg de Vienne, une petite maison, à laquelle était attenant un petit jardin. Plus d'un ami des arts dirige maintenant son pélerinage vers une habitation qu'embellissait le génie de l'harmonie. Ce fut dans ce sanctuaire que Haydn composa les oratorios de *la Création* et des *Saisons*, qui ont mis le comble à sa gloire.

La première idée de l'oratorio de *la Création* est due à un Anglais nommé Lidley. Haydn était chargé de mettre le texte en musique pour Salomon, premier violon du Concert de Londres. Comme le texte anglais l'embarrassait beaucoup, et que, d'ailleurs, il était trop long, il l'emporta en Allemagne, et le confia au baron Van-Swieten, qui l'arrangea en allemand, tel

qu'on le connaît aujourd'hui. Salomon voulait intenter un procès à
Haydn, qui se borna à lui repré—
senter qu'il n'avait fait usage que
de l'idée de Lidley, et non de ses
paroles. Ce dernier était mort, et
l'affaire fut appaisée.

Haydn composa *la Création* en
1797, c'est à-dire à l'âge de soixante-
cinq ans, avec un feu que l'on ne
trouve guère que dans la jeunesse.
Tous les auditeurs furent pénétrés
du plus vif enthousiasme en écoutant cette harmonie divine, que
Haydn dirigeait lui-même.

Le grand succès de *la Création*
engagea le baron de Van-Swieten à
travailler aux *Saisons*, d'après le
plan de Thomson, et à faire mettre
ce poëme en musique par Haydn,
pour en faire le pendant de *la Création*.

Les *Saisons* sont le dernier ouvrage de ce compositeur, qui fut
terminé dans l'espace de onze mois.
Haydn gémissait en secret des difficultés de ce sujet ingrat, où le poëte
n'avait pas su former un tout, et
observer l'unité qui fait le charme
des ouvrages de l'art. « Je n'oublierai
» jamais, nous écrit M. Neukomm
» (un des élèves favoris de Haydn),
» je n'oublierai jamais avec quelle
» sagacité le compositeur a tiré de
» l'oratorio des *Saisons* les nuances
» les plus fines et les plus délicates.
» A chaque trait, cette masse in-
» forme s'animait sous les doigts de
» ce nouveau Phidias, et la froide
» argile devint un dieu vivant ».

L'institut de France en agrégeant
Haydn au nombre de ses membres,
lui envoya une médaille. L'académie
de musique, après avoir exécuté
l'oratorio de *la Création* le 3 nivôse
an 9; fit aussi frapper une médaille
en son honneur, et ce fut M. Cherubini qui, dans son voyage à Vienne,
la remit lui-même au grand symphoniste.

« La musique de Haydn, dit
M. Grétry (dans ses Essais), peut
être regardée comme un modèle dans
le genre instrumental, soit pour la
fécondité des motifs de chant ou
celle des modulations. L'abondance
des moyens le rendrait peut-être
abstrait, s'il ne me semblait observer une espèce de régime, qui consiste à conserver long-tems le même

trait de chant, s'il module beaucoup;
mais il est riche en mélodie, quand
il module moins. »

Haydn, dans ses symphonies, est
un véritable modèle pour toutes les
parties de l'art musical. Du motif le
plus simple et souvent le plus commun, il fait sortir le chant le plus
élégant, le plus majestueux. Ses
sujets sont toujours clairement exposés, habilement développés; et
chaque morceau offre un poëme en
action, auquel il ne manque que la
parole. L'emploi des instrumens à
vent y est admirable.

Dans le genre du quatuor, nul
n'a mieux su ménager les piquantes
surprises, et la lutte animée de la
conversation musicale. Vous le voyez
constamment suivre la route de son
génie, et ne jamais sacrifier à la
mode. Il n'a pas fait une seule polo-
naise; aussi est-il toujours noble,
depuis la chanson jusqu'à la symphonie.

Haydn est mort à Vienne le 29 mai
1809. Comme un son pur émané
de la lyre, son âme s'est exhalée
dans les cieux.

*Catalogue des ouvrages d'Haydn,
rédigé par lui-même, le 4 décembre 1805.*

Cent dix-huit symphonies.

Cent vingt-cinq divertissemens
pour le bariton, l'alto et le violonc.

Six duos pour bariton principal.

Douze sonates pour bariton et
violoncelle.

Dix-sept nocturnes pour bariton.

Vingt divertissemens pour divers
instrumens, depuis cinq jusqu'à
neuf parties.

Trois marches.

Vingt-un trios pour deux violons,
alto et basse.

Trois trios pour deux flûtes et un
violoncelle.

Six sonates de violon avec accompagnement d'alto.

Trois concertos de violons.

Trois concertos de violoncelle.

Un concerto de contre-basse.

Deux concertos de cor.

Un concerto de trompette.

Un concerto de flûte.

Un concerto d'orgue.

Trois concertos de clavecin.

Quinze messes; quatre *offertorios*
un *Salve Regina*, à quatre voix,

un *Salve*, pour l'orgue seul ; une *cantilena* pour la messe de minuit ; quatre *Responsaria de venerabili*; un *Te Deum* ; trois chœurs.

Quatre-vingt-trois quatuors (le quatre-vingt-quatrième est incomplet, et c'est le seul qu'Haydn ait écrit en *la* mineur).

Soixante six sonates de piano.

Quarante-deux *duetti* italiens, chansons, allemandes et anglaises.

Quarante canons.

Treize chants à trois et quatre voix.

Cinq oratorios : le Retour de Tobie ; *Stabat Mater* ; les Dernières Paroles de J.-C. sur la croix; la Création ; les Saisons. Ces deux derniers sont improprement appellés *oratorio*, ce sont plutôt des cantates.

Quatorze opéras italiens, entr'autres, *l'Armida*.

Cinq opéras pour les marionettes allemandes.

Enfin, trois cent soixante-six romances écossaises originales, et plus de quatre cents menuets, allemandes et walses.

La première symphonie de Haydn fut jouée à Paris, en 1770, à l'ouverture du Concert des Amateurs ; elle eut beaucoup de succès, et fut gravée par M. Sieber. M. Pleyel a publié quelques symphonies de son maître, en partition ; du même format que les quatuors. Depuis, M. Auguste Leduc a donné vingt-six livraisons des symphonies de Haydn, en partition, et du format in-folio. On doit à M. Pleyel la belle collection des quatre-vingt-trois quatuors, et à M. Imbault celle des cinquante-six choisis dans les quatre-vingt trois. M. Pleyel a fait paraître encore une superbe collection des sonates de Haydn pour le piano. M. Porro, grand admirateur de Haydn, a fait graver plusieurs de ses compositions, entr'autres, un *Benedictus*, le *Te Deum* qu'il a traduit en vers français, ainsi que l'oratorio des *Saisons*, etc. M. Sieber a donné une édition du *Stabat Mater* qui fut joué avec succès au Concert Spirituel. Après avoir composé son *Stabat*, Haydn dit : *Si j'avais connu celui de Pergolèse, je n'aurais pas fait le mien.*

HAYDN (Mic.), frère du précédent, et maître de chapelle à Salzbourg, y est mort le 8 août 1806. Le maître de chapelle Hiller, a fait exécuter à Leipsick une messe superbe ; de la composition de M. Haydn. On a encore de lui différens concertos, des symphonies et des quatuors pour le violon.

HAYES (Philippe), docteur en musique à Oxford, en 1786, a publié à Londres, en 1768, six concertos pour le forte-piano.

HAYES (William), professeur de musique à Londres, y fut gradué, en 1749, d'une manière aussi distinguée que glorieuse. Il a en beaucoup de part à l'ouvrage du docteur Boyce, intitulé *Cathedral music*.

HAYM (Nicolas-François), musicien, est auteur de l'ouvrage *Tesoro britannico*. *Voy.* Walther. Il est mort à Londres, le 11 août 1729, à l'âge de cinquante ans.

HEATHER ou HEYTHER (William), docteur en musique à Oxford, né à Harmondsworth en Middlesex, obtint le grade de docteur en 1622, avec Orlando Gibbons.

HEBDEN (John), célèbre musicien et violoncelliste anglais de la fin du dernier siècle. On connaît de lui, en Allemagne, six concertos doubles pour le violon, gravés à Londres.

HEBENSTREIT (Pantaleon), inventeur du fameux pantalon ou pantaleon, et en même tems un des plus forts violonistes de son tems, fut en dernier lieu musicien de la chambre à Dresde. En 1697, lorsqu'il n'était encore que maître de danse à Leipsick, il était parvenu à une telle habileté sur son instrument, que le comte de Logi s'écria en l'entendant : *Comment! j'ai été en Italie, et j'ai cru avoir entendu tout ce que la musique a de charmant, mais je n'ai jamais rien entendu de pareil.*

En 1705, Hebenstreit partit avec son instrument pour Paris, et s'y fit entendre devant Louis XIV. Ce prince le combla non-seulement de faveurs, mais daigna même donner à ce nouvel instrument le nom de baptême de son auteur.

L'année suivante, lors de son retour de Paris, il entra au service du duc d'Eisenach, en qualité de maître de chapelle et de maître de danse de la cour. Telemann, qui vint à la même cour en 1708, dit, dans sa Biographie (*Ehrenpforte*, p. 361), que toutes les fois qu'il avait eu à exécuter un concerto double avec Hebenstreit, il avait été obligé, pour se tenir seulement au niveau avec lui, de s'y préparer plusieurs jours d'avance par des exercices continuels, et par des frictions aux bras. Ces concertos doubles étaient de la composition de Hebenstreit.

En 1708, il passa au service du roi de Pologne, à Dresde, en qualité de musicien de la chambre, avec un traitement de deux mille écus. Nous ignorons l'époque de sa mort. Il paraît qu'il vivait encore en 1730.

HECKEL (Jean-Chrétien), né à Augsbourg, en 1747, y fit imprimer un ouvrage allemand, sous le titre Description de la mélodica de Hein, instrument de musique nouvellement inventé. 1772, in-8°.

HEDERICUS, moine, vécut au neuvième siècle. Tritheme assure qu'il avait écrit beaucoup d'ouvrages, principalement sur la musique, et introduit plusieurs cantiques en l'honneur des saints. Voy. Gerbert, Hist.

HEIBERGER (Joseph), musicien et compositeur allemand, vécut à Rome en 1777. Il était jeune alors, et y donna l'opéra *Il Colonello*, que l'on y regarda généralement comme la meilleure production de toutes celles qui parurent au théâtre la même année.

HEILIGER, premier tenor au chœur de l'église de Hambourg, au commencement du dix-huitième siècle, mourut à Hambourg, vers 1714.

HEIMBRODT, organiste et compositeur, a fait imprimer à Leipsick, en 1715, un ouvrage in 8°., sous le titre *Die durch antrieb des heil-Geistes hervorgebrachte und Gott wohlgefællige Herzens - und seelen müsick in geistreichen Liedern u. s. w. wobey zu finden sowohl die noten als auch a parte die bekannten melodeyen.* Voyez Walther.

HEINDL ou HAINDL, maître de concert à Inspruck, vers l'an 1782, y a composé la musique pour l'opéra le Marchand de Smyrne.

HEINERT (C. A.), chanteur de Minden, vers 1722, a fait un extrait du manuscrit rare de Reginous, intitulé *De armonicâ institutione*, que l'on peut lire dans le premier tome, p. 83, de *Critica musica* de Mattheson.

HEINICKE (Jean-Emmanuel), lecteur et chanteur de la ville de Dortmund, a fait graver à Nuremberg, vers 1758, six *mourquí* pour le clavecin, de sa composition.

HEINLEIN (Paul), en dernier lieu directeur de musique, et organiste à l'église de S.-Sebald, à Nuremberg, né dans cette ville, le 11 avril 1626. En 1646, il se rendit à Linz et à Munich, et l'année suivante en Italie. Il se fit entendre comme virtuose, tant sur le clavecin que sur les instrumens à vent. Pendant ce voyage il se perfectionna dans l'art de la composition, et principalement sur l'orgue, au point qu'à son retour d'Italie, il fut placé de suite au chœur de musique de sa patrie. Il obtint, en 1658, la première place de musique à Nuremberg. On fit alors grand cas de ses compositions et de son jeu. Il mourut le 6 août 1686.

HEINSIUS (Ernest), organiste à Arnheim en Gueldre, a fait paraître à Amsterdam, vers 1760, six concertos pour violon, à cinq, et ensuite six symphonies à quatre parties.

HEINSON (Jean), publia à Breslau et à Leipsick, en 1726, un ouvrage sous le titre *Der wohlinstruirte und vollkommene organist, oder neuvariirte Choralgesœnge auf dem klavier durchs ganze Jahr.*

HEINZ (Wolfgang), compositeur du seizième siècle. On trouve quelques morceaux de sa composition dans l'ouvrage qu'Ammerbach publia à Leipsick, en 1571, sous le titre *Orgel over instrumenttabulatur.* Walther par méprise a donné Ammerbach et Nicolas comme deux personnages distincts.

HEINZELMANN (Jean), a fait imprimer à Berlin, en 1657, *Oratio de musica colenda, in introduct.*

Martini Klingenbergii, Munchen-bergensis Marchici, hactenus Strausbergœ cantoris et informatoris munere functis et nobiliter meriti ; jam vocati legitimi cantoris Mariani Berlinensis. Heinzel mourut à Salswedel, en 1687.

HELESTINE (JACQUES), excellent compositeur pour l'église, en Angleterre, fut organiste à la cathédrale de Durham et à l'église de Sainte-Catherine, près la Tour, à Londres. Le docteur Blow fut son précepteur dans l'art de la composition. Il a laissé un grand nombre de motets. Il est mort vers le milieu du dix-huitième siècle, dans un âge très-avancé. Voy. Hawkins, *History.*

HELBERT, musicien allemand et violoniste à l'orchestre de la comédie française à Paris, a fait graver, en 1780, douze trios pour violon, six duos pour flûte et une ariette, le Papillon.

HELLER (FERDINAND), ténor à la chapelle de l'électeur de Cologne, vers l'an 1781, était aussi compositeur.

HELLER (ZONATHAN), docteur en théologie, né à Ebermergen, dans la principauté de Hohenzollern-Oettingen, en 1716, a fait imprimer à Dantzick, en 1761, à l'occasion de l'inauguration de l'orgue de l'église de S.-Martin, un discours dont voici le titre, *Predigt von der weisen and treuen Hand Gottes bey ter sorgfalt der menschen für einen gott wohlgefæleigen gottes dienst , bey œflentlicher (zahlreichen versammlung in der oberpfarrkirche zu S.-Martin in Danzig and 4. advents-sonntage 1760 ; da die neuerbmete grosse orgel Gott geheiliget ward, gehalten.* Cet orgue a été construit par Dalitz, et a cinquante-trois jeux. Adlung, dans sa *Musica mecanica*, p. 183, en donne la description.

HELINGWERF (PIERRE), mathématicien, à Hoorn en Hollande, vécut au commencement du dix-huitième siècle, et fit imprimer à Amsterdam, en 1718, in-4°. *Wiskunstige affening, behelzonde cene verhandeling over vede voor næme Zacken van de Mathesis.* (Explication algébrique, concernant une dissertation sur différentes choses principales de la Mathématique). Au deuxième volume de cet ouvrage, il traite de Musica, et calcule d'une manière mathématique l'étendue des tons et la longueur des tuyaux de l'orgue.

HELLMANN (JEAN-ADAM-MAXIMILIEN), claveciniste de l'Empereur à Vienne, vers 1727, voyagea ensuite en Italie, et y composa, en 1738, la musique du drame *Abigail.*

HELLMUTH (FRÉDÉRIC), musicien de l'électeur de Mayence, né à Brunsvick, en 1744, y montra, dès l'âge le plus tendre, les talens les plus distingués pour la musique. Sa voix ayant passé au tenor, il se rendit en 1770, au théâtre de Weimar, et delà à Gotha. Il se rendit ensuite à Mayence, où l'électeur le prit à son service. On a gravé de lui, à Offenbach, en 1774, trois sonates pour le clavecin, avec violon et violoncelle.

HELLMUTH (JOSÉPHINE), cantatrice de la chambre de l'électeur de Mayence, en 1790, et épouse du précédent, fut d'abord actrice et cantatrice au théâtre de Seyler, où elle brillait principalement, vers 1772. Elle vint à Mayence en 1778 ; et entra au service de l'électeur. En 1785, elle entreprit un voyage, et se fit entendre à Dresde. L'électeur lui donna une tabatière d'or de grand prix.

HELMBOLD (LOUIS), naquit à Thuringe, le 21 janvier 1532, et y mourut en 1598. Stark, son successeur, fit imprimer à Erfurt, en 1615, les beaux cantiques de Helmbold.

HELMER (CHARLES), fabricant de luths et d'instrumens de musique, à Prague, né dans cette ville, était un virtuose sur le luth et sur la mandoline, et fabriqua non seulement ces deux instrumens, mais aussi des violons.

HELMONT (VAN), en 1772, était maître de chapelle à la cathédrale de Bruxelles.

HELWIG (JEAN-FRÉDÉRIC), secrétaire et directeur de chapelle du du d'Eisenach, où il mourut en 1729, était aussi poëte. Le livre de Cantiques luthérien contient plusieurs de ses compositions.

HEMBERGER (JEAN-AUGUSTE), a fait graver, tant à Paris qu'à Lyon, jusqu'à dix œuvres, consistant en concertos, quatuors, et trios pour le clavecin, et quatre œuvres de trios pour le violon, chacun de six pièces. On y trouve aussi son *Bouquet à M. de Buffon*, à quatre parties chantantes et deux flûtes, deux violons, deux cors, alto et basse. Ce bouquet consiste en récitatifs, ariettes, duos et chœurs.

HEMESIUS (NATHAN), Anglais, a fait imprimer à Londres un ouvrage sous le titre *De Musicá Evangelicá seu Vindicatio Psalmodiæ contra Tombum.*

HEMINGA. Voy. AEMINGA.

HEMMERLEIN (G.). On a gravé de lui, à Francfort, depuis 1783 jusqu'en 1790, huit œuvres, chacun de trois sonates pour clavecin avec violon.

HEMMERLIN (JEAN-NICOLAS), musicien de la chambre du prince de Bamberg, y publia, en 1748, six messes pour quatre voix, avec accompagnement de Caldara, sous le titre *Chorus musarum, divino Apollini accinentium*, parmi lesquelles la troisième est de la composition de Hemmerlin.

HEMMES ou HEMMIS, maître de chapelle et organiste à l'église cathédrale d'Osnabruck, a fait imprimer à Cassel, en 1781, un ouvrage in-8°., sous le titre *Neue melodien zum katholischen gesangbuch, zur Belehrung und Erbaunung der Christen.*

HEMPEL (GEORGE-CHISTOPHE), musicien de la chambre et violoniste à la chapelle du duc de Saxe-Gotha, est connu depuis 1764, par différens concertos et symphonies, et par douze solos pour le violon.

HENFLING (G.), conseiller à Anspack, et grand mathématicien au commencement du dix-huitième siècle, y fit imprimer, le 17 avril 1708, une épître au président de la Société des Sciences de Berlin, dans laquelle il traite d'une manière très-savante des monochordes, des intervalles et du tempérament. Il mourut vers 1720.

HENNEQUIN, mécanicien distingué, français de naissance, vivait, en 1790, à Dresde, et s'y occupait, depuis vingt ans, de la résolution du problême difficile de rendre les instrumens montés à cordes, inca-

pables de se désaccorder. Il réussit en 1785, à l'aide de Tricklir, au point que l'essai qui en fut fait avec un forte-piano, fut approuvée par les meilleurs virtuoses de Dresde. V. l'art. *Tricklir.*

HENNIG (CHRÉTIEN-FRÉDÉRIC), maître de chapelle du prince François Sulkorosky, à Sorau, a fait graver à Berlin, en 1775, un trio pour clavecin, et en 1781 à Leipsick, un *quod libet* pour des sociétés de jeunes musiciens, en deux volumes. Le dernier est une collection de divers morceaux pour le chant et le clavecin. En 1782 il fit encore paraître douze chansons francsmaçonnes, avec quelques autres chansons pour le clavecin. On connaît encore de lui, jusqu'à douze symphonies, six quatuors pour violon, et six divertissemens pour douze instrumens, qu'il a composés, tant avant qu'après l'époque indiquée ci-dessus.

HENNING (CHRÉTIEN), chanteur à Neuruppin, a fait imprimer, en 1670, à Cologne sur le Sprée, une sérénade de sa composition.

HENRI II et HENRI III, l'un et l'autre, rois de France, vers le milieu du seizième siècle, étaient très-versés dans la musique, et se firent souvent entendre dans des occasions publiques. Voy. Gerbert, Histor.

HENRI IV, roi de France, passe pour avoir fait quelques chansons, paroles et musique, entr'autres la chanson si connue; *Charmante Gabrielle.* Je ne sais si c'est une illusion, dit le célèbre Grétry, mais je crois y retrouver l'ame sensible de ce prince.

HENRI VIII, roi d'Angleterre, depuis l'an 1509 jusqu'en 1547. Outre les connaissances dans les autres sciences, il en possédait aussi beaucoup dans la musique. Il touchait du clavecin et jouait de la flûte avec perfection. Il chantait aussi fort bien, et il a composé deux messes qui ont été données très-souvent. M. Burney juge que deux compositions attribuées à Henri VIII, l'une imprimée dans la collection du docteur Boyce, paraît trop savante, non-seulement pour être de Sa Majesté, mais pour être celle d'aucun maître anglais de son tems; au lieu qu'il croit aisément que le motet (*Quam pulchra es*) peut être de sa composition, et il n'y trouve aucune qualité qu'on n'ait le droit d'attendre dans la production d'un *Dilettante royal*, V. Hist. de la Mus. t. 3.

HENRICI, a fait imprimer à Augsbourg six duos pour la flûte.

HENRY (B.), fit graver à Paris, en 1780, un concerto pour violon, à neuf, n°. 1. On a du même Henry, des études pour le violon, en deux parties; contenant 1°. Des gammes variées; 2°. Des gammes et caprices en double corde; 3°. Des thêmes variés dans les vingt-deux tons les plus usités, depuis *ut* majeur jusques et compris *sol dièze* mineur. Ces études sont adoptées par M. Rodolphe Kreutzer, pour l'exercice de ses élèves.

HENRY (Louis), célèbre danseur de l'Académie de musique, en 1806, y a fait représenter le ballet pantomime de l'Amour à Cythère, en deux actes, musique de P. Gaveaux. Le sujet était rempli de jolis tableaux mythologiques, et la musique parut charmante et fut très-goûtée. M. Carbonel en a arrangé les airs pour le piano ou la harpe, avec acompagnement de violon.

HENRY (Mademoiselle), sœur du précédent, s'est distinguée à l'Académie de musique, comme actrice et comme cantatrice, vers 1804. Elle jouait les jeunes princesses des grands opéras avec beaucoup de noblesse et de dignité. On se rappelle encore la sensation qu'elle produisait dans les rôles d'Antigone, d'Iphigénie, de Polixène, etc. Elle rendait aussi très-bien quelques rôles comiques, entr'autres, celui de Julie, dans l'opéra des Prétendus. Comme ses moyens s'étaient affaiblis, elle fut obligée de quitter l'Académie de musique en 1807.

HENSEL, né à Pétersbourg en 1768, était élève de Lolli. En 1784, il vint en Allemagne et s'y fit entendre comme virtuose d'une grande délicatesse, et d'une assurance extraordinaire.

HENSTRIDGE (Daniel), musicien célèbre en Angleterre, et compositeur, était, vers 1710, organiste à la cathédrale de Canterbury, et a laissé différens motets de sa composition. Voy. Hawkins, Histor.

HENTSCHEL s'est fait connaître vers 1770, comme compositeur pour l'église, par différentes cantates.

HEPP (Sixte), organiste et compositeur à la nouvelle église de Strasbourg, né à Geislingen, dans le territoire d'Ulm, le 12 novembre 1732, s'est formé à Ludwigsbourg sous Jomelli. On a de lui deux sonates pour le clavecin, imprimées à Strasbourg. Il en existe encore beaucoup en manuscrit.

HERBERTUS, célèbre chanteur d'église, vécut au troisième siècle. Il était né de parens Juifs, mais il avait été élevé comme Chrétien. A une voix excellente et à une rare habileté dans le chant, il joignait beaucoup de connaissances dans d'autres sciences. V. Gerbert.

HERBING (Auguste-Bernard-Valentin), organiste adjoint à la cathédrale de Magdebourg, mort en 1767, à la fleur de l'âge, a fait imprimer à Leipsick, en 1758, des Divertissemens de musique, consistant en trente chansons comiques. Cet ouvrage eut une seconde édition en 1767. Il publia ensuite, en 1759, Essai de musique, contenant les Fables et les Contes du professeur Gellert. Il existe aussi des accompagnemens d'instrumens en manuscrit, pour les deux contes la Querelleuse et les deux Gardiens. En 1767, il publia le second volume de ses Divertissemens. Ce fut son dernier ouvrage.

HERBST (Jean-André), maître de chapelle à Francfort-sur-le-Mein, né à Nuremberg, en 1588. En 1628 il fut appelé à Francfort, et y resta jusqu'en 1641; il retourna alors dans sa patrie, où on lui avait conféré la place de maître de chapelle. Vers 1650, il revint une seconde fois à Francfort, où il mourut.

Il a publié à Nuremberg un ouvrage in-4°. de 95 pages, intitulé *Musica pratica, sive instructio pro symphoniacis dasist: Eine kurze anleitung wie die knaben und andere, so sonderbare lust und liebe zum singen tragen auf jetzige italienische manier, nu-*

geringer much und kurzer zeit doch grundlich kœnnen informirt werden. Il parut de cet ouvrage une troisième édition en 1658, avec l'addition suivante au titre : *Alles aus den furnemsten Italienischen autoribus mit besondern fleiss zusammengetragen, und mit vielen clausalis und variationibus gezieret : sonderlich aber fur instrumentisten auf violinen, und corneten zu gebrauchen, mitallerhand cadenzen vermehret, etc.* Le maître de chapelle Hiller dit de cet ouvrage qu'il pouvait servir à se faire une idée de la musique vocale du dix-septième siècle. Herbst a encore publié, en 1643, *Musica Poetica, sive compendium melopoëticum.* Cet ouvrage est précédé de son portrait, dessiné d'après nature en 1635.

HERDER (JEAN-GEORGE), surintendant général, conseiller au consistoire suprême, premier prédicateur de cour, à Weimar depuis 1776, né à Morungen en Prusse, le 25 août 1741, est mort vers 1804.

Nous ne citerons ici que ceux de ses nombreux ouvrages où il traite directement de la musique, où au moins il fait des remarques générales que l'on peut appliquer à la musique.

Ce sont, 1°. De l'Esprit de la poésie des Hébreux, deux volumes; 1782-1783. Cet ouvrage contient, au second volume, les dissertations suivantes, savoir : De la Musique des Psaumes — sur la Musique, appendice tiré des Œuvres complettes d'Asmus — Réunion de la Musique et de la Danse, pour le chant national (Cette dissertation se trouve aussi au Magasin de Cramer, deuxième année). Dans ses Feuilles éparses, chapitre 2, 1786, il a encore donné une dissertation sur la question de savoir si c'est la peinture ou la musique qui produit le plus d'effets. Outre cela il y a, dans sa dissertation sur l'origine des langues, dans ses Fragmens, dans ses Forêts critiques et dans sa Dissertation sur les causes de la corruption du bon goût chez les différentes nations, etc., une foule d'observations précieuses, dont le musicien peut faire l'application à son art.

HERFERTH est connu depuis 1770 par six symphonies à huit, en manuscrit.

HERFORDT, directeur de l'orchestre à Munster, vers 1785. C'est lui qui a composé, à cette époque, la musique pour le prologue allemand Coup d'œil dans l'Avenir.

HERIGERUS, abbé de Loben, dans l'évêché de Liége, musicien très-habile, et successeur de Tulcuin, dans cette place, qu'il administra pendant vingt ans, mourut le 31 octobre 1009. L'Histoire Littéraire de la France le cite comme l'auteur de l'hymne en l'honneur de la sainte Vierge, *Ave perquam*, etc., ainsi que des deux antiphonies sur saint Thomas l'apôtre, *O Thoma dydime* et *O Thoma apostole.* Voyez Gerbert, Histor.

HERING (ALEXANDRE), organiste à l'église de la Sainte-Croix à Dresde, vers l'an 1669, fut le précepteur de Kuhnau. Un autre musicien du même nom s'est fait connaître en Allemagne, vers 1764, par un concerto pour violon, en manuscrit. On ne doit pas confondre l'un avec l'autre.

HERMES (JEAN-TIMOTHÉE), prévôt de l'église du Saint-Esprit, pasteur de celle de Saint-Bernard, et assesseur du consistoire à Breslaw, depuis 1775, naquit à Petznick en Poméranie, en 1738.

Dans les Voyages de Sophie, il a arrangé toutes les chansons qu'ils renferment, d'après les mélodies connues des meilleurs maîtres. En 1786, à l'occasion de la publication des douze symphonies de Dittersdorff, sur les métamorphoses d'Ovide, il fit paraître un petit écrit intitulé Analyse des douze métamorphoses tirées d'Ovide, et mises en musique par M. Charles Ditters de Dittersdorff. Lavater, dans sa *Physiognomik*, tome 5, nous a conservé son portrait.

HEROLD a fait graver à Paris, vers 1785, quatre sonates pour la harpe.

HERR (JEAN-GEORGES), virtuose sur le cor, né à Gotha, et élève de Kærber, grand maître sur cet instrument, se fit entendre, en 1784, dans les concerts de Hambourg, et y fut beaucoup applaudi.

HERRMANN (Jacques), grand mathématicien, né à Bâle, le 19 juillet 1678; a écrit à Francfort-sur-l'Oder, une dissertation *De motu chordarum*, etc.

HERRMANN (N.), célèbre pianiste, a eu l'honneur de donner des leçons à la reine Marie Antoinette. Il a composé pour le piano des fantaisies et des sonates, entr'autres, la Coquette, qui est très-célèbre.

HERRMANNUS *Contractus*, moine, savant de l'ordre de Saint-Benoît, naquit en 1013. Il reçut le surnom de *Contractus* parce qu'il était, depuis sa plus tendre enfance, paralytique de tous ses membres. Il est mort à Aleshusen, en 1054.

Il est également célèbre comme historien et comme compositeur et professeur de musique. Walther, dans son *Lexicon*, et l'abbé Gerbert, dans sa collection des auteurs de musique, nous ont conservé des preuves de l'un et de l'autre. Le dernier a recueilli les ouvrages rares de Herrmannus, et les a insérés, dans le second volume de son Recueil, sous le titre *Opuscula Musica*. On y trouve en même tems des échantillons de la manière de noter à cette époque.

HERSCHEL, directeur de musique, et organiste à Bath en Angleterre, né dans le pays d'Hanovre. Ce ne fut d'abord que dans ses loisirs qu'il s'occupa de l'astronomie et de la fabrication d'instrumens d'optique; mais ayant enfin réussi à découvrir la planète du système solaire, à laquelle on a donné, dans la suite, le nom d'*Uranus*, il renonça à la musique, pour se consacrer entièrement à l'astronomie, qu'il a enrichie de ses nombreuses découvertes. Le reste de la vie de ce savant distingué appartient à l'histoire de l'astronomie.

HERSCHEL (Jacques), musicien de l'électeur de Hanovre, peut-être frère du précédent, est rangé parmi les violonistes les plus distingués de la fin du dix-huitième siècle. Il a fait graver à Amsterdam, vers 1775, six quatuors pour le clavecin, deux violons et violoncelle; et ensuite, à Londres, une symphonie à huit. On connaît encore plusieurs concertos pour le clavecin

et le violon, et quelques symphonies de sa composition en manuscrit.

HERTEL (Jean-Guillaume), naquit à Eisenach, vers 1726, fils du célèbre gambiste Jean Chrétien Hertel, mort en 1754, étant maître de concert, du duc de Mecklembourg-Strelitz (V. Marpurg-Beytræge, tome 3, pages 46—64, et Walther). En 1757, il fut compositeur à la cour du duc de Mecklembourg-Schwerin, et ensuite maître de chapelle. En 1770, il quitta cette chapelle qui resta avec la cour à Ludwigslust, et se rendit à Schwerin, où la princesse Ulrike le nomma conseiller de cour et son secrétaire. Dans sa jeunesse on le regardait comme un des meilleurs violonistes de l'école de Benda. Mais la faiblesse de sa vue l'ayant obligé de quitter cet instrument, il choisit dans la suite le forte-piano, où il parvint, en peu de tems, au plus haut degré de perfection. Il est mort d'apoplexie, le 14 juin 1789, âgé de soixante-trois ans.

Depuis le milieu du dernier siècle, il s'est fait connaître comme un des compositeurs allemands qui ont donné le plus de preuves de leur bon goût, tant dans la musique vocale qu'instrumentale. Il a publié, Recueil d'écrits de musique, deux cahiers. Leipsick, 1757 et 1758 (en allemand). Il contient, pour la plupart, des dissertations critiques et des observations tirées de l'italien et du français, sur l'opéra de ces nations.

Ses ouvrages pratiques sont : 1°. deux Recueils de chansons, 1757 et 1760; 2°. deux romances avec mélodies : on y a joint une lettre écrite à l'auteur, 1762; 3°. six sonates pour le clavecin, Nuremberg; 4°. un concerto pour le clavecin, avec accompagnement, Nuremberg, 1767; 5°. six symphonies, 1767; et 6°. six symphonies, 1774. Mais les principales de ses compositions pour la musique vocale, qu'il a composées pour la cour, sont restées inconnues au public. On cite surtout deux Passions avec beaucoup d'éloges. La première parut en 1762; et il travaillait encore, en 1783, à la seconde, intitulée Histoire de la passion, en six parties.

HERZOG (Ernest Guillaume),

comte palatin et juge de la ville de Mersebourg, a fait imprimer à Leipsick, en 1722, un ouvrage in-4°., sous le titre *Memoria beati defuncti directoris chori musices, Lipsiensis Dn. Johannis Kuhnau, Polyhistoris musici, et reliqua, summopere incluti, exhibita ab,* etc. V. Mattheson, Crit. mus., t. 1, p. 118.

HESSE (ERNEST - CHRÉTIEN), conseiller de guerre du Landgrave Hesse-Darmstadt, et en même tems le premier et le plus grand de tous les virtuoses de l'Allemagne, sur la *viola da gamba*, était né à Grosgottern en Thuringe, le 14 avril 1676. Après avoir fait ses études, à Langensalza et à Eisenach, il entra au service du landgrave de Darmstadt. En 1694, il suivit la cour de son maître à Giessen, et il continua alors, à l'université de cette ville, ses études de la jurisprudence, sans négliger les occupations de sa place.

En 1698, sa cour lui donna la permission de faire un voyage à Paris afin de s'y perfectionner à la *viola da gamba*, qu'il avait appris déjà dans sa jeunesse. Il y resta trois ans, et prit des leçons des deux maîtres célèbres, Marais et Forqueray. Ces deux virtuoses étant rivaux acharnés, Hesse se vit obligé de changer de nom, et de se nommer Sachs chez l'un, tandis que l'autre le connaissait sous le nom de Hesse. Tous deux étaient tellement satisfaits de ses talens et de ses progrès, qu'ils vantaient réciproquement l'élève excellent qu'ils avaient dans ce moment. Ils finirent par un défi, afin de savoir lequel de leurs disciples l'emporterait sur l'autre, dans un concert qu'on allait donner à cet effet. Il est aisé de se figurer leur étonnement lorsqu'ils reconnurent, au jour indiqué, l'un et l'autre, en Hesse, ce disciple dont chacun avait vanté les talens extraordinaires. Hesse se fit entendre alors dans la manière de chacun de ses maîtres, et fit honneur également à l'un et à l'autre. Il quitta Paris immédiatement après cet évènement.

En 1705, il entreprit de nouveau un voyage, et parcourut pendant trois ans la Hollande, l'Angleterre et l'Italie, où il se perfectionna, principalement dans la composition. Lors de son retour il passa par Vienne, et s'y fit entendre devant l'Empereur, qui lui fit présent d'une chaîne d'or, en témoignage de sa satisfaction. Vers 1713, il occupa pendant quelques années la place de maître de chapelle à la cour de son prince. En 1719, il fit, avec son épouse, son dernier voyage à Dresde, pour y assister aux fêtes brillantes qu'on y donnait alors, à l'occasion du mariage du prince électoral, et où l'on représentait plusieurs des opéras de Lotti et de Heinich. Depuis cette époque, il vécut en repos à Darmstadt jusqu'à sa mort, arrivée le 16 mai 1767, à l'âge de quatre-vingt-six ans. Outre les compositions pour la musique d'église, qu'il a données lorsqu'il occupait la place de maître de chapelle, il a encore laissé beaucoup de sonates et de suites pour la *viola da gamba*.

HESSE (JEANNE - ELISABETH), née Dœbricht, épouse du précédent. En 1709, elle brilla au théâtre de l'Opéra à Leipsick, avec ses deux sœurs, dans la suite mesdames Ludwig et Simonetti. En 1713, elle se trouva à la cour de de Darmstadt, et y épousa Hesse, alors maître de chapelle. Elle parvint, sous sa direction, à un tel degré de perfection, qu'on la jugea digne d'être invitée, avec son époux, aux fêtes qu'on donna, en 1719, à Dresde. Elle y chanta avec les célèbres cantatrices Tesi et Durastanti, et partagea avec elles les suffrages du public. Elle vivait encore en 1767 à Darmstadt. V. Mattheson, Erenpforte.

HESSE (LOUIS-CHRÉTIEN), fils des précédens, en 1766, était au service du prince de Prusse, en qualité de virtuose sur la *viola da gamba.* On assure qu'il avait hérité de l'esprit et des talens de son père, et que par la prestesse, la netteté et la chaleur de son jeu, il méritait d'être regardé comme le premier virtuose de l'Europe sur cet instrument.

HESSE (JEAN GUILLAUME), virtuose sur la clarinette, et musicien de la chambre du duc de Brunswick, depuis 1784, est né à Nord-hausen, en 1760. Selon le témoignage qu'on lui rend généralement, il joue de son instrument avec une habileté et un agrément tout à fait particuliers. En 1786, il fit quelques changemens aux clefs du basson, et appliqua l'embouchure de la clarinette à ce dernier instrument, à la place du tuyau dont on s'était servi jusqu'alors.

HESSE (Jean-Henri), a fait imprimer à Hambourg, vers 1780, *Anweisung zum generalbass denselben leichte zu erlernen* (Manière d'apprendre la basse-continue sans beaucoup de peine); et ensuite trente-huit Odes et Chansons morales avec mélodies; enfin, le second volume du même ouvrage, renfermant quarante-un Odes et Cantiques de Gellert.

HESSEL, mécanicien de Pétersbourg. Plusieurs virtuoses avaient essayé en vain d'appliquer des touches à l'harmonica. Il réussit, en 1785, à réaliser cette idée, et à former de cette manière un instrument nouveau, auquel il a donné le nom de *Klavier-Harmonica*.

HETES, virtuose sur le violoncelle, vécut à Prague en 1772.

HEUDIER (Antoine-François), né à Paris en 1782, a publié une œuvre de quatuors pour deux violons, alto et basse, un concerto de violon, et a composé pour les théâtres des boulevards la musique de plusieurs mélodrames. On lui doit aussi la musique de trois ballets d'action, représentés sur le théâtre de Versailles.

HEUMANN (Le docteur Christophe-Auguste), né à Aeistœdt en Thüringe, vers 1681, fut inspecteur du gymnase de Gœttingue, et y publia, en 1726, un programme *De Minervâ musicâ, sive de eruditis cantoribus*, in-4°.

HEUTZENRŒDER (Sebastien). Feyertag, dans son *Sintax. Min.*, p. 108, assure qu'il a été compositeur très habile.

HEUZÉ (Jacques), ci-devant maître de concert à Hesse-Cassel, né à Paris, vers 1738, dirigea, encore jeune, des concerts, comme premier violoniste. Vers 1760, il se rendit à Pétersbourg, et delà, en

1764, à Francfort, pour assister au couronnement de l'Empereur. Dans cette même année, il entra, comme maître de concert, au service du landgrave de Cassel, et y resta jusqu'en 1786.

HEUZÉ (Anne), née Scali, épouse du précédent, naquit à Rome en 1752. Jusqu'en 1785 elle fut au théâtre de l'Opéra à Cassel, en qualité de première cantatrice.

HEYDEN (Sebalde), recteur à l'école de S. Sebald, à Nüremberg, né dans cette ville, en 1491, fut nommé, en 1519, à la place de chanteur à l'école de l'Hôpital; mais sa grande instruction le fit nommer, dans la suite, à la place désignée ci-dessus, dans laquelle il mourut, le 9 juillet 1561. Il a publié à Nuremberg, un traité *De arte canendi, ac vero signorum in cantibus usu*, dont il parut trois éditions, depuis 1537 jusqu'en 1540. En 1529, il y avait fait imprimer un ouvrage intitulé *Musicæ Stichiosis*, in-8°., dans lequel il traite de l'origine et de l'utilité de la musique, de l'échelle, des touches, des pauses, des tons et de la mesure. Cet ouvrage a été réimprimé souvent depuis, sous le titre *Institutiones* ou *Rudimenta musices*. V. Nürnberg-Gelehrten Lexicon.

HEYWOOD ou HEYWOOD, musicien et poëte anglais, né à Londres. La reine Marie sur son lit de mort voulut l'entendre encore. Après le décès de cette princesse, il fut obligé de quitter l'Angleterre pour cause de religion. Il mourut à Malines, en 1575.

HIEN (Louis-Chrétien), virtuose de chambre au service de la duchesse de Wurtemberg en 1771, a fait insérer une sonate pour le clavecin, de sa composition, dans les Œuvres mêlées de Bach, qui se distingua des autres, particulièrement par son caractère galant et moderne. On assure qu'il se trouvait à Bayreuth en 1790.

HILAIRE, évêque de Poitiers au quatrième siècle, né dans la même ville, était adversaire prononcé des Ariens, qui le chassèrent et l'obligèrent à chercher une retraite en Phrygie. Il fut cependant rappelé dans son évêché au bout de quelque tems, et y mourut le 13 janvier 367 ou 37?. Il composa, en 355, les premières hymnes en vers latins, avec leurs mélodies; saint Ignace ordonna de les chanter dans les églises. V. Gerbert, Hist.

HILDEBRAND (CHRÉTIEN), a fait imprimer à Hambourg, en 1651, un ouvrage allemand, in-4°, intitulé *Paduanen und gaillarden à 5 v.* V. Cornel. à Beughem, Bibliograph. mathematic., p. 355. Le second volume de cet ouvrage parut en 1669.

HILDEBRAND (ZACHARIE), célèbre constructeur d'orgues, né en Saxe, était le meilleur des élèves de Godefroi Silbermann. C'est principalement par les ouvrages suivans qu'il s'est acquis la gloire dont il jouissait, savoir : l'orgue dans la nouvelle église catholique du château de Dresde, de quarante-cinq jeux; l'orgue dans la ville neuve de Dresde, de trente - huit jeux; et l'orgue de Saint-Winceslas, à Naumbourg, de cinquante-deux jeux, en 1743, etc. Il a aussi construit un clavecin à luth, d'après l'idée de Jean-Sébastien Bach, duquel on trouve de plus amples renseignemens dans *Adlung, musica mechanica*, t. II, p. 139.

HILDEBRAND, fils du précédent, demeurait à Berlin vers 1770, et fut également un célèbre constructeur d'orgues. Le bel orgue de l'église Saint-Michel, à Hambourg, de soixante jeux, qu'il a construit, fut achevé vers 1760.

HILLE (JEAN-GEORGES), écrivit, en 1740, un traité allemand (de la Défense de la suite des octaves et des quintes), et l'envoya à la société de Mitzler. Ce dernier l'a inséré en entier au second volume de sa Bibliothèque.

HILLER (JEAN-ADAM), originairement Huller, maître de chapelle du duc de Courlande, et, depuis 1789, directeur de musique et professeur à l'église de Saint-Thomas à Leipsick, est né à Wendischossíg, près de Görlitz, le 25 décembre 1728. Dans son enfance, il apprit à jouer du violon, de la flûte, du hautbois et de la trompette. S'étant rendu à l'école de Sainte-Croix, à Dresde, il prit des leçons de clavecin du célèbre Ho-

milius, alors organiste à l'église de Notre-Dame, et des leçons de flûte du musicien de la chambre Schmidt. Le chant était cependant son occupation principale. Ce qui contribua le plus à former ses talens, ce furent quatorze opéras de Hasse qu'il eut, dans l'espace de neuf ans, l'occasion d'entendre exécuter, et dont il étudia avec assiduité les partitions. On se formera une idée du zèle qu'il mit à cette étude, en apprenant que, dans trois mois, il copia les partitions de sept opéras de ce maître.

En 1758, il se rendit à l'université de Leipsick, pour y étudier la jurisprudence. Il continua cependant de cultiver la musique, et composa, outre six symphonies, quelques cantates pour l'église. Il commença dès-lors à s'occuper de la théorie musicale, et publia une dissertation sur l'Imitation de la nature en musique. En 1760, il fit paraître ses Amusemens de musique, le premier ouvrage pratique et périodique publié en Allemagne. En 1762, il établit un concert dont il fut nommé directeur. Ce concert a été souvent cité comme modèle, et M. E. - L. Gerber donne les détails de son organisation à l'article Hiller.

Après le départ de madame Schmehling pour Berlin, en 1771, Hiller établit une école de chant pour de jeunes demoiselles. Cette école le mit en état de former, en 1775, une société particulière d'amateurs de musique, ou Concert Spirituel, dans lequel on ne jouait que les ouvrages des maîtres les plus célèbres. En 1786, il alla trouver le duc de Courlande à Berlin, et y jouit de l'honneur d'exécuter, dans la cathédrale, *le Messie d'Hœndel*, avec un orchestre de trois cents musiciens. En 1789, il fut nommé directeur de musique et professeur à l'église de Saint-Thomas, à Leipsick.

On a de lui les écrits suivans : 1°. Dissertation sur l'Imitation de la nature dans la musique, 1753 (Marpurg l'a inséré dans le premier volume de ses *Beytræge*). 2°. *Wœchentliche Nachrichten und anmerkungen die musick betreffend*, quatre années et demie, Leipsick, de 1766 à 1770, in-4°. 3°. *Anwei-sung zum musikalisch - richtigen gesang mit hinlænglichen exempeln erlæntert*. 4. 1774 (Instruction pour chanter juste, avec exemples). 4°. *Anweisung zum musikalisch. zierlichen gesang, mit hinlænglichen exempeln erlæutert*, 1780, in-4° (Instruction pour chanter avec agrément, avec exemples). 5°. *Uber die musick und deren wirkungen aus dem franz. Ubersezt mit anmer-kungen*, 1781, in-8° (Sur la musique et ses effets, trad. du français, avec des notes). 6°. *Adlung anleitung zur musikalischen gelartheit*, seconde édition, augmentée, au premier chapitre, jusqu'à l'anné de l'édition, 1781, in 8°. 7°. *Lebensbeschreibungen berühmter musik gelehrten und tonkünstler neuerer zeit* (Biographie d'auteurs de musique et de virtuosés célèbres des tems modernes), Leipsick, 1784, in-8°. 8°. *Nachricht von der auffuhrung des Hændelschen Messias zu Berlin* (Notice sur la représentation de l'oratorio le Messie, de Hændel), Berlin, 1786, in - 4°. 9°. Trois petites dissertations à l'occasion de la représentation du même oratorio à Leipsick, savoir : Fragment du Messie, par Hændel ; sur l'Antique et le Moderne en musique; Texte du Messie, avec des observations.

Il a composé pour l'église : Deux cantates d'église, 1753 ; une petite cantate de la Passion, 1759 ; mélodies de musique simple pour ceux des odes et cantiques de Gellert qu'on ne peut chanter d'après les mélodies connues, Leipsick, 1761 ; le Psaume 100, composé en entier, 1785 (il n'a pas été imprimé) ; J.-B. Pergolèse, *Stabat mater*, avec la parodie de Klopstock, en extrait pour le clavecin, Leipsick, 1774 : le même, partition, augmenté d'instrumens à vent, et du tenor et de la basse-contre dans les chœurs, Leipsick, 1776 ; Recueil de motets à l'usage des écoles, six volumes, Leipsick, de 1776 à 1787 (ce recueil renferme les meilleures compositions d'Homilius, de Rolle, etc.: il y a en outre, dans chaque volume, un motet de la composition de l'éditeur) ; le *Te Deum*, de Hændel, pour la paix d'Utrecht, avec le texte

latin, Leipsick, 1780 ; le *Stabat mater* de Haydn, avec la traduction allemande par Hiller, en extrait pour le clavecin, Leipsick, 1782 ; les Pélerins sur Golgatha, oratorio, par Hasse, traduit en allemand, et publié par extrait pour le clavecin, Leipsick, 1784 ; la Mort de Jésus, oratorio, par Graun, en extrait pour le clavecin, Leipsick, 1786.

Quant à ses opéras et à sa musique de chambre, voyez le Dictionnaire de M. Gerber.

HILLMER (Frédéric Gottlieb), conseiller du duc de Wurtemberg, à Mumpelgard, a publié à Francfort, en 1781, son premier recueil d'odes et de chansons, et à Breslau, en 1785, le second recueil. Il était auparavant inspecteur et troisième professeur dans cette dernière ville.

HILTON (John), bachelier en musique et organiste à l'église de Sainte-Marguerite à Westminster, à Londres, au dix-septième siècle, a fait imprimer différens ouvrages. V. Hawkins, où l'on trouve aussi son portrait.

HILTON (Walter), chartreux en Angleterre, vécut vers l'an 1436. Entr'autres ouvrages, il a aussi écrit *Musica ecclesiastica*. V. *Balæus de scriptor. Britann.* et *Pitsæus de scriptor. Anglicis*.

HIMM (Louise Marie-Augustine), élève du Conservatoire (de la classe de M. Plantade), où elle a remporté le prix de chant en 1805, est actuellement actrice de l'Académie Impériale de Musique. Elle brille tour-à-tour sur le théâtre et dans les concerts.

HIMMELBAUER (Wenceslas), grand virtuose sur le violoncelle, vécut à Vienne vers 1782. On le louait principalement à cause de son jeu nerveux et pour son habileté de jouer à la première vue. Il a fait graver à Lyon des duos pour la flûte et le violon ou le violoncelle, op. 1. On a en outre de lui plusieurs autres solos et duos pour le violoncelle, en manuscrit. Il était en même tems excellent maître de chant.

HINE (William), célèbre musicien anglais et organiste de Glocester, vivait encore en 1790.

HINGSTON (John), célèbre musicien anglais, et élève d'Orlando

Gibbons, vint à Londres vers l'an 1640, et fut d'abord au service du roi Charles I. Il entra ensuite au service d'Olivier Cromwell, qui était grand amateur de musique, et instruisit sa fille dans la musique. Il donnait en outre, toutes les semaines, dans la maison de Cromwell, des concerts auxquels ce dernier assistait souvent. Cromwell ayant beaucoup de goût pour les cantiques latins de Deering, Hingston forma des écoliers pour l'art du chant, et chanta ces cantiques avec eux. V. Hawkins, Histor.

HINNER, musicien de la chambre de la reine de France, un des premiers virtuoses sur la harpe, naquit en Allemagne. En 1781, il enchanta le public à Londres par sa manière inimitable d'exécuter l'*Adagio*. On a gravé de lui, vers la même époque, à Paris, six sonates pour la harpe, avec accompagnement de violon. Il se trouvait à Paris en 1776, et donna au théâtre Italien l'opéra la Fausse Délicatesse.

HINRICHS (J. C.) a publié un livre allemand, imprimé à Pétersbourg, et qui a pour titre l'Origine les progrès et l'état actuel de la musique de chasse russe. Cet ouvrage, dit M. Suard, est vraiment curieux. L'auteur était un habile musicien, professant lui-même son art en Russie. Il a été l'ami de J. A. Maresch, inventeur de cette musique de cors de chasse, qui a été perfectionnée en Russie, et qui produit des effets dont aucune autre musique ne peut donner l'idée. V. les Variétés Littéraires, in 8°, t. 4, p. 443.

HINSCH (ALB.-ANT.), constructeur d'orgues à Graeningue, vers 1762, né à Hambourg, s'est rendu célèbre en Hollande par plusieurs excellens orgues qu'il y a construits.

HINSCH (EWALD), organiste de la cour du roi de Danemarck, à Copenhague, vers 1654, né à Dantzick, était élève du célèbre Froberger, et lui-même un grand maître dans son art. Voy. Ehrenpforte, p. 74.

HINZE (JACQUES), musicien de Berlin, vécut au commencement du dix-huitième siècle. Les cantiques qu'on a imprimés à la suite du livre de cantiques de Cruger, sont de sa composition. Il était né à Bernau, dans la Marche, en 1622, et à en juger d'après le canon placé sous son portrait, il semble qu'il était très-bon contrapuntiste. Nous croyons qu'il a publié plus d'ouvrages que Walter n'en cite.

HINZE, ou HEINZE, ou HAENZE (JOSEPH-SIMON), maître de concert du margrave de Brandenbourg-Schwedt, depuis 1779, né à Dresde en 1751. C'est par les leçons de Neruda et Hundt, qu'il atteignit sur le violon le degré de perfection extraordinaire par lequel il devint l'objet de l'admiration générale. Son jeu était dans le goût de Tartini. Voy. Voyage de Bernoulli, vol. II.

HIPPIAS, philosophe, de l'ancienne Grèce, natif d'Elis, fut disciple de Hegesidamas. Il obtint le prix aux jeux olympiques, et écrivit sur la musique.

HIPPOLYTE (BLAISE), savant moine, et excellent musicien du seizième siècle, enseigna de 1547 à 1549 la musique figurée aux nonnes du couvent d'Urspringen en Souabe, et parvint, pendant ces deux ans, à les former toutes, au nombre de quarante, au point qu'elles purent rivaliser avec les meilleurs musiciens de ce tems. Mais il mourut après avoir terminé cette entreprise, en 1549. V. Casp. Brusch. in chronc. Monaster., à l'article Urspringen.

HIRE (PHILIPPE DE LA), professeur de mathématiques au collége Royal de Paris, architecte du roi, professeur d'architecture et membre de l'Académie des sciences, né en 1638, mort le 24 avril 1718, était un grand mathématicien et un habile astronome. Il a laissé un ouvrage intitulé Mémoires de Mathématiques et de Physique, etc. Paris, 1694, in 4°., dans lequel on trouve un traité sous le titre *Explicatio diversorum illorum sonorum, quos chorda super instrumentum musicum buccinæ sonitum æmulans* (trompette marine), *tensa edit, laudatâ expositione P. de Chales; et suppletis particularibus nonnullis ad quæ dictus pater non attendit.* V. Jœcher, Ge-

lerth. Lexic. et Graber, *Beytræge,* *zur musikalischen.* *Litteratur.* On a encore de lui, dans les Mémoires de l'Académie des sciences, 1716, p. 262, une Dissertation intitulée Expériences sur le son.

HIRSCH (André), prédicateur à Bœchlingen, imprima à Leyde en 1772, in-12, un ouvrage intitulé : *Kircherus Jesuita Germanus Germaniæ redonatus, sive artis magnæ de consono et dissono ars minor.*

HIRSCHFELD (Chrétien-Cajus-Laurent), professeur de philosophie, et secrétaire du collége académique de Kiel, né à Nuchel près Futin, en 1742, y a publié, en 1770, in-8°. Plan d'une histoire de la poésie, de l'éloquence de la musique, de la peinture et de la sculpture parmi les Grecs.

HITZLER (Mag. Daniel), prévôt et conseiller à Stuttgard, en 1632, né à Haidenheim, dans le duché de Würtemberg, en 1576, y est mort le 4 septembre 1635. Parmi d'autres ouvrages, il a aussi publié *Musica nova*, dans lequel il conseille d'adopter la *bébisation*, inventée par lui, au lieu de la *solmisation* ordinaire. V. Walther.

HITZELBERGER, musicien de la chambre de l'évêque de Wurzbourg, en 1786. Son épouse, élève de Steffani, y était en même tems cantatrice de la chambre. Il se distingua comme virtuose au violon et au violoncelle. Son épouse à son tour étonna par la facilité avec laquelle elle exécutait les passages les plus difficiles.

HITZENAUER (Christophe), a publié en 1585, in-8°, *Ratio componendi symphonias, concentusve musicos.* Voyez la Bibliogaph. de Forkel, et *Draudii Bibl. classiq.* page 164.

HOBEIN (Jean-Frédéric), organiste à l'église de Notre-Dame à Wolfenbuttel, où il mourut en 1782, avait rassemblé une grande quantité d'ouvrages pratiques, tant imprimés que gravés. Il était compositeur lui-même, et a fait imprimer : 1°. *Elysium*, drame allemand, Wolfenbuttel, 1781, en extrait pour le clavecin. 2°. Chansons avec mélodies, Cassel, 1778. 3°. Six sonates pour le clavecin, avec violon et violoncelle, *ibid.*, 1780.

HOBRECHT ou OBRECHT (Jacques), est un des plus anciens et peut-être le plus ancien maître de l'école flamande dont il soit resté quelques ouvrages. On croit qu'il passa sa vie à Utrecht, où il fut maître de musique du jeune Erasme, que sa belle voix y avait fait recevoir enfant de chœur. Il paraît avoir fleuri dans la dernière moitié, peut-être même dans le dernier tiers du quinzième siècle. D'après Gléarén, le principal auteur qui nous ait transmis quelques renseignemens sur ce patriarche de la musique, Hobrecht avait beaucoup d'invention, de facilité et de chaleur; une nuit lui suffisait pour composer une belle messe. Ses compositions, dit-il, avaient de la majesté et de la simplicité; il ne recherchait pas les singularités comme Josquin. Voyez Gléarén, *Dodecachorde*, p. 456. Erasme parle de lui avec beaucoup d'estime, et dit qu'il ne le cédait à personne. Il reste fort peu des ouvrages d'Hobrecht; on en trouvait cinq messes dans le Recueil de Petrucci, imprimé en 1508; mais ce recueil est perdu, et il paraît qu'on ne possède plus de lui qu'un petit nombre de pièces citées par Séb. Heyden et par Gléarén.

HOCHBRUCKER, un des plus célèbres maîtres de harpe vers 1780, a fait, pour cet instrument, plusieurs sonates et airs variés, avec et sans accompagnement. Son neveu avait aussi de la réputation.

HOCHREITER (Jean-Balthasar), organiste à Lambach, dans la Haute-Autriche. Les ouvrages pratiques qu'il a laissés, et que cite Walther, sont tous imprimés depuis 1706 jusqu'en 1710.

HOCKER (Jean-Louis), ministre à Hailsbron, dans la principauté d'Anspach, membre de l'académie des sciences de Berlin, né à Leutersheim en 1670, est mort le 16 avril 1746. Parmi les ouvrages qu'il a publiés, on en remarque entr'autres un, intitulé *Mathematische seelenlust, oder geistliche Benutzung matematischer Wissenschaft*, en quatre volumes. Le quatrième volume traite de la musique.

HŒBRECHT, il a fait graver à Londres, en 1786, trois trios pour clavecin, op. 1.

HŒCK. En 1790, on le regardait comme le plus fort violoniste de la chapelle de l'électeur de Bavière, à Munich.

HŒCKH (Charles), maître de concert du prince d'Anhalt-Zerbst, né à Ebersdorf, près de Vienne, le 22 janvier 1707. Son père commença à lui donner, dans sa première jeunesse, quelques leçons de violon, et l'envoya, à l'âge de quinze ans, à Pruck, pour y apprendre cet art à fond. Au bout de ses années d'apprentissage, il entra dans la musique d'un régiment, en qualité d'hauboïste. Il resta deux ans en Hongrie et autant en Transilvanie. Le tems de son service étant expiré, il revint à Vienne, où il fit la connaissance de François Benda, qui était alors sur le point de se rendre en Pologne. Hœckh l'accompagna, par Breslau, jusqu'à Varsovie, où le Staroste Sukaschéffsky les reçut l'un et l'autre à son service. En 1732, Hœckh fut appelé à Zerbst, en qualité de maître de concert, sur la recommandation de Benda. Il est mort en 1772, avec la renommée d'avoir été un des meilleurs violonistes de son tems. Il a fait imprimer à Berlin, en 1761, sept parties pour deux violons et basse. On a de lui, en outre, six symphonies, douze solos et dix-huit concertos pour son instrument, en manuscrit.

HŒFELINUS (Jean), a fait imprimer à Einsiedel, en 1671, in-4°, *Novellæ sacrarum cantionum, variis sanctorum festis accomodatæ, et binis decantandæ vocibus.* V. *Corn. à Beughem, Bibliograph. mathem.*, p. 68.

HŒFFELMAYER (Marie), cantatrice de cour et de chambre de l'électeur de Mayence, en 1784, était comptée parmi les meilleurs virtuoses de son tems.

HŒFFELMAYER (Thaddée), premier violoniste à la chapelle de l'électeur de Mayence, né à Rastadt en 1750, était l'époux de la précédente, et avait une grande renommée sur son instrument.

HŒFFLER (Conrad), musicien de chambre du duc de Weissenfels, à la fin du dix-septième siècle, né à Nuremberg en 1650, a fait graver douze parties pour la *viola da gam-*

ba, avec basse continue, où l'on trouve son portrait. V. Walther.

HŒNICKE, directeur de musique et répétiteur à la société du théâtre de Hambourg, en 1784, a composé la musique de l'opéra intitulé le Mariage par Amour, ainsi que plusieurs autres ariettes italiennes et allemandes, qui n'ont pas été imprimées.

HŒNINGER (Emilien), moine, a fait imprimer, en 1736, six messes de sa composition, à quatre voix, avec accompagnement d'instrumens.

HŒVELN (Conrad de), né à une campagne près de Hambourg en 1630, a écrit, entr'autres, *Entwurf der Ehren-Tanz und Singschauspiele*, en cinq volumes. En 1669, il vivait dans les environs de Lubeck. V. *Moller. Cimbria litterata.*

HŒTZL (Louis), chanoine régulier de l'ordre de S. Benoît, et profès à la Sainte-Croix à Ausbourg, y publia son premier ouvrage, en 1688, sous le titre *Musica vespertina tripartita. Psalmi 38, partiti in vesperas de Dominicâ, de B. virgine, et de variis sanctorum festivitatibus per annum concurrentibus, a 1, 2, 3, 4 voc. Capell. 4 instrum. partim necessariis partim. ad libitum concertantibus.*

HOFER (André), vice maître de chapelle et régent du chœur à la cathédrale de Salzbourg, a fait imprimer, en 1677, un ouvrage, in folio, intitulé *Ver sacrum, s. flores musici 5 vocibus et totidem instrument. producendi, et pro offertoriis potissimum servituri, ad occurrentes per annum festivitates cum quibusdam de communi.*

HOFER (De), luthiste au service de l'électeur de Mayence, vers 1738, sous le règne de l'Empereur Charles V.I, enseigna la musique aux princesses de la cour de Vienne.

HOFFMANN (C.-F.-D), a fait graver à Francfort-sur-le-Mein, en 1780, trois quatuors pour la harpe, avec accompagnement de flûte, de violon et de basse.

HOFFMANN (Gerhard), architecte du duc de Saxe-Weimar, et bourguemestre à Rastenberg, né dans cette dernière ville le 11 novembre 1690, étudia les mat! émaliques à Jéna, et fut nommé, en 1719, administrateur des palais du duc de Weimar. Il prit des leçons de musique chez le maître de chapelle Jean-Guillaume Dresen, et fit tant de progrès dans la composition, qu'il se distingua par beaucoup de cantates et autres morceaux d'église, qu'il composa successivement. Pour ses inventions, Voy. Walther.

HOFFMAN (H.), né à Nancy en 1760, se livra au sortir de ses humanités à l'étude des sciences, vers lesquelles le portaient son goût naturel, la tournure de son esprit et l'état auquel il se destinait. Il ne négligea pas néanmoins la poésie et les belles-lettres, pour lesquelles il avait une égale aptitude et une égale inclination. Arrivé à Paris en 1785, quelques pièces de poésies légères échappées de sa plume, firent une sensation assez vive, et attirèrent sur lui l'attention du public et des gens de lettres. En 1786, il donna à l'Académie Impériale de Musique, avec Lemoyne, Phèdre, opéra en trois actes. Le succès de cet ouvrage le décida à suivre la carrière de la poésie lyrique. En 1789, il donna, au même théâtre, Nephté, musique du même auteur : puis, à l'Opéra-Comique, Stratonice, Euphrosine, et un grand nombre d'autres opéras, la plupart couronnés du succès. Ce qui recommande les ouvrages de M. Hoffman, c'est que la raison y est toujours unie à l'expression, à l'agrément et même à l'enjouement, et que la diction n'y est pas moins soignée que la notre. M. Hoffman a même, en ce qui concerne le style, un mérite particulier, c'est qu'il est un des auteurs qui ont le mieux réussi à donner à notre poésie lyrique la symétrie qui fait un des plus grands charmes de la poésie lyrique italienne, et qu'il est toujours parvenu à atteindre ce but sans altérer la versification, et sans nuire à la justesse de la pensée et à celle de l'expression.

M. Hoffman a essayé de paraître sur la scène française; il avait donné à ce théâtre une comédie de l'Original; mais les comédiens, mécontens des efforts qu'il avait faits pour maintenir les droits des auteurs, dont il a toujours été le plus ardent défenseur, lui rendirent sa pièce,

pour ne pas attenter, dirent-ils, à sa propriété. Cette impertinence le dégoûta de travailler pour ce théâtre, où sans doute il eût obtenu des succès.

Voici le catalogue des ouvrages de M. Hoffman :

A l'Opéra-Comique : Euphrosine, ou le Tyran corrigé, musique de M. Méhul, 1790 ; Stratonice, musique du même, 1792; la Soubrette, musique de M. Solié, 1794; Azeline ; le Jockei ; le Secret, musique du même, 1796 ; Médée, musique de M. Chérubini, 1797; Ariodant, musique de M. Méhul, 1799 ; Bion, musique du même, 1800; le Trésor supposé, musique du même, 1802 ; la Ruse inutile, musique de M. Nicolo, 1805 ; Les Rendez-vous bourgeois, musique du même, 1805. A l'Académie Impériale de Musique : Phèdre, musique de Lemoyne, 1786 ; Nephté, musique du même. 1789; Adrien, musique de M. Méhul, 1799 ; la Mort d'Abel, musique de M. Kreutzer, 1810.

L'opéra d'Adrien, de M. Hoffman, a mérité, en 1810, la première mention, après la Vestale, au jugement de la 2°. classe de l'Institut.

« Ce poète, disent les rapporteurs, » à enrichi la scène lyrique de plu- » sieurs ouvrages dont les amateurs » de la bonne littérature n'ont pas » perdu le souvenir. L'étude qu'il a » faite des lyriques italiens, et par- » ticulièrement de Métastase, se » reconnaît dans ses opéras où les » situations les plus pathétiques se » trouvent fortifiées de tous les » accessoires que la pompe de ce » théâtre peut leur offrir. Son talent » flexible s'applique, avec un égal » succès, à l'expression des senti- » mens énergiques et à celle des sen- » timens tendres et gracieux ».

HOFFSTETTER (Romanus). Voy. le supplément.

HOFMAN, constructeur d'orgues. Voy. le supplément.

HOFMAN (Jean - Chrétien). Voy. le supplément.

HOFMAN (Léopold). Voy. le supplément.

HOFMAN (Melchior), directeur de musique à la nouvelle église, au collége de musique, et à l'Opéra de Leipsick. Ce fut à la mort de

Telemann (en 1704) qu'il obtinr les deux premières de ses charges. Il a été élevé à Dresde, comme enfant de chœur, sous la direction du maître de chapelle J.-C. Schmidt. Il porta le Concert public au plus haut degré de splendeur; mais ce qui lui fit le plus de renommée, ce fut sa direction du théâtre de l'Opéra et les ouvrages qu'il composa pour cet établissement. En 1716, il fit un voyage en Angleterre, et il revint à Leipsick (en 1712); il reprit alors ses charges, que M. Pisendel avait administrées dans l'intervalle.

On a de lui un *Kyrie* à grand orchestre; une année entière de fêtes d'églises et quelques morceaux pour les dimanches. Des opras qu'il a composés, et qui tous étaient en allemand, celui de *Rhea Sylvia* fut représenté, à Hambourg, en 1720.

HOFMANN (Michel), de Breslau, était connu, depuis 1764, par plusieurs symphonies, et autres morceaux de musique instrmentale en manuscrit.

HOFMEISTER (François-Antoine), maître de chapelle, libraire et marchand de musique à Vienne, est célèbre comme compositeur. Depuis le mois de novembre 1785, il a publié tous les mois un cahier d'un ouvrage périodique, intitulé Souscription pour le forte-piano ou le clavecin. Cet ouvrage forme un recueil de quatuors et de trios à quatre parties; de fugues, de concertos et de variations de Haydn, de Mozart, de Vanhall, et aussi de sa composition. Il a fait graver à Lyon, jusqu'en 1783, huit œuvres, consistant en symphonies, quatuors pour la flûte et pour le violon, en trios pour le clavecin, et en duos pour la flûte, etc. On en connaît presque autant de sa composition en manuscrit, composés de sextuors, quintetti, quatuors, etc. Il a étudié la musique, et principalement le violon, à Stuttgard, vers 1756, chez J. Martial Greiner.

HOHLFELD, mécanicien de Berlin. Cet artiste est recommandable par deux inventions importantes. La première est une machine qui écrit les notes à mesure que le virtuose les exécute au clavecin : Creed, à Londres, en 1747, et Ungel, à Eimbeck, en 1751, avaient

à la vérité écrit avant lui sur la possibilité d'une machine semblable; mais il fut le premier qui parvint à la construire. Euler avait fait connaître à peine à Hohlfeld le problème proposé, que ce dernier mit la main à l'ouvrage, et y réussit avec tant de promptitude qu'il fut, en 1752, en état de présenter à l'académie le fruit de ses efforts. Cette machine consistait en deux cylindres appliqués au forte-piano, de manière que l'un recevait le papier, qui se déroulait de l'autre côté pendant qu'on jouait. Les tons se marquaient par des points et des traits, avec un crayon, sur le papier, qu'un ressort faisait passer, et on les écrivait ensuite en notes. Mais ce procédé étant encore trop pénible, l'académie se borna à approuver cette machine, et à faire payer à l'inventeur une somme de vingt-cinq écus; et l'on n'en fit point usage. L'inventeur le reprit en conséquence, et la transporta, quelques années après, a une campagne du comte de Podewils, près de Berlin. Elle y fut brûlée, en 1757, par l'incendie qui consuma cette maison.

La seconde invention qu'on lui doit est celle du forte-piano à archet, qu'il présenta au Roi en 1754. Cet instrument a la forme d'un forte-piano; il est monté à cordes de boyau, sous lesquelles se trouve un archet garni de crins, qu'une petite roue met en mouvement; des petits crochets, attachés aux touches, attirent les cordes sur cet archet. C'est le seul instrument qu'il ait construit dans ce genre.

HOINRICH (Adam-Sigismond), trompette du magistrat de Breslau, mort dans cette ville en 1737, était non-seulement bon musicien, mais aussi compositeur excellent pour la musique instrumentale. Hoffmann, dans sa Biographie, assure que ses ouvrages furent très-recherchés alors. Voy. *Ehrenpforte*, p. 16.

HOLBACH (Paul Thiry, baron d'). V. le Suppl.

HOLBERG (Louis baron de), naquit à Bergen, en Norwège, en 1685, et mourut à Paris le 4 janvier 1754. Pendant ses voyages, il fut reçu, à Oxford, membre de la société de musique. A Paris, il connut le P. Castel, et s'instruisit avec lui dans la musique des couleurs. Attaqué d'une fièvre quarte, il avait épuisé tous les moyens de guérison, lorsqu'un jour, en revenant d'un concert où il avait pris beaucoup de plaisir, il se trouva entièrement rétabli.

HOLCOMBE (HENRI), un des principaux chanteurs du théâtre anglais lors du premier établissement de l'Opéra de Londres, donna ensuite des leçons de clavecin, et composa quelques morceaux de chant.

HOLDER (WILLIAMS), docteur en théologie à Londres, y a publié, en 1694, un ouvrage in-8°, sous le titre *Of the natural grounds and principles of harmony* (Sur les raisons naturelles et les principes de l'harmonie). V. Hawkins.

HOLFELDT, était négociant et virtuose sur la basse dans le comté de Schlukennow, en Bohême, vers 1738. Il quitta le commerce en 1765, et se rendit à Paris comme musicien. Sa grande habileté lui valut une place au théâtre de l'Opéra. Il continua ses études avec tant d'ardeur qu'il devint bientôt un second Kæmpfer, c'est-à-dire qu'il put exécuter des concertos sur son instrument. Après un séjour de dix ans à Paris, son père le rappela dans sa patrie.

HOLLAIND, maître de clavecin à Paris, y a fait graver, jusqu'en 1781, plusieurs recueils d'airs, tirés d'opéras comiques et arrangés pour le clavecin.

HOLLAND (JEAN DAVID), directeur de musique à la cathédrale de Hambourg, né sur le Harz, près d'Herzberg, vers 1746, a composé, vers 1780, la musique d'un oratorio (la Résurrection de Jésus-Christ). Il avait déjà fait imprimer, à Hambourg, quelques bagatelles, telles que : Jeu sans cartes, ou amusemens de clavecin, avec deux violons, 1776; Texte avec des notes, et notes sans texte, pour des amateurs de clavecin, 1777; et enfin, quelques recueils de chansons.

HOLLY (FRANÇOIS - ANDRÉ), directeur de musique à la société de théâtre de Wœser à Breslau, né à Bœhmisch - Luba, près Linz, en 1747, étudia d'abord à Prague chez les jésuites. Il se consacra dès-lors à la

musique, et principalement à l'étude du forte-piano et de l'orgue. Il débuta, comme directeur de musique, au théâtre de Brunian. Il demeura ensuite pendant quelque tems à Berlin vers 1769, et passa de là au théâtre de Wœser, à Breslau. Il y est mort le 4 mai 1783, après y être resté près de neuf ans.

Il a composé, pour les différens théâtres où il s'est trouvé, les opéras suivans, savoir : Le Bassa de Tunis; la Chasse; la Jardinière; l'Enchanteur; le Revenant; l'Occasion fait le voleur; la Victime de la Fidélité; le Patriote à la campagne; le Temple du Sort; le Temple de la Paix; Deucalion et Pyrrha, mélodrame; le Feu Follet; le Négociant de Smyrne; le Change; le Joyeux Cordonnier. Il a aussi composé la musique de plusieurs ballets.

HOLMES (JOHN), organiste à Salisbury au commencement du dix-septième siècle, est un des compositeurs dont les cantiques furent choisis et insérés dans le recueil qui parut à Londres, en 1601, sous le titre : Triomphe d'Oriane.

HOLMS (GEORGES), musicien très-renommé en Angleterre à la fin du dix huitième siècle, fut organiste à Lincoln. V. Hawkins, *History*.

HOLZAPFER (BRUNO), sous-prieur du couvent des augustins, à Ratisbonne, a fait graver, jusqu'en 1760, treize ouvrages pour le clavecin, dont le douzième et le treizième consistent chacun dans un divertissement pour l'orgue ou pour le clavecin. Ils parurent à Nuremberg.

HOLZBAUER (Le père BRUNO), augustin, a fait imprimer à Augsbourg, en 1749, vingt-quatre pièces pour le clavecin, sous le titre *Eremi deliciæ seu eremita augustinus exultans in cymbalis bene sonantibus*.

HOLZBAUER (IGNACE), maître de chapelle de l'électeur palatin, et conseiller de la chambre des finances, naquit à Vienne en 1718 Ce fut dans cette ville qu'il commença à étudier le contrepoint, sous la direction du célèbre Fux. Dans la suite, il se rendit à Venise, d'où il revint bientôt après à Vienne. Ayant encore consacré quelques années à l'étude de son art, il fit un second voyage en Italie. Cette fois, il alla à Milan, où il demeura pendant deux ans. Le principal but de ces deux voyages était d'augmenter ses connaissances et de former son goût, par le commerce avec les meilleurs compositeurs, et en écoutant souvent leurs ouvrages.

A son retour à Vienne, en 1745, il fut nommé directeur de musique au théâtre de la cour de Vienne. Il eut alors occasion de faire usage des talens qu'il avait acquis, en composant une grande quantité d'ouvrages pour l'église ; mais principalement pour le théâtre. Le duc de Wurtemberg l'appela, en 1751, à Stuttgard, et l'y nomma son premier maître de chapelle. Pendant le tems qu'il y demeura il travailla presque uniquement pour l'église et pour la chambre. En 1753, il fut chargé de composer la musique pour l'opéra-pastorale *Il Figlio delle selve*, pour le théâtre que l'on venait de construire à Schwetzingen. Cette composition eut tant de succès que l'électeur le nomma encore dans la même année maître de chapelle à Manheim. Il débuta dans cette nouvelle place, par la représentation de plusieurs opéras italiens. En 1756, il entreprit un troisième voyage en Italie, principalement pour entendre et connaître la chapelle pontificale à Rome. A son retour, il visita Florence, Bologne, Venise et Vienne ; mais il s'aperçut partout en Italie que le chant commençait à déchoir sensiblement.

En 1757, il fut chargé de composer un nouvel opéra pour le théâtre royal de Turin. Il y fit en conséquence encore un voyage, et y donna l'opéra *Niteti*, avec beaucoup de succès. L'année suivante, il fit jouer à Milan un opéra *Allessandro nell' Indie*. Cet opéra y fut reçu avec tant d'enthousiasme qu'il y en eut trente représentations de suite. En 1776, il composa pour le grand théâtre de Manheim, son opéra Gunther de Schwarzbourg ; le seul de ses opéras en langue allemande. Il y fut représenté avec pompe, et plut tellement que non-seulement on le donna à plusieurs reprises pendant le carnaval, mais qu'on le grava en partition, avec une dédicace à l'électeur. Son dernier ouvrage connu est une messe allemande, d'après la poésie du conseiller de finance Koblenbrenner. Il est mort à Manheim, le 7 avril 1783, à l'âge de soixante douze ans.

Le premier ouvrage qui l'a fait connaître en Allemagne, et qui lui a acquis le plus de réputation, c'est son Gunther de Sewarzbourg. Il serait cependant à desirer que ses récitatifs fussent moins variés et moins surchargés d'accompagnemens.

Il a composé pour l'église quelques pièces à Vienne, vers 1748, et quelques autres à Stuttgard, en 1752. Il a publié à Manheim, dans ce genre, depuis 1760 jusqu'à sa mort, une infinité de messes, de psaumes, de motets et d'oratorios italiens, parmi lesquels nous citerons particulièrement les trois suivans : *la Morte di Giesu ; la Giuditta*, et *il Giudizio di Salomone*, qui furent beaucoup applaudis ; mais c'est la messe allemande dont nous venons de perler plus haut, que l'on regarde communément comme son chef-d'œuvre.

Pour le théâtre, il a composé, à Vienne, vers 1746, plusieurs opéras et ballets pantomimes. Voyez Gerber. Il a été gravé en outre à Paris, jusqu'en 1770, vingt-une symphonies de sa composition, réparties en quatre œuvres.

HOLZBOGEN, ci-devant musicien de la chambre du duc de Bavière, vivait encore, en 1772, à Munich, où il était pensionnaire et virtuose sur le violon. Le docteur Burney, qui l'y entendit alors, dit de lui, dans ses Voyages, qu'il montrait plus de feu que l'on ne devait en attendre d'un élève de l'école de Tartini, qui ordinairement se distingue plutôt par la délicatesse et le fini du jeu que par la vivacité de l'exécution. Il composait fort bien pour son instrument; mais il n'a publié qu'un concerto. On connaît de lui, en manuscrit, six symphonies; six trios pour violon, un trio pour cor, hautbois et basson; et un *idem* pour basson, violon et basse.

HOLZER, un des meilleurs virtuoses sur le clavecin de la fin du dix-huitième siècle, a fait imprimer à Leipsick, en 1779, un recueil de fort jolies chansons, avec accompagnement de forte-piano.

HOLZHEUSER (Jean), académicien à Wittemberg, y fit, en 1551, un discours public en vers à la louange de la musique, qui fut imprimé, dans la même année, à Erfurt.

HOLZHEY (Jean-Godefroi), pasteur à Elxleben, près d'Erfurt, en 1758. Adlung, qui le connut très-particulièrement, lui rend, dans sa *Musical gelahrtheit*, le témoignage qu'il a été bon compositeur, excellent organiste, psaltriste et flûtiste, etc. Il existe quelques symphonies de sa composition.

HOMBERGER (Paul), chanteur à Ratisbonne, né en 1560, mourut le 19 novembre 1634. Daniel Tanner, dans son *Calendar. histor.*, dit qu'il fut un chanteur apieux et d'un grand mérite. Il était compté parmi les bons compositeurs et contrapuntistes de son tems. V. *Ehrenpforte*, p. 119.

HOMET (L'abbé), maître de musique de la cathédrale de Paris vers 1780, était connu avantageusement par plusieurs motets de sa composition.

HOMILIUS (Godefroi — Auguste), directeur de musique aux trois églises principales et chanteur à l'école de Sainte-Croix à Dresde, naquit à Rosenthal, sur les frontières de Bohême, le 2 février 1714. Il fut, depuis 1742, organiste à l'église de Notre-Dame. En 1755, il obtint la place de directeur, dans laquelle il mourut le premier juin 1785. Il fut un des plus grands organistes du dernier siècle, et donnait encore, en 1776, des preuves de sa richesse en idées; de sa connaissance en harmonie et de son habileté extraordinaire. Mais il fut encore plus grand comme compositeur, et on peut le nommer le premier compositeur de l'Allemagne pour l'église. De tous ses excellens ouvrages, il n'a été imprimé que sa cantate de la Passion, d'après la poésie de Buschmann, en 1775; la Réjouissance des Bergers au sujet de la naissance de Jésus, 1777; et quelques motets, dispersés dans les motets que le maître de chapelle Hiller a publiés en six volumes.

Outre les ouvrages publiés que nous venons de citer, Agricola parle encore d'une autre Passion d'Homilius, dont il donne une analyse détaillée. On a gravé en 1786, de sa composition, six airs allemands en extraits pour le clavecin, à l'usage des amis du chant, sérieux. Outre cela, on connaît encore de lui en manuscrit : 1°. Passion, avec un texte en prose tiré de l'Evangile de saint Marc, et avec des airs et des chœurs en vers. 2°. La Passion dont nous venons de parler en dernier lieu, et dont on trouve l'analyse détaillée dans les *Nachrichten* de Hiller, au second volume, de 1768. 3°. *Cantate, risuanate; cari boschi*. 4°. Une année entière de musique d'église pour les dimanches et fêtes (les pièces pour les trois grandes fêtes sont surtout des chef-d'œuvres). 5°. Trente-deux motets, à un et deux chœurs, pour le chant seulement. 6°. Livre de musique simple, à quatre voix, en cent soixante-sept pièces. 7°. Six trios pour deux clavecins et pédale. 8°. Vingt — deux, morceaux de musique simple, variés et fugués, pour un et deux clavecins, avec pédale. 9°. Livre de musique simple, consistant en mélodies usitées à Dresde.

HOMMERT, musicien de la chambre du roi d'Angleterre, fit entendre en 1786, à Hambourg, sur l'orgue de l'église Saint-Michel, différentes fantaisies et fugues de sa composition, qui obtinrent le suffrage des connaisseurs.

HOOG, était un des premiers bassonistes de Londres en 1783.

HOOK (Jean), musicien à Paris, y a fait graver, en 1783, six concertos pour clavecin, avec quatre parties d'accompagnement. Il s'était déjà fait connaître par sa *Collection of songs sung at vauxhall gardens in London*, 1777, en extrait pour le clavecin et en manuscrit.

HOOPER (Edmond), compositeur anglais du seizième siècle, organiste à la chapelle royale et à l'abbaye de Westminster à Londres, mourut le 14 juillet 1621. Il est un des auteurs des Psaumes que l'on publia à Londres, en 1594, en quatre volumes.

HOPPE (Thomas), pasteur dans le pays de Greiffenberg, né à Penseka

le 8 novembre 1628, était compositeur et membre d'une société de
musique, qui s'était formée à Greiffenberg dans le dix-septième siècle,
et dont on trouve quelques renseignemens au troisième volume des
Lettres critiques. pag. 57. et dans
l'Almanach de M. Forkel de 1784,
p. 183.

Il s'est fait connaître par un recueil de Psaumes, qu'il publia à
Altstettein, en 1673 in-fol., sous
le titre *Greiffenbergische Psalter
und Harfenlust wider allerley un-
lust, welche unter gotte; mæch-
tigen schutge und Charf. Bran-
denb.*, etc. Il est mort le 2 janvier
1703. V. Jœcher.

HOPPER (CHARLES), musicien
et compositeur à la cour du roi
d'Angleterre, dans le dix-septième
siècle. La Mascarade, Plaisir du
Roi, que l'on donna à Londres, en
1636, était de sa composition.

HORATIUS-NAPOLITANUS,
selon le témoignage de Doncius,
était un grand virtuose sur la harpe.
Voyez E.-L. Gerber.

HORN, maître de concert des
comtes de Bruhl à Dresde, est connu
depuis 1760, par six symphonies et
six concertos pour violon, en manuscrit.

HORN (CHARLES - FRÉDÉRIC),
musicien de Londres, y a fait graver, vers 1770. *6 sonates for the
piano-forte, with an accompany-
ment for a violin and violoncell*,
op. 1.

HORN (FERDINAND), virtuose
sur la harpe, né à Breslau, se trouva
en 1786 à Berlin, et en 1787 à Hambourg. On admira, dans l'une et
dans l'autre de ces villes, son habileté
extraordinaire et sa brillante exécution.

HORSLEY (WILLIAMS), mu-
sicien anglais, est né à Londres le
15 novembre 1774. Sa première éducation fut négligée; mais en 1796, il
s'appliqua sérieusement à l'étude de
la musique vocale, et obtint, en
1800, le degré de bachelier en musique à l'université d'Oxford. Voici
les ouvrages qu'il a publiés jusqu'à
présent : En 1801, un Recueil de
morceaux de chant, consistant en
canons et madrigaux; en 1803, six
sonates pour le forte-piano; en 1804,
six morceaux pour deux *soprano* et

basse-taille; en 1806, un second
Recueil de canons et de madrigaux
à trois, quatre, cinq et six voix; en
1809, un choix de leçons de forte-
piano, à l'usage des commençans.

HOSTE (L'), compositeur du
seizième siècle, de Reggio, a fait
imprimer à Milan, en 1554, in-4°,
le premier livre de ses madrigaux,
à trois voix.

HOT (PIERRE de), Belge et
grand contrapuntiste, vécut vers
1560, et contribua beaucoup à la
perfection du contrepoint.

HOTHOBI (P.-Jean.), carme du
quinzième siècle, a laissé un ouvrage, en manuscrit, intitulé *De
proportione et cantu figur. de contrap. de monochordo*, que l'on
conserve encore à Ferrare. Voyez
Martini, *Storia*.

HOTTETERRE, né à Rome,
excellent flûtiste, a donné des
Principes de flûte, et un livre,
intitulé l'Art de Préluder.

HOTTETERRE (Madame), était
une habile violoniste vers 1748.

HOTTINGER (JEAN - HENRI),
savant professeur de Zurich, principalement versé dans les langues
orientales, né dans cette ville le 10
mars 1620, est mort le 5 juin 1667,
au moment qu'il allait se rendre à
Leyde, où on l'avait nommé professeur. Walther cite, parmi les
ouvrages qu'il a laissés, son *Historia ecclesiastica novi testamenti*,
en neuf volumes in-8°, où il traite,
au tome III, p. 716, *de augmentis
musicæ seculo XIV factis*.

HOWARD (SAMUEL), docteur
en musique à Londres, né dans
cette ville vers 1718, fut d'abord,
vers 1731, enfant de chœur à la
chapelle du Roi, et y jouit des leçons de Bernard Gates. Le docteur
Boyce, dans sa *Cathedral music*,
nous a conservé plusieurs morceaux
de sa composition.

HOWES (WILLIAMS), musicien
anglais, fort renommé au commencement du dix-septième siècle, né
près de Worcester, fut d'abord enfant de chœur de la chapelle du Roi
à Windsor. Lors de la rébellion, il
suivit le Roi à Oxford, et y fut
nommé chanteur à l'église du Christ.
Après la guerre civile, il revint à
Windsor, et y obtint la paie de
soldat jusqu'à ce qu'il pût rentrer

dans sa charge. Il est mort membre de la chapelle royale.

HOYER (DAVID), peintre de la cour du Roi de Prusse, à Berlin, depuis 1707, était en même tems très-habile sur le luth. V. *Nicolai Beschreibung von Berlin.*

HUBER (PANCRACE), violoniste à l'orchestre du théâtre de Vienne, en 1772, et maître de ballet de la cour, a fait graver, à Paris, six duos pour violon et viola, op. 1; et ensuite, à Lyon, quatre quatuors pour flûte, violon, viola et basse. On a en outre encore quelques symphonies et trios de sa composition en manuscrit. Le docteur Burney fait un grand éloge de ses compositions.

HUBERT ou UBERTI (ANTOINE), chanteur et altiste au théâtre de l'Opéra de Berlin, castrat, naquit à Venise, et, selon d'autres, à Vérone, de parens allemands. En 1741, il entra à Berlin, au service du roi de Prusse. On l'y admira non-seulement à cause de sa belle voix et pour sa manière grande et noble de chanter l'*adagio*, mais aussi pour son action. Il était élève de l'école célèbre de Porpora, et c'est par cette raison que le Roi lui avait donné le surnom de *Porporino*. Il est mort à Berlin le 20 janvier 1783.

HUBERT (CHRÉTIEN-GOTTLOB), constructeur d'orgues et fabricant d'instrumens à la chapelle d'Anspach, né à Fraustadt, en Pologne, en 1714, entra d'abord au service du margrave de Bayreuth, en 1740, et passa en 1769 à Anspach. On recherche beaucoup ses ouvrages, consistant en clavecins et forte-piano, qu'il a en partie inventés et en partie perfectionnés.

HUBERTI. Il a été gravé à Vienne, vers 1760, un ouvrage, intitulé *Neue methodenmœsige viola d'amour* en trois volumes.

HUBERTI (N.), ancien violoniste de l'académie de musique, a publié beaucoup d'ouvrages surtout pour son instrument.

HUBERUS (GEORGES), musicien et poëte célèbre, vécut vers 1667.

HUBLER (CAROLINE-ELISABETH), née Steinbrecher, en 1733, actrice à Pétersbourg, débuta au théâtre en 1745, et fut engagée en 1765 à celui de Leipsick. C'est la première cantatrice pour laquelle Hiller composa ses opéras.

HUBNER (JEAN), violoniste très habile, mais aveugle, de Nuremberg, y naquit en 1631. On y estimait tellement ses talens qu'on grava son portrait en 1670.

HUCBALDUS, ou HUGBALDUS, ou HUBALDUS, ou UBALDUS, moine savant, de St.-Amand dans la Flandre, né en 840, était petit-fils et disciple de Milo. Il fit dès les premières années, tant de progrès dans la musique, que son maître lui-même en devint jaloux. L'abbé Gerbert, dans son Histoire, raconte qu'il composa un *Modulamen antiphonarum de S. Andrea*, seulement pour essayer ses connaissances. Cet essai indisposa son maître au point qu'il lui interdit l'entrée de l'école, et lui fit le reproche qu'il ambitionnait le titre de philosophe à son préjudice.

Il était à la fois philosophe, poëte, et un des meilleurs musiciens de son tems. A en juger d'après ses ouvrages, il avait appris, à la vérité, la musique entièrement dans la manière des anciens Grecs, c'est-à-dire en tétrachordes; mais il fut néanmoins le premier de tous les auteurs Grecs et Latins qui parla de la musique à plusieurs voix ou de la diaphonie, c'est ainsi qu'il appelle l'harmonie. Ses ouvrages sont d'autant plus intéressans, qu'ils nous font connaître la semeiographie ou l'art de noter de son tems.

Nous devons la connaissance de cet auteur à l'abbé Gerbert, qui a recueilli ses manuscrits, et les a fait insérer au premier volume de ses auteurs de musique, sous le titre *Ubaldi seu Hucbaldi monachi Elnonensis opuscula de musica sœc.* X. Plusieurs dissertations ne portaient pas, à la vérité, son nom, mais elles se trouvaient à la suite de ses manuscrits et renfermaient les mêmes principes. Elles s'y trouvent dans l'ordre suivant : 1°. *Liber Ubaldi pertissimi musici de harmonicâ institutione*, d'après un manuscrit de la bibliothèque du magistrat de Strasbourg, comparé à un autre de Césene. 2°. *Alia musica*, d'après le même manuscrit.

3°. *De mensuris organicarum fis-*
lularum. 4°. *De cymbalorum pon-*
deribus. 5°. *De quinque sympho-*
niis, seu consonnantiis Ces traités
se terminent tous dans le manuscrit
par les mots *Explicit musica Ubal-*
di. 6°. *Musica enchiriadis cum*
scholiis in tres partes divisa, d'a-
près plusieurs manuscrits comparés.
7°. *Commemoratio brevis de tonis*
et Psalmis modulandis. Ce traité,
qui ne se trouve pas dans tous les
autres manuscrits, se termine par
ces vers, mis en musique :

Mira vides lector junioris verba
Catonis
Has cole virtutes, salva sit alma
fides.

La musique y est écrite avec des
notes du dixième siècle. Walther
cite encore un autre ouvrage de lui,
intitulé *Cantus multorum sancto-*
rum dulci et regulari melodia com-
positi.

Il a écrit, en outre, les Vies de
beaucoup de Saints, et un poëme
en trois cents vers, dédié à Charles-
le-Chauve, dans lequel tous les mots
commencent par un C. Il est mort
le 21 octobre, ou, selon Walther,
le 25 juin 930, à l'âge de quatre-
vingt-dix ans.

HUDEMANN (Louis - Frédé-
ric), docteur en droit à Hambourg,
y a publié, en 1732, un volume de
ses poésies, qu'il a fait précéder
d'un discours, intitulé les Avantages de l'opéra sur les tragédies et
comédies; dans lequel il cherche à
réfuter Gottsched. Mitzler a inséré
ce discours à la neuvième partie du
second volume de sa Bibliothèque.

HUDSON (Georges), musicien
de Londres vers le milieu du dix-
septième siècle, fut un des collaborateurs de l'opérette anglaise (Ré-
jouissances du premier jour) que
l'on donna, en 1656, au château de
Rutland.

HUET (Pierre-Daniel), évêque
d'Avranches, né à Caen en 1630,
conserva son amour pour les sciences
jusqu'à l'âge de quatre-vingt-un ans.
Il est mort en 1721, et a laissé beaucoup d'ouvrages excellens, parmi
lesquels on en trouve sur la musique.

HUGO, prêtre à Neutlingen, en
Souabe, vers 1332, a laissé un manuscrit, intitulé *Flores musicæ*
omnis cantus Gregoriani, qui a été
imprimé à Augsbourg en 1488, in-4°.
V. Gruber, *Beytræge*, p. 51.

HUGOLINUS (Vincent), directeur de la chapelle du Vatican,
à Rome, né à Péruge. Il paraît, d'a-
près ses ouvrages, qu'il a été un des
meilleurs compositeurs pour l'église
du dix-septième siècle. Il mourut à
Rome en 1638. Nous ne citons de ses
ouvrages que les suivans : *Quatro*
muteti concertini; Motetti e salmi
à 2 e 3 chori; Due mutedi madri-
gali à 5 voci; Messe e motetti
à 2 e 3 chori; Salmi à 2 e 3 chori.
V. Jacobilli *Bibliotheca umbriæ*
et Oldoni *Athenæum Romanum.*

HUGOT (A.), flûtiste au théâtre
de l'Opéra-Comique, et professeur
de flûte au Conservatoire de Musique, était l'un de nos premiers
virtuoses sur cet instrument. Au
mois de septembre 1803, dans un
accès de fièvre chaude, il se frappa
de plusieurs coups de couteau, et se
précipita, d'un quatrième étage,
dans la rue. Il mourut quelques ins-
tans après.

On a de lui une Méthode de flûte,
qu'il a faite en société avec M. Wun-
derlick, et qui est adoptée pour l'enseignement dans le Conservatoire.
Il a composé, pour la flûte, trois
œuvres de sonates, des études et
exercices, vingt-quatre duos faciles
et six concertos.

HULLMANDEL (Nicolas),
neveu de M. Rodolphe, est un des
premiers pianistes de l'Europe. Son
jeu est à la fois brillant et sage.
Comme compositeur, il jouit aussi
d'une grande réputation. *C'est la*
premier, dit M. Grétry, *qui lia les*
deux parties de ses sonates, de
sorte qu'elles ne se répétaient point
servilement : un passage intermé-
diaire y lie souvent les deux par-
ties pour n'en faire qu'une.

En 1780, M. Hüllmandel fit graver douze trios de piano, op. 1 et 2.
C'est à lui qu'on doit la rédaction de
l'article *Clavecin* dans l'Encyclop.
méthod., t. I, de la Musique.

HUMBLE, a fait graver à Londres, vers 1780, un livre de trios
pour violon.

HUME (Tobie), officier anglais, et maître très-habile sur la *viola da gamba*, vécut à Londres à la fin du seizième siècle. Il, a publié à Londres, en 1607, un ouvrage, sous le titre Musique poétique, composée principalement pour deux violons, mais arrangée de manière qu'elle peut être exécutée facilement par huit instrumens différens. Il avait dédié cet ouvrage à la reine Anne, épouse du roi Jacques Ier.

HUMMEL (Jean-Jules), conseiller de commerce, éditeur de musique et marchand d'instrumens à Berlin, y a établi une des plus fortes imprimeries en caractères d'étain, et les ouvrages qu'il publie se distinguent par leur netteté et leur beauté. On assure qu'il est lui-même graveur. Il paraît vraisemblable qu'il est frère ou fils de Hummel, qui eut, il y a quarante ans, un magasin pareil à Amsterdam.

HUMMEL (Jean - Frédéric), virtuose de chambre sur le hautbois, à Anspach, en 1746.

HUMPHREY (P.), contrapuntiste, naquit en Angleterre au commencement du dix-septième siècle. On exécute encore aujourd'hui, dans les églises principales de Londres, les motets et autres pièces qu'il a composées pour l'église.

HUNGER, facteur d'instrumens à Leipsick, y vivait encore en 1780, dans un âge très-avancé. Il excellait surtout dans la fabrication des violes et des violoncelles. Il était élève de Jaug, célèbre luthier à Dresde, et possédait une très-grande habileté à réparer les vieux instrumens.

HUNGER (Gottlieb), avocat à Leipsick, né à Dresde vers 1736, demeura pendant plusieurs années à Leipsick, comme musicien, et y était compté parmi les meilleurs clavecinistes. Il était flûtiste au grand Concert. En 1768, il fut nommé avocat, et il renonça alors à ces représentations publiques. En 1772, il fit imprimer les chansons de Weisse, pour les enfans, mises en musique. Outre cela, il a composé plusieurs cantates d'occasion et quelques pièces de clavecin, dont il n'a été rien imprimé.

HUNOLD (Chrétien-Frédéric), docteur en droit et auteur à Halle, né en 1680, à Wandersleben, près d'Arnstadt en Thuringe, demeura à Hambourg en 1760, lorsque l'opéra dans cette ville était parvenu à un très-haut degré de splendeur. En 1714, il se rendit à Halle, où il mourut le 16 août 1721. Parmi ses écrits, l'on remarque un traité de l'Opéra.

HUNOLD (Georges), en dernier lieu, inspecteur à Tangermunde, dans la Marche de Brandebourg, était né à Leissnig, dans la Misnie. Ses talens en poésie lui valurent le titre de poëte couronné. Il mourut le 3 mai 1687. Des ouvrages qu'il a fait imprimer, nous citons ici les suivans : *Die zehen gebote in Reinen abgefust samt einer melodey*, et *Der apostolische gläube in reimen abgefust, samt einer melodey*.

HUNT (Miss Arabella), de Londres, fut très-célèbre de son tems par sa beauté extraordinaire, mais principalement à cause de sa belle voix et de son habileté sur le luth. Blow et Purcell ont fait plusieurs compositions pour elle. Elle enseigna l'art du chant à la princesse Anne de Dannemarck, et la reine Marie l'aima beaucoup. Elle est morte au mois de décembre 1705. Congrève l'a chantée dans une ode. V. Hawkins.

HUNT (Thomas), vécut à Londres au commencement du dix-septième siècle. C'est un des compositeurs distingués dont les chansons à cinq voix font partie des Triomphes d'Oriane, qui parurent à Londres en 1601.

HUNTER (Madame John), amateur de musique à Londres, où elle vivait vers 1787. Elle avait des talens extraordinaires en musique, et chantait non-seulement d'une manière charmante, mais composait même des airs attendrissans, par exemple, *Queen mary's lamentation*; la ballade indienne *The sun gets in night*, etc.

HUPFELD (Bernard), musicien à l'université et maître de concert à Marsburg depuis le 19 décembre 1775, était né à Cassel le 28 février 1717. De 1729 à 1723, il eut Agrell pour maître de violon. En 1734, il fit avec le comte de Horn Suédois, un voyage à Vienne, et de là quelques incursions en Hongrie. En 1736, il retourna à Cassel, et y prit alors, chez Agrell, des leçons dans l'art de la composition.

Le comte de Witgenstein le nomma, en 1737, son maître de chapelle. Il quitta ce service, en 1740, pour prendre la place de maître de musique au régiment de dragons de Waldeck, au service de l'Autriche Il y avait la direction du corps des hautbois, composé de douze hommes, et était chargé en même tems de la partie des compositions. La musique de ce régiment ayant été supprimée en 1749, Hupfeld se rendit en Italie, où il prit des leçons de violon, à Crémone, de Domenico Ferrari, et, à Vérone, de Tranquillini. Il étudia en même tems l'art de la composition sous le maître de chapelle Barba. A son retour en Allemagne, en 1751, il obtint du prince de Waldeck la place de maître de chapelle à Arolsen. De là, il passa, en 1753, au service du comte de Sayn et Wittgenstein-Berlenbourg, en qualité de maître de concert. Il y resta jusqu'en 1775, où il fut congédié lors de la réduction de cette chapelle ; mais il obtint encore dans la même année la même place à Marburg.

Il y donnait, en 1790, des leçons sur tous les instrumens, quoique le violon fût son instrument principal. Ses compositions se distinguent par une grande pureté. Il regardait le maître de concert Leder, de Hildesheim, et le baron d'Eschtreuth, de Cassel, comme les meilleurs de ses élèves.

De ses ouvrages, il a été gravé, à Amsterdam, six solos de violon, op. 1 ; six trios de violon, op. 2 ; et six symphonies, op. 3. Outre cela, on trouve encore, dans les Œuvres mêlées de Hafner, un concerto pour flûte, et trois sonates pour le clavecin. Le nombre de ses compositions qui sont restées manuscrites est très-grand ; elles consistent en symphonies, en concertos pour violon, pour flûte, pour clavecin, et pour violoncelle, en des airs italiens, et en quatuors, trios et solos. V. Cramer, Magasin, première année, page 759

HURKA, chanteur de la chambre de l'électeur de Saxe, à Dresde. On trouve, dans la gazette de Bosler, qu'en 1789 il a passé, dans la même qualité, au service du roi de Prusse, avec un traitement annuel de mille écus.

HURLEBUSCH (CONRARD-FRÉDÉRIC), ci-devant maître de chapelle du roi de Suède, et, en dernier lieu, organiste à la vieille église réformée d'Amsterdam, naquit à Brunswick vers la fin du dix-septième siècle ; et apprit les premiers élémens de la musique chez son père (V. Walther). En 1715, il se rendit à Hambourg, et, en 1716, à Vienne. En 1718, il fit un voyage en Italie, qu'il parcourut pendant trois ans. En 1721, il retourna, par Venise, en Allemagne, et se fit entendre à Munich.

Hurlebusch se rendit à Stockolm en 1723, et y fut accueilli avec grande faveur ; mais la promesse de lui donner la place d'organiste n'ayant pas été réalisée, il donna sa démission bientôt après, et revint, en 1725, une seconde fois dans sa patrie. L'année suivante, on l'appela à Bayreuth et à Dresde, pour lui offrir la place de maître de chapelle à l'une et l'autre de ces cours ; mais les conditions ne lui ayant pas convenu, il refusa, et se rendit, après un séjour de six mois, chez son père, en 1727, à Hambourg, où il resta jusqu'en 1731. A cette époque, on lui proposa de passer en Russie, proposition qu'il refusa, parce qu'il craignait de n'y pas trouver une récompense proportionnée à son mérite. En 1735, on lui offrit encore la place d'organiste à l'église de Saint-Pierre à Hambourg ; mais il ne voulut pas se soumettre aux épreuves usitées, et refusa. Il obtint enfin cette même place à Amsterdam, par la recommandation particulière, selon Lustig, d'une de ses anciennes voisines à Brunswick. Il y vivait encore en 1762.

En Hollande, il n'a jamais touché du forte-piano que pour y jouer des fantaisies. Il se fâchait si quelqu'un, le seul Locatelli excepté, voulait faire son éloge.

Dans sa jeunesse, il était virtuose sur le clavecin, et principalement sur l'orgue. Ses compositions sont tellement surchargées d'art et de bizarreries que les amateurs en sont rebutés, et que, pour nous servir de l'expression de Lustig, *elles restent au magasin d'Aleffosen comme des pierres.*

Mattheson, dans son *Ehrenpforte,* cite de ses ouvrages, les suivans : Traité de l'harmonie, qu'il avait commencé en Italie en 1718, et terminé à Brunswick en 1726. 2°. Les opéras *l'Innocenza diffesa*, Brunswick, 1722; *Arminio*, Stockolm, 1724; et *Flavio Cuniberto*, Brunswick, 1727. De ce dernier, il a été gravé, à Amsterdam, douze airs en partition ; et en outre, beaucoup d'ariettes isolées d'opéras, tant en italien qu'en allemand: 3°. Plusieurs grandes musiques pour des occasions solennelles. 4°. Quelques recueils de cantates italiennes de chambre, avec et sans accompagnement d'instrumens. 5°. Quelques recueils d'odes allemandes avec mélodie, que l'on trouve dispersées dans l'ouvrage que le conseiller de cour Græf a publié à Halle, en deux volumes, dans les années 1737 et 1739, sous le titre Recueil de diverses odes choisies, avec des airs composés par les meilleurs maîtres. 6°. Différentes *sonate a 4 stromenti*; différentes ouvertures et solos; quelques pièces pour l'orgue et pour l'église; quatre concertos pour le clavecin, tous en manuscrit. Ensuite : *Compositioni musicali per il cembalo, divise in due parti*, gravé à Hambourg vers 1737; *Compositioni musicali per il cembalo, preservate come le mie altre composizioni dalla Bizarrie*, op. 1 et op. 2, gravés à Amsterdam vers 1750; et enfin, un livre de musique simple à l'usage des églises réformées, gravé à Amsterdam à la même époque. Voyez Mattheson, *Ehrenpforte*, et les Lettres critiques, t. II, p. 468.

HUS (J.-B.), a fait graver à Lyon, en 1780, Recueil musical, contenant six chansons nouvelles, avec accompagnement de harpe; six autres pareilles, avec accompagnement de guitare; deux duos, avec accompagnement de deux violons et basse, une marche guerrière à grand orchestre ; une romance pour le forte-piano; une chasse pour le clavecin, avec accompagnement de violon, flûte et violoncelle.

HUSDUS (GABRIEL), musicien de Hambourg au commencement du dix-septième siècle, était né à Moderau. Il a publié les Cantiques de Luther, et d'autres théologiens, avec mélodies, traduits du bas-saxon en allemand, avec une préface. Voy. Muller, *Cimbria litterata.*

HUTSCHENREITER (GEORGES-GODEFROI), a fait imprimer à Magdebourg, en 1747, un programme des Hydrioules, l'un des principaux chef-d'œuvres des anciens.

HUYGHENS (CONSTANTIN), gentilhomme hollandais et conseiller intime du prince d'Orange, a écrit, en 1641, un traité, en hollandais (De l'usage et de l'abus des orgues), qu'il a fait imprimer à Leyde. Il est mort le 28 mars 1687, dans un âge très-avancé. Voy. Walther.

HUYGHENS (CHRÉTIEN), savant Hollandais, grand mathématicien, et fils du précédent, naquit à la Haye le 14 avril 1620. Dès sa plus tendre enfance, il étudia, sous la direction de son père, les mathématiques, la géométrie et la musique. Après avoir terminé ses études à Leyde, il se rendit célèbre dans plusieurs pays, où il voyagea. Il mourut à la Haye le 8 juin 1695. Des ouvrages qu'il a laissés, nous ne citons ici que *Novus Cyclus harmonicus*, que l'on trouve aussi dans l'Histoire des ouvrages des savans, Leyde, 1724, in-4°, tom. IV, numéro 2. On publia ses vers pour Ninon. Voyez *Ninon.*

HYMMEN (JEAN - GUILLAUME-BERNARD), conseiller intime du roi de Prusse, à Berlin, y a fait imprimer, en 1773, vingt-cinq chansons, avec airs ; et auparavant, en 1771, douze chansons et douze pièces de galanteries mêlées.

HYLLER (MARTIN), prédicateur à Œls, en Silésie, mort en 1651, à l'âge de soixante-seize ans. Dans le nombre de ses sermons, il s'en trouve un de nôces, Leipsick, 1621, in-4°, contenant un *Encomium musices.*

JACKSON D'EXETER (Wil-
liam), compositeur anglais vers la
fin du dernier siècle, a publié à
Londres, en 1769, *Songs*, op 7 ;
auquel il fit succéder, en 1770, son
op. 9, intitulé *Canzonetto's for
three voices*. Les ouvrages qu'il a
publiés auparavant consistent : 1°. en
sonates pour le clavecin, avec et
sans violons ; 2°. en chansons ; 3°.
dans une élégie à trois voix ; 4°.
dans un motet avec une ode ; 5°. en
des hymnes à trois voix. On le regardait comme un des meilleurs
compositeurs de son tems.

JACOB, élève de Gaviniés, était
violoniste à l'orchestre de l'Académie de musique. En 1769, il publia
une nouvelle méthode de musique,
dans laquelle il combat la clef unique proposée par l'abbé de la Cassagne. Il démontre l'impossibilité de
ce système.

Jacob a fait exécuter plusieurs
motets au concert spirituel. Il est
mort à Paris vers 1770.

JACOBELLI (Jean-Baptiste),
chapelain de la reine de Pologne et
chanteur à la chapelle du roi La-
dislas IV, a fait insérer un canon
d'une invention singulière, en 1643,
dans les *Xeniis Apollineis der cri-
brer scacchianus*.

JABOBI, directeur de musique
au théâtre National Allemand de
Mayence et de Francfort, en 1787,
était né en 1756 à Mayence, où son
père occupait, vers 1750, la place
de maître de concert. Il jouait du
violon avec beaucoup de sentiment
et avec une habileté peu commune.
L'occasion où il se fit admirer le
plus fut lors des représentations des
opéras *Gunther de Schwarzbourg*,
par Holzbauer, et d'*Alceste*, de
Schweeitzer, où il remplit non-seulement la place de directeur d'orchestre, mais où il joua aussi le
premier violon concertant.

JACOBI (Adam-Frédéric-Er-
nest), conseiller du consistoire et
pasteur à Cranichfeld, dans le duché de Saxe-Gotha, né à Ichters-
hausen, le 27 octobre 1733, fut d'a-
bord aumônier du régiment de Go-

tha au service de la Hollande, et
ensuite pasteur à Coppenbrugge,
dans le comté de Spiegelberg. Il a
écrit une petite dissertation sous le
titre Notice des Carillons en Hollande. Voy. Magasin d'Hanovre de
1771, cah. 15.

JACOBI (Gunther), compositeur
en Bohême, vivait encore en 1790.
L'abbé Gerbert assure qu'il excellait
dans les compositions pour l'église.

JACOBI (Jean-Chrétien), fort
bon hautboïste, et depuis 1746,
musicien de la chambre du margrave
Charles à Berlin, naquit à Tilse,
dans la Lithuanie prussienne, en
1719. Son père lui enseigna les premiers élémens de la musique ; et
Pierre Gœsch, musicien de la chambre du roi de Prusse, l'instruisit
ensuite à Berlin sur le hautbois. Il
vivait encore dans cette dernière
ville en 1766.

JACOBI (Michel), en dernier
lieu chanteur à Lunebourg. (V. ses
ouvrages dans Walther.) Il naquit
dans la Marche, au commencement
du dix-septième siècle. Il parcourut
d'abord toute l'Allemagne de l'Oder
au Rhin, et de l'Elbe jusqu'au Da-
nube. Il voyagea ensuite en Italie,
et visita Milan, Bologne, Padoue
et Venise. De là il se rendit à Paris,
à Copenhague et à Stockholm. Dans
la suite, il demeura quelque tems
dans la marche de Hasseldoff, entre Hambourg et Gueckstadt, chez
M. d'Ahlefeld, où il jouait du violon, du luth et de la flûte. V. Riste,
Deutscher Parnass, p. 95.

JACOBI (Samuel François) était
directeur de musique et organiste à
l'église du palais de Wittemberg.

JACOBI (Tobias), a publié à
Zittau, eu 1674: *Scala Cæli musi-
calis et spiritualis*, in-4°. Voyez
Walther.

JACOBITUS (Petrus Amicus),
a publié à Venise, en 1589, un recueil de motets à 4, 5 et 6 voix, in-4°.
Voy. Walther et *Draudii, bibl.
class.* pag. 1638.

JACOPONUS, de l'ordre des
frères Mineurs, vers le quatorzième siècle, est l'auteur du texte et

de la première mélodie du *Stabat mater dolorosa*, qui est devenu si célèbre par les compositions de Palestrina, de Pergolese et de Haydn.

JACQUES I, roi d'Ecosse, depuis 1423 jusqu'en 1437, rivalisa dans la musique pratique et sur plusieurs instrumens, avec les meilleurs maîtres de son tems; il écrivit aussi, vers 1430, un ouvrage très-savant sur la musique. V. Hawkins.

JACQUES, électeur de Trèves, au commencement du seizième siècle, était excellent musicien et fort bon jurisconsulte; il était en même tems si bien versé dans différentes langues, qu'il put répondre à l'assemblée de Cologne, en 1505, aux ambassadeurs de Venise, de France et d'Allemagne, au premier en latin, et à chacun des autres dans sa langue. Un cordonnier de Coblentz, qui le surprit avec sa femme le tua. Il était né margrave de Bade. Voyez *Misander, Deliciæ Biblic.* janvier 1692, p. 152.

JADIN (JEAN), habile violoniste, florissait vers la fin du dix-huitième siècle. Il a fait graver à Bruxelles, de 1777 à 1782, cinq œuvres de musique consistant en symphonies, quatuors et trios pour violon, etc. Il existait alors un autre artiste de ce nom, qui était très habile sur le basson.

JADIN (HYACINTHE), fils du précédent, membre du conservatoire, mort il y a quelques années, était un pianiste très-distingué. Il a composé pour son instrument plusieurs œuvres de sonates et des concertos. On a encore de lui des quatuors et des trios pour violon, alto et violoncelle.

JADIN (LOUIS), frère d'Hyacinthe, membre du conservatoire de musique, où il donne de leçons de piano, est doublement célèbre comme compositeur d'opéras et comme compositeur de musique instrumentale. Il a donné à l'Académie de musique l'Heureux Stratagême, en deux actes, et le Portrait, en deux actes, 1790; Mahomet II, en trois actes, 1803; à la comédie italienne, le Mariage de la Veille, en un acte, 1796; Candos, en trois actes, 1798; Jean Bart; Ruse contre ruse, Poursaugnac; le Grand

Père, en un acte, 1805; la Partie de Campagne, en deux actes, 1810.

M. L. Jadin a publié à Paris des sonates pour le piano, et la harpe, et des trios pour piano, violon et violoncelle. C'est aussi un habile violoniste, qui a dirigé l'orchestre du *Théâtre de Moliere*, il y a près de cinq ans.

JAEGER, basse-contre de la chapelle de l'électeur de Saxe à Dresde, vers 1650. Les chanteurs italiens, qui se trouvaient alors à la même chapelle, étaient très-jaloux des grands talens, qu'il déployait tant au théâtre qu'à la chambre. V. *Ehrenpforte*, p. 18.

JAEGER (JEAN), virtuose de la chambre, à la chapelle du margrave d'Anspach-Bayreuth, un des plus grands maîtres sur le violoncelle, né à Lauterbach en 1745. Dans sa jeunesse il était au service de la Hollande, en qualité de hautboïste; mais il donnait aussi fort bien du cor, qui était alors son instrument favori. Il vint ensuite à la cour de Wurtemberg où, par les leçons de Jomelli, de Decler et de Seemann, ou plutôt par celles de la chapelle entière, dont chaque membre était compté alors parmi les virtuoses les plus distingués de ce tems, il parvint à ce degré éminent où il se fit admirer à la fin du dernier siècle. Vers 1776, il entra au service du margrave d'Anspach, en qualité de violoncelliste de la chambre. Il a fait beaucoup de voyages, et s'est fait entendre sur le violoncelle dans presque toutes les villes de l'Europe, et partout avec un égal succès.

JAEGER, fils du précédent, né à Anspach en 1777, n'avait encore que onze ans quand il fut nommé musicien de la chambre, et violoncelliste en activité de service, à la chapelle d'Anspach-Bayreuth. A peine âgé de neuf ans, il exécutait déjà sur le violoncelle des solos avec une prestesse, une assurance et une précision admirables. Son père entreprit avec lui, en 1787, un voyage à Berlin. La reine désirait l'avoir dans sa chapelle; mais le père ne voulant pas encore l'abandonner à lui-même, soit à cause de sa grande jeunesse, soit parce qu'il l'aimait trop tendrement, cette princesse lui assura sa vie durant, une pension annuelle de cent écus (environ quatre cents francs). A son retour, le margrave le nomma son musicien de la chambre, en lui assignant un traitement très-considérable. V. *Meusèl Museum*.

JAHN, musicien à Ebersdorf, près Lobensteim dans le Voigtland, a fait imprimer à Leipsick, en 1783, six sonates pour le clavecin.

JAMARD, chanoine régulier de Sainte-Génevieve, a publié à Paris, en 1769, des recherches sur la théorie de la musique, un volume in 8°. comme cette théorie n'est que le développement du système de Ballière, voyez l'article de ce dernier.

JAMES (John), célèbre organiste et compositeur de Londres, écrivit dans un style savant et élevé; mais il n'a fait imprimer que trois ou quatre chansons. A sa mort, en 1745, un grand nombre de musiciens de Londres accompagnèrent son cortège et y chantèrent la marche funèbre qu'il avait composée lui-même.

JAN (Martin), chanteur à Soráu vers 1650, un des plus célèbres compositeurs de son tems, a fait imprimer *Passionale melicum*, de sa composition. Voyez Priúz, *Gesch*.

JANITSCH (Antoine), virtuose sur le violon, et compositeur pour cet instrument, au service du comte d'Œttingén-Wallerstein, était très-célèbre vers 1784 Dans la suite il fut presque continuellement en voyage. Il demeurait à Hanovre en 1790.

JANISCHT (Jean-Gothlieb), musicien de la chambre et contrebassiste du roi de Prusse, né à Schweidnitz en Silésie, le 19 juin 1708, apprit la musique de très-bonne heure, et se rendit ensuite à Breslau, afin d'y entendre les musiciens de la cour de l'électeur de Mayence, qui s'y trouvaient alors, et de se perfectionner par leurs leçons. En 1729 il partit pour l'université de Francfort-sur-l'Oder, où il composa, pendant les quatre années de séjour qu'il y fit, neuf à dix œuvres de musique, telles que cantates, sérénades et musiques funèbres, que l'on y exécuta dans les solennités. Il mourut à Berlin vers 1763.

Janitsch a écrit beaucoup de quatuors pour plusieurs instrumens, dans la manière de Graun; il en a fait imprimer trois à Berlin, vers 1760. Il a composé en outre, 1° un *Te Deum*, exécuté par la chapelle royale lorsqu'on posa la première pierre de l'église catholique de cette ville; 2° la musique pour le couronnement de l'avant-dernier roi de Suède, qui fut exécutée à Stockholm.

JANNEQUIN (Clément), musicien du seizième siècle, fit une chanson fameuse, intitulée la bataille ou Défaite des Suisses à la journée de Marignan. On a encore de lui plusieurs autres chansons.

JANSEN (Henri), né à la Haye en 1741, a traduit de l'anglais et de l'allemand un grand nombre d'ouvrages sur les arts. Dans le tom. I du Recueil des pièces intéressantes qu'il a publié, en six vol. in-8°., on trouve la traduction de l'écrit d'Engel, intitulé *Uber die musikalische Mahlerey* (de la Peinture musicale); Berlin, 1780, in-8°.

JANSON (Jean-Baptiste-Aimé-Joseph) naquit à Valenciennes en 1742. C'était le premier élève de Berlaud sur le violoncelle. Il débuta au concert spirituel en 1766. L'année suivante, il accompagna en Italie le prince héréditaire de Brunswick, et fit partout admirer son rare talent. Il se trouvait à Hambourg en 1783 Il revint à Paris vers 1789, et fut nommé professeur du conservatoire en 1795. Il est mort à Paris le 2 septembre 1803.

On a de lui des trios, des quatuors pour violon, et six sonates pour violoncelle op. 4, 1755.

JANSON (Louis Auguste-Joseph), frère du précédent, né à Valenciennes le 8 juillet 1749, élève de son père, est aussi un des violoncellistes les plus distingués de nos jours. Il entra à l'orchestre de l'Académie de musique en 1789. Il a publié un œuvre de trios pour violon, alto et basse; il a, outre cela, composé six sonates et six concertos de violoncelle.

JANTET a fait graver à Amsterdam, vers 1786, trois duos pour violon et viole, op. 1.

JANSENIUS (Corneille), évêque d'Ipres, fameux par la secte à laquelle il a laissé són nom, était né à Accoy, village en Hollande, le 28 octobre 1585. Il fut d'abord docteur et professeur de théologie à Louvain; l'Université de cette ville l'envoya à Madrid , comme ambassadeur auprès du roi, d'Espagne. Il était adversaire prononcé des jésuites, qui, pour se venger, le traitèrent d'hérétique et le firent déclarer tel. Il est mort de la peste le 6 mai 1638.

Dans son Commentaire sur les cinq livres de Moyse, on trouve plusieurs renseignemens sur les antiquités des Hébreux, par rapport à la musique de ce peuple.

JANUS (Jean). Après la mort de Luder Knop, il a publié, à Brême, en 1667, le Chant du Cygne de ce dernier, augmenté de quelques allemandes et courantes, etc. à une et deux voix. Voy. Corneil. à Beughem Bibliograph. mathem., p. 337.

JANUS (Martin), mort vers 1660, est compté parmi les compositeurs des premières mélodies de musique simple. Voy. le livre de chant de Nanmbourg.

JARNOWICK (Giornovichi, connu vulgairement sous le nom de), l'élève favori du célèbre Lulli, débuta au concert spirituel par le sixième concerto de son maître. Ce début ne fut pas heureux; mais Jarnowick ne se déconcerta pas, et joua son premier concerto en la majeur qui obtint le plus grand succès. Pendant dix ans le genre de Jarnowick fut à la mode. Justesse, pureté, élégance caractérisaient cet habile violoniste, mais il lui manquait un son vigoureux, une ame sensible, un brillant stacatto, et surtout une tête à points d'orgue. Aussi le célèbre Lamotte, violoniste allemand, possédant les qualités qui manquaient à Jarnowick, lutta-t-il de pair avec lui.

Des circonstances impérieuses ayant forcé Jarnowick de quitter la France, il fut remplacé par Viotti, dont le jeu nerveux, la brillante cadence, et surtout les belles compositions, firent oublier bientôt son devancier.

, Jarnowick, en 1782, se trouvait engagé, comme premier violon, à la chapelle du prince royal de Prusse. Le maître de chapelle , Wolf, le connut à Berlin, et a consigné dans ses voyages l'enthousiasme qu'excitait ce virtuose chaque fois qu'il se faisait entendre.

On a gravé de sa composition, à Paris , sept symphonies et neuf concertos de violon. Il était né à Paris, de parens italiens, et il est mort à Pétersbourg en 1804.

Voici quelques anecdotes sur cet artiste célèbre. Dans un voyage qu'il fit à Lyon , il annonça un concert à six francs par billet. Voyant que personne ne se présentait, il résolut de se venger de l'avarice des bourgeois de Lyon; en conséquence il remit le concert au lendemain, mais à trois francs le billet. Il y eut foule cette fois. Mais au moment de commencer, on s'étonna de ne pas voir Jarnowick, et l'on apprit qu'il venait de prendre la poste.

Un jour Jarnowick se trouvant chez Bailleux, éditeur et marchand de musique, cassa , par mégarde, un carreau. Qui casse les verres les paye, s'écria Bailleux. — C'est juste, reprit Jarnowick ; combien faut-il vous donner?—Trente sous: —Tenez , voilà trois livres.— Mais je n'ai pas de quoi vous rendre. —Eh bien, nous sommes quittes, répliqua Jarnowick , et en même tems, il cassa un second carreau.

Jarnowick était souvent aux prises avec le chevalier de SaintGeorges, habile violoniste et forte épée. Dans la chaleur de la dispute , il lui appliqua un jour un fort sòufflet. Saint-Georges se contenta de dire: J'aime trop son talent pour me battre avec lui.

JAUG était fabricant d'instrumens à Dresde. Lœhlein fait l'éloge de ses violons et de ses autres ouvrages en général. Il a été le maître de Hunger à Leipsick , et vivait encore en 1774.

IBERGHER , compositeur célèbre de la fin du dix-huitième siècle, né à Rome, descendait d'une famille allemande.

IBICUS est regardé comme l'inventeur de la sambuca, espèce de cymbale. Il vécut dans la soixantième olympiade. V. Forkel, Gesch. tom. I.

JEAN, d'Erfurt ou de Saxe, savant récollet d'Erfurt, vécut vers le milieu du quatorzième siècle, et écrivit plusieurs ouvrages étrangers à la musique. Mais le P. Martini assure que, dans un manuscrit du quinzième siècle, de la bibliothèque de Ferrare, il a trouvé un Traité de la composition de la musique, dont il est l'auteur. Voy. Martini, *Storia.*

JEAN, de Fulde, moine, vécut vers 885, et fut disciple de Rhabanus Maurus. Selon l'abbé Gerbert, il fut le premier en Allemagne qui mit des cantiques en musique (*variâ modulatione*). V. Histor. de Gerbert.

JEAN DE DAMAS, célèbre compositeur pour l'église, au huitième siècle, inventa de nouveaux signes pour exprimer les intervalles entiers. Il mourut en 760. Walther donne plusieurs détails à son égard.

JEAN DE PADOUE, a publié à Vérone en 1578 un vol. in-4°, intitulé : *Institutiones musicæ.* Voy. Lipenü, Bibloth. philosoph., et Walther, *musicalische Lexicon.*

JEAN GEORGE II, électeur de Saxe, a composé le Psaume 117 pour des trompettes et des tymbales, qui, lors de la fête pour la paix, fut exécuté aux vêpres, le 2 févier 1679. V. Geier, *Friedens predigt.*

JEEP (Jean), compositeur du dernier siècle, natif de Dransfeld, dans le duché de Brunswick, a publié deux volumes de Chansons à deux, quatre et cinq voix, sous le titre *Studenten-gaertein*, dont il a paru une quatrième édition à Nuremberg, en 1614. Voy. Walther.

JEFFRIES (Math.), bachelier en musique à Oxford, était, vers l'an 1593, chanteur au chœur, et vicaire à la cathédrale de Wils.

JÉLIOTTE (Pierre), né en Béarn, célèbre haute-contre à l'Académie de musique, en 1752, se retira avec la pension en 1755. Il aurait pu se distinguer aussi comme compositeur. En 1745, il donna à Versailles, pour le mariage du Dauphin, père de Louis XVI, un ballet intitulé *Zélisca*, dont La Noue avait fait les paroles, et qui

eut beaucoup de succès. La Borde ajoute qu'on a de lui un grand nombre de chansons charmantes, et qui le paraissent toujours, même chantées par d'autres que par lui. Il vivait encore en 1780, mais dans un état *voisin de la misère.*

JENIKEN, compositeur du dix-septième siècle, a fait imprimer à Magdebourg, en 1667, des ballets et des sarabandes à cinq voix. V. *Cornel. à Beughem, Bibl. Math.*, p. 377.

JENKINS, un des premiers et des plus habiles trompettistes de l'Angleterre. En 1783 il vivait à Londres.

JENKINS (John), violoniste et compositeur en Angleterre, a fait imprimer à Amsterdam, en 1664, l'ouvrage suivant, de sa composition, *Engels speel. — Thresoor, tweide deel, jool van roo niewatt allemanden, courunten, sarabanden. ayrs, etc. gesteld door olf de konstighste violisten deser tydt in englant voor has enviool, in ander speel gereetschap; mede 67 spelsteuken als allemanden, couranten, etc. voor trvee violen in bas als mede een Bassus continuus ad placitum.* Voy. *Cornel. à Beugh. Bibl. math.* p. 428.

JÉROME de Moravie, dominicain, vécut vers le milieu du treizième siècle, du tems de Saint Thomas d'Aquin. Il demeura pendant quelque tems à Paris, au couvent de Saint-Jacques, où l'on trouve encore de lui un traité *de Musicâ.* V. Echard, *de Scriptoribus ordinis dominicanorum.*

JESSER, virtuose sur le cor, natif de la Bohême, se trouvait vers 1784 au cap de Bonne-Espérance. On assure qu'il possédait une habileté extraordinaire sur son instrument, et qu'il savait en tirer les sons les plus mélodieux.

JETZE (Paul), professeur de musique, de poésie et de langue grecque, à Stettin, fut le dernier qui porta le titre de professeur de musique. Ses successeurs n'eurent que celui de chanteur. V. Œlrich, *Nachrichten von akadem. wurden der musik*, p. 44.

JEVES (Simon), vicaire de l'église de Saint-Paul à Londres, au commencement du dix-septième siècle, composa, en société avec Henri Lawes, les airs et les chansons pour les musiques qu'on exécutait à White-Hall devant Charles I. Il est mort à Londres en 1662. Voy. Hawkins, *History*.

JEWIT (Rondal ou Randolphe), musicien très-célèbre en Angleterre, fut élève d'Orlando Gibbons, et d'abord organiste à Dublin. En 1639, il quitta l'Irlande et se rendit en Angleterre. Il y obtint enfin la place d'organiste à Winchester, où il mourut quelques années après. V. Hawkins, *Hist.*

IGNANIMUS (Angelus), moine dominicain, a publié *Madrigali*, en trois livres; *Moteti, missæ et psalmi vesperarum, lamentationes et responsaria in septimanâ sanctâ*, de trois jusqu'à six voix. Il a écrit en outre *De cantu pleno, et ricercate con l'intavolatura*; arrangés d'après la meilleure manière. V. Echard, *de Scriptor. Ord. Dominican.*

IKEN. A fait imprimer une dissertation sous le titre *De tubis Hebræorum argenteis.* V. Bibliothèque de Mitzler, t. IV, p. 120.

IMBAULT (J.-J.), professeur et éditeur de musique, est né à Paris, le 9 mars 1753. C'est à dix ans et demi qu'il a connu Gaviniés et a pris des leçons de violon de ce grand maître. À dix-sept ans il débuta aux concerts de l'école gratuite de dessin, fondée par Bachelier, et il y obtint tant de succès, que M. de Sartine lui accorda le droit de nommer à une place dans cette école. Il a joué plusieurs fois au concert spirituel et au concert olympique.

Les symphonies concertantes de Viotti ont été exécutées trois fois par M. Imbault et par l'auteur, devant la reine Marie Antoinette.

Comme violoniste, M. Imbault est un des meilleurs élèves de Gaviniés. Comme éditeur de musique, il s'est attaché plus constamment que tout autre à donner des éditions belles et correctes, même dans les ouvrages les plus ordinaires; outre cela il en a publié un grand nombre de très bonnes et de très-importantes; on lui doit le Traité de la Fugue et du Contrepoint de Marpurg; l'école d'orgue par M. Jos. Martini, les

Méthodes de violoncelle, par Tillière, Bréval et L. Duport. Il a publié en 1808, une superbe édition des quatuors d'Haydn, au nombre de cinquante-six, avec le portrait de ce compositeur. Il possède plusieurs quintetti manuscrits de Boccherini, qu'il se propose de faire graver.

Peu de tems avant la mort de Gaviniés, en 1800, il fit donner deux concerts au bénéfice de son maître, qui, pour lui en témoigner sa reconnaissance, lui remit son portrait dessiné par P. Guérin. En 1810, M. Le Sueur a nommé M. Imbault membre de la chapelle de S. M. l'Empereur.

IMBERTI de Francia a laissé un Traité de musique que l'on conserve encore en manuscrit dans la bibliothèque de Barberini, n°. 841. V. Martini, *Storia.*

IMMLER, chanteur de la ville de Cobourg, et bon violoncelliste, est célèbre depuis 1775. Il a composé beaucoup de sonates et de musique d'Eglise, parmi lesquelles on remarque le *Te Deum* de Klopstock. Il n'a été rien imprimé de ses compositions.

INGRAIN, organiste à l'église Saint-Etienne à Paris en 1753, a composé plusieurs fugues excellentes pour l'orgue, qui ne sont connues qu'en manuscrit.

INNOCENT III, (Le pape) a composé le chant de la prose *Veni, sancte Spiritus.*

INSANGUINIS, célèbre auteur d'opéras, florissait en Italie vers 1776.

JOANNES (Cæsar-Augustinus), compositeur excellent pour l'église, vécut vers 621. *Nicol. Antonius* dans sa *Bibliotheca Hispanica*, pag. 238, dit à son égard: *In ecclesiasticis officiis quædam eleganter et sono et oratione composuit.*

JOANNES, (Monachus Menevensis) était lecteur de musique et d'arithmétique, ainsi que l'assure *Ant. à Wood*, dans son *Historia et antiquitates universitatis Saxoniensis*, lib. II, pag. 32. On le confond ordinairement avec Joannes Erigena.

JŒCHER (Christian Gottlieb), professeur d'histoire à Leipsick, a publié, en 1750, en quatre volumes

I.

in-4°., un Dictionnaire historique des gens de lettres, refait sur celui de Mencken, auteur du livre ingénieux, mais si imparfait, de la Charlatanerie des savans. Dans le Dictionnaire de Jœcher on trouve plusieurs articles sur les musiciens célèbres.

JOHNSON, compositeur pour l'église, à Hambourg, a été, si nous en croyons l'abbé Gerbert, fort célèbre dans son tems. Serait-ce peut-être H. P. Johnson, qui vers la fin du dix - huitième siècle fit graver, à Amsterdam six fugues pour l'orgue ou le clavecin,

JOHNSON (Edouard), compositeur à Londres, y vécut au commencement du dix-septième siècle. Plusieurs de ses cantiques se trouvent dans le recueil de cantiques à cinq voix, qui parut à Londres, en 1601, sous le titre : Triomphe d'Oriane.

JOHNSTONE (Madame), épouse du célèbre commodore anglais de ce nom. Pendant la guerre de l'Amérique, elle demeurait à Lisbonne, où elle se fit admirer comme cantatrice. Elle s'appelait alors miss Charlotte Dee. Johnstone fit sa conquête dans cette ville, et la reconduisit à Londres, où plusieurs envièrent son bonheur. Elle touchait du forte-piano d'une manière surprenante.

JOLAGE(Charles-Alexandre), organiste des Petits-Pères en 1750, avait de la réputation comme compositeur. Il est mort vers 1775.

JOLIVEAU, poëte-lyrique, a donné à l'Académie de musique, en 1763, Polixène, en cinq actes, musique de M. Dauvergne; et en 1771, le Prix de la Valeur, ballet-héroïque, musique du même.

JOLY, musicien de Paris, y a fait graver, en 1786, six duos pour violon.

JOMELLI (Nicolo), naquit à Aversa, dans le royaume de Naples, en 1714 (année de la naissance de Gluck). Il fit ses premières études musicales à Aversa, sous le chanoine Muzzillo, et les continua à Naples sous Feo. Mais c'est du grand Leo qu'il apprit, comme il le disait lui-même, le sublime de la musique. En 1736, Leo le dirigeait encore dans l'étude de la composition. Il entendit exécuter une cantate de Jomelli chez une de ses élèves, la signora Barbapiccola, et transporté de plaisir, il s'écria : Signora, non passerà molto, e questo giovane sarà lo stupore e l'ammirazione di tutta l'Europa. Cette prédiction ne tarda pas à se réaliser.

Jomelli n'avait que vingt-trois ans, quand il écrivit son premier opéra, l'Errore amoroso qui fut joué sur le nouveau théâtre de Naples. L'année suivante (1738), il donna l'Odoardo sur le théâtre de' Fiorentini; et comme la renommée commençait à répandre son nom, il fut appelé à Rome, en 1740, sous la protection du cardinal duc d'Yorck. Il écrivit le Ricimero, et ensuite l'Astianatte, qui eut beaucoup de succès.

En 1741, il fut demandé à Bologne et y donna l'Ezio. Peu de tems après son arrivée dans cette ville, il alla voir le P. Martini, sans se faire connaître, et le pria de l'admettre au nombre de ses élèves. Le P. Martini lui donna un sujet de fugue, et voyant qu'il le remplissait excellemment, Qui êtes-vous, lui-dit-il, vous moquez-vous de moi? C'est moi qui veux apprendre de vous — Je suis Jomelli; je suis le maître qui dois écrire l'opéra pour le théâtre de cette ville; j'implore votre protection. Le contrapuntiste répliqua : C'est un grand bonheur pour ce théâtre d'avoir un musicien philosophe tel que vous; mais je vous plains de vous trouver au milieu d'une troupe d'ignorans corrupteurs de la musique. Jomelli avoua dans la suite, qu'il avait beaucoup appris de cet illustre maître. Il ajoutait que si le P. Martini avait peu de génie, l'art avait suppléé en lui à ce que la nature lui avait refusé.

En 1746, il donna la Didone à Rome, et retourna à Naples, où il fit jouer, sur le théâtre de St-Charles, l'Eumene, qui eut un succès prodigieux. Il se rendit ensuite à Venise, où sa Mérope causa tant de plaisir que le Gouvernement le nomma maître du conservatoire des filles, pour composer des morceaux de musique d'église : il y composa surtout un Laudate à deux chœurs et à huit voix, qui excita la plus vive admiration.

En 1748, il revint à Naples pour y donner l'*Ezio*. Rappelé à Rome l'année suivante, il fit l'*Artaserse*, quelques intermèdes et l'oratorio *della Passione*, à la demande de son protecteur le cardinal duc d'Yorck.

Cette même année (1749) il fut appelé à Vienne, où il fit représenter l'*Achille in Sciro* et la *Didone*. Il passa avec Métastase tout le tems qu'il demeura à Vienne; et il se vantait d'avoir tiré plus de fruit de la conversation de ce grand poëte, que des leçons de Feo, de Leo et du P. Martini.

Pendant son séjour à Vienne, qui dura un an et demi, Jomelli eut l'honneur d'accompagner, au clavecin, l'impératrice Marie-Thérèse, qui, outre plusieurs présens, lui donna une bague magnifique et son portrait enrichi de brillans.

Il se trouvait à Rome, lorsque la place de maître de chapelle de St.-Pierre vint à vaquer. Depuis 1750 jusqu'en 1753, il composa pour cette église les ouvrages suivans : un *Dixit*, à quatre voix. — Le psaume *In convertendo*, à deux voix. — *I Responsori* de la semaine sainte, à quatre.—Un *Dixit*, à huit. —Un *Miserere* à huit. —Un *Confitebor* à trois. — Un *Laudate* à huit.— Un *Graduale* à quatre — L'hymne *Urbs Jerusalem*, à quatre. —L'hymne pour la fête des apôtres, avec chœurs dans la coupole. — Un *Beatus vir* à quatre.—Un *Miserere* à quatre. — Un *Confitebor* à quatre. — Un *Regnum mundi* à quatre. — *Te Deum* à quatre. — *Veni sponsa christi*, à cantò solo con rippieni à quatre. — *Victimæ paschali*, à quatre. — *Credidi propter quod*, à quatre.—*Confirma hoc Deus*, offertorio.—*Graduale* à trois pour la fête de la Vierge.— *Discerne causam meam*, *graduale* à quatre.—*Domine Deus in simplicitate*, offertorio. — *Justus ut palma florebit*, graduale, et plusieurs autres compositions de ce genre, qui ne l'empêchèrent pas cependant de donner à Rome l'*Ifigenia*, en 1751; et la *Talestri*; ainsi que l'*Attilio Regolo*, en 1752. En 1753 il fut chargé, par différentes cours,

de composer dix opéras, parmi lesquels on distingue la *Semiramide*, le *Bajazette*, le *Vologeso* et le *Demetrio*.

Sur la fin de cette année, il quitta l'Italie pour aller remplir, à Stutgard, l'emploi de maître de chapelle du duc de Wirtemberg, grand connaisseur en musique. Il y séjourna vingt ans sans interruption, et composa pour le duc ses plus beaux opéras, tels que *Pelope*; *Enea nel Lazio*; *Il Re pastore*; *Didone*; *Semiramide*; *Alessandro nell' Indie*; *Nittetti*; *Ezio*; *la Clemenza di Tito*; *Demofoonte*; *Vologeso*; *l'Olimpiade*; *Il Fetonte*, *l'Isola disabitata* (retouchée par Métastase), *Endimione*, *l'Asilo di Amore*, *la Pastorella illustre*, et dans le genre bouffe, *la Schiava liberata*, *Il Cacciator deluso*, et *Il Matrimonio per concorso*, et une quantité immense de musique d'église.

En 1768, Jomelli revint dans sa patrie. Il écrivit pour le théâtre de Saint-Charles son bel opéra d'*Armida*, et en 1772 son *Demofoonte*, qui plut moins au public que le précédent. Enfin, en 1773, il donna son *Ifigenia*, qui fut mal chantée et tomba. Cette chute le chagrina tellement, que, peu de tems après, il eut une attaque d'apoplexie. A peine rétabli, il composa, pour la naissance d'un prince de Naples, une cantate remplie de beautés. Le dernier de ses ouvrages fut son sublime *Miserere* à deux voix, mis en vers italiens par Saverio Mattei, ami intime de Jomelli, et qui nous a fourni les détails de cette Notice, dans son *Elogio del Jomelli*, publié en 1785.

Jomelli doit être regardé comme le plus grand des compositeurs italiens de son tems, c'est-à-dire de l'époque qui suit immédiatement celle qu'ont illustrée Leo et Durante. Il réunit toutes les qualités qui constituent le grand compositeur; une riche invention, un beau caractère, le goût, la grâce et l'originalité, et outre cela ; une facture savante et aisée. Le docteur Burney, qui le vit dans ses voyages, dit qu'il ressemblait singulièrement à Hændel, mais qu'il était beaucoup plus poli et plus aimable. Il était fort instruit, et écrivait très-bien dans sa langue maternelle, en prose ainsi qu'en vers. Parmi ses poésies, Saverio Mattei cite *La Canzone nella raccolta per il concordato della Corte di Roma con quella di Portogallo.*

Ce grand maître, qu'on peut appeller le *Gluck de l'Italie*, mourut à Naples, le 28 août 1774. Le 11 novembre suivant, on lui fit, à Naples, de magnifiques obsèques, où l'on exécuta une messe en musique à deux chœurs, de la composition du P. Sabbatini, élève du P. Martini.

M. Choron a inséré dans sa belle collection des classiques la *Missa pro defunctis à 4 voci concertata*, que Jomelli composa vers 1760.

JONES (Edouard), a publié vers 1790 un ouvrage sous le titre, *Musical and Poetical Relies of the welsh Bards, preserved by tradition and authentic manuscripts, never before published.* v. 1. (Restes de musique et de poésie de poëtes du pays de Galles, conservées, soit par la tradition ou des manuscrits authentiques, et qui n'ont pas encore été rendues publiques.) Cet ouvrage dont on trouve une analyse détaillée dans le *Monthly Review*, mois de janvier 1786, renferme des matériaux précieux pour l'histoire ancienne de la poésie et de la musique, principalement du pays de Galles, sur laquelle l'auteur a écrit une dissertation particulière, qui précède son ouvrage. Il contient en outre un recueil de chansons galliques, tres-bien gravées.

JONES (John), musicien de Londres, fut un des sous-directeurs, lors de la musique funèbre, donnée dans cette ville en 1784, en l'honneur de Hændel.

JONES ou JONS (Robert), luthiste célèbre d'Angleterre, et fort bon compositeur pour son instrument, vécut à Londres vers le commencement du dix-septième siècle. Il paraît qu'il n'a fait imprimer que fort peu de ses nombreuses compositions. Tout ce que nous en avons pu découvrir, ce sont les deux ouvrages suivans, savoir : Songe de musique, ou chansons en quatre livres Le premier volume contient des chansons à deux voix avec accompagnement de luth, et *de viola da gamba*; le second renferme des chansons à quatre voix avec accompagnement d'un violon et luth. Les deux autres volumes sont composés de diverses pièces pour le luth, avec et sans accompagnement d'autres, instrumens, et de plusieurs ariettes italiennes. Le second ouvrage qu'il publia quelques années après, a pour titre : Jardin de musique, ou cinq livres d'ariettes pour le chant, le luth et la basse, in-fol. Quelques-unes de ses chansons ont été recueillies dans les Triomphes d'Oriane, publiés à Londres, en 1601.

JONES (W.), musicien de nos jours à Londres, y a publié : *A Treatise on the art of mussic as a Course of lectures, preparatory to the practice of Thourough-Bass, and musical composition. Vol.* 1. (Traité de la musique ou Cours préparatoire pour la pratique de la Basse-continue et pour la composition.) Voyez *Monthly Review*, 1786.

JONGEN (Mathias), né en octobre 1760, près d'Aix-la-Chapelle, facteur de pianos à Paris, est estimé pour ce genre d'instrumens.

JORDANI (Gabriel), fit imprimer à Rostock en 1595, un ouvrage, sous le titre : *Oratio de musica.*

JORTIN, docteur en musique à Londres, a ajouté à la seconde édition de l'Essai d'Awison une lettre sur la musique des anciens Grecs. Voyez Burney, Dissertation sur la musique ancienne.

JOSEPH II, fils de l'impératrice Marie-Thérèse, né en 1741, fut élu roi des Romains en 1764, monta sur le trône impérial l'année suivante, et mourut le 20 février 1790. C'est sous son règne qu'on a vu briller Gluck, Wagenseil, Léopold Hoffmann, Charles Ditters, Joseph Haydn et Mozart. Gluck donna pour la première fois son *Orfeo* à Vienne, en 1764. En 1765, il fit jouer son *Alceste*, et en 1771, son *Paride.* Calsabigi avait fait les paroles de ces trois opéras. En 1785, Sarti donna son opera *Seria de Giulio Sabino*, dans lequel Marchesi développa ses talens supérieurs.

L'empereur Joseph II était assez exercé sur le violoncelle et le clavecin pour faire sa partie dans un concert, et il jugeait avec assez de goût de l'exécution d'une pièce de musique. V. les voyag. du d. Burney, t 2.

JOSEPHUS surnommé *Hymnographus*, qui vivait vers le milieu du neuvième siècle, est l'auteur de quarante cantiques, que l'on conserve encore à Vienne en langue grecque. *Le Triodium*, le compte aussi parmi les compositeurs d'Hymnes grecs.

JOSEPHUS *Studite* ou le *Confesseur*, archevêque à Thessalonique, et frère de Théodore Studite, vécut au commencement du neuvième siècle ; il fut très-habile musicien et fort bon poëte. Voyez Gerb. *Hist.*

JOSQUIN (Josquin DEPREZ, dit). Tels sont les noms sous lesquels nous désignons un compositeur de l'école flamande, connu en mille endroits sous une multitude de dénominations différentes, telles que celles de Josquin, Jusquin, Jossien, Jodocus, Jodoculus, etc., quant au prénom, et de Depret, Després, Dupré, de Spiriet, a Prato, a Pratis, Pratensis, etc., quant au nom. Quelques soient ses véritables noms, aucun compositeur n'a, en aucun tems, joui d'une réputation plus grande que la sienne ; il a été unanimement regardé, par les Italiens, les Français et les Allemands, comme le plus grand compositeur de son tems, et comme le plus habile maître qu'ait produit l'ancienne école flamande, si fertile en savans compositeurs.

Malgré cette haute célébrité, il est impossible de donner sur la personne de J. DEPREZ aucuns renseignemens bien précis. Ce que l'on peut dire de plus probable, c'est qu'il était né vers 1450 en Belgique ; et ce qu'il y a de certain, c'est qu'il y a encore en ce pays une famille de ce nom, auprès de laquelle nous avons pris des renseignemens à son sujet ; mais nos recherches ont été infructueuses. Il fut élève d'Ockenheim, sur la mort duquel il composa une *déploration* en contrepoint

et canon, à cinq parties, sur le plain-chant de *l'Introït* de la messe des morts. Cette pièce savante et singulière se trouve dans l'Histoire de la Musique de Burney, et autres ouvrages modernes. Adami da Bolsena dit qu'il fut chanteur à la chapelle pontificale du tems de Sixte IV, c'est-à-dire de 1471 à 1484. De là, il fut maître de chapelle à Cambray, ou du moins il séjourna dans cette ville, selon J. Manlius, qui, dans le troisième volume de ses Collections, rapporte une querelle qu'il eut avec un copiste qui s'était permis de corriger son chant ; enfin, on croit généralement qu'il fut maître de chapelle de Louis XII. Glaréan, dans son *Dodecachorde*, imprimé en 1547, le nomme le *Primarium* des chanteurs du Roi, et raconte quelques anecdotes, qui supposent qu'il le fut en effet. Ce prince lui avait promis un bénéfice et avait oublié sa promesse ; Josquin, pour la lui rappeler, composa un motet sur ces paroles : *Memor esto verbi tui* etc. (Souvenez-vous, seigneur, de vos promesses). Le Roi n'y ayant pas fait attention, Josquin en fit un autre, sur ces paroles : *Portio mea non est in terrâ viventium.* (Je n'ai point de partage sur la terre des vivans). Cette fois, le Roi comprit le sens du motet, et donna un bénéfice à Josquin, qui, pour le remercier, composa un troisième motet, sur ces paroles : *Bonitatem fecisti cum servo tuo Domine,* etc. (Vous avez usé de bienfaisance envers votre serviteur, etc.); mais Glaréan remarque que le desir l'avait mieux inspiré que la reconnaissance, et que son dernier motet ne valait pas le précédent.

Glaréan raconte encore que Josquin composa pour Louis XII, qui avait la voix très-faible, un canon à quatre parties, où ce prince faisait une tenue, et il rapporte ce canon, qui n'a rien d'extraordinaire.

Malgré le témoignage de Glaréan, on a élevé quelques doutes sur l'opinion que Josquin ait été maître de chapelle de Louis XII. Guillaume Dupeyrat, dans ses Recherches sur la chapelle de nos Rois, dit que cette charge n'a été créée que par François Ier ; et Colliete, dans son Histoire du Vermandois, attribue à cedernier prince les anecdotes que nous venons de rapporter sur Louis XII. L'auteur des *Elogia quorumdam Germanorum theologorum*, cité par M. Forkel, dit, dans celui de Lucas Lossius, prononcé en 1585, que Josquin fut musicien de l'empereur Maximilien, qui le chérit et le protéga beaucoup. Mais tous ces témoignages ne détruisent pas celui de Glaréan, écrivain contemporain, qui avait été, vers 1520, à Paris, où il avait vu J. Mouton, maître de chapelle de François Ier, avec qui il avait conversé, et dont il pouvait tenir ces faits, encore récens.

On ne sait point au juste l'année de la mort de Josquin : on croit qu'elle arriva dans les premières années du seizième siècle. On fit sur lui, comme sur son maître Okenheim, plusieurs épitaphes et *déplorations* ou chants funèbres. Swertius, dans ses *Athenis Belgicis*, a conservé une épitaphe qui se trouvait, sous son portrait, dans l'église de Saint-Gudule de Bruxelles, et un chant funèbre fait par Gérard Avidius, de Nimègue, qui se dit élève de Josquin. On trouve dans le Recueil de chansons françaises, à cinq et six voix, imprimé en 1545, à Anvers, chez Tilman Susato, l'épitaphe mise en musique, à sept voix, par Jérome Vinders. La *déploration* d'Avidius fut encore mise en musique, à quatre voix, par Benedicius, et à six voix, par N. Gombert. La première est beaucoup meilleure; on la trouve dans Burney et dans Forkel, tome second.

Josquin fut, ainsi que nous l'avons déjà dit, regardé à l'unanimité comme le premier compositeur de son tems. Tous les écrivains de cette époque, H. Finck, Séb. Heyden, Glaréan, Fabre d'Etaples, et autres, retentissent de ses éloges; ils s'accordent à reconnaître en lui tous les dons de la nature et de l'art : riche invention, originalité, expression, connaissance approfondie des règles et de toutes les ressources de la composition, habileté sans égale à les employer. Il est, disent-ils, le maître des notes; il en fait ce qu'il veut, les autres en font ce qu'ils peuvent.

Malgré son talent et sa facilité, Josquin soignait singulièrement ses

vrages, et ne se pressait point de les publier. C'est à la réunion de tant de causes qu'il faut attribuer non-seulement l'éclat, mais la solidité de sa gloire. Admiré de ses contemporains, Josquin servit de modèle à ses successeurs. Les didactiques de son tems et ceux des générations suivantes, appuyerent leurs préceptes de son autorité et de ses exemples. Séb. Heyden, Glaréan, Zarlin, Artusi, Cerone, Zacconi, Berardi, Buononcini, enfin, jusqu'au père Martini, qui écrivait de nos jours, le citent à chaque page; et si, aujourd'hui, il n'est plus connu que d'un petit nombre d'érudits, c'est que dans l'espace de trois siècles, qui se sont écoulés depuis sa mort, la musique a subi, dans sa constitution et dans sa notation, des révolutions immenses; c'est qu'en général les musiciens ont très-peu de zèle pour s'instruire de tout ce qui concerne l'histoire de leur art, et que le défaut de bons ouvrages sur cette matière (du moins en notre langue) leur rendrait l'instruction difficile, quand même ils en auraient le désir.

Josquin avait composé un très-grand nombre d'ouvrages. Presque tous ont été imprimés à plusieurs reprises dans le courant du seizième siècle. Un assez grand nombre sont parvenus jusqu'à nous. M. Forkel, dans son excellente Histoire de la musique (*Allg. Geschicte der musick*, t. II, p. 557. Leipsick, 1790), donne à ce sujet d'excellens détails. Nous y renvoyons le lecteur.

JOST, musicien de Vienne; y a composé vers 1780, les deux opéras : Le Voleur de pommes, et le Barbier de Benzing, avec plusieurs ballets, dont il n'a été rien imprimé.

JOUBERT, organiste à la cathédrale de Nantes en 1788, a donné, en 1776, au Concert spirituel de Paris, l'Oratorio français de sa composition : La ruine de Jérusalem, ou le Triomphe du Christianisme. Il a en outre composé pour le théâtre de Nantes, en 1778, l'opéra la Force de l'Habitude.

JOUBERT, violoniste au théâtre de l'opéra de Paris vers 1690, était un des meilleurs élèves de Lully sur le violon.

JOVANELLI (Roger), chanteur de la chapelle pontificale à Rome au commencement du dix-septième siècle, a fait paraître à Venise en 1664, un volume de motets à cinq voix. Voyez Gerbert, Hist.

JOZZI (Joseph), maître de chant à Amsterdam en 1762, né à Rome, fit graver, en 1761, à Amsterdam, huit sonates per Cembalo, lib. I. Voyez Lettres Critiques, tom. II.

IRHOV (Guillaume), a publié à Leyde en 1728 un ouvrage in-4° sous le titre : Conjectanea in Psalmorum titulos. Dans ce traité il prouve que la musique artificielle, ne nous vient point des Grecs, mais des peuples Orientaux, et principalement des Hébreux ou Chaldéens ; et que c'est de ces derniers que Pythagore l'apprit, et que viennent les noms les plus anciens des instrumens de musique. Il s'attache particulièrement à expliquer les titres des Psaumes.

IRRIG (Sebastien), musicien allemand à Paris, y a fait paraître en 1756, douze sonates pour le clavecin dans le goût d'Albertini.

ISAAC (Henri), contrapuntiste allemand du seizième siècle célèbre par ses compositions. Voy. Hawkins. Il fut maître de chapelle de l'empereur Maximilien I, et eut pour élève le célèbre maître de chapelle Louis Senfel.

ISHAM (John), organiste à l'église de Sainte-Marguerite, à Westminster, est mort au mois de juin 1726. Il a écrit un grand nombre de compositions très-estimées pour l'église. Voy. Hawkins, hist.

ISMENIAS, né à Thèbes, s'était acquis par son habileté tant de richesses, qu'il put donner, au témoignage de Lucien, sept talens, pour une seule flute. AElien rapporte qu'il fut envoyé en Perse comme ambassadeur.

ISO, a donné à l'Académie de Musique, en 1759, les deux opéras suivans : Phaëtuse, paroles de Fuselier, et Zémide, paroles du chevalier de Laurès.

ISOLA, compositeur italien, a donné au théâtre royal du Turin, en 1791, l'opéra la Conquista del vello d'oro. Voy. Almanacco de' teatri di Torino, 1798.

ISOUARD (Nicolo). Voy. Nicolo.

JUDENKŒNIG (Hans), a fait paraître à Vienne, en 1523, un écrit, in-4°, sous le titre Eine schœne kunstliche unterweisung, etc. Voyez Gruber, Beytrœge, page 39.

JULIEN (N.), s'engagea, en 1770, au Théâtre Italien. Il fit graver en 1780, sous le nom de Julien l'aîné, un recueil d'ariettes d'opéras comiques, pour deux violoncelles. Il serait possible que ce violoncelliste fut le frère du chanteur.

JULIEN (Pierre), publia, en 1570, le Vrai Chemin, pour apprendre à chanter toute sorte de musique.

JUMILHAC (Le P. de), bénédictin, a donné un ouvrage sur le chant d'église, intitulé : la Science et la Pratique du Plain-Chant, etc. par un religieux bénédictin de la congrégation de Saint-Maur, Paris, 1673, in-4°. Parmi les manuscrits que l'auteur a consultés, il faut compter celui de Saint-Evroult en Normandie, qui contient le Micrologue de Guy d'Arrezzo, son Antiphonaire et son Graduel, etc. Aussi en rapporte-t-il plusieurs passages.

JUMILHAC (Léon de), amateur, élève de M. Baillot sur le violon, a publié, en 1810, douze variations pour le violon, sur l'air : Que ne suis-je la fougère !

JUNGNICKEL, a publié à Francfort, en 1676, Fugen in pedal und Manual durch alle tonos zu tractiren. Voy. Corn. a Beugh. Bibl. mathem., p. 338.

JUNIUS (Adrien), docteur en médecine, philosophe, historiographe et poëte à Horn, en Hollande, naquit dans cette ville, le premier juillet 1512, et mourut à Armuyden, en Zéelande, le 6 juin 1575. Il a écrit un Nomenclateur, en diverses langues, qui a été imprimé plusieurs fois. Il explique dans cet ouvrage, sous le titre : Musica instrumenta, eoque spectantia, plusieurs termes techniques de musique. Voy. Walther.

JUNKER (Charles - Louis), chapelain de la cour à Kirchberg depuis 1779, né à AEhringen, fut d'abord précepteur dans le *philantropin* de Heidesheim. On a de lui les écrits suivans : 1° *Zwanzig komponisten, eine skizze*, 1776. 2°. *Tonkunst*, in-8°, 1777. 3°. *Betrachtungen über malerey, ton und Bildhauerkunst*, 1778, in 8°. 4°. *Einige der vornehmsten Pflichten eines kapellmeisters oder musikdirectors*, *Winterthur*, 1782, in-12. 5°. *Uber den Werth der Tonkunst*, Bayreuth, 1786. Outre cela, il a fourni aux *Mizellaneen artischen Innhalts*, de Meusel, une dissertation (*Uber die anspucher musick*), tome V, page 100. Et au Museum pour des artistes, du même auteur : *Artistische Bemerkungen auf einer Reise von Augsburg nach München*, premier cahier, pag. 20; *Bemerkungen auf einer Reise nach ludwigsburg und Stuttgard*, second cahier, pag. 69 ; *Vom Lohn der Kunst*, troisième cahier, p. 3 ; *Johann Martial Greiner, ibid*, p. 25 ; *Junge tonkünstler unserer zeit, ibid.*, pag. 27 ; *Ein Nachtrag zu der schænen kapelle in München, ibid*, p. 31.

En ouvrages pratiques, il a fait graver deux concertos pour le clavecin, avec accompagnement; et, en outre, quelques bagatelles pour le même instrument.

JURGENSEN, fabricant d'instrumens, vécut à Schleswig en 1783. Il a construit : 1°. Son Claveciu royal, de cinq pieds de long, de la largeur d'un clavecin ordinaire, avec douze variations. 2°. Un *Bellsonoreal*, avec cinq variations.

JUST (J.-A.), musicien de la cour du prince d'Orange, à la Haye, né vers 1750, étudia la musique d'abord à Berlin, chez Kirnberger, et ensuite, vers 1770, à la Haye, chez Schwindeln. Il est compté parmi les plus grands virtuoses sur le clavecin dans le goût moderne. Il a fait graver pour cet instrument, à Amsterdam et à la Haye, treize ouvrages, c'est-à-dire, treize œuvres de six sonates, de trios, de divertissemens et de concertos; dont on a contrefait une partie à Paris. Outre cela, il a composé la musique des opéras le Marchand de Smyrne, et le Page ; et une cantate pour la Pentecôte, à quinze voix ; en manuscrit.

JUSTAIN, musicien à Paris, a fait graver, en 1785, un concerto pour violon, à neuf parties.

JUSTICE. On a gravé sous ce nom, à Londres, six sonates pour le clavecin.

JUSTIN (N.), jeune poëte lyrique, a donné au Théâtre Italien, en 1805, Chacun son Tour, musique de M. Solié; et, en 1806, Philoclès, musique de M. Dourlen.

JUSTIN, martyr, de Sichem, aujourd'hui Naplouse, fut d'abord philosophe de la secte de Platon. En 133, il embrassa la religion chrétienne et mourut martyr, pendant les persécutions d'Antonin, en 163, et selon d'autres, le 13 avril 166. Ses écrits, qu'on a publiés a Londres en 1722, et à Venise en 1747, renferment de fort bons renseignemens sur la musique du service divin usitée dans son siècle. Voy. *Jœcher*.

JUSTINIANUS (Leonhard), gentilhomme venitien, vécut vers 1428. Il fut célèbre non-seulement par ses grandes connaissances dans les langues grecque et latine, mais aussi par ses talens comme musicien et compositeur. Il a composé une quantité de chansons d'amour, qui eurent tant de succès que toute l'Italie en fut pour ainsi dire inondée, au grand dépit du clergé. Pour réparer sa faute, il en composa, dans la suite, un aussi grand nombre d'autres en l'honneur de la Ste. Vierge et des Saints. Voy. *Jacobi Philippi Bergamensis, Suppl. Chronic.*, lib. XV, p. 272.

JUSTINIEN, Empereur Grec, né à Ochrida, en Bulgarie, dans le sixième siècle, est connu par le recueil des lois romaines, qui fut fait par ses ordres, et dont se compose le *Corpus juris*. Il était fort bon musicien, et l'on chante encore aujourd'hui, dans l'église grecque, un *Troparius*, ou hymne de la divinité de Jésus-Christ, dont il a composé la musique. Il est mort le 14 novembre 565. Voy. Histoire de Gerbert.

JUSTINUS. Dans le *Triodium*,

on le compte parmi les moines grecs qui se sont acquis du mérite pour le chant de leur église.

K

KAA (François-Ignace), maître de chapelle à la cathédrale de Cologne, en 1783. Il a été gravé, de sa composition, à la Haye, six œuvres, consistant en symphonies, quatuors, trios et duos.

KAEBERLE, membre du conseil à Benthen-sur-l'Oder, en 1740, était un célèbre hautboïste. Il a composé la plupart des ouvrages qu'il a exécutés. Voy. *Ehrenpforte*, p. 420.

KAEMPFER (Joseph), contrebassite célèbre de Londres vers la fin du dernier siècle, était Hongrois de naissance, et d'abord officier dans l'armée autrichienne. Étant en garnison dans la Croatie, le désœuvrement lui fit venir l'idée de se rendre célèbre par la musique. Il choisit à cet effet la contre-basse, parce que ayant, sur cet instrument, beaucoup moins de rivaux à craindre, il lui semblait plus facile de parvenir à son but. Sans maître, son génie et le goût du beau furent seuls ses guides. Croyant enfin être parvenu à une habileté assez grande pour se faire entendre publiquement, il se rendit à Vienne, où il fut reçu, quelque tems après, à la chapelle du prince Esterhazy. Cette chapelle, qui comptait alors parmi ses membres les meilleurs virtuoses, était dirigée par l'immortel Haydn. A force de travail, Kæmpfer parvint à exécuter non-seulement sur son instrument (qu'il était dans l'usage de nommer son *Goliath*), les passages les plus difficiles du violon, mais aussi à donner aux sons les plus élevés une telle délicatesse, qu'ils imitaient le son doux de l'harmonica.

Voulant entreprendre, en 1776, un voyage en Allemagne, et trouvant que la grandeur de son instrument le rendait trop incommode pour être transporté, il s'en fit construire un, de manière qu'au moyen de vingt-six vis qu'il y avait appliquées, on pouvait le démonter et le réunir à volonté. Il termina ses voyages sur le continent par celui de Pétersbourg, de là il se rendit, en 1783, à Londres. Il y eut, dès son premier début, tant de succès, qu'on lui offrit sur-le-champ la place de solo au grand concert d'Abingdon.

KAESTNER (Abraham), ci-devant docteur et professeur en droit à l'Université de Leipsick, y a fait imprimer, en 1740, un programme in-4°, intitulé : *De juris Consulto musico.*

KAISER ou KAYSER (P. L.), musicien à Winterthur en Suisse, né à Francfort-sur-le-Mein, en 1736. En 1784, il fit son second voyage en Italie. Il touchait du clavecin avec un goût exquis. On reconnaît facilement dans ses compositions la manière de Gluck, qu'il cherchait à imiter.

Il a publié, jusqu'en 1790, les ouvrages suivans : Chansons allemandes avec mélodies, Winterthur, 1775. — Hommage au portrait de Gluck, dans le Mercure allemand de 1776. —Chansons avec accompagnement de clavecin. Leipsick, 1777.—Cantate pour la fête de Noël, Winterthur, 1781. — Deux sonates en symphonies pour le clavecin, avec l'accompagnement d'un violon et de deux cors, Zurich, 1784.

KAISER (Elisabeth), non moins célèbre par son talent de cantatrice que par sa beauté et sa fécondité, obtint, à l'âge de quinze ans, les plus grands succès sur le théâtre de l'opéra de Dresde. Elle eut de son mari Carlé Kaiser, ténor d'un médiocre talent, vingt-trois enfans, dont quatre couples de jumeaux. De Dresde elle passa à Stockholm. Le roi de Suède, Frédéric, trouva cette mère de vingt-trois enfans encore assez belle pour

IVRAGO, était un virtuose sur le hautbois, à la cour de Turin, vers 1772.

eu faire sa maîtresse déclarée : elle eut de lui son vingt-quatrième enfant, auquel on donna le nom de Hessenstein. Le roi dut à cette femme la conservation de ses jours dans l'incendie de la salle de l'Opéra, à Stockholm. Déjà toutes les machines du fond du théâtre étaient en feu, sans que les spectateurs s'en aperçussent, et tous les secours qu'on y portait devenaient inutiles. Elisabeth Kaiser voyait le danger, mais elle eut assez de présence d'esprit pour s'approcher, tout en chantant, et sans interrompre sa pantomime, de la loge du roi, auquel elle faisait des signes qu'il ne comprenait pas. Enfin, profitant d'un moment favorable, elle lui dit : *Sire, eloignez-vous, le feu est à la salle.* Le roi l'ayant entendue sortit aussitôt. Dès qu'Elisabeth put présumer que son amant était en sûreté, elle cria *au feu! au feu!* Et gagnant sa loge, elle jeta son fils royal, âgé de quatre ans, par la fenêtre, qui n'était pas fort élevée, et se précipita après lui.

KALKBRENNER. (Christian), Juif prussien, mort à Paris le 10 août 1806, dans sa cinquante-unième année, était né en 1755, à Munden, dans l'électorat de Hesse. Il eut pour maître le célèbre Emmanuel Bach, et se distingua dit-on parmi ses nombreux élèves, au point d'être reçu très-jeune encore à la chapelle de l'électeur. Il quitta Hesse-Cassel pour se rendre à la cour de Berlin. Attaché au prince Henri, frère du grand Frédéric, il composa pour son théâtre les opéras suivans : La Veuve du Malabar, Démocrite, la Femme et le Secret, etc. En 1796, il parcourut quelques cercles de l'Allemagne, visita ensuite l'Italie, et de là enfin, se rendit en France. Paris devint le terme de ses voyages et de ses succès. Il fut reçu peu après maître de chant à l'Académie impériale de musique, où il donna Olympie qui n'eut qu'une seule représentation, etc. Il est mort au moment où il préparait la mise en scène de l'opéra d'Œnone, reçu par le Jury

en l'an 8, et destiné à paraître dès l'an 9. Quelques morceaux de cet ouvrage, qui n'était d'abord qu'une cantate, avaient enlevé tous les suffrages dans plusieurs concerts où l'auteur les avait fait entendre.

Kalkbrenner a composé aussi quelques ouvrages sur la théorie de l'art musical. Il a publié à Berlin un, Traité d'accompagnement, et à Paris, un Traité de la Fugue et du contrepoint, d'après le système de Ritcher. On lui est encore redevable d'une Histoire de la Musique, en deux volumes in-8°., publiée en 1802. Ce qui est digne de remarque, elle est écrite en français par un Allemand. L'auteur n'a pas eu le tems de l'achever (1). La partie la plus importante reste à faire, celle qui s'étend depuis Guido d'Arrezzo jusqu'à nos jours. Voy. les Quatre Saisons du Parnasse, Automne, 1806.

KALKBRENNER (Frédéric), fils du précédent, est né en 1784. On le regarde comme un des meilleurs élèves de M. Adam sur le piano. Ses compositions sont assez estimées. Il a publié, pour son instrument, deux œuvres de sonates; plusieurs fantaisies; un trio, avec accompagnement de violon, alto et basse, et une sonate à quatre mains. Il achève en ce moment un grand opéra, dont M. Paganel a fait les paroles.

KAMMEL (Antoine), musicien de la chambre et flûtiste du roi d'Angleterre, à Londres. Il demeurait autrefois à Prague, et semble être Bohémien de naissance.

En 1782, il existait déjà dix-neuf ouvrages de sa composition, publiés en partie à Londres, et en partie à Amsterdam et à la Haye. Ils renferment six œuvres de six duos, autant de trios, quatre œuvres de six quatuors et six concertos, tous pour le violon; et en outre six symphonies et six trios pour le clavecin. On a encore de lui une quantité d'autres morceaux isolés pour instrumens, en manuscrit. Il a le chant agréable et mélodieux, quoique sa composition ne soit pas toujours de la

___

(1) Comme il était Juif, il ne s'attache guère qu'à la musique des Hébreux.

plus grande pureté. Voyez L. Gerber.

KANNENGIESSER (J. J.), musicien de la chambre du roi de Prusse, né à Hanovre. En 1755, il était à Berlin, au service du prince de Wurtemberg. On assure qu'il était très habile sur le violon et sur le clavecin, et bon compositeur pour ces deux instrumens. On le regarda comme le meilleur maître de chant de Berlin. Il a été imprimé de lui, en 1788, trois duos pour deux sopranos.

KAPSBERGER (Jean-Jérome), Allemand, issu d'une famille noble, a été célébré par Kircher et Walther pour ses compositions aussi nombreuses que variées, et pour son exécution sur presque tous les instrumens, et spécialement sur le *theorbo-lute*, dont l'invention est moderne. Il aussi aidé Kircher dans sa compilation, intitulée *Musurgia*. Voy. Hawkins, *History*, tome IV, page 183.

KARAUSCHEK, s'est fait connaître, vers 1782, comme compositeur, par différens morceaux de musique instrumentale, tels que des concertos pour basson et violoncelle et des symphonies.

KARR, musicien allemand, demeurant à Paris, y fit graver, vers 1782, deux concertos pour violon.

KARR (Henri), habile pianiste, né à Deux-Ponts en 1784, a pris dès leçons de piano de M. L'Etendart, le meilleur élève de Balbâtre. Il a publié jusqu'à présent, pour le piano : 1°. Une grande sonate. 2°. Une fantaisie sur les airs du Mariage de Figaro. 3°. Une fantaisie sur un air de Cendrillon. 4°. Un divertissement. 5°. Quelques recueils de romances. Il a aussi plusieurs ouvrages sous presse.

KAUER (F.), musicien de Vienne, y a publié : *Kurzgefaste klavierschule für anfænger*, 1786 ; *Kurzgefaste violinschule für anfænger*, 1787 ; et enfin, *Fantasia per clavic. solo*. C'était un compositeur médiocre.

KAUFMANN. On a gravé sous ce nom, à Paris, en 1784, un recueil d'airs nouveaux pour deux violons ; mais nous ignorons si c'est le violoniste Kaufmann de Berlin, ou un autre, qui en est l'auteur.

KAUSCH (Jean-Joseph), docteur en philosophie et en médecine, naquit à Lœwenberg le 16 novembre 1751. Il a publié à Breslau, en 1782, une dissertation fort intéressante sur l'influence des sons, et particulièrement de la musique, sur les affections de l'âme ; suivie d'une autre sur le but immédiat des beaux-arts, in-8°.

KECK (Jean), bénédictin à Tegernsée. Dans la *Schedula professionis*, écrite de sa propre main, et achevée le 8 décembre 1442, que l'on conserve encore dans ce couvent, il se nomme lui-même *Frater Joannes Keck de Giengen, presbyter Augustanæ diocesis, artium ac sacræ theologiæ professor*. Le prince-abbé Gerbert a découvert, dans le même couvent, un manuscrit de sa main, ayant pour titre : *Introductorium musicæ*, et l'a donné dans le troisième volume, p. 319, de sa Collection des auteurs de musique.

KEEBLE (John), organiste de l'église de S. Georges, à Londres depuis 1759, était élève du célèbre Pepusch, ce grand partisan de la musique grecque, et qui fut compté parmi les plus grands clavecinistes d'alors. Keeble a adopté l'opinion de son maître, et l'a développée dans un ouvrage très-savant, et fort bien écrit, qu'il fit imprimer à Londres, en 1784, sous le titre *The theory of harmonics : or an illustration of the grecian harmonica, in two parts*. (La théorie de l'harmonie, ou explication de celle des Grecs, deux volumes). Le premier volume traite de l'harmonie, telle qu'elle a été conservée par Euclide, par Aristoxène, et par Bacchius Senior ; et le second, de l'harmonie telle qu'elle est établie par les principes de la raison. V. le *Monthly Review* de 1785.

KEHL (Jean-Balthasar), chanteur à Bayreuth, né à Coburg, fut aveugle depuis 1780, et était auparavant organiste à Erlang. Il a fait imprimer les ouvrages suivans : Différentes sonates pour le clavecin, dans les Œuvres mêlées ; Recueil de quelques musiques simples variées, quatre cahiers, Nuremberg, 1770,

On a en outre de lui, en manuscrit, les Bergers à la crèche de
Béthléem; les Pélerins sur Golgotha,
drames; et divers autres morceaux
pour la musique instrumentale. Il
est mort vers 1790.

KEIL (Le docteur), a calculé
que dans quelques voix, les resser-
remens et les dilatations de la glotte,
sont si prodigieusement minces,
que cette ouverture qui n'a pas plus
d'un dixième de pouce, est divisée
en plus de douze cents parties; et
une oreille exacte distingue le son
différent de chacune. Quelle délicatesse de tension ne doit-il pas y
avoir dans les fibres! Il n'en est
pas de même d'une voix ordinaire
qui ne parcourt pas autant de divisions.

KEILHOLZ (Chretienne-Eli-
sabeth), l'aînée, cantatrice allemande très-estimée, était en 1783,
engagée au théâtre de Hambourg.

KEISER, père de l'immortel
Reinhard Keiser, fort bon compositeur pour l'église, vécut vers le
milieu du dix-septième siècle. Il
n'avait pas de demeure fixe; et
Mattheson nous apprend, que de
son tems encore, il existait des personnes à Hambourg et à Linne-
bourg, qui l'avaient connu personnellement dans l'une et l'autre de
ces villes, et qui possédaient plusieurs compositions pour l'église et
autres, dont il était l'auteur. Vers
1673, il demeurait en Saxe entre
Weissenfels et Leipsick, où naquit son fils. *Voyez Erenpforte*,
p. 126.

KEISER (Reinhard), naquit à
Leipsick, en Saxe, vers 1673. Il reçut de son père les premières leçons
de musique, et entra ensuite à l'école
de Saint-Thomas de Leipsick. Ayant
parcouru les classes de cette école,
il fut admis à l'université de la même
ville. Il commença dès-lors à cultiver ses talens pour la musique avec
d'autant plus de succès que, dans
les concerts et opéras brillans que
l'on y donnait alors, il trouva des
modèles d'émulation. Son mérite ne
tarda pas à être connu, et la cour
de Wolfenbuttel le chargea, en
1692, de composer la musique de
la pastorale Ismène. Quoiqu'extrêmement jeune encore, ce premier
essai public eut cependant tant de
succès, qu'il reçut la commission
de composer encore la musique de
l'opéra Basilius, qui devait être représenté l'année suivante. Il satisfit
à cette demande avec le même succès.

La situation brillante où se trouvait alors l'opéra à Hambourg, lui
ayant inspiré le desir d'y perfectionner ses talens, il s'y rendit à la
fin de 1694, et y débuta par la représentation de son opéra Basilius.
La représentation de son opéra
Irène ne put avoir lieu qu'en 1697;
elle fut suivie de celle de l'opéra
Janus, et de la pastorale Ismène,
que Mattheson qualifie de *Charmante*.

Depuis ce moment, il resta constamment à Hambourg, et y fut
pendant quarante ans le premier
et le plus estimé des compositeurs
pour ce théâtre. Il y a donné successivement, et avec un succès toujours égal, jusqu'à cent seize opéras.
Il a aussi composé beaucoup d'oratorios et des morceaux de musique
d'église à deux chœurs, quand il
était chanoine à la cathédrale.

En 1700, il établit un concert
d'hiver, dans lequel on distinguait
principalement le grand violoniste
Eberhard Reinwald, et les meilleures
cantatrices de ce tems.

En 1703, Keiser, en société avec
un homme de lettres nommé Drusike, entreprit lui-même le bail et
la direction de l'Opéra; mais son
penchant pour le plaisir ne lui ayant
pas permis de balancer sa dépense et
sa recette, il en résulta que Drusike
cessa au bout de six ans ses paie-
mens et s'éloigna. Keiser eut alors
recours aux talens sublimes dont la
nature l'avait doué, et composa dans
cette seule année (1709) huit opéras
nouveaux. Le produit de son travail,
joint au mariage avantageux qu'il
conclut à la même époque avec la
fille d'Oldenburg, praticien et musicien du magistrat, le tira avec
honneur de la position critique où il
s'était trouvé.

En 1716, il donna, en société
avec Mattheson, des concerts publics au *Baumhause*. Depuis 1728, il
fit un séjour de quelques années à
Copenhague, chez le comte de We-
del, et y obtint le titre de maître
de chapelle du Roi; mais il retourna

dans la suite à Hambourg, et y fut nommé, en 1728, chanteur à la cathédrale, place à laquelle est annexée celle de chanoine à cette église. En 1734, il donna l'opéra de Circé, le dernier de ses ouvrages pour le théâtre, et vécut depuis, dans la retraite, chez sa fille, dont il avait fait une excellente cantatrice. Il mourut le 12 septembre 1739, âgé de soixante-six ans.

L'Allemagne, l'Angleterre et l'Italie même, à ce que prétendent les Allemands, lui doivent la perfection de la mélodie. Mattheson et Telemann assurent que Hændel et Hasse se sont non-seulement formés d'après lui, mais qu'ils ont souvent profité de ses inventions. Graun lui-même, dut beaucoup à la lecture des ouvrages de Keiser.

Les chants de Keiser surpassaient en Allemagne tout ce que l'on avait entendu avant lui. Mattheson, dans son *Ehrenpforte*, dit que ses compositions se chantaient avec une facilité extrême, et pour ainsi dire d'elles-mêmes. Scheibe rapporte que Mattheson n'appelait Keiser que le premier compositeur d'opéra dans l'univers.

Hasse a dit à M. Burney (*Voyez Voyages de ce dernier, tome II*) *qu'il regardait Keiser comme le premier musicien de l'univers; qu'il avait écrit encore plus que Scarlatti, et que ses mélodies, malgré les changemens que cinquante ans avaient apportés dans la musique, étaient si harmonieuses que l'on pouvait les mêler parmi d'autres modernes sans que les connaisseurs mêmes pussent s'en apercevoir.* Le maître de chapelle Reichardt, dans son Magasin, page 36, parle avec la même chaleur du génie de Keiser.

Nous regrettons qu'il ne reste que fort peu de ses compositions. Ses ouvrages imprimés sont perdus. Tout ce que nous avons pu en découvrir se borne à une ariette, que le maître de chapelle Reichadt a conservée dans son Magasin. Voy. E. L. Gerber.

KEISER (Madame), fille d'un musicien du conseil de Hambourg, nommé Oldenburg, épousa Keiser en 1710. C'était une cantatrice excellente, qui sut rendre avec toute la délicatesse possible, les mélodies suaves composées par son époux. Elle ne chanta d'abord qu'à l'opéra, jusqu'à ce que Mattheson, alors chanteur à la cathédrale, l'introduisît en 1716 au chœur de cette église, pour y chanter dans les musiques solennelles, honneur qu'aucune personne du sexe n'avait encore obtenu avant elle. Elle mourut à Hambourg en 1735.

KEISER (Mademoiselle), fille unique des deux précédens, et depuis 1740 cantatrice à la chapelle royale de Copenhague, se retira au bout de quelques années, et mourut à Copenhague en 1768. Mattheson lui rend le témoignage qu'elle fut non-seulement une cantatrice excellente, mais qu'elle possédait aussi beaucoup d'esprit et toutes les qualités aimables de son sexe.

KEK, ex-jésuite à Manhein, y fut directeur du séminaire de musique, depuis son origine, c'est-à-dire depuis 1757, et s'acquit dans ce poste beaucoup de renommée. Il y vivait encore en 1790, et jouait alors, quoique très-âgé, le premier violon, avec beaucoup de feu.

KELLER (Henri Michel), naquit à Nordhausen le 10 février 1638. Bernard Meyer, alors organiste à Zerbst, fut son maître sur l'orgue et dans l'art de la composition. En 1658, il fut nommé chanteur à Berga, et en 1662, organiste Frankenhausen, où il mourut le 20 mai 1710. On a de lui plusieurs musiques simples artistement variées.

KELLNER (David), a publié à Hambourg, en 1732, un ouvrage in-4°, sous le titre : Leçons fidèles de la Basse continue, dont il y eut depuis quatre éditions, savoir en 1737, en 1743, en 1767, et en dernier lieu à Hambourg en 1773.

KELLNER (Jean-Christophe), fils du précédent, organiste à la chapelle catholique de la cour, et à l'église principale luthérienne à Cassel, naquit à Græfenrode en Thuringe, le 16 août 1735. Son père lui enseigna la musique, tant sur l'orgue que sur le clavecin ; il apprit ensuite la composition chez le célèbre Benda, à Gotha.

Il a fait paraître jusqu'en 1785, quinze œuvres tant gravés qu'imprimés , composés de sonates , de trios et de concertos pour le clavecin , de préludes de musique simple , et de fugues pour l'orgue. Il a aussi écrit plusieurs passions et cantates pour l'église , que l'on connaît en manuscrit. Le théâtre ne lui doit qu'un seul opéra intitulé: *Die Scha-denfreude* , qu'il fit imprimer en 1782. Il s'est fait connaître, comme auteur , par son Instruction théorique et pratique pour apprendre la Basse continue ; à l'usage des commençans , publiée en allemand en 1788.

KELLNER (Jean-Pierre) , ci-devant chanteur et organiste à Græ-fenrode , en Thuringe , né le 24 sep-tembre 1705, apprit les premiers élémens de son art chez Nagel , alors chanteur dans son lieu natal. Le fils de Nagel lui donna ensuite des le-çons de clavecin. Ce dernier ayant été appelé à Dietendorf , comme chanteur, Kellner l'y suivit, et resta avec lui pendant deux ans pour pro-fiter de ses leçons. Dans la suite, il se rendit à Zelle, chez l'organiste Schmidt, chez qui il resta encore un an. De là , il passa à Suhla , et y étudia encore pendant un an l'art de la composition chez le célèbre organiste Quehl. A l'âge de dix-sept ans, il revint à la maison paternelle, et y demeura trois ans. Il obtint alors la place de chanteur à Fran-kenhayn , d'où il retourna , après deux ans et demi dans sa patrie.

Il était organiste très - habile et savant fuguiste. Il se vantait d'avoir connu et fréquenté le grand Hændel et Sébastien Bach, et l'on raconte que, s'étant aperçu un jour que Bach était entré dans l'église, il commença le thème de la fugue B, A , C , H , et l'exécuta d'après sa manière ex-cellente.

Il a laissé beaucoup de composi-tions, dont on a gravé les suivantes : 1°. *Certamen musicum*, préludes , fugues, etc., 1748 et 1749, six suites. 2°. Une musique simple pour deux clavecins et pédale. 3°. Quatre suites, sous le titre *Manipulus mu-sices*. Outre cela , on connaît de lui, en manuscrit, quelques passions et autres pièces de chant pour l'église, sans compter une quantité d'autres compositions pour le clavecin et l'orgue. Marpurg , dans ses *Bey-*

træge , tome premier , a donné sa biographie.

KELLY , lord anglais , et ama-teur de musique à Londres. Il a été gravé dans cette ville, vers 1776, plusieurs symphonies , et six trios pour violon, de sa composition.

KELWAY , organiste à l'église de Saint-Martin de Londres vers 1744. L'honneur que lui fit Hændel d'aller souvent à son église quand il savait qu'il y jouait prouve son grand mérite. On a gravé de lui , à Londres , un livre de sonates pour le clavecin.

KEMPE (Emmanuel-Benjamin), a fait imprimer à Dresde, en 1737, *Programma de sacris musicæ præ-fectis apud veteres Hebræos.*

KEMPE (Jean), fils d'un sé-nateur de Wolau , en Silésie , fut chanteur à Winzig en 1619, et on le comptait alors parmi les musi-ciens les plus célèbres. Il jouissait aussi, comme poëte, de beaucoup de réputation. Voyez *Christ. Ph. Kœllneri schediasma de eruditis , Wolavia oriundis*, p. 46.

KENDAL, organiste à Londres, y fit graver, en 1780, un livre de pièces pour l'orgue.

KENNEDY (Miss), jeune can-tatrice du théâtre de Londres , y chantait habituellement les rôles sé-rieux , et on l'y admirait, vers 1783, principalement à cause de sa voix sonore et de son goût exquis.

KENNIS (Guillaume-Gommar); directeur de musique de l'église de Saint-Pierre, à Louvain, vers 1768. On le regardait , en 1772, comme le premier de tous les violonistes dans les Pays-Bas autrichiens , principa-lement quand il s'agissait de l'exé-cution d'un passage difficile. Il fit graver à cette époque jusqu'à neuf ouvrages, tant à Paris qu'ailleurs, dont on connaît en Allemagne seu-lement le quatrième et le neuvième, composés l'un et l'autre de duos.

KENT (Jacques), compositeur de Londres. On trouve quelques échantillons de sa composition dans D. Boyce. *Catedral music.*

KEPLER (Jean) , le célèbre mathématicien et astronome, né à Wied , dans le pays de Wur-temberg, le 27 septembre 1571, mort à Ratisbonne en 1630, a fait im-primer à Linz en Autriche, en 1619, son ouvrage, *Harmonica-mundi*, en cinq livres ; dans le troisième il traite avec étendue des proportions harmoniques et des élémens du chant. Sa doctrine est fort commune et fort peu solide. On voit, par exemple, qu'il tache de prouver que le mouvement des corps célestes et l'harmonie dans la musique reposent sur les mêmes principes théoriques.

KERKADO (Mademoiselle), est auteur de la musique de la Méprise volontaire, opéra comique en un acte, paroles de M. Duval, joué au théâtre Feydeau, en 1805.

KERL (Jean-Gaspard de), maître de chapelle de l'électeur de Bavière, à Munich, naquit dans la Haute-Saxe vers 1625. Très-jeune encore, il vint à Vienne, et y apprit les premiers élémens de la musique sous la direction de Jean Valentini, maître de la chapelle de l'Empereur Ferdinand III. Ce prince l'envoya, vers 1649, à Rome, chez le célèbre Jacques Carissimi, afin de s'y perfectionner entièrement dans son art. Kerl répondit parfaitement à l'attente de son protecteur, et par son habileté sur l'orgue et ses talens dans la composition, se montra digne d'être le disciple d'un aussi grand maître. Ayant appris que l'empereur Léopold Ier allait être couronné, à Francfort-sur-le-Mein, le 22 juillet 1658, il s'y rendit et se concilia l'amitié du vice-maître de la chapelle impériale (Jean-Henri Schmelzer, au point que celui-ci le recommanda à l'Empereur, et inspira à ce Prince le désir de l'entendre. Léopold lui envoya un thème, qu'il devait exécuter le lendemain sur l'orgue, à quatre parties. Kerl accepta avec enthousiasme l'honneur de se faire entendre; mais il supplia le monarque de ne lui montrer le thème qu'au moment qu'il se trouverait sur l'orgue

Dès que l'Empereur fut arrivé à l'église, Kerl commença par une fantaisie superbe, et entra ensuite dans le thème, qu'il exécuta d'abord à deux parties. L'admiration de ses auditeurs fut à son comble, lorque, après un adagio excellent, il rentra une seconde fois dans le thème, qu'il exécuta d'abord à trois, ensuite à quatre, et enfin, à cinq parties au

moyen de la pédale, en y ajoutant encore un contre-thème, une variation de la mesure paire en impaire, et les autres artifices du contrepoint double. Il fit ensuite exécuter une messe brillante de sa composition. L'empereur et les autres princes présens furent tellement charmés de l'art qu'il avait déployé dans ces deux épreuves, que le premier lui accorda sur-le-champ des lettres de noblesse, et que les électeurs palatin et de Bavière lui firent à la fois l'offre de le prendre à leur service en qualité de maître de chapelle. Kerl accepta l'offre du dernier, et le suivit à Munich, où il accrut encore sa renommée par les compositions qu'il y donna dans la chapelle de l'Electeur. Connaissant parfaitement le goût italien, il eut soin d'arranger son chant de manière à satisfaire celui des chanteurs de ce pays qui se trouvaient alors à la chapelle de Munich, ce qui ne contribua pas peu à sa célébrité.

Cette complaisance ne put cependant le mettre à l'abri de l'envie. Las des tracasseries qu'on lui suscitait continuellement, il leur fit exécuter une pièce, dans laquelle il donna aux chanteurs les intervalles les plus extraordinaires et les plus difficiles à saisir, ce qui les rendit ridicules. Après cette vengeance, il se retira à Vienne, où on lui conféra, vers 1677, la place d'organiste à l'église de Saint-Etienne. Il y donna en même tems des leçons de musique, et y mourut vers 1690.

De ses ouvrages, on a imprimé les suivans : 1°. *Selectus sacrarum cantionum*, *x opus missarum*. 2, 3, 4, 5 *vocum*, *Norinb*. 1669. 2°. *Modulatio organica super magnificat*, *octo tonis ecclesiasticis respondens*, Monach., 1686. 3°. Six messes, composées avec un art extraordinaire, Nuremberg, 1689. On connaît encore en manuscrit : 1°. Sa *Missa nigra*, écrite entièrement en notes noires, chose rare pour ce tems. 2°. Un concerto pour deux castrats, avec basse continue. 3°. Un trio pour deux violons et une *gamba*. 4°. Des *toccates* et suites pour le clavecin.

KERNER (Laurent), musicien de Hambourg, vers 1690, fut le

maître de Mattheson pour le contre-point.

, KERNTL (P.-F.), a fait graver à Amsterdam et à la Haye, vers 1782, deux œuvres de duos pour flûte, et un de duos pour violon.

KERPEN (H.-C., baron de), chanoine aux cathédrales de Mayence et de Wurzbourg, et protecteur du concert d'amateurs de musique dans cette ville, où il jouait lui-même du violoncelle, a composé l'opéra le Naufrage, et en outre plusieurs autres pièces, dont on a gravé, à Manheim, trois trios pour clavecin, avec accompagnement de violon, op. 1. En 1783, parut, à Mayence, son ode d'*Adieu*, et une sonate de clavecin, insérée dans l'Ecole de musique, de Vogler.

KERZELL ou KERZELLI (Michel), musicien à Vienne. On a de lui six quatuors, avec violons concertans, et six duos pour violons, dont les derniers parurent en 1783. Vers 1787, il se trouvait à Moscow.

KESSEL, chanteur à Freyberg en 1770, est connu par différentes compositions pour l'église, en manuscrit.

KESSELRING (Jean-André), chanteur à Ringleben, en Thuringe, sur la Géra, vers 1744. Dans la préface qu'il écrivit pour les *Kirchenendachten de Neumeister*, il soutint que Dieu avait ordonné la musique d'église par les prophètes. Un anonyme, qui signa Z. R., ayant cherché à réfuter cette assertion, il publia en 1744, à Erfurt, un second écrit, sous le titre *Zwinglius redivivus* (parce que Zwingle avait été aussi ennemi de la musique d'église). Il tâche d'y justifier son opinion.

, KETTE (Albert), organiste de la cour et de la cathédrale de Wurzbourg, né dans les environs de Schwurzenberg, en 1726, apprit les élémens de la musique chez son père, qui était maître d'école, et y fit tant de progrès qu'il fut en état, lors de la mort de ce dernier, d'occuper sa place, quoiqu'il n'eût alors que onze ans. Dans la suite, il vint à Wurzbourg, pour y faire ses études. Y ayant trouvé le célèbre organiste Bayer, il profita de toutes les occasions pour l'entendre, et finit par

prendre même des leçons de lui. Par ses efforts, il parvint à un tel degré de perfection qu'à la mort de Bayer, en 1749, il obtint sa place.

Il s'exerça particulièrement dans la fugue, et composa une quantité de morceaux pour l'église, de concertos, de parties, etc. Il a aussi formé plusieurs élèves. Il mourut, dans la force de l'âge, en 1767, âgé seulement de quarante-un ans. Voy. Meusel, *Miscell. artist. Inh.*, cah. 6, p. 37.

KICKER (Christophe), musicien polonais au commencement du dix-septième siècle. Staravolsci, dans son *Elog. cent. illust. Polon. Franckf.* 1625, assure qu'il fut un des compositeurs célèbres de son tems.

KIESELBERGIN (Madeleine), nonne très-savante et bonne musicienne du couvent de S. Nicolas, à Eisenach, mourut d'apoplexie en 1452. Voy. D. *Paullini philosoph. feyerabend*. p. 170.

KIESEWETTER (Jean-Frédéric), archiviste de la chambre de finances, et premier violon à la chapelle d'Anspach, un des meilleurs violonistes de l'école de Benda, naquit à Cobourg. Après avoir fait son cours d'études, il prit à Rudolstadt, chez Graf, des leçons de flûte et de hautbois; mais il quitta dans la suite ces instrumens, pour choisir le violon, sur lequel il parvint, en peu de tems, au plus haut degré de perfection. Il obtint la place qu'il occupait à Anspach, à l'occasion du mariage du margrave en 1754. Son fils cadet, âgé seulement de dix ans, auquel il avait enseigné la musique, donnait, en 1790, les plus belle espérances.

KINDERMANN (Jean-Erasme), organiste à Saint-Egide, à Nuremberg, naquit le 29 mars 1616. Ce fut un des plus célèbres compositeurs et organistes de son tems. Il mourut le 14 avril 1655. Outre quatre ouvrages pratiques, composés de toccates, de fugues, de sonates, etc., pour l'orgue, qu'il fit graver en tablature allemande, il a encore fait imprimer, en 1643, un ouvrage in-4°, qu'il dédia au magistrat d'Ulm, et qui porte pour titre *Musica catechetica, oder catechismus auf die 6 hauptstucke desselben*

*gerichtet, wobey hochzvvéen ge-
sænge, vor und nach dem essen,
sammt einem morgen-und abend
sangen von 5 stimmen und einem
generalbass.* Voy. Walther.

KING (CHARLES), musicien et
compositeur anglais, fut bachelier
en musique à Oxford, et vicaire à
l'église de Saint Paul à Londres. Il
fut élevé dans le chœur de cette église
par le docteur Blow. Il obtint ensuite la place d'organiste dans une
autre église. Il est mort le 17 mars
745. Il a composé quelques motets
et plusieurs cantiques. Voy. Hawkins.

KING (ROBERT), compositeur
anglais et musicien à la chapelle du
roi Guillaume, à Londres, fut, en
1696, créé bachelier en musique à
Cambridge. On a de lui plusieurs
morceaux pour le chant.

KING (WILLIAM), organiste et
compositeur au nouveau collège
d'Oxford. Il a été imprimé, de sa
composition, poésies et chansons de
différentes espèces pour le théorbe,
le clavecin et la basse, Oxford,
1688, in fol. Il avait rédigé cet ouvrage pour madame Cowley.

KIRBYE (GEORGES), musicien
anglais au commencement du dix-
septième siècle, était alors connu à
Londres comme un des compositeurs
les plus distingués. On trouve différens morceaux de sa composition
dans les Triomphes d'Oriane.

KIRCHER (ATHANASE), jésuite,
né à Buchow, dans la principauté
de Fulde, en 1602, fut d'abord
professeur à Wirzbourg, ensuite à
Avignon, et en dernier lieu à Rome,
où il mourut le 30 octobre 1680, à
l'âge de soixante-dix-huit ans.

Il a fait imprimer à Rome, en
1650, un ouvrage, en deux volumes
in-folio, sous le titre *Musurgia vel
ars magna consoni et dissoni,* avec
des planches. Cet ouvrage eut encore deux éditions par la suite. Il est
composé de dix livres dont voici les
titres : *Lib. I., Anatomicus. —
Lib. II, Philologicus. Lib. III,
Harmonicus. — Lib. IV, Géomé-
tricus. — Lib. V, Melotheticus. —
Lib. VI, Organicus. — Lib. VII,
Diacriticus. — Lib. VIII, Miri-
ficus. — Lib. IX, Magicus. —
Lib. X, Analogicus.* Il traite dans
l.

cet ouvrage de : *Musica combinato-
rea, rhetorica, sphigmica, ethi-
ca, politica, monarchica, aris-
tocratica, democratica, æcono-
mica, metaphysica, hierarchica,
archetypa,* etc. André Hirsch en
a donné un extrait en 1662, sous le
titre : *Kircherus, jesuita germanus,
germaniæ reponatus, seu artis
magnæ de consono et dissono ars
minor.* A la fin du premier volume,
on trouve une chanson dont la musique est de la composition du roi
Louis XIII, et un air italien de
l'empereur Ferdinand III.

Dans un autre ouvrage, que Kircher publia en 1654, à Rome, sous
le titre *De arte magnetica,* il traite
aussi de la musique. Un troisième
ouvrage, qu'il fit imprimer à Kempten, en 1682, en latin, sous le titre
Phonurgia, a été traduit en allemand par Agathon Carione.

KIRCHHOF, Saxon, harpiste à
Copenhague vers 1786, se fit entendre vers 1758, avec le plus grand
succès, à la cour de Russie, à Pétersbourg. Il existe, de sa composition, six recueils pour la harpe, deux
violons et basse, et quelques solos
pour la harpe, tous en manuscrit.

KIRCHHOF (GODEFROI), était
à Halle vers 1762, et a fait graver à
Amsterdam, en 1750, un A B C
musical.

KIRCHMAIER (THÉODORE),
docteur en philosophie et adjoint
de la faculté philosophique à Wittemberg, y a fait imprimer en 1672,
un écrit in-4°, intitulé *Schediasma
physicum, de viribus mirandis
toni consoni,* en trois chapitres,
dont le premier traite *De viribus
mirandis toni consoni in movendis
affectibus;* et le second *In concitandis ac rumpendis corporibus;* et
le troisième *In curandis morbis.*

KIRCHNER, chanteur à Biche-
lohe en 1770, se fit connaître à cette
époque par une année de musique
d'église, à grand orchestre, et par
quelques symphonies, en manuscrit.

KIRKMANN, a fait graver à
Londres, vers 1782, six *lessons* ou
sonates pour le clavecin, op. 3.

KIRMAYR, compositeur très-
estimé, s'est fait connaître, vers

1770, par plusieurs quatuors, quintettis, etc., pour le violon.

KIRNBERGER (Jean Philippe), musicien de la princesse Amalie de Prusse, naquit à Saalfeld, en Thuringe, le 24 avril 1721. Après avoir appris, dans son pays natal, les premiers élémens du clavecin et du violon, il prit des leçons sur le premier de ces instrumens chez le célèbre J.-P. Kellner, alors organiste à Græfenroda, en Thuringe. En 1738, il se rendit à Sondershausen, où il continua son étude du violon sous la direction de Meil, musicien de chambre dans cette ville. Il profita en même tems de toutes les occasions pour former son goût, en fréquentant avec assiduité la chapelle du Prince, et chercha à se familiariser avec la manière de l'organiste Gerber, dont il cultiva beaucoup la connaissance. Ce dernier, élève de Bach, lui avait fait souvent l'éloge de ce grand compositeur, ce qui inspira à Kirnberger l'idée de se rendre à Dresde. Il exécuta ce projet en 1739, et y jouit pendant deux ans, tant sur le clavecin que dans la composition, des instructions de ce grand maître.

En 1751, il cultiva quelque tems le violon sous la direction de Fickler, alors musicien de la chambre du Roi. De là, il partit pour Berlin, et entra à la chapelle du Roi en qualité de violoniste. En 1754, il passa, avec l'agrément du Roi, à la chapelle du margrave Henri, qu'il quitta encore quelque tems après, pour entrer, en qualité de musicien de la chambre, au service de la princesse Amalie. Il mourut dans cette place, la nuit du 26 au 27 juillet 1783, après une maladie longue et douloureuse.

Dans les vingt dernières années de sa vie, il ne s'occupa que de la théorie de la musique, quoiqu'il ne manquât ni de goût ni d'habileté dans la pratique de son art. Voyez Mattheson, lettr. crit. t. I.

Voici la liste des ouvrages de théorie qu'il a laissés : 1°. *Constrution der gleichschwebenden temperatur* (Construction de la température balancée), 1760. 2°. *Die kurnst des reinen satzes*, etc. (l'Art de la composition pure, d'après des principes positifs, expliqués par des exemples), 1774. 3°. *Die wahren*

grundsætze zum gebrauch der harmonie (Principes de l'usage de l'harmonie), 1773. 4°. L'Art de la composition pure, second volume, première, seconde et troisième partie, 1776. 5°. *Grundsætze des general basses als erste linien zur komposition* (Principes de la basse continue comme premiers élémens de la composition), avec beaucoup de planches, 1781. 6°. *Gedanken über die verschiedenen lehrarten*, etc. Idées sur les différentes méthodes de compositions, etc.), 1782. 7°. *Anleitung zur sing komposition mit oden in verschiedenen sylbenmasen* (Instruction pour apprendre la composition du chant, etc.), Berlin, 1782. C'est enfin à lui qu'on doit la plupart des articles de musique contenus dans le premier volume de la Théorie des beaux-arts, par Sulzer.

Quant à ses ouvrages pratiques, on peut voir le Dictionnaire de E. L. Gerber.

KIRSTEN, d'abord organiste à l'église réformée, et depuis 178), à l'église du Château, à Dresde, est connu, depuis 1770, par six trios pour clavecin, avec un violon, à l'usage des commençans, et par diverses sonates faciles pour le clavecin.

KITTEL (Christophe), organiste de la cour et compositeur à Dresde, a publié, en 1657, douze cantiques à quatre voix, pour le chœur de petits orchestres, par le maître de chapelle Schütz.

KITTEL (J.-C.), organiste à l'église du magistrat d'Erfurt, y naquit vers 1724, et est mort en cette ville en 1809. Il était alors le seul élève encore vivant du grand Sébast. Bach, et digne sous tous les rapports de ce grand maître.

Il n'a été imprimé de lui qu'un seul recueil de six sonates de différens genres pour le clavecin, qui parut en 1787. Mais on connaît en manuscrit plus de vingt musiques simples variées, plusieurs préludes et fugues, un livre de musiques simples à quatre voix, et d'autres pièces pour le clavecin.

Lorsqu'il quitta l'école de Bach, à Leipsick, il obtint la place d'organiste à Langensala. Ce ne fut qu'en 1756 qu'il vint à Erfurt.

KLEIN, joueur de flûte traversière au Concert Spirituel de Paris, en 1780, y a fait graver, à cette époque, trois divertissemens pour deux violons.

KLEIN, organiste de la grande église de la Haye, naquit à Hambourg. C'est lui qui composa la grande musique, en trois parties, qui fut exécutée dans son église le 18 septembre 1788 en mémoire de la révolution. L'orchestre était composé de quarante chanteurs, et de soixante instrumens.

KLEIN (JEAN-JOSEPH), avocat et organiste à l'église de la ville d'Eisenberg, a publié à Gérà, en 1783, un ouvrage, in 8°, sous le titre *Versuch eines lehrbuchs*, etc. (Essai d'une instruction systématique de la musique pratique). En 1785, il fit encore paraître *Choralbuch mit einem vorberichte*, etc. (Livre de musique simple, avec une introduction sur ce genre de musique et son usage dans le service divin).

KLEINKNECHT (JEAN), père de plusieurs musiciens de ce nom qui se sont rendus célèbres, vécut au commencement du dernier siècle à Ulm, où il fut maître de concert et organiste en second à la cathédrale.

KLEINKNECHT (JEAN-WOLFGANG), fils aîné du précédent, et maître de concert à la chapelle du margrave d'Anspach, naquit à Ulm le 17 avril 1715. Il fit ses premières études au gymnase de cette ville, et y acquit les connaissances étendues qu'il déploya dans la suite.

Son père lui enseigna la musique, et il y fit tant de progrès qu'à l'âge de huit ans, il put se faire entendre sur le violon devant le duc de Würtemberg, et à différentes cours, où il fut généralement admiré. Encouragé par ces premiers succès, il résolut de se consacrer entièrement à la musique. Le hasard favorisa ses desseins. Le duc de Würtemberg le nomma, en 1733, son musicien de chambre, et l'appela en cette qualité à sa chapelle à Stuttgard, où se trouvait alors, en qualité de maître de chapelle, Brescianello, un des premiers violonistes de son tems. Il fut le premier modèle d'après lequel

le jeune Kleinknecht chercha à se former.

Après la mort du Duc, il fit des voyages à différentes cours, et obtint, à cette occasion, une place de violon à la chapelle d'Eisenach. L'épouse de Frédéric, margrave de Bayreuth, ce grand protecteur des arts, l'y ayant entendu, le demanda pour assister à l'exécution d'un opéra qu'on devait donner à Bayreuth lors de la fête de la naissance du margrave. Les agrémens qu'il trouva dans cette cour et la faveur que lui accorda le Prince firent, qu'oubliant Eisenach, il accepta la place de maître de concert que ce dernier lui avait offerte. Il y fit la connaissance de François Benda, et sa manière lui plut tellement qu'il l'adopta.

Le premier enthousiasme s'étant évaporé, il se ressouvint du duc d'Eisenach, qui l'avait comblé de grâces, et il commença à se reprocher l'ingratitude de l'avoir quitté sans congé. Dans le dessein de réparer sa faute, il prétexta le desir de visiter encore pendant quelque tems les différentes académies de musique, et demanda sa démission. Dès qu'il l'eut obtenue, il se rendit à Eisenach pour offrir ses services à son ancien maître, qui l'accueillit avec bonté.

Il employa le tems qu'il y passa (jusqu'à la mort du Duc) à cultiver de plus en plus ses talens, et y acquit tant de célébrité, qu'on avait à peine là mort du Duc à Bayreuth, qu'on l'invita d'y retourner pour rentrer dans la place de maître de concert. Lors du changement du gouvernement, en 1769, il passa avec les autres membres de la chapelle à Anspach, où il jouit jusqu'à sa mort de la bienveillance du dernier margrave. Il est mort le 20 février 1781, à l'âge de soixante-onze ans.

Il fut musicien très-habile et maître de concert excellent. Il savait principalement saisir au premier coup-d'œil l'idée du compositeur, qu'il exécutait ensuite avec vivacité, et avec l'exactitude la plus rigoureuse dans la mesure. Pour se faire une idée de son habileté, il suffit de dire que Hasse et Jomelli l'ont jugé digne de leurs éloges.

24.

KLEINKNECHT (Jacques-Frédéric), second fils de Jean Kleinkneckt, directeur, de chapelle à la cour d'Anspach, un des plus grands virtuoses sur la flûte traversière que l'Allemagne ait produits, naquit à Ulm le 8 juin 1722. Ses nombreuses compositions se distinguent autant par la noblesse du style que par leur grande pureté.

Voici celles qui ont été gravées : Six sonates pour flûte, Nuremberg, 1748 ; trois trios pour flûte, *ibid*, 1749 ; six solos pour le même instrument, à Londres, contre son gré ; six sonates, à Paris ; six solos pour violon, *ibid* ; six trios pour flûte, *ibid*, 1767 ; un concerto double pour deux flûtes, *ibid*, 1776. Un nombre infiniment plus grand de concertos et de sonates, pour toutes sortes d'instrumens, n'est connu qu'en manuscrit. Son frère, le maître de concert, a formé un de ses fils sur le violon, et on peut juger de ses talens, en apprenant qu'à son retour de l'université de Leipsick (en 1788), le margrave le nomma, malgré sa jeunesse, membre de la chapelle d'Anspach.

KLEINKNECHT (J.-Étienne), troisième fils de Jean Kleinknecht, et flûtiste à la chapelle de la cour à Anspach, naquit à Ulm le 17 septembre 1731. Deux de ses frères ayant déjà embrassé la musique, son père le mit au gymnase pour étudier les sciences; mais voyant qu'il avait un goût décidé pour la musique, il finit par l'envoyer, en 1750, à Bayreuth, auprès de ses frères. Il y rencontra Dœbbert, maître du Margrave sur la flûte, et ce fut par les leçons de ce dernier, et aidé par ses frères, qu'il acquit bientôt assez de connaissances non-seulement pour se faire entendre, avec succès, dans les concerts d'amateurs de cette ville. mais aussi pour donner lui-même des leçons sur cet instrument.

Le Margrave ayant établi, en 1754, une académie de musique, dans laquelle chaque amateur pouvait se faire entendre, Kleinknecht profita de cette permission pour faire connaître son talent. Il réussit si bien, que le Margrave le reçut à sa chapelle, et le choisit même pour l'accompagner sur la flûte. Il fut dès-lors le compagnon de tous les voyages que ce prince fit à ses différentes maisons de campagne.

La guerre de sept ans, qui éclata quelques années après, ayant amené Gœtzel, célèbre flûtiste de Dresde, à la cour de Bayreuth, Kleinknecht sut si bien captiver sa bienveillance qu'il l'honora de son amitié, et lui communiqua toutes ses connaissances. Les leçons de ce grand virtuose contribuèrent à lui faire atteindre le dernier degré de perfection.

Outre plusieurs voyages aux différentes cours des environs, il en fit aussi un en 1766, avec l'agrément de son prince, en Saxe et en Thuringe. Ses talens lui valurent partout l'accueil le plus favorable et beaucoup de présens.

On trouve dans Meusel, *Miscell. artist. Inh.*, douzième cahier, page 334, sa biographie, telle qu'il l'a écrite lui-même en 1782. Nous ne pouvons nous empêcher de faire remarquer l'harmonie et l'amitié de ces trois frères, qui, pendant trente ans, ont vécu ensemble dans la plus parfaite union.

KLEMSTEIN, musicien à Vienne, fit graver à Linz, en 1784, 12 *variaz. per il forte-piano secondo l'aria : schœnheit gleicht der jungen rose, nel opera das Irrlicht.*

KLIMRATH, musicien à Paris, y a fait graver, vers 1780, Recueil de petits airs pour le clavecin, op. 1.

KLINGHAMMER (J.-C.). En 1777, avait commencé à publier, à Salzwedel, un ouvrage périodique, sous le titre *Theoretisch praktische gedanken über die Tonkunst*, etc., premier cahier. Mais il n'a pas continué cette entreprise.

KLOB, se fit connaître, vers 1780, par différentes compositions pour le violoncelle, telles que concertos et solos, en manuscrit.

KLOCKENBRING (Frédéric-Arnold), secrétaire de la chancellerie secrète à Hanovre. Dans l'ouvrage qu'il a publié à Hanovre, en 1787, in-8°, sous le titre *Auffsetzen verschiedenen inhasts* (Dissertations diverses), on trouve les suivantes, relatives à la musique, savoir : 1°. Sur l'état de la musique dans les pays nouvellement découverts dans la mer du Sud, et particulièrement sur la différence du système d'intervalles de ces peuples avec le nôtre. 2°. Lettre d'un amateur de musique sur la question : Si des jeunes personnes de bonne famille doivent apprendre la musique, et comment ? 3°. Réponse d'une dame à l'auteur de la lettre précédente. L'amateur de musique recommande la théorie de l'art ; la dame, au contraire, insiste sur la pratique.

KLŒFFLER (JEAN-FRÉDÉRIC), a fait paraître, à Amsterdam, jusqu'en 1784, six ouvrages, consistant pour la plupart en concertos et duos pour flûte, et en symphonies. Le numéro six de ses ouvrages contient six sonates pour le clavecin. Il a encore publié six concertos, et six trios pour flûte; six symphonies à grand orchestre ; et six sonates pour violon et basse.

Il est l'auteur d'un essai de bataille, musique à deux orchestres, qu'il fit exécuter à Hambourg, à Copenhague et à Berlin. Voy. M. E-L. Gerber.

KLOTZ, célèbre fabricant d'instrumens, était élève de Steiner. Ses violons, très-estimés, imitent si bien la construction de ceux de Steiner qu'il est presqu'impossible de distinguer les uns d'avec les autres.

KLUGE (GOTTLOB). On a de lui : *Orgelpredigt welche am 3 advent.* 1754, *bei Einweihung der im Evangel.* etc. Ce discours, qui parut en 1756, à Breslau, in-4°, renferme, outre une défense bien écrite de la musique au service divin, plusieurs renseignemens sur les jeux et la disposition de l'orgue.

KLUGLING, organiste à l'église de Saint-Pierre-et-Saint-Paul, à Dantzick, en 1782, est compté parmi les meilleurs virtuoses sur le clavecin et sur l'orgue de la fin du dix-huitième siècle. Il a aussi composé plusieurs concertos pour le clavecin, dans la manière de Schobert.

KLYMA (Le Père), vécut, vers 1757, dans un couvent aux environs de Vienne, et fut très-renommé, dans cette ville, comme compositeur.

KNECHT (JUSTIN-HENRI), maître d'école luthérien et directeur de musique à Biberach, naquit dans cette ville le 30 septembre 1752. Son père fut son premier maître de musique ; mais, n'ayant que des connaissances très-bornées de cet art, il ne put lui donner que quelques leçons de chant et de violon. Cramer, organiste à l'église catholique de la même ville, lui enseigna les principes de la basse continue, dans laquelle Knecht fit bientôt tant de progrès, qu'au bout de six mois il put se passer de l'instruction de son maître.

A l'âge de douze ans, il fit son premier essai public dans l'art de la composition par un opéra, intitulé Abel et Caïn. Le génie qu'il y montra éveilla l'attention du conseiller de cour Wieland, et lui inspira le plus vif intérêt pour le jeune compositeur. Il l'encouragea non-seulement à continuer son étude, mais il l'admit aussi dans sa maison et lui apprit à connaître les ouvrages des grands maîtres, ainsi que la prononciation de la langue italienne. Knecht se familiarisa dès-lors avec les compositions des premiers maîtres, tant pour l'église que pour le théâtre et la chambre ; et augmenta en même tems chaque jour ses connaissances dans la théorie de la musique par la lecture des meilleurs auteurs. Il apprit aussi, sans aucunes leçons, à jouer de la flûte, du hautbois, du cor et de la trompette; mais la délicatesse de sa poitrine l'obligea, quelque tems après, de renoncer à ces instrumens.

En 1768, il se rendit à l'église collégiale d'Esslingen, et y continua l'étude de la musique, sous Schmidt, alors directeur de musique à cette église. Les leçons de ce dernier sur l'orgue, la lecture des écrits de Bach et de Marpurg, et principalement les compositions de Graun, qu'il y apprit à connaître, lui servirent à former son goût et à développer les talens qu'il fit briller par la suite.

Après avoir demeuré trois ans à Esslingen, il se préparait à se rendre à l'université, lorsque Doll, directeur de musique dans sa ville natale, donna sa démission, parce que son âge avancé l'empêchait de continuer ses fonctions. Knecht, âgé seulement de dix-neuf ans, se mit alors au nombre des aspirans à cette place, et l'obtint par l'élection unanime du magistrat, après un examen dans lequel il avait pleinement satisfait ses juges.

On peut lire la biographie détaillée de ce virtuose remarquable dans la Gazette de Bossler, de 1790, numéros 6, 7, et suiv. Pour ses ouvrages théoriques et pratiques, voyez M. Gerber.

KNEFERLE, organiste à Eichstædt en 1783, a étudié la musique à Naples, pendant huit ans. On assure qu'il est un virtuose excellent sur le clavecin et sur le basson.

KNIGGE (Adolphe-François-Frédéric-Louis, baron de,), né à Bredenberg, dans le pays d'Hanovre, le 16 octobre 1752, a fait graver à Francfort-sur-le-Mein, en 1781, six solos pour le clavecin.

KNIGHT (Richard), fut le quatrième professeur de musique au collége de Gresham, à Londres.

KNOBLAUCH (Jean-Christophe), musicien de la chambre et bassoniste du roi de Prusse, à Berlin, depuis 1788, naquit à Potsdam en 1744. En 1781, il était encore au service du margrave de Schwedt. Il s'était formé sous la célèbre Eichner, et jouait, comme solo, de son instrument avec beaucoup d'habileté.

KNŒBEL, célèbre musicien et compositeur, vécut à Goldberg, vers le milieu du seizième siècle. Ce fut lui qui instruisit le célèbre organiste (aveugle) Gaspard Krumbhorn sur la flûte, sur le violon et le clavecin. Voyez Wahrendorff, Liegnitzsch merkwürdigk.

KNUPFER (Jean-Magnus), fils de Sébastien Knüpfer, fut, en dernier lieu, compositeur de la chambre du prince de Saxe-Zietz, et en même tems poëte, jurisconsulte et notaire impérial. Il avait été organiste d'abord à Jena, et ensuite à Nurembourg.

KOBELIUS (Jean-Augustin), receveur du prince de Saxe-Weissenfels et directeur de chapelle, naquit à Wœhlitz, entre Halle et Mersebourg, le 21 février 1674. Il apprit la musique, et particulièrement le clavecin, en 1689, chez Nicolas Braus, alors organiste de ville à Weissenfels, et, après sa mort, chez Jean-Chrétien Schieferdecker, son successeur. Ensuite

il étudia pendant trois ans la composition chez le maître de chapelle Jean-Philippe Krieger. Enfin, il fit un voyage à Cobourg, Erlang, Nuremberg, Anspach, Stuttgard, Augsbourg et Venise. A son retour, il fut nommé musicien de chambre à Weissenfels. En 1712, il obtint la place d'organiste de la ville de Sangerhausen, d'où on l'appella, en 1713, à la chapelle de la Sainte-Croix de Querfurt, en qualité de directeur de chapelle. Il y resta jusqu'en 1725, où il fut nommé à Weissenfels aux places susdites. Il y mourut le 17 août 1731.

Il a donné au théâtre allemand, plusieurs opéras depuis 1716 jusqu'en 1729. On a en outre de lui beaucoup de sérénades, de concertos, d'ouvertures, de sonates, plusieurs chants d'église à un et deux chœurs. Voy. Walther.

KOBRICHT (Jean-Antoine), organiste à Landsberg en Bavière. Depuis 1748 jusqu'en 1767, il fit graver, tant à Nuremberg qu'à Augsbourg, treize ouvrages, consistant en sonates pour le clavecin, en préludes et fugues pour l'orgue, et en symphonies pour instrumens.

KOCH (Antoine-Albert), maître de chapelle du prince de Bernstadt au commencement du dix-huitième siècle, composa plusieurs opéras, et mourut à Œls vers 1736.

KOCH (Françoise-Romana, née GIRANECK), cantatrice très-estimée du théâtre allemand, naquit à Dresde en 1748. Elle débuta, en 1765, au théâtre de Leipsick, comme danseuse dans la troupe de Koch. Elle épousa, dans la même année, le maître des ballets de ce nom, qui fit d'elle une des danseuses les plus agréables et les plus habiles. Elle prit ensuite, en 1767, des leçons de clavecin de Gerber. Le maître de chapelle Schweitzer, à Weimar, lui enseigna, en 1771, la musique vocale; et c'est par ses leçons qu'elle parvint, dans l'art du chant, à cette perfection qu'on admira en elle pendant dix ans. En 1787, elle y avait déjà entièrement renoncé. L'art lui doit deux fils et une fille, qui se sont distingués de bonne heure, l'une comme cantatrice, et les autres comme des virtuoses très-habiles

sur le violon et sur le violoncelle.

KOCH (Henri-Chrétien), musicien de chambre du prince de
Schwarzbourg-Rudolstadt, naquit
à Rudolstadt vers 1748. Le Prince
l'envoya, en 1772, à Weimar, afin
d'y former son goût et de se perfectionner sur le violon, sous la direction du célèbre Gœpfert, alors
maître de concert à cette cour. Il a
fait imprimer en 1782, à Rudolstadt,
un traité, in-8°, sous le titre Essai
d'instruction pour l'art de la composition, qui est écrit avec beaucoup de méthode et de clarté. Le
second volume de cet ouvrage parut en 1787.

KOCH (Jean-Auguste-Chris-
tophe), directeur de l'Opéra-Buffa,
à Potsdam, en 1774, né à Zerbst,
était non-seulement fort bon maître
de chant et excellent violoniste, mais
aussi compositeur distingué pour
l'opéra comique. Il a traduit en allemand l'opéra français le Bûcheron,
musique du célèbre Philidor. Il était
basse-contre à l'Opéra.

KOCH (Julie-Caroline), fille
du précédent, et cantatrice au grand
théâtre de l'Opéra de Berlin, depuis 1774, naquit à Hambourg, et
apprit de son père l'art du chant. Elle
chantait l'adagio et l'allegro avec
une perfection égale, et touchait du
forte-piano d'une manière très-
agréable. Elle épousa dans la suite
Verona, et mourut à Berlin le 20
juin 1783, à l'âge de vingt-cinq
ans.

KOCK (Henri-Christophe), a
publié, en 1802, un Lexicon musical, en deux volumes in-8°. Cet
ouvrage, qui est purement dogma-
tique, a obtenu l'estime des théoriciens. L'auteur en a donné un abrégé en un volume in-8°, Leipsick,
1807.

KŒHLER. Dans le recueil qui
parut à Spire, en 1782, on trouve
plusieurs pièces pour le chant et
pour le clavecin, de sa composition, qui se distinguent par un
chant coulant et agréable.

KŒHLER (Georges-Frédéric),
à l'occasion du Jubilé d'un chanteur,
a prononcé un discours très-savant,
qu'il a publié ensuite, sous le titre
Éloge de la musique d'église.

KŒHLER (Jean-Louis), or-
ganiste à Weissembourg, dans le
Nordesau, en 1756, a fait imprimer
vers cette époque, à Augsbourg, les
deux ouvrages suivans, savoir : An-
genehmer zeitvertreib, etc. (Passe-
tems agréable entre deux amis de la
musique, consistant en 6 sonates légères, et composées dans le goût le
plus nouveau, pour le violon, avec
accompagnement obligé de clavecin);
et ensuite : 24 leichte und ange-
nehme, etc. (Morceaux légers et
agréables de galanterie pour la
harpe, lesquels peuvent également
se jouer sur le clavecin). Le second
volume de cet ouvrage parut en
1760.

KŒLBEL, musicien de la cour
et corniste à Pétersbourg, natif de la
Bohême, se trouvait à cette cour en
1730. Dans la suite, il demeura
pendant quelques années à Vienne,
d'où il se rendit à Constantinople,
avec la suite de l'ambassadeur de la
Hollande, et retourna enfin, en
1754, à Pétersbourg, et y rentra
au service de l'empereur de Russie.
Il employa dix années pour porter
son instrument à un tel degré de
perfection, qu'il put jouer dans
tous les tons. Voy. M. E.-L. Gerber.

KŒLER (David), musicien
du seizième siècle, à Zwickau, a
fait imprimer à Leipsick, en 1554,
les Psaumes de David, mis en musique, à quatre, cinq et six voix.

KŒNIG (Jean-Balthasar),
directeur de musique à Francfort-
sur-le-Mein y a fait imprim-r, en
1738, un cantique à l'usage des
églises réformées, dont voici le titre:
Harmonischer liederschatz, oder
allgemeines choralbuch, etc.

KŒNIG (Jean-Mathieu),
commis à la chancellerie royale à
Ellrich, en Prusse, a publié, en
1782, deux recueils de chansons
avec des mélodies; ensuite, en 1783,
l'opéra Lilla, ou la Jardinière, en
extrait pour le clavecin; et enfin,
en 1784, six sonatines pour le clavecin. Il a aussi composé la musique
d'un autre opéra (l'Exécution).

KŒNIG (Jean-Ulric de). En
dernier lieu, conseiller de cour et
maître des cérémonies du roi de Pologne, à Dresde, naquit à Esslingen,
en Souabe, le 8 octobre 1688. Après

avoir terminé le cours de ses études
à Stuttgard et aux universités de
Tubingue et d'Heidelberg, il demeura pendant près de dix ans à
Hambourg, où il donna les premières preuves de ses talens sublimes
en poésie. Dans la suite, il se rendit
à Dresde, et s'y concilia tellement
la faveur du Roi, que non-seulement il lui conféra successivement
plusieurs charges honorables; mais
qu'il lui accorda aussi des titres de
noblesse. Il y est mort le 14 mars
1744. Il a écrit une dissertation sur
la comparaison du rhythme dans la
poésie et dans la musique, que l'on
trouve dans l'Appendice des œuvres
de Besser. ·

Il aimait beaucoup la musique,
et s'était acquis des connaissances
étendues dans cet art pendant son
séjour à Hambourg et à Dresde, où
l'opéra était alors au plus haut degré de splendeur. C'est à cette prédilection de Kœnig pour la musique que l'Allemagne doit deux de
ses plus grands maîtres, Hasse et
Graun, qu'il recommanda, comme
tenors l'un à la direction du théâtre
de l'Opéra, à Hambourg, et l'autre
au théâtre de Brunswick.

KŒNIGSBERGER (R.-S. Ma-
rianus), bénédictin au couvent de
Prüflingen, dans le pays de Munster, a publié à Augsbourg, depuis
1740 jusqu'en 1760, vingt-deux
grands ouvrages pour la musique
vocale et instrumentale, dont plusieurs contiennent six messes. Les
autres renferment six litanies, des
psaumes, des concertos pour l'orgue,
un Te Deum, douze sonates concertantes, etc.

KŒNIGSLŒWE, est connu,
depuis 1782, par un concerto pour
le clavecin, à grand orchestre, en
manuscrit.

KŒRBER (Ignace), musicien
de la chambre et corniste du duc de
Saxe Gotha, né à Mayence vers
1744, est compté parmi les plus
grands virtuoses de l'Allemagne
sur son instrument. Il a voyagé
long-tems, et a resté la plupart du
tems à Paris. Il est vraisemblable
que ce fut dans cette ville qu'il rivalisa avec Punto. Herr, un élève,
qu'il a formé à Gotha, atteste ses
talens comme professeur, il était aussi
compositeur, et on a de lui plusieurs

concertos pour deux cors, en manuscrit. En 1785, il établit un magasin de musique à Gotha. On assure
que, depuis 1787, il renonça au cor
et choisit le basson, sur lequel il
parvint également à une extrême
habileté.

KOHAUT, excellent luthiste,
attaché au service du prince de
Conti, a fait jouer aux Italiens:
le Serrurier; paroles de la R bar-
dière, en 1764; la Bergère des-Alpes,
paroles de Marmontel, en 1764;
Sophie ou le Mariage caché, en
1768.

KOHAUT ou KOHOT (Char-
les), secrétaire de la chancellerie
de la cour de Vienne, le plus grand
luthiste de la fin du dix huitième
siècle, publia son premier ouvrage
à Leipsick, en 1761, sous le titre
Divertimento 1 per il liuto obligo.
2 violin. e basso. Depuis, on a
encore connu de lui, mais seulement en manuscrit, un concerto
pour luth; douze trios pour le même
instrument; douze solos pour idem,
et six trios pour violon. On croit
qu'il était fils de Kohot, luthiste,
né en Bohême, lequel fut en 1710,
à Breslau, le maître de Baron.

KOHL, a fait graver à Paris
vers 1784, six quatuors pour cor,
violon, viole et basse.

KOHN (Auguste), musicien de
la chambre du roi de Prusse, violoniste et directeur du concert des
Amateurs, à Berlin, naquit à Kœnisberg en Prusse, en 1732. Il
apprit de son père les premiers élémens de son art, qu'il continua
ensuite chez un violoniste, nommé
Zachow. Il vivait encore en 1790.

KOLB (Jean-Baptiste), musicien à Fürth, près Nuremberg, né
à Neudettelsau, en Franconie, le
31 août 1743, était élève du grand
Haydn. Il a fait graver à Paris, vers
1782, six quatuors de sa composition, pour violon. On trouve encore
de lui, dans le Magasin de Westphalie, à Hambourg, les ouvrages
suivans en manuscrit, savoir : cantate pour un soprano, avec instrumens; trois ariettes allemandes,
pour soprano, avec instrumens;
deux concertos pour le clavecin,
avec deux violons et basse; rondeaux, menuets et airs, avec et sans
variations, pour le clavecin et autres

instrumens; quintetti et trios pour hautbois, clarinette et basson.

KOLB (P.-Carloman.), bénédictin d'Aschbach, en Bavière, a fait imprimer à Augsbourg, vers 1750, le premier volume de ses *Preambula versat et cadentiæ*, dans les huit tons.

KOLBIN (Julie), amateur de musique et célèbre virtuose sur le luth, vivait à Vienne au commencement du dix-huitième siècle.

KOLBORN (Ernest), dominicain à Mayence, y a publié, en 1736, un ouvrage pour le clavecin, sous le titre *Musikalisches A. B C. in jedem Buchstaben brauchbar in drey stück*.

KOLDITZ. On connaît de sa composition à Hambourg, depuis 1782 et 1783. trois concertos pour flûte, et deux *idem* pour harpe, en manuscrit.

KOLENEZ, a fait imprimér à Breslau, en 1785, un recueil de chansons, avec mélodies.

KOLMANN (A.-F.-C.), organiste de la chapelle de S. M. à S. James, à Londres, a publié à Offenbach, en 1809, un ouvrage en deux langues (anglaise et allemande), sous le double titre *A practical guide to thorough bass. — Practische anleitung; zum generalbasse.*

KOLZII (Math.), auteur du traité *Isagoge musicæ*. Prinz cite ce traité parmi d'autres ouvrages imprimés, qu'il a copiés lui-même à cause de leur extrême rareté. Cet ouvrage ne peut avoir été publié que postérieurement au commencement du dix-septième siècle. V. *Ehrenpforte*, p. 273.

KOMARECK (Joseph-Antoine), directeur de musique de l'évêque de Wurzbourg, natif de la Bohème, était très-renommé, vers 1740, comme violoncelliste.

KOPP. Il a paru à Augsbourg, en 1736, un ouvrage in-fol., de sa composition, sous le titre *Promptuarium musico-sacrum*, consistant en deux messes, deux *Offertorios*, deux litanies de la Ste.-Vierge, un *Te Deum*, un *Miserere*, deux *Magnificat*, deux *Salve regina*, un *Alma*, un *Ave regina*, et un *Regina cœli*.

KOPPAUR. On connaît de lui vers 1780, six trios pour violon, en manuscrit.

KORABINSKI (Jean-Mathias), a publié, en 1784, une description de Presbourg, sous le titre *Beschreibung der kœnigl. ungarischen Haupt-frey und Krœnungs stadt Presburg*. L'on y trouve, au premier volume, page 111, la généalogie de la famille des Bach, si célèbre dans les annales de la musiqué.

KORB (Jean-Frédéric), organiste à Diessenhoven, a fait graver à Nuremberg, vers 1756, un ouvrage pratique pour le clavecin, ayant pour titre *Musikalische gemüthsergætzung bestehend in 6 klavierparthien*, premier volume ; 6 *idem*, second volume.

KORBMANN, fit graver à Florence, en 1785, six quintetti pour deux violons, deux violes et basse.

KORK (Henri), capitaine anglais, était amateur de musique et compositeur à Londres du tems de Charles II.

KORNACHER (L.), d'abord étudiant en droit, devint ensuite disciple de Vogler, avec lequel il fit, en 1784, un voyage à Paris, où il publia plusieurs œuvres pour le clavecin. De ses compositions, on a gravé, jusqu'en 1790 : Chansons de l'école de chant de Vogler; un concerto pour le clavecin, à Mayence; un *idem*, à Paris (l'un et l'autre avec accompagnement), neuf sonates pour le clavecin, avec un violon, en trois œuvres, publiées à Paris vers 1784.

KORTKAMP (Jean), organiste de l'église de Ste. Marie-Madeleine et de Ste.-Gertrude, à Hambourg, vers 1700, était très-habile sur son instrument. Mattheson lui doit une infinité de notices historiques dont il a fait usage dans son *Ehrenpforte*. Il est mort vers 1732. Voy. *Ehrenpforte*, p. 227.

KOSOLOWSKI, a composé la musique funèbre qui a été exécutée dans l'église catholique de Pétersbourg, en 1804, en l'honneur de Jarnowick, et chantée par les meilleurs musiciens, entr'autres par la célèbre madame Mara.

KOSPOTH (CHARLES-ERDMANN, baron de), chambellan du roi de Prusse, chanoine à Magdebourg, et un des amateurs de musique les plus distingués de Berlin, a donné des preuves suffisantes de son goût exquis en musique par les compositions qu'il a écrites depuis 1782 jusqu'en 1790, tant pour le théâtre que pour la chambre. Voy. Gerber.

KOTTOWISKY (GEORGES-GUILLAUME), musicien de la chambre et flûtiste à Dessau , né à Berlin le 16 mai 1735, fut élève de Quanz, et on le regardait comme un des meilleurs virtuoses sur son instrument.

KOTZWARA , musicien de Londres, fit graver, vers 1785, une sonate, à quatre mains , pour le clavecin, à Amsterdam; sérénades pour violon, viola, violoncelle et deux cors, idem ; et trois solos pour viola, à Londres.

KOZELUCH (-JEAN-ANTOINE), directeur de musique à l'église métropolitaine de Prague, naquit à Wellwarn , en Bohême, en 1738. Il vécut très-long-tems à Prague, y fut d'abord maître de chapelle à l'église de la Sainte Croix , et , depuis 1784, organiste à la cathédrale. Il est compté parmi les plus grands maîtres en musique , tant pour ses compositions pour le théâtre que pour l'église. Celles qui ont été accueillies avec le plus de faveur sont ses opéras Démophon et Alexandre aux Indes. Nous regrettons qu'il n'ait rien fait imprimer.

KOZELUCH (LÉOPOLD), maître de clavecin et compositeur à Vienne, né, en 1753, à Wellwarn, près Prague, en Bohême , commença l'étude de la musique, à l'âge de huit ans, par des leçons de chant. A neuf ans, il fut envoyé à Prague pour y étudier : il y apprit en même tems le clavecin et le contrepoint. Le premier essai qu'il fit de ses talens fut un ballet, qu'il composa en 1771. à l'âge de dix-huit ans, pour le théâtre de Prague, et qui eut tant de succès qu'il en composa ensuite vingt-quatre autres et trois pantomimes. Dans la suite, il vint s'établir à Vienne.

Kozeluch est un des compositeurs les plus estimés de nos jours , et l'on doit convenir qu'il mérite sa grande réputation. Ses compositions se distinguent par la gaieté et les grâces du style, par la mélodie la plus noble réunie à l'harmonie la plus pure et l'ordre le plus agréable, par rapport au rhythme et à la modulation. Jusqu'en 1790, il existait déjà près de trente de ses ouvrages gravés ; une quantité infiniment plus grande encore, en manuscrit, remplissait les pupitres des dames de Vienne.

Voici la liste complète des ouvrages qu'il a écrits à Vienne, telle qu'il l'a donné lui-même.

POUR LE CHANT : 1°. Mazet, opéra comique français. 2°. Didone abandonnata , opéra seria italien. 3°. Mose in Egitto, 1787. 4°. Un grand oratorio italien, au bénéfice des veuves des musiciens de Vienne ; il fut exécuté au mois de décembre 1787, au théâtre de la cour, par un orchestre de cent cinquante personnes. 5°. Plusieurs ariettes pour des opéras italiens. 6°. Plusieurs chœurs et ariettes pour des pièces du théâtre allemand , et beaucoup de cantates De ces dernières, il a été gravé : Complainte sur la mort de Marie-Thérèse , pour le clavecin , 1781 ; Joseph le Bienfaiteur de l'humanité , cantate , en extrait pour le clavecin. 7°. Cantate sur la demoiselle de Paradies , par Pfeffer, pour le clavecin. 8°. Ariette et récitatif (Eine Hirtin die die liebe, etc.), avec accompagnement de clavecin, 1785. 9°. Cantate pour un soprano, en italien, avec violon concertant et le clavecin, et avec l'accompagnement de deux violons, deux hautbois, deux cors, deux violes et basse. 10°. Chansons pour le clavecin, 1786.

POUR LE CLAVECIN : Cinquante concertos ordinaires, avec accompagnement; trois concertos à quatre mains ; un concerto pour deux forte-pianos. Huit à neuf de ces concertos ont été gravés. Ensuite, soixante et quelques sonates, dont on a gravé plus de quarante, entr'autres trois à quatre mains : les premières parurent à Vienne. et les dernières à Offenbach, chez André.

Pour d'autres, instrumens : Sérénades pour des instrumens à vent et autres ; trios et quatuors pour violon ; trente symphonies, dont nous connaissons six qui ont été gravées à Vienne, en deux parties; deux concertos pour la clarinette, et six concertos pour le violoncelle.

KRAEMER (Georges - Louis), constructeur d'orgues très-habile, vécut à Bamberg vers 1783. On assure qu'il est l'inventeur de la nouvelle espèce de soufflets dans les orgues, qui reposent sur le réservoir au lieu d'être en dedans.

KRAFT, musicien de chambre et premier violon du prince Esterhazy, se fit entendre à Dresde en 1789, avec son fils, jeune homme de neuf ans, déjà très-habile sur le violon. Ils y furent beaucoup applaudis l'un et l'autre.

KRAFT (Fr.), maître de chapelle à Bruxelles vers 1760, a fait graver, à Nuremberg, six symphonies à quatre ; six duos pour flûte, six divertissemens pour le clavecin, avec un violon; et une ariette italienne pour soprano, avec deux violons et basse.

KRAFT (Guillaume-Frédéric), docteur en théologie et doyen des prédicateurs de Dantzick, né à Krautheim, dans le duché de Weimar, le 9 août 1712. Il fit ses études d'abord à Jena, et ensuite à Leipsick. Au sortir de l'université, il fut nommé pasteur à Frankendorf, dans sa patrie; mais, au bout de quelques années, il fut appelé à Gœttingue, par le ministre de Munchhausen. Il y eût l'honneur d'être gradué docteur en théologie le premier août 1748, en présence du roi d'Angleterre. C'est en 1750 qu'il passa à Dantzick.

Parmi les écrits qu'il a laissés, on trouve des discours prononcés dans des occasions particulières, Jena, 1746, in-8°. Il y en a un sur le véritable usage de la musique dans le service divin.

KRANZ (Jean - Frédéric), maître de concert en second et violoniste au service du duc de Weimar, naquit dans cette ville vers 1754. Lors de l'arrivée du maître de con-

cert Schœpfert, il avait déjà donné des preuves de ses dispositions pour la musique, et Schœpfer fut chargé de l'instruire. Quelque tems après, il donna à la cour un concerto pour viole, de sa composition, qui obtint tous les suffrages, et qui fut gravé dans la même année (1778). Le Duc le reçut immédiatement après dans sa chapelle.

En 1781, il fit, par ordre de son Prince, un voyage en Italie pour s'y perfectionner encore davantage. En 1787, il revint de l'Italie, et séjourna pendant quelque tems à Munich. Lors de son retour à Weimar, il fut placé à la chapelle, en qualité de maître de concert en second.

KRASINSKY. Voy. Miller.

KRASKE (Tobie), magister et prédicateur à l'église inférieure de Francfort-sur-l'Oder vers la fin du dix septième siècle, était natif de la Lusace. Il a fait imprimer, à Francfort-sur-l'Oder, deux ouvrages allemands, dont voici les titres : Kurze beschreibung der neuerbauten orgel bey der unterkirche zu Francfurt, 1690 ; et Kurze beschreibung der neuen orgel bey der oberkirche zu Francfurt, 1695.

KRATZENSTEIN (Chrétien-Gottlieb), docteur en philosophie et en médecine, et professeur de cette dernière à l'université de Copenhague, naquit à Wernigerode en 1723. On assure qu'il a inventé une machine qui fait entendre distinctement les sons des cinq voyelles et à laquelle l'Académie de Pétersbourg a décerné le prix.

KRAUS (J.), directeur de musique au théâtre de Bellomo, à Weimar, en 1785, a composé pour le théâtre l'opéra allemand, intitulé les Accidens de l'Amour, et les ariettes de la Surprise, ainsi qu'une scène, pour la basse - contre, de l'opéra italien Angelica. Il a fait graver à Berlin, en 1784, six quatuors pour deux violons, viole et basse, et il existe de lui, en outre, une symphonie à douze, en manuscrit.

KRAUZE, organiste à Zittau, a composé, vers 1761, beaucoup de morceaux pour instrumens, tels que symphonies, quatuors, trios et solos pour violons, mais ils sont restés manuscrits.

KRAUSE (Chrétien-Godefroi), avocat au sénat et aux tribunaux français a Berlin, naquit à Winzig, en Silésie, où son père était musicien du magistrat. C'est aux leçons que ce dernier lui donna dès sa jeunesse qu'il dut la grande habileté qu'il avait dans l'accompagnement sur le violon et le clavecin. En 1747, il entra, en qualité de secrétaire, au service du lieutenant-général comte de Rothenbourg, à Berlin; il y resta ensuite après la mort de son maître, en 1753, à la place ci dessus mentionnée.

On a de lui les écrits suivans : 1°. Lettre sur la différence entre la musique italienne et française. Berlin, 1748, in-8°. Une traduction allemande de cette lettre se trouve au premier volume des *Beytræge*, par Marpurg. 2°. De la poésie de la musique. Berlin, 1782, in-8°. Cet ouvrage est très-estimé. 3°. Critique du texte de l'opéra intitulé Thusnelde, insérée dans les *Beytræge* de Marpurg, t. I, p. 93. 4°. Pensées diverses sur la musique, insérées dans le même ouvrage, t. II, p. 181, et t. III, p. 18 et 523.

En ouvrages pratiques, il a laissé, outre plusieurs symphonies, des concertos, trios et odes pour le chant : 1°. Louange de la Divinité, d'après le psaume 104 (poésie de Schlegel), composition sublime, à grand orchestre. 2°. Ino, cantate, avec accompagnement. 3°. Pygmalion, cantate.

Il est mort vers 1770.

KRAUSE (Godefroi), premier chanteur de l'église de Ste.-Marie, à Rostock, naquit à Neubrandenbourg, dans le pays de Mecklembourg, en 1650. Les occupations multipliées de sa place l'empêchèrent de donner beaucoup de tems à la composition; mais, en revanche, il tâcha de se procurer beaucoup d'ouvrages des meilleurs maîtres, qu'il fit exécuter avec autant de goût que de jugement. Le catalogue de sa collection renferme trois cent huit noms de compositeurs. Il vivait encore en 1721, âgé déjà de soixante-onze ans. Voy. *Ehrenporte*, page 143.

KRAUSE (Joseph), maître de chapelle du roi de Suède, né à Manheim en 1756, est mort à Stockholm en 1792. Il était élève de l'abbé Vogler. Dans sa jeunesse, il étudia avec beaucoup de zèle les sciences dans plusieurs universités d'Allemagne; mais, entraîné par son penchant pour la musique, il s'y livra entièrement dans la suite; et, pour s'y perfectionner, il voyagea, de 1782 à 1786, en Angleterre, en Italie et en France, où ses talens le firent chérir et estimer partout. On a de lui l'opéra de Didon et Enée; les intermèdes d'Amphytrion; la musique pour les obsèques et l'enterrement de Gustave III, et plusieurs beaux ball ts. Voy. le Journal de Musique de Breitkopf, pour 1798.

KRAUSE, l'aîné, flûtiste à la chapelle royale de Berlin, était élève de Lindner, et composait aussi pour son instrument. Il y existait encore en 1790.

KRAUSE (Jean-Henri), naquit à Kant, dans la Haute-Silésie, en 1684. Dans la neuvième année de son âge, le bourguemestre Hardik fut son premier maître de musique. A l'âge de onze ans, il desservit l'orgue au couvent des Minorites, à Schveidnitz. L'année suivante, il se mit pour cinq ans en apprentissage chez le célèbre François-Tiburce Vinkler, organiste à la cathédrale de Breslau. En 1700, il obtint, à l'âge de dix-huit ans, d'abord la place d'organiste en second, et ensuite, à l'âge de vingt-quatre ans, celle de premier organiste à la cathédrale. Il vivait encore en 1740. Voy. *Ehrenporte*, p. 410. Il était très renommé pour les fugues et les préludes.

KRAUSENECK, amateur de musique à Bayreuth, était fort estimé dans sa patrie. On a de lui un recueil de chansons, dont il a composé le texte et la musique, et qu'il chantait avec beaucoup d'agrément. Il était aussi d'une force extraordinaire sur le clavecin. Voy. Meusel, *Miscell.*

KREBS (Jean-Louis), organiste de cour, du duc de Saxe-Gotha, à Altenbourg, élève du grand Sébastien Bach, et peut-être, après Vogler, celui qui lui fait le plus d'honneur, naquit à Buttelstœdt le 10 oc-

tobre 1713. En 1726, il vint à Leipsick, à l'école de Saint-Thomas,
où il eut le bonheur de rencontrer
le grand Bach, chez lequel il prit
des leçons pendant neuf ans, et qui
le reçut enfin, comme claveciniste,
dans son école de musique. Ayant
terminé le cours de ses études à
l'école de Saint Thomas, il fit encore un cours de philosophie de
deux ans, et obtint, en 1737, la
place d'organiste à Zwikau, d'où il
passa d'abord à celle d'organiste au
château de Zeitz, et ensuite, le 13 octobre 1756, à celle d'organiste de
cour à Altenbourg, qu'il occupa
jusqu'à sa mort. En 1753, il fit un
voyage à Dresde, et s'y fit entendre
à la cour dans un duo à deux forte-
pianos. Il est mort au commencement de 1780, dans un âge assez
avancé.

Il a paru, de sa composition, les
ouvrages suivans : 1°. Quatre livraisons d'exercices au clavecin, consistant en musiques simples variées
et fugues, suites et sonatines.
2°. Amusemens agréables de musique, en deux sonates pour le clavecin, avec flûte. 3°. Deux sonates
isolées pour le clavecin, avec une
flûte, 1760. 4°. Six trios pour flûte,
1738. 5°. Quatre pièces isolées, de
1740 à 1743, consistant en six préludes, une suite, une ouverture et
un concerto. 6°. Six sonates pour le
clavecin, avec flûte, Leipsick, 1762.
On connaît en outre de lui, en manuscrit, un *Magnificat* en allemand, à quatre voix et basse, et
deux *Sanctus* à grand accompagnement

KREBS (EHRENFRIED-CHRÉTIEN-
TRAUGOTT), organiste de cour du
prince de Saxe-Altenbourg, fils du
célèbre organiste Jean-Louis Krebs,
a fait imprimer à Leipsick, en 1787,
un Recueil de quelques-uns des
principaux cantiques, avec variations. Ses compositions prouvaient
ses connaissances profondes dans
l'harmonie, et sont parfaitement
adaptées au génie de l'orgue.

KREBS (JEAN GODEFROI), chanteur de cour à Altenbourg, frère du
précédent, a publié à Altembourg,
en 1777 et 1783, deux volumes de
Chansons, avec mélodies, dont il
est le compositeur. Outre cela, on
connaît de lui une sonate facile,

mais jolie, pour le clavecin, dans
les Pièces de clavecin, publiées par
Hiller au bénéfice des pauvres de
Werdau. On croit encore qu'il est
l'auteur d'une cantate sur le psaume
50, qu'on connut, en manuscrit,
vers 1782.

KREIBICH (FRANÇOIS), violoniste et membre de la chapelle impériale, à Vienne, avant 1766, est
cité comme un des meilleurs virtuoses sur son instrument.

KREISIG, est connu, depuis
1780, par trois sonates pour le clavecin, avec un violon, et différentes autres pièces d'instrument, en
manuscrit.

KREISING, fut, vers 1736, organiste à l'église de la société de
négocians anglais à Hambourg.

KREITH, a fait graver à Vienne,
en 1785, Musique harmonique, ou
recueil à sept : un hautbois, deux
clarinettes, deux bassons et deux
cors.

KREMBERG (JACQUES), haute-
contre, compositeur et poëte, né
à Varsovie vers le milieu du dix-
septième siècle, fut d'abord musicien de chambre de l'administrateur
de Magdebourg, et ensuite de la
chapelle du roi de Suède. En 1688,
il vint à Dresde, en qualité de
musicien de chambre et de cour. Il
y a fait graver en 1689 un ouvrage,
intitulé *Musikalische gemuths-
ergœtzung a, voce sola e contin.
oder auch mit der laute, Anga-
lique, viola da-gamba et cithara.*
Au commencement du dix-huitième
siècle, il se rendit en Angleterre. Il
y donna, en 1706, un poëme, en
forme d'opéra, intitulé *England's
glory.* Voy. Walther et Hiller, *Nachrichten*, t. II, p. 120.

KRESS (GEORGES-FRÉDÉRIC),
virtuose sur le violon, natif de
Darmstadt, se trouva, vers 1756,
à la chapelle du duc de Mecklembourg, à Schwerin. En 1764, il
quitta ce service, et se rendit à
Gœttingue, où il fut nommé maître
de concert de l'université. Il y est
mort vers 1775. Voyez l'Almanach
musical allemand, de 1782.

On a gravé à Nuremberg, en 1764,
un solo de sa composition pour le
violon. Outre cela, on connaît encore de lui, en manuscrit, six so-

los pour violon, et un concerto pour le même instrument.

KRESS (Jacques), maître de concert du landgrave de Hesse-Darmstadt, mort vers 1736. On a gravé six concertos de sa composition, pour violon, à cinq voix, op. 1.

KRETZCHMAR, a fait imprimer en 1704, à Gœrliz, un Discours pour l'inauguration de l'orgue de l'église de Saint-Pierre-et-de-Saint-Paul de Gœrliz, avec une description de cet orgue.

KRETZCHMAR (Jean-André), organiste de l'église des Négocians, à Erfurt, en 1699. Il fut, à Weimar, le second maître de Walther tant sur le clavecin que dans l'art de la composition. Il est auteur d'une Melopœia, ou l'Art de la composition, qui n'a pas été imprimée, mais dont il existe beaucoup de copies. Walther l'appelle Gretschmar.

KREUSSER (Georges-Antoine), maître de concert de la chapelle de l'électeur de Mayence en 1790, avait été auparavant à Amsterdam. Outre l'oratorio de la Mort de Jésus, par Ramler, qu'il a composé et fait graver à Mayence en 1784, il a encore fait paraître treize autres ouvrages, consistant en trente symphonies, à huit; dix-huit quatuors, avec violon et flûte; douze trios et douze duos pour le violon.

KREUTZER (Rodolphe), né à Versailles en 1767, fils d'un musicien du Roi, annonça de bonne heure de très-grandes dispositions pour la musique. Il eut pour maître de violon Ant. Stamitz. A l'âge de treize ans, il joua, au Concert Spirituel, un concerto de sa composition, qui eut un grand succès. A dix-neuf ans, il avait composé deux grands opéras, qui furent répétés, devant toute la cour, dans la petite salle du château. Il était des concerts particuliers de la Reine, qui l'honorait de sa protection. Il a justifié les espérances qu'il avait données, en se distinguant comme un des premiers violonistes de l'Europe et comme compositeur. Il a voyagé en Italie, en Allemagne, en Hollan de; et partout il a trouvé de nombreux admirateurs de son talent. Il est aujourd'hui premier violon de la chapelle et de la musique particulière

de S. M. l'Empereur et Roi, premier violon de l'Académie Impériale de musique, et membre du Conservatoire de France.

Voici la nomenclature des ouvrages qu'il a donnés au théâtre, et dont la plus grande partie a obtenu beaucoup de succès.

A l'Opéra : Astyanax; Aristippe; la Mort d'Abel; la musique des ballets de Cléopâtre, de Paul et Virginie, et de la Fête de Mars.

Au théâtre de l'Opera-Comique : Jeanne d'Arc; Lodoiska; Paul et Virginie : le Franc Breton; Charlotte et Werther; Le petit Page; François Ier; Jadis et Aujourd'hui.

M. Kreutzer a fait graver aussi des concertos de violon, des symphonies concertantes pour deux violons, des quartetti, des trios, des duos et des sonates de violon. Il a aussi participé à la Méthode de violon rédigée par M. Baillot, pour l'enseignement du conservatoire.

Son frère cadet, membre de l'orchestre de l'Académie de musique, est un violoniste distingué. Il joue très bien les concertos de Viotti.

KRIEGER ou KRUGER (Adam), musicien de chambre de l'électeur de Saxe et poëte, né en 1628, mourut à Dresde en 1666. Il a laissé plusieurs ariettes de sa composition, que l'on a publiées après sa mort (en 1667), in-fol.

KRIFFT (W.-B. de), amateur de musique anglais, a fait graver à Londres, en 1789, trois solos de sa composition pour le clavecin, op. 1.

KRŒNER (Jean de), maître de concert de l'électeur de Bavière, à Munich, en 1790, y était déjà depuis long-tems en cette même qualité.

KRŒNER (François-Charles-Thomas de), frère aîné du précédent, premier violon à la chapelle de l'électeur, à Munich, fit, en 1756, avec ses deux frères, un voyage en Hollande. Il a été gravé de sa composition, vers 1760, six trios pour violon.

KROLL. On connaît de lui, depuis 1783, à Hambourg, six quatuors pour flûte, violon, viole et violoncelle, en manuscrit.

KROMMER (F.), a fait graver cinquante œuvres de musique, consistant en sonates, trios, quatuors; etc. Le dernier œuvre a paru à Paris en 1805. On trouve, dans ses compositions, de jolis chants et de l'originalité; mais quelquefois l'abus des modulations. et un peu de fatras harmonique.

KROPFGANS (Jean), musicien de chambre et luthiste du comte de Brühl, naquit à Breslau le 14 octobre 1708. En 1737, il y était un des élèves du célèbre Sylv. Weiss. Après la mort de son maître, il vécut à Leipsick, et y jouait encore en 1769 du luth, au grand Concert.

Il n'a été gravé de sa composition que trois solos pour luth, à Nuremberg; mais on connaît encore de lui trente-six solos et six duos, pour luth, et trente-deux trios, pour luth, violon et violoncelle, avec un quatuor pour luth, flûte, violon et violoncelle.

KRUFT (Madame de), née de Hahn, à Vienne. Nicolaï, dans ses Voyages, la cite comme une des excellentes virtuoses au clavecin, et assure que ses fantaisies sont pleines d'esprit et d'invention.

KRUGER (Jean Gottlieb). On trouve de lui, dans le Magasin de Hambourg de 1747, page 363, une dissertation, intitulée Anmerkungen aus der Naturlchre über einige zur musik gehœrige Sachen (Notes physiques sur quelques objets relatifs à la musique).

KRUMLOWSKY (Jean), musicien à Prague, s'y fit connaître, vers 1760, par différens concertos, trios et solos, pour le violon et la viole d'amour, en manuscrit

KRUMPHOLZ (J.-B.), musicien excellent sur la harpe, naquit en Bohême. On lit dans les Mémoires de l'Académie des Sciences de Paris du 21 novembre 1787, qu'à l'aide de Nadermann, mécanicien très-habile, il est parvenu à adapter à la harpe une pédale double; au moyen de l'une, il ouvre certaines soupapes qui servent à renforcer le son de l'instrument jusqu'au fortissimo, à le prolonger et à y produire des mouvemens ondulés. La seconde sert à faire couvrir successivement les cordes, les plus fortes d'une peau de buffle, et les plus fines d'un ruban de soie, ce qui arrête la vibration des sons, et les réduit insensiblement du forte au smorzando. On peut lire les détails de cette invention dans le quatorzième œuvre de sonates qu'il a publiées.

Il a publié 18 œuvres pour la harpe. Les quatre premiers contiennent des sonates, le cinquième un duo, le sixième un concerto; et parmi les suivans, le dixième des airs variés, et les douxièmes, treizième, quatorzième, quinzième, seizième, dix-septième et dix-huitième, des sonates. Il a aussi varié pour la harpe, l'andante de Haydn, et l'air d'une amante abandonnée. Sa musique est regardée comme la meilleure qu'on ait composé pour cet instrument. On a aussi de lui quelques sonates en manuscrit pour la harpe à pédale dont nous avons parlé.

Vers la fin de mars 1790, Krumpholz, amoureux de sa femme, qu'il crut infidèle, se précipita dans la Seine au bas du pont Neuf, à Paris, et se noya.

KRUMPHOLZ (Madame), épouse du précédent, actuellement en Angleterre, est peut-être la plus habile harpiste connue. On a peine à concevoir avec quelle supériorité elle surmonte les plus grandes difficultés sur son instrument; elle pourrait cependant rencontrer en ce point des égaux; mais qui oserait lutter avec elle pour l'expression et l'agilité de ses doigts, qui semblent caresser les cordes de sa harpe; pour l'onction et la majesté qu'elle met dans l'exécution de l'andante et de l'adagio? Voyez Allgemeine musikalische zeitung, 1803.

KUBASCH, s'est fait connaître, vers 1760, par deux concertos pour le violon, en manuscrit.

KUHN ou KUHNE, musicien à Paris, publia, de 1785 à 1786, trois œuvres composés de neuf sonates pour le clavecin avec un violon.

KUHNAU (Jean), organiste à l'église de Saint-Thomas, à Leipsick, et en même tems avocat dans cette ville, naquit au mois d'avril 1667 à Geysing, sur les confins de la Bohême, où ses ancêtres s'étaient réfugiés pour cause de religion. Il développa dès sa plus tendre enfance les talens qu'il avait reçus de la nature, tant pour les sciences que pour la musique. A l'âge de neuf ans, ses parens l'envoyèrent à l'école de la Ste.-Croix, à Dresde,

Alexandre Herinz, alors organiste à cette église, fut son premier maître de musique. Ses premiers essais lui concilièrent la protection de plusieurs personnes de distinction, et entr'autres celle du maître de chapelle Vincent Albrici. Ce dernier lui communiqua ses compositions et lui permit d'assister aux exercices et aux répétitions de la chapelle.

Sa liaison avec cette famille lui procura parmi d'autres, avantages celui d'apprendre de bonne heure la langue italienne, la seule qu'on parlait habituellement dans la maison du maître de chapelle. Il prit en même tems des leçons de langue française. La peste qui se manifesta à Dresde en 1680, força ses parens de le rappeler en toute hâte, avant qu'il eût pu se préparer entièrement aux études de l'université.

Il n'avait encore resté que quelques semaines chez ses parens à Geysing, lorsque le chanteur Titius, à Zittau, lui envoya une invitation de se rendre au gymnase de cette ville, afin d'y achever ses études sous la direction du célèbre Weiss, alors recteur de ce gymnase. L'époque arriva où l'on devait élire les membres du magistrat de la ville, et c'était alors l'usage à Zittau que cette journée fut célébrée par un discours, suivi d'une musique solennelle. Le recteur Weiss, l'ami et le protecteur du jeune Kuhnau, fit en sorte que ce dernier fut chargé de la composer. Le sujet du motet, que Kuhnau dédia au magistrat, était les paroles du psaume 20, auxquels il joignit à la fin diverses couplets de cantiques allemands, analogues à la solennité du jour. Ce psaume fut chanté par un chœur divisé en deux parties, qu'il dirigeait lui-même.

En 1682, il se rendit à l'université de Leipsick. Le titre d'élève d'Albrici lui ouvrit bientôt l'accès dans les meilleures maison de cette ville, où on l'accueillit avec beaucoup de faveur. L'électeur Jean-Georges étant revenu l'année suivante vainqueur des Turcs, les étudians exécutèrent, lorsqu'il visita la foire de Leipsick, une grande musique que Kuhnau avait composée, et qu'il dirigea lui-même. Cette musique était composée de plusieurs chœurs, qui des différentes rues se réunissaient à la grande place. A la mort de Kuhnel, organiste à l'église de Saint-Thomas, en 1684, il fut élu unanimement à sa place.

Cette charge l'ayant mis en état de continuer ses études, il commença celle de la jurisprudence, fréquenta les leçons des premiers professeurs, soutint plusieurs thèses sur différens sujets, entr'autres une en langue grecque, et s'ouvrit par là le chemin à la place d'avocat, dans laquelle il se distingua honorablement par sa fidélité, sa prudence et sa droiture dans la direction des procès qu'on lui confia. Il cultiva en même tems les mathématiques et l'algèbre, ainsi que les langues hébraïque et grecque, traduisit plusieurs ouvrages de l'italien et du français, et écrivit aussi plusieurs ouvrages tant théoriques que pratiques, dont quelques uns ont été imprimés ou gravés, mais dont la plupart sont restés en manuscrit.

En 1700, il fut nommé directeur de musique de l'université de Leipsick, place qu'il occupa jusqu'à sa mort (le 25 juin 1722). On trouve son portrait au frontispice de ses Exercices de clavecin.

Voici la liste de ses écrits de musique, dont Walther parle avec plus de détail : 1°. *Dissertat. de juribus circa musicos ecclesiasticos*, 1688, in-4°, à Leipsick. 2°. *Der musikalische Quacksalber* (Le charlatan en musique), Leipsick, 1700, in-12. Ensuite trois manuscrits : 1°. *Tractatus de monochordo seu musica antiqua ac hodierna*, etc. 2°. *Introductio ad compositionem musicalem*, 1696. Herzog, ci-devant syndic à Mersebourg en était le possesseur. 3°. *Disputatio de triade harmonica*.

De ses ouvrages pratiques, il a été gravé : 1°. Exercices de clavecin, deux volumes, en quatorze parties, 1689. 2°. Fruits de clavecin, en sept sonates, 1696. 3°. Histoires tirées de la Bible, avec explication, en six sonates, 1700. Kuhnau fut aussi, sinon celui qui inventa, au moins celui qui continua avec le plus de succès l'espèce de cantates d'église, dans lesquelles on compose une musique simple comme texte, selon le contenu de chaque couplet. Voyez *Ehrenpforte.*

KUCHLER (JEAN), bassoniste à la cour de l'électeur de Cologne , à Bonn , vers 1780 , était connu autant par sa grande habileté sur son instrument que par ses talens comme compositeur. Il a été gravé à Paris , de sa composition , dix-huit quatuors pour différens instrumens ; deux symphonies isolées, avec basson obligé ; un concerto et six duos pour violon. On a aussi de lui un petit opéra (*Azakia*).

KUFFNER , maître de chapelle et claveciniste du prince de la Tour et Taxis , à Ratisbonne, naquit à Nuremberg. Il occupa cette place depuis 1750 jusques vers 1787. Il avait le jeu net et plein d'expression , et ses compositions prouvent le feu et la richesse de son imagination. Il en circule, entre les mains des amateurs , près de douze en manuscrit. Outre cela, on a gravé de lui , à Francfort et à Paris , trois œuvres , composés de sonates pour le clavecin , avec un violon , et de six quatuors pour le violon. Le dernier a été publié à Paris , et a pour titre : Recueil de petites pièces et d'airs pour le clavecin.

KUFFNER , fils du précédent , claveciniste du prince de Palm , à Vienne , natif de Ratisbonne, était aussi grand virtuose que son père. Il a écrit plusieurs concertos et divertissemens pour le clavecin, qui sont restés manuscrits.

KUFFNER (JEAN-JACQUES-PAUL) , organiste à Nuremberg, né en 1713 , y fit graver deux sonates pour le clavecin, dont il parut une seconde édition en 1762. Il est mort le 12 juillet 1786.

KUHN (JEAN-JACQUES) , chanteur à Rodach, natif de Saalfeld, était un des meilleurs virtuoses du dix septième siècle.

KUHNAU (JEAN-CHRISTOPHE), chanteur et précepteur à l'école royale de Berlin , doit être compté parmi les plus profonds compositeurs d'église de la fin du dernier siècle. Son Jugement dernier (*Weltgericht*) , malgré ses beautés , est d'une sécheresse extrême. On en a

publié , en 1784 , un extrait pour le clavecin. On a également de lui : Chants de chœur avec préludes , qui parurent à Berlin , et dont il annonça le second volume en 1786.

KUHNEL , fut d'abord maître de chapelle à Zeitz , d'où on l'appela à Leipsick , en 1682. Il y mourut en 1684, en qualité d'organiste de l'église de Saint-Thomas.

KUHNEL (AUGUSTE) , ci-devant maître de chapelle à Cassel naquit à Delmenhorst le trois août 1645 ; il étudia la composition sous le célèbre abbé Steffani. Voy. Walther.

KUHSIUS (B.) , chanteur très-instruit et organiste à Berlin , y a publié une dissertation : *De admirandis musices effectibus.*

KUNZ (THOMAS-ANTOINE), a publié à Prague , en 1781 , Pygmalion , cantate en extrait pour le clavecin.

KUNZEN (JEAN-PAUL), chef de la famille célèbre de ce nom, organiste à Lubeck , naquit à Leisnig, en Saxe, le 30 août 1696. Dès l'âge de sept ans, il chanta dans l'église , et lorsque quelque tems après , l'organiste de l'endroit , qui était en même tems bourguemestre, se rendit à Dresde à l'assemblée des Etats, il le remplaça pendant toute la durée de son absence.

A neuf ans, son père le conduisit à Torgau , et ensuite à Freyberg , où on le reçut comme concertiste. S'y étant suffisamment préparé tant dans les sciences que dans la musique , il partit , en 1716, pour l'université de Leipsick, n'ayant qu'un seul florin (quarante-cinq sous) dans sa poche. Ses talens distingués le tirèrent bientôt de cet embarras en lui ouvrant accès dans une maison de distinction, où il fut traité avec générosité. Dès qu'il fut mieux connu , il fut reçu membre de l'Opéra. Les leçons qu'il donna dans beaucoup de maisons du premier rang, les concerts où il jouait comme premier violon , et la place d'organiste à l'église de Saint-Nicolas, qu'il occupa pendant le tems de l'absence de l'organiste Vetter, le firent connaître dans les environs , de sorte qu'il fut invité plusieurs fois tant à Weissenfels et Gera , qu'à Gotha et Mersebourg. En 1719, il établit à Vittemberg, un concert public, qui fut beaucoup fréquenté. Ce fut aussi dans cette ville qu'il se maria. Après un séjour de quelques années, pendant lesquelles il avait fait un voyage en Allemagne, il fit la connaissance du conseiller des états de Wichmannshausen, qui le prit avec lui à Dresde, où il lui procura la connaissance de Schmidt, de Heinichen, et principalement de Volumier, avec qui Kunzen se lia de l'amitié la plus étroite. Il parvint aussi à perfectionner son goût et à étendre les connaissances dont il avait appris les élémens à Leipsick, sous la direction de Chrétien Rau et de Jean Kuhnau. Ces mêmes amis lui fournirent aussi l'occasion d'exécuter plusieurs de ses compositions pour l'église, de ses ouvertures et de ses concertos, qui furent applaudis au point que la Reine résolut de lui conférer la place de maître de chapelle.

L'offre que la direction de l'Opéra de Hambourg lui fit, en 1723, de la place de compositeur auprès de ce théâtre, l'éloigna de Dresde. Il y composa, en 1724, les chœurs, les symphonies et les récitatifs, ainsi que quelques ariettes de l'opéra Romulus et Remus. L'année suivante, il y donna encore les opéras : Critique du théâtre de Hambourg et Cadmus. Son engagement étant expiré, il employa ses loisirs à donner des leçons de musique dans les maisons de quelques uns des principaux habitans, et à composer plusieurs morceaux, qu'il y fit exécuter, et que l'on applaudit beaucoup, surtout un oratorio de la Passion.

Son fils Charles-Adolphe avait atteint dans l'intervalle l'âge de huit ans. Ses progrès étonnans dans la musique déterminèrent le père à entreprendre avec lui, en 1728, un voyage en Angleterre et en Hollande. Ce dernier ne revint que l'année suivante à Hambourg, où ses élèves l'attendaient avec impatience. En 1732, il fut appelé à Lubeck, en qualité d'organiste, place qu'il accepta, et dans laquelle il débuta, à Pâques 1733, par une musique d'introduction à trois

chœurs dans un oratorio-Voy. E. L. Gerber.

Mattheson le compte parmi les plus grands organistes de son tems. Les renseignemens qu'il donne sur lui se terminent à l'an 1740, et nous n'avons pu découvrir nulle part la moindre notice ni sur les évènemens postérieurs de sa vie ni sur l'époque de sa mort.

KUNZEN (ADOLPHE-CHARLES, selon d'autres, JEAN-ADOLPHE), fils du précédent, et directeur de musique à Lubeck, naquit à Wittemberg le 22 septembre 1720. Les talens extraordinaires qu'il montra sur le clavecin firent de lui, dès l'âge de huit ans, l'objet de l'admiration générale à Hambourg, et lui ouvrirent l'accès dans les meilleures maisons. Son père résolut de le mener avec lui en Hollande et en Angleterre. Ils partirent de Hambourg le 11 août 1728, et se firent présenter au roi de Dannemarck, à Aurich, où il se trouvait alors avec la Reine et le Prince héréditaire. Le monarque les accueillit de la manière la plus flatteuse et les combla de faveurs. Ils se firent entendre ensuite à Amsterdam, à Harlem, à la Haye, à Leyde et à Rotterdam. Le mérite du jeune virtuose trouva partout l'admiration et la récompense qui lui étaient dues. De la Hollande, ils passèrent en Angleterre, et arrivèrent à Londres le 4 octobre de la même année. Ils rencontrèrent dans le docteur Pepusch un ami sincère, qui les accueillit avec bonté, et les aida de tout son pouvoir. Les talens du jeune homme ne tardèrent pas à exciter à Londres, comme en Hollande, l'enthousiasme le plus vif et le plus général, au point que non-seulement on accourut de toutes parts à ses concerts ; mais que le savant Magnus Blase lui-même ne dédaigna pas de le chanter dans un de ses poèmes.

Après un séjour de six mois à Londres, Kunzen et son fils revinrent à Hambourg le 7 mai 1729. C'est le dernier renseignement que nous ayons pu nous procurer sur la jeunesse de Kunzen et sur ses progrès dans l'art. On ne le retrouve dans l'histoire de la musique

qu'en 1750, comme maître de chapelle à Schwerin. C'est de cette ville
qu'il passa, en 1757, à Lubeck, à
la place que son père avait occupée. Il fut le meilleur claveciniste
de toute la Basse Saxe au milieu du
dix-huitième siècle. Malheureusement l'art fut privé trop tôt de ses
talens par une attaque d'apoplexie,
qui, en 1771, lui enleva l'usage de
ses mains, et l'obligea de se faire
nommer un adjoint dans la personne de son élève Kœnigslœw.

Le seul ouvrage de sa composition qui ait été gravé, consiste en
douze sonates pour le clavecin, op. 1.
Mais il en a laissé un grand nombre
en manuscrit, qui contiennent, outre
plusieurs symphonies, vingt-un
concertos pour violons, huit concertos pour flûte, six idem pour
hautbois, beaucoup de duos pour
violon, et douze sonates pour le
clavecin. Parmi ses grands ouvrages
pour la musique vocale, nous remarquons, entr'autres, un oratorio
de la Passion, l'oratorio Die gœtt-
liche Berufung des glaubens Abra-
hams, et huit cantates et sérénades
pour des fêtes particulières. L'ouvrage que Cramer publia en 1787,
sous le titre Flora, renferme aussi
plusieurs de ses compositions.

KUNZEN (Frédéric-Louis-
Émile), fils du précédent, musicien
et compositeur d'abord à Hambourg,
et depuis 1788 à Copenhague. Ses
compositions des cantiques de Cramer forment le quatrième volume
des Polyhymnia, que ce dernier fit
paraître à Leipsick en 1785. Ces
mélodies, au nombre de quatre-
vingt-onze, sont écrites avec beaucoup de goût. On en trouve l'analyse détaillée dans le Magasin de
Cramer, seconde année, p. 503. On
annonça encore de lui à Copenhague, en 1786, Zerstreute compo-
sitionen für gesang und klavier,
ainsi que l'extrait pour le clavecin
de son opéra Holger Danske, et de
ses chœurs et ariettes pour Hermann
et les princes de Klopstok.

KUNZEN (Godefroi), musicien
de chambre et bassoniste à la chapelle du duc de Mecklembourg-

Schwerin, était, en 1790, depuis
vingt ans au service de ce prince.
On l'estimait alors autant par son
habileté sur son instrument que pour
ses belles compositions. Nous ne citons de lui qu'un concerto double
pour basson et violon, que l'on
connut, en 1782, en manuscrit.

KUPPLER (Jean-Georges),
fabricant de forte-pianos, élève de
Stein, s'est établi à Nuremberg en
1789. Voy. la Gazette de Musique,
seconde année, page 271.

KURZ (Jean), organiste et
directeur de musique à Calw, au
pays de Würtemberg, vers 1720,
avait alors un ouvrage prêt à être
imprimé, sous le titre Classis prima musices, dont Mattheson parle
dans son Parfait Maître de chapelle. Nous ignorons s'il a été publié. Long-tems auparavant il s'é-
tait fait connaître par un autre
écrit, qui parut à Tubingue en 1681.
Il a pour titre : Neuerfundene
harfe, so durch ein klavier, gleich
einem spinet zu schlagen (Harpe
d'une invention nouvelle, qui se
joue au moyen d'un clavier, à la manière des épinettes).

KURTXINGER (Ignace-Fran-
çois-Xavier), musicien de cour à
Mergentheim, a fait graver à Augsbourg, vers 1758, David et Apollo,
iste profanus Parnassi, is sacer
cœli uterque rex et jubilaris ar-
chiphonascus chori, sive 8 symphoniæ solemniores sed breves à
6, tam pro ecclesiá quam aulá
compositæ, op. 1.

KUSTNER, musicien de chambre et hautboïste à Darmstadt, en
1781, réunissait une très-grande
habileté à l'exécution la plus expressive.

KUSSER (Jean), directeur de
musique à l'église de la Trinité, à
Presbourg, en Hongrie, y publia
en 1669, un ouvrage in-4°, intitulé
Concentuum sacrorum 4 et 5 vocibus decantandorum, op. 1. Continens 12 Psalmos et 7 magnificat. Il serait possible, dit M. Gerber,
que ce fut le même que le célèbre
Cousser. Voy. cet article.

L

LAAG (HENRI), organiste à l'église de Saint - Marie, à Osnabruck, y vivait encore en 1783, dans un âge très avancé. Les clavecins qu'il a construit sont encore très estimés. Il a publié les ouvrages suivans : *Anfangsgründe zum klavierspielen und generalbass* (Elémens de clavecin et de basse continue), Osnabruck, 1774, in-4°, et *Funfzig lieder mit melodien fürs klavier* (Cinquante chansons avec mélodies pour le clavecin), Cassel, 1777. Quarante-trois de ces chansons sont tirées des ouvrages de Lavatér, et sept sont des cantiques connus.

LABARRÉ (LOUIS-JULIEN CASTELS de), né à Paris le 24 mars 1771, est issu d'une famille noble de Picardie. Viotti fut son maître de violon. En 1791, il se rendit à Naples, où il étudia la composition à l'école de Sala, au conservatoire de *la Pietà*. En 1793, il rentra en France, et acheva de se perfectionner par les conseils de M. Méhul. Après avoir été deux ans premier violon du Théâtre de Molière, il passa à l'Académie Impériale de musique, par le concours qui eut lieu, au Conservatoire de France, le 5 pluviôse, an 7. On connaît de ce compositeur les ouvrages suivans : trois œuvres de duos pour le violon; deux recueils de romances; une scène des adieux du Cid à Chimène; des caprices et airs variés pour le violon. En l'an 6, M. de Labarre fit jouer, au Théâtre de Molière, les Époux de seize ans, ou Auguste et Marianne, opéra en un acte. Le poëme parut froid, et la pièce n'eut que trois représentations.

LABARRE (MICHEL de), compositeur et célèbre flûtiste, né à Paris vers 1680, et mort dans la même ville vers 1744, donna à l'Opéra, en 1700, le Triomphe des Arts, paroles de Lamotte; et, en 1705, la Vénitienne, paroles du même. Il a aussi donné des duos et trios pour la flûte.

LABBÉ, aîné, et LABBÉ, cadet, étaient tous deux joueurs de violoncelle à l'Opéra. Le premier y entra en 1727, et le second en 1730. Leur nom de famille était Saint - Sévin. Quoiqu'ils eussent quitté depuis long-tems l'état ecclésiastique, le nom d'*abbé* leur resta, et passa même au fils de l'un d'eux. Labbé, cadet, était très-habile sur le violoncelle, et contribua beaucoup par son jeu à mettre hors d'usage *la viola da gamba*.

LABBÉ, fils, célèbre joueur de violon, s'est appliqué surtout à l'accompagnement de la voix et du clavecin. Il serait devenu un des premiers artistes de son siècle, s'il avait su rendre l'expression qu'exige la sonate, et surtout l'adagio. Il s'est fait connaître, comme compositeur, par huit œuvres de violon. Il a aussi publié, en 1772, un ouvrage, intitulé Principes de violon.

LABORDE. (ALEXANDRE de), a publié, en 1806, une Lettre à madame de Genlis sur les sons harmoniques de la harpe. L'auteur prétend que M. Casimir Béecker a renouvelé des Grecs les sons harmoniques qu'il fait entendre de la harpe; ce qui est réfuté victorieusement par les divers écrits dans lesquels les anciens parlent de la musique et des instrumens.

LABORDE (Le P. de), a fait un clavecin chromatique sur lequel l'abbé Roussier a publié un Mémoire en 1782. Voy. le Journal des Savans, in-4°, 1782, p. 252.

LABORDE (JEAN-BENJAMIN), né à Paris, le 5 septembre 1734, d'une famille très-riche, reçut une éducation très-brillante. Il eut pour maître de violon le célèbre Dauvergne, et Rameau lui enseigna la composition.

Destiné pour la finance, son inclination le porta à la cour, où, de premier valet de chambre de Louis XV, il devint en peu de tems le confident et le favori de ce prince, dont les bienfaits le mirent en état de faire face aux prodigalités où l'entraînaient un genre de vie très-dissipée et sa facilité naturelle. Il avait néanmoins, durant ce tems même, cultivé la musique avec plus d'ardeur que d'application ; et, dès 1758, il avait donné l'opéra comique : Gilles garçon peintre, qui fut très-bien accueilli, et qui fut suivi d'un grand nombre d'autres dont quelques-uns obtinrent du succès.

A la mort de Louis XV, arrivée en mai 1774, il quitta la cour, se maria, et commença à mener une vie plus tranquille et plus sérieuse. Il rentra dans la compagnie des fermiers-généraux, dont il avait déjà fait partie plusieurs années auparavant, se livra à des études en divers genres ; et, en 1780, il publia son Essai sur la musique ancienne et moderne, quatre volumes in-4°, avec figures. Cet ouvrage fut établi avec beaucoup de luxe, mais il s'en faut bien que le mérite réponde aux dépenses dont il a été l'objet. Si l'on excepte les gravures, qui sont assez soignées, et auxquelles on peut même reprocher d'être infectées du mauvais goût qui, à cette époque, déshonorait en France tous les arts de dessin, le reste de l'ouvrage ne mérite aucune considération. L'auteur ne s'est proposé aucun but, n'a suivi aucun plan. Ce sont des pièces de rapport échappées à vingt mains différentes, composées dans des opinions souvent contradictoires, marquées la plupart au coin de l'esprit de parti, manquant de solidité dans la doctrine, et souvent même dépourvues de style. Enfin, les soins les plus indispensables semblent même avoir manqué à cet ouvrage, qui est d'une incorrection excessive, surtout dans les dates, les noms propres et les citations, et qui, par là, atteste la légèreté avec laquelle travaillait son auteur.

Laborde a fait de même imprimer à grand frais beaucoup d'autres ouvrages aussi vicieux pour le fond que pour la forme, et l'on ne saurait trop regretter qu'avec autant de zèle et une fortune aussi considérable, il n'ait pas eu, en général, plus de discernement, plus d'application, et qu'il ait presque toujours choisi pour collaborateurs des gens beau-

coup plus incapables, et tout aussi inattentifs que lui.

La révolution française entraîna la ruine de Laborde ; exposé, comme ancien fermier-général, aux poursuites des révolutionnaires, il s'était retiré dans le département de la Seine-Inférieure, et y vivait oublié à la faveur de la ressemblance de nom qu'il avait avec Laborde le banquier de la cour, et un autre Laborde, fermier-général comme lui, lorsqu'une indiscrétion échappée à une personne qui lui appartenait de très-près, découvrit son existence et sa retraite. Ramené à Paris, et mis en prison, il eut l'imprudence, malgré les instances de ses amis, de presser son jugement : il périt le 4 thermidor an II (le 20 juillet 1794), cinq jours avant la chute des tyrans.

Nous avons jugé Laborde comme écrivain sur la musique. Il était plus estimable comme compositeur, quoiqu'il n'eût pas des connaissances très-profondes dans la composition, quoiqu'il appartint à une très-mauvaise école, et qu'il ait travaillé à l'époque où le goût en musique, et dans tous les arts en général, a été détestable en France. Il avait de l'imagination et un goût naturel, qui a souvent triomphé des circonstances désavantageuses où il s'est trouvé. Il y a de lui de fort jolies chansons, telle est celle *Vois-tu ces côteaux se noircir ;* celle qui a pour refrain *L'amour me fait, belle brunette ;* celle *Jupiter un jour en fureur*, et beaucoup d'autres. Laborde aimait beaucoup sa musique, et convenait qu'aucune autre ne lui faisait autant de plaisir. Il était sur ce, point inconséquent comme sur tout le reste.

On trouve à la tête du Voyage en Afrique, de Saugnier, publié à Paris en 1799, une notice sur lui fort détaillée, mais assez ridiculement écrite : le lecteur pourra la consulter.

M. Gerber a fait sur cet auteur une cumulation d'erreurs, qu'il est à propos de relever ici : il regarde Laborde compositeur d'opéras, et Laborde auteur de l'Essai sur la musique comme deux auteurs différens. Cette méprise est pardonnable à quelques égards ; mais en voici une qui passe toute mesure. A l'article de Laborde compositeur, il place Gilles garçon peintre au nombre de ses opéras; puis, à l'article de Gilles, il dit : *M. Gilles, musicien de Paris, a fait jouer en cette ville le Garçon peintre*, etc. On croit entendre le singe de Lafontaine, qui prend le Pyrée pour un nom d'homme ; mais ce que l'on ne peut croire, en voyant une erreur et une contradiction de cette force, c'est que M. Gerber soit seul auteur de son Lexique ; et l'on a lieu de penser qu'il est l'ouvrage de plusieurs personnes, qui ne se sont jamais communiqué leurs travaux respectifs, et qu'il n'a point été imprimé par M. Breitkopf seul, mais dans diverses imprimeries, et revu par des protes différens.

LABRUÈRE (CHARLES-ANTOINE LECLERC de), mort en 1754, à l'âge de trente neuf ans, est surtout célèbre par son opéra de Dardanus, mis en musique d'abord par Rameau, et retouché ensuite par Sacchini. Laharpe s'est plu à détailler les beautés poétiques de cet opéra. Voy. Cours de Littérature, tome XII.

LACASSAGNE (L'abbé de), a publié, à Paris, les ouvrages suivans : Traité général des élémens du chant, 1766, in 8°; l'uni-cleffier musical, pour servir de supplément au Traité général, etc.; Recueil de fables mises en musique, 1754. Voy. l'article *Pascal Boyer*.

LACÉPÈDE (M. le comte B.-G.- Et. de), grand chancelier de la Légion d'honneur et membre de l'Institut, est né à Agen en 1756, Il publia à Paris, en 1778, des symphonies à grand orchestre et des symphonies concertantes. En 1785, parut sa Poétique de la musique, en deux volumes in-8°. L'auteur y applique ses préceptes à ses propres opéras, qui, malheureusement pour les lecteurs, sont encore dans son porte-feuille. Il aurait été réellement utile aux jeunes compositeurs, en prenant ses exemples dans les ouvrages de l'immortel Gluck. Outre plusieurs grands opéras, dont trois ont été versifiés par M. Paganel, on connaît de M. de Lacépède quarante sextuors manuscrits, qui ont été exécutés avec succès dans plusieurs

concerts, notamment aux séances publiques de la société philothecnique et chez M. Davaux.

LACHABEAUSSIÈRE (ANGE-ETIENNE XAVIER de), auteur de plusieurs ouvrages dramatiques et lyriques, est né à Paris en 1753. Il a fait avec Dalayrac les opéras comiques suiv ns : l'Eclipse totale, en 1581; le Corsaire, en 1783, Azémia, en 1787, ulistan, en 1807. Avec M. Fabre, il a fait l'Embarras du choix et Caroline de Lichtfield.

M. de Lachabeaussière est un littérateur très instruit. Il achève en ce moment une traduction en prose de l'Enéide. Fénélon en avait fait une, qui malheureusement est perdue. On n'a conservé qu'une partie de sa traduction en prose de l'Odyssée. Voy. le tome VI de ses Œuvres complètes (édition de Didot, 9 volum in-4°).

LACHANTRIE (Mademoiselle), une des premières virtuoses de Paris sur l'orgue et le forte piano, vers 1770, y a fait graver deux concertos pour le clavecin, avec accompagnement.

LACHNITH (LOUIS-VINCESLAS), né à Prague en 1756, a d'abord été maître de la musique et des spectacles des ducs régnans de Deux-Ponts. Il vint à Paris en 1773, avec un talent distingué comme premier cor, et joua plusieurs fois au Concert Spirituel avec succès. Il travailla à se perfectionner sur cet instrument sous M. Rodolphe. Des raisons de santé l'ont ensuite obligé de le quitter. Il eut pour maître de composition le célèbre Philidor.

M. Lachnith a partagé son tems entre l'enseignement et la composition. Il a formé un grand nombre d'élève et produit beaucoup d'ouvrages. Ceux-ci consistent en 1°. Une Méthode de doigté pour le forte-piano, qu'il a composée avec M. Adam, et que le Conservatoire a adoptée. Il y a ensuite ajouté deux parties. 2°. Dix-huit œuvres de musique, telles que symphonies, quatuors, concertos, sonates, pour le piano et pour la harpe, et une grande quantité de musique arrangée. 3°. Ouvrages dramatique, savoir : l'Heureuse Réconciliation (aux Italiens); l'Antiquaire (au théâtre de Monsieur); le Mauvais Fils (au théâtre Montansier). 4°. Ouvrages dramatiques arrangés pour l'Académie Impériale, savoir : les Mystères d'Isis, d'après les airs de la Flûte enchantée, de Mozart, auxquels il a ajouté des récitatifs (1); l'oratorio de Saül, *pasticcio* formé de chef-d'œuvres des plus grands maîtres; qu'il imagina pour remplacer les concerts spirituels, enfin, la prise de Jéricho, du même genre. Dans ces deux oratorios, il a eu M. Kalbrenner, père, pour collaborateur.

M. Lachnith a en manuscrit : 1°. Les Fêtes Lacédémoniennes, opéra en trois actes; paroles de M. Santerre. 2°. Un œuvre de symphanies, exécuté aux concerts de la Loge Olympique. 3°. Un œuvre de quatuors pour le violon.

LACOMBE, avocat, beau-père du célèbre Grétry, a écrit, avec autant de justesse que d'élégance, sur les arts et la littérature. Il a publié, à Paris, le Spectacle des beaux-arts, un volume in-12, et le Dictionnaire portatif des beaux-arts, un volume in-12. Dans ce dernier ouvrage, on trouve des notices sur plusieurs musiciens; et, dans l'autre, des observations judicieuses sur la musique.

LACROIX (Antoine - Philippe de), a publié à Lyon, en 1694, in-12, l'Art de la poésie française et latine, avec une idée de la musique sous une nouvelle méthode.

LACROIX (R), musicien français, a fait graver à Paris, vers 1783, six sonates en symphonies pour le clavecin, avec accompagnement de violon, œuvre 1.

LADURNER (N.) habile pianiste, et compositeur instruit, a publié plusieurs compositions pour son instrument. Il a mis en musique quelques fragmens des Poésies Galliques de M. Baour-Lormian. M. Ladurner réussit principalement dans le genre sombre et pathétique. On lui doit d'excellens élèves, tels que mademoiselle Pingenet et M. Boëly, qui

vient de publier son premier œuvre, dédié à son maître. M. Ladurner a donné quelques opéras au théâtre Feydeau.

LADURNER (Madame), épouse du précédent, était connue, avant son mariage, sous le nom de mademoiselle Lajonchère. Elève du célèbre Mestrino, elle a brillé, comme violoniste, dans plusieurs concerts publics. Tous les mercredis elle donne chez elle des concerts particuliers, et joue le premier violon avec autant de précision que de goût.

LAETA (Fulvie, et Mélantho, ou Nigella), sœurs et filles de Julius Pomponius Lætus, vécurent au quinzième siècle, et furent très-célèbres par leurs connaissances étendues dans les langues, dans la poésie et dans la musique, tant vocale qu'instrumentale. On trouve leur panégyrique, avec leurs portraits, dans *Boissardi Icon. virör. illustr.* pag. 104.

LAFFILARD, à donné, en 1710, des Principes très-faciles, qui conduiront jusqu'au point de chanter toute sorte de musique à livre ouvert. On y trouve la première idée du *chronomètre*.

LAFONT (Ch. Ph.), célèbre violoniste, actuellement en Russie, est né à Paris. Sa mère, sœur de Bertheaume, lui mit l'archet dans les mains, et le premier air qu'il joua fut le menuet d'Exaudet. Il eut Bertheaume pour maître de violon, et prit des leçons de composition d'abord de M. Navoigille, l'aîné, et ensuite de M. Berton. Il apprit le chant de lui-même. C'est avec son oncle Bertheaume qu'il fit son premier voyage dans diverses parties de l'Europe. En 1794, M. Garat le présenta au public comme chanteur. Il brilla ensuite, comme violoniste, aux concers de l'Opéra et de la salle Olympique. Nous connaissons de lui trois concertos de violon, dont un est gravé chez M. Auguste Leduc. Nul violoniste n'a porté plus

---

(1) M. Lachnith a fait aussi l'air de Bocchoris (Soyez sensibles) auquel celui de Mozart sert d'accompagnement, et qui est repété dans trois couplets, avec le chœur de la danse.

loin la grace et l'expression du jeu : nul ne sait mieux chanter sur son instrument.

M. Fontaine, âgé de vingt ans, élève de M. Lafont, a remporté, l'année dernière, le prix de violon décerné par le Conservatoire de musique.

Le portrait de M. Lafont, peint par M. Hilaire Ledru, a été exposé au salon de 1805. M. Fayolle vient de le faire graver, pour l'ajouter à la collection qu'il forme des portraits des violonistes les plus célèbres.

LAFONT (Mademoiselle), était renommée à Paris, vers 1783, pour son exécution sur la harpe et son aptitude dans l'art d'enseigner cet instrument.

LAFONTAINE (JEAN de), né en 1621, à Château-Thierry, mourut à Paris, en 1693. C'est le seul poëte français, selon la remarque de Voltaire, qui n'ait point eu part aux bienfaits de Louis XIV. M. Guichard a très-bien dit de Lafontaine :

Dans la fable et le conte, il n'a point de rivaux :

Il peignit la nature, et, garda ses pinceaux.

Nous avons à le considérer ici comme auteur d'opéras. Il composa la pastorale de Daphné, sur l'invitation de Lully ; mais celui-ci ne voulut pas la mettre en musique, parce qu'il ne l'en trouvait pas digne. Lafontaine, pour s'en venger, fit, contre Lully, la pièce de vers intitulée le Florentin. C'est la seule fois que le bonhomme ait songé à être méchant. Les deux actes de sa Galathée valent mieux que sa pièce de Daphné.

LAFORET, célèbre basse-contre, élève du célèbre Lully, chantait au théâtre de l'Opéra français immédiatement après son établissement. Lully l'estimait tellement pour sa belle voix qu'il lui paya un maitre de danse, afin de perfectionner son action et ses attitudes. Il composa en 1684, exprès pour lui, la scène excellente, dans son genre, de l'opéra de Roland : *Au généreux Roland je dois ma délivrance*, ect.

LAGARDE, maitre de musique des Enfans de France, est connu par l'opéra d'Églé et par des chansons charmantes. Il réunissait le talent du chant à celui de la composition. Sa voix de basse-taille était admirable, et brillait surtout, dans les duos qu'il exécutait avec Jéliotte.

LAGRANGE (JEAN-LOUIS de), membre de la classe des sciences de l'Institut et sénateur, est né à Turin en 1736. On le regarde comme le plus grand géomètre qui ait paru en Europe depuis Newton. Tout ce qu'il a écrit sur la haute analyse est marqué au coin du génie. Nous ne citerons ici que sa belle dissertation sur la propagation du son, qui parut dans le premier volume des Mémoires de Turin, publié en 1759, et dont M. de Montucla a donné une analyse détaillée dans le Journal Etranger, de mai 1760. Nous extrairons le passage suivant de cette analyse ; parce qu'il est à la portée d'un plus grand nombre de lecteurs :

« M. de Lagrange s'attache d'abord à montrer l'insuffisance de la théorie de Newton, et, à l'aide de la méthode des variations, il résout la question par les principes directs et lumineux de la dynamique. Toutes les propriétés de la transmission du son sont renfermées dans la formule générale de M. de Lagrange. Voici les conséquences principales, qu'il en tire : 1°. Que la vitesse du son ne dépend aucunement de la vitesse ou de la force de l'ébranlement imprimé à l'air, 2°. que le son se propage également de tous les côtés du corps qui le produit ; 3°. que la vitesse est la même dans toute l'étendue de la fibre élastique ; 4°. Que cette vitesse ne dépend point de la longueur de cette fibre, c'est-à-dire, que le son se transmet avec la même vitesse dans un air libre que dans celui qui est renfermé. La plupart de ces conséquences étaient, il est vrai, déjà connues par l'observation ; mais nous pensons qu'il n'y a aucun physicien qui méconnaisse le mérite d'avoir déduit ces faits d'une solide théorie. »

M. de Lagrange passe ensuite à l'examen de la réflection du son ou la formation des échos. Il n'a besoin pour cela que de développer quelques cas de sa formule. Elle lui montre que, si la fibre aérienne est terminée de l'un ou de l'autre côté par un obstacle quelconque, la vibration des particules de l'air doit retourner en arrière avec la même vitesse. L'oreille pourra donc entendre une seconde fois, par réflexion, le son qu'elle aura déjà entendu directement. Si la fibre aérienne n'est terminée que d'un côté, l'écho sera évidemment simple ; mais si cette fibre est terminée par les deux bouts, il sera multiple ; car le son réfléchi par une des extrémités le sera de nouveau par l'autre ; et cela aurait lieu à l'infini, si ce mouvement ne s'affaiblissait et ne s'anéantissait à la fin. Cette explication des échos est sans doute la véritable ; et il ne resterait rien à desirer dans la théorie de ce phénomène, si l'on connaissait les circonstances nécessaires pour procurer cette espèce de réflexion ou pour la rendre perceptible. »

Dans le dernier chapitre, M. de Lagrange applique son analyse à divers points de la théorie du son : 1°. Comment l'air transmet les différens sons sans mélange ; 2°. Comment deux sons en produisent un troisième, ce qui rend raison de l'expérience qui sert de base à la théorie de Tartini. Seulement M. de Lagrange trouve un son à l'octave au-dessous de celui de Tartini ; remarque déjà faite par M. Serre, dans ses Observations sur les principes de l'harmonie, publiées en 1755.

LAGUERRE (Madame ÉLISABETH-CLAUDE JACQUET de) Voy. le supplément.

LAGUERRE (Mademoiselle), première cantatrice à l'Académie Royale de Musique, est morte à Paris le 14 février 1783, à l'âge de vingt-huit ans. Elle rendit ses rôles avec beaucoup d'expression et de sentiment. Elle laissa, en mourant, quarante mille livres de revenu, quantité de bijoux, et deux belles maisons.

LAHARPE (J.-F. de). V. le supp.

LAHOUSSAYE (PIERRE), un des meilleurs élèves de Tartini, est né à Paris le 12 avril 1735. Doué d'une heureuse organisation pour la musique, à l'âge de sept ans, de lui-même et sans maître, il jouait déjà très-agréablement du violon. Piffet (dit *le grand nez*), musicien de l'Opéra, lui donna les premières leçons de musique, et le mit en état, à l'âge de neuf ans, de débuter au Concert Spirituel. Quelque tems après, Lahoussaye fut introduit chez le comte de Senneterre, où il eut le bonheur d'entendre les premiers virtuoses du tems, qui s'y rassemblaient habituellement, tels que Pagin, Gaviniés, Pugnani, Giardini, Vanmalder, et Domenico Ferrari. Ils jouèrent chacun une sonate *à solo*, et remarquèrent l'enthousiasme qu'ils inspiraient au jeune Lahoussaye. Ferrari lui présenta son violon : le jeune homme non-seulement préluda d'une manière brillante, mais encore rendit de souvenir plusieurs traits de la sonate de Tartini que Pagin venait de jouer. Il reçut les plus grands éloges de ces messieurs, et surtout de Pagin, qui l'adopta pour écolier. Ce dernier le fit par la suite entrer chez le prince comte de Clermont, en qualité de violoniste de ses concerts. Le sort heureux dont jouissait Lahoussaye ne le détourna pas du desir qu'il avait toujours eu de voir Tartini. Il s'attacha au prince de Monaco, et profita d'un voyage de ce prince en Italie, pour aller à Padoue rendre hommage à ce sublime maître. Au moment où Lahoussaye entrait dans l'église, Tartini commençait son concerto. Rien ne peut rendre la surprise, l'admiration que lui causèrent la pureté, la justesse, la qualité de son, le charme céleste de l'expression, la magie de l'archet, toutes les perfections de l'art dont l'exécution de Tartini lui offrait pour la première fois le modèle. Il ne se sentait plus la force de se présenter devant lui ; il s'y hasarda pourtant. Tartini le reçut avec bonté, et, reconnaissant en lui sa manière et son école, il lui donna des leçons suivies.

Lahoussaye, rappelé par le prince de Monaco, fut, à son grand regret, forcé de quitter Padoue. Les circonstances le fixèrent pour un tems à Parme, où il eut le bonheur de plaire à l'infant dom Philippe et à toute sa cour. C'est là qu'il apprit la composition du célèbre Traetta , et qu'il fit beaucoup d'airs de ballet , qui eurent le plus grand succès aux Opéras de Parme et de Venise.

Il quitta Parme comblé des bienfaits de l'Infant , et retourna à Padoue auprès de Tartini , dont il fut reçu avec tendresse , et dont il suivit encore les savantes leçons jusqu'en 1769. M. Lahoussaye a conduit les plus fameux orchestres d'Italie , d'Angleterre et de France. Au bruit des succès de son élève , Tartini disait avec satisfaction : *Je n'en suis pas surpris , j'ai toujours dit que mon élève Pietro serait un jour LA TERREUR DES VIOLONS.*

Après être resté quinze ans en Italie , M. Lahoussaye se rendit à Londres , en 1769 , avec P. Guglielmi , et , après un séjour de trois ans , il revint à Paris. Il fut alors nommé chef d'orchestre du Concert Spirituel et de la Comédie italienne. En 1789 , il succéda à Mestrino , en qualité de chef d'orchestre du théâtre de *Monsieur,* et ensuite du théâtre Feydeau. On sait que lors de la création du Conservatoire de Musique , il était professeur de première classe , et qu'il fut depuis supprimé , sans respect pour son âge , son mérite et quarante ans de service. Enfin , M. Lahoussaye , père et aïeul d'une nombreuse famille , consacre les restes d'un grand talent , dont la tradition se perd tous les jours , à une société choisie de vrais amis qui sait l'apprécier , et s'étonne qu'il n'ait pas encore reçu une pension méritée à tant de titres.

M. Lahoussaye n'a publié à Paris qu'un œuvre de sonates pour le violon. Il en a sept à huit œuvres en manuscrit , ainsi que trois œuvres de duos et une douzaine de concertos pour l'église.

LAINÉ (ETIENNE) , qui remplit les rôles de premiers à l'Académie de Musique , est né à Vaugirard. Il était très-jeune encore quand M. Berton , directeur de l'Opéra , apprenant qu'il annonçait de grandes dispositions pour la musique , le vint chercher lui-même chez ses parens , et le fit étudier dans les écoles de ce tems-là. M. Lainé , à l'âge de quatorze ans , débuta à l'Académie de Musique , dans un des petits actes connus sous le nom

de *fragmens* : c'était en 1770, époque du mariage du Dauphin , Il y a environ quarante ans que M. Lainé est attaché à l'Académie de Musique ; et pendant ce long intervalle de tems , son service n'a souffert aucune interruption. Il a créé un grand nombre de rôles , auxquels il a su imprimer un cachet dramatique , ainsi que madame Saint-Huberty. Sous le rapport musical , M. Lainé est plutôt l'élève de la nature que de l'art ; mais , sous celui de l'action , on reconnaît qu'il a pris ses modèles au Théâtre Français , et qu'il s'est formé surtout d'après Lekain. Nul acteur ne possède une chaleur aussi pénétrante et plus capable d'échauffer la scène. Cet artiste estimable fut très-lié avec Sacchini , qui , sans lui , n'eût peut être pas travaillé pour l'Académie de Musique , et qui lui confia les premiers rôles de ses opéras.

LAINEZ (ALEXANDRE) , poète français , né à Chimay , mort à Paris le 18 avril 1710 , est aussi connu par ses bons mots que par ses pièces anacréontiques. La plupart de ces dernières ont été mises en musique par Moreau , premier auteur de la musique des chœurs d'Esther et d'Athalie , tragédie de Racine. Lainez a fait aussi une cantate , intitulée : le tombeau de Lambert , musicien.

L'AIRET (Mademoiselle) , était , vers 1784 , organiste de l'église de Sainte-Croix , en la cité , à Paris , et maîtresse de clavecin.

LALANDE (MICHEL - RICHARD de) , surintendant de la musique du Roi , naquit à Paris le 15 décembre 1657. Placé comme enfant de chœur à l'église de Saint Germain l'Auxerrois , il apprit non-seulement la musique , mais encore toutes sortes d'instrumens , et surtout le violon. Il s'attacha aussi avec succès à l'orgue et au clavecin , et se vit organiste en même tems de quatre églises dans Paris. M. le maréchal de Noailles ayant parlé de lui au Roi , ce prince le choisit pour montrer le clavecin aux deux princesses ses filles. Ce fut là l'époque de la fortune de Lalande. En 1684 , le Roi le maria à Anne Rebel , fille de Jean Ferry Rebel. Peu de tems après la mort de son épouse (en 1722) ,

Lalande reçut du Roi le collier de l'ordre de Saint-Michel. Il mourut d'une fluxion de poitrine, le 26 juin 1726, âgé de soixante-sept ans et demi, dont il en avait employé plus de quarante-cinq au service de Louis XIV et de Louis XV, ayant donné pendant cet espace de tems soixante motets à grands chœurs. Lalande a aussi donné la musique de Mélicerte, celle du ballet des Elémens, plusieurs airs pour le violon et des symphonies.

LALANDE (Jérôme de), célèbre astronome, mort à Paris en 1807, a inséré, dans son Voyage en Italie, des observations sur la musique de ce pays, et des anecdotes sur ses musiciens.

LALIVE D'EPINAY (Louis-Joseph), ancien capitaine au régiment de Schomberg (dragons), au service de France, est né à Paris le 26 septembre 1746. Son père, M. Lalive d'Epinay, fermier-général, était très-connu par son goût pour la musique, son amour pour les arts, sa bienfaisance envers les artistes, et par les concerts et spectacles qu'il donnait chez lui, tant à Paris qu'à la campagne, dans lesquels il faisait ordinairement la partie d'alto, et accompagnait le chant avec le clavecin. Celui-ci avait deux frères, MM. Lalive de Jully et Lalive de la Briche, introducteurs des ambassadeurs sous le règne de Louis XV, amateurs éclairés; l'aîné, de peinture (tout le monde a connu son riche cabinet de tableaux, presque tous de l'école française), l'autre, de musique. Au milieu de tels parens, il n'était guères possible que M. Lalive d'Epinay, leur fils et neveu, qui entendait chaque jour les meilleurs virtuoses de Paris, ne prît un goût vif pour les arts. Son père lui fit apprendre la musique dès l'âge de sept ans. Il y fit des progrès rapides. Il eut les meilleurs maîtres de son temps : Béraut pour le hautbois, Eckard pour le clavecin, Bérard pour le violoncelle, et ensuite Duport. Il s'appliqua principalement à connaître à fonds la musique, et sur-tout l'accompagnement du clavecin. Il n'a jamais été bien fort sur aucun instrument; cependant il fait toujours sa partie dans les concerts, tant sur le forte-piano,

que sur la basse, l'alto, et principalement sur la contre-basse, son instrument de prédilection. Son à-plomb dans la mesure lui tient lieu d'exécution! Dans toutes les circonstances de sa vie, il a toujours cultivé ce talent pour son amusement. En Basse-Navare, où il était conseiller au parlement; à Paris, où il a été mousquetaire-gris; au régiment de Schomberg (dragons), où il a servi quelque années. Il a composé différens morceaux, exécutés en société, dans les concerts, comme ariettes, trios pour violon, alto et violoncelle; quatuors pour cor, flûte, violon et basse; plusieurs pièces d'harmonie militaire; six sérénades pour deux hautbois, deux clarinettes, deux cors et deux bassons; un petit opéra, joué en société; le Tonnelier, remis en musique; quatre messes à quatre voix et grand chœur, arrangées sur les plus beaux opéras de Sacchini, Piccini, etc.; enfin beaucoup de romances. Retiré et marié à Fribourg avec une des nièces de feu le général de Boccard, depuis 1775, c'est ce dernier genre qu'il a principalement adopté : il en a plusieurs recueils manuscrits. Il n'a jamais rien voulu publier; cependant, depuis peu, à l'instante sollicitation de quelques personnes, il a consenti à livrer à la gravure trois romances, avec accompagnement de forte piano ou harpe.

M. Lalive d'Epinay vit présentement à Fribourg, en Suisse, au milieu de sa famille, composée d'un fils et de deux filles, qui, tous les trois, sont amateurs et cultivent, avec leur père, l'art et le goût de la musique.

LALLEMANT, docteur en médecine et directeur de la Faculté de médecine à Paris, publia, en 1751, un ouvrage in-12, intitulé Essai sur le mécanisme des passions en général. Dans ce traité, il parle des effets de la musique, et analyse principalement la manière dont le chant et la musique instrumentale influent sur les passions.

LALLIN, secrétaire du roi de Suède, était maître de chant au théâtre de l'Opéra, à Stockholm, en 1785.

LALOUETTE (Jean-François), élève de Lully, était un des premiers violonistes de l'orchestre de l'Opéra. Il composa, pour ce théâtre, la musique de plusieurs ballets et intermèdes. Il fut aussi maître de musique à l'église de Notre-Dame, à Versailles, et mourut dans cette ville le 1er. septembre 1728, âgé de 77 ans.

LALOYAU (G.-F.), a fait graver à Paris, en 1776, six duos pour violon. Op

LAMARCHE (François de), docteur en théologie, chanoine, conseiller et président de la chapelle de l'évêque d'Aichstedt, fit imprimer à Munich, en 1656, un petit ouvrage, sous le titre *Synopsis musica, oder kleiner inhalt wie die jugend und andere Kurzlich und mit geringer mühe in der musica auch instrumenten abzurichten.* Ce traité est écrit en forme de dialogue V. Martini, *Stor.*

LAMARRE (N. de), célèbre violoncelliste, élève de M. Henri Levasseur, était, à douze ans, page de la chapelle à Versailles. Il prit pendant trois mois, des leçons du célèbre Duport, et sembla ensuite oublier la méthode de ce grand maître, pour se former sur les concertos de violon de M. Rode. Aussi l'accuse-t-on d'avoir dénaturé la violoncelle, qui demande un autre jeu et un autre système d'archet que le violon. Cet artiste, ainsi que M. Rode, aime beaucoup à voyager.

LAMB (Benjamin), musicien et compositeur anglais, très-célèbre au commencement du dix-septième siècle, était organiste au collège d'Eton et à la chapelle de St. Georges à Windsor. Il a composé plusieurs motets. V Hawkins, *History.*

LAMBECCIUS (Pierre), naquit à Hambourg en 1628, et mourut à Vienne le 3 avril 1680. Dans son *Commentarius de bibliothecâ Vindobonensi,* il traite, au troisième livre, page 379, *de canticis Psalterio vindob. subnexis.* V. Gerbert, *Hist.*

LAMBERT, abbé de Saint-Bertin, vers 1095, fut un homme très-savant, qui enseigna la musique. V. Gerbert.

LAMBERT (Michel), beaupère de Lully, naquit en 1610, à Vivonne, petite ville du Poitou. Il vint fort jeune à Paris, et se fit ai-

mer du cardinal de Richelieu, qui se plaisait à l'entendre chanter. Il excellait sur le luth et sur le théorbe. Nommé maître de musique de la chambre du Roi, il devint le maître à la mode. Il avait tant d'écoliers qu'il tenait chez lui une espèce d'académie. Il mourut à Paris en 1696.

Lambert est le premier en France qui débrouilla le chaos du contrepoint, en formant des chants agréables. Ses Brunettes devinrent des airs, quand il y joignit des basses harmonieuses.

LAMBERT (Jean-Henri), conseiller d'architecture du roi de Prusse, membre de l'académie de Berlin, naquit à Lindau. En 1774, il lut, à l'académie de musique, un mémoire sur le tempérament en musique, que l'on inséra, deux ans après, en français, dans les nouveaux mémoires de l'Académie. Il est mort le 25 septembre 1777. Voy. son éloge dans les mémoires de l'académie de Berlin, de 1778, où il est question de deux écrits de ce géomètre-physicien, l'un sur la vitesse du son, et l'autre sur les tons des flûtes.

LAMBERT (M.), a publié, à Paris, plusieurs recueils de romances. Son œuvre 3, dédié à madame de Genlis, a paru en 1805.

LAMBERT (N.), excellent graveur à Paris, a donné, d'après les dessins originaux, les portraits des musiciens célèbres, surtout de ceux qui forment la précieuse collection de M. Fayolle, tels que Corelli, Tartini, Gaviniés, Pugnani, Viotti, Cimarosa, Mestrino, Bruni, Nardini, etc.

LAMBO (C.), organiste à l'église de Saint-Nicolas à Hambourg, postérieurement à 1755, fit imprimer en 1754 et 1755, un recueil d'odes avec mélodies, qu'on estime beaucoup. Le second volume de cet ouvrage ne parut qu'en 1764.

LAMI, directeur à l'église principale de Rouen, fit imprimer, en 1721, à Paris, in-folio, cantates, petits motets à une, deux et trois voix, et un cantique nouveau à deux chœurs et symphonie ajoutée, propre particulièrement pour la fête de Pâques, à l'usage des cathédrales.

Dans la préface de cet ouvrage, il examine la manière de composer la musique d'église, et promet, outre un grand nombre de compositions de ce genre, un traité sur ce sujet, dans lequel il prétend prouver que l'organisation de la musique d'église en France est la meilleure, et préférable même à celle de l'Italie.

LAMOTTA (Martin), sicilien de naissance, en 1610, était ténor, à la chapelle pontificale, où on l'estimait beaucoup, à cause de ses grands talens. V. Adami, *Osservazzioni.*

LAMOTTE (Antoine HOUDART de), né à Paris le 17 janvier 1672, mourut le 26 décembre 1731. Depuis 1697 jusqu'en 1707, il donna neuf grands opéras, qui réussirent tous : Alcione, musique de Marais ; Sémelé, musique du même ; Amadis de Grèce, musique de Destouches ; Canente, musique de Colasse ; Marthésie, musique de Destouches ; Omphale, musique du même ; etc. Et en comédie-ballets : l'Europe galante, musique de Campra ; la Vénitienne, musique de Labarre ; les Ages, non mis en musique et non représentés.

Lamotte est le créateur de la comédie-ballet. Sa versification est facile, élégante, et les détails en sont gracieux et pleins de finesse.

LAMOTTE (François), premier violon de la chapelle impériale à Vienne, était né dans cette ville en 1751 (d'autres le disent Flamand). A l'âge de douze ans, il joua devant toute la cour un concerto de sa composition. En 1767, l'Empereur le fit voyager. Il annonçait dès-lors ce que M. Burney disait de lui cinq ans après, *qu'il serait un jour le premier violoniste de l'Europe.*

Il jouait des pages entières sans changer de corde. Mais rien n'égalait la célérité avec laquelle il exécutait, d'un coup d'archet, de très-longs passages en *staccato* ; mais il se servait alors de la sourdine.

En 1739, il vint à Paris, et de là il se rendit à Londres. Ayant fait beaucoup de dettes dans cette dernière capitale, il fut enfermé dans la Tour. Il en fut tiré, ainsi que beaucoup d'autres, dans une émeute excitée par le lord Gordon. Il s'enfuit en Hollande, où il mourut en

1781, à l'âge de trente ans, et détruisit, par sa mort prématurée, les espérances que son talent avait fait naître. Ses œuvres gravés sont : trois concertos pour le violon, Paris, 1770, et six solos pour le violon, Londres ; des airs variés pour le violon, Paris.

Lamotte était surtout grand lecteur. Un Anglais l'avait adopté par spéculation. Après lui avoir donné d'habiles maîtres, il le fit voyager pour le faire entendre, et se remboursa bien au-delà de ses avances, sur le montant des recettes que le talent de Lamotte lui produisit. Il l'obligeait, outre huit heures fixes de travail par jour, à exécuter à la première vue, tous les solos qu'il lui présentait. Cette méthode en fit un lecteur si habile, que dans la suite on ne lui montra ni concerto ni cantate, ni caprice, qu'il ne fût capable de jouer *à prima vista.*

Dans un voyage qu'il fit à Prague, un secrétaire du duc de Furstemberg, nommé Bablizeck, voulut lui tendre un piége. Il composa pour lui un concerto très-difficile en *si* majeur, qui comporte cinq dièzes à la clef, et ne mit les parties sur les pupitres qu'au moment de commencer la ritournelle. Lamotte ne fut nullement embarrassé. Pendant l'introduction du concerto, il monta son violon d'un demi-ton au dessus du diapazon de l'orchestre, et joua avec la plus grande aisance son concerto en *ut* majeur, ce qui mystifia passablement M. Bablizech.

Jarnowick voulant un jour éprouver Lamotte, il lui proposa de jouer avec lui une symphonie concertante à son choix. *Quel est le virtuose,* lui répondit Lamotte, *qui peut se distinguer par là? Je vous offre autre chose, moi : Apportez un concerto de votre composition, j'en apporterai un de la mienne ; vous jouerez le mien, et je jouerai le vôtre.* Apparemment Jarnowick trouva la proposition un peu forte ; elle resta sans exécution. Voy. la Correspondance des professeurs et amateurs de musique, 1804.

LAMPADIUS, chanteur à l'église de Lunebourg, a publié *Compendium musices,* Berne, 1537, in-12. Ce petit ouvrage, qui est sous la forme de dialogue, est désigné

comme étant à l'usage des commençans, et renferme d'une manière
aussi exacte que précise les régles
de la composition, avec des exemples. Voy. Burney, *Hist.*, t. III,
p. 248.

LAMPARELLI (N.), pro-
fesseur de chant à Paris, a fait graver douze recueils de romances, qui
ont eu du succès.

LAMPE, musicien et compositeur, établi en Angleterre, é ait né
en Allemagne. Lors de son arrivée
à Londres, en 1725, il se donna
pour étudiant d'Helmstadt et s'en
gagea d'abord à l'orchestre de l'O-
péra. Il paraît qu'il joua alors du
basson, sinon comme solo, au moins
comme Ripieniste, parce que ce fut
pour lui que Hændel fit faire, en
1727, un grand basson de seize
pieds, qui, par des raisons que
nous ignorons, resta dans le magasin d'instrumens de ce théâtre, jusqu'en 1784, où Ashley le joua, pour
la première fois, à l'occasion de la
grande musique funèbre en l'honneur de Hændel.

On ne connaît de Lampe que deux
opéras : Amalie, jouée en 1732 ; Roger et Jean, en 1739. Il épousa, vers
la même époque, miss Isabelle
Young, fille de Charles Young, et
sœur de madame Arne. Il est mort
à Londres en 1756.

LAMPE (Frédéric-Adolphe),
docteur et professeur en théologie,
mort à Utrecht le 8 décembre 1729,
est connu aussi sous le nom de Lampadius. Lorsqu'il se trouva à Franecker, en 1703, il y écrivit un
traité, en langue latine et en trois
livres, *de Cymbalis veterum*, qui
parut à Utrecht dans la même année, avec plusieurs planches. V.
Walther.

LAMPE (Jean-Frédéric), tenor excellent au théâtre de Hambourg, vers 1784, était en même-
tems virtuose sur le clavecin, et
jouait fort bien du violon. Le théâtre lui doit l'opéra allemand la Fille
de la vallée de chênes. On a encore
de lui quelques symphonies et autres pièces à grand orchestre, qui
n'ont pas été imprimées.

LAMPRUS, maître d'Aristoxène,
natif d'Erythræa, a laissé trois ouvrages sur la musique. Suidas assure
qu'il a écrit quatre cent cinquante-

deux ouvrages, parmi lesquels on
estime le plus ceux qui traitent de la
musique. Ces ouvrages, dont nous
avons à regretter la perte, traitent
1°. des joueurs de flûte, des flûtes
et autres instrumens ; 2°. de la manière de forer et de fabriquer la
flûte ; 3°. de la musique en général ;
et 4°. de la danse tragique.

LAMPUGNANI (Giovanni-
Batti ta), de Milan, excellent
mélodiste, s'appliqua aussi à tirer
un nouveau parti des instrumens.
Parmi ses opéras, on indique les
suivans : *Ezio*, 1737 ; *Angelica*,
Demofoonte, 1738 ; *Candace* 1740 ;
Tigrane, 1747 ; *Amor contadino*,
1760.

LAMY (Bernard), de l'Ora-
toire, parle des sons dans sa Rhétorique.

LANCELOT (Claude), Béné-
dictin, né à Paris en 1615, fut élevé
à Saint Nicolas du-Chardonnet, et
enseigna ensuite la langue grecque
à Port-Royal-des-Champs avec tant
de succès, qu'on lui confia successivement l'éducation de plusieurs princes. Sa plus grande gloire est d'avoir
enseigné le grec à J. Racine. Il se
retira à la fin dans la Basse-Breta-
gne, et y mourut dans l'abbaye de
Quimperlé le 15 avril 1695. Parmi
les écrits qu'il a laissés, on en distingue un, sous le titre Nouvelle
Méthode pour apprendre le plein-
chant, beaucoup plus facile et plus
commode que l'ancienne. Paris. Cet
ouvrage parut en 1668, et fut réimprimé en 1685.

LANCETTA, de Naples, était,
vers 1790, très-renommé comme virtuose sur le violon.

LANCILOTTO (Jacques), né
à Modène en 1507. Fuesli, dans son
Lexicon des artistes, assure qu'il
était à-la-fois orateur, poète, théologue, astronome, musicien et peintre, tant en miniature qu'à l'huile.
Il mourut à l'âge de quarante-sept
ans.

LANDI (Agathe), cantatrice
célèbre de l'Italie, vivait au commencement du dix huitième siècle.

LANDMANN est connu, depuis
1770, par un oratorio de la Passion
et trois quatuors pour cor, violon,
viole et basse, en manuscrit.

LANDRIANO (Charles), na-
tif de Milan, vivait vers 1680. Il

jouit d'abord d'une grande renommée comme chanteur, et ensuite comme compositeur.

LANDRIN était, vers 1784, organiste à l'hôtel des Invalides, et l'un des quatre organistes du roi.

LANDRIN (Mademoiselle), nièce du célèbre violoncelliste L. Duport, s'est fait entendre, sur le piano, à l'âge de neuf ans, au concert spirituel, en 1785. V. le Mercure de France, avril, 1785, page 120.

LANETTI, a fait graver à Amsterdam, en 1762, six trios fort agréables pour violon.

LANG (Ernest-Jean-Benoit), harpiste et peintre de Nuremberg, et ci-devant musicien de chambre du comte d'Ahremberg, naquit à Illmenau, dans le comté de Henneberg, au mois de février 1749. Son père, Kilian Lang, également fort bon musicien et peintre, d'abord au service du duc de Weimar, et ensuite à celui du duc de Hildbourghausen, lui enseigna la musique et la peinture, et il fit tant de progrès dans la première, qu'il put se faire entendre, sur la harpe, à la cour de Hildbourghausen, lorsqu'il n'était encore âgé que de six ans.

Son père s'étant établi, avec sa famille, à Nuremberg, le jeune Lang y prit, chez le maître de chapelle Gruber, des leçons, non-seulement de clavecin et de violon, mais aussi de basse continue, et de composition. Ce fut par ces leçons, mais plus encore par son propre zèle et par les talens dont la nature l'avait doué, qu'il acquit les connaissances étendues qui le distinguèrent comme virtuose et comme compositeur.

En 1782, il fit un voyage par la Souabe, en Suisse, et de là, par Strasbourg, en Brabant. Il y demeura pendant quelque tems, et s'engagea dans la chapelle du comte d'Ahremberg. Des affaires de famille l'obligèrent, au bout d'un an, de demander sa démission, et de retourner à Nuremberg. Il y mourut le 6 mai 1785, à l'âge de trente-six ans. Il a composé beaucoup de concertos, de quatuors, de trios et de solos pour la harpe; mais il n'a été gravé de lui qu'une sonate pour la harpe, avec un violon, et quelques-

unes des poésies de Burger, avec mélodies. Voy. Biographien einiger Tonkünstler, pag. 21.

LANG (Gaspard), a publié à Constance, en 1660, un ouvrage in-4°., sous le titre Musæ, 1, 2 und 3 stimmige cantiones sacræ tempori et festis accommodatæ, avec violons.

LANG (Hyacinthe), musicien de Nüremberg, jouissait vers 1640, d'une très-grande réputation.

LANG (Jean-George), maître de concert de l'électeur de Trèves, à Coblenz, naquit dans la Bohême en 1724. En 1749, il fit un voyage en Italie, et y étudia le contrepoint à Naples. On a gravé, depuis 1760, tant à Augsbourg, Nüremberg et Offenbach, huit œuvres de sa composition, consistant en symphonies et concertos, quatuors et trios pour le clavecin, et une fugue pour l'orgue, à trois. L'on connaît en outre de lui plusieurs autres compositions en manuscrit, parmi lesquelles on distingue deux concertos doubles pour deux forte-pianos.

LANGDON (Richard), organiste à Exeter, à Londres, y fit paraître, en 1769, un ouvrage, intitulé A third collection of cantatas and songs, with accompanyments (Troisième collection de cantates et de chansons, avec accompagnement).

LANGE (Ernest), membre du magistrat et juge à la vieille ville de Dantzick, a publié à Hambourg, en 1760, un ouvrage, in-8°, ayant pour titre: Die 150 Psalmen auf die bey den evangelischen gemeinen übliche melodien, in deutsche reime gebracht (les cent cinquante Psaumes mis en vers allemands, d'après les mélodies en usage aux églises luthériennes).

LANGE (G.-C.). On connut, vers 1780, plusieurs concertos et trios de sa composition pour violon, en manuscrit.

LANGE (Madame Marie-Antoinette), née Weber, épouse de l'acteur de ce nom, si connu en Allemagne vers 1784, fut première cantatrice au théâtre de la cour de Vienne. Elle était née dans cette dernière ville. Avant de venir à Vienne, elle était au théâtre de l'Opéra, à Munich.

LANGIUS (Jérome-Georges), chanteur à Francfort-sur-l'Oder, fut un des meilleurs musiciens et compositeurs du seizième siècle. Frappé de paralysie aux pieds et aux mains, il fut obligé de se démettre de sa place, et mourut le premier mai 1587. Walther rapporte les ouvrages qu'il a publiés. Voyez *Polii Hemerolog. siles. Vratislaviens.* p. 164.

LANGLÉ (Honoré-François-Marie), né à Monaco en 1741, fut envoyé à Naples, à l'âge de seize ans, par le prince de Monaco, pour y apprendre la composition, et entra au conservatoire de *la Pietà*, où il étudia sous Caffaro, le plus savant élève du célèbre Leo. Langlé demeura huit ans au conservatoire de *la Pietà*, et en devint premier maître de chapelle. Il y fit exécuter des messes et des motets, qui méritèrent les applaudissemens des premiers maîtres de l'Italie. Arrivé à Paris en 1768, il ne tarda pas à s'y distinguer, soit au Concert Spirituel, soit au Concert des Amateurs, pour lequel il composa plusieurs scènes lyriques, telles que le monologue d'Alcide, celui de Sapho, la cantate de Circé, etc. C'est en 1791 que l'opéra de *Corisandre* fut représenté sur le théâtre de l'Académie Royale de Musique. Le succès de cet ouvrage engagea Langlé à en composer d'autres, qui n'ont point été joués. Tels sont les opéras de *Mahomet II*, le *Choix d'Alcide*; *Tancrède*, etc.

Comme théoricien, Langlé a donné successivement plusieurs traités, qui lui ont fait beaucoup de réputation. En voici les titres : Traité d'harmonie et de modulation, en 1793; Traité de la basse sous le chant, en 1797; Traité de la fugue, en 1800; Nouvelle méthode pour chiffrer les accords, en 1801.

A la tête des élèves de Langlé, il faut compter M. Dalayrac, qu'on peut appeler le second Grétry de l'Opéra-Comique.

Langlé, membre et bibliothécaire du Conservatoire, est mort âgé de soixante-six ans, le 20 septembre 1807, à sa maison de campagne de Villiers-le-Bel. Voy. son Éloge, par M. Fayolle, dans les Quatre Saisons du Parnasse, Hiver, 1808.

LANIÈRE (Nicolas). Vers 1645, il fut, à Londres, maître de chapelle de Charles Ier, roi d'Angleterre, et y fut très-estimé comme compositeur. Il était en même tems peintre et graveur excellent. Il mourut à Londres. L'on y conserve un tableau de Vandyck, où Lanière est peint sous la figure de David jouant de la harpe.

LANUSSE (M.), élève de M. Langlé, a fait la musique de beaucoup de mélodrames, joués avec succès sur les théâtres des boulevards.

LANZETTI (Lucia), Vers 1725, était cantatrice à la cour de Forence.

LANZETTI (Salvatore), virtuose sur le violoncelle, au service du roi de Sardaigne, né à Naples, fit graver à Amsterdam, en 1736, douze solos charmans pour le violoncelle, et y publia encore, quelque tems après : Principes du doigté du violoncelle pour tous les tons.

LANZI (Francesco), était un chanteur célèbre en Italie au commencement du siècle dernier.

LANZI (Petronio), maître de chapelle à Bologne. En 1770, il fut élu pour présider au concours que les membres de la société philarmonique, et les compositeurs étaient en usage de donner annuellement à l'église de *S. Giovanni in monte*, par l'exécution de leurs compositions. C'était la seconde fois qu'il présidait à cette lutte; et les *Kyrie* et *Gloria*, qui furent exécutés les premiers, étaient de sa composition. Voy. les Voyages de M. Burney, tome I, page 166.

LAPINHA (Joaquine), cantatrice au théâtre italien de Lisbonne, est née au Brésil. Son teint rembruni, qu'elle a hérité de sa mère, ne l'empêche pas d'avoir une figure belle et imposante. Sa voix est forte et agréable, son chant des plus mélodieux, et son action pleine de feu et de sensibilité.

LAPIS (Santo), compositeur italien, au commencement du dix-huitième siècle, demeurait à Venise, et fut un des compositeurs qui y donnèrent, en 1729 et 1730, les opéras *la Generosità di Tiberio* et *la Fede in cimento*. En 1762, il alla à Amsterdam, où il fit graver six duos pour le chant ; des chansons françaises, en deux parties ; et six trios pour violon et flûte.

- LAPLACE (PIERRE-SIMON de), membre de la première classe de l'Institut, auteur de *la Mécanique céleste*, est compté parmi les premiers géomètres de l'Europe. Il s'est beaucoup occupé de l'application de l'analyse à la physique. MM. Poisson et Biot, ont montré, suivant l'idée de M. de Laplace, sur la vitesse de la propagation du son, que, si l'on fait entrer dans le calcul le développement de chaleur qui se fait dans chaque compression de l'air, et qui augmente l'élasticité, les résultats de la théorie peuvent être accordés avec les observations. Les résultats des recherches de M. Biot sur la propagation du son par des vapeurs, prouvent l'existence d'un développement de chaleur dans la propagation du son. D'après les expériences de M. Biot, les vapeurs d'eau, d'alcool et de l'éther propagent le son aussi bien que l'air. Ces expériences constatent l'idée de M. de Laplace, que, dans la propagation du son par des fluides expansibles, les petites compressions par les vibrations du corps sonore, causent un développement de chaleur qui accélère un peu la vitesse de la propagation. Voyez le Traité d'acoustique de M. Chladni, pag. 273 et 281.

. LARCANI, est connu, depuis 1770, par une ariette italienne.

LARCHER (Madame), célèbre amateur sur le violon, a joué, avec succès, des concertos et des airs variés dans plusieurs concerts publics. M. Barni lui a dédié le premier œuvre de quatuors qu'il a fait graver à Paris.

LARDEMOY (ANTOINE), en 1651, fit imprimer, à Genève, les Psaumes de David, réduits nouvellement en une méthode facile pour apprendre le chant ordinaire de l'église. Voy. Cornel. a Beugh. Bibl. Math. p. 176.

. LAROCHE, a mis en musique un grand nombre de chansons, en vogue à la cour de Louis XIV.

. LARRIVÉE (HENRI), né à Lyon le 8 septembre 1733, entra au théâtre de l'Opéra en 1755, le jour même de la retraite de Jéliotte. On lui a l'obligation d'avoir précipité la marche du récitatif, qu'on ralentissait trop, et de l'avoir rapproché de la déclamation et même du débit de la tragédie. Ceux qui ont joui de ses talens n'oublieront jamais la manière sublime avec laquelle il jouait et chantait le rôle d'Agamemnon. Il avait créé ce rôle sous les yeux de Gluck, et aidé des conseils de ce grand homme. Noblesse, dignité, énergie, voix sonore et brillante, déclamation juste et animée, telles furent les qualités qu'il posséda à un degré éminent, et qui le firent briller trente-deux ans sur la scène lyrique. Larrivée est mort des suites d'une paralysie, le 7 août 1802. On sait qu'il chantait du nez. Un jour, un plaisant du parterre, en l'entendant, s'écria : *Voilà un nez qui a une belle voix !*

LARRIVÉE (Madame), née Lemière, épouse du précédent et sœur du fameux violoniste, débuta à l'Académie de Musique en 1750, se retira en 1753, et reparut en 1757. Le son de sa voix se mariait admirablement aux sons de la flûte. Elle obtint la pension en 1778.

LARUE (PIERRE de) *Petrus Platensis*, français de nation, maître de chapelle à Anvers, a composé des messes et des motets en 1549. V. Glaréan, liv. 2, ch. 26.

LA RUE (EUGÉNIE de Beaumarchais, épouse de M. Edouard de), élève de M. Steibelt, est une pianiste très-distinguée. Elle exécute les morceaux les plus difficiles avec autant d'énergie que de précision.

LA RUE (Madame Zoé de), célèbre harpiste, a fait graver pour son instrument six œuvres de sonates qui prouvent beaucoup de talent dans la composition.

LARUETTE, né le 27 mars 1731, débuta, en 1752, au renouvellement de l'Opéra Comique à la foire Saint-Laurent. En 1762, il fut reçu à la Comédie Italienne, lorsque l'Opéra-Comique fut réuni à ce théâtre, et il se retira en 1779, après avoir fait pendant dix-sept ans, les délices du public. Il a composé plusieurs opéras, qui ont eu du succès. Il a donné à la foire : Le docteur Sangrado ; l'Heureux Déguisement ; le Médecin d'amour; l'Ivrogne corrigé; et Cendrillon. À la Comédie Italienne : Le Dépit généreux; le Guy de chêne; et les deux Compères.

LARUETTE (Madame), épouse du précédent, douée par la nature d'une très-belle voix, acquit, dès l'enfance même, une réputation dans le chant. A quatorze ans, elle fut appelée au théâtre de l'Opéra, où elle joua, avec le plus grand succès, le rôle de Colette, dans le Devin du village, rôle d'autant plus difficile à rendre, qu'il est plus près de la nature. Deux ans et demi après son entrée à l'Opéra, elle débuta au théâtre de la comédie italienne, où elle fut reçue en 1761 Elle se retira en 1777.

LASALETTE (P. S. de), à publié à Paris, en 1805, une sténographie musicale, qui n'a pas eu beaucoup de succès. Il a, en ce moment, sous presse, un ouvrage sur les divers systèmes de la musique ancienne et moderne, dont M. Roquefort est l'éditeur.

LASALLE (Le marquis de), amateur, a fait la musique de l'Amant corsaire, pièce jouée à la Comédie italienne, en 1762.

LASCEUX (Guillaume), organiste de Saint-Etienne-du-Mont, à Paris, est né à Poissy le 3 février 1740, d'une honnête famille, qui occupait des places dans la judicature de cette ville. A dix-huit ans, il quitta Poissy, pour être organiste à Chevreuse, où il resta jusqu'en 1762. Il vint alors à Paris, et demeura cinq ans chez M. Noblet, pour y apprendre la composition. En 1769, il fut reçu organiste de Saint-Etienne-du-Mont et du séminaire de Saint-Magloire. A la mort de M. Noblet, il fut nommé organiste des Mathurins, et, par suite, au collège de Navarre.

Voici une notice des ouvrages qu'il a publiés : en 1768, un livre de sonates de clavecin. En 1771 et 1772, un journal de pièces d'orgue. En 1773, un livre de sonates pour le clavecin; une suite de noëls variés pour l'orgue; trois quatuors pour le piano, avec accompagnement de deux violons et basse. En 1785, un Te Deum pour l'orgue. En 1789, trois petits opéras, joués sur différens théâtres de Paris. En 1804,

une messe à grand chœur et symphonie, qui fut exécutée à Saint-Gervais, le jour de Sainte-Cécile. Il a sous presse une suite de pièces d'orgues, et un Essai sur l'art de l'orgue, qui est, en ce moment soumis à l'examen de la classe des Beaux-Arts de l'Institut.

LASCARINI (François-Mar.), jouit, vers 1650, en Italie, de beaucoup de réputation comme chanteur.

LARCHI, célèbre chanteur italien, se fit entendre, en 1715, à Londres, et y fut universellement admiré.

LASSUS (Roland de), appelé par les Italiens Orlando di Lasso, né à Mons en 1520, fut d'abord enfant de chœur dans la paroisse de Saint-Nicolas; plus avancé en âge, il passa en Italie, demeura en Sicile, à Milan et à Naples, où il fut maître de musique. A Rome, il devint maître de la chapelle de Saint-Jean-de-Latran. En Angleterre, le roi Henri VIII le reçut avec honneur. Il fut ensuite directeur de la musique du duc de Bavière. Le roi de France Charles IX voulut lui donner un pareil emploi. Enfin, après avoir reçu des distinctions honorables de l'empereur Maximilien II, il mourut à Munich, le 3 juin 1594, emportant avec lui la réputation du premier musicien de l'Europe. Le magistrat de Mons lui fit ériger une statue dans l'église de Saint-Nicolas.

Il a publié, tant en Italie qu'en Allemagne, un grand nombre d'ouvrages de sa composition, parmi lesquels les connaisseurs estiment principalement celui que son fils aîné (Rodolphe de Lassus) a fait paraître, après sa mort, à Munich, en 1664, sous le titre Magnum opus musicum complectens omnes cantiones, quas motetas vulgò vocant, etc., à 2—12 voc. L'on conserve encore dans les archives de musique, à Munich, un manuscrit précieux de ses ouvrages, orné de vignettes superbes. On trouve sa biographie dans l'Almanach de musique, de Forkel, de 1784, page 161.

LASTRE (M. de), amateur de violoncelle, à Nismes, est un excellent accompagnateur.

LASUZE (De), premier maître de chant des chœurs de l'Opéra vers 1785, était chargé de la partie du goût, de la pureté de la diction et de la déclamation. Il est mort à Paris, il y a quelques années.

LATES, musicien de Londres, y a fait graver, vers 1780, un œuvre de trios pour violon.

LATILLA (GAETANO), maître de chapelle, à Venise, naquit à Naples vers 1710. Dans sa jeunesse, il rivalisa avec Jomelli et Galuppi, dans des compositions pour le théâtre ; mais il conserva plus qu'eux la manière simple et sérieuse de la bonne école ancienne. Les Italiens le comptent parmi les meilleurs contrapuntistes modernes ; et ses ouvrages se donnaient encore, en 1750, à Londres, avec succès. M. Burney le vit à Venise, en 1770.

On a de lui les opéras suivans : Demofoonte, 1738 ; la fin a Cameriera et Orazio, 1743 (le dernier, en compagnie avec Pergolèse) Gara per la gloria et Madama Ciana, 1744 (le dernier, en compagnie avec Galuppi) ; Amore in Tarantola, 1750 ; la Pastorella al Goglio, Griselda, Gl' Impostori, l'Opera in prova alla moda, 1751 ; Isola d' amore et Olympiade, 1752 ; Amore Artigiano, 1761 ; Mérope, 1763 ; et les opéras comiques la Giardiniera contessa, intermède : la Comedia in comedia ; Don Calascione et la bonna Figliuola creduta vedova, que l'on donna, à Venise, en 1766. On a encore de lui quelques ariettes d'opéra et trois symphonies. Il était oncle de Piccini.

LAU, se fit connaître, vers 1777, par différens concertos pour cor, en manuscrit.

LAUBE, est connu, depuis 1780, par un concerto pour basson, et par plusieurs trios pour violon, en manuscrit.

LAUDUNO (NICOLAS de). Dans la bibliothèque de Barberini, on conserve de lui un traité de musique en manuscrit. Voy. Martini, Storia.

LAUER (JEAN-CHRISTOPHE), corniste à la chapelle d'Anspach, était, dit-on, de la force de Punto.

LAUFFENSTEINER (de), musicien de la chambre, et luthiste au service de l'électeur de Bavière à Munich, en 1760, s'est fait connaître, à cette époque, par six parties pour luth et six duos pour deux luths, les uns et les autres en manuscrit.

LAUGIER (MARC-ANTOINE), né à Manosque, en 1713, mort en 1769, jésuite et prédicateur du roi, a publié le premier journal de musique qui ait paru en France, sous le titre : Sentiment d'un harmoniphile sur différens ouvrages de musique, Lyon, 1756. Cet ouvrage n'a pas eu de suite. Dans la seconde partie, qui est la dernière, l'auteur attribue à M. de Morambert une nouvelle manière de chiffrer la basse-continue, dont l'abbé Roussier était l'inventeur. Voy. le Mercure de 1756, t. II, et celui de 1757, avril et septembre.

LAUGIER (Le P.), jésuite, a publié, à Paris, en 1754, l'Apologie de la musique française, contre M. Rousseau. Voy. l'Ann. litt. 1754, tom. I pag. 258.

LAUJON (P.), né à Paris en 1727, membre de l'Académie Française, poëte lyrique, a donné à l'Opéra : Daphnis et Chloé, pastorale, 1747 ; Eglé, pastorale, 1751 ; Sylvie, 1766 ; Ismène et Isménias, en trois actes, 1770. Au théâtre Italien : l'Amoureux de quinze ans, en trois actes, 1771 ; Matroco, en quatre actes, 1778 ; le Poëte supposé, en trois actes, 1782.

Il a été reçu à l'Académie Française, à l'âge de quatre-vingts ans, ce qui lui a fait dire, dans son discours de réception : IL Y A URGENCE.

LAURENBERG (PIERRE), docteur en médecine et professeur de poésie à Rostok. Selon le témoignage que lui rend Mattheson dans son Ehrenpforte, il est le véritable auteur de l'ouvrage que Sartorius publia à Hambourg en 1622, sous le titre Bellum musicale, d. i. die geschichte des im musikalischen reiche entstandenen krieges. La seconde édition de cet ouvrage parut en 1626, et la troisième en 1629. Cette dernière fut publiée par l'auteur lui-même. Dans l'Organisten-probé, de Mattheson, on trouve un extrait de cet ouvrage.

LAURENTI (PIETRO-PAOLO), Bolonais, a fait la musique des trois opéras suivans : Attilio Regolo in

Africa, 1701 ; *I diporti d'Amore in villa*, 1710 ; *Esone ringiovenito*, 1716.

LAURENTI (LAURENT), direc-teur de musique et chanteur à la ca-thédrale de Brême, naquit à Hu-sum, vers la fin du dix-septième siècle. Il s'est fait estimer pour ses cantiques, qui parurent en 1700.

LAURENTIUS (CHRÉTIEN), en dernier lieu organiste à la cour d'At-tenbourg, naquit dans le comté de Tonna. Le célèbre chanteur Lau-rentius lui enseigna les premiers élémens du clavecin. Il continua ensuite, sous la direction du maître de chapelle Witten, non-seulement l'étude de cet instrument, mais aussi celle de la composition. Le duc de Gotha ayant eu l'occasion de connaître ses grands talens, lui conféra, en 1722, la place d'orga-niste à la collégiale de Gotha. Il joua aussi à la chapelle de la cour, et fut chargé, en même-tems, d'en-seigner la musique aux jeunes prin-ces. Il est mort vers 1750.

On connaît de lui plusieurs pièces de clavecin et d'orgue, en manuscrit.

LAURENZI (PHILIBERTO), donna à Ferrare, en 1665, l'opéra *Esilio d'Amore*.

LAURENZANI CONTI (MA-RIANA), cantatrice italienne, très-renommée au commencement du dernier siècle.

LAURIETTI, fit graver, à Pa-ris, en 1780, six quatuors pour le violon.

LAUTENSACK (PAUL), orga-niste et peintre à Nüremberg, na-quit dans cette ville. Voy. Fuesli, *Künstler-Lexicon.*

LAVAL (De), était compositeur de ballets du roi de France, à Pa-ris, vers 1754. Son fils commença, cette même année, à l'aider dans ses fonctions.

LAVOYE-MIGNOT, a publié, à Paris, en 1606, Traité de musi-que pour apprendre à composer, à plusieurs parties.

LAVIT (J.-B.-O.), ancien élève de l'école polytechnique, auteur d'un traité complet de perspective, publié à Paris en 1804, en deux vol. in-fol., avec cent dix planches, a donné, en 1808, un tableau compa-ratif du système harmonique de Py-thagore et du système des modernes.

LAWES (HENRI), chevalier et musicien de la chambre de Charles Ier, roi d'Angleterre, à Londres, vers 1633. Parmi les compositions qu'il a données au théâtre, on re-marque la fameuse mascarade, Co-mus, de Milton, qui parut en 1734. Hawkins lui conteste les titres de sa gloire.

LAWES (GUILLAUME), frère du précédent, était, à la même époque, connu comme compositeur pour le théâtre. Il mourut en 1645, lors du siège de Chester. Milton célébra, dans un poëme, son talent pour la musique.

LAYS (FRANÇOIS LAY, dit), est né le 14 février 1758, à la Barthe de Nestès, ancien diocèse de Commin-ges. A l'âge de sept ans, il entra à la chapelle de Guaraison: Jeliotte avait été élevé à Bétharam, autre cha-pelle appartenant à la même insti-tution. Ces chapelles, situées au mi-lieu des forêts, et où les voyageurs venaient chercher l'hospitalité dans les tems orageux, avaient pourtant de la musique trois fois par jour, et jamais la même. On imagine les progrès que dut y faire le jeune Lays. A dix-sept ans, il se rendit à Auch pour y faire sa philosophie, et fut en même tems nommé précep-teur des enfans du secrétaire de l'intendance. Comme il sentait le be-soin de la solitude, il retourna à Gua-raison, pour y faire pendant deux ans un cours de théologie, et se desti-ner à l'état ecclésiastique. Il étudiait alors le traité de la grâce; mais s'ap-percevant qu'il n'avait ni la grâce efficace ni la grâce suffisante, il se détermina à étudier en droit à Tou-louse. Il n'y resta qu'un an. Son ta-lent, comme chanteur, avait déjà fait beaucoup de bruit. Des cha-noines du chapitre de Saint-Etienne le prévinrent qu'on le demandait à Paris, et Lays se disposait à partir, quand on lui apprit qu'un homme, porteur d'une lettre de cachet, ve-nait à Toulouse pour le prendre. Il arriva dans la capitale au mois d'août 1779. Six semaines après, il débuta à l'Académie de musique. A cette époque, les sujets ne faisaient pas leur noviciat par des rôles. On cherchait d'abord à connaître la puissance de leurs moyens. Le pu-blic était seul jury, et l'on était digne de paraître dans un rôle, quand il avait dit : *voilà une belle voix*. Le premier début de Lays eut lieu à la fin d'un ballet, et il chanta l'air de Berton père : *Sous les lois de l'hymen quand l'amour nous engage*, qui commença sa réputation. Le premier rôle qu'il créa fut celui du Seigneur bienfaisant. Depuis, il se distingua dans les opéras de Gluck, de Piccini, de Sacchini, etc., notamment en jouant le rôle d'Oreste, dans Iphigénie en Tauride, avec la célèbre madame Saint-Huberty. C'est avec la même cantatrice qu'il chanta plusieurs fois au concert spirituel des morceaux où l'expression fut portée au plus haut degré. Les amateurs l'ont souvent applaudi dans le *Vidit suum*, du *Stabat* de Haydn. Comme Lays avait appris la langue latine, il accentuait les paroles qu'il chantait dans la musique d'église, et remportait une gloire qu'il est rare de mériter aujourd'hui.

C'est à Lays que Grétry dut le succès de son opéra de Panurge. Le jour même de la première représentation, deux individus menacèrent Lays de le rouer de coups de bâton, s'il avait l'audace d'articuler une parole du rôle de Panurge. Le soir, il eut le courage de chanter ; il fut sifflé à chaque mot, et parvint à faire aller la pièce jusqu'à la fin, en alliant la dignité qu'il devait au public avec l'amitié qu'il avait pour l'auteur de la musique. Le succès de Panurge fut décidé à la seconde représentation, et cette pièce a été jouée six cents fois. Peu de tems après, Lays donna une preuve d'amitié à Vogel, auteur de Démophon. On répétait cet opéra chez une duchesse, et la cabale se prononçait déjà avec violence. La duchesse elle-même demanda à Lays : *Est ce que vous trouvez cela bon?* — *Je suis obligé de m'y connaître*, répondit-il.

Un des rôles où Lays a obtenu le plus de succès, est sans contredit celui d'Anacréon. Dans les six cents vers de son rôle, il a su passer par toutes les nuances de la mélodie et de la déclamation, jusqu'au simple débit.

A la puissance des moyens Lays joint une excellente méthode. Il n'a jamais pris la manière pour de la

grâce, la mignardise et l'afféterie pour de l'expression, et les convulsions pour de l'énergie. Quand on lui dit qu'il a bien chanté dans un opéra, il répond : *En ce cas-là, j'ai mieux accentué qu'à l'ordinaire.*

Cet artiste a composé beaucoup de musique, non pour la publier, mais pour apprendre à mieux juger celle des autres et à mieux l'exécuter. Parmi les élèves qu'il a formés, on distingue surtout madame Chéron.

LAZARI (Alberto), a fait paraître, à Venise, en 1637, un ouvrage ayant pour titre, *Gloria di Venetia*, *e altre musiche a voce sola, etc.*, op. 3. Il est probable que c'est le même que celui dont parle Walther, et qu'il cite comme ecclésiastique et maître de chapelle à l'église *Il Frati*, à Venise.

LAZZERINI (Gustavo), tenor au théâtre de l'Opera-Buffa, de Paris, il y a quelques années, y brillait à côté de Mesdames Strina-Sacchi et Georgi Belloc. Il a publié 1°. deux œuvres d'ariettes italiennes; 2°. une pastorale italienne, dédiée à son ami Nitot Dufrêne, acteur de l'Opéra, qui a dessiné et gravé le portrait de G. Lazzerini.

LEACH, vers 1780, fit graver à Londres un œuvre de trios pour deux violons et basse.

LEARDI (Giuseppe), né à Paris, était un chanteur célèbre, à la fin du dix-septième siècle.

LEAUMONT (Le chevalier de), officier du régiment de Neustrie. On a de lui un duo concertant pour clavecin, avec violoncelle, qu'il publia à Paris en 1786.

LEBAILLY (N.), né à Caen le 4 janvier 1756, auteur d'un recueil de jolies fables, publié en 1783, a retouché l'Opéra de Corisandre, musique de Langlé. Il a fait les opéras suivans, qui sont reçus depuis long-tems à l'Académie de Musique : Soliman et Eronyme, ou Mahomet II, musique de Langlé ; Œnone, musique de Kalkbrenner ; et le Choix d'Alcide, musique de Langlé.

LEBAILLY-DU-ROLLET, auteur des drames lyriques d'Iphigénie en Aulide et d'Alceste, mis en musique par Gluck, est mort à Paris en 1786. C'est à lui que l'on a obli-

gation d'avoir facilité à l'Orphée allemand les moyens d'opérer la révolution musicale en France.

LEBEGUE, organiste de Saint-
Merry et de la Chapelle du Roi, est
mort en 1700. Son exécution, qui
paraissait inconcevable, était due,
dit Laborde, à une troisième main,
d'un de ses élèves, dont il se servait
sans qu'on le sut, il en résultait un
effet prodigieux.

LEBER (Henri) était maître de
chapelle à Salzbourg, au commencement du dixhuitième siècle.

LEBEUF (Jean), membre de
l'académie des inscriptions et belles-
lettres, naquit à Auxerre en 1687,
et mourut à Paris en 1769. Ce savant
antiquaire a publié plusieurs ouvrages d'érudition ; entr'autres, un
traité historique et pratique, sur le
chant ecclésiastique, Paris, 1741,
un vol. in-8°. C'est un livre plein
de recherches curieuses et instruc-
tives sur cette matière.

LEBLANC (M. Hubert), doc-
teur en droit de Paris, a publié, en
1740, à Amsterdam, un ouvrage
fort bisarre, sous le titre de Défense
de la basse de viole contre les entreprises du violon et les prétentions
du violoncelle. Le style de l'ouvrage
répond à la singularité du titre. On
y voit que..... « le violon était échu
» en partage aux Italiens, la flûte
» aux Allemands, le clavecin aux
» Anglais, et la basse de viole aux
» Français. Le père Marais avait
» établi l'empire de la basse de viole,
» qu'il avait, comme Simon à l'é-
» gard de celui d'Athènes, formé
» d'une foule de belles pièces. For-
» croy, nouveau Sélim, l'avait
» étendu, en subjuguant les sonates,
» conquête prodigieuse. Les Dé-
» caix l'avaient consolidé, du côté
» de l'accompagnement, par une
» façon dégagée de manier l'ar-
» chet, en sorte que cet empire,
» de forme triangulaire, se trouvait
» remparé de trois côtés.... Mais le
» Ciel se plaît à confondre les plus
» grands projets par les plus petits
» moyens..... Sultan Violon, un
» avorton, un pygmée, se met en
» tête la monarchie universelle....
» Il tient conseil avec ses deux aco-
» lytes, messire Clavecin et sire Vio-
» loncelle.... Se tâtant le pouls, il

» avait senti que ses cordes étaient
» trop courtes et trop grosses ; il
» n'en projette pas moins de rayer du
» nombre des acteurs de la musique
» la basse de viole et la flûte , pour
» régner sur leurs ruines. Attaquer
» la Viole, lui sauter dessus, sultan
» Violon l'eût fait volontiers ; mais
» il fallait livrer bataille..... Il
» aborde donc humblement le Cla-
» vecin et le Violoncelle , et leur
» dit : Beaux sires, vous êtes déjà
» en faveur ; mais si vous vous as-
» sociez à moi, il ne tiendra qu'à
» vous de faire fortune.... Ils le re-
» mercièrent affectueusement, lui
» firent le compliment qu'il était
» l'Alexandre des instrumens mieux
» que Rodilard celui des chats, l'At-
» tila, le fléau de la Basse de viole...
» Le Violoncelle, qui, jusques-là,
» était misérable, cancre, hère et
» pauvre diable, dont la condition
» était de mourir de faim.... se forge
» une félicité qui le fait pleurer de
» tendresse, etc , etc. »

La conduite de M. Hubert Leblanc, d'ailleurs grand bas-violiste,
était aussi singulière que ses écrits.
Ayant reçu avis, un matin, au sortir de son lit, que l'imprimeur
d'Amsterdam consentait à publier
son manuscrit, il partit sur-le-champ
en robe de chambre, en bonnet de
nuit, en pantoufles, pour aller conclure le marché, pressen l'exécution
de l'ouvrage, et revint dans le même
costume qu'il était parti.

LEBEL, membre de la chapelle
royale à Paris, était, depuis 1760
jusqu'en 1765, directeur de l'orchestre du théâtre Italien.

LEBLOND (L'abbé), ami intime
de l'abbé Arnaud, et son confrère
à l'académie des inscriptions, a publié les mémoires pour servir à l'histoire de la révolution musicale opérée en France par le chev. Gluck.
Paris, 1781, in-8°. V. l'art. Arnaud
(l'abbé).

LEBŒUF, organiste à l'abbaye
de Sainte-Geneviève, à Paris, fit
imprimer, en 1768, un ouvrage sous
le titre : Traité d'harmonie et règles
d'accompagnement, servant à la
composition suivant le système de
M. Rameau. Dix ans auparavant, il
était organiste à l'abbaye royale de
Panthemont.

LEBRUN, excellent corniste,

était à Paris en 1785, où on faisait les plus grands éloges de son talent. Il a donné l'article Cor dans l'Encyclopédie méthodique.

LEBRUN (Louis - Auguste), l'un de nos plus grands maîtres sur le hautbois, fut, depuis 1767, membre de la chapelle de Munich. On trouve sous le nom de Lebrun, plusieurs compositions pour le violon, la flûte, le hautbois et le clavecin, qu'on a publiées à Paris, à Mayence et à Berlin. En 1784, Lebrun se fit entendre à Paris, et y charma tout le monde.

LEBRUN (Françoise), fille du violoncelliste Danzy, et, depuis 1775, épouse du précédent, naquit à Manheim en 1756. Etant encore mademoiselle Danzy, elle se faisait déjà admirer dans sa patrie. Sa voix passait d'une tierce, le fa le plus élevé du clavecin, et toutes ses inflexions, avaient un charme indicible.

Elle débuta, en 1771, à Manheim. Quelques années après, elle se fit admirer, à Milan, dans l'opéra de Salieri, Europa recognosciuta. Dans la fleur de l'âge, ses charmes et ses talens lui valurent les applaudissemens universels, au grand dépit de madame Balducci, alors première cantatrice au même théâtre. En 1783, elle chantait avec la même gloire, à Londres, comme prima Donna. En 1786, elle reparut à Munich dans l'opéra Armida, de Pratt, et l'année suivante, à Naples dans les opéras de Paisiello. Elle a aussi donné des preuves de ses talens dans la composition. Les trois sonates pour le clavecin, avec accompagnement d'un violon, qu'elle fit graver, en 1783, à Offenbach-sur-le-Mein, sont très estimées.

LEBRUN (Mademoiselle Félicité), élève de M. Baillot, a partagé, avec M. Guénée, le prix de violon décerné par le Conservatoire de musique, en 1803.

LEBRUN (Ponce-Denis Ecouchard), fameux poëte lyrique, mort le 31 août 1787, ne se nommait lui-même que Pindare Lebrun. M. Pfeffinger a mis en musique des odes et des romances de ce poëte, qui était à-la-fois sublime dans ses odes, gracieux dans ses pièces anacréontiques, et malin dans ses épigrammes. M. Espercieux, sculpteur célèbre, a très-bien exprimé ce triple caractère sur le front, dans les yeux et sur les lèvres de Lebrun, dans son buste en marbre, exposé au salon de peinture en 1806.

LEBRUN (Louis-Sébastien), né à Paris vers 1765, fut admis à l'église métropolitaine comme enfant de chœur. Il y resta douze ans. C'est là qu'il apprit de M. l'abbé Dugué, alors maître de chapelle, la musique et la composition. Au sortir de la maîtrise de Notre-Dame, Lebrun fut maître de chapelle de l'église royale de Saint-Germain-l'Auxerrois. Deux ans après, ayant quitté la place de maître de chapelle, et voulant suivre une toute autre carrière, il profita des avantages qu'il avait reçus de la nature pour se faire admettre à l'Académie Royale de Musique, où il débuta au mois de mars 1787, par le rôle de Polynice (d'Œdipe). C'est alors qu'il parut au Concert Spirituel, sous le double rapport de compositeur et de chanteur. Il y chanta, et on y exécuta plusieurs scènes et oratorios à grands chœurs de sa composition.

En 1790, il donna, au théâtre Montansier, son premier ouvrage dramatique, intitulé l'Art d'aimer au village; et successivement, au théâtre Louvois, Emilie et Melcour; un Moment d'humeur; la Veuve Américaine. Au théâtre des Variétés : les Petits Aveugles de Franconville; la suite de la Cinquantaine. Au théâtre Feydeau : le Bon Fils; Plus de Peur que de Mal; l'Astronome; le Maçon, et Marceline. L'An neuf, opéra en cinq actes, fut répété généralement en l'an 4, et à la veille d'être joué ; mais des raisons politiques forcèrent M. Sageret, alors directeur du théâtre Feydeau, et les auteurs, à renoncer à la mise de cet ouvrage.

M. Lebrun, que des raisons d'intérêt avaient forcé de quitter l'Opéra, passa au théâtre Feydeau, où il resta (l'espace de huit années) jusqu'à la chûte forcée du directeur, dont il avait su mériter l'estime et l'amitié.

Après plusieurs années, il est rentré à l'Académie Impériale de

Musique, comme l'un des chefs du chant. Il a été admis, depuis quatre ans, comme ténor dans la musique de la chapelle de l'Empereur, et tout récemment comme chef de la partie du chant de la musique de Sa Majesté.

Au mois de juillet 1809, M. Lebrun a fait exécuter à l'église Notre-Dame, qui avait été son berceau, un *Té Deum* à grand orchestre, en action de grâces des victoires d'Enzerdoff et de Wagram.

LEBUGLE, abbé de Paris, y a fait graver, depuis 1783, cinq œuvres de sa composition, qui, à l'exception d'un recueil d'airs et d'un rondeau et variations avec violon, consistent tous en sonates pour le clavecin, avec violon.

LECAMUS, compositeur de la musique du Roi, mort en 1677, a fait beaucoup de chansons, qui ont eu la vogue.

LÉCHOPIÉ (PIERRE-MARIE-NICOLAS), né à Senlis le 5 septembre 1771, a eu pour maîtres de fortepiano MM. Schmitt et Boutroy. Ce dernier lui a enseigné la composition. M. Léchopié professe la musique à Senlis. Il a publié à Paris trois œuvres de sonates ; le premier en contient une avec violon, le second six ; le troisième, trois avec violon, une ouverture arabe et un trio concertant, pour piano, violon et basse; une fantaisie, une scène et quelques romances.

LECLAIR (JEAN-MARIE), naquit à Lyon en 1797. Ses premiers essais furent pour la danse. Dupré jouait alors du violon. Tous deux sentirent que leurs talens étaient déplacés : l'un quitta l'orchestre pour le théâtre, et l'autre, le théâtre pour l'orchestre.

Leclair appelé à la place de premier symphoniste du roi, eut deux rivaux redoutables à combattre ; Baptiste possédait une très-belle qualité de son, et Guignon avait rapporté d'Italie une exécution brillante. Leclair sut fixer l'attention du public, en introduisant le premier en France, l'usage de la double corde.

Pour accroître ses connaissances dans l'art de la composition, il se rendit en Hollande auprès du célè-bre Locatelli. On s'aperçut combien il avait profité de cette étude, dans le troisième livre de ses sonates. Le premier n'a que le mérite d'une mélodie simple et facile ; et le second ne brille que par l'emploi de la double corde. Ses concertos et ses opéras sont d'un effet médiocre. La partie technique y supplée trop au génie qui doit animer la composition.

Il fut assassiné dans la nuit du 22 octobre 1764, comme il rentrait chez lui. M. de Boisgelou fils disait que *c'était à l'entrée de sa cave, mort digne d'un musicien.*

LECLAIR, le second, premier violoniste et pensionnaire de la ville de Lyon, frère cadet du précédent, était connu aussi comme violoniste excellent. Il y fit graver, vers 1760, son premier œuvre de douze solos pour le violon.

LECLER, organiste des Pères de la Merci vers 1785, a fait un Journal de pièces d'orgue.

LECLERC, maître de flûte, fils du célèbre fabricant d'instrumens de musique, à Paris, se fit entendre à Londres en 1752, où on l'accueillit fort bien. Il avait composé, en 1747, la musique de l'opéra Scylla et Glaucus, pour le théâtre de Paris.

LECOICK (JACQUES), célèbre contrapuntiste des Pays-Bas, vivait vers 1567. Voyez Guiacciardini, Description des Pays-Bas.

LECOURT (P.), organiste à Saint-Germain-en-Laye, publia, en 1786, un concerto pour le clavecin, avec accompagnement, qu'il dédia au duc de Noailles.

LEDRAN, a publié, en 1765, un ouvrage, dans lequel il propose de nouveaux signes pour marquer l'harmonie sur la basse continue. Son système est si compliqué qu'on a dû préférer les chiffres en usage.

LEDUC (PHILIPPE), musicien français du seizième siècle. Le père Joanelli, dans son *N. Thes. music. Venet.* 1568, a conservé plusieurs motets de sa composition. Voy. Gerbert, *Hist.*

LEDUC (SIMON), l'aîné, l'un des directeur du Concert Spirituel, né en 1748, mourut en 1777. Il était élève, pour le violon, du célèbre Gaviniés. On a de lui deux livres de sonates à violon seul, des concertos et des symphonies.

Un mois après sa mort, on répétait une' de ses symphonies, qui devait'être exécutée au Concert des Amateurs le lendemain. Au milieu de l'*adagio*, le chevalier de Saint-Georges, attendri par l'expression du morceau, et se rappelant que son ami n'existait plus,' laissa tomber son archet, et versa des larmes. Cet attendrissement se communiqua bientôt de proche en proche, et tous les concertans quittèrent leurs instrumens et se livrèrent à la plus vive douleur.

• LEDUC (PIERRE); frère et élève du precédent, est né en' 1755. Il a exécuté avec succès au concert spirituel, et à celui des amateurs, des concertos et des symphonies concertantes. Son goût pour le commerce de la musique lui a'fait négliger son talent; pour se livrer à ce genre de spéculation.

LEDUC (P. -Ant.-Auguste), fils du précédent, tient à Paris, avec ses associés, une maison de commerce des plus considérables de cette ville, et qui est particulièrement recommandable aux yeux des artistes par les services qu'elle'a rendus à l'art musical. On lui doit, entr'autres objets, la publication des Principes de composition des écoles d'Italie, l'ouvrage le plus considérable qui ait paru dans le commerce de musique, et dans lequel la gravure, assujétie aux formes de la typographie, offre une netteté et une élégance, dont il n'y avait pas encore de modèle. On lui doit la collection des classiques, qui fait suite à ces Principes; une collection des symphonies d'Haydn, en partition; une édition de Marpurg, la plus belle et la mieux ordonnée de toutes, enrichie d'un traité du contrepoint simple du même auteur; et une série d'ouvrages, la plus belle et la plus complète que l'on puisse desirer, sur toutes les parties de la composition. Cette maison possède en outre une très-belle bibliothèque de traités et d'œuvres de musique, dont elle a formé un cabinet de lecture; et elle est la seule où l'on trouve en tout tems tous les renseignemens desirables sur tous les ouvrages anciens et modernes, nationaux ou étrangers

de musique ou à cet art relatifs.

LEEDER (Jean-Guillaume), maître de concert à Hilleshcim, était élève de Hupfeld dans l'art de la composition. Il a publié, postérieurement à 1771, six sonates pour la flûte, avec un violon, et un concerto pour flûte, à Amstefdam; et six duos pour le violon, à Hildesheim. Il existe encore de lui six concertos de violon et quelques symphonies en manuscrit. Il mourut en 1785.

LEEHMANNS (H.). Il a paru de sa composition, à Paris, en 1777, trois symphonies à grand orchestre, op. 4.

LEFAGHE, compositeur de la première moitié du seizième siècle.

LEFÈBVRE (Jacques), violoniste à la chapelle du prince Henri de Prusse, à Berlin, naquit à Prinzlow, dans l'Uckermack, en 1723. Il étudia la musique sous la direction du maître de concert Graun, et la composition sous Ch.-Ph.-E. Bach. On a de lui plusieurs solos, duos, trios et concertos pour le violon. Il vivait encore en 1766. Voy. Marpurg, *Beytræge*, t. I, p. 86.

LEFEONE, a fait graver, en 1764, deux sonates pour le clavecin.

LEFÈVRE (Le P.), est auteur d'un petit poëme latin sur la musique, inséré dans le recueil de l'abbé d'Olivet, intitulé *Poemata Didascalica*, et ensuite traduit par M. Grainville, à la suite du poëme d'Yriatte.

LEFÈVRE, organiste de Saint-Louis, a fait exécuter au Concert Spirituel, vers 1760, plusieurs motets qui ont eu du succès.

• LEFÈVRE (Jacques), compositeur de chambre du roi de France, à Paris, au commencement du dix-septième siècle, a composé, vers 1613, plusieurs morceaux de chant, à trois, quatre, cinq, six et sept voix. Laborde, dans son Essai, nous a conservé quelques ariettes de sa composition.

LEFÈVRE (Xavier), professeur au Conservatoire et le premier de nos virtuoses sur la clarinette, joue les solos à l'Académie de Musique. Il a fait graver des concertos pour son instrument, qui sont admirables, surtout quand il les exécute lui-même. V. le Suppl.

26 *

LEFFLOTH (Jean-Mathieu), musicien à Nuremberg. Walther cite plusieurs œuvres de sa composition. Mous y ajoutons encore deux concertos pour le clavecin, avec un violon, et quatre solos pour le violon, qu'il publia à Nuremberg vers 1730. On connaît encore de lui plusieurs autres pièces de ce genre en manuscrit. Il mourut en 1733.

LEGALLOIS, est auteur d'une lettre à mademoiselle Regnault-de-Solier, touchant la musique. 1680, in-12.

LEGARE (Claude), a fait imprimer à Genève, en 1657, les Psaumes de David réduits sur une seule clef. Voy. Cornel. a Beugh. Bibl. Math. p. 176.

LÉGAT DE FURCY (Antoine), amateur, naquit à Maubeuge. Il étudia la composition sous Noblet, claveciniste de l'Opéra, et Rámeau lui donna des conseils. Outre des cantates, il a fait Philire, pastorale en trois actes, qui ne fut point jouée à cause de sa ressemblance avec le sujet de Daphnis et Alcimadure. Ses autres opéras n'ayant pu obtenir les honneurs de la représentation, il renonça à la carrière du théâtre, et se contenta de la réputation que sa musique lui avait acquise dans la société. Il fut un des coopérateurs de l'Essai sur la musique de Laborde.

LEGIPONTIUS (Oliverius), moine bénédictin du couvent de Rayhraden, près de Brunn, en Moravie, jouissait de beaucoup de renommée à cause de sa grande érudition. Dans les Dissertationes philologico-bibliographicæ, in quibus de adornandâ Bibliothecâ, etc. ac musices studio, etc., qu'il publia à Nuremberg en 1746, in-4°, on trouve une dissertation : De musicâ, ejusque proprietatibus, origine, progressu, cultoribus, et studio bene instituendo. Le docteur Forkel fait l'éloge de cette dissertation.

LEGOUVÉ (Gabriel), célèbre auteur tragique de nos jours, a refait entièrement le troisième acte de l'opéra de Montano et Stéphanie, musique de M. Berton. Il a aussi écrit, pour le même compositeur, l'opéra de Tyrtée, qui n'a pas été représenté. Voy. l'article Berton.

LEGRAND, musicien de Paris, y a publié, en 1780, une ariette (Invocation à l'Amour), avec accompagnement de six instrumens.

LEGRENZI. On a de sa composition le psaume 120 (Laudate pueri Dominum, etc.), à douze, qui fut connu, en manuscrit, vers 1750.

LEGROS (Joseph), né le 7 septembre 1739, à Monampteuil, village du diocèse de Laon, débuta à l'Académie de Musique le premier mars 1764, par le rôle de Titon, dans lequel il eut le succès le plus brillant. Il consola le public de la retraite de Jéliotte. Nourri des bons principes du maître de chapelle de Laon, Legros se livra aussi à la composition. Il donna à l'Opéra un acte, qu'il avait fait en société avec Désormery, père. En 1777, il se chargea de l'entreprise du Concert Spirituel, et il n'épargna rien pour y attirer les plus célèbres virtuoses de l'Europe. Voy. le Supplément.

LEHMANN (Jean-Georges-Gottlieb), en 1790, était chanteur et directeur de musique et organiste à l'église de Saint-Nicolas, à Berlin ; il naquit dans cette ville. En 1779, il jouissait de la réputation d'être très-habile sur le clavecin et l'orgue, et de chanter très-agréablement. On le comptait aussi parmi les bons maîtres de chant ; quoique son école ne justifiât pas la grande opinion que l'on avait de lui à cet égard, si l'on en croit M. E.-L. Gerber.

LEHMANN (Jean-Pierre), organiste. Voyez le supplément.

LEHNEIS (Charles-Mathieu), maître de concert de l'électeur de Saxe, était élève de Tartini, et dirigea la chapelle de Dresde, en 1766.

LEHRITTER, frère utérin de l'abbé Sterkel, et musicien de chambre de l'évêque de Wurzbourg, était estimé, en 1786, comme excellent violoniste.

LEIGTHON (William), chevalier et pensionnaire du roi d'Angleterre, à Londres, y fit imprimer, en 1614, un recueil de chansons, sous le titre : Larmes ou complaintes d'âmes affligées, dans des airs et des chansons, pour la musique vocale et instrumentale. Les pièces contenues dans ce recueil sont toutes des meilleurs maîtres, et il semble que le seul mérite de l'éditeur est celui du choix.

LEISRINGUIS (Volkmar), en dernier lieu, pasteur à Buchfarth. Walther cite de lui plusieurs ouvrages de musique, auxquels il faut ajouter un discours, qu'il fit imprimer en 1611, à Jéna, sous le titre *Corona músices quum ex rectissimis et suavissimis ac ex musarum charitatumque*; etc. On assure que le style guindé dans lequel ce discours est écrit est tout ce qu'on y trouve de remarquable.

LÉLU (J.-B.), élève de Paisiello, n'est connu en France que par des romances et des airs, dont les paroles lui ont été fournies par MM. Dubos, Armand Gouffé, etc. On cite surtout la Piété Filiale, mise en vers par M. Constant Dubos.

LEM (Michaïla-Iwanowicz); inspecteur du chœur de la chapelle impériale à Pétersbourg en 1768; avait été d'abord chanteur à cette même chapelle. Le chœur consistait alors en douze basse contres, treize tenors, treize haute-contres, quinze discants, et presque autant de jeunes élèves.

LEM (Pierre), était premier violon et solo à la chapelle royale de Copenhague depuis 1785. Le maître de concert Hartmann fut son premier maître sur cet instrument. Le Roi le fit ensuite voyager, afin de perfectionner son goût. Lors de son retour, en 1785, il se fit admirer par sa grande habileté et par sa prestesse autant que par son exécution de l'adagio. On a gravé de lui à Vienne, en 1785, un concerto de violon.

LEMAIRE, maître de musique vers le milieu du dix-septième siècle. Brossard lui attribue l'ouvrage intitulé: Méthode facile pour apprendre à chanter la musique, par un maître célèbre de Paris, 1666, in-8°. Il fut, ajoute Brossard, non l'inventeur, mais le premier qui apprit en France à se passer des muances, en ajoutant la note si. Il fut d'abord contrarié par les anciens maîtres de musique, ce qui l'obligea, sans doute, de cacher son nom; mais la facilité de cette méthode la fit

bientôt adopter, et l'on abandonna les muances.

LEMARCHAND, musicien de Paris vers 1780, y fit graver, à cette époque, six trios pour le violon et six duos pour le tambourin.

LEMAURE (Mademoiselle Catherine Nicole), née à Paris le 3 août 1704, a débuté à l'Opéra en 1724, par le rôle de Céphise, dans le premier acte de l'Europe Galante.

Jamais la nature n'a accordé un plus belle organe, de plus belles cadences, et une manière de chanter plus imposante. Mademoiselle Lemaure, petite et mal faite, avait une noblesse incroyable sur le théâtre. Elle se pénétrait tellement de ce qu'elle devait dire, qu'elle produisait les impressions les plus vives.

En 1743, elle renonça tout-à-fait au théâtre, et ne joua plus que dans les spectacles donnés au premier mariage de monseigneur le Dauphin, en 1745. Elle exigea qu'un carosse du Roi la viendrait chercher, et la conduirait à Versailles, accompagnée d'un gentilhomme de la chambre. *Mon Dieu*, s'écria-t-elle en traversant Paris, *que je voudrais bien être à une fenêtre, pour me voir passer!*

LEMELLE, vint, en 1783, à la société d'acteurs français alors établie à Cassel, en qualité de bariton et de premier chanteur. La force de sa voix, qui perça toujours même dans les chœurs les plus complets, remplaça ce qui lui manquait en flexibilité et en agrément. En 1784, il épousa la belle Saulnier, de l'opéra italien, établi dans la même ville.

La mort du Landgrave ayant en 1785, entraîné la réforme des théâtres français et italien, il s'y trouva enveloppé avec son épouse; il retourna en conséquence, avec cette dernière, à Paris, où il fut placé à l'Opéra. Il avait une grande habileté pour jouer à la première vue; il était en même tems chanteur à la chapelle du Roi.

LEMELLE (Maria), épouse du précédent, naquit à Vérone en 1758, mais elle fut élevée à Cassel, où elle fut engagée à l'opéra italien vers 1782. Cantatrice aussi belle qu'agréable et sensible, réunissant à une belle voix et à une action pleine de vivacité, le mérite rare dans une cantatrice d'être fort habile sur le clavecin et de connaître le contrepoint. Elle aurait mérité d'être plus que seconde cantatrice

LEMENU, publia à Paris, en 1768, les Doutes amoureux et le Rêveur infortuné, ariettes avec symphonie, et guitare obligée.

LEMIÈRE, élève de Gaviniés et maître de Bertheaume, se distingua long-tems comme violoniste à l'orchestre de l'Opéra, et fut nommé de la musique de la chapelle du Roi.

Il avait un frère attaché aussi à la musique du Roi, et non moins habile sur le violoncelle que lui sur le violon.

Le célèbre médecin Lassus nous a raconté que Lemière, après avoir été vingt ans à l'orchestre de l'Opéra, alla trouver M. de la Villière, et lui demanda sa pension de retraite. *Voilà comme ils sont tous*, s'écria le ministre, *ils se dépéchent de faire leur vingt ans, pour avoir la pension !*

LEMIÈRE (J.-F.-A.), élève de M. Berton, a composé la musique de plusieurs opéras, qui ont réussi sur les théâtres des boulevards.

LEMIXTE (Nicolas), compositeur italien, vivait à Venise au commencement du dernier siècle. Il y a donné les opéras suivans, savoir: *La forza vinta dall' onore*, 1703; et *Il trofeo dell' Innocenza*, 1704. Voy. *Glor. dell' Poes*.

LEMME (Charles), était organiste à l'église de Sainte-Catherine vers 1780. La musique lui doit, ainsi qu'à son père, plusieurs améliorations du clavecin. Voy. le Dictionnaire de M. Gerber.

LEMOYNE (Jean – Baptiste MOINE, dit), fils de Louis Moine, ancien consul, naquit, le 3 avril 1751, à Eymet, département de la Dordogne, et mourut à Paris le 30 décembre 1796. Après avoir fait ses études musicales à Périgueux, sous son oncle, maître de chapelle de la cathédrale de cette ville, il parcourut différentes provinces de France, dans plusieurs desquelles il fut chef d'orchestre des théâtres. Il se rendit en Allemagne, pour y travailler à la composition sous les célèbres Graun et Kirnberger. Dans le cours de ses voyages en Allemagne, il composa plusieurs morceaux de musique de circonstance, entr'autres, à Berlin, un chœur d'orage pour un ancien opéra (Toinon et Toinette), qui eut le plus grand succès, et lui valut, de la part du Prince royal, le cadeau d'une superbe tabatière en or remplie de ducats. Il fut nommé maître de musique du théâtre de ce Prince, et eut l'honneur de donner quelques leçons au grand Frédéric, qui lui accordait la plus grande estime.

Il donna, à Varsovie, le Bouquet de Colette, grand opéra en un acte, dans lequel madame Saint-Huberty joua pour la première fois à Varsovie. Lemoyne entreprit alors l'éducation théâtrale de cet actrice qui depuis est devenue si célèbre à Paris. Il employa près de quatre ans à la former. A son retour en France, il continua de lui donner ses soins. Il fit représenter à l'Académie de musique : Electre, en trois actes, 1783; Phèdre, en trois actes, 1786; Nephté, en trois actes; et les Prétendus, en deux actes, 1789; Louis IX, en trois actes, ainsi que les Pommiers et le Moulin, en un acte, 1790. Depuis, il donna, au même théâtre, Milthiade à Marathon, et toute la Grèce. Ces divers ouvrages eurent beaucoup de succès, notamment Phèdre, Nephté, et les Prétendus. Lemoyne eut l'honneur d'être le premier auteur demandé par le public au théâtre de l'Opéra, à la première représentation de Nephté.

Il est à remarquer que ce compositeur est le seul artiste français dont les ouvrages se soient soutenus à côtés de ceux de Gluck, de Piccini, Sacchini, etc., qui ont régénéré notre théâtre lyrique.

Lemoyne donna aussi plusieurs opéras au théâtre Feydeau : Elfrida; le Petit Batelier, et le Mensonge officieux. En mourant, il laissa deux grands opéras, dont l'un était l'Isle des Femmes. Nous ne devons pas oublier qu'il avait fait l'opéra de Nadir ou le Dormeur éveillé, qui ne put être représenté, à cause de l'incendie des Menus, où la plus belle décoration, réservée pour cet ouvrage, fût consumée.

LEMOYNE (Gabriel), fils du précédent, est né à Berlin le 14 octobre 1772. Ce célèbre pianiste a composé plusieurs ouvrages pour le piano, et un grand nombre de romances, entr'autres, le tombeau de Myrthé.

Il n'a pas dédaigné d'écrire deux opéras comiques pour des théâtres du second ordre ; mais il n'y a pas mis son nom, par respect pour celui de son père. Il s'est fait entendre souvent avec succès dans le midi de la France et, à Paris, aux concerts de M. Lafont, célèbre violoniste. La gloire et l'amitié ont uni les noms de Lemoyne et de Lafont, et rappellent aux amateurs les plus douces sensations musicales.

LENAIN, a publié à Paris, en 1766, des élémens de musique, etc. Cet ouvrage n'est fait que pour les commençans.

LENCLOS (De), musicien de chambre de Louis XIV, roi de France, jouait de la guitare et du théorbe, et mourut en 1630. C'est le père de la célèbre Ninon.

LENCLOS (Mademoiselle de). Voyez Ninon.

LENDORFF, abbé à Paris, y fit graver, jusqu'en 1781, quatre œuvres, dont le dernier renferme trois quatuors pour clavecin, violon, viola et violoncelle.

LENDORFFER (Mathias), musicien allemand. Il a été gravé de sa composition, à Nuremberg, vers 1760, Divertimenti pastorelli, con variaz. à cemb. solo. Il ne serait pas impossible, dit M. Gerber, que lui et le précédent fussent le même individu.

LENDORMY, a publié des observations sur l'alto-viole. Voyez le Mercure de France, 1779, janvier, p. 65.

LENGENBRUNNERUS (Jean), moine bénédictin au couvent de Tegernsée, dans la haute Bavière, fit imprimer en 1559, à Augsbourg, un traité, sous le titre : Musices haud vulgare compendium, etc.

LENNEP (Joan.-Dan.), professeur des langues grecque et latine, et, depuis 1761, recteur de l'université de Grœningue, était renommé pour son habileté extraordinaire sur la flûte.

LINTON (John), flûtiste célèbre à la chapelle du roi Guillaume, à Londres, vers 1690. Voy. Hawkins, Hist.

LENZ (J.-N.), organiste à l'église des Jésuites de Rotterdam, y a fait graver trois concertos pour le clavecin, que l'on estime beaucoup.

LENZ (H.-G.), musicien de Paris, y a publié, vers 1786, son premier œuvre, composé de trois sonates pour le clavecin, avec un violon.

LEO (Leonardo), né à Naples en 1694, est regardé comme le plus grand peintre dans son art. On croit qu'il étudia la musique sous Alexandre Scarlatti. Leo partage avec Logroscino, Pergolèse, et quelques autres de ses contemporains, l'honneur d'avoir placé l'école de Naples au-dessus de toutes celles de l'Europe pour la musique théâtrale. Il composa aussi beaucoup de musique d'église.

Pendant plusieurs années, il fut maître du Conservatoire de Saint-Onufrio, où il eut pour disciples Piccini, Trajetta, et plusieurs autres célèbres compositeurs du dix-huitième siècle.

Leo est le premier qui ait réussi dans ces accompagnemens savans, qui font donner à l'air le nom d'Aria d'Ostinazione comme dans ce morceau d'Apostolo Zeno (Ombra diletta del caro sposo). Quoique son génie le portât de préférence aux compositions nobles et pathétiques, il eut aussi du succès dans le bouffon ; et parmi ses opéras, de ce dernier genre, on cite celui qui est intitulé : Il cioè (C'est-à-dire). Le sujet de cette petite pièce est un homme dont le tic est d'ajouter c'est-à-dire à tout ce qu'il dit, et qui pour vouloir tout expliquer, n'en est que plus obscur. C'est peut-être ce qui a donné l'idée du personnage de M. Vautour, lequel répète à chaque phrase : c'est donc pour vous dire.

Leo ne vécut que cinquante-un ans, et mourut d'apoplexie en 1745.

Voici les titres de ses principaux opéras : Cajo Gracco, 1720 ; Tamerlano, 1722 ; Timocrate, 1723 ; Catone in Utica, 1726 ; Argone, 1728 ; la Clemenza di Tito, 1735 ;

Siface, 1737; *Ciro riconosciuto*, 1739; *Achille in Sciro*, 1740; *Vologeso*, 1744; *la Comtessa dell' amore e della virtù*. On a aussi de lui deux oratorios (*Santa Elena* et *la Morte d'Abele*). Parmi ses morceaux d'église, on cite surtout son *Ave maria stella*, gravé par M. Porro, et son *Miserere*, que M. Choron a inséré dans la collection des classiques.

Leo était très-attentif à l'exécution de sa musique. On dit que, devant faire entendre son *Miserere* dans la semaine sainte, il commençait les répétitions le mercredi des cendres, et continuait ainsi tous les jours avec la plus grande attention jusqu'au terme fixé.

Le caractère distinctif de ce maître est le *grandiose*. Cette qualité brille éminemment dans son *Miserere*, où l'on admire une science profonde de contrepoint, une noblesse et une clarté de style, un art de conduire aussi naturellement qu'habilement les imitations et les modulations, qui donnent à l'école de Naples une supériorité marquée sur toutes les écoles de musique.

LEO (FRANÇOIS), fut connu en Allemagne, vers 1754, par l'intermède *Il Turco finto*.

LEO (GEORGES). On connaît de lui, depuis 1758, un concerto pour la flûte d'amour, en manuscrit.

LEO, magister. D'après le *Triodium*, il fut un des compositeurs de mélodies pour les hymnes grecques.

LÉON Ier, successeur de Sixte III à la dignité pontificale, élu le 10 mai 440, et mort le 30 octobre 461, est connu comme grand orateur. Ses ouvrages ont été imprimés d'abord en 1675, à Paris, en deux volumes in 4°., et ensuite en 1700, à Lyon, in-folio, et à Rome en 1753. Le père Martini le compte parmi les auteurs de musique.

LÉON VI, le Sage, empereur d'Orient, prit les rênes du gouvernement en 889, et mourut le 11 juin 911. Il a écrit plusieurs ouvrages, dont quelques-uns ont été imprimés. Le reste se trouve encore en manuscrit et dispersé dans les bibliothèques. L'abbé Gerbert compte parmi les écrits de musique son *Troparia*

codina undecim, que l'on trouve dans l'ouvrage intitulé *Octo echo græcorum*. Voy. Histoire de l'abbé Gerbert.

LÉON IX, pontife romain, issu de la famille des comtes de Dachsbourg. Avant son élection, il portait le nom de Bruno, et était alors évêque de Toul. C'était un des musiciens les plus habiles de son tems. On a de lui, outre plusieurs cantiques, l'Histoire du pape Grégoire, qu'il a mise en musique. Sigebert prétend que l'on peut le placer à côté de Grégoire, sous le rapport des cantiques qu'il a composés en l'honneur des Saints. C'est lui qui a fait les mélodies pour les *Responsoria* en l'honneur de saint Cyriaque, de saint Hydulphe, évêque de Trèves, et de saint Othyla V. Ceux de saint Hydulphe se chantent encore aujourd'hui à la fête de ce saint. Etant pape, il composa encore la musique des *Responsoria* pour les *Vigiles* de saint Grégoire. Il est mort le 12 mai 1054. Voy. Histoire de Gerbert, à l'article Bruno.

LÉON DESPOTÈS ou IMPER. Dans le *Triodium*, on le compte parmi ceux qui ont rédigé des mélodies pour des cantiques.

« LÉONA, dame grecque, aussi célèbre par sa grande habileté sur la lyre et dans le chant, que fameuse par ses intrigues avec Harmodius et Aristogiton. Quoique parfaitement au fait des secrets de ses amans, elle préféra cependant la mort à la lâcheté de les trahir. Craignant de ne pouvoir résister aux tourmens de la question, elle se coupa elle-même la langue avec ses dents, pour s'ôter jusqu'à la possibilité de faire quelque aveu.

Les Athéniens voulant perpétuer la mémoire de ce dévouement généreux, et éviter en même tems le reproche d'avoir érigé un monument public à une courtisanne, firent faire une lionne sans langue, par allusion à son nom. On voit cette lionne encore aujourd'hui, à la porte de l'arsenal de Venise, où elle a été transportée d'Athènes.

LÉONARD (NICOL.-GERM.), né à la Guadeloupe en 1744, mort à Nantes en 1793, poëte érotique, est surtout célèbre par ses Idylles et ses romances. On peut l'appeler le Gessner français. Ses talens revivent dans M. Vincent Campenon, son neveu, éditeur de ses œuvres, publiées à Paris en 1798, trois volumes in-8°.

LEONARDA (ISABELLA), sous-prieure au couvent des Urselines, à Novarre, dans le Milanais, a fait imprimer à Bologne, en 1696, *Messe concertate a 4 voci con stromenti e motetti, à 1, 2, 3 voci con strom. in-4°.*

LEONE, a publié à Paris, vers 1783, un ouvrage, intitulé : Méthode raisonnée pour passer du violon à la mandoline.

LEONE (PIETRO de), il a été connu comme compositeur, vers 1758, par différentes ariettes.

LEONHARD (JEAN-CHRISTOPHE), a fait imprimer à Gœttingue, en 1743, un programme : *Quo scholæ Gottingensis, quæ modo pædagogii, modo gymnasii nomine quandam insignita est, cantores figurales, ab suo ortu, ordine recensentur, eorundemque vitis non nullæ scholæ pariter ac urbis fata inseruntur.*

LEONHARD (JEAN-MICHEL), en dernier lieu, musicien de chambre du duc de Weimar, mourut à Weimar en 1739. Voy. Walther.

LEONI, Juif, fut proclamé, en 1777, à Londres, pour le meilleur chanteur de l'Angleterre. Il y avait déjà chanté, tant aux concerts qu'à l'Opéra. En 1778, il alla à Dublin. Avant cette époque, il avait chanté dans les synagogues, où les premières personnes de la noblesse se rendaient pour l'entendre. Les Juifs l'en chassèrent, parce qu'il avait chanté dans le Messie de Hændel et au théâtre. Les Juifs de Berlin ne montrèrent pas la même intolérance en 1786; car treize Juifs chantèrent lors de l'exécution du Messie dans l'église de Saint-Nicolas.

LEONI, premier claveciniste de Lyon vers 1770, y demeurait déjà depuis long-tems.

LEONI (BENOIT), fit graver à Londres, en 1770, *Six lessons for th harpsichord.*

LEONI (LEO), maître de cha-pelle à la cathédrale de Vienne. Outre les ouvrages cités par Walther, il a encore fait imprimer à Venise, en 1615, in-4°, *Prima parte dell' aurea corona ingemmata d'armonici concerti, et, en 1608, in-4°, Il primo libro de motetti a otto voci.*

LEONY (PIERRE), a fait graver à Paris, en 1768, six trios pour le violon, op. 2.

LÉOPOLD Ier, empereur d'Allemagne, né le 9 juin 1640, et mort le 5 mai 1705, était à la fois un des clavecinistes les plus habiles, et des compositeurs les plus exercés de son tems. Il fit faire une collection des ouvrages des premiers compositeurs de son siècle, tant pour l'église que pour l'opéra. Cette collection, reliée en parchemin, avec les armes impériales, est sans contredit la plus nombreuse et la plus complète qu'il y ait en Europe. A chaque opéra, il avait devant lui la partition, afin d'en surveiller l'exécution. Souvent même il y jouait le premier forte-piano, et le maître de chapelle Fux était alors chargé de lui tourner les feuillets.

Fux, étonné de la grande exactitude qu'il mettait dans l'exécution, s'étant écrié un jour : *Il est dommage, Sire, que vous ne soyez pas musicien!* Léopold lui répondit en souriant : *Je me trouve beaucoup mieux à ma place.* Comme compositeur, ce prince a donné différentes pièces pour l'église, que l'on conserve encore à Vienne.

LÉOPOLD (ACHILLE-DANIEL), aveugle-né, posséda des connaissances très-étendues, tant en théologie, en jurisprudence, en poésie et en rhétorique, que dans l'histoire, dans la géographie, dans beaucoup de langues, et principalement dans la musique. Il chantait fort bien, et jouait d'une manière distinguée de la gamba, de la flûte et du violon. Il était né à Lubeck le 11 juin 1691, et mourut le 11 mars 1753.

LEPAYEN (N.), amateur, élève de J. H. Levasseur, joue très-bien le solo sur le violoncelle et accompagne avec beaucoup de goût et de précision. M. Raoul, célèbre amateur violoncelliste, auteur d'une excellente méthode de violoncelle, a dédié à son ami Lepayen un œuvre de sonates pour cet instrument.

LEPILEUR D'APLIGNY, a publié, en 1779, un Traité sur la musique et sur les moyens d'en perfectionner l'expression. C'est un ouvrage bien écrit, mais rempli de vues superficielles.

LEPILEUR DE BRÉVANNES (M.), poëte, neveu du précédent, est connu par de jolies romances, entr'autres celle de *l'Amour caché dans une rose*, dont la musique est de M. Choron.

LEPORATI (Étienne), compositeur d'opéras, très estimé vers le milieu du dix-huitième siècle, est connu en Allemagne par quelques ariettes de sa composition.

LEPREUX (L'abbé), maître de musique de la Sainte-Chapelle vers 1785, connu par plusieurs messes à grande symphonies, et par un *Te Deum* exécuté en 1787.

LEPRINCE, né en 1733, mort en 1781, était non-seulement un excellent peintre, mais un musicien très agréable. Il jouait supérieurement du violon. S'étant embarqué en Hollande pour Saint-Pétersbourg, un corsaire anglais vint attaquer le vaisseau, qui fut forcé de se rendre. Leprince se saisit de son violon, et se mit à préluder avec beaucoup de sang froid. Les corsaires étonnés suspendirent le pillage, et lui rendirent ses effets; en même tems, ils le prièrent de les faire danser. Heureusement pour les autres passagers, la prise fut déclarée nulle au premier port. Voy. le Nécrologe.

LÉRICHE (M.), violoniste du Concert Spirituel en 1789, a fait graver des airs variés pour le violon.

LEROY (Adrien), excellent luthiste, beau-frère de Robert Ballard, établit le premier une imprimerie de musique. Il donna, en 1583, un Traité de musique. Voyez l'article *Ballard*.

LEROY (Étienne), chanteur renommé sous Charles IX, faisait le rôle de Mercure dans le spectacle que ce Prince fit représenter quatre jours avant la S. Barthélemy, en 1572.

LESEBERG (Joachim), chanoine à la cathédrale de Wonstorp, a publié, en 1619, un ouvrage in-4°, sous le titre: *Orationes de honestorum conviviorum, cum primis musicorum, ipsiusque musices jucunditate et utilitate. Hagæ Schuramburgicorum*.

LESMA (Carlo), chanteur célèbre de Milan, vivait vers l'an 1690.

LESUEUR (Jean-François), chevalier de la légion d'honneur et directeur de la musique de S. M. l'Empereur Napoléon, est né vers 1766, d'une ancienne famille du comté de Ponthieu, laquelle a compté, pendant une suite de siècle, plusieurs de ses membres qui ont mérité des récompenses honorables par de hauts emplois, non seulement dans le militaire et la robe, mais encore dans le sacerdoce, les lettres et les arts; et dont l'un des derniers fut Eustache Lesueur, peintre illustre du siècle de Louis XIV.

M. Lesueur fit ses premières études musicales à la maîtrise d'Amiens. Il entra bientôt après au collége de cette ville, pour achever son cours de langues anciennes et y faire sa philosophie.

On rapporte qu'à l'âge de six ans et demi il sembla présager le génie qu'il a déployé dans son art. Un régiment passait, et la musique militaire se faisait entendre. L'enfant s'écria, transporté de joie: *Comment! plusieurs airs à la fois!*

Lesueur a été maître de chapelle de plusieurs cathédrales de France, notamment de celle de Paris, pour laquelle il a composé un grand nombre d'oratorios, de messes et de motets. Les succès extraordinaires que ces différentes pièces de musique ont obtenu à la métropole de Paris, à la chapelle du Roi et au Concert Spirituel, et les opinions écrites dans les journaux par Sacchini, Piccini, Philidor et Grétry, ont placé M. Lesueur, depuis trente ans, au premier rang des compositeurs de l'Europe. Sacchini disait de lui, vers 1785: *Je ne connais en Italie que deux*

tmaîtres de chapelle capables de
l'égaler. M. Lesueur était alors
très-jeune.

Non seulement M. Lesueur a beaucoup travaillé pour l'église, mais il
a encore enrichi la scène lyrique de
cinq opéras, que l'opinion publique
a signalés comme des ouvrages du
premier ordre en ce genre. On se
rappelle la lettre que Paisiello écrivit à ce compositeur, en 1805, pour
le féliciter du succès de son opéra
des Bardes.

1°. La Caverne, opéra en trois
actes, fut représentée sur le théâtre
Feydeau en 1793. M. Lesueur introduisit le premier, dans ce genre, les
chœurs syllabiques, dont Rameau
avait donné le premier exemple (à
l'Académie de Musique) dans le
chœur admirable (Brisons tous nos
fers, etc.) de l'opéra de Castor et
Pollux.

2°. Paul et Virginie, autre opéra
sérieux en trois actes, fut représenté
au même théâtre en 1794. Parmi les
beautés dont cet ouvrage étincelle,
on admira surtout l'hymne au soleil,
qui a été répété depuis avec succès
dans les concerts publics.

3°. Télémaque, tragédie lyrique
en trois actes, fut représenté au
même théâtre en 1796. On remarqua
dans cet ouvrage, comme dans les
deux précédens, une couleur locale
qui transporte les auditeurs dans le
lieu même où l'action est représentée.

4°. Les Bardes, tragédie lyrique
en cinq actes, furent représentés à
l'Académie de Musique en 1804.
C'est au sujet de cet opéra qu'on s'est
accordé à dire que l'élévation et le
sublime étaient le caractère de la
musique de M. Lesueur, toujours
écrite avec la simplicité et le grand
goût de l'antique. Ici le compositeur
s'est proposé de renouveler les impressions que ses auditeurs ont
éprouvées à la lecture des œuvres
d'Ossian ; et l'étrangeté même de sa
mélodie produit l'effet qu'il avait
lieu d'en attendre. M. Lesueur a fait
faire un pas à l'art dans certains
contrastes frappans qu'il a su em-
prunter à sa musique d'église, où il
avait eu l'idée de les employer d'a-
bord. Ainsi, par exemple, dans les
Bardes, deux chœurs d'un caractère

différent, et n'en formant pourtant
qu'un seul, ont déjà animé sépare-
ment deux scènes précédentes, et le
musicien, dans une troisième scène,
a l'art de les rassembler, pour former des tableaux dignes des grands
contrastes de Michel-Ange.

5°. La Mort d'Adam, tragédie
lyrique en trois actes, fut représentée à l'Académie de Musique en
1809. On sent combien un pareil sujet eut offert de difficultés à un compositeur vulgaire. La seule musique
convenable ici était celle des premiers hommes. Elle devait donc
respirer ce caractère de simplicité
native, dont nos mœurs et la perfection même de l'art nous éloignent
de plus en plus. M. Lesueur, qui
possède un génie musical éminemment Biblique, traita ce sujet d'une
manière sublime, et mit ainsi le
sceau à sa réputation.

On peut résumer en peu de mots
les caractères distinctifs de ces cinq
opéras : Dans la Caverne, la musique est forte et nerveuse ; dans
Télémaque, mélodieuse et fantas-
tique ; dans Paul et Virginie, fraîche
et sentimentale ; dans les Bardes,
brillante, héroïque, et vraiment
Ossianique ; enfin, dans la Mort
d'Adam, simple, énergique et solennelle.

Le grandiose que M. Lesueur a su
répandre dans tous ses ouvrages lui
a mérité la faveur spéciale de l'Empereur, qui l'a nommé successeur
de Paisiello, comme directeur de sa
chapelle, et qui lui a fait présent
d'une tabatière en or, portant pour
exergue : L'EMPEREUR DES FRAN-
ÇAIS A L'AUTEUR DES BARDES.

Nous ne parlerons pas ici d'une
vingtaine de pièces musicales, comme oratorios, messes et motets, que
M. Lesueur a déjà composées pour
la chapelle impériale, où elles produisent la plus vive sensation chaque
fois qu'on les exécute.

M. Lesueur s'est fait connaître
aussi comme auteur de plusieurs
écrits sur la musique. En 1787, il
a publié un volume in-8°, intitulé
Exposé détaillé d'une musique une,
imitative, et particulière à chaque
solennité. Parmi les divers suffrages
accordés à cet ouvrage important,
celui de M. le comte de Lacépède,

grand écrivain et grand compositeur lui-même, est sans doute d'un
grand poids aux yeux des lecteurs.
M. de Lacépède écrivait en 1787 :
« M. Lesueur ne s'est pas contenté
» de donner une forme dramatique
» à la musique d'église, en la
» composant de tableaux toujours
» analogues aux cérémonies reli-
» gieuses : il a voulu (et ceci est
» une idée très-belle et très-neuve)
» qu'elle présentât un caractère par-
» ticulier à la fête pour laquelle elle
» serait composée ; afin d'y parvenir,
» il a imaginé de placer, dans les
» différens morceaux de sa musique,
» la peinture des diverses circons-
» tances de l'Histoire sainte rappe-
» lées par chaque solennité particu-
» lière. Sentant d'ailleurs que si les
» tableaux offerts par la musique
» représentent, avec force, les di-
» vers sentimens et même leurs dif-
» férentes nuances , ils manquent
» toujours de la précision nécessaire
» pour qu'on puisse, sans un secours
» étranger, reconnaître toutes les
» intentions du compositeur, il a cru
» devoir faire entendre assez souvent
» les airs sacrés qui , liés depuis long-
» tems à des paroles très-connues ,
» ont acquis, pour ainsi dire, une
» expression déterminée, et peuvent
» fixer les significations vagues ou
» éclaircir les intentions obscures.
» Tel est le plan de M. Lesueur. »

Une Notice sur la mélopée, la
rhythmopée, et les grands caractères
de la musique ancienne, imprimée
dans la traduction d'Anacréon, par
M. Gail, est de M. Lesueur. Plusieurs écrivains périodiques, entr'autres, M. Ginguené, la trouvèrent très savante, et propre à jeter
un nouveau jour sur l'histoire, encore très-obscure, de la musique
des Grecs.

On connaît la lettre de M. Lesueur
à son ami (M. Guillard), divisée
en six parties, et publiée en 1802.
Les compositeurs y ont trouvé
d'excellentes vues sur l'art, et, en
particulier, sur la musique scénique.

Depuis long-tems, M. Lesueur
prépare un ouvrage très-étendu,
intitulé : Traité général sur le caractère mélodique de la musique théâtrale et imitative. V. le suppl.

LESUEUR, célèbre maître de
chapelle, composa une messe et une
symphonie lugubre, qui fut exécutée à Rouen, chez les religieux de
saint Dominique, le 9 septembre
1683.

LÉTENDART (N.), né à Paris
en 1770, est regardé comme le meilleur élève de Balbâtre sur le piano.
Il a composé des sonates et des concertos pour son instrument; mais il
n'a encore rien publié. On lui doit
plusieurs élèves distingués, entr'autres M. Henri Karr.

LETOURNEUR, célèbre claveciniste de Versailles, enseigna la
musique au Dauphin et aux princesses de Louis XV, et vivait encore
en 1754.

LEUTHARD, musicien de chambre du margrave de Brandenbourg-
Culmbach. Vers 1750, on a gravé
de lui, à Erlang, quatre œuvres
pour le clavecin.

LEUTO (Cavalier del), célèbre
organiste de Rome. Piet. Della Valle,
dans sa Dissertation (de Musicâ
œtatis suœ), que l'on trouve dans
les ouvrages de Doni, au tom. II,
p. 253, parle de lui avec de grands
éloges. Voy. Gerber, Hist.

LEUTWEIN (CHRÉTIEN-LOUIS),
pasteur dans le pays de Wurtemberg, fit imprimer en 1775, à Tubingue, un ouvrage sous le titre
Versuch einer richtigen theorie
von der biblischen verskunst, etc.
(Théorie de la poésie de la Bible,
où l'on explique la construction ex-
térieure des cantiques et poëmes de
la Bible, d'après le rhythme hébreu,
ainsi que les genres de vers qui en
résultent). La Gazette de musique,
seconde année, p. 320, donne en
détail les matières traitées dans cet
ouvrage.

LEVASSEUR (JEAN-HENRI),
dit le jeune, attaché à la musique
de S. M. l'Empereur, membre du
Conservatoire et premier violoncelliste de l'Académie de Musique, a
reçu des leçons de Cupis, et des
conseils de L. Duport. On doit à ce
professeur d'excellens élèves, entr'autres, MM. Baudiot, Delamarre,
Boulanger, Norblin, etc.

LEVASSEUR (PIERRE-FRAN-
ÇOIS), dit Levasseur l'aîné, pour
le distinguer de Levasseur le jeune
(quoiqu'ils ne soient pas parens),

estené à Abbeville, le 11 mars
1753. »

Destiné d'abord à la prêtrise, il
fit les études nécessaires pour embrasser cet état. A dix-huit ans, il
entra dans la carrière musicale.
Pendant trois mois seulement, il
apprit de Belléval, les principes
élémentaires. Il étudia ensuite, sans
maître, la musique et le violoncelle.
C'est de tous les violoncellistes celui qui, pour la qualité du son, se
rapproche le plus du célèbre L. Duport

En 1789, il joua des concertos de
Duport au Concert Spirituel, et,
vers le 18 fructidor an 4, il se fit
entendre aux concert de Feydeau.

Il est actuellement artiste de l'orchestre de l'Opéra et de la chapelle
de S. M. l'Empereur.

LEVASSEUR (Mademoiselle
ROSALIE), née à Valenciennes,
jouait avec succès les rôles d'Alceste, d'Iphigénie, etc., vers 1777.
Un jour qu'elle faisait Iphigénie en
Tauride, étant à moitié ivre, mademoiselle Arnould s'écria : *C'est
Iphigénie en Champagne.* Une autre fois, le parterre applaudissait sa
voix criarde, ce qui fit dire à la
même mademoiselle Arnould : *Elle
a la voix du peuple.*

LEVE. On a gravé à Paris, en
1780, six sonates pour le clavecin,
avec violon obligé.

LEVENS, compositeur et maître
de musique de la cathédrale de
Bordeaux, a publié en 1743, in 4°,
Abrégé des règles de l'harmonie,
pour apprendre la composition. Cet
ouvrage est divisé en deux parties.
La première concerne la composition; la seconde présente un nouveau système de sons.

LEVERIDGE (RICHARD), célèbre chanteur et compositeur de
Londres au commencement du dix-
huitième siècle, avait une voix de
basse-contre forte et pénétrante. Il
composa, de 1699 à 1719, plusieurs
opéras, que l'on donna à Londres.
Dans un âge déjà très-avancé, sa
voix n'avait encore rien perdu de sa
force, et il osa proposer une ga-
geure de cent guinées, qu'il chanterait encore la basse aussi bien que
tout autre. Il est mort en 1769, âgé
de quatre-vingt dix ans. Il existe à

Londres un recueil de chansons de
sa composition, en deux petits volumes.

LEVRIER DE CHAM-RION
(N.), poëte lyrique, a fait plusieurs opéras comiques, entr'autres
le Bonhomme Misère, ou le Diable
couleur de rose, mis en musique
par P. Gaveaux. On trouve dans les
Mélanges de littérature étrangère,
tome V, quatre lettres de Métastase traduites par M. de Cham-Rion.
Les deux premières sont adressées à
M. de Chatellux, et les deux autres à
Saverio Mattei. Métastase s'y plaint
de la contexture des opéras italiens,
et demande une reforme à cet égard.
On serait dans le cas de la demander encore aujourd'hui. M. Levrier
destine à l'impression un ouvrage
intitulé : Histoire de l'Opéra-Comique.

LEWIS (JEAN), dans ses *Origines Hebraici*, qu'il publia en
anglois, traite aux chap. 20 et 21
du septième livre, des instrumens
de musique. Voy. Wolfi, *Anmerkungen uber lundii judische Hei-
ligthumer*, lib. 4, c. 4. Il était natif d'Afflighem, dans les Pays-Bas,
et mourut en 1377.

LEYRE (De), ami de J. J. Rousseau, a fait plusieurs romances historiques, que le philosophe de Genève a mises en musique, entr'autres,
Au fond d'une sombre vallée; la
romance d'Edwin et Emma, et celle-
ci, qui est si connue, *Je l'ai planté,
je l'ai vu naître.* M. P. Garat a mis
en musique la romance de De Leyre,
*Trésor d'encens; fortunée Ara-
bie.*

LIBERATI (ANTIMO), de Fo-
ligno, chanteur à la chapelle pontificale et organiste à l'église *della
Santissima Trinita de' Pellegrini*,
et en dernier lieu, maître de chapelle
et organiste à l'église *di Santa della
Maria dell' anima della nazione
Teutonica*, à Rome, vécut dans la
dernière moitié du dix-septième siècle. En 1684, il écrivit une lettre
ayant pour titre : *Lettera scritta
dal sig. Antimo Liberati in risposta
ad una del sig. Ovidio Persapegi*,
qui lui avait demandé son avis sur
cinq candidats, qui aspiraient à la
place de maître de chapelle à une
église de Milan. Cet avis contient
une foule d'observations sur la mu-

sique , qui firent beaucoup de sensation alors. V. Hawkins et Walther. On a encore d'Antimo Liberati. *Epitome della musica*, excellent manuscrit de la bibliothèque
Chigi.

LIBERT, s'est fait connaître, vers
1780 , par six duos pour flûte , en
manuscrit.

LIBERTI (HENRI) , organiste à
la cathédrale d'Anvers , natif de
Grœningue, était célèbre au commencement du dix-septième siècle ,
autant comme compositeur que
comme organiste. Van-Dyk a gravé
son portrait.

LIBON (PHILIPPE) , né à Cadix,
vers 1780 , d'une famille française ,
apprit en cette ville les élémens de
la musique et du violon. Ses premiers progrès sur cet instrument
ayant fait concevoir d'heureuses espérances , il fut, dès l'âge de 14 ans,
envoyé à Londres auprès du célèbre
Viotti, sous lequel il passa six ans
consécutifs. Cet habile maître le prit
en affection , et bientôt lui fit jouer
en public des concertos , et même ,
avec lui , des symphonies concertantes, au grand concert d'Hay-
Market. Il eut l'avantage de connaître particulièrement en cette ville
le célèbre Haydn , qui y était à cette
époque, et qui lui confiait avec plaisir l'exécution de ses quatuors , et
témoigna publiquement sa satisfaction sur l'intelligence et la fidélité
avec laquelle il rendait ses idées.
En 1796, passant par Lisbonne pour
retourner à Cadix, il se fit entendre
à la cour. Le prince de Portugal le
retint en qualité de solo. En 1800,
il est venu à Paris , où il s'est livré
à la profession de son instrument et
à la composition , qu'il avait étudiée
avec Cimador. Il s'est fait entendre
avec beaucoup de succès dans les
principaux concerts, tels que ceux
de mesdames Catalani, Colbran,
et plusieurs autres qu'il a donnés
pour son compte. Il a publié un
œuvre de duos , deux œuvres de
trios , quatre concertos.

LICCARI (VICTOIRE — ROSE) ,
Romaine, jouissait vers 1700, d'une
grande réputation comme cantatrice.

LICHTENAUER , maître de
chapelle de l'électeur de Trèves vers
1730, et, dans la suite, organiste à

la cathédrale d'Osnabruck. On a de
lui : 24 *offertoria in honorem sanc-
ti Sacramenti , gloriam Virginis ,
mundique contemtum , à 4 voc. et
instrum.* Cet ouvrage a été imprimé
à Augsbourg en 1736.

LICHTENBERG (J.-H.-W.),
chanteur à Belsig. Vers 1777 , on l'a
connu par un oratorio de la Passion
et par différentes cantates , en manuscrit.

LICHTENSTEIGER (JEAN-
ERNEST) ; musicien de cour du duc
de Meinungen , a publié , à Nuremberg , deux sonates pour le clavecin ;
ensuite , à Amsterdam , en 1762 ,
douze sonates pour cet instrument ,
op. 1.

LIDARTI (CHRÉTIEN-JOSEPH) ,
compositeur et membre de la société
philharmonique , vivait à Pise vers
1770. On a gravé de lui , à Paris , en
1768 , six trios pour le violon et six
symphonies. On connaît en outre de
lui six sonates pour le clavecin avec
un violon , en manuscrit.

LIDL (ANT.), de Vienne, virtuose
sur le bariton , vivait encore en 1790.
Il a beaucoup perfectionné cet instrument, dont l'invention date de
1700. Pour la forme , il ressemble à
la viola da gamba ; à la seule exception près qu'il a sur le revers des
cordes de fils de laiton , qu'on doit
jouer avec le pouce. Lidl a augmenté
jusqu'à vingt-sept le nombre des
cordes inférieures , y compris les
demi-tons. On assure que rien n'é-
galait son habileté sur cet instrument. L'auteur de l'Almanach de
musique , de 1782, lui rend le témoignage que son exécution avait
autant de douceur que de force , et
se distinguait par les liaisons les
plus surprénantes et les plus harmonieuses.

Il a fait graver à Amsterdam et à
Paris, jusqu'en 1783 , sept œuvres,
consistant en duos : quatuors et
quintetti pour le violon , violoncelle et flûte. En 1784 , il publia
encore, à Berlin, un *andantino* pour
le clavecin avec variations. On a
aussi de lui quelques compositions
pour *la gamba* ; en manuscrit.

LIEBE (CHRÉTIEN), organiste
à Franenstein , en Misnie, naquit à
Freyberg le 5 novembre 1654. Il développa de bonne heure ses talens
pour la composition , et , avant

même qu'il se rendit à l'université, il avait déjà le latin, le grec, l'hébreu, le chaldéen et le syriaque, et était en même tems fort bon poëte. Comme organiste, il a beaucoup composé pour l'église. Il est mort le 3 septembre 1708. Voy. *Ehrenpforte.*

LIEBE (MAG.-CHRÉTIEN-SIGISMOND), fils aîné du précédent, fut non-seulement excellent prédicateur, mais aussi fort bon musicien et d'une habileté rare sur le violon et le clavecin.

LIEBER, secrétaire et conseiller du comte de Spauer, président de la chambre de Wetzlar. On a gravé de sa composition à Manheim, en 1775, six sonates pour le clavecin, avec un violon. Il est mort vers 1780.

LIEBESKIND (GEORGE GOTT-HELF), premier flutiste à la chapelle du margrave d'Anspach, naquit à Altenbourg le 22 novembre 1732. Son père, habile bassoniste, fut appelé à Bayreuth par le margrave Frédéric, ami des arts et des artistes. Le jeune Liebeskind n'avait que huit ans, quand il suivit son père à Bayreuth, et dès-lors il avait déjà beaucoup d'habileté sur le basson; mais son penchant l'entraînait vers la flûte. Le margrave ayant été informé du mérite de ce jeune homme, le nomma, à l'âge de dix-sept ans, troisième flûte de sa chapelle. Sur ces entrefaites, Leclair, flûtiste français, fier de ses talens, vint à Bayreuth. Frédéric proposa à Liebeskind de se faire entendre avec le virtuose étranger devant son épouse, qui ne l'avait pas encore entendu. La princesse fut tellement charmée du jeu de Liebeskind, qu'elle écrivit à Quanz, qui promit d'initier cet élève dans tous les secrets de l'art.

Liebeskind alla trouver Quanz à Potsdam en 1756. Au bout de trois jours, ce maître le conduisit à Berlin, où il le remit à Lindner, autrefois son élève, et alors premier flûtiste de la chapelle royale. En 1757, Quanz revint à Berlin. Dès ce moment, il prit Liebeskind avec lui, lui donna long-tems deux heures de leçons par jour, et ils finirent tous deux par ne plus se quitter. En 1759, Liebeskind retourna à Bayreuth, et il se sépara de Quanz sans lui dire adieu, comme ils en

étaient convenus, pour éviter la grande émotion que cette scène eût pu produire sur l'un et sur l'autre.

Liebeskind est parvenu au plus haut degré de perfection sur la flûte, par de rares dispositions jointes à un travail obstiné. Quelquefois en été, il s'est exercé depuis six heures du soir jusqu'à cinq heures du matin sans être surpris du sommeil. Il n'a rien composé, mais il a su adapter aux pièces de musique les changemens que la flûte exige. En 1783, il avait un fils, âgé de quinze ans, qui jouait déjà de la flûte avec une grande légèreté, et qui alliait l'étude des sciences à l'art de la musique. Voy. les Miscel. de Meusel, cah. 9. p. 152.

LIGHTFOOT (JEAN), docteur en théologie, vice-chancelier de l'université de Cambridge et préfet à l'église de Sainte-Catherine, naquit à Stone, dans le comté de Stafford, le 29 mars 1602. Il était très-versé dans les langues orientales. Il mourut à Ely le 6 décembre 1675. Dans sa *Descript. du minister. templi Hierosolymitani*, il traite, sect. 2, *De cantoribus et musicâ templi.*

LIGNEVILLE (Le marquis de), prince de Conca, composa, vers 1768, un *Salve regina*, en forme de canon, à deux voix, qu'il fit graver à Florence.

LIGOU (PIERRE dit l'abbé), né à Avignon vers 1749, a été nommé organiste à Alais en 1769. On connaît de lui les opéras : Argent fait tout et Les deux Aveugles de Francouville. Il a en manuscrit, l'opéra d'Armide, paroles de Quinault; et celui de Samson, paroles de Voltaire. Ses motets, ses messes et un *Te deum*, ont eu beaucoup de succès. M. Ligou fut lié avec madame de Bourdic - Viot, laquelle disait, lorsqu'on lui parlait d'Alais : *Je n'y ai vu que l'abbé Ligou.*

LIND (FRANÇOIS), fit graver à Augsbourg, en 1730, Suites pour le clavecin, et une ariette avec douze variations.

LINDENMEIER (CHRISTOPHE), né à Heidenheim le 15 octobre 1602, était professeur de musique à Tubingue vers 1632. Avant cette époque, il avait occupé plusieurs charges distinguées dans l'église. En dernier lieu, il fut surintendant général d'Adelsberg, et mourut dans cette place, à Hirschau, le 19 juillet 1666.

LINDNER, ci-devant organiste à la cathédrale de Freyberg en 1730. jouissait de son tems de beaucoup de renommée. Voy. *Ehrenpforte.*

LINDNER (Gr.-Fr.), a fait imprimer à Kœnisberg, en 1747, un traité, intitulé : *Vom rechtmœ-sigen und gott wohlgefœlligen Gebrauch der musick.*

LINDNER (Jean-Joseph-Frédéric), musicien de chambre du roi de Prusse et flûte traversière, naquit à Weikersheim, en Franco-nie. Le célèbre Pisendel, son oncle maternel, présida presque seul à son éducation : c'est par son entremise qu'il obtint, dans la suite, l'avantage de recevoir des leçons de flûte de Quanz, dans lesquelles il fit tant de progrès, qu'on le regardait généralement comme le meilleur des élèves de ce dernier. Il était à la chapelle du Roi en 1754.

LINDSEY (Lady Anna), amateur de musique de Londres, en 1790, excellait principalement dans le chant des chansons écossaises. C'est elle qui a composé la musique de la fameuse ballade *Robin Gray*, etc.

LINGKE (Georges-Frédéric), conseiller des mines du roi de Pologne et électeur de Saxe, se fit recevoir, en 1742, à la société de musique de Mitzler, à laquelle il présenta, en 1744, un tableau des intervalles, que la société adopta. En 1766, il fit paraître *Die sœtze der musikalischen hauptsœtze*, etc. En 1779, il publia, à Leipsick, un second ouvrage, in-4°, sous le titre *Kurze musiklehre*, etc. (Instruction de musique, dans laquelle on fait connaître l'affinité de toutes les échelles des tons, et les principes de l'harmonie propres à chacune d'elles, avec des exemples). En 1790, il vivait à Weissenfels.

LINICKE (F.-G.). On connaît, depuis 1760, sous ce nom, plusieurs cantates italiennes, et quelques trios pour des instrumens. Nous ignorons, dit M. Gerber, si ce n'est pas le même que le précédent, dont on, aurait estropié le nom de cette manière.

LINLEY (Thomas), virtuose sur le violon, naquit en Angleterre vers 1746. Il étudia pendant deux ans, en Italie, chez Nardini. En 1770, il demeurait à Florence. On assure qu'il égalait presque son maître pour la délicatesse et le fini de son jeu.

LINNEMANN (Jean), musicien aveugle, vivait à Halberstadt vers 1682. Il construisait même des instrumens de musique. Voyez Prinz, *Gesch.*

LINUS, appelé, par Suidas, *le chef de la poésie lyrique*, était de Chalcis, ville de l'Eubée. Il florissait vers l'an 1280 avant J.-C., et fut le premier qui inventa les vers et la musique parmi les Grecs. Plutarque, d'après Héraclide de Pont, dit que Linus fit des chants funèbres fameux alors. On rapporte que les Muses le pleurèrent, et qu'elle regrettaient tous les ans, sur son tombeau, les divins accens de sa lyre.

LION, vivait à Londres en 1784, et y était connu comme l'un des meilleurs bassonistes.

LIONARDI (Francesco), chanteur célèbre vers le milieu du dix-septième siècle.

LIPPIUS (Jean), docteur et professeur de théologie à Strasbourg, né dans cette ville le 24 juin 1585, mourut le 24 septembre 1612, lors de son retour de Giessen, où il avait été gradué docteur. Walther cite de lui quatre dissertations relatives à la musique; mais il en existe encore une cinquième, qui parut à Jéna, en 1710, sous le titre: *Themata musica*, etc.

LIPSE (Juste), docteur en droit, conseiller et historiographe du roi d'Espagne, naquit à Isca, près Bruxelles, le 18 octobre 1547. Il étudia la philosophie et la jurisprudence à l'université de Louvain; mais ce fut surtout l'étude des antiquités qui forma son occupation favorite, et dans laquelle il acquit les connaissances les plus étendues. Tacite surtout lui était familier, au point de parier sa vie pour la moindre faute qu'il commettrait en le récitant. Quoiqu'il fut ennemi déclaré de la musique, il écrivit néanmoins un Traité sur la distribution des instrumens de musique et sur les différens chanteurs dans les triomphes des anciens, auquel il ajouta beaucoup de planches fort bien gravées. Ce traité se trouve dans *Grævii antiquit. Roman.*

LIROU (Jean-François ESPIC, chevalier de), mousquetaire, naquit en 1740. Cet amateur passionné de poésie et musique, fit, en société avec N. Piccini , l'opéra de Diane et Endymion, qui fut joué avec succès, à l'Académie de Musique en 1784. L'année suivante, il publia, à Paris, son Système de l'harmonie, en un volume in-8°. C'est moins un système qu'un problème, dont il donne la solution. Il faut convenir que cet ouvrage est obscur, même pour les gens de l'art, quand on veut en appliquer les principes à la pratique. L'auteur le sentait lui-même : il se proposait de lui donner les développemens nécessaires pour le rendre clair et facile, et en même tems de fonder une chaire pour l'expliquer à un certain nombre d'élèves. Ayant reçu de lui des leçons d'harmonie, nous pouvons assurer que nul homme ne dissertait sur la musique avec plus de clarté, d'élégance et de précision : on l'écoutait des heures entières sans s'apercevoir qu'il se fatiguait, et sans qu'il s'en aperçut lui-même.

Peu de tems avant sa mort, il avait fait le poëme lyrique de Théagène et Cariclée, qu'il destinait au grand Opéra. C'était un modèle pour la coupe des ouvrages de ce genre. L'auteur y avait répandu tant d'intérêt, qu'à la simple lecture qu'il nous en fit, nous fûmes attendris au point de verser des larmes. Ce poëme est confié à M Berton, qui doit le mettre en musique.

M. de Lirou, profondément versé dans la science de l'harmonie, s'était livré à la composition. Nous avons entre les mains plusieurs scènes lyriques dont il a fait la musique et les paroles. Nous avons aussi de lui des canons de toute espèce, qui n'ont jamais été gravés. L'auteur n'a publié que sa *Marche des Mousquetaires*, jouée, pour la première fois, à la revue de la plaine des Sablons, en 1767. Le Roi parut la goûter beaucoup, et demandait souvent la *Marche de son Mousquetaire*.

M. de Lirou est mort à Paris en 1806 , d'une goutte remontée. Son neveu, peintre très-habile, a peint son portrait sur ivoire : La ressemblance est frappante.

LISI (Anna-Maria), cantatrice sublime, était , en 1690, au service du grand-duc de Toscane.

LISMORE (Mylord de), composa, en 1760, la musique de l'*operette* le Maître d'école, qui fut représenté à Paris, où l'auteur demeurait.

LISSEY (John), compositeur de Londres au dix-septième siècle. Ses ouvrages obtinrent alors le prix, et furent insérés dans le recueil de chansons, à quatre et cinq voix, qui parut, en 1601, sous le titre : Triomphes d'Oriane. Voyez Hawkins.

LISTENIUS (Nicolaüs), a publié à Nuremberg, en 1588, *Musica denuo recognita.* On a aussi de lui un traité en latin (*de Musica*), imprimé en 1543, et réimprimé à Nuremberg en 1577.

LITERES (D. Antonio de), compositeur espagnol du premier ordre. Boned.-Henr. Feyoo, dans son *Theatr. critic. univers.*, t. I, disc. 14, dit qu'il fut presque le seul qui sut allier la majesté et la grâce de l'ancienne musique à la vivacité de la musique moderne, et à la plus grande vérité dans l'expression musicale des paroles.

LIVET, excellent corniste sous Louis XIII, était renommé surtout pour les fanfares.

LOBSINGER (Jean), artiste de Nuremberg, et, selon toute probabilité, constructeur d'orgues, y mourut en 1570. Les soufflets d'orgues, qu'un autre Allemand avait inventés avant lui, doivent aux inventions nouvelles qu'il y ajouta la perfection dans laquelle nous les avons aujourd'hui.

LOBST , virtuose sur le violon et disciple de Tartini, était autrefois musicien de chambre du duc de Bavière, et vivait encore en 1770 , à Munich, comme pensionnaire.

LOCATELLI (Pietro), naquit à Bergame vers 1690. Dans son enfance, il fut envoyé à Rome, et prit des leçons de violon du grand Corelli. Après avoir beaucoup voyagé, il se retira en Hollande, et établit un concert public à Amsterdam. Il dirigeait aussi des concerts particuliers, et employait le reste de son tems à l'enseignement de la musique et de la composition. A sa mort, arrivée en 1764, la société des Amateurs d'Amsterdam prit le deuil.

Locatelli a fait plus de caprices et de fantaisies qu'aucun violoniste de son tems. C'était un habile instrumentiste et un compositeur trèsfécond. Quand on connaît ses belles sonates, surtout celles de l'œuvre X, on est loin de penser, avec M. Burney, que les compositions de Locatelli excitent plus de surprise que de plaisir.

Le premier œuvre, formant douze *concerti grossi*, parut à Amsterdam en 1721; le second, composé de sonates pour la flûte traversière, avec accompagnement de basse, en 1732; le troisième, intitulé *l'Arte del violino*, savoir: douze *concerti con*, vingt quatre *capricci*, *violino primo*, *secondo*, *alto*, *violoncello solo e basso*, etc., 1733; le quatrième renferme six *introduzioni* et six *concerti*, 1735; le cinquième contient six sonates en trio, 1736; le sixième, douze sonates de violon, 1737; le septième, six *concerti a quattro*, 1741; le huitième, six sonates de violon, et quatre trios pour deux violons et basse, 1752. Nous ne connaissons pas le neuvième œuvre; mais nous avons souvent entendu le dixième, qui est rempli d'intentions dramatiques.

LOCATELLI (Jean), directeur d'une société de bouffons et chanteurs italiens, avec laquelle il se rendit à Pétersbourg en 1756, y resta quelques années, et eut un succès prodigieux jusqu'à la mort de l'impératrice Elisabeth, époque à laquelle sa société fut obligée de se dissoudre.

LOCATELLI (Guiseppe), naquit à Florence, où il jouissait d'une grande réputation comme chanteur vers 1780.

LOCATELLO (Domenico), organiste à l'église de Saint-Antoine, à Padoue, en 1770. Voy. les Voyag. de Burney, t. I.

LOCCHINI, maître de chapelle au conservatoire de *l'Ospedaletto*, à Venise, né à Naples. En 1770,

on donna, au théâtre de Padoue, l'opéra sérieux *Scipio in Carthago*, qu'il avait composé.

LOCHON (Charles). On a gravé à Lyon, en 1780, six duos pour violon, op. 1, de sa composition. En 1788, il était premier violon à l'Opéra et au Concert Spirituel de Paris.

LOCK (Mathew), chanteur au chœur de l'église cathédrale d'Exester, et fort bon compositeur vers le milieu du dix-septième siècle, a écrit les ouvrages suivans: *Modern church-music preaccused, censured, and obstructed in its performance before his majesty* (La musique moderne d'église, blâmée, critiquée et arrêtée dans ses progrès avant le règne de S. M.), 1666; *An essy to the advancement of music by casting away the perplexity of differend cliffs and uniting all sorts of music, lute, viol, violins, organ harpsicord*, etc., *in one universal character* (Essai sur les progrès que la musique a faits en écartant la difficulté des clefs différentes, et en réunissant sous un caractère universel, toutes sortes de musiques, tels que luth, viole, violon, orgue, clavecin, voix, etc.), 1672.

LOCKMANN (Jean), membre de la société d'Apollon qui existait à Londres vers le milieu du dernier siècle. Les recueils de pièces de musique que cette société publia vers 1740, à l'usage de ses concerts, renferment plusieurs morceaux de sa composition. Il est aussi l'auteur de l'opéra *Rosalinde*, dont il parut à Londres, en 1740, une seconde édition, précédée d'un discours sur l'origine et les progrès de l'opéra en général. Jean-Christophe Smith a mis cet opéra en musique. Marpurg, au quatrième volume de ses *Beytræge*, parle en détail du discours.

LODI (Silvia), cantatrice fort estimée en Italie vers 1720, était désignée sous le nom de *La Spagnuola*.

LODI (Scra), cantatrice au service de l'électeur de Bavière, à Munich, en 1772, brillait autant par sa voix mélodieuse que par sa grande beauté.

LOEBEL, Juif, aveugle, parcourait, vers 1725, la Bohême, avec une troupe errante de musiciens, et y jouait des airs de danse aux fêtes de villages. François Benda, que le hasard jeta alors dans cette troupe, lui rend le témoignage qu'il tirait de son instrument un son agréable, et qu'il composait lui-même ses airs, qui ne laissaient pas d'avoir un certain degré d'agrément. Ce fut le premier modèle que Benda chercha à imiter. Voy. l'article de François Benda.

LŒHLEIN (GEORGES-SIMON), maître de chapelle à Dantzick, naquit en 1727 à Neustadt, dans le duché de Cobourg. Enrôlé à seize ans dans les troupes du Roi de Prusse, il assista à plusieurs campagnes, et entr'autres à la bataille de Collin, où il resta parmi les morts au champ de bataille. Les Autrichiens vainqueurs, lui ayant trouvé encore quelques signes de vie, le firent transporter dans l'hôpital. Il retourna, quelque tems après, dans sa patrie, où ses parens portaient encore le deuil de sa mort. En 1760, il se rendit à Jéna, dans le dessein d'y faire ses études. Sa grande habileté sur la harpe lui procura une foule de connaissances dans cette ville, et lui ouvrit les meilleures maisons. Il s'appliqua dès-lors à la musique avec tant de zèle qu'il obtint, en 1761, la place de directeur de musique vacante par le départ de Wolff, depuis maître de chapelle à Weimar.

Après la conclusion de la paix, en 1763, il se transporta à Leipsick, où il s'occupa à donner des leçons de clavecin et de violon. Le grand concert de cette ville le reçut en même tems parmi ses membres, comme ripieniste au premier violon, et comme solo au forte-piano. Outre cela, il établit quelque tems après un concert particulier d'amateurs, composé pour la plupart de ses propres élèves, et qui se donnait ordinairement toutes les semaines. Dans ces concerts, il jouait lui-même de tous les instrumens, sans en excepter même ceux à vent. Les morceaux de musique qu'il leur proposait étaient, en général, de sa composition, et il était dans l'usage de les graver lui-même à l'eau forte. En 1779, il fut appelé à Dantzick, en qualité de maître de chapelle ;

mais, le climat ne convenant point à sa santé délicate, il y mourut au commencement de 1782, à l'âge de cinquante-cinq ans.

On a de lui quelques ouvrages théoriques, qu'il publia pendant son séjour à Leipsick, savoir : 1°. *Klavierschule, oder kurze und gründliche*, etc. (Ecole de clavecin, ou Instruction courte et raisonnée dans la mélodie et dans l'harmonie, expliquée par des exemples), Leipsick, 1765, in-4°. La troisième édition de cet ouvrage parut en 1779. 2° *Klavierschule, zweiter band*, etc. (Ecole de clavecin, second volume, dans le quel on enseigne l'accompagnement de la basse non chiffrée, et les autres harmonies omises dans le premier volume, expliqué par six sonates avec accompagnement d'un violon : on y a ajouté un traité du récitatif), Leipsick, 1781, in-4°. 3°. *Anweisung zum violinspielen mit praktischen*, etc. (Elémens de violon, expliqués par des exemples et par vingt-quatre petits duos), Leipsick, 1774.

Les ouvrages pratiques qu'il a publiés depuis 1766, pour le clavecin, sont au nombre de six, tous gravés par lui-même, et composé en parties de sonates, de trios, de quatuors et de concertos.

LŒN (JEAN-MICHEL de), naquit à Francfort-sur-le-Mein le 21 décembre 1694. Il fut en dernier lieu conseiller intime du roi de Prusse et président de la régence des comtés de Tockenbourg et Lingen. Doué par la nature des talens les plus rares, il eut encore le bonheur de recevoir, dès son enfance, l'éducation la plus soignée, de manière qu'il fut en état, dès l'âge de quinze ans, de fréquenter l'université de Marbourg, et d'y soutenir, à dix-sept ans, une thèse publique (*De jure, quod ex injurid oritur*). En 1712, il passa de Marbourg à Halle, où il étudia à la fois les belles-lettres et la musique. Il est mort le 22 juillet 1776.

Il a laissé beaucoup d'écrits, tant théologiques que politiques ; il n'y en a qu'un seul qui ait rapport à la musique : c'est le quatrième volume de ses Œuvres diverses, que J.-B. Muller publia en 1752.

LŒSCHER (Gaspard), docteur et professeur de théologie à Wittemberg, naquit le 8 mai 1636 à Werda sur la Pleisse. De 1656 à 1668, il fit ses études à l'université de Leipsick, d'où il fut appelé à Sondershausen. Il vint à Wittemberg en 1687, où il mourut le 11 juillet 1718. Il y fit imprimer, en 1699, une dissertation in-4° (*De Saüle per musicam curato*). Voy. Walther. Hiller, dans ses Biographies de musiciens, p. 82, parle du fils de Lœscher, et le vante non-seulement comme un ami zélé de l'art, mais aussi comme un virtuose habile.

LŒSCHNER, se fit connaître, vers 1783, par différentes parties pour des cors ou trompettes obligés, avec accompagnement de violon, en manuscrit.

LŒWEN (Jean - Frédéric), secrétaire à Schwerin en 1758, y publia, vers cet époque, deux dissertations, savoir : 1°. Notes sur la poésie de l'ode. 2°. Notes sur la poésie de la cantate d'église. On trouve l'une et l'autre dans le recueil d'écrits de musique, par Hertel, cah. 1 et 2.

LOFORTE. On trouve sous ce nom différentes ariettes d'opéras, en manuscrit, qui furent répandues en Allemagne vers 1782.

LOGI, comte de la Bohême, et virtuose célèbre sur le luth, naquit en 1688. L'empereur Léopold, pour récompenser son habileté extraordinaire, le créa comte. Il vécut au commencement du dernier siècle, à Prague, jouissant d'un revenu annuel de quatre-vingt mille florins d'Autriche (deux cent seize mille francs), et s'y consacrant entièrement à la musique. Il passa une partie de sa jeunesse en Italie et en France. En 1697, il demeurait à Leipsick, et ce fut dans sa maison qu'eut lieu la lutte fameuse, entre lui (sur le luth), Kuhnau (sur le clavecin) et Hebenstreit (sur le pantalon). Il mourut à Prague en 1721.

LOGROSCINO, et non Logrorgino, comme l'écrit M. Gerber, d'après Laborde, était contemporain de Pergolèse, de Feo et de Leo. Il a servi de modèle à tous les compositeurs dans le genre de l'opéra buffa. On lui doit surtout l'invention des *finals*.

LOHELIUS (Jean - Aelschloegel), prêtre de l'ordre des Prémontrés, et directeur de musique au couvent de Strahof, à Prague, naquit à Dux, en Bohème, en 1724. Il a fait imprimer, en 1786, une Description de l'orgue de l'église paroissiale du couvent des Prémontrés de Strahof, à Prague, précédée d'une histoire succincte des orgues pneumatiques d'église. Il y soutient, contre Sponsel, que le genre d'orgues en usage aujourd'hui a été connu avant le quatorzième siècle. On a de sa composition huit oratorios, cinq pastorales, beaucoup de messes, d'offertorios et de litanies, et une quantité de pièces de clavecin.

LOHEINSTEIN (Daniel-Gaspard de), syndic de Breslau, né à Nimptsch, en Silésie, le 5 janvier 1635, un des amateurs de musique les plus instruits et les plus distingués. Dans son *Arminius*, il a inséré un discours très-savant sur les effets de la musique. Il est mort en 1683.

LOISEAU, de Paris, inventa une nouvelle manière d'imprimer les notes, dont il fit, en 1768, son premier essai par la publication de ses Amusemens lyriques. Ballard, graveur de notes, privilégié, lui suscita pour cette raison un procès, qui fut jugé en faveur de Loiseau.

LOISEL (Jean-Frédéric), musicien de Paris, y fit graver, vers 1780, six quatuors pour violon, op. 1, et ensuite trois concertos pour le même instrument. Il mourut à la fleur de l'âge.

LOLLI (Antonio), célèbre violoniste, naquit à Bergame en 1728. Depuis 1762 jusqu'en 1773, il fut maître des concerts du duc de Würtemberg. Il passa ensuite en Russie, où il excita tellement l'admiration de Catherine II, que cette Impératrice lui donna un archet, sur lequel elle avait écrit de sa main : *Archet fait par Catherine II pour l'incomparable Lolli*. En 1785, il fit un voyage en Angleterre et en Espagne. Il vint aussi en France, et se fit entendre au Concert Spirituel de Paris, et dans les concerts du baron de Bagge, dont il était le violoniste favori. Depuis 1789, il s'était retiré en Italie. Peu avant de mourir, il disait : *Je ne veux plus jouer que pour les têtes couronnées.* Il a fini ses jours à Naples, en 1794, âgé de soixante-six ans.

La dextérité qu'il avait acquise sur son instrument était tout à fait surprenante. Il montait plus haut qu'aucun virtuose n'avait pu le faire avant lui. Ses caprices le maîtrisaient tellement dans les solos, que l'accompagnateur le plus exercé pouvait à peine le suivre. Lui-même était incapable d'accompagner le chant, parce qu'il n'allait jamais en mesure.

Ayant été prié de jouer un *adagio*, il le refusa nettement, et dit : *Je suis de Bergame, et les habitans de cette ville sont trop fous pour pouvois jouer l'adagio.*

On a gravé de lui, à Paris, plusieurs concertos de violon, dont les deux premiers parurent en 1769, et trois œuvres de sonates. Son dernier œuvre fut publié à Berlin, sous le titre : Ecole du violon en quatuor, à deux violon, alto et violoncelle. Il a laissé en manuscrit des concertos et des quatuors.

LOLLI (DOROTHÉE), cantatrice et actrice excellente, célèbre en Italie de 1770 à 1780.

LOLLI (JOSEPH), vice-maître de chapelle de l'archevêque de Salzbourg, natif de Bologne, était auparavant ténor. Il a composé la musique de quelques oratorios, et plusieurs messes et psaumes pour vêpres. Il était élève de Martial Greiner.

LOMBARDINI (ANTONIO), compositeur italien, donna en 1689, à Venise, l'opéra *Il trionfo d'Amore e di Marte.* Voyez *Glorie delle poesia.*

LONATI (CHARLES-AMBROISE), de Milan, compositeur, donna en 1684, à Venise, un opéra, intitulé *Ariberto e Flavio, regi de Longobardi.* Voy. Glorie della poesia.

LONG, compositeur de Londres, publia, en 1768, un recueil de cantiques. Il vivait encore en 1790.

LOONSMA (ETIENNE-THEODOR. Van), organiste ou plutôt maître d'école à Yest en 1762, fit imprimer en Friesland : 1°. *Muzikaale A. B. of het Kortbegrip wegens de Behandeling van het orgel en clavecimbaal* (A, B, C de musique, ou

Abrégé de la manière de toucher l'orgue et le clavecin). 2°. *Te Deum landamus in't latyn en in't nederduits voor de viool, dwars fluit, violoncel en basso continuo.*

LOOS (JEAN), organiste à Tongomirchiz, près de Prague, en 1768, était célèbre autant par son habileté que par ses compositions.

LOOSEMORE (GEORGES), célèbre musicien anglais du dix-septième siècle, fut bachelier de musique au collège de la Trinité, à Cambridge.

LOOSEMORE (HENRI), bachelier en musique à Cambridge vers 1640, fut le premier organiste au collège de cette ville ; il vint ensuite à la cathédrale d'Exester.

Un autre de ce nom, qui occupa également cette dernière place, doit y avoir établi le premier orgue.

LORAUX (FILLETTE), poëte lyrique, a donné en 1791, au théâtre de l'opéra-comique, Lodoïska, opéra en trois actes, musique de M. Chérubini.

LORAZI, compositeur italien très-agréable, a donné l'opéra le Maître de chapelle, que l'on jouait, vers 1780, sur les théâtres de l'Allemagne.

LORENTE (ANDREA), Espagnol, a publié : *El porque della musica, canto plano, canto de organo y contrapunto, y composizion.* Alcala, 1672.

LORENZINI, était cantatrice du théâtre royale de Turin en 1785.

LORENZITI (BERNARD), né à Kiricheim, en Allemagne, vers 1760, est élève de son frère Antonio Lorenziti, maître de chapelle de la cathédrale de Nanci. Il est entré à l'Opéra, en qualité de violoniste, vers 1788.

Il a composé environ deux cent cinquante œuvres de musique, tels que solos, sonates, duos, trios, quatuors, concertos, pour violon et autres instrumens, symphonies, etc. dont quarante seulement sont gravés.

LORENZO, castrat, voyagea, vers 1783, en Allemagne, où il eut beaucoup de succès, principalement dans des airs tendres.

LORENZO (DIÉGO), grand contrapuntiste du seizième siècle, était Espagnol de naissance ; mais il vécut presque toujours en Italie ;

et y contribua beaucoup aux progrès de l'art.

LOSCHEK, était, en 1785, directeur de musique à Prague.

LOSE (Jérome-Henri), était, en 1740, musicien du magistrat à Hambourg. Mattheson le cite comme un des meilleurs virtuoses sur *la viola da gamba* et sur le violon. Voy. *Ehrenpforte.*

LOSSIUS (Luc), de Lunebourg, a donné à Nuremberg, en 1563, *Erotemata musicæ practicæ.*

LOTTI (Antonio), en dernier lieu, maître de chapelle à Saint-Marc, à Venise, et chef de l'école vénitienne, jouissait d'une grande réputation pendant les vingt dernières années du dix-septième siècle. Il était d'abord organiste à l'église de Saint-Marc, et ce fut dans cette place qu'il acquit ses connaissances profondes dans l'harmonie, qui le mirent au-dessus de tous les autres compositeurs de son tems. Hasse, qui le connut à Venise en 1727, le choisit pour son modèle. Assistant un jour à l'exécution d'un ouvrage de Lotti, il s'écria : *Quelle expression! quelle variété! et en même tems quelle justesse d'idées !* M. Burney parle avec chaleur de l'impression qu'il ressentit en entendant à Venise une messe de la composition de ce grand maître. Ses compatriotes lui rendent le témoignage qu'il joignit à l'art et à la régularité des anciens, toutes les grâces, la richesse et le brillant des compositeurs modernes. On peut juger du succès qu'il eut comme compositeur d'opéras, par la seule circonstance qu'il travailla sans interruption depuis 1683 jusqu'en 1718, pour le même théâtre de Venise. Ce fut là aussi que le prince électoral de Saxe le connut et l'admira en 1712, ce qui donna lieu, dans la suite, à l'invitation qu'il reçut en 1718, de venir à Dresde lors du mariage de ce prince. Il y composa l'opéra *Gli odi delusi dal sangue*, et retourna, en 1719, à Venise.

Walther cite avec éloge un ouvrage de Lotti, imprimé et composé de dix-huit madrigaux à deux, trois, quatre et cinq voix. Il existe aussi de lui, dans le magasin de Breitkopf, à Leipsick, un *Miserere* en manus-

crit, à quatre voix, et quatre instrumens. Pour la liste de ses opéras, voyez Laborde.

LOTTI (Santa Stella). Voy. Stella.

LOTTIN (Denis), professeur de musique et de violon à O léans , est né dans cette ville le 19 novembre 1773. A l'âge de douze ans, il étudia la musique pour son plaisir; mais ses rares dispositions engagèrent ses parens à lui donner le meilleur maître de la ville. avec lequel il travailla deux ans. Le célèbre Fridzeri, passant vers cette époque à Orléans , l'emmena à Rennes, pour le placer au nombre de ses élèves pensionnaires. Après trois ans d'études sur le violon, le jeune Lottin, revint dans son pays natal, où il acheva de cultiver son jeu. Il fit plusieurs voyages à Paris, et prit des leçons de M. Grasset. Depuis, il s'est fixé à Orléans. Il y remplit la place de premier violon au théâtre, et celle de chef d'orchestre du Concert des Amateurs. Le 2 août 1809, M. Grétry étant venu à Orléans, M. Lottin lui fit entendre ses élèves dans une fête délicieuse qu'il donna à ce grand compositeur.

M. Lottin est auteur des ouvrages suivans, pour le violon : 1°. Méthode de violon. 2°. Trois grands duos concertans. 3°. Un concerto, dédié à son ami Démar. 4°. Six duos. 5°. Six duos. 6°. Trois grands duos 7°. Deuxième concerto. 8°. Six duos faciles. 9°. Recueil de walses pour deux violons. 10°. Recueil d'airs variés.

LOTZ (Théodore), fabricant d'instrumens à Presbourg, en Hongrie, vers 1782. Voy. le Diction. de M. Gerber.

LOUIS XIII, roi de France depuis 1606 jusqu'en 1643, était bon compositeur. On trouve plusieurs morceaux de lui, dans la *Musurgia* de Kircher. Laborde a donné, d'après le P. Mersenne, une chanson de la composition de ce prince, dans le second volume de l'Essai sur la musique. Il avait aussi composé la musique de quatre psaumes de Godeau, et un *De profundis*, que, deux jours avant sa mort, il ordonna de chanter à ses obsèques.

LOUIS (Madame), épouse de M. Louis, architecte célèbre, est un amateur très-distingué. L'opéra de Fleur-d'Epine, qu'elle avait composée pour une société particalière, a été jugé digne du théâtre de l'Opéra-Comique, où il a été représenté.

LOVATINI, célèbre tenor italien, se fit entendre, en 1769, à Londres, où il fut très-applaudi.

LOWIS (JOHN), contrapuntiste du seizième siècle. Joanelli, dans son *Nov. Thes. music. lib. I*, a conservé plusieurs motets de sa composition.

LUCCHESI (ANDREA), maître de chapelle de l'électeur de Cologne, à Bonn, naquit le 27 mai 1741 à Motta, dans le Frioul vénitien. Il eut pour maîtres dans l'art de la composition, savoir : Cochi, de Naples, pour le style du théâtre, et, pour le style d'église, le père Paolucci, élève du père Martini, de Bologne; et ensuite Seratelli, maître de chapelle du doge de Venise.

En 1771, il vint à Bonn, avec une société d'acteurs d'opéra, et entra, en qualité de maître de chapelle, au service de l'électeur, avec un traitement de mille florins. Il excellait principalement sur l'orgue, instrument qu'il étudia beaucoup en Italie. Comme compositeur, il aimait la manière légère, gaie et agréable; mais sa composition se distingue parmi celles de ses compatriotes par une pureté extraordinaire. Dans ses ouvrages pour l'église, il néglige cependant, par complaisance pour les amateurs, le rhythme rigoureux.

Il a donné au théâtre: 1°. L'opéra *l'Isola della fortuna*, Venise, 1765. 2°. *Il marito geloso*, ibid., 1766. 3°. *Le donne sempre donne*, ibid. 4°. *Il matrimonio per astuzia*, Venise, 1771. 5°. *Il giocatore amoroso*, intermède à deux personnages. 6°. Une cantate, à l'occasion d'une grande fête que la république de Venise donna, en 1767, au théâtre S. Benedetto, en l'honneur du duc régnant de Würtemberg, qui s'y trouvait alors. 7°. *Il natal di Giove*. 8°. *L'Inganno scoperto*, l'un et l'autre à Bonn. Il a donné en outre, dans cette dernière ville, plusieurs autres intermèdes, can-

tates, et autres pièces d'occasion.

Pour l'église, il a composé, entr'autres 1°. Une musique de vêpres à deux chœurs. 2°. Un oratorio latin. 3°. Un *Te Deum*; tous les trois pour le conservatoire *Degli Incurabili*, à Venise. 4°. Une messe funèbre pour les obsèques du duc de Monte Allegro, ambassadeur d'Espagne à Venise. 5°. Une messe pour la collégiale de S. Laurent, à Venise. 6°. Une messe et vêpres pour la fête de la Conception de la Vierge (à Vérone). 7°. Plusieurs autres messes et motets pour la chapelle de Bonn.

De ses compositions pour instrumens, il a été gravé trois symphonies; six sonates pour le clavecin, avec un violon; un trio pour le clavecin et deux concertos isolés pour le même instrument. D'après les renseignemens donnés, en 1783, par l'organiste de cour Neefe, on a de Lucchesi, encore en manuscrit, plusieurs concertos pour clavecin, et quatre quatuors pour ce même instrument. Voy. Magasin de Cramer.

LUCCHESINI (JACQUES, comte de), chef d'escadron au régiment de cuirassiers de Sehri, au service de l'empereur Charles VI, et le premier membre de la société de musique, établie par Mitzler. Il resta sur le champ de bataille de Krotzka, en 1739. Il a composé plusieurs cantates et concertos. Mitzler a fait graver à Leipsick, en 1742, un de ses concertos pour la flûte.

LUCCHESINI (LAURA-GUIDIOCIONI), dame Lucquoise, d'une famille très-distinguée, publia, de 1590 à 1595, trois pastorales, qu'Emilio del Cavaliere mit en musique.

LUCCHINI (BENOIT), abbé du couvent de Saint-Benoît, à Palyrone, dans le seizième siècle, naquit à Mantoue. On lit, dans *Amell. Bibl. Casin.*, qu'il a composé beaucoup d'ouvrages excellens. Voyez Hist. de l'abbé Gerbert.

LUCCIASCO DI FERRARA, un des plus grands organistes de l'Italie, était natif de Ferrare. Pietr. Della Valle parle de lui dans sa dissertation (*De musicâ ætatis suæ*), t. II, p. 253.

LUCIEN, un des génies les plus billans de l'antiquité, naquit à Samosate, en Syrie, du tems de l'empereur Trajan, et voulut d'abord apprendre l'art de la sculpture; mais, ayant cassé la première pierre qu'il voulait travailler chez son maître, il fut maltraité par ce dernier au point qu'il quitta entièrement cet art pour se consacrer aux sciences. Dans la suite, il se fit avocat; mais les subtilités dont il fallait faire usage dans cette profession n'étant point selon son goût, il y renonça également, et s'appliqua dès lors à la philosophie. Après avoir vécu long-tems à Athènes, il revint vers la fin de ses jours dans sa patrie, où il mourut, âgé, dit-on, de quatre-vingt-dix ans. De ses divers écrits, nous ne citons ici que ceux qui ont rapport à la musique, tels que ses *Harmonides*. Outre cela on trouve plusieurs passages sur la musique, épars dans ses autres ouvrages, dans ses Dialogues des Dieux, et dans sa dissertation *De Saltatione*, etc.

LUCINI (Francesco), Milanais, florissait en 1600, et chanta long-tems la basse-taille à la cathédrale de Milan.

LUDECUS (Mathieu), évêque de Havelberg, né à Wilsbach, dans la Marche, mourut en 1606. Il a publié un missel, qui contient des cantiques, des hymnes, etc. Il parut à Wittemberg, en 1589, in-fol. V. Walther.

LUDOVICI (Jacques-Frédéric), vice-chancelier et premier jurisconsulte à Giessen, naquit à Vacholshagen, dans la Poméranie, le 19 septembre 1671. Parmi d'autres écrits il a laissé une dissertation (*De eo quod justum est circà campanas*; elle a été imprimée en 1739 et en 1780. Il mourut le 14 décembre 1723, à l'âge de cinquante-deux ans.

LUDWIG (Mag. Godefroi), né à Bayreuth le 26 octobre 1670, en dernier lieu, recteur au gymnase de Schleusingen, dans le comté de Henneberg, y a publié, en 1703, un ouvrage in-8°, sous le titre *Schediasma sacrum de hymmis et hymnopœis Hennebergicis*. Il est mort le 21 avril 1724. Voyez Jœcher.

LUDWIG (Jacques-Sebald), chanteur à l'école de Saint-Laurent, à Nuremberg, né dans cette ville en 1616, emporta à sa mort, en 1663, l'estime de ses compatriotes.

LUDWIG (Jean-Adam-Jacques), membre de la société des Abeilles de la Haute-Lusace, et de la société économique du Palatinat, naquit à Sparneck, dans le margraviat de Bayreuth, le premier octobre 1730. Il a laissé plusieurs écrits sur la construction des orgues, savoir: 1°. *Versuch von den Eigenschaften eines rechtschaffenen orgelbauers*, en 1759, in-4° (Essai sur les qualités nécessaires à un constructeur d'orgues). 2°. *Schreiben an herrn J. S. Hoffmann, oberorganisten in Breslau* (Lettre à M. Hoffmann, premier organiste à Breslau), 1759. 3°. *Vertheidigung des H. Sorge wider H. Marpurg* (Défense de M. Sorge contre M. Marpurg). 4°. *Gedanken über die grossen orgeln, die über deswegen keine wunderwerke sind* (Idées sur les grands orgues, qui, pour cela, ne sont pas encore des merveilles). 5°. *Den unverschæmten Entehrern der orgeln* (Aux détracteurs des orgues), Erlange, 1764, in-4°.

Il mourut en 1782.

LUBBING. On connut de lui, vers 1780, en manuscrit, neuf variations du chœur allemand *Freu dich sehr, o meine Seele*, pour l'orgue.

LUDERS (Jean-Henri), célèbre organiste à Flensbourg, naquit le 24 février 1677 à Relling, bourg dans le comté de Pinneberg. Depuis trois générations, les Luders étaient tous connus comme de bons organistes. A l'âge de douze ans, il entra à l'école latine de Glückstadt, où le célèbre organiste François-Henri Müller lui enseigna, pendant cinq ans, le chant et le clavecin. Dans la suite, il prit encore à Itzhœ, chez Jean-Conrad Resenbusch, des leçons dans l'art de la composition, et principalement dans le style d'église, et continua cette étude jusqu'à l'âge de vingt ans. Il rechercha alors les grands virtuoses des autres villes, et vint enfin à Hambourg, où il demeura quatre ans, pour s'y former d'après Lubeck, organiste à l'église de Saint-Nicolas. En 1706, il fut appelé à Flensbourg, en qualité d'organiste, place qu'il occupa avec honneur jusqu'en 1740. Ses principales compositions sont : 1°. Une année de fêtes pour deux soprani et basse , avec trois instrumens. 2°. Un oratorio de la Passion , à cinq voix et à neuf instrumens. 3°. Douze suites pour le clavecin. On estime beaucoup ses ouvrages , mais ils sont restés manuscrits. Voy, *Ehrenpforte.*

LUIGI, était un célèbre contrapuntiste italien vers 1650, L'auteur de l'Histoire de la musique le cite avec beaucoup d'éloges.

LUINI, célèbre sopraniste de Milan, fut nommé, en 1758, chanteur du théâtre de l'Opéra de Pétersbourg.

LULLY (J.-B.), surintendant de la musique du Roi, et son secrétaire en la grande chancellerie, naquit à Florence en 1633. Suivant la remarque de Charles Perrault, il peut être regardé comme Français, puisque tous ses ouvrages ont été produits en France. Amené dans ce pays à l'âge de quatorze ans, il ne savait encore que jouer du violon. On s'empressa d'aller l'entendre dans les concerts, et mademoiselle de Montpensier l'attacha bientôt à son service. Louis XIV voulut l'entendre. Ce monarque, qui se connaissait en hommes, le retint à sa cour, et lui donna l'inspection sur ses violons : il créa même une nouvelle bande en sa faveur, qui fut appelée *les Petits violons*, pour la distinguer de *la bande des vingt-quatre*, la plus célèbre alors de toute l'Europe. Lully donna tous ses soins à la troupe des *Petits violons*, et composa pour eux des symphonies, des trios, et autres pièces de musique instrumentale. Avant lui, on ne considérait que le chant du dessus dans les pièces de violon : il fit chanter toutes les parties aussi agréablement que la première ; il y introduisit des fugues admirables, et surtout des mouvemens jusque-là inconnus à tous les maîtres. Il fit entrer dans les concerts jusqu'aux tambours et aux tymbales. Enfin, par l'art d'employer les dissonances, il tira la musique française de l'in-

sipidité où elle languissait alors. C'est un homme de génie qui a préparé la route à tous ses successeurs, et dont le nom retentira dans la postérité, quelques soient les révolutions de la musique.

Lully fit l'essai de son talent pour le genre lyrique, dans des ballets composés pour la Cour, et dans lesquels Louis XIV devait danser. A l'un de ces divertissemens, le Roi impatiente de la longueur des préparatifs, fit dire au musicien qu'il s'ennuyait d'attendre. Lully répondit : *Le Roi est bien le maître, il peut attendre aussi long-tems qu'il lui plaira.* En général, il avait la répartie très-vive. En 1681, on joua à Saint-Germain , la comédie et le ballet du Bourgeois Gentilhomme , dont il avait composé la musique : il chanta lui-même le personnage du Muphti. Le Roi lui en fit des complimens. *Sire*, lui-dit-il, *j'avais dessein d'être secrétaire du Roi ; vos secrétaires ne voudront plus me recevoir — Ils ne voudront plus vous recevoir,* reprit le monarque, *ce sera bien de l'honneur pour eux ; allez, voyez M. le Chancelier.* Lully alla trouver M. de Louvois, qui lui reprocha sa témérité, en lui disant que toute sa recommandation était d'avoir fait rire. *Eh ! Tête-bleue*, lui répondit Lully , *vous en feriez autant, si vous le pouviez.*

Ce musicien était très recherché dans la société des grands seigneurs, qu'il égayait par des contes et des saillies. Comme il s'y livrait volontiers il abrégea ses jours ; mais il conserva sa gaieté jusqu'à la mort. Etant à l'extrémité et abandonné des médecins, le chevalier de Lorraine vint le voir. *Oui, vraiment, vous êtes fort de ses amis*, lui dit madame de Lully ; *c'est vous qui l'avez enivré le dernier, et qui êtes cause de sa mort.* Lully prit aussitôt la parole : *Tais-toi, tais-toi, ma chère femme, M. le chevalier m'a enivré le dernier, et si j'en réchappe, ce sera lui qui m'enivrera le premier.* Il mourut à Paris le 22 mars 1687, âgé de cinquante-quatre ans, et fut inhumé dans l'église des Petits-Pères, où sa famille lui éleva un superbe tombeau.

Voici l'épitaphe que Santeuil fit pour Lully :

Perfida mors, inimica, audax te-
*   meruria et excors,*
Crudelisque et cœca, probis te
*   absolvimus istis.*
Non de te querimur, tua sint hæc
*   unica magna :*
Sed quando per te populi regisque
*   voluptas,*
Non ante auditis rapuit qui canti-
*   bus orbem;*
Lullius eripitur, querimur modo ;
*   surda fuisti.*

Les opéras de Lully sont au nombre de dix-neuf :

1°. Les Fêtes de l'Amour et de Bacchus, pastorale en trois actes, 1672. 2°. Cadmus, tragédie en cinq actes, 1774. 3°. Alceste, tragédie en cinq actes, 1674 4°. Thésée, tragédie en cinq actes, 1675. 5°. Le Carnaval, mascarades et entrées, 1675. 6°. Atys, tragédie en cinq actes, 1676. 7°. Isis, tragédie en cinq actes, 1677. 8°. Psyché, tragédie en cinq actes, 1678. 9°. Bellérophon, tragédie en cinq actes, 1679. 10°. Proserpine, tragédie en cinq actes, 1680. 11°. Le Triomphe de l'Amour, ballet en vingt entrées, 1681. 12°. Persée, tragédie en cinq actes, 1682. 13°. Phaëton, tragédie en cinq actes. 1683. 14°. Amadis, tragédie en cinq actes, 1684. 15°. Roland, tragédie en cinq actes, 1685. 16°. L'Idylle de la Paix et l'églogue de Versailles, divertissement, 1685. 17°. Le Temple de la Paix, ballet en six entrées, 1685. 18°. Armide, tragédie en cinq actes, 1686. 19°. Acis et Galathée, pastorale héroïque en trois actes, 1687.

Les paroles de ces opéras sont de Quinault, excepté Psyché et Bellérophon, le ballet du Carnaval, l'idylle sur la Paix, l'églogue de Versailles, Acis et Galathée.

Outre cela, Lully a composé la musique de vingt ballets pour le Roi. Il a fait aussi la musique de l'Amour Médecin, de Pourceaugnac, du Bourgeois Gentilhomme, comédies-ballets, et quelques divertissemens. On n'admire pas moins son génie dans plusieurs motets à grands chœurs, comme le *Te Deum*, l'*Exaudiat*, *Plaudite gentés*, le *Veni creator*, *Jubilate*, le *Miserere* et le *De profundis*

C'est en 1672 que Lully obtint le privilége de l'Opéra. Il forma des acteurs et des actrices, comme Beaumavielle, Dumenil, mademoiselle Rochois, etc. Il perfectionna l'orchestre de l'Académie de Musique, et anima de son chant les vers de l'inimitable Quinault. Les airs détachés ne répondirent pas à la perfection des grandes scènes d'Atys, d'Armide et de Roland; mais le récitatif était si beau, que Rameau n'a jamais pu l'égaler. *Il me faut des chanteurs*, disait-il, *et à Lully des acteurs.*

Lorsque Jean-Jacques Rousseau voulut prouver que le récitatif de Lully ne valait rien, on vit l'auteur de Castor démontrer, contre le détracteur de la musique française, la beauté du célèbre monologue d'Armide : *Enfin il est en ma puissance.* Rameau, défendant Lully, rappelait Cicéron vengeant Hortensius.

LULLY (Chrétien), un des trois fils du précédent. On conserve encore à Leipsick, en manuscrit, les ariettes qu'il composa vers la fin du dix-septième siècle, pour l'intermède la Bouquetière.

LULLY (Jean-Louis), second fils de Jean-Baptiste Lully, a composé, avec son frère, le ballet de Zéphire et Flore, qui fut représenté à Paris en 1688.

LULLY (Louis), troisième fils de Jean-Baptiste Lully. Perrault y ajoute encore trois filles. Il paraît que ce fut Louis qui fit le plus de progrès dans l'art de la composition. Le théâtre de l'Opéra, de Paris, lui doit l'opéra d'Orphée, qu'il composa seul en 1690, et les opéras Zéphire et Flore, 1688 ; Alcide, ou le Triomphe d'Hercule, 1693 ; et le ballet des Saisons, 1675, dont il a composé des parties.

LUNEAU DE BOISGERMAIN (P.-J.-Fr.), auteur de plusieurs ouvrages littéraires, et, entr'autres, d'un mauvais commentaire des tragédies de Racine, a publié l'Almanach Musical des années 1781, 1782, 1783. C'est un recueil fait sans choix et sans goût, comme toutes les compilations du même auteur.

LUND (DANIEL) a écrit une dissertation (*De musicâ Hebræorum*), qui fut imprimée à Upsal, en 1707.

LUNDIUS (JEAN). pasteur luthérien à Tondern, dans le duché de Schleswig, né à Flensbourg en 1638, est mort en 1686. Parmi d'autres ouvrages, il en a laissé un, sous le titre *Jüdische heil gthümer*, dans lequel on trouve une très-bonne dissertation sur la musique des Hébreux. Cet ouvrage fut publié d'abord par Sandhagen, en 3 volumes in-8°., avec quelques changemens. Muhlius en donna, dans la suite, une seconde édition in-fol., entiè-rement conformé au manuscrit de l'auteur.

LUNSDŒRFFER (ALBRECHT-MARTIN), célèbre organiste à l'église de Saint-Laurent à Nuremberg, vers 1688.

LUPUS (CHRÉTIEN), augustin et professeur de théologie à Louvain, y mourut en 1681. Dans son Traité sur Tertullien, il parle des castrats et des cantatrices dans les églises. V. Gerbert, Hist.

LUSITANIO (VENCENZO), musicien et auteur de musique, vivait à Rome vers le milieu du seizième siècle. Il soutint, contre Vincentino, que les anciens Grecs avaient connu le genre des sons diatoniques purs. Cette dispute eut alors tant d'intérêt pour les savans de l'Italie, que les deux antagonistes eurent une espèce de lutte publique dans la chapelle pontificale à laquelle assistèrent le cardinal de Ferrare, et tous les connaisseurs et amateurs de musique qui se trouvaient alors à Rome. Voy. *Arteaga*, tome I, page 222.

LUSSCHKY (JEAN-GOTTLOB), libraire à Aurich, dans l'Ostfrise, vers 1762, était virtuose excellent sur la viole.

LUSTIG (JACQUES-GUILLAUME), organiste à l'église de Saint-Martin, à Grœningue, naquit à Hambourg le 21 septembre 1706. Son père, organiste et secrétaire de l'église de Saint Michel, dans cette ville, lui donna les premières leçons de musique, et il fit assez de progrès pour être en état, dès sa dixième année,

de faire les fonctions de son père. Lors de la mort de ce dernier, il fut nommé organiste à une des succursales, quoiqu'il n'eût alors que seize ans. Il étudia alors la théorie et la composition chez Mattheson, et s'exerça en même tems dans la pratique de cet art sous la direction du célèbre Telemann, au fils duquel il enseigna le clavecin. Il fréquenta les opéras et les concerts, où il eut l'occasion d'entendre de grands virtuoses, entr'autres Bach, et de se former d'après ces modèles.

En 1728, il concourut à Grœningue pour la place d'organiste à l'église de Saint-Martin, et l'emporta sur ses deux concurrens. En 1734, il se rendit, pour quelques mois, à Londres, afin d'y entendre les opéras de Hændel dans toute leur perfection. Depuis ce tems, il a demeuré constamment à Grœningue, où il vivait encore en 1772. On doit le compter parmi le petit nombre d'organistes qui ont su réunir à une grande habileté beaucoup de goût et des connaissances étendues.

On a de lui beaucoup d'écrits sur la musique, dont voici les principaux : 1°. *Inleiding tot, de muzieckkunde* (Introduction à la connaissance de la musique). 2°. *Musikaale spraak konst* (Grammaire de musique), Amsterdam, 1754, in-8°, etc. Voy. le Dictionnaire de M. Gerber.

Il a traduit aussi beaucoup d'ouvrages de l'allemand en hollandais, entr'autres : 1°. Quanz : Instruction pour la flûte traversière, 1756. 2°. Werkmeister : Preuves de l'orgue avec notes. 3°. Schmidt : *Musico-theo'ogia*. 4°. Woditzka : Elemens du violon. 5°. Mahaut : Nouvelle instruction pour l'usage de la flûte traversière. 6°. Marpurg : Leçons de clavecin. 7°. Journal des Voyages de musique, par Burney. Ce dernier ouvrage est très estimé à cause des notes et des augmentations du traducteur.

De ses compositions, il a été gravé : 1°. Six sonates pour le clavécin, à Amsterdam. 2°. *Vervolgstukjes op Mahaut's musikaale tydoerdryf* Suites aux Amusemens de musique de Mahaut) elles consistent en vingt ariettes spirituelles et dix mondaines. On doit y ajouter encore un recueil très-intéressant de notices sur cent quarante-cinq musiciens, que Marpurg a inséré au second volume de ses Lettres critiques, et d'où nous avons tiré cet article, d'après sa biographie, écrite par lui-même.

LUSTIG (Antoine-Mathieu), frère cadet de Jacques Lustig, et, depuis 1740, organiste à l'église de Saint-Paul, à Hambourg, y vivait encore en 1762.

LUSTIG (Jérome), fils de Jacques Lustig, né à Græningue en 1742, vivait, vers 1762, à Amsterdam, et s'y distingua autant par son habileté sur la clarinette et l'orgue que par ses talens dans la composition. On l'estimait principalement comme un des meilleurs maîtres de clavecin.

LUSTIG (Dorothée), fille aînée de Jacques Lustig, naquit à Græningue en 1737. Dès sa neuvième année elle chantait avec succès dans l'église de Saint-Martin, aux jours de fête. Dans un âge plus avancé, elle fit également, sous la direction de son père, les progrès les plus étonnans sur le clavecin, tant pour le solo que pour l'accompagnement.

LUTHER (D. Martin), professeur à Wittemberg, naquit à Eisleben le 10 novembre 1483. Il avait l'usage d'inviter à sa table les meilleurs chanteurs de la ville, et de passer ses après-dîners avec eux, en chantant des motets spirituels. Il préféra principalement ceux de la composition de Louis Senfel, maître de chapelle du duc de Bavière; et il dit un jour, lorsqu'on venait de finir le chant d'un des motets de ce compositeur : *Je me mettrais en pièces sans parvenir à composer un motet semblable; mais Senfel ne saurait, à son tour, prêcher un psaume comme moi.*

Walther loue principalement la mélodie du cantique *Jesaia dem propheten das geschah,* et remarque avec quelle adresse Luther avait su adapter les notes d'après le véritable accent. On lit, dans le *Magazin des Buch-und Kunst Hændels,* que Hændel lui-même convient qu'il a étudié soigneusement les composi-

tions de Luther, et qu'il en a beaucoup profité.

Dans les lettres de Luther, que Budée a recueillies et fait imprimer, l'on en trouve une à la page 213, adressée à Louis Senfel, à la louange de la musique; cette même lettre a été insérée dans l'Almanach de musique de Forkel (de 1784), page 107. Quelques années après, (en 1538), il écrivit encore, à Wittemberg, *Epistola ad omnes musicæ cultores,* que l'on trouve dans la préface du second volume des Œuvres de Melanchton, édition d'Augsbourg, de 1544 et de 1596.

Luther mourut à Eisleben le 18 février 1546, et fut enterré à Wittemberg.

LUTTER (J.-B.), maître de chapelle du roi d'Angleterre et électeur d'Hanovre, à Hanovre, y naquit le 2 mai 1698. Ayant reçu dès sa première jeunesse des leçons de musique, et doué d'ailleurs des talens les plus rares, il fit de tels progrès que le roi Georges le jugea digne de sa protection particulière, et le mit entre les mains du maître de chapelle Venturini, pour l'instruire dans l'art de la composition. Il y parvint bientôt à une telle perfection, qu'à la mort de Venturini, en 1745, il mérita de le remplacer.

LUYR (Adam), musicien suisse, vivait vers 1580. Hawkins, dans son Histoire, lui attribue une grande part dans la perfection du contre-point.

LUZY (Mademoiselle), cantatrice au théâtre de l'Opéra, à Paris, en 1769. S'étant retirée dans un couvent, mademoiselle Arnould s'écria : *Elle s'est fait sainte, en apprenant que J.-C. s'était fait homme.*

LUZZASCHI ou Luzzasco, a composé plusieurs madrigaux à cinq voix, divisés en quatre livres. Ferrare, 1584.

LUZZO ou LUCIO, (Francesco), Vénitien, a traité le genre érotique avec succès. On a de lui les opéras suivans : Gl'Amori d'Alessandro Magno e di Rossano, 1651; Il Pericle, effeminato, 1654; Euridamante, 1754; Medoro, 1658.

FIN DU PREMIER VOLUME.

ERRATA du premier volume.

A la fin de l'article BANTI (SIGRA) lisez : *son larynx est conservé à Bologne*.

A la fin de l'article *Baron* de BAGGE , lisez : *il est mort à Paris , en 1790*.

Les articles BONTEMPI et BONTEMPO doivent être réunis en un seul.

Au commencement de l'article BOUCHER , lisez : *né en 1778*.

A l'article COLTELLINI (CÉLESTE) , lisez : *née en 1764*.

A l'article DUIFFOPRUGCAR , lisez , page 195 , ligne 7 : *entendant parler des talens , etc*.

Effacer l'article DULSICK (JEAN), que M. Gerber a mis dans son *Dictionnaire*, pour Jean Dussek , père du célèbre pianiste.

A la fin de l'article FABRONI , lisez : *mort en 1805*.

Page 220, première colonne, ligne 50, lisez : *et six duos pour violon et violoncelle, formant l'œuvre 7*.

A l'article JARNOWICK , deuxième colonne, page 12 , lisez : *il est mort à Hambourg, en 1804*.

Les articles *Henri Chrétien* KOCH et *Henri Christophe* KOCK, appartiennent au même individu (Henri *Christophe* KOCH).

Au lieu de LYCART , page 435 , ligne 6 , lisez : *HYCART*.

N. B. Nous donnerons un ERRATA de tout l'ouvrage à la fin du second volume.

Lightning Source UK Ltd.
Milton Keynes UK
UKOW06f1939190617

303701UK00011B/1053/P

9 781334 585937